佛山年鉴

FOSHAN NIANJIAN

2018

（总26期）

《佛山年鉴》编纂委员会　　佛山年鉴社　编

中国·广州

图书在版编目（CIP）数据

佛山年鉴.2018 /《佛山年鉴》编纂委员会，佛山年鉴社编. —广州：广东旅游出版社，2018.12

ISBN 978-7-5570-1596-1

I. ①佛　Ⅱ. ①佛　②佛　Ⅲ. ①佛山—2018—年鉴　Ⅳ. ①Z526.53

中国版本图书馆 CIP 数据核字（2018）第 273214 号

FOSHAN NIANJIAN. 2018
佛山年鉴. 2018
《佛山年鉴》编纂委员会　佛山年鉴社　编

佛山年鉴社

地　　址：广东省佛山市顺德区佛山新城吉祥道 10号
邮政编码：528000
电　　话：（0757）83329325　83805035
传　　真：（0757）83329325
电子邮箱：fsnj@fsnj.net

出 版 人：刘志松

责任编辑：于子涵
特约编辑：陈　绍
装帧设计：陈志辉
责任技编：冼志良

出版发行：广东旅游出版社
地　　址：广州市越秀区环市东路 338 号银政大厦西楼 12 层
邮　　编：510060
电　　话：（020）87348243
网　　址：http://www.tourpress.cn
印　　刷：佛山市高明领航彩色印刷有限公司
开　　本：850mm×1168mm　1/16
印　　张：35　　字　数：1400 千字
版　　次：2018 年 12 月第 1 版　2018 年 12 月第 1 次印刷
定　　价：280.00 元

编辑说明

1.《佛山年鉴》是由中共佛山市委员会、佛山市人民政府主持编纂出版的一部地方性综合年鉴。每年更新资料出版一次，国内外公开发行。

2.《佛山年鉴》编纂出版坚持以马克思列宁主义、毛泽东思想、邓小平理论、“三个代表”重要思想、科学发展观和习近平新时代中国特色社会主义思想为指导。

3.《佛山年鉴》旨在全面、系统、准确地反映每个年度佛山市自然、政治、经济、文化、社会等方面的基本情况，为读者了解和研究佛山提供基本资料。

4.《佛山年鉴》采用分类编辑法。主体内容设类目、分目、条目3个结构层次。少数分目增设次分目的层次。条目为表现内容的基本形式。全书条目标题统一用黑体加【 】表示。少数包含多方面资料的条目则在段首加插楷体标题提示。

5.《佛山年鉴（2018）》着重反映2017年佛山市的基本情况。全书设《特载》《总述》《年度聚焦》《党政机关》《民主党派·工商联》《群众团体》《外事·侨务·港澳台事务》《法治》《军事》《经济监督管理》《财政·税务》《金融》《城乡建设》《环境保护》《区域合作·扶贫开发》《开放型经济》《民营经济》《农业》《工业》《交通运输业·邮政业》《信息业》《商贸流通业》《旅游业》《教育》《科学技术》《社会科学》《文化》《图书·博物·档案·地方志》《传播媒体》《卫生·体育》《社会生活》《人物》《市辖区》《2017佛山大事记》《统计资料》《法规·文件》等36个类目，218个分目，1478个条目；设《新的一页》和《美丽幸福佛山》图片特辑2个。

6. 本年鉴统计数据采用法定计量单位，主要统计数据，均经撰稿单位与统计部门核对。全书所载录内容均由各撰稿单位审定提供。由于统计口径不一，个别数据可能不一致，使用时以佛山市统计局提供的数据为准。

7. 本年鉴配套双重检索系统：书前刊有目录，书后配有索引。索引采用主题分析法，款目按汉语拼音字母顺序排列。

8. 疏漏之处，敬请批评指正。

目　录

图片特辑

特　载

总　述

年度聚焦

党政机关

民主党派·工商联

群众团体

外事·侨务·港澳台事务

法　治

军　事

经济监督管理

财政·税务

金　融

城乡建设

环境保护

区域合作·扶贫开发

开放型经济

民营经济

农　业

工　业

交通运输业·邮政业

信息业

商贸流通业

旅游业

教　育

科学技术

社会科学

文　化

图书·博物·档案·地方志

传播媒体

卫生·体育

社会生活

人　物

市辖区

佛山年鉴
FOSHAN NIANJIAN
图片特辑(一)

新的一页

视频链接：
《佛山城市形象宣传片（2017 版）》

2017 年 7 月 27 日，中国共产党佛山市第十二届委员会第四次全体会议在机关大礼堂举行　　（市委办供图）

2017 年 1 月 10 —12 日，佛山市第十五届人民代表大会第一次会议召开　（市府办供图）

2017 年 1 月 9 —11 日，政协第十二届佛山市委员会第一次会议开幕　（市政协办供图）

2017年2月22日，佛山市召开2017年全市重点工作部署会，在全市掀起“突出重点抓关键，明确责任促落实”的工作热潮。会上，佛山市委书记鲁毅强调，全市各级、各部门要提高认识用心干，从战略全局高度重视抓好重点工作。他指出，佛山振兴实体经济冲刺万亿元生产总值、参与粤港澳大湾区和大珠三角经济区建设、高起点迈向率先基本实现社会主义现代化新征程，都必须坚定不移地聚焦重点全力攻坚 （甘建华摄）

2017年5月11日，佛山市召开推进“两学一做”学习教育常态化制度化工作会议 （市委组织部供图）

2017 年 3 月 31 日，佛山市召开城市治理三年行动计划动员大会。计划用三年时间，投入 3523 亿元，实现由城市升级向城市升值，再到城市治理现代化的大跨越，目标是要打造宜居宜业宜创新的高品质现代化国际化大城市

（市国土规划局供图）

2017 年 10 月 13 日，佛山市践行绿色发展理念、在刚刚获得“国家森林城市”称号之际，市委、市政府召开全面加强生态文明建设部署动员大会，号召全市各级各部门和广大干部群众珍惜荣誉，趁热打铁，以只争朝夕的精神加快打造粤港澳大湾区高品质森林城市和国家生态公园，不断将生态文明建设推向前进

（王澍摄）

2017 年 5 月 5 日，佛山市召开加快推进“互联网 + 政务服务”暨深化“一门式一网式”政府服务模式改革工作推进会，佛山市委副书记、市长朱伟主持会议，并强调，“互联网 + 政务服务”改革是贯彻落实习近平总书记“四个坚持、三个支撑、两个走在前列”重要批示的实际行动，各区各部门要进一步凝心聚力、攻坚克难，为佛山市建设服务型政府、在全面深化改革中继续勇当先锋作出新的更大贡献（市行政服务中心供图）

2017 年 6 月 6 日，佛山市召开打造“质量佛山”工作推进会，总结全市工业产品质量工作情况，部署开展工业产品质量提升三年行动计划（2017—2019 年）（市质监局供图）

2017年9月8日，佛山市委书记、市人大常委会主任鲁毅主持召开全市金融工作会议，会议贯彻落实中央及全省金融工作会议精神，研究按照中央和省的部署要求，积极防范化解金融风险，稳步推进金融改革发展，不断提高金融服务实体经济的水平，落实地方金融监管责任，确保佛山金融健康稳定发展。市委副书记、市长朱伟作金融工作部署（市金融局供图）

2017年3月27日，佛山市召开招商引资工作推进会，会议强调，全市上下要以开放思维和创新思维，抢抓战略机遇，狠抓责任落实，掀起招商引资“比学赶帮超”新热潮。会上，佛山市委书记、市人大常委会主任鲁毅主持会议并作讲话，佛山市委副书记、市长朱伟对全市招商引资工作进行部署（周春摄）

“佛山·脊梁企业”“佛山·大城企业家”命名大会

2017 年 6 月 19 日，佛山市高规格召开“佛山·脊梁企业”“佛山·大城企业家”命名大会。命名 20 家“佛山·脊梁企业”和 20 位“佛山·大城企业家”。图为大会现场，20 家优秀企业获颁“佛山·脊梁企业”牌匾　　（王澍摄）

2017 年 4 月 28 日，佛山市在市机关大礼堂举行 2017 年庆祝“五一”国际劳动节大会，表彰全市各条战线的劳动模范、先进工作者和先进集体，并向全市各行业、各战线上的广大劳动者致以节日问候　　（张弘弢摄）

2017 年 12 月 16 日，佛山市数字政府建设管理局正式揭牌。这是全省第一个经批复成立的以数字政府建设为主要职责的地级市政府工作部门，对佛山发展意义重大（市委改革办供图）

2017 年 12 月 27 日，佛山市新的社会阶层人士联合会成立揭幕。新的社会阶层人士是中国特色社会主义事业的建设者，是构建社会主义和谐社会和全面建设小康社会的重要力量。新成立的市新阶联将为各行业、各领域新的社会阶层人士搭建组织平台，营造一个共同的家园，肩负起使命，履行好职责，为佛山经济社会发展汇聚广泛力量（市委统战部供图）

2017 年 4 月 6 日，为深入贯彻省委、省政府关于广佛同城化发展的决策部署，佛山市委书记、市人大常委会主任鲁毅率佛山市党政代表团赴广州市南沙区学习考察，并与广州市几套班子领导，部分区、有关部门及企业负责人在穗召开工作交流座谈会，共同探讨抢抓国家战略机遇，广佛同心携手打造粤港澳大湾区城市群核心区，提升广佛超级城市国际竞争力 （许跃飞摄）

2017 年 2 月 13 日，为贯彻落实 2 月 10 日省委书记胡春华主持召开的广东省铁路和机场建设工作专题会议精神和有关部署，广东省委常委、省人大常委会副主任徐少华（左二）率队到佛山，就珠三角新干线机场选址进行调研 （莫璇摄）

2017 年 4 月 13 日，国务院副秘书长、国家信访局局长舒晓琴（前左三）一行到佛山市禅城区社会综合治理云平台检查指导工作，并肯定佛山创新推进综治信访维稳工作的经验做法　（市行政服务中心供图）

2017 年 12 月 10 日，民政部基层政权和社区建设司司长陈越良（前右二）带队到佛山市禅城区开展“全面加强基层治理”课题调研，省民政厅领导和佛山市副市长乔羽、市民政局相关负责人一同参加调研　（市民政局供图）

2017 年 7 月 26 日，省委常委、常务副省长林少春（前右三）率队赴佛山市检查安全生产工作，先后到佛山市汽车客运站、华信能液化石油气公司、佛山燃气公司、地铁 2 号线隧道施工现场、德嘉木业公司、中石油广东公司平洲油库，检查交通运输、城镇燃气、地铁施工、涉爆粉尘和危险化学品储存等重点行业领域的安全生产工作情况，现场查看安全制度制定执行、安全设备配备运营、安全责任分解落实情况

（市交通局供图）

2017 年 6 月 1 日，兼任佛山市总河长、西江流域市级河长的佛山市委书记、市人大常委会主任鲁毅带队巡查西江干流，强调市、区、镇（街）每一级河长都要认真履职，切实负起责任，坚决保护好佛山水安全、水环境、水资源

（市水务局供图）

2017 年 7 月 31 日，佛山市委副书记、市长朱伟率队到城市轨道交通 3 号线叠滘站、中山公园站调研，并现场督办工程建设进展情况（周春摄）

2017 年 11 月 16 日，由中国交建承建的佛山地铁 2 号线一期工程，中交二公盾 3 号 · 4 号全线率先完成盾构施工任务暨佛山轨道交通 2 号线一期工程登—花区间双线贯通仪式在佛山举行（市国土规划局供图）

2017 年 8 月 1 日，“粤港澳大湾区添百亿活力，一环创新圈铸智慧新走廊”——佛山高新区三水核心园项目签约暨金科产服务区动工、清华创新创业大赛启动仪式举行，9 个产业项目协议总投资超 100 亿元，为佛山高新区三水核心园补齐短板、提升城市价值和创新驱动发展提供坚实支撑

（市府办供图）

2017 年 3 月 30 日，中国集成金融集团控股有限公司与中国长城资产在佛山迎宾馆举行战略合作协议签约仪式，同时举行的还有佛山市政府与中国长城资产战略合作签约仪式，佛山市委副书记、市长朱伟，中国长城资产党委书记沈晓明（左四）出席签约仪式并致辞

（市金融局供图）

2017 年 2 月 22 日，珠三角（七市）优化发展工作现场办公会在佛山市召开。会议提出全力推动珠三角地区优化发展取得更大进展和成效（周春摄）

2017 年 4 月 14 日，粤桂黔高铁经济带相关高新区与中关村创新合作交流会在佛山市举办，会上，粤桂黔高铁沿线的贵阳高新区、南宁高新区、柳州高新区、肇庆高新区，佛山高新区等 5 个国家高新区签署《粤桂黔高铁经济带相关高新区合作宣言》（杨伟健摄）

2017 年 10 月 10 日，在河北省承德市举行的 2017 森林城市建设座谈会上，佛山市委书记、市人大常委会主任鲁毅代表佛山接过“国家森林城市”牌匾，并在会上作典型发言，介绍和阐释“金佛山，银佛山，生态文明创新建设美佛山”的生动实践

（佛山日报社供图）

2017 年 8 月 1 日，“标准品牌·质量佛山”大会在佛山新城中欧中心举行。图为佛山市委书记、市人大常委会主任鲁毅，市委副书记、市长朱伟为获得 2017 年佛山市政府质量奖的企业代表颁发牌匾

（甘建华摄）

2017 年 11 月 11 日，为进一步加强党风政风行风建设，提高办事效率和服务水平，佛山市 2017 年度政风行风民主议评工作展开，28 个政府职能单位接受公众评分，多个被评议单位走进《民生直通车》直播间，就市民关心的问题给予解答。图为佛山市住建局领导带领各相关科室及各区住建部门相关负责人做客《民生直通车》直播间

（佛山日报社供图）

2017 年 6 月 9 日，由佛山市住房和城乡建设管理局、佛山市国有资产监督管理委员会指导，佛山市建鑫住房租赁有限公司主办的佛山市专业化住房租赁平台首批房源发布暨媒体见面会在禅城区富力广场举行。该专业化住房租赁平台按照公益性结合市场化运作模式，向特定人群提供租赁住房及居住体验增值服务，首批房源 83 套，最低租金仅 799 元 / 月

（市住建局供图）

2017 年 12 月 18 日，佛山正式启用 6 位号码的新能源汽车专用号牌。当天起，将开启新能源汽车专用号牌号码网上预选服务，首批将投放 8 万个号码供车主选择。图为启用仪式现场

（市公安局供图）

2017 年 1 月 4 日，为展现广东省各地推进供给侧结构性改革新成效新亮点新进展，省委宣传部、省网信办、省发改委联合举办的“经济活力看广东·供给侧结构性改革”主题网络采风活动第一站走进佛山。经过一天的采风，采风团记者纷纷反映收获颇多，感叹佛山经济非常有活力，“一门式”政务大厅很便利，众陶联平台降成本模式值得推广。图为媒体记者在禅城区行政服务中心智慧新城大厅进行实地采风

（周春摄）

2017 年 5 月 1 日起，广东省在全省施行居住地公安出入境管理部门申办因私出入境证件便民利民措施。佛山市居住证持有人可凭本人居民身份证、有效的居住证，在佛山五区出入境管理大队和 21 个镇（街）受理点申请办理普通护照、往来港澳通行证及签注、往来台湾通行证及签注（赴台定居除外），其他申请材料与当地户籍居民一致。图为 2017 年 5 月 2 日，广西贵港籍覃小姐凭佛山市居住证办理的往来港澳通行证和往来台湾通行证

（王澍摄）

2017年2月20日，佛山市举行全程电子化商事登记启动暨首张金融功能电子营业执照颁发仪式。图为佛山市副市长乔羽出席仪式，并与广东省建设银行行长助理邓竞共同为广东美轮美奂建筑装饰材料有限公司颁发全省首张金融功能电子营业执照

（市工商局供图）

2017年4月24日，佛山市禅城区启用全国首台临时身份证制作机，临时身份证3分钟即可办好。图为禅城区魁奇路“一门式”综合服务大厅临时身份证领取处一位年轻人即时取到临时身份证

（王澍摄）

2017年11月3日，全省首个国地税“用户体验设计中心”亮相佛山禅城绿岛湖办税服务厅。该中心将通过深入采集纳税人需求，优化智能办税服务，提供更加便捷高效的服务体验。图为办税人员在国地税“用户体验设计中心”协助市民操作智能办税终端

（市地税局供图）

2017 年 5 月 19 日，由广东省教育厅、佛山市人民政府、顺德区人民政府、三水区人民政府与南方医科大学、广东财经大学佛山校区分别签署四方共建协议，推动建设全学段南方医科大学顺德校区和广东财经大学佛山校区，拓宽产学研合作渠道，培养多层次应用型人才，更好地为佛山经济社会发展服务。图为广东省教育厅、佛山市人民政府、顺德区人民政府与南方医科大学签署共建协议

（甘建华摄）

2017 年 7 月 10 日，佛山市南海、三水两区签订区域合作框架协议，敲定 33 个区域合作重点项目。以佛山国家高新区南海园、三水园为主体，两区将在区域交界处规划建设 800 公顷（1.2 万亩）产业合作区，打造成为佛山面向全球的国家制造业创新中心新的增长极。图为南海区、三水区区域合作框架协议签订仪式

（王伟楠摄）

2017年7月12日，"佛山＋清华"打造最强智造之都，制造业强市牵手中国一流高校，争当广东建设国家科技产业创新中心排头兵。图为佛山企业与清华大学相关院系专家签订产学研合作协议 （佛山高新区供图）

2017年11月2日，美的集团与碧桂园集团正式宣布双方建立全面战略优先合作伙伴关系，将在产城融合、智能家电、智慧家居、海外项目等领域进行多维度合作。图为美的集团与碧桂园集团在北滘碧桂园总部举行的战略合作签约仪式上，美的集团创始人何享健（左二）、董事长方洪波（左一）和碧桂园集团创始人杨国强（右二）、总裁莫斌（右一）合影

（邓活生摄）

2017 年 5 月 8 日，佛山市投资促进中心揭牌暨重大招商项目签约仪式在南海友邦金融中心举行。佛山市委副书记、市长朱伟出席揭牌仪式 （市商务局供图）

2017 年 9 月 29 日，佛山市首个社科新型智库——大数据与佛山经济运行研究中心成立暨首期研究项目签约仪式在广东财经大学（佛山三水校区）举行 （市社科联供图）

2017 年 6 月 8 日，“凝聚新动能　布局新经济”南海区招商引资系列活动在里水镇启动，12 个项目现场签约，总投资额超 300 亿元
（王伟楠摄）

2017 年 2 月 28 日，佛山市南海区举行全球创客新都市启动建设暨 2017 城市更新项目推介会。图为国家级孵化器和国家级众创空间揭牌
（王伟楠摄）

2017年10月12日，第三届中国（广东）国际“互联网+”博览会暨第十四届中博会专业展在潭洲国际会展中心开幕。来自全球的656家覆盖智能制造、“互联网+”等方面的企业携国际前沿技术亮相。共投资829亿元的20个重大项目落地佛山。图为现场举行重大项目签约仪式　（龙翔摄）

2017年3月29日，广东金融高新区资本市场发展大会在佛山市南海区举行，广东证监局、三大证券交易所、著名投资机构齐聚佛山，并与广东金融高新区签订合作协议。图为现场举行200+亿基金项目落户广东金融高新区仪式　（王伟楠摄）

2017 年 6 月 2 日，佛山市高明区 23 个总投资达 316 亿元的项目集中签约。图为高明沧江工业园创建国家级经济技术开发区启动暨重点项目签约仪式（黎汉沿摄）

2017 年 6 月 8 日，佛山市南海区举行南海（里水）绿色建筑科技产业园启动暨十二大创新产业项目签约仪式，以复星集团南海云谷项目、阿里云为代表的 12 个超亿元项目分别与南海区政府、里水镇政府签约，项目总投资将超 300 亿元（王伟楠摄）

2017年9月7日，科技部/联合国开发计划署“促进中国燃料电池汽车商业化发展项目”佛山项目启动仪式暨佛山市南海区新能源汽车（氢能）产业招商推介会在南海丹灶镇举行，佛山成为全国五个燃料电池汽车商业化发展项目示范城市中第一个启动示范项目的城市。图为南海区新能源汽车（氢能）产业项目签约仪式　（甘建华摄）

2017年10月16日，中铁华隧联合重型装备有限公司揭牌暨世界首台ф9130带冷冻刀盘和复合式注浆系统的双模式盾构机下线仪式在佛山举行。该设备实现多项重大技术组合与创新，为复杂地层盾构机安全开仓提供最优解决方案，对进一步增强盾构法施工的适应性具有革新式的重大意义　（顺德区供图）

2017 年 11 月 28 日，2017 粤港澳合作论坛在佛山市南海区举行，该次论坛的主题为“打造粤港澳大湾区创新集聚区”。来自粤港澳三地的政府领导、企业家和学术界人士围绕粤港澳大湾区进行深入交流，进一步推动三地科技创新合作。图为现场嘉宾对推动粤港澳科技创新合作进行交流讨论

（黎汉沿摄）

2017 年 9 月 20 日至 10 月 31 日，第二届广佛国际创客节在佛山市南海区举行。采用政府统筹 + 市场主导 + 全民参与的模式，为期一个多月的创客节，有来自全球多个国家和地区的 40 多个创客团队携前沿“黑科技”参加，其间还举办创业大赛、工业设计大赛、创客沙龙、创客交流之夜等 12 类活动。图为第二届广佛国际创客节开幕当天举行的主题讨论活动现场

（王伟楠摄）

2017 年 10 月 12 日，2017 第七届中国智能产业高峰论坛在佛山市举行。中国工程院、清华大学、北京大学等院校的顶尖专家，通过主题报告和尖峰对话，对人工智能产业未来发展提出专业意见

（邓活生摄）

2017年5月13日，第三届广东院士高峰年会在佛山新城中欧中心开幕，50多位中国科学院、中国工程院院士携团队到佛山共谋创新驱动发展良策。图为在第三届广东院士高峰年会开幕式上，佛山市人民政府与广东院士联谊会签约

（甘建华摄）

2017年11月23—25日，第二十二届全国发明展览会暨第二届世界发明创新论坛在广东（潭洲）国际会展中心举办。来自40个国家和地区的1600个参展项目展示各行各业的最新发明成果，中美德日韩等国的专家学者济济一堂共论国际技术交流与合作，为佛山建设面向全球的国家制造业创新中心添砖加瓦。图为活动过程中，中国发明协会与佛山市人民政府战略合作框架协议暨中国发明成果转化研究院落户佛山合作协议签约

（周春摄）

2017年11月16—19日，2017广东（佛山）创意城市博览会在广东（潭洲）国际会展中心举办。该盛会契合广大市民对未来美好生活的向往和追求，以“城、产、人、文”相融为特色，以“文化＋科技＋创意”为核心，集中展示面向未来的城市发展趋势和创意设计、创意生活

（邓活生摄）

2017年9月6日，广东天安新材料股份有限公司上市仪式在上海证券交易所举行。随着一声洪亮的锣声敲响，天安新材成功在上海证券交易所主板上市，成为中国装饰材料制造行业首家上市企业（王晓丹摄）

2017年1月23日，广东雄塑科技集团股份有限公司在深圳证券交易所创业板上市，成为首个在2017年度成功上市的南海企业，也是南海区第十四家上市企业（阳桦摄）

2017 年 4 月 27 日，佛山两级法院和市、区两级总工会联合设立劳动争议诉调对接工作室，成为全省首家试点试行“法院 + 工会”劳动争议诉调对接新模式

（市中级人民法院供图）

2017 年 6 月 2 日，由佛山市司法局、市普法办、佛山供电局、市律师协会联合主办的电视普法栏目《法治佛山》开播仪式在佛山电视台举行。开设《法治佛山》栏目，是贯彻落实习近平总书记法治宣传工作要“创新形式、增强实效”指示精神，加强以案释法、推进普法平台阵地建设的一项具体举措，旨在记录和宣传佛山法治建设进程，以案释法，普及法律知识

（市司法局供图）

2017 年 6 月 28 日，在佛山市委副书记、市长朱伟，四川省发改委及凉山州领导共同见证下，佛山五区与凉山州 11 个县、佛山 10 个村（社区）与凉山 10 个村集中签订结对帮扶协议，并举行扶贫协作捐助仪式

（李锋摄）

2017 年 9 月 18 日，佛山市·兵团第三师图木舒克市对口支援暨佛山企业投资草湖签约仪式在佛山市举行。2017 年，广东省委、省政府决定在原有东莞对口支援第三师 41 团草湖镇的基础上，增加佛山市、中山市、省国资委的干部，进行“组团式”援疆。图为佛山市委书记、市人大常委会主任鲁毅和新疆生产建设兵团领导、第三师图木舒克市领导等的见证下，佛山市部分行业协会、企业与草湖镇签订投资协议

（周春摄）

2017 年 8 月 9 —10 日，佛山市党政代表团与湛江市委、市政府在湛江市召开对接新时期精准扶贫对口帮扶工作座谈会。图为佛山市副市长乔羽代表佛山市向湛江市委、市政府捐赠 500 万元精准扶贫帮扶资金仪式

（市农业局供图）

2017 年 6 月 5 日，佛山市党政代表团赴香港特区政府磋商“香港 + 佛山”合作事宜，佛港双方围绕“香港 + 佛山”7 大领域的 11 个重点合作项目进行探讨交流。图为佛山市党政代表团与香港特区政府高层官员合影

（市港澳事务局供图）

2017 年 12 月 1—4 日，第二届香港 · 佛山节（2017）在香港特别行政区九龙长沙湾游乐场举办。该次活动向香港市民集中展示佛山美食、佛山功夫、佛山非遗等特色元素，并首次增设佛山旅游资源和投资环境推介，全方位向香港市民展示佛山形象，推动佛山招商引资，提升城市功能品质，受到香港市民欢迎。图为第二届香港 · 佛山节开幕式现场

（市旅游局供图）

2017年2月27日，佛山与俄罗斯纳罗福明斯克区正式缔结为友好城市。佛山市市长朱伟率代表团访问俄罗斯纳罗福明斯克区，与纳区第一副区长沙姆内（右）共同签署建立友好关系城市协议。双方将在经贸、科技、文化、教育、体育、卫生等领域开展对话合作，促进共同发展、共同繁荣　　（市外事侨务局供图）

2017年9月21日，佛山海外联谊会第七届第一次理事大会暨就职典礼在佛山举行。来自香港中联办，广东省委统战部，佛山市委、市人大、市政协的相关领导，以及来自港澳、佛山五区的各界嘉宾，共同见证第七届佛山海联会领导班子的产生。图为佛山海外联谊会第七届理事会会长、名誉会长、荣誉顾问、常务副会长与到会的领导嘉宾合影

（甘建华摄）

2017年2月11日，2017“温爱佛山——元宵慈善文化人人行”系列活动在佛山禅城行通济传统民俗中启幕。图为佛山市委书记鲁毅、市长朱伟等市领导手持风车行过通济桥　　（甘建华摄）

2017年12月22日，2017佛山口碑榜发榜盛典在佛山新城中欧中心举行。65个单位和10个服务案例获得年度口碑荣誉，其中云勇林场获最佳口碑特别奖。图为上榜单位代表合影　　（张弘弢摄）

佛山年鉴
FOSHAN NIANJIAN
图片特辑（二）

美丽幸福佛山

2017 年 1 月 18 日，2016 年度“佛山好人”推荐命名仪式举行。同时，“佛山好人联盟”正式成立。联盟成立之后将致力于开展“六个一”活动，即：挖掘一批好人好事、成立一个好人事迹宣讲团、创作一批好人事迹文艺作品、建立一套好人互助机制、举办一场年终好人联盟年会、设立一个好人专项资金　（市精神文明办供图）

2017 年 10 月 3 日，2017 年广东（佛山）非遗周暨佛山秋色民俗文化活动重头戏——秋色巡游举行。图为佛山市华材职业技术学校表演队表演的节目——《丰收乐》　（甘建华摄）

2017 年 7 月 15 日至 8 月 20 日，佛山市第九届运动会在顺德区举行。该届运动会设青少年竞技体育组和学校体育组，两个组别 21 个大项比赛，全市五区近 4000 人参赛。图为运动会开幕式现场　　（王伟楠摄）

2017 年 11 月 23 日，南方影视中心・2017 佛山功夫（动作）电影周开幕式举行　　（市委宣传部供图）

2017 年 3 月 30 日，三水区芦苞镇举办“胥江古镇·北帝诞庙会”活动。图为芦苞文化广场千人太极扇表演

（陈浩森摄）

2017 年 10 月 29 日，由西樵山风景名胜区管理委员会、南海区文体旅游局、西樵镇人民政府主办的马拉松系列赛事（国际半程马拉松和超级马拉松），吸引 21 个国家的 1.4 万人参赛，推动“西马”跑向世界

（王伟楠摄）

2017 年 3 月 25 日，“美丽佛山 一路向前”——2017 佛山五十公里徒步活动吸引 20 多万名市民参加，从五区的不同起点向着佛山新城世纪莲体育中心进发，用脚步丈量佛山大地，共同分享、见证佛山城市升级的魅力。图为千灯湖线市民冒雨前行

（市体育局供图）

2017 年 5 月 13 日，锦龙盛会龙舟赛在佛山市南海区里水镇举行。这是里水镇文化惠民工程活动之一，也是激励里水人积极向上、奋勇争先的重要举措　（王伟楠摄）

2017 年 5 月 10 日，端午节即将来临，具有 585 年历史的盐步老龙在大沥龙涌村起水。图为村民将沉在水下的老龙拉出　（张弘弢摄）

2017 年 6 月 2 日，顺德区杏坛镇举办龙母诞祈福活动，吸引众多市民围观。图为多条来自顺德区各乡镇的龙船从各地水道来到杏坛龙潭庆贺祈福　（吕文斐摄）

2017年10月4日，中秋夜，佛山市南海区丹灶仙岗古村举行“烧番塔”民俗活动。烧番塔仪式开始后，火光从塔身及塔顶处蹿出，塔身也变得火红。随着传承人在塔下翻动柴枝，撒入木糠、盐等，火光更是高高蹿起，爆出火花，引起周边群众一阵阵叫好。据民间传说，烧番塔是为祈求吉祥和来年丰收，番塔火苗高升就代表吉祥，升得越高越好　（王澍摄）

2017年10月26日，佛山市南海区狮山镇罗村第十届孝德文化节闭幕式暨千叟宴上，现场老人家共同举起“寿”字，共享慈善宴　（王伟楠摄）

2017年10月3日，佛山市南海区西樵松塘村举行翰林文化节活动，在祭拜过孔子和先祖，敬谢父母后，松塘翰林村的学子踏着“青云路”，走过这道刻有祖训的“翰林门”　（王澍摄）

2017 年 11 月 17 日，粤韵传承·华光盛典——2017 佛山粤剧华光诞活动在广东粤剧博物馆拉开帷幕。粤港澳乃至海外的粤剧界大咖齐聚一堂，共庆华光诞辰。当天还接连上演多场粤剧表演　　（佛山年鉴社供图）

2017 年 12 月 15 日，第四届广东（佛山）安全食用农产品博览会暨佛山农业旅游博览会在佛山陈村花卉世界展览中心正式开幕。来自 29 个城市的超 250 家农商企业携手登台，为佛山市民带来安全放心和各具特色的名优特新农产品。图为黔东南展区穿着民族特色服饰的工作人员展示特色农产品　　（黎汉沿摄）

2017 年 10 月 19 日，2017 佛山（禅城）陶艺·建陶设计周暨陶瓷艺术周在南风古灶开幕。23 个国内城市、15 个“一带一路”沿线国家和地区，产业界、文化界等各界代表相聚南风古灶　　（甘建华摄）

城市升级带动城市升值，佛山城市面貌的蝶变为建设高品质现代化国际化大城市奠定坚实基础。图为佛山新城鸟瞰图

2017 年 3 月 11 日，佛山市顺德区荷岳路北滘段侧，黄金风铃木正盛开，大片的金黄色吸引众多市民前来观赏 （甘建华摄）

2017 年 11 月 6 日，在佛山市禅城区汾江路与绿景路交界处，美丽异木棉灿烂开放，车辆行人在粉红色的花海中穿行 （龙翔摄）

（刘世辉摄）

2017年8月12日，2017第三届环佛山绿色骑行活动举行。图为骑手从智慧公园出发，踏上绿道，环行佛山（王澍摄）

2017年7月6日，雨后天晴，佛山新城上空，美丽的双彩虹挂在天空（王伟楠摄）

2017 年，佛山市高明区 80% 的村（社区）建成综合性文化服务中心，多个大型文旅项目落地，文化产业新标杆层出不穷。图为风景优美的美的鹭湖森林度假区
（吕润致摄）

2017 年，南海区广佛商贸城已成为远近闻名的商贸核心区，是城产人融合发展新典范之一　　（佛山日报社供图）

2017 年，三水区借着佛山创建“国家森林城市”的东风，参与“金佛山，银佛山，生态文明创新建设美佛山”的实践中，并逐步形成了“向水要绿”的创森特色。图为三水区西南涌两岸绿树环绕　　（陈浩森摄）

2017 年，三水新城向“珠三角城产人融合发展示范区、创新资源和高端人才集聚洼地”的目标大步迈进。图为三水新城新貌　　（三水新城供图）

2017年，高明区抢抓珠三角新干线机场加快规划选址等机遇，打造广佛西部交通枢纽。图为航拍高村立交　（黎汉滔摄）

佛山“一环”南庄立交　（佛山日报社供图）

佛山西站是集 3 条高速铁路、2 条城际铁路、3 条城市轨道交通等交通模式于一体的重要枢纽 （王伟楠摄）

2017 年，佛山南海西樵大桥片区提升工程一期竣工，成为进入西樵的“第一道风景线” （章佳琳摄）

2017 佛山十大最美公园

"2017 佛山十大最美公园"评选活动由佛山市住房和城乡建设管理局主办、佛山日报社承办，禅城区城市综合管理局、南海区国土城建和水务局、顺德区国土城建和水利局、高明区交通运输和城市管理局以及三水区国土城建和水务局共同协办。经各区选送推荐，结合 70% 的线上投票分数加上 30% 专家实地考察评分，最终从 20 个候选公园中综合评定选出十大最美公园。获"2017 佛山十大最美公园"排名，按照评分由高到低：听音湖公园（南海区西樵镇）、明湖艺术公园（高明区西江新城）、佛山新城滨河景观带（顺德区乐从镇）、亚洲艺术公园（禅城区石湾镇街道）、三水文化公园（三水区西南街道）、顺峰山公园（顺德区大良街道）、三江水韵公园（三水区云东海街道）、千灯湖公园（南海区桂城街道）、绿岛湖公园（禅城区南庄镇）、秀丽河景观公园（高明区西江新城）。

听音湖公园

（佛山日报社供图）

明湖艺术公园

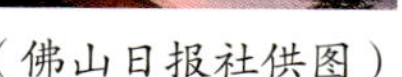

（佛山日报社供图）

三江水韵公园

佛山新城滨河景观带 （佛山年鉴社供图）

亚洲艺术公园 （佛山年鉴社供图）

三水文化公园 （佛山日报社供图）

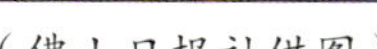

顺峰山公园 （佛山日报社供图）

（三水区供图）

千灯湖公园 （佛山年鉴社供图）

绿岛湖公园 （佛山年鉴社供图）

秀丽河景观公园 （高明区供图）

特 载

干在实处 走在前列 以优异成绩迎接党的十九大胜利召开

——在中共佛山市委十二届四次全会上的报告

（2017年7月27日）

中共佛山市委书记 鲁 毅

同志们：

这次全会的主要任务是：深入贯彻习近平总书记系列重要讲话精神，特别是对广东工作的重要批示精神，贯彻落实省第十二次党代会精神，总结今年上半年各项工作，研究部署下半年工作，以优异成绩迎接党的十九大胜利召开。

下面，我代表市委常委会向大会作报告。

一、上半年各项工作迈出坚实步伐，为全面完成全年目标任务奠定良好基础

今年以来，我们深入贯彻习近平总书记系列重要讲话精神和治国理政新理念新思想新战略，全面落实中央、省委的决策部署，团结带领全市各级党组织、广大党员干部和建设者，真抓实干，攻坚克难，推动市第十二次党代会决策部署落地落实，各项工作取得阶段性成效。

——经济运行高开稳走。上半年，全市完成地区生产总值 4 200.1 亿元，增长 8.5%，高于去年同期，高于全省、全国平均水平。工业经济稳中向好，重点建设项目顺利推进，社会消费稳健增长，对外贸易稳中有进，招商引资形势向好。深化供给侧结构性改革取得积极成效，中央电视台大型政论片《将改革进行到底》，将佛山陶瓷行业供给侧结构性改革作为全国范例。美的、碧桂园跻身 2017《财富》世界 500 强[1]。

——创新发展成效明显。珠三角国家自主创新示范区建设稳步推进，中国（广东）机器人集成创新中心启动建设。高新技术企业培育势头良好，发明专利申请量、授权量保持 20% 以上增速，自主创新能力得到提升。佛科院高水平理工科大学创建工作取得新进展，新校区建设如期完工。与省教育厅共建广东高校科技成果转化中心，南方医科大学、广东财经大学在佛山建设全学段校区。

——发展格局逐步优化。携手广州打造粤港澳大湾区世界级城市群核心区。把握“香港＋佛山”机遇，提出 7 大领域 11 个重点合作项目，得到香港特区政府积极回应。全力配合珠三角新干线机场规划选址工作，佛山西站即将启用，城市枢纽功能逐渐显现，在全省发展格局中的战略地位进一步提升，城市知名度和影响力不断扩大。五区竞合，比学赶帮超、奋勇争先、携手共进的生动局面初步形成。

——城市形象持续提升。实施城市治理三年行动计划。各组团中心建设持续推进，顺德北部片区一体化进程提速，狮山城市副中心建设成效初显，西江新城、三水新城建设有序推进。“三旧”改造力度加大，村级工业园区综合整治稳步推进。轨道交通建设加快，“佛山一环”高速化改造全面实施。国家森林城市创建工作进展顺利，大气、水环境质量持续改善，全面推行“河长制”，实现全市河涌及湖泊、水库全覆盖。

——社会事业全面进步。国家教育综合改革示范市建设向纵深发展。公立医院综合改革、分级诊疗制度建设逐步深化。创建国家公共文化服务体系示范区工作进展顺利，文化部第三督查组认定 35 个指标达标。“世界功夫之城”建设稳步推进。对口帮扶湛江、云浮和援藏、援疆取得阶段性成效，对口凉山州扶贫协作得到国务院扶贫办肯定。全市意识形态形势持续向好。信访维稳、安全生产形势稳定，立体化社会治安防控体系加快完善，确保了敏感节点和重大活动“四个不发生”[2]。

——从严管党治党取得新成效。把讲政治放在首位，强化管党治党主体责任，增强“四个意识”。推进“两学一做”学习教育常态化制度化，广泛深入学习宣传贯彻习近平总书记重要批示精神，推动重要批示精神家喻户晓、落细落实、落地见效。坚持以基层党建引领基层治理，构建“大党建、大服务、大治理”工作格局。市、区、镇（街道）、村

（社区）四级换届基本完成，非户籍常住居民及党员参与村（社区）换届选举试点取得较好成效。驻点联系持续深化，服务群众能力不断提升。坚持把纪律和规矩挺在前面，党内政治生活呈现新气象。启动十二届市委首轮巡察，率先出台企业维护合法权益投诉指引，营造更加良好的政务环境和营商环境。

市委总揽全局、协调各方，市人大围绕中心、依法履职，市政府依法行政、高效履职，市政协突出重点、协商议政，统一战线进一步巩固和发展，各民主党派、工商联和群团组织融入大局、争作贡献，和谐共进氛围更加浓厚。

总结上半年工作，我们的体会是：第一，必须坚持以习近平总书记系列重要讲话精神和治国理政新理念新思想新战略为根本遵循，以习近平总书记对广东工作重要批示统领工作全局。我市经济发展取得良好成绩，是我们坚定不移推进供给侧结构性改革、实施创新驱动发展战略、构建开放型经济新体制的结果。佛山的实践证明，供给侧结构性改革、创新驱动发展和构建开放型经济新体制相互促进、相得益彰，联结成为一个有机动能支撑系统，共同推动经济转型升级、创新发展。第二，必须坚决贯彻落实省第十二次党代会的决策部署，坚持省委有部署、佛山有行动、落实见成效的政治自觉、行动自觉，为全省发展提供支撑。上半年，省委胡春华书记多次到佛山调研，特别是4月12日参加佛山市委常委（扩大）会议，指导学习宣传贯彻习近平总书记重要批示精神，这是对我们做好工作的极大鼓舞、激励和鞭策，为我们在新起点上实现更高水平发展指明了方向、提出了要求。第三，必须坚持求实务实抓落实，把每一项决策部署都落到具体抓手上，精准聚焦，久久为功，不断把实干优势转化为发展胜势。全市上下认真落实市第十二次党代会和专题部署会、重点工作推进会的要求，有效推动各项工作落地落实、取得实效。第四，必须发挥各级党组织和全市广大人民群众的积极性和创造力，特别是大力弘扬企业家精神和工匠精神，充分发挥企业家和工匠在促进经济转型升级、创新发展中的主力军作用。

成绩来之不易。在此，我代表中共佛山市第十二届委员会，向全市各级党组织、广大党员和人民群众，向所有为佛山建设与发展作出贡献的同志们、朋友们，致以衷心的感谢！

回顾上半年工作，我们也清醒认识到，一些制约发展的深层次、结构性问题仍未得到根本解决，主要表现在：一是转型升级任务依然艰巨。产业层次整体偏低，资源环境约束趋紧，创新体系还不完善，高端人才和创新型企业集聚不足。二是城市规划建设管理精细化水平有待提高。城市更新、村级工业园改造整治任务艰巨。三是市级统筹力度需要进一步加大。统筹集约发展不够，发展不均衡、不协调问题仍然存在。四是民生社会事业仍然存在短板。教育、医疗、养老等优质公共服务供给不足，生态环境质量改善仍需下更大力气。五是维护社会稳定和推进基层治理转型任务依然繁重。六是全面从严治党任重道远。少数党员干部庸政懒政怠政，不正之风和腐败现象时有发生，等等。我们既要保持清醒、直面问题，更要不忘初心、继续前进！

二、深入贯彻习近平总书记治国理政新理念新思想新战略，在新的起点上再创新局

党的十八大以来，习近平总书记发表了一系列重要讲话，形成了治国理政新理念新思想新战略。在广东省第十二次党代会召开前，习近平总书记对广东工作作出重要批示，充分肯定党的十八大以来广东各项工作，希望广东坚持党的领导、坚持中国特色社会主义、坚持新发展理念、坚持改革开放，为全国推进供给侧结构性改革、实施创新驱动发展战略、构建开放型经济新体制提供支撑，努力在全面建成小康社会、加快建设社会主义现代化新征程上走在前列。习近平总书记的重要批示，高屋建瓴、内涵丰富、催人奋进，是习近平总书记系列重要讲话精神和治国理政新理念新思想新战略在广东的具体化，对广东发展具有重大的里程碑意义，为我们指明了前进方向。

当前，我市改革发展总体进入爬坡越坎的关键阶段。通过谋划建设面向全球的国家制造业创新中心，经济发展方式进入由旧动能向新动能加速转换的攻坚期；佛山制造业进入由传统制造向智能制造转型升级的窗口期；粤港澳大湾区上升国家规划，特别是珠三角新干线机场的规划建设，城市功能进入由节点城市向枢纽城市转型的蝶变期。在更高起点上实现更高质量、更有效率发展的宏伟画卷，正徐徐展开。面对新形势新机遇新任务，我们一定要以习近平总书记重要批示精神为统领，全面贯彻落实省第十二次党代会的决策部署，调频对表、强化责任、勇于担当，奋力开创佛山经济社会发展新局面。

——牢牢把握“四个坚持”的旗帜和方向。坚持党的领导，是我们做好一切工作的根本保证。必须坚决维护以习近平同志为核心的党中央权威，坚定不移把全面从严治党的要求延伸落实到基层，使党始终成为我们事业的坚强领导核心。坚持中国特色社会主义，是我们必须牢牢把握的正确方向。必须坚持和发展中国特色社会主义，以佛山实践、佛山成绩、佛山形象诠释中国特色社会主义优越性。坚持新发展理念，是我们在经济发展新常态下需要始终遵循的战略指引。必须坚持用新发展理念引领佛山未来发展全局，并贯彻落实到规划、决策、执行等各个领域、各个环节。坚持改革开放，是我们开创发展新局面的关键一招。必须始终保持敢为人先的奋进态势，进一步解放思想，坚持改革开放，增创体制机制新优势。

——牢牢把握“三个支撑”的使命担当和发展路径。必须坚持把供给侧结构性改革作为经济工作的主线，作为调整经济结构、转变经济发展方式的治本良方，加快建设具有全国影响力的制造业转型升级示范城市，勇当建设“制造强国”的先锋。必须坚持把创新驱动发展作为核心战略和总抓手，加快建设面向全球的国家制造业创新中心，为广东省建设国家科技产业创新中心提供支撑。必须坚定全方位开放引领，在“一带一路”、粤港澳大湾区等重大战略布局中找准佛山坐标、发挥佛山优势、展现佛山担当。

——牢牢把握“两个走在前列”的总的奋斗目标。努力在全面建成小康社会、加快建设社会主义现代化新征程上走在前列，是我们总的奋斗目标。必须充分发挥佛山经济发

展已达到世界中等发达国家水平的先发优势，既要将先发优势转化为先发责任，带动后发地区如期全面建成小康社会；更要注重以全球视野对标先进国家和地区，在发展质量和结构效益上引领示范，迈向率先基本实现社会主义现代化新征程，把佛山打造成为社会主义现代化建设的先行区。

同志们，建设面向全球的国家制造业创新中心，争当社会主义现代化建设的先行区，必须依靠全市上下的共同努力。禅城、南海、顺德要站在更高起点上向着更高的目标进发，引领带动全市向更高发展水平迈进；高明、三水要自我加压，进一步发挥好各自的独特优势，实现跨越式发展。五区要进一步加速加力，在合作中竞争、在竞争中发展，携手同心参与粤港澳大湾区建设和区域一体化发展。要持续加大市级在重大发展规划、重大基础设施建设、重大产业布局、重要领域和关键环节改革等方面的统筹力度，加快形成全市统筹推动、五区支撑、各具特色、竞相发展的新格局。

三、拥抱粤港澳大湾区战略机遇，勇当贯彻落实“四个坚持、三个支撑、两个走在前列”排头兵

7月1日，习近平总书记亲自见证《深化粤港澳合作 推进大湾区建设框架协议》的签署，标志着粤港澳大湾区建设全面启动。我们必须以习近平总书记重要批示为统领，贯彻落实省第十二次党代会精神，抢抓粤港澳大湾区建设重大机遇，全面对接广州、深圳、香港、澳门四大中心城市，特别要用好广深两个超大城市、香港“超级联系人”，提升开放引领、创新驱动发展的水平，为广东改革发展作出佛山贡献。

（一）把供给侧结构性改革作为经济工作的主线。坚持稳中求进工作总基调，把提升质量作为优化供给体系的中心任务，坚定信心，保持定力，加大力度，推动供给侧结构性改革向更深层次、更广维度、更大空间深化拓展，实现经济向更高形态发展。

坚持智能制造主攻方向推动产业转型升级。全面落实省党代会“壮大珠江西岸先进装备制造产业带”要求，紧抓国家制造业转型升级综合改革试点机遇，建设“中国制造2025”试点示范城市群，打造万亿规模先进装备制造产业基地，加快形成以先进装备制造业为主导的现代产业新体系。充分发挥中德工业服务区、中德工业城市联盟等平台载体作用，构建“中国制造2025”对话“德国工业4.0”的桥梁，吸引欧美发达国家尤其是德国的先进技术与佛山制造业融合。加快建设中国（广东）机器人集成创新中心和潭洲国际智能科技园。实施“百企智能制造提升工程”“机器人领跑”专项行动和“百千万工程”[3]，促进机器人和智能装备的生产应用推广，推动佛山制造向佛山智造、佛山创造转变。加快全市大数据统筹发展体制机制改革，实施“互联网+”行动计划，办好第三届中国“互联网+”博览会和珠西装洽会。

努力将佛山制造打造成中国制造最高品质。佛山制造，当以品质为生命。要深入实施“以质取胜、技术标准、品牌带动”三大战略。引导企业牢固树立“质量第一”的理念，建立健全质量管理体系，开展质量比对研究提升工程，提高产品供给质量。支持骨干企业积极参与国际、国家、行业、地方标准制（修）订工作，推动产业集群标准联盟建设，制定实施高于国家、行业、地方标准的高端联盟标准，提升优势产业行业话语权和市场竞争力。鼓励企业制定实施品牌战略规划，积极做好品牌培育工作，打造一批“百年老店”。加强产业集群区域品牌建设，探索建立区域品牌保护机制。

坚定不移发展实体经济。持续深化国有企业改革，重点抓好八大平台公司建设。实施大型骨干企业培育工程，支持企业做大做强做优，形成一批具有国际竞争力和影响力的大型骨干企业。支持“专精特新”型中小微企业发展，加强“四上”企业[4]培育力度，深入挖掘和培育一批利基市场（Niche Market）的隐形冠军。精准实施“一企一策”，重点帮助一批成长性高、经济效益好、带动能力强的企业，贴身定制服务计划，确保服务措施跟着诉求走、落到关键处。加快国家产融合作试点城市建设，建立政府、企业、金融机构对接合作机制，完善地方普惠金融体系，大力发展多层次资本市场，打造珠西创投中心、珠西融资租赁区域中心，提高金融服务实体经济的效率和水平。深入推进农业供给侧结构性改革，以增加绿色优质农产品供给为主线，加强农业科技创新和应用推广，努力提高农业发展的质量和效益。

营造稳定公平透明、可预期的营商环境。围绕政府提能力、市场增活力、发展添动力，大力推进“放管服”改革。进一步完善“一门式一网式”政务服务模式改革。深化投资建设项目联合审批改革，加强行政审批标准化建设，提高政府服务企业的效率。全面推进社会信用体系建设，健全守信激励和失信惩戒机制。把产权保护作为安商稳商的重要措施，积极探索产权保护制度改革，加大知识产权保护建设力度，让企业家在佛山放心投资、安心经营、舒心生活。出台政策一定要出到点子上，增强政策的稳定性、连续性、可预见性，让企业发展无后顾之忧。

（二）坚持创新驱动发展，加速形成“一环创新圈”。佛山制造，当以创新为灵魂。要立足佛山制造业优势，面向全球配置创新资源，加强统筹规划，发挥大型企业创新引领和一环沿线创新平台、载体的支撑作用，建设“一环创新圈”，积极融入粤港澳大湾区协同创新体系。

走“世界科技+佛山智造+全球市场”创新之路。坚持以市场为导向、企业为主体、开放为路径，依托“一带一路”国家战略、“香港+佛山”合作机制，以及中德工业服务区等各类创新载体，吸引跨国公司、知名研发机构和高校来佛山设立研发中心，支持企业走出去利用境外创新资源，深度融入全球创新网络。加快建设一批重点创新工程和重大创新项目，集中力量联合攻关一批关键核心技术，推动制造业迈向中高端。制定出台佛山高等教育发展实施意见，为我市创新驱动发展提供技术和人才支撑。佛科院要加快一流应用型理工科大学创建步伐，聚焦制造业转型升级，打造全球创新技术应用转化中心和高新技术企业“大孵化器”。

建设珠三角国家自主创新示范区。全面落实创新驱动八项重大举措，着力在高新技术企业培育、研发机构覆盖面、企业技术改造、科技孵化能力等方面实现新突破，力争今年新增高新技术企业1 000家、规模以上工业企业研发机构建有率达到25%、主营业务收入5亿元以上工业企业实

现研发机构全覆盖。禅城、南海、顺德要发挥毗邻广州中心城区的优势，打造创新集聚区，带动全市创新发展，并积极融入广深创新走廊。佛山国家高新区要加快建设成为区域创新的重要节点和产业高端化的重要基地，力争2020年进入全国高新区20强。

构建具有佛山特色的区域创新生态。深化科技体制改革，最大限度调动科技人员创新积极性。加大财政科技投入力度，建立稳定增长机制，重点支持科技创新服务体系建设。强化企业创新主体地位，发挥大型骨干企业技术创新主力军作用，支持他们开展科技创新、产品创新、管理创新。健全有利于中小企业创新创造的制度体系，帮助他们搭建创新平台、提供融资支持、开展产学研对接。高标准建设国家知识产权示范城市，建成国家知识产权保护中心，打造华南知识产权交易中心。进一步优化人才政策供给，大力培育和引进国内外一流科技创新团队和高端创新人才。营造鼓励创新、宽容失败的社会氛围，形成大众创业、万众创新的生动局面。

（三）加快构建开放型经济新体制，争当广东参与全球竞争合作的主力军。开放是推动佛山实现新一轮腾飞的强大引擎。要以全球视野、开放胸怀、务实举措，加快构建具有更强竞争力和自主性的开放型经济新体制，以对外开放的主动赢得经济发展的主动、赢得国际竞争的主动。

以“一带一路”战略引领构建对外开放新格局。发挥政府和市场两个作用，通过建立政府间合作平台、海外经贸合作区、海外办事处和举办博览会等方式，支持企业沿“一带一路”国家开拓市场，开展国际产能合作，以对外投资带动装备、技术、标准、服务“走出去”，逐步实现由点到面、由单个现象到集群效应的转变。鼓励“走出去”企业返程再投资，促进本土产业提质升级。要认真研究国际资本流动趋势，着力引进影响力大、带动力强、经济效益好的优质大项目。进一步推动外贸“稳份额、调结构、增效益”，促进形成以一般贸易和民营企业为主导的外贸格局。依托潭洲国际会展中心，打造专业化、国际化、信息化的会展品牌，发挥会展对贸易的促进作用。

推动更高水平区域协同发展。深化与广州全方位合作，广佛同心参与全球产业分工和竞争，建设世界级产业集群。抓住深中通道、港珠澳大桥、广深港高铁等大通道建设契机，主动链接深圳的科技创新和金融资源，促进产业结构调整和转型升级。以“香港+佛山”推动佛山制造业优势与香港国际化优势相结合，一起迈向国际分工体系高端。今年4月20日，时任香港特区行政长官梁振英先生率团考察佛山时，提出“香港+佛山”一起面向全球、携手打造粤港澳大湾区的倡议。6月5日，佛山市党政代表团赴港拜会了梁振英特首，双方就“香港+佛山”进行深入交流，达成广泛共识。我们要积极与新一届特区政府加强沟通，建立更紧密的合作机制，落实好已达成的合作项目。帮助企业借助香港的国际化平台“走出去”开展全球经营。

创新对外开放体制机制。出台佛山加快构建开放型经济新体制行动方案，在促进双向投资、推进贸易便利化、构建新型合作模式、搭建多元合作平台等方面进行探索。全面推行外商投资准入前国民待遇加负面清单管理模式。健全境外投资管理服务体系，完善以备案制为主的境外投资管理制度，提升为“走出去”企业服务水平。深化贸易监管服务改革，全面推行“互联网+易通关”模式，复制推广国际贸易“单一窗口”试点经验，促进通关便利化。创新国际交流合作机制，深化与“一带一路”沿线国家城市、国际友城的人文交流，夯实民间友好基础，提升佛山国际影响力和吸引力。

（四）积极参与粤港澳大湾区建设，打造宜居宜业宜创新的美好家园。顺应以城市群为单元参与全球竞争合作的城市化趋势，坚持统筹发展、融合发展，大力实施城市治理三年行动计划，建设高品质现代化国际化大城市。

以高水平规划引领城市现代化。坚持优化城市空间和结构，强化与大湾区中心城市规划衔接、功能互补、协同发展。深入实施“强中心”战略，重点将禅城、南海、顺德打造成广佛都市圈核心区，高明、三水也要加快融入步伐。统筹城乡发展，高质量、高标准打造30个特色小镇、110个美丽文明村居，以镇村现代化促进城市现代化。完善城市更新专项规划，加大村级工业园综合整治力度，推动城市更新由物质环境改善向激发城市活力转变。

建设面向大湾区的现代化基础设施。完善重大交通设施布局，统筹推进铁路、公路、港口和机场建设，构建覆盖全市、通达湾区、连通世界的现代化综合交通运输体系。积极推动珠三角新干线机场启动建设和佛山西站投入使用，加快粤桂黔高铁经济带合作试验区（广东园）建设，增强佛山在粤港澳大湾区承东启西的枢纽功能。全方位对接南沙港、白云机场、广州南站三大交通枢纽，重点对接好广州地铁线建设，实现广佛地铁“一张网、一张票”。加强跨区域路网衔接，推动与周边城市重大交通设施的互联互通，力争1小时通达深圳、香港、澳门。以“佛山一环”西拓、高速化改造为重点，加大城市路网升级改造力度。完善公共交通设施，构建轨道交通、常规公交、慢行交通一体化的公共交通体系。依托西江、北江岸线资源优势，加强港口集疏运体系和航道建设，支持高明打造海口国际航运港区。着力优化提升信息基础设施，建设智慧城市。

以城市管理精细化改善生产生活生态环境。围绕城市让人民生活更美好的目标，把精细化的要求体现到规划、建设、管理的全过程，管好管优中心城区，并加快向城乡结合部、镇村延伸拓展，实现精细化管理全覆盖。深化城市管理执法体制改革，整合各部门执法资源，提升城市管理法治化、智能化、标准化水平。依法对城市违法建筑、违法用地、安全隐患等开展综合整治。从城市绿化美化亮化、街道路面、人行通道、城市下水道、交通智能管理等细处着手，做到规划科学化、设计人性化、建设高标准、管养高效化。引导公共单车、共享单车加快发展、规范发展，鼓励全民低碳出行。各级、各部门和广大领导干部要扛起生态文明建设的政治责任，当好生态环境的“保洁员”。持续打好水、大气、土壤污染防治三大攻坚战。突出抓好水污染治理，全面落实“河长制”，重点推进广佛跨界河流污染整治和生态修复。加大扬尘、粉尘、废气等治理，大力实施清洁能源发展工程。建立健全土壤污染防治体系，加快推进土壤污染治理与修复试点。提升一批森林公园、湿地公园、街头绿地，力争年内成功创建国家森林城市。

建设更具品质的文化导向型城市。积极培育和践行社会主义核心价值观，塑造社会文明新风尚。把城市文化建设与创建全国一流文明城市结合起来，进一步擦亮“大爱佛山”“乐善之城”“敬业之城”“志愿者之城”等佛山特色的文明创建品牌，推动文明创建工作常态化、精细化。大力弘扬工匠精神和企业家精神，与新时期佛山人精神紧密结合起来，共同成为佛山城市竞争力的核心要素，引领佛山向现代工业文明迈进。高标准创建国家公共文化服务体系示范区，加快基层公共文化设施建设。依托我市文化遗产资源、产业资源和历史名人等优势，加强统筹规划，鼓励和支持兴办各类博物馆，打造博物馆之城。坚持文产融合发展，出台文化产业发展指导意见，精心策划举办“香港·佛山节”等一批文化活动，加快推进广莱坞项目建设。

（五）让人民群众过上更加富裕、更加健康、更有保障、更有发展的美好生活。要坚持以人民为中心的发展思想，持续加强和改善民生，共建共享美好生活。

解决好市民最急需、最盼望、反映最强烈的民生问题。深化医药卫生体制改革，建设卫生强市和健康佛山，为市民健康保驾护航。全面推开公立医院综合改革，推进分级诊疗制度建设，建立药品供应保障制度，完善全民医疗保障体系。狠抓教育重点领域和关键环节改革，促进学前教育、义务教育、职业教育、高等教育等各类教育协调发展。全面完成今年新建、改（扩）建义务教育阶段学校的目标任务。坚持“房子是用来住的，不是用来炒的”，探索建立长效机制，促进房地产市场平稳健康发展，积极开展全国住房租赁试点工作，加快人才公寓、保障性住房建设，以多层次供给满足多元化需求，让生活在佛山、贡献在佛山的市民安居乐业。

坚持保基本、兜底线、促公平、可持续，筑牢民生保障底线。实施更加积极的就业政策，实现更加充分更高质量的就业，并以就业创业带动增收，夯实改善民生的坚实基础。持续深化社会保险制度改革，完善广覆盖、保基本、多层次、可持续的社会保障体系。积极研究人口老龄化，加快发展老龄服务事业和产业，探索社会养老新模式，构建多层次养老服务体系。大力发展社会福利和慈善事业，加强对特殊困难群体、妇女儿童等各类社会群体的管理和服务。

加强公共安全建设，努力让群众安心、社会安全。坚决落实安全生产责任制，切实做到“党政同责、一岗双责、齐抓共管、失职追责”，健全预警应急机制，加大安全监管执法力度，督促企业落实安全生产主体责任，坚决预防和遏制重特大事故发生。切实加强农产品、食品、药品安全监管，用最严谨的标准、最严格的监管、最严厉的处罚、最严肃的问责，严把从农田到餐桌、从实验室到医院的每一道防线。

用心用情用力开展扶贫攻坚，为全国同步全面建成小康社会贡献佛山力量。深入贯彻习近平总书记扶贫开发战略思想，扎实推进对口支援新疆伽师县、草湖产业园和西藏墨脱县工作，确保对口支援取得更大成效。围绕“两不愁、三保障、四个好”[5]目标，与凉山州共同打造东西部扶贫协作全国样板。认真做好对口湛江、云浮精准扶贫工作，高标准完成省下达的扶贫攻坚目标任务。以人居环境综合整治为切入点，积极推进社会主义新农村示范村建设。加强产业共建，狠抓招商引资和项目落地，推动佛山（云浮）产业转移工业园加快发展。

（六）全面推进依法治市，切实维护社会和谐稳定。要更好发挥法治的引领和规范作用，更好统筹社会力量、平衡社会利益、调节社会关系、规范社会行为，以法治推动改革发展、维护社会稳定。

把党委政府工作全面纳入法治化轨道。坚决维护宪法和法律权威，落实党政主要负责人推进法治建设第一责任人职责。加强市委对立法工作的领导，充分发挥市人大及其常委会在立法中的主导作用，坚持问题导向立法，更加注重解决现实突出问题和历史遗留问题，为基层化解矛盾、解决问题提供法制保障。要处理好立权与立责的关系，尤其是彰显立责意识，充分体现服务企业、服务市民的责任。落实党政机关普遍设立法律顾问、公职律师制度，提升依法决策、依法行政能力。

支持司法机关依法独立公正行使职权。深化司法体制改革。探索开展知识产权民事、刑事、行政案件的“三审合一”改革。抓好“阳光司法”，提升司法公信力。完善司法人员履行法定职责保护机制，健全并严格执行领导干部预司法案件记录、通报和责任追究制度，保障司法公正。

营造全民尊法学法守法用法、尚德诚信的社会氛围。坚持法治与德治融合共进，将法治宣传、法治教育与精神文明建设结合起来。全面贯彻省、市“七五”普法规划，推动青少年法治教育基地建设，创新农村、城中村、企业和工业园区普法机制，完善“以案释法”相关工作机制。加强公共法律服务体系建设，加大法律援助和司法救助力度，落实一村（社区）一法律顾问制度。健全“大调解”机制，加强和规范医疗纠纷、物业纠纷等专业人民调解。

把维护社会稳定作为首要政治任务。坚决贯彻落实中央、省委维护稳定工作部署，进一步提高政治站位，压实维护稳定第一责任，切实维护国家政治安全。全面防控经济、金融、网络等各类风险，着力化解各类社会矛盾和基层不稳定因素，依法妥善处置群体性事件。推进信访法治化建设，注重源头预防，切实依法及时就地解决群众合理诉求。完善立体化社会治安防控体系，严厉打击各类暴力恐怖和违法犯罪活动，为党的十九大胜利召开营造和谐稳定的社会环境。

四、着力加强和改善党的领导，推动全面从严治党向纵深发展

面对新形势新任务新要求，全市各级党组织必须深入贯彻落实党中央全面从严治党的战略部署，切实担负起管党治党政治责任，把党建设得更加坚强有力，在深入贯彻习近平总书记重要批示精神中取得实效、走在前列。

（一）旗帜鲜明讲政治，切实把思想和行动统一到习近平总书记治国理政新理念新思想新战略上来。牢固树立政治意识、大局意识、核心意识、看齐意识，坚决维护以习近平同志为核心的党中央权威。深入推进“两学一做”学习教育常态化制度化。严格落实意识形态工作责任制，压实党

委（党组）意识形态工作主体责任，严把重点领域和关键环节的意识形态安全关，牢牢掌握意识形态工作领导权、主动权。全体党员要坚定政治立场，提高政治敏锐性和政治鉴别力，严格遵守政治纪律和政治规矩，坚决杜绝“七个有之”[6]，切实做到“五个必须”[7]，决不允许上有政策、下有对策，决不允许有令不行、有禁不止，决不允许在贯彻执行中央、省委和市委决策部署上打折扣、做选择、搞变通。严肃党内政治生活，不断增强党内政治生活的政治性、时代性、原则性、战斗性。坚持民主集中制，严格履行党委全会、常委会职责。加强党内政治文化建设，构建“亲”“清”新型政商关系。

（二）坚持党建引领，构建融合共治的基层治理新体系。强化各级党委抓基层党建的主体责任，推动全面从严治党要求向基层延伸，持续深入整顿软弱涣散基层党组织，全力打造“堡垒型+服务型”基层党组织。深化“1 + N + X”区域化大党建工作。坚持党对高校工作的领导，落实高校党委管党治党、办学治校主体责任，重点抓好大中专院校的意识形态安全和师生思想政治建设工作。坚持党对国有企业的领导与建立现代企业制度的有机结合，切实增强企业党组织的领导核心和政治核心作用。巩固“一个龙头、四个体系”[8]下的基层治理，推动基层党建与基层政法、信访工作和群团工作深度融合。继续推进非户籍常住人口参与基层治理。健全以驻点联系制度为核心的联系服务群众体系，探索党员“户联系”制度。充分利用大数据整合各方资源，及时解决群众诉求，化解基层矛盾和不稳定因素。

（三）坚持忠诚干净担当，建设高素质的干部队伍。坚持好干部标准，精准科学选人用人，严防“带病提拔”。完善干部考核评价机制、正向激励机制，建立干部业绩档案，倡导“为官有为”，从严整治“为官不为”。贯彻“三个区分开来”原则，建立健全容错纠错机制。精心组织新一届村（社区）“两委”干部全员培训工作，增强“两委”干部政治意识、法治意识和担当意识。启动实施村（社区）党组织书记、“两委”干部两支后备队伍三年培养计划。

（四）坚持全面从严治党，营造风清气正政治生态。持续落实中央八项规定精神，认真践行监督执纪“四种形态”，保持惩治腐败震慑力。坚持以制度+科技+文化“三位一体”推进预防腐败工作，落实纪检监察机关和案发单位协调联动的“以案治本”工作机制，支持顺德探索医疗采购制度改革。加强市、区巡察和巡视整改工作。深入推进廉洁试验区建设，充分发挥其制度孵化器作用，推动行之有效的创新性微观制度复制推广。在执纪审查工作中，既要严厉查处腐败行为，又要依法保护涉案企业合法权益。用好农村“三资”监管平台，强化农村基层廉洁风险防控。

党是中国特色社会主义事业的坚强领导核心。各级党委要支持和保证人大及其常委会依法行使职权，支持和保证人民政协依照章程履行职能。做好党外知识分子、非公有制经济人士和新的社会阶层人士等的统战工作。深化群团改革，形成党领导下的大统战、大群团工作格局。

同志们，党的十九大即将召开，这是党和国家政治生活中的一件大事。让我们紧密团结在以习近平同志为核心的党中央周围，以“四个坚持、三个支撑、两个走在前列”统领工作全局，全面贯彻落实省第十二次党代会决策部署，牢记使命、锐意进取、扎实工作，努力在新的起点上勇攀新高，以优异成绩迎接党的十九大胜利召开！

注释：

[1] 美的、碧桂园跻身2017《财富》世界500强：美的凭借240.60亿美元的营业收入、22.104亿美元的净利润，位居全球第450名，较去年提升31名。碧桂园以约230.4亿美元的营业收入首次进入世界500强，排名467位。

[2] 四个不发生：确保重要防护期公共安全，不发生重大政治案件，不发生影响恶劣的群体性事件，不发生重特大治安灾害事故，不发生重特大恶性案件。

[3] 百千万工程：推进机器人及智能装备应用，力争在2017年底前完成100条智能化生产示范线的规划建设工作，推广应用2 000台华中数控佛山机器人公司生产的工业机器人，推动华中数控佛山华数机器人公司完成10 000台工业机器人的生产。

[4] 四上企业：规模以上工业企业、资质等级建筑业企业、限额以上批零住餐企业、规模以上服务业企业等这四类规模以上企业的统称。

[5] 两不愁、三保障、四个好：稳定实现扶贫对象不愁吃、不愁穿，保障其义务教育、基本医疗和安全住房，让贫困群众住上好房子、过上好日子、养成好习惯、形成好风气。

[6] 七个有之：是指一些人无视党的政治纪律和政治规矩，为了自己的所谓仕途，为了自己的所谓影响力，搞任人唯亲、排斥异己的有之；搞团团伙伙、拉帮结派的有之；搞匿名诬告、制造谣言的有之；搞收买人心、拉动选票的有之；搞封官许愿、弹冠相庆的有之；搞自行其是、阳奉阴违的有之；搞尾大不掉、妄议中央的也有之。

[7] 五个必须：必须维护党中央权威，在思想上政治上行动上同党中央保持高度一致；必须维护党的团结，不得搞任何形式的派别活动；必须遵循组织程序，决不允许擅作主张、我行我素，不允许超越权限办事，不能先斩后奏；必须服从组织决定，决不允许搞非组织活动，不得跟组织讨价还价，不得违背组织决定，不得欺骗组织、对抗组织；必须管好亲属和身边工作人员，决不允许他们擅权干政、谋取私利。

[8] 一个龙头、四个体系：以镇（街道）党（工）委为龙头，构建起科学的组织动员体系、全覆盖的联系服务体系、开放的多元共治体系、法治化的矛盾化解体系。

政 府 工 作 报 告

——2018年1月16日在佛山市第十五届人民代表大会第三次会议上

佛山市市长　朱　伟

各位代表：

现在，我代表市人民政府，向大会报告政府工作，请予审议，并请各位政协委员和其他列席人员提出意见。

2017 年工作回顾

2017 年是本届政府开局之年，是实施“十三五”规划的重要一年，也是供给侧结构性改革深化之年。市政府在省委、省政府和市委的正确领导下，在市人大、市政协的监督支持下，认真贯彻落实党的十八大、十九大精神，坚持以习近平总书记对广东工作重要指示批示精神为统领，不断增强“四个意识”，坚持稳中求进工作总基调，牢固树立新发展理念，以推进供给侧结构性改革为主线，砥砺奋进、真抓实干，努力做好稳增长、促改革、调结构、惠民生、防风险各项工作，全市经济社会保持平稳健康发展，顺利完成市第十五届人大一次会议确定的各项任务。预计实现地区生产总值 9 549.6 亿元，增长 8.5%；地方一般公共预算收入 661.4 亿元，增长 11.6%；固定资产投资 4 265.8 亿元，增长 21.5%；社会消费品零售总额 3 320.4 亿元，增长 10%；进出口总额 4 357.4 亿元，增长 6.1%；居民人均可支配收入 4.5 万元，增速与经济增长基本同步；城镇登记失业率 2.35%；居民消费价格涨幅 1.9%；单位地区生产总值能耗、主要污染物排放量完成省下达的目标任务。

一年来，我们主要做了以下工作：

一是保持经济稳中向好。实施稳增长系列举措，经济运行高开稳走、稳中有进。工业生产持续加快。以稳工业促稳增长，工业生产延续 2016 年一季度以来持续加快走势，增幅创两年来新高，主引擎作用凸显。预计完成规模以上工业总产值 2.24 万亿元，增长 8.7%；工业增加值 4 930.1 亿元，增长 8.8%。工业生产者出厂价格指数上涨 4.5%；制造业采购经理指数持续走高，连续 15 个月处于荣枯线以上，12 月达 55%；工业用电量 468.6 亿千瓦时，增长 8%，大工业实增容量增长 32.9 倍。工业结构持续优化，完成先进制造业总产值 1.02 万亿元，增长 9.8%，占规模以上工业总产值比重 45.8%，提高 6.6 个百分点；高技术制造业总产值 1 739.8 亿元，增长 16.3%。工业经济效益稳步向好，预计规模以上工业企业主营业务收入增长 14.7%，提高 7.1 个百分点；主营业务收入利润率 7.9%，提高 0.14 个百分点；亏损面 8.8%，下降 0.9 个百分点。适度扩大总需求。出台扩大固定资产投资工作方案，多渠道促进有效投资增长。完成工业投资 1 690.7 亿元，增长 15.5%，总量超房地产开发投资 236.7 亿元，连续 6 年位居全省首位；基础设施投资 829.7 亿元，增长 53.6%。实施扩内需促消费措施，创建省放心消费试点城市，发展型享受型消费增长较快，汽车类零售额 651.7 亿元，增长 13.7%；快递业务收入增长 30%。外贸保持平稳增长。完成出口总额 3 153.6 亿元，增长 1.7%；进口总额 1 203.8 亿元，增长 19.6%；一般贸易出口 1 818.1 亿元，增长 11%，占出口总额比重 56.8%，提高 3.8 个百分点。民营经济活力增强。落实促进民营经济发展举措，着力维护民营企业及企业家合法经营权和产权，完善中小微企业综合服务体系，推动大型骨干企业跨越发展。深入开展“暖企”行动，走访调研企业 1.1 万家，收集意见建议并妥善解决。规模以上民营工业总产值 1.58 万亿元，增长 10.2%，民营工业对全市工业增长贡献率 81.6%；完成民间投资 2 984.4 亿元，增长 18.1%，占固定资产投资比重 70%。新增主营业务收入超 100 亿元企业 1 家，总数 17 家。7 家企业进入“2017 中国民营企业 500 强”[1]。出台“四上”企业[2]培育三年行动计划，入库企业净增超 1 000 家，总数 1.1 万家。

二是深化供给侧结构性改革。出台深化供给侧结构性改革实施意见，在全省率先设立 5 亿元改革专项基金，聚焦提升质量和降低成本。供给体系质量稳步提升。实施工业产品质量提升行动计划和扶持办法，创建全国质量强市示范城市通过省预验收。认定细分行业龙头企业 154 家；新增质量管理体系认证企业 1 525 家，累计 6 642 家；工业产品质量监督抽查综合合格率 93.5%，提高 1.5 个百分点。新增联盟标准 26 项，累计 98 项；主导或参与制（修）订国家、行业或地方标准 41 项，累计 1 640 项；新增采用国际标准认证产品 89 个，累计 2 592 个。南海区成立全国首个制造业“隐形冠军”联盟。中国驰名商标 159 件，位居全国地级市首位；全国知名品牌示范区新申报 4 个，累计创建 9 个。弘扬企业家精神，表彰 20 家“佛山 · 脊梁企业”和 20 位“佛山 · 大城企业家”。“三去一降一补”取得实效。完成 33 户国有特困企业脱困出清，排查关停国有企业累计出清 60 户，超额完成考核目标。贯彻落实中央房地产调控政策，提前超额完成三年商品房去库存任务，累计净去化 371.3 万平方米，总去化周期 9.5 个月。积极构建租购并举长效机制，成立市建鑫住房租赁有限公司，向社会推出首批 518 套租赁住房。实施降低企业成本“佛十条”[3]等政策措施，帮助企业减负 349.2 亿元，其中新政策减负 122.5 亿元。57 项补齐软硬基础设施短板重大项目进展顺利。推进农业供给侧结构性改革。积极培育壮大农业生产主体，新增省、市级现代农业园区 16 家，累计 45 家，入驻企业 1 199 家；新增省级农业龙头企业12家，累计40家。实施耕地质量保护与提升行动，扩大绿色优质农产品供给，“三品一标一名牌”[4]认证产品累计224个，市级以上“菜篮子”基地66家。建设全省首个农业科技示范市。狠抓重点领域风险防控。规范政府举债融资和偿债机制，合理分配地方政府债券置换额度，优化债务结构，化解存量债务，预警地区债务风险水平总体下降。加强金融风险防控，清理整顿非法集资、互联网金融等重点领域，银行不良贷款率稳步下降，金融运行稳健，金融机构本外币存款余额1.4万亿元，增长5.7%；贷款余额0.94万亿元，增长7.6%。

三是推动制造业转型升级。实施工业转型升级攻坚战，促进存量优化、增量优质，推动制造业迈向中高端。优化升级传统产业。坚持以技术改造、智能化高端化、拥抱互联网等促进传统优势产业全产业链跃升。完成工业技术改造投资771.5亿元，增长39.4%，连续4年总量位居全省首位，累计超过一半规模以上工业企业开展技术改造。实施“机器人引领”行动，新增市级“中国制造2025”试点示范企业29家、智能化技改示范企业27家、机器人应用2 227台。积极引导传统产业集群资源整合，推动搭建“众塑联”平台。发挥龙头带动作用推动珠江西岸先进装备制造产业带建设，成功举办第三届珠江西岸先进装备制造业投资贸易洽谈会。装备制造业增加值1 654.5亿元，增长13.5%，其中“工作母机”[5]增加值347.4亿元，增长14.8%。深入实施“互联网+”行动计划，圆满举办第三届中国（广东）国际“互联网+”博览会。新增国家级两化融合管理体系贯标试点企业2家，累计21家；新增省级19家，累计112家。积极培育新兴产业。落实军民融合发展战略，建设佛山军民融合创新示范区。发展机器人产业，省战略性新兴产业智能制造骨干（培育）企业达28家、省机器人骨干（培育）企业达7家。以招商引资促增量优质。组建市投资促进中心、佛山（深圳）产业联络处，设立招商引资重大项目专项资金，制定招商引资行为指引。签约投资额超亿元内资项目395个，计划投资3 016.3亿元；超千万美元外资项目46个，计划投资35亿美元。引进达安创谷、新能源汽车小镇等平台项目，长江氢动力、巴斯巴、天劲等工业项目，宋城·西樵山、东方动漫等文旅项目，东丽等外资项目[6]。推动制造业与服务业融合发展。新增省级工业设计企业5家，累计10家；广东工业设计城聚集设计研发人员超8 000人。国家物流标准化试点城市建设加快，2家企业入选商务部年度电子商务示范企业。广东（潭洲）国际会展中心全年举办展会活动19场次，二期建设加快。

四是实施创新驱动发展战略。加大科技创新投入，预计全社会研发经费占地区生产总值比重超2.7%。全面落实省创新驱动“八大举措”。积极培育高新技术企业，新增国家高新技术企业1 173家，累计2 561家。支持企业建立研发机构，规模以上工业企业研发机构建有率45%，其中主营业务收入5亿元以上工业企业实现全覆盖；新增省企业重点实验室4家，累计21家。启动建设先进制造科学与技术广东省实验室。强化政产学研用协同创新。成功举办第三届广东院士高峰年会、第二十二届全国发明展览会暨第二届世界发明创新论坛、佛山企业走进清华等活动。与省科学院签订战略合作协议，引进广东国防科技工业技术成果产业化应用推广中心、佛山中国空间技术研究院创新中心等平台。新增孵化器10家，累计62家；新增众创空间25家，累计57家。其中，国家级孵化器14家、国家级众创空间15家。加强人才培育引进，新增市级创新团队19个，累计76个。出台加快高等教育发展实施意见，分别与南方医科大学、广东财经大学共建全学段佛山校区，与北京科技大学、北京外国语大学共建佛山研究生院，创建2个研究生联合培养国家示范基地。佛山科学技术学院创建高水平理工科大学加快推进，仙溪新校区建成招生。推动金融科技产业融合发展，新增上市企业12家，累计54家，上市企业市值位列全国第七名[7]。新增新三板挂牌企业27家，累计100家；新增融资租赁公司4家，累计23家；新增私募股权投资基金52家，累计386家。成立规模1.25亿元的债券融资风险缓释基金。中国（佛山）知识产权保护中心基本建成。提升高端创新载体集聚能力。推进珠三角国家自主创新示范区建设，启动“一环创新圈”和禅南顺（三龙湾）高端创新集聚区规划，主动对接广深科技创新走廊。佛山国家高新区全国排名由第三十八位上升至第二十九位。广东金融高新区累计引进项目369个，总投资额近700亿元。

五是提升城市治理水平。实施城市治理三年行动计划，968个项目已完工137个、开工706个，累计完成投资额1 161.3亿元。城市基础设施建设扎实推进。珠三角新干线机场启动前期工作，佛山西站开通运营，地铁2号线一期、3号线、广州地铁7号线西延顺德段、南海新交通试验线、高明有轨电车示范线建设稳步推进，“一环”高速化改造加快，“一环”西拓工程全面开工，新打通20条“断头路”，建成中心城区“五纵六横”公交骨干线网。启动海绵城市建设项目121个，建成地下综合管廊11.7千米。新建4G基站1.4万座，累计7.7万座；新增光纤接入用户超40万户，累计超230万户。镇村现代化建设步伐加快。规划建设特色小镇，创建首批15个市级特色小镇[8]，北滘智造小镇、西樵岭南文旅小镇、乐从国际品牌小镇入选国家级特色小镇，陶谷小镇、千灯湖创投小镇、特色小镇集群示范区（北滘—龙江—乐从—陈村）入选省特色小镇创建工作示范点。实施百村升级扩面计划，新启动20个特色古村落活化，推进88个城中村和旧社区改造、115个“五好”新村居和110个美丽文明示范村居建设。完成749个村（居）“两委”换届选举。南海区和南庄镇龙津村入选首批全国农村幸福社区建设示范单位。生态环境治理力度加大。创建成为国家森林城市，编制《自然生态文明建设专项规划》，建成区绿化覆盖率42.8%。全面推行河长制，最严格水资源管理在全省考核获优秀等次，饮用水源水质保持100%达标，广佛跨界河流水质改善取得新突破。划定黑烟车限行区，淘汰黄标车及老旧车1.7万辆，完成国家大气污染防治终期考核目标。全面落实中央环保督察整改，基本完成100项环保民生实事，完成原定禁养区畜禽养殖场关停清理，自然村人居生态环境综合整治完成率92.5%。开展村级工业园区“一村一策”环境整治提升，关停企业1 420家，整治提升2 979家。城市管理精细化水平提高。落实城市管理精细化行动计划，推进城市执法体制改革。加大城市管理考评力度，推行考评区域划分和季度全覆盖。完善数字城管信息采集制度，建立建筑垃圾、环卫车辆智能管理平台。城市治理智慧化水平居全国第八名[9]。

六是深入推进改革开放合作。各领域改革扎实推进。出台国家制造业转型升级综合改革试点三年行动计划。顺德区划定全国首个产业发展保护区，南海区成为省深化投融资体制改革试点和创建省社会信用体系建设示范点。推进中国（广东）国际贸易“单一窗口”建设，“单一窗口”国家标准版实现口岸全覆盖。深化国资国企改革，完成市属国有企业改革重组，佛山燃气集团上市。改革大数据统筹发展体制，组建全省首个数字政府建设管理局。“放管服”改革力度加大，开展“减证便民”行动，“一门式一网式”政府服务改革“佛山模式”入选国家“互联网+政务服务”示范工程。发出全省首张金融功能电子营业执照。实施商事主体住所登记管理暂行办法，新登记市场主体12万户，增长40.1%。总体完成农村土地承包经营权确权，颁证率98%。开放型经济新体制加快构建。新增境外直接投资企业43家，协议投资额46.2亿美元，增长5.7倍。碧桂园、联塑、国星光电、东方精工等骨干企业加快多元化海外投资并购步伐，美的收购德国库卡、打造美的库卡智能科技园区。在匈牙利、澳大利亚设立佛山泛家居品牌产品展示体验馆，中德工业城市联盟成员扩大至33家。积极融入粤港澳大湾区建设，与广州、中山共建南沙港，广中江高速二期等建成通车。构建“佛山+香港”合作新模式，达成7大领域11个重点项目合作意向。加快建设粤桂黔高铁经济带合作试验区（广东园），与贵阳、南宁等地高新区签署合作协议。与延安、营口缔结友好城市，与俄罗斯纳罗福明斯克区、瓦努阿图维拉港市结为国际友好城市。落实27.5亿元财政资金，对口支援西藏墨脱县和新疆伽师县、新疆生产建设兵团第三师草湖产业园，对口扶贫协作四川凉山州，支援联系四川甘孜州乡城县和得荣县，对口合作黑龙江双鸭山市工作积极推进，新时期精准扶贫对口帮扶湛江、云浮深入开展，佛山云浮氢能产业共建取得重要成果。

七是加快发展社会民生事业。全市民生支出573.5亿元，占一般公共预算支出73.9%。省、市民生实事圆满完成，在省基本公共服务均等化绩效考评中再获第一名。基本公共服务水平稳步提升。城镇新增就业8.6万人。全市人社系统发放创业担保贷款1.7亿元，带动4.2万人创业就业。最低生活保障标准提高到每人每月900元，城乡居保基础养老金标准上调至180元。推进基本医疗保险城乡一体化改革，实现职工和居民待遇标准统一，基本医保参保511万人，增加10万人。全面提升教育现代化水平，推进基础教育强师工程和普通高中优质多样特色发展，实施义务教育阶段学校基础设施五年提升行动计划，新（改、扩）建各类义务教育学校33所，新增学位3.3万个。建设卫生强市，推进城市公立医院综合改革，全面取消药品和医用耗材加成；完善分级诊疗制度，三级公立医院均参加医联体[10]建设；新注册登记执业医疗机构248个，其中非公立医疗机构225个。棚户区改造开工1 069套，基本建成285套；公租房基本建成1 105套，分配4 426套。加强新市民服务，启用“互联网+新市民”自助申报平台，新增户籍人口19.4万人。蝉联全国文明城市。出台文化佛山三年行动计划和文化产

佛山禅城文华公园　　（佛山年鉴社供图）

业融合发展实施意见，通过创建国家公共文化服务体系示范区中期督查，禅城、南海、顺德区创建成为首批省公共文化服务体系示范区。第九届市运会、秋色巡游、创意城市博览会、香港·佛山节、功夫（动作）电影周、50公里徒步等活动成功举办，中国南方影视中心、岭南方言文化博物馆启动建设，佛山文化馆新馆、全民健身活动中心建成开放。平安佛山建设深入推进。社会治安防控体系建设和“飓风2017”专项打击整治行动成效位居全省前列，“110”接报刑事警情下降38.5%，社会治安稳定向好。创建国家食品安全示范城市扎实推进，累计建成省市级食品安全示范街19条、食品小作坊集中加工中心15个，食品抽检合格率97.4%，连续3年未发生较大以上食品药品安全事故。粮食安全责任省年度考核成绩优秀。构建“一系统”“一图纸”“一表格”[11]的城市安全风险管控格局，全面深入开展安全生产大检查，在全省率先出台安全生产领域改革发展实施意见，较大以上生产安全事故防控成效明显，生产安全事故总量下降5.8%。

八是着力建设人民满意政府。认真学习贯彻党的十九大精神。坚持向市人大及其常委会报告工作、向市政协通报情况，自觉接受监督，办理人大代表建议168件、政协提案209件，办复率100%。提请市人大常委会审议地方性法规草案1项，制定政府规章3项。推进法治政府示范区建设。强化科学民主决策，组建市政府立法顾问专家库、市重大行政决策咨询论证专家库。加快政府职能转变，完成承担行政职能事业单位改革试点任务，实现市、区、镇（街道）三级权责清单动态监管。深化政务公开，连续7年获全国地级市政府网站绩效评估第一名。完善督查制度，对各区开展大督查。全面落实行政执法责任制，推动审计制度改革，强化审计监督。加强党风廉政建设，落实重大工程廉洁风险同步预防制度。严格落实中央八项规定精神，严厉整治“四风”，治理“为官不为”，政府作风持续改善。建设人民满意政府行动完成128个年度重点项目，在全省反腐败满意指数和廉洁感知指数评比中名列前茅[12]。

各位代表，过去一年取得的成绩来之不易。这是习近平新时代中国特色社会主义思想正确指导的结果，是党中央、国务院，省委、省政府和市委正确领导的结果，是全市人民团结奋斗的结果。在此，我代表市人民政府，向全市人民，向各位人大代表、政协委员，向各民主党派、各人民团体、各界人士，向中央、省驻佛山有关单位、人民解放军、武警部队官兵，致以崇高的敬意！向长期关心支持佛山改革发展和现代化建设的港澳台同胞、海外侨胞及国际友人，表示衷心的感谢！

我们也清醒地看到，经济社会发展中还存在不少困难和问题，主要是：发展不平衡不充分的一些突出问题尚未解决，发展质量和效益有待提升，制造业总体层次和水平还不够高，自主创新能力不够强，高端创新平台不足，地方政府债务特别是隐性债务风险不容忽视，金融支持实体经济有待强化，现代服务业发展不充分；生态环境保护任重道远，土地开发强度偏高，大气、水环境治理仍需持续发力；城市形态功能品质有待优化，城市综合管理水平有待提升；全市统筹协调工作机制有待完善，区域发展不平衡、城乡发展不协调问题仍然存在，民生领域还有不少短板，优质公共服务供给有待加强；安全生产形势依然严峻，企业主体责任仍未得到有效落实；少数政府工作人员干事创业精气神不强、能力不足、责任担当意识不够，工作作风亟待转变。我们一定要直面挑战、迎难而上，全力以赴做好政府工作，不辱历史使命，不负人民重托。

2018年工作安排

2018年是贯彻党的十九大精神的开局之年，是改革开放40周年，是决胜全面建成小康社会、实施“十三五”规划承上启下的关键一年。从国际看，经济格局、增长动能、治理体系正发生深刻转变，尽管仍存在不确定性，但贸易和投资回暖，金融市场预期向好，世界经济复苏态势明朗。从国内看，经济正由高速增长阶段转向高质量发展阶段，处于转变发展方式、优化经济结构、转换增长动力的攻关期，虽然发展不平衡不充分问题仍然突出，但经济回稳向好的基本面并未改变。从佛山看，发展尽管面临不少压力和挑战，但依托雄厚的制造业实力、活跃的民营经济以及良好的市场环境，经济增长的基础较好、潜力较大、动力较足。总的来说，佛山正处于一个大有可为的历史机遇期，将有力推动佛山在更高起点上实现更高质量、更有效率的发展。只要我们坚定发展信心、保持战略定力，乘势而上、主动作为，认真做好全年各项工作，就一定能展现新时代的新气象、新作为，奋力开创佛山经济社会发展新局面。

今年政府工作指导思想是：在以习近平同志为核心的党中央坚强领导下，坚持以习近平新时代中国特色社会主义思想为指引，全面贯彻落实党的十九大精神和习近平总书记对广东工作重要指示批示精神，按照省委、省政府决策部署和市委十二届五次全会部署，坚持稳中求进工作总基调，坚持新发展理念，紧扣社会主要矛盾变化，按照高质量发展的要求，统筹推进“五位一体”总体布局和协调推进“四个全面”战略布局，以供给侧结构性改革为主线，突出创新驱动，深化改革开放，推动质量变革、效率变革、动力变革，在打好防范化解重大风险、精准脱贫、污染防治三大攻坚战方面取得扎实进展，引导和稳定预期，加强和改善民生，促进经济社会持续健康发展。

今年经济社会发展主要预期目标是：地区生产总值增长8%左右；全社会固定资产投资增长15%；社会消费品零售总额增长10%；进出口总额增长3%；地方一般公共预算收入增长9.5%；研发经费支出占地区生产总值比重达2.8%；居民消费价格涨幅控制在3%以内；居民人均可支配收入增长与经济增长基本同步；城镇新增就业7.8万人，城镇登记失业率控制在3.5%以内；单位地区生产总值能耗、主要污染物排放量下降幅度完成省下达的目标任务。

为实现上述目标，我们将重点抓好十方面工作：

一、坚定不移深化供给侧结构性改革，促进产业迈向中高端，建设现代化经济体系。以深化供给侧结构性改革为主线，把发展经济的着力点放到振兴实体经济上来，重点在“破、立、降”上下功夫，推动佛山制造向佛山创造、佛山速度向佛山质量、制造大市向制造强市转变。

着力推进“破、立、降”。大力破除无效供给，妥善处置“僵尸企业”，推进国际产能合作由注重产品输出转向注重标准和品牌输出。加快培育新动能，强化科技创新，加快发展先进制造业、战略性新兴产业和现代服务业，在中高端消费、创新引领、绿色低碳、现代供应链等领域加快形成经济新增长点。把支持企业做优做强做大与培育“专精特新”中小企业结合起来，形成大中小微企业专业化分工协作的产业生态体系。壮大一批骨干企业和领军企业，年主营业务收入超100亿元企业增至20家。落实“四上”企业培育三年行动计划，净增1 100家“四上”企业，总数达1.21万家。培育一批细分领域“单打冠军”，新认定细分行业龙头企业200家。综合施策降成本，全面落实“粤十条”[13]“佛十条”，支持传统行业搭建产业链整合服务平台，着力降低企业生产要素成本、制度性交易成本等，打造制造业成本“洼地”。

加快建设制造强市。制造业是实体经济的主体，是供给侧结构性改革的重要领域。培育壮大新兴产业。推动电子信息、生物医药、新材料等新兴产业跨越发展，用好电子信息产业基金，引进集成电路、新型传感器、新型显示等引领型项目，抢占产业发展制高点。优化升级传统产业。实施新一轮技术改造，力争再用3年时间，全面完成规模以上工业企业开展技术改造。支持企业瞄准国际标准引入新技术、新管理、新模式，全面提高产品技术、工艺装备、能效环保水平，推动传统产业焕发新活力。大力推进智能制造。加快发展增材制造、高性能医疗器械、智能制造装备与自动化控制系统等高端装备制造，开展数字化车间、智能工厂试点，新增市级“中国制造2025”试点示范企业20家、智能化技改示范企业30家、机器人应用3 000台。推动互联网、大数据、人工智能与制造业深度融合，发展壮大数字经济，积极培育网络化协同、个性化定制、在线增值服务、分享制造等“互联网+制造业”新模式，促进制造业向数字化、网络化、智能化发展。推动先进制造业集群化发展。坚持立足前沿、面向未来，加快智能家电、机器人、新能源汽车等产业集群化发展，力争通过若干年努力，打造若干个世界级先进制造业集群，促进产业迈向价值链中高端。突出以科技创新为导向的招商引资，办好珠江西岸先进装备制造业投资贸易洽谈会、中国（广东）国际“互联网+”博览会等重大展会以及中国制造论坛等重大活动，引进一批技术含量高、质量效益好、带动能力强的重大项目，为经济发展增添新动力。

促进制造与服务协同发展。大力发展研发设计、现代物流、电子商务等生产性服务业，推动生产性服务业向专业化和价值链高端迈进。引导制造业企业从主要提供产品向提供产品和服务转变，加快服务环节专业化分离和外包，提高制造业附加值和竞争力。打造“工业设计之都”，发挥广东工业设计城龙头作用，培育一批具有核心竞争力的设计机构、国际知名的工业设计大师和有世界影响力的设计品牌。实施智慧物流腾飞计划，提升快递物流、供应链金融等服务功能，推动现代物流向供应链集成延伸。加快发展商贸会展业，发挥广东（潭洲）国际会展中心等平台作用，推进商贸会展与优势产业融合发展，提升会展品牌化专业化运营水平。加快发展健康养老、旅游休闲、教育文化等生活性服务业，促进生活性服务业向精细化和高品质转变。发挥消费对经济发展的基础性作用，完善促进消费的体制机制，实施放心消费创建工程，大力发展信息消费、绿色消费等新业态，优化城市商圈规划建设，引导商业综合体特色化错位发展，提升消费环境和品质。

全面提高供给体系质量。继续实施“以质取胜、技术标准、品牌带动”战略。牢固树立“质量第一”意识，积极创建全国质量强市示范城市，落实工业产品质量提升行动计划，提高产品和服务质量，显著增强佛山质量优势。建设先进标准体系，以高标准引领高质量，新制定联盟标准数量15项以上，主导或参与制（修）订各级标准20项以上，推动科技创新成果转化为技术标准20项以上。加强个体品牌和区域品牌建设，力争省名牌产品数量不少于530个，继续保持全省首位，确保全国知名品牌示范区数量稳居全国地级市首位。弘扬劳模精神和工匠精神，培育聚集更多能工巧匠、大城工匠，建设现代职业教育综合改革示范市，不断壮大知识型、技能型、创新型劳动者队伍。

二、深入实施创新驱动发展战略，提高科技创新能力，加快建设面向全球的国家制造业创新中心。将创新贯穿于产业发展的全领域、全过程，加强创新要素集聚和科技成果转化，加快形成以创新为主要引领和支撑的现代化经济体系和发展模式。

加强科技创新能力建设。加强基础研究和应用基础研究。坚持科技创新面向世界科技前沿、面向经济主战场、面向国家重大需求，高起点、高标准建设先进制造科学与技术广东省实验室，加大关键共性技术、前沿引领技术、颠覆性技术创新攻关力度。强化企业自主创新主体作用。推动高新技术企业数量扩张和质量提升并举，力争国家高新技术企业达3 500家以上，培育一批具有创新能力的排头兵企业，推动更多中小型高新技术企业上规模。支持大型企业承担参与国家和省重大创新平台建设，引导中小企业建立研发机构，规模以上工业企业研发机构建有率提高到50%。提升科技公共服务水平。加快建设广东高校科技成果转化中心，做强做大中科院佛山产业技术研究院、佛山智能装备研究院等一批新型研发机构，深化与中国科学院、中国工程院、清华大学等高水平科研院校合作，打造清华大学“一园一院一中心一基金”[14]政产学研合作模式。完善孵化育成体系，鼓励孵化平台载体做精专业、做优服务、做强品牌，引导龙头骨干企业延伸产业链建设一批“双创”平台，各类孵化载体增至65家，其中国家级孵化器16家、国家级众创空间20家。建设国家知识产权示范市。积极构建以企业为主体、市场为导向、产学研深度融合的技术创新体系，促进科技成果在佛山转移转化。

高水平规划建设区域创新平台。以超前理念，高起点规划、高标准建设禅南顺（三龙湾）高端创新集聚区，加快佛山军民融合创新示范区、南三产业合作区等平台规划建设，构建“一环创新圈”“1 + 5 + N”创新平台体系[15]，积极对接广深科技创新走廊，主动承接深圳创新溢出效应。推动广佛创新驱动同城，广佛同心共同融入全球创新网络，促进南海区青年湖电子信息产业园与广州白云区黄金围产业园联动发展。强化佛山国家高新区在全市创新发展中的核心带动作用，实施“聚焦高新629”[16]计划，建设科技创新小镇群，争创全国高新区20强。

推进军民融合发展。把军民融合深度发展作为促进产业结构优化升级的重要引擎，主动对接军队高端科技创新资源和成果，积极构建军民融合协同创新体系，大力支持“民参军”，积极承接“军转民”，推动军事装备生产技术和研发成果率先在佛山转化。面向智能装备、智能穿戴、航空航天、新材料等前沿领域，建设广东国防科技工业技术成果产业化应用推广中心、佛山中国空间技术研究院创新中心、顺德区军民融合创新产业园等平台载体，加强与军事科学院等机构合作，积极引入军工企业和重大项目，加快集聚军地优势资源，发展军民融合产业集群，打造国家级军民融合创新示范区。

深化金融科技产业融合。发展壮大金融产业，优化融资结构，打造充分满足实体经济需求的金融链。完善财政投入稳定增长机制，建立投资主体多元化、投资渠道和投资方式多样化的政策支持体系，鼓励多种投资主体参与创新创业。加快发展多层次资本市场体系，力争新增上市企业10家以上、股份制改造企业40家以上。扩大政策性金融工具覆盖面，发展科技信贷和科技保险，完善中小微企业融资服务体系。提升广东金融高新区发展内涵，建设珠江西岸创投中心和融资租赁区域中心，全市股权投资机构增至400家、注册资本600亿元。

打造高水平创新创业人才队伍。坚持“三个舍得”[17]，加大高层次人才队伍建设投入，引进培育一批具有国际水平的科技领军人才、高技能人才和高水平创新团队，打造人才集聚高地、创新创业乐土。新增市级以上创新创业团队40个以上，新引进全职国家级和省级领军人才20人以上、地方领军人才30人以上。创新人才政策，在全国设立5个“人才驿站”，建设高层次人才“一站式”服务专区，落实住房、医疗、教育等配套政策，吸引更多高端人才来佛山安居乐业。打造南方高等教育名城，推进佛山科学技术学院创建高水平理工科大学，以全新体制机制筹建佛山理工大学，加快广东省研究生联合培养基地（佛山）及南方医科大学、广东财经大学两个全学段校区建设，确保北京科技大学、北京外国语大学两个研究生院秋季正式招生。

三、推动更高层次开放合作，拓展开放领域和空间，加快构建全面开放新格局。以全球视野和战略眼光谋划开放布局，推动佛山与周边城市乃至世界的经济联系更加紧密、相互合作更加深入，全面提高佛山经济国际竞争力。

积极参与“一带一路”建设。深化与“一带一路”沿线国家在经贸、科技、文化等领域合作交流，构建具有更强国际竞争力的开放型经济新体制。积极开展产能合作，引导更多企业到沿线国家投资设厂，鼓励优势行业通过并购或直接投资模式，实现全球化布局经营，提高产品和品牌知名度。拓展对外贸易，在美国、非洲等地建设3个以上佛山泛家居品牌产品海外展示体验馆，构建完善自主营销网络，扩大自主品牌产品出口。复制推广自贸试验区改革创新经验，提升贸易和投资自由化便利化水平。发展外贸综合服务企业和服务平台，争取市场采购试点落地，鼓励支持扩大优质消费品、先进技术装备等进口。扩大利用外资规模，深化对德对欧合作，推进中德工业服务区建设，扩大中德工业城市联盟影响力，加强与友好城市交流，拓展佛山国际“朋友圈”。

主动融入粤港澳大湾区建设。全面对接广州、深圳、香港等中心城市，建设粤港澳大湾区枢纽城市。以广佛同心携手打造珠三角世界级城市群核心为引领，落实广佛同城化发展规划，重点抓好广佛环线及对接广州的9条地铁线规划建设，推进荔湾—南海、番禺—顺德、花都—三水同城化合作示范区建设，深化两地在交通、产业、科技、民生、环境治理等方面的合作。以港珠澳大桥、深中通道、虎门二桥、广深港高铁等建设为契机，加强与深圳、东莞等城市在技术、资本、人才等创新要素上的对接，参与构建粤港澳大湾区协同创新体系。深化与香港在科技创新、现代服务业等领域合作交流，建设粤港澳合作高端服务示范区。融入广东省沿海经济带，打造珠江西岸先进装备制造产业带创新引擎、华南科技金融产业融合创新中心[18]，增强区域辐射带动能力。

推动更高水平区域合作发展。参与编制广佛肇清云韶经济圈发展总体规划，建设广佛肇经济合作区及广佛肇高速、佛清从高速等项目。依托佛山西站推动高铁经济带加快发展，加快粤桂黔高铁经济带合作试验区（广东园）建设，争取率先成为全国高铁经济带合作示范区。打好精准脱贫攻坚战，瞄准特定贫困群众精准帮扶，向深度贫困地区聚焦发力，激发贫困人口内生动力。深入推进新一轮精准扶贫对口帮扶湛江、云浮工作，推进佛山云浮产业共建，加快“两园六区”[19]开发建设，完成“一区一龙头项目”建设任务。做好对口支援西藏墨脱县、新疆伽师县、新疆生产建设兵团第三师草湖产业园及支援联系四川甘孜州乡城县和得荣县工作，推进对口四川凉山州扶贫协作，开展与黑龙江省双鸭山市对口合作，在全国精准脱贫攻坚战中贡献佛山力量、体现佛山担当。

四、深化重点领域和关键环节改革，进一步完善社会主义市场经济体制，激发各类市场主体活力。以纪念改革开放40周年为契机，以完善产权制度和要素市场化配置为重点，深入推进经济体制改革，使市场在资源配置中起决定性作用，更好地发挥政府作用，增创体制机制新优势，释放经济社会发展新潜能。

重振改革精神。在改革开放40周年之际，总结经验、乘势而上，重振佛山改革创新精神。坚定不移做改革的闯将、实干家和促进派，保持锐意进取的勇气、敢为人先的锐气、蓬勃向上的朝气，勇于冲破思想“禁区”、利益“雷区”和束缚发展的体制藩篱，按照先行一步、走在前列的要求，不断创新改革思路和举措，逢山开路，遇水架桥，将改革进行到底。

优化提升营商环境。推进国家制造业转型升级综合改革试点，探索完善制造业发展体制机制。深化“放管服”改革，完善新型市场服务监管模式，加快转变政府职能，打造市场化法治化国际化营商环境。深化行政审批制度改革，取消调整一批行政许可事项、公共服务事项和行政审批中介服务事项，公布投资项目报建审批事项清单。完善“一门式一网式”政府服务模式改革，深化企业经营准入主题式服务和企业投资建设联合审批改革，推进跨部门、跨层级、跨区域通办。推动线上线下服务融合，拓展网上办事大厅、手机移动终端和“市民之窗”自助终端办事深度。深化商事制度改革，实现开办企业减环节、压时限、准入即准营，打造全市统一的商事登记系统。发挥工商联和各类商（协）会作用，畅通政企沟通渠道，规范政商交往行为，构建“亲”“清”新型政商关系。常态化开展暖企行动，落实领导挂点联系企业制度，帮助企业解决发展难题。

完善产权保护制度和要素市场化配置。以公平为核心原则，完善产权保护制度，依法保护各种所有制经济的产权和合法利益，严肃查处各类侵权行为，实现产权有效激励。培育和壮大企业家队伍，激发和保护企业家精神，使企业家安心经营、放心投资。强化各种所有制企业的市场主体地位，深化国有企业改革，发展混合所有制经济，支持民营企业跨越发展，加快外资企业“引进来”步伐。开展市场准入负面清单制度改革试点，清理废除妨碍统一市场和公平竞争的规定做法，破除歧视性限制和各种隐性障碍，激发各类市场主体活力。完善要素市场化配置，深化户籍、社会保障、土地等制度改革，放宽市场准入，整合优化公共资源交易平台，使市场在资源配置中起决定性作用。

深化行政管理体制改革。强化市级宏观调控能力，加强重大政策设计、重大项目布局和重点资源配置能力建设。强化区级经济发展和创新集聚职能，增强区级对中央、省、市的重大决策、重大规划、重大项目的落实力、执行力。强化镇（街道）公共服务、社会治理等职能，提高基层直接服务企业和群众的能力。以数字政府建设管理局成立为契机，推进政务信息系统整合共享和政务大数据库建设，加强大数据在政府决策、城市管理、社会治理、企业服务和民生事业等方面的运用。深化事业单位分类改革，巩固承担行政职能事业单位改革成果，推进从事生产经营活动事业单位改革，优化事业单位管理体制和运行机制。

深化国资国企改革。完善国有资产管理体制，创新监管方式，实现从管资产向管资本转变，提升国资监管能力和实效。优化国有资本布局结构和运营效率，引导国有资本重点投向基础设施、公共事业、重大平台和战略性新兴产业。积极推进混合所有制改革，以企业上市为突破口，引进民资、外资参与国企改制重组，推动国资做强做优。完善国企法人治理结构，健全灵活高效的市场化经营机制。

五、推动全市统筹协调发展，提升城市形态功能品质，加快建设高品质现代化国际化大城市。围绕城市发展中存在的城市形态与经济发展水平之间、城区与村镇之间、各区之间不平衡不充分问题，在协调上下功夫，在统筹上求突破，打造宜居宜业宜创新的城市环境。

推动全市区域统筹协调发展。牢固树立全市“一盘棋”理念，围绕基本公共服务均等化、基础设施通达程度比较均衡、人民生活水平大体相当的目标，加大市级在重大发展规划、重大基础设施、重大平台载体等领域统筹力度。推进“三规合一”[20]编制，理顺市、区、镇（街道）三级规划管理体制和职能，推动全市控制性详细规划全覆盖。着力构建全市统筹规划、各区协调联动发展新格局，研究建立全市各区统筹联动议事决策工作机制，加强各区土地开发规划、招商引资、重大项目、生态环境、公共服务等重大事项对接。深入实施“强中心”战略，将禅城、南海、顺德区打造成为广佛都市圈核心区。促进各区竞合发展，发挥禅城区的中心城区辐射带动作用，南海、顺德区的区域合作主力军作用，引领全市实现更高水平、更高质量发展；发挥高明、三水区后发优势，推动产业资源、基础设施、公共服务等适度向高明、三水区倾斜，促进两区加快发展速度、优化经济结构、提升服务业发展水平，实现跨越式发展。

优化提升城市形态功能品质。实施中心城区城市形态提升专项行动，加强城市设计和村庄规划，从整体平面和立体空间上统筹城乡建筑布局，推动重要通道沿线、城中村等区域面貌总体改善，实现“一年一小变、两年一中变、三年一大变”。建立城市更新常态化管理机制，组建城市更新局，落实“三旧”改造产业用地、公益性用地等政策，划定产业保护红线，提升城市品质和投资环境。加大村级工业园区整治改造力度，制定环境保护、安全生产等标准，明确功能定位，稳步推进连片整合开发、一体化规范化管理，将一批主题鲜明、配套完善的园区纳入重点改造和推广范围，示范引领全市村级工业园区改造提升。坚持以高水平规划引领城市现代化，落实城市治理三年行动计划，优化“强中心、多组团”网络型城市空间布局，推动城市中轴线、东平河一河两岸等区域品质整体提升，打造城市客厅及城市地标，营造高质量人居环境。积极推进首批市级特色小镇建设，谋划创建第二批市级特色小镇。

加强城市现代化基础设施建设。加快轨道交通建设。推动全市轨道交通“四网合一”[21]，开展轨道交通线网规划修编，加快地铁2号线一期、3号线等项目建设，做好2号线二期、4号线一期、9号线一期、11号线和13号线一期等前期工作，加强轨道交通站点TOD综合开发[22]。优化城市路网结构。加快“一环”高速化改造，实现主线贯通。推进“一环”西拓工程等项目建设，构建“两环四纵五横”高速公路网[23]和“八横七纵”快速路网体系[24]。实施“断头路”连通五年行动计划，新打通20条“断头路”。创建国家公交都市示范城市，深化公交TC改革[25]，加强公交枢纽、首末站建设，拓展公交专用道建设成网，规范共享单车发展。加快佛山沙堤机场迁建，力争年底前珠三角新干线机场先期工程动工，规划建设临空经济区，打造粤港澳大湾区西部航空枢纽。整合开发西江、北江岸线资源，优化港口规划布局，推进珠江黄金水道建设，加快发展临港经济区。完善通信、水利、电力等基础设施，确保110千伏新联输变电等工程投产。建设光网城市[26]和无线城市，扩大全市宽带网络覆盖面。建设海绵城市，各区完成总任务60%以上，全市新建地下综合管廊10千米。

提高城市管理精细化水平。将“精细化”贯穿城市规划建设管理全过程，管好管优中心城区，并加快向城乡结合部、镇村延伸拓展，努力实现全覆盖。加强城市数字化智慧化建设，完善全市统一的数字城管信息系统，促进交通、警务管理智能化。强化城市管理考评，提高市政设施、园林绿化的建设管养水平，推进道路“五位一体”[27]沿街景观提升。加大居民小区、村级工业园区等重点区域违法建设专项整治力度，坚决遏制增量，大力查处存量。完善城市管理法制体系，推进城市执法体制改革，推动执法重心下移和执法事项属地化管理。

实施乡村振兴战略。按照产业兴旺、生态宜居、乡风文明、治理有效、生活富裕的总要求，加快农业农村现代化，逐步实现城乡基础设施和公共服务一体化，走好城乡融合发展之路。推进农业供给侧结构性改革，扶持一批农业龙头企业、农民专业合作社和农村电子商务平台，发展高价值种植业、休闲农业等都市精品农业，以及田园综合体、民宿经济等新业态。推进农村集体产权制度改革，完成农村土地承包经营权确权登记颁证。全面推进美丽宜居乡村建设，建成首批110个美丽文明示范村居，继续推进6个高水平省级新农村示范片建设，“五好”[28]新村居增至270个，改善农村居民生活条件。落实高明区革命老区乡村振兴三年特别帮扶计划。实施建设用地减量规划，推动空心村、空闲地等低效建设用地拆旧复垦。推进农村幸福社区建设，完善村（居）议事协商民主机制，加强村务监督委员会建设，深化村（居）务公开，健全自治、法治、德治相结合的乡村治理体系。

六、加强各类风险隐患排查，健全化解处置长效机制，打好防范化解重大风险攻坚战。增强忧患意识和底线思维，把防控风险放在更加突出位置，推进风险防控工作科学化、精细化，力争把各类风险化解在源头，筑牢经济发展安全防线。

严控政府债务风险。按照去存量、控增量的要求，进一步规范政府举债融资机制，促进债务结构优化，实现债务风险水平总体下降，预警地区全部脱离风险预警，保障财政平稳运行。严格落实政府债务限额管理要求，牢牢守住债务限额“天花板”，确保不突破债务限额。坚决遏制隐性债务增量，积极稳妥处置具有较高风险的隐性债务存量。落实债务风险防范化解工作计划，确保按期完成债务清理整改化解任务。

有效防范化解金融风险。完善地方金融风险监测防控平台，强化金融监管力量，加强对金融风险的监测预警和应急处置。推动金融机构简化产品结构、压降不良资产，加快金融去杠杆，加强流动性风险防范，促进各类金融机构相关指标达到监管标准，银行机构不良贷款率保持合理水平。严格规范实体经济企业从事金融业务，大力遏制资金“脱实向虚”。完成市级农村商业银行组建。严厉打击非法集资，整顿规范互联网金融，坚决守住不发生区域性系统性金融风险的底线。

促进房地产市场平稳健康发展。推进住房租赁试点和集体建设用地建设租赁住房试点，加快构建多主体供应、多渠道保障、租购并举的住房制度，促进房地产市场平稳健康发展。发展住房租赁市场特别是长期租赁，本着租购同权原则，保护租赁各方合法权益，培育和支持专业化、机构化住房租赁企业发展，到2020年推出10万套新建租赁住房。坚持“房子是用来住的，不是用来炒的”定位，持续开展房地产市场专项整治，坚决稳控市场预期，将房价维持在合理水平，加大非商品住房去库存力度，坚决防控房地产领域风险。

七、加快推进生态文明建设，打好污染防治攻坚战，用绿水青山塑造美丽佛山。牢固树立绿水青山就是金山银山、保护生态环境就是保护生产力的理念，标本兼治、铁腕治理，切实改善生态环境质量，探索工业城市绿色发展之路。

全面打好污染防治攻坚战。坚持全民共治、源头防治，在大气、水、土壤污染防治上精准发力、攻坚克难。重点打赢蓝天保卫战，实施大气污染防治行动，确保完成省下达的大气指标，$PM_{2.5}$浓度明显下降。落实重点区域精准防控措施，推进70家省控重点企业“一企一策”综合整治，淘汰禁燃区内高污染燃料燃用设施，实施推广电能替代技术，减少机动车排气污染，严控工地扬尘、渣土车和非道路移动机械污染。实施水污染防治攻坚战行动计划，落实河长制和湖长制，加强重点流域综合整治，新建300千米污水管网，推进雨污分流，提高污水处理厂进水浓度并实施提标改造，加快农村分散式污水处理装置建设，完成新扩禁养区畜禽养殖关停清理，推进建成区黑臭水体实现长治久清，确保广佛跨界河流水质达到省考核要求。开展土壤污染调查和风险管控，加强生活垃圾处置，加快顺控环投热电项目建设，研究推进生活垃圾分类分流减量。强化固体废弃物处置，加快建设南海、顺德区绿色工业服务中心及相关配套项目。推进排污许可全覆盖，深化固定污染源环境管理制度改革。细化量化环保考核指标，强化环境执法，构建政府为主导、企业为主体、社会组织和公众共同参与的环境治理体系。

加强生态系统保护修复。建设大湾区高品质森林城市，开展大规模国土绿化行动，构建“三屏六楔、两脉两环、蓝绿成网”[29]的自然生态格局，实现森林围城、绿色进城。实施绿地建设行动计划，通过“三旧”改造尤其是村级工业园区整治按比例增绿复绿，推进退耕还林、退桉提质、立体绿化等重点生态工程，创建国家生态公园，新建（扩容）18个千亩以上生态绿心[30]，到2022年市域森林覆盖率提升至39.33%。提高城市公园、森林公园、湿地公园、生态公园等绿地覆盖密度，三年新建省级湿地公园4个、市区级湿地公园25个、镇级公园32个，实现建成区绿化覆盖率43%、人均公园绿地面积16.95平方米。高水平建设“一环生态圈”，严格保护控制48个河心岛的开发建设，建设交通干线生态廊道和滨水河道生态廊道，构建点、线、面互联互通的生态绿化格局。

推进绿色低碳循环发展。创建国家绿色发展示范先行区，落实主体功能区布局要求，在重点生态功能区、生态环境敏感区和脆弱区划定生态保护红线。健全自然资源资产产权制度，研究建立市场化、多元化生态补偿机制。改革生态环境监管体制，严格执行自然资源离任审计制度。构建绿色技术创新体系，发展氢能源、分布式光伏、节能环保等产业，建设中国标准化研究院绿色制造技术与标准创新研发中心，以及环保科技小镇、南海区国家环境服务业华南集聚区、顺德区环保科技产业园，培育一批绿色工厂和绿色制造示范企业。推广应用绿色能源，扩大充电桩及加氢站建设覆盖范围，推广氢能源在公交、物流等运输车辆中的应用。推进绿色建筑扩面提质，绿色建筑面积增至 1 000 万平方米。申报国家装配式建筑示范城市，到 2020 年装配式建筑占新建建筑 20% 以上。倡导简约适度、绿色低碳生活方式，开展创建节约型机关、绿色社区及绿色出行等行动。

八、加快文化事业产业发展，弘扬城市人文精神，彰显国家历史文化名城内涵。坚持经济强市和文化强市并举，以高度的文化自信促进文化的繁荣兴盛，打造人文与繁华并茂、精神与物质共享的文化导向型城市。

加快文化事业发展。创建国家公共文化服务体系示范区，开展“佛山韵律”系列文化艺术活动，加快佛山博物馆、佛山大剧院、粤剧文化园等重点公共文化设施建设，实现基层综合性文化服务中心全覆盖，构建覆盖城乡、保基本、促公平的现代公共文化服务体系。实施城市文化推广计划，打造“世界功夫之城”“世界美食之都”“陶艺之都”“博物馆之城”等文化名片，树立大城品质、塑造大城形象、彰显大城气度。加强文物保护利用和文化遗产保护传承，加快东华里古建筑群修缮和梁园、康园建设，开展秋色巡游、“行通济”等民俗活动，争取举办泛珠三角非遗活动。开展全民健身活动，举办 50 公里徒步、亚洲龙舟锦标赛等赛事，备战省第十五届运动会。加强社区体育公园建设，佛山国际体育文化演艺馆投入使用。

提高文化产业发展水平。打造国艺影视城、珠宝产业园等文化产业集聚区，支持石湾陶谷创建国家级文化产业示范园区，推动文化创意、影视传媒、珠宝玉器等产业做强做大。扎实推进中国南方影视中心建设，打造一批影视产业基地和主题乐园，促进影视产业集聚发展。办好第二十七届金鸡百花电影节，举办创意设计展、陶瓷艺术周等文化会展活动，打造文化产业新品牌。促进文化资源与文化产业有机结合，创意设计与生产制造深度融合，提升工业品、消费品的文化内涵和附加值。实施“鲲鹏展翅”“百强文化企业”扶持计划，设立文化产业投资基金，发展体育动漫、电子竞技、低空航空运动等文化消费新业态，建设“岭南体验、品质生活”文化消费城市。

弘扬城市人文精神。积极培育践行社会主义核心价值观，以蝉联全国文明城市为契机，以更高标准、更高要求持续推进文明创建，深入实施公民道德建设工程，擦亮“大爱佛山”“信用佛山”“乐善之城”“敬业之城”“志愿者之城”等文明创建品牌。从细节着眼、实处着手，抓好“厕所革命”等城乡文明建设的具体工作，推动文明创建常态化、精细化，让文明成为美丽的城市风景。繁荣文化文艺创作，实施文艺精品锻造和文艺人才培育工程，围绕纪念改革开放 40 周年等重要时间节点，讴歌新时代、传播正能量，讲好佛山故事、唱响佛山好声音。

九、提高保障和改善民生水平，加强和创新社会治理，增强市民获得感、幸福感和安全感。坚持以人民为中心的发展思想，以造福人民为最大政绩，想群众之所想，急群众之所急，不断满足人民群众对美好生活的向往。

持续增进民生福祉。优先发展教育事业，着力解决中小学生课外负担重、“择校热”等问题，解决好婴幼儿照护和儿童早期教育服务问题。加快普惠性学前教育学位规划建设，规范办园行为。推进义务教育优质均衡发展，加快义务教育阶段学校基础教育设施建设，推动普通高中优质多样特色发展，建设国家特殊教育改革实验区。坚持创业带动就业，建设创业孵化示范基地群，实施高校毕业生就业创业促进计划和就业创业精准扶贫行动。提高低保和特困人员供养标准，建设社会救助信息平台，建成市受助人员托养中心。建立多层次社会养老服务体系，完善养老服务设施规划布局，新增社区居家养老服务中心 60 家以上，新建收养性养老床位 3 800 张以上，建设市级老年养护院和新福利机构。构建复退军人服务体系，推进双拥优抚安置工作。深化医药卫生体制综合改革，健全现代医院管理制度，推进公立医院药品和医用耗材供应链改革，探索住院医保费用按病组分值付费模式。建设卫生强市和健康佛山，落实分级诊疗制度，实现医联体全覆盖，社区卫生服务机构建设达标率 100%。落实全面两孩政策配套措施。保障粮食安全，全市粮食保供稳价。深化户籍制度改革，完善积分服务政策体系，提升“互联网+新市民”自助服务水平，增强新市民融入佛山获得感。

打造共建共治共享的社会治理格局。充分调动社会各方力量参与社区治理体系建设，健全网格化管理，推动社会治理重心下移，完善非户籍常住人口参与基层治理机制，提高社会治理社会化、法治化、智能化、专业化水平。充分发挥社会组织作用，加强社工人才队伍和志愿服务组织建设。加强综治信访维稳工作，健全社会矛盾纠纷排查化解机制。完善覆盖城乡的公共法律服务体系，健全“一村（社区）一法律顾问、一专职调解员”机制，促进基层治理法治化。创建全国社会信用体系建设示范城市。

深入推进平安佛山建设。加强社会治安防控体系建设，严厉打击和惩治黄赌毒、盗抢骗等违法犯罪活动，建设平安佛山。创建国家食品安全示范城市，实施食品药品安全质量大提升计划，建成“明厨亮灶”餐饮单位 2 万个，餐饮服务食品安全 A 级单位、食品安全示范点、食品快速检验点、市级示范药店各 1 000 个。坚守安全生产红线，严格落实安全生产责任制，强化安全风险分级管控和隐患排查治理双重预防，加强交通运输、危险化学品、消防、建筑施工、特种设备等重点行业领域安全生产专项整治，坚决遏制重特大事故发生。完善突发事件应急体系，推进应急指挥系统标准化建设。

认真办好十件民生实事。一是分配公租房 1.95 万套，棚户区改造开工 892 套、基本建成 474 套，完成省下达住房保障任务。二是新（改、扩）建义务教育学校 41 所，新增义务教育阶段学位 4.2 万个，其中公办学位 3.6 万个。三是城乡居保基础养老金提高至每人每月 220 元。四是全面开展新生儿疾病免费筛查。五是孤儿养育标准提高至每人每月 2 000 元。六是新增公交专用道 11.8 千米、高品质辅助公交线路 10 条，新增（更新）公交车辆 300 辆。七是新增（改造）公园绿地面积67.6公顷。八是实施100项环保民生实事。九是完成新增10个古村落活化升级，具备农村形态的村（居）均达到“五好”标准，全面完成自然村人居生态环境综合整治。十是建设18项民生水务重点工程。

十、全面加强政府自身建设，持续改进工作作风，促进政府治理体系和治理能力现代化。坚持和加强党的全面领导，牢固树立“四个意识”，坚决维护以习近平同志为核心的党中央权威，自觉在思想上政治上行动上同党中央保持高度一致，以全面从严治党的实际成效开创政府工作新局面。

坚持依法全面履职。深入贯彻全面依法治国要求，建设法治政府，推进依法行政。加强重点领域政府立法，完善政府立法程序和公众参与政府立法机制，严格规范公正文明执法，推进行政复议规范化。加强政务公开。坚持科学决策、民主决策、依法决策，健全重大行政决策机制和程序。依法接受人大及其常委会的监督，自觉接受人民政协的民主监督，主动接受社会舆论监督，认真听取人大代表、政协委员、民主党派、工商联、无党派人士和各人民团体的意见。

加强党风廉政建设。认真落实中央八项规定精神及其实施细则，驰而不息纠正“四风”，强化对厉行节约、公务接待、职务消费等规定执行情况的常态化监督。加强对重大工程廉政监督，确保“四个安全”[31]。配合推进国家监察体制改革试点，建立市、区监察委员会，实现对行使公权力的公职人员监察全覆盖。加强廉政教育和廉政文化建设，深化廉政风险防控，构建不敢腐、不能腐、不想腐机制。

持续改进工作作风。坚持作风建设永远在路上，坚决整治表态多调门高、行动少落实差等形式主义、官僚主义问题，建设人民满意政府。严格控制“三公”经费，大力整治文山会海。坚持问题导向，加强调查研究，强化督查问责，严格执行工作责任制，实施政府绩效管理，强化年度目标任务考核，不驰于空想，不骛于虚声，一步一个脚印，踏踏实实干好工作。落实“三个区分开来”[32]，建立健全激励机制和容错纠错机制，给干事者鼓劲，为担当者撑腰，全面从严治理庸政懒政怠政。加强干部队伍建设，不断提高适应新时代、实现新目标、落实新部署的能力，努力打造忠诚、干净、担当的高素质专业化公务员队伍。

各位代表！党的十九大描绘了宏伟蓝图，指明了前进方向。千里之行、始于足下，大道至简、实干为要。让我们更加紧密地团结在以习近平同志为核心的党中央周围，以习近平新时代中国特色社会主义思想为指引，在省委、省政府和市委的正确领导下，不忘初心、牢记使命，凝心聚力、扎实苦干，为在新时代开启佛山发展新征程、谱写佛山发展新篇章而不懈奋斗！

注释：

[1]7家企业入围“2017中国民营企业500强”：分别为美的、碧桂园、格兰仕、利泰、联塑、海天、兴海。

[2]“四上”企业：规模以上工业企业、资质等级建筑业企业、限额以上批零住餐企业、国家重点服务业企业等四类规模以上企业的统称。

[3]“佛十条”：即《佛山市降低制造业企业成本支持实体经济发展若干政策措施》，共10项政策、25项具体内容。

[4]“三品一标一名牌”：“三品”即无公害农产品、绿色食品、有机农产品，“一标”即地理标志农产品，“一名牌”即名牌农产品。

[5]“工作母机”：工作母机是制造机器和机械的机器，如车床、铣床、刨床等。“工作母机”类制造业是整个工业体系的基石和摇篮，处于产业链核心环节，决定着一个国家或地区的工业发展水平和综合竞争力。

[6]招商引资项目情况：引进了投资60亿元的达安创谷项目、投资120亿元的新能源汽车小镇项目、投资120亿元的长江氢动力（佛山）研发中心及整车生产项目、投资60亿元的深圳巴斯巴华南新能源汽车集成创新产业园项目、20亿元的天劲新能源汽车锂离子动力电池产业基地项目、投资16.8亿元的宋城·西樵山岭南千古情景区项目、投资8亿元的东方动漫王国项目、投资2亿美元的东丽无纺布项目等一批重大项目。

[7]上市企业市值位列全国第七名：根据《中国基金报》2017年12月发布的中国上市公司市值十强城市榜单，佛山辖区内上市公司总市值11月底达0.97万亿元，名列第七，排在北京、深圳、上海、杭州、广州、南京之后。

[8]首批15个市级特色小镇：分别为石湾陶谷小镇、南庄建陶小镇、张槎绿能装备小镇、桂城千灯湖创投小镇、西樵岭南文旅小镇、里水广佛里智慧慢城、北滘智造小镇、陈村花卉小镇、乐从乐商小镇、龙江家居名镇、杨和鹭湖假日小镇、明城东洲鹿鸣体育小镇、西南水都小镇、白坭文创古镇、乐平广府印象小镇。

[9]城市治理智慧化水平居全国第八名：根据国家发改委城市和小城镇改革发展中心2017年9月发布的《中国城市治理智慧化水平评估报告》，佛山城市治理智慧化水平位居全国副省级城市和地级市第八名。

[10]医联体：即区域医疗联合体。为缓解老百姓看病难问题，将同一区域内医疗资源整合起来，通常由一个区域内的三级医院与二级医院、社区医院、村医院组成一个医疗联合体。

[11]“一系统”“一图纸”“一表格”：“一系统”是风险点危险源管控地理信息系统，“一图纸”是城市风险点危险源分布图，“一表格”是安全生产领域城市风险点危险源排查表。

[12]在全省反腐败满意指数和廉洁感知指数评比中名列前茅：根据中山大学廉政与治理研究中心、中山大学国家治理研究院2017年1月联合发布的《广东廉情评估蓝皮书》，佛山“反腐败满意指数”以及“廉洁感知指数”均在全省排名第一。广东金融学院广东区域金融政策研究中心2017年12月发布《佛山市建设人民满意政府行动第三方评价报告（2017）》，2017年佛山市建设人民满意政府得分86.38分，比上年提高1.35分。

[13]“粤十条”：即《广东省降低制造业企业成本支持实体经济发展的若干政策措施》。

[14]“一园一院一中心一基金”：“一园”是力合（佛山）科技园，“一院”是佛山清华大学协同创新研究院，“一中

心”指的是清华大学科技成果转化中心，“一基金”是10亿元规模的先进制造扶持基金。

[15]“1＋5＋N”创新平台体系：“1”是打造1个创新极核，即禅南顺（三龙湾）高端创新集聚区；“5”是打造5个创新平台，分别为佛山军民融合创新示范区、广东金融高新区、南三产业合作区、青年湖电子信息产业园、空港经济区；“N”是培育周边具有创新潜力的多个创新节点。

[16]“聚焦高新629”：佛山国家高新区聚焦争创全国20强目标，制定实施6个重点行动、29个行动计划。

[17]“三个舍得”：舍得投入、舍得时间、舍得声誉。

[18]打造珠江西岸先进装备制造产业带创新引擎、华南科技金融产业融合创新中心：根据广东省政府印发的《广东省沿海经济带综合发展规划（2017—2030年）》，佛山要建成珠江西岸先进装备制造产业带创新引擎、华南科技金融产业融合创新中心。

[19]“两园六区”：“两园”分别是佛山（云浮）产业转移工业园、佛山顺德（新兴新成）产业转移工业园，“六区”分别是云城、云安、罗定、郁南、都杨、思劳等6大产业集聚区。

[20]“三规合一”：国民经济和社会发展规划、土地利用总体规划、城乡规划相互协调和相互衔接。

[21]轨道交通“四网合一”：国家铁路、城际铁路、城市轨道、有轨电车四个层面的轨道交通叠加在一张网上。

[22]TOD综合开发：即以公共交通为导向的开发（transit-oriented development），是规划一个区域时，使公共交通的使用最大化的一种非汽车化的规划设计方式。

[23]“两环四纵五横”高速公路网：“两环”指珠二环、珠三角环线高速公路；“四纵”指广珠西线、佛江及北延线、佛开、佛清从高速公路；“五横”指广佛肇、广三、广肇、广明、广中江高速公路。

[24]“八横七纵”快速路网体系：“八横”分别是三花公路，西乐大道、幸福路，虹岭路、信息大道、汇景路、环镇南路，桂丹路、海八路，魁奇路及东延线，吉利大道、乐从大道、三乐路，南国路，龙高路、红旗路；“七纵”分别是118省道、塘西线、碧云路、工业大道、富明路、杨西大道，兴业路、博爱路、樵金路、南九公路，虹岭路、禅西大道、高明大道、合和大道，桂和路，乐龙路、同兴路，一环东线、三乐路、伦桂路，碧桂路。

[25]公交TC改革：TC（transport community）指交通共同体模式，核心是实行“票运分离”，即由政府统一收取票款，对公交网络进行规划，对运营商提出服务质量要求，通过成本核算以政府购买服务的形式向企业购买公交服务。

[26]光网城市：实现全光网络覆盖的城市。全光网络指的是网络传输和交换过程全部通过光纤实现，不必在其中实现电光和光电转换，可大大提高网速。

[27]“五位一体”沿街景观提升：从建筑立面、路面及标志、人行道和附属设施、道路绿化、路灯和夜景亮化等五方面提升沿街景观。

[28]“五好”新村居：规划建设好、绿化美化好、空气水质好、公共服务好、社会治安好的新农村。

[29]“三屏六楔、两脉两环、蓝绿成网”：“三屏”为市域三处生态屏障，包括三水区内北江干流西侧连绵林地、高明区西江支流南部的连绵林地和顺德区南部河网密集地区等重要生态板块。“六楔”是指六处重要的生态楔形廊道，包括三水区塘西大道两侧、三水区芦苞涌两侧、高明区凌云山沿广明高速两侧、高明区皂幕山至南海区西岸之间、顺德区乐龙路和顺番公路两侧、一环南延线两侧形成的生态廊道，廊道宽度按照5 000～6 000米进行控制。“两脉”是指沿北江、西江干流和东平水道、顺德水道形成的两条滨水生态廊道，滨水生态廊道按照按常水位后退300～500米进行控制。“两环”是指沿西南涌、佛山一环北线、北江、顺德水道形成城郊万亩郊野森林环，滨水两侧绿地不少于300米。以及沿佛山水道、东平水道和潭州水道形成城区千亩城市公园环，滨水两侧绿地不少于100米。“两网”是指都市蓝绿网，包括沿城市内部的河流水系两侧规划滨水绿地，形成城市蓝网；沿重要的交通干道规划防护绿地，形成城市绿网。

[30]18个千亩以上生态绿心：分别为王借岗公园、展旗岗森林公园、佛山科技学院生态校园、佛山植物园、大三山生态公园、千灯湖中央公园、贤鲁生态花岛、金沙岛湿地生态岛、桑基鱼塘湿地公园、花卉世界、海心沙生态岛、李小龙乐园、顺峰山国家生态公园、顺风大汕生态岛、李家沙湿地公园、西江新城山水走廊、云东海国家湿地公园、海上田园（青岐现代水产园区）。

[31]“四个安全”：工程权力行使安全、资金使用安全、项目建设安全和干部成长安全。

[32]“三个区分开来”：把干部在推进改革中因缺乏经验、先行先试出现的失误和错误，同明知故犯的违纪违法行为区分开来；把上级尚无明确限制的探索性试验中的失误和错误，同上级明令禁止后依然我行我素的违纪违法行为区分开来；把为推动发展的无意过失，同为谋取私利的违纪违法行为区分开来，保护作风正派又敢作敢为、锐意进取的干部。

总 述

基本情况

【建置沿革】 佛山“肇迹于晋，得名于唐”。新石器时代，佛山先民就以渔耕和制陶开创原始文明。春秋战国时期，佛山属于百越之地。秦、汉时期，现禅城、南海、顺德、三水属南海郡番禺县；高明属高要县。晋代，禅城称“季华乡”。隋开皇十年（590年），从番禺县分置南海县，因旧置南海郡得名。唐贞观二年（628年），乡民在塔坡岗掘得三尊铜佛像，人们把塔坡岗称为佛家之山，取名“佛山”，并捐款重建塔坡寺，将佛像供奉于寺内，立石榜，上刻“佛山”二字。佛山由此得名。五代十国时，佛山禅城、顺德属咸宁县，宋初重新并入南海县。明景泰三年（1452年），敕封佛山为“忠义乡”，属南海县。同年，置顺德县，意为“顺天威德”。明成化十一年（1475年）置高明县，因原有高明巡检司而得名。明嘉靖五年（1526年）置三水县，意为“三水合流”。民国时期，佛山曾先后设佛山镇、佛山市、佛山镇。

1949年10月15日佛山解放，10月31日，佛山市人民政府成立。1950年3月，设广东省珠江专区专员公署，辖中山、顺德、南海、三水、花县、番禺、宝安、东莞8县和佛山市，专署驻地中山县石岐镇。1952年11月，撤珠江专员公署，设粤中行政公署，辖中山、顺德、南海、三水、番禺、东莞、宝安、增城、博罗、龙门、珠海、新会、高明、鹤山、封开、怀集、高要、广宁、四会、新兴、罗定、云浮、郁南、德庆24县和石岐市，并领导省辖佛山市、江门市。粤中行署驻地江门市。1954年6月，粤中行政公署由江门市迁入佛山市。1956年撤粤中行政公署，成立佛山专员公署，驻地佛山市。辖中山、珠海、番禺、顺德、南海、三水、新会、鹤山、高明、台山、开平、恩平、花县13县和石岐市，领导省辖的佛山市、江门市。1958年，佛山、江门改为县级市，由佛山专区领导。1966年，佛山市升为地级市，受广东省、佛山专区双重领导。1970年，佛山专区更名为佛山地区，佛山、江门改为县级市。佛山地区辖南海、顺德、三水、高鹤、台山、恩平、番禺、中山、珠海、新会、开平、斗门12县和佛山、江门两市。1974年，佛山、江门两市恢复为省辖市，实行省地双重领导。1980年，成立佛山地区行政公署，辖中山、斗门、顺德、南海、三水、高鹤、新会、台山、开平、恩平10县和佛山市、江门市。1983年6月1日，撤销佛山地区建制，实行市领导县体制。佛山市辖中山、南海、顺德、高明、三水5县。同年，中山县改为中山市（县级）。1984年6月，佛山市辖汾江区（1986年易名为城区）和石湾区及南海、顺德、高明、三水4县，代管中山市。1988年1月，中山由县级市升为地级市，从佛山市划出。1992—1994年，南海、顺德、高明、三水先后撤县设市（县级），由佛山市代管。

2002年12月，撤销佛山市城区、石湾区及县级南海市、顺德市、三水市和高明市，设立佛山市禅城区、南海区、顺德区、三水区和高明区。自此，佛山市实行一市辖五区体制。

（市地方志办）

【2017年行政区划情况】 截至2017年底，佛山市辖禅城区、南海区、顺德区、高明区、三水区共5个区。全市有21个镇、11个街道。其中，禅城区辖南庄1个镇和祖庙、张槎、石湾镇3个街道；南海区辖大沥、里水、狮山、丹灶、九江、西樵6个镇和桂城1个街道；顺德区辖乐从、龙江、杏坛、均安、北滘、陈村6个镇和大良、容桂、伦教、勒流4个街道；高明区辖杨和、更合、明城3个镇和荷城1个街道；三水区辖芦苞、大塘、白坭、乐平、南山5个镇和西南、云东海2个街道。

（吕龙锋）

【地理位置、范围和面积】 佛山市位于广东省中南部，珠江三角洲腹地。东倚广州，邻近深港澳。全境于北纬22°38′~23°34′，东经112°23′~113°24′之间。佛山市域东距西、南距北均约103千米，大致呈“人”字形，总面积为3 797.72平方千米，辖禅城、南海、顺德、高明、三水五区。

佛山市东傍广州，西靠肇庆，南邻江门、中山，北接清远，陆运、水运、空运交通基础设施齐备，交通便捷。

（郭　庆）

【地质地貌】 佛山市地势总体有北高南低、西高东低的特征，大部分地区较为低平，地势起伏较小，以平原为主，为珠江水系之北江、西江三角洲平原，海拔一般小于5米，多在1.2~4.8米，河汊众多，桑基鱼塘密布，其间零星分布有丘陵残丘和残留台地，丘陵残丘海拔小于100米，坡度15度以下；残留台地海拔一般小于50米，浑圆低平；佛山市西部的高明、北部的三水地区有连绵的山体，为丘陵—低山地貌，地势陡峻，相对高差大，山谷纵横，植被茂密。佛山市最高山峰为高明区杨和镇的皂幕山，海拔805米，三水大塱涡地势低洼，高程-1.7米，为全市最低点。

在中国大地构造分区中，佛山市位于二级构造单元武夷—云开—台湾造山系，经历各构造旋回的地质演化，形成佛山市极具特征的地质背景。距今8亿至2 300万年的岩石构成佛山市的坚硬基底，沉积岩、岩浆岩和变质岩三大岩类均有发育，但是以各地质时期的沉积岩为主体。各地质时代的地层发育较为齐全、分布广泛，发育的地层有南华系、寒武系、泥盆系、石炭系、二叠系、三叠系、侏罗系、白垩系、古近系和第四系，以古近系和第四系分布最广。佛山市位于珠江三角洲平原，属于浅覆盖区，基岩上覆盖着5万年以来形成的松散堆积层，即第四纪地层，厚度一般小于50米，最厚70米，是珠江水系与中国南海共同作用形成的，其沉积中心沿北东向和北西向呈现出有规律的展布，与区域断裂构造的展布较一致，显示断裂构造对第四纪沉积的控制作用。大约9 000万年前开始发生火山活动，4 800万年至3 600万年前的火山活动，形成西樵山、王借岗、紫洞等地的火山岩，岩性主要为粗面岩、玄武岩等，经过后来的风化、剥蚀，造就今日的西樵山火山地貌景观和王借岗、紫洞等地的火山岩柱状节理地质遗迹。经历漫长的地质历史演化，佛山市范围内地质构造复杂，主要的构造形迹包括褶皱、断裂等，以一组多条断裂构成断裂构造带为特征。断裂构造总体以北东向广州—从化断裂带（南段）、北西向白坭—沙湾断裂带和西江断裂带为主，它们相互切割、复合，构成了本区构造的基本格架。佛山市断裂构造具有多期活动的特征，主要形成期为加里东期至燕山期。佛山市新构造运动主要表现为基底断块的差异升降。

佛山市地下水资源较为丰富，地下水类型主要有松散岩类孔隙水、碳酸盐岩类裂隙溶洞水、红层孔隙裂隙水和基岩裂隙水等，以松散岩类孔隙水为主，不同地区含水量有所差异，总体含水量为中等—丰富。地下水位高，一般埋深1～2米，连续含水层分布有1～3层，以微承压—承压水为主，顺德区陈村、伦教、勒流、杏坛和均安一线的东南部为咸水区，佛山市其余地区为淡水区，过渡带为上淡下咸区。

皂幕云海（摄于佛山第一峰皂幕山）（吴桂枝摄）

佛山市地质灾害的发生与强降雨和人类工程活动密切相关，人为因素诱发的地质灾害比例也越来越大。全市共有地质灾害或隐患点184处，其中崩塌150处，滑坡29处，地面塌陷1处，地面沉降1处、泥石流3处。2017年佛山市发生地质灾害15处，其中2处中型滑坡、12处为小型崩塌，1处小型地面塌陷。发出地质灾害气象风险预警分别为四级预警21次、三级预警3次。

（黄继春　罗锡宜）

【气候】佛山属于南亚热带季风海洋性气候，温暖、多雨、湿润，夏长冬短。四季气候可概括为，夏少酷热，冬无冰雪，春常阴雨，秋高气爽。年平均（统计年份为1981—2010年，下同）气温22.5℃，1月最冷，平均温度13.9℃，7月最热，平均温度29.2℃；年平均相对湿度为76%，月平均以4月的83%为最高；年平均风速为2.1米/秒；年日照时数达1 627.7小时，年平均雾日数为14.5天，年平均雷暴日69.7天。佛山是华南地区龙卷风灾害多发、频发的地方，2006—2017年统计数据显示，影响佛山龙卷风个数每年为1.4个，影响天数为每年1.1天。春夏季常出现雷雨大风、短时强降水、强雷电、冰雹、龙卷等灾害性天气，夏秋季常有热带气旋影响。年降雨量1 688.2毫米，6月最多，平均284.6毫米，汛期（4—9月）降水量占全年的80%；年平均雨日146.5天，6月最多，平均18.2天；夏季降水不均，旱涝无定，秋冬雨水明显减少。

由于地处低纬，海洋和陆地天气系统均对佛山有明显影响，冬夏季风的交替是佛山季风气候突出的特征：冬春多偏北风，夏季多偏南风。冬季的偏北风因极地大陆气团向南伸展而形成的，干燥寒冷；夏季偏南风因热带海洋气团向北扩张所形成的，温暖潮湿。

春季（3—5月）　春季白昼渐长，气温和降水量均处在上升时期，天气多变，常出现乍暖乍冷天气。佛山的春天常常是阴雨绵绵，“连绵春雨湿红棉”，这个季节的雨水滋润万物、洁净空气，但也淹没了阳光的踪影，因此春季又是一年中日照最少的季节。由于缺少阳光，气温日变化小，总让人感到寒意丝丝透骨。当然，有的年份也会出现春光明媚的景象。另外，春季是冬夏季的交替季节，天气过程复杂，变化迅速，中小尺度天气系统非常活跃，因此常出现强对流天气。通常从4月开始，佛山市进入前汛期，5月到达前汛期的降雨高峰期，暴雨频发。

夏季（6—8月）　佛山的夏季盛行偏南风，丰沛的水汽随南风源源不断输送到上空，为夏季降雨提供有利条件。6月仍然是佛山前汛期的降雨高峰期，出现暴雨的机会甚多。同时，每年的6—8月又是热带气旋影响广东的主要时段，据统计平均每年有1～2个热带气旋影响佛山市。全年中40%～50%的雨水集中在夏季，暴雨和热带气旋往往造成严重的灾害。佛山的夏季天气炎热，一年中最热的月份是7月，全市的月平均气温达29.2℃；极端最高气温39.2℃（2005年7月18日，南海国家气象观测站；2017年8月22日，顺德国家气象观测站）。盛夏季节气温高，加上相对湿度大，更显得暑气逼人。

秋季（9—11月） 秋天是一年中最舒适的季节。此时冷空气开始频繁南下，气温逐渐下降。秋天并不是强对流天气和热带气旋活跃的季节，但仍有出现的可能。总的来说，秋季多以晴天为主，少降水。从9月下旬至11月底平均降水量仅155.4毫米，约占全年降雨的9.2%，历史上还曾多次出现连续30天无雨的年份，秋燥的特点十分明显。

冬季（12月至次年2月） 冬季是北方蒙古冷高压的鼎盛时期，冬季风势力强大，佛山受蒙古冷高压边缘影响，盛行偏北风，受到冷空气的频繁影响，为全年最冷的时期。1月的月平均气温13.9℃，为全年最低，极端最低气温曾达到1.9℃（1967年1月17日，南海国家气象观测站）。在两次冷空气之间也常有一段回暖过程，气温略有上升。佛山常受冷高压脊控制，处于干冷气流控制下，降水最少，有时整月无降水出现，晴好天气多，日照充足。

（市气象局）

【水文】 佛山市多年平均径流量27.93亿立方米（统计年限1956—2000年，下同），多年本地水资源总量为29.45亿立方米。佛山市有西江、北江丰富的过境客水，多年平均入境水量2 770亿立方米，出境水量2 800亿立方米。

2017年佛山市降水属平水年，年降水量1 619.6毫米，比多年平均偏多4.0%；地表水资源量29.05亿立方米，比多年平均多4.0%；地下水资源量7.03亿立方米，比多年平均多3.2%；水资源总量30.07亿立方米，比多年平均多2.1%。全市入境水量2 967.6亿立方米，出境水量2 988.24亿立方米。

2017年洪水场次较2016年少，马口、三水水文站水位达到中洪水位（1.74米）的洪水共5场，达到中高洪水位（4.58米）的洪水有1场。马口、三水站第一次明显涨水过程出现在3月下旬，较大洪水主要集中在后汛期，6—7月间出现历时较长的连续多场洪水过程，9月下旬开始水势趋于平缓。

全年最大洪水出现在7月初，7月4日马口站出现最高水位6.75米，洪峰流量38 300立方米/秒，接近十年一遇，为2008年以来最大洪水；三水站出现最高水位6.75米，洪峰流量12 500立方米/秒，超十年一遇。该年度马口站年平均流量7 850立方米/秒，三水站年平均流量2 050立方米/秒，年平均流量分别比常年值偏大9.4%、45.2%。

2017年共有4个热带气旋对佛山市造成较大影响，分别是1713号“天鸽”、1714号“帕卡”、1716号“玛娃”、1720号“卡努”。其中“天鸽”带来较强降水和风暴潮增水，五斗站、板沙尾站和勒竹站测得全年最高潮位，其中五斗站最高水位2.84米超警戒水位（2.48米）；风暴潮沿河网上溯，马口站与三水站均出现明显水位波动与负流。

全市12个水文站，年最高水位有9个站点出现在7月，3个站点出现在8月；6个站点的年最低水位都出现在2月，4个站点的年最低水位都出现在12月。

（彭　靖）

【国土资源】 根据《佛山市城市总体规划（2011—2020年）》，佛山市总面积3 797.72平方千米。截至2016年底，根据省国土资源厅下发2016年度土地变更调查结果，辖区土地总面积379 772.38公顷（含顺德区，下同）。按八大类分类，耕地36 691.11公顷、园地10 967.24公顷、林地72 031.68公顷、草地5 204.55公顷、城镇村及工矿用地126 619.62公顷、交通运输用地15 361.77公顷、水域及水利设施用地107 387.29公顷、其他土地5 509.12公顷。

【矿产资源】 佛山市地处华南褶皱系西南部之粤中拗陷，成矿条件良好，银、铅、锌、锰、稀土、岩盐、石膏、水泥用灰岩、建筑用花岗岩、砖瓦用页岩等矿产资源较丰富。截至2017年底，佛山市已发现52种矿产，矿床（点）319处，其中大型矿床11处、中型矿床23处、小型矿床52处、矿点233处。矿产种类有能源矿产、金属矿产、非金属矿产和水气矿产，已查明有储量的矿产40种。

（郭　庆）

【水资源】 佛山市地处珠江三角洲中部河网区，西江、北江分流的各水道贯穿其中，河流纵横交错，形成水网。除西江、北江及其主要分流河道外，集雨面积超过1 000平方千米的河流只有高明河。

西江由肇庆高要市进入佛山市三水区境内后，由思贤滘与北江相通，主流折向南行至佛山市顺德区境内的甘竹溪，通过甘竹溪与北江相遇，再下至顺德南华，分为东海与西海两条水道出佛山境，部分经容桂水道汇合顺德支流

横门站采用M9遥控船进行流量测验　（市水文局供图）

后流入洪奇沥；西江主流在佛山境内长69.1千米，有支流河道11条。

北江经清远市流入佛山市三水区境内，在思贤滘上游马房附近有绥江汇入，流至思贤滘与西江相通，主流折向东南行，流经三水区西南街道至禅城区南庄镇三华村，再通过顺德水道，经广州市番禺区的沙湾水道由蕉门出海；北江主流在佛山市境内长114.3千米，主要支流河道有13条。

高明河又名沧江河，是西江下游右岸的一级支流，发源于佛山市高明区西部更合镇的托盘顶，流域面积1028平方千米，总长83千米；全河贯穿高明东西，在高明区荷城街道海口村附近注入西江。

佛山全市多年平均降水量1 556.8毫米（统计年限1956—2000年，下同），折合年均降水总量59.36亿立方米。降水时空分布不均匀，降水主要集中在汛期4—9月，约占全年降雨量的80%。降水年际变化大，丰水年是枯水年的1.9倍。多年平均水资源总量29.45亿立方米，其中地表水资源量27.93亿立方米、地下水资源量6.81亿立方米。

（刘幼萍）

【生物资源】佛山市地处珠江三角洲中部河网区，西、北江分流的各水道贯穿其中，主要江河面积3.47万公顷。佛山市境内江河鱼类资源丰富，有淡水鱼类46种，其中鲤形目2科32种12亚种，占总种数的69.6%；鲇形目4科7种；鳉形目1科1种；鲈形目5科6种。贝类主要有中国圆田螺、淡水壳菜、河蚬、背角无齿蚌、褶纹冠蚌等；甲壳类主要有日本沼虾，以及国外引进养殖种罗氏沼虾；龟鳖类有鳖、黄喉拟水龟（石金钱）、中华草龟、三线闭壳龟（金钱龟）、黑颈乌龟等；水生维管束植物常见种类有喜旱莲子草、马来眼子菜、龙须眼子菜、菹草、茨藻矮慈菇、浮萍等。至2017年底，佛山市有林业用地面积64 754.13公倾，森林覆盖率20.87%，森林蓄积4 659 341立方米。全市有位于高明区的合水桫椤自然保护区（县级）1个。佛山物产品种主要有：粮食作物有水稻、玉米、马铃薯、红薯、大豆；特色作物有粉葛、雪梨瓜、黑皮冬瓜；特色水果有荔枝、龙眼、香蕉、番石榴、橘、柑、杨桃；油料作物以花生为主。

（彭慕莹　陈仲芳　范忠武）

【土特产品】佛山本地土特产品丰富多样，全市各区都有各具特色的产品类型。其中较为出名的有：禅城的佛山盲公饼、酝扎猪蹄（佛山扎蹄）、佛山柱候鸡、石湾米酒、佛山应记云吞面、海天豉油、豉味玉冰烧等；南海的西樵大饼、平洲福肉饼、九江煎堆、南海麻奢狗肉、盐步秋茄、平洲金丝柚、平洲石硖龙眼、官窑石碣西瓜、九江双蒸酒、官窑马蹄、南海沙溪马蹄粉等；顺德的大良双皮奶、龙江煎堆、大良膏煎、伦教糕、顺德鱼生、大良蝴蛐、南乳肉等；高明的合水粉葛、对川红茶、三洲黑鹅、合水肉姜、更楼肉姜、杨梅金皇芒果、合水西瓜、山桔、青梅等；三水的大塘黑皮冬瓜、乐平雪梨瓜、乐平小宝西瓜、三水家乡米醋等。其中，大塘黑皮冬瓜、乐平雪梨瓜、合水粉葛等获国家地理标志。特色旅游产品有石湾公仔、佛山香云纱（莨纱绸）、南海刺绣（粤绣的最重要组成部分）、大良鱼灯秋色等。其中石湾公仔和佛山香云纱获国家地理标志。

（陈森平）

【历史文化】佛山历史悠久，文化底蕴深厚，是国家历史文化名城。据考证，佛山的历史起源于现禅城区石湾镇街道澜石区域。4 500～5 500年前，百越先民沿西江、北江到此繁衍生息，以渔耕和制陶开创原始文明。唐贞观二年（628年），因在城内塔坡岗上掘得3尊铜佛像，人们认为此乃佛家之地，遂立石榜改季华乡为“佛山”。

唐宋年间，佛山的手工业、商业和文化已十分繁荣。明清时期，更是发展成商贾云集、工商业发达的岭南重镇，与湖北汉口镇、江西景德镇、河南朱仙镇并称为全国“四大名镇”，与北京、汉口、苏州并称天下“四大聚”，陶瓷、纺织、铸造、医药四大行业鼎盛南国。清末，佛山得风气之先，成为中国近代民族工业发源地之一，先后诞生了中国第一家新式缫丝厂和第一家火柴厂。佛山以悠久的历史孕育出独具魅力的岭南传统文化。佛山素有陶艺之乡、粤剧之乡、武术之乡、广纱中心、岭南成药之乡、南方铸造中心、民间艺术之乡等美誉，并拥有秋色、“行通济”等独具特色的民俗。

佛山是“南国陶都”“中国陶瓷名都”，制陶工艺源远流长，自古有“石湾瓦，甲天下”的美誉。建于明代正德年间的南风古灶，是世界现存最古老的柴烧龙窑，薪火相传至今500多年，故被誉为“陶瓷活化石”。

佛山是“南国红豆”粤剧的发源地，诞生了粤剧艺人的代称——“红船子弟”和粤剧最早的戏行组织——琼花会馆。2004年举办的琼花粤剧艺术节，使佛山呈现古人描绘的“红船泊晚沙，万人看琼花”的盛况。

佛山是“岭南成药之乡”，产品种类齐全的古方正药已有400余年历史，涌现了“黄祥华”如意油、“冯了性”药酒、“源吉林”甘和茶等一批老字号名药。

佛山是“武术之乡”“武术之城”，是中国南派武术的主要发源地，现在世界上广泛流行的蔡李佛拳、洪拳、咏春拳等均发端于佛山，著名武术大师黄飞鸿，咏春宗师梁赞、叶问，影视武打明星李小龙等祖籍及师承亦在佛山。

佛山是“狮艺之乡”，是南狮的发源地，是首个“中国龙狮龙舟运动名城”。近年来，每年一度的“狮王争霸赛”吸引了国内外广大武术和体育爱好者参与。禅城区是“中国龙狮运动之乡”，南海区西樵镇是全国唯一的“中国龙狮名镇”。

佛山的铸造业始于西汉，到明代，佛山的铸造技术已达相当高的水平，成为南中国冶炼中心，以至“佛山之冶遍天下”。张心泰在《粤中小识》中道：“盖天下产铁之区，莫良于粤，而冶铁之工，莫良于佛山。”

佛山是珠江三角洲民间艺术的摇篮，孕育并保留了大量体现岭南文化精髓的民间艺术及民俗事象。狮舞、粤剧、龙舟说唱、佛山木版年画、广东剪纸、石湾陶塑技艺、佛山狮头、香云纱染整技艺、祖庙庙会、佛山秋色、十番、八音锣鼓、人龙舞和佛山彩灯等项目入选国家非物质文化遗产名录。正月十六“行通济”始于明末，盛于清乾隆年间，延续至今并逐渐被赋予慈善等现代色彩，每年吸引数十万群众参加，

200多年来还流传着“行通济，无闭翳”的谚语。此外，全市各地还有各种不同的习俗，如官窑的“生菜会”、罗村的“乐安灯会”等。

佛山是珠三角“美食之乡”，是粤菜发源地之一，有“食在广东，厨出凤城”之说。一直以来，佛山以民间丰富食谱、茶楼食肆林立、烹饪技艺精良而蜚声海内外。2004年和2011年，顺德区和佛山市先后被中国烹饪协会命名为“中国厨师之乡”“中国粤菜美食名城”。2014年12月，顺德区被联合国教科文组织评为“世界美食之都”。每年举办的“佛山美食欢乐节”，成为集美食、旅游、文化艺术于一体的盛大旅游节庆活动。

【历史名人】 佛山市人文荟萃，人才辈出。

历史上，广东有九位贤人，后人都尊他们为先贤，其中佛山占了四位：战国时南海人高固，东汉时南海人疏源，西晋南海人王范，晋代南海人黄恭。

从唐至清光绪三十年（1904年），佛山有文进士786人，武进士98人，举人近4 000人。其中文状元5人、榜眼3人、探花3人、会元7人、解元25人。在广东先后出现的9位文状元中，佛山占5位，澜石黎涌村的简文会，是南汉乾享四年（920年）的状元；南海人张镇孙（今属顺德）是南宋咸淳七年（1271年）的状元；与简文会同村的伦文叙，是明弘治十二年（1499年）的状元；顺德人黄士俊，是明万历三十五年（1607年）的状元；顺德人梁耀枢，是清同治十年（1871年）的状元。此外，佛山也先后出现过2位武状元。分别为明崇祯元年（1628年）武状元朱可贞（顺德龙江人）和清嘉庆四年（1799年）武状元姚大宁（南海县和顺镇大文教乡人）。

封建社会到朝廷做官的佛山人，很多都尽心为国出力、为民办事。广东先后出过6位宰相，佛山占3位，如南海人方献夫（明嘉靖年间宰相）和顺德人黄士俊（明崇祯九年宰相，后再任南明桂王宰相）等。另外，佛山人戴鸿慈是清宣统年间协办大学士，以“净言”名世。佛山人庞尚鹏，历经明朝嘉靖、万历两朝，官居左副都御史，敢于与贪污腐败的官吏作斗争，民谣赞他“亮如水，猛如虎”，称他为“庞铁面”，当代人认为他是封建社会杰出的经济体制改革家。三水人何维柏，生活于嘉靖、隆庆、万历三朝，官至尚书，敢于犯颜直谏，阻止皇帝几次劳民伤财的工程，坚决与奸臣严嵩作斗争。

在岭南文化形成、发展过程中，做出巨大贡献的佛山人如繁星闪烁。明代诗坛“南园五子”，佛山占其二（孙蕡、王佐）；明嘉靖年间“南园后五子”，佛山占其三（梁有誉、欧大任、吴旦）。万历年间的区大相，对岭南诗派的形成起到关键作用，被誉为“粤东诗派皆宗海目”。此后，有“岭南三大家”之陈邦彦、邝露；“岭南后三大家”之陈恭尹、梁佩兰；“岭南四家”之黎简、张锦芳、黄丹书，以及“岭南近代四家”之黄节、罗惇曧。绘画方面，有广东现存最早的古典绘画作品的作者、南海人颜宗，有明代开创水墨写意新派的林良，有“开启广东画坛新时代”的黎简，以及杰出画家苏仁山、苏六朋。近代则有被称为独树一帜的“新写实主义”画家黄少强。文学小说创作方面，有《粤讴》的创作者招子庸，有近代小说巨子吴趼人。佛山是粤剧的发祥地，著名的粤剧艺术家有开粤剧改良先声的黄鲁逸，有“广东梅兰芳”美誉的千里驹，粤剧五大流派薛（觉先）、马（师曾）、桂（名扬）、廖（侠怀）、白（驹荣）都是佛山人。佛山是著名的“武术之乡”，在海内外影响广泛的武术名家有梁赞、黄飞鸿、叶问和李小龙等。

教育科技方面，有撰写童蒙课本《三字经》的宋末区适子；明代，有在西樵山设书院讲理学的霍韬、方献夫以及新会人湛若水；清代，有与番禺陈澧并称“广东大儒”的朱九江。第一位科学家的邹伯奇；被称为“中国铁路之父”的詹天佑。

地处南海之滨的佛山，得风气之先，有一批广东最早“睁眼看世界”的中国人。南海人黄衷，明嘉靖十五年（1536年）写成《海语》一书，是广东第一部影响较大的记述海岛及关于海外书籍。清嘉庆十四年（1809年）接种牛痘法传到澳门，南海人丘熹在澳门行医，亲身试种后，也鼓励亲友试种，推广效果甚佳。基督教由澳门传入内地后，高明人梁发在道光三年（1823年）成为第一位华人牧师。顺德人梁廷枏，道光二十四年（1844年）先后写成《夷氛闻记》《海国四说》，介绍欧美各国的情况。

鸦片战争后，一批爱国文人、华侨，学习西方工业革命的成功经验，办工厂，兴实业，使佛山成为近代中国民族资本主义工业的重要诞生地。他们之中，有创办中国近代首家民族资本新式企业——继昌隆缫丝厂的陈启沅；中国第一家民族资本机器造纸厂——宏远堂机器造纸公司的钟星溪；创办机器制造厂、生产出第一台国产柴油机的陈沛霖、陈拔庭、薛文森；创办南洋烟草公司的简照南、简玉阶兄弟。同时，还有一批高举爱国主义旗帜，以拯救中华民族为己任，寻找救国富民之路的仁人志士：较为突出的有合著《新政真铨》一书的何启、胡礼垣；发动和领导戊戌维新运动的康有为；与孙中山并称反清“四大寇”的尢列；追随孙中山，继承孙中山遗志，为革命做出杰出贡献的何香凝。此外，在黄花岗72位烈士中，佛山也有13位。

中国共产党成立后，每个历史时期，都有一批杰出的佛山儿女，为中华民族的解放和共产主义事业英勇奋斗。他们中有广东中共党组织的创建者之一的“高明三谭”（谭平山、谭植棠、谭天度）、党的好女儿陈铁军、被彭湃誉为“红色花木兰”的区夏民、参加省港大罢工和广州起义的中国工农红军杰出指挥员黄甦、在大革命时期就组织农民武装与反动势力斗争的吴勤。

此外，还有跌打名医李广海，晚清陶艺家黄炳、潘玉书、陈渭岩及当代中国工艺美术大师刘传、庄稼、曾良等杰出人物。

（市地方志办）

【人口】 2017年底（根据公安部相关工作规范，从2016年起，年度人口统计时点为11月30日24时），佛山市总户数125.45万户，比上年增加5.55万户，增长4.62%；全市总人口419.59万人（注：根据公安部调整统计口径后的标准，全市户籍人口中城镇人口389.57万人、乡村人口30.02万人），比上年增长4.85%。全市总人口中，禅城区总人口65.98万人、南海区总人口

140.67 万人、顺德区总人口 139.27 万人、高明区总人口 31.34 万人、三水区总人口 42.33 万人。全市总人口中，男性 206.90 万人、女性 212.69 万人。全年出生登记 9.90 万人、死亡注销 2.78 万人，人口自然增长率 17.37‰；迁入 13.62 万人，迁出 1.35 万人，人口机械增长率 29.94‰。

2017 年底，佛山市登记在册的外来人口 450.19 万人，比上年增长 3.38%；禅城、南海、顺德、高明、三水五区的外来人口分别 64.19 万人、183.91 万人、158.63 万人、17.34 万人和 26.13 万人。

（蔡妙玲）

2017 年 11 月 23 日，岭南方言文化博物馆建设启动仪式在佛山举行。图为暨南大学汉语方言研究中心荣誉主任、中国方言学研究泰斗詹伯慧教授等参加启动仪式当天活动

（邱裕光摄）

【语言】 佛山市推广使用普通话，但佛山是河涌如网的蚕桑之地，也是四季常青的鱼米水乡，孕育了佛山五区各镇丰富多彩的地方语言，境内主要为粤语（Cantonese）。粤语方言俗称广州话，俗称白话，海外称唐话。以珠江三角洲为分布中心，流行于广东的中部和西南部，广西的东南部、海南与港澳以及北美洲、英国、欧洲和澳大利亚、新西兰、圣诞岛等以及东南亚的新加坡、印度尼西亚、马来西亚、越南等华人社区中广泛使用。在粤语核心地区广东省近 8 000 万本地人口中，粤语使用者近 4 000 万人，全世界使用粤语人数约 7 000 万人。

广东的方言比较复杂，即使是粤方言中的广府片语言，也有一些差异，如“广州讲宜家，佛山讲家下”，广州与佛山的语言大同小异；由此而衍生的语言民俗也不一样。同时，由于地域、经济、文化的不同，佛山的语言也形成了鲜明的本土特色。佛山方言就是粤语方言，也是粤语的主体结构之一，佛山话是继客家话、白话、潮州话的广东第四大方言。在佛山地区有 350 万人口使用，但是佛山五区居民的发音和习惯用语都有所不同，在字音、词汇、语法等方面显示了各自的特点。

广州音是约定俗成的粤语标准音，大多粤语字典也是以广州音为准，但在佛山部分地区使用的粤语略有不同。佛山话有 17 声母、60 韵母、9 声调。佛山话与广州话在语汇、语法方面基本相同，语音十分接近，但在韵母和声调上略有差异。如：“咩事呀？”中的“事”，石湾一带的老佛山人常读“树”（syu6），而广州人读“似”（si6）。又如：佛山人常把“这个”读成“阿个”，广州人常读成“果个”，等等。

佛山方言的类别与分布：佛山境内粤语处于强势，客家话属于弱势，主要通行于三水、高明、南海部分区域。禅城区域大致等于佛山原来的市区，区境内通用粤方言。南海区境内除和顺、松岗个别村的极少数人使用客家方言外，主要使用粤方言。按照特点的不同，南海粤语可分为五小片：一是位于南海中部桂城片；二是位于南海东部的大沥片；三是位于南海北部官窑片；四是位于南海南端的九江片；五是位于南海西南部的沙头片。以上粤方言属于珠三角片（南番顺小片），但在桂城西约的岐阳与健龙、桂城东二的新村、桂城叠南的乐庆有居民使用四邑片粤方言，但不足 1 000 人。西樵镇的西岸为鹤山、高明所包围，语言较复杂，其中八村及六村的新地、下舍通行鹤山茶山话（茶山话归属暂不详）。顺德区境内通用粤方言，顺德粤方言主要分为五小片：一是大良片；二是陈村片；三是桂洲片；四是龙江片；五是均安片。其中龙江粤语接近四邑片方言。高明粤方言的内部分片则大致为三片：一是以明城话为代表的中、西部方言，使用范围包括明城、新墟、更合等区域；二是以西安话为代表的北部方言，通行地域包括西安、三洲、富湾；三是以人和、杨梅为主的南部方言。三水区境内绝大部分地区讲粤方言，大塘镇六和片多数村落讲客家方言，南山镇也是客家人聚居点，约占全区总人口的 3%。这些客家大部分是清代从嘉应州等地迁来六和镇。三水区粤方言主要分为五片：一是西南片；二是芦（苞）塘（大塘）片；三是金（本）白（坭）片；四是迳口片；五是南（边）范（湖）片。高明区境内主要使用粤方言，少数使用客家方言，主要是合水西部的官山、鹿田少数乡村使用客家话，使用人口 3 000 ~ 4 000 人。

随着佛山经济社会的发展，人口迁移不断推进，越来越多的外地人在佛山学习、生活、工作，成为新佛山人。佛山本地人也顺着外来人的口音，逐渐发生着细微的变化。

（淦述卫）

【民族宗教】 2017 年，佛山市有少数民族 55 个，总人口 45.67 万人，其中户籍人口 2.88 万人，占全市总人口的 5.86%，主要来自广西、云南、湖南、四川、贵州等地。是年，佛山市有佛教、道教、天主教、基督教 4 个宗教。宗教团体中，市一级宗教团体 5 个，分别为市佛教协会、市道教协会、市天主教爱国会、市基督教三自爱国会、市基督教协会；区一级宗教团体有 7 个，分别是禅城区佛教协会、禅城区基督教三自爱国会、南海区道教协会、顺德区佛教协会、顺德区基督教三自爱国会、顺德区基督教协会、三水区基督教三自爱国会。全市有55个宗教活动场所（佛教寺院16个、道教宫观6个、天主教堂12个、基督教堂点21个），教职人员283人，信教群众15.58万人。

民族团结进步创建活动　2017年，佛山市开展民族团结进步创建活动。印制《唱响民族团结主旋律，谱写宗教和谐新篇章》宣传小册子、宣传海报，派发给社区、学校、企业、宗教活动场所。组织“民族团结进步宣传月”专题活动。在三水区举办“融情聚力、共圆梦想——喜迎十九大、增进民族大团结”文艺演出，宣传党的民族政策和各民族优秀文化。在佛山图书馆举办为期1个月的“知边疆、赞边疆——边疆民族地区民族团结进步成就展”，向市民展示边疆地区民族团结和发展新貌。以创建民族团结进步模范单位为抓手，推进城市民族工作。安东尼针织有限公司、南海区里水镇沙涌社区、三水区乐平镇乐平社区、高明区荷城街道三洲社区、三水区西南街道木棉村、佛山市实验中学、高明区荷城街道泽英小学等7个单位被广东省民族宗教委授予“广东省民族团结进步创建活动示范单位”称号。

宗教事务管理　2017年，佛山市依法加强宗教事务管理。各级民族宗教部门通过开展“平安宗教”“和谐寺观教堂”等创建活动，指导宗教活动场所健全民主管理组织，完善各项规章制度，提升自我管理的规范化水平。市民族宗教事务局举办1期佛山市基层民族宗教干部培训班，各区、镇（街道）、村（社区）民族宗教工作干部200多人参加，学习宗教基本知识、宗教政策法规，特别是新修订的《宗教事务条例》，进一步增强基层宗教工作干部的法治意识，提高运用法治思维和法治方式解决和处理宗教问题的能力和水平。通过组织宗教界开展专题学习会、培训班等形式，开展爱国主义、社会主义和宗教政策法规教育，引导宗教界坚持爱国爱教，依法开展宗教活动。

仁寿寺改造提升工程进展　截至2017年底，仁寿寺大雄宝殿完成木结构主体封顶，综合楼（斋堂）、功德堂完成主体结构封顶，盖瓦工程完成80%，灵鹫塔主体建筑完成50%，其他工程按计划稳步推进。改造提升工程累计投入工程建设资金21 075万元。

宗教界社会服务　2017年，佛山市各级民族宗教部门支持宗教界发挥自身优势，开展形式多样、内容丰富的公益慈善活动，帮助社会弱势群体改善生活，为促进社会和谐作出贡献。佛山宗教界参与“广东扶贫济困日”活动，为慈善事业添砖加瓦。仁寿寺坚持每季度对40户贫困家庭进行帮扶，每周慰问贫困人士或敬老院等，向市红十字会捐款30万元。佛山宗教界全年在各项公益慈善活动中捐出慈善款项250多万元。佛山宗教界挖掘宗教文化资源，以宗教的特有形式，弘扬优秀传统文化，如南海西樵山云泉仙馆举办“大仙诞文化节”、三水本焕寺举办“三水佛教文化节”、宝峰寺举办“南海观音文化节”等活动，得到社会各界的好评。

（陈海雁）

经济建设

【概况】2017年，佛山市经济保持平稳健康发展，创新驱动战略大力实施，城市建设取得重大进展，重大改革持续迈向深入，开放合作再上新台阶。

经济发展稳中向好　坚持巩固和扩大经济稳中有进势头，开展“月监测、季分析”，抓细抓实稳增长工作，全市经济运行呈现高开稳走态势。全市地区生产总值完成9 549.6亿元，比上年增长8.5%。财政收入平稳增长，地方一般公共预算收入完成661.4亿元，可比增长11.6%。民营经济主导作用突出，美的集团等7家企业入围“2017中国民营企业500强”，全市规模以上民营工业总产值完成1.6万亿元，比上年增长10.2%；民间投资完成2 984.4亿元，比上年增长18.1%。

需求结构更趋协调　坚持扩大有效投资与优化投资结构相结合，印发实施《佛山市2017年扩大固定资产投资工作方案》，全年全市固定资产投资完成4 265.8亿元，比上年增长21.5%；省、市重点项目完成年度投资计划的120.1%。培育消费新业态，社会消费品零售总额完成3 320.4亿元，比上年增长10%。促进外贸稳定增长，进出口总额完成4 357.4亿元，比上年增长6.1%；实际利用外资完成162 349万美元，增长10.32%；合同利用外资158 427万美元，下降28.89%。

招商引资创新突破　构建“大招商、招大商”格局，成立佛山市投资促进中心，设立佛山（深圳）产业联络处，引进东丽无纺布、广东长江汽车整车生产及氢动力研发中心项目、智能制造科技园、新能源汽车小镇等项目。全市超10亿元外资重大签约项目7个，计划投资17.95亿美元；投资额超10亿元内资重大签项目77个，总投资2 163亿元。

【制造业加快转型升级】2017年，佛山市落实工业转型升级攻坚战实施方案，实施智能制造发展行动计划，佛山欧神诺陶瓷股份有限公司、广东溢达纺织有限公司等7家企业获2017年广东省智能制造试点示范项目；佛山市新鹏机器人技术有限公司、广东泰格威机器人科技有限公司、华南智能机器人创新研究院等3家单位获评广东省智能制造公共技术支撑平台。正式启用佛山机器人学院，新增机器人应用2 227台，开展“机器换人”的规上工业企业175家。领衔打造珠江西岸先进装备制造产业带，规模以上先进制造业、高技术制造业总产值分别为1万亿元、1 739亿元，分别比上年增长9.8%、16.3%；举办第三届珠江西岸先进装备制造业投资贸易洽谈会，佛山市签约项目102个，投资额1 213.9亿元，居八市（佛山、珠海、中山、江门、阳江、肇庆、云浮、韶关）之首。加快新一轮技术改造，完成工业技改投资771.5亿元，比上年增长39.4%。

【现代服务业加快发展】2017年，佛山市加快发展以生产性服务业为重点的现代服务业，广东金融高新区新引进甲骨文技术人才创新创业基地、（京东）广东华南供应链金融科技有限公司等，引进项目369个，总投资额近700亿元。广东工业设计城获批为广东省工业设计创新服务示范基地，广东潭洲国际会展中心二期及配套工程正加紧推进。国家物流标准化城市建设加快。文化旅游业提升发展，宋城·西樵山岭南千古情景区项目落户南海，华侨城文化旅游综合体、美的鹭湖森林度假区、三水尼克文化生态海岸、大旗头广府文化体验基地等项目建设加速。

【现代农业提质增效】 2017年，佛山市推进农业供给侧结构性改革，全市“三品一标一名牌”认证产品224个，其中省十大名牌系列农产品5个，全市农业科技贡献率近70%。推进农业与二、三产业融合，建成全国休闲农业示范点3个、市级休闲观光类农业园区11个、市级农业公园20个、全市市级现代农业园区45个、市级龙头企业112个、农民专业合作社225个、市级以上“菜篮子”基地66个。

【创新平台建设有力】 2017年，佛山市以建设面向全球的国家制造业创新中心为总体目标，加快对接广深科技创新走廊，启动打造一环创新圈。稳步推进珠三角国家自主创新示范区建设，佛山国家高新区在全国排名上升至第二十九名。创建军民融合创新示范区，争取佛山市尽快获批国家军民融合创新示范区；与中国人民解放军军事科学院系统工程研究院共同筹建军民融合协同创新研究机构、与中国能建集团共同谋划编制佛山军民融合创新示范区核心区规划；推动广东省科技装备业商会、广东军民融合发展服务中心（佛山分中心）、云炬军创工场等军民融合载体建设。开展佛山企业走进清华活动，推进41家企业80个合作项目，构建力合（佛山）科技园+佛山市清华大学协同创新研究院+总额10亿元的先进制造扶持基金的“一园一院一基金”政产学研生态体系。成功举办第三届中国（广东）国际“互联网+”博览会、第二十二届全国发明展览会暨第二届世界发明创新论坛等活动。加速建设省级以上创新平台，新增省级重点实验室4家、省级工程技术中心233个，省级创新平台总数629个。完善孵化育成体系，全市孵化器、众创空间分别达62家、57家，其中国家级孵化器、众创空间分别为14家、15家。

三水新城“新城水轴”景观 （李东摄）

【自主创新能力持续增强】 2017年，佛山市不断加大科技创新投入，实施高企“树标提质”行动，新增国家高新技术企业1 159家，累计2 547家。深化与中国科学院、中国工程院、清华大学、中国空间技术研究院等一流科研院校合作。获批建设中国（佛山）知识产权保护中心，全市专利申请总量70 029件，比上年增长24.04%；其中发明专利申请量23 728件，增长29.86%。

【科技金融进一步融合发展】 2017年，佛山市推动产业链、创新链、资金链“三链融合”，获批成为国家产融合作试点城市。加快打造珠江西岸创投中心和珠江西岸融资租赁区域中心，千灯湖创投小镇升级为省级唯一涉及各类基金业态的特色小镇。全市上市企业54家，累计融资超950亿元；“新三板”企业100家，其中3家进入创新层。优化科技金融服务，建成广东省科技金融综合服务中心佛山分中心、佛山市科技金融协会等4个服务平台。

【人才交流引进工作加强】 2017年，佛山市搭建高层次人才交流合作平台，举办第三届广东院士高峰年会，设立“武汉大学—佛山市人才驿站”。加快引进高层次创新人才团队，累计引进博士143人、省创新创业团队7个；建立院士工作室（站）46个、博士后工作站59个。

【城市建设有序推进】 2017年，佛山市实施城市治理三年行动计划，968个城市治理项目完工137个、开工706个，累计完成投资额1 161.3亿元。落实城市管理精细化三年行动计划，推进城市执法体制改革。新启动特色古村落活化20个，推进城中村和旧社区改造88项。启动“三旧”改造项目累计1 485个，预算投入2 930.44亿元。海绵城市建设启动121个项目，地下综合管廊建成11.7千米。

【基础设施网络不断完善】 2017年，佛山市珠三角新干线机场前期工作推进顺利，地铁2号线一期、3号线、广州地铁7号线西延顺德段、南海新交通试验线、高明有轨电车示范线建设稳步推进，“一环”西拓全面开工，深宁路等20条“断头路”基本按计划推进，中心城区“五纵六横”公交骨干线网成型。光网城市建设提速，光纤入户率103.4%、新增公共场所免费AP接入点5 484个、新建4G基站1.69万座。

【供给侧结构性改革不断深化】 2017年，佛山市以市政府1号文印发《关于深化供给侧结构性改革的实施意见》，在全省率先设立5亿元改革专项基金。创建“全国质量强市示范城市”通过省预验收，坚美铝材、蒙娜丽莎集团2家企业入围第三届中国质量奖提名奖公示名单。落实工业产品质量提升三年行动计划，在全国首创开展细分行业龙头企业认定工作，认定企业154家。加强标准制定，推动市企事业单位参与制修订国家标准27项、行业标准11项、地方标准3项。推进品牌建设，获批创建全国知名品牌示范区累计9个，居全国地级市首位；中国驰名商标159件，居全国地级市首位。弘扬企业家精神和工匠精神，命名20家“佛山·脊梁企业”和20位“佛山·大城企业家”。“三去一降一补”取得实质性进展，出台“佛十条”系列降成本政策措施，推广“众陶联”经验，成立众塑联产业平台，全年为企业减负超349.2亿元，其中，新政策减负超122.5亿元；完成国有特困企业脱困出清33户，排查关停国有企业累计出清60户，超额完成年度工作目标；商品房库存量累计净去化371.3万平方米，提前完成省下达的160万平方米的三年总任务；57项补齐软硬基础设施短板重大项目扎实推进。狠抓重点领域风险防控，金融运行持续稳健，全市金融机构本外币存款余额1.4万亿元，比上年增长5.7%，贷款余额0.94万亿元，增长7.6%。

【经济体制改革深入推进】 2017年，佛山市落实国家发展改革委制造业转型升级综合改革试点，出台三年行动计划及2017年工作要点。深化国资国企改革，市属国有企业改革重组基本完成。顺德区划定产业发展保护区。继续复制推广广东自贸区第四批改革创新经验，国际贸易“单一窗口”国家标准版实现口岸全覆盖。深化价格形成机制改革，印发《佛山市推进价格机制改革实施方案》。佛山市公共资源交易信息化综合平台建设工程、政府（药械）采购系统上线试运行。

【开放合作更加深入】 2017年，佛山市开放合作更加深入，区域发展更趋协调。

对外开放力度加大　以“一带一路”建设为契机推动企业“走出去”，新增对外直接投资企业43家，新增中方协议投资总额46.2亿美元。构建自主营销体系，在匈牙利、澳大利亚设立佛山泛家居品牌产品海外展示体验馆。新增俄罗斯纳罗福明斯克区和瓦努阿图维拉港两对国际友好城市。积极融入粤港澳大湾区建设，加快粤港澳高端服务业示范区建设，粤港澳科技展示交流中心揭牌。“香港+佛山”提出7大领域11个重点合作项目，得到香港特区政府积极回应。

广佛同城迈上新台阶　广佛两市共同编制实施广佛同城化“十三五”规划，同心打造珠三角世界级城市群核心区。加强产业协作，在科技创新领域进一步深化合作。加快交通基础设施互联互通，广佛肇城际轨道、广明高速、龙溪大道（广州西环—五丫口大桥段）快速化改造建成使用，海华大桥、广州地铁7号线西延顺德段加快建设。

区域一体化协调推进　实施《珠三角规划纲要》，在2016年度省考核中获优秀等次。推进广佛肇经济圈和粤桂黔高铁经济带合作试验区（广东园）建设，佛山西站正式运营。对口帮扶云浮和湛江、援疆援藏、对口四川凉山州扶贫协作、支援联系四川甘孜州工作稳步推进，“以商招商”产业等援疆模式获全国政协主席俞正声肯定。启动与黑龙江双鸭山市对口合作。

（周　敏）

政治建设

·依法治市·

【概况】 2017年，佛山市以开展法治建设“四级同创”活动为载体，全面推进依法治市工作，法治建设水平进一步提升。在2017年度的法治广东建设考评中，再次获得全省优秀等次。2017年度佛山建设人民满意政府全域指标加权满意度指数为86.38，较2016年的85.18进一步提升，其中法治政府指数为88.21，为历年最高。

是年，佛山市把“全面推进依法治市，打造更高品质法治佛山”纳入市委常委会年度工作要点和市级重点改革项目，纳入综合绩效考核。落实党政主要负责人履行法治建设第一责任人职责，出台《佛山市党政主要负责人履行法治建设第一责任人职责实施意见》，率先在全省推进村（社区）法治建设第一责任人工作。推进科学民主立法，着力提高立法质量，全年共制定2部地方性法规和2部政府规章。加快法治政府建设，推进法律顾问制度和公职律师公司律师制度。权责清单全面实施动态监管，对全市146个部门共13 487事项实现动态调整。推进行政机关负责人出庭应诉工作，行政机关负责人出庭应诉率98.4%。推进司法体制改革，加大司法公开力度，解决执行难问题，提高司法公信力。法治化营商环境优化，社会信用体系建设完善，加强知识产权保护，全年获批的有效发明专利9 614件，比上年增长49.31%。加强普法宣传教育，落实重点对象普法学法工作和“谁执法谁普法”责任制。多领域多形式法治创建活动成效明显，全市五区有三个区（南海、顺德、三水）先后获得“全国法治县（区）创建活动先进单位”称号，49个村（社区）获评全国和省“民主法治示范村（社区）”。全市建成39个法治文化示范基地，6个单位被评定为广东省法治文化建设示范点。

【法治建设组织领导】 2017年，佛山市把“全面推进依法治市，打造更高品质法治佛山”纳入市委常委会2017年度工作要点，把“改善佛山法治环境——探索构建地方法治体系，提升治市理政能力和水平”列为全市重点改革项目。各级党委（党组）定期听取法治建设汇报，研究重大事项。制订《法治佛山建设2017—2020年规划》。出台《佛山市党政主要负责人履行推进法治建设第一责任人职责实施意见》，明确任务分工和工作措施，建立年度述法制度，并将履职情况纳入年度领导班子和领导干部考核内容。推进第一责任人工作在基层落地，区、镇（街）、村（社区）层层签订法治建设承诺书。在全省率先开展新一届村（社区）“两委”负责人法治建设第一责任工作，印发《关于推进落实新一届村（社区）“两委”负责人法治建设第一责任工作的通知》，组织新任村（社区）“两委”干部培训，把重温“两法一条例”和学习法治建设相关文件作为必训课目，强化“两委”干部法治意识，压实村（社区）第一责任人职责。

【地方立法】 2017年，佛山市坚持党

对立法工作的领导，出台《中共佛山市委关于加强党领导立法工作的实施意见》，推动党领导地方立法的各项机制规范化和长效化。健全相关工作机制，出台立法公开、立法评估、法规清理、规范性文件主动审查办法等制度。强化立法智力支撑，新增3家地方立法基地。建立立法咨询专家库，聘请28名专家顾问。加强重点领域立法，全年共制定2部地方性法规、2部政府规章，自2015年取得地方立法权以来累计制定地方性法规5部、政府规章4部，立法量在全省17个新获立法权的地级市中是最多的。

【法治政府建设】 2017年，佛山市深化行政审批制度改革，“放管服”改革工作经验得到国务院和省政府充分肯定。权责清单全面实施动态监管，编印《佛山市政府部门权责清单通用目录》，全年对市直47个部门3 736项权责目录和全市146个部门13 487事项实现动态调整。健全依法决策机制，落实《佛山市重大行政决策程序规定》，涉及民生重大决策的听证率、民调率均达100%。成立佛山市重大行政决策咨询论证专家库，聘请专家55人。推进法律顾问制度和公职律师公司律师制度，全市党政机关普遍设立法律顾问和公职律师，所有村（社区）设立法律顾问，国有企业深入推行法律顾问、公司律师制度。加强行政执法规范化建设，加强对行政权力的监督制约。依法开展审计工作，对公共资金、国有资产、领导干部履行经济责任等方面的审计实现全覆盖。建立“两法衔接”长效机制，用好用活“两法衔接”信息共享平台，全年审查行政执法单位备案1 138件，移送公安机关线索252条，公安机关立案208件。推进行政机关负责人出庭应诉工作，审结各类行政案件2 337件，行政机关负责人出庭应诉率98.4%。

【司法体制改革】 2017年，佛山市推进司法体制改革，司法责任制等四项改革工作稳步推进，法官检察官员额制全面实施并全部按新办案模式投入一线办案。执行难问题得到有效突破，全市法院新收执行案62 863件、结案56 285件，分别比上年上升24.8%和23.9%。

2017年12月22日，佛山市召开全市公安机关规范执法工作会议

（市公安局供图）

公安执法公正文明，加强日常考评、专项考评、执法巡查和年终考评，设置“执法问题曝光台”，构建“四考一评”执法监督体系，全市“飓风2017”专项行动绩效稳居全省第一。司法行政工作依法规范，加强强制隔离戒毒工作，全市戒毒场所连续17年实现安全“六无”目标。

【法治社会建设】 2017年，佛山市深化普法教育，重点抓好领导干部、国家机关工作人员、青少年学法用法工作。全市各级党委（党组）中心组学法落实，干部教育法治培训常态化。禅城区推行村居“两委”干部工作会议前学法制度。全市开展“以案释法百千万公益行”、法律“六进”等普法宣讲活动200余场次。推进法治建设“四级同创”活动，全市五区、32个镇（街）全部达到省级创建标准，756个村（社区）有532个申报达标，占比70%，超额完成省规定的年度创建任务。开展法治文化示范企业创建活动，首批全市69家500人以上规模企业申报省级“法治文化建设示范企业”。开展依法治校创建活动，全市99所学校被评为“佛山市依法治校示范校”，54所学校被评为“广东省依法治校示范校”。加强公共法律服务建设。推进一村（社区）一法律顾问工作，全市所有镇（街）和村（社区）均有专职律师进驻，驻村（社区）法律顾问达到536人。完善公共法律实体平台体系，全市767家三级公共法律服务实体平台实现全覆盖，规范化建设完成率100%。

【法治化营商环境】 2017年，佛山市通过深化商事制度改革、加快社会信用体系建设、加强知识产权保护等，法治化营商环境得到进一步优化。

商事制度改革深化 出台《佛山市商事主体住所登记管理暂行办法》及其配套指导意见，放宽住所登记限制，探索集群注册登记模式，推动新型产业集聚发展。推行“简易注销”改革，降低市场主体退出成本。随着商事制度改革的持续发力，市场主体强势增长，全市新登记市场主体10.90万户，比上年增长42.41%。

社会信用体系建设加快 创建全国社会信用体系建设示范城市，推动信用制度标准建设、公共信用信息管理系统建设、重点领域诚信建设、信用服务市场培育和监管工作、信用奖惩机制建设。在全国率先建成市直机关政务诚信信息平台。禅城区启动全国首个区块链创新应用平台“智信禅城”，南海区探索建立个人信用评分模式。

知识产权保护加强 健全专利服务体系，加强专利执法，促进专利运用，全年获评的有效发明专利9 614件，比上年增长49.31%。加强版权保护组织建设与执法工作，全市在产业发达镇（街）和版权作品密集行业设立8个版权工作服务站，构建起扁平化、贴基层的版权服务体系。加强商标保护工作，出台佛山市《进一步推进商标战略工作实施意见》，推动建设国家商标战略实施示范城市，重点抓好区域品牌建设、商标海外维权、商标保护专项行动等工作。全市新申请商标68 048件，比上年增长50%，核准注册商标33 067件，注册商标总量达218 495件，增长18%，位居全国大中城市第十一位。

（陈　哲）

·基层政权建设·

【概况】 截至2017年底，佛山市有村委会327个，其中禅城区54个、南海区66个、顺德区108个、高明区51个、三水区48个；共有社区居委会439个，其中禅城区91个、南海区208个、顺德区97个、高明区21个、三水区22个。

2017年，佛山完成第七届村民委员会、第六届居民委员会换届选举，深化“民主选举、民主决策、民主管理、民主监督”，带动社区减负、“三社联动”、社区协商、农村社区建设试点、社区信息化等工作机制创新发展。实现基层自治组织建设、基层治理基础、基层民主建设、基层善治水平、基层群众幸福感等进一步增强。

【基层自治组织建设】

村、居委会换届选举　2017年，佛山市做好村委会、居委会换届选举工作，村（社区）“两委”换届选举工作从4月1日启动，到9月24日完成，总体进展平稳顺利，依法依规选好配强村（居）委会班子，换届工作风清气正，未发生涉选大规模上访和群体性事件，保障村居民的民主权利，维护佛山基层社会稳定。广东省委书记胡春华和省委村级换届风气专项巡视组均对佛山村（社区）“两委”换届选举工作给予肯定。是年，佛山有749个村（社区）需要换届，其中村327个、社区422个。全市共选出“两委”班子成员4 363人，其中党组织成员3 768人，村（居）委会成员3 308人；村（社区）党组织书记和村（居）委会主任“一肩挑”比例85.7%，“两委”班子成员交叉任职比例87.7%。党组织换届选举党员平均参选率91.7%，自治组织换届选举选民平均参选率94.5%。选出非户籍委员260人，其中党组织委员203人，村（居）委会委员201人，“两委”交叉144人。非户籍常住居民及党员参加村（社区）“两委”选举试点工作取得较好成效。换届选举期间，为确实保障离任村（社区）干部的基本权益，佛山市民政局开展离任村（社区）干部利益诉求问题调研，并出台《佛山市民政局关于做好离任村（社区）干部待遇保障工作的通知》。换届选举工作完成后，各级政府有计划、有针对、有步骤地组织开展新一届村（居）委会相关人员培训教育。到2017年底，市、区、镇（街道）完成培训63期，其中培训村（居）委会成员3 223人、村（居）务监督委员会135人、村（居）民代表7 462人、村（居）民小组长1 662人。

村务监督委员会建设　2017年，佛山市结合村（居）委会换届选举，同步做好村（居）务监督委员会换届选举。把村（居）务监督委员会的推选（选举）工作纳入村（社区）“两委”换届选举整体工作，与村（居）民委员会的选举同期举行，把有知识、懂监督、敢担当且年富力强的村（居）民选举（推选）为村（居）务监督委员会成员，优化村（居）务监督队伍建设。开展以“有人员、有场所、有牌子、有章子、有经费、有制度、有奖惩、有培训、有作为”等“九有”为重点内容的规范化建设；利用村级换届选举契机，督促、指导各区修改完善“村规民约”“村民自治章程”和“居民公约”。是年，全市327个村委会全部建立村务监督委员会，发挥村务监督委员会作用。

村（居）务公开　2017年，佛山市按照《广东省村务公开条例》要求，开展村（居）务公开工作，特别是在村（社区）换届选举期间，做好换届选举政策法规、选举工作方案、选举程序、选举规则、选举纪律、选举投票、选举结果等各项信息公开，保障换届选举依法依规、平稳有序开展。在全面完成村（居）务公开栏的规范化建设工作的基础上，各区继续开展村（居）务公开“五化”示范创建工作［“五化”即村（居）务公开设施建设标准化、公开内容规范化、公开时间经常化、公开形式多样化、公开地点公众化］，按照村（居）务公开“五化”创建要求，规范公开栏的名称和样式，做好公开资料的归档等工作。

【基层治理体制机制创新】

社区减负和村（社区）行政事务准入机制创新　2017年，佛山市启动社区减负和村（社区）行政事务准入工作，出台《佛山市村（居）委会工作职责指导目录》，明确“依法承担、依法协助、依法禁入”三个清单内容。各区出台区级社区减负工作方案和区级村（居）委会工作职责指导目录，理顺政府与社区自治组织权责关系，释放居民自治活力，提升村（居）委会服务能力。

城乡社区事务协商机制创新　2017年8月，佛山市委办、市府办印发《关于佛山市加强城乡社区协商的实施意见》，对城乡社区协商内容、协商主体、协商形式、协商程序和协商成果运用等进行明确，保障人民群众享有更多更切实的民主权利。各区在原有的村（社区）自治机制下，创新成立名称不同，但功能类似的各类协商议事机构。南海区在村（社区）设立由“两委”干部、人大代表、政协委员、企业家代表、群众代表和异地务工人员代表等组成的“社区参理事会”，开展参政、议政活动，对村（社区）重大事项、重要决策进行协商，初步构建起“由社区参理事会议事，村（居）民大会或村（居）民代表会议决策，村（居）委会执行，社会组织协助，村（社区）事务监督委员会监督”的村（社区）自治体系。顺德区建立“议事监事会”151个，“议事监事会”由热心村（社区）事务、公德心强、威望高的非交叉任职党支委、企业和大耕户代表、社会组织负责人、村（居）民代表、退休干部教师、优秀党员、社会贤达等社会精英组成。三水区吸纳社区各界精英参与社区建设，探索组建村组两级“议事会”和“家乡建设委员会”。

公众参与城乡社区事务机制创新　2017年，佛山市加大公众参与城乡社区事务平台的搭建力度，拓宽群众参与城乡社区事务渠道。探索建设“社区自治家园”，通过社区自治家园平台，社区居委会能够直接将各种社区活动信息在社区自治家园网站上进行发布，居民也可以通过网站，提出相关的意见和建议，相关情况会直接反馈到自治家园平台，实现社区居委会和社区居民的良性互动。建立市民议事厅，市民议事厅立足社区，由政府部门、市民和村（居）干部等共同参与，并由媒体作为第三方运营，到年底，南海区7个镇（街）均开办市民议事厅。建立社区学院，社区学院面向广大居民，着重通过各类型的培育课程，培育社区精神，提高综合素质，凝聚社区归属感，引导基层实现理性务实走向民主。布局社会政策观测体系，为建立党委政府与社会公众之间的基层协商民主新渠道，实现“发动社会，解决社会问题；回应社会，完善社会政策”的目标，南海区逐步在社会管理13个领域建设22个“社会政策观测站”。开发“手机村务通”，顺德区通过“手机村务通”进行村务、财务公开以及与村民在线互动，成为深受群众欢迎的新型村务公开模式。

农村幸福社区建设试点　2017年，佛山市开展农村幸福社区建设试点工作。9月13日，南海区和禅城区的南庄镇龙津村作为“全国农村幸福社区建设示范单位”创建试点，通过民政部检查组实地考察验收，成为首批全国农村幸福社区示范单位。

佛山基层治理工作创新获肯定　2017年6月和12月，民政部有关领导先后2次到佛山开展“加强基层民政工作”和“全面加强基层治理”课题调研，对佛山社区公共服务综合信息服务平台、社区网格化治理、农村幸福社区建设等工作给予肯定。12月14日，广东省民政厅发布2016年度广东省社区治理十大创新成果，佛山市南海区“创熟”工作经验、顺德区“手机村务通”项目成功入选。

【城乡社区服务设施建设】 2017年，佛山市合理布局社区服务设施网络，推动落实城乡社区用房的配建“四同步”原则（即城乡社区用房配建必须与建设项目同步规划、同步建设、同步验收、同步投入使用），至年底，全市村（社区）建立763个城乡社区公共服务站，服务地域覆盖面100%，城乡社区公共服务站总面积13.8万平方米。推进社区信息化建设，在禅城区“一门式”改革试点基础上，全面推广“一门式”政务服务创新体系建设，各区完成镇（街道）级以上自然人“一门式”综合窗口建设，并在全市村（社区）初步建立村（社区）公共服务信息平台，对政务服务系统、村居组织运作系统（党组织运作、自治组织运作、经济组织运作）和生产生活服务系统等进行整合，打造集约共享、高效电子化的社区工作平台和公开互动、协商共建的社区公众平台功能，建立覆盖市、区、镇（街道）、村（社区）四级的社区综合信息管理服务平台。

（吕龙锋）

·党风廉洁建设·

【概况】 2017年，佛山市坚决落实推动全面从严治党向纵深发展的要求，进一步加强党风廉政建设和反腐败工作，制订市委巡察工作实施办法，贯彻党内问责条例和省委实施办法，落实“一案双查”制度，执行新形势下党内政治生活若干准则和党内监督条例；坚持用好监督执纪“四种形态”，建立领导干部廉政档案和市管干部廉情活页夹，运用“四种形态”处理3 558人次，其中第一种形态2 292人次，占65%；保持惩治腐败高压态势，全年受理信访举报2 697件次，处置问题线索3 334条，立案1 207件，结案1 278件，通过执纪审查直接挽回经济损失12.26亿元；出台市委关于建立健全激励机制鼓励干部担当有为的若干意见，实事求是为396名受到错告、诬告的党员干部澄清问题；加大纠治“四风”力度，出台公职人员禁酒控酒规定，查处违反中央八项规定精神问题33起55人；查处群众身边的不正之风和腐败问题，全市排查线索8 322条，立案1 075件，结案1 026件，建立农村基层信访举报问题直查督办、约谈、通报和问责机制；深化源头治腐工作，构建制度、科技、文化“三位一体”防治腐败工作模式，建立健全激励机制和容错纠错机制；加强新闻宣传策划，加大宣传力度，营造崇廉尚洁的社会氛围；党风廉政建设和反腐败斗争不断取得新成效，为佛山经济社会持续健康发展提供坚强保证。

【“两个责任”落实】 2017年，佛山市坚持以强化巡察问责为手段，推动“两个责任”进一步落实，成立市委巡察工作领导小组和工作机构，制订市委巡察工作实施办法，组建巡察组长库、工作人员库、专业人才库，为落实巡察全覆盖提供组织和制度保证。组织开展2轮常规巡察，对市环境保护局等11个市直单位党组织进行巡察，发现问题451个，涉及党员干部问题线索46条，形成有力震慑。开展村（社区）“两委”换届风气专项巡察，发现问题线索45条，查处违反换届纪律案件7件8人，保障换届工作平稳有序开展。开展扶贫领域专项巡察，赴佛山市对口支援的西藏自治区墨脱县和帮扶的湛江市、云浮市实地检查，强化扶贫领域监督执纪问责，发现问题24个，推动落实好精准扶贫的政治责任。贯彻党内问责条例和省委实施办法，落实“一案双查”（既要追究当事人责任，又要倒查追究相关领导责任，包括党委和纪委的责任），查处“两个责任”落实不力的行为。全市问责48名党员领导干部，比上年增长60%。制订党委（党组）、第一责任人和班子成员主体责任清单，建设党风廉政建设主体责任评估系统，组织市经信局、民政局、商务局、体育局和民族宗教事务局等5名市直单位党组织负责人向市纪委全会述责述廉述德，推动主体责任落实。强化派驻监督作用，推动派驻纪检组深化转职能、转方式、转作风，提升监督执纪问责能力。把“四个意识”作为政治标杆，持续强化党内监督，严明党的政治纪律和政治规矩，严格执行新形势下党内政治生活若干准则和党内监督条例，全市查处违反政治纪律和问题18人次。严把选人用人政治关、廉洁关，防止干部“带病提拔”“带病上岗”。全市办理干部党风廉洁意见回复9 938人次，查处违反组织纪律问题30人次。

【纪律审查】 2017年，佛山市坚持把纪律挺在前面，规范谈话函询工作，做好函询了解反馈，建立领导干部廉政档案和市管干部廉情活页夹。全市运用“四种形态”(让“红红脸、出出汗”成为常态；党纪轻处分、组织调整成为违纪处理的大多数；党纪重处分、重大职务调整的成为少数；严重违纪涉嫌违法立案审查的成为极少数）处理3 558人次，其中第一种形态2 292人次，占65%，后三种形态分别占17%、7%、11%；开展谈话函询417人次，其中函询121件次，函询书面反馈77件次，诫勉谈话185人次。全市纪检监察机关受理信访举报2 697件次，比上年下降4.3%；处置问题线索3 334件，增长248%；立案1 207件，增长40.3%；结案1 278件，增长61%；给予党纪政纪处分1 232人，增长57.1%；查处处级干部34人，增长30.8%。国际追逃追赃工作取得重要成果，坚持追逃防逃两手抓，向腐败分子发出“凡逃必追、一追到底”的强烈信号，全市追回外逃人员2人，实现外逃人员“零新增”。落实监督执纪工作规则，强化对执纪审查安全工作的检查监督，加强谈话安全管理，实现执纪审查“零事故”。建立案件审理繁简分流和涉刑案件审理“零投诉”。出台市委关于建立健全激励机制鼓励干部担当有为的若干意见，树立“三个区分开来”的执纪导向，实事求是为396名受到错告、诬告的党员干部澄清问题，为担当者担当，为干事者撑腰。加大追赃力度，通过执纪审查直接挽回经济损失12.26亿元，实现政治效果、纪法效果相统一。

【作风建设】 2017年，佛山市坚持加大纠治“四风”力度，坚持暗访、查处、追责、曝光“四管齐下”，出台公职人员禁酒控酒规定，整治收送“红包”礼金、公款吃喝和公款旅游等突出问题。全市查处违反中央八项规定精神问题33起55人，给予党纪政纪处分49人，开展明察暗访513次，通报曝光案例21起28人。运用大数据精准纠“四风”，发挥佛山市狠刹“四风”网络监督平台作用，受理“四风”问题591个，对14个单位171人进行责任追究。开展农村基层党员干部违纪违法线索交叉检查和直查督办，查处群众身边的不正之风和腐败问题，维护群众合法利益。全市排查线索8 322条，立案1 075件，结案1 026件，给予党纪政纪处分997人，移送司法机关处理18人。开展领导包案下访工作，建立农村基层信访举报问题直查督办、约谈、通报和问责机制，化解一批重复、越级涉腐涉纪信访积案和疑难问题。市、区两级纪委班子成员包案64件，全市排查检控类重复举报142件，有效化解112件，办结105件。开展“环保督查佛山行”明察暗访专项行动，落实中央环保督察组移交问题的查处追责工作，全市问责100多人次，给予党纪政纪处分11人。

【源头治腐】 2017年，佛山市深化源头治腐工作，构建制度、科技、文化“三位一体”防治腐败工作模式，深化“以案治本”工作，推动重大工程廉政监督，制定招商引资行为、企业维护合法权益投诉、电子政务建设应用廉政监督和国有企业上市廉政监督工作指引，建立健全激励机制和容错纠错机制，推进“亲”“清”政商关系建设。开展廉洁试验区建设，探索廉政监督制度创新，推进党风廉政建设大数据平台建设和应用，完善政府投资工程廉情预警评估系统，为监督执纪问责插上科技翅膀。

【党风廉政宣传教育】 2017年，佛山市廉政教育成果丰硕，举办全市副处级以上领导干部纪律教育学习班及第六期“双集班”，组织开展“廉洁火炬杯”党章党规党纪知识竞赛，拍摄警示教育片《权力失控之祸》，编印警示教育读本《镜诫》，以身边事教育身边人。廉洁文化建设深入推进，制作播出5集大型纪录片《佛山廉洁文化DNA》，筹建佛山市廉洁教育基地和谭平山廉政教育基地，组织开展廉政小品曲艺创作大赛，营造崇廉尚洁的良好氛围。

（孙学良）

精神文明建设

【概况】 2017年，佛山市精神文明建设以培育和践行社会主义核心价值观为根本任务，以群众性精神文明创建活动为主要载体，推进“志愿之城”“敬业之城”“乐善之城”“大爱佛山”“信用佛山”建设，提升市民文明素质和城市文明程度，培育社会文明新风尚，各项工作取得成效。是年，佛山市成功蝉联“全国文明城市”称号，市文明办获得“全国未成年人思想道德建设工作先进单位”称号。全年全市获得国家级精神文明建设先进单位10个、全国道德模范提名奖1人；获得省级精神文明建设先进单位28个、先进个人33人。

【佛山蝉联“全国文明城市”称号】 2017年11月14日，中央文明办正式公布佛山保留“全国文明城市”称号，佛山成功蝉联“全国文明城市”称号。

是年，佛山市委常委会先后三次就迎接全国文明城市复检工作进行专题研究部署，市文明办统筹市、区、镇（街）三级，开展“静净生活·整洁家园”“文明出行·你我参与”等专项行动，组织背街小巷、集贸市场等重点区域专项测评，对背街小巷、集贸市场、“八乱一占”、网吧、出租车、行人乱穿马路等进行集中整治，推动“创文”工作常态化、精细化。以“努力争创全国一流文明城市，确保蝉联全国文明城市”为主题宣传报道，强化“文明创建永远在路上”的意识，提升市民对佛山争创全国一流文明城市的支持率、参与率。

是年5月，佛山被中央文明办列为“全国文明城市巡礼”城市之一，参与“全国文明城市巡礼”活动。11月14日，中央文明办正式公布佛山保留“全国文明城市”称号。省文明办对佛山的“创文”工作的评价是：“佛山市委、市政府高度重视创文工作，将之作为民心工程、惠民工程以及提升城市核心竞争力的重要抓手，注重常态长效、城市治理成绩斐然，坚持价值引领，铸魂育德成效显著，突出重心下移，基层创建深入推进，着眼民生福祉，惠民理念落在实处。”

【核心价值观融入社会生活】 2017年，佛山市让社会主义核心价值观融入社会生活工作成效显著。佛山市推动社会主义核心价值观融入社会生活的经验做法先后获得在中宣部社会主义核心价值观宣传教育工作培训班、中宣部“基层工作加强年”经验交流总结会、全省精神文明建设工作表彰会上作介绍推广。

核心价值观融入公益广告设计制作　结合佛山传统文化特色，组织佛山本地陶艺、剪纸、木版年画等领域的艺术家创作一批体现核心价值观主题的艺术作品，开展全市公益广告设计大赛，其中《绿色出行》《“社会主义核心价值观”剪纸》《美之城》《工匠精神》等作品获选送参加中央、省公益广告征集活动并获奖。

核心价值观公益广告刊播覆盖全社会　实现公益广告从城市主要道路、公交站亭、地铁站、休闲公园、城市出入口等各类场所，到网站、有线电视、网络电视、新媒体平台（APP、微信、微博）等各类媒介全覆盖。开展习近平总书记在广东省讲话重要批示精神和党的十九大精神宣传，城市出入口、主次干道、广场公园、各类营业窗口、文化体育场馆等公共场所，以及社区、镇村等基层广泛刊播，全市210个政务微信公众号、249个政务网站在首页显要位置宣传展示，全市288万电视装机用户开机画面开展主题宣传，营造出浓厚的宣传氛围，推动习近平总书记在广东省讲话重要批示精神和党的十九大精神深入社会方方面面，进入千家万户。

核心价值观融入市民日常生活　以“我们的节日”主题活动为载体，将社会主义核心价值观融入百姓日常生活之中。春节期间开展送道德春联到基层活动，组织书法家为基层群众送去核心价值观春联近1 000副。在“行通济”传统民俗活动和“美丽佛山 一路向前——佛山50公里徒步”活动中，组织好人方阵、佛山大城工匠、南粤楷模、各级各界公益慈善力量等巡游，用花车、龙狮、风车、灯笼、旌旗、绶带等形式生动展现核心价值观，传播社会正能量。

社会主义核心价值观主题公园建设　以美丽文明村居建设为抓手，实施“一村（居）一主题公园”工程，提出全市110个示范村（社区）各要建成1个以上核心价值观文化公园或文化广场要求，推动社会主义核心价值观融入基层。是年，禅城区文华公园，南海区孝德湖公园、顺德区三字经公园被列入省级社会主义核心价值观主题公园。

【“大爱佛山”品牌建设】 2017年，佛山市建立随时随地点赞好人、每季度命名一次“最美佛山人”、每年度命名一届“佛山好人”的好人好事选树工作机制，加大好人选树的频率和力度，不断拓展好人好事挖掘培育的广度和深度。建立好人事迹宣讲团，广泛开展道德模范与身边好人事迹的学习宣传，努力营造敬好人、学好人、做好人的浓厚氛围。加大媒体宣传力度，依托佛山电台打造《听·文明》特色栏目，联合《小强热线》栏目创新设立《点赞》节目，设立《寻找最美佛山人》《点赞排行榜》等版块，汇聚和传播社会正能量。

成立佛山好人联盟，搭建全市好人合作、交流与互助平台，发挥佛山市各级道德模范和身边好人的典型示范作用，助推“大爱佛山”建设。是年，佛山出现一大批好人好事，身边的“平民英雄”不断涌现，全年有报道的好人好事有320例，全年入选国家级道德模范提名奖1人、获评省级道德模范1人、获“中国好人”称号4人、“广东好人”称号9人，市内命名“佛山好人”20人、“最美佛山人”60人。

【基层文明创建】 2017年，佛山市制订下发《佛山市2017年精神文明建设先进单位创建工作方案》，全面铺开文明村镇、文明单位创建工作。是年，佛山市入选全国文明单位3个、省文明单位6个、全国文明镇1个、全国文明村3个、省文明村镇4个，创建市级文明镇10个、市级文明村37个、市级文明单位169个。

深化家庭文明建设，围绕“注重家庭、注重家教、注重家风”要求，开展“最美家庭”系列主题活动。是年，佛山市入选全国最美家庭2户、省书香家庭2户、省十大最美家庭1户、省百户最美家庭7户，命名佛山十大文明家庭10户、佛山最美家庭35户。

开展文明校园创建，推动社会主义核心价值观融入学校教育教学全过程，融入师生工作、学习、生活各方面。是年，佛山市入选全国文明校园学校1所、省文明校园学校3所，创建市级文明校园学校30所。

【美丽文明村居建设】 2017年，佛山以“美丽文明村居建设”为抓手，围绕“三美一优”主题，着力建设宜居住、宜休闲、宜观光创业、宜旅游的高水平现代化美丽文明示范村（社区），全市738个村（社区）面貌不同程度得到改善，城乡协调发展进一步加强。

高规格部署　1月，市委、市政府高规格召开“美丽文明村居建设工作推进会”，将美丽文明村居建设作为

2017年11月20日，2017年第三季度“最美佛山人”事迹分享会举行，15名市民获命名“最美佛山人”，并现场分享人性之美，传播“大爱佛山”正能量。图为获表彰的“最美佛山人”等与嘉宾合影留念　（甘建华摄）

2017年，佛山市着力打造“车厢里的价值观”，让穿梭在大街小巷的公交车成为展示城市文明的流动窗口 （市精神文明办供图）

经济社会发展的重点工作来抓，明确2017—2018年重点建设110个美丽文明示范村（社区），市财政按照每年每个村50万元的标准，总共投入1.1亿元作为引导资金，撬动区、镇（街）、村（社区）和社会资本以不低于1∶20的比例经费投入，启动“三美一优”美丽文明村居建设。

系统全面推进　按照新型城镇化和城乡一体化要求，以“六个坚持”为主线，贯穿村居环境治理、产业发展、文化繁荣、生态保护等领域建设，努力实现村（社区）全面振兴。一是坚持规划先行。建立健全土地利用总体规划、基本农田保护规划、城镇体系规划以及产业、交通、水利、环保、文化、景观等全领域规划，力争到2018年实现行政村村庄规划全覆盖。二是坚持环境综合整治。全面推进村（社区）工业园区综合整治，加大水污染治理，实施河长制、涌长制的管理制度。开展乱摆乱放、乱搭乱建等“八乱一占”集中治理，整治“六边”垃圾（村边、路边、河边、山边、农家乐边、农贸市场边），努力实现110个示范村（社区）达到省级以上卫生村标准。三是坚持价值引领。推动核心价值观融入村容村貌、村规民约、村（社区）生产生活，每个村（社区）至少建设1个文化公园（广场）。开展好人好事选树宣学、“传承好家风好家训”“星级文明户”等群众性精神文明创建活动，推动农村移风易俗，培育文明乡风民风。四是坚持文化导向。加强对古村落、古遗址、历史建筑等的保护和活化利用，依托村中宗祠家庙、家塾书院等建立村史馆、名人馆、民间博物馆，传承粤剧、粤曲、龙舟、龙狮等民间传统技艺，复原花会、灯会、庙会、歌会等民俗文化活动，繁荣农村文化，丰富村民精神文化生活。五是坚持特色创建。立足村居人文、生态、产业等特点，努力实现“一村居一品牌”，如突出“仁、义、礼、智、信”等传统美德建设慈善村、孝道村、诚信村，突出本土文化特色建设醒狮文化村、状元文化村，突出产业特色打造环西樵山“电影部落”、水乡生态旅游村、养生休闲旅游村等。六是坚持发展新业态。推进农业供给侧结构性改革，减少污染较大畜牧养殖业，增加质量效益好的花卉、蔬菜和优质水产业。鼓励村（社区）发展休闲旅游、民宿、农家乐等“美丽经济”，做好村（社区）经济生态化和生态经济化“两篇大文章”，把家门口的绿水青山变成金山银山。

加强统筹协调　形成由市文明委总统筹，市、区、镇（街）各级党委书记挂帅，宣传、农业、国土规划、环保、住建、文化等部门共同参与，“条块结合、以块为主”的工作格局。同时，制订《美丽文明村居考评标准》，定期开展测评。将美丽文明村居建设纳入单位绩效考核和领导班子考核，与全市城市治理现代化同部署、同巡查、同考评，市文明委每半年开展一次巡查。

美丽文明村居建设初见成效　通过美丽文明村居建设，涌现出一大批具有岭南特色的村居品牌，“仁善紫南”“书香松塘”“人文塔坡”等美名远播，紫南村获得“2017中国最美村镇”称号，逢简村、松塘村入选“中国最美村镇50强”，松塘村、逢简村年接待游客分别超50万人次和超100万人次。

【全国首个“文明公交标准”在佛山出台】 2017年4月，佛山市正式向全社会发布《佛山市文明公交标准》《文明公交标准三字经》，此为全国首个“文明公交标准”。《佛山市文明公交标准》《文明公交标准三字经》内容涵盖文明驾驶、文明乘车、文明车厢、文明站场4个方面，总共435条文明公交标准，从不同维度对公交运营企业、司乘人员等各类交通出行行为进行规范。文明公交标准三字经》是《佛山市文明公交标准》的高度凝练，以朗朗上口、易背易记的“三字经”形式展现，方便广大市民将文明公交标准挂在嘴边、记在心上。

链接

文明公交三字经

文明驾驶

守规则　正着装

行车稳　心专注

礼乘客　更周到

文明乘车

守秩序　重礼让

老孕残　多体谅

重安全　人人夸

文明车厢

车容洁　心舒畅

设备全　人性化

报站准　宣文明

文明站场

站牌清　有指引

遮风雨　保洁净

讲排队　更省心

【文明交通主题宣传月活动】 2017年5—8月，佛山市组织开展文明交通主题宣传系列活动，利用公交LED显示屏、户外LED屏幕滚屏播放《佛山市文明公交标准》，编印制作便民手册和宣传折页向市民免费派发，在村（社区）、企业、机关、学校、候车大厅等公共场所以及利用电视台、网站、手机客户端等媒体广泛宣传“文明交通知识”，宣传文明公交标准。在公共交通行业广泛开展“争当文明驾驶员、争创文明示范车”实践活动，开展“文明交通携手志愿服务”及礼让斑马线、路口礼让通行、抵制车窗抛物等实践活动，引导市民遵守交通规则，劝阻不文明交通行为。

是年，佛山市通过宣传文明公交标准及文明交通系列活动，着力打造“车厢里的价值观”，让穿梭在大街小巷的公交车成为展示城市文明的流动窗口，有关经验做法被中央文明网、文明广东微信多次刊登推广。

【文明风尚建设】 2017年，佛山市开展文明风尚建设，提高城市文明水平。

文明风尚系列主题活动 5月，开展佛山市文明旅游主题宣传活动，全市新闻媒体开辟专栏进行文明旅游正面引导与反面曝光，各类媒体对文明旅游报道87篇次。5—8月期间，组织开展文明交通实践活动和文明交通知识宣传，提升市民文明交通、文明出行意识。8月，开展文明餐桌主题宣传活动，倡导绿色生活、反对铺张浪费。

文明公厕创建 制订完善《佛山市市政公厕汇总表》，全市市政公厕575座，达到国家二类城市公厕的有424座，占总比例的73.74%。

“信用佛山”建设 开展信用记录“红黑榜”发布，在“3·15”消费者权益日、“6·14”信用记录日、“全国质量月”“食品安全宣传周”“诚信兴商宣传月”期间开展宣传教育活动，提升社会信用意识和诚信观念。

“志愿之城”建设 是年，佛山成为第三批全国“志愿之城”试点城市，南海区桂城街道桂园社区获“全国最美志愿服务社区”，菠萝救援队王治勇获“全国最美志愿者”，市一医院“护理志愿者情暖社区”志愿服务项目获“全国最佳志愿服务项目”。截至年底，全市注册志愿者86万人，累计志愿服务时数超过1 800万小时。

【未成年人思想道德建设】 2017年，佛山市未成年人思想道德建设工作稳步推进。

中国梦主题教育实践活动常态化开展 结合清明和“六一”“七一”“十一”等重要时间节点，常态化开展清明祭英烈、做美德少年、童心向党歌咏、向国旗敬礼等活动，培养未成年人的爱国主义情感、良好的道德品质和文明行为，树立正确的理想信念，全年全市开展未成年人活动300多场，评选美德少年21人，为美德少年点赞99 591次。

文明校园创建 围绕中小学文明校园创建标准，开展文明校园创建，命名佛山市第一中学等30所中小学为佛山市首届文明校园，推荐佛山市南海实验中学、佛山市第九小学、佛山市三水区实验小学入选第一届广东省文明校园，推荐佛山市三水区实验小学入选全国文明校园。

高水平学校少年宫建设 审核评定张槎中心小学等7个乡村学校少年宫为市级乡村学校少年宫示范点。成功申报南海区丹灶镇有为小学少年宫为市第二十三个中央专项彩票公益金支持的乡村学校少年宫。

佛山特色家长学校建设 截至2017年底，佛山有32所全国优秀家长学校，“五老”志愿者23 500多名，家长学校成为佛山市家庭教育工作中的知名品牌。教育部关工委顾问田淑兰参加2017年佛山市创建实验区总结大会时对佛山特色家长学校工作给予肯定。

（蒋继华）

社会建设

【概况】 2017年，佛山市加大民生投入力度，全市民生支出占一般公共预算支出比重达73.9%，人民生活不断改善，社会事业全面发展。

民生保障扩面提质 大众创业万众创新加快推进，全市城镇新增就业8.6万人。民生保障水平进一步提升，全市企业退休职工月平均养老金提升至3 050元，城乡居民基础养老金水平提升至180元/月，城乡低保标准提升至900元/人·月。全民参保持续推进，全市基本医疗、职工养老、生育、失业和工伤保险实际缴费人数分别达473万人、264万人、245万人、245万人和246万人。组建国有专业化住房租赁平台，住房租赁市场加快发展。

社会事业大力推进 教育现代化水平持续提升，佛山科学技术学院被确定为2017年博士学位授予立项建设单位，仙溪新校区建成招生；产学研合作渠道不断拓展，广东省教育厅、佛山市人民政府、顺德区人民政府、三水区人民政府与南方医科大学、广东财经大学佛山校区分别签署四方共建协议，推动建设全学段南方医科大学顺德校区和广东财经大学佛山校区；加快实施义务教育阶段学校基础设施五年提升行动计划，2017年完成新建、改（扩）建义务教育阶段学校33所，全市公益普惠性学前教育覆盖率75%；新市民随迁子女入读义务教育阶段学校人数达39.5万人。卫生强市建设加快，公立医院综合改革稳步开展，分级诊疗制度进一步完善，市一医院保健中心大楼等项目建设顺利。创建国家公共文化服务体系示范区通过中期督查，市、区、镇、村四级公共文化设施总面积超152.67万平方米，村（社区）综合性文化服务中心覆盖率96.9%。举办第九届市运会，全民健身活动中心建成对外开放，佛山国际体育文化演艺馆建设加快推进。

人民群众安全感稳步提升 创建国家食品安全示范城市加快，市食品药品监督管理局出台食品药品质量安全大提升一揽子行动计划，2017年完成食品抽检47 628批次、药品抽检1 283批次，合格率分别达97.2%、93.6%。粮食安全保障持续加强，在2016年度粮食安全责任考核中获优秀等次。社会秩序和谐稳定，社会治安防控体系建设和“飓风2017”专项打击行动绩效均居全省首位。

（周　敏）

【社会救助】 2017年，佛山市完善低保救助制度、特困人员救助供养制度、医疗救助政策，提高五大民生标准。其中，全市最低生活保障标准统一提高到每人每月900元，全市城乡低保补差水平不低于每人每月530元，分别比上年增长42.9%、16.5%。而特困人员供养标准也有较大提高，各区平均达到1 711元，与上年对比涨幅11.5%。出台《佛山市最低生活保障对象分类救助实施办法》，明确分类救助对象范围，明确家庭困难的成年无业重度残疾人救助措施；出台《佛山市困难群众医疗救助暂行办法》，全额资助低保对象、特困供养人员和低保临界对象参加居民医疗保险，全年投入1 710万元为31 415名困难群众购买城乡居民医疗保险，实现“应保尽保”。提高门诊医疗救助报销比例、住院医疗救助报销比例。开展按病种付费医疗救助和支出型贫困医疗救助。是年，全市救助困难对象54 713人次，支付医疗救助金3 767万元，支付金额比上年增长36.2%。

【养老服务】 2017年，佛山市接连出台《佛山市养老院服务质量建设专项工作方案》《佛山市养老设施布局规划》等多份文件，初步建立养老院服务质量标准体系，明确养老设施发展规模和布局，加快推进公办养老机构社会化改革，将为老年人“谋福利，干实事”理念落实到工作中。是年，全市有社区涉老服务设施1 135个，为老人提供居家养老服务593 288人次。全市拥有收养性床位33 182张。全市初步建成以居家为基础、社区为依托、机构为支撑、医养相结合的社会养老服务体系。

在加快市级养老机构建设的同时，支持养老产业发展，禅城区、南海区和三水区均完成居家养老信息化平台的开发建设与试运行工作。推进“银龄安康行动”，实现全市老年人意外保障水平稳步提升，在2017年度广东省“银龄安康行动”工作会议上，佛山市民政局获颁“银龄安康行动”优秀组织奖，市老龄办获“银龄安康行动”卓越领航奖和突出贡献奖。

【城乡社区治理】 2017年，佛山市完成村居“两委”换届选举工作，选民平均参选率94.5%，全市村（社区）党组织书记和村（居）委会主任“一肩挑”比例、“两委”班子成员交叉任职比例进一步提升。为提高新一届村（居）委会相关人员的履职履责能力，及时组织开展培训教育。出台《关于佛山市加强城乡社区协商的实施意见》，探索发展“社区自治家园”“市民议事厅”“社区学院”等协商议事机构，激发公众参与社区建设的活力。推广“一门式”政务服务创新体系建设并延伸到村（社区），实现村（社区）公共服务中心全覆盖。

佛山市基层治理经验获得国家和省的认可，南海区和（禅城区）龙津村成为首批全国农村幸福社区建设示范单位；南海区“社区创熟”和顺德区“手机村务通项目”入选“广东省社区治理十大创新成果”。

【社会组织】 2017年，佛山市有社会组织6 335个，比上年增长5.2%；全市社工机构有176个，持证社工9 134人。是年，佛山市每万人持证社工12.2人，提前超额完成国家要求的到2020年每万人持证社工数达10人的任务指标。

是年，佛山市以党建工作为引领，谋划社会组织体制改革，加强社会工作人才队伍建设，促进各项工作顺利开展。首创“1 + N群组链”党建模式，为行业协会搭建合作交流新平台。制订《2017年度佛山市推进社会组织体制改革工作方案》，建立社会组织综合监管和联合执法机制，深化境外非政府组织登记管理沟通机制。出台《佛山市行业协会商会与行政机关脱钩实施方案》，完成行业协会商会与行政机关脱钩工作。推进社会组织诚信自律体系建设，遴选市级行业协会行业自律和社会信用建设示范单位，促进社会组织不断完善治理结构。创新社会组织培育发展方式，打造社会组织“四大孵化平台”。举办2017年“岭南社工宣传周”系列活动。实施社会工作服务机构“牵手计划”，支持社会工作专业力量参与脱贫攻坚。

是年4月，佛山市被中央组织部选定为广东省唯一的社会组织党建工作综合监测区。

【慈善事业】 2017年，佛山市开展“创益合伙人计划”公益创投活动，全年投入专项扶持资金逾223.8万元，协助开展优秀公益慈善项目22个，服务超过20万人次。参加中国城市公益慈善指数经验交流，佛山市以84.05分的成绩在“第四届中国城市公益慈善指数”排行中列全国第二十三名、全省第四名。开展“6·30”扶贫济困日活动，慈善认捐金额达5 436万元，比上年增加4 786万元，增长近8倍。打造“乐善之城”，出台《佛山市建设“乐善之城”行动计划（2018—2020年）》。

（梁絮雪）

生态文明建设

【概况】 2017年，佛山市坚决打好生态环境保护攻坚战，持续加强生态文明建设，环境质量明显改善。

环境治理成效明显　全面落实环境保护“党政同责、一岗双责”责任制，出台系列政策文件及配套细则。推进大气污染精准防治，机动车和非道路机械污染防治经验全国领先，淘汰黄标车和老旧车17 238辆，全年空气优良天数占比79.5%。搭建精细治水体系，全面推行河长制，广佛跨界河流水质达到省考核要求，6条建成区黑臭水体整治初见成效并通过验收。开展村级工业园区“一村一策”整治，清理淘汰企业1 420家，整治提升2 979家。

生态建设亮点突出　佛山市获批“国家森林城市”称号，全市市域森林覆盖率36.3%，新增公园绿地132.9公顷，改造提升公园绿地136.53公顷，县级以上森林公园38个、湿地公园11个，南海金沙岛、三水云东海获国家林业局批复开展国家湿地公园试点。推广绿色建筑，佛山市绿色建筑累计完成942万平方米。16项重点民生水务工程完成投资6.78亿元，超计划目标8.26%。落实最严格水资源管理制度，2016年度考核用水总量等6项指标全部达标。开展排污权有偿使用和交易试点，排污权交易系统试运行，累计122家企业进行排污权交易。

（周　敏）

【生态文明体制改革】

“党政同责、一岗双责”环保责任体系的完善　2017年，佛山市出台《佛山市环境保护“党政同责、一岗双责”责任制考核办法》和《2017年佛山市环境保护“党政同责、一岗双责”责任制考核计分方法及操作细则》。出台《佛山市市委书记市长环境保护督查令暂行管理办法》，建立以督办、挂牌督办、市委书记市长环保督查令为基础的逐层递进的环保督查督办工作体系，通过市环委会、市政府层面统筹各级党委、政府各组成部门，有效解决影响环境质量和环境安全的突出问题、久拖未决的重难点环境问题、影响社会稳定的重点环境信访问题。

环保立法　2017年11月30日，《佛山市扬尘污染防治条例》经市人大常委会第三次审议通过，并经省人大常委会批准，于12月4日公布，自2018年1月1日正式实施。

环境市场化机制不断完善　2017年，佛山市陆续出台《佛山市排污权有偿使用和交易管理试行办法》等7个制度文件。自排污权有偿使用和交易试点政策4月1日实施。至12月底，全市陆续受理、办理、办结53家企业的初始排污权有偿使用业务，涉及有偿使用费2 266万余元，受理、办理或办结59家企业的排污权交易业务，涉及交易金额143万余元。按照国家许可证改革工作部署，完成火电、造纸、钢铁、水泥、石化、印染、电镀等行业排污许可证核发工作，共完成发证企业335家。

【生态文明治理体系构建】

大气精细化治理和精准化防控体系的建立　2017年，佛山市完成在用10蒸吨/小时以上、65蒸吨/小时以下燃煤锅炉提标治理；完成157家铝型材企业清洁能源替代；完成100家VOCs企业综合整治，完成6家玻璃企业提标整治，完成61家陶瓷企业提升整治。淘汰黄标车和老旧车17 238辆，完成率183%，其中淘汰黄标车6 509辆，完成率152%。划定黑烟车限制行驶区域，规定自2017年11月1日起，全天24小时禁止黑烟车在佛山行政区域内道路（包含佛山“一环”公路）通行。明确对建设工地使用排放黑烟等可视污染物非道路移动机械违法行为处罚要点，全年处罚36宗。实施《佛山市今冬明春大气严格管控方案》，完善大气精准防控机制，以污染气象预报结果作为管控依据，实现提前防范和压制。

全流域水环境精细治理　2017年，佛山市紧盯国控、省控考核断面目标，每月通报广佛跨界河流及其主要支涌的水质、存在问题、对策措施等。全面推行“河长制”，建立全覆盖的市、区、镇、村四级河长制度，共设河长1 276人，市委书记鲁毅、市长朱伟分别担任总河长和副总河长，将水质改善和达标作为河长履职的首要标准。市、区、镇三级均制作广佛跨界河流污染整治“三图一表”，建立“工作项目化、项目目标化、目标责任化”的倒逼机制。出台《2017年水污染防治工作方案》，全面控制工业源，全域治理生活源，有效削减内生源，严格整治农业源，在广佛交界流域进一步扩大禁养区，确保国控和省控考核断面达标。每月对全市5区和32个镇（街）的水环境质量进行排名并向全社会公开，对排名累计多次靠后且水质不升反降的镇街，约谈主要负责人或干部考核一票否决。印制《佛山市饮用水源保护区标准化建设规范手册》，全市所有省级集中式饮用水源保护区和乡镇级集中式饮用水源保护区的标准化建设均已完成。开展水源保护区违法项

南海区九江镇河网水道纵横交错，鱼塘与桑基、蔗基成片的自然生态景象　（佛山年鉴社供图）

目的清理，依法整治威胁水源水质安全的风险源，并加强定期巡查。

土壤污染防治和固废管理　2017年，佛山市编制实施《佛山市土壤污染防治行动计划实施方案》，全市完成2 477个农用地土壤污染状况详查点位核实，并开展重点行业及污染场地土壤环境状况调查评估，启动土壤治理与修复工作。加强危险废物分类管理，推进危险废物处置能力建设，严厉打击进口废物违法行为。

【环保执法】2017年，佛山市深化“网格化+双随机”制度，将“双随机”抽查机制与环境网格化监管工作相结合，同时将投诉较多、红黄牌企业及大气重点监控对象纳入特殊监管对象，加大抽查比例，实现从普查式执法到精细化执法的转变。开展工业源大气环境专项执法工作，组织开展钢铁专项执法、水泥玻璃专项执法等行动，强化对中央环保督察交办案件、环保违规建设项目清理等重点领域的执法和监管，保持严厉打击环境违法的高压态势。摸查重点行业执法检查情况，摸查钢铁、火电、水泥、石化、造纸、印染、污水处理、垃圾焚烧等8大行业企业清单及执法检查、违法案件查处情况，启动污染源全面达标排放计划。探索在企业实施“源头—通道—目标”三道闸高标准的环境安全整治，推进464家名单内企业突发环境事件应急预案编制并备案。综合采取行政处罚、限制生产、停产整治、行政拘留等手段，严厉打击偷排偷放、不正常使用污染治理设施等恶意环境违法行为。全市全年出动环境监察人员170 430人次，现场检查企业66 400厂次，立案处理企业2 797家。其中，处罚金额达15 556万元，创历史新高。

【生态文明规划建设】2017年，佛山市组织各区开展国家生态文明建设示范市区创建工作，五区生态文明示范建设规划均印发实施，督促各镇街按计划开展规划编制及生态文明乡镇的创建工作。继续推进《佛山市全方位环境保护“十三五”规划》《佛山市生态严格控制区修订》等专题规划的编制和完善工作。

（周欢年）

【节能与循环经济】2017年，佛山市完成《佛山市“十三五”节能规划》编制并印发实施，提出重点工业领域、建筑领域、交通运输领域、公共机构领域、发展太阳能光伏产业、发展“互联网+”智慧能源等6个方面的节能措施。继续实施电机能效提升计划，电机能效提升约30万千瓦。开展企业清洁生产审核，完成清洁生产审核企业348家。是年，佛山市有17家重点用能单位建成企业能源管理中心；佛山市区域能源管理中心平台已接入4家企业能源管理中心综合用能数据，并从佛山市电力需求侧平台接入100家企业的用电数据，同时与省能源管理中心平台实现数据互联互通；佛山市三水工业园区获批2017年广东省循环化改造试点园区。是年，佛山市单位GDP能耗下降5.13%。是年9月，广东省经济和信息化委、广东省发展改革委、广东省统计局通报各地级以上市政府2016年度节能目标责任评价考核结果，佛山市为超额完成等级，综合排名全省第一。

是年，佛山市有23家企业入选国家绿色制造示范名单，4个项目入选国家绿色制造系统集成项目，入选企业与项目数量位于全省前列。广东兴发铝业有限公司等6家企业入选绿色工厂，广东美的制冷设备有限公司等2家企业入选绿色供应链管理示范企业。

（刘义超）

全面深化改革

【概况】2017年，佛山市开展改革项目142个（其中由市党政领导班子成员和五区书记牵头的改革重点项目34个，承接国家级、省级改革试点项目33个，市直部门和五区自主开展项目75个），完成84个（改革重点项目16个、国家级和省级改革试点项目14个、市直部门和五区自主开展项目54个）。先后召开十二届市委全面深化改革领导小组第一次、第二次、第三次会议，审议通过《佛山市全面深化改革2017年工作要点》和《佛山市2017年改革重点项目》等重要改革文件，梳理形成《佛山市改革项目清单（2017年）》，明确每项改革任务的负责领导、牵头单位、年度目标、工作进度和具体人员等，构建起全市年度改革的“总台账”“责任书”和“路线图”。市委全面深化改革领导小组以及各改革专责领导小组充分发挥统筹、协调职能，聚焦佛山改革难点，以改革项目为牵引带动各领域改革整体推进，全市改革工作取得较好成绩，一些项目得到省委、省政府乃至中央的肯定，引发各级媒体广泛关注。比如，中央电视台大型政论专题片《将改革进行到底》多次以佛山制造业转型升级、供给侧结构性改革实践、生态文明城市创建等内容为范例；大数据统筹发展体制机制改革取得初步成效，获批成立全省首个地级市数字政府建设管理局，推动佛山信息化建设向前迈出一大步；

佛山市高明区智湖公园　（梁洪佳摄）

国家知识产权服务业集聚发展试验区顺利通过国家知识产权局验收，评价优秀；创新打造社会综合治理云平台、以党建引领非户籍常住人口融入基层社会治理等改革引起省委关注，排污权有偿使用和交易试点改革入选《全省改革案例选编》等。

【重点领域改革】 2017年，佛山市在大数据建设和应用、制造业转型升级综合改革、依法治市、农村综合改革、基层社会治理、人才体制改革、市属国有企业改革、医疗卫生体制改革、质量强市等重点领域和关键环节改革取得实效，其中，供给侧结构性改革、排污权有偿使用和交易试点改革、数字政府建设等改革探索和实践走在全省甚至全国前列。

【改革试点项目】 2017年，佛山市推进承接中央和省的各项改革试点工作，部分项目为全省和全国改革创新提供示范和案例。

国家知识产权服务业集聚发展试验区试点 基本建成以金融服务为特色的知识产权营运核心区、知识产权服务机构核心区和知识产权人才集聚区，实现市、区两级政府知识产权财政投入、专利数量和质量、知识产权服务机构数量和质量、知识产权人才数量等四个大幅提升，全部完成国家知识产权服务业集聚发展试验区建设方案目标任务，并于2017年12月通过国家知识产权局验收，成绩优秀。

建设国家特殊教育改革实验区试点 建立健全任务驱动机制，结合实施特殊教育一期提升计划，坚持问题导向，创新工作思路，扎实推进“随班就读”和“送教上门”两项改革实验任务，实验区工作推进顺利，成效明显，取得阶段性实验成果。“三残”儿童少年义务教育阶段入学率100%，真正实现“三残”学生义务教育零拒绝、全接纳。

其他改革试点项目 国家物流标准化试点、积极发展农民股份合作赋予农民对集体资产股份权能改革试点、党建引领非户籍常住人口融入等完成试点任务。推进农村土地制度改革、国家现代学徒制试点、建设国家学前教育改革发展试验区、继续推进新一轮深化“三旧”改造综合试点等国家和省改革试点项目进展顺利。

【基层改革探索】 2017年，佛山市鼓励和支持各区、各部门发挥主动性和创造性，把人民对美好生活的向往作为推进改革的立足点，从群众关注的焦点、百姓生活的难点中寻找改革切入点、突破口，大胆探索，进行差别化改革探索，推动改革在基层落地生根。市卫生计生局推行家庭医生式服务，加快实施家庭医生签约服务制度，全年全市组建家庭医生团队1 108个，共有167万多名居民签订服务协议，户籍人口签约覆盖率42.61%，重点人群签约覆盖率达61.73%。禅城区开展医疗体系改革，探索推进以紧密型的托管合作为基础、以学科技术带动为核心的医联体建设，推进专家、技术、管理等优质资源下沉，提升基层医疗健康服务能力和区域内公共卫生服务总量和质量，形成诊疗、康复、长期护理连续服务的医疗服务模式，让群众看病就医更便捷，提升市民群众的就医体验与健康获得感。南海区在粤港澳大湾区战略背景下，立足三山新城，依托广东金融高新区，以“一区双核”的建设模式，推进粤港澳合作高端服务示范区建设工作。以项目、资本、人才对接促进合作发展，致力于为粤港澳优质资源汇聚创造空间，将示范区打造为推动粤港澳市场互联，人才、信息、技术等经济要素互通的桥梁。顺德区贯彻落实深化国资国企改革发展的要求，推动顺德区属国有企业做优做强做大，不断增强国有经济活力、控制力、竞争力、影响力和抗风险能力，顺控集团业务板块化改革取得重大突破。高明区以全区招商“一盘棋”为思路，创新招商引资工作体制机制，强化招商引资区级统筹，提升企业服务效率，全力构建有高明特色的招商引资大格局。三水区探索开展农村集体建设用地改革，制订实施《佛山市三水区留用地历史欠账清理兑现方案》，征地留用地历史遗留问题专项治理任务全部完成。同时，通过区镇联动，加大留用地招商引资，盘活利用手续完善的留用地，提高土地利用效率，增加农民收益。

【供给侧结构性改革】 2017年，佛山市聚焦提质增效，供给侧结构性改革取得新成绩。出台深化供给侧结构性改革实施意见，在全省率先设立5亿元改革专项基金，聚焦降低成本和提升质量。一方面，坚持用改革的办法推进“三去一降一补”重点工作，推动“去降补”工作向更深层次、更广维度、更大空间深化拓展，取得显著成效。完成33家国有特困企业脱困出清，排查关停国有企业累计出清60家，超额完成考核目标。贯彻落实中央房地产调控政策，提前超额完成三年商品房去库存任务，累计净去化371.3万平方米，总去化周期9.5个月。构建租购并举长效机制，成立市建鑫住房租赁有限公司，向社会推出首批518套租赁住房。实施降低企业成本“佛十条”等政策措施，帮助企业减负超320亿元，其中新政策减负超110亿元。57个补齐软硬基础设施短板重大项目进展顺利。同时，深入实施“以质取胜、技术标准、品牌带动”三大战略，质量强市建设迈上重要台阶。把全面提高佛山产品和服务质量作为提升供给体系的中心任务来抓，实施工业产品质量提升行动计划和扶持办法，创建全国质量强市示范城市通过省预验收。2017年国家、省、市产品质量抽检综合合格率93.5%，提高1.5个百分点；认定细分行业龙头企业154家；新增质量管理体系认证企业1 525家，累计6 642家，超额完成年初预定6 000家以上目标任务；引导和扶持美的、坚美、联塑等主导或参与制修订41项国家、行业或地方标准；新增采用国际标准认证产品89个；指导佛山市工业机器人产业标准联盟制定发布3项联盟标准，填补国内相关标准空白；南海区成立全国首个制造业“隐形冠军”联盟；中国驰名商标159件，位居全国地级市首位；全国知名品牌示范区新申报4个，累计创建9个；弘扬企业家精神，表彰20家“佛山·脊梁企业”和20名“佛山·大城企业家”。

【制造业转型升级综合改革】 2017年，佛山市坚持制造业立市不动摇，制造业转型升级综合改革进程加快。一是有序推进国家发改委制造业转型升级综合改革试点。根据中财办和国家发改委领导指示精神，按照“先易后难”的原则，以“开展泛家居市场采购贸易方式试点、跨境电商综合试验、推动佛山农村金融机构改制为股份制商业银行”等3个较为迫切和条件成熟的事项为突破口，争取国家政策支持。顺德区划定全国首个产业发展保护区，严守产业发展红线。二是进一步做大做强大型骨干企业。建立市区领导班子挂点联系大型骨干企业对口联络单位服务机制。确定100多家冲刺100亿元规模的后备骨干企业并予以重点扶持，对主营业务收入首次突破100亿元并符合纳税条件的企业进行资金奖励。协助联塑、志高等骨干企业申请省级促进大型骨干企业转型升级专项资金。多措并举缓解中小企业融资难，推动后备骨干企业上台阶。

【创新驱动发展战略深入实施】 2017年，佛山市把建设国家制造业创新中心作为主要方向，深入推进改革，推进国家创新型城市建设，逐步形成以创新为主要引领和支撑的经济体系和发展模式。一是推进“互联网+创新创业”示范市建设。利用财政资金撬动全社会加大科技创新投入，持续推动省创新驱动“八大举措”工作深入开展。成功举办第三届中国（广东）国际“互联网+”博览会，展会品牌认知度和美誉度进一步提高。举办第二十二届全国发明展览会暨第二届世界发明创新论坛，促成中国发明协会中国发明成果转化研究院落户佛山。二是狠抓高新技术企业培育、壮大工作。实施高新技术企业培育专项行动方案，建立2017年高企重点培育对象名单，落实各类高企相关优惠扶持政策。新增国家高新技术企业1 173家，累计2 561家。三是推动数据统筹管理体制机制改革，加快大数据建设和应用。获批全省地级市首个数字政府建设管理局，成立佛山市数字政府建设管理局筹建工作领导小组及其办公室；佛山市南海区大数据产业园入选第二批省级大数据产业园，加快大数据产业集聚发展。“智慧佛山”和“数字政府”建设开启新征程。四是产权保护制度建设稳步推进。草拟《佛山市完善产权保护制度依法保护产权的实施方案（初稿）》。国家知识产权局批复同意佛山市建设“中国（佛山）知识产权保护中心”，主要面向智能制造装备产业和建材产业开展知识产权快速协同保护工作。这是全国第一批、全省首个国家级知识产权保护中心，表明佛山市的知识产权工作又一次走到全省前列。

【法治化国际化营商环境改善】 2017年，佛山市突出开放引领，不断完善法治化国际化营商环境。一是“放管服”力度加大。行政审批标准制度化建设加快，完成全市55个部门1 833项审批服务事项标准的编制，印发实施《佛山市政务服务体系审批服务事项暨“一网通办”服务事项通用指导目录》；加大便民服务力度，市、区、镇（街）三级按六类专项设置综合服务窗口1 381个，“注册登记类”事项市、区两级进驻比例达到100%，84%以上事项实现网上全流程办理，45%以上事项的材料和证照实现快递到家。二是贸易投资便利化加速推进。广东自贸试验区第四批改革创新经验复制推广全面落实，在商事登记、缴税服务、船舶管理、廉洁体系、“互联网+加工贸易”、货物进出口监管等方面制度进一步优化。实现“单一窗口”国家标准版在全市所有口岸全覆盖。截至2017年12月31日，佛山市企业通过“单一窗口”国家标准版进行货物申报及舱单申报的业务量累计549 078票，继续位居全省前列。三是对外合作和对接平台不断完善。借助建设中德工业服务区契机，打造国际化营商环境，中德工业城市联盟成员由成立时的18家扩大至33家（含观察员3家）。四是社会信用体系逐步健全。归集市、区130个部门85万多条信息，市场主体登记信息100%公示，完成梳理联合奖惩措施清单和部门事项清单。

【法治佛山建设】 2017年，佛山市以依法治市为目标，法治佛山建设迈上新台阶。一是落实“一把手”责任，探索建立党政主要负责人履行法治建设第一责任人述职报告制度，强化村（社区）两委干部特别是主要负责人的法治意识。把“四级同创”作为开展法治建设的重要载体和抓手，成立专项工作组，明确工作目标和职责分工，明确18个市级创建示范点，召开佛山市法治建设“四级同创”工作现场推进会。二是司法体制改革试点工作取得阶段性成效。佛山市法院、检察院两院试点任务全面落地，统一选任标准和程序，入额法官、检察官已选任到位。稳步推进司法责任制相关制度各项工作，细化审判人员“权力清单”“责任清单”，落实院庭领导的办案责任和监管责任，规范院庭长行使审判管理监督权的范围和方式。三是全市统筹推进“基本解决执行难”。发挥法院主体作用，开展涉民生执行、“攻坚2017”等专项行动，全市组建81个以法官为主导的执行团队。实现与社会综治深度融合，推动67家协执单位全部与财产查控网对接，将被执行人在佛山的财产信息“一网打尽”。禅城区通过构建“一二三四”模式，有效解决执行工作突出问题，执结各类疑难案件605件，执行到位金额7 000多万元，各项执行指标在全省基层法院排名前列。

【禅城区社会综合治理云平台建设】 2017年，禅城区以体制机制创新为动力，以信息化为手段，全面建设社会综合治理云平台，探索综合管理、主动防控、智慧应用的现代化社会治理3.0模式。2017年禅城区社会综合治理指挥中心获“2013—2016年度全国社会治安综合治理先进集体奖”，禅城区社会综合治理云平台获评第二届（2016）中国“互联网+政务”全国优秀实践案例50强、2017年中国人居环境范例奖和2017年“粤治——治理现代化”优秀案例。一是通过强技术、精基底、明路径构建基本框架。重点突破云技术在社会治理领域的应用，形成基础硬件、平台架构、软件服务和数据系统一次性建成、多部门叠加的“云”平台。重新划分网格、细分城市单元，将原有的122个网格裂变为921个，密度约为每平方千米6个。网格日常巡查事项235个（含99个部件类）。二是通过物联网、事联网、人联网构建纵横经络。区、镇（街）两级社会综合治理指挥中心负责云平台运作管理。平台可线上线下直接指挥调度执法人员，管理人员可随时通过互联网下达指令，实现全天候管理。开通公众参与通道，引导社会各界力量参与社会综合治理工作。三是通过实时监控、实时监管、实时预判凸显智慧防控。基于综治一张图，人员流动聚集情况、社会突发状况及危险源、污染源、放射源等防控点，既可以根据图层单功能显示，也可以察看同一区域或网格内不同类别点的总体分布情况。借助互联网海量信息自动抓取、自动分类主题检测、专题聚焦等技术手段，实时掌握思想动态、社情民意，抓住信访、维稳、综治的源头，作出正确舆论引导。

2017 年 6 月 20 日，佛山市排污权有偿使用和交易启动仪式在佛山市公共资源交易中心举行（市行政服务中心供图）

【排污权有偿使用和交易试点政策正式实施】 2017 年 4 月 1 日，佛山市排污权有偿使用和交易试点政策性文件《佛山市排污权有偿使用和交易管理试行办法》正式实施。一是严格执行《广东省发展改革委 广东省财政厅 广东省环境保护厅关于二氧化硫、化学需氧量、氮氧化物和氨氮排污权有偿使用和交易价格的通知》，二氧化硫、化学需氧量、氮氧化物和氨氮有偿使用初始价格分别为 1 600 元 / 年・吨、3 000 元 / 年・吨、1 800 元 / 年・吨和 4 000 元 / 年・吨，并实行最低限价管理。二是对企业排污权有偿使用初始价格实行优惠。为鼓励排污企业参与排污权有偿使用，市发展改革局会同市环保局、财政局向省相关部门请示对全市排污企业实行优惠并获省批复同意，在 2017 年、2018 年、2019 年年度内，对企业排污权初始价格分别按照省定标准的 50%、70%、90% 执收，推动佛山排污权有偿使用工作的开展。

自 2017 年 4 月 1 日《佛山市排污权有偿使用和交易管理试行办法》正式实施至 2017 年底，佛山市陆续受理、办理、办结 154 家企业的初始排污权有偿使用和交易申请业务，其中有偿使用业务 55 家，涉及资金 4 300 余万元；交易业务 99 家，涉及资金 190 万元，业务量逐月呈现明显增长趋势，有效提升全社会“容量有限、资源有价、使用有偿”的环境保护意识，夯实环境精细化管理基础，助推制造业绿色转型升级。

【社会事业改革】 2017 年，佛山市坚持以人民为中心的发展思想，把公平共享作为社会事业改革的基本政策取向，把“人民是否满意”作为衡量工作成绩的重要标准，推进民生领域改革实现新进步。教育方面，全面提升教育现代化水平，推进基础教育强师工程和普通高中优质多样特色发展，实施义务教育阶段学校基础设施五年提升行动计划，新（改、扩）建各类义务教育学校 33 所，新增学位 3.3 万个。医疗卫生方面，全市深化医改工作取得明显成效，总体服务水平名列全省第三。2017 年全市地方公共财政医疗卫生支出预算安排比 2016 年的实际支出增长 13.1%，市财政人均医疗保险补助资金 693 元，远远高于国家和省人均补贴 450 元的目标，位居全省前列。全市公立医疗机构实施取消药品和医用耗材加成、调整基本医疗服务价格改革。公立医院管理体制改革、编制改革、薪酬管理、药品和医用耗材供应链改革、医保支付方式改革等工作全面启动，现代医院管理制度逐步形成。分级诊疗制度不断完善，三级公立医院全部参加医联体建设。文化建设方面，出台文化佛山三年行动计划和文化产业融合发展实施意见，通过创建国家公共文化服务体系示范区中期督查，禅城区、南海区、顺德区创建成为首批省公共文化服务体系示范区。此外，佛山市还以全省首个“放心消费”创建试点为契机，通过科学高效的体制机制、明晰的创建路子，全领域大格局创建放心消费城市，着力解决人民群众反映强烈的消费维权领域热点、难点突出问题，在中国消费者协会发布的《2017 年城市消费者满意度测评报告》中，佛山在全国排名第四，广东省内排名第一。

【全面从严治党】 2017 年，佛山市强化党建引领，全面从严治党扎实推进。一是深化监察体制改革试点工作迈出重要步伐。佛山市把监察体制改革试点工作作为重大政治任务牢牢抓在手上，制订详细实施方案，倒排工期，挂图作战，在规定的时间完成方案报批、机构组建、编制划转、人员转隶等任务。佛山市监察委员会挂牌成立，标志着佛山深化监察体制改革试点工作取得重要阶段性成果，对推动佛山全面从严治党向纵深发展具有重要意义。二是廉洁试验区加快推进制度创新。着力在防治腐败微观制度创新上下功夫，探索开展基层延伸巡查监督、重点领域智能监督、基层廉政文化建设、容误激励机制创新、规范执纪用权行为等一批先行先试的改革措施落细落实，取得良好的政治效果和社会效果。三是以党建引领基层治理转型，逐步构建起新型基层治理体系。市委召开全市基层治理工作会议，出台《关于进一步加强基层治理工作的意见》，提出“一个龙头，四个体系”的总体思路，明确 23 条具体指导意见；完成 749 个村（社区）“两委”换届和非户籍常住居民及党员参加“两委”选举试点工作，选出非户籍委员 260 人。

（市委改革办）

年度聚焦

【佛山掀起学习宣传贯彻习近平总书记对广东工作重要批示精神热潮】 2017年4月4日，习近平总书记对广东工作作出重要批示，充分肯定党的十八大以来广东各项工作，希望广东坚持党的领导、坚持中国特色社会主义、坚持新发展理念、坚持改革开放，为全国推进供给侧结构性改革、实施创新驱动发展战略、构建开放型经济新体制提供支撑，努力在全面建成小康社会、加快建设社会主义现代化新征程上走在前列。4月11日，中共广东省委发出《关于认真学习宣传贯彻习近平总书记重要批示精神的通知》，要求各地各部门迅速行动起来，认真学习宣传贯彻，深刻把握习近平总书记重要批示的精神实质。佛山将学习宣传贯彻习近平总书记重要批示精神作为全市一项重要政治任务，推进迅速、声势浩大。佛山市组织四大宣讲团开展分众化宣讲，推动重要批示精神深入基层。由市、区、镇（街）党政领导班子成员和人大、政协主要领导组成领导干部宣讲团，市、区领导重点面向市区级机关和镇（街）、基层挂点联系单位等开展宣讲，镇（街）领导重点面向镇（街）机关和村（居）、学校、企业等开展宣讲。由市、区两级宣传部门领导班子成员组成宣传部门领导干部宣讲团，重点面向媒体单位、社科理论界、文化文艺界、美丽文明村居示范点、“宣传思想文化五进民企”示范点开展宣讲。由市委党校、佛山科学技术学院等院校专家学者组成的市委宣讲团，赴各区及有关部门开展专题宣讲。由领导干部和理论工作者组成的各区宣讲团，赴区直部门、镇（街）、社区、学校、企业等基层一线开展宣讲。全市共开展有关习近平总书记重要批示精神宣讲300多场。

佛山集中开展媒体宣传，推动重要批示精神随时随处可闻可见。在《佛山日报》、佛山电台、佛山电视台、佛山新闻网等主要媒体开设“学习贯彻习近平总书记重要批示精神”专栏，开设领导干部、学者、基层群众专题访谈栏目，全面宣传习近平总书记重要批示精神，动态及时报道佛山的学习贯彻实践。《佛山日报》《珠江时报》《珠江商报》在头版显著位置刊播相关报道300多篇；佛山电台、佛山电视台在黄金时段重要新闻栏目滚动播出4 000多次。发挥新媒体传播优势，全市新媒体转刊、链接有关报道4 000多条。以“佛山发布”为龙头的“佛山政务新媒体联盟”和佛山在线、无线佛山等市内重点新闻网站均在首页开设专题专栏。全市有250多个政务微信公众号、259个政务网站在显要位置设置宣传标语。以生动活泼的H5形式推出“牢记习近平总书记嘱托，推进佛山再创新局”专题，在各新媒体广泛传播。在机关事业单位和广场的电子显示屏，在建筑工地的围挡，在有线电视的开机画面，都广泛设置有关宣传画、宣传栏和标语。全市在重点区域设置大型宣传画3 000多张，4 200多个电子显示屏滚动播放宣传画、宣传标语。尤其是借助广电和电信网络电视终端，全市218万广电网络电视用户和近70万电信电视用户每一次开机、转台、回放等，都可以在电视画面上看到主题宣传标语。

佛山组织开展理论学习研究，为贯彻重要批示精神提供理论支撑。将习近平总书记重要批示精神作为各级党委（党组）中心组学习的重要内容。全市各级党委（党组）理论中心组以“集中学习+个人自学”形式深入学习，其中集中学习研讨时间至少1天以上。全市1 013个党委（党组）全部召开党委（党组）会议、大部分召开党委（党组）理论中心组学习会传达学习，基本实现学习全覆盖。召开社科理论界专家座谈会，组织撰写一批阐释解读和学习体会的文章。在《佛山日报》理论版开设“学习贯彻习近平总书记重要批示精神”专版，结合佛山打造国家制造业创新中心、制造业转型升级等，刊登省委党校、市委党校等专家学者的理论文章。市委宣传部主办的《学习》周刊登载“习近平总书记重要批示精神”专题理论文章。组织专家开展佛山全面建成高水平小康社会指标体系研究和改革开放40年佛山发展经验、发展路径研究，为佛山实现“两个走在前列”提供理论智力支撑。

（雷郎才）

【佛山掀起学习宣传贯彻党的十九大精神热潮】 2017年，党的十九大召开后，佛山市迅速在全市掀起学习宣讲宣传热潮，引导组织全市广大干部群众认真学习和深刻领会，切实把思想统一到党的十九大精神上来。

全市开展党的十九大精神“大学习、大宣讲、大宣传”活动。出台印发《中共佛山市委关于认真学习宣传贯彻党的十九大精神的通知》《佛山市学习宣传贯彻党的十九大精神总体工作方案》等系列文件。全市各级党委（党组）理论学习中心组成员按照人手一套的要求，配齐党的十九大主要学习资料。紧扣习近平新时代中国特色社会主义思想和党的十九大精神，市委常委会和市委理论学习中心组开展专题学习研讨8次，邀请省委宣讲团成员、省文化厅厅长汪一洋，省委党校常务副校长杨汉卿作专题辅导报告。组织开展“习近平新时代中国特色社会主义思想大学习活动”，以市委理论学习中心组成员、市委委员为重点，全市各级领导干部原原本本读原文、原汁原味悟原理，并结合佛山未来创新发展和自身工作领域撰写学习心得，撰写建设性体会文章102篇。将习近平新时代中国特色社会主义思想和党的十九大精神等纳入2018年度全市党委（党组）理论学习中心组学习意见和学习计划，对全市中心组学习作出专门要求，做到每月有重点、每次有专题。依托互联网等新兴媒体，精心策划开展“理上网来——我的十九大笔记”线上考学活动，在“佛山发布”微信公众号设置学习专题和“学一学”“议一议”“闯一闯”3个栏目，推动全市党员干部利用新媒体进行线上考学活动，22万人次参与线上学习竞答。开展“学习宣传贯彻党的十九大精神”征文活动，全市党员干部紧扣学习宣传贯彻习近平新时代中国特色社会主义思想和党的十九大精神主题，密切结合佛山供给侧结构性改革、实体经济发展、国家制造业创新中心建设、文化导向型城市发展等实际，撰写有关征文350篇，评选出优秀文章50篇并汇编成册。

2017年11月16—18日，佛山市第二期副处级以上领导干部及各镇（街）镇长（主任）学习贯彻党的十九大精神专题轮训班在中共佛山市委党校举办

（市委党校供图）

组织发动各方力量开展“大宣讲”。市区几套领导班子成员分别带头深入基层一线宣讲，与基层干部群众开展面对面、互动式宣讲200多场。十九大党代表、市委书记鲁毅多次到黄龙村、云勇林场等单位宣讲党的十九大精神，与农村群众、林场一线干部职工互动交流；市委副书记、市长朱伟向民营企业家等人员宣讲党的十九大精神；市政协主席熊志翔到高明区调研督导；市人大常委会党组副书记、副主任李子甫到禅城区宣讲。市委常委和其他市领导分别挂点参加各区委常委会（扩大会）、市直部分单位党组会（扩大会），指导并督导做好党的十九大精神的学习宣传贯彻工作。选调政治素质强、理论政策水平高、宣讲经验丰富的18名领导干部和实际工作者组成市委宣讲团，分赴各区、镇（街道）开展宣讲活动200多场。市直机关、高校、国企等单位成立市委宣讲分团，并联动各区委宣讲团在本单位、本系统、本地区开展宣讲。以百姓宣讲团为主体、以市区讲师团常态化开展“菜单式宣讲”为主要形式，面向基层开展对象化、分众化、互动化宣讲，让老百姓听得懂、能领会、可落实。组织全市100名中央和省、市、区党代表深入基层，直接面向党员干部群众开展巡回宣讲，其中党的十九大基层党代表程祖彬参加宣讲100多场。直联团队、工青妇等组织发挥作用，积极宣讲。

开展党的十九大精神“大宣传”。在传统主流媒体开设“喜迎十九大”“砥砺奋进的五年”“十九大时光”“学习宣传贯彻十九大精神”等专栏，刊播相关宣传报道2 500多篇（组），滚动播出3 500余次。媒体单位新媒体矩阵、政务新媒体联盟矩阵、政务门户网站等推出相关宣传报道6 000多篇（条）。开展“新时代 新气象 新作为——习近平总书记视察广东五周年”全媒体采访等专题网络宣传。社会宣传实现全覆盖。在全市各交通要道、主要城市商业区域、重点窗口单位等区域和场所，通过LED电子显示屏、大型T牌、工地围挡、横幅等投放主题宣传标语，累计近2万块（幅）、滚动播放近50万条（次）。组织全市社科理论界开展专题课题研究，紧密结合贯彻落实党的十九大精神，对佛山经济社会发展重大问题和实践经验开展专题研究。依托《佛山日报》理论专版、《佛山研究》等平台，组织专家学者撰写刊发理论文章，总计40多篇约10万字。在市委宣传部主办的《学习》周刊开辟学习专栏。

（雷郎才）

【佛山制造向佛山智造、佛山创造转变】

2017年，佛山市贯彻党中央、国务院战略部署，按照广东省委、省政府工作安排，以信息化与工业化深度融合为契机，以创建国家制造业转型升级综合改革试点城市为抓手，探索智能制造发展新路径，推动产业转型升级，提升经济发展质量和效益，促进佛山制造向佛山智造、佛山创造转变。

2017年8月2日，佛山市召开推动机器人应用暨智能化技术改造现场会，总结佛山推动机器人应用和智能化技术改造的成果，推介佛山市家电、装备制造、陶瓷等7个主要行业的机器人应用和智能化技术改造成功经验。是年，佛山市认定广东华润涂料有限公司、广东华兴玻璃股份有限公司等29家企业和7个服务机构为2017年佛山市“中国制造2025”试点示范。全年新增机器人应用2 227台，开展“机器换人”的规模以上工业企业175家。佛山市宏石激光技术有限公司等6家企业获评广东省战略性新兴产业（智能制造领域）培育企业，佛山市金银河智能装备股份有限公司、广东东承汇智能装备股份有限公司升级为广东省战略性新兴产业（智能制造领域）骨干企业。佛山华数机器人有限公司、佛山隆深机器人有限公司获评第二批广东省机器人骨干企业。佛山市新鹏机器人技术有限公司、广东泰格威机器人科技有限公司、华南智能机器人创新研究院获评广东省智能制造公共技术支撑平台。佛山欧神诺陶瓷股份有限公司、广东溢达纺织有限公司等7家企业入选2017年广东省智能制造试点示范项目。是年，佛山市新增省级企业技术中心37家，市级企业技术中心33家。至年底，全市拥有国家级企业技术中心17家、省级企业技术中心187家、市级企业技术中心161家。佛山市南海区广工大数控装备协同创新研究院牵头的半导体智能装备和系统集成创新中心获批筹建省级制造业创新中心。广东国防科技工业技术成果产业化应用推广中心和佛山中国空间技术研究院军民融合技术推广中心落户佛山市南海区。

（刘义超）

【“佛山·脊梁企业”“佛山·大城企业家”评选命名】 2017年6月19日，佛山市以市委、市政府名义召开“佛山·脊梁企业”“佛山·大城企业家”命名大会，命名20家“佛山·脊梁企业”和20名“佛山·大城企业家”，表彰其为佛山经济发展和社会繁荣稳定所作出的突出贡献，给予优秀企业和企业家们最高的礼遇和荣誉，并进一步表明：坚守实体经济、坚守制造业，是佛山这座制造业之城的立市之本。市委书记鲁毅在大会上讲话指出，佛山将毫不动摇地坚守实体经济、毫不动摇地坚守制造业。既要大力培育精益求精的工匠精神，打造质量佛山；更要大力弘扬开拓进取的企业家精神，打造企业家之城。要大力弘扬和传承“佛山企业家精神”，把佛山打造成为企业家安心经营、放心投资、舒心成长的“创富天堂”。命名大会召开前夕，佛山传媒集团下属各媒体开展“佛山企业家精神”专题宣传报道，在全市营造热烈氛围。精心组织媒体宣传命名大会盛况，通过传统媒体和网站、“两微一端”等新媒体，综合运用音频、视频、文字、图片等多种手段广泛宣传、深度报道。《人民日报》、新华社、中央电视台、凤凰卫视、《南方日报》《羊城晚报》等主流媒体刊发、刊播报道200余篇（条）。新媒体宣传方面，仅新华网命名大会网络直播就覆盖人数3 622万人，直播阅读量2 209万次，访问人数1 413万人；“南方+”对大会进行图文直播，佛山发布、佛山新闻网、佛山在线全程直播；人民网、中新网等百余家网媒聚焦大会进行专题推送。通过加强宣传引导，推动在全市形成崇尚实业、崇尚企业家、崇尚企业家精神的浓厚氛围，调动广大企业家弘扬、传承“佛山企业家精神”的主动性、积极性，推动更多“佛山·脊梁企业”和“佛山·大城企业家”涌现。

（雷郎才）

链接

“佛山·大城企业家”名单（20名）
（按姓氏笔画排名）

邓惠娟	佛山南兴果仁制品有限公司董事长
艾穗江	广东万家乐燃气具有限公司董事长
石　松	佛山市西伍服饰有限公司董事长
叶红汉	广东健力宝集团有限公司董事长
关润淡	广东新润成陶瓷有限公司总裁
杜泽华	广东联邦家私集团有限公司董事长
杨华广	东盛路通信科技股份有限公司董事长
李连柱	佛山维尚家具制造有限公司董事长
李深华	广东华兴玻璃股份有限公司董事长
吴启超	广东天安新材料股份有限公司董事长
陈礼豪	欧浦智网股份有限公司董事长
范绍辉	广东石湾酒厂集团有限公司董事长
罗维满	广东德冠薄膜新材料股份有限公司董事长
周伟建	美涂士集团有限公司董事长
夏冠明	佛山市远华科技实业有限公司董事长
唐灼林	广东东方精工科技股份有限公司董事长
萧华蒙	娜丽莎集团股份有限公司董事长
曹湛斌	广东坚美铝型材厂（集团）有限公司董事长
梁凤仪	广东昭信集团股份有限公司董事长
鲍杰军	佛山欧神诺陶瓷股份有限公司董事长

链接

“佛山·脊梁企业”名单（20家）

美的集团股份有限公司
碧桂园控股有限公司
佛山市海天调味食品股份有限公司
一汽－大众汽车有限公司佛山分公司
佛山群志光电有限公司
本田汽车零部件制造有限公司
广东格兰仕集团有限公司
海信科龙电器股份有限公司
广东联塑科技实业有限公司
广东万和新电气股份有限公司
广东新明珠陶瓷集团有限公司
广东兴发铝业有限公司
广东志高空调有限公司
佛山市顺德区乐从供销集团有限公司
广东新宝电器股份有限公司
广东科达洁能股份有限公司
广东溢达纺织有限公司
佛山市三水凤铝铝业有限公司
佛山市东鹏陶瓷有限公司
佛山电器照明股份有限公司

【佛山招商引资掀起“比学赶帮超”热潮】 2017年，佛山市委、市政府部署“大招商、招大商、招好商”。各区、各有关部门全力出击、狠抓落实，大力实施项目推进战略，千方百计跑项目、争项目、上项目，迅速掀起全市招商引资“比学赶帮超”热潮。在全市招商引资工作联席会议办公室的统筹协调下，各区、各有关部门加深纵向沟通，强化横向联系，各区发挥招商引资主战场、主阵地作用，结合自身发展特点精准招商；各有关部门也想方设法接触项目信息、拓展招商渠道，配合区、镇（街道）推动项目落地。

全市招商引资推进会召开　3月27日，佛山市召开全市招商引资推进会。会上，市长朱伟总结佛山2016年招商引资成绩：全市签约投资额超亿元的内资项目235个，投资总额1 387.34亿元；签约投资额超千万美元的外资项目54个，投资总额37.94亿美元。副市长乔羽传达国家和佛山出台的招商引资政策，对《国务院关于扩大对外开放积极利用外资若干措施的通知》，以及《国务院办公厅关于促进开发区改革和创新发展的若干意见》进行详细解读。市长朱伟给各区、市直单位签订招商引资责任书，通过绩效考核、压实任务，市区联动、加强协作，调动各区各市直部门招商引资工作积极性。在“比学赶帮超”的氛围中做好佛山市招商引资工作：2017年全市实际吸收外资金额16.23亿美元，全市五区投资额超1亿美元外资重大签约项目7个，投资额超10亿元的内资重大签约项目77个；全市五区投资额超亿元的内资签约项目395个；全市超千万美元外资项目46个（新批24个，增资22个），投资总额约35亿美元；全市五区投资额超1亿元装备制造业签约项目93个。

佛山投资促进中心成立　5月8日，佛山市投资促进中心揭牌暨重大招商项目签约仪式在佛山市南海区举行。市长朱伟、省商务厅投资促进局局长孙斌出席仪式并发表讲话，副市长乔羽、秘书长毛永天、副秘书长陈锋及五区区长、市招商引资工作联席会议成员单位的部门主要领导出席仪式，市商务局局长苏岩主持。市投促中心采用项目小组方式精准招商，把佛山所有的产业咨询都放在市投促中心，让市投促中心成为投资佛山第一站。市投促中心被誉为招商引资“特种部队”。

招商成绩飘红　是年，佛山市内外资招商实现双线“飘红”，全市五区投资额超亿元的内资签约项目395个，计划投资总额3 016.34亿元，比上年增长88.81%；超千万美元外资项目46个，涉及投资总额35亿美元；实际利用外资16.2亿美元，增长10.3%，与广州同列珠三角九市（广州、佛山、肇庆、深圳、东莞、惠州、珠海、中山、江门）增速第一，并一举扭转多年下降的局面。龙头外资项目引进方面，各区均引进一批产业带动性强的龙头项目，日韩东丽、希杰等项目落户佛山市，成为2017年全市乃至全省的明星外资先进制造业项目。截至2017年底，在佛山市投资的世界500强企业60家，投资项目116个，投资总额95.4亿美元。

（吴晓荧）

【五年城市升级圆满收官】　2017年3月30日，佛山市委、市政府完成第九次城市升级巡查，标志着历时五年的城市升级行动画上圆满句号。

从2012年起至2016年，佛山市委、市政府直面城市建设与经济发展水平、区域地位不相匹配问题，先后启动城市升级三年行动计划和两年延伸计划，深入探索从“产城人”到“城产人”融合发展战略。城市升级三年行动计划着力推进组团中心提升、交通基础设施、绿化和景观提升及城乡环境整治，城市升级两年延伸计划，着重推动社会治理、城市空间、生态环境、城市文化、交通出行和公共设施全面升级，促进“城市升级”向“城市升值”转变。2012—2016年城市升级五年，完成投资2 293.54亿元，推进项目建设444个，城市升级项目聚点成线、串线成网，逐步呈现出连片成面的整体效果，全市以城市升级引领升值方向和推动新型城镇化建设，加快向具备经济可持续发展、景色优美怡人、交通安全便捷、生活舒适方便、文化气息浓厚、社会和谐稳定、公共服务健全和人文关怀备至的“理想城市”迈进。

城市升级不断提高城市综合竞争力　通过五年城市升级，佛山城市功能得到完善、品质得到提升、环境得到优化，佛山对高端产业和高端人才的吸引力进一步增强，城市综合竞争力不断提高，为佛山经济社会转型发展奠定基础。2016年底，佛山实现地区生产总值8 630亿元，五年跨越2个千亿元大关；人均地区生产总值10.83万元，迈入高收入地区行列，超过北京、上海等一线城市；成为全国文明城市，实现“五区同创、一举成功”。据中国社科院发布的《中国城市竞争力蓝皮书》，佛山城市综合竞争力在海峡两岸及港澳地区城市中排名第八位。

城市升级使城市面貌实现美丽蜕变　通过五年城市升级，佛山“一老三新”强中心战略有效实施，“1 + 2 + 5 + X”组团式现代化大城市格局初步形成，组团城市建设提速。禅城老城区大祖庙商圈格局日趋成熟、佛山古镇人文风貌逐渐展现，奇槎片区升级改造全面启动，绿岛湖片区水乡新城格局基本成型；南海区和南海区狮山镇成为国家新型城镇化综合试点，南海桂城千灯湖中轴线基本成型。顺德区北部片区一体化进程加快，广州大学城卫星城建设启动，中德工业服务区成为全国首批“中欧城镇化合作示范区”，顺德区新城核心区建设提速。高明区获评“最美中国·生态旅游目的地”，西江新城核心区一期基本建成。三水区北江新区建设加快，三水新城雏形初显。推进主要道路“五位一体”（路面、人行道、路灯、绿化、建筑立面）整治，美化道路景观，提高道路沿线价值。建设沿高速、铁路、江河

城市升级使城市面貌实现美丽蜕变。图为佛山亚洲艺术公园

（佛山年鉴社供图）

长达380千米的生态景观林带，城市对外出入口形成多层次、多色彩的绿色长廊。新建王借岗、九道山等8个近郊森林公园，以及绿岛湖、大湿地等5个湿地公园，打造总面积超1150公顷的城乡湖泊湿地群。通过拆旧增绿、见缝插绿、边角地复绿等措施，新建公园绿地122处，新增公园绿地面积693.97公顷，人均公园绿地面积从2010年的10.24平方米提升至2016年的14.36平方米。全市市域森林覆盖率35.5%。

城市升级使城市综合立体交通体系基本建成　通过五年城市升级，佛山轨道交通网络初现雏形，贵广（南广）高铁、广珠城际、佛肇城际铁路、广佛地铁南延线建成通车，地铁2号线1期、3号线、广州地铁7号线一期西延顺德段动工。高快速路网结构优化，“两环五横四纵”高速公路网基本建成，全市公路通车里程5 387千米，公路网密度140.8千米/百平方千米，广中江高速一期（荷塘至龙溪段）、魁奇路东延线二期建成通车，汾江路南延线、兴业路北延线等38条“断头路”逐步打通，跨区跨组团路网对接更加便捷，与周边城市交通对接更加畅通。公交系统发展迅速，全市公交车辆6 666辆，比2010年增长81%，中心城区公交分担率从2011年的21%增长至2016年的40.1%。建成绿道1 600千米，基本形成社区绿道、城市绿道和区域绿道的网络化绿道体系。

城市升级使城市内涵进一步丰富　通过五年城市升级，佛山对祖庙东华里、南风古灶、梁园、仁寿寺等历史街区实行连片保护，重现岭南文化魅力。比如，全市文物古迹最密集、规模最大、传统风貌保存最完整的历史文化街区——祖庙东华里片区，成功改造为岭南天地商业街区，实现中与外、古与今的巧妙结合，成为佛山新地标。实施百村升级行动计划，30个特色古村落活化、30个城中村（旧社区）升级改造和48个“五好”新农村建设顺利完成，其中南海区松塘村获“2016年中国最美村镇传承奖”，顺德区逢简村、三水区长岐村等古村落活化成效显著，村落成为市民休闲旅游新热点。

城市升级使民生福祉持续改善　通过五年城市升级，佛山全面实施最严格的环境保护考核办法和责任追究制度，落实“河长制”和“一河一策”，22条重点整治河涌水质达V类标准；着力整治工业锅炉、VOC_S企业、黄标车和工地扬尘，$PM_{2.5}$年均浓度下降接近20%。提升城市生活配套和公共服务设施，完成200个农贸市场升级改造，总面积超过1 000平方米。建设和改造北江体育休闲公园、明湖公园等一批城市公园，“一村一公园”建设成效显现。社区卫生服务中心实现镇（街）全覆盖，成为全省首个推进医疗现代化先进市。新建一批国际教育学校和少年宫，成为广东省首个教育综合改革试点市、推进教育现代化先进市。

（郭　庆）

【城市治理三年行动计划实施】　2017年3月31日，佛山市召开城市治理三年行动计划动员大会，全面动员部署实施城市治理三年行动计划。按计划，2017—2019年，佛山市将以实现城市形态“四个转变”为工作导向，立足“规划、建设、管理”三大关键环节，做到高水平规划、高标准建设、高质量管理，主要实施规划建设科学化、人居环境绿色化、城市形象特色化、基础设施一体化、镇村发展现代化、城市管理精细化、公共服务优质化和城市发展国际化8个专项行动计划，实施74类大项目，968个子项目，三年投资约3 523亿元。

从城市治理三年行动计划投资进度看，至2017年底，全市累计完成投资额1 277.76亿元，完成2017年年度计划的106.2%。从城市治理三年行动计划项目建设进度看，至2017年底，共启动项目869个，其中完工项目137个、已开工项目569个、刚启动项目163个，项目完工率14.15%、开工率72.93%、启动率89.77%。

（郭　庆）

【特色小镇建设】　2017年，佛山市按照国家和省关于培育特色小镇的总体部署，立足雄厚的制造业产业基础和悠久的岭南文化历史积淀，把握自身优势，对标国内外知名小镇，高起点、高水平地谋划一批特色小镇，在国家和省级特色小镇创建示范工作中取得了显著成效。

出台全市特色小镇建设实施方案　7月，佛山市政府出台《佛山市推进特色小镇规划建设实施方案》，内容包括总体要求、重点任务、建设方式、政策配套、工作机制五个部分，提出全市争取到2020年，建成30个以上市级特色小镇，8个以上省级特色小镇，5个以上国家级特色小镇的总体目标，重点在加强规划指引、发展特色产业、完善基础设施、营造文化特色等七个方面对特色小镇建设提出具体任务，要求以创建市级特色小镇为重点，带动和引领全市特色小镇建设工作。

全面启动首批市级特色小镇建设　在2016年底佛山初步谋划41个特色小镇培育对象基础上，2017年7月选定15个综合条件较好、发展潜力较强的特色小镇作为首批市级特色小镇创建对象。这些特色小镇错位发展、各美其美，充分体现佛山的基础优势和未来发展方向，总体包括四种类型。一是在“专业镇”的产业集群基础上，推进产业转型升级的特色小镇。如南庄的“建陶小镇”、龙江的“家居名镇”和西南的“水都小镇”等。二是传承佛山岭南历史文化，发展文化旅游产业的特色小镇。如西樵的“岭南文旅小镇”、乐平的“广府印象小镇”等。三是利用产业基础和区位优势，构建现代产业体系的特色小镇。如桂城的“千灯湖创投小镇”、张槎的“绿能装备小镇”和里水的“广佛里智慧慢城”等。四是依托生态环境优势，满足人们休闲运动需求的特色小镇。如高明的鹭湖假日小镇和东洲鹿鸣体育小镇等。这些小镇都制订详细的创建方案和规划，谋划重点建设项目250个，总投资820.03亿元，将成为推动佛山市特色小镇建设取得成效的重要支撑。

构建强有力的政策支撑体系　一是强化组织保障。建立由市长担任组长，相关分管副市长担任副组长，市直相关部门及五区政府主要领导为成员的佛山市特色小镇建设工作协调小组，强化对建设工作的组织领导和统筹协调。设立市领导挂点联系市级特色小镇制度，安排市委、人大、市政府、政协、纪委五套班子的有关领导“一对一”挂点联系每个市级特色小镇，加强对小镇规划建设工作的指导，为小镇建设提供组织保障。二是强化政策支持。在资金奖励、用地保障、金融支持、人才引进等方面制定一系列支持政策。对纳入国家级和省级的特色小镇给予2 000万元和1 000万元的奖励。全年，市、区两级财政专门安排30亿元（对每个市级特色小镇，市、区两级财政各安排1亿元）扶持资金专项用于支持首批市级特色小镇建设，为小镇建设提供强力支撑。此外，立足特色小镇发展需求的差异性创新政策供给，规定市级及以上特色小镇可根据自身发展需要，报请市政府按照“一镇一议”原则给予专属政策支持。三是强化考核监督。根据每个特色小镇不同的创建方案，确定个性化考核指标，由市发展改革局与特色小镇所在镇政府（街道办）签订创建工作责任书。建立市级特色小镇考核验收制度，要求各镇（街）每月上报特色小镇建设进展情况，每季度通报一次小镇建设情况，每半年对市级特色小镇组织一次巡查评比，每年度组织一次考核评估，两年创建期满后统一组织验收。

国家级特色小镇申创成绩名列前茅 以国家AAAAA景区西樵山为依托的南海区西樵镇以及以发达的商贸业为支撑的顺德区乐从镇进入第二批国家级特色小镇名单（2016年，顺德区北滘镇立足雄厚的家电产业基础，以全省第一名的成绩入选第一批国家级特色小镇）。佛山因此成为省内国家级特色小镇数量最多的城市。另外，高明区的东洲鹿鸣体育小镇被国家体育总局认定为全国首批运动休闲小镇试点名单，佛山国家级特色小镇的类型进一步丰富。

省级特色小镇示范区数量位居首位 陶谷小镇（石湾—南庄）、千灯湖创投小镇、顺德特色小镇示范群（北滘—龙江—乐从—陈村）成功入选第一批省级特色小镇创建工作示范区名单。佛山成为省内创建示范区数量最多，类型最广的城市。

（苏耀聪）

【百村升级扩面计划实施】 2017年，佛山市在2015年、2016年用两年时间完成百村升级行动计划任务的基础上，实施百村升级扩面计划，新启动20个特色古村落活化，推进88个城中村和旧社区改造、115个“五好”新村居和110个美丽文明示范村居建设。

筹备摸底普查古村落 是年，佛山市印发《关于2017年古村落活化升级工作的指导意见》和《佛山市古村落保护与活化三年行动工作指引（2017—2019年）》等文件，指导全市古村落活化升级工作。启动全面摸底普查佛山市古村落工作，在已开展古村落调查工作的基础上，扩大摸底普查覆盖面，重点对调查未覆盖或不充分的区域进行深入详查，包括文物、历史建筑、古树、历史环境要素、文化、风俗、语言等历史文化资源，摸清底数，进行甄别、分类、评级，建立健全有利于古村落保护与活化的长效工作机制。

新增20个古村落活化 全市结合村庄现状资源和村民发展意愿进行遴选，推荐2017—2019年三年活化升级20个古村落的名单。已获得“中国历史文化名村”“中国传统村落”“广东省历史文化名村”“广东省传统村落”的村，原则上应纳入；获得“省级、市级宜居村庄”以及村集体主动性和村民意愿强的村则优先推荐，并将启动“一村一品”编制工作。

巩固古村落活化升级成果 佛山市共有22个古村落申报第五批中国传统村落，完成申报村落PPT制作、填写传统村落调查推荐表、航拍传统村落视频、传统村落资料网上录入等工作。巩固古村落活化升级成果，改善人居环境，建立整体示范、单项示范的示范遴选制度，推入市场、重点宣传、优先招商，拓展其在文化旅游、文化产业、农业休闲、教育示范等方面的“造血功能”。

加强古村落活化升级工作中的文化保护与传承 建立市、区、镇三级文化部门的联动协作机制，强化政策引导，落实配套资金。以古村落为主体，加强古村落历史文献资料收集、整理并编印成册，建立村史馆（有条件的村要建立名人馆），加快文物、历史建筑的修缮和利用，恢复传统民俗活动并逐步扩大影响、组建村本土讲解员和文化志愿者队伍，开展与专业艺术机构的合作，规范古村导视系统，制作交通标识牌及设置公交线路站点等。同时各古村落结合自身的历史文化资源、文化样式与特点及现有优势与提升空间，探索独具个性的文化活化升级模式，吸纳社会资本，加快古村落文化产业发展，打造特色古村文化品牌，提升古村落文化价值。

城中村和旧社区改造 城中村和旧居民社区改造升级是佛山市推进城市管理精细化、新型城镇化建设的重要内容，是推动城市管理向村（社区）延伸、提升村（社区）生活生态环境，促进城乡统筹协调发展的有效途径。市城管办印发《佛山市城中村和旧居民社区改造升级实施方案（2017—2019年）》，计划2017—2019年，通过局部空间整理、建筑外观改善、电力管线改造、市政设施完善、公共设施配套、城市管理精细化等，推动城中村和旧居民社区环境品质实现优化提升，并纳入城市管理体系，逐步实现旧村居形态现代化和管理精细化的目标。方案提出，在2017—2019年间，全市要完成80个以上城中村和旧居民社区改造升级工

链接

2015—2016年30个特色古村落的活化升级工作

2014年11月，佛山市出台百村升级行动计划建设方案，明确提出2015—2016年两年时间完成30个特色古村落的活化升级工作。到2016年底，30个古村活化任务基本完成，全部达到初见成效，有13个达到成效显著。两年活化项目共523个，累计投资85 765万元（其中各级财政52 377万元，村集体投入23 254万元，引入社会资金10 134万元）。南海区松塘村、烟桥村登上央视大型纪录片《记住乡愁》；顺德区逢简村、南海区松塘村分别获得“2015年中国最美村镇榜样奖”“2016年中国最美村镇传承奖”；高明区深水村、三水区长岐村等12个古村落入选住建部“中国传统村落”名录；禅城区紫南村和顺德区逢简村入选住建部“美丽宜居村庄示范”名单；顺德区逢简村、碧江村获得2016年广东省宜居环境范例奖及2017年亚洲都市景观大奖。

作，其中包括48个城中村（旧居民社区）电力管线改造升级和40个城中村（旧居民社区）综合改造升级。按照方案要求，2017年，全市各区要完成改造计划的前期准备工作；2018年，各区要按照改造提升标准，完成辖区纳入三年改造计划名单的50%村（社区）改造升级任务，并通过市级联合考核验收；2019年，各区要按照改造提升标准，全面完成纳入三年改造计划的村居改造升级任务，并通过市的联合考核验收。

美丽文明村居建设初见成效　围绕“三美一优”主题，建设宜居住、宜休闲、宜观光创业、宜旅游的高水平现代化美丽文明示范村（社区），全市738个村（社区）面貌不同程度发生显著变化。“仁善紫南”“书香松塘”“人文塔坡”等美名远播，紫南村获得“2017中国最美村镇”称号，逢简村、松塘村入选“中国最美村镇50强”，松塘村、逢简村年接待游客分别达50万人次和100万人次以上。

（郑炎鹏　伍佩龄　黄伟鸿）

【佛山“互联网+政务服务”暨深化“一门式一网式”政府服务模式改革】2017年，佛山市加快推进“互联网+政务服务”暨深化“一门式一网式”政府服务模式改革（运用互联网、大数据等手段，依托“一窗”“一网”“一号”等基础载体，深入推进政府服务流程简化、信息共享和数据应用，旨在构建线上线下无缝衔接、上下左右协同联动、政务数据互通共享的“互联网+政务服务”体系），在2016年12月市府办印发的《佛山市加快推进“互联网+政务服务”暨深化“一门式一网式”政府服务模式改革实施方案》的基础上，继续谋划布局，印发《佛山市2017年推进“互联网+政务服务”暨深化“一门式一网式”政府服务模式改革工作要点》，列出2017年十大重点工作任务。同时，整合原市全面推进“一门式”政务服务创新体系建设工作领导小组和市网上办事大厅建设工作领导小组，成立由常务副市长蔡家华为组长的佛山市“互联网+政务服务”暨“一门式一网式”政府服务模式改革工作领导小组，加强对改革的组织领导、统筹协调和指导监督，确保改革的顺利推进。5月5日，市政府召开全市加快推进“互联网+政务服务”暨深化“一门式一网式”政府服务模式改革工作推进会，总结前阶段工作经验和成效，研究部署下阶段工作任务。

统一规范“一窗受理”服务模式　印发2017年全市统一的“一网通办”和“一窗通办”审批服务事项通用指导目录，涉及55个部门1 833项事项。统一全市三级行政服务大厅形象标识，建成佛山市统一预约叫号平台。完成市级自然人“一门式”综合受理系统开发，并在三水区、高明区运行。推进行政审批和公共服务标准的应用和实施，印发《佛山市行政许可和公共服务事项标准监督管理办法》，统一规范事项标准日常管理，完成3 500多次标准更新调整审查。

深化完善“一网通办”服务模式　开展法人经营准入和工程投资建设网上主题式服务，推出71个涉及149项审批事项的法人经营准入服务主题，4个涉及169项审批事项的工程报建报验服务主题。推动手机移动办事，上线“佛山政务服务”微信公众号，提供在线预约、在线办事、办事查询、在线支付等功能。推进省网上办事大厅佛山分厅建设，印发《佛山市网上办事大厅审批服务规范》，推进网上办事大厅的改版升级，网厅全年进驻市、区两级行政审批事项7 819项，全年业务量为351万件，网上全流程办理率84%，45%以上的事项可提供材料和证照速递服务。年内，全市新增布设“市民之窗”自助服务终端52台，累计布设1 252台，可受理1 000多项行政审批事项和65项便民业务，全年业务量261.6万件。

实施“一号申请”服务模式　统一身份认证，完成省级统一身份认证平台在网厅的部署，实现群众办事“单点登录，一号通办”。完成电子证照库建设，其中32个证照已可正式颁发。完成工程“一门式”综合受理系统与省投资项目备案系统、档案管理系统、市社会诚信系统对接，进行串并联流程重组再造，企业凭投资项目备案号可实现118项审批事项的申请办理。

推进大数据建设应用　完成效能监控数据库开发部署，五区共计59个数据接口完成开发调试，支撑全市政务服务的效能监控工作。搭建完成以公民身份证号作为唯一标识的自然人审批数据库，汇聚超过1亿条自然人数据，通过1 700多个标签实现对自然人的数据画像。建设以社会信用代码为唯一代码的法人审批数据库，完成法人库的数据标准编制，完成对“经营许可一门式”“企业注册登记一门式”2个主题事项业务表格的梳理。完成市民个人网页升级，实现与18个市直单位的数据共享，并与网上办事大厅无缝对接。

深化审批服务流程改革　深化企业投资建设联合审批改革，优化办事指引，编制《佛山市企业投资建设项目联合审批办事指南》并修订2017年版事项目录及流程图，提高企业办事的操作便捷度；开发建设“企业投资建设联合审批网上一站通”，为企业提供全流程网上申办服务。企业经营准入审批方面，从“主题式”视角优化审批流程，编制《佛山市企业经营准入主题式服务办事指南（2017版）》，明确企业经营准入主题式服务的具体操作；印发《佛山市企业经营准入主题式服务实施办法》，建立“一窗受理、内部流转、联合审批、多证同发”的并联审批机制；分3批逐步实施主题式服务，全年推出71个服务主题，涉及149项审批事项。按照“信任在先，审核在后”的原则，推出“容缺受理”服务，南海区作为试点出台容缺受理实施方案，印发3批容缺受理事项目录，共126项服务事项239种申请材料可容缺受理；禅城区推出45项事项74种申请材料可实现容缺和容缓受理。

（刘敏莹）

【佛山城市轨道交通建设加快】2017年，佛山市城市轨道交通建设加快，轨道交通2号线一期、3号线、广州地铁7号线西延顺德段、南海新交通试验线、高明有轨电车示范线建设等稳步推进。

轨道交通2号线一期工程　佛山城市轨道交通2号线一期工程全面开工建设，12台盾构机全面下井掘进。石梁站、湖涌站主体结构封顶，魁奇路站—石梁站区间左线、张槎站—石湾站区间右线洞通。11月16日，佛山地铁2号线一期工程登花盾构区间实现双线贯通。佛山城市轨道交通2号线一期工程，起于西端的南庄站，终于广州南站。全长32.4千米。其中高架段6.4千米；地下段25.3千米；过渡段0.7千米。全线设车站17座（地下14座，高架3座），其中换乘站7座。禅城段里程18.2千米，设南庄站、湖涌站、绿岛湖站、莲塘站、张槎站、石湾站、番村站、魁奇路站、石梁站、湾华站等10个站点。

轨道交通3号线工程　3月，禅城段开工建设，站点建设全面展开。湾华站在轨道交通2号线工程中同步建设。佛山城市轨道交通3号线工程南起顺德学院站，北至科技学院站，为贯通佛山市南北的主干线，线路全长66.5千米，共设36座车站，其中禅城段全长10.78千米，设置湾华站、亚艺公园站、季华六路站、镇安站、中山公园站、佛山火车站等6座车站。

南海新交通试验段　7月28日，将运行于南海新交通试验段的首列有轨电车在中车四方股份公司下线，采用自动驾驶技术，是全球首列实现自动驾驶的现代有轨电车。佛山南海新交通试验段是横穿南海中心城区的轨道交通大动脉，路线全长13.1千米，包括地下线、地面线和高架线，设13个站点，是全国首条享有专有路权的有轨电车线路。

高明有轨电车　2月，佛山市高明区现代有轨电车示范线首期工程动工开建，线路长6.5千米，设车站10座，加氢站1座。高明有轨电车是全国首个以氢能源为动力的有轨电车示范项目，也是高明区首个轨道交通项目，将西江新城与荷城旧城区连为一体。首期工程预计将在2019年投入商业运营。12月6日，佛山高明现代有轨电车示范线的首列氢能源有轨电车在佛山下线。

（李丹心）

2017年8月18日，佛山西站开通运营。图为一列高铁列车正停靠在站台

（王伟楠摄）

【佛山市全面落实河长制】 2017年，佛山市按照“河长领治、源头主治、系统整治、依法严治、社会共治”工作思路，推进河长制河湖管理模式落地生根，市、区、镇三级出台全面推进河长制工作方案，设立双总河长，成立河长制工作领导小组和办公室，印发各项配套工作制度，实施市、区、镇、村四级河长制，明确3 353条（座）河湖共计1 306名河长并设立河长公示牌，完成主要河湖“一河一策”实施方案编制。推进省级、市级河长制示范点工作，将河长制列入市委、市政府重点督办事项，各级河长带队对负责河道进行巡查，采取督查令等方式督促各级河长尽责履职。推行“四源共治、六策治水”，采取“挂图作战”的方式精准推进全市河流整治工作，狠抓重点领域的污染治理，全市河长制河湖治理工作步入实质性治理阶段。是年，全市饮用水源地水质稳定（均达到Ⅲ类），水质达标率100%；12个省考核断面除高明河沧江水闸断面外，其余11个均达到省考核要求。广佛跨界河流水质取得历史性突破，佛山水道、西南涌、芦苞涌的水质均值达到要求，6条城市建成区黑臭水体提前两年全部完成整治，整治初见成效。“水美佛山”“人水和谐”的城市名片逐步打造成型，充分展现岭南水乡底蕴。

（罗惠栅）

【佛山西站投入运营】 2017年8月18日，广州铁路客运枢纽“五主三辅”中的一个主站——佛山西站正式开通运营，为佛山构建全国的铁路枢纽城市，打造粤桂黔高铁经济带合作试验区奠定基础。

佛山西站位于广东省佛山市南海区狮山镇与罗村交界处，佛山一环—桂丹路交叉口东侧，距佛山市中心8千米。佛山西站功能定位为贵广、南广铁路始发终到站，与广州站、广州东站、广州南站和广州北站共同形成广佛都市圈“四主一辅”铁路客运枢纽。

佛山西站是集高铁、城际、地铁、公交、的士、长途汽车、私人交通等交通方式于一体的大型综合交通枢纽，是国内最大的下进下出式高铁站，总规模10站台23线，至2017年底已引入贵广、南广2条国铁和佛肇、广佛环线（在建）2条城际轨道，并预留西向1条国铁线路接入条件，预计铁路年发送旅客量近期将达到5 470万人次、远期将达7 590万人次。主站房建筑面积6.8万平方米，共分为5层，负二层为佛山地铁3号、4号线站台层；负一层是地铁站厅以及地下商业开发区；地面层是国铁和城际的候车大厅；地面层与二层之间设置夹层，夹层是国铁和城际的出站厅；二层是站台层，列车到发区域，旅客进出采用“下进下出”的方式。

佛山西站主要以西部方向的旅客为主，至2017年底已开通到达四川、云南、广西、贵州、广州、深圳、珠海等省市的高铁班次。满图开行列车212趟，其中始发终到列车36趟（城际28趟对、客专8趟），途经列车176趟（城际24趟、客专152趟）；日常开行列车170趟，始发终到车9趟（城际1趟、客专8趟对），途经161趟（城际16趟、客专145趟）。

（郭　庆）

【佛山成功创建国家森林城市】 2017年10月10日，2017森林城市建设座谈会在河北承德举行，佛山市委书记、市人大常委会主任鲁毅代表佛山正式接过“国家森林城市”牌匾，佛山市成功创建国家森林城市。

自2013年开展创建国家森林城市工作以来，佛山市市域森林覆盖率和建成区绿化覆盖率分别提高到36.3%、42.8%，累计新增造林绿化面积7 019.4公顷，建设生态景观林带758.8千米，新建区级以上森林公园11个、区级以上湿地公园20个、乡村森林家园313个，人均公园绿地面积由12.37平方米提升到14.67平方米，40项指标均达到或超过《国家森林城市评价指标》要求。

2017年，佛山市高明区云勇森林公园　（高明区供图）

在“创森”过程中，佛山把“创森”作为践行绿色发展理念的具体行动，由市委书记、市长亲自挂帅，搭建起市、区、镇（街）三级“创森”工作机构，市几套领导班子连续11年，在春节后首个工作日开展新春植树绿化活动，为“创森”添绿添彩添氛围。高标准编制实施《广东省佛山市国家森林城市建设总体规划》，累计投入“创森”资金86亿元，保障“创森”工程落地。面对城市开发强度大、林地资源先天不足、生态用地相对紧张等多重压力，佛山聚焦山上造林和森林进城围城双向发力，以城乡一体、水绿一体为方向，实施带状森林建设、“公园化”战略、“绿城飞花”绿化景观项目、森林下乡与公园进村等具有佛山特色的生态工程。形成“组团城市、绿脉相通、绿廊环绕、公园棋布”的绿地系统格局。牢固树立“生态红线”就是“高压线”的理念，围绕森林、绿地、湿地、农田等重点保护生态要素，将超五成的市域面积划入城市生态控制线，并编制完善林地、湿地及耕地、绿地等保护利用规划。从2013年起，佛山连续5年获得广东省森林资源保护和发展目标责任制考核“优秀”。把“创森”作为弘扬生态文化、提升生态文明的关键举措，成功打造50公里徒步、茶花节、桃花节、百合花节等14项生态文化品牌活动，推动生态文化渗透到社区、乡村、校园、企业。以获得国家森林城市生态标识全国试点建设为契机，新建生态标识示范点45处和生态标识牌8 234块，有效提升生态服务功能。

创建国家森林城市，只有起点，没有终点。佛山市站在新的起点上，深入贯彻落实党的十九大关于建设美丽中国的战略部署，启动建设粤港澳大湾区高品质森林城市，继续深化森林城市建设，提升绿色生态质量，用实际行动诠释“绿水青山就是金山银山”的理念，为建设美丽中国贡献佛山的力量。

（何持卓）

【佛山市创建“全国质量强市示范城市”见成效】 2017年8月，广东省质量强省领导小组办公室组织省质监局、住建厅、商务厅、出入境检验检疫局有关负责人，以及省质检院、中国质量认证中心广州分中心相关专家，对佛山市创建“全国质量强市示范城市”进行为期2天的预验收，最终预验收获得通过。至2017年底，佛山市创建“全国质量强市示范城市”的正式验收申请和相关证明材料上报到国家质检总局。

区域品牌建设　2017年，佛山市禅城现代电源、禅城丝光棉针织、南海半导体3个“全国知名品牌示范区”完成筹建，于3月正式通过验收；高明人造革合成革、三水陶瓷机械示范区均按照创建计划稳步推进各项创建任务。是年，佛山市获批创建的“全国知名品牌示范区”累计达9个，数量位居全国地级市首位。是年，市质监局推动各区开展调研活动，深入摸排产业集群发展现状，并指导高明人造石英石、三水饮料、三水通信天线、南海西樵梭织面料4个产业集群申报“全国知名品牌示范区”，申报材料已上报国家质检总局。3月21日，2016年区域品牌价值评价结果发布会在北京召开，佛山五个区域品牌入选“2016年区域品牌价值百强榜”：佛山陶瓷、南海铝材、南海半导体照明、盐步内衣、西樵面料，入选区域品牌数在全国地级市中排名第一，区域品牌总价值约781亿元。

泛家居产业标准建设　2017年，佛山市质监局指导泛家居领域标准联盟完成佛山市照明电器行业、涂料行业、五金制品行业、塑料建材行业等4个标准体系规划与路线图；指导各联盟组织制定《陶瓷砖》《家具用牛皮》《家用和类似

用途超滤净水机》《家用和类似用途破壁搅拌机》《铝合金家具用型材》等21个泛家居领域联盟标准，推进全市泛家居产业转型升级。

先进装备制造业领域标准建设 2017年5月24日，佛山市举办工业机器人应用标准服务平台上线暨联盟标准发布会，正式发布激光焊接机器人、打磨抛光用工业机器人系统、工业机器人维护保养通用技术规范3个产业联盟标准，同期，佛山市工业机器人应用标准服务平台上线运作。佛山市质监局推动先进装备领域企业将两项专利分别转化为《焊接机器人柔性组合翻转夹具》《喷釉机器人生产线》先进标准，促进自主创新成果和技术标准的融合，提高技术与标准自主创新能力。

质量强市示范城市创建宣传 2017年，佛山市组织开展形式多样的质量强市示范城市创建宣传活动，通过佛山电视台、电台、日报、户外LED显示屏等传媒，广泛宣传"匠心铸精品 质量强佛山"城市质量精神，印制3万多份质量强市宣传资料，在"3·15"、世界计量日、安全生产活动月等活动期间广泛派发。开展市民质量满意度调查测评，开展18期1 800余人次中小学质量教育实践活动，编制24期《佛山市创建全国质量强市示范城市工作简报》，持续提高全社会"质量第一"的强烈意识。11月23日，国家质检总局新闻办到佛山市开展"质量提升媒体行"活动，来自中央电视台、《经济日报》、人民网、新华网等10余家中央媒体记者一行，深入佛山市制造企业进行采访交流，实地采访开展质量提升活动的做法和成效，相关报道在各大中央媒体刊发。

（管东东）

【2017年佛山市十件民生实事】 2017年1月10日，在佛山市第十五届人民代表大会第一次会议上，市长朱伟代表市人民政府向大会报告政府工作。根据《政府报告》内容，2017年着力保障和改善民生，共建和谐幸福家园，认真办好十件民生实事。至年底，十件民生实事基本完成。

一是建设义务教育学校33所，新增义务教育阶段学位2.7万个以上。是年，佛山市推进义务教育五年提升行动计划取得新成果。出台《佛山市义务教育阶段学校基础教育设施五年提升行动计划（2016—2020年）》，启动实施全省规模最大的义务教育建校行动。行动计划明确到2020年，全市新建、扩建和改建义务教育学校176所（其中公办学校158所），确保五年新增学位18万个（其中公办学位15万个），其中2017年全市完成新建、改（扩）建义务教育阶段学校33所，新增学位3.3万个。

二是实施基本医疗保险城乡一体化改革。是年，佛山市推进基本医疗保险城乡一体化改革，实现职工和居民待遇标准统一，至年底，全市基本医保参保511万人，增加10万人。

三是提高城乡居民最低生活保障标准，惠及2.8万名困难群众。是年，佛山市低保救助制度更加完善。印发《佛山市人民政府办公室关于提高佛山市2017年最低生活保障标准的通知》，全市最低生活保障标准统一由每人每月630元提高到每人每月900元，全市城乡低保补差水平不低于每人每月530元。

四是开展"健康细胞"工程建设，建成40个健康村（居）、社区、医院、学校等。是年，佛山市召开健康"细胞"工程推进会和开展调研督导，组织业务培训，并印发考评标准，加快推进健康"细胞"工作。超额完成"健康细胞"工程建设任务，全市成功创建218个健康单位和654个健康家庭。218个健康单位中，健康村（居）38个、健康社区46个、健康医院26家、健康学校48所、健康机关60个。

五是完善公交配套设施建设，新建公交专用道30千米，新增、更新公交车300辆和公共自行车1 000辆。是年，佛山市新增公交专用道30.7千米，完成681辆公交车的新增和更新，新增公共自行车2 900辆。

六是全面实施100项环保民生实事。是年，佛山市全面落实中央环保督察整改，基本完成100项环保民生实事。

七是建设300千米污水管网、16项民生水务重点工程。是年，佛山市污水管网建设不断加快，总投资37.9亿元，全年安排投入15.97亿元，共分解为186个具体建设项目，截至12月26日，全市300千米污水管网建设任务已完成306.66千米。水利基础设施建设稳步推进，纳入是年市政府重点工作任务的16项重点民生水务工程总投资15.01亿元，全年安排投入5.12亿元，后调入第二水源后续工程（替换丹灶镇水环境整治工程），年度投资计划调整为6.26亿元，截至12月20日完成年度投资6.78亿元，完成比例108.3%。

八是新增、改造公园绿地面积193公顷。是年，佛山市计划新增、改造公园绿地项目31个，面积193万公顷；市建成区绿化覆盖率须达42%。截至12月中旬，全市新增和改造绿地面积372.93公顷。

九是建设行政村（社区）综合文化服务中心300个。是年，佛山市持续推动文化设施建设提升，截至2017年12月底，全市实际建成413个行政村（社区）综合文化服务中心。

十是按时保质保量完成省下达的住房保障工作目标任务。是年，佛山市新开工城市棚户区1 069套，完成率106.9%；棚户区改造基本建成285套，完成率130.1%；公共租赁住房基本建成1105套，完成率114.9%；新增发放租赁补贴410户，完成率107.9%；2013年底前政府投资开工建设的公租房已分配15 638套，分配率为94.9%（目标任务为达到90%）；2014年政府投资开工建设的公租房已分配2 046套，分配率92.7%（目标任务为达到85%）。

（郭 旻）

【首届创意城市博览会成功举办】 2017年11月16—19日，广东（佛山）创意城市博览会（以下简称"创博会"）在广东（潭洲）国际会展中心举行，这是全国首个以"创意城市"为主题的博览会。创博会以"全球创意网络城市"为亮点，以"文化+科技、文化+创意"为核心，展示面向未来的城市发展趋势和创意生活，分为创意城市、创意休闲、创意生活、创意设计、创意美食五大展区，展区面积共5万平方米，包括美的、海信、南京物联、网易、阿里体育、腾讯、华侨城等344家国内外知名企业参展。创博会汇聚来自苏州、广州、深圳、宁波、景德镇等国内城市以及美国、意大利、葡萄牙、北欧等国家和地区的创意元素、创意产品。美国馆以活动和舞台形式从电影、文艺、文化旅游等方面展示美国文化魅力；意大利馆展示服装设计、进口美食，释放时尚之都的魅力；北欧五国则通过人文旅游风光板块展示北欧极光、圣诞老人、风情家居设计、插画艺术等。苏州的传统工艺技艺和文化产业发展成果、“设计之都”深圳的优秀设计作品、景德镇的陶瓷精品等，也都在创博会上展出。此外，广州与佛山联合打造“广佛馆”，展示广佛同城化发展成果和两市一脉相承的广府文化。

一大批创意产品在博览会上集中亮相，向市民展示未来的城市发展趋势和创意产品带来的美好生活。博览会还举办中外高校大学生工业设计邀请赛、“D — DAY”创新设计大赛成果和中外工业设计成果精选等活动。博览会受到了业界和市民的追捧，4 天共有 26 万名群众前往参观。

（雷郎才）

2017 年，第三届中国（广东）“互联网 +”博览会工业机器展示区一角

（佛山年鉴社供图）

【第三届珠江西岸先进装备制造业投资贸易洽谈会】 2017 年 8 月 28 — 30 日，第三届珠江西岸先进装备制造业投资贸易洽谈会在广东（潭洲）国际会展中心举办。开幕式由广东省人民政府副省长袁宝成主持，工业和信息化部部长苗圩、中国工程院党组书记李晓红、佛山市委书记鲁毅在开幕式上分别致辞，广东省人民政府省长马兴瑞在开幕式上作重要讲话。广东省委书记胡春华、广东省委常委林少春、广东省委常委江凌，以及国家有关部委、广东省政府有关部门和珠江西岸城市的领导出席开幕式。洽谈会共设 5 个展馆，总面积 5 万平方米，参展企业 233 家，4 万余人观展，参会客商 3 600 余人。洽谈会期间围绕智能制造、技术标准、专利技术和知识产权等相关内容，举办 3 场装备制造业专业交流对话活动，参会人数 800 余人。佛山展区有 29 家企业 55 件展品参展，以工业机器人等智能制造装备和“高精尖”的工作母机装备为主。美的集团展出一系列应用于不同场景、满足不同需求的工业机器人产品，宏石激光展出集切割、折弯、焊接、清洗于一体的全国首套五轴联动全自动激光生产线，东方精工展出无需印版、绿色环保、行业领先的瓦楞纸板连续式数码印刷机，广工大数控展出全球首创的 PCB 人工智能高速在线检测机。佛山市在洽谈会上组织装备制造业签约项目 102 个，投资总额 1 213.9 亿元。包括广东省珠江西岸装备制造业融资租赁投资基金项目、中国标准化研究院绿色制造技术与标准创新研发中心（佛山）项目、顺德智能制造科技园项目、本田混合动力变速箱项目等。《人民日报》、新华社、中央电视台、《经济日报》等中央媒体，凤凰卫视、《香港商报》《澳门商报》等港澳媒体，以及广东省和佛山市有关媒体分别对该届洽谈会作新闻报道。

【第三届中国（广东）国际“互联网+”博览会】 2017 年 10 月 12 — 15 日，第三届中国（广东）国际“互联网+”博览会暨第十四届中博会专业展在广东（潭洲）国际会展中心举行。博览会以“新互联、新智造、新未来”为主题，聚焦互联网技术在工业、农业、医疗、交通、人工智能等方面的最新应用和研究成果。广东省副省长袁宝成、工信部信息化和软件服务业司司长谢少锋等国家相关部委负责人、省相关部门负责人，以及前民主德国总理洛塔尔·德梅齐埃等外宾出席开幕式并参观展馆。佛山市委书记鲁毅出席开幕式并致欢迎辞，市长朱伟主持开幕式。该届博览会设立智能制造、“互联网+”前沿技术、智慧城市、“互联网+”金融、电子商务、创新创业和智能家居生活七大主题展区，并设有“中国制造 2025 示范线”、汉诺威佛山市机器人学院、汉诺威策展的 1 000 平方米海外组团、中国轻工工艺品进出口商会策划的电子商务组团等亮点展区。共吸引来自大数据、云计算、智慧物流、电子商务、工业及服务机器人、无人机、VR/AR、互联网支付、人工智能等方面的 80 多品类、656 家中外展商在 4.5 万平方米的平台上精彩展示。博览会期间有 20 个涉及互联网技术的重大项目宣布落地佛山，总投资达 829 亿元，还举办第七届中国智能产业高峰论坛、2017 中国机器人及人工智能大赛等 31 场高水平专题活动。

（刘义超）

党政机关

手机扫码阅读

中共佛山市委员会

2017 年中共佛山市委书记、副书记、常委名单

书　记：鲁　毅
副书记：朱　伟
　　　　李雅林（任至 7 月）
　　　　区邦敏（9 月任职）
常　委：黄　力（任至 3 月）
　　　　区邦敏（任至 9 月）
　　　　黄志豪
　　　　蔡家华
　　　　郭文海
　　　　黄喜忠
　　　　梅河清（5 月任职）
　　　　杨朝晖

·综述·

【概况】 2017 年，中共佛山市委围绕迎接党的十九大胜利召开和学习宣传贯彻党的十九大精神，以习近平新时代中国特色社会主义思想为统领，以习近平总书记对广东工作的重要指示批示精神总揽全局，坚持稳中求进的工作总基调，践行新发展理念，全面落实中央、省委的决策部署，以推进供给侧结构性改革为主线，适度扩大总需求，深化改革创新，统筹做好稳增长、促改革、调结构、惠民生、防风险各项工作，实现全市经济社会的平稳健康发展。

是年，全市实现地区生产总值 9 549.6 亿元，比上年增长 8.5%；三次产业结构为 1.5 : 58.3 : 40.2；实现规上工业总产值 22 350.62 亿元，比上年增长 8.7%，其中规上民营工业总产值 1.7 万亿元，比上年增长 10%，占全市工业总产值的比重达 76.5%，对全市工业增长贡献率 81.3%；一般公共预算收入完成 661.35 亿元，比上年增长 11.59%。各项社会事业全面进步。城市治理三年行动顺利开局，生态工程建设持续推进，获"国家森林城市"称号。民生投入不断加大，全年民生支出占一般公共预算支出 73.9%，连续两年在省基本公共服务均等化绩效考评中排名第一（2016 年和 2017 年连续两年排名第一）。法治佛山、平安佛山建设深入推进，十九大特别防护期维稳安保工作圆满完成，实现"四个不发生、两个严防"的目标。

【习近平新时代中国特色社会主义思想和党的十九大精神学习宣传贯彻】 2017 年 10 月 18 — 24 日，中国共产党第十九次全国代表大会在北京举行。党的十九大召开后，佛山市委坚持把学习宣传贯彻习近平新时代中国特色社会主义思想和党的十九大精神作为首要政治任务和最重要的"纲"，在学懂弄通做实上下功夫，推动党的十九大精神在佛山的学习宣传贯彻往深里走、往实里抓，切实把习近平新时代中国特色社会主义思想刻在佛山广大干部群众的骨子里、融到血液中。一是坚持以上率下，精心组织大学习。全市各级党员干部读原文、悟原理，把学习宣传贯彻党的十九大精神与学习贯彻习近平总书记对广东工作的系列重要指示批示精神结合起来，与学习贯彻《习近平谈治国理政》第一、第二卷结合起来，切实增强政治认同、思想认同、情感认同。市委常委班子率先垂范，先后召开 16 次市委常委会（扩大）会议和 3 次市委书记专题会议，深入学习贯彻习近平总书记重要讲话精神、习近平总书记对广东工作和佛山工作重要批示指示精神以及省委全会、省委书记李希在系列会议上的讲话精神，重温入党誓词，参观红色遗址，以身作则，引领广大党员干部真正做到用习近平新时代中国特色社会主义思想武装头脑、指导实践、推动工作。各级组织党委（党组）理论学习中心组开展专题学习，全市组织集中学习 880 多次。广泛开展网络在线学习，组织参加"学报告、学党章"网上考学等活动。二是坚持分层级全覆盖，认真部署大培训。举办全市正处级领导干部和各镇（街）党（工）委书记学习贯彻党的十九大精神专题研讨班，围绕市委理论学习中心组成员、处级领导干部等 6 类重点群体，先后举办 12 期专题培训班，直接培训党员干部近 3 000 人。各区参照市委做法，共举办培训班 30 期，培训党员干部近 10 000 人。三是坚持广泛深入，全面开展宣讲宣传。市主要领导带头成立"2 + N"市委宣讲团，宣讲 600 多场，市委书记先后到北滘镇、云勇林场等基层单位带头宣讲。成立市讲师团，开展基层宣讲 3 000 多场，覆盖人群 80 多万人次。发挥党代表、市委党校和工、青、妇及"两新办"等在宣讲方面的作用，采取多种宣传形式，推动党的十九大精神家喻户晓、深入人心。市委书记带头到基层开展宣传宣讲督导指导，部署推动黄龙村和梁家河村党建结对共建，各级领导班子成员深入开展督学指导 2 450 多次。四是坚持聚焦突出问题，深入推进调查研究。制订《市领导同志开展"深调研"工作方案》，成立 17 个调研组，聚焦 9 大方面 31 个专题开展调研，切实把存在的问题搞清楚，把产生的原因弄明白，研究形成具有科学性、实效性和可操作性的工作意见建议。

【经济综合实力增强】 2017年，佛山市地区生产总值在全国大中城市中排名第十六位，工业总产值排在全国大中城市第六位。制造业智能化高端化改造加快，产业结构持续优化。工业产品质量不断提升，区域品牌建设全国领先，中国驰名商标达159件，位居全国地级市首位。完成工业技改投资771.5亿元，连续4年总量居全省首位。以广东（潭洲）国际会展中心为载体，会展经济蓬勃发展。新动能加快培育，高新技术企业新增1 173家，总量2 561家。珠三角国家自主创新示范区建设扎实推进，规划建设禅（城）南（海）顺（德）高端创新集聚区，谋划创建国家军民融合创新示范区。佛科院加速向高水平理工科大学转型，仙溪校区建成启用。开放型经济新体制加快构建，“佛山+香港”开创区域合作新模式，民营企业“走出去”步伐加快。佛山国家高新区全国排名上升至第二十九位。

【城市治理三年行动计划起步实施】 2017年，佛山市贯彻落实中央和省城市工作会议精神，实施城市治理三年行动计划，以高水平规划引领城市现代化，以城市现代化促进产业高端化，从2017年起的三年内计划实施969个项目，完成3 547亿元投资额，全面推进城市治理现代化。是年，完成投资额1 161.3亿元，现代化基础设施加快建设，佛山西站开通运营，轨道交通建设、“一环”西拓、“断头路”连通工程推进，珠三角新干线机场前期工作开展。特色小镇、“五好”新村（居）、美丽文明村（居）建设进程加快，开展创建首批15个市级特色小镇，入选全国特色小镇数量位居全省第一。百村升级扩面、古村落活化、村级工业园区综合整治取得成效。南海区和南庄镇龙津村入选首批全国农村幸福社区建设示范单位。落实城市管理精细化行动计划，推进城市执法体制改革。加大城市管理考评力度，推行考评区域划分和季度全覆盖。完善数字城管信息采集制度，建立建筑垃圾、环卫车辆智能管理平台。城市治理智慧化水平居全国第八名。

【生态环境治理】 2017年，佛山市践行习近平总书记“绿水青山就是金山银山”的深刻论断，把生态环境治理融入经济建设、政治建设、文化建设、社会建设的各方面和全过程，加快建设天蓝、地绿、水清的美丽佛山。坚持重点突破，在总结推广森林进老城、带状森林建设、绿色水网建设、绿城飞花等具有佛山特色亮点工程建设经验基础上，加快实施“湿地汇锦”“森林扩增”“乡村叠翠”“绿城飞花”等主题行动，编制《自然生态文明建设专项规划》，突出绿色富市、绿色惠民，成功创建国家森林城市，建成区绿化覆盖率42.8%。构建“党政同责、一岗双责”环境保护责任体系，打好大气、水、土壤污染防治三大攻坚战，第二批90条重点河涌及建成区黑臭水体整治成效显著。全面推行河长制，最严格水资源管理在全省考核获优秀等次，饮用水源水质保持100%达标，广佛跨界河流水质改善取得新突破。划定黑烟车限行区，淘汰黄标车及老旧车1.7万辆，完成国家大气污染防治终期考核目标，环境质量持续改善。全面落实中央环保督察整改，完成原定禁养区畜禽养殖场关停清理，自然村人居生态环境综合整治完成率92.5%，基本完成100项环保民生实事。开展村级工业园区“一村一策”环境整治提升，关停不符合环保要求的企业1 420家，整治提升2 979家。

【宣传思想文化工作】 2017年，佛山市围绕习近平新时代中国特色社会主义思想和党的十九大精神开展“大学习、大宣讲、大研究”，引导广大党员干部深学笃行，入脑入心，进一步增强“四个自信”。推进“改革开放40周年的佛山模式”研究，以丛书形式系统深入总结佛山改革开放40年来的好经验好做法。落实意识形态工作责任制，掌握意识形态工作领导权，确保全市意识形态领域安全。围绕佛山制造、生态佛山、文化佛山、佛山供给侧结构性改革、佛山好人等主题，精准设置议题、主动沟通汇报，争取中央、省乃至国外主流媒体的支持，推动佛山城市形象在国内国际的传播力、影响力取得新突破。推进传统媒体和新兴媒体深度融合发展。发挥全媒体传播优势，做优做强网络正面宣传。培育和践行社会主义核心价值观，成功蝉联“全国文明城市”称号。深化打造“大爱佛山”“志愿者之城”“信用佛山”，成立“佛山好人联盟”和好人事迹宣讲团，组织开展“寻找最美佛山人”宣传推荐活动和“听·文明”特色栏目，全年报道好人好事450例。实施“文化佛山”三年行动计划，铺排建设“更具品质的文化导向型城市”，开展“佛山韵律·和风鸣畅”等艺术惠民活动，推动“文化惠民”向“文化悦民”升级，创建国家公共文化服务体系示范区。推进文艺精品锻造工程，推出一大批有筋骨、有道德、有温度的优秀文艺作品。完成“岭南方言文化博物馆”建设，推动方言文化保护和传承。举办首届粤港澳大湾区（佛山）微电影节、中国电视纪录片导演特训坊等具有全国影响力的品牌文艺活动。以南方影视中心为龙头，推动影视产业实现跨越式发展。挖掘和弘扬传统文化，打造博物馆之城。弘扬企业家精神，命名一批脊梁企业、大城企业家，丰富佛山人精神内涵。

【民主法治建设】 2017年，佛山市贯彻落实《法治广东建设第二个五年规划（2016—2020年）》和《2017年度依法治省工作要点》，以开展法治建设“四级同创”活动为载体，全面推进依法治市，法治佛山建设水平进一步提升。强化法治佛山建设组织领导，把“全面推进依法治市，打造更高品质法治佛山”纳入年度工作要点，把“改善佛山法治环境——探索构建地方法治体系，提升治市理政能力和水平”列为重点改革项目，制订出台《佛山市党政主要负责人履行推进法治建设第一责任人职责实施意见》，全面推开法治城市、法治区、法治镇（街）、民主法治村（社区）“四级同创”活动。坚持党对立法工作领导，完善立法机制，提高立法质量，推进科学民主立法。深化行政审批制度改革，健全政府依法决策机制，推进行政执法规范化建设，加强对行政权力的制约和监督，加大政务公开力度，建设法治政府。落实领导干部干预司法活动、插手具体案件处理记录、通报和责任追究制度，运用信息化平台完善案件质量评价机制，探索案件跨区域管辖改革，构建公安系统“四考一评”执法监督体系，提升司法公信力。深化普法教育，推动全市各级在公共场所建设法治主题公园、法治文化广场、法治文化街区、法治文化长廊等传播阵地，推进一村（社区）一法律顾问工作，推进政治安全等8个专项行动和12个领域专项治理行动，提升社会治理法治化水平。推进商事制度改革，促进市场准入规范便利，规范市场秩序，优化创新创业商务环境。

【社会民生事业】 2017年，佛山市不断加大社会民生投入，一批惠民实事得到落实。全面深化改革各项工作取得实效，获批组建数字政府建设管理局。农村土地确权颁证完成98%。推进基本医疗保险城乡一体化改革，实现职工和居民待遇标准统一。就业保持稳定。全面提升教育现代化水平，国家教育综合改革试验区创建深入推进，实施义务教育阶段学校基础设施五年提升行动计划，新（改、扩）建各类义务教育学校33所，新增学位3.3万个。城市公立医院综合改革全面启动，分级诊疗、全民医保制度进一步完善。城乡居民基础养老金和最低生活保障金标准调升，社会保障水平进一步提高。稳控房地产市场，成为全国首批住房租赁试点城市之一。推进法治佛山、平安佛山建设，社会治安稳定向好。推进创建国家食品安全示范城市。开展安全生产大检查，生产安全事故总量下降5.8%。援藏、援疆和对口凉山州扶贫协作取得积极成果，启动与黑龙江省双鸭山市对口合作，精准帮扶湛江、云浮完成年度任务，佛山云浮共建产业园区取得实效。

【党的建设事业】 2017年，佛山市委强化党建主业意识，贯彻落实新时代党建工作总要求，坚持把抓党建作为最大政绩，逐级压实全面从严治党主体责任，推动管党治党走向“严实硬”。加强党的政治建设，维护以习近平同志为核心的党中央权威和集中统一领导，维护和尊崇《党章》，严守党的政治纪律和政治规矩，推进“两学一做”学习教育常态化制度化，增强党员干部的党章意识、纪律意识、规矩意识。彻底肃清李嘉、万庆良流毒影响，市委领导班子和全市各级党组织、广大党员干部深刻认识全面彻底肃清李嘉、万庆良流毒影响的极端重要性，坚决维护以习近平同志为核心的党中央权威和集中统一领导，自觉做到“五个必须”，坚决反对“七个有之”，坚决纠治圈子文化、码头文化、拉帮结派等问题。加强和改进地方党委工作，贯彻落实《中国共产党地方委员会工作条例》《中国共产党党组工作条例（试行）》，出台《中共佛山市委关于深入推进全面从严治党的意见》等文件，贯彻执行民主集中制，确保科学决策、民主决策。推进基层党建与基层社会治理创新，实施“党员民营企业家培养系列工程”，开展“党支部规范化建设年”活动，狠抓“三会一课”制度落实，强化基层党组织政治功能与服务功能，深化“精准整顿”软弱涣散基层党组织经验做法在全省推广。加快构建“1＋N＋X”区域化党建，提升基层党组织统筹资源能力。推动驻点联系与“三官一师”直联村居“双融合”，密切党群、干群关系。以“强化一个龙头，构建四个体系”为主体思路，提高社会治理工作水平。完成村（社区）“两委”换届工作。落实党政一把手维稳第一责任和区域维稳主体责任，坚持依法依规与合情合理相结合化解社会矛盾，确保社会安全和谐稳定。推进党风廉政建设，践行监督执纪“四种形态”，落实领导干部报告有关事项的规定，自觉接受人民群众监督。建立健全容错激励机制，鼓励干部担当有为。完成2轮市委巡察，发现问题、形成震慑。发挥狠刹“四风”网络监督平台作用，坚持暗访、查处、追责、曝光“四管齐下”，持续深入改作风、转作风、优作风。持续构建“亲”“清”新型政商关系。

【中共佛山市委十二届二次全会】 2017年1月13日召开，会议听取市委常委、组织部长杨朝晖作关于佛山市推荐广东省出席党的十九大代表人选的说明，表决通过佛山市推荐广东省出席党的十九大代表人选。

【中共佛山市委十二届三次全会】 2017年3月1日召开，会议听取市委常委、组织部长杨朝晖作关于佛山市出席广东省第十二次党代会代表候选人预备人选建议名单的说明，选举产生佛山市出席广东省第十二次党代表大会代表候选人预备人选。

【中国共产党佛山市代表会议】 2017年3月17日召开，会议听取市委常委、组织部长杨朝晖作关于酝酿推荐佛山市出席广东省第十二次党代会代表候选人建议名单有关事宜的说明，选举产生佛山市出席广东省第十二次党代表大会代表。

【中共佛山市委十二届四次全会】 2017年7月27日召开。全会的主要任务是深入贯彻习近平总书记系列重要讲话精神，特别是对广东工作的重要批示精神，贯彻落实广东省第十二次党代会精神，总结2017年上半年各项工作，研究部署下半年工作。全会听取中共佛山市委书记鲁毅代表市委常委会所作的《干在实处、走在前列，以优异成绩迎接党的十九大胜利召开》报告。

全会指出，上半年，面对经济下行压力，市委以习近平总书记对广东工作的重要批示精神为统领，坚持稳中求进工作总基调，在省委正确领导下，围绕

2017年7月27日，中国共产党佛山市第十二届委员会第四次全体会议召开

（市委办供图）

全年经济增长8.5%的目标，周密部署、凝心聚力、攻坚克难，推动全市经济发展稳中有进、稳中向好。全会强调，要以习近平总书记“四个坚持、三个支撑、两个走在前列”重要批示为统领，贯彻落实省第十二次党代会精神，抢抓粤港澳大湾区建设重大机遇，做好各项工作，为广东改革发展作出佛山贡献。一是推动全面从严治党向纵深发展，扎实推进“两学一做”学习教育常态化制度化，为全市各项事业提供坚强保障。二是把供给侧结构性改革作为经济工作的主线。充分发挥中德工业服务区、中德工业城市联盟等平台载体作用，吸引欧美发达国家尤其是德国的先进技术与佛山制造业融合。加快建设中国（广东）机器人集成创新中心和潭洲国际智能科技园。三是坚持创新驱动发展，加速形成“一环创新圈”。全面落实创新驱动八项重大举措，着力在高新技术企业培育、研发机构覆盖面、企业技术改造、科技孵化能力等方面实现新突破，力争全年新增高新技术企业1 000家。四是加快构建开放型经济新体制，争当广东参与全球竞争合作的主力军。通过建立政府间合作平台、海外经贸合作区、海外办事处和举办博览会等方式，支持企业沿“一带一路”开拓市场，开展国际产能合作。五是积极参与粤港澳大湾区建设，打造宜居宜业宜创新的美好家园。深入实施“强中心”战略，重点将禅城区、南海区、顺德区打造成广佛都市圈核心区，高明区、三水区也要加快融入步伐。统筹城乡发展，高质量、高标准打造30个特色小镇、110个美丽文明村居，以镇村现代化促进城市现代化。六是让人民群众过上更加富裕、更加健康、更有保障、更有发展的美好生活。解决好市民最急需、最盼望、反映最强烈的民生问题。扎实推进对口支援新疆伽师县、草湖产业园和西藏墨脱县工作，认真做好对口湛江、云浮精准扶贫工作，推动佛山（云浮）产业转移工业园加快发展。七是全面推进依法治市，切实维护社会和谐稳定。坚决维护宪法和法律权威，落实党政主要负责人推进法治建设第一责任人职责。探索开展知识产权民事、刑事、行政案件的“三审合一”改革。进一步提高政治站位，压实维护稳定第一责任，切实维护国家政治安全。全面防控经济、金融、网络等各类风险，着力化解各类社会矛盾和基层不稳定因素，依法妥善处置群体性事件。

【关于认真学习宣传贯彻习近平总书记重要批示精神的通知】 2017年4月13日，中共佛山市委印发《中共佛山市委关于认真学习宣传贯彻习近平总书记重要批示精神的通知》，要求全市迅速行动起来，认真学习宣传贯彻习近平总书记重要批示精神。一是以省委通知要求和省委书记胡春华重要讲话精神为指引，准确把握习近平总书记重要批示精神的深刻内涵。二是加强组织领导，全面掀起学习宣传贯彻习近平总书记重要批示精神和省委部署要求的新高潮。三是联系实际谋划推动各项工作，力争在学习贯彻落实习近平总书记重要批示精神上走在全省前列。

【佛山市哲学社会科学“十三五”发展规划】 2017年5月17日，中共佛山市委办公室、佛山市人民政府办公室出台《佛山市哲学社会科学“十三五”发展规划》，提出构建“宏观视野，佛山特色”的哲学社会科学创新体系的发展目标，着力打造“佛山特色、开放兼容、内生发展”的哲学社会科学繁荣发展生态圈。一是实施学术强市提升行动。丰富佛山实践理论体系，打造佛山特色学科体系，构建佛山发展智库体系。二是实施社科品牌铸造行动。擦亮佛山历史文化名片，塑造佛山创新发展名片，打造佛山社科活动名片。三是实施社科人才聚集行动。推进“佛山优才”培育和发展，推进“区域聚才”高地建设。四是实施社科网络构建行动。完善社科组织网络，发展社科类社会团体。五是实施社科平台培育行动。建设以佛山智库和学术年会为核心的多维学术研究与交流平台，建设以网络社科成果数据库为核心的社科成果转化平台，建设以信息化为支撑的社科发展基础平台。六是实施社科普及覆盖行动。丰富社科普及活动，加强社科普及基地建设，推进社科普及全覆盖。七是实施社科制度创新行动。完善哲学社会科学规划管理机制，建立有效的人才发展和优秀成果激励机制。

【关于2017年推进“两学一做”学习教育常态化制度化的实施方案】 2017年5月19日，中共佛山市委办公室印发《佛山市关于2017年推进“两学一做”学习教育常态化制度化的实施方案》，部署推进“两学一做”学习教育常态化制度化及2017年工作。一是深化拓展“学”和“做”。把党章学习教育作为经常性工作来抓，把学习宣传贯彻习近平总书记对广东工作作出的重要批示精神作为“两学一做”学习教育的重要内容，引导党员做到“四个合格”。二是搭建常态化制度化学习平台和实践载体。创新常态化制度化学习教育方式，打造一批“两学一做”学习教育常态化制度化学习教育阵地，完善一系列常态化制度化实践锻炼载体。三是突出抓好“关键少数”。领导干部带头搞好学习教育，严格执行党内生活的各项制度，建立健全改进作风长效机制，建立市领导挂钩联系镇（街）制度。四是着力抓实基层支部。开展“党支部规范化建设年”活动，规范“三会一课”制度，集中力量补齐短板，发挥党支部主体作用。五是联系实际查找解决问题。广泛开展基层党建和基层治理专题调研，统筹抓好各领域基层党建工作，大力推动解决基层治理突出问题，建立健全经常性“党性体检”机制，强化对基层党建工作的支持保障。六是切实加强组织领导。建立健全层级责任机制，建立分类指导推进机制，强化督查考核机制，建立常态化宣传引导机制。

【法治佛山建设2017—2020年规划】 2017年7月24日，中共佛山市委办公室出台《法治佛山建设2017—2020年规划》，部署新形势下依法治市工作，为佛山经济社会发展营造良好的法治环境。规划到2018年，法治建设的重点领域和关键环节取得决定性成果，法治建设达到全面建成小康社会目标要求；到2020年，形成较完备的法规制度体系、高效的法治实施体系、严密的法治监督体系、有力的法治保障体系和完善的党内法规制度体系，实现科学立法、严格执法、公正司法、全民守法，加快治理体系和治理能力现代化进程，推动佛山市法治建设走在全省前列。一是加强和推进地方立法，夯实社会法治根基。二是深入推进依法行政，基本建成法治政府。三是深入推进公正司法，维护公平正义。四是加快法治经济建设，增创法治化营商环境新优势。五是加强法治社会建设，切实维护社会稳定。六是推进法治文化建设，增强全民法治观念。七是加强和改进党的领导。

【关于进一步加强基层治理工作的意见】 2017年7月24日，中共佛山市委出台《关于进一步加强基层治理工作的意见》，部署全市基层治理工作，推动基层治理向网络化、法治化、社会化、精细化转型，逐步构建起新型基层治理体系，为打造宜居宜业宜创新的高品质现代化国际化大城市筑牢根基。一是强化镇（街）党（工）委在基层治理中的龙头作用。明确区、镇两级党委抓基层治理工作责任，强化镇（街）社会治理和公共服务职能，加大镇（街）资源统筹力度。二是构建科学的组织动员体系。稳妥推进“村改居”“政经分开”等农村综合体制改革，推进基层党组织有效覆盖，持续强化基层党组织领导核心地位，持续加强基层党组织班子建设，精准整顿软弱涣散基层党组织，严格基层党组织组织生活，强化基层党组织政治引领功能。三是构建全覆盖的联系服务体系。健全以驻点联系制度为核心的联系服务群众机制，深化“1＋N＋X”区域化党建，打造“互联网＋”基层精准服务模式，做好对困难群体的帮扶兜底工作。四是构建开放的多元共治体系。推进基层党群工作一体化，推动基层党建与政法、信访工作深度融合，推动党政力量与社会力量协同联动，促进非户籍人口与本地人口融合。五是构建法治化的矛盾化解体系。健全基层矛盾预防化解机制和基层治理突出问题专项治理长效机制，完善基层民主决策机制，提高基层依法行政能力，加强基层党风廉政建设。

【关于加快高等教育发展实施意见】 2017年9月1日，中共佛山市委、佛山市人民政府出台《关于加快高等教育发展实施意见》，制定发展高等教育新蓝图，到2020年，佛山高等教育办学机构将增加7所，全日制在校生将达14万人，佛山科学技术学院建设成为高水平理工科大学，综合实力进入全国理工类院校前100名；到2025年，高等教育办学机构增加10所，全日制在校生将达18万人，建成2所跻身国内一流的理工类大学、2~3所国家一流高职院校、3~4所具有一流办学水平和国内影响力的产业特色学院。

【关于深入推进全面从严治党的意见】 2017年9月20日，中共佛山市委出台《关于深入推进全面从严治党的意见》，部署深入推进全面从严治党工作。一是从严加强思想政治建设。二是从严加强和规范党内政治生活。三是从严选好用好管好干部。四是从严加强基层党组织建设。五是从严正风反腐。六是从严强化党内监督。七是从严落实管党治党责任。

【关于认真学习宣传贯彻党的十九大精神的通知】 2017年10月31日，中共佛山市委印发《关于认真学习宣传贯彻党的十九大精神的通知》，部署全市学习宣传贯彻党的十九大精神工作。一是充分认识学习宣传贯彻党的十九大精神的重大意义。二是全面准确学习领会党的十九大精神。三是切实抓好党的十九大精神的学习宣传。四是围绕贯彻党的十九大精神深入开展调查研究。五是以学习宣传贯彻党的十九大精神为新的动力，争当社会主义现代化建设先行区。六是加强对学习宣传贯彻工作的组织领导。

【关于建立健全激励机制鼓励干部担当有为的若干意见】 2017年11月20日，中共佛山市委出台《关于建立健全激励机制鼓励干部担当有为的若干意见》，部署建立健全激励机制和容错纠错机制，进一步增强干部队伍干事创业的积极性、主动性、创造性，为全市高质量高水平全面建成小康社会，争当社会主义现代化建设先行区提供坚强保证。一是强化崇尚实干的用人导向。二是强化科学有效的激励导向。三是强化鼓励担当的执纪导向。

【关于推进安全生产领域改革发展的实施意见】 2017年11月21日，中共佛山市委、佛山市人民政府出台《关于推进安全生产领域改革发展的实施意见》，部署推进全市安全生产领域改革发展工作，到2020年，力促全市生产安全事故总量、死亡人数、较大以上事故起数“三个明显下降”，职业病危害防治取得积极进展，安全生产整体水平与全面建成小康社会目标相适应；到2030年，实现安全生产治理体系和治理能力现代化，全民安全文明素质全面提升，安全生产保障能力显著增强，为佛山市建设宜居宜业宜创新的高品质现代化国际化大城市奠定稳固可靠的安全生产基础，为广东实现“四个坚持、三个支撑、两个走在前列”提供稳定的安全生产环境。一是完善优化安全生产责任制。二是改革创新安全监管监察体制。三是大力推进依法治理。四是建立健全安全预防控制体系。

【佛山市党政主要负责人履行推进法治建设第一责任人职责实施意见】 2017年12月24日，中共佛山市委办公室、佛山市人民政府办公室出台《佛山市党政主要负责人履行推进法治建设第一责任人职责实施意见》，要求党政主要负责人作为推进法治建设第一责任人，应当切实履行依法治国的重要组织者、推动者和实践者的职责，明确党委、政府主要负责人在推进法治建设中应当履行的各自职责和工作措施。

（徐　锋）

·组　织·

【概况】 2017年，佛山市委组织部把政治建设摆在首位，深入学习贯彻习近平新时代中国特色社会主义思想和党的十九大精神。全市各级党委（党组）中心组共组织学习880多次，1.5万个党支部各开展1次以上集中学习，各级领导干部、宣讲团、党代表深入基层巡回宣讲1 900多场次。加强换届后领导班子和干部队伍建设，推行政治审查和廉洁把关“双签字”等制度，全年调整配备271人次，新提拔重用干部99人，交流干部59人。开展常态化分析研判，对五区和6个市直单位进行综合分析研判。创新开展双向挂职锻炼，选派30名科级以下年轻干部在市直机关和镇街之间开展为期两年的挂职锻炼。从严加强干部经常性管理监督，严格执行领导干部报告个人有关事项两项法规，抓好科级干部“带病提拔”倒查工作。从严做好党的十九大代表推选、省党代表选举和人大代表、政协委员人选推荐提名工作。完成村（社区）“两委”换届选举和非户籍委员试点工作，全市村（社区）党组织书记、主任“一肩挑”比例85.6%，“两委”班子成员交叉任职比例87.7%，258个社区（村）选出非户籍委员260人。推进基层党建各项工作，结合“两学一做”学习教育常态化制度化开展“党支部规范化建设年”活动，建立15个市级党员教育基地，建设100个党支部规范化建设示范点，轮训全市1.4万多名支部书记。从严整顿43个软弱涣散党组织，以统一思想认识、统一标识标准和规范、统一资源、统一试点“四个统一”推进城市基层党建工作，选定57个监测点开展中组部社会组织党建综合监测区工作，新组建56个社会组织党组织，落实国企党建重点任务80条。加快推进人才发展体制机制改革，落实市委提出的“舍得投入、舍得时间、舍得声誉”要求，出台人才发展体制机制改革实施意见，在完善党管人才管理体制、引进培育创新创业人才等方面提出23条举措。抓好重大工程引育人才，拥有省“珠江人才计划”领军人才和团队10个，“特支计划”人才16人。

【十九大精神学习宣传贯彻】 2017年，佛山市坚持以上率下开展大学习，市委书记鲁毅主持召开市委常委会专题学习传达部署6次，组织市委理论中心组学习9次，部署推动佛山市黄龙村和陕西省延安市梁家河村党建结对共建，与延安市缔结友好城市。结合“两学一做”学习教育，在全市开展习近平新时代中国特色社会主义思想学习月活动，全市各级党委（党组）中心组组织学习880多次，1.5万个党支部各开展1次以上集中学习。坚持分层级全覆盖，抓好市委理论学习中心组成员、处级领导干部、镇（街）党政正职、基层党代表、基层党组织书记、驻点直联干部等六类重点群体党员干部大培训，市级举办专题培训班12期、培训近3 000人，各区举办培训班30期、培训近1万人。坚持聚焦“七个讲清楚”（讲清楚党的十九大的鲜明主题、讲清楚习近平新时代中国特色社会主义思想的丰富内涵、讲清楚党的十八大以来党和国家事业发生的历史性变革、讲清楚中国特色社会主义进入新时代的重大意义、讲清楚我国社会主要矛盾变化的深远影响、讲清楚“两个一百年”奋斗目标、讲清楚坚定不移全面从严治党的重大部署）开展基层大宣讲，各级领导干部、宣讲团、党代表深入基层巡回宣讲1 900多场次。坚持问题导向开展大调研，市委书记鲁毅牵头开展“全面加强党的建设”专题调研，带动党政班子成员聚焦9大课题开展33项调研。

【换届后领导班子和干部队伍建设】 2017年，佛山市加强换届后领导班子政治建设，抓好《中国共产党地方委员会工作条例》《中国共产党党组工作条例（试行）》《中国共产党工作机关条例（试行）》的贯彻执行，落实各级党委（党组）书记政治建设第一责任人责任，组织2轮督导对五区区委和24个市直单位党组开展落实两个“条例”（《中国共产党纪律处分条例》和《中国共产党党内监督条例》）实地督查。加强和规范党内政治生活，印发《中共佛山市委关于深入推进全面从严治党的意见》，制订“三会一课”、组织生活会等工作指引。全面掌握换届后领导班子运行情况，组成5个调研组分赴各区开展换届“回头看”，与区党政班子成员、人大政协主要负责人、法院院长、检察院检察长和镇（街）书记进行“2对1”谈话。常态化开展综合分析研判，全年对五区和6个市直单位进行综合分析研判，与299名领导干部进行个别谈话，梳理出问题22个，提出对策建议23项。做实做细干部谈心谈话，市委书记谈话69人次，组织部长谈话129人次，组织部门组织集体谈话5次。加强干部工作制度建设，制订《新一届市政府工作部门正职选拔任用工作流程》，修订完善《市管干部选拔任用工作规程》和《市直机关（单位）选拔科级干部工作意见》，落实干部选拔任用工作纪实制度。全年调整配备干部256人次，其中提拔重用99人、交流干部59人。加强干部培养锻炼，举办推进供给侧结构性改革、绿色发展等专业知识培训89期，培训学员42 331人次。制订实施《佛山市干部双向挂职锻炼工作意见》，首批选派30名科级及以下年轻干部在市直机关和基层单位之间开展为期2年的挂职锻炼。选派第八批援藏干部8人，援疆干部人才29人，增派援助四川凉山干部13人，援助云浮干部6人，援疆干部胡大强获评为全国援疆优秀个人。从严加强干部经常性管理监督，严格执行领导干部报告个人有关事项两项法规，用好书面函询查清填报结果，发出函询通知书88份。抓好科级干部“带病提拔”倒查工作，加强党员干部因私出国（境）管理。做好人大代表、政协委员的人选推荐提名工作。

【基层党组织建设】 2017年，佛山市坚持基层党建和基层治理紧密结合，提出强化镇级党委“一个龙头”作用，构建组织动员、联系服务、多元共治、矛盾化解“四个体系”共23条意见，作为全市党建引领基层治理的纲领性文件。以“书记抓，抓书记”层层压实基层党建第一责任人责任，从严整顿43个软弱涣散党组织。开展“党支部规范化建设年”活动，分7个领域制订党支部工作指引和支部书记责任清单，建设100个党支部规范化建设示范点。开展“两学一做”专题学习4 588次，5 597个单位主要负责人讲党课7 911次，支部书记讲党课15 045次，覆盖党员人数232 461人，推动“两学一做”学习教育常态化制度化。开展全市万名支部书记大培训，建立15个市级党员教育基地。坚持“先党组织后村（居）委会”换届思路，推行班子分析研判和“建议名单”制度，完成村（社区）“两委”换届和非户籍试点工作。全市村（社区）党组织书记、主任“一肩挑”比例达85.6%，“两委”班子成员交叉任职比例达87.7%。258个社区选出非户籍委员260名，村（社区）“两委”干部队伍结构进一步优化。强化驻点联系工作，全市联系群众超过152万人次，收集问题建议3.05万条，处理答复2.96万条，占97.1%。统筹抓好各领域党建工作，以统一思想认识、统一标识标准和规范、统一资源、统一试点“四个统一”推进城市基层党建工作，选定57个监测点开展中组部社会组织党建综合监测区工作，成立市非公经济组织党委，落实国企党建重点任务80条，深化党代表联络服务，推动群团改革。

【人才工作】 2017年，佛山市组织部门落实市委2016年提出的“舍得投入、舍得时间、舍得声誉”要求，研究制定《佛山市人才发展体制机制改革实施意见》，从管理体制、人才引进、人才培育、人才评价激励服务保障等四个方面实现一系列创新和突破，提出23条举措。围绕全市产业布局，牵头制定《佛山市高端金融人才引进培育办法（试行）》《佛山市引进人才子女教育服务工作实施细则》等人才新政，完善人才政策体系。抓好重大工程引育人才，截至2017年底，拥有省“珠江人才计划”创新创业团队7个、领军人才3人，省“特支计划”人才16人。推进佛科院高水平理工科大学建设，引进海内外高层次人才72人。

【党的建设工作领导小组会议】 2017年1月25日，佛山市委召开党的建设工作领导小组会议，听取五区区委书记和部分市直单位党组（党委）书记述职，并进行评议。市委书记鲁毅主持会议并讲话，强调要落实好全面从严治党责任，应当做好“三有”和“五个结合”（有正视问题、对基层党建现状不能估价过高的清醒，有把握内在规律、讲求科学方法的智慧，有久久为功、“功成不必在我”的胸怀，要把贯彻落实党的十八届六中全会精神与贯彻《中国共产党地方委员会工作条例》《中国共产党党组工作条例（试行）》相结合统筹推进；把抓好村级组织换届与推动非户籍常住人口参与基层治理相结合统筹推进；把完善驻点联系制度与深化区域化党建相结合统筹推进；把精准整顿软弱涣散党组织与解决基层治理突出问题相结合统筹推进；把加强企业党建与推进供给侧结构性改革相结合统筹推进）。佛山市委常委，市政协主席、市人大常委会负责人，市委党建工作领导小组和市委基层治理领导小组部分成员单位主要负责人，五区区委书记、组织部部长，以及15名市党代表、人大代表、政协委员、基层党员干部和群众代表参加会议。

【全市组织部长会议】 2017年3月3日，佛山市召开全市组织部长会议，市委常委、组织部部长杨朝晖出席会议并讲话。会议指出，2017年组织工作要抓好五大重点任务：突出固化成果建强支部，推动“两学一做”学习教育常态化制度化；突出思想政治建设履职能力提升，加强换届后领导班子和干部队伍建设；突出敢管敢严长管长严，严格加强对干部的管理监督；突出重点着力分类施策，全面加强基层党组织建设；突出改革落地见成效，构筑创新型产业人才支撑体系。佛山市委组织部部务会成员、各区委组织部部长、市直各有关单位分管组织人事工作负责人、组织人事科室负责人、市“两新”组织党工委委员参加会议。

【全市村（社区）“两委”换届选举工作动员部署会议】 2017年4月1日，佛山市全市村（社区）“两委”换届选举工作动员部署会议召开。市委书记鲁毅出席会议并讲话，市委副书记、政法委书记李雅林主持会议，市委常委、组织部部长杨朝晖传达全省会议精神，并对佛山市村级换届工作作具体部署。会议指出，村级换届要坚持“稳中求进”的工作总基调，把加强党的领导贯穿换届工作全过程，把村级换届与2017年的基层党建、基层治理工作紧密结合起来，形成“纵向抓深化、横向抓覆盖、关键抓班子、重点抓整治”的工作思路。会议要求，要始终坚持把最优秀的基层干部放在村党组织书记的位置上，通过换届提升村（社区）“两委”班子引领发展的能力。要把抓好重点难点村换届作为换届工作的重要突破口，提前化解矛盾和隐患。把做好非户籍常住居民和党员参加选举试点摆在换届工作的突出位置，要从严落实领导责任，严肃换届纪律，确保风清气正。市领导区邦敏、黄志豪、刘珊、乔羽出席会议。市委有关部委、市直有关单位、市有关人民团体主要负责人；各区区委书记，区长，组织部部长，分管民政的副区长，民政局局长，组织部分管副部长，民政局分管副局长；各镇（街）党（工）委书记等90多人参加会议。

【全市基层治理工作会议】 2017年7月25日，佛山市委召开全市基层治理工作会议。市委常委、组织部长杨朝晖主持会议。市委副书记、政法委书记李雅林就《中共佛山市委关于进一步加强基层治理工作的意见》进行说明，并围绕“强化一个龙头，构建四个体系”总体思路对下一步全市基层治理转型工作作出部署。市委书记鲁毅要求全市各级各部门要拿出新作风、新思路、新办法、

2017年3月3日，佛山全市组织部长会议召开 （市委组织部供图）

新举措、新路径，切实解决基层治理中遇到的新情况、新问题，把佛山基层治理工作推上新台阶，为社会和谐、社会稳定作出更多新努力。市领导区邦敏、黄志豪、乔羽，市委、市政府相关秘书长，市委基层基层治理小组成员单位负责人，各区区委书记、专职副书记、组织部部长及各镇（街）党（工）委书记等参加会议。

【佛山首推干部双向挂职锻炼工作机制】 2017年，佛山市委组织部贯彻市委对佛山干部队伍建设提出的新要求，制订实施《佛山市干部双向挂职锻炼工作意见》，选派科级及以下年轻干部在市直机关和基层单位之间开展为期两年的挂职锻炼，对挂职干部实施动态跟踪管理。优先把各区经济发展急需且基层工作经历不满两年的机关干部选派到镇（街），挂任镇（街）党委（党工委）委员或副镇长；把镇（街）培养潜力较大的业务骨干选派到市直机关，挂任市直单位副科长或科员。首批选派30名干部，主要集中在国土、住建、环保、科技、农业、交通等市直专业性较强单位以及急需专业人才的镇（街）。4月1日，首批优秀年轻干部双向挂职锻炼座谈会召开。市委书记鲁毅与30名年轻干部们面对面交流，指出在市直机关与基层单位之间开展干部双向互派挂职锻炼，是市委培养年轻干部的一项创新举措，希望在全市树立注重基层、注重实践的导向，促进优秀年轻干部锻炼成才，为佛山培养、储备更多更优秀的干部人才。

【中共佛山市非公有制经济组织委员会正式成立】 2017年9月22日，中共佛山市非公有制经济组织委员会举行成立仪式。

成立非公有制经济党委旨在凝聚全市34万多家非公经济组织力量，推动全市经济社会发展。非公经济在佛山经济格局中占有支柱地位。佛山有超过34万家非公经济组织，全市非公经济组织在职员工133.4万人，抓好非公党建是服务经济社会发展的需要，是夯实党的执政基础的需要，是促进企业健康发展的需要。

成立后的首届非公经济组织党委承接“两新”党工委移交的12个非公企业党组织，119个党支部，2 200多名党员。

（周　鹏）

·宣　传·

【概况】 2017年，佛山市宣传思想文化战线学习贯彻习近平新时代中国特色社会主义思想，紧扣迎接宣传贯彻党的十九大精神这一主线，推进宣传思想文化各项工作，为佛山经济社会发展提供强有力的思想保证、舆论支持和文化条件。省委常委、宣传部部长慎海雄先后7次批示肯定佛山工作，指出：“佛山工作积极主动、专心投入，值得全省宣传系统学习借鉴。”市委书记鲁毅、市长朱伟也多次批示肯定。市委书记鲁毅在全省精神文明建设工作会上作典型发言；市委常委、宣传部部长郭文海两次在中宣部组织召开的会议上作经验介绍。

是年，佛山市开展理论学习中心组学习，市委理论学习中心组全年举行32次专题学习，带动96个市直处级中心组开展学习1 000多场次。成立“2 + N”宣讲团，面向基层开展对象化、分众化、互动化宣讲活动3 000多场次。做好对外宣传报道，全年在省级以上主流媒体报道佛山4 872篇（条），其中中央主流媒体报道1 807篇（条）。紧扣党的十九大精神、习近平总书记对广东重要批示精神等重大专题，做优做强网络正面宣传，推进网络空间日益清朗、“网络护城河”不断筑牢。做好“创文”工作，蝉联“全国文明城市”称号，文明创建品牌越擦越亮，城市文明形象深入人心。推进“文化佛山”三年行动计划，建设更具品质的文化导向型城市。

【理论学习宣讲研究】 2017年，佛山市在全市开展“大学习、大宣讲、大研究”活动，推动习近平新时代中国特色社会主义思想和党的十九大精神在佛山落地生根。组织开展“习近平新时代中国特色社会主义思想大学习活动”，推进“理上网来——我的十九大笔记”线上考学和“学习宣传贯彻党的十九大精神”征文等活动，在全市迅速掀起学习宣传贯彻党的十九大精神的热潮。开展理论学习中心组学习，市委理论学习中心组全年举行32次专题学习，带动96个市直处级中心组、1 000多场次学习全面铺开。组织开展党的十九大精神、习近平总书记重要批示精神、《习近平谈治国理政》等重大专题宣讲，成立“2 + N”宣讲团（2即领导干部宣讲团、市委宣讲团，N即分系统分领域的市委宣讲分团），面向基层开展对象化、分众化、互动化宣讲3 000多场次，覆盖人群80多万人。组织开展“菜单式宣讲”，市讲师团“菜单式宣讲”设置课题220个，开展宣讲500多场次。佛山市讲师团获“广东省基层理论宣讲先进集体”，1人获“广东省基层理论宣讲先进个人”。组织开展佛山全面建成高水平小康社会指标体系、推进全面从严治党、狠抓干部队伍作风建设等重点课题研究。开展社科理论项目立项120个，出版《佛山历史文化丛书》（第二辑）、《佛山人文社科丛书》（第四辑）和《佛山地理》系列丛书（第二辑）。推进“改革开放40周年的佛山实践”研究。成立大数据与佛山经济运行研究中心、佛山文化产业研究院与佛山文化产业发展智库、佛山传媒智库等新型智库。

【城市形象宣传】 2017年，佛山市以“佛山制造”“生态佛山”“文化佛山”“佛山供给侧结构性改革”等为主题开展城市形象宣传，推动佛山城市形象在国内国际的传播力、影响力实现新突破。“佛山·脊梁企业”“佛山·大城企业家”活动在中央等各级媒体发稿200余篇（条），新华网网络直播覆盖人数3 622万人。“佛山元素”“佛山案例”亮相《将改革进行到底》等大型政论专题片，展示佛山供给侧结构性改革、制造业转型升级等的探索和做法。《人民日报》头版刊发《佛山制造走向世界》；央视财经频道《供给侧结构性改革看地方》推出佛山改革经验；央视国际频道《体验真功夫》3集节目涉及佛山；新华社刊发《“中国魔水”复兴“饮料帝国”崛起》等稿件3篇。凤凰卫视《社会正能量》栏目推出佛山工匠精神专题；《财经正前方》栏目推出《香港+佛山“并船出海”——粤港澳大湾区协作观察》；《筑梦天下 美丽中国佛山行》聚焦佛山生态文明建设。

是年，佛山在省级以上主流媒体报道4 872篇（条）。中央主流媒体报道1 807篇（条），其中中央电视台252条（《新闻联播》《焦点访谈》报道16条）、《人民日报》154篇（含海外版）、新华社89篇（含新华每日电讯）。另外，在中央电视台、凤凰卫视、北京卫视、湖南卫视、东方卫视、山东卫视等播出佛山专题片14集。

【佛山元素首次亮相大型政论专题片】2017年，佛山元素、佛山案例首次亮相《将改革进行到底》等大型政论专题片。大型政论专题片《将改革进行到底》第一集《时代之问》是整部专题片的总论，佛山元素7次呈现，时长将近40秒。第二集《引领经济发展新常态》聚焦经济体制改革，体现佛山供给侧结构性改革的陶瓷行业改革案例作为开篇第一个案例，也是整个专题片首个亮相案例，时长2分40秒。这是多年来佛山首次高规格、多角度亮相大型政论专题片。《不忘初心 继续前进》是为迎接党的十九大而制作的大型政论专题片，其第三集《攻坚克难》，以新佛山人张胜辉为案例，用4分钟篇幅，以点带面点赞国家户籍制度改革成效。纪录片《辉煌中国》纳入美的收购德国库卡的案例。

【网络正面宣传】2017年，佛山做优做强网络正面宣传，筑牢“网络护城河”。整合全市网络资源阵地，全媒体全覆盖推送党的十九大精神、习近平总书记对广东重要批示精神等重大专题。市委书记鲁毅、市长朱伟分别做客人民网强国论坛和新华网，开展直播访谈活动。人民网人民电视专题刊播鲁毅访谈视频《佛山：打造国家制造业创新中心》。南方号“佛山发布”获2017年全国“两会”影响力排行榜第一名。佛山首批66个市区镇政务“大V”入驻南方号。全市210个政务新媒体单位成立佛山政务新媒体联盟。

同年，佛山市建立网络舆情应急响应指挥督办绩效考核平台及互联网违法和不良信息举报中心，组织开展网络生态专项整治行动，严查有害信息、谣言和虚假信息、低俗庸俗信息。协调

2017年11月29日，“新时代 新气象 新作为——习近平总书记视察广东五周年”全媒体采访活动在佛山举行（市委宣传部供图）

组织“新时代 新气象 新作为——习近平总书记视察广东五周年”“经济活力看广东·供给侧结构性改革”“粤造粤强——广东创新驱动、智能制造”等重大主题网络采风活动走进佛山。首次全媒体网络直播“佛山·脊梁企业”“佛山·大城企业家”命名大会。开展“美丽佛山·记住乡愁”——我是家乡代言人网上主题活动。组织开展“两学一做”知识竞答，吸引19万名党员群众参与。组织开展“微家书·传家教”活动，吸引13万人投稿、30万人浏览、300万人点赞。全年制作《每日舆情》220期、《网络要情专报》22期、《境外舆情专报》20期。

【更具品质的文化导向型城市建设】2017年，佛山实施《“文化佛山”三年行动计划（2017—2019年）》，完成75个建设项目，投资36.31亿元。推进国家公共文化服务示范区创建工作，以东部第二名的成绩通过国家公共文化服务体系示范区中期督查。成立市公共文化设施联盟，推动文化发展共建共享。建成全市村（社区）综合性文化服务中心709个，覆盖率96.9%；推出首批4个“智能文化+”新型文化空间，市文化馆新馆建成开放。

是年，佛山话剧《铁血道钉》等4部作品获省文艺精品专项扶持资金。歌曲《吉祥中国年》、话剧《康有为和梁启超》、长篇小说《陈家祠》获省“五个一”工程奖。粤剧《梦红船》等3部作品获第十届广东省鲁迅文艺奖。话剧《穷孩子富孩子》获第十三届广东省艺术节一等奖，话剧《铁血道钉》获二等奖。大型粤剧传统例戏《香花山大贺寿》成功复排。

是年，佛山市利用广东省电影年会、第十三届深圳文博会、宁波文博会、上海国际电影节等活动进行招商引资，其中在上海国际电影节签约18个影视战略合作项目。开展第二批市级文化产业示范园区认定和2017年度佛山市旅游文化创意产业发展专项（文化）资金申报工作，扶持项目25个，扶持资金444万元。新增20个古村落的保护活化，启动特色文化街建设工作。完成“岭南方言文化博物馆”建设。

是年，佛山开展纪念建军90周年、党的十九大等重大主题文艺活动，组织佛山优秀原创歌曲征集发布、“我爱佛山”微影像征集、全市群众合唱展演等群众性文艺活动。举办首届粤港澳大湾区（佛山）微电影节、中国电视纪录片导演特训坊等具有全国影响力的品牌文艺活动。开展“佛山韵律 和风鸣畅”系列文化活动及“周末大戏台”粤剧折子戏演出、“创艺时光”艺术系列活动、舞台艺术精品展演、“园区行”演出、文艺志愿者服务演出等近300场。举办2017南国书香节佛山分会场活动。

【影视产业发展】2017年，佛山以建

设南方影视中心为龙头，推动影视产业实现跨越式发展。成立南方影视中心项目工作领导小组，开展佛山影视产业规划，出台《佛山市扶持影视产业发展的若干政策》。征集、评选和发布首批60个影视取景点。组团参加香港国际影视展、深圳文博会、上海国际电影节等大型招商推介会7场。推出《南哥》《柳毅奇缘》《索玛花开》等20多部佛山出品的影视、动漫精品。按照“一园多点”的模式，在全市建设多个影视产业载体，包括西樵山听音湖樵山文化中心、飞鸿馆地块约2万平方米物业，禅城区丰收街东侧约12万平方米物业，佛山电视台制作基地2.67公顷（40亩）地块等。推动西樵山国艺影视城和中央电视台南海影视城后续项目建设。举办2017佛山功夫（动作）电影周。成功申办“2018年中国金鸡百花电影节”，举办电影节承办城市签约仪式暨新闻发布会、第二十六届中国金鸡百花电影节“佛山之夜”活动。

是年，到佛山取景拍摄的影视作品达150多个（部），包括影视作品《追龙》《我的6E班》《超时空男神》，以及中央电视台《星光大道》、东方卫视《极限挑战》、湖南卫视《我们来了》等全国知名综艺节目。

【2017佛山功夫（动作）电影周】 2017年11月23—29日，佛山市人民政府、中国电影评论学会、广电总局中广联演员委员会等在佛山共同主办2017佛山功夫（动作）电影周。这是国内首个以功夫动作为主题的电影周活动。电影周包括开幕式、首届功夫（动作）电影高峰研讨会、功夫（动作）电影展映、功夫（动作）影视嘉年华及海报展、全国传统武术大赛、闭幕式暨功夫影视主题音乐会等六大活动。

开幕式包括开幕红毯、电影推介、致敬经典等多个环节，导演刘伟强、唐季礼、林超贤，演员甄子丹、唐国强、陶红、黄圣依等多名演艺界人士出席。开幕式安排“年度国产优秀功夫（动作）影片推介”环节，15部影片入围国产优秀功夫（动作）电影，评选出国产优秀功夫（动作）电影年度导演、年度最具影响力国产优秀功夫（动作）电影、年度优秀国产功夫（动作）电影等。开幕式上，唐季礼、林超贤获颁国产优秀功夫（动作）电影年度导演，甄子丹获颁国产功夫（动作）电影终身成就演员、国产优秀功夫（动作）电影最优秀男演员。开幕式新闻在中央电视台《新闻联播》播出。

首届功夫（动作）电影高峰研讨会以“推动佛山影视产业发展，助力影视中心全面建设”为宗旨，集结香港电影导演会创始会长吴思远、博纳影业董事长兼CEO于冬、中国电影家协会秘书长饶曙光、唐德影院管理有限公司董事长赵军等多名业界资深人士，共同探讨南方影视产业发展，搭建电影业界、学界、企业界之间的高端交流和资源对接平台。

功夫影视主题音乐会由世界知名的香港中乐团演出，以“影醉功夫 乐动岭南”为主题，分为《卧虎藏龙》《百川汇流》《侠骨柔情》《笑傲江湖》四大篇章，融鲜明时代印记、经典音乐旋律、震撼视听体验、绚丽舞台演绎于一体，具有强烈的传统性和现代感。

【《佛山历史文化丛书》（第二辑）出版】 2017年9月，《佛山历史文化丛书》（第二辑）由广东人民出版社出版。丛书共计10种书目，分别为《西樵山与岭南理学的传承》《佛山北帝文化与社会》《佛山历代诗歌三百首》《明清佛山地方治理研究》《石湾窑研究》《佛山木版年画历史与文化》《佛山彩灯》《佛山纺织史》《佛山武术史略》《佛山古今桥梁掠影》。10种书目以全新的文化视角，从民俗、诗歌、陶艺、木版年画、彩灯、纺织、武术、桥梁等方面，充分挖掘佛山历史进程中的亮点，力求做到历史真实、叙述生动、图文并茂，形象地书写佛山在岭南文明史上的地位和贡献，客观理性地梳理佛山历史文化发展脉络，分析透视其发展肌理和文化精神价值，既能彰显佛山优秀历史文化的底蕴与特色，又兼备普及性与研究性、通俗性和知识性。丛书挖掘、传承与弘扬佛山优秀传统文化，有助于展示佛山历史文化形象，增强佛山市民文化自信，提升佛山城市文化软实力。

（雷郎才）

·爱国统一战线·

【统一战线思想政治引领】 2017年，佛山市爱国统一战线以学习宣传贯彻习近平新时代中国特色社会主义思想和党的十九大精神为主线，突出其对统一战线的新理念新观点新方略，结合习近平总书记对广东工作的重要批示精神和省、市第十二次党代会精神，开展统一战线

链接

《佛山历史文化丛书》

《佛山历史文化丛书》是佛山市委、市政府2016年3月启动的一项系统性的大型文化工程，在佛山市委宣传部的统筹下，佛山市文广新局、佛山传媒集团、佛山日报社、佛山市社科联、佛山市文联等单位组成《佛山历史文化丛书》编辑委员会，佛山市委书记鲁毅、市长朱伟共同担任编委会主任。编委会设立学术委员会和编辑部，佛山传媒集团、佛山日报社负责具体的编撰出版工作。

《佛山历史文化丛书》用当代眼光审视佛山历史，深入反映佛山源远流长的历史文化风貌，开掘佛山多姿多彩的历史文化，关注佛山历史有影响的事件和人物，解读佛山优秀历史文化的底蕴和创造力。丛书兼备普及与研究，注重知识性、教育性、可读性，便于大众阅读和普及传播，历史真实、纵贯古今、叙述生动、图文并茂、言近旨远、启人心智，通过丛书能很好了解、认识、研究佛山历史文化。

2016年11月，《佛山历史文化丛书》（第一辑）由广东人民出版社出版，共计10种书目，分别为《佛山状元文化》《佛山古村落》《佛山商道文化》《佛山家训》《佛山中医药文化》《佛山明清冶铸》《佛山历史人物录》《佛山传统建筑》《佛山祖庙》《佛山粤剧》。

的学习宣传贯彻工作。举办市统战系统机关干部专题学习会、党外代表人士专题学习会、民营企业家专题学习会，邀请市委宣讲团成员作专题学习辅导报告，深入各区基层统战部门开展宣讲督导工作。全市统一战线共举办宣讲学习会118场，3 800多人次参加学习，努力增强统一战线的思想政治共识，把统一战线的思想和行动统一到党的十九大精神上来，统一到党中央和省委、市委的决策部署上来。

【党对统战工作的领导】 2017年，佛山市贯彻落实《中国共产党统一战线工作条例（试行）》，完善大统战工作机制。推动市委统一战线工作领导小组发挥职能作用，推动落实“把统一战线工作纳入重要议事日程、纳入党政领导班子和领导干部考核内容、纳入宣传工作计划和把统一战线理论、政策纳入党校教学内容等‘四个纳入’，确保中央关于统一战线决策部署不折不扣贯彻落实”。市委主要领导多次对统战工作作出重要指示，带头参加统一战线调研、检查活动；市委分工一位常委兼任统战部部长统筹全市统战工作，先后召开全市统战部长会议、全市对台工作会议、全市宗教工作会议和全市新的社会阶层人士暨党外知识分子统战工作会议，谋划部署全市统战工作，推动形成统战工作整体合力，构建大统战工作格局，保障党的各项统战方针政策的贯彻落实。

【统一战线服务经济社会发展】 2017年，佛山市统一战线工作部门发挥职能作用，服务全市经济社会发展。

以非公经济统战工作为切入点，推动统一战线服务经济社会发展。依托工商联平台载体，发挥工商联商协会职能优势，突出民营企业和民营企业家主体作用，促进佛山现代化经济体系建设和高质量发展。组织举办佛山市“标准品牌，质量佛山”大会，推动“佛山陶瓷”获批全国区域品牌，开展“第六届品牌佛山”系列评选活动，筹办首届2018中国制造论坛，推动“以质取胜、技术标准、品牌带动”三大战略实施。助力招商引资和产业共建工作，组织召开中美制造业合作基金座谈会、第二届“一带一路”泛家居国际产业高峰论坛，推动市工商联完成产业共建项目1个，招商引资项目2个，总投资额30多亿元。建立佛山市总商会政策通平台，为民营企业提供贴身政策服务。以“粤港澳优势互补，携手共建大湾区”为主题，在香港举办第十届佛港澳青年经济交流会，推动佛港澳交流与合作。推动对台招商引资工作，如以良好的服务和沟通促进台资企业佛山群志光电公司增加投资1亿多元等。承办广东重点台商代表座谈会暨粤台经贸合作备忘录签署仪式，促进佛台经贸合作。

引导鼓励支持民主党派履行社会责任，开展各类社会服务活动144场次，近2 000人次参加活动，捐款捐物60多万元，受益群众3万多人次。调动统一战线的资源优势，推动统战系统对口帮扶云浮市郁南县的精准扶贫工作，年度脱贫任务100%完成。

【多党合作和政治协商制度落实】 2017年，佛山市统一战线工作坚持贯彻落实中国共产党领导的多党合作和政治协商制度。协助市委出台佛山市关于加强政党协商的实施意见，制定政党协商年度计划，召开民主党派工作座谈会、市各民主党派负责人暑期座谈会等，召开协商座谈21次，推动政党协商的制度化规范化。发挥民主党派作为中国特色社会主义参政党的职能作用，围绕市委、市政府重大决策部署，建言献策，贡献智慧。党外代表人士全年在市“两会”提交提案253件、议案41件，围绕“河长制”、粤港澳大湾区建设等热点问题提出意见建议近100条。发挥工商联的职能作用，市工商联开展民营企业成本负担、产权保护、“中国制造2025”（佛山样本）等专题调研，为党委、政府科学决策提供参考，推动“佛十条”“省十条”降成本政策的贯彻落实。

协助民主党派加强组织建设，至2017年底，佛山市民主党派成员3 810人、基层组织227个。

【非公有制经济领域统战工作】 2017年，佛山市推动市工商联开展以“强化思想政治引领、坚定企业发展信心”为重点的非公有制经济人士理想信念教育实践活动，推动成立市非公有制经济组织党委，构建“亲”“清”新型政商关系，引导非公有制经济人士做爱国敬业、守法经营、创业创新、回报社会的表率。在北京大学举办4期“创二代”企业家培训班，举办新任市工商联执委履职能力提升培训班；推荐20家民营企业、20名民营企业家获得“佛山·脊梁企业”和“佛山·大城企业家”称号，弘扬企业家精神。围绕党委、政府供给侧结构性改革经济工作主线，聚焦实体经济、民营经济发展问题，依托工商联民间智库、企业家主体和商会主阵地，深入开展专题调研，提出可行性意见建议。市工商联开展民营企业成本负担、产权保护、“中国制造2025”（佛山样本）、改革开放40年佛山民营企业发展研究等专题调研，为党委、政府科学决策提供参考，营造民营经济发展的良好环境。围绕市委、市政府工作重点，发挥市工商联商协会作用，抓好精准服务，参与“标准品牌质量佛山”建设，助力招商引资产业共建工作，筹办首届2018中国制造论坛。

【港澳台海外统战工作】 2017年，佛山市统一战线工作部门为发展壮大爱国爱港爱澳力量，在重庆大学举办第五期佛港澳青年菁莫国情考察活动，配合佛山海外联谊会换届并吸纳一批港澳青年精英。支持港澳佛山乡亲社团建设，加强与港澳乡亲和专业人士的联系，协办第二届“香港·佛山节”。全年开展港澳重要交流活动近100场，拜访港澳社团和知名人士51批580多人次，策划组织港澳海外乡亲和专业人士回乡考察交流32批1 900多人次。秉持“两岸一家亲”理念，开展台湾基层联系交流活动，在四川大学举办第七期青年台商研修班，并申报海峡两岸青年就业创业示范点，促进佛台青年相互融合发展。

【民族宗教工作】 2017年，佛山市民族宗教工作部门开展民族团结宣传教育活动，举办“融情聚力、共圆梦想——喜迎十九大、增进民族大团结”宣传活动，在佛山图书馆举办为期一个月的“知边疆、赞边疆——边疆民族地区民族团结进步成就展”，加强民族团结，

2017 年 10 月 30 日，佛山市党外代表人士学习贯彻中共十九大精神座谈会

（市委统战部供图）

促进民族交融。安东尼针织有限公司等 7 个单位被评为“广东省民族团结进步创建活动示范单位”。开展政策法规、反邪教宣传教育，指导宗教活动场所健全民主管理组织，举办基层民族宗教干部培训班，依法加强宗教事务管理，提升宗教工作法治化水平。支持宗教界开展公益慈善活动，引导宗教界与社会主义社会相适应。

【党外代表人士队伍建设】 2017 年，佛山市建立市委常委、党员副市长与党外代表人士联谊交友制度，14 名市委常委、党员副市长与 32 名党外代表人士进行联谊交友对接；在大别山干部学院、佛山市社会主义学院组织举办党外领导干部培训班和党外基层骨干培训班，95 人次参加学习培训；推荐 68 名党外代表人士为全国、省人大代表和省政协委员人选。通过做好党外重点人物工作、培育党外骨干力量、加大党外人士政治安排力度，促进党外代表人士队伍建设。

【新的统战工作领域】 2017 年，佛山市统一战线工作部门组织党外知识分子赴贵州开展坚持和发展中国特色社会主义主题学习实践活动，探索党外知识分子工作新途径。推动佛山作为全省新的社会阶层人士统战工作实践创新基地试点城市建设，牵头制订新的社会阶层人士统战工作实施意见，成立佛山市新的社会阶层人士联合会，推动新的社会阶层人士统战工作实践。筹备成立佛山留学人员联谊会·佛山欧美同学会，推动留学人员统战工作实践。

【统战信息和统战理论研究】 2017 年，佛山市统一战线工作部门编发《佛山统战信息》156 期，其中被上级采用 49 条次，被评为 2017 年度广东省统战信息工作先进单位二等奖。上报统战理论研究文章 6 篇，其中 4 篇获得 2017 年度广东省统战理论政策研究创新成果二、三等奖。

【佛山市“创二代”企业家培训班】 2017 年，由佛山市工商联组织举办 4 期佛山市“创二代”青年企业家培训班，分别于 3 月 19—24 日、6 月 26 日至 7 月 1 日、8 月 25—29 日、10 月 16—21 日在北京大学举办，共培训“创二代”青年企业家近 200 人。其中，3 月 19—24 日举办的首期“创二代”青年企业家培训班中，市委常委、统战部部长黄喜忠，全国工商联宣传教育部部长王尚康、北京大学继续教育学院院长章政等出席开班仪式并讲话，48 名佛山“创二代”青年企业家参加学习。培训班学习国情教育、经济形势分析、企业管理传承、互联网等内容课程，进一步加强对企业家特别是新一代民营企业家的培养，推动民营企业稳健传承发展。

【佛山海外联谊会七届一次理事大会暨就职典礼】 2017 年 9 月 21 日，佛山海外联谊会第七届第一次理事大会暨就职典礼在佛山举行，推举市委常委、统战部部长黄喜忠为佛山海外联谊会第七届理事会会长。省委统战部和市领导李阳春、熊志翔、刘珊、郑灿儒，香港立法会议员麦美娟、澳门立法会议员梁安琪，佛港澳及海外乡亲、嘉宾等 400 多人参加活动。佛山海外联谊会第七届理事会成员有 395 人、团体会员 65 个，将继续发挥优势作用，全面促进会务建设，为佛山经济社会发展和港澳繁荣稳定作贡献。佛山海外联谊会第六届理事会工作期间，与 70 多个港澳社团建立了密切的联系，协助市委、市政府、市委统战部成功推动香港佛山社团总会、澳门佛山社团总会的组建；发动理事支持参与社会公益慈善事业，捐资逾 5 000 万元；促进佛山与港澳、海外的科技、文化、教育、艺术和社会管理等方面的交流合作，举办重要的对外交流活动 30 多场次，开展走出去请进来的重要联谊交往 200 多批 6 000 多人次，为佛山各项事业的建设和发展作出积极贡献。

【佛山市新的社会阶层人士联合会成立】 2017 年 12 月 27 日，佛山市新的社会阶层人士联合会（简称“市新阶联”）成立大会召开，选举产生第一届理事会，佛山维尚家具制造有限公司总经理黎干当选为首任会长。省委统战部副部长李阳春，市委常委、统战部部长黄喜忠到会祝贺并讲话，市政协副主席、市农工党主委杨小晶代表市各民主党派、市工商联和市党外知识分子联谊会致贺辞。佛山市新的社会阶层人士联合会有会员 431 人，首届理事会理事有 133 人，市新阶联的宗旨是拥护中国共产党的领导，高举中国特色社会主义伟大旗帜，遵守国家法律、法规和政策，遵守社会道德风尚，团结和引导全市各界新的社会阶层人士，履行学习教育、培养人才、建言献策、服务社会、联谊交友等职能作用，引导新的社会阶层人士为落实“四个坚持、三个支撑、两个走在前列”作出贡献。

（张畹芝）

·机构编制·

【数据统筹机制体制改革】 2017年，佛山市把创新数据统筹发展体制机制工作列为市重点改革项目，并作为市委书记鲁毅主抓的重点改革任务。是年，佛山市编办创新推动数据统筹机制体制改革，推动组建数字政府建设管理机构。开展广泛调研，吸收新加坡、中国香港等先进国家和地区经验，并到市有关部门和各区开展多轮调研，组织召开改革座谈会，全面摸底佛山市大数据发展的现状、存在问题和改革建议，起草《佛山市数据统筹发展体制机制改革方案》。召开全国专家论证会，征求意见修改完善后将方案中的机构设立事项按程序逐级呈批，并得到省人民政府同意设立佛山市数字政府建设管理局作为市政府工作部门。起草制定市数建局机构编制文件，厘清相关部门职能分工，报市委、市政府审批通过并印发实施。12月16日，在佛山市委书记鲁毅、市长朱伟的见证下，佛山市数字政府建设管理局正式揭牌。这是全省第一个经批复成立的以数字政府建设为主要职责的地级市政府工作部门，对佛山发展意义重大。

【监察体制改革】 2017年，佛山市编办贯彻落实党的十九大关于健全党和国家监察体系的精神和省、市有关要求，迅速开展调研和部署工作，梳理市、区两级检察院涉改机构设置、人员编制配置、实有人员数、领导职数等情况报送省编办。研究起草市监察委组建方案，报市编委会议审议通过，并按程序呈报市委、市政府审批后正式印发。跟进人员划转、出入编等后续工作，按时按质完成市级监察体制改革。

【承担行政职能事业单位改革试点】 2017年，佛山市编办在2016年推进承担行政职能事业单位改革全国试点工作基础上，制订《佛山市承担行政职能事业单位改革试点实施方案》，推进承担行政职能事业单位改革试点工作。召开全市承担行政职能事业单位改革试点工作动员部署会，对市本级13个主管部门22个完全、主要和部分承担行政职能的事业单位关于机构编制调整事项进行审查批复，迅速启动改革落地工作，42个纳入改革试点范围的事业单位职能和机构调整工作基本完成。顺德区、高明区编办也较好完成区一级的改革试点任务。11月，中央编办到佛山市开展评估验收，中央编办验收组对佛山开展改革试点的创新做法和显著成效给予肯定。

【机构编制资源优化配置】 2017年，佛山市编办落实创新驱动发展战略，优化机构编制资源配置。

做好佛山市投资促进中心、佛山分子生物工程研究院、佛山国防科技工业技术成果产业化应用推广中心、佛山中国空间技术研究院创新中心等单位的设立登记工作。撰写《关于市直公立医院高层次人才引进报告》，研究高层次人才专项编制管理办法。调整市知识产权保护中心机构规格、重新核定其领导职数，国家知识产权局批准同意建设中国（佛山）知识产权保护中心。研究解决佛山市学前教育类别调整和定位问题。优化编制资源配置，向医疗等重点民生领域倾斜。增加市第三人民医院事业编制用于招录或调入监管病区专职医生，通过政府购买服务、整合盘活资源等方式解决市第一人民医院和市第三人民医院建设公安监管病房用编需求。增加市妇幼保健院佛山新城院区人才储备专项事业编制，并明确用于引进博士学历人才的专项编制。在事业单位率先探索公立医院编制配置和执行情况评估，委托第三方社会评估机构，对全市公立医院的编制和执行情况进行评估。制订《机关事业单位机构事项调整的办事指南（试行）》，促进机构编制规范化、标准化。

【绩效管理】 2017年，佛山市编办运用信息化和数据分析手段，开发建设新的绩效管理系统，按照考核指标和工作流程进行设计，增加指标体系管理、重点工作考评、客观指标考评、创新创优考评、满意度评价、绩效专家管理、垂管单位管理、以及查询统计和文档管理等功能，实现与党政办公平台、职能综合管理系统对接，加强对各区各市直单位工作情况的实时监督。新绩效管理系统上线使用，先后两次组织各区和83个市直单位约200人次进行系统管理员操作培训。完成2016年度绩效考核，同时优化2017年度绩效考核方案的制定。改进考核对象，按照单位性质和职能特点调整为经济类、民生类、执法类、综合类、党群类等5类。改进考核指标，增加扣分指标、加分指标、降档指标、否决指标，并结合实际新增消防安全、环境保护、扶贫开发、意识形态等部分工作指标。重新评价考核结果，引入竞争机制，不再按照分数划分等次，改为按照平均分和排名占比划分档次，发挥绩效“指挥棒”作用。

【“放管服”改革】 2017年，佛山市编办深化全市“放管服”改革，促进全市提升宜居宜业宜创新发展新优势。

2017年10月27日，佛山市机构编制执行情况评估培训现场　（市编办供图）

统筹协调　健全“放管服”统筹和工作机制，调整市推进职能转变协调小组成员，完善职能转变协调小组议事决策机制，加强对各区和市直部门探索和试点的统筹指导，明确相关部门开展“放管服”改革的探索和试点的计划或方案要报市职转办备案。做好“放管服”改革工作铺排等工作。

科学放权　开展科学放权，强化市级统筹、理顺纵向关系。结合佛山市实际，对照省政府部门权责清单，研究梳理出提请省政府取消下放调整权责事项32项，对省拟下放佛山市的117项省级职权逐项提出承接意见。梳理经济发达镇行政职权通用事项目录，重点针对强化发展产业经济、提供公共服务、加强社会管理和城镇规划建设等职能，完善基层政府功能和创新基层服务管理方式，编制经济发达镇行使的县级管理权限目录报省政府。

放管结合　坚持放管结合，加快构建事中事后监管体系。加快推进“双随机一公开”监管全覆盖，公布《佛山市政府部门第二批随机抽查事项清单》，联合市商改办印发《关于加快推进“双随机一公开”抽查工作加强市场监管的通知》，将随机抽查事项清单应用到佛山市市场监管信息化平台；指导各部门建立“一单两库一细则”，创新纵向随机抽查、探索“双随机＋网格化”监管、联合“双随机”抽查等方式做实做细事中事后监管。开展市场监管网格化研究，提升佛山市城市治理现代化水平与能力。

优化服务　开展“减证便民”行动，印发《关于在全市开展“减证便民”行动的通知》，对全市各类证明事项进行一次全面清理，砍掉一批证明事项，全面规范各类证明事项的设立和实施标准，最大限度方便群众办理证明。推进行政审批中介服务事项清理工作，公布第三批涉及13个市政府部门36项行政审批中介服务事项清单，梳理出佛山市保留实施的行政审批中介服务事项清单326项。协调推进互联网＋政务服务暨“一门式一网式”政务服务改革工作，通过职能综合管理系统实现权责清单的动态管理并作为权力的源头推送至市行政审批标准管理系统，把好审批事项设立的第一关。创新开展编制市直事业单位公共服务清单工作，完成市直事业单位公共服务清单第二批合理合法性审查工作，促进公共服务清单规范化。区一级方面，禅城区创新推出“零跑腿”服务，率先探索申请材料“零提交”，推行自然人“全生命周期服务”；南海区首推“窗口无否决权”服务机制，扩大行政审批“容缺受理”范围；三水区探索建设“中介超市”。

【机构编制实名制监管】 2017年，佛山市机构编制部门同步推进监督检查和问题整改，强化机构编制实名制监管。继续完善与省实名制系统的数据对接，推动各区使用市机构编制系统进行填报、管理各级机构编制数据，实现全市机构编制系统的统一管理。建立市、区与省实名制系统对接机制，明确市及各区对本级数据负责，规范各级数据统计工作流程，明确各区主体责任。严格审核办理出入编业务，实时更新机构编制信息台账，跟进做好相关人员编制划转业务，协调解决市机构编制数据存在问题。联同市委督查室开展机构编制监督检查，确保佛山市各类编制没有超出省核定的控编基数。妥善处置“12310”机构编制违纪违规行为的投诉和信访，处理行政许可违法行为的举报投诉理。部署开展机构编制问题整改工作，印发自查整改通知，根据各区各单位自查发现的问题，建立问题整改台账，逐项提出整改意见，呈报市编委领导审议后迅速整改落实。主动对接省审计组、市委巡察组，配合落实机构编制问题审计和整改。区一级方面，禅城区严格编制日常业务办理规则，汇编出台《禅城区编办工作指南》《机构编制管理政策指南》；高明区出台《关于加强全区机构编制管理的通知》，设定全区编制管理“红线”。

2017年9月8日，佛山市承担行政职能事业单位改革试点工作动员部署会现场
（市编办供图）

【事业单位法人生命周期全过程监管】 2017年，佛山市机构编制部门坚持问题导向锁定管理薄弱环节，强化事业单位法人生命周期全过程监管。全年全市受理完成事业单位设立登记34个，变更登记467个，注销登记15个，刊登拟注销公告32个，发布遗失声明7份，证书补领4个。出台《关于规范管理事业单位、社会团体及企业等组织利用国有资产举办事业单位的意见》，突出主办单位和相关主管部门监管责任。落实《事业单位法人公示信息抽查办法（试行）》，以购买第三方服务方式率先开展事业单位抽查，发现市直194个事业单位存在问题136个，被随机抽取的20个事业单位存在问题22个，并严格按规定进行整改，及时申请变更登记。全市1 182个事业单位按要求报送法人年度报告，并在广东省事业单位登记管理网上公开，链接到信用佛山网。出台事业单位编制人员和科级领导提拔任用计划，加强对事业单位编制职数使用的事前监管，确保编制职数使用的规范化。

理顺事业单位“双肩挑”人员，联合市人社局共同推进研究人员信息不准确问题，召集市直相关单位负责人完成理顺工作。开展专项清理事业单位法人注销登记工作，依法依规将机构改革中已撤销、合并、转企及连续两年无正当理由未报送年度报告等36个“僵尸事业单位”纳入清理范围。在2016年完成市直事业单位统一社会信用代码赋码工作的基础上，继续为74个机关单位发放统一社会信用代码证，加强对机关群团和事业单位的源头监管。

【机构编制评估】 2107年，佛山市编办创新开展机构编制评估，为科学配置编制资源提供支撑。印发《佛山市直机关机构编制执行情况评估工作方案》，对市直党委部门、政府部门、群团组织、直属事业单位共62个机关事业单位开展机构编制执行情况评估，运用职能综合管理系统和权责清单、绩效考评数据，对市直机关的机构、职能、清单、编制、人员等开展全方位的评估。委托第三方社会评估机构，对全市公立医院的编制配置和执行情况进行评估，涉及50家公立医院，召开座谈会6场，发放、回收并统计调查问卷9 369份，开展医护人员个别访谈4次，收集医院相关基础数据，听取市、区各有关职能部门、公立医院管理层对医院普遍反映的高层次人才引进难、缺乏动态调整机制等问题的意见，了解医护人员的工作负荷、以及对编制管理的看法，出台评估报告。在此基础上，研究起草公立医院编制管理创新办法。

【机构编制管理手段创新】 2017年，佛山市编办创新机构编制管理手段，增强事业单位内在活力。

不纳入机构编制管理新模式探索 出台二类法人事业单位管理办法，探索不纳入机构编制管理新模式。根据《事业单位、社会团体及企业等组织利用国有资产举办事业单位设立登记办法（试行）》有关规定，制订印发《关于规范管理事业单位、社会团体及企业等组织利用国有资产举办事业单位的意见》，批准设立登记佛山分子生物工程研究院、佛山市投资促进中心等由事业单位利用国有资产举办的按照事业单位法人身份登记但不定编制、不定级别，不纳入机构编制核定范围的事业单位。同时跟进配合广东高校科研成果转化中心、广东省佛山岭南公证处、佛山绿色制造创新研究院等机构的相关筹建工作。

事业单位法人治理试点 召开市图书馆法人治理结构试点工作座谈会，研究理事会的运行模式、理事规模和产生方式等，制订市图书馆法人治理结构试点工作实施方案，启动章程等制度文件起草和理事会组建工作。对公立医院法人治理结构试点工作提出意见建议，配合行业主管部门开展创建国家公共文化服务体系示范区工作。区一级方面，禅城区通过制订一个章程、突出两权两力、理顺三个关系创新开展公共文化领域事业单位法人治理结构建设。

高校和医院机构编制管理创新 探索高校内设教学、科研和行政职能部门机构备案制，加大高校放管服改革力度，对佛科院、佛职院等高校内设机构管理权限给予最大限度放开。探索公立医院机构编制管理创新，将市中医中药咨询门诊部的主管部门由市食品药品监督管理局调整为市第二人民医院。依托市二人民医院在医疗服务和管理方面具备的丰富经验和资源，扶持市中医中药咨询门诊部的发展，丰富医疗卫生服务资源。配合市医改办研究制定三级公立医院总会计师制度。

【机动编制动态管理办法创新出台】 2017年，佛山市编办创新机构编制配置模式，提升编制资源使用效能，按照“严控总量、盘活存量、突出重点、保障民生、动态调剂、增减平衡”的原则，制订《佛山市市本级机动编制动态管理办法（试行）》。该办法明确机动编制的定义、适用范围和适用原则，确定机动编制的使用要求和条件主要是承担市委市政府阶段性重点工作、重大任务和重点项目等6个方面，确立机动编制申请流程、有效时限、申请时限、收回原则和监督检查等方面。自该办法出台后，已为相关部门调解安排各类机动编制，解决市直单位因承担阶段性重点工作、重大任务和重点项目急需用编的问题，进一步盘活和统筹用好各类编制资源，发挥编制资源最大效益。

【全市承担行政职能事业单位改革试点工作动员部署会】 2017年9月8日，佛山市召开全市承担行政职能事业单位改革试点工作动员部署会，市委副书记、市长朱伟，市委常委、常务副市长蔡家华，市委常委、组织部部长杨朝晖，市委秘书长郭长勇，市政府秘书长毛永天，市政府副秘书长曾祥钳，以及市编委成员，各区政府主要负责人，区编办主要负责人，市承担行政职能事业单位改革试点工作联席会议成员单位主要负责人参加会议。会上，传达贯彻中央和省关于承担行政职能事业单位改革试点工作的有关精神，解读《佛山市承担行政职能事业单位改革试点实施方案》，研究有关工作措施，部署下一阶段任务。

【佛山市数字政府建设管理局揭牌】 2017年12月16日，在佛山市委书记鲁毅、市长朱伟的见证下，佛山市数字政府建设管理局正式揭牌。这是全省第一个经批复成立的以数字政府建设为主要职责的地级市政府工作部门。在揭牌仪式上，朱伟宣读省编办关于同意设立佛山市数字政府建设管理局的有关文件。鲁毅指出，获批成立市数字政府建设管理局，标志着智慧佛山和数字政府建设开启新征程，对于佛山抢抓时代发展机遇、加快建设数字佛山、推动社会治理现代化、促进保障和改善民生具有十分重要的意义。

（罗　徽）

·信　访·

【概况】 2017年，佛山市信访局围绕党的十九大期间信访维稳安保核心工作，按照中央关于信访工作的决策部署和省委省政府工作安排，落实信访工作主体责任，加大对矛盾纠纷的主动治理、源头治理、综合治理力度，化解一批重点难点信访问题。是年，群众进京上访总量比上年下降58%，处于历史最低水平；到省到市上访总量比上年下降3%，到省上访总量连续5年持续下降，无发生因信访问题引发的极端恶性事件和舆论负面炒作事件。市信访工作制度改革、信访督查工作和信访听证评议工作得到国家、省的肯定。佛山市信访局督查科获“全国信访系统先进集体”称号。佛山市驻京信访工作被省驻京信访工作组通报表扬，得到省委、省政府领导及中央四部委肯定。

2017年，佛山市信访系统及有信访任务的各有关部门办理群众信访件60 437件次，比上年下降1%。从案件分布来看，市级单位21 495件次，其中市信访局4 779件次，市有关部门16 716件次，各区、各镇（街）7 140件次。

【佛山市信访局督查科获“全国信访系统先进集体”称号】 2017年，佛山市信访督查工作得到国家、省的肯定，市信访局督查科获“全国信访系统先进集体”称号。2016年佛山市信访督查工作首创“五有”（即有稳控方案、有稳控责任人、有稳控排班表、有信息定时报送记录、有定时巡查记录）督导标准，通过不打招呼的“飞行”检查、电话抽查、视频督导和实地督导等方式，到区或直插镇（街）一级，督导检查各区及镇（街）信访维稳工作落实情况以及重点案件化解情况，成效显著。

【《信访听证制度规范化研究》课题研究】 2017年，佛山市信访局与中南财经政法大学法学院的专家教授合作开展《信访听证制度规范化研究》课题研究，课题通过国家信访局信访理论研究项目办公室验收，为国家信访立法提供经验参考。

该课题研究提出，信访听证存在如下四个方面的问题。第一，信访听证范围界定不清晰，是否听证由信访机关所决定。“重大、复杂、疑难的信访事项”属于不确定法律概念，而信访条例又授予行政机关决定启动信访听证的裁量权，导致信访听证的范围极为模糊，启动权为信访机关所控制。第二，主持人和听证员的选任。听证主持人通常由负责处理信访事项的行政机关指定人员担任。有些地方在指定听证员时已经开始注意指定与本机关并无任何关联的第三方作为听证员，且尽量避免与听证员发生过多接触，但是听证员的积极性与水平能力仍然是一个问题。第三，信访听证结论的效力模糊。实践中的做法并不统一。第四，听证程序权利的保障不足。信访人的信访听证程序权利无法通过行政复议、行政诉讼获得保护。但是，实践中的信访听证制度本身并没有设置异议程序。因此，统一的信访听证制度，应当注意解决上述四个问题。未来的《信访法》中应当加入一章“信访听证”。如果《信访法》短期内无法出台，可以先由国务院或者国家信访局制订一个《信访听证办法》，向全国推广。

自2014年以来，佛山市在依法依规做好信访事项复查复核工作的基础上，推进信访事项听证评议工作，推进复杂疑难信访案件的解决，提高信访工作的公信力，实现信访工作新突破，最终探索建立推进信访事项依法终结制度。至2017年，全市开展信访事项听证评议会36场，其中10宗信访事项通过省的审核认定，同意依法终结报备。

【诉访分离工作方案出台】 2017年3月，佛山市信访工作联席会议办公室印发《佛山市建立涉法涉诉信访事项退出普通信访领域后有效善后衔接机制工作方案》，成立由市委副书记、政法委书记任组长的市涉法涉诉事项退出普通信访领域有效善后衔接机制协调领导小组，进一步加强信访、政法部门的沟通协调，探索建立会商协调机制，确保涉法涉诉事项分得清、转得出、接得顺、处理好。

（市信访局）

·党　校·

【概况】 2017年，佛山市委党校举办各类培训班222期，培训学员57 294人次，其中主体班88期，39 986人次（含全员培训32 000人），佛山市各职能部门及省内外友好合作单位委托培训班次134期次，培训学员17 308人次。宣讲党的十九大精神318场次，培训学员67 480人次。送课上门347场次，参与听课学员76 958人次。形成科研成果254项，公开发表文章82篇，在研决策参与类课题30项。

【干部教育培训】 2017年，佛山市委开设学习宣传贯彻习近平总书记对广东工作重要批示精神和学习贯彻党的十九大精神专题轮训班15期，培训学员3 182人次，走在全省党校系统前列。在干部教育培训中，坚持党校姓党，突出主业主课，通过分类编制，开发形成由110多门课程组成的“习近平新时代中国特色社会主义思想”“加强党性修养，坚持廉洁从政”“经典著作导读”“中国特色社会主义理论体系与佛山实践”“素质能力提升”等五个核心单元课程体系。根据不同层级不同类型班次的需要，从党的创新理论、理想信念、党的宗旨、党史国史、革命传统、优良作风、廉政教育等方面，构建分层分类课程体系。继续依托各地丰富红色资源，形成一批以河南兰考的“学习弘扬焦裕禄精神”现场体验、江西井冈山和江西兴国瑞金的党史党建专题调研、山东曲阜的政德教育、广西百色体验教学为代表的主题突出、特色鲜明的现场教学线路，并发挥佛山改革发展实践优势，开发形成产业转型、体制改革、社会治理、基层党建、生态文明等五大类30多个本地现场教学点。通过感性教育与理性教育的有机结合，以经验交流、实地体验、影像教学、激情教学、阅读分享、品味家书等形式，增强党性教育吸引力、感染力和说服力，确保党的理论教育和党性教育两类课不低于总课时70%。围绕市第十二次党代会提出的五大目标任务，采取“培训+研讨+咨政”培训方式，设置建设国家制造业创新中心、城市化与城市治理现代化、建设高品质文化导向型城市、生态文明与城市治理现代化、推进全面从严治党加强政治建设打造强堡垒等多个专题研讨班，形成多篇咨政报告上报市委、市政府，其中建设国家制造业创新中心专题研讨班提出建设国家制造业创新中心必需紧扣“六个着力”的咨政报告得到市长朱伟批示。全年有领导干部57人次到党校授课；新建大沥、九江、容桂、里水、荷城等5个基层党员干部培训基地，办班12期次，培训学员1 850人次；规范办班学制，减少以会代训班次和业务类班次；发挥对外培训职能，全年承办对口援建地区干部培训班12期，培训学员762人次。干部教育培训质量稳步提升，中央党校办公厅主办的《党校工作通讯》2017年第五十期以《做好“四个结合”，提高党性教育实效性》为题，对佛山市委党校干部教育培训的做法给予肯定。

【科研咨政】 2017年，佛山市委党校形成科研成果254项，其中理论学术研究类74项、咨政研究类156项、理论宣传类15项、教学研究类9项；决策咨政研究类170项，占比66.9%，其中决策咨询类31项、决策参与类97项、舆论引领类42项；公开发表的82篇文章中，53篇在省级以上刊物发表，部分成果作为中国人大复印资料或在中央党校等国家级层次的刊物刊登，全年入选省级以上研讨会论文32篇。全年有8项决策咨询项目得到市领导批阅，接受媒体采访40人次，3名教师申报国家社科基金项目，13名教师申报省委党校（行政学院）哲学社会科学规划项目，18名教师申报佛山市社科规划项目，参与市政府重点招标课题和市委政研室决策咨询重点课题申报。

2017年4月21日，市委党校理论学习中心组学习贯彻习近平总书记重要批示精神扩大会 （市委党校供图）

是年，市委党校设立8个对党的十九大精神、习近平总书记对广东工作重要指示精神、省第十二次党代会精神和佛山市情相结合的咨政项目；与市委政研室、市发改局、市环保局、市住建局等部门合作，主持或参与佛山市环境第三方测评、古村落活化、一环创新圈等专题调研与咨政研究，并在佛山创新思想库设立7项课题。通过《信息与交流》《领导决策参考》《动态与研究》《工作建议》等渠道，多次向市领导报送咨政成果，主动推进落实“党校+党媒”平台机制建设。党的十九大召开后，在《佛山日报》“理论版”推送理论文章；举办学习《习近平的七年知青岁月》读书交流会和学习贯彻党的十九大精神理论研讨会，助力掀起学习研究热潮，教师投稿数量和质量较以往提升，有9篇论文入选“全省党校（行政学院）系统学习贯彻党的十九大精神理论研讨会”，入选论文数量排地市级党校第一，在省委党校举办的学习贯彻省第十二次党代会精神研讨会上，论文入选量名列其他地级党校之前。全年编辑出版《佛山研究》6期，刊发文章129篇，与五区合作策划“粤港澳大湾区的南海定位”“高明发展之路”“首善之区”“广佛创智之城、岭南水韵圣地”“顺德创新发展之策”等专栏，开设“学习贯彻党的十九大精神”“学习贯彻佛山市第十二次党代会精神”“学习《习近平的七年知青岁月》”专栏，刊登18篇文章；编辑《开放创新谋发展，凝神聚气谱新篇——学习领会佛山市第十二次党代会精神》《构建平台干事业，校媒合作结硕果》2本文集。与南方日报社、佛山日报社合作，开设专栏，刊登18篇文章，其中《梳理佛山城市精神，要立足三个维度》一文得到市委书记鲁毅批示。《调研快报》突出服务市委、市政府决策宗旨，全年发行9期，有4篇调研报告获市领导批示；汇编专刊《跟踪党代会看佛山》《十九大在佛山》得到好评。汇编“咨政参考信息系列”材料《跟踪两会看热点》《习近平总书记关于广东工作重要批示精神学习参考》《学习贯彻十九大精神参考资料简编》及《喜迎十九大专题资料汇编》3期、《跟踪十九大专题资料汇编》3期、《学习贯彻十九大专题资料汇编》9期，体现党校科研立足佛山服务佛山，围绕党委政府中心工作，质优量多的特点。

【十九大精神专题培训班】 2017年，党的十九大召开后，佛山市委党校第一时间会同佛山市委组织部谋划并组织党的十九大精神学习宣传贯彻大学习大培训，并以“集中授课+分组研讨+观看大型政论专题片”方式举办十九大精神专题培训班，全年办班11期，培训2 310人次。其中，正处级领导干部及各镇（街）党（工）委书记研讨班1期、副处级以上领导干部及各镇（街）镇长（主任）轮训班3期、百名省市区基层党代表培训班1期、千名基层党组织书记培训示范班4期、驻点联系干部培训班2期，是全省最早开展十九大精神轮训的地级市党校。

（郭朝忠）

·党史研究·

【党史资料征集整理】 2017年，佛山市委党史研究室及时做好党史资料征集整理，开展抢救“活史料”工作，完成5名老领导的访谈，并整理出相应的口述文字稿5篇，另拟订3名老领导的访谈提纲；及时收集、整理在2017年度召开的市十二次党代会及三次市委全会文献资料；坚持当天大事当天记，完成《2017年中共佛山历史大事记》资料征集、初稿撰写工作，形成14万字的初稿。南海区党史部门完成梁广大等4名老领导的访谈，并结合南海改革开放实际，将访谈范围扩大至镇（街）一级有关领导干部，形成具有南海特色的领导访谈。

【党史编研】 2017年，佛山市委党史研究室强化党史编研工作，编辑出版《中国共产党佛山历史大事记（2011.1—2016.12）》《中国共产党佛山市第十一次代表大会及全会文献汇编》

两书，共75万字；修改、完善各部门撰写的改革开放专题文章21篇，编辑成50多万字的《佛山改革开放实录》，送中共党史出版社审稿出版；撰写《广东省改革开放实录》佛山有关专题文章3篇（其中市1篇、区2篇）；继续补充、修改《佛山改革开放40年纪事》；继续核实、校订《佛山市抗日战争时期人口伤亡和财产损失》。禅城、高明、三水区党史部门先后编辑出版历次党代会文件汇编。同时，五区党史部门均开展地方党史第三卷的编写工作。

【《广东改革开放实录（第三辑）》审稿会在佛山市举行】 2017年4月12—14日，广东省委党史研究室在佛山市召开《广东改革开放实录》（第三辑）审稿会。佛山市委常委、组织部部长杨朝晖到会致辞。省委党史研究室副主任王涛及全省19个地级以上市、部分县（市、区）党史部门的相关编写人员40余人参加会议。与会人员通过交叉审稿、现场点评的形式，围绕文章的具体内容、逻辑结构、语言文字等方面逐一面对面交流观点，并提出切实可行的修改意见。

【《中国共产党佛山历史大事记（2011.1—2016.12）》出版发行】 2017年7月，《中国共产党佛山历史大事记（2011.1—2016.12）》由中共党史出版社正式出版发行，全书共43万字，客观真实地记述"十二五"期间与"十三五"开局之年，佛山市委、市政府贯彻落实党中央统筹推进"五位一体"总体布局和协调推进"四个全面"战略布局的要求，以"三个定位，两个率先"为引领，围绕"民富市强、幸福佛山"的目标，领导全市人民进行政治、经济、文化、社会、生态文明建设和党的建设的大事、要事（主要包括市委、市人大、市政府公开发布的重要文件，召开的全市性重要会议，市领导的重大活动事项以及经济建设重大工程项目等），全面真实系统地反映2011年至2016年佛山经济社会发展的轨迹和所取得的重大成就。该书的编辑出版得到鲁毅、杨朝晖等市领导的重视和关心，并由市直有关单位和党史联络员审阅修改，史料翔实，是全市广大干部群众学习中共佛山历史、进一步增强中国特色社会主义道路自信、理论自信、制度自信、文化自信的本土党史读物。

【革命遗迹遗址保护利用调研】 2017年11月22—24日，为配合全市"牢记使命、不忘初心"主题教育，佛山市委党史研究室组成调研组，先后到禅城区南庄镇罗登贤烈士事迹展览馆，高明区明城镇"三谭"革命事迹展览馆、中国人民解放军粤中纵队纪念馆，三水区邓培故居，南海区中共南三花工委旧址，顺德区顺德农民自卫军干部学校旧址等10个遗址开展实地调研，并形成《佛山市红色革命遗迹遗址保护开发利用情况的调研报告》，报送市委办，作为内部信息为市领导提供资政参考，推动市、区进一步做好革命遗址保护和开发利用工作。

【《习仲勋在南海》由南海区委党史研究室编写完成】 2017年，佛山市南海区委党史研究室完成《习仲勋在南海》编写工作。该书收录图片55张，约6万字。习仲勋到南海考察调研有书面记录的有2次，分别在1980年和1987年。在这两次调研中，习仲勋对南海的干部工作、县城规划、经济发展等作出了重要指示，对南海经济的发展起重大作用。南海区委党史研究室通过采访梁广大、李景滔、邹必奎等南海县老领导和时任广东省委副秘书长张汉青，以及当年习仲勋考察南海现场的见证者，收集习仲勋考察活动的有关照片和资料，整理汇编成《习仲勋在南海》。

（张　群）

2017年8月18日，佛山市委党史研究室、顺德区委党史研究室组队到顺德伦教三洲调研，就"678特色街区"建设中如何做好红色遗址遗迹保护和开发利用的问题提出指导意见

（市委党史研究室供图）

佛山市人民代表大会

2017年佛山市人大常委会主任、副主任名单

主　任：鲁　毅

副主任：杨建华（任至1月）
熊志翔（任至1月）
徐海祥（任至1月）
霍　伙（任至1月）
卢立拜（任至1月）
林　征（任至1月）
李子甫（1月任职）
麦洁华（女，1月任职）
刘　珊（女，1月任职）
李　坚（1月任职）
叶　良（1月任职）
黄　坚（1月任职）

【概况】 2017年，佛山市有市人民代表大会1个、区人民代表大会5个、镇人民代表大会21个。全市有全国人大代表9人、省人大代表39人。市第十五届人大常委会组成人员37人，其中主任1人、副主任6人、秘书长1人、委员29人。市第十五届人大设有法制委员会、财政经济委员会、城乡建设环境与资源保护委员会、教育科学文化卫生委员会、农村农业委员会、华侨民族宗教外事委员会、内务司法委员会7个专门委员会。市人大常委会下设办公室、法制工作委员会、财政经济工作委员会、教育科学文化卫生工作委员会、选举联络人事任免工作委员会、城乡建设环境与资源保护工作委员会、农村农业工作委员会、华侨民族外事工作委员会、内务司法工作委员会9个工作机构。

2017年，佛山市人大常委会审议地方性法规2件，通过1件，待续审1件，对34件规范性文件进行了备案审查；听取和审议“一府两院”专项工作报告5项，对5部法律法规的实施情况进行执法检查，开展专题调研18项；对重大事项依法作出决议、决定11项；任免本级国家机关工作人员110人次，完成了市十五届人大第一次会议确定的各项目标任务。

【地方立法】（见177页《地方立法》）

【人大监督】 2017年，佛山市人大常委会突出监督重点，提升监督实效，推动人大监督工作与时俱进、创新发展。

围绕市委中心工作开展监督　市人大常委会围绕市委关于深入推进供给侧结构性改革、打造国家制造业创新中心、建设高品质现代化国际化大城市的战略部署，开展关于佛山市实施创新驱动发展战略、推进特色小镇建设、佛山西站建设和运营情况、轨道交通建设情况的调研监督，组织常委会组成人员、市人大代表对城市升级和新型城镇化建设情况进行专题视察、调研，推进市委重大决策部署落到实处。围绕市委关于广佛同心共同融入全球创新网络的决策部署，市人大常委会在深入调研的基础上，听取和审议市政府关于广佛同城化推进情况等专项工作报告，推进广佛同城向更高层次更广领域合作发展。

财政经济工作监督　市人大常委会推进人大预算联网监督系统的建设，在全省率先实现市、区、镇（街道）三级人大预算联网监督全覆盖。听取和审议市政府关于计划、预算执行情况、市级财政决算及预算调整、地方政府性债务限额、审计工作及审计查出突出问题整改情况的报告，依法加强对财政经济工作的监督。开展经济形势分析，准确把握经济社会发展态势，及时提出意见建议，推进佛山市经济平稳较快发展。

聚焦民生热点监督　市人大常委会抓住人民群众最关心、最直接、最现实的利益问题，着眼于满足人民群众对美好生活多样化、多层次、多方面的需求，开展关于佛山市义务教育、公安交通管理、治安立体化防控体系建设、华侨权益保护等工作的视察、调研，提升群众的获得感、安全感，促进民生进一步改善。关注“三农”工作，组织对佛山市鲜活农产品质量安全、农产品流通工作进行视察，促进建立鲜活农产品全链条质量安全体系和农产品现代流通体系，保障群众餐桌上的安全。开展佛山市深化农村综合改革专项调研，推动农村综合改革向纵深发展。

生态文明建设监督　市人大常委会加大生态文明保护监督工作力度，开展对佛山市2016年度环境状况及环境保护目标任务完成情况的调研，实地考察佛山市6条重点督办的黑臭水体的整治情况，听取和审议市政府有关专项工作报告，要求市政府加强生态文明建设，打好大气、水、土壤污染防治攻坚战。开展关于佛山市落实“河长制”情况的调研，推进“河长制”河湖管理模式在佛山市落地生根。督促市政府有关部门贯彻省人大常委会“四河决议”，落实中央环保督察组关于佛山市环境问题的反馈意见。市人大常委会配合省人大常委会并联合南海区人大常委会先后6次组织对南海区水口水道丰岗涌污染整治进行监督，促进广佛跨界河流域水质改善。

法律法规实施情况监督　市人大常委会坚持把执法检查作为推进法律有效实施和提升工作实效的重要抓手。开展关于档案法、宗教事务条例实施情况的执法检查，促进法律法规在佛山市的实施效果不断提升。地方性法规制定之后，如何确保实施到位，是常委会高度关注的问题。市人大常委会组织对已颁布实施的《佛山市历史文化街区和历史建筑保护条例》《佛山市机动车和非道路移动机械排气污染防治条例》两部地方性法规进行执法检查，确保法规执行到位。加强司法监督工作，推动完善监督司法机制，听取市中级法院执行工作专项报告，跟踪监督执行工作，提升佛山市司法公正水平。

【人大代表工作】 2017年，佛山市人大常委会把发挥人大代表作用作为坚持和完善人民代表大会制度的重要内容，把强化代表履职服务保障、提升代表工作成效贯穿依法履职全过程。

人大代表密切联系人民群众　市人大常委会落实常委会组成人员每人直接联系5名市人大代表的制度，组建36个代表小组和6个代表专业小组，在镇（街道）、村（社区）建成483个代表联络站（点），并定期组织佛山市的五级人大代表分批到代表联络站（点）面对面联系群众，及时收集掌握社情民意。

代表议案建议办理实效增强　市第十五届人大第一次会议期间，收到代表议案32件、建议136件。市人大常委会做好分类归口和交办工作，及时采取审议讨论、调研视察、跟踪提醒等方式加强对议案建议办理情况跟踪督办，组织对3件重点议案进行专题督办，专题听取市政府关于议案建议办理情况的报告，督促各承办单位依法回复代表。代表对议案建议办理的满意率和基本满意率达100%。

人大代表闭会期间履职活动　市人大常委会探索创新闭会期间发挥代表主体作用的途径，组织代表和代表专业小组开展集中专题调研，鼓励代表建言献策。举办代表履职能力培训班，提升代表依法履职能力和水平。邀请代表列席常委会会议和参加常委会开展的履职活动，扩大代表对常委会工作的参与度。

【佛山市第十五届人民代表大会第一次会议】 2017年1月10—12日在市机

2017 年 1 月 12 日，佛山市十五届人大一次会议第三次全体会议召开。图为市委书记、市人大常委会主任鲁毅向新当选的市长朱伟颁发当选证书。

（市档案局供图）

关大礼堂召开。会议听取和审议市人大常委会常务副主任杨建华所作的《佛山市人民代表大会常务委员会工作报告》、市人民政府市长朱伟所作的《政府工作报告》、市中级人民法院代理院长赵菊花所作的《佛山市中级人民法院工作报告》、市人民检察院检察长黄黎明所作的《佛山市人民检察院工作报告》；审查《佛山市 2016 年国民经济和社会发展计划执行情况与 2017 年计划草案的报告》《佛山市 2016 年预算执行情况和 2017 年预算草案的报告》。大会依法选举鲁毅为市第十五届人大常委会主任，李子甫、麦洁华、刘珊、李坚、叶良、黄坚为市第十五届人大常委会副主任，钟美恃为市第十五届人大常委会秘书长，叶雪青等 29 人为市第十五届人大常委会委员；朱伟为市人民政府市长，蔡家华、许国、江楷鑫、赵海、俞进、乔羽为市人民政府副市长；赵菊花为市中级人民法院院长；黄黎明为市人民检察院检察长（根据法律规定，新选出的市人民检察院检察长须报经省人民检察院检察长提请省人大常委会批准）。大会还表决通过叶良等 15 人为市第十五届人民代表大会法制委员会组成人员。根据《全国人民代表大会常务委员会关于实行宪法宣誓制度的决定》《广东省实施宪法宣誓制度办法》的规定，市人大常委会在市机关小礼堂举行新当选人员向宪法宣誓仪式。

【佛山市第十五届人民代表大会第二次会议】 2017 年 12 月 18 — 20 日在市机关大礼堂召开。大会依法选出佛山市的 39 名广东省第十三届人民代表大会代表，表决通过佛山市第十五届人民代表大会财政经济委员会、城乡建设环境与资源保护委员会、教育科学文化卫生委员会、农村农业委员会、华侨民族宗教外事委员会、内务司法委员会 6 个专门委员会组成人员名单。根据《全国人民代表大会常务委员会关于实行宪法宣誓制度的决定》《广东省实施宪法宣誓制度办法》的规定，市人大常委会在市机关小礼堂举行新通过的市第十五届人民代表大会 6 个专门委员会组成人员集体向宪法宣誓仪式。

【佛山市第十五届人大常委会第一次至第八次会议】 2017 年，佛山市第十五届人大常委会召开第一次至第八次会议。会议听取和审议市人民政府《关于我市 2016 年度环境状况及环境保护目标任务完成情况的报告》《关于佛山市级 2017 年财政预算调整的报告》《关于佛山市 2017 年上半年国民经济和社会发展计划执行情况的报告》《关于佛山市 2017 年上半年财政预算收支执行情况的报告》《关于佛山市级 2017 年第二次财政预算调整的报告》《关于佛山市 2016 年度财政决算草案的报告》《关于佛山市本级 2016 年度预算执行和其他财政收支情况的审计工作报告》《关于佛山市级 2017 年第三次财政预算调整的报告》《佛山市中级人民法院执行工作情况的报告》《关于佛山市第十五届人大第一次会议代表建议办理情况的报告》《佛山市“十三五”城市近期建设规划（2016 — 2020 年）》等报告；作出《佛山市人民代表大会常务委员会关于召开佛山市第十五届人民代表大会第二次会议的决定》《佛山市人民代表大会常务委员会关于调整佛山市第十五届人民代表大会第二次会议召开时间的决定》《佛山市人民代表大会常务委员会关于召开佛山市第十五届人民代表大会第三次会议的决定》《佛山市人民代表大会常务委员会关于列席和邀请列席佛山市第十五届人民代表大会第三次会议人员的决定》《佛山市人民代表大会常务委员会关于佛山市第十五届人民代表大会第三次会议设旁听席的决定》等 5 项决定；作出《佛山市人民代表大会常务委员会关于批准 2017 年佛山市级财政预算调整的决议》《佛山市人民代表大会常务委员会关于批准 2017 年市级第二次财政预算调整的决议》《佛山市人民代表大会常务委员会关于批准佛山市 2016 年市本级决算的决议》《佛山市人民代表大会常务委员会关于批准 2017 年市级第三次财政预算调整的决议》《佛山市第十五届人民代表大会常务委员会关于〈佛山市“十三五”城市近期建设规划（2016 — 2020 年）〉的决议》《佛山市第十五届人民代表大会常务委员会关于〈佛山市自然生态文明建设专项规划〉的决议》等 6 项决议；审议通过《佛山市第十五届人民代表大会常务委员会代表资格审查委员会组成人员名单》《佛山市第十五届人民代表大会常务委员会代表资格审查委员会关于部分代表的代表资格审查报告》；听取市人大常委会城建环资工委关于《佛山市机动车和非道路移动机械排气污染防治条例》实施情况的执法检查报告、教科文卫工委关于《佛山市历史文化街区和历史建筑保护条例》实施情况的执法检查报告；审议通过《佛山市扬尘污染防治条例》，对《佛山市排水管理条例（草案）》进行一审；进行有关人事任免事项。

（覃　剑　高玉兰）

佛山市人民政府

2017 年佛山市人民政府市长、副市长名单

市　长：朱　伟
常务副市长：蔡家华
副市长：麦洁华（女，任至 1 月）
　　　　黄忠喜（任至 1 月）
　　　　许　国（1 月任职）
　　　　江楷鑫（任至 8 月）
　　　　邓建伟（8 月任职）
　　　　赵　海
　　　　俞　进（女，1 月任职）
　　　　乔　羽（1 月任职）
　　　　郑大光（9 月挂职）

·综　述·

【市政府常务会议纪要】 2017 年，佛山市政府召开市政府常务会议 17 次，会议主要讨论研究以下事项：研究通过《佛山市招商引资行为指引（试行）》《佛山市关于完善审计制度若干重大问题的实施意见》《关于大力培育新型农业经营主体的意见》《佛山市海绵城市规划建设管理暂行办法》《佛山市“文化佛山”三年行动计划（2017—2019 年）》《佛山市食品安全“党政同责、一岗双责”责任制实施办法（试行）》《关于深化我市供销合作社综合改革的实施意见》《佛山市职业学校兼职教师管理实施办法》《佛山市高端金融人才引进培育办法（试行）》《佛山市土壤污染防治行动计划实施方案》《佛山市城市治理三年行动计划》《佛山市行业协会商会与行政机关脱钩实施方案》《佛山市全科医生定向规范化培训实施方案》《佛山市债券融资风险缓释基金设立方案》《佛山市市直党政机关和事业单位招商引资经费管理办法》《佛山市深化供给侧结构性改革实施意见》《2016—2017 全市高新技术企业工作情况报告》《佛山市高标准基本农田 2016 年度建设实施方案》《佛山市网络预约出租汽车经营服务管理暂行办法》《佛山市寄递物流安全管理办法（草案）》《佛山市国有企业上市廉洁风险同步预防工作指引（试行）》《佛山市 2017 年重点建设项目计划》《佛山市支持企业融资专项资金管理办法》《佛山市人民政府 2017 年重大行政决策目录》《佛山市人民政府 2017 年重大行政决策听证目录》《佛山市电子政务建设与应用廉洁风险同步预防工作指引（试行）》《佛山市网络预约出租汽车经营服务管理暂行办法》《关于进一步加强佛山市级财政资金支出管理的意见》《佛山发展基金设立方案》《佛山市轨道交通政府投资基金设立方案》《佛山市城市轨道交通发展专项资金管理办法（试行）》《佛山市全面推行河长制工作方案》《佛山市河湖河长目录》《关于加快高等教育发展实施意见（送审稿）》《佛山市全面提升教育现代化发展水平实施方案（2017—2020 年）（送审稿）》《广东省教育厅　佛山市人民政府佛山市三水区人民政府广东财经大学共建广东财经大学佛山校区协议》《广东省教育厅　佛山市人民政府　佛山市顺德区人民政府南方医科大学共建南方医科大学顺德校区协议》《佛山市“四上”企业培育三年行动计划（2017—2019 年）》《2017 年绩效管理工作实施方案》《佛山市承担行政职能事业单位改革试点实施方案》《关于进一步促进金融科技产业融合发展的实施意见》《佛山市制造业转型升级综合改革试点三年行动计划（2017—2019 年）》《佛山市工业产品质量提升三年行动计划（2017—2019 年）》《佛山市食盐监管体制改革方案》《佛山市供水通道敏感区域水产养殖限制养殖区划定和进一步加强相关区域养殖规范管理的意见》《关于加强城乡社区协商的实施意见》《佛山市最低生活保障对象分类救助实施办法》《佛山市城市公立医院综合改革实施方案》《佛山市公立医院取消药品和医用耗材加成调整基本医疗服务价格实施方案》《佛山港总体规划》《关于规范佛山市国有专业化住房租赁平台工作的指导意见》《佛山市经济科技发展专项资金（经济和信息化部分）管理办法（2017 年修订）》《佛山市人民政府关于佛山市级 2017 年财政预算调整的报告》《佛山市打造珠江西岸融资租赁区域中心工作方案》《国务院第四次大督查（佛山）“1 + 5”督查迎检工作方案》《佛山市“四上”企业培育奖励扶持措施》《佛山市推进特色小镇规划建设实施方案》《关于审定首批市级特色小镇创建名单的请示》《佛山市供给侧结构性改革基金设立方案》《中共佛山市委佛山市人民政府关于深入推进城市执法体制改革改进城市管理工作的实施方案

美丽的绿岛湖　　（禅城经济开发区管委会供图）

（代拟稿）》《佛山市人民政府关于加快发展影视产业的若干政策》《佛山市工业产品质量提升扶持办法》《佛山市产融合作城市试点工作实施方案》《佛山市“十三五”节能规划》《佛山市排水管理条例（草案）》《佛山市黑烟车限制行驶区域方案》《关于调整扩大高污染燃料禁燃区通告》《加快剥离佛山市国有企业办社会职能和解决历史遗留问题工作方案》《关于加快文化产业融合发展的实施意见》《佛山市全民禁毒工程实施方案（2017—2019年）》《关于佛山市级2017年第二次财政预算调整的报告》《佛山市大数据统筹发展体制机制改革方案》《关于建立和完善我市复退军人服务体系的意见》《佛山市工程建设施工项目信用分类优选随机合理低价评定标暂行办法》《佛山高明机场选址气象观测工作方案》《佛山市公立医院取消药品和医用耗材加成财政补偿方案》《佛山市降低制造业企业成本支持实体经济发展若干政策措施》《关于政府采购支持中小微企业质押融资的实施意见》《关于加快股权投资行业集聚发展的实施办法》《佛山市关于加强全市幼儿园教师队伍建设的实施意见》《关于扩大和落实佛山科学技术学院办学自主权推进高水平理工科大学建设的若干意见》《佛山市促进社会消费品零售总额稳步增长的若干措施》《佛山市招商引资重大项目专项资金设立方案》《佛山市推进农业供给侧结构性改革实施方案》《佛山市对口帮扶脱贫攻坚责任制实施细则》《佛山市人民政府2018年度规章制定计划》《佛山市人民政府2018年度法规草案计划建议》《佛山市推进商业用房、办公用房改建为租赁住房有关工作的通知（试行）》《佛山市困难群众医疗救助暂行办法》《南海区广佛跨界区域（狮山、里水镇）畜禽养殖禁养区、限养区和适养区划分调整方案》《三水区畜禽养殖分区划定方案》《佛山市政府投资市属非经营性项目代建管理办法》《佛山市机场有限公司组建方案》《佛山市市级党政机关和事业单位培训费管理办法》《关于佛山市公共服务领域推广政府和社会资本合作模式的实施意见（试行）》《广东省与黑龙江省开展对口合作情况及我市与黑龙江有关市对口合作情况》《佛山市与双鸭山市对口合作框架协议（送审稿）》《墨脱县地质灾害村易地扶贫搬迁项目协议书》《佛山市市直单位自驾私车省内公务出行交通费定额包干管理办法（试行）》《佛山市违法建设查处暂行办法》《佛山市安全生产信用分类分级管理办法》《佛山市生态控制线管理办法》《佛山市非法集资举报奖励实施办法》《佛山市人民政府常务会议工作规程（2017年修订稿）》《佛山市基础教育“强师工程”行动计划》《佛山市普通高中优质多样特色发展实施方案》《佛山市市级党政机关和事业单位会议费管理办法》《佛山市金融工作机构调整设置方案》《佛山市贯彻落实广东省大气污染防治强化措施及分工实施方案》《佛山市城乡居民基本养老保险待遇调升工作方案》《佛山市公立医疗机构药品和医用耗材供应链改革方案》《佛山市农村集体资产交易管理办法》。

【市政府工作会议纪要】 2017年，佛山市召开市政府工作会议217次，主要研究部署以下工作：研究支持中海油惠州炼油二期项目配套加油站建设有关问题、督办全市城镇生活污水处理厂进出水浓度差达标相关工作、督导佛科院新校区建设工程、研究部署科技金融（创投小镇）工作、研究协调佛山市消防应急救援指挥中心建设、研究进一步完善广东省研究生联合培养基地（佛山）运作机制、调研检查佛山对口帮扶云浮工作、研究2015和2016年中央预算内投资项目进展情况、评估佛山市网约车政策社会稳定风险、推进国家制造业转型升级综合改革试点工作、研究适度增加佛山科技学院办学规模、召开2016年第二次珠三角城际项目联络会议、研究部署佛山市争取国家激励支持工作、召开佛科院北院新校区建设专项工作小组第十二次工作会议、协调君恒公司甲醇汽油项目、启迪控股股份有限公司拜访佛山市并座谈工作、协调白燕街功夫文化旅游项目有关问题、研究佛山“一环”西拓工程及佛山“一环”高速化改造工程相关问题、推进佛山市环保科技小镇建设工作、调研佛山市城市轨道交通2号、3号线工程现场、召开2017佛山50公里徒步活动组委会第一次会议、研究创新招商引资体制问题、研究推进南方医科大学佛山校区建设工作、研究推进广东财经大学佛山校区建设、召开佛科院北院新校区建设专项工作小组第十三次会议、研究佛山市养老养生健康产业园开发建设模式、引导共享汽车发展和推进公交车载视频监控及应急报警工作、推进生活垃圾综合处理项目、召开佛山市中心城区交通拥堵治理联席会议第三次工作会议、召开佛山市道路交通事故社会救助基金管理联席会议第九次会议、推进设立佛山城市发展基金、加快推进环保科技小镇建设协调工作、协调推进佛山市第二水源后续建设项目、研究加快推进打通“断头路”及佛山“一环”西拓等项目建设、召开2017年1—2月全市经济运行监测分析会、研究佛山粤剧传习所人员经费问题、专题研究地铁电缆安全问题、召开2017年全市交通运输工作会议、部署佛山市中心城区交通拥堵治理有关工作、研究加强佛山市与珠三角湾区主要城市交通联系方案、研究流浪乞讨精神障碍患者紧急转移安置工作、部署2017年防汛备汛重点督查工作、召开2017年佛山市食品安全委员会全体（扩大）会议、召开佛科院北院校区建设专项工作小组第十四次会议、研究解决佛山“一环”高速公路交通安全管理工作相关问题、推进与复星集团进一步合作工作、调研人行佛山市中心支行及佛山银监分局、协调第三届广东院士高峰年会筹备工作、协调医疗服务价格改革工作、对接中国老龄协会老龄人才信息中心项目、拜访中国空间技术研究院、召开2016—2017年度省对市政府质量考核工作推进会、研究调整市级国资系统政府性债务工作机制、研究三水大桥公司行政诉讼案协商谈判事宜、协调解决佛山电视塔历史问题、研究处理三水区乐平镇洪塘地块垃圾清理问题、研究佛山市饮用水源保护区划调整及供水整合工作、研究市人民政府与佛山海关相互支持事项、召开第三届珠江西岸先进装备制造业投资贸易洽谈会第一次筹备工作会议、调研高明区工作、协调防震减灾工作、协调第十四届中博会专业展筹备工作、研究加快推进佛山“一环”西拓项目政府购买服务采购招标工作、召开2017年佛山市城市管理工作会议、研究解决三水大桥公司行政诉讼案有关问题、协调三水大桥行政补偿和收费年限问题、现场调研佛山市城市轨道交通2号线一期及3号线工程、调研佛山一中工作、市领导听取佛山市城市轨道交通重点工作汇报、召开佛山云浮产业共建工作会议、召开佛科院北院新校区建设专项工作小组第十五次会议、协调综合保税区建设工作、协调推进3个项目（市级托养中心、养老护理院、新社会福利院项目）建设工作、研究加快推2017年“断头路”及佛山“一环”西拓项目建设、研究部署佛山市养老养生健康产业园规划建设工作、研究佛山市环境空气质量城市站点优化布设工作、协调佛山西站建设相关工作、再次协商三水大桥行政补偿和收费年限问题、研究佛山“一环”高速化改造施工组织方案、调研禅城区有关工作、协调佛山科学技术学院新校园岩土工程勘察项目工作、协调与中国长城资产公司战略合作相关工作、调研顺德区有关工作、召开2017年第一次珠三角城际联络会议、研究佛山市中心城区交通拥堵治理工作、协调佛山国际体育文化演艺馆工程建设问题、与广铁集团商谈对接有关工作、协调官窑、丹灶及三水西货场有关问题、召开佛科院北院新校区建设专项工作小组第十六次会议、研究第三届珠江西岸先进装备制造产业投资贸易洽谈会布展工作、研究广佛地铁自主运营管理有关问题、调研佛山市城市轨道交通2号线一期和3号线工程、与中国工程院共同推进机器人及智能装备应用工作、约谈中国二十冶集团有限公司及南海区有关部门负责人、调研千灯湖创投小镇、研究承办第二十二届全国发明展览会暨第二届世界发明创新论坛工作会议、研究佛山新城CBD项目处置工作、调研三水区有关项目、调研南海区有关工作、研究佛山“一环”高速化改造交通组织相关工作、市政府主要领导巡查北江、召开佛山市中心城区交通拥堵治理联席会议第四次工作会议、协调中科院佛山产业技术创新与育成中心和佛山中科院产业技术研究院建设工作、部署全市推进钢铁行业淘汰落后产能工作、研究佛山粤剧文化园（暂定名）项目建设方案、协调禅城区祖庙街道和南海区桂城街道防洪堤交叉管理有关问题、协调禅城区水价调整及供水特许经营权相关工作、协调推进佛山市城北污水处理厂地埋式改建工作、协调推进高明区现代有轨电车示范线建设、协调解决环湖小学西校区用地问题、召开第三届珠江西岸先进装备制造业投资贸易洽谈会第二次筹备工作会议、协调解决佛山西站工程建设有关问题、研究顺德公交维稳工作、召开中国科学院佛山产业技术创新与育成中心理事会暨佛山中国科学院产业技术研究院理事会会议、部署国务院第四次大督查实地督查迎检工作、协调佛科院北院新校区建设工期奖细化及运动场面层材料选取工作、协调佛科院北院新校区建设政府采购和资金拨付工作、召开佛科院北院新校区建设专项工作小组第十七次会议、调整优化佛山市东西部扶贫协作部门职责分工、理顺佛山市商住用地交易资金来源专项检查工作程序、督办机构失信问题专项治理工作、调研共享汽车发展情况、再次部署国务院第四次大督查迎检工作、协调佛山“一环”高速化改造加油站加气站加氢站合建项目、研究解决市公积金管理中心向社会购买政府履职服务所需辅助性事务经费、研究综合保税区申报建设进展情况、协调佛山市建筑垃圾处理处置项目及生活垃圾资源化处理项目等工作、佛山市推进海绵城市建设工作、拜访广东恒健投资控股有限公司、召开第三届珠江西岸先进装备制造业投资贸易洽谈会佛山组委会工作组会议、调研督办佛山市城市轨道交通3号线工程、召开第三届珠江西岸先进装备制造产业投资贸易洽谈会筹备工作情况会议、筹备2017第三届中国（广东）国际“互联网+”博览会工作、召开佛山市金融工作座谈会、部署村级工业区整治工作、部署广佛跨界河流污染整治工作、召开佛山市城市地下综合管廊建设推进工作现场会议、落实省重大基础设施建设项目推进情况跟踪审计整改工作、研究提高存贷款增速工作、召开佛科院北院新校区建设专项工作小组第十八次会议、第三届珠江西岸先进装备制造业投资贸易洽谈会筹备工作、督办棚户区改造工作推进问题、研究市法检两院合同制司法辅助人员队伍建设问题、研究粤剧传习所规划建设等问题、协调高明区创建国家级经济技术开发区工作、召开佛山市2016年度依法行政考评工作总结会、协调西江引水工程水源保护区两家企业搬迁补偿相关事宜、推进协调佛山粤剧文化园（粤剧传习所）工作、研究广佛线地铁公安无线通信系统升级改造工作、协调佛塑科技“三旧”改造地块开发问题、督导全市高新技术企业培育和企业研发机构建设工作、协调督办交通基础设施重点项目建设工作、加快推进2017年打通“断头路”及佛山“一环”西拓建设工作、研究解决依法处置医疗废物有关问题、研究协调佛山一环“禁货”有关工

2017年，佛山加快推进佛山“一环”高速化改造工作。图为佛山“一环”平胜大桥

（佛山年鉴社供图）

作、研究股权投资、电子信息产业发展基金和融资租赁有关问题、省府办领导到佛山调研督查工作、研究佛山市轨道交通沿线土地出让设置配建物业方案、研究加快推进佛山“一环”高速化改造用地手续完善及征地拆迁工作、协调谢边立交周边环境综合整治工作、第三届中国（广东）国际“互联网+”博览会筹备工作、协调城北污水处理厂地埋式改建项目用地选址工作、调研禅南顺创新集聚区、研究部署谢边立交周边环境综合治理工作、研究加快佛山“一环”高速化改造和“一环”西拓建设、督办南海水泥厂以土地使用权出资入股广州裕源鸿公司工作、市领导到广东潭洲国际会展中心检查指导2017第三届中国（广东）国际“互联网+”博览会筹备工作情况、市领导会见广州君恒新能源环保科技有限公司并座谈、协调推进佛山市受助人员托养中心市级养老护理院和新社会福利院项目建设工作、协调佛山市数据统筹发展局筹建工作、协调佛山市涉及铁路问题、协调佛山市水上综合指挥船建造工作、召开“构建现代高效金融体系”学习交流座谈会暨传达省防控金融风险会议精神会议、研究佛山市普君南节点征收项目补偿问题、部署港口码头搬迁工作、研究全面推进佛山市农合机构改革相关工作、部署解决交通拥堵工作、研究城市轨道交通近期工作、研究禅城快子老街项目策划工作、研究推进广佛里智慧慢城特色小镇建设工作、协调佛山市外贸大厦办证工作、督办广东省2016—2017年度市政府质量考核工作、部署推进危旧房屋治理工作、协调佛山市农合机构合并工商注册登记问题、推进城市治理工作、调研佛山传媒集团、部署第二十二届全国发明展览会暨第二届世界发明创新论坛筹备工作、部署朗宝西路道路塌陷处置工作、召开佛山市人民政府与广东财经大学座谈会、研究协调省市交通基础设施建设重点项目工作、推进广佛同城化项目对接工作、召开佛山市人民政府与南方医科大学座谈会、研究协调佛山“一环”高速化改造工程沿线绿地占补平衡及树木迁移问题、研究部署广佛出口放射线二期工程（珠江大桥放射线）工作、召开佛山市道路交通事故社会救助基金管理第十次联席会议、调研考察佛科院仙溪校区、督导推进佛山市环保科技小镇暨生活垃圾资源化处理项目建设工作、研究佛山市国家地表水环境质量监测事权上收进展工作、调研佛山市住房租赁监管及交易服务平台工作、研究部署加强国有企业党的建设工作、贯彻落实中央环保督察组反馈意见推进整改工作、专项督查幼儿园规范办园行为部署校园安全管理工作、协调市属机关事业单位发放住房补助金审批问题、研究设立绿色发展创新研究院、协调市级招拍挂出让地块“竞配建”所建人才住房工作、与广州市人民政府研究深化创新驱动发展战略合作、研究佛山先进制造省实验室筹建工作、与中国工程院研究机器人及智能装备应用工作、研究解决广东省职业技能鉴定中心南海基地有关土地问题、召开佛山市中心城区交通拥堵治理联席会议第五次工作会议、部署佛山市2016年保障性安居工程审计跟踪整改工作、部署全市城镇和农村生活污水处理工作。

【市政府主要工作】

保持经济运行稳中向好　2017年，佛山市实施稳增长系列举措。一是凸显稳工业引擎作用。规模以上工业实现增加值4 930.1亿元，比上年增长8.8%。完成工业总产值2.24万亿元，比上年增长8.7%，其中，先进制造业增长9.8%，高技术制造业增长16.3%。二是适度扩大总需求。完成工业投资1 690.7亿元，比上年增长15.5%，连续6年位居全省首位；基础设施投资829.7亿元，比上年增长53.6%。实施扩内需促消费措施，创建省放心消费试点城市。完成出口总额3 153.6亿元，比上年增长1.7%；进口总额1 203.8亿元，比上年增长19.6%。三是落实促进民营经济发展举措。开展“暖企”行动，走访调研企业1.1万家，收集意见建议并妥善解决。规模以上民营工业总产值1.58万亿元，比上年增长10.2%；完成民间投资2 984.4亿元，比上年增长18.1%。7家企业进入“2017中国民营企业500强”。出台“四上”企业培育三年行动计划，入库企业净增超1 000家，总数1.1万家。

深化供给侧结构性改革　2017年，佛山市出台深化供给侧结构性改革实施意见，在全省率先设立5亿元改革专项基金。一是供给体系质量稳步提升。实施工业产品质量提升行动计划和扶持办法，创建全国质量强市示范城市通过省预验收。认定细分行业龙头企业154家；新增质量管理体系认证企业1 525家，累计6 642家；工业产品质量监督抽查综合合格率93.5%。新增联盟标准26项、主导或参与制（修）订国家、行业或地方标准41项、采用国际标准认证产品89个。南海区成立全国首个制造业“隐形冠军”联盟。中国驰名商标159件，位居全国地级市首位；全国知名品牌示范区新申报4个，累计创建9个。弘扬企业家精神，表彰20家“佛山·脊梁企业”和20位“佛山·大城企业家”。二是“三去一降一补”取得实效。完成33家国有特困企业脱困出清，排查关停国有企业累计出清60家。贯彻落实中央房地产调控政策，累计净去化371.3万平方米，总去化周期9.5个月。构建租购并举长效机制，成立市建鑫住房租赁有限公司，向社会推出首批518套租赁住房。实施降低企业成本“佛十条”等政策措施，帮助企业减负349.2亿元。57个补齐软硬基础设施短板重大项目进展顺利。三是推进农业供给侧结构性改革。培育壮大农业生产主体，新增省、市级现代农业园区16个，累计45个；新增省级农业龙头企业12家，累计40个。实施耕地质量保护与提升行动，“三品一标一名牌”认证产品累计224个，市级以上“菜篮子”基地66个。建设全省首个农业科技示范市。四是狠抓重点领域风险防控。加强金融风险防控，清理整顿非法集资、互联网金融等重点领域，银行不良贷款率稳步下降，金融运行稳健，金融机构本外币存款余额1.4万亿元，比上年增长5.7%；贷款余额0.94万亿元，比上年增长7.6%。

推动制造业转型升级　2017年，佛山市实施工业转型升级攻坚战，推动制造业迈向中高端。一是优化升级传统产业。完成工业技术改造投资771.5亿元，比上年增长39.4%，连续4年总量位居全省首位。实施“机器人引领”行动，新增市级“中国制造2025”试点示范企业29家、智能化技改示范企业27家、机器人应用2 227台。引导传统产业集群资源整合，推动搭建“众塑联”平台。发挥龙头带动作用推动珠江西岸先进装备制造产业带建设，举办第三届珠江西岸先进装备制造业投资贸易洽谈会。装备制造业增加值 1 654.5 亿元，比上年增长 13.5%，其中“工作母机”增加值 347.4 亿元，增长 14.8%。实施“互联网+”行动计划，举办第三届中国（广东）国际“互联网+”博览会。新增国家级两化融合管理体系贯标试点企业 2 家，累计 21 家；新增省级 19 家，累计 112 家。二是培育新兴产业。落实军民融合发展战略，建设佛山军民融合创新示范区。发展机器人产业，省战略性新兴产业智能制造骨干（培育）企业达 28 家、省机器人骨干（培育）企业达 7 家。组建市投资促进中心、佛山（深圳）产业联络处，设立招商引资重大项目专项资金，制定招商引资行为指引。签约投资额超亿元内资项目 395 个，计划投资 3 016.3 亿元；超千万美元外资项目 46 个，计划投资 35 亿美元。引进达安创谷、长江氢动力、宋城·西樵山、东丽等项目。三是推动制造业与服务业融合发展。新增省级工业设计企业 5 家，累计 10 家；广东工业设计城聚集设计研发人员超 8 000 人。国家物流标准化试点城市建设加快，2 家企业入选商务部年度电子商务示范企业。广东（潭洲）国际会展中心全年举办展会活动 19 场次。

落实创新驱动发展战略 2017 年，佛山市加大科技创新投入，预计全社会研发经费占地区生产总值比重超 2.7%。一是全面落实省创新驱动“八大举措”。新增国家高新技术企业 1 173 家，累计 2 561 家。支持企业建立研发机构，规模以上工业企业研发机构建有率 45%；新增省企业重点实验室 4 家，累计 21 家。启动建设先进制造科学与技术广东省实验室。强化政产学研用协同创新。举办第三届广东院士高峰年会、第二十二届全国发明展览会暨第二届世界发明创新论坛、佛山企业走进清华等活动。与省科学院签订战略合作协议，引进广东国防科技工业技术成果产业化应用推广中心、佛山中国空间技术研究院创新中心等平台。新增孵化器 10 家，累计 62 家；新增众创空间 25 家，累计 57 家。其中，国家级孵化器 14 家、国家级众创空间 15 家。新增市级创新团队 19 个，累计 76 个。出台加快高等教育发展实施意见，分别与南方医科大学、广东财经大学共建全学段佛山校区，与北京科技大学、北京外国语大学共建佛山研究生院，创建 2 个研究生联合培养国家示范基地。佛山科学技术学院仙溪新校区建成招生。推动金融科技产业融合发展，新增上市企业 12 家，累计 54 家，上市企业市值位列全国第七名。新增“新三板”挂牌企业 27 家，累计 100 家；新增融资租赁公司 4 家，累计 23 家；新增私募股权投资基金 52 家，累计 386 家。成立规模 1.25 亿元的债券融资风险缓释基金。中国（佛山）知识产权保护中心基本建成。二是提升高端创新载体集聚能力。推进珠三角国家自主创新示范区建设，启动“一环创新圈”和禅南顺（三龙湾）高端创新集聚区规划，主动对接广深科技创新走廊。佛山国家高新区全国排名由第三十八位上升至第二十九位。广东金融高新区累计引进项目 369 个，总投资额近 700 亿元。

提高城市治理水平 2017 年，佛山市实施城市治理三年行动计划，968 个项目完工 137 个、开工 706 个，累计完成投资额 1 161.3 亿元。一是城市基础设施建设扎实推进。珠三角新干线机场启动前期工作，佛山西站开通运营，地铁 2 号线一期、3 号线、广州地铁 7 号线西延顺德段、南海新交通试验线、高明有轨电车示范线建设稳步推进，“一环”高速化改造加快，“一环”西拓工程全面开工，新打通 20 条“断头路”，建成中心城区“五纵六横”公交骨干线网。启动海绵城市建设项目 121 个，建成地下综合管廊 11.7 千米。新建 4G 基站 1.4 万座，累计 7.7 万座；新增光纤接入用户超 40 万户，累计超 230 万户。二是镇村现代化建设步伐加快。创建首批 15 个市级特色小镇，北滘智造小镇、西樵岭南文旅小镇、乐从国际品牌小镇入选国家级特色小镇，陶谷小镇、千灯湖创投小镇、特色小镇集群示范区（北滘—龙江—乐从—陈村）入选省特色小镇创建工作示范点。实施百村升级扩面计划，新启动 20 个特色古村落活化，推进 88 个城中村和旧社区改造、115 个“五好”新村居和 110 个美丽文明示范村居建设。完成 749 个村（社区）“两委”换届选举。南海区和南庄镇龙津村入选首批全国农村幸福社区建设示范单位。三是生态环境治理力度加大。创建成为国家森林城市，编制《自然生态文明建设专项规划》，建成区绿化覆盖率 42.8%。全面推行河长制，最严格水资源管理在全省考核获优秀等次，饮用水源水质保持 100% 达标，广佛跨界河流水质改善取得新突破。划定黑烟车限行区，淘汰黄标车及老旧车 1.7 万辆，完成国家大气污染防治终期考核目标。全面落实中央环保督察整改，基本完成 100 项环保民生实事，完成原定禁养区

2017 年 8 月 3 日，2017 年广东企业 500 强榜单出炉，佛山共有 36 家企业上榜，数量仅次于深圳和广州，位列广东第三。其中，美的、碧桂园、海信科龙、格兰仕和利泰集团跻身前 100 强。图为格兰仕顺德厂区磁控管装配车间　（周春摄）

畜禽养殖场关停清理，自然村人居生态环境综合整治完成率92.5%。开展村级工业园区“一村一策”环境整治提升，关停企业1 420家，整治提升2 979家。四是城市管理精细化水平提高。落实城市管理精细化行动计划，加大城市管理考评力度。完善数字城管信息采集制度，建立建筑垃圾、环卫车辆智能管理平台。城市治理智慧化水平居全国第八名。

改革开放合作　2017年，佛山市加强改革开放和区域合作。一是各领域改革扎实推进。出台国家制造业转型升级综合改革试点三年行动计划。顺德区划定全国首个产业发展保护区，南海区成为省深化投融资体制改革试点和创建省社会信用体系建设示范点。推进中国（广东）国际贸易“单一窗口”建设，“单一窗口”国家标准版实现口岸全覆盖。完成市属国有企业改革重组，佛山燃气集团上市。改革大数据统筹发展体制，组建全省首个数字政府建设管理局。“放管服”改革力度加大，开展“减证便民”行动，“一门式一网式”政府服务改革“佛山模式”入选国家“互联网+政务服务”示范工程。发出全省首张金融功能电子营业执照。实施商事主体住所登记管理暂行办法，新登记市场主体12万户，比上年增长40.1%。农村土地承包经营权确权颁证率98%。二是开放型经济新体制加快构建。新增境外直接投资企业43家，协议投资额46.2亿美元。碧桂园、联塑、国星光电、东方精工等骨干企业加快多元化海外投资并购步伐，美的收购德国库卡、打造美的库卡智能科技园区。在匈牙利、澳大利亚设立佛山泛家居品牌产品展示体验馆，中德工业城市联盟成员扩大至33家。积极融入粤港澳大湾区建设，与广州、中山共建南沙港，广中江高速二期等建成通车。构建“佛山+香港”合作新模式，达成7大领域11个重点项目合作意向。加快建设粤桂黔高铁经济带合作试验区（广东园），与贵阳、南宁等地高新区签署合作协议。与延安、营口缔结友好城市，与俄罗斯纳罗福明斯克区、瓦努阿图维拉港市结为国际友好城市。落实27.5亿元财政资金，对口支援西藏墨脱县和新疆伽师县、新疆生产建设兵团第三师草湖产业园，对口扶贫协作四川凉山州，支援联系四川甘孜州乡城县和得荣县，对口合作黑龙江双鸭山市工作积极推进，新时期精准扶贫对口帮扶湛江、云浮深入开展，佛山云浮氢能产业共建取得重要成果。

加快发展社会民生事业　2017年，佛山市民生支出573.5亿元，占一般公共预算支出73.9%。省、市民生实事完成，在省基本公共服务均等化绩效考评中再获第一名。一是基本公共服务水平稳步提升。城镇新增就业8.6万人。全市人社系统发放创业担保贷款1.7亿元，带动4.2万人创业就业。最低生活保障标准提高到每人每月900元，城乡居保基础养老金标准上调至180元。推进基本医疗保险城乡一体化改革，实现职工和居民待遇标准统一，基本医保参保511万人。实施义务教育阶段学校基础设施五年提升行动计划，新（改、扩）建各类义务教育学校33所，新增学位3.3万个。推进城市公立医院综合改革，全面取消药品和医用耗材加成；完善分级诊疗制度，三级公立医院均参加医联体建设；新注册登记执业医疗机构248家，其中非公立医疗机构225家。棚户区改造开工1 069套，基本建成285套；公租房基本建成1 105套，分配4 426套。启用“互联网+新市民”自助申报平台，新增户籍人口19.4万人。蝉联全国文明城市。出台文化佛山三年行动计划和文化产业融合发展实施意见，通过创建国家公共文化服务体系示范区中期督查，禅城区、南海区、顺德区创建成为首批省公共文化服务体系示范区。第九届市运会、秋色巡游、创意城市博览会、香港·佛山节、功夫（动作）电影周、50公里徒步等活动成功举办，中国南方影视中心、岭南方言文化博物馆启动建设，佛山文化馆新馆、全民健身活动中心建成开放。二是平安佛山建设深入推进。社会治安防控体系建设和“飓风2017”专项打击整治行动成效位居全省前列，“110”接报刑事警情比上年下降38.5%。创建国家食品安全示范城市扎实推进，累计建成省市级食品安全示范街19条、食品小作坊集中加工中心15个，食品抽检合格率97.4%，连续3年未发生较大以上食品药品安全事故。粮食安全责任省年度考核成绩优秀。构建“一系统”“一图纸”“一表格”的城市安全风险管控格局，开展安全生产大检查，在全省率先出台安全生产领域改革发展实施意见，较大以上生产安全事故防控成效明显，生产安全事故总量比上年下降5.8%。

2017年，佛山市着力建设人民满意政府。图为观察员们在市公安局智能交通指挥中心观看电脑屏幕上显示的全市主要交通干道实时情况

（王澍摄）

着力建设人民满意政府　2017年，佛山市坚持向市人大及其常委会报告工作、向市政协通报情况，自觉接受监

督，办理人大代表建议168件、政协提案209件，办复率100%。提请市人大常委会审议地方性法规草案1项，制定政府规章3项。推进法治政府示范区建设。强化科学民主决策，组建市政府立法顾问专家库、市重大行政决策咨询论证专家库。加快政府职能转变，完成承担行政职能事业单位改革试点任务，实现市、区、镇（街道）三级权责清单动态监管。深化政务公开，连续7年获全国地级市政府网站绩效评估第一名。完善督查制度，对各区开展大督查。全面落实行政执法责任制，推动审计制度改革，强化审计监督。加强党风廉政建设，落实重大工程廉洁风险同步预防制度。严格落实中央八项规定精神，严厉整治“四风”，治理“为官不为”，政府作风持续改善。建设人民满意政府行动完成128个年度重点项目，在全省反腐败满意指数和廉洁感知指数评比中名列前茅。

（郭　昊）

·综合协调服务·

【政务服务】 2017年，佛山市政府以佛府、佛府办名义印发文件155份，收文17 516份，其中办件12 102件。全年落实市政府常务会议工作17次、审议议题285个（其中普通议题178个，资金议题107个），市长碰头会14次、市政府全体会议1次、全市经济形势分析会2次、市政府党组（扩大）会议1次。

【调研工作】 2017年，佛山市府办组织到无锡开展经济发展综合对比调研；组织五区政研系统到湖北开展先进制造业、重大平台建设、生态保护等方面的调研；开展全市各区经济社会发展情况调研。围绕市政府中心工作和市领导指示要求，开展《佛山市民营企业产权保护研究》《佛山市深化供给侧结构性改革研究》等7项课题研究，并形成一批调研成果。其中，《佛山市供给侧结构性改革企业样本研究》调研报告在南方日报出版社出版。

【综合统筹协调】 2017年，佛山市政府发挥承上启下、平衡左右、沟通内外、协调各方的枢纽作用，紧扣围绕中心、服务大局职责，准确把握工作方向，强化责任担当意识，推动各项工作扎实向前迈进，保障市政府各项决策实施落地。在经济发展方面，出台深化供给侧结构性改革实施意见，在全省率先设立5亿元改革基金，聚焦提升质量和降低成本。实施降低企业成本“佛十条”，全年帮助企业减负超320亿元，其中新政策减负超110亿元。发挥龙头带动作用推动珠江西岸先进装备制造产业带建设，举办第三届珠江西岸先进装备制造业投资贸易洽谈会。实施“互联网+”行动计划，举办第三届中国（广东）国际“互联网+”博览会。落实军民融合发展战略，建设佛山军民融合创新示范区。落实省创新驱动“八大举措”，积极培育高新技术企业，新增国家高新技术企业1 173家，累计2 561家。举办第三届广东院士高峰年会、第二十二届全国发明展览会暨第二届世界发明创新论坛、佛山企业走进清华等活动。出台加快高等教育发展实施意见，分别与南方医科大学、广东财经大学共建全学段佛山校区，与北京科技大学、北京外国语大学共建佛山研究生院，创建两个研究生联合培养国家示范基地。佛山科学技术学院创建高水平理工大学加快推进，仙溪校区建成招生。推动金融科技产业融合发展，落实企业上市三年行动计划，新增上市企业12家，累计54家，上市企业市值位列全国第七名。推进珠三角国家自主创新示范区建设，启动“一环创新圈”和禅南顺（三龙湾）高端创新集聚区规划，主动对接广深科技创新走廊。在城市建设方面，珠三角新干线机场启动前期工作，佛山西站开通运营，地铁2号线一期、3号线、广州地铁7号线西延顺德段、南海新交通试验线、高明有轨电车示范线建设稳步推进，“一环”高速化改造步伐加快，“一环”西拓工程全面开工，新打通20条“断头路”，建成中心城区“五纵六横”公交骨干线网。规划建设特色小镇，创建首批15个市级特色小镇，北滘智造小镇、西樵岭南文旅小镇、乐从国际品牌小镇入选国家级特色小镇，陶谷小镇、千灯湖创投小镇、特色小镇集群示范区（北滘—龙江—乐从—陈村）入选省特色小镇创建工作示范点。实施百村升级扩面计划，新启动20个特色古村落活化，推进88个城中村和旧社区改造、115个“五好”新村居和110个美丽文明村居建设，开展34条街道沿街景观综合整治。成功创建成为国家森林城市，编制《生态文明建设专项规划》，建成区绿化覆盖率42.8%。全面推行河长制，最严格水资源管理在全省考核排中获优秀等次，饮用水源水质保持100%达标，广佛跨界河流水质改善取得新突破。落实中央环保督察整改，基本完成100项环保民生实事。开展村级工业区“一村一策”整治，关停企业1 420家、整治提升企业2 904家。城市管理精细化水平提高，城市治理智慧化水平位居全国第八名。在社会治理方面，省、市民生实事完成。在省财政厅基本公共服务均等化绩效考评中，佛山市再获全省第一名。最低生活保障标准提高到每人每月900元，城乡居民基础养老金上调至每月180元。全面提升教育现代化水平，推进基础教育强师工程和普通高中优质多样特色发展，实施义务教育阶段学校基础设施五年提升行动计划，新建改建扩建各类义务教育学校33所，新增学位3.3万个。建设卫生强市，推进城市公立医院综合改革，全面取消药品和医用耗材加成。蝉联“全国文明城市”称号。第九届市运会、秋色巡游、创意城市博览会、香港·佛山节、功夫（动作）电影周、50公里徒步等活动成功举办。平安佛山建设深入推进，社会治安防控体系建设和“飓风2017”专项打击整治行动成效位居全省前列，连续3年未发生较大以上食品药品安全事故，安全生产事故总量比上年下降5.8%。改革大数据统筹发展体制机制，组建全省首个数字政府建设管理局。“放管服”改革力度加大，开展“减证便民”行动，清理规范中介服务，“一门式一网式”政府服务改革“佛山模式”入选国家“互联网+政务服务”示范工程。加快政府职能转变，完成承担行政职能事业单位改革试点任务，实现市、区、镇（街道）三级权责清单动态监管，推进法治政府示范区建设。

【督查督办】 2017年，佛山市府办牵头开展2017年市政府大督查，推动市委、市政府各项决策部署和重大政策措施落地见效。制订《2017年市〈政府工作报告〉重点工作分工方案》，对2017年市《政府工作报告》部署的工作任务进行分解，并结合市政府中心工作，提炼出10个方面50项工作任务，连同市十件民生实事，作为2017年市政府督查重点。制订印发《跟进落实市长批示工作细则》《督查落实12345热线群众诉求工作细则》，明确市长批示跟进落实的工作机制程序，针对佛山市供给侧结构性改革等一系列重大事项开展专项督查。跟进市长碰头会，全年形成《督查专报》26份，《督查通报》6份。完成省、市人大政协建议提案办理工作，答复率100%、满意率100%。

【政务公开】 2017年，佛山市府办联合市委办公室出台《关于我市全面推进政务公开工作实施方案》，对未来几年全市政务公开工作进行系统部署。印发《佛山市人民政府办公室关于佛山市贯彻落广东省人民政府办公厅2017年全市政务公开工作的工作要点》《佛山市人民政府办公室政府信息公开保密审查暂行办法》，修订《佛山市人民政府办公室关于印发佛山市人民政府办公室公文公开属性标识管理办法的通知》，规范落实全市政务公开工作。全年收到政务信息公开申请129宗，全部交由相关单位跟进。完成共23期《佛山市人民政府公报》的编辑发行工作，刊登主动公开文件241份。是年，“网络发言人”平台、市府办公室微博等运转顺利，在第十六届中国政府网站绩效评估中，佛山市政府网在全国299个地市中连续7年排名第一。

【综合文稿起草】 2017年，佛山市府办发挥以文辅政职能作用，围绕市政府中心工作和市领导指示要求，做好文稿服务工作。全年完成各类文稿450余篇、240余万字。其中2017年市《政府工作报告》、季度经济形势分析会材料等一批重要文稿，反响良好。

【政务信息】 2017年，佛山市府办向广东省政府新闻信息处报送政务信息91篇，共计23万余字。其中《佛山市制造业转型升级工作情况》被省府办公厅选送至国务院办公厅，《佛山市贯彻落实“实体经济十条”企业降成本效果显著》获省长马兴瑞、副省长袁宝成批示，《春节后佛山市企业开工用工运行情况》等多篇信息被省府办公厅采用。

（郭 昊）

【应急管理】 2017年，佛山市应急管理部门以“健全体系、夯实基础、强化主业”为主要工作内容，主动适应经济社会发展新常态，适时调整市突发事件应急委员会成员，强化应急管理领导力量。以佛山市应急指挥中心升级改造为突破口，深入推进应急平台体系建设。强化风险隐患排查治理，构建风险防控体系，促进应急管理向精细化发展，有效防范和妥善处置各类突发事件，保障佛山经济社会持续、快速、健康发展。全年针对18个重点领域、行业开展风险隐患排查，排查出各类风险隐患777个，全部落实整改；督促指导全市26 247家企业开展应急演练43 875次；强化安全生产监管执法，出动执法检查人员22 954人次，检查企业5 125家，发出执法文书2 780份；妥善处置各类突发事件374起。

应急管理体系建设 2017年，佛山市强化应急管理制度建设，先后出台《关于进一步加强突发事件信息报告工作的通知》《佛山市突发事件现场指挥官制度实施办法（试行）》《佛山市突发事件现场指挥官工作规范（试行）》等工作规范，建立健全重大食品安全信息发布制度和食品药品应急联席会议制度，健全应急管理机制。针对佛山市经济社会发展面临的新风险、新情况、新问题，先后编制印发《佛山市森林火灾应急预案》《佛山高明苗村白石坳生活垃圾卫生填埋场突发事件应急预案》等预案，修订《佛山市大面积停电事件应急预案》《佛山市突发环境事件应急预案》《佛山市突发事件医疗卫生救援应急预案》等，完善应急预案体系。

应急指挥体系建设 2017年，佛山市适应新形势下的应急管理工作需要，推进“应急一张图”建设，对佛山市应急指挥中心全面升级改造，根据省委部署推进党委系统应急指挥中心建设，构建重大危险源非现场监管平台，建成佛山市食品药品安全突发事件应急指挥中心。6月，高明区应急指挥中心投入使用，标志着以佛山市应急指挥中心为核心，五区应急指挥中心为节点，各专业应急指挥平台为辅助，纵向互通、横向互联，集远程监控、风险预警、监管指导、事件处置、应急指挥等功能于一体的应急指挥体系初步形成。

应急保障能力建设 2017年，佛山市完善安全生产专家服务机制，市、区两级安全生产专家队伍176人，覆盖化工、机械、交通、医疗、建筑等20余个专业领域，广泛参与、服务企业安全生产工作。推进应急救援队伍建设，截至2017年，全市有应急救援队伍370

2017年9月22日，佛山市地震局、佛山市应急办联合举办佛山市2017年地震应急救援综合演练 （市应急办供图）

余支，22 600余人。扶持社会救援力量，在办公场所、训练场地和物资装备等方面给予支持，协助佛山市蓝天救援队扎根于南海、辐射全佛山，构筑公众参与应急管理新格局。建立灾害救助物资仓储网络，共设立市级仓储2个、区级仓储4个、镇（街）级仓储45个、村（社区）级仓储218个，各级仓储建设面积12.8万平方米，储存物资折款300多万元。加强应急避难场所建设，全市有室内、室外应急避难场所1 642个，比2016年增加416个；创建综合减灾示范社区，提高基层社区防灾减灾能力，有143个社区被国家减灾委、民政部授予“全国综合减灾示范社区”称号，主城区覆盖率超过60%。

风险防控　2017年，佛山市按照“重点领域，重点行业，专项突破，专项治理”的原则，针对18个重点领域、行业全面开展风险隐患排查和整改，排查出各类风险隐患777个，全部落实整改，整改率100%，特别是全面消除高明区荷城街道黄翁山和南海区里水镇逢涌村2处威胁100人以上重要地质灾害隐患点。组织开展安全生产领域城市风险点危险源排查管控工作，排查出各类安全生产风险点危险源5 032处，上传现场图片14 931张，编制应急预案9 464份，依托佛山市风险点危险源管控地理信息系统逐一建立风险管控档案，实现“一张图”和动态化管理，进一步巩固城市安全防线。

应急演练　2017年，佛山市制订《佛山市2017年应急演练全覆盖工作方案》，督促指导全市26 247家企业开展43 875次应急演练。坚持“以练为用，战训合一”，注重提升协同作战能力，先后组织开展佛山市2017年地震应急救援综合演练、危险化学品事故综合演练、城镇燃气突发事故应急救援演练等多个大型综合性演练，提升应急救援队伍的专业技能和实战水平，确保关键时刻有急能应、战之能胜。

突发事件应急处置　2017年，佛山市有效应对多轮强对流、强降水、洪水、台风（“天鸽”和“帕卡”）等自然灾害。按照“全覆盖、零容忍、严执法、重实效”的总要求，强化安全生产监管执法，出动执法检查人员22 954人次，检查企业5 125家，发出执法文书2 780份，立案79件，处罚106.66万元，保持“打非治违”高压态势，防范和遏制重特大生产安全事故发生。强化源头防控措施，遏制人感染H7N9禽流感疫情，严防寨卡病毒、埃博拉出血热等突出传染病入侵。成功处置“1·18”公交车爆炸案、“11·20”火灾等突发事件，完成2017年“行通济”大型年俗活动、2017广东（佛山）非遗周暨佛山秋色民俗文化活动等大型活动安保任务和党的十九大应急维稳工作，维护全市社会治安大局稳定。

（左　炜）

·行政服务·

【概况】　2017年，佛山市建成各级行政服务中心机构787个。其中，市级行政服务中心1个、区级行政服务中心5个、镇（街道）级行政服务中心32个、村（社区）级行政服务中心749个。全市按社会民生类、注册登记类、经营许可类、投资建设类、公安专项类，税务专项类设置综合服务窗口1 496个，全年“一门式”综合窗口办件量1 623.73万件。全市企业登记联合审批业务收件12 896件，累计发证12 762件，累计发证率98.96%。全市企业投资类业务件22 395件，其中，工程建设业务件11 591件、竣工联合验收业务件1 829件。是年，佛山市印发全市统一的“一网通办”和“一窗通办”审批服务事项通用指导目录，涉及55个部门1 833个事项。

是年，佛山市“互联网+政务服务”示范工程列入国家“互联网+政务服务”示范工程支持项目，佛山“一门式一网式”改革项目被评选为2017中国“互联网+政务”50强。

是年，市行政服务中心委托佛山科学技术学院对五区、市直单位开展的政务服务满意度测评工作，佛山市五区“政务服务满意度”均值得分93.6分，佛山市市直单位“政务服务满意度”均值得分97.7分。

【行政审批标准化建设】　2017年，佛山市行政服务中心开展行政审批标准化工作。一是完善目录，结合“一门式一网式”改革，编制并公布佛山市政务服务体系“一网通办”和“一窗通办”审批服务事项通用指导目录，涉及市、区、镇（街）、村（社区）四级共55个部门1 828项审批服务事项。二是加强监管，以市府办名义印发《佛山市行政许可和公共服务事项标准管理监督办法》并组织实施，明确市、区职能部门的主体责任，将标准化建设纳入日常抽查和考核评价体系（2017年针对所有部门事项标准的重点应用要素开展3轮检查，调整更新市级部门事项标准3 865项次）。

2017年8月25日，四川省委副书记、省长尹力（前右三）一行在广东省副省长黄宁生（前左三）、佛山市委书记鲁毅的陪同下到市行政服务中心考察“一门式一网式”政府服务模式改革情况

（市行政服务中心供图）

三是统筹管理，完成佛山市行政审批标准管理系统与网厅、市级“一门式”综合受理系统的对接；组织市级部门对各区反映的1 943个通用性标准适用问题进行协调统一；聘请第三方对各部门标准进行合法性、合理性、适用性评估。四是出台规范，制订材料标准、电子表单、电子证照、流程标准等应用规范，搭建材料库、电子表单、电子证照、电子签章等信息化支撑平台，实现47种材料部门间电子化复用，327份表单自动填写、智能核验。

【佛山市政府12345统一服务平台】 2017年，佛山市政府加大对佛山市政府12345统一服务平台的财政投入，解决人民群众对“12345平台”服务需求大、电话打通难的问题。通过团队制度探索改革、人员队伍快速扩充、话务系统替换、操作流程梳理、智能IVR语音调整等工作措施，“12345平台”运营团队从150人增加到300人的规模，电话接通率提高到80%以上，电话服务满意度99%。是年，“12345平台”电话及各网络渠道处理群众政务咨询、政务诉求、行政投诉、建言献策合计4 236 738人次，其中，电话服务处理量1 821 391人次、网络服务处理量2 415 347件次。“12345平台”向各区、各部门派发工单合计894 621件次，工单按时办结率99%，工单答复满意度93%。配合做好消费维权和市场监管工作，全年受理消费投诉40 082件，其中商品类投诉23 385件，服务类投诉16 697件；受理经济违法行为举报34 641件，办结32 124件。为佛山市委、市政府“企业暖春行动”做好服务，全年汇总243家企业反馈的问题诉求637条，分派办理率99.84%，企业满意率98.94%。落实群众诉求“一督到底”工作机制，佛山市政府办公室印发《佛山市人民政府办公室督查落实12345热线群众诉求工作细则》，全年启动市政府督查案例6件，包括南海区大沥镇治安联防费问题、顺德区杏坛镇企业偷排废气问题、南海区桂城街道暂停办理辖区外居住证问题、河涌整治执法力度不足、市区共享单车管理规范化问题、住房装修消费维权难，大部分问题都得到妥善解决。“佛山12345”微信公众号累计关注人数21.4万人，位列佛山市政府公众号影响力（WCI）的前20名，获选佛山十大特色政务微信。

是年3月，佛山市政府“12345热线”被广东省委宣传部、省文明办命名为“广东省学雷锋活动示范点”。5月，在北京举办的首届中国客户服务节上，佛山市政府12345热线管理中心副主任、运营总监涂园园入选中国客户联络中心行业“感动中国”十大励志人物；“佛山12345”工作人员赵贝获颁中国客户联络中心行业“最美客服人”称号。9月，在第三方评估平台（D3方）公布的“2017年上半年全国334个城市‘12345热线’检测结果”中，“佛山12345”名列城市总体排行榜前30名及“服务水平”排行榜第六名，获得“先锋奖”和“服务之星奖”。9月，“佛山12345”获2017大数据应用与客户联络中心国际系列峰会颁发“金音奖2017年度中国最佳客户联络中心奖——客户服务奖”。10月，“佛山12345”在2017年度“金耳唛杯”中国最佳客户中心评选中获得“卓越在线服务”大奖。

【公共资源交易服务】 2017年，佛山市公共资源交易中心及各分中心完成各类公共资源交易业务3 457项，成交金额1 367.28亿元，其中，建设工程交易项目1 371个，交易金额265.57亿元；政府采购项目867个，交易金额56.93亿元；土地交易214宗，交易金额935.9亿元；资产与产权交易752宗，交易金额7.6亿元；国企采购项目222个，1.27亿元；排污权交易31宗，交易金额0.12亿元。

按照整合改革“成熟一个、整合一个”的原则，配合有关部门推进各类公共资源交易业务的进场交易。4月，排污权交易业务正式运行。9月，前期物业管理招投标、业主（业主大会）选聘物业服务企业业务启动。

整合建立统一公共资源交易平台，推动公共资源交易的规范化、法制化、透明化。对全市对外服务事项进行统一清理，取消5项服务事项，精简45项事项的办事要件；按照省、市关于规范公共资源交易收费政策的要求，9月22日停止收取各类交易服务费并做好收费公示牌更改、收费许可证核销等相关工作；升级改造佛山市公共资源信息化综合平台，截至2018年1月2日，工程建设交易、政府采购、土地交易、排污权交易、国有企业采购、房地产物业管理招标等业务系统均已开发完成，实现各类公共资源交易业务全流程电子化。

是年，全市公共资源交易服务运作规范正常，未发生针对工作人员、交易服务工作的有效投诉，顾客满意度达98.77%。佛山市公共资源交易中心获2017（第四届）全国公共资源交易年会授予“2017年度全国优秀公共资源交易中心（市级）”称号。

【各区行政服务】

禅城区行政服务中心 2017年，佛山市禅城区行政服务中心以打造政务服务“首善之区”为总目标，重点推进自然人全生命周期服务、零跑腿、主题办等服务，推动一门式政务服务再上新台阶。推出自然人全生命周期服务事项，梳理8个主要人生阶段所需办理的行政服务事项136项，主动推送办事信息，提升关联事项办理水平。在自然人业务中推出容缺预审和容缺审批机制，5个部门47项事项74份材料纳入自然人一门式信任审批事项，全年业务量3 470件。完成智信禅城区平台（“IMI”身份认证平台）建设，10月27日，在政务服务领域推出首批应用，群众个人身份认证后可实现“一门式”政务服务20项事项“零跑腿”办事，其中8项事项实现材料零提交。37项人才服务事项实现一门式办理，其中人才引进、档案调动类等23项业务实现即收即办、立等可取。做好政府门户网站运营运维工作，拓展网站民生热线服务、企业服务领域专题，禅城区政府门户网站获第十六届（2017）中国政府网站绩效评估区县网站第二名，以及全国政务网站领先奖（区县级政府网站）。是年，禅城区“一按灵”市民服务平台全年业务量2 301 045件，其中热线渠道577 922件、即时通讯渠道166 726件、网络自助服务渠道1 556 397件；“一门式”总业务量277万多件，群众满意度99.86%。是年，禅城区行政服务中心被中央文明办评选为第五届全国文明单位，所派“一门式”团队参加广东省直单位第五届工作技能大赛暨市县机关工作技能邀请赛（以“禅城‘一门一网’创全国政务服务‘新样本’”为参赛作品）获工作创优类别第二名。

南海区政务管理办公室　2017年，佛山市南海区政务管理办公室创新推出多项政务服务改革，优化营商环境，助推品牌南海建设，取得明显成效。推进投资建设项目联合审批改革，出台《佛山市南海区投资建设项目联合审批改革实施方案》《佛山市南海区投资建设项目联合审批实施细则》等文件，将项目立项到取得施工许可证的审批时间从法定的300多个工作日压缩至46个工作日，企业办事人到现场次数从62次减少至32次，减少材料（核对原件）75项次。是年，南海区被省发改委确定为“深化投融资体制改革试点”，为全省深化投融资体制改革提供示范。在全省率先开展社会治理网格化标准体系建设，对184项入格社会治理事项全面归纳整理，完成标准编制，形成业务手册并发布实施。在全市首先推出“容缺受理”服务，截至年底推出三批126项容缺受理事项。推出政府扶持事项一窗通办，印发工作方案，10月，第一批75个政府扶持事项正式实施综合窗口统一受理。扩大跨城通办区域，与广州市白云区、花都区也实现跨城通办。扩大全区通办，再推出第五、第六批99项全区通办事项。是年，“南海民声”服务热线电话及网络渠道受理群众咨询、诉求等合计215 994人次，按时办结率100%。是年，南海区社会治理网格化先进标准体系被广东省质监局确定为2017年广东省现代服务业先进标准体系试点项目。构建社会治理网格化平台与行政审批系统、综合执法监督平台的互联互通，建立起审批—巡查—执法—信用的全链条管理。至是年底，南海区社会治理网格化平台收集巡查数据超过75万条，累计派发工单358万多件，发现问题事件76万多件，问题事件办结率99.73%。

顺德区行政服务中心　2017年，佛山市顺德区行政服务中心围绕“建设屹立珠三角、面向全世界的创新顺德”战略目标，稳步有序地开展和落实各项工作。推进“一门式一网式”改革，完成区级6类“一门式”综合窗口组建运营工作，升级完善“一门式”综合受理平台。推进“番顺通办”，7月底启动以“互设终端、互执标准、窗口对接、部门协同”为原则的番禺顺德跨城政务通办改革，全年实现顺德区设在番禺区可办事项29项，番禺区设在顺德区可办事项17项。推进企业投资管理体制改革工作，印发《顺德区投资建设项目审批事项目录汇编》。开展清理规范行政审批中介服务工作，清理规范两批行政审批中介服务事项99项。启动智慧城市建设项目，组织编制《顺德区智慧城发展规划（2017—2020年）》。升级完善政务数据共享云平台，建设顺德区政务数据服务网，向社会开放政务数据。推动政务网站实现信息无障碍交流服务并取得成效，12月21日，在北京举行的“中国信息无障碍公益行动”启动暨中国互联网协会信息无障碍工作委员会成立大会上，顺德区获颁“中国政务信息无障碍公益行动推动单位”牌匾，是广东省内唯一获颁该牌匾的县（区）级单位。拓展“顺德百事通”平台功能，开拓APP应用范围，全年新增APP平台功能大类80个、小类284个，同时开通微信版本，增设微信版专用功能（“顺德百事通”一站式便民综合服务移动信息平台获评“2017年广东省电子政务优秀案例”）。整合热线，累计整合63条区内职能部门对外服务热线（除“110”“119”“120”“122”等报警和应急电话外）至“22838180”，统一对外提供政务咨询和行政投诉服务，全年受理各类服务请求7 963人次，服务满意度为99.43%。

高明区行政服务中心　2017年，佛山市高明区行政服务中心围绕推进“一门式一网式”政府服务模式改革的要求，加快建设运转高效的政府服务体系，完善“e门政务、e窗通办”政府服务模式，为群众办事创业营造优良环境。推进“一门式 一网式”政务服务改革，印发《佛山市高明区加快推进“互联网+政务服务”暨深化“一门式一网式”政府服务模式改革实施方案》，明确重点工作。制订《佛山市高明区行政许可和公共服务事项标准监督管理办法》，完善标准监管规范长效管理机制。更新审批标准动态，全年累计完成佛山市行政审批和公共服务事项标准动态调整88批次。强化督查通报，构建应用反馈机制，确保行政审批标准的合法性、时效性和可操作性。标准全面嵌入业务系统，实现全流程标准化审批。规范“受审分离”，推广“一窗受理”，不动产业务实现“一窗通办”。拓展企业经营许可版块改革，成立经营许可综合服务窗口。应用统一平台，8月应用佛山市“一门式一网式”政务服务平台的企业投资建设网上申报主题式服务功能，9月上线佛山市自然人“一门式一网式”受理系统，涵盖175个事项。开展微信、APP办事，实现指尖预约、缴费、办事、领证的“指尖e服务”。是年，高明区村（社区）“一门式一网式”政务服务平台系统在全区72个村（社区）上线应用，涉及61项事项，全年系统累计受理26 200宗，办结25 849宗，累计办结率98.66%。高明区网上办事大厅可办理行政审批和公共服务类事项1 342项，事项全流程办理率97.05%，网上办结率98.14%。高明区“12345”热线全年下派限时回复工单11 076件。

三水区行政服务中心　2017年，佛山市三水区行政服务中心围绕区党代会提出“打造有为高效政府”的工作部署，以深化政务改革、创新服务模式为重要目标，推进各项改革工作。推进企业投资联合审批工作，成为佛山市企业投资建设“一门式一网式”改革工程报建并联预审试点，全年梳理事项目录193项，优化删除申请材料192种，完成办事指南编制；设立投资建设综合服务窗口对外服务，全年窗口受理项目367个，其中发放施工许可证45个；建立会商会审联席会议制度。开展网上行政审批系统建设，率先应用佛山市自然人“一门式一网式”综合受理平台，启动“中介超市”建设，获市编办批准成为全市中介服务改革试点。成立中介服务管理中心，同步推进实体“中介超市”服务大厅和网上“中介超市”信息平台建设，15项中介服务事项均已放开市场。是年7月起，三水区新录用的20名公务员到区中心一线窗口开展为期8个月的实践锻炼，创新新录用公务员锻炼模式，该创新人才培养经验获《中国组织人事报》刊登推广。10月10日，新成立的三水区投资项目审批代办服务中心启动运行，为企业提供投资项目全程服务。是

2017 年，佛山“一门式一网式”政务服务模式改革运用互联网、大数据等手段，依托“一窗受理”“一网通办”“一号申请”等基础载体，深入推进政府服务流程简化、信息共享和数据应用，让群众和企业办事更简单、审批更快捷

（市行政服务中心供图）

年，三水区“12345 平台”处理市热线工单量 13 247 件。

【“一门式一网式”政府服务改革“佛山模式”入选 2017 中国“互联网+政务”50 强】 2017 年 11 月 23 — 24 日，由中国社会科学院信息化研究中心、北京国脉互联信息顾问有限公司联合主办，以“智绘城市 数造未来”为主题的“2017 互联网+智慧中国年会”在北京举行，会上公布第三届（2017）中国“互联网+政务”优秀实践案例 50 强评选结果，佛山“‘一门式一网式’政务服务模式改革”榜上有名。该次评选的案例覆盖 17 个行业领域，涉及三大部委 19 个省 27 个城市，是根据《国务院办公厅关于印发“互联网+政务服务”技术体系建设指南的通知》相关要求与“互联网+政务”发展趋势，按照政务服务标准化、精准化、便捷化、平台化、协同化的具体要求，聚焦社会治理、公共服务与市场监管等领域，经过内部初审、专家评审，从 300 余份申报材料中优选出的。

【佛山市“互联网+政务服务”示范工程列入国家“互联网+政务服务”示范工程支持项目】 2017 年 4 月，国家发改委下达促进大数据发展重大工程和“互联网+政务服务”示范工程 2017 年（第一批）中央预算内投资计划，佛山市“互联网+政务服务”示范工程列入国家“互联网+政务服务”示范工程支持项目，是广东省两个得到该计划国家政策和资金支持的项目之一，另一个是广州市“互联网+政务服务”示范工程。国家发改委公示的促进大数据发展重大工程及“互联网+政府服务”示范工程拟支持项目名单中，共有 38 个大数据发展重大工程拟支持项目和 16 个“互联网+政务服务”示范工程拟支持项目。佛山市“互联网+政务服务”示范工程主要通过 7 种方式方法推进：一是开展“综合服务”，推行“一口受理、受审分离”；二是开展“标准服务”，推行“统一流转、标准运行”；三是开展“主题服务”，推行“一号申请、联合审批”；四是开展“网上服务”，推行“行政专递、两厅融合”；五是开展“预审服务”，推行“容缺受理、信任审批”；六是开展“自助服务”，推行“数据跑腿、就近办事”；七是开展“大数据支撑”，推行“数据统筹、信息共享”。

【市行政服务中心获“中国政务服务突出贡献奖”】 2017 年 9 月 25 — 27 日，由人民日报社中国城市报和国家大数据专业委员会联合主办，以“砥砺奋进的五年、中华复兴的力量”为主题的第二届全国政务服务论坛暨政务服务国际博览会在北京举行。会上，佛山市人民政府行政服务中心获颁“中国政务服务突出贡献奖”。该届论坛汇聚国内电子政务专家、各省市信息化和政务服务主管部门领导、业界知名企业代表及行业主流媒体代表，共同探讨“放管服”改革、互联网+政府服务、政务服务标准化、政务大数据发展。佛山市人民政府行政服务中心副主任罗帜光获邀在会上发表演讲，分享“互联网+政务服务”政府服务模式改革的佛山经验。2017 年，佛山市人民政府行政服务中心根据国家和省关于“放管服”改革部署，牵头推进佛山市互联网+政务服务暨“一门式一网式”政府服务模式改革，运用互联网、大数据等手段，推进互联网与政务服务的深度融合，努力建立服务流程优化简化、标准统一体验一致、政务数据互通共享、政民互动便捷高效的“互联网+政务服务”体系，推动佛山市政务服务水平提高和政务服务效能提升，营造法治化营商环境和政务服务环境。

（刘敏莹）

政协佛山市委员会

2017 年佛山市政协主席、副主席名单

主　席：杨晓光（任至 1 月）
　　　　熊志翔（1 月任职）
副主席：乔　平（女，任至 1 月）
　　　　谭家驹（任至 1 月）
　　　　马亮照（任至 1 月）
　　　　柳玉斌（任至 1 月）
　　　　郑灿儒（1 月任职）
　　　　唐冬生
　　　　葛承书（1 月任职）
　　　　骆毓林（1 月任职）
　　　　朱华仙（女，1 月任职）
　　　　万志康（1 月任职）
　　　　杨小晶（1 月任职）

【概况】 中国人民政治协商会议佛山市委员会于 2017 年 1 月进行换届。换届后的政协第十二届佛山市委员会由中共、民革、民盟、民建、民进、农工党、致公党、九三学社、无党派、共青团、总工会、妇联、青联、工商联、科协、台联、侨联、文化艺术、科学技术、社会科学、经济、农业、教育、体育、新闻出版、医药卫生、社会福利、宗教、特邀人士等29个界别组成，有委员366人，其中中共党员148人，占40%；非中共人士218人，占60%；新委员226人，占62%；女委员82人，占22%；具有高级职称的委员76人，占21%；大专学历以上的委员346人，占95%；港澳地区特邀委员37人，占10%。2017年，无委员增补、辞免、撤销的情况。经市政协十二届一次全体委员会议选举产生市政协第十二届委员会常务委员会，常务委员总数78人，其中主席1人、副主席7人、秘书长1人。新一届市政协设提案、经济科技、城建资源环境、文教体卫、社会和法制、港澳台侨和外事等6个专门委员会。2017年，市政协围绕市委、市政府的中心任务和工作大局，履行政治协商、民主监督、参政议政职能，开展专题协商3项、调研议政2项、专题视察活动11项。合并交办提案209件，编报《佛山政协信息》230期，为各民主党派、工商联、人民团体参政议政搭建良好平台，密切与港澳台侨人士的联系，推进公共外交活动，做好委员履职管理工作，开展文化交流、扶贫济困和公益慈善等活动，凝聚力量服务改革发展，发挥优势助推民生改善，协调关系促进社会和谐，为全面推动佛山经济社会发展作出贡献。

【坚持党对政协工作的领导】 2017年，佛山市政协坚持党对政协工作的领导，把思想政治建设摆在首位，把确保正确政治方向作为政协履职的根本前提和关键。发挥政协党组理论学习中心组的引领作用，把学习贯彻中共十九大精神作为首要政治任务，与学习贯彻习近平总书记对广东工作重要指示批示精神紧密结合起来，与学习《习近平谈治国理政》第一、第二卷结合起来，与推进“两学一做”学习教育结合起来，组织开展主题鲜明、形式多样的政治学习，推动政治学习制度化、常态化。政协党组成员、主席会议成员带头学习，带头撰写心得体会，带头作辅导报告，参加省委党校的学习培训，做好定点联系督导学习工作，把十九大精神贯彻落实到基层。全体政协委员和机关干部参加报告会、座谈会、研讨会等，加强政治学习，不断提高政治觉悟。通过学习教育，政协党组切实以习近平新时代中国特色社会主义思想统领工作，把方向、顾大局、保落实的能力不断增强，“四个意识”不断强化，发挥在政协组织中的领导核心作用；广大委员和机关干部进一步坚定中国特色社会主义道路自信、理论自信、制度自信、文化自信，同向同行的思想根基日益牢固，奋发有为的履职热情日益高涨，促进政协各项工作的深入开展。

【佛山市政协十二届一次会议】 2017年1月9—11日，中国人民政治协商会议第十二届佛山市委员会第一次会议在佛山召开。代表佛山市各民主党派、人民团体、社会各界及港澳地区特邀人士等29个界别的委员345人出席会议。市党政军领导到会祝贺，市各民主党派主要负责人，在佛山市工作、居住的省政协委员，没有安排担任政协第十二届佛山市委员会委员的市政府有关部门和中央、省驻佛山部分单位的领导，市政协历届正副主席、秘书长，海外华侨华人代表人士，台湾地区代表人士，市政协历届港澳委员联谊会常务理事代表和市政协机关副处级以上干部等85人列席会议，另邀请20名市民代表旁听开幕大会和闭幕大会。会议按照市第十二次党代会的部署和要求，进一步动员全市各级政协组织、各参加单位和广大政协委员把服务改革发展贯穿于政协履职全过程，为佛山率先基本实现社会主义现代化的目标作出新的更大贡献。会议审议通过政协佛山市委员会常务委员会工作报告和关于市政协十一届五次会议以来提案工作情况的报告；表彰市政协十一届五次会议以来的17件优秀提案，对130名2016年度履职考核优秀的委员、20名网络议政优秀委员和35名2016年度热心慈善公益、贡献突出的委员予以通报表扬；会议期间，委员们列席市十五届人大一次会议，听取并讨论《政府工作报告》及其他报告；会议按照政协章程和选举办法有关规定，以无记名投票方式选举产生十二届市政协主席、副主席、秘书长及常务委员。熊志翔当选主席，郑灿儒、唐冬生、葛承书、骆毓林、朱华仙、万志康、杨小晶当选副主席，骆毓林当选秘书长，马志成等69名委员当选常务委员。会议通过市政协十二届一次会议决议。中共佛山市委书记鲁毅在开幕会上讲话，市政协主席熊志翔在闭幕会上讲话。

2017年9月25日，佛山市政协召开十二届二次常委会议，围绕“全市职业教育发展情况”专题进行议政
（市政协供图）

【政协常务委员会会议】2017年，佛山市政协召开十二届一次、十二届二次常委会议。第一次常委会议传达学习全国政协十二届五次会议、省政协十一届五次会议精神；通报市政协常委会2017年工作要点；通报《佛山市政协及机关联系委员工作制度》；审议通过十二届市政协副秘书长，各专委会主任、副主任等人事事项并进行任命；会议还就市政协常委会议管理系统进行使用培训。第二次常委会议主要围绕“佛山市职业教育发展情况”专题进行议政，市政府副市长乔羽率市有关职能部门负责人到会听取意见。

【政治协商】2017年，佛山市政协坚持把关系市经济社会发展的重大问题和市委、市政府的重大决策作为民主协商的切入点，依托政协智力密集、人才众多的优势，通过政协全体会议、常委会议、各界别委员代表座谈会、大会发言、港澳委员座谈会，开展多形式、多层次的民主协商。市政协十二届一次会议期间，委员们就《政府工作报告》及其他报告进行协商讨论。在大会发言中，11名委员分别代表佛山市各民主党派、工商联，人民团体进行发言，5位委员进行即席发言，大家围绕提高制造装备的智能化水平、加大金融科技产业融合力度、开展美丽特色小城镇建设、培养轨道交通专业人才、推动佛山会展业提质增速、支持民营企业创新发展、打造工匠式职工技能人才队伍、推进志愿服务专业化、推进农村妇女参政等问题建言献策。市委副书记、市长朱伟，市委常委、统战部部长、副市长黄喜忠，副市长麦洁华、江楷鑫、赵海以及19个政府部门主要负责人听取大会发言，并当场对委员们的问题作出回应；召开各界别委员代表座谈会，29个界别37名委员就佛山市制造业发展、文化建设、环境保护及民生热点问题与市委书记鲁毅等领导面对面交流，反映各界群众的诉求，得到党委、政府的高度重视和认真研究。是年，市政协收到提案426件，立案286件，经合并后实际交办209件。通过市领导牵头督办重点提案、专委会重点跟踪办理提案、面向社会“开门办案”、提案办理“回头看”等举措，推动提案的转化落实。同时，创新开展市、区政协联合督办提案工作，联合三水区政协共同督办“促进广东财经大学（三水校区）加快发展”提案，促进相关工作落实。是年，佛山政协提案所提问题得到解决或建议得到采纳的占34.9%，列入计划解决或拟采纳的占61.3%，政协委员对提案答复满意率为86.6%，基本满意率13.4%。同年，市政协发挥各专门委员会的对口协商功能，围绕加快实施大数据发展战略、积极融入粤港澳大湾区建设和佛山企业“走出去”参与“一带一路”建设等专题，与政府有关职能部门开展协商，推动相关工作深入开展；就立法规划草案、新时期精准扶贫督查巡查工作办法、政府投资基金管理实施办法等70多份政策性文件征求意见稿提出意见和建议。

【调研议政】2017年，佛山市政协坚持把促进改革发展作为履行职能的第一要务，围绕提升佛山城市综合竞争力的重要问题深入调研议政，提出指导性和针对性强的工作思路和对策举措，为市委、市政府提供决策参考。

提升佛山市职业教育质量专题调研议政　聚焦佛山市制造业发展对一流职业教育的配套需求，针对存在问题提出对策建议，形成常委会议《关于大力提升职业教育质量助推制造业转型升级的建议案》报市委、市政府，提出把职业教育摆上更加重要的战略位置、以制造业转型升级为导向优化职业教育供给结构、多渠道深化校企合作、构建大数据平台等意见建议。调研议政成果得到市委、市政府肯定，市政府领导率领有关部门负责人到市政协开展专题协商，研究吸纳相关建议。

促进村级工业园全面整治提升专题调研议政　剖析佛山市村级工业园存在的问题及原因，总结各地村级工业园改造的成功模式，形成主席会议《关于探索新路径促进村级工业园全面整治提升的建议案》报市委、市政府。建议案提出强化政府担当加快整治提升步伐、强化工业用地保护加强土地资源保障、强化规划统筹、强化建设投入等对策建议，得到市委、市政府高度认可。市委主要领导认为建议案摸清了情况，找到了症结，要求有关部门要用好、用足现有“三旧”改造政策，切实向村级工业园要创新发展的空间、要生态提升的空间、要优质生活的空间。市政府主要领导专门主持召开专题协商座谈会，共同探讨协同推进、标本兼治的综合改革举措，明确提出向村级工业园要发展潜力和空间的要求和部署。

加快实施创新驱动战略专题调查研究　为助推佛山打造国家制造业创新中心，加快形成“世界科技+佛山智造+全球市场”的创新发展模式，组成专题调研组，前往中国科学院深圳先进技术研究院深入调研，推动与先进技术研究院的合作对接，形成政协党组《关于佛山市政协同中国科学院深圳先进技术研究院直接对接的情况报告》报市委。报告建议佛山与先进技术研究院共建创新成果转化基地、共同培育和建设一批重大创新平台、引进先进技术研究院“科教融合”的办学理念和模式、借力提升佛山智能制造水平等思路对策，被市委列入市重大改革创新事项。

落实市委重要部署的调研指导　按照市委要求，开展“打造有为政协平台，广泛凝聚推动经济社会发展强大动力”专题调研，根据新时代对人民政协工作的新要求，提出打造委员履职尽责平台、打造港澳台侨胞团结联谊平台等对策措施。根据市委部署，开展“企业暖春行动”、挂点联系大型骨干企业、挂点联系特色小镇创建、驻点督导安全生产等工作，深入基层和企业开展调研，加强指导，及时帮助解决实际困难和问题。

【民主监督】2017年，佛山市政协把履职为民的参政理念贯彻到政协各项工作中，切实体察民情、反映民意、集中民智、为民谋利，推动民生政策措施落到实处。组织委员对基层大健康工程建设、农业供给侧结构性改革、广佛互联互通、青少年特殊教育、特色小镇建设等11个专题开展视察。针对视察中发现的问题，提出建设性意见建议，并形成专题视察报告送市委、市政府。《关于佛山科学技术学院高水平理工科大学建设情况专题视察报告》提出打造重点学科和特色专业、加强仙溪校区及周边环境整治和升级改造、争取早日建成高水平理工科大学等建议，得到市委、市政府高度重视，被纳入高水平理工科大学建设工作领导小组决策参考，市委办专门发出督办通知，要求相关职能部门跟进研办；《关于我市食用农产品快速追溯体系建设情况视察报告》提出继续加强食品安全责任落实、加快推进食用农产品快检体系建设等建议，被作为佛山创建国家食品安全示范城市的重要举措。是年，佛山政协推荐委员担任政府有关部门和司法机关的特邀监督员，参加全市绩效评议、有关听证会、监督评议检查活动，参加民生直通车、时政热点评论等新闻媒体节目。委员们大胆履行民主监督职责，为促进各项政策举措落到实处发挥积极作用。

【委员履职管理与服务】 2017年，佛山市政协分期分批全面培训新任政协委员，努力打造一支“懂政协、会协商、善议政”的政协委员队伍。建立主席会议成员联系29个界别及五区政协，以及主席会议成员联系常委、专委会联系界别委员的“双直联”制度，努力实现联络委员全覆盖、服务委员全到位。畅通网络议政渠道，引导委员在“委员之家”网络互动平台上建言献策，及时编印网络议政专报送市委、市政府。通过规范管理和周到服务，委员们的履职使命感和社会责任感不断增强。

【社情民意信息工作】 2017年，佛山市政协围绕中央、省、市的决策部署和人民群众普遍关注的民生问题，向全国政协、省政协、市委和有关领导报送社情民意信息，为各级党委掌握动态、分析形势、科学决策提供帮助。全年收集各类社情民意信息2 026篇，编报《佛山政协信息》普刊230期，转送5期，其中，被全国政协、省政协采用15篇，省委、市委采用55篇，市主要领导批示1篇，市有关部门办复3篇。市委主要领导对市政协社情民意信息工作作出专门批示，认为政协信息工作宣传佛山、推介佛山，值得表扬。

【“明星名嘴”政协委员电视时评栏目】 2017年11月6日，佛山市政协与佛山电视台合作打造的“明星名嘴”政协委员电视时评栏目启动。该栏目在深度时评节目《观点佛山》上推出，成为特色鲜明的政协委员履职新平台。10名来自不同界别、不同领域、不同党派的政协委员受聘为2017—2018年度佛山电视台特约时事评论员，他们全面参与“明星名嘴”政协委员栏目制作，发出委员们积极向上的好观点、好建议，共同展现佛山政协委员敢言、能言、善言的崭新形象。

【团结联谊】 2017年，佛山市政协把握团结和民主两大主题，发挥人民政协发扬民主、团结合作的重要平台作用，做好协调关系、增进理解、加强合作等工作，营造和谐政协的良好氛围。

民主党派、工商联、人民团体参政议政平台得到拓展 市政协重视民主党派、工商联、人民团体的集体提案、大会发言、社情民意信息等，共同开展调研、视察、提案督办和专题协商等活动，为他们履职尽责、发挥作用搭建更好的平台。巩固完善中共政协党组成员与各民主党派负责人沟通联系制度，坚持政协秘书长与各民主党派、工商联秘书长（办公室主任）联席会议制度，共同研究政协工作，不断巩固和发展多党合作的良好政治格局。是年，各民主党派、工商联、人民团体积极参加政协组织的各项协商议政、民主监督活动，在政协履职过程中发挥重要作用，共提交集体提案42件，反映社情民意信息944篇，其中，关于加快建设装备制造业强市、推进轨道交通建设、实施大数据战略、开展特色小镇建设等方面的提案和信息，得到市委、市政府的重视和采纳。

与港澳台胞海外侨胞的交流联系更加密切 市政协通过召开港澳委员座谈会和拜访港澳委员、重要社团职首、知名人士等形式，及时传达中共十九大精神、宣传国家方针政策、通报佛山经济社会发展情况和政协工作情况；组织港澳委员在内地开展考察、视察活动，为港澳同胞在内地投资兴业牵线搭桥；加强与离任港澳委员的联系，鼓励他们继续为推动港澳社会繁荣稳定、推动佛港澳交流合作作出贡献。组团赴台湾商讨经贸文化合作，与来访的台湾桃园文化局磋商文化合作事宜，邀请台湾地区人士列席政协全会，推动佛山与台湾交流合作。加强与知名侨领、华侨华人的联系，接待东非中国和平统一促进会、马来西亚佛山总商会等海外侨团侨领，邀请海外华侨华人列席政协全会，凝聚侨心、汇聚侨力。

民间外交活动 市政协以佛山公共外交协会为依托，开展民间外交活动，讲好佛山故事、传播佛山声音。组团赴马来西亚、柬埔寨、越南等国开展经贸交流活动，跟进重点经贸合作项目——“马来西亚汝来佛山建材城”的建设落实，促进佛山与东盟相关国家在招商引资、经贸、侨务、友城等领域开展广泛

2017年，佛山市政协与佛山电视台合作打造“政协名嘴”政协委员时评栏目，“政协名嘴”陆续亮相《观点佛山》。图为11月1日，市政协主席熊志翔接受佛山电视台《观点佛山》专访 （市政协供图）

合作。组团赴意大利、奥地利、匈牙利等国开展考察访问活动，拜访当地多个经济商会，助推佛山企业“走出去”开拓欧洲市场。参加第九届世界华人经济峰会，联合承办“一带一路”印尼—广东产业对接会，派员参加国家、省有关公共外交活动，配合做好全国、省、市相关的涉外工作。

与各级政协密切沟通　市政协协助全国政协、省政协和省内外兄弟政协开展深化高等教育综合改革、人工智能的发展与对策、军民科技融合创新发展等多项调研考察活动。拜访广东省政协，就提案、社情民意信息等工作开展学习交流；加强与驻佛山的广东省政协委员的联系，就“省市政协委员联动履职和创新民主监督方式方法”专题开展调研。加强对各区政协的工作指导，坚持市政协与各区政协主席工作会议、秘书长办公室主任联席会议制度，召开全市政协信息工作会议，与各区政协联合开展视察、调研等活动，推动全市政协工作协同发展。

政协宣传　市政协与佛山电视台合作、策划、制作3集村级工业园调研系列深度报道片和5集市领导牵头督办重点提案的系列深度报道片，在佛山电视台《六点半新闻》栏目播出，扩大“有为”政协的社会影响力。打造“明星名嘴”政协委员电视栏目。《人民政协报》专版报道市政协履职工作新亮点。《佛山日报》开设“佛山政协委员风采”专栏报道市政协委员履职尽责新成效。是年，各大主流媒体对佛山市政协履职活动的相关报道约200篇。同年，市政协注重发挥政协在存史、资政、团结、育人等方面的优势，深入挖掘、宣传佛山历史文化资源。与佛山市炎黄文化研究会合作编辑《佛山历史人物录》第三卷近40万字，收录佛山历史人物85人。编辑《佛山文史资料选辑》共5卷1 300多篇，近200万字。依托佛山政协书画院，举办第三届书画作品展、国画作品展。

【“广州佛山互联互通，发挥枢纽服务功能”对接交流会】 2017年7月28日，佛山市政协与广州市政协联合召开“广州佛山互联互通，发挥枢纽服务功能”对接交流会，邀请近300家佛山企业到会共商产业对接，并就共建面向粤港澳大湾区的现代综合交通运输体系、深化产业合作助推企业“走出去”、扎实推进生态环境共治和民生服务共享等话题进行深入探讨。广州市政协主席刘悦伦、佛山市委书记鲁毅、佛山市政协主席熊志翔等领导出席交流会，推动广佛两地深度融合、优势互补、协同发展。

（程　宏）

纪检监察

2017年中共佛山市纪委书记、副书记名单

书　记：黄　力（任至3月）
　　　　梅河清（5月任职）
副书记：裴广明
　　　　宋会勇
　　　　龚嘉明

【概况】 2017年，佛山市纪检监察机关围绕迎接党的十九大胜利召开和学习宣传贯彻党的十九大精神，以习近平总书记对广东工作重要批示精神为统领，以建设廉洁佛山为目标，强化“四个意识”，坚定“四个自信”，忠诚履职，开拓进取，强化巡察问责，组织开展2轮常规巡察，对市环境保护局等11个市直单位党组织进行巡察；严格落实“一案双查”，严肃查处“两个责任”落实不力的行为，全年问责48名党员领导干部；严明政治纪律和政治规矩，查处违反政治纪律问题18人次；坚持用好监督执纪“四种形态”，运用“四种形态”处理3 558人次，其中第一种形态2 292人次，占65%；保持惩治腐败高压态势，全年受理信访举报2 697件次，处置问题线索3 334条，立案1 207件，结案1 278件，通过执纪审查直接挽回经济损失12.26亿元；加大纠治“四风”力度，查处违反中央八项规定精神问题33起55人；深化基层正风反腐治理，开展领导包案下访工作，市、区两级纪委班子成员共包案64件；继续开展廉洁试验区建设，积极探索廉政监督制度创新，推进廉政监督智能化发展；加强新闻宣传策划，加大宣传力度，营造崇廉尚洁的社会氛围；以实施“七大工程”为抓手深入学习贯彻党的十九大精神，激发新时代纪检监察干部的政治责任和担当精神；扎实有序推进监察体制改革试点工作，推动市、区两级检察机关涉改干部顺利完成转隶；强化自我约束监督，全年收到反映纪检监察干部问题线索31条，处置29件，立案查处2件2人；纪检监察工作取得新的明显成效，全市政治生态持续好转，反腐败斗争压倒性态势已经形成并巩固发展。

【市纪委十二届二次全会】 中共佛山市第十二届纪律检查委员会第二次全体会议于2017年1月24日召开。全会传达学习中共中央总书记习近平、广东省委书记胡春华重要讲话精神以及十八届中央纪委七次全会、省纪委十一届六次全会精神，听取市委书记、人大常委会主任鲁毅的重要讲话。会议审议并通过市委常委、市纪委书记黄力代表市纪委常委会所作的《坚持改革创新，深化标本兼治，推动全面从严治党向纵深发展》的工作报告和全会决议。市纪委委员、市直副局以上单位纪检组长（纪工委书记）、中央和省驻禅各单位的纪检组长（纪委书记）、市纪委机关各室（部）负责人及副处级以上干部、市纪委派驻（出）机构副处级以上干部、各区纪委副书记、市政府特约监察员参加会议，并与市几套班子党员领导干部、全市副处级以上党员干部，听取市委书记鲁毅的讲话。鲁毅科学分析“四个更加”的新形势新任务新要求；明确提出目标任务；强调要增强管党治党意识，推动佛山市全面从严治党向纵深发展，压实压紧全面从严治党主体责任，进一步筑牢理想信念的思想根基，切实加强和改进党内政治生活，不断提升党内监督的实效，努力开创佛山经济社会发展新局面。全会总结回顾2016年全市党风廉政建设和反腐败工作，全市各级党组织落实全面从严治党要求，加强党风廉政建设和反腐败工作，“两个责任”落实，纪律和作风建设推进，腐败蔓延势头得到遏制，预防腐败更加科学有效，纪检监察队伍综合素质不断提升。全会部署了2017年五个方面工作任务：履行党内监督专责机关职责，促进全面从严治党落到实处；持续深化作风建设，推动中央八项规定精神落地生根；力度不减、节奏不变，持续保持惩治腐败的威慑力；继续创新微观制度，推进预防腐败体系建设上新台阶；深化纪律检查体制改革，建设一支让党放心、人民信赖的队伍。市经信局、市民政局、市商务局、市体育局和市民族宗教事务局党委（党组）主要负责人向市纪委全会作述责述廉述德报告。

【纪律审查】（见82页《纪律审查》）

【佛山市企业维护合法权益投诉指引出台】2017年，佛山市纪委监察局为贯彻落实中共中央《关于完善产权保护制度依法保护产权的意见》，规范公务行为，营造良好的政务环境和营商环境，研究出台《佛山市企业维护合法权益投诉指引》（简称"《指引》"）。《指引》从侵占企业合法财产、干预企业自主经营、扰乱市场公平竞争、损害企业获得公共服务的权利等角度，明确22种损害企业合法权益的具体情形，例如公职人员利用操办婚丧喜庆事宜借机向企业敛财、利用职权违规违法向企业筹资筹劳等。《指引》健全保护机制，以消除企业投诉的后顾之忧，一方面，《指引》明确将投诉内容和投诉人信息视同密件管理，凡对泄露、扩散、窃取投诉内容的，按有关法律法规处理；另一方面，《指引》借鉴淘宝购物追加评价理念，创新建立二次评价机制。为保证投诉处理效果，依托佛山"12345平台"，增设企业投诉监管模块，设立企业投诉服务专员岗位，并建立全程催办督办机制，自接到投诉件起3个工作日内，投诉服务专员需作出受理与否决定，并分派至相关部门办理。为扩大知悉范围，市纪委监察局督促指导市行政服务中心印制1万册《指引》，在市、区、镇各级行政服务中心供企业浏览应用。

【党风廉政建设大数据平台上线运行】2017年，佛山市纪委监察局推进党风廉政建设大数据平台建设应用，平台正式上线运行。为打破以往佛山各部门的数据各自为政，形成"信息孤岛"问题，党风廉政建设大数据平台打破数据壁垒，成功接入与党风廉政建设相关的11个业务系统，可对佛山市公安局、社保局、住建局等15个单位35类信息数据进行查询，实现纪检监察机关与司法、政府职能部门的数据共享。通过审批授权，纪检监察人员可查询佛山本地被调查对象的不动产、车产、社保等个人详细信息。平台不仅具备实时监控功能，还能对政府部门的工程投资、工程建设、政府采购、土地交易、招投标、权力运行、三重一大、三公经费、行政投诉、"四风"投诉、婚丧嫁娶等11类廉政信息进行精准分析研判。平台运行后，一方面缩短纪律审查前期的工作准备周期，确保及时有效获取审查信息资料，还增加工作保密性；另一方面，对基层派驻纪检监察机构来说，大数据平台通过信息系统自动收集所驻部门日常工作中的廉政信息，既为派驻纪检监察机构开展监督执纪问责提供有力抓手，也增强派驻机构发现问题和处理问题的能力和威力，党风廉政建设向基层延伸。

【监察体制改革试点】2017年，佛山市纪检监察机关推进监察体制改革试点工作。市委带头担负改革试点主体责任，成立市深化监察体制改革试点工作小组，制订实施方案和时间表、路线图。市、区两级检察机关涉改干部已顺利转隶。坚持内涵发展，聚焦人员转隶环节，突出思想政治工作，对转隶人员开展全覆盖谈心谈话，推动合编、合心、合力。做好市、区监委班子成员提名考察、检察机关有关案件线索移交和资产划转、监委办公场所和留置场所的安排等工作，落实市纪委、市监委内部执纪监督和审查调查部门分设的要求。研究纪法衔接、法法衔接和规范监督执纪监察工作等关键性问题，加强宣传舆论引导，保证改革平稳过渡和大局稳定。

【廉政小品曲艺创作大赛】2017年7月27日，佛山市纪委监察局为营造崇廉尚洁的社会氛围，发挥廉政文化的引领作用，在金马剧院举行佛山市廉政小品曲艺创作大赛。上台参加比赛演出的7个小品及2个曲艺优秀作品是从选送的23个作品中经专家评审选出，包括小品《一字万金》《谁怕谁》，曲艺表演《反腐倡廉荡新风》，话剧小品《大山会记得》等。其中，小品《睡在我上铺的兄弟》生动地讲述海外归来的商人探访大学室友的故事，通过系列跌宕起伏的情节和诙谐幽默的舞台表演，弘扬清风正气。经严格审评，最终小品《大山会记得》和《睡在我上铺的兄弟》获评一等奖，南海区文化体育局和三水区纪委监察局获得组织奖。市委常委、市纪委书记梅河清，省纪委宣传部副部长姬广刚等为获奖选手颁奖。该次廉政小品曲艺创作大赛是全市纪律教育学习月活动的重要内容之一，旨在通过活动让党员干部接受思想教育和纪律洗礼，引导广大党员干部自觉加强党性修养，增强廉洁从政意识，筑牢拒腐防变思想防线。

（孙学良）

2017年7月26日，佛山市廉政小品曲艺创作大赛在金马剧院举行

（市纪委供图）

民主党派·工商联

手机扫码阅读

中国国民党革命委员会佛山市委员会

【组织概况】 中国国民党革命委员会佛山市委员会成立于1956年12月。1955年4月，民革佛山市支部筹备小组成立，对1949年10月前在广州或香港参加民革前身的“民联”“民促”组织又在佛山工作的王应杰等7人进行登记，成为支部筹备小组的第一批党员。随后，联系原中国国民党及与原中国国民党有历史关系的中上层人士，从中选定52人，按民革章程要求进行培养，并逐步吸收他们参加民革组织。在1955年至1957年间发展党员64人，实有党员72人。1956年12月，民革佛山市第一次党员大会在佛山召开，民革佛山市委员会正式成立。第一届市委会主委为黄志腾，第二、第三、第四、第五、第六届市委会主委为王应杰，第七届市委会主委为黄沪芳，第八、第九、第十、第十一届市委会主委为杨军辉，第十一、第十二届市委会主委为唐冬生。主要成员和所联系对象是同原中国国民党有关系的人士、同民革有历史和社会联系的人士、同台湾各界有联系的人士、社会和法制专业人员以及其他人士，着重吸收其中有代表性的中上层人士和中高级知识分子。截至2017年底，全市有党员336人，其中分布在教育界113人、新的社会阶层70人、医卫界62人、公有经济界44人、其他界别47人。党员男性204人，女性132人，平均年龄54岁，大学以上文化251人，中级、高级职称254人。设有6个总支、20个支部，设有参政议政等6个专门委员会。

【组织建设】 2017年，民革佛山市委员会发展新党员33人，调入党员1人。10月，民革佛山市第十二届委员会第九次（扩大）会议审议通过，增补关紫云、潘伟为民革南海区第六届总支部委员会委员。12月，民革佛山市十二届十次委员（扩大）会议审议通过，增补胡永强为民革禅城区第四届总支部委员会委员。12月，佛山市新的社会阶层人士联合会成立大会召开，杜睿等4名民革党员当选会员。

8月，刘建华等8名党员分别被选任为民革广东省十三届委员会各专门委员会委员，并应邀出席民革广东省十三届委员会各专门委员会换届大会暨参政议政骨干培训班。11月20日，在民革全国组织建设、社会服务、参政议政工作表彰会上，民革市委会获“民革全国参政议政工作先进集体”“民革全国社会服务工作先进集体”称号，渠铮获“民革全国组织建设工作先进个人”称号、刘建萍获“民革全国参政议政工作先进个人”称号、简观德获“民革全国社会服务工作先进个人”称号。12月，民革广东省委会召开咨询委员会暨高层协商专家委员会成立大会，主委唐冬生被聘为高层协商专家委员会委员，原主委杨军辉被聘为咨询委员会委员。

【参政议政】 2017年，在省政协十一届五次会议上，省政协委员、民革佛山市委会主委唐冬生提交3件提案，内容涉及特色小镇建设等领域。在市政协第十二届一次会议上，主委唐冬生再次当选为市政协副主席，副主委渠铮、刘建萍当选为新一届政协常委，李蕾等6位党员被推荐为新一届市政协委员。副主委刘建萍代表民革市委会作题为《建议“创新驱动、质量提升”双引领，加快建设装备制造业强市》的大会发言；《关于大力弘扬“工匠”精神，助力佛山高端制造发展的建议》等7件提案获市政协十一届五次会议以来优秀提案奖。谢伟松等7位委员获2016年度履职考核优秀委员奖；谢伟松、朱延通获2016年度网络议政优秀委员奖。以民革市委会或民革市政协委员名义提交提案79件，其中，《建议“创新驱动、质量提升”双引领，加快建设装备制造业强市》和《关于加快实施佛山大数据发展战略的建议》分别被定为市委书记督办案和市政协主席督办案，《关于大力开展我市特色小镇建设的建议》和《关于促进我市职业院校建设发展的建议》分别被定为市政协城资委和文教委跟踪办理案。与此同时，民革佛山市委会有12人分别当选新一届的市及各区人大代表，专职副主委刘建华当选市人大常委会委员。代表们在市十五届人大一次会议上，提交或参与提交切实可行的议案、建议6件；在市十五届人大二次会议上，副主委刘建华当选内务司法委员会委员，党员石晓明、曾靓当选华侨民族宗教外事委员会委员。

是年，民革佛山市委会向市政协报送各类信息70条，其中，市政协采用的16条、市委采用4条、全国政协采用的2条。而向市委统战部报送的70条信息中有4条被采用，此外向民革省委会和民革中央报送68条信息，有效扩大民革佛山市委会信息工作的影响面。3月，市委会被评为统战系统信息工作先进单位三等奖，邓福军被评为2016年度全市统战信息工作先进个人。5月，在市政协2017年信息工作会议上，市委会获市政协社情民意信息工作先进集体三等奖，李蕾获先进个人三等奖。6月，市委会获民革广东省委员会“社情民意信息工作先进集体”称号。

是年4—7月，民革佛山市委会主委唐冬生和办公室主任李蕾参加市政协“大力整治提升村级工业园，促进佛山市产业加快转型升级”专题调研，形成建议案为市委、市政府科学制订相关政策提供有价值的参考。9月，民革佛山市委会祖统工作专委会、顺德总支联合民革仲恺农业工程学院支部及个别相关社会组织联合举办都市农业绿色发展调研座谈会，仲恺农业工程学院现代农业研究院院长王明星作题为《都市农业与农业旅游》的专题讲座，青岛加中农业科技有限公司执行董事徐刚介绍了新一代基因技术的应用。6月民革佛山市委会上报民革省委会的《关于农村土地流转过程中的存在问题及其对策建议》入选年度民革省委会重点调研课题，11月形成调研报告及省政协提案。

【社会服务】 2017年5月13日，民革佛山市委会博爱健康大讲坛开讲，活动邀请民革党员、市第一人民医院主任药师朱斌和市中医院内分泌科主任、主任医师、教授王甫能作健康专题讲座。6月1日，民革市委会主委唐冬生、专职副主委刘建华、秘书长李蕾、市委会社会服务委员会主任谢义忠以及党员伍宇漩等一行到市社会福利院慰问孤残儿童，向孩子们致以诚挚的节日祝福并送上童车、保温杯、零食等节日礼物，同时也向照顾他们的工作人员表示亲切的问候。

【佛山、珠海、江门三地民革新党员联合培训班】 2017年6月8—9日，民革佛山市委会联合珠海、江门两地市委会在广东省社会主义学院举办新党员培训班。民革佛山市委会有33名新党员与珠海、江门两地民革新党员一起参加培训。省社会主义学院副院长鲁开垠、民革省委会副主委于欣伟以及民革佛山市委会主委唐冬生、民革珠海市委会主委潘明和副主委曹灿、民革江门市委会副主委侯明飞等领导出席培训班开学典礼。在为期一天半的培训中，新党员们接受“民革党史”“提案信息与调研报告的撰写”“学习贯彻习近平总书记对广东工作重要批示精神”等专题培训，并参观孙中山大元帅府、廖仲恺何香凝纪念馆等，通过现场教学接受一次生动的民革历史和革命传统教育。

【“观故居，走多党合作之路”活动】 2017年，结合贯彻中共十九大精神和纪念民革成立70周年，民革佛山市委会继续开展“观故居，走多党合作之路”活动。12月2—3日，组织2017年参政议政积极分子40余人在市政协副主席、民革市委会主委唐冬生的带领下赴广西梧州、广东罗定两地参观民革前辈李济深故居及蔡廷锴故居。市委会副主委刘建华、刘建萍，秘书长李蕾、副秘书长朱延通等参加活动。年内，民革佛山市委会还先后接待到佛山高明参观谭平山、陈汝棠故居和纪念馆的广西梧州、福建福州和莆田、陕西渭南、甘肃省等省、市民革组织代表。

（民革佛山市委会）

中国民主同盟佛山市委员会

【组织概况】 佛山民盟组织建立于1951年，1956年成立中国民主同盟佛山市委会。第一届市委会主委为高炎，第二届市委会主委为戴翼丰，第三至第五届市委会主委为陈历，第六、第七届市委会主委为何国基，第八届市委会主委为谢颂凯，第八、第九届市委会主委为冯正廷，第九至第十一届市委会主委为谭钦德，第十二、第十三届市委会主委为杨锡基，第十四届市委会主委为赵新文。主要成员和所联系的对象是从事文化教育以及科学技术工作的高级、中级知识分子。至2017年底，全市有盟员955人，其中分布在教育界、科技界719人。盟员男性573人、女性382人，平均年龄54岁，大学以上文化796人，高级、中级职称797人。民盟佛山市委会下设一个区委会（顺德区委会）、7个总支，共43个支部。

【组织建设】 2017年，民盟佛山市委会发展新盟员39人，净增率4.2%。新建“盟员之家”5个。举办“不忘合作初心 继续携手前进”专题教育活动、“参政党思想建设研讨班”和“学习贯彻习近平总书记‘7·26’重要讲话精神 迎接中共十九大胜利召开”专题培训班等，教育引导盟员牢固树立“四个意识”，坚定“四个自信”，思想建设取得新成效。召开民盟佛山市委十四届第五、第六、第七、第八、第九、第十次（扩大）会议，加强政治引领、工作引领和作风引领，贯彻民主集中制，提高领导班子和代表人士“五种能力”（政治把握能力、参政议政能力、组织领导能力、合作共事能力、解决自身问题能力），切实履行职能，出台《民盟佛山市委五年工作规划（2016—2020年）》和《民盟佛山市委关于加强参政议政能力建设的意见》，努力建设中国特色社会主义参政党。主动走访各区区委统战部和佛科院党组织统战部，促进党盟关系发展。是年，市民盟组织有省人大代表1人，市人大代表9人（其中常委1人），市政协委员15人（其中常委4人），区人大代表、政协委员55人，省、市特约监督员、检察员3人，市新的社会阶层人士联合会常务副会长1人。

【参政议政】 2017年，民盟佛山市委会向市政协十二届一次大会共提交提案36件，其中立案24件。副主委方小兵代表民盟作题为“从人口红利转向机器人红利，把佛山建设成为站在机器人肩膀上的城市”的大会发言，盟员陈洪在参加各界别委员座谈会上就佛科院建设高水平理工科大学进行发言，盟员敖斌、刘吉平、钟宏伟等在会上发言。民盟佛山市委会的《关于积极构建佛山环自贸区域的建议》、盟员夏树发和黄漱流的《关于让政府扶持小微企业政策更接地气的建议》、黄漱流的《关于加快佛山海绵城市建设的建议》获优秀提案。在佛山市第十五届人民代表大会第一次会议上，民盟代表共提交议案6件。民盟佛山市委会主委赵新文当选市第十五届人民代表大会常委会委员，盟员宋炜当选广东省第十三届人民代表大会代表，盟员张水堂、黄维、何宽军、黄敏盛当选佛山市第十五届人民代表大会专委会委员。

是年，民盟市委会参加中共佛山市委、市政府各类专题协商会、座谈会、征求意见会等10余次，在广东省第十二次党代会工作报告征求意见会、佛山市重要人事安排协商会、佛山市各民主党派负责人暑期座谈会等多个会议上作表态发言，提出的意见建议得到党委肯定，切实履行参政党的职能。同年3月，民盟市委会主委赵新文致信中共佛山市委书记鲁毅，建议佛山承办第二十二届全国发明展览会暨第二届世界发明创新论坛，该建议得到肯定和采纳。12月，佛山市市长朱伟主持召开专题协商会议，研究民盟市委关于实施“标准化+”的建议，决定将该建议纳入政府工作计划。

【社会服务】 2017年，民盟佛山市委会创新社会服务形式，拓展社会服务渠道，社会服务工作有成效。4月，民盟市委会通过社会整合资源，与佛山粤剧院合作开展社会服务活动，争取社会企业赞助经费推动大型话剧《铁血道钉》全国巡演佛山首站多场演出，到场观演的中学生超过3 000人；7月，民盟市委会与太原市文联联合在太原市举办“士兵——抗日山西战场军人影像展”，依托盟员蒋晖等拍摄的珍贵影像资料呈现伟大的抗战精神；8月，盟员丁之文投资拍摄的佛山市第一部院线电影《顺德人家之合家欢》全球首映；9月，盟员张思中牵头主办的“首届粤港澳大湾区大型基建项目管理创新高峰会”在佛山隆重召开，以民盟之力为佛山参加“粤港澳大湾区”建设贡献智慧和力量。

年内，佛山光明职校完成学生的转学安置、合同制教职员工的补偿安置、公办教师的转岗安置以及与相关合作单位的合同处置等工作，退出全日制中等职业教育办学，为下一步转型为新型社会教育机构奠定基础。年内，民盟市委会完成对口帮扶吴川、云浮等年度扶贫任务。各区委会（总支）结合实际，围绕自身特点开展形式多样的社会服务工作。

【民盟市委会关于实施“标准化+”的建议被纳入政府工作计划】 2017年12月20日，佛山市市长朱伟主持召开专题协商会议，听取民盟佛山市委会意见，研究民盟市委会关于实施“标准化+”的建议，决定将该建议纳入政府工作计划，市质监局、经信局、科技局、发改局、财政局、人社局、住建管理局、交通运输局等职能部门主要领导参加会议并提出办理措施。是年，民盟市委会集中力量，围绕中共佛山市委、市政府重大决策部署及中心工作，开展“‘质量佛山’建设”和“振兴实体经济”等重点课题进行深入调研，形成有见地、富启发、可操作的建议。其中，围绕质量佛山建设和标准化工作进行的专题调研成果，以民盟佛山市委员会名义书面上报中共佛山市委。

【“加快佛山‘一环创新圈’建设”调研】 2017年6—12月，民盟佛山市委会围绕“加快佛山‘一环创新圈’建设”主题，组织民盟市委委员、各工委会组成调研组，先后与佛山市经信局、科技局、住建管理局、质监局开展座谈调研，并到南海一汽－大众、蒙娜丽莎集团股份有限公司等地实地调研，形成《关于加快佛山“一环创新圈”建设的建议》议案，对“一环创新圈”刚刚起步之际需要解决的战略规划、机构设置、对话机制等方面问题提出意见和建议，给佛山党委政府推进一环创新圈提供决策参考。

（民盟佛山市委会）

中国民主建国会佛山市委员会

【组织概况】 中国民主建国会佛山员市委会成立于1956年7月。第一届市委会主委为梁荣，第二至第八届主委为雷佳，第九、第十届主委为庞友国，第十一、第十二、第十三届主委为李应滔。主要成员和联系对象是经济界人士。至2017年12月底，全市有民建会员498人，其中企业界人士356人，占总人数71.4%。会员男性357人，女性119人，平均年龄51.4岁，大学以上文化273人，高级、中级职称191人。设有4个区总支（禅城、南海、顺德、三水）、1个区支部（高明）和5个市直支部。

【组织建设】 2017年，民建佛山市委会发展新会员40人。印发《民建佛山市委会关于认真学习贯彻中共十九大精神的通知》，召开市委会十三届七次委员会议专题学习十九大报告原文，成立佛山民建画院并举办“庆祝十九大抒写民建情”艺术作品展，在南海东成财智学院举办十九大精神专题学习培训会。12月，李应滔主委作为广东选出的全国会员代表赴北京出席中国民主建国会第十一次全国代表大会。

【参政议政】 2017年，民建佛山市委会代表在佛山市政协十一届一次会议上作题为《加大金融、科技、产业融合力度 助推国家制造业创新中心建设》大会发言，提交集体和个人提案23件。2016年提交的2件集体提案《关于加快实施佛山大数据发展战略的建议》《关于加快推动佛山民营企业创新发展的建议》和5件个人提案在会上获优秀提案奖表彰。

全年报送社情民意信息132篇，其中信息《部分企业对中央环保督查行动的意见反映应引起重视》《粤港澳大湾区建设存在困难问题及对策建议》得到全国政协采用，《建议港澳居民享受自助购取票机同等服务》得到民建中央采用。在市政协2017年信息工作会议上，佛山民建获“2016年度信息工作先进单位二等奖”。

开展“从传统文化中挖掘工匠精神”和“创新驱动实体经济升级发展”两项专题调研，先后到市有关职能部门座谈了解情况，到部分制造业企业实地调查，撰写出《大力培育弘扬现代工匠精神为质量强国和制造强国建设注入澎湃动力》《发挥工匠精神建设制造强市的建议》《创新驱动佛山实体经济升级发展的建议》3份调研报告并分别呈报民建广东省委、市委统战部和市政协。

【社会服务】 2017年，民建佛山市委会坚持开展扶贫助农、捐资助学等社会服务活动。举办“安全大篷车爱心进万家”防灾爱心义讲进万家活动，相继在市政协大院、张槎西城工业区、南海新芳华学校和叠窖二小开展安全知识义务宣讲活动，近5 000人次参与。组织会员捐款32万元，参与韶关乐昌五山镇小山村“共当五山梯田田园主人”活动，援助8.13公顷水稻田的种植管理。按照佛山市对口帮扶湛江市扶贫开发统一安排，市委会领导带领机关干部多次赴湛江市黄坡镇中山村开展扶贫慰问工作。

【民建佛山市委会学习贯彻党的十九大精神会议】 2017年11月3日，民建佛山市委会在机关会议室召开学习贯彻中共十九大精神会议，全体市委委员参加。会议学习《十九大关于十八届中央委员会报告的决议》，传达民建省委和中共佛山市委关于学习贯彻十九大精神的相关工作要求，派发人民出版社发行的《决胜全面建成小康社会夺取新时代中国特色社会主义伟大胜利》十九大报告单行本和《党的十九大报告辅导读本》。

【粤港澳大湾区经济发展论坛】 2017年5月31日，民建佛山市委员会在南海区举办"粤港澳大湾区经济发展论坛"。佛山市委统战部、发改局、商务局、各民主党派、工商联以及南海区有关部门单位的主要负责人，民建会员和企业管理人员等200多人参加论坛。论坛邀请暨南大学教授张耀辉作《粤港澳大湾区理由与可能》、广东财经大学教授顾文静作《构建粤港澳大湾区的四个关键问题》主题演讲。论坛就"佛山如何融入粤港澳大湾区"主题进行交流研讨。

（民建佛山市委会）

中国民主促进会佛山市委员会

【组织概况】 中国民主促进会佛山市委员会成立于1981年12月24日，成立时有会员24人。第一届市委会主委为区湛彝，第二、第三届市委会主委为胡福添，第四届市委会主委为陈世菲，第五、第六、第七届市委会主委为袁毅桦，第八届市委会主委为武小文。主要成员和所联系的对象是从事教育文化出版工作的高级、中级知识分子。至2017年底，全市有会员466人，其中分布在教育251人、文化艺术界62人。会员男性288人、女性178人，平均年龄47岁，大学以上文化386人，高级、中级职称349人。设有1个区委会（民进顺德区委会）、2个总支和28个支部。

【组织建设】 2017年，民进佛山市委会新发展会员35人，其中本科学历17人，研究生学历5人；教育界7人，文化界13人。全会深入学习贯彻中共十八届六中全会和中共十九大精神，学习习近平总书记对广东工作的重要批示精神和习近平新时代中国特色社会主义思想。市委会获"民进全国机关工作先进集体""民进广东省委2012—2017年参政议政工作先进单位""民进广东省委2012—2017年信息工作先进单位""市政协信息工作先进单位"。会员游斌被民进中央授予"民进坚持和发展中国特色社会主义学习实践活动先进个人"；谭伟亮、徐锋粦获"民进广东省机关工作先进个人"；袁毅桦、王基国、何粤发、黄衍雄、韩向东、庞国钟被评为"民进广东省优秀会员"；朱维礼被评为"高明区优秀校长"；范安琪获"中国民间文艺山花奖"；李悦强获"粤剧老艺术家荣誉奖"。在民进广东省第八次代表大会上，会员武小文、袁毅桦、谭伟亮、舒悦、吴勤、莫鸿辉、韩向东、张亚平、王全等9位代表出席，袁毅桦当选为民进广东省第八届委员会常务委员，武小文当选为民进广东省第八届监督委员会副主任。袁毅桦、舒悦当选为民进第十二次全国代表大会代表。在民进广东省第八届委员专门委员会中，袁毅桦任教育工委主任，舒悦任委员；袁毅桦、梁绮惠任提案工委委员；梁绮惠、王全任社会法制工委委员。雷泽兵任参政党理论研究会会员。

【参政议政】 2017年，民进佛山市委会市人大代表共8人出席佛山市人大十五届一次会议，提交议案5件。市委会主委武小文当选为佛山市人大常务委员会委员。在市人大十五届二次会议上，傅会平、肖小燕当选为教育科学文化卫生委员会委员，黄衍雄当选为内务司法委员会委员。民进佛山市委会市政协委员12人出席佛山市政协十二届一次会议。谭伟亮、陈东初、游斌、梁国荣、王玉建等5人当选为佛山市政协常委，申桂树、王玉建被选为市政协提案审查委员会委员。会上，副主委谭伟亮代表市委会作题为《关于我市大力开展美丽特色小（城）镇建设的建议》的大会发言并发言，副主委游斌参加各界别委员代表座谈会，市委会和委员提交28份提案。6件提案被评为市政协十一届五次会议优秀提案。谭伟亮、陈东初、梁绮惠、梁国荣、黄衍雄被评为"2016年度履积考核优秀委员"，谭伟亮、梁绮惠、黄衍雄被评为"2016年度网络议政优秀委员"。谭伟亮受聘为"明星名嘴"政协委员栏目2017—2018年度佛山电视台特约时事评论员。提案《关于全力推进智能制造提升珠江西岸装备制造业核心竞争力的提案》《"营改增"应着重对金融隐形服务项目进行再次分配调整》获民进广东省委2016年度优秀提案一等奖。

是年，民进佛山市委会共报送社情民意信息165篇，其中被全国政协采用3篇、被民进中央采用15篇、被省委采用2篇、被省政协采用1篇、被省委统战部采用4篇、被省民进采用77篇、被市委采用6篇、被市政协采用37篇、被市委统战部采用22篇。在重庆召开的民进中央2017年聚焦西部发展信息工作专题研讨会上，专干徐雅珉受邀参加并作信息工作经验介绍。

是年，民进佛山市委会的调研课题《化解金融信贷企业联保风险及防范对策》被民进省委立项，继续保持年年有课题被省立项。同年，民进中央副主席朱永新率民进中央调研组就"职业教育改革助推制造业发展"重点课题到佛山调研，中共佛山市委书记鲁毅，市政协主席熊志翔，市委常委、统战部部长黄喜忠等接待调研组一行，民进广东省委主委鲁修禄、专职副主委胡献陪同调研。根据民进教育专家提供的意见建议，在2017年佛山市各民主党派负责人暑期座谈会上，市委会领导以《提升我市职业教育水平　助推"质量佛山"发展》为题作发言。

【社会服务】 2017年，民进佛山市委会在南海樵山美术馆举行"翰墨情深，携手凉山——佛山民进开明画院作品展暨助学义卖活动"，义卖所得资助凉山州贫困学生。同年，在对口帮扶湛江市中山村贫困户工作中，市委会领导班子多次召开会议研究扶贫开发工作，市委会领导和机关专干多次前往湛江市中山村慰问贫困户，做好对口帮扶工作。市委会主委武小文强调要按计划对中山村贫困户做好帮扶工作，加快脱贫攻坚步伐。市委会专职副主委谭伟亮多次到贫困村检查指导，并挂钩联系贫困户。对口帮扶中山村贫困户工作中，贫困户帮扶责任人100%得到落实，"一对一"帮扶责任人每年至少1次走访贫困群众，至年底，对口帮扶的3户贫困户全部达到脱贫标准。

【《关于我市大力开展美丽特色小（城）镇建设的建议》获评市政协主席督办案】 2017年，民进佛山市委会在市政协十二届一次会议提案《关于我市大力开展美丽特色小（城）镇建设的建议》被评为市政协主席督办案。该建议提出，佛山作为中国制造业重镇和国家历史文化名城，佛山特色小（城）镇要做出特色，就要重点在培植优势产业和传承佛山历史文化上下功夫，突出抓好产业特色和文化特色。并提出佛山特色小（城）镇建设，从小镇的功能定位、分布、产业发展方向到具体的数量、规模，从特色小（城）镇建筑风格、功能设计、配套设施到文化挖掘、“特色”打造，从筑巢引风到招商引资，从规划建设到管理服务，从小镇与城乡统筹发展的关系到与人民群众的切身利益之间的关系，都要系统思考，系统设计。

【佛山民进开明画院作品展暨助学义卖活动】 2017年6月16日至7月16日，“翰墨情深，携手凉山——佛山民进开明画院作品展暨助学义卖活动”在佛山南海樵山美术馆举办。民进广东省委副主委黄玲，市政协副主席骆毓林出席开幕式。民进广东省委、市政协、市委统战部、各民主党派等单位100余人参加开幕式活动。该次书画展有100余幅佛山本地艺术家的书画作品同场展示。开幕当天，艺术家们挥毫泼墨为到场购买作品的群众现场进行创作，气氛热烈。通过该次活动，助力佛山市对口凉山州东西扶贫协作工作，为凉山州贫困学生捐卖筹款。“翰墨情深”系列大型书画展览暨义卖活动至2017年已举办7届，募集资金均资助贫困山区学校办学、农村建设和贫困家庭。

（民进佛山市委会）

中国农工民主党佛山市委员会

【组织概况】 中国农工民主党佛山市委员会成立于1958年。中华人民共和国成立后，先后有5位农工党党员从外地调入佛山市工作，于1954年冬成立农工党佛山市支部。1957年1月，农工党广东省委会决定在佛山市成立“中国农工民主党佛山市委员会筹备委员会”，配备专职干部4人。1958年10月13日，佛山农工党召开第一次党员大会，正式成立中国农工民主党佛山市委员会。第一至第四届市委会主委为彭玉存，第五届市委会主委为黄李康，第六至第七届市委会主委为孔繁钧，第八届市委会主委为魏光群，第九至第十届市委会主委为邓国清，第十一届市委会主委为杨小晶。主要成员和所联系的对象是医药卫生、人口资源和生态环境领域高级、中级知识分子。截至2017年底，农工党佛山市委会有专职干部6人，全市党员总数611人，其中分布在中医卫界351人（约占党员总数的60%），文教界93人，科技界41人，其他126人。党员男性378人、女性233人，平均年龄45岁，大学以上文化497人，中级、高级职称475人，占全市农工党党员的78%。设有包括禅城区总支、南海区总支、顺德区总支、高明区总支、市中医院总支、佛科院总支、市科技总支等7个总支部，30个支部。

【组织建设】 2017年，农工党佛山市委会新发展党员41人，平均年龄38岁。在原有城市建设和环境资源保护工作委员会、参政议政工作委员会、妇女工作委员会、老龄工作委员会等4个工委会的基础上，成立第十一届医药工作委员会，发挥界别优势，重点关注医疗卫生方面如医改、医药耗材、佛山中医药优势等议题。新成立科技三支部，主要由政府机关工作人员组成，党员思想政治进步，业务素质过硬，为进一步做好参政议政工作打下坚实基础。成立广东省民间传统中医药学研究会支部，该支部是佛山市农工党首个以社会组织名称命名的支部，支部的所有党员均是广东省民间传统中医药学研究会的成员。成立科技总支，进一步理顺各支部之间的关系，利用界别优势更好地发挥作用。加强与党员所在单位的联系，市委会主委杨小晶带领机关干部走访党员所在单位，与主要负责人进行会谈，为对口联系工作奠定基础。

【参政议政】 2017年，农工党佛山市各级组织向各级人大、政协提交的议案、提案100余件，大会发言5件，获得各级政协优秀提案8件。在2017年“两会”上，农工党佛山市委会提交人大议案4件、政协提案22件，获政协优秀提案5件，受表彰的委员10人次。市政协十二届一次会议上，曾小明委员代表市委会作题为《立足本地院校人才培养，助推我市轨道交通建设大发展》的大会发言，王晓宁委员作题为《关于“医养结合”养老模式发展的建议》的即席发言，刘金财委员作题为《关于在我市规划建设高端制造产业带的建议》的界别发言。

是年，农工党佛山市委会各级组织向农工中央、农工省委、佛山市政协、佛山市委统战部及有关部门报送社情民意信息110多篇，被采用30余篇次。其中党员陈光撰写的《加强互联互通 促进粤港澳大湾区建设》《精准扶贫工作实践中的几点建议》分别被全国政协、中共广东省委采用和农工中央采用；党员徐玉发撰写的《通过加强产权保护和法制建设，构建新型政商关系长效机制》被农工中央采用。在2017年佛山市政协信息工作会议上，市委会获“2016年佛山市政协信息工作先进单位”二等奖，专干刘婉冰获得“2016年佛山市政协信息工作先进个人”二等奖，党员徐玉发获得“2016年佛山市政协信息工作先进个人”三等奖。

是年，农工党佛山市委会组织专题调研5次，各区及基层组织分别开展各类调研10余次。包括：市委会赴惠州开展“美丽乡村”专题调研，参政议政工作委员会赴贵州开展“特色小镇”专题调研，医药工作委员会赴佛山中医院、广东一方制药有限公司开展“一带一路”战略下推进中医药发展的专题调研，市委会和南海综合二支部合作开展“佛山西站的建设运营”专题调研等。通过系统深入、重点突出、针对性强的考察调研，提交《关于稳健推进特色小镇培育，着力提高建成率的建议》《破解旧困局，引领新常态——关于佛山市建设特色小镇的建议》《坚持生态文明 建设美丽中国》《关于将永清广高铁延伸至佛山西站，融入粤港澳大湾区高铁网的建议》等一系列信息、提案，并得到市领导的重视和相关部门的采用。

【社会服务】 2017年，农工党佛山市委会继续发挥医卫界别优势，联合农工党佛山市中医院总支开展第二十九届中国“国际科学与和平周”医疗义诊活动，联合市政协机关举办联合义诊社会服务活动等，继续打造农工党佛山市委会举办联合社会服务这张名片。是年，农工党佛山市委会组织开展义诊咨询、教育咨询等20余次，参加医卫人员128人次，受益人数3 000多人次，发放宣传资料2 000多份，捐赠物资13.5万余元。其中，禅城区总支捐助的款项和物资达11万元。此外，在“资助贫困乡村医疗”公益项目中，市委会还发动党员捐款1万余元。

除发挥优良传统，农工党佛山市委会还创新社会服务模式，拓宽社会服务领域。一是以举办第十届“中国环境与健康宣传周”活动为契机，为佛山市地铁工作人员进行急救培训，传播急救知识，提升急救技能，保障市民的生命安全。二是响应省委、省政府“美丽乡村”和“精准扶贫”的号召，市委会副主委陈昕带领曾小明、陈华两位党员专家，对口帮扶阳山县黎埠镇编制科学合理的规划方案，受到共青团广东省委及阳山当地媒体的关注和赞许。

【“不忘合作初心，继续携手前进”主题教育活动】 2017年11月，农工党佛山市委会在2016年成功换届并选举产生新一届领导班子的情况下，为学习宣传贯彻中共十九大精神，深入开展坚持和发展中国特色社会主义学习实践活动，进一步搞好政治交接，加强自身建设，提高履职能力，按照农工党广东省委会的部署要求和农工党佛山市委会的年度工作计划安排，农工党佛山市委会组织开展第十一届市委委员和骨干党员“不忘合作初心，继续携手前进”主题教育与专项培训活动。11月13—17日，由主委杨小晶带队，农工党佛山市委会委员和机关干部等一行16人，赴重庆、赤水、遵义等地进行现场教学，并通过多次座谈交流，加强思想建设。

【佛山中医药发展专题调研】 2017年11月24日，农工党佛山市委会组织部分党员到佛山市中医院、广东一方制药有限公司开展在“一带一路”战略下推进佛山市中医药发展的专题调研。市委会专职副主委李薇、秘书长陈光、医药工作委员会委员等10余人参加调研。调研组认为，佛山中医药历史源远流长、文化底蕴深厚，素有“岭南成药发祥地”“广东成药之乡”的美誉，中医药发展水平在全国一直名列前茅，在港澳地区以及泰国、马来西亚、新加坡等东南亚国家具有较强的影响力。因此，佛山应当借力并参与“一带一路”战略和粤港澳大湾区建设，推进中医药“走出去”。

农工党佛山市委会把这次调研作为年度参政议政的重要任务之一，并结合前期的调研资料，力争形成有价值、有分量的调研成果和对策建议，作为集体提案提交2018年政协大会。

（农工党佛山市委会）

中国致公党佛山市委员会

【组织概况】 中国致公党广东省委佛山直属小组成立于1986年10月，1988年5月成立致公党佛山市支部，1992年4月成立致公党佛山市委会。至2016年7月，共召开六次党员大会，产生第一至第六届市委会，历届主委是徐庆登、梁小牧、吴毅、刘海生、乔羽。主要成员和所联系的对象是归侨、侨眷中的中上层人士和其他有海外关系的代表性人士。至2017年底，市致公党有党员339人，成员分别来自教育、科学技术、医疗卫生、文化艺术、新的社会阶层、政府机关等多界别多行业，成员平均年龄50.2岁，中级、高级职称218人，中级、高级职称成员占成员总数的64.12%，“侨”“海”界别成员占成员总数54%。市委会下设禅城、南海、顺德、三水总支以及高明支部和市直属2个支部，内设参政议政工作委员会、组织发展工作委员会、老龄工作委员会、妇女工作委员会、文体工作委员会、海外联络工作委员会6个工作委员会和佛山致公摄影社。

【组织建设】 2017年，致公党佛山市委会发展新党员22人，其中博士2人，硕士3人，中级、高级职称7人，海归1人，非公经济法人或高管5人，机关事业单位成员15人。市委会注重加强对新成员的教育培训，如组织召开新入党成员座谈会，举办新党员专题学习中共十九大精神交流会，组织新党员参观致公党中央党部旧址等，加强对新成员的党史教育，增强政治意识和党员身份意识，提升对组织的认同感。8月，市委会联合致公党广东省委、广州市委在复旦大学举办“不忘合作初心、继续携手前进”主题培训班，市委会班子成员及各基层组织负责人、各工作委员会负责人等26人参加培训学习。

是年，市致公党结合各种节庆日、纪念日等，结合深入开展坚持和发展中国特色社会主义学习实践活动，发挥各个工作委员会的作用，开展丰富多彩的主题活动，激发成员参与党派工作的热情和积极性，提升组织凝聚力和活力。如参政议政工作委员会举办两期佛山致公“议政论坛”，邀请致公党成员以及有关专家学者、各行业精英等为成员解读时政热点问题，交流行业工作经验，推动大家互相交流学习；组织发展工作委员会组织学习《中国致公党章程》；妇女工作委员会组织女成员开展“快乐健康烘焙 欢度三八佳节”活动，邀请专业烘焙师现场指导制作蛋糕；老龄工作委员会召开新春茶话会、中共十九大精神专题学习暨重阳节趣味活动；文体工作委员会组织中青年成员开展“五四”青年节户外拓展活动，举办“好歌颂国庆 携手共前进”——佛山致公好声音歌唱活动。6月，成立海外联络工作委员会并组织成员到顺德碧桂园总部参观调研，邀请致公党省委海外联谊委员会主任分享传授海外联络工作经验。佛山致公摄影社联合广东致公摄影社在佛山市石景宜刘紫英伉俪文化艺术馆举办“至简尽美——广东·佛山致公摄影作品展”。

是年，在致公党中央召开坚持和发展中国特色社会主义学习实践活动总结大会上，市致公党获市级组织“先进集体”称号，南海总支部获基层组织“先进集体”称号，高明支部副主委李展健获“先进个人”称号。另外，作为援藏干部，李展健还被评为“墨脱县2016年度安全生产工作先进个人”，2015、2016、2017年连续三年公务员年度考评中均被评为优秀，获记三等功一次。同年，三水总支成员梁浩天被命名为首期“佛山企业敬业之星”；市委会副主委朱新进在市区马路口救护一名突然晕倒的女孩，救护事迹被多个传媒宣传和报道。

【参政议政】 2017年，致公党佛山市委会有省级人大代表和政协委员2人，市级人大代表和政协委员19人，区级人大代表和政协委员32人。市致公党提交的《关于让政府扶持小微企业政策更接地气的建议》《关于大力发展我市机器人撬动创新发展的建议》《关于建立大数据统筹平台的建议》等3件提案获得市政协优秀提案奖。陈小霞、李建丽、李国荣、刘玉华、黄文柱、刘耘等6名市政协委员获得2016年度市政协委员履职考核优秀奖。

是年，致公党佛山市委会提交致公党广东省委、市政协、市委统战部等部门的信息83篇，涵盖经济、政治、文化、民生等领域。其中《关于加强粤港澳贸易竞争信息合作的建议》《关于试点“农发行+农信社”契约式精准扶贫模式的建议》2篇被全国政协采用，《关于以金融供给侧改革为导向设立广东中小企业银行的建议》被广东省政协采用，《关于培育和发展住房租赁市场的建议》等5篇信息被中共佛山市委采用。市致公党获2016年度全市统战信息工作一等奖，获2016年度佛山市政协信息工作先进单位二等奖。此外，发动成员参与致公党广东省委会2017年度参政议政课题申报工作，申报32项课题，在省委会对2016年度参政议政优秀成果的表彰活动中，市致公党获得5项参政议政课题成果奖和3项社情民意信息成果奖。

【社会服务】 2017年，致公党佛山市委会按照致公党中央的要求，开展对安徽六安大别山区的结对帮扶工作。3月和10月，市委会领导分别率队到安徽省六安大别山区开展结对帮扶调研工作，与安徽籍企业家考察金寨县油坊店乡中药材种植业环境，就安徽籍企业家投资“安徽金寨县油坊店乡中药材种植基地项目”和“油坊店乡西莲村幼儿园建设捐赠项目”的有关问题进行初步探讨，成员王建英为油坊店乡卫生院捐赠1台中药煎药机。

【海外联谊】 2017年，致公党佛山市委会发挥与海外侨胞和华侨华人社团有广泛联系的优势，先后接待洪门南美总会总顾问、巴西广州企业家协会荣誉会长罗满志，美国费城洪门致公堂监督、前主席徐福群，美国洪门致公总堂外交专员黄瑞泉，澳大利亚洪门致公总堂主席蔡开福，菲律宾中国洪门致公党总部副理事长林志谦一行，英国曼切斯特洪门支部盟长冯家亮等海外人士。11月，市委会领导陪同到访佛山的美国华人唐荣泽、许黛丽母女拜访佛山市外事侨务局，就美国加州Stockton政府唐人街改造工作中华人历史文化的保护和传承等问题进行交流。

【“不忘合作初心，继续携手前进”主题培训班】 2017年8月13—18日，致公党广东省委会、广州市委会、佛山市委会联合在复旦大学举办“不忘合作初心、继续携手前进”主题培训班。广东省人大常委、省人大华侨民族宗教委员会副主任，致公党广东省委会原专职副主委吴毅，致公党广东省委会副主委、广州市委会主委、广州市政协副主席陈怡霓，以及致公党广东省委会、广州市委会、佛山市委会的74名骨干成员参加培训学习，其中佛山市委安排市委会副主委朱新进、陈小霞、严俊、李建丽以及市委委员、各基层组织主委或副主委、各工作委员会主任等骨干成员26人参加培训。

为期6天的培训班安排丰富的学习内容，包括《宏观经济形势分析》《当前国际形势与中国外交政策》《中国军事力量的崛起》《大数据时代的五彩生活》《自媒体时代下的危机处理和媒体应对》《领导干部的核心管理能力提升》等，涉及政治、经济、社会、军事、科技、管理等多个方面。培训班还安排成员参观中共一大旧址，通过现场教学进行生动的革命传统教育。

该次培训学习，依托上海的优良环境和发展经验，借力复旦大学的智力资源和办学优势，让参加学习的成员们更新知识，增长见识，拓宽视野，洗涤灵魂，提升自身的理论水平和政治思想素质，更加坚定跟着共产党走，“不忘合作初心、继续携手前进”的理想和信念。同时，通过该次培训班，加强致公党佛山市委会和广东省委会、广州市委会的沟通交流，增进友谊。

【“至简尽美——广东·佛山致公摄影作品展”在佛山举办】 2017年10月27日至11月7日，“至简尽美——广东·佛山致公摄影作品展”在佛山市石景宜刘紫英伉俪文化艺术馆举行。该摄影展由广东致公摄影社、致公党佛山市委会主办，佛山致公摄影社承办，佛山市石景宜刘紫英伉俪文化艺术馆协办。省住房和城乡建设厅副厅长、致公党广东省委会副主委李台然，佛山市副市长、致公党佛山市委会主委乔羽，佛山市政协副主席郑灿儒以及市委统战部、市各民主党派和工商联、市侨联、石景宜艺术馆等相关单位的负责人等近100人参加摄影展开幕式。

该次摄影展展出近110幅摄影作品，分为“风光”和“人物”两个部分。展出的摄影作品中，有部分作品更是由致公党中央举办的“侨海情·丝路美”摄影大赛的获奖作品，受到专业摄影名家好评。该次摄影展通过摄影作品宣传祖国的美丽风光，宣传广东、佛山的建设成就，同时也展现致公党内摄影师的情怀和风采。

（致公党佛山市委会）

九三学社佛山市委员会

【组织概况】 九三学社佛山市委员会于1987年5月成立（当时有社员36人）。第一至第三届主委叶雄干，第四至第六届主委徐海祥，第七届主委章成国。主要成员和所联系的对象是科技界高级、中级知识分子。截至2017年底，全市有社员605人，其中分布在科技界、医卫界303人，占社员总数50.1%。社员男性400人，女性205人，平均年龄为51岁，拥有大学以上学历527人，拥有中级、高级职称572人。并设有城建、佛科院、医卫、禅城、顺德、南海、三水、高明等8个基层委员会和31个支社。

【组织建设】 2017年，九三学社佛山市委员会发展社员45人，调出1人。市委会按照社中央、社省委的统一部署，组织全市社员学习习近平总书记在中共十九大会议上所作的《决胜全面建成小康社会，夺取新时代中国特色社会主义伟大胜利》报告，组织多层次的主题学习和各类交流活动。邀请佛山市和禅城区两级讲师团成员、华南师范大学客座教授吴纪元到九三学社佛山市委会机关开展以“学习六中全会精神，推进全面从严治党”为主题的送课活动。选送和组织社员参加各类学习活动，包括选送罗俊宇、谭振东、淦松参加中共佛山市委统战部在河南大别山干部学院举行的佛山市党外干部培训班和选送蒋秋琴、关洁津、马麒麟、郭志荣、李元杰、王明参加中共三水区委统战部组织的在暨南大学举行的民主党派骨干成员培训等。另外，市委会主委章成国参加全市副处级以上领导干部学习贯彻党的十九精神专题培训班。

召开纪念九三学社佛山市委会成立30周年纪念会，表彰佛山九三2011—2017年度先进集体和先进个人。成立九三学社佛山市委员会青年工作委员会，举行成立大会并制定章程，任命第一届青工委委员。组织顺德基层委员会和佛科院基层委员会到顺德职业技术学院开展乒乓球交流活动，丰富基层组织生活。在12月4—7日召开的九三学社第十一次全国代表大会上，九三学社佛山市委会获社中央颁发的参政议政“先进市级组织”称号，市委会主委章成国获参政议政“先进个人”称号。另外，王阳获评省九三“先进个人”称号，并获市政协2016年度信息工作“先进个人”二等奖、市统战部和禅城区统战部参政议政“先进个人”奖。李家铎获评2016年度三水区优秀政协委员，并获2016年度政协佛山市三水区信息工作“先进个人”三等奖。张克强获2017年度顺德政协信息工作“先进个人”奖。

【参政议政】 2017年，九三学社佛山市委会在佛山市“两会”上提交大会发言材料1份、集体和个人提案20件、意见6件、信函2件，其中《关于加强食用农产品质量安全快速检测的建议》被列为主席督办案，《提高土地供给水平，为建设国家制造业创新中心城市创造条件》的大会发言引起市领导的重视，《关于加快佛山海绵城市建设的建议》《关于建设与地方经济互动发展的高水平理工科大学的建议》《关于加快我市养老服务体系建设的建议》3件提案获得优秀提案表彰。

是年，九三学社佛山市委会上报反映社情民意信息近230条次，其中被市政协普刊录用36条、被市委录用6条、被省九三采用71条、被社中央采用10条、被全国政协采用2条、被市委统战部录用11条。

是年，九三学社佛山市委会发挥社内科技人才专业优势，开展各类调研工作，形成一系列的提案、信息等成果。6月，由李景明专职副主委带队一行10人赴甘肃兰州进行“提升城市治理能力，促进城市公共服务水平”的专题调研，得到兰州规划局和规划设计院的大力支持，并与兰州九三进行社务工作等方面的交流。11月，由顺德主委谭振东带队，顺德九三30余名社员对东莞松山湖工业区在产业发展、人才政策、机器人改造以及环保方面的优秀经验进行调研，形成完整的调研报告。此外，九三学社佛科院围绕社会经济发展，积极参政议政，提交与经济社会、民生、文化事业发展相关的政协提案，参与统战理论研讨会，完成4篇研究论文，超额完成学校统战部安排的任务。佛山九三社员致力于四新经济的培育，撰写关于佛山市加大培育四新经济的建议，并成立四新经济课题调研组，撰写佛山市创新四新经济发展的扶持方式、构建四新经济可持续发展长效机制的调研报告。

【社会服务】 2017年，九三学社佛山市委会各级组织发扬优良传统，开展社会服务活动。佛科院基层委员会协同佛山食品配送公司到学校对口帮扶村云浮市郁南县建城镇合村进行调研，详细了解由九三学社佛山市委会副主委王蕴波主持的上一轮水果型甜玉米的种植情况，以及玉米的产量、产值和产业带动情况，并就玉米收购及提供种植计划的事宜进行沟通协商，达成初步合作共识。顺德九三继续在杏坛镇开展对口社会服务工作，联系社内的医卫专家在杏坛开展义诊、健康教育讲座等活动多场。佛科院九三考察广州饲料研究所南海狮山小型猪饲养基地，经双方洽谈，拟共研自主品牌的小型猪繁育体系，为消费者提供安全的高品质猪肉。禅城九三主动联系禅城区妇联、祖庙街道妇联等政府相关机构，表明帮扶意向，确定帮扶对象，建立定期走访、及时跟进的帮扶机制，随时了解帮扶对象的困难诉求。三水九三响应区统战部的倡议，参加区统战部组织的大塘镇、西南街道青岐村的义诊活动和张边社区的健康教育、咨询活动。高明九三继续帮扶考取广东省医科大学的高明一中毕业生麦某某上大学，关心他的大学学业、生活状况，每年提供5 000元赞助金助他完成学业。医卫基层委员会组织社员到顺德杏坛义诊，医卫基层主委陈巨峰在全国爱牙日组织开展口腔义诊及健康宣传促进系列活动。

【九三学社佛山市委会成立30周年】 2017年，是九三学社佛山市委会成立30周年。8月26日九三学社佛山市委会在禅城梁园举办“弘扬九三学社精神，传承九三光荣传统”暨成立30周年纪念图片展，九三学社广东省委会专职副主委黄惊雷、九三学社佛山市委会主委章成国等出席开幕仪式并剪彩。展览通过图文并茂的形式，集中展示佛山九三30年来的风雨历程，收到良好的社会效果。9月2日，九三学社佛山市委会在市政协常委会议室召开纪念九三学社佛山市委会成立30周年纪念会，邓子叨、刘一军和王阳作为老社员、科研工作者和参政议政骨干代表在会上发言，会议表彰佛山九三2011—2017年度先进集体和先进个人。

【九三学社佛山市青年工作委员会成立】

2018年5月6日，九三学社佛山市委会在市政协常委会议室召开九三学社佛山市青年工作委员会成立大会，制定九三学社佛山市青年工作委员会章程，任命王阳等10名青年社员为第一届青工委委员。青年工作委员会的成立是九三学社佛山市委会响应九三学社中央、九三学社省委会的号召，推动自身建设的一件大事，是推动青年工作向前发展的重要举措。

（九三学社佛山市委会）

佛山市工商业联合会

【组织概况】 佛山市工商业联合会于1953年4月20日成立。历任负责人有老道怀、雷佳、谢君昉、宋植友、朱卫华、李德。2017年，佛山市工商联（总商会）内设办公室、会员部、经济联络部；市工商联（总商会）执行委员会共163人。截至2017年底，全市工商联（总商会）组织网络由5个区级工商联（总商会）、33个镇街（总）商会和134个行业商（协）会、51个综合商会、38个异地商会构成，有会员57 467个，覆盖家电、五金、建材、家具、涂料等支柱产业。

【参政议政】 2017年，佛山市工商联发挥民间智库作用，开展《民营企业转型升级佛山功夫》报告的深化调研，在原“六招十二式”的基础上深化提炼为“九招十八式”，引导民营企业转型升级，并编印出版，取得较好反响。开展佛山市实体经济民营企业成本负担调研，形成专题调研报告，得到全国政协、上级有关部门的采用、借鉴或使用。召开降成本调研成果发布会，推动“佛十条”降成本政策的落实（《佛山市降低制造业企业成本支持实体经济发展若干政策措施》简称“佛十条”）。参与民营企业产权保护专项调研、营商环境评价调研、“中国制造2025”佛山样本调研和民营企业改革开放四十年系列调研等10多次专题调研工作。是年，全市各级工商联开展专题调研工作52场次，向有关部门报送信息66篇，有效履行工商联参政议政职能。

【商（协）会建设】 2017年，佛山市工商联抓好基层商会建设，发挥商会主阵地作用。加强对异地商会的指导，加大团体会员发展力度，夯实工商联组织网络体系，构建大商会工作格局。推进“五好”工商联、“四好”商会建设，组织召开佛山、湛江、云浮三地工商联基层组织建设学习交流会；组织20多家商协会到深圳、东莞进行学习取经；高明工商联被省工商联评为“五好”工商联，全市省级“五好”工商联实现全覆盖。继续开展优秀商会示范点建设工作，推动商会建设向制度化、规范化和现代化方向发展，全年新增团体会员13个，市直团体会员73个。

【经济服务】 2017年，佛山市工商联推动粤桂黔高铁经济带的合作向深度和广度延伸，拓展与广西东盟国家的合作空间，组织佛山到广西贺州进行产业深度对接。继续推动广佛肇一体化经济圈合作，加强粤港澳大湾区商会合作与交流，构建佛港澳合作机制。推动“一带一路”走出去战略，举办“走出去”企业海外安全宣讲培训活动和第二届“一带一路”泛家居产业发展与国际合作论坛，参与“一带一路”印尼广东产业对接会，贯彻落实佛山市参与“一带一路”建设推动实体经济“走出去”工作会议精神。组织经贸考察团到匈牙利、奥地利、捷克、俄罗斯等国家进行商务考察与交流。另外，禅城区工商联加强与柬埔寨海外华人社团的联系，帮助会员企业拓展海外市场；南海区工商联开展“工商联商会拓展行”活动，主动与周边省市地区工商联合作对接；顺德区工商联通过加快异地商会成立来拓展区域合作空间；高明区、三水区工商联抓紧推进友好商会缔结行动，搭建区域合作对接平台等。是年，佛山市各级工商联组织会员企业参加各种经贸活动120多场次，开展港澳台及海外工商社团交流35批次；协助招商引资、产业共建项目4个，合计金额60多亿元。

同年，佛山市工商联发挥工商联作为政府管理和服务非公有制经济助手作用，围绕中心，服务大局，全年较好地完成市委、市政府或上级工商联交办的重点工作10多项。继续配合组织开展企业“暖春行动”，协调解决民营企业实际问题14项。建立市总商会政策通平台，为执常委企业精准推送科技、金融、税费、知识产权、商贸等政策信息500多条。进一步完善信息直报点建设，得到全国工商联和省工商联的肯定，为党委政府提供决策参考依据。举办新时代新挑战新战略——中美制造业合作基金座谈会，邀请中投公司副总祁斌进行解读，拓展中美制造业合作领域。组织召开有700多名企业代表参加的“标准品牌，质量佛山”大会，促进“以质取胜、技术标准、品牌带动”三大战略的实施，推动商协会申报创建全国知名品牌示范区建设，引导泛家居联合会、智能家居产业协会、家居材料商会、卫浴协会、自动门协会等构建标准联盟和品牌联盟。举办第六届品牌佛山评选系列活动，评选出美的等10家质量制造标杆企业和万和等20家消费者认可的佛山质量品牌。开展细分行业龙头企业认定工作，与质监部门首批认定154家细分行业龙头企业。推动中陶产品展、中陶装备与材料展、中国家具展和中国建材展落户佛山，支持打造会展经济品牌。筹办中国制造论坛，开展“中国制造2025”佛山样本的宣传调研工作，组织国务院发展研究中心、中国社科院、北京大学、《财经》杂志等知名专家学者4次深入佛山进行专题调研，召开2次专家分析会，形成“中国

链接

佛山市入选2017年全省工商联系统“优秀商会示范点”暨“四好”商会名单

佛山市经济管理协会、佛山市吴川商贸促进会、佛山市福建省莆田商会、佛山市禅城区张槎街道总商会、佛山市南海区桂城总商会、佛山市高明区塑料行业协会、佛山市三水区西南总商会、佛山市顺德区中小企业促进会、佛山市顺德区高新技术企业协会、佛山市顺德区家具商会

链接

佛山市入选2017年全国“五好”县级工商联名单

佛山市禅城区工商业联合会、佛山市南海区工商业联合会、佛山市顺德区工商业联合会、佛山市三水区工商业联合会

链接

佛山市入选2017年广东省“五好”县级工商联名单

佛山市高明区工商业联合会

制造 2025”佛山样本调研报告，并在2017 年的《财经》年会上进行预发布，佛山市市朱伟在会上作《转型升级，创新驱动，积极打造中国制造 2025 佛山样本》的情况介绍。另外，南海区工商联开展制造业全国隐形冠军联盟活动，大力助推质量佛山建设。

【非公有制经济人士理想信念教育实践活动】 2017 年，佛山市工商联坚持以政治建会，强调非公有制经济人士的思想政治工作的主业地位，加强非公有制经济人士的教育培训，政治引领和思想指导。通过开展非公有制经济代表人士的理想信念教育实践活动，举办一系列的学习贯彻十九大精神座谈会、报告会、学习会、辅导会，和通过企业文化建设、党建工作，构建和谐劳动关系以及加强对非公有制经济人士的综合评价等工作，教育引导广大非公有制经济人士拥党爱国、敬业诚信、遵纪守法，唱响中国特色社会主义事业的时代主旋律。同时，各商会也积极响应非公有制经济人士理想信念教育实践活动，并涌现出如市江西商会的“半月谈”、市民营女企业家商会的“读书会”、龙江总商会的“走基层”、桂城总商会的“政企行”、云东海总商会的“云商讲堂”等具有商会特色的思想政治工作新形式。

同年，佛山市工商联把弘扬企业家精神作为一种社会稀缺资源和精神文明建设的宝贵财富，把弘扬企业家精神作为激发民营企业创新创业的精神动力来抓，在《佛山日报》、佛山电视台、佛山电台宣传弘扬企业家精神，并举办佛山企业家精神大讨论活动 10 多场次；在碧桂园总部组织举办广东院士与企业家专题对话；配合市委、市政府开展“佛山脊梁企业和佛山大城企业家”的命名大会工作，推荐 20 家民营企业和 20 名民营企业家获“佛山脊梁企业和佛山大城企业家”称号，并在新华网、人民网、《人民日报》《南方日报》《佛山日报》等国家、省、市主流媒体和新媒体进行宣传，进一步营造民营企业创新创业的良好氛围。

2017 年 4 月 16 日，佛山市召开市民主党派、工商联负责人和无党派人士代表专题学习会，会上，佛山市委书记鲁毅向市各民主党派工商联和无党派人士代表宣讲习近平总书记重要批示精神 （市委统战部供图）

【企业家培训】 2017 年，佛山市工商联在北京大学举办 4 期创二代青年企业家培训班，近 200 多人次参加培训，推动民营企业稳健传承发展。各区工商联也分别加大对非公有制经济代表人士后备人才队伍的培养工作力度，选送一批骨干企业和商会秘书到各级党校、高校进行培训，促进非公有制经济代表人士后备人才队伍在素质上、能力上、思想上的提高。是年，佛山市工商联系统举办各类型的学习培训班 123 场次，6 800 多人次参加学习培训。

【非公组织党建】 2017 年，佛山市工商联按照市委组织部和市“两新”党建工作部署，成立市非公有制经济组织委员会，接收自“两新”移交的 12 个党委、119 个党支部、2 212 名党员，统筹开展全市非公有制企业党建工作。在非公有制经济党委成立后，佛山市工商联深入各直属党组织开展党建工作调研，了解掌握基层党组织工作中存在的问题，遇到的难题，为下一步开展服务工作提供第一手资料；为进一步促进“堡垒型、服务型”党支部建设，举办非公经济党组织书记培训班，就“党支部规范化建设年”活动实施方案进行具体解读，对严肃党的政治生活、严格党员教育管理、新形势下发展党员工作和党费工作、失联党员规范管理和组织处置等进行案例讲解，帮助非公经济党组织党务工作者拓宽思路视野，提高政策理论水平和党务工作能力。

【佛山市工商联（总商会）第十四次会员代表大会】 2017 年 1 月 5 日召开。会议选举产生新一届领导班子。新明珠陶瓷集团董事长、总裁叶德林继续当选为执行委员会主席。市委统战部副部长、市工商联党组书记李德当选为执委会常务副主席。市委书记鲁毅和市长朱伟出席会议。

【“标准品牌·质量佛山”大会】 2017 年 8 月 1 日，佛山市工商联与市质监局在佛山新城中欧中心联合召开“标准品牌·质量佛山”大会，40 多个商（协）会，约 700 名企业代表参会。会议对《佛山市工业产品质量提升三年行动计划（2017 — 2019 年）》进行解读，通报 2017 年佛山市政府质量奖名单，广东新明珠陶瓷集团有限公司、广东盛路通信科技股份有限公司、广东天安新材料股份有限公司、广东伟业铝厂集团有限公司、广东东箭汽车用品制造有限公司 5 家企业获奖。大会还发布全铝家居产业联盟标准，并启动佛山泛家居品牌联盟暨走进品牌企业系列宣传活动及第六届品牌佛山系列活动。佛山市委书记鲁毅、市长朱伟等领导出席大会，并为获佛山市政府质量奖的 5 家企业颁发牌匾。

（杨文婷）

群众团体

手机扫码阅读

佛山市总工会

【组织概况】 佛山市总工会于1950年3月成立筹备会，1954年12月正式成立佛山市工会联合会，1983年地市合并，成立新的佛山市总工会。2017年，市总工会内设办公室、组织部、权益保障部、经济工作部、宣传教育部、财务事业部、教育工会等7个工作部门，另有市工人文化宫、市工会职业技术学校、市工人康复医院三个下属事业单位。至2017年底，全市累计基层工会4.3万个，涵盖法人单位5.8万个，工会会员近270万人。

【工会组织改革】 2017年，佛山市总工会进一步落实中央和省委、市委党的群团工作会议精神，围绕党政中心工作大局，制订《佛山市工会改革实施方案》，加强对全市工会改革工作的统筹推进，确保各项改革措施落到实处。截至2017年底，“改革方案”中提出的28项改革重点任务以及35条工作措施均基本落实，出台改革配套制度文件22个。

优化基层代表结构　制订《佛山市总工会关于提高基层代表大会、委员、常委会中比例的意见》，重点增加村（社区、工业园区）、非公企业工会主席以及行业协会、劳模、一线职工和外来务工等方面的代表，改革后市、区总工会常委、委员和工会代表大会中的基层代表比例分别提高到15%、30%、70%以上。

工会组建与职工入会　全年全市新组建工会超过1000家，新发展会员近10万人。全市有基层工会4.3万家，涵盖法人单位5.8万个，工会会员近270万人。

工联会换届　全年全市有325个村（社区）工联会完成换届工作，各区在村（社区）工联会换届中结合党委政府对基层治理的工作要求，均选配非户籍常住人口身份人员兼任工联会副主席。禅城区138个村（社区）工联会实现100%按照民主程序完成换届工作，100%配备非户籍常住人口工联会委员，其中11人获选任副主席。

【劳动争议调解】 2017年，佛山市总工会完善工会法律服务工作，建立拥有在册律师480多名的工会特约律师库，聘请350名佛山工会特约律师担任近400家企业工会法律顾问，为有需要的企业工会和职工提供法律咨询援助。由工会指派特约律师或法律工作者驻场，无偿为当事人提供调解、咨询等服务，调解成功率61%。顺德区总工会购买法律服务，全年受理职工信访咨询超5 300人次，提供法律援助案件450多件，涉及职工9 200多人次，金额超2 300万元。

2017年11月至2018年1月，“喜庆十九大·职工心向党”佛山市职工羽毛球大赛在佛山市工人文化宫举行（市总工会供图）

【劳动竞赛活动】 2017年，佛山市总工会围绕中心，服务大局，制订《佛山市职工技术技能竞赛管理与实施暂行办法》《佛山市总工会2017—2020年职工劳动竞赛规划》，健全完善职工劳动竞赛的组织、激励、评估和交流机制，创新竞赛方式，扩大竞赛覆盖面。开展“百万职工大竞赛”活动，推动竞赛向非公企业、先进制造业和现代服务业延伸。全市工会开展劳动竞赛、技能比赛、“安康杯”竞赛等活动逾200项，参赛企事业单位超3.2万个，参赛职工230多万人次，通过技能培训、技能比赛晋升技术等级近1.5万人。市总工会开展以“匠心筑梦·助力佛山”为主题的市级职工劳动竞赛26项，赛出职工技术状元17人、创新标兵14人、技术能手200余人、先进建设者30人、先进建设单位30个。

【产业工人队伍】 2017年，佛山市总工会结合佛山市实施创新驱动发展战略和产业发展对职工素质的新要求，开展“打造国家制造业创新中心 提升佛山市现代产业工人队伍建设水平”课题研究，为完善新时期产业工人培养、使用、激励机制提供理论支撑。与市人社局联合开展“工匠式职工技能人才队伍培育计划”，通过职能优势互补、资源共享，帮助制造业产业工人成长成才，第一批500多名企业职工通过免费培训和技能考核，获得国家职业资格证书。高明区总工会围绕打造珠西先进制造高地，开展各类职工素质培训班48期，培训技术型职工5 000人次。

【职工文化活动】 2017年，佛山市总工会发挥职工群众首创精神，推进工会文化、职工文化、企业文化繁荣发展，围绕党的十九大胜利召开，以“喜迎十九大·职工心向党”为主题开展文化活动，举办“2017年职工文化节（产业工人文化节）”，将“三进五送”（“三进五送”指进基层、进园区、进企业；送演出、送电影、送讲座、送培训、送普法活动）工会文化服务活动作为开展全市职工文化艺术活动的重要载体，征集到项目21个，经评审确定项目7个。以“囍爱佛山·共建家园”为主题举行第五届职工集体婚礼，讲好为佛山市城市建设付出辛勤汗水的一线建设者、劳动者、创造者和他们在佛山喜结良缘、共建家园的故事。该次集体婚礼受到社会各界和中央、省级传媒的广泛关注。是年，市、区、镇（街道）总工会组织举办职工相亲交友、集体婚礼活动230多场，参加职工3万多人。

【职工活动阵地】 2017年，佛山市总工会构建点面结合的职工活动阵地体系。建成市工人文化宫和新城职工服务中心，新城职工服务中心于7月投入使用，市工人文化宫将于2018年5月投入使用。在企业和职工聚集度较高的村（社区）、工业园区建立和完善职工服务中心，在规模企业建设“职工之家”和服务站点。至2017年，全市建有各类职工活动阵地580多个、环卫工人“工友小驿站”近250个。2017年各级工会赴基层企业和园区送电影1 000多场，送演出、讲座、展览等1 000多场。

【网上工会】 2017年，佛山市总工会搭建工会线上“职工家园”，市、区、镇（街道）三级总工会建有工会网站8个、工会微博14个、工会微信34个。佛山工会微信公众号年内获“佛山十大

2017年8月27日，由佛山市总工会、佛山市人力资源和社会保障局联合主办的“一汽大众杯”2017年佛山市职工职业技能大赛汽车装调工技能竞赛决赛。该次大赛有305名汽车行业职工参加选拔赛 （市总工会供图）

政务微信”“广东省最具影响力工会新媒体”“全国最具影响力工会百家新媒体”等称号。

【“佛山市建设者之家”建设】 2017年，佛山市总工会配合佛山市重点项目工程建设，依托建设项目工会建设服务职工的综合服务平台。制订《关于推进佛山市“建设者之家”职工服务站点建设工作的指导意见》，通过“佛山市建设者之家”职工服务站点建设，关爱劳动者，打通工会直接联系和服务职工群众的“最后一公里”。为落实该意见，全面开展“佛山市建设者之家”硬件设施及文体活动的需求调查，市总工会根据各项目部的需求情况合理配备“佛山市建设者之家”牌匾、上墙制度以及电器设备、体育器材、书籍棋类等物资。至2017年底，佛山轨道交通2号线、3号线工程等38个项目部建立“佛山市建设者之家”。

【全省首个劳动争议诉调对接试点】 （见190页《劳动争议诉调对接工作室成立》）

【全国劳动模范和先进工作者】 2017年，佛山市总工会宣传培育精益求精的工匠精神、劳模精神、劳动精神，使之成为鲜明的佛山城市特质。年内评选推荐叶锦华等3名劳动者获全国“五一劳动奖章”，评选推荐广东志高空调有限公司海外营销本部等4个集体获“全国工人先锋号”称号，评选推荐陈红军等9名劳动者获广东省“五一劳动奖章”，评选推荐佛山市东鹏陶瓷有限公司技术中心等11个集体获广东省“五一劳动奖状”。

链接

佛山市2017年广东省五一劳动奖状获奖单位（11个）
佛山市东鹏陶瓷有限公司技术中心
本田汽车零部件制造有限公司工会委员会
佛山市南海区大沥镇大沥行政服务中心
欧浦智网股份有限公司
广东万昌印刷包装股份有限公司技术品质部
佛山柯维光电股份有限公司
佛山欧神诺陶瓷股份有限公司蒙臻明劳模创新室
广东盛路通信科技股份有限公司
广东威恒输变电工程有限公司变电部
佛山市妇幼保健院产科
中国人民银行佛山市中心支行

链接
佛山市2017年全国工人先锋号获评单位（4个）
广东志高空调有限公司海外营销本部
广东新宝电器股份有限公司审计监察法务中心
中国移动通信集团广东有限公司佛山分公司顺德分公司
广东电网有限责任公司佛山供电局输电管理所

【首批市级教职工示范基地获授牌】 2017年11月15日，中国教育工会佛山市委员会在三水区华侨中学举办佛山市教职工示范基地授牌仪式，为佛山市（首批）6家市级教职工示范基地授牌。6家市级教职工示范基地分别为佛山市教职工博物科普示范基地、佛山市教职工文体活动示范基地、佛山市教职工品质生活示范基地、佛山市教职工书法活动示范基地、佛山市教职工社区文化育成示范基地、佛山市教职工户外拓展培训示范基地。至2017年，佛山市有教职工近10万人。为营造有特色的教职工活动环境，满足教职工的文化活动及沟通交流需求，2017年初，在市总工会、市教育局的支持下，根据省教科文卫工会的指导，市教育工会开展创建一批具有佛山本土传统文化特色的教职工活动示范基地的活动，经过近半年的创建，第一批（6个）教职工活动示范基地验收合格。

（陈欣然）

共青团佛山市委员会

【组织概况】 共青团佛山市委员会机关内设三部一室，包括办公室、组织部、宣传部和志愿者部，下属1个公益一类事业单位佛山市志愿者行动服务中心、1个公益二类事业单位佛山市青少年文化宫。全市有基层团委452个、基层团工委32个、团总支394个、团支部7 571个；共青团员164 691人、团干部9 107人，其中专职团干630人。

【青少年思想引领】 2017年，佛山共青团加强迎接党的十九大和深入学习贯彻党的十九大精神系列工作，开展主题教育实践活动1 000余场，参与青年约80万人次。邀请团省委副书记梁均达与佛山市的十九大党代表程祖彬共同为全市各界200余名青年代表宣讲传达十九大精神，并率先成立以团市委书记带头的“党的十九大精神”佛山青年宣讲团，至年底，相关宣讲开展近100场。通过网络答题、直播、H5等形式学习宣传贯彻十九大精神，在全市开展相关活动达525场次，直接参与人数逾105万人。

2017年11月9日，佛山共青团学习宣传贯彻党的十九大精神专题会议召开
（团市委供图）

以“青网计划”为统揽，开展网络文明志愿者骨干专项培训。至2017年底，佛山在线注册登记网络文明志愿者3.7万人，已建成市级100人、区级120人的骨干队伍。运用平台开展网络宣传和舆论引导，发起“网络安全”“文明佛山”“好人365”等话题讨论活动，直接参与青年接近10.5万人，覆盖青年约40万人。

在全市动员14 213名少先队员报名参加寻找“最美南粤少年”活动，累计吸引超过70万青年关注点赞；开展“五四”表彰、优秀金融挂职干部表彰、最美青春故事、星级志愿者、青创先锋·青春榜样等多项评比表彰活动，共评选出500多名来自学校、机关、企业、“两新”组织中优秀的青年。深化“号、手、岗、队”青字品牌创建活动，组织动员49个集体参与2017年国家、省、市级“青年文明号”、全国“安全生产示范岗”等活动创建，截至2017年底，团组织独立评选市级“青年文明号”集体557个，省级“青年文明号”集体85个，推动2个集体获评全国“青年文明号”、1个集体获评全国“安全生产示范岗”。立足“青年文明号”集体开展青年岗位成才工作，全年组织“青年文明号”培训4场，覆盖青年集体超过200个。

【共青团深化改革】 2017年，佛山共青团在省的群团改革方案出台后，先后6次召开专题会议，逐条梳理改革任务形成“佛山落实《广东共青团改革方案》重点任务团内分工安排和推进时间表”，并通过市委办印发需要其他党政部门支持的《佛山共青团改革重点任务分工方案》。争取组织部门支持，共同下发通知，推荐优秀干部和青年人才到市、区团的机关挂职、兼职锻炼。是年，全市5区均按照辖区常住人口相应配齐专职团干，32个镇（街）团委均至少有2名专职团干，其中13个镇（街）团委专职团干达3人或以上，镇（街）团委平均年度工作经费超过30万元。同时，按照“不求所有、但为所用”的原则，鼓励基层团干部大胆整合零散的阵地资源，推动基层阵地差异化建设，建成青年之家、青年坊等各类阵地60余个。

【从严治团】 2017年，佛山共青团以换届为契机，落实市、区团的代表大会、委员会和常委会中基层一线代表分别不低于70%、50%、25%的要求。依托基层“青年之家”，建设团代表联系青年工作阵地，推动团代表更好地联系和服务普通团员青年。

探索制定从严治团系列表单及团干部到位标准。在全省率先召开全委（扩大）会议，就落实从严治团作出部署，制定团干部的工作到位标准清单，下发各级各方面团组织和全市团干部开展对标自查；建立团干部培训学习机制，团市委机关带头每周五上午举行学习分享会，定期组织各级、各战线团干部开展分类培训，全年组织80名团干部赴北京参加中央团校培训，开展其他团干部专题培训26场，覆盖团干部2 100余人次。

落实发展团员调控计划，控制团员规模、降低团青比例，统筹分配团员名额，全年全市学校线新入团人数控制在2 500人以内，全市中学（含初中、高中、中职学校）毕业班团青比例分别达到30%和60%。

推动青年之家建设，整合场地、人力、资金资源，打造“12355青少年综合服务平台”为省级示范性青少年综合服务平台，健全佛山市顺德区大良青年中心首批全国示范性青年之家集体工作机制，佛山市青少年文化宫成功获得第二批全国示范性青年之家的命名。截至2017年底，通过依托党建阵地建设、联合创建、组织进驻等方式灵活累计建立的“青年之家”数量37个，功能类别涵盖社会矫正、心理咨询、维权服务、公益志愿者服务、团史展览等九大方面，开展活动6 217场次，服务青年6万余人。

【“网上共青团”建设】 2017年，佛山共青团推进“青年之声”互动社交综合平台建设，打造8个市级示范点，以点带面，扩大辐射带动作用。截至2017年底，平台累计注册用户10万个，移动端绑定率65%，有效访问量超过72万次，有效提问量超过10万次。

指定专门团干负责，通过召开智慧团建推进会、培训班、督导会等方式，在各区各战线全面开展智慧团建工作。

在全市五区举办“i志愿”及注册志愿者证应用推广培训超过35场，让广大志愿者掌握平台使用技巧和正确认识注册志愿者证重要功能。截至2017年11月底，全市注册志愿者数量866 366人，占佛山市常住人口总数的11.58%，服务队超过3 000支，年志愿服务时长截至2017年底累计达到1 800多万小时。

在完善团属网站改版建设的基础上，着重推进“双微”（微博、微信）建设，全市各级团组织运行官方微博120个、微信公众号86个、微信群3 455个，聚拢粉丝超过100万人，通过开展各类线上活动，构建联通青年和团青组织的“微”体系。

【团干部直接联系青年工作】 2017年，佛山共青团制订下发《佛山共青团关于进一步推进“常态化下沉基层”系列工作方案》，提出佛山共青团全体机关干部，2年内分4批下沉基层，每年下沉人数占应下沉人数一半。

继续开展专挂职团干部联系100名普通青年工作，全市102名团干与19 797名青年建立起经常性直接联系。推动建立起全市各级团干“五个一”工作机制，与青年开展面对面、谈心、宣讲等活动1 148场，通过“1＋100”手机端、线上端解决青年的疑问739次，获得22 486名青年点赞。全市各级团组织以分享会、演讲、征文等形式开展活动421场次，其中结合“万名团干讲团课”的活动主题，在镇街、社区、企业开展分享活动521场次，覆盖青少年3.2万人次，激发基层活力，扩大团组织工作的有效覆盖面。

【团青社会服务】 2017年，佛山共青团通过与湛江、云浮两地团市委联动，组织湛江、云浮两地总数400人（两地各200人），举办为期三天的“领头雁”农村青年致富带头人培训班；领导带领团区委、市青年联合会、市青年商会、市志愿者联合会、市青少宫人员代表分赴湛江、云浮、凉山、墨脱、伽师实地开展精准扶贫工作，共计投放物资超过200万元；撬动社会资源共同助力精准脱贫，其中碧桂园集团向佛山市对口支援的湛江、云浮两地团市委支持200万元扶贫专款；探索“南粤会亲”新模式，市直相关学校和五区团委联动以及“募集资金＋捐助物资＋青少年成长体验项目”相结合的创新模式，募捐金额10多万元，受助学生100多位，助力精准扶贫和“南粤会亲”行动。各区团委也参与共青团助力精准脱贫攻坚，分别赴相应结对点开2～3次实地扶贫活

2017年12月4日，第七届广东公益志愿文化节集中行动日暨佛山市“阳光青年新力量”展示提升计划在佛山市启动。图为市委常委、组织部部长杨朝晖在活动仪式上致辞

（团市委供图）

动，五区团委全年向湛江、云浮两地送去帮扶物资价值逾 100 万元。

组织佛山青年企业家参加第五期佛港澳青年菁英国情研修班等经济领域交流活动，并于暑假期间组织香港 100 名学生来佛山的企业、机构进行为期 4 周“粤港暑期实习计划”的实习；组织开展第二届“佛山非遗文化香港行”“佛港青年寻找高礼泽家乡乒乓球的故事”“佛港澳青少年交流计划之交响乐交流演奏会”等文化体育领域交流活动；完成全年“青年同心圆计划”各项任务，各项目总计共覆盖佛港澳青年逾 500 人，佛港澳三地青年交流取得较好成效。

打造青创赛事品牌，举办第四届佛山青年创新创业大赛，吸引近 170 个青创项目和 20 余名投资人参与赛事。搭建高水平青年“双创”平台，推动挂牌成立 4 个“全国青年创业示范园区”，进驻企业 1 600余家，带动青年就业 1.1 万人，推动佛山青年创业学院建立并入驻丰收街，推动“海外留学人员创业园”“欧美同学会留学报国基地”落户佛山。

【“爱全城，感谢有您”志愿服务活动】 2017 年 1 月 17 日，由共青团佛山市委员会、佛山市志愿者联合会、佛山市明爱扶贫助学协会联合主办，佛山市司南社会工作服务中心承办的“青春情暖·到你身边”——“爱全城，感谢有您”系列活动，在华强广场正式开展。活动当天有多辆爱心车沿禅城街头，为环卫工人送去装有热姜汤的保温杯以及对他们的感谢之情。与此同时，“佛山·大城工匠”饶宝莲也跟随爱心车到“同梦圆，青少年发展计划”的服务对象——困难环卫工人家中，为困难家庭送上米油等生活用品。团市委、市志愿者联合会、明爱扶贫助学协会前往佛山火车站、汽车站等多个地段，向坚守岗位的志愿者送去保温杯，感谢他们的坚守不但方便了群众还缓解了春运的压力。在华强广场便民现场，多个志愿服务摊位向市民提供服务，包括写挥春、制作剪纸、眼睛检查等便民活动，书法家现场写挥春送“福”给市民。

【纪念五四运动 98 周年党团课】 2017 年 5 月 4 日，“五四”青年节，由团市委举办的“青春喜迎十九大·不忘初心跟党走”佛山共青团纪念五四运动 98 周年党团课在市委小礼堂开展。市委副书记、市政法委书记李雅林出席活动并讲话，团市委书记王树斌主持纪念活动。

活动现场播放由团中央制作的“画说党史”宣传视频，回顾中国共产党紧紧依靠人民群众，矢志不渝追求实现中华民族伟大复兴的光辉历程。在随后的讲话中，李雅林首先向获得 2016 年度团中央表彰的佛山市优秀个人和组织道贺，并勉励获奖的集体和个人发挥示范带头作用，带动全市各级团组织和广大团员青年奋勇争先，继续在佛山改革发展大潮中有为担当。接着，李雅林带领团员青年学习习近平总书记对广东工作的重要批示精神，并结合佛山实际，与广大团干部、团员青年交流思想，引导全市团员青年坚定理想信念，坚持道路自信、理论自信、制度自信、文化自信，争当佛山贯彻落实“四个坚持、三个支撑、两个走在前列”的生力军。广东青年职业学院（广东省团校）副院长杨成围绕全面落实从严治团和深入推进共青团改革，为与会的团员青年讲授专题团课，回顾共青团 95 周年的光辉历程，并从共青团为什么要改革、总书记系列讲话和从严治团几个方面开展论述，引起团员青年的广泛共鸣。

【第五届“中国梦·佛山情·青年行”返乡大学生暑期实践体验活动】 2017 年 7 月 26 日，90 名佛山籍在外求学青年学子相聚佛山广播电视大学，参加由共青团佛山市委员会主办的第五届“中国梦·佛山情·青年行”返乡大学生暑期实践体验活动的开营仪式。该届暑期体验营共设 2 期，每期 3 天，分别于 7 月 26—28 日和 8 月 2—4 日举行。该届暑期体验营以学习交流、实践体验、分享座谈等方式，组织学员深入佛山特色景区、工厂企业、科技园区、创业孵化基地等，深刻了解佛山的历史文化和发展现状，切身感受佛山的城市魅力和规划蓝图。结合大学生乐于接受的沟通方式，搭建 QQ 群、微博、微信群等信息化交流平台，开展随拍随想、实时分享、微课题调研等活动，培养学员对佛山的热爱之情和为佛山建设贡献青春力量的信心和决心。

开营仪式上，团市委书记王树斌表示希望通过每年的暑期体验营，让更多在外求学的青年学子深刻了解佛山的历史文化和发展现状，切身感受佛山的城市魅力和规划蓝图，提升对家乡的认识和热爱，引导大家更好地宣传家乡、服务家乡、建设佛山，将自己的梦想与佛山的发展紧密结合，谱写人生新篇章。

【第四届佛山青年创新创业大赛】 2017 年 8 月 10 日，“第四届佛山青年创新创业大赛”总决赛在佛山电视台 2 号演播厅举行。比赛现场，进入总决赛的 10 强选手分别进行项目路演，最终，1 号选手林楚涛以《基于智能模块的创客教育》项目胜出，获得大赛一等奖。

总决赛上，包括融泰中和谢壮波、广东天使会谭学军、中大创投郑贵辉，以及中菁汇、北大数研园区张宝华等 4 名投资人作为评委出席总决赛，并在对选手们的项目进行专业判断和点评的同时，还分别写下投资意愿，与 10 选手进行现场配对，为选手带来资源、智力和资金支持。

第四届佛山青年创新创业大赛从 2017 年 5 月开始接收报名，累计收到报名项目 170 余个，各报名项目负责人平均年龄 31 岁。经过项目计划书筛选、复赛培训路演、创业沙龙、评委评分等层层筛选，最终选出 10 个项目进入 8 月 10 日的总决赛。

（团市委）

佛山市妇女联合会

【组织概况】 1953 年 11 月 25—27 日，第一次市妇女代表大会在佛山大戏院举行，正式成立市民主妇女联合会。1973 年 11 月 10 日启用“佛山市妇女联合会”印章。历任妇联主任（主席）有：黄梅、王素珍、黄茵、张丽芬、陈大苏、何亦雄、杨坚、莫翠珍、黄少霞、吴培英、曾颖。2017 年，佛山市妇联内设办公室、维护妇女儿童合法权益部、组织宣传教育部、儿童少年工作部等 4 个部（室），另有一个工作机构市妇女儿童工作委员会办公室挂靠市妇联，合署办公。下属事业单位有市儿童活动中心、市儿童活动中心幼儿园2个。2017年，全市有市、区妇联6个，镇（街）妇联32个，村（社区）妇联763个，市、区、镇（街）、村（社区）妇女组织组建率达100%。全市各级妇联干部1 949人（副主席以上）。有“妇女之家”801个（含镇、街道、村、社区和工业园区等其他领域的“妇女之家”）。

【基层妇联组织建设】 2017年，佛山全市763个村（社区）均建有妇联组织，每个村（社区）妇联配有1名妇联主席。全市村（社区）妇联有984名专（兼）职副主席，8 349名执委；全市各级妇联共有执委9 180人，执委人数大幅增加，并首次吸纳非户籍常住人口成为执委参与基层社会治理。全市有新一届女村委会主任15人，占村委会主任总数的4.6%，比上届提高1.87个百分点，位列珠三角城市首位；女居委会主任120人，占居委会主任总数的28.2%，妇女参与基层治理作用更加突出。是年，全省妇女参与基层治理工作珠三角片区推进会在佛山召开，肯定佛山的做法。

【妇联社会服务挂钩党建】 2017年，佛山市创新地提出市妇联系统在购买社会服务工作中要加强党的领导。出台《关于佛山市妇联系统在购买社会服务工作中加强党的领导工作意见》，明确各级妇联作为购买方要对所购买项目的政治性负责，并把党建工作写入合同，签订合同时必须提交党建工作承诺书和党员名单。实行购买社会服务工作党建工作黑名单制度，市妇联系统每半年通报一次。把党建工作作为各“佛山融爱”家庭服务中心和维权站的重要评估内容进行具体的评分和扣分，确保市妇联系统社会服务工作坚持党的领导，传递党的温暖和声音。

【妇联改革】 2017年，佛山市妇联围绕市委中心工作进行妇联改革创新。

妇联改革实施方案出台 为做好全市妇联改革工作的顶层设计，佛山市妇联多次深入各区、镇（街）、村（社区）调研，起草《佛山市妇联改革实施方案》，并征求省妇联、市直30个有关部门及各区意见。6月19日佛山召开群团改革重点工作推进会后，市妇联按照全市群团改革工作方案的部署，落实相关要求，并结合妇联实际，配套制订改革任务分解表，将改革举措细化为84项具体工作指标。8月1日，市委办正式印发《佛山市妇联改革实施方案》。

妇联干部队伍专兼挂相结合工作开展 市妇联落实下属单位市儿童活动中心幼儿园2名干部到市妇联机关挂职，禅城区妇联配备兼职副主席4人、挂职副主席1人，顺德区妇联配备兼职副主席3人，全市32个镇（街）总共新增配备兼职副主席20人。

妇联执委和常委广泛性代表性要求得到落实 至2017年底，佛山市妇联执委成员增加到42人，其中各行各业劳动妇女和知识女性的优秀代表达到30人，占比71.4%；常委成员增加到14人，其中各行各业优秀代表达到6人，占比42.9%。禅城区妇联执委成员增加到35人，优秀代表人数占比65.7%，比改革前增加22.9个百分点；常委成员增加到10人，优秀代表人数占比40%，比改革前增加20个百分点。南海区妇联执委成员增加到33人，优秀代表人数占比39%，比改革前增加11个百分点；常委成员增加到13人，优秀代表占比23%，比改革前增加8个百分点。顺德区妇联执委成员35人，优秀代表占比62.8%，比改革前增加11.2个百分点；常委成员11人，优秀代表占比45.4%，比改革前增加45.4个百分点。高明区妇联执委成员增加到32人，优秀代表占比46.9%，比改革前增加11.9个百分点；常委成员增加到9人，优秀代表占比44.4%，比改革前增加14.4个百分点。三水区妇联执委成员增加到37人，优秀代表占比70%，比改革前增加2个百分点；常委成员增加到17人，优秀代表占比35.3%，比改革前增加20.3个百分点。

完善妇联机构设置和优化机关部门职能 重新修订全市各级妇联“三定方案”，落实改革调整后的妇联部（室）设置。制定《佛山市妇联维权工作制度汇编》《佛山市妇联系统关于购买社会工作服务资金管理的工作指引》《佛山市妇联家庭服务中心评估指标体系》等规章制度，着手制定《佛山市“妇女之家”工作制度》，规范妇联基层组织建设。

妇联干部联系群众工作 通过每月主席接访日活动、机关在职党员进社区报到服务等方式，建立起妇联干部直接联系妇女群众制度。着手制定妇联机关干部“每月下基层工作周”制度，落实妇联领导班子成员每年深入基层一线开展妇女工作不少于4个月的要求。

【妇女儿童权益保障】 2017年，佛山市妇联多措并举开展妇女儿童权益保障工作。

妇女儿童权益保障宣传 以“三八”维权周、“6·26”禁毒宣传日、“11·25”国际消除对妇女的暴力日、“12·4”国家宪法日等节日为契机策划组织系列专题宣传活动1 131场次，参与群众约14万人次。开展广东广播电视台《和事佬》大讲堂2017年进佛山巡讲活动14场，参与群众2 210人次。坚持“下基层、访妇情、办实事”，走进各区各镇（街道）与群众面对面，全年开展4场民生座谈会，参与群众29人次，收集问题19个，问题全部得到解决。

“向日葵”关爱妇女服务项目实施 通过实施“向日葵”关爱妇女服务项目，关注受暴妇女群体。项目跟进个案42个，跟进服务次数280次；成立6个关爱妇女教育小组，开展活动31次，服务250人次；开展线上教育服务8期，服务达1 600人次。拍摄反家暴公益宣传短片以及制作原创歌曲《行动起来》，倡导市民拒绝家暴。南海区妇联率先探索妇女组织参与基层治理的模式，初步建立起预防和协助化解特殊妇女群体矛盾纠纷的长效机制。

“佛山融爱”家庭服务中心品牌建设 把全市由妇联主导的31个家庭服务中心统一打造为“佛山融爱”家庭服务中心品牌，统一标识、统一名称，构建专业化的妇女儿童维权服务——“佛山融爱”项目品牌。开展第三期创特色服务项目，投入10万元指导5个具有特色项目实施。购买第三方机构服务，完成对19个中心项目评估工作，其中17个取得优秀评估等级。开展跨区域

协调交流会、集中项目会诊和输送督导服务，及时了解全市家庭服务中心运营情况，全年开展跨区域协调交流会4次；集中项目会诊2次，直接服务128人；输送督导服务到基层4次，直接服务101人。

【“三八”妇女节纪念活动】 2017年“三八”妇女节前后，佛山市妇联多形式组织开展“三八”纪念活动。3月7日，召开各界妇女代表纪念“三八”国际劳动妇女节107周年座谈会，与各界妇女代表齐聚一堂，共话成长，共谋发展。活动当天，启动佛山“指尖上的妇联”微官网。3月20—24日，市妇联联合市委组织部、市委党校共同举办佛山市2017年妇女干部培训班，除组织市直、各区机关事业单位女干部职工参加外，还特别邀请四川省凉山彝族自治州妇联干部参加培训，拓宽妇联干部交流范围。“三八”妇女节前后，市妇联还联合佛山电台打造巾帼芳华礼献“三八红旗飘飘”优秀女性系列专访，邀请2016年度省、市“三八红旗手（集体）”的部分代表分享各自精彩故事，共播出12期。

【家庭文化建设】 2017年，佛山市妇联贯彻落实习近平总书记关于要“注重家庭、注重家教、注重家风”的重要指示精神，深化家庭文化活动，履行牵头家庭教育的职责，主动适应信息时代新媒体发展的要求，推进“互联网+家庭教育”工作。举办佛山市第六届家庭文化节，通过一系列活动，弘扬家庭美德，树立良好家风，寻找2017佛山“十大文明家庭”和“最美家庭”35户；与市文明办、佛山电视台开展“漂亮妈妈”活动；联合佛山电视台《小强热线面对面》举办“解读‘最美家庭’幸福密码”访谈活动，扩大活动影响力；与佛山电台《城市俏佳人》开展“最美家庭专访”栏目，线上线下覆盖超过100万人。推进“平安家庭”“无邪教家庭”创建工作，选出10个市级“无邪教示范家庭”。

链接

佛山市家庭文化节

2007年，佛山市妇联联合市委宣传部、市文明办举办了佛山首届家庭文化节以来，此后每2年都会举办一届家庭文化节，主题包括“魅力佛山 和谐文化”“家庭 生态 和谐”“绿色 文明 幸福”“美丽佛山 幸福家园”“寻找最美家庭”“弘扬文明家风、传承家庭美德”等，成为佛山市精神文明建设品牌活动。至2017年，佛山家庭文化节已举办6届。

寻找佛山“最美家庭”活动

2014年以来，佛山市妇联根据全国妇联和省妇联要求，常态化开展寻找佛山“最美家庭”活动，目前，活动每年举办1次，覆盖全市村（社区）。2017年，全市妇联系统投入活动资金53.8万元，举办“最美家庭”故事会（分享会）211场，开展活动官方网站4个，官方微博34个、官方微信号8个，吸引粉丝7万多人次，共寻找出佛山“最美家庭”35户。

2017年佛山“最美家庭”

周小川家庭　梁江云家庭　蔡　石家庭　吕贞兰家庭　吴振奇家庭
叶妙莲家庭　梁　光家庭　祝雪莲家庭　伍仪萍家庭　程世民家庭
廖福昌家庭　李杰兰家庭　甘惠玲家庭　黄婉霞家庭　刘相蓬家庭
吴俭明家庭　傅诞舟家庭　陈树标家庭　吴剑清家庭　胡彩玲家庭
黎惠妹家庭　蔡凤卿家庭　韦少霞家庭　钟伟文家庭　许松珍家庭
谢　良家庭　罗妙联家庭　曹敏星家庭　张　艳家庭　骆世强家庭
梁四贤家庭　张晓琳家庭　林伟光家庭　李　强家庭　赖丙辉家庭

2017佛山“十大文明家庭”

梁江云家庭　周小川家庭　吴振奇家庭　廖福昌家庭　黄婉霞家庭
傅诞舟家庭　胡彩玲家庭　韦少霞家庭　张　艳家庭　李　强家庭

2017佛山“无邪教示范家庭”

吴振奇家庭　宋小明家庭　罗湛泉家庭　梁成坡家庭　赵宝玲家庭
夏志华家庭　谭燕芳家庭　李为长家庭　刘洪兰家庭　张　艳家庭

【家庭教育发展】 2017年，佛山市妇联深入开展家庭教育普及工作，多途径提高佛山市家长教育子女的水平。加强中小学幼儿园和社区家长学校建设，全年创建示范性家长学校58所，举办家庭教育大讲堂进村居、“幸福家动力”家庭教育巡回报告会、“与孩子的心灵对话”论坛、家庭教育咨询辅导等服务活动，宣传普及科学家庭教育知识；利用网络新媒体，建设佛山妇联“网上家长学校”，内容包括视频教学、父母学堂、成长驿站、资讯公告、服务指引等；通过家庭教育QQ群和微信群举办公益微课堂，为家长提供在线学习和咨询服务，全年参与家长数10万人次。

【关爱儿童成长】 2017年，佛山市妇联以庆祝“六一”国际儿童节活动为契机，慰问留守、流动儿童及本地儿童代表180多人，向他们送上“六一”礼物和祝福。举办第二届“佛山小当家”评选活动，通过主题演讲、才艺展示、即兴问答环节，评出第二届“佛山小当家”12人。

【妇女创业就业服务】 2017年，佛山市妇联实施第三期“扶持妇女创业小额担保财政贴息贷款”项目，全年为107名妇女贷款993万元，贷款如期回收率和贴息率均为100%。开展妇女创业就业培训，培育巾帼创业示范基地，全年共为女致富带头人、种养女能手、专业合作社女性负责人和巾帼创业示范基地女性负责人送课8场（获益妇女超过

1 000 人次），联合市农业局共命名巾帼创业示范基地 5 个。

是年，禅城区妇联牵头开展禅城区政府 2017 年十大民生实事之一的“应用大数据建设女性‘双创’基地，探索女性创业就业新模式”活动。三水区妇联率先组建佛山市首个农村女能手协会，相继成立南山镇女能手协会和大塘镇巾帼创业就业联盟，共同培育发展“妇字头”农民专业合作社，辐射带动 3 000 多名妇女增收致富。

【困境妇女儿童帮扶】 2017 年，佛山市妇联开展慰问单亲特困母亲家庭活动，代表市委、市政府慰问全市单亲特困母亲家庭 200 户，联系女企业家协会、市儿童福利会、市侨商会及潮州商会等社会力量慰问困难妇女儿童 191 人，为困难儿童资助 50.88 万元。继续开展“姐妹情深 10 元捐”活动，全市妇女群众捐款 20.9 万元。联合市慈善会实施佛山市贫困妇女“两癌”医疗救助项目，资助“两癌”贫困妇女 97 人，发放医疗救助金 81.25 万元。

是年，禅城区妇联发动社会力量，建立点对点捐助平台，为全区单亲特困母亲和困境儿童提供“精准化、公益化、个性化”的帮扶服务。南海区妇联启动“爱·益·家”——第二届南海妇儿家庭创新公益项目大赛，对接妇儿家庭公益项目与南海女企业家协会资源，形成妇联搭建群团组织、女企业家协会和社会组织联动合作的平台。顺德区妇联举办“3861”公益创投大赛（已连续举办 5 年），调动社会各界力量支持妇女儿童公益事业。高明区妇联在全省妇联系统内率先为区内单亲特困母亲家庭协调提供公租房配租名额。

【妇女儿童发展规划】 2017 年，佛山市妇联组织召开第四次全市妇女儿童工作会议，研究部署推动“两个规划”终期目标和妇女儿童工作。开展 2016 年度妇女儿童发展规划监测评估工作，撰写 2016 年度《佛山市妇女儿童发展规划统计监测报告》。举办 2017 年佛山市妇儿工委联络员暨统计监测员培训班，提高对妇女儿童发展规划的统计监测工作能力。多形式开展男女平等、儿童优先、“两个规划”和反家暴宣传工作。全年向“广东妇女儿童发展规划信息网”报送信息 49 篇，数量居全省各地市首位。

2017 年 6 月 9 日，全国妇联副主席、书记处书记夏杰（右二）等一行到佛山，就妇联改革、妇联网上工作新平台建设和运行情况及基层会改联、妇女之家建设等方面开展专题调研督导。图为夏杰等一行在石湾镇街道妇女儿童之家参观调研

（市妇联供图）

【佛山“指尖上的妇联”微官网上线运营】 2017 年 3 月 8 日，佛山“指尖上的妇联”微官网正式上线运营。

佛山“指尖上的妇联”微官网利用移动互联网新技术把妇联服务相关资源进行整合，同时搭建以市妇联为核心，市、区妇联为延伸的信息发布与交换平台；通过微网站、微活动、微服务等耳目一新的微信功能，为广大妇女群众提供更为便利的交流、学习和咨询平台。妇女群众只要动动指尖，关注“佛山妇联”微信公众号，便可体验一种全新的妇联服务。佛山“指尖上的妇联”微官网功能版块多样，既有常规的业务工作宣传报道、职能部室介绍、维权服务活动预告等，又创新地推出妇联重点服务阵地的实时定位和导航功能，会议现场签名、活动提前报名等。平台通过实时定位和导航功能，让妇女群众随时找到身边的妇女儿童维权站、“佛山融爱”家庭服务中心、“妇女之家”等参加活动、接受服务。依托“佛山妇联”微信公众号发布活动信息，开通活动报名入口、投票等，录制“解读‘最美家庭’幸福密码”节目视频，提供“幸福家动力”家庭教育巡回报告会网上预订等服务，扩大家庭文明创建活动的覆盖面和影响力。依托网上家长学校、“佛山市家庭教育指导中心”微信公众号等载体，优化“与孩子心灵对话”、《和事佬》公益大讲堂、“远程教育微课堂”“幸福家动力——2017 年佛山市家庭教育公益行”等家庭教育品牌，广泛传播良好的家庭教育知识，帮助孩子“扣好人生第一粒扣子”，使妇联的服务实现线上线下的融合。

佛山“指尖上的妇联”微官网是佛山市妇联主动创新，找准妇女群众需求，发挥妇联组织优势，打造的一个全新的网络服务平台。2017 年 9 月，《中国妇运》喜迎党的十九大专题报道展示佛山“指尖上的妇联”平台这一工作成果，是广东省妇联系统首个在国家级刊物展示的信息化建设项目。

（莫宏谦）

佛山市科学技术协会

【组织概况】 佛山市科学技术协会（简称“佛山市科协”）于 1958 年 4 月由佛山市科普协会正式改名而来，同年 7 月起与市科委合署办公，9 月召开佛山市科学技术工作者代表大会，选举产生市长邓振南等23名委员组成的佛山市科学技术协会委员会。1963年7月，召开第二次全市代表大会，王灿任主席。“文革”期间，佛山市科协活动停止，所属学会停顿或瓦解。1978年9月27日，佛山市科协恢复，到1980年底，恢复和新建学会28个。1983年6月1日，佛山地区科协与佛山市科协机构合并，仍称佛山市科学技术协会，1985年1月1日起佛山市科协与市科委财政分家，合署办公的历史结束。1989年8月15—16日，召开第三次全市代表大会，黄浩权任主席，同年10月17日设党组。1994年9月，市政府批准佛山市科协机构改革方案，科协机关内设机构：办公室、学会部、科普部。1997年5月20—21日，召开第四次全市代表大会，姚兰昌任主席。2001年8月，佛山市机构编制委员会批准佛山市科协“三定”方案，市科协机关内设机构：办公室、学会工作部、科学技术普及部。2002年10月22—23日，召开第五次全市代表大会，胡经倬任主席。2007年8月28—29日，召开第六次全市代表大会，胡学骏任主席。2013年3月21日召开第七次全市代表大会，黄文任主席。至2017年底，市科协有市级学会（协会、研究会）61个（其中2017年新增4个，分别为佛山市高新技术产业协会、电子信息行业协会、科技服务业协会、室内设计协会），区级科协5个，园区科协1个，企业科协2个。

【科技调查研究】 2017年，佛山市科协开展科技调查研究，提出意见建议供政府决策参考。

佛山市重点产业技术创新联盟模式调查研究　委托中大管理咨询有限公司开展佛山市重点产业技术创新联盟模式课题研究。通过对佛山市重点产业技术创新联盟模式的深入调查研究，找到佛山产业技术创新联盟模式行之有效的动力机制，并提出相关政策解决方案供政府决策参考。

重点产业课题调研　联合中国发明协会、国家科技评估中心组成研究团队，通过产业链、创新链及价值链分析，采用文献计量、专利分析及政策分析方法与工具，开展佛山市智能装备制造产业、工业机器人产业、光电产业等三大重点产业的课题调研，并在第二届世界发明创新论坛上进行课题发布和项目对接。课题报告站在全国乃至全世界的视角，对佛山发展智能装备制造产业、工业机器人产业、光电产业提出对策建议。

资助产业技术创新联盟研究系列重点项目　在科技进步活动月期间，对市产业技术创新联盟研究系列重点项目进行资助，包括：佛山市纺织丝绸学会的“佛山纺织服装行业技术创新联盟建设”课题、市陶瓷学会的“佛山陶瓷卫浴产业技术创新联盟课题调研”课题等，课题报告已通过专家评审。

佛山市机器人产业实地调研　在CIE智库（中国电子学会智库）根据《建立我国机器人团体标准体系与产业信息资源库》财政专项项目要求在佛山开展佛山市机器人产业实地调研工作期间，协调组织佛山市南海区广工大数控装备协同创新研究院、佛山博文机器人自动化科技有限公司等企业参与该次实地调研及座谈讨论。通过调研，增进CIE智库与地方科协、行业协会、园区及企业彼此之间的了解，为下一步开展机器人及智能制造等相关领域的交流合作奠定良好基础。

【重点人群科普】 2017年，佛山市科协做好重点人群科普工作，提升全民科学素质。

佛山市实施《全民科学素质行动计划纲要》工作联席会议成员单位调整　结合佛山市实际，健全佛山市《全民科学素质行动计划纲要》联席会议制度，调整和补充成员单位，成员单位由8个增至26个，加强全民科学素质工作的领导和统筹力度。

全市性主题性公众科普活动　围绕年度活动主题，组织开展“全国科技活动周”“全国防灾减灾日”“全国食品安全周”“全国科普日”等主题科普宣传教育活动。在5月中旬至6月中旬“广东省科技进步活动月”期间开展2017年送科技到基层活动，联合各区科协及市直有关单位共同举办4场以“创建国家森林城市，共享生态文明家园”为主题的群众性科普活动，组织市林科所、健康教育所、推拿学研究会等单位的专家（120多人次），深入南海区西樵镇、顺德区龙江镇、三水区乐平镇、高明区更合镇等镇的乡村、社区开展与人民生活相关的科普宣传活动。9月中下旬，组织开展以“创新驱动发展，科学破除愚昧”为主题2017年佛山市“全国科普日”活动，其中市、区两级科协与各科普教育基地联合举办“科普基地一日游活动”，400多名市民分成6条线路，参观佛山科学馆、佛山电力体验馆、盈香生态园等10个科普教育基地。同时，市科协还在部分学校开展“我爱绿色生活——2017年青少年科学调查体验活动”。

青少年科普与科技创新教育　举办“第三十三届佛山市青少年科技创新大赛暨第九届佛山市青少年动漫赛”“佛山市系列科技体育竞赛活动”等活动。组织青少年选手参加广东省和全国性各类青少年科技创新竞赛，共获全国赛一等奖1个、二等奖2个、三等奖5个，省赛一等奖11个，年内，参与各种科技创新竞赛活动的青少年学生累计10多万人次。继续组织开展科普巡回演讲活动，系列活动包括：2017年佛山市“大手拉小手”——科普报告希望行活动，在全市五区学校、社区作巡回科普报告81场，直接受众3万多人；“佛山科普快车”进校园活动，全年完成科普宣讲报告50多场次；等等。加强青少年科技辅导员的培训，佛山市科技辅导员创新沙龙举办9期，全市青少年科技教师培训班举办1期，近千名师生参与学习交流活动。联合市教育局、市科技局创建首批佛山市青少年科技教育创新团队，经各区推荐、专家评审，全市有5支青少年科技教育创新团队（佛山市南海区狮山石门高级中学、佛山市同济小学、佛山市青少年科技教育协会、佛山市顺德区李伟强职业技术学校、佛山市高明区沧江中学）入选，其中2支（佛山市南海区狮山石门高级中学、佛山市同济小学）获推荐成为广东省青少年科技教育创新团队。组织参加中国科协、教育部主办的2017年全国青少年高校科学营活动，佛山33名师生分别参加浙江大学、湖南大学、重庆大学分营活动。组织佛山市高中学生参加2017年广东省英才计划，佛山一中

2017年佛山市市级以上科普教育基地名录

序号	基地名称	市级命名年度	命名层级			备注
1	佛山科学馆			省级	全国	
2	佛山市林业科学研究所	2017—2021	市级	省级	全国	
3	广东邦普循环科技有限公司环保科普教育基地	2017—2021	市级	省级	全国	
4	盈香生态园	2017—2021	市级	省级	全国	
5	佛山市海天（高明）调味食品有限公司	2017—2021	市级	省级	全国	
6	佛山地震台地震科普展馆	2017—2021	市级	省级		
7	佛山电力体验馆	2017—2021	市级	省级		
8	佛山市南海丝厂有限公司	2017—2021	市级	省级		
9	南国丝都丝绸博物馆	2017—2021	市级	省级		
10	陈村花卉世界	2017—2021	市级	省级		
11	霭雯教育农庄	2017—2021	市级	省级		
12	三水荷花世界	2017—2021	市级	省级		
13	侨鑫生态园	2017—2021	市级	省级		
14	佛山市气象台（气象监测预警中心）	2017—2021	市级			新建更名
15	佛山市禅城区金龙动物园	2017—2021	市级			新建更名
16	广东石湾陶瓷博物馆	2016—2020	市级			
17	佛山市南海区联合广东新光源产业创新中心	2016—2020	市级			
18	南海固废处理环保产业园	2016—2020	市级			
19	佛山市南海区广工大数控装备协同创新研究院	2016—2020	市级			
20	狮山镇健康体验馆	2016—2020	市级			
21	九江双蒸博物馆	2016—2020	市级			
22	广东长鹿旅游休博园	2016—2020	市级			
23	广东智能制造示范中心	2016—2020	市级			
24	佛山市高明泰康山生态旅游度假区	2016—2020	市级			
25	佛山三水供电局电力节能展厅	2016—2020	市级			
26	广东（佛山）现代农业科技园	2016—2020	市级			
27	南丹山森林王国	2016—2020	市级			
28	小农街	2016—2020	市级			
29	佛山市劲农农业科技有限公司	2016—2020	市级			
30	佛山市公安消防支队特勤大队一中队	2017—2021	市级			新增消防类
31	北大青少年创客教育中心	2017—2021	市级			新增
32	佛山市禅城区知隐博物馆	2017—2021	市级			新增
33	祖庙街道消防体验中心	2017—2021	市级			新增消防类
34	南庄镇城市运行安全综合体验馆	2017—2021	市级			新增消防类
35	广东万顷园艺世界	2017—2021	市级			新增
36	梦里水乡百花园	2017—2021	市级			新增
37	里水消防科普公园	2017—2021	市级			新增消防类
38	乐8小城美的店	2017—2021	市级			新增
39	顺德区容桂街道消防安全教育体验中心	2017—2021	市级			新增消防类
40	鹏鹄蘑菇产业园	2017—2021	市级			新增
41	高明区杨和镇消防体验馆	2017—2021	市级			新增消防类
42	利达隆农业科普教育基地	2017—2021	市级			新增
43	兆利丰鲜摘果园	2017—2021	市级			新增
44	宝芭农场	2017—2021	市级			新增

2名学生最终加入由中国科协举办的英才计划培养项目。

科普基础设施建设 全年新增市级科普教育基地15个、生态科普示范基地4个，市内市级以上科普教育基地累计44个、省级科普教育基地累计13个、全国科普教育基地累计5个。新增的市级科普教育基地中有6家是消防类的基地，填补了佛山市科普教育基地的行业空白。实施中国科协“基层科普行动计划”和广东省“科普惠农兴村”计划，佛山市有2个科普示范社区、1个农村专业技术协会、1名农村科普带头人入选。“科普中国”在佛山市落地应用取得进展，南海区里水镇建星村设立全市首家科普中国乡村e站；海天（高明）调味食品有限公司科普教育基地、盈香生态园科普教育基地、河东社区等单位建成广东省科普信息化应用落地试点单位。

【第二十二届全国发明展览会暨第二届世界发明创新论坛】 2017年11月23—25日，由中国发明协会主办、佛山市人民政府承办的第二十二届全国发明展览会暨第二届世界发明创新论坛在佛山市的潭洲国际会展中心举行。市科协作为承办的具体执行单位，全面负责组织实施工作。展会持续3天，设有“一带一路”展区、军民融合展区、粤港澳大湾区展区等8个展区，集中展示国内外多项前沿技术和发明创新成果，为佛山市链接世界创新资源搭建平台。

该届展会有四大亮点：一是规模大、规格高。共吸引40个国家和地区以及4个国际组织参加，参展项目1 771个，参观人数近3.2万人次，同时促成全国发明展技术交易、专利许可、专利技术吸引投资接近3亿元（中国发明协会统计）。二是军民融合“两个首次”。首次设立军民融合展区，引进156个军民融合项目参与展示交流；首次由中央军委国防知识产权局发布已解密的第一批移交项目2 452项国防专利信息，内容涵盖信息技术生物与环境资源、新材料先进制造与自动化技术等多个领域。三是社会影响面大。该届展会吸引中央电视台、《人民日报》等中央和省市媒体报道，累计报道400多次，其中中央电视台新闻频道、第十二频道详细报道4次，《人民日报》《科技日报》《南方日报》和腾讯网等媒体也做了专版或专栏报道，在全国范围内掀起尊重人才、尊重发明创新的热潮。四是签约成果丰硕。中国发明成果转化研究院签约落户佛山高新区核心园（该研究院将为佛山引进更多拥有发明专利的发明家和科学家），佛山市政府还与中国电子学会、中国机械工程学会、中国兵工学会、中国纺织工程学会等6个国家级学会签署战略合作协议。

【佛山成为中国科协创新驱动助力工程示范市】 2017年6月，佛山市获中国科协批准，被确定为“中国科协创新驱动助力工程示范市”。佛山成为中国科协创新驱动助力工程示范市，为佛山对接全国高端资源，引进国家级学会所联系的顶尖科技专家和高端科技项目，助力地方经济创新发展打开一扇大门。

年内，按照市委、市政府的要求，市科协陆续开展创新驱动助力工程需求摸底调查、对接全国学会、制订创新驱动助力工程实施方案等一系列工作，先后两次进京开展调研对接活动，深入中国机械工程学会、中国电子学会等国家级学会协会，推动创新驱动助力工程在佛山落地。至年底，市科协联合中国电子学会、佛山市信息协会等筹建珠江西岸智能制造培训中心，中国硅酸盐学会在佛山建立学会服务站。另外，为推进创新驱动助力工程，市科协在组织专家调研的基础上，拟订《佛山市深入推进创新驱动助力工程实施方案》并获得市政府审议通过。方案明确到2020年，基本构建政府主导、企业主体、学会主角的产学研用合作新机制等工作目标。

【中国发明创新成果转化研究院落户佛山】 2017年11月23日，中国发明协会与佛山市政府签署战略合作框架协议，宣布将中国发明成果转化研究院落户在佛山高新区核心园，对科技成果进行高效转化，助推佛山产业转型升级。

该研究院发起单位包括中国发明协会、新奥集团、北京工信知识产权代理公司、中央电视台《我爱发明》栏目组等50多个单位。根据《佛山中国发明成果转化研究院项目建设方案》，研究院将重点建设科技成果转化运营中心、海外高层次人才创新创业基地（佛山）中心、中俄友谊科技园（佛山）中心等，重点引进生物质多联产项目、开放式核磁共振实验室、风冷式铜蒸气激光器等多个高科技项目。

【广东科协论坛首次在佛山举行】 2017年6月13日，广东科协第七十六期报告会在佛山举行，这是广东科协论坛首次在佛山举办。省市学会代表、市级部门代表，以及信息、制造等专业领域的科技工作者和企业管理者近400人

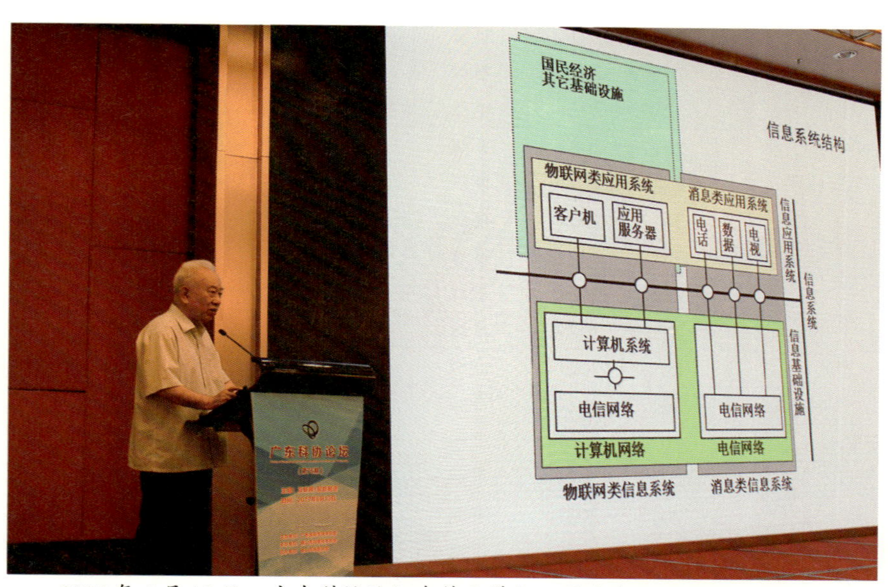

2017年6月13日，广东科协论坛在佛山举行。图为中国工程院院士孙玉教授作主题演讲
（市科协供图）

参加活动。该期论坛以“互联网+智能制造”为主题，邀请中国工程院院士孙玉、浪潮集团有限公司副总裁孙海波、国家信息中心深圳大数据研究院院长黄哲学等专家做专题报告。佛山市科协促成该期论坛在佛山举办，旨在推动佛山市制造业向智能化高端化方向发展，促进信息化和工业化的深度融合，努力打造国家制造业创新中心。

【科技工作者服务】 2017年，佛山市科协继续创造有利于科技工作者成长的条件，为科技工作者服务。支持所属学会结合自身实际开展系列学术交流、科研、技术攻关等活动，在“广东科技进步活动月”期间，对其中12个学会项目进行重点资助。开展系列继续教育培训，市科协及所属学会全年举办技术创新暨职称公需课培训5期和继续教育专业课培训150多场，受众超过2万人次。联合并重点支持市机械工程学会、工程师协会、质量管理协会等多个学（协）会开展本专业领域的继续教育培训。

是年，市科协及所属学会继续做好市人社局委托的职称评审工作。除继续负责机械、纺织、陶瓷、化工等9个专业外，新增金属、服装、质量标准化计量3个专业的职称评审工作，对400多份中级、初级职称申报材料进行客观、公正的评审，并继续保持零投诉良好纪录。利用各种渠道推荐优秀科技工作者，包括推荐第十四届广东省丁颖科技奖佛山候选人3人、推荐第十五届中国青年科技奖佛山市候选人1人。另外，市科协受禅城区政府委托，承接禅城区创新驱动发展优秀科研团队（人才）项目申报评审工作，评选出禅城区优秀科研团队“通济科技奖”1个；优秀科研人才“金禅”系列奖获奖者10人。

【科协改革】 2017年，佛山市科协对市科协系统深化改革以及市科协所属学会有序承接政府转移职能试点工作进行专题研究。经过调研，结合佛山市实际，撰写《佛山市科协系统深化改革实施方案（征求意见稿）》和《佛山市科协所属学会有序承接政府转移职能试点工作实施方案（征求意见稿）》，并分别向省科协、市各区党委和人民政府、市直有关单位征求修改意见，形成送审稿报市委、市政府。年内，市科协还举办市科协系统学会承接政府职能转移和购买服务工作会议，提升学会干部科技类社会组织的整体组织能力和服务水平。

（汪元龙）

佛山市归国华侨联合会

【组织概况】 佛山市归国华侨联谊会是佛山市归国华侨联合会的前身，于1951年12月5日正式成立，1957年3月1日，为与全国和广东省侨联的组织名衔统一，佛山市归国华侨联谊会更名为“广东省佛山市归国华侨联合会”（简称“佛山市侨联”），沿用至今。1984年1月，佛山市（含佛山市城区、石湾区、中山市、南海县、顺德县、三水县、高明县）召开第一次侨代会，选举产生第一届侨联委员会。1994年3月，佛山市直机关实施机构改革，市侨联于同年挂靠在市人民政府侨务办公室（简称“佛山市侨办”），实行一套人马，两个牌子。2001年8月，佛山市侨联单独设置，设一名主席，一名副主席，设办公室和宣传联络部2个科室。历任侨联主席有邝豪忠、房法、吴英杰、黄泽熙、林振辉、李忠。2017年，佛山市侨联有基层侨联组织181个，其中地（市）级4个、县（区）级10个、乡镇（街）级29个、村（社区）级138个。全市归侨2 831人，侨眷、港澳眷属110多万人，华侨、华人73万人，在海外及港澳成立的以地缘市、县、区、宗亲（姓氏）划分的社团、同乡会共有108个。

【侨界联络联谊】 2017年，佛山市侨联按照“两个拓展”（拓展海外工作，拓展新侨工作）要求，开展联络联谊工作，联络工作覆盖面不断提升。是年，市侨联重点联系的对象1 500人，先后接待港澳地区和马来西亚、荷兰、法国、澳大利亚、美国等国社团组织近20个。举行留学生骨干代表座谈会，邀请佛山市各区留学生组织30多名骨干代表参加（至2017年，佛山五区侨联全部成立留学生组织）。与南海区侨联合办华裔青年夏令营，邀请新西兰华裔青年到佛山开展活动。另外，市侨联还参与协办第四期佛港澳青年菁英国情教育考察活动、第十届佛港澳青年经济交流会；与市侨商会、市留学人才协会在惠东联合举办“2017年佛港澳青年国情研修班”；举办2017佛港青年文化交流营；等等。通过丰富多彩、形式多样的活动，使海外、港澳青年感受佛山的经济社会发展与亲身体验传统文化，促进侨界青年加强国情认识和对中华文化的认同。

【侨界群众工作】 2017年，佛山市侨联面向基层强化为侨服务，侨界群众工作有重点有亮点。

党建带侨建　市侨联推动党建工作结对子的顺德乐从路州村把侨捐项目瑞颜幼儿园改造为党群服务中心、社区服务中心和侨胞之家，推动活化侨捐建筑组建“路州村华侨博物馆”，展示社会经济各项事业发展的新风貌，强化华侨与祖国家乡的沟通联系。禅城区侨联落实党支部与“双联系”祖庙街道沙塘社区的共建项目，与沙塘社区联合组织或协助举办上党课、送侨刊等9个共建活动。高明区侨联结合“七一”“十一”等重大节日和社区党员活动日，发挥中山社区“侨界人文社区”的阵地作用，举办包括走访慰问归侨侨眷和组织社区归侨侨眷开展书画、棋艺、球类等各类文体活动。

侨界人文社区创建　市侨联响应上级侨联关于在条件成熟的村居创建“侨界人文社区”的精神，在2016年成功申报创建6个“广东侨界人文社区（示范点）”的基础上，2017年继续组织、指导“侨界人文社区”创建，4个社区申报创建成功。“侨界人文社区”在推动侨务工作进入社区、促进社会基层治理等方面发挥重要作用。

“侨胞之家”阵地建设　市侨联继续加强“侨胞之家”阵地建设，2017年，全市有“侨胞之家”5个，其中市级1个、区级1个，镇（街）级2个、村（社区）级1个。通过借助“侨胞之家”活动平台开展的各项活动，侨联组织真正活跃起来，实现代表党委、政府对侨界群众的服务全面覆盖和政治引领、示范带动。

关爱归侨　春节、中秋节前，市侨联拨出专款慰问70岁以上老归侨和归侨特困户，完成对近600名长者归侨、100余户重点和困难归侨家庭的节日慰问工作，送上市委、市政府对归侨侨眷的关心与问候。端午、中秋节前，组织登门看望老归侨侨眷，为他们送去节日礼物和节日问候。

【归侨、侨眷和海外侨胞权益保护】2017年，佛山各级侨联接待涉侨来信、来电、来访100多件次，涉及暖侨助困、户籍查询、身份确认、海外寻亲、土地权益、侨房产权以及农村股份等方面问题。为更好地履行依法护侨的基本职能，推进侨联工作专业化、社会化服务，市侨联于2017年4月成立佛山市侨联法律顾问委员会，利用法律专业人士和法律顾问委员会平台，建立健全侨情汇集、分析机制，畅通侨情反映渠道，引导归侨侨眷以理性合法的形式表达自己的利益诉求。

【侨界参政议政】2017年，佛山市侨联在市人大会议前，推荐3名本市户籍的侨界人员旁听人大会议，扩大侨界群众参政议政层面，反映侨界群众呼声。在2017年佛山公共外交协会理事会换届期间，向市政协推荐17名海外理事。做好协助市政协邀请海外华侨华人列席政协会议工作，邀请3名海外华侨华人列席政协会议。组织市侨联界别政协委员和归侨、侨眷代表30多人进行座谈交流，侨联界别政协委员和归侨、侨眷代表积极建言献策，增强侨联组织的凝聚力、吸引力和影响力。

【“秋色欢乐节——佛山文化之旅”活动】

2017年11月2—6日，佛山市侨联、禅城区侨联联合邀请英国、美国、澳大利亚、挪威、南非、马来西亚等国的海外华侨华人代表近30人到佛山参加秋色欢乐节（已连续6年邀请海外乡亲参加秋色欢乐节活动），开展“秋色欢乐节——佛山文化之旅”活动。代表团一行在佛山观看秋色巡游，体验佛山秋色文化；参观禅城区自然人“一门式”服务，体验便捷的政务服务；走访“丰收街·菁创聚”创新创业社区，感受佛山的双创氛围。代表团还深入紫南村看美丽村居建设、到南风古灶领略陶艺文化、到莲塘村交流南狮技艺等。

【黎时煖社区服务中心和路州村党群服务中心投入使用】2017年1月18日，佛山市顺德区乐从镇黎时煖社区服务中心暨路州村党群服务中心揭幕。以社区党群服务、家庭服务作为切入点，为广大路州村民及周边村居村民提供社工服务，倡导社区共融。同时坚持社区为侨服务和侨为社区服务相结合，一方面发动义工队为返乡的侨胞提供服务、做好接待工作、解决侨胞在家乡遇到的困难问题；另一方面利用这个平台引导海外华侨华人港澳同胞和侨界群众发挥作用，为社区发展和建设提供支持和保障，增强社区侨务工作活力。两服务中心的成立，标志着由市侨联、路州村党委联合共同推动，广东省侨联、乐从镇政府等单位指导的“党建带侨建·侨建促党建”活动取得丰硕成果。

2017年1月18日，佛山市顺德区乐从镇黎时煖社区服务中心暨路州村党群服务中心揭幕仪式（市侨联供图）

【佛山市侨联法律顾问委员会成立】2017年4月11日，佛山市侨联法律顾问委员会成立大会在佛山“侨胞之家”举行。根据《中华人民共和国宪法》《中华人民共和国归侨侨眷权益保护法》《中华人民共和国归侨侨眷权益保护法实施办法》《广东省归侨侨眷权益保护实施办法》和《中国侨联章程》的有关规定，市侨联法律顾问委员会为佛山市侨联和各区侨联履行维护归侨、侨眷和海外侨胞及港澳台同胞在国内的合法权益的基本职责提供法律咨询服务。法顾委采用委员聘任制，设主任委员1人，副主任委员1~2人，委员若干人。法顾委办公地点设在佛山市侨联宣传联络部。

【佛山市侨联六届三次全委会议】2017年4月14日，佛山市侨联召开六届三次全委会议。市委常委、统战部部长黄喜忠出席会议并讲话，市侨联领导以及来自市直、各区的侨联委员和列席会议人员等50多人参加会议。会议表决通过相关人事事项，卸免市侨联常委、委员21人，增补常委10人、委员22人。会上，黄喜忠常委向从事侨联工作20年以上工作者代表颁发荣誉证书。

【佛山市机关侨联成立三十周年庆典】2017年9月24日，佛山市机关侨联成立三十周年庆典活动举行，300多人出席庆典活动。佛山市侨联副调研员曾文斌、特邀嘉宾香港邦加侨友会理事长周鸿生分别致辞。庆典活动30个表演节目，分别由佛山市机关侨联、香港邦加侨友会、英德市侨友会、肇庆高新区越南侨友会舞蹈队演出。

佛山市机关侨联成立于1987年9月，30年以来，历届机关侨联班子有效激发组织活力，活跃归侨侨眷的文化生活，坚持为归侨侨眷做好事，办实事。机关侨联主席曾庆伟在讲话中表示，自成立以来，机关侨联在维护侨益、扶贫帮困、联络联谊等方面发挥了应有的作用；在启动侨界文化活动方面，利用侨胞之家，团结归侨群体，为实现广大归侨侨眷的愿望做出贡献。

（石越男）

佛山市文学艺术界联合会

【组织概况】 佛山市文学艺术界联合会（简称“佛山市文联”）成立于1951年，1983年独立建制。1994年机构改革，挂靠市文化局。2002年市文联重新独立建制。历任负责人（主席）有：（重新独立建制前）曾刚、林振勇、陈智华；（重新独立建制后）冯少行、商学兵、杨凡周。2017年，佛山市文联内设有组联部、办公室。下属文艺家协会有佛山市作家协会、佛山市戏剧家协会、佛山市音乐家协会、佛山市美术家协会、佛山市曲艺家协会、佛山市摄影家协会、佛山市书法家协会、佛山市舞蹈家协会、佛山市民间艺术家协会、佛山市杂技艺术家协会、佛山市文艺评论家协会。全市市、区、镇（街）文联系统有文艺协会339个。全市5个区均有文联组织，但没有独立建制。全市五区33个镇（街）中，有25个镇（街）成立文联组织。市文联所属文艺家协会有市级会员4 121人，其中省级会员1 888人、国家级会员450人，办有内资《佛山艺术》。

【文学创作】 2017年，佛山市文学艺术界联合会继续坚持文学精品创作。何百源随笔杂文集《无法敲开的门》出版，该书是佛山市艺术创作院创艺丛书第三辑中的一本。李剑平出版诗集《推开诗意的窗》，并在佛山市新华书店上架。董劲聪个人文集《与青春续约》出版。盛慧《闯广东》、曹晖《最神奇的小屋》入围首届佛山市优秀版权作品。彤子长篇小说《陈家祠》获2017年广东省第十届精神文明“五个一工程”奖。洪永争《摇啊摇，疍家船》获第二届青铜葵花儿童小说奖最高奖“青铜奖”。晓雷寓言专著《东施美容》获金骆驼奖创作奖铜奖。韩英《旅游微型诗20首》和郑启谦《西樵山》在“中国最美游记”大赛获奖。张况诗作《在梅岭赏无影之海》入选“中国新诗排行榜”。李逸轩小说《邓家铺子》获第二届海峡两岸网络原创文学大赛铜奖。张况、包悦获“中国新归来诗人奖”。盛慧散文代表作《屋溪河以北》入选《当代中国广东文学译丛·俄罗斯卷》（俄文版、中文版），为佛山文学走出去实现突破。

年内，佛山市文联与佛山日报社联合举办“爱岗敬业 梦圆佛山”征文活动。

2017年12月17日，由佛山市委宣传部、佛山市文联、佛山市社科联、佛山传媒集团联合主办的“美好生活·文化同行”——佛山市文艺志愿者扶贫慰问演出在湛江市麻章区太平镇岭头村举行

（市文联供图）

【舞台展示】 2017年，佛山市文艺工作者深入生活，潜心创作，取得不俗的成绩。西樵第一小学粤剧《穆桂英求将奇遇记》获“第二十一届中国少儿戏曲小梅花荟萃”一等奖“最佳集体节目”。话剧《康有为与梁启超》、杨焰光艺术摄影《谁作的景观》、尹洪波编剧的粤剧《梦红船》获第十届广东省鲁迅文艺奖。话剧《穷孩子富孩子》获第十三届广东省艺术节一等奖和优秀导演、优秀编剧、优秀舞美单项奖，话剧《铁血道钉》获二等奖和优秀表演奖。话剧《康有为与梁启超》、歌曲《吉祥中国年》获广东省“五个一工程”优秀作品。佛山市舞蹈家协会获广东省第四届少儿舞蹈大赛“优秀组织奖”。

【艺术展示】 2017年，由佛山市文联和各文艺家协会举办的美术、书法、摄影、民间工艺等造型艺术展览100余场，努力拓宽艺术对内对外交流合作渠道，展示本地艺术成果，提升城市文化形象。

市内艺术展示　举办展示“石湾陶艺现代转型研究”的作品展暨研讨会共4场；举办“在水一方——江南岭南水乡题材中国画作品展”；举办“奋进新时代——佛山市第六届摄影艺术作品展览”，优秀作品编辑成《佛山第六届摄影作品展》。佛山市文联与邵阳市文联合办的《军歌嘹亮》主题书法联展在佛山展出。中澳书法联展、娄底书画艺术展、柳州市美术书法作品展、山东画家范杰中国画展、潘锡豪手指画展、詹伯慧书法展、林哲鸿国画作品展等相继在佛山展出。

市外艺术展示　举办“风起岭南”系列活动，分别在无锡、上海展示佛山画家的精品之作，在中国文字博物馆举办“诗书佛山——佛山诗歌100首书法展”。“佛山新晋中国美协会员作品展”在广东画院美术馆举办，共展出江显蛟、张加良、黄汝祥等11位新晋中国美协会员50余件作品，并编辑成《美术作品展》。广东容桂水乡画邀请展在北京艺术水立方展览中心展出。佛山市21件民间文艺作品在2017中国（广东）民间工艺博览会暨第十届广东省民间工艺精品展获奖，佛山市文联和佛山市民间文艺家协会获优秀组织奖。冯肇友、胡宇鸣、王永才等多位艺术家分别在全军美术作品展览、全国版画作品展等多个国家级展赛中获奖或入选。李小如、梁国荣、梁建华等艺术家作品赴澳大利亚、瑞士、英国等国家展览。梅劲旅作品《变换的空间》入围第九届“巴塞罗那具象艺术大奖赛”。

【文艺志愿者服务】 截至2017年底，由佛山市文联统筹的文艺志愿服务组织63个，其中包括佛山市文艺志愿者服务团1个，还有11个市级文艺家协会、51个区级文艺家协会（包括禅城区8个、高明区10个、南海区8个、三水区10个、顺德区15个）都各自成立有文艺志愿者服务队。全年开展文艺志愿服务活动超100场次。在2017年5月24日“2017广东省文联文艺志愿服务工作会议暨广东省文艺志愿者协会一届四次理事会”上，佛山市文联被授予“广东省文艺志愿服务先进集体”称号，文艺家黄伟文被授予“广东省优秀文艺志愿者”称号，朱新民、关宏、谢肖兰、罗国平被授予“广东省文艺志愿者先进个人”称号。

是年，佛山市文联组织全市文艺志愿者队伍走进张槎文化广场、茶基村、南风古灶、铂顿城等地举行春节挥春活动。开展“到人民中去 送幸福大片”环卫工人拍摄全家福活动。举办七夕岭南诗会、七夕七弦会知音、重阳南海福利中心慰问演出。举办送文艺到企业，走进广东宏陶陶瓷有限公司、广东汇源通集团有限公司等企业，与员工切磋书画、赠送书籍、并举办慰问演出和诗歌朗诵会等；送文艺进学校，走进佛山市启聪学校教授悠悠球技艺，走进石门高级中学与师生同台演出，走进江洲小学为1 000多名外来务工人员子女送上文化大餐；送文艺进军营，在庆祝建军90周年之际，到佛山市驻军部队军营举行“军歌嘹亮”军民联谊会。送文艺进村镇，到佛山市顺德区龙江镇举行曲艺演出，到高明区杨和镇举行舞蹈演出，到湛江市麻章区太平镇岭头村开展精准扶贫文艺惠民演出。

是年，佛山市文艺志愿者服务团继续举办文艺大讲堂活动，全年开讲座36场次。授课地点包括广东宏陶陶瓷有限公司、南海区里水镇旗峰小学、三水区西南街道月桂社区居委会、禅城区人民检察院、三水区西南文化中心等企业、校园、机关、居委等。各艺术门类专家讲师以“点菜式”的方式开展讲座，提升讲座的效果及基层文化培训的质量，受到社会各界的好评。

此外，佛山市文联成立《古村落的民俗文化保护和传承》课题调研小组，于7—8月走进佛山五区开展调研。召开调研会同时还进行民意调查，收回有效答卷500余份，占发放总数量的90%。资料已形成系统的调研报告。

【文艺人才培养】 2017年，佛山市文联为文艺人才搭建系列培训新平台。在主办的内资《佛山艺术》宣传推介中青年艺术家41人次。举办系列培训、讲座，包括第三届佛山中青年中国画提高班、佛山市青年作家研修班、“名家谈艺——戏剧名家讲座”、电影录音专题培训班、歌词创作讲座等。为温国怀、罗小颜、薛芝恋、萧智仁等9位“青苗画家”举办《青春盛绘》首届佛山青年美术家提名展，广东省委常委、统战部部长、省政协副主席林雄在佛山市委书记鲁毅陪同下参观该展览。陶艺家杨锐华、黄志伟入选首批“大国非遗工匠”。第四届佛山陶艺新锐名单出炉，柴乾龙、伍蔚蔚、宋敏等10人获得新锐展优秀奖，凌康强、曲力鑫、霍建恩等10人获得新锐展入选奖。

【“佛山诗词一百首书法展”走进中国文字博物馆】 2017年3月24—29日，由中国文字博物馆、广东省书法家协会、安阳市文联、佛山市文联主办的“诗书佛山——佛山诗歌一百首书法展”在河南安阳中国文字博物馆举行。这是该馆建成以来，首次为一个地级城市举办的大型诗书展览。展览展出由佛山当代优秀书法家书写的100首佛山历代诗词作品。诗歌的选取，除注重文学价值外，侧重选取表现佛山本土风物的作品，受到当地书法爱好者的青睐。活动结束后，由佛山市文联出资将展览作品编辑成《诗书佛山·佛山诗词100首书法集》，供更多书法爱好者学习。

【“石湾陶艺现代转型研究”系列展览研讨】 2017年下半年，佛山市文联推出“石湾陶艺现代转型研究”系列展览研讨。9月28日，举办“超越时空的心灵对话——中国文化名人形象陶塑作品展暨研讨会”；10月29日，举办“守望与迷茫——封伟民张微微女性陶塑作品展暨创作研讨会”；11月4日，举办“佛山瓦脊陶塑作品展暨学术研讨会”；12月17日，举办“蛮荒与文明——赵松青山水陶塑作品展暨山水陶艺研讨会”。系列展览研讨会与会人员累计超150人，展示作品累计近150件。

【工业题材文艺创作暨草明作品研讨会】 2017年11月5日，由佛山市文联、鞍山市文联、鞍钢文联联合召开的“找寻原动力——工业题材文艺创作暨草明作品研讨会”在佛山市顺德区容桂街道举行。与会的相关领导、专家学者和作家们踊跃发言，就如何繁荣工业文学创作及围绕草明作品，提出意见和建议。研讨会有观点提出，聚焦工业发展，深挖故事题材，用文学说好工业故事，用文学作品的形式弘扬时代精神，这是工业文学发展的意义所在。同时，研讨会还有观点提到，接下来会积极推动工业题材文艺创作基地落户佛山，助力佛山工业文学创作发展。

【在水一方——江南岭南水乡题材中国画作品展】 2017年12月23—31日，由广东省美术家协会指导，佛山市文联主办的“在水一方——江南岭南水乡题材中国画作品展”在佛山市南海区大沥镇广东书法园开展。展览分为一楼江南篇和二楼岭南篇两层展出，共展出来自北京、上海、江苏、浙江、广东38位画家的187幅水乡题材画作。作品有写实有写意，有山水花鸟画，也有人物画。

（市文联）

佛山市残疾人联合会

【组织概况】 佛山市残疾人联合会于1989年12月正式成立，是全市性残疾人事业团体，具有“代表、服务、管理”的职能：代表残疾人的共同利益，维护残疾人的合法权益；团结教育残疾人，为残疾人服务；履行政府委托的部分行政职能，管理和发展残疾人事业。

2017年，佛山市残疾人联合会机关内设办公室和综合业务科2个科（室），直属事业单位有：佛山市残疾人综合服务中心、佛山市重度残疾儿童少年康复教养学校、佛山市新希望康复门诊部、佛山市听觉语言康复中心、佛山市残疾人用品用具供应服务站。据第二次全国残疾人抽样调查推算，佛山市残疾人约20.76万人，占全市总人口5.8%。截至2017年底，全市持二代残疾人证残疾人6.5万人。

【残疾人康复服务】 2017年，佛山市残联出台《佛山市残疾人康复救助实施办法》。开展康复救助定点机构招标，八个项目共确定34个康复机构。继续向社会购买残疾人康复服务。截至11月，共开展11批康复救助，接受康复救助1 092人，提前超额完成省下达的120人康复任务。联合市教育、民政、财政、人社、卫计等5部门出台《佛山市残疾人精准康复服务行动实施方案（2017—2020年）》（该实施方案总体目标是到2020年底，全市有康复需求的残疾儿童和持证残疾人接受基本康复服务比例90%以上），建立市政府统一领导，各部门协调配合的工作机制，各部门分工协作，共同组织实施。举办残疾人精准康复服务行动暨贫困重度残疾人家庭无障碍改造工作培训班，培训各区康复业务骨干等110人。推动全市残疾人社区康园中心建设（2017年，省政府将社区康园中心建设列为省十件民生实事之一，目标是到2020年全省每个镇、街道建立起一个残疾人社区康园中心，实现全省全覆盖），全市五区32个镇（街道），建设社区康园中心40个。

是年，市残联继续做好精神障碍患者康复服务工作。对高明区开展严重精神障碍患者救治救助工作进行检查督导。继续推进社区康复站建设。指导各区落实精防室的建设，完善康园中心服务功能，建设工疗室等基本功能场室。全年全市精神障碍患者在残疾人社区康园中心进行工疗康复的有240多人。举办两期自闭儿童康复机构师资培训，累计培训210人次。

【残疾人教育服务】 2017年，佛山市残联开展市重度残疾儿童少年康复教养学校筹建工作，组建核心团队，制定规章制度，完善教育设施建设，开展入学需求调查，申请启动资金。做好未入学适龄残疾儿童少年调查，登记学龄前阶段431人、义务教育阶段240人，由市教育局按名单落实送教上门。做好残疾儿童少年义务教育招生入学核实工作，统计佛山市2016年未入学适龄残疾儿童少年464人。协调全市普通高考残疾学生申报登记和录取，佛山市普通高等院校录取残疾学生27人（其中单招单考5人）。协助市招生办为7名中考残疾考生申请考试便利。协助各特教学校做好招生工作。

【残疾人就业服务】 2017年，佛山市残联通过开展残疾人职业技能培训、拓宽残疾人就业渠道、为残疾人提供职业能力评估等举措，做好残疾人就业服务。

残疾人职业技能培训　开展特教学校在校学生培训，组织345人次参加计算机基础等20多个专业培训，组织资格证书考核。与恒安瑞士酒店等合作，开展订单式和岗位能力提升培训，特别针对有佛山市特色的陶瓷产业，挖掘新的岗位，开设图片处理设计师岗前培训，筛选出11名学员进行培训。举办中级、初级保健按摩师培训班，11名盲人参加培训。另外，全市还举办盲人保健按摩、中西式面点等项目培训30多个。全年全市累计培训残疾人1 712人次。

残疾人就业渠道拓宽　开展2017年度用人单位按比例安排残疾人就业年审工作，全市115 110个用人单位中112 537个完成年审，年审率97%，征收残疾人就业保障金5.19亿元。为27 567家小微企业办理减征、免征残疾人就业保障金手续，减免5 395万元。举办残疾人招聘会24场。对唯健坊农民种养专业合作社进行帮扶，协助其开办直销店，拓宽销售渠道。促进应届高校残疾毕业生就业，全市35名应届高校残疾毕业生实现就业26人。举办全市残疾人职业技能竞赛，设置计算机、工艺美术等12个项目，65人参加。推动残疾人就业状况实名制系统录入更新工作纳入常态化，建立通报制度，及时掌握情况，重点掌握应届高校残疾毕业生信息，实现精准帮扶，系统录入率100%。全年全市就业年龄段残疾人29 651人，实现就业10 566人，其中年度新增残疾人就业715人。

残疾人职业能力评估服务　发挥残疾人职业能力评估服务体系作用，通过评估了解情况和需求。与特教学校合作，对新生主要开展社会独立生活技能测试，学校根据分析结果，进行分班和教学调整；对即将毕业的学生则开展综合职业能力评估，提供岗前培训、就业指导推荐上岗。结合各项职业技能培训，对学员进行职业能力评估，并出具职业能力专项评估报告，筛选出合适人选，确保培训有效性。全年全市为270名残疾人提供职业能力评估服务。

【残疾人文体宣传】 2017年，佛山市残联利用微信公众号、官网及电视台等多渠道进行宣传，在国家级媒体刊发作品2篇，并推出残疾人事业宣传片；针对《佛山市残疾人保障办法》《佛山市残疾人事业十三五规划》的实施和全国助残日工作等进行重点宣传；推出针对健全人的“残疾预防”等宣传并扩大宣传范围；推出一批如南海区残联副理事长何兆全、祖庙街道残联副理事长何美等模范人物事迹宣传报道，弘扬服务残疾人精神。

坚持在电视台播放手语节目，获好评；组织残疾人作品参加全省艺术比赛，获三等奖3个；在2016年度广东省残疾人事业好新闻评选中获二等奖、三等奖各1个；选送表演节目参加全国残疾人艺术汇演，选手胡建红获声乐二等奖；通过微信公众号宣传文体方面有代表性的优秀残疾人；举办残疾人书画培训班，培训20人。

成功举办佛山市第八届残疾人运动会，220名运动员参赛。组织参加全国残疾人飞镖锦标赛，4名残疾运动员代表广东省出队参赛。继续加强“全民助残健身工程示范点”运作管理，全市五区各有1个“全民助残健身工程示范点”为残疾人提供服务（高明区原作为示范点的荷城街道康园中心场地不能正常使用，调整为更合镇社区康园中心）。抓好省聋人篮球训练基地及市残疾人运动队的日常服务管理等，省聋人篮球队、市聋人篮球队、羽毛球队、飞镖队分别开展集训。组队参加全省残疾人飞镖锦标赛，4名运动员参赛，获金牌1枚。

【残疾人维权】 2017年，佛山市出台《佛山市残疾人事业“十三五”发展规

2017 年 8 月 20 日，佛山市第八届残疾人运动会在市残疾人康复服务中心和佛科院同时举行。图为乒乓球项目比赛现场 （市残联供图）

划》，为今后的残疾人工作制定方针。落实市府办印发的《佛山市残疾人保障办法》，重点做好残疾人乘车优待 IC 卡的制作并发放和出台《佛山市残疾人就业创业扶持办法》。加强残疾人基础管理数据库建设，开展残疾人证电子证照试点工作，核发残疾人证 64 262 个，发证率 28.73%。推进残疾人基本服务状况和需求信息数据动态更新工作，完成残疾人登记 62 268 人（调查过程中，入户调查 60 070 人、电话调查 2 198 人，入户率 96.47%），南海区里水镇、顺德区容桂街道动态更新工作通过中残联第三方评估。

【佛山市第八届残疾人运动会】 2017 年 8 月 14 — 25 日在佛山市残疾人职业康复服务中心和佛山科学技术学院体育馆举行。全市 220 名运动员参加比赛，完成田径、游泳等 6 个大项 102 个小项比赛，决出金牌 100 枚，南海区以团体总分 421 分和 35 枚金牌获得团体总分和金牌榜第一名，三水区、禅城区分获第二、第三名，南海区、禅城区、顺德区、高明区和三水区获体育道德风尚奖。

（吴新来）

佛山市社会科学界联合会

【组织概况】 佛山市社会科学界联合会（简称“佛山市社科联”）成立于 1985 年。历任主席有赵放、苏明实、马梓能、商学兵、邓翔。2017 年，佛山市社科联内设机构有学会工作部、科研规划部。有团体会员 44 个，其中市级社团 43 个、民办社科研究机构 1 个。有省级社科普及基地 2 个、市级社科普及示范基地 10 个。与佛山市委党校联合主办《佛山研究》刊物。

【社会组织调研】 2017 年，佛山市社科联分别对市金融学会、市成人教育协会、市法官协会、市演讲与口才学会、市税务学会、市农村经济学会等社会组织开展实地调研。调研形式主要有问卷、实地考察、召开座谈会、收集相关资料等方式。调研内容主要围绕社会组织活动开展情况、换届工作、运作过程中遇到的困难以及对社科联开展工作的意见和建议。通过调研，有效地加强与各社会团体之间的交流和沟通，为解决社会团体发展中遇到的困难，促进社会团体健康快速发展建立良好基础。

【社科类社会组织扶持资助资金管理】 2017 年，佛山市社科联开展 2017 年度市社科联社会组织资助资金及社会团体活动资助的申报、评审工作，市孔子学说研究会、市农村经济学会等 5 个社会组织作为 2017 年度佛山市社科联社会组织资助资金资助对象。年内资助市心理辅导协会“太极文化与心理健康研讨会”、市演讲与口才学会“全国小演讲家佛山公益特训营（第七期）”等 9 个社科活动项目。

开展 2017 年度市级社科类社会组织发展专项扶持资金绩效考核工作，市演讲与口才学会“2017 年佛山市第二届‘魅力演说家’大赛暨首届全国大学生精英职业挑战赛”、市老年学学会“健康老龄化新锐问题研究理论研讨会”、市长寿学会“大医行孝道，全民大健康之长寿健康之道”等 5 个项目均获评优等。

组织 2018 年度市级社科类社会组织发展专项扶持资金的申报工作。市农村经济学会、市老年学学会、市语言艺术研究会、市财务管理协会和市孔子学说研究会等 5 个申报单位作为 2018 年度社科类项目扶持对象，并将评审结果报送市民政局。

结合佛山市社科类社会团体的实际情况，及时修订《佛山市社会科学界联合会社会团体活动资助办法》以及相关申报表格，并印发给下属社会团体。该办法共 23 条，分为五章，分别是总则、申报与评审、活动管理、经费管理、附则等，对资助对象、资助内容、资助经费、申请程序、资助方式、项目管理等进行细致的说明。

【社科类社会组织培训及社科活动指导】 2017 年 5 月 18 — 19 日，佛山市社科联组织召开全市社科类社会组织工作经验交流暨业务培训会议。全市 58 名社科类社会组织代表参加培训。会上市社科联主席邓翔向全市社科类社会组织传达学习习近平总书记关于广东工作的重要批示精神，会议还邀请广东省社科联副主席周华和佛山市社会组织管理局副局长刘宇明为社会组织代表授课。12 月 5 — 6 日，组织举办市社科联及社会组织学习宣传党的十九大精神暨业务培训。全市 60 名社科类社会组织代表参加培训。会上市社科联主席邓翔作开班动员，会议还邀请市委党校哲学教研部主任姚明强和市社会组织管理局副局长刘宇明为社会组织授课。

3 月 9 日，由市社科联指导，市老年学学会举办“第六届二次全体会员大会暨老年学研究基地揭牌仪式”；5 月 6 日，由市社科联指导，市心理辅导协会举办《心灵太极道》新书发布会暨专家研讨会；9月22日，由市社科联指导，市老年学学会举办“特聘研究员聘任大会暨研究员咨询座谈会”；10月28日，由市社科联指导，市演讲与口才学会主办的第二届“魅力演说家”大赛决赛在佛山市青少宫举行。

【社科普及】 2017年，佛山市社科联继续加强社会科学普及工作。

通过“佛山社科”微信、微博公众号及时发布时政要闻、社科研究、民生经济以及老百姓所关注的热门话题等相关信息，构建以佛山市社科联工作信息发布为重点，集活动预告、社科普及、互动交流于一体的平台化公众微信。是年，“佛山社科”微信公众号共发布文章近100篇，粉丝量和阅读量都大幅增加。

开展社科微信抽奖赠书活动，举办“关注‘佛山社科’微信公众号，抽奖赠送《佛山地理》系列丛书”活动5期，累计参与人数达1 000人，赠送《佛山地理》系列丛书80套400余本。持续开展送书下乡活动，购置基层党建、经济管理、卫生健康、文学艺术、家庭教育、政治、历史等方面图书，送到禅城区南庄镇文化中心和三水区乐平镇，并由其分赠至有关村图书室。举办社科知识竞赛活动，并利用佛山社科理论网、佛山社科微信等进行宣传和发动市内外市民参与，共收到答卷1 982份，其中有效答卷1 965份，通过活动普及佛山人文社科知识、传播佛山本土文化。与市委宣传部、市文广新局等单位联合推动2017南国书香节佛山分会场活动。

开展2017年社会科学普及周活动。活动包括“寻找海上丝绸之路的记忆梁炳基、李德森藏品展”“庆祝十九大佛山城市展新貌”摄影展、第四辑佛山市人文和社科研究丛书及《佛山地理》系列丛书签赠会、市社科联所属学会（协会、研究会）现场摆摊设点举行社科知识咨询、禅城区相关职能部门利用自己行业优势解读政策法规、市图书馆组织现场办证和借书、市新华书店展销优秀社科读物等活动。在启动仪式上，共有40个单位设立60个摊位，400余人参加活动。《佛山日报》《珠江时报》、佛山电台、佛山电视台、

2017年11月9日，由佛山市社科联与禅城区委宣传部共同主办的2017年佛山市“社会科学普及周”启动仪式暨社科咨询活动在禅城区东方广场举行

（市社科联供图）

佛山新闻网等市内主要媒体均进行相关报道。科普办联合佛山电台和第二批市社科普及示范基地开展“佛山社科普及示范基地市民体验团”活动，100余名市民参加。

【社普讲座下基层】 2017年，佛山市社科联广泛发动、组织相关单位和社会组织开展多种形式的报告会、基层巡讲等社科普及活动。9—11月期间，举办超过30场社科普及讲座活动，进一步扩大社科普及周活动的影响力。推进社科知识进校园活动，联合《珠江青少年》杂志社，以《珠江青少年》杂志为宣传平台，以2016年出版的《佛山地理》（第一辑）这一特色科普成果为指引，通过向全市五区范围几十所中小学、幼儿园赠送丛书，在《珠江青少年》开辟“佛山地理猜猜猜”有奖知识专栏，为南海中心小学及绿景小学师生讲授《佛山地理》精品示范课，组织5场“跟着丛书去旅行”一日游公益采风活动等形式多样的活动，在佛山市中小学校开展立体式的科普知识宣传教育活动，推广佛山文化和打造佛山形象。

【社科平台建设】 截至2017年底，社科数据成果字数累计超过2 500万字，容量高达8GB。加强与佛山新闻网等媒体合作，开展社科知识网页答题竞赛等活动，部署佛山社科成果数据库和佛山社科规划项目申报与评审系统，关注佛山社科动态，发布社科信息，提升信息传播效率，促进市社科联与市民及社会各界互动交流。与新浪佛山合作，利用新浪佛山PC端、新浪佛山官方微博、新浪佛山今日头条号等渠道，对社科联2017年全年的最新动态、活动，以及研究成果等进行日常新闻发布。制作佛山社科宣传册，宣传市社科联的工作成果。

（淦述卫）

中国国际贸易促进委员会佛山市委员会

【组织概况】 中国国际贸易促进委员会佛山市委员会（简称“佛山市贸促会”）成立于1986年8月。1988年，根据中国贸促会的通知，经市政府同意，市贸促会同时使用佛山国际商会名称，实行一个机构两个牌子。1993年12月20日，“中国国际贸易促进委员会佛山市委员会、中国国际商会佛山商会会员大会”在华侨大厦召开，选举产生第一届委员会。历任负责人有甄劲之、盘碧霜、杨乃可、周婉芬、罗悦棠、邹国祥、张建辉、谢伟雄、马湘雨。2017年，市贸促会内设办公室、展览信息部、商事法

律事务部（出证认证部）。有区级贸促分支机构3个。

【对外经贸交流活动】 2017年，佛山市贸促会先后组织企业赴欧洲、非洲、中东地区开展系列经贸交流活动，在境外期间组织6场佛山投资营商环境推介暨企业对接洽谈会，共计250多名中外企业家参加活动。

为巩固传统对外贸易“红海”市场，先后参与出访瑞典、冰岛和匈牙利开展系列经贸活动，拜访瑞典华人总会、匈牙利国家发展部、冰岛中国贸易促进会等机构。同时，紧抓英国脱欧及中挪双边关系正常化的契机，组织企业赴英国、挪威、冰岛三国开展系列经贸合作交流活动，举办3场佛山营商环境推介会暨企业配对交流洽谈会。其中，英国出访活动成果初现，英国广东总商会于同年组织代表团回访佛山。

为帮助企业开拓“蓝海”市场，组织企业赴坦桑尼亚、纳米比亚、卡塔尔开展系列经贸合作交流活动，举办专场推介活动对非洲国家新兴市场的投资营商环境和政策进行系统介绍，并邀请在非洲国家有丰富、成功投资贸易经验的博达集团到场分享。同时，利用博达集团在非洲的营销网络和渠道搭建佛山企业“走出去”的平台，让佛山有意向开拓非洲市场的企业找到良好的切入点。组织企业赴巴林、阿联酋开展经贸对接活动，调研巴林和迪拜“龙城”项目，并发出在阿布扎比哈里发自贸区建立佛山工业园区的邀请与倡议。

【对外联络交往】 2017年，佛山市贸促会广泛开展对外联络工作，搭建国际交往平台，共接待尼日利亚阿比亚州、奥地利施蒂利亚州、东部非洲中国总商会、挪威广东商会、越南胡志明市企业协会、加拿大蒙特利尔佛山商会、英国顺德总商会、匈牙利国家工商会、瑞士大苏黎世经济促进署、华南美国商会等12批次的国内外经贸团组。在境外代表团到访佛山期间，与相关机构合作组织5场企业对接洽谈活动，双边与会人数达440人次。如配合广东省贸促会和匈牙利国家工商会，承办“中国（广东）——匈牙利推介会暨企业对接洽谈会”等。此外，应韩国华城商工会议所要求，成功介绍佛山光丰集团和恒合信管业与韩国相关企业进行对接合作。

制订《佛山贸促会境外经贸联络处设立条件》，探索以更务实的形式在境外设立平等互利共享的经贸联络机构，并于年内新设立英国经贸联络处。与博达集团坦桑尼亚分公司、华南美国商会、英国顺德商会、铜川市印台区政府等分别签署5个合作备忘录，开展贸易投资促进工作，助力企业国际化经营。

2017年4月21日，佛山市贸促会和广东省不锈钢材料与制品协会联合主办的第十一届华南不锈钢·金属材料展览会盛大开幕。图为开幕式剪彩现场

（市贸促会供图）

【出证认证业务】 2017年，佛山市贸促会在国际贸易形势企稳回暖的大环境下，做好出证认证工作，为外贸企业出口做好服务。开通pos机和微信、支付宝转账功能，并根据企业需要适时延长服务时间等，基本保持出证认证业务的稳定。推动中国贸促会新版免费系统于10月6日正式上线。采集企业印章和签名，保证原自主打印企业能正常出证。配合市政府“一门式一网式”政府服务模式统一窗口办公，10月16日出证认证部正式进驻行政服务中心，为企业提供更优质和高效的服务。同时，加强与各区贸促会的业务联系。定期开展对原产地证书的数据分析工作，为企业开拓国际市场提供数据参考。是年，全市出证认证业务总量108 935份，其中：一般原产地证82 895份（比上年下降10%）、FOB货值525 646万美元；优惠原产地证6 233份（比上年增长1%）。出证认证业务中，签证量前五位的目的国依次为印度、孟加拉国、美国、阿联酋、越南。涉及产品前五类为陶瓷、卫浴产品、铝钢建材、家具及家居用品，涵盖佛山市主要生产产品。受惠产品前三类为陶瓷、铝钢建材、家具及家居用品，为企业节约成本约872万美元。同时，办理商事证明书和代办领事认证19 557份，主要发往韩国、中东地区、埃及。

【涉外商事法律公益培训】 2017年，佛山市贸促会每个季度都根据出证认证数据分析和外贸形势发展趋势，有针对性地聘请有关专业人士举办至少1场分国别或分类型的涉外法律知识公益讲座，提醒企业注意商事发生国存在的劳资纠纷风险、政策风险等。如邀请美国GT律所代表讲授“美国新政府对华贸易政策分析及中国企业应对措施”，邀请中大法学院谢石松讲授“一带一路”国家风险应对等。

【国际国内会展平台促进企业贸易发展】 2017年，佛山市贸促会借助国际国内会展平台促进企业贸易发展的优势职能，为广大企业“走出去”搭建平台。

自办专业性展会探索 经过反复研究，明确将华南不锈钢·金属材料展览会打造为市贸促会的自办型重点展会的思路，并于4月联合广东省不锈钢材料与制品协会自办华南不锈钢·金属材料展。该届展会展出面积5 000多平方米，近90家来自我国广东、福建、江苏、浙江以及来自德国的企业参展。该展是华南地区不锈钢行业的专业性展览会，展会的品牌影响力逐年提升。

“互联网+”博览会的报批和组织工作　市贸促会配合市政府筹备举办第三届中国（广东）国际“互联网+”博览会，做好博览会的报批和筹备工作，并充分发挥贸促资源优势，谋划展会招商和展会期间大型配套活动。博览会期间，市贸促会、佛山国际商会主办的第三届中国（广东）国际“互联网+”博览会分论坛——企业凌云转型增效实战高峰论坛，吸引来自宁波、东莞、惠州、广州等多个城市的170多名企业代表参加，直播活动更辐射40多个城市，在线观看82万人。论坛邀请IBM科学家凌棕等大数据领域的专家，与企业代表共同探讨大数据的发展现状及未来，推动佛山企业结合实际，运用云计算，提高企业管理效率，帮助企业抓住机遇，实现转型增效。

组织企业参展观展　编印国际、国内重要展会专刊发送给外向型企业，专刊包含147个展会的预告和信息。发挥组展优势，落实2017展览计划，发动机械装备、陶瓷、纺织、家具、家电、建材、汽配等优势行业企业赴匈牙利、坦桑尼亚、印度、马来西亚等国参展，重点开拓“一带一路”沿线发展中国家及地区市场，凭借佛山相对领先的产业和技术优势，扩大地区产品市场知名度，打造“佛山制造”国际品牌形象，提升品牌附加值，做强做大对外贸易。协助上级部门做好相关展会招展工作，包括由商务部主办、商务部外贸发展事务局承办的2017年中国品牌商品（中东欧）展和2017年中国品牌商品波兰展览会、由广东省贸促会主办的2017第十五届中国商品（印度孟买）展览会、广东精品太平洋岛国巡回展和2017年中国（广东）名优商品坦桑尼亚展。

2017年10月12—15日，第三届中国（广东）国际“互联网+”博览会商务交流会在佛山市举行。图为佛山市商务局局长苏岩在开幕式上致辞

（市商务局供图）

为会展业发展建言献策　围绕市商务局《佛山市会展业发展情况调研报告》的研究成果，结合市贸促会职能和工作实际，提出《推动我市会展业发展若干建议》，坚持推进以展促贸工作，依托会展平台大力加强经贸合作交流，助力佛山经济转型升级，打造面向全球的制造业创新中心。

【经贸信息服务】2017年，佛山市贸促会网站总点击量53 173次，总独立访客17 859人，累计发布文章和信息共130篇。与中国贸促会和广东省驻境外代表处建立互通联系，将境外更多优质的项目刊登到市贸促会网站“投资贸易机会”栏目让企业自行匹配对接，全年累计刊登32条。因应企业意见和业务发展需要，对政务网站进行部分改版，让企业能迅速寻找到实用的信息，并同步开通微信公众号。按季度出版《国际贸易投资动态》，让企业有效掌握市场舆情动态，积累更多国际经贸信息。是年，市贸促会通过政务短信平台发布经贸和预警信息79条。

【首次开展外向型企业出口贸易情况社会调查】2017年6月22日至7月21日，为帮助企业解决实际问题，本着了解企业、宣传企业、服务企业三大宗旨，佛山市贸促会首次开展真正社会学意义上的面向全市的外向型企业出口贸易情况社会调查，分批次走访调研广东天安新材料股份有限公司、广东健博通科技股份有限公司、佛山市南海松业电器有限公司等10多家外向型生产企业和外贸流通企业，通过实地调研，了解企业的生产经营情况以及存在的困难。同时，调查还向近600家企业发出问卷。10月9日，发布《佛山市外向型中小企业对外贸易现状与对策研究》调查报告。

【国际商会改革正式启动】2017年，佛山市贸促会正式启动国际商会的改革建设工作，修订完善《佛山国际商会章程》，并就商会会员的发动登记、推荐副会长及理事候选单位等事宜做准备。11月28日，佛山国际商会举办第三次会员代表大会暨理事会就职典礼，选举出59位理事会成员，搭建起国际商会的运作机构。

（市贸促会）

外事·侨务·港澳台事务

外 事

【概况】 2017年，佛山市对外交往工作从服务国家总体大局、服务地区中心工作、服务社会民生出发，参与“一带一路”建设，加强与“一带一路”沿线国家交流合作；不断提升官方交往的广度与深度，全年接待外宾57批、770人次；发挥友好城市资源优势，在文化、教育、经贸等领域的交流合作成效显著；做好外国人来华邀请确认函办理，全年全市邀请确认函送审1 377份，1 889人次；加强因公出访管理，临时出国指标向招商引资需求重点倾斜，为佛山扩大对外经贸合作开辟绿色通道。

【外事接待】 2017年，佛山市做好国家、省安排的重要外事团组接待工作。全年接待外宾57批、770人次，其中副部级以上外宾9批、127人次，“一带一路”沿线国家重要团组49批、655人次。高规格接待包括莫桑比克议长马卡莫、赞比亚国民议会议长马蒂比尼、利比里亚驻华大使杜德利·托马斯、奥地利斯蒂利亚州州长赫尔曼·许岑霍夫、新加坡教育部长兼第二国防部长王乙康等在内的外国政要。在接待活动中突出高层交往的带动作用，促进对外交流与合作，不断提高佛山国际化城市知名度。

【对外交流合作】 2017年，佛山市立足建设宜居宜业宜创新的高品质现代化国际化大城市的战略定位，参与一带一路建设，加强与“一带一路”沿线国家重要节点城市合作，拓展、盘活、整合优势资源，提升对外交流合作水平。一是做好“一带一路”沿线国家到佛山访问团组的接待工作，全年接待“一带一路”沿线沿岸国家团组49批、655人次。二是发挥国际友好城市、联系驻华使馆、驻广州领馆等资源优势，重点开展与“一带一路”沿线国家交往。3月，佛山外事部门首次与日本驻广州总领事馆联合在佛山市伊丹友好交流中心举办日本里千家茶道交流会，活动特邀里千家驻广州茶道专任讲师岩间恭子为市民传授茶艺，吸引40余名市民报名参与。4—5月，“荷兰日”中荷陶艺交流展览会在佛山举行（这是佛山首次参加荷兰日系列活动），5位荷兰艺术家和5位佛山艺术家在佛山一共举办9场音乐演出和连续7天的陶瓷工作坊交流活动，参与活动的人数4 000人次。5月，澳大利亚著名作家杰拉尔丁·布鲁克斯到访佛山图书馆，和馆员代表畅谈她的写作体会和生活感悟，推介澳大利亚文学，推动两地文化交流。8月22日，佛山市派代表参加新加坡—广东合作理事会第八次会议和中新知识论坛，与新方代表就进一步加强双方合作进行交流。三是开展对瓦努阿图的交流合作。以中瓦建交35周年为主题，组派文艺演出团赴瓦演出，有包括瓦努阿图总理萨尔维夫妇、中国驻瓦努阿图大使刘全夫妇、维拉港市市长尤里奇夫妇、华人华侨及瓦各界民众共1 000余人观看演出。四是承办重大国际性活动。在中国人民外交学会和美中关系全国委员会指导下，承办中美青年领导者论坛第十四次会议。会议邀请47名中美青年代表参会。双方代表就中美关系前景畅所欲言，从工作生活经历出发分享个人对增进两国交往的见解。会议的举办为中美各领域杰出青年提供深入交流平台，为中美两国关系的发展打造良好的社会和群众基础。五是用好领馆资源、拓展合作机遇。以领馆高层为友好使者对外推介佛山，先后接待日本、奥地利、韩国、澳大利亚，新西兰、美国等领事官员到访，寻求与相关国家在“互联网+”、信息技术、科技创新等领域的对外合作。以领馆资源为桥梁引领佛山企业对接国外领先技术，法国APIX公司高层及法国驻广州总领馆一行到访市燃气公司，介绍国外先进产品技术，举行座谈研讨会，寻求合作机会。以领馆活动为平台寻求合作，协助奥地利驻广州总领馆举办佛山—施蒂利亚州商务论坛，奥地利施蒂利亚州州长赫尔曼·许岑霍夫出席论坛并与佛山企业代表进行交流对接，促进佛山与奥地利在环保、汽车制造、高等教育等领域的交流合作。六是举办“一带一路”走出去企业海外安全培训活动。市外事部门与市商务局、市工商联共同举办“一带一路”“走出去”企业海外安全宣传培训系列活动。外交部涉外安全事务司副司长曹小林到佛山为300多家参会企业代表作“一带一路”“走出去”海外安全主题讲座，以培训讲座、图片展览、视频展播、问卷调查等多种形式，增强企业海外安全风险防范意识，提高境外突发事件应急管理能力，引导企业建立健全海外安保机制，引导企业与政府共同构筑海外安全防护网。

【国际友好城市交流合作】 2017年，佛山市优化国际友城布局，发挥友城资源优势，创新开展各类友好交流活动，在文化、教育、经贸等领域的合作成效显著。一是与俄罗斯纳罗福明斯克区、瓦努阿图维拉港市结对成为国际友好城市。至此，佛山与11个国家的15个城市结为友好城市关系，为佛山构建全方位的、深层次的对外开放新格局搭建务实载体。二是邀请德国因戈尔施塔特市代表团参加“佛山秋色”城市形象展示活动，带来特色民族舞蹈表演，为佛山秋色民俗活动增添多元化的国际元素，提升城市的国际影响力和知名度。三是策划组织政府高层、民间团体互访。以佛山与澳大利亚汤斯维尔市结好11周年为契机，邀请汤斯维尔市市长珍妮·希尔到佛山访问，出席“友好十一载——佛山市·汤斯维尔市友好交往图片展”开幕式，探讨两市教育交流合作，深化两市友好交往。另外，佛山市主要领导分别出访俄罗斯、德国，推动与德国在智能制造、工业会展等领域的合作，助力中德工业城市联盟发展。四是以文化艺术作为友城民心交流的跨国界语言。组派舞狮表演队为友城德国因戈尔施塔特市奥迪孔子学院开幕式表演。五是搭建青少年友好交流平台。佛山和日本伊丹市互派师生代表团；德国因戈尔施塔特市克里斯托夫——沙伊纳文理中学师生代表团访问佛山一中，进行校际友好交流；顺德一中与德国因戈尔施塔特市卡塔琳娜文理中学、荣山中学与德国因戈尔施塔特市路易斯—弗朗霍夫中学的代表分别签署校际合作伙伴关系协议，丰富友城青少年交流的内涵。

【APEC商务旅行卡推广】 2017年，佛山市推进APEC商务旅行卡服务点下移，市外事部门在推进网上管理系统业务工作的同时，与市进出口商会、市侨商会共建APEC商务旅行卡服务点，让更多企业在“走出去”享受便利，更好地拓展海外市场。是年，佛山市共受理APEC卡申请62批87人次，总办卡量居全省前列。

【佛山与俄罗斯纳罗福明斯克区缔结友好城市】 2017年2月，佛山市市长朱伟率代表团访问俄罗斯纳罗福明斯克区，与纳罗福明斯克区第一副区长沙姆内共同签署建立友好关系城市协议。双方在经贸、科技、文化、教育、体育、卫生等领域积极开展对话合作，促进共同发展、共同繁荣。俄罗斯纳罗福明斯克区位于莫斯科西南方，是莫斯科州经济发展最迅速的地区。佛山市自2009年起与纳罗福明斯克区交往，在文化艺术、经济贸易等领域进行交流合作，纳罗福明斯克区曾4次派艺术团参加佛山秋色欢乐节巡游表演，其独具俄罗斯风情的舞蹈深受佛山市民喜爱。

【佛山与瓦努阿图维拉港市缔结友好城市】 2017年6月12日，佛山市委常委、组织部部长杨朝晖和瓦努阿图维拉港市市长尤里奇·萨姆帕托签署缔结友好城市关系协议书，两市结为友好城市。签约仪式在维拉港市政厅举行，中国驻瓦努阿图大使刘全出席仪式。在中瓦建交35周年之际，两市结好有利于促进两国地方政府及人民之间的相互了解和友谊，扩大和深化双方在教育、经贸、旅游等领域的交流合作。

（周倩云）

2017年佛山市缔结友好城市关系一览表

中国	外国		缔结时间
	友城名称	国家/地区	
佛山市	伊丹市	日本	1985-05-08
	路易港市	毛里求斯	1989-01-27
	斯托克顿市	美国	1994-03-04
	波塞雄市	留尼汪（法属）	1997-04-11
	汤斯维尔市	澳大利亚	2006-07-28
	圣乔治市	格林达纳	2010-04-23
	因戈尔斯塔特市	德国	2014-01-22
	斯达洛加勒德市	波兰	2014-06-10
	纳罗福明斯克区	俄罗斯	2017-02-27
	维拉港市	瓦努阿图	2017-06-12
禅城区	梅德韦市	英国	2010-03-02
	福遍郡	美国	2012-11-28
南海区	雷诺市	美国	1994-07-18
	沃尔夫斯堡市	德国	2016-08-27
顺德区	高嘉华市	澳大利亚	2012-12-11

注：至2017年12月31日，全市缔结友好城市总数15对。 （市外事侨务局）

侨　务

【概况】 2017年，祖籍为佛山市的海外华侨华人近80万人，分布在世界72个国家和地区，主要集中在北美洲的美国、加拿大；欧洲的英国、法国；亚洲的马来西亚、新加坡、泰国以及日本；大洋洲的澳大利亚；非洲的南非、毛里求斯；等等。

是年，佛山市侨务工作发挥侨务工作资源和渠道优势，完成全年1 000万美元的招商引资目标；汇侨力，扩展“海外招商顾问队伍”至33人，首次聘请“海外人才顾问”，拓宽海外引才引智网络；聚侨心，全年接待来访侨领侨团48批次391人次，首次邀请8名侨领列席佛山“两会”，密切联谊交流，助力佛山建设；育侨菁，通过组织研习班、文化体验营等形式，全年参与海外侨胞79人次，培育海外侨力资源；护侨益，侨务扶贫济困全年发放专项资金21.7万元。

【招商引资目标完成】 2017年，佛山侨务部门发挥海外信息优势，牵头促成“文莱培英绿岛教育中心”项目、马来西亚环保设备及生物医药项目签约落户，完成招商引资任务目标。8月，由禅城区人民政府和佛山外事侨务局主办的“文莱培英绿岛教育中心”项目签约仪式在禅城区举行。该项目由澳大利亚SEG教育公司、文莱培英教育集团投资，建筑规划2.1万平方米，项目计划投资1 300万美元，签约后正式入驻绿岛湖开发区。7月，佛山经贸代表团赴马来西亚开展“一带一路”经贸交流活动，与信帝集团签订新型环保设备项目合作协议。项目投资额预计1 000万美元，主要生产德国最新技术冷充电新型环保设备。

【“海外招商顾问”聘请】 2017年，佛山市新聘（第五批）“海外招商顾问”5人，共有“海外招商顾问”33人。是年，佛山市借助海外侨领的资源优势，举办佛山—东非商贸对接会、佛山中英商业投资促进交流会、印尼中国木材家具与藤家具产业园项目对接会、悉尼“武动佛山·相聚乡贤·黄飞鸿宴”大型佛山推介活动等，进一步扩大佛山海外影响力，推动佛山本地企业“走出去”。

【侨胞联谊】 2017年，佛山市接待来访侨领侨团48批次391人次。通过加强与海外侨胞的交流联谊，凝聚侨心，助力佛山建设。

搭建“主场”交流平台汇聚侨心。首次组织来自美国、英国、澳大利亚、南非、马来西亚等5个国家的8位海外知名华侨华人列席佛山“两会”，特别是列席人大会议，听取“一府两院”工作报告。列席代表受到市长朱伟会见，并与副市长麦洁华座谈，提出对佛山发展的意见建议。以2017佛山非遗周暨佛山秋色民俗文化活动为平台，邀请来自17个国家和地区的53名海外侨领和高科技人才到佛山观礼，集中展示佛山发展成就，吸引投资项目和促进对外合作。举办2017“才聚佛山”海外高科技人才对接交流会。对接会由市人才办主办、佛山市外事侨务局承办，50多名海外高科技人才携带项目参加会议，现场与60多家佛山政企洽谈对接，并就部分项目进行路演，现场签订4个科技项目人才合作框架协议，有效促进海外高科技人才与佛山企业、高校对接合作。至此，“才聚佛山”海外高科技人才对接交流会已连续举办7届。

发挥侨务资源优势，推动佛山泛家居品牌产品海外展示体验馆分别在匈牙利布达佩斯、澳大利亚悉尼开馆，同时支持泛家居海外体验馆在马来西亚、美国、南非等国家布点建设工作，推动佛山家具、建材、家电、照明等制造优势产业通过体验馆、跨境电商、海外仓等创新营销组合方式迈向国际市场。

培育海外侨力资源，通过组织研习班、文化体验营等形式，增进海外侨团骨干、华裔新生代对佛山乃至祖国发展的认识，强化他们对祖（籍）国“根”的情结，促进侨务工作可持续发展，参与海外侨胞79人次。6月，首次自主举办佛山市海外侨团负责人研习班邀请欧美发达国家及“一带一路”沿线12个国家24名侨团骨干参加培训，深化侨团负责人对佛山市发展现状的了解，引导侨胞参与“一带一路”战略实施。举办2017中国寻根之旅海外华裔青少年佛山夏令营，来自英国、法国和马达加斯加的55名华裔青少年在佛山体验剪纸、狮头扎作、粤剧和武术等传统文化课程，并进行无人机、机器人、工业设计等科技产业创新体验。

链接：

33名“海外招商顾问”名单

序号	批次	姓名	国家
1	第一批	邓超平	美国
2		范群	美国
3		邓衍锌	加拿大
4		伍善雄	英国
5		杨善中	瑞士
6		张翼	瑞典
7		梁勇	葡萄牙
8		熊国秀	荷兰
9	第二批	李桂平	澳大利亚
10		谢伟	南非
11		杜基	比利时
12		李满全	荷兰
13		谭耀宏	奥地利
14		陈文旺	马来西亚
15		杜建威	马达加斯加
16	第三批	叶绍全	马来西亚
17		钟腾芳	新加坡
18		江显初	瑞士
19		林嘉诚	葡萄牙
20		李立	德国
21		王晶	俄罗斯
22		益华	波兰
23	第四批	张冠荣	美国
24		张凯	南非
25		张挺宏	荷兰
26		李卓琦	澳大利亚
27		梁柏源	澳大利亚
28		许易	澳大利亚
29	第五批	李祯杰	挪威
30		林嘉莉	葡萄牙
31		谢崇通	泰国
32		卢伟亮	南非
33		王毅	安哥拉

【爱侨护侨】 2017年，佛山市坚持爱侨护侨，提升为侨服务效能。做好侨务精准扶贫工作，发放省级贫困归侨扶贫补助资金20.5万元，为南侨机工杜荫遗孀李崧发放国侨办南侨机工遗孀补助款1.2万元和抚恤金1 000元。

依法依规办理涉侨事务，全年开具报考普通高校“三侨生”证明11份，受理华侨回国定居申请4件、成功办理4件，接信接访接电56人次，为归侨侨眷、海外侨胞解决困难。

链接

南侨机工

南侨机工即“南洋华侨机工回国服务团”，是抗日战争时期积极投身抗日救国运动的最典型、最有组织、最具影响力的爱国华侨全体之一，为抗战伟大胜利作出重要贡献。

【首次聘请“海外人才顾问”】 2017年11月1—3日，值2017佛山非遗周暨佛山秋色民俗文化活动之际，佛山市邀请来自17个国家和地区的53名海外侨领和高科技人才齐聚佛山，参加“创享秋色·才聚佛山”活动，并于11月3日举办第五批“海外招商顾问”、第一批“海外人才顾问”授牌仪式。此为佛山市首次聘请“海外人才顾问”。

第一批“海外人才顾问”共5人，分别为旅比利时华人专业人士协会副理事长陈伟、美国康奈尔大学建筑系教授Mr.Inaqui、哥伦比亚大学广东校友会副会长唐安浪、英国广东工商科技协会创会会长陈玉婵及全日本华侨华人联合会理事郭敏。“海外人才顾问”的主要职责是向海外高层次人才介绍佛山经济社会发展情况，收集、整理和汇总当地高层次人才基本信息，配合佛山市开展引才活动。

（周倩云）

港澳事务

【概况】 2017年，适逢香港回归20周年，佛山市港澳工作围绕“大港澳，深化佛港佛澳合作”工作主线，推进粤港澳合作重点项目建设，广东金融高新区完成总投资额超687亿元，三山新城完成投资额约150亿元；实现佛山、香港两地高层互访，提出“香港+佛山”7大领域11个重点项目的合作方向；实现佛港澳青少年交流品牌化、基地化建设目标，组织佛港澳青少年交流活动70余场，吸引2 500余名港澳青少年参与，三地青少年交流近4 000人次；首次组织佛港澳青年60余人参加佛山50公里徒步活动，用脚步丈量家乡发展；在香港举行“2017香港·佛山节”，吸引逾10万香港市民和游客到场，宣传城市形象，凝聚佛港两地乡亲力量。

【粤港澳合作重点项目建设】 2017年，佛山市依托广东金融高新技术服务区、三山新城两大平台，以“一区双核”的模式重点打造“粤港澳合作高端服务示范区”，全力造环境、引项目，全面加快示范区建设步伐，取得丰硕成果。广东金融高新区累计引进东亚、恒生、大新等4家港资银行以及多家港资金融后台及服务外包机构，注册资本折合人民币约18亿元；区内包括友邦保险、汇丰银行、毕马威等在内的多个项目稳步发展并不断扩大业务范围。友邦金融中心二期投入使用；汇丰环球运营中心从业人员4 000人，汇丰银行佛山支行升级为佛山分行；毕马威共享服务中心从业人员增加至1 000人，同时，毕马威佛山分所、科技公司也相继落户，以商引商效果显著。三山新城“香港城”项目进展顺利，佛罗伦萨小镇、美第奇小镇、第一时区、美伦国际学校、南海外国语学校等项目建成运营，基本形成主题特色商业和高端教育产业。

为不断扩大粤港澳合作高端服务示范区的影响力，佛山市政府联合省港澳办于3月22日在澳门举办“粤澳服务贸易自由化推介交流会”，佛山市南海区于7月20日在香港举行“香港+佛山”粤港澳合作高端服务示范区投资环境推介会暨“香港城”发布会。

【佛港澳高层互访】 2017年，佛山市接待港澳官方、半官方代表团17批1 264人次，配合香港驻粤办、香港商务及经济发展局、香港民政事务局等政府部门到访考察，签署《粤港澳共同推动“一带一路”文化交流合作意向书》，推动官方、半官方交流合作。佛港高层互访开启“香港+佛山”合作模式。

4月20日，香港特区行政长官梁振英率特区政府主要官员、行政会议非官守议员、策略发展委员会和经济发展委员会委员等到访佛山，考察了解粤港澳大湾区相关情况。座谈中，梁振英首次提出“香港+佛山”的概念。一方面，佛山企业“走出去”时，香港可以作为其很好的伙伴，为其提供金融、专业服务；另一方面，贸易是香港主要产业之一，离岸贸易上，香港可以帮助佛山的生产者在全球寻找最好的买家，佛港两地可以“并船出海”，共同参与“一带一路”建设。市委书记鲁毅表示，两地优势如能互补，将极大促进两地发展。

6月5日，市委书记鲁毅、市长朱伟率佛山市党政代表团赴港拜会香港特区行政长官梁振英及部分特区政府高层，佛港双方围绕“香港+佛山”7大领域的11项重点合作项目进行探讨交流，特别是希望在香港对外贸易对接佛山产品出口、香港金融创投对接佛山制造、香港专业服务对接佛山企业走向国际、香港高等教育对接佛山产业技术发展、香港影视文化资源对接佛山文化产业发展等领域，推动两地在金融创投、教育科研、专业服务、文化创意等多个领域广泛开展合作。

【“香港+佛山”合作项目】 2017年，佛山市围绕“香港+佛山”7大领域11个重点项目合作意向，在科技创新、文化产业等方面与香港深化合作。

7月20日，佛山市南海区在香港举行“香港+佛山”粤港澳合作高端服务示范区投资环境推介会暨“香港城”发布会，佛山市委常委、南海区委书记黄志豪就三山新城“香港城”项目进行推介，并分别与戴德梁行、凯雷资本、香港中文大学、亚洲餐饮厨艺协会等签订合作意向书或备忘录，现场签约6大项目，投资总额160亿元，为香港各界专业人士提供广阔的发展空间和合作平台。

8月23日，佛山市在香港举行“2017佛山影视产业香港招商推介会”，香港商务及经济发展局副局长陈百里、佛山市委常委兼宣传部部长郭文海及香港中联办、香港电影发展局、香港电影工作者总会等政商界精英和影视业界近150家（个）企业、机构约220人参加。南方影视中心项目是“香港+佛山”的重点项目之一。推介会引发香港影视业界、演艺界专业人士强烈反响，也成为粤港澳资源融合、互惠共赢的良好平台。

11月23日，佛山举办2017佛山功夫（动作）电影周开幕晚会，省委常委兼宣传部部长慎海雄、佛山市委书记鲁毅、佛山市市长朱伟、澳门文化局文化创意产业促进厅代厅长何鸿斌及刘伟强、唐季礼、林超贤、甄子丹等港澳影视演艺界人士出席，电影周系列活动有效促进粤港澳三地影视文化交流互动，推动粤港澳大湾区影视文化产业融合发展。

12月1—4日，由香港佛山社团总会、佛山海外联谊会主办“2017香港·佛山节”在香港长沙湾游乐场举行。香港政务司司长张建宗、佛山市市长朱伟、省港澳办副主任黄锻炼，香港中联办、外交部驻香港特派员公署、省委统战部领导及港澳政商界知名人士出席开幕式。4天时间里，活动向香港市民集中展示佛山美食、佛山功夫、佛山非遗等特色元素，并首次增设佛山旅游资源和投资环境推介，全方位向香港展示佛山形象，推动佛山招商引资，提升城市功能品质，吸引逾10万香港市民参与，达到“展示佛山风采，促进两地繁荣，共结两地同心”三大目标，并逐渐促使形成“香港+佛山”的发展新格局。

【佛港澳青少年交流】 2017年，佛山组

2017年3月25日，佛山市首次组织港澳青年参加佛山50公里徒步活动。图为参加活动的港澳青年在途经南海区映月湖公园时合影留念（市外事侨务局供图）

织佛港澳青少年交流活动70余场，有2 500余名港澳青少年参与，三地青少年交流近4 000人次，佛山与香港结对姊妹学校64对，通过参观考察、节目汇演、随堂观课等活动，促进文化、体育、艺术等领域交流；依托佛山市粤剧、武术、舞狮、陶艺等岭南文化资源，开展“粤港暑期实习计划”“佛港澳青年菁英国情研修班”“佛港青少年功夫夏令营”“陶乐·陶情夏令营”等特色品牌活动，实现佛港澳青少年交流品牌化、基地化建设目标。

3月25日，佛山首次组织港澳青年参加50公里徒步活动。60余名佛港澳青年组成方阵，用脚步丈量家乡佛山的变化。徒步之余，他们还参观考察在南海三山的粤港澳合作高端服务示范区，通过看得见、摸得着的形式，对家乡佛山有一个更准确、更客观的认识和理解。

6—7月，佛山举办为期一个月的“携手港澳·乐享佛山——2017粤港暑期实习（佛山）计划”，组织香港的74名准大学生分赴佛山15个（家）金融机构、知名企业进行实习，还利用周末举办“岭南文化体验营”活动，组织香港学生与50名佛山本地大学生结伴考察交流，一同参观体验佛山剪纸、扎狮头、划龙舟等岭南非物质文化遗产，了解佛山企业文化和城市特色，增进香港学生对祖国的了解和认同。粤港暑期实习计划已连续举办三年，与往届的活动相比，2017年的实习计划特别新增佛山图书馆、青少宫、粤剧传习所等不同类型的实习岗位，帮助香港大学生更加深入了解佛山。

【佛港澳社团联谊】 2017年，佛山市接待包括香港佛山社团总会、香港佛山工商联会、澳门佛山联谊会、旅港高明同乡会、澳门南海海外留学生联盟等12批次300余人，加强与重点港澳社团和重点人物的联谊交往，调动港澳同胞热爱佛山、支持佛山、投资佛山的积极性，促进其资金、技术和人才优势转化为推进佛山科学发展的动力。其中，5月18日，香港佛山社团总会主席邓祐才带领香港佛山社团总会访问团一行120人到访佛山。邓祐才以个人名义向佛科院捐赠330万元扶困助学基金，支持佛山教育事业发展。

【粤澳服务贸易自由化推介交流会】 2017年3月22日，由省港澳办和佛山市人民政府联合主办，南海区人民政府和澳门贸易投资促进局联合承办的粤澳服务贸易自由化推介交流会在澳门举行，省港澳办副主任黄锻炼，市委常委、南海区委书记黄志豪，澳门经济财政司司长梁维特，澳门中联办经济部副部长陈星，外交部驻澳特派员公署办公室主任杨世俊等领导以及澳门各界专业人士代表200多人出席交流会。通过交流会，佛澳两地达成共识，以贸易服务业为切入点开展深度合作，发挥澳门现代服务业发达、资本雄厚等优势，与佛山建设国家制造业创新中心目标形成互补，打造新的经济增长点。

【2017粤港澳合作论坛】 2017年11月28日，“2017粤港澳合作论坛”在佛山市南海区开幕，全国政协副主席梁振英，全国人大常委会委员、人大华侨委员会副主任委员、广东省原省长黄华华，国家科技部创新发展司副司长余健，省政府副秘书长李贻伟，香港特区政府创新及科技局局长杨伟雄，澳门特区政府经济财政司司长办公室主任丁雅勤，佛山市委书记鲁毅，省港澳办主任廖京山等领导及粤港澳三地专业界知名人士、企业家及专家学者约600人齐聚一堂，共同探讨粤港澳三地的融合发展，进一步推动粤港澳区域的科技创新对接与合作。

【市侨商会第三届理监事会就职仪式暨六周年年会】 2017年12月6日，佛山市侨商投资企业协会举行“不忘初心六载情谊”第三届理监事会就职仪式暨六周年年会，600多名侨商代表出席。市侨商会成立于2011年，三年一届，第二届于2017年12月届满。在换届大会上，广东山湖电器有限公司董事长霍树添连任市侨商会第三届会长。市侨商会是佛山招侨引资的重要窗口，协会有会员企业近250家，以大型、中型及高新技术侨企为主，涉及机械、机电、交通、风力发电等多个领域。中国侨商会秘书长于晓，省侨办党组副书记、巡视员林琳，市人大常委会副主任麦洁华、刘珊，市政协副主席万志康，市政府副秘书长邓灿荣等出席年会。

（周倩云）

台湾事务

【概况】 2017年，佛山市对台工作贯彻中央和省委、市委对台工作会议精神，围绕促进两岸经济社会融合发展这条主线开展，并结合佛山对台工作特点优势，对台工作有成效。“台青十年名校计划”效果进一步显现，在四川大学举办第七届青年台商研修班。海峡两岸青年就业创业示范点创建工作有效推进，推动禅城区总商会申报海峡两岸青年就业创业示范点。“走出去”“引进来”交流形式更活，“南港澳台青年创智之旅”走进台湾活动在岛内青年中引起轰动，佛台青年进一步融合。优质台资企业发展势头良好，佛山群志光电有限公司扩建，投资总额1.73亿元。成功承办广东重点台商代表座谈会暨粤台经贸合作备忘录签署仪式，宣传和推介佛山，促进佛台经贸合作。赴台公务团组交流管理、高校赴台交流管理进一步规范、赴台学生管理进一步严格，全年全市赴台交流项目100个，赴台人员623人次。第二届粤台盆景展盛大举办，吸引700多位省内外嘉宾参加。佛台文化、民俗、教育交流密切，基层交流重点突出，效果显著，佛台两地人民感情进一步融合。三水区台资企业裕田公司的经济纠纷案得到妥善解决，受到国台办来函表扬。

【全省对台工作会议精神贯彻落实】2017年，佛山市委、市政府坚持把贯彻落实全省对台工作会议精神作为对台工作的重要任务和总方向。一是市委常委会专题学习，强化责任意识和使命意识。在学习会议精神基础上，市委书记鲁毅提出落实意见并要求全市各级党委、政府和职能部门抓好贯彻。二是高规格召开全市对台工作会议。市委书记鲁毅出席并讲话，市委常委、统战部部长黄喜忠总结2016年对台工作、部署2017年工作，各区委书记、市委对台领导小组成员参加，对台工作重要性认识得到进一步加强。三是高标准制定贯彻落实措施。按照全省对台工作会议精神和市委贯彻意见，结合佛山对台工作实际，研究制定佛山市2017年对台重点工作措施，明确任务和完成时限，层层分解，责任到位，抓好“回头看”。四是高水准抓好对台干部培训。为适应新形势需要，加大对台干部业务培训。通过组织走访、调研、案件分析等形式，三富干部知识结构，开阔眼界，培养研判能力。首次在苏州大学举办全市对台系统干部培训班，采取涉台专家讲、实地看、面对面谈等方式，努力提高对台系统干部的政策水平和业务能力。五是关注台海局势变化，及时提出应对措施，并研究制定对策办法，稳妥推进工作。

【佛台经贸合作】2017年，佛山市加大对台招商力度，全年全市对台招商项目19个，其中洽谈项目13个，签约项目6个。鼓励台资企业增资扩产，其中，佛山群志光电有限公司扩建项目投资总额1.73亿元。引导台资企业加快转型发展，亚太建材、典洋机械、南宝树脂等一批台企创新发展，加大科研和技改力度，继续保持行业内较高的市场占有率。至年底，全市台企贡献率占全市港澳台资企业30%以上，在计算机和电子通信、装备制造、石油化工等行业优势突出，其中在高技术制造行业占主导地位；现代服务业发展迅猛，顺德太平洋百货动工建设、禅城安东尼纺织工厂旅游项目正式营业，一批台湾现代服务业特色产业加速形成；农业合作有新发展，佛山海峡两岸农业合作试验区在继续深化建设陈村花卉世界的基础上，建设广东万顷沙园艺世界第二核心区，陆续引进包括台湾绿盈科技在内的台湾先进兰花种植企业。举办大型投资推介活动，承办广东重点台商代表座谈会暨粤台经贸合作备忘录签署仪式，同时举办投资推介活动；由市台湾事务部门联合市商务局等单位举办佛山台商中秋酒会暨佛山市投资环境推介会。

【台商台胞权益维护】2017年，佛山市加大涉台纠纷特别是历史遗留纠纷的调处力度，维护台商台胞的合法权益，台企广东裕田霸力科技股份有限公司与西南街道国安资产经营管理有限公司持续6年的纠纷案件得到解决。该案涉及金额6 000多万元，该案件的成功化解在台商群体中得到广泛反响，受到国台办发文表扬。以暖春行动为契机，开展“联合服务暖台企”，维护台商台胞的合法权益，重点对规模以上台企的用工、用地、税务、环保、转型升级等问题进行服务，对反映强烈的涉台问题，安排专人负责，跟进落实，做到“事事有回音，件件有答复”，为台企排忧解难，坚定台商在佛山的投资信心。全年全市受理台商投诉案件81件，结案77件，结案率94.5%，案件数有所下降。

【佛台交流】2017年，佛山市继续加强对台经贸、文化、社会管理交流，突出青年交流交往和基层交流，包括邀请台湾青年总商会青年代表近20人到访，举办佛山·台湾青年交流分享会，促进两地青年交流合作，吸引台湾青年到佛山创业就业；扶持青年台商组织发展，促进青年台商加快融入佛山发展；举办企业参访、文体联谊交流活动等，促进台湾青年融入佛山生活；等等。规范公务团组的交流管理，下发规范副处级以上团组及人员赴台报批工作的有关规定，明确适用范围、赴台计划管理、组团方案审批流程及赴台申请的审批流程，加强对佛山市副处级以上赴台团组和人员管理。是年，佛山市赴台交流项目100个，赴台人员623人次。

是年，佛山市持续实施“十年名校计划”，打造青年台商工作的品牌，在四川大学举办第七届青年台商研修班，58名佛台两地青年参加，学员数为历届最多。该期研修班以青年创新创业为重点，加强青年台商创新发展的责任感紧迫感，促进佛台两地青商融合发展。开拓台湾青年工作思路，推动禅城区总商会申报海峡两岸青年就业创业示范点，发挥该商会平台多、服务强、资源广的优势，为台湾青年来佛山实习、就业、创新创业搭建平台，提供便利，促进佛台两地青年合作交流。做好市台青会平台，举办各类联谊交流活动，帮助台湾青年加速融入佛山生活，鼓励青年台商在佛山发展。

【台协工作指导】2017年，佛山市台湾事务部门指导市台商投资协会发挥平台优势，加大对台企、台商的宣传力度，增强台商的凝聚力和向心力。召开重点台商座谈会，传达党的十九大精神。深入企业调研，听取台商对党的十九大精神的思想反映，及时将台商的意见建议向市委报告。为庆贺佛台交流30年，联合市台协举办题为“圆聚佛山 共谋发展”佛山台商中秋酒会暨佛山市投资环境推介会，台协会长、理监事、会员及台企代表300多人参加（其中特别邀请台湾岛内商界代表近60人），重点推介佛山投资环境，坚定台商在佛山发展的信心。宣扬台商企业家精神，增强台商向心力，在《佛山日报》和《联合报（大陆版）》专题报道佛山台商的基本情况、老中青三代台商的转型发展情况以及代表性台企的发展情况，在中央四套《海峡两岸》专栏宣传台湾青年创业故事。

（台湾事务局）

法　治

政法工作

【概况】 2017年，佛山市各级政法部门推进平安法治佛山建设再上新台阶，在全省年度平安法治考评工作中获得优秀成绩；社会治安持续好转，接报警情明显下降；法治建设取得新进展，制订出台《法治佛山建设2017—2020年规划》，法治建设“四级同创”工作走在全省前列；政法队伍素质不断提高，“四个意识”明显增强。全市政法工作实现“守底线、上水平”目标，中央督导组对佛山市十九大维稳安保工作，省考评组对佛山市综治平安法治建设均给予肯定。

是年，佛山市委调整升级市综治委领导架构，市综治委主任由市委书记、市长同时担任，委员由成员单位一把手兼任。

【社会大局稳定】 2017年，佛山市各级政法部门按照“责任第一、认真第一、结果第一”和“穷尽法律、穷尽举措、穷尽资源”要求，从严从实从细做好各类风险排查和矛盾化解工作。

市委书记鲁毅与各区区委书记签订维稳责任书。在市委的示范下，各级各部门主要领导靠前指挥，一批突出矛盾得以化解和稳控。市综治委对年度综治暨平安创建工作考评办法和考评标准进行大幅调整，将70%的考评权重赋予维护安全稳定工作，发挥考评指挥棒作用。

以专项行动为工作主抓手，落实“谁主管、谁负责”的责任，创新工作机制，抓实做细基础排查和矛盾化解工作，及时分析研判，对风险隐患及时排查，取得显著成效。

【社会治安持续改善】 2017年，佛山市政法部门推进“飓风2017”专项行动，严打街头暴力、黄赌毒、食药假等突出违法犯罪，专项工作成效一直保持全省前列。针对电信诈骗等案件高发问题，对社会治安重点地区和突出问题开展挂牌整治。打掉一批农村恶势力团伙和破坏换届选举的宗族恶势力团伙，为实现2017年村（社区）“两委”换届提供有力保障。打造立体化、信息化治安防控体系，首创治安防控中心载体，治安防控的系统性、整体性、协同性进一步增强。

【公共法律服务便利性均等化稳步提高】 2017年，佛山全市有区、镇（街）、村（社区）三级公共法律服务平台767个，规范化建设完成率100%。为保障公共法律服务平台有效运作，佛山市政法部门出台经费保障指导意见，为律师、调解、法援、社区矫正等6项工作制订经费补贴标准。同年，佛山市推进公证体制改革，被广东省司法厅批准为全省公证体制改革试点城市，筹备成立属公益二类事业单位的新型公证处。

【基层平安法治创建成绩突出】 2017年，佛山市政法部门围绕与群众利益最密切相关的16个领域和行业开展“平安细胞”创建工作，积小安为大安，均百分百实现年初确定的创建目标。其中“平安校园”示范点同济小学的“警家校”护畅模式得到公安部多次表扬并推广。全面推开法治建设“四级同创”活动，至年底，全市五区、32个镇（街）全部申报达标，756个村（社区）有532个申报达标，占全市村（社区）的70%，远超省的创建标准。开展无邪教示范工程创建活动，全市有1个区、3个街道、15个村（社区）被评为全国无邪教示范单位，进一步夯实反邪教基层基础。

【法治建设成效显著】 2017年，佛山市政法部门出台《佛山市党政主要负责人履行推进法治建设第一责任人职责实施办法》，明确任务分工和工作措施，建立年度述法制度，并将履职情况纳入年度领导班子和领导干部考核内容。在全省率先落实新一届村（社区）“两委”负责人法治建设第一责任人工作，印发《关于推进落实新一届村（社区）“两委”负责人法治建设第一责任人工作的通知》，推进法治第一责任人延伸到村（社区），其做法得到省委依法治省办高度肯定并在全省推广。

【司法体制改革深化】 2017年，佛山市政法部门进一步推进司法体制改革。完善人员分类管理，由市政府召开合同制司法辅助人员队伍建设问题专题会议，明确按照1∶1∶1比例，足额配备劳动合同制司法辅助人员，经费纳入财政年度预算。探索案件跨区域管辖改革，五区法院一般知识产权、行政案件实现集中管辖。检察机关推进案件管理机制改革，运用信息化平台完善案件质量评价机制，努力实现案件办理全流程监督。开展诉讼式审查逮捕改革试点和审查报告流程再造、不起诉裁量权等改革试点工作，取得较好成效。

是年，市中级人民法院建立劳动合同制审判辅助人员三级九等分级管理机制，被最高院确定为可复制可推广的改革经验，入选全国法院司法改革案例。

【政法宣传形式多样】 2017年，佛山市推进“谁执法谁普法”责任常态化，印发《佛山市国家机关“谁执法谁普法”责任清单》，对全市47个行政执法部门普及宣传的法律法规进行梳理，普法清单定性和定量结合，推动普法工作由“大水漫灌”向“精准滴灌”转变。继续开展“以案释法百千万公益行”活动，市司法局联合市总工会开展“春暖企业，法治保障”企业普法宣传月活动，全面开展有针对性的平安法治宣传，提高企业员工的安全法治意识。创新普法方式，探索以微信微博为龙头，以电视、纸媒等传统媒体为补充的全媒体普法新矩阵，进一步提高普法工作的针对性和普法服务的可及性。是年，市中级人民法院“晓法姐姐”普法品牌获“全国少年审判十大创新事例”。

【严重精神障碍患者救治救助成效明显】 2017年，佛山市出台《加强严重精神障碍患者监护工作的意见》，建立起综治总揽协调、卫生救护治疗、公安排查管控、民政救助托底的联动机制，实行监护补助制度，将所需的监护补助资金全部纳入区级财政预算，全年落实发放监护补贴2 900多万元，奖补21 572人。同时，专业收治场所建设难题取得突破，禅城区、南海区先后建成精神疾病防治中心和精神卫生中心，市级托养中心开工建设，市级和顺德、高明强制医疗专区已挂牌。全年全市未发生严重精神障碍患者肇事肇祸事件。

【政法队伍建设全面加强】 2017年，佛山市政法部门学习习近平总书记系列重要讲话和对广东工作重要批示精神，推进“两学一做”学习教育常态化制度化，确保学习教育抓到支部、落到个人。党的十九大召开后，市委政法委把学习宣传贯彻十九大精神作为全市政法系统首要政治任务，组织开展多层次多形式学习教育活动，在学懂弄通做实上狠下功夫，掀起学习热潮，自觉用习近平新时代中国特色社会主义思想武装头脑，增强全体政法干警的政治意识、大局意识、核心意识和看齐意识。

建立健全培养培训机制，提高政法队伍的履职能力。市中级法院与香港城市大学、国家法官学院等进行合作，开展精准化培训。市检察院实行“五个一”拔尖人才培养机制，推动形成“你追我赶、创先争优”的工作氛围。公安机关聚力实施队伍建设“八大工程”，全面提升队伍正规化水平。

组织开展多形式文化活动，开展心理健康辅导等，缓解工作和心理压力，提高政法干警的职业荣誉感和归宿感。市公安局组织开展佛山“十佳民警”“十佳警嫂”命名大会，举办警察职业荣誉仪式大会，统筹落实战时慰问、节日慰问、病困救助、功模修养等“暖警心”措施。市中级人民法院成立10多个文体协会，丰富干警业余生活。

贯彻落实中央八项规定及其实施细则精神，紧盯重点岗位和关键环节，坚持制度管人，推动作风建设常态化。市中级法院在综合业务系统中增加开发廉政风险防控系统模块，以信息化手段提升廉政风险预防和化解工作质效。市检察院开展常态化检务督察。市公安局从案件受理、分流、立案、侦察、取保候审、释放等环节建立制度，防止出现“人情案”“关系案”“金钱案”。佛山监狱开展“以案治本”，加强廉政风险防控工作。

（王　伟）

地方立法

【概况】 2017年，佛山市人大常委会年度立法工作计划安排正式项目3个，其中“审议项目”2个，分别为《佛山市扬尘污染防治条例》和《佛山市排水管理条例》；“提案项目”1个，即《佛山市住宅物业管理条例》。“预备项目”2个，分别是《佛山市城乡规划条例》和《佛山市流动人口居住登记条例》。其中《佛山市扬尘污染防治条例》由广东省第十二届人民代表大会常务委员会第三十七次会议批准；《佛山市排水管理条例》于2017年11月由佛山市人大常委会进行第一次审议。是年，市人大常委会主任会议审议通过《佛山市人民代表大会常务委员会地方性法规清理工作规定（试行）》《佛山市人民代表大会常务委员会立法评估工作规定（试行）》《佛山市人民代表大会常务委员会立法公开工作规定（试行）》《佛山市人民代表大会常务委员会规范性文件主动审查办法（试行）》以及《佛山市第十五届人大常委会立法规划》。市人大常委会2016年立法工作计划安排的《佛山市治理货物运输车辆超限超载条例》在2017年3月29日由广东省第十二届人民代表大会常务委员会第三十二次会议批准，于2017年7月1日起施行。

【2017年立法工作会议】 2017年5月16日，佛山市2017年度立法工作会议召开。市人大常委会党组副书记、副主任李子甫主持会议。市人大常委会副主任叶良作2016年市人大及其常委会立法工作情况汇报及2017年市人大常委会立法工作安排。市委书记、市人大常委会主任鲁毅在会上作讲话，对佛山市立法工作取得的成绩给予高度评价，要求市人大及其常委会发挥在立法中的主导作用，围绕市委的重大决策和部署，推动全市立法质量不断提升。

【《佛山市治理货物运输车辆超限超载条例》】 2016年12月28日佛山市第十四届人民代表大会常务委员会第四十一次会议通过，2017年3月29日广东省第十二届人民代表大会常务委员会第三十二次会议批准，自2017年7月1日起施行。该条例旨在加强佛山市行政区域内货物运输车辆超限超载的治理提供法律依据。

【《佛山市扬尘污染防治条例》】 于2017年11月6日经佛山市第十五届人民代表大会常务委员会第六次会议通过，2017年11月30日经广东省第十二届人民代表大会常务委员会第三十七次会议批准，自2018年1月1日起施行。该条例旨在加强佛山市行政区域内扬尘污染防治和监督管理，为有效防治扬尘污染，改善大气环境质量，保障公众健康提供法律依据。

【《佛山市人民代表大会常务委员会地方性法规清理工作规定（试行）》】 于2017年11月21日经佛山市第十五届人大常委会第十四次主任会议通过。为规范佛山市地方性法规清理工作，根据《佛山市制定地方性法规条例》制定该规定。按规定，市人民代表大会及其常务委员会根据法律法规的规定以及经济社会发展的需要，需对佛山市现行有效的地方性法规进行梳理、分析、审查，并作出修改或废止等决定。

【《佛山市人民代表大会常务委员会立法评估工作规定（试行）》】 于2017年11月21日经佛山市第十五届人大常委会第十四次主任会议通过。为规范佛山市地方性法规的立法评估工作，提高地方立法质量，根据《佛山市制定地方性法规条例》制定该规定。按规定，立法评估包括法规案表决前评估和立法后评估。同时立法评估需遵循客观公正、公开透明、公众参与、注重实效的原则。

【《佛山市人民代表大会常务委员会立法公开工作规定（试行）》】 于2017年11月21日经佛山市第十五届人大常委会第十四次主任会议通过。为规范佛山市地方性法规立法活动的公开，推进民主立法、科学立法、依法立法，根据《佛山市制定地方性法规条例》制定该规定。按规定，市人民代表大会常务委员会在地方立法工作中，将立法规划、立法计划、地方性法规案及其他与立法工作有关的信息向社会公布，并就立法工作中的有关问题征求公众、人大代表和有关单位意见。

【《佛山市人民代表大会常务委员会规范性文件主动审查办法（试行）》】 于2017年11月21日经佛山市第十五届人大常委会第十四次主任会议通过。为加强规范性文件的主动审查，维护国家法制统一，根据《中华人民共和国各级人民代表大会常务委员会监督法》《中华人民共和国立法法》和《佛山市实施〈广东省各级人民代表大会常务委员会规范性文件备案审查工作程序规定〉办法》，制定该办法。该办法所称主动审查，是指常务委员会在没有任何国家机关、政党、社会团体、企业事业组织以及公民提出审查要求或者建议的情况下，主动履行法律监督职责，依照该办法规定的程序和方式，对有关国家机关报送备案的规范性文件进行审查，确认其是否存在不适当情形的活动。

市人民代表大会常务委员会对规范性文件进行主动审查，适用该办法。

【立法工作机制进一步完善】 2017年，为贯彻落实党中央关于加强党对地方立法工作的领导的要求，佛山市人大常委会协助市委出台关于加强党对立法工作领导的相关文件。同时结合佛山市实际，对在立法工作中如何加强党的领导作了细化和补充，完善党委领导立法机制，推动佛山市立法工作始终把握正确的政治方向。此外，为贯彻落实市委关于完善立法工作机制的意见，进一步健全地方立法制度建设。在已有的立项办法、论证办法等10项工作制度的基础上，制订立法评估工作规定、地方性法规清理工作规定、立法公开工作规定等，形成在《佛山市制定地方性法规条例》框架下囊括立项、论证、听证、评估、审议、清理、公开等较完备的配套制度，基本实现立法工作全程有章可循。

【首次立法表决前评估会议】 2017年9月15日，佛山市人大常委会首次召开立法表决前评估论证会，对拟提请市人大常委会会议审议并表决的《佛山市扬尘污染防治条例（草案修改二稿评估稿）》进行评估论证。立法表决前评估会议的召开，切实提高立法的精准性、可操作性，增强法规的实施效果，对法规实施后的社会效果和可能出现的问题预先进行评估和论证，为《佛山市人民代表大会常务委员会立法评估工作规定（试行）》的出台提供实践基础。

【立法智库建设】 2017年，佛山市人大常委会培养和发挥佛山立法智库力量，在原已建立的立法专家库和3个地方立法研究评估与咨询服务基地的基础上，增设3个立法基地，并利用各个立法基地的特长，开展立法专项论证；依托立法基地市法学会，共同举办“地方立法理论与实践”主题征文活动暨研讨会，邀请社会各界法律专业人士共同参与地方立法理论研究，探讨思考地方立法的发展和实务问题；努力提高立法队伍素质，针对换届后人员调整的新情况，加强审议能力培训，组织全市相关立法人员参加专题培训和讲座，整体提高佛山市立法专业水平；结合工作实际需要，将全市五区人大常委会法制工作机构定为首批基层立法联系点，作为切实收集基层声音、掌握社情民意、增强立法基础的重要窗口。

（覃　剑　高玉兰）

法治政府建设

【概况】 2017年，佛山市法治政府建设工作进入攻坚阶段。召开创建法治政府示范区工作中期推进会，创建13个法治政府示范区示范点；建立政府立法咨询专家库，确定第一批共29名政府立法咨询专家；办理政府及部门重大涉法事务260余件，标的额超过7 300亿元，政府法律顾问服务进一步完善；加强行政执法案卷评查，全年评查执法案卷总量1 245件，提出反馈及改进建议6 000多条；行政机关负责人出庭应诉工作常态化，行政机关负责人法院通知出庭应诉率98.4%。是年，在广东省依法行政考评组对佛山进行的2016年度依法行政实地考核中，佛山获良好等次。

【地方立法规划与统筹】 2017年，佛山市完成地方性法规草案《佛山市排水管理条例》和《佛山市住宅物业管理条例》在政府阶段的审查，其中《佛山市排水管理条例》通过市政府常务会议审议并报送市人大常委会。出台地方政府规章《佛山市食品生产加工小作坊集中管理办法》《佛山市寄递物流安全管理办法》《佛山市违法建设查处暂行办法》。2015—2017年，佛山市制定地方性法规5部、政府规章4部，地方性法规立法数量在广东省内新取得地方立法权城市中排名第一，政府规章立法数量在广东省内新取得地方立法权城市中排名第二。

建立政府立法咨询专家库，确定第一批29名政府立法咨询专家。编制完成佛山2018年度立法工作计划，最终确立3个规章制定项目、2个规章预定项目、5个法规草案。

推动阳光立法，全年在佛山内外主流报刊刊载立法宣传报道60多篇，佛山电台播出立法专题节目5次，在微信公众号推送立法宣传信息20多篇，召开立法调研会、座谈会60多场，公开征询公众意见7 000多条。

2017年佛山市人民政府重大行政决策事项调整目录

序号	事项名称	承办单位
1	修改《印发佛山市国有建设用地土地出让金及租金计算标准的通知》（佛府〔2010〕95号）	市国土规划局
2	制订《佛山市人民政府关于改革留用地安置实施方式的意见》	市国土规划局
3	制订《佛山市人民政府关于再次扩大高污染燃料禁燃区的通告》	市环境保护局
4	佛山市黑烟车限制行驶区域划定	市环境保护局、市公安局
5	制订《佛山市违法建设查处暂行办法》	市住建管理局
6	制订《佛山市发展装配式建筑实施细则》	市住建管理局
7	制订《佛山市生活垃圾分类减量工作方案》	市住建管理局
8	制订《佛山市非居民用水累进加价实施方案》	市水务局、市发展改革局
9	调整广佛跨界区域畜禽养殖禁养区、限养区和适养区划分方案	南海区、三水区人民政府
10	制订《佛山市关于进一步深化商事制度改革的若干意见》	市工商局
11	制订《佛山市关于加强全市幼儿园教师队伍建设的实施意见》	市教育局
12	制订《佛山市困难群众医疗救助暂行办法》	市民政局
13	制订《佛山市养殖水域滩涂水产养殖禁止养殖区、限制养殖区划定和进一步加强相关区域养殖规范管理的意见》	市农业局
14	制订《佛山市食盐储备管理办法》	市商务局
15	制订《佛山市城市公立医院取消药品和医用耗材加成调整基本医疗服务价格实施方案》	市卫生计生局
16	制订《佛山市工业产品质量提升三年行动计划（2017—2019年）》	市质监局

2017年佛山市人民政府重大行政决策听证事项调整目录

序号	事项名称	承办单位
1	修改《印发佛山市国有建设用地土地出让金及租金计算标准的通知》（佛府〔2010〕95号）	市国土规划局
2	制订《佛山市困难群众医疗救助暂行办法》	市民政局
3	制订《佛山市工业产品质量提升三年行动计划（2017—2019年）》	市质监局

【规范性文件管理】 2017年，佛山市法制局推进规范性文件审查、清理、备案工作。开展规范性文件专项清理，全年清理范围内文件1 031件，最终对179份市政府规范性文件及303份市部门规范性文件提出废止、保留、修改及退出管理的清理意见。开展规范性文件法律审查，全年对68份市政府规范性文件、68份市政府部门规范性文件、16份党内规范性文件提供法律审查意见。开展规范性文件备案工作，全年接收五区备案65件，代佛山市政府分别向省政府和佛山市人大常务会备案规范性文件31份。

【政府法律顾问服务】 2017年，佛山市政府法律顾问室办理政府及部门重大涉法事务260余件，标的额超7 300亿元，发挥政府法律顾问作用。年内，中共佛山市委办公室及市人民政府办公室印发《关于佛山市推行法律顾问制度和公职律师公司律师制度的实施方案》；市委、市人大常委会、市人民政府、市政协联合印发《关于设立佛山市法律顾问团的实施方案》，优化整合法律服务资源，为推进依法治市、法治佛山建设提供法治保障。

【行政执法案卷评查】 2017年，佛山市法制局从五区法制办、市行政服务中心和部分市直、区直执法部门法制科室抽调业务骨干组成评查工作小组，多次对市、区各行政执法部门以及镇街执法单位办结执法案卷进行抽查。评查执法案卷1 245件，对案卷情况进行反馈并提出改进建议6 000多条。根据省出台的执法案卷评查的标准建立佛山案卷评查评分标准，对佛山重点执法部门的执法情况进行后续跟踪、指导。

【行政复议】 2017年，佛山市人民政府行政复议委员会收到行政复议申请407件，上年结转案件70件，受理复议案件311件，受理率76.4%；审结案件323件，办结率84.8%；综合纠错案件104件，调撤率32.2%。全年办理137件行政诉讼案件，参与庭审94次，有效地化解社会矛盾，提高行政机关依法行政能力。

行政机关负责人出庭应诉　11月1日，市人民政府副市长赵海作为市政府负责人出现在佛山市中级人民法院第一审判庭，代表佛山市政府出庭应诉，对进一步推动佛山市行政机关负责人出庭应诉工作、加强法治政府建设具有很强的示范意义。全年全市行政机关作为被告的行政诉讼案件1 686件，实际开庭1 084件，其中行政机关负责人法院通知出庭应诉率98.4%。行政机关负责人出庭应诉的案件193件，其中，法院建议负责人出庭185件，负责人主动出庭

2017年佛山市人民政府部门重大行政决策事项调整目录

序号	事项名称	职能部门
1	制订《佛山市建设"乐善之城"行动计划(2017—2020年)》	市民政局
2	制订《佛山市加强公交专用道管理的若干规定》	市交通运输局
3	制订《佛山市食品展销会食品安全管理规定》	市食品药品监督管理局
4	制订《佛山市工商行政管理局企业名称自主申报登记管理暂行办法》	市工商局
5	制订《佛山市建设国家制造业创新中心三年行动计划和战略路径研究》	市科技局
6	制订《佛山市重点产业人才引进培育暂行办法实施细则》	市人力资源社会保障局
7	修订《佛山市财政局行政处罚自由裁量权细化标准》	市财政局
8	修订《佛山市工程建设施工项目信用分类优选随机合理低价评定标暂行办法》	市发展改革局
9	制订《佛山市政府投资市属非经营性项目代建管理办法》	市发展改革局
10	制订《佛山市深化安全生产责任保险工作实施意见》	市安全生产监督管理局

2017年佛山市人民政府部门重大行政决策听证事项调整目录

序号	事项名称	职能部门
1	制订《佛山市加强公交专用道管理的若干规定》	市交通运输局
2	制订《佛山市建设"乐善之城"行动计划(2017—2020年)》	市民政局

8件，市政府负责人和禅城、南海、顺德、高明、三水五区政府负责人均有出庭应诉。

行政复议委员会试点工作获好评　5月18日，国务院法制办行政复议司司长丁锋率调研组到佛山就行政复议工作进行考察调研，肯定佛山行政复议试点工作。9月21日，国务院法制办党组成员、副主任钱锋带队到佛山开展调研工作，对佛山的行政复议工作给予积极评价。

【重大行政决策目录动态调整】　2017年，佛山市继续落实重大行政决策"7+1+1"管理模式（为佛山市2016年建立起的重大行政决策管理模式，包括出台7个制度，从制度层面上规范重大行政决策行为；建立1个重大行政决策专家库，为重大行政决策提供智囊服务；建立1个重大行政决策信息互动平台，为公众及时公开政府及其部门的重大行政决策信息）。市法制局对政府重大决策事项目录（16项）、听证目录（3项），部门重大行政决策目录（10项）、听证目录（2项）进行动态调整，推进重大行政决策规范化。调整后，目录所列明的决策事项必须严格按照《佛山市人民政府关于印发佛山市重大行政决策程序规定的通知》执行。

【法治政府协同创新基地成立】　2017年3月29日，佛山市法制局与中国政法大学法治政府研究院签订战略合作协议，并就双方共建的法治政府协同创新基地举行揭牌仪式。法治政府协同创新基地建立后，将主要开展法治政府建设方面的政策研究和课题研究；由中国政法大学法治政府研究院为佛山市政府重大工程、重大决策、重大项目等事项提供智力支持，推动政府法律顾问工作制度，发挥法律顾问在法治政府工作中的作用。

【创建法治政府示范区工作中期推进会】　2017年7月26日，佛山市法制局组织召开创建法治政府示范区工作中期推进会，围绕《佛山市创建珠三角法治政府示范区工作实施方案》总结经验，并部署下一阶段工作任务。同时，确定禅城区政府、南海区政府、顺德区政府、高明区政府、三水区政府、市府办、市编办、市发改局、市国土规划局、市住建管理局、市工商局、市食品药品监管局、市行政服务中心等13个法治政府创建示范区（示范点），发挥示范引领和典型带动作用。

【佛山市重大行政决策咨询论证专家库成立】　2017年2月20日，佛山市根据市政府常务会议的决定，聘任张新长等55人作为佛山市重大行政决策咨询论证

链接

佛山市重大行政决策咨询论证专家名单

城市规划建设组（12人）：
张新长　袁奇峰　陈智刚　朱　墨
陈霖峰　陈宇鸿　何　舜　胡晋涛
曾红雨　罗　蔚　宇文争营
梁晓宇

环境保护组（8人）：
王雪梅　张永波　江志贤　洪　伟
海　景　陈士明　吴建勋　邓　伟

城市管理组（8人）：
李大标　何艳玲　关永智　江如汉
阴云康　胡彦明　喻胜春　钟　惠

交通管理组（17人）：
林志元　刘卡丁　周爱国　曾小明
杨　卓　曾国东　周振华　洪　澜
罗瑞佳　朱建峰　殷红军　罗　青
刘喜元　陆　虎　杜敏华　胡鼎培
刘　军

公共安全组（3人）：
许春才　龚　悦　郭少宏

依法行政组（7人）：
曹建宇　陈达成　何万龙　吴兴印
杨小菁　张晓峰　钟　坚

专家库的专家，并在2017年3月24日举行聘任仪式。55名专家将充分发挥专业特长，从交通、国土、规划、环保、住房和城乡建设、水利等重点领域规范佛山各级行政机关重大行政决策的专家咨询论证程序，提高决策的质量和水平。

【佛山市政府立法咨询专家库成立】 2017年2月14日，佛山市根据市政府常务会议的决定，聘任刘应东等29人作为佛山市政府立法咨询专家库的专家，并在2017年3月24日举行聘任仪式。29名专家将围绕佛山改革发展大局，发挥专业技能、经验和知识方面的优势，把握立法规律，理性思考立法技术、价值追求等内在问题，抓住焦点问题中的重点，从不同层面论证难题，为政府提出具有前瞻性、建设性的咨询意见。

链接

佛山市政府立法咨询专家名单

法律组（9人）：
刘应东　杨小菁　吴兴印　何万龙
张晓峰　陈达成　周　刚　钟　坚
曹建宇

城乡建设与管理组（11人）：
朱　墨　阴云康　李大标　陆　虎
陈宇鸿　陈霖峰　周爱国　胡晋涛
胡彦明　钟惠红　曾小明

环境保护组（4人）：
江志贤　张秋华　陈士明　洪　伟

历史文化保护组（3人）：
关　宏　凌　建　戢斗勇

文字组（2人）：
刘崇娜　李利先

（仇楚焮）

公　安

【概况】 至2017年底，佛山市设市级公安局1个、区级公安分局5个，有公安派出所51个。

2017年，佛山市公安机关紧扣党的十九大安保维稳工作主线，深入推进维护政治安全、严打严防暴恐、不稳定因素排查化解、安全事故预防四大专项行动，开展社会治安防控体系建设、“飓风2017”专项行动、严打整治网络犯罪专项行动三项重点工作，确保全市政治安全和社会治安持续稳定。

安保维稳　坚决捍卫国家政治安全，主动协助开展信访维稳工作，完成全国全省“两会”、村居“两委”换届选举、金砖国家领导会晤等重要时间节点安保维稳工作，实现全国“两会”、党的十九大期间非正常进京“零上访”，取得全省公安机关“迎接十九大、忠诚保平安”主题活动突出贡献奖。全市“110”接报刑事警情比上年下降38.5%；接报治安警情下降15%，群众安全感明显增强。

打击犯罪　推进“飓风2017”专项行动，严厉打击电信网络诈骗、网络金融犯罪、“两抢一盗”、涉黑恶犯罪等突出违法犯罪，成功发起和参与“飓风1号”“飓风3号”“飓风4号”“飓风5号”“飓风7号”“飓风12号”“飓风16号”“飓风19号”等17批次全省公安机关集中收网行动，“飓风2017”综合绩效全年保持优秀。是年，全市刑事案件立案、破案数分别比上年下降16%、19.4%；命案现案破案率为98.3%，“两抢”、街头暴力案件破案率分别达到93.86%、91.85%。

公共安全　公共安全管理体制机制不断健全完善，交通、消防、物流寄递、危爆行业安全持续平稳。全市交通事故四项指数（发生交通事故宗数、造成死亡人数、受伤人数、直接经济损失）分别比上年下降7.8%、3.4%、11.7%、0.3%；开展针对全市出租屋、专业市场、村级工业园火灾隐患大排查大整治行动；完成“行通济”、“互联网+”博览会等135场万人以上大型活动安保工作。落实佛山市首部物流寄递行业地方性法规，联合市安监、邮政、运输等部门与全市1 842个寄递物流企业网点、334个涉危爆单位签订安全管理承诺书，依法查处各类突出违法行动，规范行业经营环境。推广监所医疗专业化，与市卫计部门联合建成病残监管病区6个、累计床位270个，破解病残违法人员收押收治难问题。

警务服务　推进“一门一网”便民警务模式改革，建成“一门式”综合服务大厅28个，办理业务1 700多万宗；“一网式”服务平台提供166项网上服务，网上办理业务3 300多万宗，累计访问量8 830万人次，提供各类查询服务3 260多万次，办结交通违法业务超过9.6万宗；网上服务中心平台注册用户近60万人，实名认证用户22万多人，微信公众号粉丝数超83万人。“一门一网”服务继续不断突破创新，一是完成公安服务事项进驻支付宝平台，实现10项公安便民服务业务进驻支付宝城市服务平台；二是实现机动车查验微信及网上全预约，在市直、高明、三水交警车管所推出微信及网上全预约，车主可以提前预约，准点检验，不需排长队，消除插队卖号现象，获得群众好评，收到预期效果；三是微信支付延伸至车管业务规费服务，群众可以通过扫描办理回执条形码，用手机进行微信支

2017年12月19日，佛山公安联合作战中心正式启用　（市公安局供图）

付，1分钟内完成缴费；四是相继推出一系列配套服务子平台，包括新市民自助申报平台、寄递物流管理平台、重点场所管控平台等；五是推出临时身份证自助受理机，使得临时身份证的领取由三个工作日缩减到三分钟立等可取；六是推出出入境方便查等服务，推出的签注剩余次数方便查、企业商务办证方便查、赴台签注网上申请等功能，解决电子证件不能查询申请次数等问题，方便群众申请赴台旅游、处理公务。联合相关职能部门成立市反诈中心，全方位开展快速查询、资金拦截、紧急支付、案件侦办、联动宣传等工作机制，实现全市统筹、三级响应、五区联动，全市日均电信网络诈骗警情比上年下降39.1%，日均被骗金额下降35.6%。全面推进社区戒毒社区康复“8·31”工程，引进广东联众戒毒社工服务，“启明星”社区戒毒康复工作站达到32个，社区戒毒康复执行率全省第一，实现“三管、四有、五全”戒毒康复工作新格局。是年，全面实施全市“统一接警、分级分类处警”新模式。

公安队伍建设　打造政治过硬、业务过硬、责任过硬、纪律过硬、作风过硬的公安队伍。学习贯彻党的十九大精神以及习近平总书记系列重要讲话精神，开展“两学一做”学习教育常态化制度化，引导民警牢固树立“四个意识”，自觉践行“四句话、十六字”总要求。牢固树立“抓好党建是最大政绩”理念，与业务工作同步部署、同步推进、同步考核，党建设工作得到省公安厅厅长李春生和市委书记鲁毅的肯定。建立健全意识形态考核制度，重点抓好个人重大事项报告、请休假以及出国境请示等报告制度，开展警营规范化考评、保密教育、纪律学习月活动，开展督导巡察活动，强化监督执纪问责。是年，全市举办各类警务培训班730期、培训民警2.7万人次。

荣誉奖励　全年有5个集体获评全国、全省优秀公安基层单位，12个集体荣立二等功，139个集体荣立三等功。全年有12名民警被评为全国优秀人民警察、全省特级优秀人民警察、全省优秀人民警察，4人立一等功，56人立二等功，485人立三等功。禅城分局因公牺牲民警张承志被追授为全国公安系统二级英模。在“佛山口碑榜”评选活动中，市公安局“110报警服务台”、消防支队获“佛山口碑榜”行政服务最佳口碑单位，交警支队车管所获市民满意服务单位，禅城分局获市民信赖的警队，高明分局、消防支队三水大队入选五区分榜。另外，佛山公安“一门一网”便民服务模式、“天盾”电信诈骗打击防范体系分别获得首届全国公安机关改革创新大赛银奖、铜奖，禅城分局出入境管理大队、顺德区局龙江派出所“110”指挥调度室获评全国巾帼文明岗。

2017年6月29日，佛山市公安机关举行学习贯彻习近平总书记重要讲话精神暨警察职业荣誉仪式大会
（市公安局供图）

【刑事犯罪侦查】　2017年，佛山市公安机关开展“飓风2017”“三打击一整治”等专项行动，严厉打击“两抢”、街头暴力、网络贩枪、农村黑恶势力等突出刑事犯罪。

命案侦办　按照“快破现案、强攻积案、力压发案”的总体思路，坚持“命案必破”工作目标不动摇。年内命案破案率98.3%。同时侦破3件积案。

打击涉黑恶犯罪　扫黑除恶工作以严打农村黑恶势力犯罪为重点，坚持“打早打小、露头就打”。共打掉涉恶犯罪团伙460多个，破案1 350件。

打击涉诈骗犯罪　依托市反诈骗中心和协同作战平台，全方位开展快速查询、资金拦截、紧急支付、案件侦办、联动宣传等反诈骗业务。电信网络诈骗案件立案数比上年下降1.4%。起诉电信诈骗案件935件，起诉跨区域团伙案件20件。

打击涉盗抢犯罪　全市立抢劫、抢夺案件分别比上年下降54.2%、73.4%；立盗窃案件下降28.6%。逮捕涉盗抢犯罪嫌疑人4 700多人，抓获网上逃犯84人。

【治安行政管理】　2017年，佛山市公安机关保持黄赌高压打击整治态势，推进“飓风2017”打击行动，全市涉黄、涉赌、涉电力专项打击成效名列全省第一。严格落实寄递物流行业安全登记查验制度，查处非法寄运刑事案件31件、149人。严查严治涉危爆从业单位事故隐患，行政处罚违规易制爆危险化学品使用单位171个次，处罚非法购买易制爆危险化学品人员13人。

治安防控体系建设　完成2017年度防控体系建设重点人员管控、视频卡口建设、大数据采集应用、信息网络防控、“双实”信息采集、社会面巡防、重点部位行业场所治安管控以及公安派出所基础建设八项重点任务，防控体系建设成效考评名列全省第三。全市完成19 815名保安员的培训领证，登记列管寄递物流企业1 842家、内保机构设置完成率100%；推进流管系统、人员、业务的优化整合，加强出租屋、流动人口列管。明确居民聚居区、车站、码头、港口、广场、公园、景点、商圈等人员密集公共场所行业主管责任，争取各级政府统筹支撑，提升人员密集公共场所涉治安保卫力量建设，推动佛山市治安基础防控再上新台阶。

治安基础要素管控　开发推行“佛山市公安机关治安重点行业场所巡查管控系统”，优化管控工作流程，完成建档14类治安重点行业场所5 282个，实现传统管控模式向“线上监管闭环联动”管控模式转变，年内运作巡查任务21.8万条，检查发现整改隐患3 126个。全力做好各重点节假日及重大活动安保，依法依规推进落实安全主体责任，统筹协调各级公安机关各司其职，完成“行通济”“观音开库”、“互联网+”博览会、秋色巡游等安保活动503场次（万人以上135场次）。全年各重点防护节点，尤其十九大召开期间社会面防控到位，未发生重大治安事件；涉危爆管控、寄递物流行业未发生重大安全事故；校园、医院、金融场所、娱乐服务场所、治安重点单位等均防范有效，未发生严重案事件。

【户政管理】 2017年末（根据公安部办公厅有关通知，从2016年起，年度人口统计时点11月30日24时），佛山市总户数125.45万户，户籍人口419.59万人，全市登记在册的外来人口450.19万人。全年共制发居民身份证43.39万张，其中，佛山市35.73万张、广东省外市3.15万张、外省市4.51万张。核查清理疑似重复虚假户口线索2 462条、注销双重（虚假）户口181个。

是年，佛山市出台《佛山市推动非户籍人口在城市落户实施方案》，并制定相关各项配套政策，吸引更多人口落户佛山。

【道路交通管理】 2017年，佛山市交通事故四项指数（交通事故宗数、造成死亡人数、受伤人数、直接经济损失）分别比上年下降7.8%、3.4%、11.7%、0.3%。

道路交通安全防控　建立重点对象“红色重点、黄色次要、绿色典范”三级预警制度，将重点对象监管由原来单一的路面查处，拓展到以科技智能化、数据信息化为主要支撑的全方位监管，推动事故防控从“末端管理”向“前端治理”延伸。年内录入重点企业2 797家、重点车辆46 050辆、驾驶人27 846人，约谈隐患企业212家。建立交通事故深度调查机制，2处省级督办、15处市级督办隐患路段全部完成整改。重点车辆按期检验率、报废率分别为99.8%和97.9%。推进公路安全防控体系建设，建成集成指挥平台，依托交警执法站严防死守全市交通要道。研究电动自行车管理政策，对网约车、共享车、代驾、快递等新业态进行调研，向政府提出治理建议。强化网约车从业人员审查，审批网约车从业申请3 171份。

交通治堵　是年，佛山汽车保有量228万辆，驾驶人增至328.7万人，分别比2010年增长166.2%、53.6%，而道路通车里程只增长2.5%。在人车路矛盾日益突出，管理压力与日俱增的严峻形势下，佛山的交通治堵工作取得显著成效。据高德大数据，佛山在全国的拥堵排名从第一季度的第五位，降至年底的第十九位。

交通执法　建立交通研判指挥室，完善情报分析、推送、落地机制。推广应用“鹰眼”系统，实现静态值守向动态查缉、模糊海查向精确制导、被动堵控向主动出击“三个转变”。年内查缉重点嫌疑车辆21 210辆，查处“毒驾”人员22人。侦破肇事逃逸、买分卖分、非法获取公民驾驶证信息等刑事案件45件，抓捕犯罪嫌疑人53人。通过抽调机关警力增援一线，最大限度将警力压上路面。突出重点区域、重点路段，发起交通整治“四大战役”，梯次推进城市秩序大整治、农村大劝导、周末大夜查、开学季大严管、跨区整治大联动等专项行动。是年，佛山交警缉查布控查处数排名全省第一，酒驾查处量排名全省第二。

交警业务窗口服务　打造“15分钟便民服务圈”，在全市设立36个机动车登记服务站，3个车管工作站，投放9台车管自助服务机，推出“邮政车管所”，并建立车管服务站“三个一”机制，被公安部交管局编入《车驾管微创新集萃》，向全国推介。此外，佛山交警还推出驾考自主约考、车牌“寄递到家”免费安装、车管办证中午“不打烊”、新能源汽车专用号牌现场制作等便民举措，降低交通事故救助基金申领门槛。至年底，佛山群众到邮政网点就可以办理机动车号牌、行驶证、驾驶证补换领等20多项车驾管业务，通常在15分钟车程之内，就能找到机动车登记服务站、车管工作站、“邮政车管所”或车管业务自助机，办证上牌更加省心、方便。年内全市办理车管业务425.6万宗。

【经济犯罪侦查】 2017年，佛山市公安经侦部门破案1 095件，挽回经济损失8.06亿元，逮捕1 210人，打击效能显著。年内受到公安部、省厅贺电表彰6次，省、市领导和省公安厅领导批示肯定10多次。

在“飓风2017”涉金融专项行动中，成功发起“集群战役”7起，专项总体目标完成率273.8%，抓获外逃人员16人，在全省专项绩效考核中获并列第一。行动期间先后发起“飓风5号”“飓风24号”“飓风38号”专案。其中，“飓风5号”打击网络传销专案共抓获犯罪嫌疑人310人，刑事拘留247人，冻结资金3.6亿元，查扣关键证据一大批，涉案总金额34亿多元。“飓风24号”打击地下钱庄专案共捣毁钱庄窝点103个，抓获犯罪嫌疑人132人，主要犯罪嫌疑人全部到案，涉案金额150亿多元。

全市经侦部门在重点打击金融犯罪的基础上，还落实市委、市政府开展“企业暖春行动”工作要求，部署开展打击侵犯知识产权犯罪专项行动，保护佛山企业的合法权益。同时，以民生为导向，深化“食品药品警察”和“环保警察”专业化建设，以人民群众最密切、最关注食品药品和环境领域犯罪为打击重点，完善与食药监、环保等行政职能部门联合执法机制，形成横向联合、职能互补、线索互通的工作格局，深入推进佛山市食品药品安全示范市和生态文明建设。

【公安禁毒】 2017年，佛山市公安系统各级禁毒部门深入推进“飓风2017”涉毒专项行动，破获“咔哇潮饮”涉毒案、“1207”贩卖毒品案等一大批在全省乃至全国范围内颇具影响的大要案件。全年全市破获1 000克以上毒品案件148件，打掉毒品犯罪团伙170个，缴获各类毒品约1吨。禁毒执法打击效能排名全省第一。

是年，佛山市32个镇（街）全面建成社区戒毒社区康复工作站（启明星驿站）并投入使用，社区戒毒社区康复执行率达100%，排名全省第一。随着各镇（街）"启明星驿站"的相继启用和专职社工的进驻办公，社区戒毒康复工作实现"三管（有人管、管得住、管得好），四有（有专职专业社工、有科学服务体系、有风险管控措施、有政府支持保障），五全（全数服务户籍戒毒康复人员、全程无缝对接各种管控状态、全面建立戒毒康复管理档案、全方位评估管控社会危害风险、全社会链接资源帮扶戒毒康复人员及家庭）"的戒毒康复工作新格局。同时，为了解决全市病残吸毒人员收治难题，以医院为建设主体、公安为实施单位的公卫合作共建模式，全市建成病残收治场所5个，床位270个。

全市公安禁毒部门推进"6·27"青少年毒品预防教育工程和禁毒宣传"六进"活动。先后为佛山创建"禁毒人偶剧""禁毒宣传小记者""青少年禁毒宣传志愿者"等禁毒宣传品牌，禁毒宣传工作在青少年层面实现全覆盖，产生良好社会效应。全年全市开展各类禁毒宣传活动1.9万场次，禁毒工作获各类媒体报道3 798次，其中获国家级媒体报道63次、省级媒体报道291次、市级媒体报道3 444次。

【出入境管理】 2017年，佛山市出入境管理部门受理各类出入境证件申请225.78万人次，比上年上升6.98%，审批签发各类证件343.21万个，上升10.05%；全市查处"三非"外国人上升2%。

组织开展清理"三非"集群统一清查行动；通过加强外管工作专班，精准打击"三非"外国人犯罪活动；主动到人社局、外侨局进行沟通，对非法用工企业实行"零容忍"顶格处理。是年，全市组织统一清查行动15场次，办理妨害国（边）境案件93件。

截至2017年底，佛山市建成"一门式"综合服务大厅28个，镇（街）出入境证件受理点21个，"一网式"提供14项出入境业务网上服务，基本实现群众"家门口"办证。是年4月24日起，全市开始受理电子往来台湾通行证的申请，8月21日起，全市出入境部门启用全国版出入境管理信息系统。同时市公安局主动与佛山税务、社保部门沟通，建立数据共享机制，推出"企业商务办证方便查"服务，企业办证人员可直接在出入境打印纳税证明，缩短企业办理港澳商务签注时间，受到企业好评。5月1日，佛山公安机关出入境管理部门与全省公安机关出入境管理部门同步开始实施居住证持有人在居住地办理出入境证件便民措施，全市全年受理17.5万份非佛山户籍居民持居住证办理出入境证件申请。是年，佛山公安机关出入境管理部门通过召开专门会议、上门走访等多种途径，做好16项出入境便利措施的落地实施，全面支持佛山市创新发展大局和粤港澳大湾区建设，全年全市办理符合16项新政的外国人签证证件519人次，外国人永久居留身份证9人，服务涉外企业380余家，获得涉外企业和外国人赞誉。

2017年11月18日，广东省消防总队在佛山市南海区金沙洲万达广场组织开展全省冬训暨地下建筑灭火救援实战演练。图为演练活动现场　（市公安局供图）

【网络安全监管】 2017年，佛山公安网络安全部门开展"飓风2017"专项行动、"安网"专项行动，打击侵害个人公民信息涉网经济类犯罪、黑客攻击破坏等突出犯罪。督促网站落实先审后发等制度，建立快速联动处置机制。加强对全市党政机构政务网站、国企和事业单位信息系统进行检测，对漏洞限期整改、关停，妥善处置网络攻击和病毒感染事件5起。针对网络信息安全，在"双11"全球购物狂欢节（11月11日）期间，联合市公安局反诈骗中心和三大运营商（移动、电信、联通），向广大市民推送防范网购诈骗短信100多万条。

【技防管理】 2017年，佛山市公安技防管理部门按照技防法规规范工作流程，在技防管理方面从严审核技防系统设计、施工和维修资格申请资料，严格做好申请资料的审查工作。全年核发"广东省安全技术防范系统设计、施工、维修资格证"126个，其中一级证书8个、二级证书7个、三级证书24个、四级证书87个。同年，市公安技防管理部门还组织做好《广东省安全技术防范管理实施办法》贯彻落实工作（该管理实施办法于2017年5月27日公布，2017年8月1日起施行）。

【消防安全管理】 2017年，佛山市政府出台《佛山市消防栓建设管理办法》《佛山市工业园区消防安全综合整治工作方案》《佛山市火灾隐患有奖举报实施细则（修订稿）》。全市公安消防机构排查社会单位24 332个，发现及整改火灾隐患19 847处，下发责令改正通知书7 015份，查封349个，"三停"225个，行政拘留80人，对6起火灾事故依法进行立案查处。检查单位、整改隐患、查封、罚款、行政拘留数分别比上年上升32.7%、17.6%、60.1%、26.3%、27%。市消防支队完成省公安消防总队物联网指挥云平台建设试点工作；完成抗击珠海台风“天鸽”、扑救珠海“10·15”火灾两项跨区域增援任务，承办全省消防部队地下建筑灭火救援大型综合演练。

年内，消防支队2个消防站建成并投入使用，4个政府专职队新营房完成主体建设，2个大队新营房正在建设中。

【非户籍人口在城市落户实施方案出台】

2017年10月12日，佛山市人民政府，正式印发实施《佛山市推动非户籍人口在城市落户实施方案》。该实施方案贯彻落实《国务院办公厅关于印发推动1亿非户籍人口在城市落户方案的通知》《广东省人民政府办公厅关于印发广东省推动非户籍人口在城市落户实施方案的通知》要求，推动农业转移人口和其他常住人口等非户籍人口在城市落户。该方案要求在“十三五”期间，努力实现50万左右非户籍人口在佛山市落户。该方案还提出，到2020年，全市户籍人口城镇化率提高到93%以上，户籍人口城镇化率与常住人口城镇化率差距缩小至2个百分点以内。同时，该方案在进一步拓宽落户通道、制定实施配套政策、强化工作保障措施等方面为进一步推动农业转移人口和其他常住人口等非户籍人口在城市落户提出具体工作要求。

【佛山首推“路长制”】 2017年6月9日，佛山市公安局联合市交通运输局在禅城区季华五路与岭南大道交界处举行“佛山市路长制公示牌（禅城区）”揭牌仪式，全市首批20条交通“路长制”路段正式启动落地。这是全省首个由公安交警部门牵头实施的“路长”工作机制。是年3月，市公安局联合市交通运输局制订出台全市道路交通“路长制”实施方案，在全市范围推广交通“路长制”。交通“路长”采取双责任制，即分别设置有交通管理路长和交通建设路长，旨在强化道路交通“软件”管理手段的同时，完善道路交通“硬件”设施管理。其中，“交通管理路长”由辖区公安交警担任，主要负责对责任路段依法开展日常交通巡逻管控，严厉查处交通违法行为等，保障道路交通有序、安全、畅通；“交通建设路长”由交通局牵头协调公路、业主、建设、养护等部门相关人员担任，负责对责任路段的交通基础设施建设、养护，道路安全隐患排查整治等。“双路长”制实施后，由“交通管理路长”和“交通建设路长”对交通干道、重要党政机关、学校等重点区域周边道路实施精细化管理。同时，通过联席会议、考核评价等一系列工作制度，增强道路管理力量，实现公安交警与交通公路部门的深度合作。截至2017年底，全市范围内实施“双路长”制的道路100条。

2017年12月18日，佛山市新能源汽车专用号牌正式启用。图为启用仪式上，市民新购的新能源汽车挂上新能源汽车专用号牌 （市公安局供图）

【新能源汽车号牌正式启用】 2017年12月18日，佛山市正式启用新能源汽车专用号牌，首批投放新能源汽车专用号牌8万副，并开通线上自编自选和线下“50选1”两种选号方式，供车主自行选择。佛山是广东省第一批7个新能源汽车专用号牌推广应用城市之一。佛山公安交管部门把做好新号牌推广工作作为一项重要的“民生工程”，尽最大努力，在车辆登记、号牌选取、发放安装等环节，提供更方便、更快捷的服务。以此为契机，继续深化车管业务改革，推出利用邮政网点办理车管业务等一系列便民新举措，为广大佛山市民提供一流服务。

（蔡妙玲）

【流动人口服务管理】 至2017年底，佛山全市登记流动人口450.2万人（半年以上常住人口367.4万人），其中男性269.6万人、女性180.6万人，随行子女80.8万人（学龄期41.6万人）；60岁以上老龄人口11.9万人。累计核发居住证112.4万个，登记纳管出租屋89.7万栋（套），217.8万个单元。2017年，佛山市在全省率先出台居住证实施办法，促进新市民基本公共服务全覆盖。在全省首创“互联网+新市民”服务新模式，极大便利新市民在佛山办事办证。推进户籍制度改革，促进新市民落户佛山，新市民群众在佛山的获得感幸福感进一步增强。2017年1月6日，市流管办获佛山日报社主办的2016佛山口碑榜“年度口碑”荣誉；12月22日，互联网+新市民自助申报平台作为政务服务的亮点，入选由市委宣传部、佛山传媒集团主办，佛山日报社承办的佛山口碑榜“最佳服务案例”，市流管办也获“最佳口碑进取奖”。同年10月，市流管办工作被中央一套重要专题片《不忘初心·继续前进》作为典型案例之一播出。

非户籍人口公办义务教育保障 是年，佛山市以积分制服务体系建设为保障，确保新市民公平公正享受公办义务教育等基本公共服务。全年佛山市非户籍人口政策性借读53 319人，通过积分途径取得公办学校学位数的有14 718人，共有68 037名非户籍人口获得佛山市公办学校学位。

居住证制度落地实施 是年，佛山市以实施居住证制度为重点，促进户籍制度改革。在全省率先出台居住证实施办法，明确规定居住证的办证条件、办证程序，同时规定属全市引进人才的可直接申请办理居住证。明确规定持证人可享受的基本公共服务和便利，包括可申请入户、可申请公租房、可办理机动车登记（购车）、可报考申领机动车驾驶证（除摩托车）、可申请赴港澳商务签证、可申请技能晋升培训补贴；可申请大病救助和临时救助、随迁子女可申请入读义务教育公办学校等16项内容。这些服务和便利几乎涵盖人生老病死全过程。该办法还规定，市政府将加大工作力度，逐步为持证人提供更多更好的服务和便利。出台《佛山市推动非户籍人口在城市落户实施方案》，按照国家和省的要求，结合佛山实际进一步降低入户门槛，简化相关手续，放开放宽落户限制。全年完成市外迁入人口13.62万人，为历年来新高。贯彻国家“放管服”改革精神，坚持“简政放权、优化服务”，市流管办和市公安局联合印发《关于进一步加强和规范流管业务办理工作的通知》，简化新市民群众办事程序，规范办事流程。

流动人口和出租屋管理 是年，佛山市以“双实”管理（实有人口、实有房屋管理）为基础，提升流动人口和出租屋纳管率。市流管办与市公安局完善相关制度规范，加强日常巡查登记工作，联合印发《佛山市2017年流动人口和出租屋排查登记专项行动工作方案》，联合开展流动人口和出租屋排查登记专项行动。通过专项排查登记，全年新增登记流动人口130多万人，注销110多万人；新增登记出租屋2万多套（栋），更新率52%。开展目标量化考核倒逼规范化建设，制订《佛山市2017年流动人口和出租屋服务管理目标量化考核办法》，每月开展一次考核，有效提升基层流动人口和出租屋基础信息采集完整率、正确率。从3月推行至年底，信息采集正确率从65%上升到98%，全市各区平均正确率96%以上。

新市民同城融入 是年，佛山市坚持党建为引领，逐步推动新市民同城融入。探索在基层村（居）两委组织中吸收新市民党员参与村（社区）事务管理，在全市的258个村（居）两委委中，有260名新市民当选为村（居）两委委员。同时，探索新市民融入佛山城市生活新方法，在暑假期间，佛山市流管办与湖北商会合作，开展“小候鸟”夏令营活动，接纳“小候鸟”约200人。

互联网+佛山新市民自助申报平台启用 是年9月7日，佛山市举办互联网+佛山新市民自助申报平台启用仪式，在全省首创“互联网+新市民自助申报”服务模式。该平台提供的在线办理业务包括居住登记、居住房屋登记、居住证服务和积分服务四大模块。其中居住登记模块内又含有居住登记、原住址变更、居住注销、登记查询功能；居住房屋登记模块包括房屋登记、信息变更、注销登记、登记查询功能；居住证服务模块可办理居住证申领、延期申请、补领换证、地址变更登记和申报查询；积分服务模块提供积分入学、积分入户业务办理通道。利用该平台，新市民通过网络、微信客户端足不出户即可实时申报居住登记、居住证申请、房屋租赁登记、积分入学、积分入户等多项业务。截至年底，全市有5万多人通过自助申报平台办理。是年底，互联网+佛山新市民自助申报平台入选佛山口碑榜“最佳服务案例”。

（市流管办）

检　察

【概况】 至2017年底，佛山市有市、区两级检察院6个，其中市级检察院1个、区级检察院5个。全市检察人员690人，其中员额内检察官282人。全年全市检察机关立案侦查职务犯罪案件250人；批准和决定逮捕各类刑事犯罪嫌疑人13 259人；对各类刑事犯罪嫌疑人提起公诉18 611人；审查减刑、假释、暂予监外执行案件3 920件；受理民事行政申诉案件286件；受理刑事申诉案件94件；办理未成年人各类案件1 213件。

【职务犯罪查办】 2017年，佛山市检察机关立案侦查职务犯罪案件250人。其中贪污贿赂犯罪案件209人、渎职侵权犯罪案件41人；立案查办行贿犯罪86人，立案查办涉农领域、扶贫领域职务犯罪99人。突出查办大案要案，立案侦查贪污、贿赂、挪用公款100万元以上案件55人。查处佛山市工商局原局长李学昌等一批要案，依法起诉清远市原市委书记陈家记等一批有较大社会影响的案件。成功促使4名在逃犯罪嫌疑人归案。

2017年3月21日，佛山市检察院牵头与佛山市司法机关联合推出合适成年人参与刑事诉讼制度，并举行首批合适成年人参与刑事诉讼制度聘任仪式

（市检察院供图）

【职务犯罪预防】2017年，佛山市检察机关进一步深化职务犯罪预防工作，围绕案件高发多发领域开展预防调查76次，开展预防宣传和警示教育活动127次，办理行贿犯罪档案查询20 939次。开展非公企业专项预防工作，建立检企联系点16个，深入企业开展预防活动400多次，与非公企业共同举办“奉法自正”廉洁书法巡展28场。推动预防邮路专项工作，打造线上、线下两条“预防邮路”，发放预防邮路宣传刊物2.2万余册。是年，全市检察机关深入参与基层社会治理，依托派驻镇街检察室，派出检察官直联村（居）993人次，接待来访群众874人次，处理群众纠纷340人次。

2017年1月10日，佛山市检察院派出检察官代表赴碧桂园集团，帮助碧桂园排查非公职务犯罪风险点，并开展清风正气——碧桂园物业廉政讲座

（市检察院供图）

【审查逮捕】2017年，佛山市检察机关批准和决定逮捕各类刑事犯罪嫌疑人13 259人，其中涉黑、严重暴力、“两抢一盗”、黄赌毒犯罪嫌疑人5 471人，危害食品药品、环境资源领域犯罪犯罪嫌疑人137人，侵犯商标权、专利权、商业秘密等犯罪嫌疑人289人。配合公安机关“飓风2017”专项行动，重点打击电信诈骗、网络传销、地下钱庄等犯罪，维护公民个人隐私和财产安全。办理苏永煌等71人“飓风1号”专案、彭干泉等57人网络诈骗案、涉案金额达20亿元的王春峰等84人跨境网络传销案。对不构成犯罪或事实不清、证据不足的，依法不批准逮捕1 222人。

【审查起诉】2017年，佛山市检察机关依法坚决惩治各类刑事犯罪，对各类刑事犯罪嫌疑人提起公诉18 611人，其中起诉涉黑、严重暴力、两抢一盗、黄赌毒犯罪嫌疑人5 658人，危害食品药品、环境资源领域犯罪犯罪236人，起诉侵犯商标权、专利权、商业秘密等犯罪309人。依法起诉受害人达308人的李某友等6人集资诈骗、非法吸收公众存款案，曹某刚等12人走私疫区冻肉4万多吨案等。对不构成犯罪或事实不清、证据不足的，依法不起诉377人。

【侦查活动监督】2017年，佛山市检察机关发挥检察机关侦查监督职能作用，严把案件质量关，全年受理立案监督案件391件，成功监督侦查机关立案105件，成功监督侦查机关撤案41件，纠正漏捕169人，追诉漏犯230人，向侦查机关提出纠正违法通知书73份。为进一步健全“两法衔接”机制，全市检察机关督促行政执法机关移送案件线索252条，公安机关立案208件。

【刑罚执行和监管活动监督】2017年，佛山市检察机关加强派驻监管场所检察室规划化建设，维护在押人员合法权益，保障监管场所安全稳定。全年审查减刑、假释、暂予监外执行案件3 920件，提出不同意见28件。在广东省率先制订羁押必要性审查规范性工作指引，审查羁押必要性案件955件，建议变更强制措施861人，案件量居全省第三。推动社区矫正检察监督常态化，纠正脱管漏管21人。坚决打击刑事执行环节腐败，立案查处刑事执行监管领域职务犯罪3人。

【民事行政诉讼监督】2017年，佛山市检察机关受理民事行政申诉案件286件，向法院提请、提出抗诉11件，发出再审检察建议2件。重点开展行政检察监督，针对行政机关履行职责存在的问题，发出检察建议229份。11月，佛山市人民检察院对南海区某企业涉嫌偷排污水侵害公共利益的违法行为，向佛山市中级人民法院提起民事公益诉讼。此案是全国全面推开公益诉讼工作以来，广东省检察机关首宗提起的民事公益诉讼案件。

【控告申诉检察】2017年，佛山市检察机关构建全市涉检信访案件联合处理机制，接待群众来访2 217批3 269人，受理刑事申诉案件94件，对104件刑事和民事案件促成和解。市检察院针对某行贿犯罪嫌疑人潜逃，其公司拖欠承建企业工程款引发欠薪问题，协调该公司支付工程款1 498万元，确保承建企业发放380名工人工资。是年，全市检察机关开展“国家司法救助工作推进年”活动，全年救助21人，发放救助金64.7万元，彰显司法人文关怀。

【未成年人保护】2017年，佛山市检察机关依法保障未成年人合法权益，全年办理各类案件1213件，为涉罪未成年人提供法律援助397人次，通知合适成年人到场751人次，封存362名未成年人的犯罪记录材料。坚持“少捕慎诉”司法理念，对涉案未成年人依法不捕61人、不诉66人。落实未成年人特殊保护制度，对175件未成年人与成年人共同犯罪案件分案起诉、办理全市首例庭审中同步视频作证的未成年人案件。是年，市人民检察院首次发布未成年人检察工作白皮书——《佛山市未成年人刑事检察工作白皮书（2014—2016年）》，通过分析佛山市未成年人犯罪的现状和基本特点，总结佛山市检察机关开展未检工作的经验做法，推进“法治佛山”建设。同年，佛山市检察机关还开展“校园零欺凌，我们在行动”、共建“平安校园”等活动40余次；建立试点区域，新建3个学校型观护基地，创新开展在押帮教模式，推动帮教模式多元化；继续深入推进“法治进校园”活动，全年开展“法治进校园”活动40余次，普法覆盖中小学生近7万人。

【未成年人帮教模式创新】 2017年，佛山市检察机关创新在押帮教模式，邀请帮教人员定期到看守所内对未成年人进行帮教，把帮教模式从外延伸至内，将工作前置到审查逮捕阶段。通过心理咨询师、专业社工开展的针对个体与集体帮教活动，促使涉罪未成年人回归社会。其中，南海区、高明区、三水区3个试点区域均构建完成在押帮教模式，并观护帮教在押涉罪未成年人22人次。

【司法体制改革继续深化】 2017年，佛山市检察机关落实4项司法体制改革任务，深化检察官员额制改革工作，在全市选任356名员额内检察官，组建305个检察官办案组织，制订完善检察官权责清单，强化检察官监督管理，健全检委会决策机制，落实进入员额领导办案规定。对检察官、检察辅助、司法行政3类人员分类定岗、分类培养、分类考核评价，基本建立检察人员分类管理体系。

【诉讼式审查逮捕改革试点】 2017年，佛山市检察院和南海区检察院作为诉讼式审查逮捕改革试点单位，高度重视试点工作，对114件案件123名涉案人进行诉讼式审查，对其中39人作出不批准逮捕决定。9月12日，最高人民检察院侦监厅副厅长张晓津带队到市检察院调研试点工作，对佛山试点工作表示肯定。10月13日，广东省检察机关审查逮捕诉讼化改革试点工作研讨会在市检察院召开，佛山市试点工作经验也得到省检察院及各地市检察院与会代表的好评。

【阳光检务活动】 2017年，佛山市检察机关加强人大代表和政协委员联络，邀请人大代表、政协委员等调研、视察检察工作340人次，听取社会各界意见建议。扩大案件信息公开，发布案件程序性信息2.11万条、发布法律文书9 265份、办理辩护与代理申请3 118次，接待律师4 716人次。市检察院机关推动新媒体建设工作，通过“两微一端”等新媒体发布检察信息4 563条，增强检察工作透明度。

（王　建　黄子奇）

法　院

【概况】 2017年，佛山有市、区两级法院6个，其中，市级法院1个、区级法院5个。全市基层人民法院派出人民法庭30个。全市法院在编人员1 305人，其中入额法官637人。全市法院受理各类案件214 476件，办结182 334件，分别比上年增长9.1%和10.4%，结收比99.7%；法官人均办案281件，比上年增长35.7%。其中，佛山市中级人民法院受理各类案件27 062件，办结24 922件，分别比上年增长10.7%和11.2%。

【刑事审判】 2017年，佛山法院依法履行刑事审判职责。审结各类刑事案件15 026件，判处罪犯17 773人。贯彻总体国家安全观，严惩危害国家安全和公共安全犯罪，加大对邪教犯罪等惩治力度。严惩严重暴力犯罪，审结故意杀人、故意伤害、绑架等案件1 039件，判处罪犯1 166人。依法配合“飓风2017”、互联网金融风险专项整治等行动，严惩涉电信网络诈骗、非法吸收公众存款、涉黑恶势力、毒品等犯罪，审结该类案件6 467件，577人被判处五年以上有期徒刑直至死刑。保持反腐败高压态势，审结贪污贿赂、渎职等职务犯罪案件237件。维护市场经济秩序，审结走私犯罪案件16件，涉偷逃税额8 402.2万元。启用减刑假释信息化办案平台，实现办案节点全程、动态、精准监控，审结减刑假释案件3 441件。

【民商事审判】 2017年，佛山法院依法履行民商事审判职责。审结各类民商事案件84 541件，诉讼标的额570.1亿元。服务保障供给侧结构性改革，推动成立佛山市破产案件处置工作联合协调小组，受到最高法院肯定，促成西樵高尔夫等破产企业重整成功和37家“僵尸企业”依法退出市场，南海涤纶厂破产案入选广东省“服务供给侧结构性改革十大典型案例”。服务保障金融产业发展，加强专业金融审判庭建设，有效发挥防范和化解金融风险的司法职能作用，审结金融纠纷10 288件，诉讼标的额170.1亿元。服务保障创新驱动发展战略，深化知识产权案件集中管辖改革，受理知识产权案件4 903件，比上年增长171.6%。服务构建开放型经济新格局，编印6种外语版本的《国际司法协助诉讼文书样

佛山市中级人民法院作为全国7个开展跨域立案改革试点工作的中级法院之一，从2017年5月1日起正式试点施行跨域立案新机制。图为新机制施行首个工作日首宗跨域立案案件开始受理

（市中级法院供图）

式》，审结涉外、涉港澳台案件 1 356 件，开展司法协助 31 件。禅城法院联合市科技局、市知识产权协会等单位签署《知识产权保护法治化联合行动备忘录》，支持大众创业、万众创新。加强产权司法保护，依法审结的梁文杰等 14 人强迫交易案被评为广东省“服务保障非公经济十大典型案例”。

【行政审判】 2017 年，佛山法院依法履行行政审判职责。审结各类行政案件 2 645 件，比上年增长 41.5%。发挥行政审判集中管辖优势，依法稳妥审理农村集体经济组织股权、工伤行政认定、行政处罚、国土资源纠纷等案件。监督和支持行政机关依法行政，撤销或变更行政行为 145 个，受理行政机关申请强制执行案件 3 276 件。助推法治政府建设，选派法官到行政机关培训授课、解析法律规定 18 场次。佛山中院发布年度行政案件司法审查白皮书，提出增强预防和化解行政争议能力的建议。

【审判执行】 2017 年，佛山法院依法加强执行工作，新收执行案件 70 505 件、结案 69 477 件，分别比上年增长 41.1% 和 48.5%。与佛山市委政法委联合发布意见，推动 20 家成员单位深度联动、768 个基层组织广泛协助、5 000 多个综治网格有效对接，综合治理执行难工作大格局不断深化。发挥佛山市财产查控网作用，发起财产查控请求 452.2 万次，涉及被执行人 59 167 人。联合开展失信惩戒，公布失信被执行人 30 019 人次，发布执行悬赏公告 155 宗，涉案总额 5.2 亿元。惩戒措施迫使 6 509 名失信被执行人履行债务 13 亿元。开展“攻坚 2017”、涉民生执行等专项行动，南海区法院“海啸行动”、三水区法院“烈焰行动”震慑效果明显，佛山全市已结执行案件执行到位金额 112.7 亿元，比上年增长 34.3%。司法网拍引入执行标的物二手市场评价体系，网拍成交标的数 4 538 件，成交金额 94.8 亿元，连续两年居广东省首位。加大强制执行力度，对被执行人罚款 230.5 万元，边控 170 人次，司法拘留 263 人，移送追究刑事责任 69 人。开发应用执行案件财产登记系统、“一案一账号”退款系统，实时监管财产处置和退款进度。升级执行指挥中心，启用执行单兵系统，执法活动全程记录、同步传送、电子资料随案入卷，力求实现对执行工作关键节点的全程留痕、全程监控。

【涉民生案件审判】 2017 年，佛山法院

链接

典型案例：佛山市海天调味食品股份有限公司诉江苏伊例家食品有限公司、呼和浩特市每天食品有限公司侵害商标权及不正当竞争纠纷案

佛山市海天调味食品股份有限公司（以下简称海天公司）在酱油等商品类别上注册了“ ”商标。海天公司认为江苏伊例家公司、呼和浩特市每天食品公司生产、销售的红烧酱汁商品上使用的“每天”商标侵犯了其注册商标专用权，二者在其酱汁产品上擅自使用了海天公司的知名商品特有装潢、每天公司将与海天公司企业字号和注册商标相近似的“每天”登记注册为其企业字号构成不正当竞争，向法院提起诉讼。

佛山市禅城区人民法院一审认为：“酱汁”应属于一种调味汁，“酱汁”与“酱油”在原材料、生产制作过程方面均不同，故伊例家公司、每天公司使用“每天”商标已经超出了其获得许可使用的“每天”注册商标核定使用的商品范围，伊例家公司、每天公司以其得到“每天”注册商标的使用许可为由主张不构成侵权缺乏依据。被诉侵权产品“酱汁”属于一种调味品，与海天公司涉案商标核定使用的商品“酱油”相比，两者的功能、用途、销售渠道、消费等方面基本相同，属于同类商品。伊例家公司、每天公司在被诉侵权产品红烧酱汁上使用“每天”商标，与海天公司涉案“海天”注册商标构成近似，构成对海天公司涉案注册商标专用权的侵犯。海天公司的“海天酱油”装潢属于知名商品特有装潢，伊例家公司与每天公司生产的产品构成擅自使用海天公司知名商品特有装潢的不正当竞争行为。每天公司登记并使用的企业名称与海天公司在先字号的文字构成近似，每天公司主观上有明显攀附的故意，可能造成消费者对产品来源产生混淆，从而获得不正当利益，其行为已违反诚实信用原则和公认的商业道德，侵犯了海天公司的竞争利益，构成对海天公司不正当竞争。伊例家公司、每天公司使用“国内首创”的表述不真实，应认定为虚假宣传。禅城区法院判令伊例家公司、每天公司承担停止侵权、赔偿海天公司经济损失 100 万元等民事责任。

宣判后，伊例家公司、每天公司不服，提起上诉。

佛山市中级人民法院二审认为：被诉侵权产品的产品名称为“复合调味汁（红烧酱汁）”，是以酱油、食用盐等调味品为主要原料，与食品添加剂等调配加工而成的调味汁，根据我国关于调味品分类的国家标准，被诉侵权产品实质上是复合调味料，与酱油不属于同一种商品。伊例家、每天公司未按其得到使用许可的“每天”注册商标核定的商品类别使用该商标，海天公司有权对此提起侵害商标权之诉。被诉侵权产品的功能、用途、生产部门、销售渠道和消费对象均与酱油商品相同，属于类似商品。伊例家公司、每天公司在类似商品上使用与海天公司注册商标相近似的“每天”商标，其行为侵犯了海天公司的注册商标专用权。此外，一审法院关于每天公司将“每天”登记注册为其企业名称、伊例家公司与每天公司擅自使用海天公司知名商品特有装潢、伊例家公司与每天公司宣传被诉侵权产品为“国内首创”等行为构成不正当竞争等的认定正确。综上，佛山中院驳回上诉，维持原判。

链接

典型案例：黄灿锋抢劫案

2016年7月26日19时30分许，黄灿锋去到被害人邹某居住的位于佛山市三水区西南街道某小区车库内夹层的住所内，用言语威胁恐吓邹某，称如果报警就杀了她，抢走被害人的一个蓝色手提包（内有现金人民币150元及身份证和银行卡等钱物）。破案后，缴回被抢的手提包及人民币100元并已发还被害人。

佛山市三水区人民法院一审认为：被告人黄灿锋以非法占有为目的，使用胁迫方式劫取他人财物，其行为已构成抢劫罪，应依法惩处。公诉机关所控的罪名成立，但案发的地方是车库，车库附近的环境相对开放，被告人黄灿锋的行为不宜认定为“入户抢劫”。被告人黄灿锋犯抢劫罪，判处有期徒刑四年，并处罚金人民币1万元。

宣判后，佛山市三水区人民检察院提出抗诉。二审期间，广东省佛山市人民检察院检察员出庭发表支持抗诉意见，认为本案应依法认定为“入户抢劫”，并应当根据相应的法定刑量刑。

佛山市中级人民法院二审认为：原审被告人黄灿锋无视国家法律，以非法占有为目的，入户使用胁迫方式劫取他人财物，其行为已构成抢劫罪。原审被告人黄灿锋归案后能够如实供述其罪行，且涉案的部分物品已发还给被害人，依法可以从轻处罚。随案移送的摩托车一辆，属于套牌车辆，不予处理。关于抗诉机关提出本案属于入户抢劫的抗诉意见，案发的车库分上下两层，一层是停放车辆的地方，夹层是被害人居住的处所，被害人居住的住处所在夹层与一层停放车辆的地方用楼梯、带锁的铁门予以隔离；且夹层内的住所是被害人日常生活起居的场所，配备有卧室、厨房、浴室等生活功能区域及配套的生活用品，是被害人的生活场所。本案发生的具体地点是被害人的住所内，该住所虽然位于车库内的夹层，但其与外界相对隔离，且是被害人的日常生活起居的场所，符合刑法意义上“户”的界定。原审被告人黄灿锋进入被害人日常生活的住所内以暴力胁迫方式劫取被害人财物，符合入户抢劫的构成要件，应当认定为入户抢劫。综上，原判认定抢劫的基本事实清楚，定罪准确，但未认定入户抢劫导致量刑不当，应予纠正。被告人黄灿锋犯抢劫罪，判处有期徒刑十年，剥夺政治权利三年，并处罚金人民币1万元。

保护群众切身利益，审结涉及医疗、教育、消费、食品安全等案件5522件。深化家事审判方式改革，联合村居、妇联、社工组织等化解家事矛盾，引入心理辅导评估机制，调处家事纠纷2312件。加强妇女儿童权益保护，审结拐卖妇女儿童、家庭暴力等案件242件，发出“人身安全保护令”9张。平等保护劳动者和用人单位合法权益，审结劳动争议纠纷6883件，谭某强等206人劳动合同纠纷案入选广东省法院年度十大民事案例。加强生态环境保护，审结涉环境资源案件93件，对141人予以刑事处罚。

【《2007—2016年度佛山法院少年审判工作报告》发布】 2017年，佛山法院发布《2007—2016年度佛山法院少年审判工作报告》，总结佛山法院少年审判过去10年的整体工作情况，并对佛山市未成年人犯罪防控工作提出7方面建议，为佛山预防未成年人犯罪及未成年人司法保护工作提供有益参考。佛山法院少年审判强调宽严相济、寓教于审的刑事审判政策，始终坚持“三个百分百”工作机制，同步落实“百分百提供法律援助”“百分百落实合适成年人参与制度”及“百分百实行轻罪犯罪记录封存”三项机制。是年，佛山法院开展庭前调查，未成年罪犯非监禁刑适用率25%。组织“爱的阳光”回访帮教活动，面向中小学生开展抵制毒品和校园暴力、预防性侵和网络犯罪等专题教育，录制法制教育课程，佛山中院“晓法姐姐”普法品牌获评全国少年审判“十大创新事例”。

【佛山中院诉讼服务中心获评广东省首批诉讼服务示范窗口】 2017年12月19日，广东法院首批诉讼服务示范窗口正式授牌，佛山中院诉讼服务中心凭借优质的诉讼服务，成为广东首批5家诉讼服务示范窗口之一。是年，佛山法院建立集约化、智能化、多元化、标准化诉讼服务体系，诉讼服务中心集线下集中服务、线上“12368”热线、网上诉讼服务、掌上手机客户端以及人工智能服务于一体，服务内容近70项，涵盖立审执全过程。与佛山市总工会联合成立劳动争议诉调对接工作室，开展跨域立案试点改革工作，支持司法局组建法律志愿者服务队进驻法院，为诉讼群众提供免费法律咨询和无偿申诉代理服务120人次。开展远程视频调解和庭审，为异地当事人节约成本、减少诉累。深化司法公开，组织“公众开放日”等主题活动。

【劳动争议诉调对接工作室成立】 2017年4月27日，佛山两级法院与佛山市市、区两级总工会联合成立的“劳动争议诉调对接工作室”在佛山中院挂牌。是年，佛山法院完善多元化纠纷解决机制，作为广东省首家试点单位，联合佛山市总工会在全市开展“法院+工会”劳动争议诉调对接工作。工会指派特约律师或法律工作者常驻并担纲诉前和诉中劳动争议案件调解、法律咨询，参与诉后释法答疑等工作；法院指派工作人员开展业务指导，对调解协议进行司法确认或出具调解书，为诉讼当事人提供覆盖全链条的法律服务。设立劳动争议诉调对接工作室后，受理案件1 948件，调解1 122件，调解率57.6%，劳动争议诉调对接试点成效凸显。

【跨域立案新机制试点】 2017年，佛山市中级人民法院成为最高法院第一批指定开展跨域立案改革试点的全国7个中级人民法院之一，也是广东省唯一跨域立案改革试点的单位。5月1日起，佛山两级法院正式试点施行跨域立案新机制。对属于佛山市辖区内法院管辖的一审民商事、申请执行案件等，当事人可选择到佛山市任一法院或通过网上自助立案平台办理立案。是年，佛山两级法院跨域立案25 322件，诉讼服务便民、利民、为民水平得到进一步提高。

【司法责任制改革】 2017年，佛山法院全面落实司法责任制，组建新型办案团队508个，确保“让审理者裁判，由裁判者负责”。实现院庭长办案常态化制度化，院庭长办结案件67 087件，占结案总数的36.8%。全面推进法院人员分类管理改革，严格选任第三批员额法官106人，以佛山全市法院649名员额法官为主体，将85%的人力资源配置到办案一线。完成人财物省级统管，“统分结合”政策得到有效实施。加强法官职业保障，实行法官单独职务序列管理，成立法官权益保障委员会。佛山中院经过严格考试考核选任171名劳动合同制审判辅助人员，明确工作职责，建立三级九等分级管理、薪酬动态调整等制度，被最高法院确定为可复制可推广的改革经验，入选全国法院司法改革案例。

【审判监督管理机制改革】 2017年，佛山法院规范院庭长审判监督管理职责，完善权力清单，加强放权后的监管，佛山法院院庭长依职权对100件案件行使案中监督权，并切实做到监督有据、监督留痕。加强法院内部审判管理部门和纪检监察部门管人管案双向联动，案件异常情况互通、工作联合督查成为常态。建立业绩评价机制，制订《审判绩效考核办法》，加强队伍激励，提升审判效能。统一裁判标准，佛山全市法院召开469次专业法官会议，讨论疑难复杂案件1 612件，公布典型参考案例167篇，印发裁判指引44份。全市法院办案质量稳中向好，信访投诉率持续下降。

（吕慧敏）

司法行政

【概况】 2017年，佛山市有地市级司法局1个，区级司法局5个，镇（街道）司法所32个，监狱1个（佛山监狱）、强制隔离戒毒所1个（佛山市强制隔离戒毒所）。全市有律师执业机构292家；公证处6个；司法鉴定机构16个；各类人民调解组织1 367个，基层法律服务所30个。全市司法行政机关工作人员1 300余人；有律师2 703人，其中社会执业律师2 458人，公职、法律援助律师239人，公司律师6名；公证员64人；司法鉴定人127人；人民调解员13 370人，基层法律服务工作者91人。

是年，佛山市新一届市司法局领导班子以“抓班子、带队伍、促发展、树形象”为主线，多项工作走在全省系统前列并被推广，解决多个长期困扰的历史遗留问题，分别受到省司法厅长曾祥陆、市委书记鲁毅、市纪委书记梅河清等的批示肯定，《法制日报》《南方日报》、司法部网站等媒体予以报道宣传。

【公共法律服务体系构建】 2017年，佛山市有区、镇（街）、村（社区）三级公共法律服务平台767个，累计接待群众来电来访来信26万多人次，提供各类法律服务近40万件（场、次）。

是年，佛山市司法行政部门以构建公共法律服务体系为抓手，推进基层社会治理法治化。以市政府办公室名义印发《佛山市公共法律服务体系“十三五”规划》，对五年工作作出规划部署。保障公共法律服务经费，全市各级财政投入公共法律服务体系经费超过5 000万元。推进专职律师进驻村（社区）担任法律顾问工作，全市521名专职律师进驻村（社区）担任法律顾问，738个村（社区）均与律师事务所签订律师服务协议，律师每月到村（社区）服务累计不少于8小时，每季度至少举办1次法制讲座。加强基层专职调解员队伍建设，全市738个村（社区）配置专职调解员804人，经费均由区、镇（街）财政保障。制订《佛山市2017年公共法律服务督导工作方案》，明确区司法局考核指标60项、镇街司法所考核指标48项，按照“随机抽样、交叉检查、市区联动、属地回避”原则，每半年对各区进行一次督导检查。

【社区矫正与安置帮教】 2017年，佛山市在管社区服刑人员2 561人，接收率、建档率均为100%，实现无漏管、无脱管。

是年，佛山市司法行政部门推进社区矫正工作“信息化、社会化”建设。推进社区矫正队伍建设，选派32名监所民警与32个镇（街）司法所“一对一”结队协助开展社矫工作，选拔35名志愿律师结队帮扶重点社区服刑人

2017年5月12日，佛山市司法局局长赖洪健带队到南海区社区矫正中心丹灶分中心调研 （市司法局供图）

员。抓好“三个中心”建设，市司法局建成全市社矫指挥中心，五区均建立区级社矫中心，全市28个司法所在全省率先建成镇（街）社区矫正分中心。运用“互联网+”等信息化手段促进社区矫正工作，在全省率先开发应用社区矫正APP系统——“佛矫通”APP系统。出台《关于组织社区服刑人员到监所开展警示教育活动的意见》，通过“震撼”警示教育，提升改造效果。联合市公检法组成执法督察小组，到各区进行执法督察。继续加强社区矫正工作制度建设，联合出台《法定不予出境人员报备制度》《社区矫正人员庭前调查制度》。是年，南海区在全省率先为司法所配备社区矫正执法用车，购置社区矫正执法用车9辆；三水区、南海区配备社区矫正执法记录仪，促进工作规范化。

【人民调解】 2017年，佛山市有人民调解组织1 367个、人民调解员13 370人，调解纠纷案件12 813件，成功调解12 406件。有2个集体获“全国模范人民调解委员会”称号，2人获“全国模范人民调解员”称号。

是年，佛山市司法行政系统开展“保稳定、促和谐”矛盾纠纷排查化解专项活动，针对严重影响基层社会稳定的农村股权利益纠纷、本地与外来人口服务“二元”结构问题、农村历史土地遗留问题等，开展矛盾纠纷排查23 715次，预防纠纷2 434件，防止群体性上访47件1 633人。探索多元化矛盾纠纷化解机制，加强人民调解与司法调解、行政调解、信访调解相结合，指导成立市保险纠纷人民调解委员会。会同市财政局出台《关于规范人民调解员以案定补工作的指导意见》，健全调解工作激励机制。

【基层法律服务】 2017年，佛山市司法局完成全市30个基层法律服务所年度检查和87名基层法律服务工作者执业证年度注册工作（其中顺德区基层法律服务所10个，基层法律工作者30名），办理4名（顺德2名、高明1名、三水1名）法律服务工作者注销执业证手续。办理4名基层法律服务工作者的核准审批手续。

【律师服务】 2017年，佛山市有律师执业机构292家，执业律师2 730人。全市律师队伍党员比例19%，合伙所中设立党支部比例43%，律师中各级“两代表一委员”52人（其中党代表4人、人大代表17人、政协委员31人）。

是年，佛山市司法局举办全市律师所党支部书记培训班。同年，市律师协会出台《关于加强我市律师协会建设的实施意见》《佛山市律师工作联席会议制度》《关于依法保障律师执业权利的实施办法》，成立律师维权中心、律师投诉中心以及市律师协会三水区、顺德区工作委员会，基本实现各区有律师协会分支机构；引导律师积极介入企业改革、金融体制改革、招商引资，以及金融、房地产、知识产权等领域；与市贸促会成立全省首个市涉外商事法律服务志愿团，聘请62名律师为佛山外贸企业提供公益法律咨询服务；加强对违法违规律师惩戒力度，办理律师投诉75件、行政处罚4件；探索律师参与化解涉法涉诉信访案件新模式，指派310人（其中律师85名）的法律志愿者队伍进驻市、区两级法院，以第三方身份独立参与涉法涉诉信访矛盾纠纷化解；加强公职律师工作，116名公职律师通过担任法律顾问、参与信访、代理重大、疑难、敏感案件等，发挥公职律师作用。

【法律援助】 2017年，佛山市法律援助机构接待来电来访法律咨询2万多人次，受理承办法律援助案件11 046件，受援人总数11 180人次。

是年，佛山市司法行政部门畅通法律援助“绿色通道”，做到应援尽援；通过简化受理审批程序，降低援助门槛，畅通新市民申请法律援助的渠道；对工伤赔偿、追讨工资报酬、重大交通事故等法律事项，免予审查经济状况，直接提供法律援助；为防止一些社会律师将办理法援案件形式化，采用法律援助信息系统、庭审旁听、约谈律师等措施加强案件质量监管；全面使用省法律援助案件管理系统，从咨询、受理、审批、指派等环节全面录入，佛山市录入数、登录次数名列全省第一名。是年，南海区率先在全市引进社工开展“法·传·情”法律援助社工服务项目，探索“法援+”服务模式，丰富法律援助服务内涵。

【普法宣传】 2017年，佛山市司法行政系统突出创新提质增效，形成立体化全覆盖的普法格局。一是重点对象普法工作稳步推进。开发青少年法治教育云平台，具有在线教育、在线考试、线下活动组织三大功能，举办青少年学法挑战赛、暑假亲子学法夏令营等活动，吸引近60万人次参与；开展“以案释法百千万公益行”和“春暖企业 法治保障”企业普法宣传月等活动，组织基层法律宣讲活动250余场；牵头开展“民主法治村（社区）”和“法治文化示范企业”创建活动，全市532个村（社区）和67家企业达到省级标准。二是“谁执法谁普法”责任制有效落实。完成对市直66个单位落实责任制情况的绩效考评；印发责任清单，对47个行政执法部门普及宣传的法律法规进行梳理；开展履职评议活动，推动法治宣传由“大水漫灌”向“精准滴灌”转变。南海区以

2017年4月21日，佛山全市司法行政工作会议召开 （市司法局供图）

"南海普法"微信为龙头、以传统媒体为补充，形成全媒体普法矩阵，并统筹各部门开展"一月一主题"轮动宣传，得到中央政法委充分肯定，受邀在全国政法新媒体工作会议上发言。三是普法宣传阵地平台建设。市、区、镇（街）司法行政部门在电视、广播、报纸等传统媒体制作专栏和专题节目17个，开辟普法微信、微博等新媒体平台16个，真正做到法治宣传"报纸有文、电视有像、电台有声、手机有信"。市司法局会同佛山电视台、市律师协会打造《法治佛山》电视普法栏目，用纪实手法讲述佛山真实案例，收视率名列前茅。开展"法治文化示范基地"评选活动，继续推进"一镇街一品牌"工程，实现全市镇街法治文化阵地全覆盖。

【公证服务】 2017年，佛山市有执业公证员64人，全年办结各类公证案件118 352件。是年，佛山市推进公证体制改革，获批成为全省公证体制改革机制创新试点城市，并筹备设立新型公证处。

是年，佛山市司法行政系统开展公证行业暖企法律服务专项活动，通过开通绿色通道等措施，为企业提供优质高效的公证法律服务，受到企业广泛好评；狠抓公证案件质量，开展公证质量警示教育和公证质量交叉检查，确保公证工作健康发展；建立黑名单信息共享机制，实现全市公证机构以及全省黑名单的信息共享；定期到社区进行服务活动，方便人民群众现场办理公证；开展为70周岁以上老年人免费办理遗嘱公证惠民活动，累计办理1 796件。

【司法考试】 2017年国家司法考试于9月16日、17日举行。佛山市考区设3个考点，分别是荣山中学、汾江中学、第三中学（初中部）。共有3 087人报名参加司法考试，实际参考人数2 418人。通过司法考试人数507人，合格率16.4%。在通过考试的人员当中，取得A证的487人、C证的20人，其中有183名在校大学生通过考试。为保证该次司法考试的顺利进行，市司法行政部门首次在考试中启用人脸识别系统。

该次司法考试为最后一届国家司法考试，按照安排，2018年该考试将改为"国家统一法律职业资格考试"。2002—2017年，佛山考区有31 504人报名参加司法考试，有3 590人通过国家司法考试。

【司法鉴定】 2017年，佛山市司法局加强与法院、检察院、公安、保险行业协会、律师协会等部门的沟通联系，向社会广泛征求意见建议，强化司法鉴定机构规范化建设，服务质量得到有效得升。严格依法依规开展司法鉴定审批业务，全市无司法鉴定机构和人员受到行政处罚。全年开展司法鉴定执业监督检查4次，处理司法鉴定投诉19件，均已完成调查处理。

【监狱管理】 2017年，佛山监狱收押新犯1970人、释放2065人，办理6批减刑假释，提请1588人减刑、139人假释，连续21年实现生产安全、19年实现监管安全。

是年，佛山监狱强化安全隐患排查整治，深入开展"安全稳定年"活动，推行"清单式"管理和"销案式"督办，整治监管区西南侧山体滑坡隐患等；启用新的减刑假释办案系统，规范罪犯减刑、假释和保外就医，实现"全程留痕、终身问责"；强化职业技能培训手段，打造刑释人员"就业直通车"；推进心理矫治，实施危机干预，个别化矫治成效受到服刑人员家属的点赞；加强"一监区一品牌"建设，启用"模拟社会实训中心"，增强刑释人员的社会适应能力；成立警务督察委员会和警务督察大队，加强对警察职工依法执法、履职尽责的监督检查，重点对监所现场、警车使用等方面督导，筑牢警察依法履职"防火墙"。

【强制隔离戒毒管理】 2017年，佛山市强制隔离戒毒所新收强戒人员1 117人，解除强戒975人。

是年，佛山市强制隔离戒毒所紧扣安全稳定和矫治改造质量主题，抓好戒毒人员一日行为规范和场所安全隐患排查；加强所院合作，深入推进"三三六"戒毒模式，教育戒治工作形式独具特色的佛山模式；举办"6·26"禁毒主题宣传教育系列活动，社会反响良好。至2017年，市强制隔离戒毒所连续24年实现生产安全无事故，连续17年实现"无毒品流入、无戒毒人员脱逃、无非正常死亡、无所内案件、无生产安全事故、无重大疫情、无重大舆情事故"的"七无"工作目标。

【《法治佛山》电视普法栏目开播】 2017年6月2日，电视普法栏目《法治佛山》开播仪式在佛山电视台举行。佛山市司法局局长赖洪健、市委政法委专职副书记易新华等领导及市直相关部门、各区司法局人员参加开播仪式。开设《法治佛山》栏目，是贯彻落实习近平总书记法治宣传工作要"创新形式、增强实效"指示精神，加强以案释法、推进普法平台阵地建设的一项具体举措，旨在记录和宣传佛山法治建设进程，以案释法，普及法律知识。《法治佛山》栏目每周六晚20:00在佛山公共频道首播，后重播2次，每期20分钟，包含三个板块：一是《法治头条》，从专业角度解读和阐释具有故事性、关注度和法律含量的典型案例；二是《法治连线》，每周选取话题，开通法律热线，邀请权威人士和专业人士现场解疑答惑；三是《法治速读》，第一时间发布法治信息，全面展现法治进程的新举措、新成就。

【社区矫正APP上线】 2017年4月27日，佛山市正式全面运行"佛矫通"社区矫正APP系统，并要求全市社区矫正人员安装使用。开通"佛矫通"是适应新形势、新媒体、新科技的发展要求，是主动作为、积极创新精神的最好体现。佛山市司法局运用"大数据""互联网+"等信息化手段，率先在全省开发应用社区矫正APP系统。该系统作为佛山市社区矫正网络信息监管平台的延伸和补充，可更好应对社区矫正的突发事件，使社区矫正监管更加人性化和智能化。

（王　松）

仲　裁

【概况】 2017年，佛山仲裁委员会受理案件671件，案件标的额36亿元，涉及30多种案件类型。其中银行借款

链接

典型案例：商品房买卖合同纠纷仲裁

2013年3月13日，买方王某与卖方刘某某、伍某签订《房地产买卖合同》，双方约定刘某某、伍某将其共有的位于佛山市南海区大沥镇黄岐浔峰洲路8号万科四季花园灏山美筑某单元某房，以人民币251万元价格转让给王某。2014年，因未能按时进行交易，买卖双方分别以“涉案房屋违建”及“买受人不具备购房资格”为由追究对方的违约责任并提起仲裁申请。在审理过程中，由于相关行政部门未能出具违建认定文件，该仲裁庭未能对事实作出进一步认定，遂驳回双方的仲裁申请。

2017年10月24日，因佛山市南海区国土城建和水务局出具了《责令限期拆除决定书》，买方王某据此再一次提起仲裁申请，以涉案房屋存在违建无法办理过户登记为由追究卖方的违约责任。卖方刘某某、伍某则于2018年2月2日另行立案，以买方不具备购房资格为由，要求买方承担违约责任。

由于该案的案情复杂，案件纠纷持续4年时间之久，佛山仲裁委员会为彻底解决双方当事人的纠纷，特对两件案件指定组成相同的仲裁庭来审理。在仲裁庭查明事实情况下，基于双方当事人利益平衡的角度出发，仲裁庭主持两件案件的调解，在各方的努力下，双方当事人愿意将两案合并审理并合并调解，并于2018年5月28日签订调解协议：（一）双方确认于2013年3月13日签订的《房地产买卖合约》已经解除；（二）刘某某、伍某向王某支付人民币105万元；（三）仲裁费用、律师费用等相关费用双方各自承担；（四）王某承诺在仲裁调解书生效后，对涉案房屋，配合刘某某、伍某向有关行政机关出具书面说明或到有关行政机关签署有关文件，王某自收到刘某某、伍某要求其履行相关义务的通知后两个工作日内必须予以配合；（五）双方不能按照上述约定履行的，违约方需要向守约方承担已付购房款人民币80万元的20%的违约金责任。

合同案件209件，民间借贷合同案件133件，买卖合同案件119件，物业服务合同案件42件，建设工程合同案件37件，担保服务合同案件28件，租赁合同案件18件，其他类型案件80件。全年受理的涉外、涉港澳台案件26件，其中涉港案件15件、涉澳（门）案件8件、涉台案件2件、涉美国籍当事人的案件1件。全年协助当事人办理财产保全124件。全年结案785件，其中裁决结案573件、调解结案58件、当事人达成和解后撤诉153件。驳回仲裁申请1件。调解和撤诉率27%。截至2017年底，佛山仲裁委员会仲裁员队伍已发展壮大至376人，仲裁办案秘书人员18人，仲裁办案能力和服务能力迈上一个新台阶，为仲裁当事人提供优质、高效、便捷的商事仲裁服务。

【仲裁服务网点优化】 2017年7月7日，佛山仲裁委员会金融仲裁院从佛山民间金融街搬迁至广东金融高新区友邦金融中心，在硬件条件上比原办公场地显著提升，金融仲裁服务窗口形象也有较大提升。8月3日，佛山仲裁委员会顺德仲裁院在顺德大良恒基国际金融中心挂牌成立，面向顺德的金融机构和相关商事主体提供便捷的商事仲裁服务。顺德仲裁院的成立得到顺德区政府和相关部门的支持，也使佛山仲裁的仲裁业务涵盖到顺德南部。

【仲裁多元化纠纷解决机制】 2017年，佛山仲裁委员会与佛山市中级人民法院、佛山市工商联、佛山市保险行业协会、佛山市房地产业协会、佛山市电力行业协会、佛山市节能与循环经济协会等部门沟通协作，加强商事仲裁宣传，促进商事仲裁与商事调解、行业协会或商会调解、司法调解的有机联动和衔接，多渠道、多元调解并举，及时化解各类商事纠纷。7月14日，第六届佛山仲裁委员会第二次全体委员会议审议通过“佛山仲裁委员会商事调解中心调解规则”“佛山仲裁委员会商事调解中心调解员名册”，建立起商事调解与商事仲裁的有效对接机制。此外，佛山仲裁委员会与佛山市中级人民法院签订《关于加强司法审判与商事仲裁协作 促进多元化纠纷解决的工作意见》，通过制度保障和巩固双方的协作成果，建立起双方资源共享、联席会议、财产保全与司法监督及调解对接的有效机制。该协作意见发布后，社会反映响良好，受到广大金融机构和其他商事主体欢迎。

【仲裁信息化建设】 2017年，佛山仲裁委员会与相关网络技术公司签订合同，委托其开发新的仲裁门户网站。新网站在优化页面风格的同时，还增加费用计算、数据展示、问卷调查、在线咨询、宣传片展示、全景展示、仲裁员申请入口等功能，10月，网站等保测评完成并正式投入运行。高清数字仲裁庭审系统在金融仲裁院已投入使用一年，实现庭审数字化，同步记录和反映仲裁过程，2017年保存庭 审影音资料200余件，大小约200G。佛山仲裁委数字仲裁庭完成系统的安装调试。顺德仲裁院的2个数字仲裁庭审系统通过佛山市经信局立项。10月9日起，佛山仲裁委员会办案流程系统投入试运行，至年底有200多件仲裁案件通过该系统进行管理。

【佛山仲裁委员会20周年纪念会议】 2017年8月30日，佛山仲裁委员会在佛山新城中欧中心举行“廿载铸匠心 矢志启未来”20周年纪念会议。会议当天，广东省法制办，佛山市政府及相关部门领导、相关行业协会领导、仲裁员代表、金融机构及大企业代表、媒体代表等160多人参加会议。会上，佛山仲裁委员以8分钟视频形式回顾佛山仲裁20周年的发展历程，并发布《2016年度商事仲裁报告》；佛山仲裁委员与佛山保险行业协会就仲调对接协议举行签约仪式。会议展示佛山仲裁20年来取得的发展成就，让社会大众和广大商事主体进一步了解佛山商事仲裁。

（梁咏童）

军 事

中国人民解放军佛山军分区

【概况】 2017年，佛山军分区、人武部按照时间节点完成调整整编任务，如期完成新编制体制军分区、人武部党组织设置和人员定岗定位。是年，佛山军分区充分发挥军民融合协调职能，支持佛山创建国家军民融合创新示范区，推动广东国防科技成果推广中心、中能建等一批军民融合项目落户佛山。征兵工作改革进一步深化，按“四个公开”和“六个公布”要求，严格落实廉洁征兵。坚持做到兵役登记、征兵宣传同步推进，全市适龄青年兵役登记率97.4%，完成年度新兵征集任务，大学生比例70.4%，高出省征兵办指导比例8%，退兵率控制在1%以内，排名全省第三。高明区、三水区征兵工作抓得实、质量高，没有出现退兵情况。

【思想政治建设】 2017年，佛山军分区全面贯彻落实军委主席负责制。开展“全面深入贯彻落实军委主席负责制”专题教育。12月底，军分区司令员范德军专门为全区官兵授课辅导《关于全面深入贯彻军委主席负责制的意见》宣传教育提纲。

围绕看齐追随、维护核心，深入抓好习主席系列重要讲话精神的学习贯彻。完成4个专题理论学习，4次专题辅导，5次集中讨论，及时学习习主席“7·26”“阅兵”和“八一”等重要讲话精神。

“学党章党规、学系列讲话，做合格党员”学习教育制度化常态化。开展“两项重大教育”活动，编印学习资料5册，组织应知必会知识考核1次，官兵职工集中讨论4次。坚决彻底肃清郭徐流毒影响。

集中组织收听收看大会开幕盛况和聆听习主席工作报告。完成7次授课辅导，组织重温入党誓词和参观见学，编印《学习资料汇编》《应知应会100题》，编写“口袋书”，制作横幅板报，营造政治文化环境，经验做法得到省军区肯定。录播《驻军风采录》《点赞强军力量》等新闻节目，提振部队形象。

【军事斗争准备】 2017年，佛山军分区加强战备工作。研究制订作战值班、训练管理和机关运行秩序等5项制度措施，确保部队按新体制起步正规、开局良好、运行顺畅。修订完善各类应急预案4类26份。搞清国防动员潜力底数，完成南部战区明确的五大类重点动员潜力数据会审。

加强应急应战训练，军分区、人武部两级组织专武干部、民兵营连长、民兵应急分队、民兵轻舟分队等各类集训共21批次2 235人次。累计出动980人次参加防汛应急演练、抗击“天鸽”“帕卡”台风抢险救灾、扑救山火、协助完成维护社会秩序等重大军事任务。南海区人武部组织民兵分队抗涝救灾严密高效，顺德区民兵轻舟分队落实抗洪抢险集中备勤快速有力，高明区人武部协助完成处置化工厂爆炸作用突出，三水区民兵分队扑救山火效果明显。

【党风廉政建设】 2017年，佛山军分区开展全面停止有偿服务工作，并进行经济适用住房清理。协调市委、市政府和驻军单位成立“全面停偿军地领导小组”，召开领导小组会议，推进军分区部队“停偿”工作。妥善处理军分区经济适用住房临街商铺项目和顺德龙江大坝地块租赁项目“停偿”工作，军分区44个项目关停43个，1个项目善后中。印发经济适用住房超面积清理整治宣传册200份，对18套超面积住房进行复测，依法依规进行处理。

【安全管理】 2017年，佛山军分区狠抓安全制度落实，3次召开安全形势分析会，2次组织安全隐患大排查，突出调整改革、十九大、建军90周年等重要敏感时期管控，组织开展“安全月”“百日安全”活动，把人、车、枪、弹、密和财务管理作为重点，对照《军委国防动员部安全检查考评暂行细则》，落实常态化自查自纠。狠抓民兵武器装备仓库整治，以市中心库为重点，调整配备看管队伍、完成弹药倒垛堆放、投入240多万元维修改造设施设备、完善安全管理制度措施，排查出的5类19个问题得到有效整改。狠抓枪弹清理整治，开展枪弹清理“回头看”，收缴老式铅弹气枪3支、各类老式弹药878发。关注网络舆情动向，妥善处理涉军维权纠纷。

【双拥共建】 2017年，佛山军分区主动深入驻军部队、地方党委政府走访调研，理顺军地关系、建立健全沟通协调机制，帮助驻军单位研究解决备战打仗难题和官兵“后路、后院、后代”问题。与市民政部门共同制订《关于建立和完善佛山市复退军人服务管理体系的意见》，举办佛山市优秀退伍士兵事迹分享会。落实精准扶贫，到挂钩扶贫村走访贫困户2次，开展“一对一”入户对接活动，为26户贫困户送上慰问物资。拨出5万元为惠东县安墩镇“八一希望小学”购买教学设备和图书。

（曾玉勇）

武警佛山市支队

【概况】 2017年，武警佛山支队把学习习主席系列重要讲话，加强政治能力训练作为党委班子的必修课，严密组织党委中心组学习、课题研讨，强化看齐追随意识。推进“两学一做”学习教育常态化制度化，肃清郭徐流毒影响，严肃党内政治生活，规范党日活动，落实领导干部过双重组织生活制度，结合纪念建党96周年组织主题党日活动，5个基层党组织、14名优秀共产党员和党务工作者受总队、支队党委表彰，党员意识和党组织功能得到强化。持续抓每季度首长机关集中训练、“魔鬼周”极限训练、特勤排（应急班）训练、“巅峰”比武、勤训轮换和教练员集训，部队实战能力得到磨砺提升。

武警佛山支队被武警总部表彰为“连续20年以上无执勤事故、无行政事故、无案件的支队”，所属执勤一中队被总队表彰为基层建设标兵中队并荣立集体二等功，有5个单位被评为基层建设先进单位，13名干部被评为先进基层干部，2人被评为个人标兵，执勤一大队大队长陶久鑫被总队评为优秀共产党员。

【思想政治建设】 2017年，武警佛山支队紧跟习主席思想步伐，以迎接保卫党的十九大为主线，以“两项重大教育”“党委中心组理论学习”为抓手，抓实理论武装，官兵“不忘初心、继续前进”的政治自觉更加坚定。结合“维护核心、听从指挥”主题教育，开展理论宣讲小分队下基层宣讲、“平凡岗位铸忠诚”强军典型、邀请老红军讲红色故事发扬优良传统、缅怀革命先烈赓续红色血脉等主题实践活动，强化官兵守土有责的使命意识，着眼打赢意识形态领域斗争主动仗，用活“三互”“双四一”等载体，抓好“四反”和警示性法纪教育，确保部队纯洁巩固。

【实战化训练】 2017年，武警佛山支队以“八落实”“六种组训模式”“考比拉抗”为抓手，组织首长机关集封闭集训、教练员集训、特勤排“魔鬼周”、预提指挥士官集训、3批次勤训轮换等活动，表彰训练尖子，营造训练有为、训练有位的浓厚氛围。出动兵力完成春运执勤、武装巡逻、“互联网+”博览会、迎春花市、长途武装调犯押解、等级警卫和“行通济”安保等各项任务。成功处置两起有碍执勤安全事件，2人被总队表彰为“军事训练优秀教练员”。

【城市武装巡逻、设卡】 2017年春节、国庆、“两会”“财富论坛”等各敏感期期间，武警佛山支队出动兵力，协助市公安局完成年度城市武装巡逻及临时设卡勤务。支队执勤官兵时刻牢记职责使命任务，保持高度警惕，严格自身要求，强化担负勤务能力，认真履行职责，坚持依法、文明执勤，赢得地方党委、政府和人民群众好评。

【双拥工作】 2017年，武警佛山支队坚持把拥政爱民教育纳入年度政治教育计划，注重经常性宣传教育引导，打牢官兵拥政爱民思想根基。着眼维稳大局，服务驻地经济建设，为地方党委、政府和人民群众做好事、办实事、解难事。参加植树造林、义务献血、警营开放、地方公祭、便民服务等各项活动。

【“春运”执勤】 2017年1月15—27日，武警佛山支队派出官兵执行佛山火车站春运执勤任务。执勤中，支队领导高度重视，靠前指挥，执勤官兵认真履职尽责，依法文明执勤，先后协助火车站工作人员疏导旅客20万余人，化解旅客危机17次；协助公安机关抓获盗抢人员4人，收缴违禁物品13件，救助旅客106人次。

【“迎春花市”安全保卫】 2017年1月27日18时30分至28日凌晨1时，武警佛山支队派出兵力担负2017年佛山市“迎春花市”现场安全保卫机动备勤任务。参勤官兵精神振作，形象良好，与全体市民一起迎接新年的到来。高标准完成安全保卫任务，赢得广大市民赞誉。

【“行通济”安全保卫】 2017年2月11日16时00分至12日凌晨1时00分，武警佛山支队派出兵力执行佛山市2017年“行通济”安全保卫机动备勤任务并圆满完成任务。执勤中官兵发扬不怕苦不怕累的精神，连续9个小时战斗在执勤第一线，协助公安机关疏导群众，以过硬的素质、文明的语言和优良的作风赢得人民群众好评。

【第三届中国（广东）国际“互联网+”博览会安全保卫】 2017年10月12—15日，武警佛山支队派出兵力完成第三届中国（广东）国际“互联网+”博览会安全保卫任务。全体执勤官兵恪尽职守，以严谨的作风、昂扬的斗志，高标准、高质量完成安保任务，充分展示武警部队威武之师、文明之师的良好形

2017年1月27日迎春花市执勤　　（武警佛山支队供图）

象，受到地方领导及群众赞扬。

（刘　年）

人民防空

【概况】 2017年，佛山市人防部门出台《佛山市人防工程平战转换规定》《佛山市人民防空办公室关于确保免征涉企收费政策贯彻落实的通知》《佛山市人防办关于日常科目训练的通知》《佛山市人民防空办公室关于做好风险防控工作的通知》《佛山市人民防空办公室关于对全市经济社会发展风险隐患排查整改开展专项督办的通知》等政策文件。完善区级人防机构建设，于2017年10月经佛山市机构编制委员会办公室批复同意，五区人防办统一在各区国土城建和水务局挂牌，并内设人防工作科，解决区级人防办法律主体地位缺失的问题。依据全省人防工程目标管理考核办法和操作规程，结合佛山市人防实际，制订出台《佛山市人民防空办公室绩效考核实施意见》和操作规程，首次对区人防工作实施全方位的考核。

【人防行政审批】 2017年，佛山市人防办坚持把好人防工程建设的审批关。严格按照审批权限和流程开展人防工程报建审批业务，坚持集体审核例会制度，全年召开人防工程审核例会7次、人防工程专题会议4次，做到依法依规搞审批、热心细心做服务，全年没有出现被投诉现象。出台《佛山市人防工程平战转换规定》《佛山市人民防空办公室关于确保免征涉企收费政策贯彻落实的通知》等政策文件，为市、区两级人防办开展行政审批工作及人防工程施工图纸设计、审查工作提供明确依据。

【人防工程质量监督】 2017年，佛山市市、区两级人防部门坚持推进“第三方”检测工作，防护设备质量明显提高。组织开展全市人防工程建设质量抽查（抽检）工作，形成检查通报，责令整改存在问题。联合市人防协会组织开展2017年度人防工程防护设备生产安装质量考评工作，对全市11家防护设备生产安装企业进行考评。是年，禅城区接受省人防办检查组检查，获得赞扬。

2017年5月15日，武警佛山市支队组建抗洪抢险突击队，佛山市委副书记、市长朱伟出席成立誓师大会，并为抗洪抢险突击队授旗　（武警佛山支队供图）

【人防风险防控】 2017年，佛山市人防办做好安全生产风险排查工作。先后制定防汛、防台风、消防以及电、气、火安全防范的实施方案，下发《关于做好风险防控工作的通知》《关于对全市经济社会发展风险隐患排查整改开展专项督办的通知》。组织开展对市本级所属公共工程和全市人防工程全覆盖式的风险排查，并建立台账，形成整改清单，督促落实整改。其中，南海区完成省人防办下达的试点任务，完成编制《佛山市南海区人民防空工程维护管理暂行规定》初稿。顺德区编制并发放《防空地下室安全生产手册》。

【人防信息化建设】 2017年，佛山市人防系统升级完善指挥信息系统。市人防办完成大屏显示系统的升级改造，完成指挥通信一体车短波电台的建设，新建一套人防海事卫星通信系统，印发佛山市人防警报控制系统升级改造项目可行性研究报告和技术方案。南海区、顺德区、三水区、高明区完成分控中心、中继台和警报器终端的升级改造，并在“9·18”全市防空警报试鸣中成功试鸣。

【人防训练演练】 2017年，佛山市人防办扎实推进训练和演练。制订并下发《2017年佛山人防训练工作计划》《2017年佛山市、区两级人防机动指挥所联合训练工作计划》《佛山市人防办关于日常科目训练的通知》，建立常态化的训练机制。做好对省、对区的每周短波、北斗、视频会议等通信值班和训练，并承担全省短波电台的主训任务。实行市、区两级人防机动指挥所轮训制，全年组织多次外出人防机动指挥所训练。组织参加在增城开展的广东省第一组人防机动指挥所区域协同训练。

【人防宣传教育】 2017年，佛山市人防办加大宣传力度，增强人防宣传“五进”（进机关、进学校、进社区、进企业、进网络）的成效。先后邀请省、市领导为2017年第一期公务员初任培训班和第三期在职公务员培训班作人防知识辅导讲座。组织指导各区做好“五个一”规定动作的落实，确保每1名军训学生都接受到人防知识教育。市、区人防办组织15所中小学进行疏散演练暨宣传教育活动，开展12次户外大型人防知识教育宣传活动。市、区上下联动，通过发放短信、户外宣传、派发宣传单、张贴标语以及新闻媒体宣传等多种形式，进行警报试鸣宣传月活动。做好人防信息、简报、人防网站、微信公众号以及新闻媒体的常态化宣传。全年编辑人防信息14期、人防简报3期、人防网站动态信息147条、行政审批信息175条；政务微博发布信息24条。在《中国人民防空》杂志刊发稿件3

篇、《佛山机关党建》刊发9篇。在市科学馆建成人防宣传教育基地，全年参观人数100万人。印制2款6 000张人防交通卡，宣传防空警报知识。

【佛山市人民防空会议】 2017年6月21日，佛山市人民防空会议在市机关大院小礼堂召开。省人防办副主任林仲雅、佛山市副市长赵海、佛山军分区参谋长洪永秋、市政府副秘书长高荣堂、市人防办主任叶秀松，市有关单位和各区有关单位领导等近100人参加会议。会议传达贯彻国家、省人民防空会议精神和省有关人民防空工作文件，总结近五年佛山市人民防空工作情况，部署“十三五”规划重点任务，提出以习近平总书记重要批示精神为统领的人防建设新目标，并通报表扬全市人防工作表现突出单位和个人。

（郑　铭）

国防教育

【国防教育日系列活动】 2017年9月，第十七个“全民国防教育日”前后，佛山市开展形式多样的国防教育日宣传教育活动。

防空警报试鸣　9月18日上午11时30分至45分，佛山市在全市范围内进行防空警报试鸣。为了保证防空警报试鸣工作的顺利进行，试鸣活动前一周，佛山市在报纸、电视、网络上进行防空警报试鸣公示和宣传，如通过佛山电台制作防空警报试鸣宣传声带分别于试鸣前后播出，在试鸣前五天开始在佛山电视台播出防空警报试鸣走马字幕，在佛山电视台重点新闻栏目《六点半新闻》进行“纪念九一八事变86周年全市试鸣防空警报”新闻报道等。通过防空警报试鸣，提高全民的国防意识，引导和教育广大人民群众牢记历史，居安思危。

国防教育法规宣传　利用《佛山日报》《珠江时报》、佛山电视台等各类大众媒体，以及公共电子屏幕、宣传栏等设施加强国防教育宣传和舆论引导，扩大宣传覆盖面，提高宣传效率和渗透力。此外，还组织各区、各单位学习《中华人民共和国国防法》《中华人民共和国国防教育法》和中共中央国务院中央军委《关于加强新形势下国防教育工作的意见》，以及新修订《全民国家教育大纲》等重要法规，在全市营造一股浓厚的国防教育学习宣传氛围。

国防教育专题展览活动　佛山检验检疫局举办为期一周的“全民国防教育日活动展”，图文并茂地向广大市民、青少年和干部职工宣传展示人民军队形象，普及国家安全观念。禅城区国防教育办联合张槎街道办举办国防知识教育宣传巡回展览，吸引众多市民、企业员工和广大师生观展。高明一中在学校大堂展出高一新生军训国防教育学习优秀心得体会，引导学生铭记历史，更自觉地关心国防、热爱国防。

建军90周年纪录片专题活动　国防教育日前后，佛山市组织机关、企业、社区、学生观看系列国防教育电影。通过一段段革命前辈的事迹和国防科技发展的历程展示，让市民深入了解中华儿女为中华人民共和国成立、发展与敌人英勇斗争的历史，增强使命感和责任感。

国防教育专题授课　结合开展“国防教育进机关、进企业、进社区、进校园、进乡镇”活动，佛山市各区、各单位邀请专家学者进行国防教育专题授课。其中，市国防教育办联合市关心下一代工工作委员会邀请部队高级讲师到全市五区举办“九一八”爱国主义教育专场报告会，并分别在顺德职业技术学院、南海外国语学校、三水健力宝中学主讲《网络战》，在禅城华材职业技术学校、高明区沧江中学主讲《中国空军发展与展望》，旨在提升师生们的国防意识；禅城区邀请原武警广州指挥学院军训团相关领导为张槎中心小学的学生上国防教育课，激励学生以“团结、吃苦、守纪、健体、安全”五大要求提升自己，为实现伟大的“中国梦”而努力学习。

【未成年人国防教育普及】 2017年，佛山市加强未成年人的爱国意识和国防观念培育。市国防教育办联合市教育局、佛山预备役高炮团在佛山市青少年军校举办“赞颂辉煌成就，赓续红色基因，支持改革强军”2017年全民国防教育日活动，向来自顺德中等专业学校、职业技术学校的1 600名高一新生展示训练成果，推动学生掌握必要的国防知识和军事技能。广东公安边防总队顺德边检站开展“边检服务品牌宣传暨警营开放日活动”，通过军事技能汇报表演、文艺演出等内容，展现新时期革命军人多才多艺、能文能武的风采面貌。三水区芦苞实验小学举办“我们的节日·清明”祭英烈活动启动仪式，组织未成年人网上签名寄语，引导未成年人铭记历史，缅怀先烈。南海区九江镇中心小学举行佛山市“向国旗敬礼”活动，组织网上签名寄语以及网下教育实践活动，宣传弘扬爱国主义、集体主义精神。市国防教育办联合市教育局举办以“中国梦强军梦”为主题的广东省第五届“南粤长城杯”演讲比赛佛山选拔赛，选出3名优秀选手代表佛山市参加省级总决赛（总决赛中，1人获一等奖，2人获二等奖）。

【国防教育宣传】 2017年，佛山市国防办在报纸、电视、广播、网站开设国防教育专题专栏，宣传国防教育知识，并利用佛山发布、文明佛山等微信公众号，及时推送国防教育内容，提高传播效应。利用社区橱窗、公告栏，进行以《中华人民共和国国防教育法》为主题的法制知识宣传和展示。在佛山图书馆、大良德胜广场等人流密集的区域举行国防教育图片展、电影放映等各类群众性国防教育宣传活动。在户外电子屏幕、建筑围挡等户外广告位制作以“拥军优属”“我的中国梦”为主题的国防教育公益广告。

（何伟军）

经济监督管理

手机扫码阅读

经济体制改革

【制造业转型升级综合改革】 2017年，佛山市坚持把制造业作为立市之本、强市之基，扭住制造业转型升级主线，不断推动改革。

制造业转型升级综合改革试点工作 出台《佛山市制造业转型升级综合改革试点三年行动计划（2017—2019年）》《佛山市制造业转型升级综合改革试点2017年工作要点》。根据中财办和国家发改委指示精神，按照“先易后难”的原则，以“开展泛家居市场采购贸易方式试点、跨境电商综合试验、推动佛山农村金融机构改制为股份制商业银行”3个较为迫切和条件成熟的事项为突破口，并争取国家政策支持。顺德区划定全国首个产业发展保护区，严守产业发展红线。

“中国制造2025”试点示范企业创建 推动珠江西岸“六市一区”获得批复创建“中国制造2025”试点示范城市群。出台《创建“中国制造2025”试点示范城市群佛山市实施方案（2017—2019年）》，制订《佛山市扶持“中国制造2025”试点示范企业的政策措施》。在“中国制造2025”试点示范企业未有统一标准的情况下，先行先试，创新性地提出“中国制造2025”试点示范企业的评价标准体系。征集发布第一批42个制造业服务机构，为制造企业实施“中国制造2025”战略提供咨询、诊断、解决方案及实施指导等服务，帮助提高企业生产水平及国际竞争力。

做大做强大型骨干企业 印发实施《佛山市进一步加快推动大型骨干企业跨越发展工作方案》，确定100多家冲刺100亿元的后备骨干企业并予以重点扶持。建立市区领导班子挂点联系大型骨干企业对口联络单位服务机制，开展骨干企业跟踪服务责任落实，收集企业诉求和生产经营中存在的困难，企业问题的答复归档率98%。落实《关于创新完善中小微企业投融资机制的若干意见》，多措并举缓解中小企业融资难，推动后备骨干企业上台阶。加大财政支持，对主营业务收入首次突破100亿元并符合纳税条件的企业进行资金奖励，单个企业奖励金额最高达1 000万元。协助美的、联塑、志高等骨干企业申请省级促进大型骨干企业转型升级专项资金（中央研究院建设项目），带动企业研发投入15亿元。

【供给侧结构性改革】 2017年，佛山市深化供给侧结构性改革，推进“三去一降一补”向更深层次、更广维度、更大空间深化拓展。“去产能”方面，完成33家国有特困企业脱困出清，排查关停国有企业累计出清60家，超额完成考核目标。“去库存”方面，提前超额完成三年（2016—2018年）商品房去库存任务，累计净去化371.3万平方米，总去化周期9.5个月，基本处于库存的合理水平。“去杠杆”方面，融资性担保公司、小额贷款公司等地方金融机构杠杆倍数均未超过监管标准。银行不良贷款率稳步下降，金融运行持续稳健。“降成本”方面，实施降低企业成本“佛十条”等政策措施，帮助企业减负超320亿元，其中新政策减负超110亿元，降成本成效显著。“补短板”方面，努力将补短板与扩大有效投资结合起来，实现固定资产投资4 214.5亿元，比上年增长20%，57个补齐软硬基础设施短板重大项目进展顺利。

同时，把提高产品质量和服务质量作为深化供给侧结构性改革的重要突破口，实施“以质取胜、标准引领、品牌带动”三大战略，促进产业质量效益提升。通过“全国质量强市示范城市”预验收，实施工业产品质量提升三年行动计划（2017—2019年），组织17家企业申报2017年省政府质量奖，新增通过质量管理体系认证企业806家、85个工业产品通过采用国际和国外先进标准认可。企事业单位参与制（修）订国家标准23项、行业标准6项、地方标准3项，制订发布《激光焊接机器人》等26项联盟（团体）标准。累计制订企业先进标准1 325项。累计创建“全国知名品牌示范区”9个，新培育4个。佛山市广东省名牌产品总数达500个，占全省总数的25.5%，连续多年位居全省第一。

【国家创新型城市建设】 2017年，佛山市培育高新技术企业，新增国家高新技术企业1 159家，累计2 547家。支持企业建立研发机构，规模以上工业企业研发机构建有率45%，其中主营业务收入5亿元以上工业企业实现全覆盖；新增省企业重点实验室4个，累计21个。启动建设先进制造科学与技术广东省实验室。

强化政产学研用协同创新。举办第三届广东院士高峰年会、第二十二届全国发明展览会暨第二届世界发明创新论坛、佛山企业走进清华等活动。与省科学院签订战略合作协议，引进广东国防科技工业技术成果产业化应用推广中心、佛山中国空间技术研究院创新中心等平台。新增孵化器10家，累计62家；新增众创空间25家，累计57家。其中，国家级孵化器14家、国家级众创空间

15家。加强人才培育引进，新增市级创新团队22个，累计89个。出台加快高等教育发展实施意见，分别与南方医科大学、广东财经大学共建全学段佛山校区，与北京科技大学、北京外国语大学共建佛山研究生院，创建2个研究生联合培养国家示范基地。佛山科学技术学院创建高水平理工科大学加快推进，仙溪新校区建成招生。

推动金融科技产业融合发展，新增上市企业12家，累计54家，上市企业市值位列全国第七名。新增“新三板”挂牌企业27家，累计100家；新增融资租赁公司4家，累计23家；新增私募股权投资基金52家，累计386家。成立规模1.25亿元的债券融资风险缓释基金。中国（佛山）知识产权保护中心基本建成。

提升高端创新载体集聚能力，推进珠三角国家自主创新示范区建设，启动“一环创新圈”和禅南顺（三龙湾）高端创新集聚区规划，主动对接广深科技创新走廊。佛山国家高新区全国排名由第三十八位上升至第二十九位。广东金融高新区累计引进项目369个，总投资额近700亿元。

【法治化国际化营商环境的完善】 2017年，佛山市结合实际，迅速制订复制推广广东自贸试验区第四批改革创新经验工作方案，扎实推动，主要复制推广任务全面落实，在商事登记、缴税服务、船舶管理、廉洁体系、“互联网+加工贸易”、货物进出口监管等方面，制度进一步优化。在全省率先启动中国（广东）国际贸易“单一窗口”建设推广，“单一窗口”国家标准版在南海区试点后在佛山所有口岸全覆盖。

借助建设中德工业服务区契机，打造国际化营商环境改革实施内容。至年底，中德工业城市联盟成员由成立时的18个扩大至33个（含观察员3个）。组织联盟中方成员政府及企业代表团参展汉诺威工业博览会及到联盟德方成员进行考察，并通过联盟综合信息服务平台，帮助区内骨干企业开展对德投资并购和市场渠道开拓，成为深化对外合作和对接的重要平台。

【税收征管体制改革】 2017年，佛山市继续深化推进税收征管体制改革，至年底，各项改革任务全部完成，由市、区级税务机关实施的国税、地税合作事项也全部落实到位。

自2015年中办、国办《全面深化国税、地税征管体制改革方案》下发以来，佛山市高度重视，精心组织，将深化征管体制改革与加强国税、地税合作同步推进。在推进税收征管体制改革过程中，佛山市打造全国首个企业端税务风险防御（TRD）系统、全国首个“房税e”智能审计软件、全省首家“一门式”办税厅、全省首个国税地税“党员先锋队”和“联合党支部”等具有佛山特色的首创性改革品牌。至2017年底，全市各区均被列为“广东省国税地税合作县级示范区”，1个区获评“全国百佳国税地税合作县级示范区”，同时佛山市入选“全国百佳国税地税合作市级示范区”公示名单。

【政府和社会资本合作（PPP）模式推广】 2017年，佛山市制订出台《关于在佛山市公共服务领域推广政府和社会资本合作模式的实施意见（试行）》，强化对推广运用PPP模式的指导统筹，支持创新财政投融资机制，引导和鼓励社会资本参与公共服务供给。贯彻落实国家、省关于推广运用PPP模式的部署，加强对政策的学习宣传，做好PPP项目的储备和研究论证工作，加强服务沟通和监督管理，并指导各区根据本地实际情况建立起PPP项目的决策管理和推进实施机制，稳步推进PPP项目的实施。

链接

政府和社会资本合作（PPP）模式

政府和社会资本合作（PPP）模式指政府通过特许经营权、合理定价、财政补贴等事先公开的收益约定规则，引入社会资本参与城市基础设施等公益性事业投资和运营，以利益共享和风险共担为特征，发挥双方优势，提高公共产品或服务的质量和供给效率。“PPP”为Public — Private Partnership 的缩写。

至年底，佛山市经省批复入库的PPP项目有9个（其中有2个项目入选财政部第三批示范项目），项目总投资约100亿元，主要涉及交通运输、市政工程、生态建设和环境保护等方面。入库项目中已签约的有6个，落地率67%。

【金融科技产业融合发展】 2017年，佛山市以金融创新服务实体经济，推动金融科技产业融合发展。先后出台《关于进一步促进金融科技产业融合创新发展的实施意见》《佛山市打造珠江西岸创投中心工作方案》和《关于加快股权投资行业集聚发展的实施办法》等促进科技金融发展的政策性文件，引领创业投资发展，加强企业债券发行工作。

加大对创投机构和融资租赁机构的培育、引进力度，推动千灯湖创投小镇升级成为省级唯一涉及各类基金业态的特色小镇，并以千灯湖创投小镇为载体，打造珠江西岸创业投资中心。截至2017年底，在千灯湖创投小镇规划范围内注册成立的基金类机构累计达到86个，募集资金总额达到102亿元。

拓宽科技企业融资渠道，多措施缓解科技型中小企业融资难、融资贵问题。全年全市新增股权投资公司52家，新增注册资本59亿元，股权投资基金公司（创投公司）总数达386家，注册资本超过502亿元。年内，佛山市先后有2家企业债券获得国家发展改革委批复，分别为佛山市能兴控股集团有限公司5亿元停车场专项债券和禅城区城市设施开发建设有限公司6亿元公司债券。截至2017年12月底，佛山市有存量债券3只。

（覃业在）

经济规划管理

【概况】 2017年，佛山市发展和改革局加强宏观经济调控，统筹做好稳增长、调结构、促改革、惠民生、防风险工作，推动经济保持持续健康发展，编制出台《佛山2049远景发展战略规划》、编制实施国民经济和社会发展年度计划、编制实施投资和重点项目计划、编制实施广佛同城化“十三五”发展规划、深化供给侧结构性改革、创建国家军民融合创新示范区、高标准建设特色小镇等多项工作任务。

【《佛山2049远景发展战略规划》编制出台】 2017年初，佛山市发展和改革局修改完善《佛山2049远景发展战略规划》规划文本，并于4月以市政府名义印发实施。该规划全面回顾佛山经济社会取得的辉煌成就和经验，分析未来发展面临的重大机遇和挑战，明确佛山全面实现现代化的远景目标和阶段安排。该规划是佛山政府履职、全面建设现代化的战略引领性文件，是各区和各部门编制五年规划和相关规划的基本依据，是全社会统一思想、为共同愿景奋斗的行动指南。规划提出，围绕世界级城市群核心区、中国制造业创新中心、珠西协同发展的枢纽、岭南水乡的宜业之都、岭南文化的传承之地五大城市战略定位开展社会主义现代化建设，至2025年建成面向全球的国家制造业创新中心，地区国内生产总值翻一番；至2035年地区国民生产总值超过国内生产总值规模，地区国内生产总值总量实现翻两番，提前15年实现第二个百年目标；至2049年全面建成制造佛山、活力佛山、幸福佛山、开放佛山、文化佛山，人均GDP增长近6倍，在全国率先全面实现社会主义现代化。

【国民经济社会发展年度计划的编制和组织实施】 2017年1月和8月，佛山市发展和改革局分别起草《佛山市2016年国民经济和社会发展计划执行情况与2017年计划草案的报告》和《佛山市2017年上半年国民经济和社会发展计划执行情况的报告》，并分别提交市十五届人大一次会议、市十五届人大常委会四次会议审议通过。《佛山市2016年国民经济和社会发展计划执行情况与2017年计划草案的报告》包括2016年国民经济和社会发展计划执行情况、2017年国民经济和社会发展计划安排意见2部分。总结2016年经济社会发展主要指标完成情况和经济建设、城市建设、深化改革、区域合作、生态保护、民生保障等领域重点工作任务完成情况，对2017年国民经济和社会发展计划提出安排意见，并提出2017年要重点抓好夯实经济增长动力，保持经济平稳健康发展，深化创新驱动发展，打造国家制造业创新中心，加快产业转型升级，构建现代产业体系等重点工作。

【供给侧结构性改革深化推进】 2017年，佛山市发展和改革局牵头制订《关于深化供给侧结构性改革的实施意见》，以市政府1号文印发实施，提出五大方面25条深化举措，推动改革向振兴实体经济发力聚力。不断健全供给侧结构性改革工作机制，在全省率先成立贯彻落实“三个支撑”领导小组——佛山市贯彻落实“三个支撑”领导小组，由市长担任组长，并在市发展和改革局设推进供给侧结构性改革办公室；成立全省首个市级供给侧结构性改革基金，总规模5亿元，首期3亿元年内安排到位。推进“去降补”成效显著，全年为企业减负349.23亿元，其中新政策减负122.5亿元，清费减负工作得到国家发改委和国务院第四次大督查的肯定。打造质量强市成效突出，实施“以质取胜、技术标准、品牌带动”三大战略，创建全国质量强市示范城市通过省预验收，全市通过质量管理体系认证企业增至6 642家。标杆企业不断涌现，扶持成立佛山众陶联产业平台，帮助陶瓷行业整体降负11.6%，做法得到中央电视台大型政论片《将改革进行到底》聚焦报道。

【投资计划的编制实施】 2017年，佛山市发展和改革局起草并以市政府名义印发实施《佛山市2017年扩大固定资产投资工作方案》，全市全年完成固定资产投资4 265.79亿元，比上年增长21.5%，为2006年以来最高年度增速。起草并以市政府名义印发《佛山市进一步鼓励和引导民间投资加快发展若干措施》，鼓励和引导民间投资发展，全市全年民间投资完成2 984.4亿元，比上年增长18.1%，民间投资占固定资产投资比重达70%。

【重点建设项目计划的编制实施】 2017年，佛山市安排省、市重点建设项目258个，涉及总投资5 511.12亿元，年度计划投资685.07亿元，其中，省重点建设项目和市重点建设项目分别计划投资340.66亿元和344.41亿元。至年底，全市重点项目超额完成年度投资计划，完成投资823.07亿元，为年度计划的120.1%。其中，省重点项目完成投资418.16亿元，完成年度计划的122.8%；市重点项目完成投资404.90亿元，完成年度计划的117.6%。

【国家军民融合创新示范区创建】 2017年，佛山市全面启动创建国家军民融合

2017年，佛山深化推进供给侧结构性改革，打造质量强市，实施“以质取胜、技术标准、品牌带动”三大战略。图为维尚智能化工厂内，员工正在进行电脑精准操作

（王伟楠摄）

创新示范区，市发展和改革局启动编制《佛山市国家军民融合创新示范区建设总体方案》和《佛山市军民融合深度发展规划纲要》，提出在基础设施、产业发展、科技资源、体制机制等方面全方位、多领域深入推进军民融合。9月15日，佛山市人民政府与中国能源建设股份有限公司签署战略合作框架协议，共同开发建设总面积95平方千米的佛山军民融合创新示范区。

【特色小镇规划建设】 2017年，佛山市发展和改革局牵头谋划佛山市特色小镇建设工作，制订《佛山市推进特色小镇规划建设实施方案》，提出创建首批15个市级特色小镇。8月2日，召开佛山市特色小镇建设工作会议，全面铺开特色小镇建设工作。继2016年顺德区北滘镇入选首批中国特色小镇后，2017年，佛山市再有顺德区乐从镇和南海区西樵镇被认定为中国特色小镇，累计中国特色小镇数量居全省首位。另外，陶谷小镇（石湾—南庄）、千灯湖创投小镇、顺德特色小镇示范群（北滘—龙江—乐从—陈村）入选首批省级特色小镇创建示范区名单。

【广佛同城化“十三五”发展规划编制实施】 2017年，佛山、广州两市围绕广佛同城化助推两市综合实力提升、携领珠三角城市群发展的目标，共同编制《广佛同城化“十三五”发展规划（2016—2020年）》，提出打造珠三角世界级城市群核心区、全国同城化发展示范区、粤港澳合作核心枢纽、珠三角自主创新引领区、国家服务业和先进制造业中心，推动两地在基础设施、产业、创新、生态环保、公共服务、开放合作、同城化示范区建设等领域的合作不断深入。

【佛山融入粤港澳大湾区建设的规划与实施】 2017年，佛山市发展和改革局配合国家、省做好《粤港澳大湾区城市群发展规划》编制，进一步将佛山市的重大平台、项目和诉求纳入规划中。谋划推动“香港+佛山”协同合作，提出7大领域11个重点合作项目，得到香港特区政府积极回应。加快推进佛山粤港澳合作高端服务示范区、珠西粤港合作示范区、伦教珠宝小镇、广东工业设计城等粤港澳合作重点平台建设。

【《珠江三角洲地区改革发展规划纲要（2008—2020年）》落实】 2017年，佛山市做好2016年度落实《珠江三角洲地区改革发展规划纲要（2008—2020年）》工作考核，充分体现佛山工作成绩，获得优秀等次。全面落实“九年大跨越”的重点工作任务，开展贯彻落实《珠江三角洲地区改革发展规划纲要（2008—2020年）》“九年大跨越”的总结工作，截至2017年底，省“九年大跨越”涉及佛山的11个重大项目推进顺利，由佛山牵头的5个项目四年累计完成投资超450亿元，超额完成进度计划。配合省委、省政府研究编制《关于深化珠三角改革发展引领带动全省实现“两个走在前列”的决定》，将佛山市的重点项目、重大平台和诉求纳入该决定中。

【粤桂黔高铁经济带合作试验区（广东园）发展总体规划落实】 2017年，佛山市落实好《粤桂黔高铁经济带合作试验区（广东园）发展总体规划（2015—2030年）实施方案》，推进粤桂黔高铁经济带合作试验区（广东园）建设，谋划建设粤桂黔高铁经济带合作试验区广东会展中心。2017年8月18日，试验区重要载体——佛山西站建成并投入使用。第三届粤桂黔高铁经济带合作联席会议在贵州省黔南州召开，试验区（贵州园）启动建设，试验区“一区三园”建设格局初步成型。

【《佛山制造业转型升级综合改革试点三年行动计划》制订】 2017年4月，市发展和改革局制订出台《佛山市制造业转型升级综合改革试点2017年工作要点》，提出“降成本、助融资、促创新、补短板、搭平台、优环境”六大措施，着力激发转型发展活力和创造力。7月，市发展和改革局牵头编制《佛山市制造业转型升级综合改革试点三年行动计划（2017—2019年）》，以市政府名义印发实施，明确改革目标任务和时间进度，计划到2020年基本形成促进制造业转型升级的政策支持体系和制度环境，制造业整体素质明显提升，主要指标达到国内先进水平。此外，市发展和改革局还跟进“开展泛家居市场采购贸易方式试点、跨境电商综合试验、推动佛山农村金融机构改制为股份制商业银行”三个突破口事项，主动加强沟通与对接，争取获得国家和省政策支持。

（周　敏）

国有资产经营管理

【概况】 2017年，佛山市属国企总体效益实现有效增长，国有经济继续保持平稳发展态势。截至年底，纳入佛山市统计的正常经营的国有企业518家，其中市属企业310家、区属企业208家。全市国有企业资产总额3 395.22亿元，所有者权益总额1 393.86亿元，实现营业收入241.26亿元，利润总额25.43亿元。

【重点项目建设】 2017年，佛山市国资委推动重点交通基础项目建设，发挥投资引领作用。全年市国资系统基础设施工程计划投资153.7亿元，占全市基础设施工程计划投资的40.7%。

基础设施建设方面，地铁2号线一期和3号线工程稳步推进。一环高速化改造和一环西拓项目建设顺利推进，合计完成计划年度投资额的144%。

新项目建设方面，南沙港码头项目完成合资公司经营班子配备。第二水源项目累计完成投资额9 183万元，完成率70.64%。市建鑫公司项目投资3.78亿元，完成518套人才公寓采购。佛山建装装配式绿色建筑基地项目11月举行动工奠基仪式。佛山口岸跨境电商物流园项目9月正式投入运营，累计清关过货约15万票，货值约8 000万元。佛山市电子口岸公司“单一窗口”100%全覆盖。

【国资系统招商引资】 2017年，佛山市国资系统开展招商引资工作，借助抓重大项目和招商引资的契机，以合资合作、项目并购等方式，迅速发展壮大市属国企。是年，市属国企完成招商引资项目6个，包括广东开普勒通讯科技公司福能电厂机房项目第一期、佛山市国际贸易有限公司项目、三水西南水都工业园供热项目、佛山建装装配式绿色建筑基地、佛山互联网+创新创业产业园、金控公司并购项目，计划投资总额12.74亿元，超额完成市政府下达的4个招商项目任务。

【国企改革深化】

国企改革重组 2017年，佛山市国资委落实《佛山市属国有企业改革重组方案》要求，全年完成公司管理权和股权调整69项，涉及土地划转1项，基本完成改革重组任务。通过改革重组，国有企业资产总额和所有者权益大幅增加，资产负债率实现较大幅度下降，总体资产状况得到优化。

资产证券化 2017年，佛燃股份在深交所正式上市，佛山市燃气集团股份有限公司成为市属国企首个上市企业，市属国企上市实现零的突破。佛山市水业集团有限公司完成股份制改制，已公开征集到战略投资者。佛山市金融投资控股有限公司的并购项目取得突破性进展，成为中盈盛达第一大股东。

混改项目合作 2017年，国通保税物流园区、国贸公司、第二水源、南沙港、农村分散式污水处理、大数据产业园、互联网+产业园、住房租赁平台、装配式PC构建等一批新兴产业项目落地，进一步增强市属国有企业的活力和竞争力。301家市属国企中，混合所有制企业117家，占比37.7%。

“处僵治困”有序推进 截至2017年12月底，全市纳入省考核的32家特困企业提前一个月全部完成出清或脱困任务。滚动排查“僵尸”企业累计出清60家，超额完成市考核任务8家，完成率115.4%。

【国资监管方式转变】 2017年，佛山市国资委转变国资监管方式，更加有效地对国有资产进行监督管理。

国资简政放权 印发《佛山市国资委行政审批及监管事项权限改革目录清单》，分两批取消、转移和下放行政审批事项33项，行政审批事项比改革前下降36%。

完善监事会管理体制 出台《佛山市国资委派出监事会管理办法》，实现从外派财务总监到外派监事会的监管方式转变，第一批6名监事会成员正式履职，国有资产监督管理力量得到充实。

2017年11月22日，佛山市燃气集团股份有限公司在深圳证券交易所A股正式上市，成为佛山市首家由市国资委控股的上市企业 （市燃气集团供图）

项目后评价管理模式探索 探索建立项目后评价管理制度，率先在市公控公司开展试点工作，选取水业集团和佛燃股份2个项目开展后评价工作，2个项目的投资经济效益均优于可研报告。

企业绩效对标 2017年，市国资委对各国资企业严格开展绩效对标。水业集团2016年度评定为A，处于全国同行业优秀水平；气业集团和电建集团的得分分别为B$^+$和B，处于全国同行业的良好水平。

企业创新与经营业绩挂钩 市国资委制订《关于推进市属国有企业创新发展的指导意见》，鼓励企业创新发展，并将创新发展纳入企业经营业绩考核责任书，与经营业绩挂钩，进一步激发市属国企的活力、创造力和竞争力。

全面预算管理 敦促企业做好预算编制，强化预算执行。做好产权管理工作，严格国有产权管理，推进佛山地区职工家属区“三供一业”分离移交工作。

【国资系统信访维稳】 2017年，佛山市推进市属国资系统信访维稳工作。全年全系统投入逾1亿元推进国有企业退休人员移交社区、发放企业军转干部解困补贴、国有企业职教幼教退休教师补贴发放、破解房产办证难等系列民生工作；妥善解决多块“硬骨头”，化解风险隐患，配合做好关停企业的职工安置工作，落实重点防控，确保各特护期和谐稳定。

【国企安全生产】 2017年，佛山市国资系统有序推进国资系统安全生产、应急管理和平安创建工作。市国资委制订下发《佛山市国资系统特别防护期安全生产检查工作方案》，全年市国资系统组织安全生产专项检查3 000多次，检查企业或租户约6 000家，排查隐患2 900多处；组织开展安全生产、平安创建宣传教育活动1 100多次，开展各种应急演练504次，提高国资系统应急响应能力。

【市属国企上市实现零的突破】 2017年11月22日9点30分，佛山市燃气集团股份有限公司在深圳证券交易所正式敲钟上市，成为证监会实施核准制后佛山市首家上市的市属国企。公司简称佛燃股份，股票代码为002911。首次公开发行股票，拟募集资金7.8亿元。

佛燃股份是广东省乃至华南地区颇具实力的城市燃气经营企业。2017年，公司天然气供应量15.35亿立方米，营业总收入42.92亿元，比上年增长13.89%。截至2017年末，佛燃股份建成并投入使用的城市燃气管道长度2 000余千米，为近69万居民用户和3 000多家工商业企业提供管道天然气服务；建成天然气汽车加气站9座，服务出租车、公交车及货车等各类天然气汽车数量近5 000辆。

（王 娟）

【佛山市公用事业控股有限公司】 2017年，佛山市公用事业控股有限公司坚持“发展是第一要务、人才是第一资源、创新是第一动力”的理念，主营业务转型升级、重点项目提质增效、并购重组稳步推进、人才资源逐步激活。11月22日，佛燃股份正式在深圳证券交易所A股上市，成为佛山市属国企业中唯一的上市公司，实现国有资产大幅增值。是年，水业集团进入港股步伐加快。

把握第一要务，大力推动主营业务转型升级 水业集团业务首次冲出广东，成立淮北佛水水务运营有限公司，全面负责运营安徽省淮水北调淮北市级配水工程PPP项目；第二水源后续工程项目实现试通水，为城区市民提供西江北江“双保险”供水；禅城、三水两区水价终获调升；三水供水和绿之源环保公司双双获得国家高企认定。电建集团成功获得联合资信评估公司AA+长期信用等级评定；恒益电厂锅炉燃烧先进控制技术研究项目，获得中国南方电网公司科技进步奖二等奖。燃气集团全年拓展工业用户约300家，商业用户约400家，销售气量超额完成全年目标；成功中标恩平市管道天然气特许经营权项目。

激发第一动力，稳步推进新兴产业创新发展 公控公司推进重点项目建设，全年完成投资超过6亿元。公控公司与广州港、中山城建三家省市国企跨区域合作，共建南沙港四期工程；设立佛山国贸公司，打造佛山外贸综合服务平台；牵手与中检公司、华润五丰两大央企，共建“国际集采——供应链平台”。环投公司成功获得三水区、高明区农村分散式污水处理项目代建业务，已启动项目建设；中标成为东莞市30条重污染河涌原位生态修复示范项目服务商之一；举办市第一届制造业环保展示对接会；高明垃圾资源化焚烧项目取得突破；排污权交易管理服务中心、佛山源笙环保装备公司等一批新业务载体顺利挂牌运营。福能大数据产业园顺利完成A座工程项目建设获批广东省级大数据示范产业园，获得500万元扶持资金；中国电信开普勒数据中心项目总体建设加速推进；完成福电项目立项规划，择期开工。国通公司完成外贸产业城项目一期工程桩建设，一期公寓产品将于春节期间开展销售工作。国贸公司成立首年即实现盈利，全年实现内、外贸业务销售收入合计超过5亿元。电子政务公司取得工信部颁发的IDC/ISP资质，承接佛山市纪委的主体责任廉情预警评估系统等多个项目，营业收入、净利润等经济效益指标全部达标。

用好第一资源，持续引进人才、激发活力 公控系统全年引进博士6人、高级管理人员1人、总工程师1人；完成公司总部14名中层干部的选拔任用；配合市国资委完成11名市属一级企业领导人员的选任；实现首位博士引进工作站。逐步建立起以企业为主体、市场为导向、产学研相结合的技术创新体系，力争为佛山乃至全国提供“国企创新”改革建设模板。

（梁 茜）

【佛山市公盈投资控股有限公司】 2017年，是佛山市公盈投资控股有限公司（简称“公盈公司”）转型为竞争性企业的起步之年，围绕“重组、改革、发展”的总体方针，通过加快改革重组、优化内部管控，大力减亏去负、化解历史债务、力推重点项目等重要举措，迈上转型发展新台阶。是年，公盈公司资产总额80.95亿元，比上年减亏近50%。

主营业务彰显活力 根据《佛山市属国有企业改革重组方案》，对系统内的资源进行有效重组整合，全年，重组企业26家、完成公司制改制企业2家、出清企业7家，实现合并报表资产总额144亿元。聚焦主营业务，整合有效资源，优化资产结构，推进文化、教育、健康、投资与资产管理等主要产业板块高质量发展。

重点项目落地加快 统筹布局企业发展规划，探索多领域混合所有制改革，与实力雄厚的民营企业合作建立混合所有制企业，向竞争性企业稳健迈进。全年，公司储备项目10多个，新启动项目6个，引进社会资本成立项目公司5家。佛山“互联网+”创新创业产业园一期、二期开工建设并同步投入运营；教育产业项目实现新园所落地开园；“佛山跨境电子商务清关中心”通过验收并运营；单一窗口“国家标准版”项目覆盖全市所有符合条件的口岸。

安全维稳落实到位 在加快推进改革转型的同时，突破性化解一批矛盾比较集中的历史遗留问题。是年，协调推进拆迁、确权办证等多个政府督办项目；有效化解一批羁绊多年的历史问题；关停亏损企业6家，妥善安置职工70多人，完成162名原企业固定工退休人员量化及移交社区管理的工作；承担社会责任，做好980多名企业退休军转干部服务承接工作，派员驻湛江开展精准扶贫；全年化解领导包案3件，信访积案1件，实现全年“零进京、零上省、少到市”的信访维稳目标，安全生产零事故，确保公司健康和谐发展。

（潘云飞）

【佛山市路桥建设有限公司】 2017年，佛山市路桥建设有限公司以高速公路建设及一环高速化改造为重点，着力服务“一环创新圈”“一环生态圈”发展；以一环西拓为突破口，推进构建覆盖市域、通达区域的高快速公路网，助力佛山开拓西部片区发展新格局。

高速公路建设及一环高速化改造 承担广明、佛江、佛清从、广佛肇、佛江北等5条高速的建设任务。截至年底，各项目的调规、立项均获得省发改部门批复，累计完成投资141.97亿元（含广明一期51.94亿元），年度完成46.91亿元。其中，广明高速一期建成通车，二期10月31日正式开工，完成年度投资5.82亿元；佛江高速佛山段完成年度投资7.2亿元；佛清从高速一期完成年度投资5.2亿元，二期于10月18日正式开工，完成年度投资6.85亿元；广佛肇高速后续标段5月起陆续动工，完成年度投资13.81亿元；佛江北高速6月27日正式开工，完成年度投资8.03亿元。

佛山一环西拓项目建设 承担佛山一环西拓项目建设，至2017年底，佛山一环西拓项目累计完成11.53亿元，完成总投资的9.81%。一环西拓北环段塘西大道跨线桥、水都路跨线桥及白金线改造工程，国道 G321 线三水区云东海跨线桥工程，桂花岛至仙湖段改造工程等 3 个项目于 2016 年底开工，2017 年推进顺利。2017 年 6 月 28 日，南环段高明大桥至富龙大桥公路工程正式开工，至年底完成年度投资 3.59 亿元。8 月，金港路至桂丹路公路工程、三水二桥至进港大道匝道工程开工，至年底完成年度投资 7.45 亿元，征地完成 37%。

“断头路”项目建设　负责的佛山市 2017 — 2021 年“断头路”项目共有 14 个，至 2017 年底，番海大桥项目建议书已获省发改委批复，其他前期专项已上报省相关部门；季华东路至东平路连接工程已立项，准备施工招标；西二环高速公路桃园互通立交工程、广明高速公路金白互通立交改造工程、禅西大道南延线工程、碧桂路北延线工程、金石大道西延线工程项目建议书已编制完成，准备开展其他专项工作；剩余其他项目处于项目建议书编制阶段。

佛山一环等公路养护管理　负责佛山一环等公路养护管理，全年完成养护投资 1.63 亿元，主要包括佛山一环、广明高速、禅西大道、龙湾大桥、佛陈桥扩建等项目，除日常养护外，还完成平胜大桥等桥梁定期检查及专项维修加固、一环沿线跨航道桥梁航标维护、一环沿线尤其是中央环保督查组督办的南海部分路段 3 700 米隔音屏安装工程、佛山一环及禅西大道一期照明修复工程、一环乳化沥青厂拌冷再生试验路工程、佛山一环隐患路段整治点改造工程等养护专项。辖内公路全部保持较好的管养、通行水平。一环城市管理考评前三季度达标，以沥青路面整治为年度重点任务，养护各类病害路面 5.6 万平方米。第四季度一环高速化改造全面铺开后，一环暂停城市管理考评的情况下坚持按照城市管理考评标准落实各项养护。

年次票及高速公路收费管理　做好年票制取消后续工作，做好各区公司员工遣散补偿、收费设施拆除、资产处置以及社会维稳等工作。五个区公司员工遣散工作于 6 月底全部完成，共计遣散 946 人，发放遣散补偿 9 448.93 万元；年票征收点、次票收费站的收费设施拆除及收费广场路面恢复工作于 6 月底完成；资产处置工作于 11 月底完成；年票补缴业务向上级建议至 2017 年底终止。做好高速公路收费工作，截至 2017 年底，通行费收入 1.33 亿元，比上年增长 39.26%，完成年度计划 116%；全线车流量 2 620.09 万辆，日均 7.17 万辆。在广明高速运营的经验基础上，改组成立高速营运公司专门负责一环高速化改造后 5 条高速的营运管理，至年底完成基础性准备。

（邹靓涛）

2017 年 6 月 26 日，广佛肇高速 4 标动工　（市路桥公司供图）

【佛山市铁路投资建设集团有限公司】

2017 年，佛山市铁路投资建设集团有限公司（简称“铁投集团”）资产总额 287.94 亿元，比上年增长 32%；负债总额 202.68 亿元；所有者权益总额 85.26 亿元，增长 42%。

佛山地铁 3 号线工程取得突破性进展　作为省、市重点项目，3 号线工程全长 66.5 千米，工程投资概算 401.74 亿元，地跨禅城、南海、顺德三大辖区，具有线路长、工期紧、地质条件差异大、施工工艺复杂等特点。年内，3 号线工程完成年度投资 51.21 亿元，累计完成临时租借地 80 公顷（1200 亩）、征地 36.67 公顷（550 亩）、房屋拆迁 2.59 万平方米，实现全线首个盾构区间（大墩—东平区间）右线贯通，大墩站一期工程主体结构顺利封顶。

佛山地铁 2 号线一期工程超额完成投资任务　2 号线一期项目完成年度投资 50.2 亿元，为年度投资计划的 105.68%。全线实现 7 座车站基本完成主体结构施工，5 座车站完成基坑开挖，4 个盾构区间双线洞通，2 个盾构区间单线洞通。铁投集团持续加强监管深化管理，履行 2 号线一期工程建设的监管职责。

新线筹备工作有条不紊　提前部署推进 2 号线二期、4 号线一期、11 号线 3 条新线项目各项前期工作。《佛山市城市轨道交通建设规划（2017 — 2022 年）》取得市政府关于社会稳定风险分析和评估的批复，完成第一轮建设规划中期执行情况评估工作。

广佛线全线持续实现安全高效运营　是年，广佛线全年开行列车 149 692 列，安全运送旅客 10 720 万人次，日均客运量达 29.37 万人次，全年列车正点率达 99.98%。未发生行车安全事故、乘客人身伤亡事故、治安及消防事故，安全运营天数累计达 2 616 天。

运营筹备工作　铁投集团全年引进主办级以上管理技术人员 23 人，招收各专业订单班学员 616 人；开展首批调度培训班及站长班送外培训工作；科学谋划 2 号线一期工程运营筹备方案；主动牵头广佛“互联互通”工作。

地铁保护工作　在逾 261 千米的地铁保护工作中，铁投集团始终坚持严审查、勤巡检、重监控、频沟通，全年完成各类地铁保护技术审查 281 项次（比上年增长 236%）、紧急事故巡检 68 次，发现涉嫌违规建筑项目 16 个。

安全生产　铁投集团编制印发 6 项

2017 年 12 月 8 日，佛山地铁 3 号线工程首个盾构区间贯通　（铁投集团供图）

安全质量管理制度、修订发布 6 份安全责任管理制度，初步搭建 3 号线应急管理、风险管理、预警与响应管理等安全生产管理体系；组织开展安全监督巡查、专项检查等活动 26 次。广佛线二期收尾项目、同步建设项目、3 号线工程建设项目及其他经营业务全年未发生伤亡事故、有社会影响性的险性或群体事件，取得安全生产“双零”成果。

轨道交通设计研究院公司发展　轨道设计院年内有 8 大设计项目，合同保有量超过 6 亿元，生产人员人均产值超过 130 万元，全年累计完成设计任务量近 1 亿元，营业收入超 7 000 万元。

TC 管理中心发展　TC 管理中心持续发挥管理协调功能，推进中心城区智能公交等 10 大项目，其中佛山市中心城区慢行交通改善五年行动规划等 5 个项目通过验收。

佛铁出租车公司发展　出租车公司完成 100 辆出租车年投放目标，累计投放运营车辆 400 辆，市场占有率进一步提升。

（黄　婷）

【佛山市金融投资控股有限公司】 2017 年，佛山市金融投资控股有限公司（简称“金控公司”）推进改革重组，不断提升金融类金融业务服务实体经济的能力和水平，助力国家制造业创新中心建设，并购重组取得明显成效，经营效益稳步增长，多元化投融资体系成形。

改革重组任务完成　金控公司完成所属 37 家非金融类企业的管理权移交及相关资产的划拨工作。接管佛山火炬创新创业园有限公司，佛山农村商业银行股份有限公司 9.14% 股权、广东耀达融资租赁有限公司 30% 股权划入金控公司，佛山市富思德基础设施投资有限公司 60% 股权协议转让到金控公司。通过该轮改革，金控公司整体资产质量得到明显提升，资产负债率大幅下降，融资能力进一步改善。

并购项目成效显著　金控公司制订并购方案，有序开展对广东中盈盛达融资担保投资股份有限公司进行并购，成立全资子公司佛金香港有限公司，是年，佛金香港有限公司成功受让广东粤财投资控股有限公司（香港）持有的广东中盈盛达融资担保投资股份有限公司 H 股 7 000 万股。随着并购工作的逐步完成，金控公司快速切入融资担保市场，成为佛山地区类金融领军者。

政策性基金引领助力实体经济发展　金控公司强化政策性基金管理，构建财政资金与社会资本共同激励引导经济社会发展的长效机制。至年底，佛山市创新创业产业引导基金两批子基金 13 个机构中，有 7 家子基金同时获得佛山区一级政府母基金有限合伙人资格。子基金总规模 100.57 亿元，放大倍数 10.13 倍（按双创母基金公司认缴出资到子基金规模计算）；完成投资项目 38 个，投资人民币总额 30.44 亿元，其中投资佛山地区 6.13 亿元，1 家佛山企业首发获证监会通过，另 3 家企业在 IPO 辅导中。另外，金控公司还配合佛山市政府有关部门推进佛山市供给侧结构性改革基金、佛山市债券融资风险缓释基金的设立。佛山市供给侧结构性改革基金完成 1 个项目的投资。截至 2017 年 12 月 31 日，金控公司管理的政府基金总规模 200 多亿元，实际到位财政资金 21.7 亿元。累计撬动金融机构和社会资本投入 120 多亿元，扶持企业近 500 家。

各业务主体协同发力创品牌　佛山火炬创新创业园有限公司在孵化服务体系工作中获各级政府部门肯定和表彰，并得到多项资金扶持，被佛山市人社局认定为佛山市 2017 年市级创业孵化基地，被禅城区正式授予禅城区上市孵化基地。佛山市禅本德资产管理有限公司业务转型成功落地，全年创造收益 1 675 万元。广东耀达融资租赁有限公司进一步扩大公司规模，设立深圳业务部，成功开拓商业保理业务、百分百贷款及银承业务等创新业务，为“打造珠三角西岸机械装备制造产业带”提供资金支持，全年实现业务总投放量 17.57 亿元。佛山市科技小额贷款有限公司当选为佛山市小额贷款行业协会会长单位，全年累计发放贷款金额 5.5 亿元。佛山南方产权交易中心有限公司探索“走出去”的发展模式，成功开拓企业大宗资产交易业务。

丰富金融产品增强国有资本活力　金控公司通过参与设立佛山水务环保有限公司、佛山蓝莓资本管理有限公司涉足环保产业、文化产业，并为佛山水务环保有限公司成功引入战略投资者。同时配合佛山市政府职能部门，探讨设立佛山市政策性担保公司，以改善服务中小微企业的金融环境和水平。

（张晓云）

【佛山市建设开发投资有限公司】 2017 年，佛山市建设开发投资有限公司（简称“建投公司”）实现营业收入 27.25 亿元，利润总额 4.18 亿元，资产总额 119.75 亿元，同比实现较大幅度增长，各项指标均超额完成任务。建投公司贯彻落实市属国有企业改革重组方案，按照城市建设平台和“三旧”改造平台的定位，结合公司战略规划以及当前实际，组建四大专业板块，努力打造成为集土地整理、房地产开发、物业经营和城市建设于一体的全产业链公司。

建投房地产公司　该公司承担佛山市国资体系内的土地开发建设任务，发挥土地资本的杠杆效应，盘活国资体系内现有的沉淀土地资源；开展“三旧”改造业务，开创佛山市“三旧”改造新局面。是年，该公司的彩管厂项目取得很好的销售业绩，成为佛山市“三旧”改造项目的典范，全年实现销售额31亿元。另外，东亚项目如期开工建设，将于2018年5月开售。

建投置业公司　该公司负责物业经营及服务，打造佛山市专业化住房租赁平台，实现国有资产保值增值；承接建投公司系统内的物业经营业务和物业管理服务，通过国有物业资产的不断积聚和主业产业链的延伸，拓展外部物业经营管理业务，成为专业运营主体。下属企业佛山建鑫公司作为佛山市首个国有专业化住房租赁平台，通过增资扩股进入加速发展阶段。同时，建设示范小区，打造佛山市租售同权、装配式建筑、海绵城市、绿色节能等租赁住房样板小区项目，其中多个农村集体用地建设租赁住房项目，以及旧村居改造项目进展顺利，富力广场项目、越秀岭南隽庭项目也已进入运营阶段。建鑫公司在住房租赁市场化的探索和取得的成绩，让佛山这个试点城市在每个阶段都领先于全国其他试点城市，多次受到住建部以及广东省各级领导的肯定和表扬。

建投城市建设公司　该公司负责承接政府城市建设重大工程和系统内的项目建设，推广新型建筑技术，引领新型建材的生产销售等职能，打造成为佛山市城市建设的重要力量。2017年11月10日，佛山建装装配式绿色建筑基地奠基仪式在南海区里水镇举行。该基地是市国资委系统2017年重点项目，是市国资系统首个装配式建筑全产业链基地。项目总投资2.49亿元，建设用地面积5.73公顷（86亩），规划建设3条PC生产线加1条钢筋加工生产线，将打造成为具有佛山特色的装配式建筑样板工程。该项目预计于2018年底前投入运行，届时年产量将达13.5万立方米。与此同时，顺德基地也完成选址并落实用地。此外，建设公司积极推进和完善设计、施工总承包资质，力求打造城市建设全产业链，发挥城市建设平台的作用。

建投置地公司　该公司作为市属国有企业，专业从事土地整理投资开发经营及配套产业的房地产运营平台，负责土地前期整理一级开发职能，打造成为佛山市“三旧”改造的重要力量。该公司成功推动广佛里智慧慢城特色小镇成为佛山市建设的15个特色小镇，并且取得突破性进展。通过特色小镇项目，把南海水泥厂矿区33.87公顷（508亩）国有土地多年的历史问题以及和村民的矛盾一一破解，既有效盘活国有土地，又争取到一个特色小镇项目。

（吕超明）

统　计

·国家统计·

【概况】 2017年，佛山市居民消费价格（CPI）处于温和上涨区间运行，全年平均上涨1.9%。其中食品烟酒价格下降0.8%，是平抑物价上涨的有利因素；服务价格上涨4.1%，工业品价格上涨2.2%，涨幅相比2016年均有所扩大。全年平均涨幅分别比全国、全省高0.3、0.4个百分点，与全国、全省对比，佛山市CPI走势一致。在珠三角城市中，涨幅从高到低排序佛山位居第二，低于广州0.4个百分点，高于惠州0.1个百分点。2017年，佛山市工业生产者出厂价格（PPI）受需求回暖、金属石化等原材料价格回升等因素影响，各月同比震荡上涨；2017年同比上涨4.5%，比2016年（下降0.8%）回升5.3个百分点。2017年，佛山常住居民收入稳步增长、消费需求不断优化，城乡居民实现收支双增长。佛山全体常住居民人均可支配收入45 813元，比上年增长9.2%，增速分别比全国、广东省高0.2、0.3个百分点。由于物价温和上涨（涨幅比上年回落0.4个百分点）、新消费热点尚在培养，加上食品和交通通信类价格维持低位运行，全体常住居民人均生活消费支出32 648元，名义增长6.8%，增速比上年回落3.5个百分点。

【统计调查】 2017年，国家统计局佛山调查队在统计调查工作中，主要着手住户调查样本轮换和入户调查，提升价格调查源头数据质量，推进规下工业、采购经理、畜禽监测等调查，做好新设立小微企业跟踪调查及农民工市民化动态监测等工作。

住户调查样本轮换和入户调查完成　国家统计局佛山调查队重视住户调查样本轮换工作，争取市政府支持并发文到各区政府，在全市各级形成开展工作合力，并从人财物等方面做好保障，按时按质完成样本轮换抽样框维护、调查小区落实和抽选、多渠道宣传发动等工作。全市摸底有效样本占摸底总样本的90%。稳步推进正式开户试记账工作，确保整体换户率最终控制在40%以内。

价格调查源头数据质量有效提升　加强CPI样本管理，提高样本代表性，确保价格采集点和规格品顺利衔接。全年核对更换17个采价点、701个规格品。加大对PPI样本企业报送规格品价格数据全面排查力度，按照制度指标要求选择产值较高、生产稳定的15家企业进行增补，增补企业出厂和购进规格品共82项。持续推进固定资产投资价格调查工作，与市发改局、统计局、住建局等单位联系，从工程项目中抽取27个不同类型项目并进行更新替换，完成60个项目价格的上报。

规下工业、采购经理、畜禽监测调查　抓好样本村非目录企业和个体工业的清查，上下联动完成80家非目录企业和超过2 900家个体工业企业的清查工作；持续加强与采购经理样本企业的沟通联系，加大对源头数据质量的核查抽查力度，定期督促、查询及反馈企业报表错误等，全年正常上报样本企业61家，直报率100%；加强对畜禽调查录入系统名录库核对，并结合报表和时下畜禽养殖热点问题及时回访，提升数据质量。

新设立小微企业跟踪调查及农民工市民化动态监测　加强与市统计、工商部门的沟通合作，落实工作职责，强化企业和个体户的动态管理与维护，完成新设立小微企业跟踪调查；不折不扣执行农民工市民化动态监测调查方案，高质量做好20个调查小区建筑物核实清查、业务培训、宣传发动、上门调查、数据采集审核和验收等工作；抓好网购调查样本选取环节，抓好时间节点，做到样本的年龄、性别和教育等指标达到专项调查要求，完成调查任务。

【统计服务】 2017年，国家统计局佛山调查队从调研民生经济、编发统计资料入手，服务佛山国民经济建设。

经济民生快速调研　围绕省级约稿要点和社会公众关心的热点、难点问题，组织完成公共医疗领域简政放权情况、创新食品药品监管机制情况、佛山农产品质量安全体系建设情况、企业对政府降成本举措评价情况、市民对政府反腐成效评价情况、中秋月饼消费价格变化情况、佛山城镇低收入居民“获得感”情况、佛山企业“机器换人”情况和佛山养老服务情况等调查。完成《佛山城镇居民服务性消费研究》《佛山市流入人口变动趋势及对经济转型升级的作用》《调查项目全过程质量控制方法和责任制研究——以佛山市城乡一体化住户调查为例》等课题研究。此外，组织撰写《佛山国有“僵尸企业”出清重组情况分析》《“十八大”时期佛山居民消费价格运行平稳》《“十三五”开局佛山城镇低收入居民生活水平继续改善》《佛山制造业企业研发创新活动情况简析》《服务业参与创新驱动发展情况调研报告》等一批专题研究报告。

统计资料编发服务　联合市统计局发布《2016年统计公报》《佛山统计年鉴》等资料；独立编印《2016年佛山市社会经济调查报告》《佛山调查与监测》等资料；2017年发布媒体稿50余篇，撰写统计调查信息45篇，累计被中央两办、国家统计局、广东调查总队、省两办、市两办采用47篇次，获中央领导、国家局领导、省领导批示8篇次。

【统计宣传】 2017年，国家统计局佛山调查队加强统计宣传工作，制订《2017年佛山调查队统计调查宣传工作实施方案》，统筹协调做好全年统计法制宣传工作。将普法贯穿于统计调查各项工作，形成“普法+调查+检查+宣传+教育”的工作模式。加强对调查人员和调查对象的宣传，利用培训、走访、检查、调研等工作，不失时机地开展宣传。加强对社会公众的宣传，配合住户调查样本轮换，借力传统媒体和网络渠道，开展精准化业务宣传。利用重要节点搞好集中普法宣传，以“统计新动能 服务新常态”为主题，定点选择开展调查工作较密集、人流较多的区域，举办“9·20”统计宣传进社区活动。

【统计法制】 2017年，国家统计局佛山调查队印发《2017年佛山调查队统计法治与设计管理工作要点》，统筹全年法治工作。

统计执法　下大力气推进执法监督检查常态化，推行各专业向调查企业发放“法律事务告知书”制度，除日常走访检查外，还制订集中统计执法监督检查工作计划和实施方案，由队领导带队，组成四个检查组分赴五区开展统计执法监督检查。全年检查38个调查对象，其中“双随机”抽查12个调查对象，占执法检查总数的31.6%。立案查处2家提供不真实统计资料的调查企业，按照佛山市“双公示”有关规定进行公示。同时，采取分区发文通报的形式，强化执法检查结果运用，保证调查数据源清流洁。

结合日常业务工作开展情况和数据报送情况，加大到基层走访调研和指导力度，并通过现场访谈、电话询问、网络等方式进行定期回访和数据质量检查。全年检查1 487个调查对象，其中实地走访、检查457个，电话检查851个，收取记账册、会计资料和问卷检查234个。

统计普法　利用统计执法专题培训交流会、年报会、专业培训会等契机，通过动漫教学、案例分析和有奖竞答等多种形式，提高普法培训实效性，全年举办法治培训10次，累计培训人员600余人次。召开全市调查系统法制培训和知识竞赛，通过培训和知识竞赛提高执法监督检查技能和操作规范，为执法监督检查实战打好基础。联合顺德、三水队举办“12·8”《统计法》颁布纪念日普法宣传活动，以“闯关寻宝”等新颖形式，提升基层统计员对统计法律法规的应用能力和社会公共知晓度。

（许雁雁）

·地方统计·

【概况】 2017年，佛山市国内地区生产总值9 398.52亿元，比上年增长8.3%。其中，第一产业增加值133.65亿元，增长2.0%；第二产业增加值5 424.65亿元，增长8.2%；第三产业增加值3 840.22亿元，增长8.5%。人均国内生产总值124 324元，比上年增长6.6%。固定资产投资总额4 265.79亿元，增长21.5%。社会消费品零售总额3 320.43亿元，比上年增长10.0%。

【统计调查】 2017年，佛山市统计局多措并举，抓好常规统计监测和各项专项调查工作。

常规统计监测　严格按照国家统计报表制度要求，组织工业、投资、建筑业、房地产、贸易、农村、能源、人口、科技、文化产业、劳动工资、服务业等各专业2016年统计年报和2017年统计月报、季报的调查，完成地区生产总值以及各专业行业相关数据的统计、审核和发布。

第三次全国农业普查　全市各级农普机构贯彻落实国家、省农普工作部署安排，举全市之力开展普查登记，组织7 600名普查“两员”（普查指导员和普查员），对全市600多个普查区、6 000多个普查小区，走村入户开展现场登记。全市采集上报农户48.8万户、规模农业经营户2.1万户、农业经营单位1 916个。组织进行数据核实改错，通过国家统计局、省统计局对佛山市普查工作数据质量督查验收工作，并得到国家督查组好评。

专项统计调查　组织开展对8 233个规上工业、建筑业以及服务业单位的创新调查问卷、企业家调查问卷、自主创新统计年报工作。组织完成省高新技术产品统计年报。开展对全市414个投入产出重点调查单位的基本信息调查工作。完成对全市2.6万人的月度劳动力调查工作。

高质量发展统计监测项目　组织实施创新驱动统计数据监测，会同有关部门完成考核目标任务；会同市绩效办组织开展对各区2016年政府绩效考核的评估工作以及高新技术产业、珠江西岸先进装备制造业、工业技改投资等监测评估工作。

【统计服务提升】 2017年，佛山市统计局发挥统计工作监测发展进程、反映发展成果、提供决策依据的作用，履行统计服务保障职能。

经济运行监测 建立全市经济运行月监测、季分析例会制度，加大统计监测的力度和密度，强化市区间、部门间、行业间的协调联动，提升地区生产总值核算和工业、投资、消费、服务业等主要经济指标数据的预判预警水平。年内，市级层面开展常态分析研判62次，协调组织召开月度经济运行监测分析会7次。

统计评估分析 围绕市第十二次党代会关于建设国家制造业创新中心的目标，开展对全市经济总量、速度、结构和质量效益的实时监测分析。从反映佛山工业化进程的霍夫曼比例出发，研究佛山的“重工业化”发展情况和特点，找出佛山工业结构“适度重型化”存在的问题，提出对策建议。为迎接党的十九大召开，围绕党的十八大以来佛山主要经济数据，梳理解读统计指标，编制《“数”说佛山这五年》宣传册，用数据反映佛山经济社会发展取得的成就。

统计数据分析 在统计数据分析过程中注重将佛山放在全国发展的大视野、粤港澳大湾区的大格局中进行对比分析，注重从党的十八大以来、改革开放40年以来、“两个一百年”等跨时间的角度来审视佛山的发展路径和趋势，从空间和时间两个维度增加统计分析的纵深。重点加强佛山和广州、深圳、东莞等珠三角主要城市以及省外与佛山经济体量相当的长沙、无锡、宁波等城市的对比分析，为市委、市政府对比周边、对标先进提供决策依据。

统计资料发布 及时发布全市经济运行情况，公布佛山市国民经济和社会发展统计公报和2017年月度、季度经济运行情况，让社会全面了解佛山经济社会发展状况。推进统计信息化建设，完成市统计局统计信息化改造项目，实现与全省统计数据资源管理与开发应用系统的对接。拓宽统计数据的发布平台，建立并开通佛山统计微信公众号，在微信平台、佛山统计信息网及时发布统计数据，为社会公众提供及时有效的统计服务。

【统计改革创新】 2017年，佛山市统计局围绕国家统计局、省统计局的决策部署，不断扩充统计领域、健全统计范围、丰富统计内容，推动统计方法制度改革创新，使统计数据更全面、更及时、更精准反映经济社会发展的情况。

统计管理体制改革 贯彻落实中办、国办下发的《关于深化统计管理体制改革提高统计数据真实性的意见》和省委、省政府《关于深化统计管理体制改革提高统计数据真实性的实施意见》，结合佛山实际，向市政府就恢复独立设置区级统计机构提出专题请示，推动市委、市政府主要领导，市编办以及省编办就佛山五区统计机构的独立设置达成共识。至年底，全市32个镇（街）均建立“有机构、有人员、有场所、有设备、有经费”的“五有实体型”统计办或统计信息中心。大部分区均在大部制的框架下，统计分党组独立运作。部分区级统计力量得到加强，南海区2017年增加3名执法编制，招录4名辅员，三水区增设总统计师，增设服务业统计科，增设3个参公编制。

统计方法制度改革 按国家和省统计局统一部署，进一步完善地区生产总值季度核算方案，对各区地区生产总值实施统一核算。密切跟进国家及省局关于R&D（研发）经费支出计入地区生产总值核算改革的新动态，协助国家统计局、省统计局到佛山调研R&D经费支出计入地区生产总值核算的相关工作，完成2000—2016年R&D经费支出计入地区生产总值的核算工作。主动适应贸易统计改革新要求，改进贸易统计方法，建立新的审核制度和巡查制度。适应固定资产投资统计新旧制度变化的形势，投资统计实现平稳衔接。

【统计基础建设】 2017年，佛山市统计局加强统计基础建设，构建覆盖全面、基础扎实、程序规范、责任明确的统计数据质量监管体制，把好基本单位入库关和数据质量关，夯实统计基础，加强统计业务培训。

统计基本单位名录库建设 以“四上”企业培育三年行动计划为重点抓手（“四上”企业是指规模以上工业企业、资质等级建筑业企业、限额以上批零住餐企业、国家重点服务业企业），会同工商、税务、质监等部门，建立市、区和镇（街）三级联动的综合审批模式。会同市发改、经信、财政、商务等10余个部门制定出台奖励扶持政策，将财政扶持、税收优惠、企业技改、自主创新、融资支持等方面政策汇编成册。年内，全市完成“四上”企业新增入库2 807家（含月度新增），创下历史新高。全市基本单位名录库在库单位19万余个，其中法人单位16.96万个，比2013年经济普查法人单位数增加7.04万个。

统计基层基础建设 探索完善基层统计网络体系。结合统计基层基础建设，深入南海狮山镇、高明荷城街道和杨和镇等镇街，开展“大学习、深调研、真落实”活动。各区统计部门在充实基层统计力量方面做出积极探索，禅城区、高明区相继出台关于加强统计基层基础建设的意见，三水区政府印发《关于进一步加强统计工作的通知》，并对各镇（街）机构设立和人员配备情况开展专项督查，推进各镇（街）成立统计调查中心，增加编制15个。

统计培训 通过组织统计业务培训班，邀请省统计局专家、律师授课，与高校合作举办统计素质研修提升班等方式，把依法依规统计的理念融入、落实到具体的统计工作实践中。先后组织开展商贸、月度劳动力调查、农业普查、科技、能源、“四上”企业入库等专业业务培训，基本实现市、区、镇（街）三级统计机构工作人员培训全覆盖，累计参训超2 000人。先后邀请省统计局法规处专家开展法制培训2场（次），培训人员500余人次。利用系统会议视频，召开年、定报布置会、统计调查制度改革、向“四上”企业的统计人员开展统计法律知识宣传讲解等。

【统计执法检查】 2017年，佛山市统计局组织开展统计执法检查，严厉查处在统计数据上的弄虚作假行为，重点查处编造虚假数据、干预调查对象独立真实报送数据等违法违规行为。对顺德、三水30个检查对象开展“双随机”统计执法，对南海、禅城、高明45家企业（项目）开展统计数据质量重点检查。健全平台监管、专业巡查、执法检查的联动机制，完善统计约谈和通报曝光制度，加大责任追究力度。针对部分区统计数据质量问题约谈有关负责人2人次。建立健全企业统计诚信评价制度和统计从业人员诚信档案，开展企业诚信统计承诺活动，对统计失信行为进行通报和公开曝光。加大对统计失信企业的联合惩戒力度，将统计失信企业名单档案及其违法违规信息纳入金融、工商等行业和部门信用信息系统，与企业融资、政府补贴、工商注册登记等直接挂钩。建立健全“一单两库一细则”，即《佛山市统计局随机抽查事项清单》、随机抽查对象库和执法检查人员名录库（两库）、《佛山市统计局“双随机一公开”抽查机制实施方案》，确定随机抽查对象10 218个及执法检查人员8人。修订完善市、区、镇统计部门的权责清单及统计执法自由裁量权。组织开展涉企信息归集、统计行政处罚及变更、涉企信息公开等工作。

（文丽娜）

审　计

【概况】 2017年，佛山市审计机关开展审计和专项审计调查项目132个，查出违规金额1.58亿元，损失浪费金额9 446.96万元，管理不规范金额206.25亿元；为国家增收节支9.95亿元，其中上缴财政金额1.12亿元、减少财政拨款或补贴58.53万元、归还原渠道资金8.83亿元，审计后挽回（避免）损失30.33万元。向司法、纪检监察机关和有关部门移送处理事项56项，涉及金额39.12亿元。出具审计报告和专项审计调查报告173篇，提交专题、综合性报告及信息简报211篇。向被审计单位或有关单位提出审计建议341条，推动被审计单位健全规章制度131项。向社会发布审计结果公告5篇。

【重大政策措施落实情况跟踪审计】 2017年，佛山市审计局组织全市审计机关开展重大政策措施落实情况跟踪审计、重大基础设施建设项目跟踪审计调查。重点对安居工程政策、简政放权和“放管服”改革、重大建设项目建设、创新驱动发展战略、珠江西岸先进装备制造业、“一带一路”战略、经济运行风险等8个方面内容进行审计。审计抽查237个单位、涉及77个项目。审计发现截至2016年6月，佛山市未及时实施失业保险支持企业稳定岗位政策；新能源汽车充电设施项目建设进展缓慢，截至2016年12月，项目投资完成率低于50%等问题。通过审计，推动佛山市政府出台《佛山市政府购买棚户区改服务管理办法》等管理制度，保障重大政策措施落实到位。

2017年9月18日，佛山市预算执行和财政收支情况审计问题整改落实会议在市机关小礼堂召开 （市审计局供图）

【财政审计】 2017年，佛山市审计局首次全面推进对一般公共预算、政府性基金预算、社会保险基金预算和国有资本经营预算“四本预算”审计的全覆盖。重点跟踪、抽查财政资金使用绩效和“三公”经费、会议费、培训费的管理使用情况，延伸审计建学经费支出、道路交通事故社会救助基金管理情况等各类财政资金，审计发现至2016年底，市本级有1.23亿元财政存量资金未盘活使用，有7个已经执行完毕或终止实施的项目预算结余共4 061万元未收回总预算；“公益性设施提升经费”专项预算1 760万元，至2016年末没有支出；2015年拨付的1亿元优债资金未按预算用途归还相应债务等问题，通过审计，促进盘活财政存量资金1.23亿元。对8个部门单位预算执行情况进行审计，审计发现有3个单位历年结余和收入共5 235万元未编入部门预算；2个单位支出预算9 787万元未细化具体支出用途等问题。对佛山市市级统筹社会保险基金预算执行情况审计，审计发现12名退休人员死亡后仍有领取养老待遇共20万元，57人死亡后仍有享受医疗待遇共24万元，411人没有缴纳职工医疗保险基金而享受医疗待遇共180万元等问题。首次对佛山市本级国有资本经营预算执行情况开展专项审计，审计发现未按规定口径编制收入预算，少预估利润收入982万元；未审核企业实际国有资本收益，造成2家企业少上缴和未及时上缴2015年及以前年度国有资本经营收益1亿元等问题，通过审计，促进健全完善《佛山市市级国有资本经营预算管理办法》。向市政府提交2份审计专报，得到市领导高度重视和批示。

【经济责任审计】 2017年，佛山市审计机关对27个单位、45名领导干部进行经济责任审计，其中县处级9人、乡科级33人、其他3人。审计查出违规金额1 188.09万元、损失浪费金额2 187.1万元、管理不规范金额43.32亿元。佛山市审计局组织开展6个镇（街）主要领导干部经济责任异地同步交叉审计，向纪检监察机关移送违法纪违案件线索5条，追回被侵占、骗取、挪用的资产1.2万平方米房产和资金2 117万元。参与全省组织开展的领导干部异地交叉经济责任审计，审计查出涉嫌滥用职权造成国有利益损失案件线索2条，督促被审计单位追回资金8 000多万元。

【政府重大投资项目审计】 2017年，佛山市审计机关重点关注项目落地、资金管理使用、工程建设管理、绩效等情况，开展对高速公路、轨道交通、佛科院北院新校区、市妇女儿童医院等23个重点建设项目的审计。出具16份跟踪审计意见单，提出81条审计意见。审计发现部分工程项目未按实际施工情况支付工程进度款，涉及金额4 825.8万元；项目未按规定进行公开招标，通过内部邀标的方式确定实施单位，涉及金额97.58万元等问题。向市政府提交4份审计专报，市领导高度重视，召开专题会议研究解决审计反映的问题。

【专项审计和专项审计调查】 2017年，佛山市审计局开展2013年至2016年广佛跨界流域水环境治理情况专项审计调查，审计调查结果表明，佛山市在跨界河流整治、水环境治理建设工程和治理资金管理等方面存在部分工程未按计划实施或进展缓慢、污水处理厂运行效率不够高等问题。通过审计，为佛山市推进水环境治理提供重要参考。佛山市区级审计机关开展残疾人就业和最低生活保障金、生活垃圾收集和污水分散处理、合作办学费用等专项审计调查，通过审计发现虚报冒领、多发错发补贴、资金使用效率低等问题，追回资金6 045.92万元。

【审计整改监督】 2017年，佛山市审计局增设整改监督科，对被审计单位纠正审计查出问题、执行审计决定、落实审计处理意见和建议情况进行现场监督检查。健全审计整改监督机制，制订《佛山市审计局审计整改监督工作暂行办法》。2017年，查询检查5个区、14个镇（街）、32个部门单位的审计整改情况。9月，佛山市政府召开全市预算执行和财政收支审计查出问题整改落实会议，督促落实整改。

（沈淑珍）

物价管理

【概况】 2017年，佛山市价格工作注重在深化价格改革、完善价格调控、规范价费行为、强化价格监管、优化价格服务等方面狠抓落实，较好地发挥价格杠杆作用，促进经济平稳健康发展，确保价格总水平基本稳定。是年，全市居民消费价格指数（CPI）比上年上涨1.9%，低于3%的年度预期调控目标。

【价格改革】 2017年，佛山市按照《佛山市推进价格机制改革实施方案》中36项改革措施和109个具体任务，明确完成年度工作计划责任单位和责任人，建立推进价格机制改革工作情况定期报告和通报制度，推进全市价格改革工作有序稳步开展。

是年，佛山全市完成简化水价分类改革，将水价简化分类为居民生活用水、非居民生活用水和特种用水3类，工商业用水执行非居民生活用水价格，实现同价。按“先建机制、后建工程”要求，于7月15日印发实施《佛山市农业水价综合改革实施方案》，成立以分管常务副市长为组长的市农业水价综合改革领导小组，并建立以市发展和改革局为牵头部门，市水务局、财政局等为成员单位的工作机制。该实施方案还明确改革的总体目标和主要任务，将改革任务分解到各责任单位，并明确农业水价综合改革工作绩效评价责任分工。

贯彻落实对淘汰类、限制类企业实行差别电价和阶梯电价的政策，加快淘汰落后产能，促进产业转型升级。做好排污权有偿使用和交易试点的价格管理工作，推进排污权交易价格实行最低限价管理，经省批复同意，在2017年、2018年、2019年年度内，全市对既有企业排污权初始价格分别按照省定标准的50%、70%、90%执收。做好污水处理价格管理，全市污水处理收费标准达到国家规定的要求（居民不低于0.95元/立方米、非居民不低于1.40元/立方米）。

制订《佛山市公立医院基本医疗服务项目和价格》，从2017年7月1日起，全市公立医院同步取消药品和医用耗材加成，实施新的基本医疗服务价格，实现药品和医用耗材养医机制基本破除、医疗服务新老价格平稳过渡的目标，未发生影响社会稳定的不良因素和重大价格投诉问题。

【清费减负】 2017年，佛山市在清费降本工作中，注重多措并举、综合施策，基本形成清理收费、综合降本、政府补助的“清”“降”“补”三位一体的长效机制，促进实体经济转型升级和稳

2017年7月1日，佛山市公立医院同步取消药品和医用耗材加成，实施新的基本医疗服务项目和价格。图为市发改局副局长周和平带领医疗服务价格改革巡查督导组在佛山市第一人民医院对实施情况进行巡查督导 （市发改局供图）

步发展。佛山市清费降本工作在国务院第四次大督查中获得督查组肯定，出台的清费降本措施得到主流媒体的高度关注和社会的认可，被誉为清费减负降成本的“佛山样本”。

在全省率先清理规范强制性培训收费，明确将政府举办的强制性培训纳入财政预算安排，一律不得向企业收取费用。全面整治行政审批中介服务事项，全市136项由申请人承担的行政审批中介服务收费转为由审批部门承担，一律不得以任何形式向申请人收费。强化行业协会商会收费监管，严禁强制企业入会并收费，规范会费及展览等各类活动收费，防止乱收费的发生。规范电子政务平台收费，全市323个电子政务平台免费向企业、个人和社会开放。取消公益一类公共资源交易中心所提供的各类交易服务收费，各级政府及部门委托公益二类、三类事业单位及企业提供的属于公共资源交易目录范围内的各类交易服务收费，由委托的政府部门支付交易服务费。

降低企业用电成本　按照省的部署，从2017年1月1日起，全市大工业电价和一般工商业电价统一降低2.33分/千瓦时，每年可减轻用户电费负担10.9亿元。落实国家和省关于取消、降低部分随电量征收的政府性基金及附加的规定，从2017年4月1日起，取消全市随电量征收的城市公用事业附加1.4分/千瓦时；从2017年7月1日起，将国家重大水利工程建设基金和大中型水库移民后期扶持基金的征收标准统一降低25%，全市的国家重大水利工程建设基金的征收标准降低0.18分/千瓦时，大中型水库移民后期扶持基金的征收标准降低0.21分/千瓦时，年降价金额10.1亿元。

降低企业用气成本　全市工商业用气最高限价在2016年8月降低0.30元/立方米的基础上，2017年又两次降低最高限价，分别为2月降低0.05元/立方米、8月降0.20元/立方米，三连降措施共降低0.55元/立方米，预计每年可减轻企业气费负担5.8亿元。

【价格调控】2017年，佛山市加强对价格调控项目库的管理，修订平价商店绩效评价指标，全市注销或淘汰平价商店55个，全市257个平价商店平价商品年度销售额16.2亿元，优惠让利额2.1亿元。落实价格补贴联动机制，全年启动价格补贴联动机制10次，发放补贴1 187万元，惠及39.55万人次。

加强价格监测预警，推进价格监测规范化建设，全年采集价格监测数据20.8万条、开展市场巡视94次、向市民公布价格表260份、撰写价格分析信息79篇（其中被省采用26篇）。是年，佛山全市价格监测分析工作在全省价格监测质量考核中连续4个季度获得满分（已连续11个季度获得满分），价格监测工作被评为全国先进（已连续三年被评为全国先进）。

支持和指导陶瓷、纺织、塑料等重要商品价格指数的编制，打造佛山市陶瓷、纺织、塑料价格话语权。开展成本监审调查工作，全市在医疗、供水、教育、养老等行业累计开展成本监审调查项目42个，审核企业上报数据331.57亿元，核减企业不合理成本1.74亿元。做好价格认定服务工作，完善价格认定档案规范管理，市直及五区认证中心均实现100%网上受理，全年完成涉案财产价格认定8 405宗（认定标的总额为27.32亿元），完成价格咨询服务12 504件。

【价格监管】2017年，佛山市突出执法重点，加大价格检查执法力度。全年查处价格违法案件277件，查处价格违法所得金额738.54万元，实现经济制裁总金额980.52万元。其中，退还金额569万元、没收违法所得金额169.54万元、罚款金额241.98万元。全市受理价格举报投诉、政策咨询3 487件，办结3 253件，办结率达93.3%，回复率100%。

开展节假日市场价格检查，着重对春运客运票价、景区景点票价、大型农贸市场、民生领域商品价格进行专项检查和节前告诫，要求商家规范明码标价行为和守法诚信。加强对房地产开发商价格行为监管，对全市近1 000个商品房销售项目开展巡查，并联合住建、工商部门进行检查，对个别违反价格法的开发商作出责令退款加罚款的行政处罚，维护商品房销售领域的价格秩序，确保商品住房价格调控目标的落实。开展殡葬服务收费专项检查，对全市5个殡仪馆、6座经营性公墓、32座公益性公墓（骨灰楼堂），进行联合检查，要求其严格按照国家和省的有关殡葬收费政策进行收费。

开展涉企收费联合检查，在全市范围内开展涉企收费自查自纠工作，重点检查2016年5月以来出台的国家和省取消、停征和减免的涉企行政事业性收费和政府性基金政策落实情况，涉及企事业单位19个、收费项目27个、年收费金额1.2亿元，从检查结果看，相关收费单位的收费项目的取消、停征、减免政策执行到位，并及时对收费公示信息进行更新。开展成品油价格、食盐价格、大型医疗设备收费、特种设备行政许可中介服务费等重点领域民生价费监督检查，有效规范了市场价格秩序。开展医改新政落地情况检查，全市出动巡查小组15个，检查公立医疗机构71个，从检查结果看，全市医改的执行情况基本良好，群众比较满意，没有发生重大价格投诉。

落实公平竞争审查制度，建立公平竞争审查部门间联席会议机制，制订公平竞争审查实施方案，推进佛山规范性文件公平竞争审查工作，狠抓行政事业单位收费公示的监管工作。同时，开展电商培训，巩固电商价格监管的“第一道防线”，举办多场电商价格行为业务培训班及“双11”提醒告诫会，吸引354家电商企业和2个电商行业协会的513人参加。

合理调整价费标准　年内，佛山市进行成品油价格调整15次；调整全市电动汽车充电服务收费标准政策，促进新能源汽车的推广应用和充电设施的建设发展；调整全市机动车安全技术检验收费标准；调整2家社会福利院托养服务收费标准；调整多所公办幼儿园和民办中小学校收费标准；调整平沙渡口过渡费及多条公交线路票价；1月1日起取消车辆通行费年票制，不再收取年票制年票和次票。

（张艳玲）

国土资源管理

【概况】2017年，佛山市以城市治理为载体，以“保发展、保红线”为主线，在全市划定446个产业发展保护区，产保区内的工业用地规模350平方千米。提高土地利用率，有效保障经济发展用地需求。全市累计解决历史留用地面积776.45公顷，完成全年留用地治理任务。是年，禅城区国土城建和水务局被广东省人民政府评为土地执法监察一等奖，佛山市国土资源和城乡规划局和南海区国土城建和水务局土地执法工作获得省人民政府通报表扬。南海区同步推进农村集体经营性建设用地入市和土地二级市场试点改革，截至12月底，完成入市81宗，面积154公顷，总成交金额66.2亿元。

【耕地保护】2017年，佛山市做好全市永久基本农田划定和土地利用总体规划调整完善工作。规划调整后，到2020年全市耕地保有量任务46 340公顷，基本农田任务39 433.33公顷，建设用地总规模139 786.67公顷。

全面梳理佛山市耕地占补平衡台账，市本级有耕地储备指标408.1公顷（其中优质水田42.4公顷）。合理安排2017年省下达佛山市的975.4公顷新增建设用地指标，新增建设用地指标使用进度达90.05%，较好地保障佛山“一环”高速化改造、“一环”西拓、佛江高速等各项重点项目和民生项目用地需求。

佛山市各区全面完成2016年度耕地质量等别年度更新评价和2017年耕地质量等别监测评价工作，形成报告、数据库等成果，提交至省国土资源厅。

截至2017年底，2015年度省下达佛山市的2 073.33公顷高标田建设任务全部通过市级验收。

【地籍管理】2017年，佛山市推进农村地籍调查工作，农村地籍调查工作，进展情况在全省排名前列。各区获政府批准农村地籍调查预算经费15 302.85万元，落实经费14 911.85万元。年内，《佛山市农村地籍调查市级验收方案》印发。

【不动产统一登记】2017年，佛山市加快不动产登记数据的整合工作，按照省国土资源厅相关要求，落实项目经费1 846万元，实现不动产登记管理系统全覆盖。截至12月31日，全市颁发不动产权证书792 720本，不动产登记证明623 308份。

启动林业类不动产统一登记工作，由市国土资源和城乡规划局联合市农业局于12月11日印发《佛山市国土资源和城乡规划局　佛山市农业局关于做好林权类不动产统一登记工作的通知》。

【土地利用】

用地报批　2017年，佛山市国土资源和城乡规划局通过加强收件把关工作，优化用地报批审查流程，完善土规、现状地类、土地权属等用地报批审查基础数据库等方式，完善用地报批审核审批办法，提升用地报批效率。

单独选址项目用地　2017年，佛山市国土资源和城乡规划局上报5个单独选址项目用地至省国土资源厅，涉及用地面积88.60公顷，保障重点交通项目的用地，具体包括佛山一环西拓塘西大道跨线桥、水都路跨线桥及白金线改造工程，佛山一环西拓桂花岛至仙湖段改造工程，佛山市金港路至桂丹路公路工程，三水二桥至进港大道匝道工程和佛山市高明大桥至富龙大桥公路工程建设项目。

留用地治理　2015年至2017年，省委下达佛山市留用地治理任务2 522.96公顷，其中2017年留用地治理任务776.3公顷。2017年，佛山全市累计解决历史留用地面积776.45公顷，较好地完成留用地治理任务。

批而未供土地盘活利用　2017年，佛山市国土资源和城乡规划局下发《佛山市国土资源和城乡规划局关于进一步加强2017年度批而未供土地盘活利用工作的通知》，要求各区国土部门切实加大工作力度，按时完成供地率目标任务。年内，全市盘活批而未供土地面积6 210.43公顷。至年底，佛山市近五年（2012—2016年）供地率考核达标（根据广东省土地市场动态监测与监管系统统计数据显示，截至2017年12月31日，全市2012年至2016年获批准建设用地面积9 932.90公顷，批而未供土地面积3 722.47公顷，平均供地率62.52%，完成上级国土部门对近五年供地率考核不低于60%的要求）。

【土地市场】2017年，佛山市成交国有建设用地使用权214宗，成交面积936.32公顷，成交价款935.90亿元（按成交数为统计口径，下同）。土地成交面积比上年增长52.44%，成交价款增长53.78%，为全市经济发展提供用地保障和资金支持。

是年，南海区根据国土资源部印发的《关于完善建设用地使用权转让、出租、抵押二级市场试点方案》的安排，同步推进农村集体经营性建设用地入市和土地二级市场试点改革。佛山市依托省国土资源厅“土地市场动态监测与监管系统”，建立全程化的供后监管机制，加大土地执法力度，开展疑似闲置土地专项整治工作等措施促进供后土地节约集约利用。

【矿产管理】2017年，佛山市开展矿业权人勘查开采信息公示工作，督促指导全市12个矿山开采项目进行信息填报和公示。通过公示，促进矿业权人诚信自律，强化信用约束，提高政府监管效能。开展节后复工安全生产教育培训工作、2017年特别防护期安全生产大检查工作、联合行动工作计划、宣传教育工作方案、“安全生产月”和“安全生产万里行”等活动，全年开展矿山企业安全生产培训11次，合计培训300多人。组织开展佛山市第三轮矿产资源总体规划（2016—2020年）编制。

【地灾防治】2017年，佛山市落实安全生产“一岗双责”，开展矿山开采、测绘、危化品用地管理等专项行动20次。加强地质灾害防治工作，通过搬迁治理消减地质灾害34处，对全市重要监测点进行专业巡查监测3 812人次，开展突发性地质灾害应急调查6次、险情调查10次、隐患排查34次，发出预警25次，其中四级预警22次、三级预警3次。汛期24小时值班和应急响应防范到位。实现连续11年地质灾害“零伤亡”。

【国土测绘管理】2017年，佛山市组织推进使用2000国家大地坐标系相关工作，制订《佛山市涉及空间信息的业务数据坐标系调查表》，编制《佛山市2000坐标系建立技术方案》，并通过专家论证。是年7月31日，佛山市人民政府办公室批准建立全市统一的佛山市2000坐标系。

组织开展对佛山市33个丙、丁级测绘资质单位和外省到佛山市从事测绘活动的单位的质量监督检查，促进全市测绘成果质量的提高。完成测绘单位信息变更5个，资质申请8个，补充和修改数据25个；核发测绘作业证16本。

按照《广东省不动产登记信息管理基础平台建设方案》，完成佛山市不动产登记数据资源体系建设、不动产登记电子政务平台建设、不动产登记业务应用系统建设和不动产数据交换等建设内容。通过建设，建成佛山市标准统一的不动产登记数据库体系，实现全市不动产登记业务融合、不动产登记全业务流程网上运行和监管、不动产登记信息与审批和交易信息实现网上实时互通共享，以及不动产登记信息国家、省、市、区四级互通共享。

【土地执法监察】 2017年，佛山市国土资源和城乡规划局对土地卫片发现的427宗违法用地通过非立案处理13件，另应立案查处的414件中，立案414件，结案414件。全年土地执法监察落实罚款329.2万元，没收违法用地面积36 317.4平方米，拆除违法建筑物面积230 822.1平方米，复耕面积19.37公顷，复绿面积35.51公顷。

是年，住建部下发佛山市规划卫星遥感图斑708个，其中涉嫌违反总规强制性内容图斑18个，不涉及违法建设行为图斑13个，4个图斑完成整改，1个图斑现场整改基本完成。

【建设用地使用权转让、出租、抵押二级市场试点】 2017年1月23日，根据国土资源部印发《关于完善建设用地使用权转让、出租、抵押二级市场试点方案》的通知安排，南海区被要求同步推进农村集体经营性建设用地入市和土地二级市场试点改革。南海区通过建立立体多维工作机制，按照“一套政策、两个基础、三项配套”的系统部署，大胆开展集体土地整备、片区综合整治、产业载体开发、公共用地预留、入市全程监管等五方面创新探索破解实践难题，稳慎有序地开展试点改革各项工作，取得阶段性成效。6月，《南海区完善建设用地使用权转让、出租、抵押二级市场试点实施方案》获国土资源部批复同意，工作进展顺利。

【土地储备开发】 2017年，佛山市新增储备入库土地1宗，面积28 458.8平方米；供应储备土地2宗，面积36 012.8平方米。至年底，市级储备存量土地（不含国资储备地）27宗，面积102.93公顷。

【土地法制建设】 2017年，佛山市国土资源和城乡规划局开展《佛山市城乡规划条例》和《佛山市测绘地理信息管理办法》的起草工作。完成《佛山市测绘地理信息管理办法》征求意见、专家论证等程序。组织清理评估市国土资源和城乡规划局现行有效的规范性文件，完成《佛山市城镇新建住宅区配建教育设施管理暂行办法》等4份文件的清理。

（郭　庆）

工商行政管理

【概况】 2017年，佛山市全面深化商事登记制度改革，全年全市新登记市场主体12.01万户，比上年增长40.1%。至年底，佛山市共有各类市场主体61.8万户，注册资本12 776.08亿元，分别比上年增长15.4%和26.8%。其中，企业总数26.63万户，比上年增长18.8%；个体工商户实有35.13万户，比上年增长12.9%。纵深推进商标品牌战略，至年底，拥有注册商标222 982件，比上年增长18%，位居全国大中城市第十二位。推进“放心消费”试点城市创建，成为广东省首个“放心消费”试点创建城市，并将放心消费创建项目列入市政府年度重点工作和市委深化改革重点项目，全年全市工商系统受理消费投诉举报40 583件，为消费者挽回经济损失3 537.08万元。开展市场监管改革创新，在佛山市范围首创开展打击侵犯消费者个人信息权违法行为专项行动，查办全省第一例“骚扰电话”案，成为广东省首个建立网络市场监管部门联席会议制度的地级市。

【商事登记制度改革】 2017年，佛山市工商行政管理局继2015年8月19日发出全国首张符合国家“三证合一、一照一码”18位编码标准的营业执照后，继续落实《广东省工商行政管理局等六部门关于在全省统一实施“多证合一、一照一码”改革的通知》文件精神，整合工商、质监、税务、公安、社保、统计、公积金、商务等相关业务，在佛山全市范围内全面实施“多证合一”登记模式，实施个体工商户营业执照、税务登记证“两证合一”，减少登记环节，提高审批效率。另一方面，出台《佛山市商事主体住所登记管理暂行办法》及其配套指导意见。放宽住所登记限制，探索集群注册登记模式，推动新型产业集聚发展；规范利用居民住宅登记为企业住所的条件，允许10类环境污染和安全隐患相对较小的市场主体使用住宅作为经营性用房，施行以负面清单+房屋用途为划分标准施行住所信息申报制，简化申请人的住所登记申请材料，刺激佛山商事主体的增量发展。是年，佛山平均每天新登记市场主体超过300户，其中通过住所申报方式申请设立的约占同期申请的60%以上。全年全市新登记市场主体12.01万户，比上年增长40.1%。

推进全程电子化商事登记试点，推行全程电子化商事登记和具备金融功能电子营业执照，并于2月发出广东省首张具有金融功能的电子营业执照，为广东省开展全程电子化商事登记先行先试。

推进政银合作，推行银行代办工商注册登记服务，推动佛山市成为广东省内首批开通粤港澳商事登记“银政通服务”城市，进一步简化澳企、港企和港澳个人前往佛山市开办企业的注册流程。

3月1日起，根据国家工商总局《关于全面推进企业简易注销登记改革的指导意见》文件精神，佛山市在全市范围内全面实行企业简易注销登记改革。贯彻执行企业简易注销登记规范，在佛山市行政审批标准化系统中更新企业简易注销登记规范，落实简易注销工作，释放市场资源。

【"双随机、一公开"制度深入实施】 2017 年，佛山市工商部门对系统内所有的检查事项全面实施"双随机"，提前完成国家、省部署的 2017 年度 100% 开展"随机抽查"工作任务，率先实现"全覆盖"目标。

制订工商部门"双随机、一公开"抽查工作细则及全市跨部门"双随机"工作规范，一并对负有"双随机"抽查监管职责的市直部门报送的部门"双随机"抽查制度进行备案。开发"双随机"监管功能模块。依托市监管服务平台建立的"双随机"抽查功能模块提供跨部门、部门内两种"双随机"抽查模式和三种抽查比例算法，实现符合条件下的随机抽查对象与执法检查人员的随机搭配，契合佛山市多种监管实践需求，依托"双随机"监管功能模块和业务系统，共开展 3 次对企业的随机抽查，抽查内容覆盖本部门所有随机事项，检查企业 8 740 家。由市质监局、安全监督局、食品药品监管局和南海区市场监督管理局等多个市、区级部门牵头，开展多次跨部门联合"双随机"抽查。涉及市场主体经营、职业卫生执法、特种设备制造、食品安全卫生等多个检查领域。

【《佛山市贯彻落实〈"十三五"市场监管规划〉和〈广东省市场监管现代化"十三五"规划〉实施方案》印发】 2017 年，佛山市工商行政管理局推动以市政府办公室名义印发《佛山市贯彻落实〈"十三五"市场监管规划〉和〈广东省市场监管现代化"十三五"规划〉实施方案》(是在全省 21 个地级市中率先印发该类方案)，全面部署佛山"十三五"时期推进市场监管现代化各项任务。

该实施方案按照"两个《规划》为主线，规划任务全覆盖，体现佛山特色，切合部门实际，突出工作亮点"的总体原则，主要围绕市场监管现代化主题，根据监管理念现代化、监管体制科学化、监管机制规范化、监管手段信息化、监管格局多元化、市场监管法治化以及关键环节监管、保障措施的思路，对国、省两个"规划"提出的 33 个大项、132 个细项建设任务进行整合，经过"任务认领与措施征集、形成征求意见稿、多轮征询意见"等程序，最终形成由市直 25 个部门牵头、39 个单位参与的 75 项任务，并以"任务分解表"形式提出具体工作措施和时间节点。

12 月 5 日，省工商行政管理局副局长钱永成率"学习贯彻党的十九大精神，重塑营商环境广东优势"综合调研组赴佛山调研，座谈中高度评价佛山落实两个《规划》工作"抓得快、抓得紧、抓得好"。在 12 月 1 日结束的 2017 年全省市场监管体系建设工作培训班上，佛山市作为唯一受表扬的地级市，工作走在全省前列。

【权责清单】 2017 年，佛山市工商行政管理管理部门实行权责清单管理。佛山市工商行政管理局有行政职权 1 001 项，其中行政审批 75 项、行政检查 5 项、行政处罚 787 项、行政强制 21 项、行政确认 7 项、行政奖励 6 项、行政调解 2 项、行政指导 7 项、其他类 91 项。各区工商行政管理局有行政职权 988 项，其中行政审批 72 项、行政检查 5 项、行政处罚 777 项、行政强制 21 项、行政确认 7 项、行政奖励 6 项、行政调解 2 项、行政指导 7 项、其他类 90 项。

【商标品牌战略】 2017 年，佛山市拥有注册商标 222 982 件，比上年增长 18%，位居全国大中城市第十二位；中国驰名商标 159 件，位居全国地级市首位；省著名商标 452 件，位居全省第三位；集体商标 30 件，位居广东省首位，证明商标 5 件，位居全省第三位；马德里体系国际注册商标 625 件，位居全国第十二位。广告业统计实现年报率 100% 目标，查处违法广告案件 416 件。虚假违法广告综治考评以 99.85 的高分获全省第一名（连续两年获全省第一）。

落实《佛山市商标国际注册资助办法》和《佛山市扶持企业创驰（著）名等商标奖励实施意见》，扶持企业打造国内知名品牌，鼓励企业"走出去"过程中做好海外商标知识产权保护。全年向 104 家企业发放各项奖励资金近 440 万元，降低企业成本，提升企业保护和创造品牌的积极性。在市工商局各项政策带动下，佛山各区也根据实际情况，对辖区的商标品牌扶持政策进行优化，促进市、区两级形成相对完善的商标品牌发展鼓励政策。

【驰名商标】 2017 年，佛山市工商行政管理局出台《佛山市扶持企业创驰（著）名等商标奖励实施意见》，通过奖励手段鼓励企业发展商标品牌，推荐装备制造、陶瓷建材和新兴产业的优势企业认定中国驰名商标和广东省著名商标，驱动企业品牌价值提升，推动民营企业做优做强。全年新增驰名商标 2 件，新增集体商标 3 件。

发挥商标预警系统作用，发出商

2017 年 9 月 21 日，佛山市商标战略办联合市工商局举办佛山市地理标志商标培训会（市工商局供图）

标抢注预警通知书413份，介入“广莱坞”商标抢注事件处理，指导各有关企业和单位通过异议、争议等途径救济“蔡李佛”“香云纱”等一批知名商标，结合政策重点编印发布《佛山地区商标报告》4期，发挥辅政作用。此外，坚持开展“双打”行动，严厉打击商标侵权假冒行为，全市查处商标违法案件241件，维护市场公平竞争秩序。

【放心消费创建试点城市】 2017年3月，佛山市被广东省政府确定为全省首个“放心消费”试点创建城市。为推进“放心消费”试点工作，年内，佛山市成立以市长为组长、分管副市长为副组长的全市放心消费创建工作领导小组，领导小组办公室设在市工商局，统筹、协调、组织全市放心消费创建工作。将放心消费创建项目列入市政府年度重点工作和市委深化改革重点项目，全面统筹推进全市放心消费创建工作。出台《佛山市放心消费创建工作领导小组工作规则》《佛山市放心消费创建标识管理办法》，每月编发《佛山市放心消费创建工作简报》，宣传放心消费创建工作情况及工作亮点，强化典型示范；每季印发《佛山市消费投诉和经济违法行为举报统计分析通报》，针对消费维权投诉举报热点难点适时发布行政监管警示和消费提示。

【消费维权】 2017年，佛山市工商行政管理局抽检服装、电线电缆、玩具、人造板、燃气热水器、燃气灶和成品油等14类商品，抽检617款，不合格84款，合格率86.4%。同时强化抽检结果的运用，开展对2016—2017年度抽检不合格商品后续处理。立案查办不合格商品案件79件，罚没金额43.31万元，查获不合格汽车儿童安全座椅、润滑油及制动液、移动电源及USB插座、汽车轮胎、电动自行车、服装、儿童及婴幼儿服装和小家电等商品一批。是年，全市工商系统受理消费投诉举报40 583件，为消费者挽回经济损失3 537.08万元。

【工商监管执法】 2017年，佛山市各级工商和市场监管部门办结经济违法案件3 588件，比上年增长21.2%。开展整治“老人免费体验店”违法经营行为专项行动，查办案件数位列全省系统第一。在佛山市范围首创开展打击侵犯消费者个人信息权违法行为专项行动，查办全省第一例“骚扰电话”案，入选《广东省工商与市场监管部门典型案例选编（2017）》。

组织开展元旦和春节期间打击应节商品走私联合行动、打击过境走私专项行动、打击走私“国门利剑2017”联合专项行动及打击“洋垃圾”走私专项行动，查处贩私案件16件；查获走私“红油”77.51吨、非法成品油109.18吨，查获非法进口废旧汽车发动机6个及相关废旧汽车零配件17件，没收非法电子产品1 718件，有效遏制辖区的走私、贩私违法活动。

是年，佛山全市各级工商（市场监管）部门出动执法人员2 000人次，检查通信行业、旅游类、房地产类相关经营单位931个，检查合同文本1 631份，约谈三大电信运营商2次，约谈房地产和旅游企业32次，发出行政建议书58份，发出责令整改通知书36份，纠正涉嫌违法违规格式条款105条，立案查处格式条款案件44件，其中结案23件。

【全省第一例“骚扰电话”案】 2017年3月6日，佛山市工商行政管理局接到群众举报，称佛山市某房地产策划有限公司的业务员未经举报人同意，就拨打举报人的电话进行推销房地产，侵犯了举报人的个人信息保护权，希望工商部门进行查处。佛山市工商行政管理局于3月8日依法对当事人进行立案调查，并于4月7日依法对当事人作出行政处罚。该案为全省第一例“骚扰电话”案。市工商局以该案为契机，于6月7日约谈市房地产业协会及部分中介机构代表，通报查处案例，解读相关法律法规及行刑衔接标准，重点解读2017年6月1日起施行的《最高人民法院 最高人民检察院关于办理侵害公民个人信息刑事案件适用法律若干问题的解释》，并向市房地产业协会发出《行政指导意见书》，引导其适时组织所属会员单位进行对照检查并予以整改，达到“查处一个案件，规范一个行业”的目的。市房地产业协会向各会员单位发出《关于贯彻落实佛山市工商行政管理局行政指导意见书有关要求的通知》，要求会员单位对照检查和整改，共同营造房地产业守法经营、规范经营的良好氛围。该通知在亿房网、南方网、爱易房网、网易、搜狐等网站迅速传播，以案释法效果明显。并利用《佛山日报》、佛山工商微信公众号等载体，广泛宣传关于消费者个人信息违法犯罪方面的法律知识和政策措施，提高全社会对维护消费者个人信息安全工作的认识。

2017年3月15日，佛山市副市长乔羽、省工商局副局长沈亦军等相关领导出席佛山市“放心消费”试点创建城市启动仪式 （市工商局供图）

同时对外公布举报热线，鼓励群众举报侵害消费者个人信息保护权的违法行为。

【市场规范管理】 2017 年，佛山市有 2 274 家企业申报通过被公示为“2016 年度广东省守合同重信用企业”，数量继续保持逐年上升趋势，位居广东省第二，比公示为“2015 年度广东省守合同重信用企业”的 1 764 家增加 510 家。

是年，市工商局推进全市商品交易市场信用分类监管，开展“广东省文明诚信市场”创建活动。佛山市在广东省市场信用分类监管系统应用工作绩效考核评分中取得考核满分 100 分的成绩，被省工商局评为绩效考核优秀等次；佛山市有 11 个商品交易市场荣获 2016—2017 年度广东省文明诚信市场称号，排名全省前列，受到广东省工商局、省文明办、省信用办的表彰。

链接

佛山市2016—2017年度“广东省文明诚信市场”名单

中国陶瓷总部基地、佛山市南海区九江洛浦汇港城综合市场、佛山市高明区文华消费品综合市场、佛山市三水区乐平综合市场、佛山市三水区商业城市场、佛山市三水区西南街张边市场、佛山市三水区西南街沙头综合市场、佛山市顺德区大良新观光市场、顺德乐从红星美凯龙家具市场、佛山市顺德区亚洲国际家具材料交易中心、佛山市顺德区新协力机动车交易市场。

【网络监管】 2017 年，佛山市工商和市场监管部门围绕 2017 年消费维权年主题“网络诚信 消费无忧”，组织开展网络消费维权重点领域监管执法行动；按照广东省工商行政管理局的部署开展电子商务“阿里巴巴打假地图”涉假企业专项整治行动，牵头联合佛山市发展和改革局、公安局等 10 个部门开展 2017 网络市场监管专项行动、电子商务产品专项打假行动、网络涉烟打假行动，开展规范“双 11”网络集中促销活动。严厉查处网络虚假违法广告、虚假宣传、商标侵权等违法行为，全年全市工商和市场监管部门网上检查网站、网店 9 757 个次，实地检查网站、网店经营者 2 833 个次，删除违法商品信息 323 条，责令整改网站 95 个，办结网络违法案件 442 件，移送公安机关案件 1 件。

10 月 30 日，佛山市建立由市工商行政管理局牵头，共 11 个部门组成的佛山市网络市场监管部门联席会议制度，成为广东省首个建立网络市场监管部门联席会议制度的地级市。

【佛山市市场监管服务信息化平台上线运行】 2017 年 8 月，由佛山市工商局牵头，以佛山市政府名义召开全市事中事后监管工作会议，并正式在全市上线佛山市市场监管服务信息化平台。该平台是全省首个建设覆盖市、区、镇（街）三级各监管服务职能部门的市场服务监管平台。该平台按照深化“放管服”改革要求、“寓监管于服务，以服务促监管”理念建设，集成 35 项应用和六大监管服务功能模块，突破性实现对“双随机”“双告知”监管职能的精准履行，建成大数据、全覆盖式“一户一档”，实现政府监管部门对市场主体的全生命周期监管，为服务政府决策，服务行业、企业风险分析等提供依据，促进形成具有佛山特色的新型市场监管机制。

年内，经过数据清洗，该平台归集整合市、区相关 89 个部门、62 万个市场主体总计有效监管数据 5 925.4 万条，通过“双告知”智能推送企业许可告知 3.15 万条次，实现商事登记与许可及行业主管部门的高效衔接。该平台创新研发技术已申请国家专利。该平台建设情况获新华社、《经济时报》专题采访报道，并作为全国“放管服”先进典型被推广。

【全省首张具有金融功能的电子营业执照】 2017 年 2 月 20 日，佛山市召开全程电子化商事登记启动暨首张金融功能电子营业执照颁发仪式，并在仪式上发出广东省首张具有金融功能的电子营业执照。金融功能电子营业执照是广东省全程电子化登记及电子营业执照改革进程的延伸，在这种加载了金融功能的电子营业执照芯片卡上，既有企业基本的工商登记信息，又有银行卡的功能。此项举措有效突破时间和空间的限制，申请人足不出户、身在异地都可以办理企业设立与企业银行账户申办业务，大幅降低企业办事成本，实现政府行政服务多元化。

佛山市于 2016 年 12 月成为全省开展全程电子化商事登记（第一期）试点市之一，经过 2 个多月调试与准备，实现首张金融功能电子营业执照正式发放。

【粤港澳商事登记“银政通服务”开通】 2017 年 5 月 19 日和 7 月 28 日，由广东省工商局与澳门贸易投资促进局、广发银行联合主办，澳门中华商会协办的“粤澳商事登记银证通”服务，以及由广东省工商局与中国银行（香港）有限公司、中国银行广东省分行联合主办，香港贸易发展局协办的“粤港商事登记银政通”服务，先后在澳门和香港启动。佛山市与惠州市、东莞市、中山市、江门市、汕头市成为粤港澳商事登记“银政通服务”试点城市，并开通粤港澳商事登记“银政通服务”。作为广东省首批业务合作试点单位，佛山市工商局分别受邀赴澳门和香港出席启动仪式，对在佛山市投资的澳资和港资企业颁发商事主体电子证照银行卡，提供一站式注册登记和银行金融服务。粤港澳商事登记“银政通服务”的开通，进一步简化澳企、港企和港澳个人到佛山市开办企业的注册流程。

（卢泰山）

质量技术监督

【概况】 2017 年 8 月，佛山市创建“全国质量强市示范城市”工作通过省预验收。是年，佛山市质量技术监督局在全国首创开展细分行业龙头企业认定工作，并认定完成全市第一批细分行业龙头企业 154 家；全市新入围国家质量奖提名奖的企业 2 家，累计 5 家次企业获此荣誉，在全省排名第一；全市拥有广东省名牌产品 500 个，占全省总数的 25.51%，继续位居全省各市之首；新申报“全国知名品牌示范区”4 个，获

2017年8月4日，佛山市创建“全国质量强市示范城市”反馈会召开，佛山创建“全国质量强市示范城市”通过省预验收（市质监局供图）

批创建“全国知名品牌示范区”9个，数量稳居全国地级市首位；全市5个区域品牌入选“2016年区域品牌价值百强榜”，入选数位居全国地级市首位；全市新增发布实施联盟标准26个，累计实施联盟标准98个；新推动全市企事业单位参与制修订国家标准27项、行业标准11项、地方标准3项；推动89个工业产品通过采用国际和国外先进标准认可；佛山市工业产品在2017年国家、省、市产品质量抽检综合合格率93.5%，比2016年提高1.5个百分点。

【质量强市创建】 2017年8月，佛山市“全国质量强市示范城市”创建工作，通过省的预验收，正式验收申请和相关证明材料随后上报至国家质检总局。制订并印发《佛山市2016—2017年度区人民政府质量工作考核实施方案》，按方案要求完成对五区的质量考核工作；组织开展形式多样的质量强市示范城市创建宣传活动，宣传“匠心铸精品 质量强佛山”的城市质量精神，印制3万多份质量强市宣传资料，开展市民质量满意度调查测评，开展18期1 800余人次参加的中小学质量教育实践活动，编制24期《佛山市创建全国质量强市示范城市工作简报》，提高全社会“质量第一”的强烈意识。

【工业产品质量提升行动】 2017年，佛山市质监局牵头起草，佛山市政府印发出台《佛山市工业产品质量提升三年行动计划（2017—2019年）》，配套确定23项具体任务，形成44个具体项目，并明确牵头单位、工作目标。同时，制订印发《佛山市工业产品质量提升扶持办法》等5份文件作为配套方案，并加强与各区、各部门、企业的沟通协调，收集意见建议，推动三年行动计划有序实施。6月6日，佛山市委、市政府高规格召开打造“质量佛山”工作推进会，全面部署佛山市工业产品质量提升工作。11月23日，国家质检总局组织包括中央电视台、《经济日报》、人民网等10余家中央媒体，到佛山市实地采访开展质量提升活动的做法和成效。

【以质取胜战略】 2017年，佛山市质监局在全国首创开展细分行业龙头企业认定工作，对佛山市2017年细分行业龙头企业认定工作进行部署和细化，并完成全市第一批154家细分行业龙头企业认定工作。继2016年出台全国首份智能马桶盖产品质量比对报告后，2017年又在电饭锅、燃气灶具等产品开展产品质量比对研究工作，并完成相关比对研究报告，提出具体的质量提升工作建议。是年，全市工业产品质量监督抽查综合合格率93.5%，对于不合格产品均按照后处理工作规定进行闭环处理。强化生产许可证后监管和认证监管，获证企业的日常巡查覆盖率100%，对88家获证企业开展技术检查。开展质量风险研判，梳理出产品质量风险信息190条，以工作意见的形式通报各区跟进，组织对锻压机械等7类产品开展了质量风险监测，形成风险监测报告。针对监督抽查中发现的行业性质量问题，组织召开家电、家具、服装等25期产品质量分析会，对1 400多名质量管理人员进行免费培训，帮助企业提升产品质量水平。同时，邀请质量管理专家、检验检测技术专家现场对209家质量问题较突出的企业开展质量义诊，就企业质量管理、标准建设等工作提出意见和建议。是年，全市有1 525家企业新获得质量管理体系认证证书，全市企业累计获得质量管理体系认证证书6 642个。全市新获得测量管理体系认证企业11家，累计29家；二级计量保证体系确认企业16家，累计161家；三级计量保证体系确认企业26家，累计135家。

【技术标准战略】 2017年，佛山市新建标准联盟13个、新增联盟标准26项，全市累计拥有标准联盟75个、制订实施联盟标准98个。

是年，佛山市质监局指导泛家居领域标准联盟在涂料、五金制品、照明电器3个行业编制2017—2018年标准体系规划与路线图，扩大产业标准“话语权”，巩固产业优势地位。全年全市企事业单位主导或参与制修订国家、行业、地方标准数量分别为27项、11项、3项，全市参与国家、行业、地方标准1 640项，位居全省前列。支持优势产业在质量、安全、节能、环保等方面采用国际标准，全年全市通过“采用国际标准”认证的产品2 592个。推动南方风机、中南机械、康思达等企业将专利转化先进标准，全年将专利转化先进标准20项。引导企业将执行的企业产品和服务标准向社会公开，逐步取消政府对企业产品标准的备案管理，全年全市参与开展产品和服务标准自我声明公开改革的企业1 068家。

【品牌带动战略】 2017年，佛山市坚美铝材、蒙娜丽莎集团2家企业获第三届中国质量奖提名奖；伊之密精密机械、佛山燃气集团获评2017年广东省政府质量奖，占全省本届省政府质量奖的五分之一；佛山市5个产品获得“广

2017年佛山市国家、省、市政府质量奖企业情况表

荣誉称号	获奖企业	获奖年份
中国质量奖提名奖	广东格兰仕集团有限公司	2013 年
	广东坚美铝型材厂（集团）有限公司	2015 年
	广东美的制冷设备有限公司	2015 年
	广东坚美铝型材厂（集团）有限公司	2017 年
	蒙娜丽莎集团股份有限公司	2017 年
广东省政府质量奖	广东格兰仕集团有限公司	2009 年
	美的集团有限公司	2009 年
	广东联塑科技实业有限公司	2011 年
	广东美的生活电器制造有限公司	2013 年
	广东科达机电股份有限公司	2013 年
	广东坚美铝型材厂（集团）有限公司	2013 年
	广东美芝制冷设备有限公司	2015 年
	广东万和新电气股份有限公司	2015 年
	蒙娜丽莎集团股份有限公司	2015 年
	广东伊之密精密机械股份有限公司	2017 年
	佛山市燃气集团股份有限公司	2017 年
佛山市政府质量奖	广东万和新电气股份有限公司	2013 年
	佛山市三水凤铝铝业有限公司	2013 年
	佛山市海天调味食品股份有限公司	2013 年
	佛山高富中石油燃料沥青有限责任公司	2013 年
	广东美芝制冷设备有限公司	2013 年
	广东美的厨房电器制造有限公司	2015 年
	广东溢达纺织有限公司	2015 年
	蒙娜丽莎集团股份有限公司	2015 年
	广东兴发铝业有限公司	2015 年
	佛山市恒力泰机械有限公司	2015 年
	广东伟业铝厂集团有限公司	2017 年
	广东天安新材料股份有限公司	2017 年
	广东东箭汽车用品制造有限公司	2017 年
	广东新明珠陶瓷集团有限公司	2017 年
	广东盛路通信科技股份有限公司	2017 年

（市质监局供稿）

东优质”称号，超过全省总数一半。佛山市完成第三届市政府质量奖评审工作，新明珠等5家企业获得佛山市政府质量奖；市质监局组织企业申报广东省名牌产品称号，全市有312个产品申报，佛山市省名牌产品数量达500个，继续稳居全省第一。发动各区申报全国知名品牌示范区，其中，南海区申报全国梭织面料产业知名品牌示范区，高明区申报全国人造石英石知名品牌示范区，三水区申报全国饮料产业、通信天线产业2个知名品牌示范区，以上申报材料已上报国家质检总局；顺德区申报全国燃气具、珠宝、涂料、家具五金4个知名品牌示范区，相关申报材料待区政府审批后上报国家质检总局。

3月21日，2016年区域品牌价值评价结果发布会在北京召开，佛山陶瓷以近430亿元的品牌价值，在“2016年区域品牌价值百强榜”中排名第七，佛山同时入选的区域品牌还有南海铝材、南海半导体照明、盐步内衣、西樵面料，入选区域品牌数在全国地级市中排名第一，区域品牌总价值约781亿元。除西樵面料新入榜单外，其余4个区域品牌2016年品牌价值比2015年增加约124亿元。

【法制计量】 2017年，佛山市质监局组织对全市336个集贸市场、344家基层医疗卫生单位的2.44万台（件）计量器具开展强检计量器具免费检定，覆盖率100%，免收检定费用102.69万元。推动全市建设完成20项新的社会公用计量标准，全市有社会公用计量标准602项，其中最高社会公用计量标准497项，通过二级计量保证体系确认企业167家，数量均位于全省地级市之首。开展加油机专项计量监督检查，对全市332个加油站1 330台加油机进行检查，助力开展“诚信计量”工作。分类建立强检计量器具使用单位信息：计量技术机构4个、建立计量标准单位28个、医疗卫生单位351个、集贸市场265个、加油站335个、电子汽车衡使用单位801个、出租车计价器使用单位14个。对热泵热水器等6类用能产品26家生产企业的26批次产品，进行能源效率标识计量专项监督抽查，抽查合格率94%，要求不合格产品生产企业限期整改。

【特种设备安全监管】 截至2017年底，佛山市有特种设备15.7万台套，位居全省地级市之首，“人机比”失衡最严重，安全监管任务繁重。2017年，佛山市质监局继续推进特种设备安全管理信息系统建设，建立市特种设备安全管理和应急救援专家库，全年开展自动扶梯、粉尘涉爆企业特种设备等安全大检查等19

2017 年 11 月 23 日，中央电视台、人民网、新华网等 10 余家中央媒体记者到佛山市开展“质量提升媒体行”采访报道活动。图为媒体记者一行参观美的集团产品展厅
（市质监局供图）

项专项整治行动、3 次督查和 7 次联合执法行动，向各区局及相关单位发出各类警示通知 6 份，及时消除风险隐患，确保特种设备安全运营。排查建档严重事故隐患 138 个并全部完成整改，完成 95 处特种设备城市风险点危险源现场图片及应急预案的收集建档。完成使用管理人确认的电梯 4.4 万台，占全市在用电梯的 99% 以上，新投入使用电梯的确认率 100%。责任保险覆盖的电梯数量 3.7 万台，占在用电梯比例逾 82.5%。

【质监行政审批】 2017 年，佛山市质监局修订特种设备作业人员考核等 9 项审批标准，推进互联网+政务服务，实现计量授权、生产许可证和计量标准全程网上办理；推进工业产品生产许可证审批制度改革，企业从提交申请材料到出证仅需 3 个工作日，与改革前相比，减少提交 80% 的资料，节约 90% 的时间，让企业真正享受到“放服管”改革的红利。

【质监行政执法与举报投诉】 2017 年，佛山市出动质监执法人员 19 419 人次，检查生产、使用单位 7 768 家（次），立案查处 721 件，移送公安机关案件 6 件。推进“两法衔接”，将 188 件案件信息按时录入“两法衔接”信息共享平台。全市质监系统受理群众产品质量举报投诉案件 983 件，处理市“12345 行政服务热线”转办工单 1 987 宗，各类工单均做到及时、准确答复和反馈。

【检验检测平台建设】 2017 年，佛山市质监局推动检验检测平台建设。广东省铝型材产业计量测试中心筹建并通过省质监局组织的专家组论证；国家铝型材及门窗制品质量监督检验中心（广东）、广东省质量监督生态纺织品检验站（佛山）正式通过验收，广东省质量监督高分子材料及制品检验站（佛山）通过预验收。至年底，佛山市形成以 13 个国家质检中心为龙头，14 个省级授权质检机构为骨干的质量检测技术服务支撑体系，国家质检中心数及省质监站数连续多年居全省前列。

【全国首创开展细分行业龙头企业认定】 2017 年 6 月 23 日，佛山市政府印发《佛山市工业产品质量提升三年行动计划（2017 — 2019 年）》，提出到 2019 年底，全市培育细分行业龙头企业数量 350 家以上。9 月，佛山市质量强市工作领导小组印发《2017 年度佛山市细分行业龙头企业认定工作指导意见》，正式铺开 2017 年度细分行业龙头企业认定工作。12 月 29 日，佛山市质量强市工作领导小组办公室正式公布第一批通过认定的细分行业龙头企业名单，广东新明珠陶瓷集团有限公司、广东新润成陶瓷有限公司、佛山市顺德区乐华陶瓷洁具有限公司、佛山高明顺成陶瓷有限公司、广东博德精工建材有限公司等 154 家企业获佛山市细分行业龙头企业认定。

（管东东）

2017佛山市细分行业龙头企业数量汇总表

区域	数量
禅城区	27
南海区	52
顺德区	40
高明区	18
三水区	17
合计	154

2017年佛山市联盟标准名录

序号	标准号	标准名称	发布时间
1	FSLB/SJ 01 — 2016	水冷电磁浆料磁选机	2016/4/20
2	FSLB/SJ 02 — 2016	小家电塑料注射模具	2016/4/20
3	FSLB/SJ 03 — 2016	中小学校教室照明设计规范	2016/7/5
4	FSLB/SJ 07 — 2016	实木类家具通用技术条件	2016/8/12

（续表）

序号	标准号	标准名称	发布时间
5	FSLB/SJ 08—2016	软体家具 弹簧软床垫	2016/8/12
6	FSLB/SJ 09—2016	软体家具 真皮沙发	2016/8/12
7	FSLB/SJ 10—2016	软体家具 布艺沙发	2016/8/12
8	FSLB/SJ 11—2016	干压陶瓷砖	2016/8/30
9	FSLB/SJ 12—2016	家用和类似用途破壁搅拌机	2016/9/18
10	FSLB/SJ 13—2016	房间空气调节器压缩机尺寸设计规范	2016/9/18
11	FSLB/SJ 01—2017	激光焊接机器人	2017/4/20
12	FSLB/SJ 02—2017	打磨抛光用工业机器人系统	2017/4/20
13	FSLB/SJ 03—2017	工业机器人维护保养通用技术规范	2017/4/20
14	FSLB/SJ 04—2017	导轨式活动隔断墙	2017/5/15
15	FSLB/SJ 05—2017	电梯安装、维修、保养安全作业规范	2017/5/1
16	FSLB/SJ 06—2017	电梯更新、改造、修理评价技术规范	2017/5/1
17	FSLB/SJ 07—2017	电梯维修保养服务规范	2017/5/1
18	FSLB/SJ 08—2017	装饰用焊接不锈钢管	2017/5/1
19	FSLB/SJ 09—2017	单端供电 LED 管形灯	2017/5/5
20	FSLB/SJ 16—2017	喷釉机器人生产线	2017/10/7
21	LB/LSAN 1—2013	LED 射灯	2013/4/10
22	LB/LSAN 2—2013	LED 玉米灯	2013/7/18
23	LB/LSAN 3—2013	LED 球泡灯	2013/7/18
24	LB/FSLM 1—2014	电风扇扇叶	2014/1/9
25	LB/FSLM 2—2014	电风扇塑料件	2014/1/9
26	LB/FSLM 3—2014	电风扇网罩	2014/1/9
27	LB/LSAN 4—2014	LED 筒灯	2014/6/20
28	LB/LSAN 5—2014	道路半导体照明工程服务规范	2014/9/18
29	LB/LSAN 6—2015	LED 水底灯	2015/2/10
30	LB/LSAN 7—2015	户外照明用高杆 LED 灯具	2015/11/12
31	LB/LSAN 8—2015	LED 烛形泡	2015/11/12
32	LB/FSLM 4—2015	转页扇塑料扇叶	2015/12/15
33	LB/FSLM 5—2015	转页扇塑料机壳	2015/12/15
34	LB/FSLM 6—2015	转页扇塑料导风轮	2015/12/15
35	LB/FSLM 7—2015	换气扇塑料扇叶	2015/12/15
36	LB/FSLM 8—2015	换气扇塑料机壳及附件	2015/12/15
37	LB/FSLM 9—2015	楼顶扇塑料机壳、机座	2015/12/15
38	LB/GDLXC 1—2016	建筑铝合金模板	2016/5/15
39	LB/GDLXC 2—2016	隔热铝合金建筑型材	2016/5/15
40	LB/LSAN 9—2016	LED 平板灯	2016/8/1

（续表）

序号	标准号	标准名称	发布时间
41	LB/LSAN 10—2016	LED 阅读灯	2016/9/5
42	LB/FSGG 001—2017	冷弯型钢（方矩管）	2017/1/12
43	LB/FSGG 002—2017	精密装饰及结构用直缝焊接钢管	2017/1/12
44	LB/FSGG 003—2017	热浸镀锌钢管	2017/1/12
45	LB/FSGG 004—2017	衬塑复合钢管	2017/1/12
46	FSLB/NH 5—2017	铝合金家具用型材	2017/7/28
47	FSLB/NH 6—2017	铝合金家具	2017/7/28
48	LB/FSLM 10—2017	电风扇行业管理规范	2017/12/29
49	LB/LSAN 11—2017	LED 户外景观灯	2017/12/15
50	LB/LSAN 12—2017	红外人体感应 LED 灯具	2017/12/15
51	LB/LSAN 1—2017	LED 射灯	2017/12/15
52	LB/LSAN 2—2017	LED 玉米灯	2017/12/15
53	LB/LSAN 3—2017	LED 球泡灯	2017/12/15
54	L/CC 5—2014	集中式蓄电池应急电源装置	2014/06/27
55	L/CC 6—2014	离网型光伏逆变器	2014/06/27
56	L/CC 7—2014	离网小型太阳能充电逆变一体机	2014/06/27
57	L/CC 8—2014	太阳能高频小功率不间断电源	2014/06/27
58	FSLB/CC 9—2015	双路电源不间断自动切换装置	2015/12/20
59	FSLB/CC 11—2016	轨道交通信号系统计轴备用电源	2016/06/20
60	FSLB/CC 12—2016	电力电子设备干式变压器和电抗器	2016/06/20
61	FSLB/SS 01—2015	陶瓷废渣烧结砖	2015/11/26
62	L/GM 2—2012	陶瓷砖	2012/4/12
63	L/GM 3—2012	人造石英石板材通用技术要求	2012/4/28
64	L/GM 4—2012	装饰用焊接不锈钢管	2012/11/26
65	L/GM 5—2013	铝合金装饰型材	2013/6/6
66	L/GM 7—2014	室内用铝合金木纹型材	2014/7/20
67	L/GM 9—2015	页岩废料环保砖	2015/5/26
68	FSLB/GM 10—2016	不锈钢带	2016/6/28
69	FSLB/GM 03—2017	聚氯乙烯压延薄膜和片材	2017/5/16
70	Q/SD 08—2010	抽屉导轨	2010/8/10
71	Q/SD 09—2010	杯状暗铰链	2010/8/10
72	Q/SD 17—2012	家用燃气灶具嵌入式灶具嵌装尺寸	2012/10/31
73	Q/SD 03—2013	电压力锅	2013/3/14
74	Q/SD 19—2013	电压力锅标准	2013/3/14
75	Q/SD 24—2014	电陶炉	2014/4/30
76	Q/SD 25—2014	家用燃气灶具控制器通信协议	2014/4/30
77	Q/SD 11—2014	木工推台锯	2014/7/28

（续表）

序号	标准号	标准名称	发布时间
78	Q/SD 10 — 2014	木工压机	2014/7/28
79	Q/SD 12 — 2014	喷漆机	2014/7/28
80	Q/SD 31 — 2015	家用燃气快速热水器风机总成	2015/12/19
81	Q/LJJJ 01 — 2016	家具物流配送服务规范	2016/5/3
82	Q/SDWJ 01 — 2016	家居橱柜用拉篮	2016/5/10
83	Q/SDWJ 02 — 2016	家居柜门用缓冲型移门系统	2016/5/10
84	Q/SDJJ 01 — 2016	实木类家具通用技术条件	2016/5/12
85	Q/SDJJ 02 — 2016	软体家具 弹簧软床垫	2016/5/12
86	Q/SDJJ 03 — 2016	软体家具 真皮沙发	2016/5/12
87	Q/SDJJ 04 — 2016	软体家具 布艺沙发	2016/5/12
88	QLB/LMG 001 — 2016	数控钻孔机	2016/6/10
89	Q/MGJX 01 — 2016	木工机械数控系统通用要求	2016/12/10
90	Q/MGJX 02 — 2016	数控木工机械通用要求	2016/12/10
91	Q/XTPT 01 — 2016	保护膜产品有毒有害物质限量要求	2016/6/30
92	Q/XJML 01 — 2016	进口橡胶木锯材	2016/10/10
93	Q/SDJS 001 — 2017	家用和类似用途反渗透净水机	2017/6/10
94	Q/SDJS 002 — 2017	家用和类似用途超滤净水机	2017/6/10
95	Q/GDJD 01 — 2017	多功能电热锅	2017/5/30
96	Q/GDJD 02 — 2017	电饭煲烹饪米饭评价方法	2017/5/30
97	Q/GDJD 03 — 2017	智能炖煮壶	2017/5/30
98	Q/SD 21 — 2013	均安烧猪	2013/9/25

（市质监局供稿）

2017年佛山市全国知名品牌创建示范区情况表

序号	示范区名称	示范区域
1	全国现代电源（不间断电源）产业知名品牌创建示范区	禅城区
2	全国丝光棉针织服装产业知名品牌创建示范区	禅城区
3	全国铝合金型材产业知名品牌创建示范区	南海区
4	全国内衣产业知名品牌创建示范区	南海区
5	全国陶瓷产业知名品牌创建示范区	南海区
6	全国半导体照明产业知名品牌创建示范区	南海区
7	全国家电配套制造产业知名品牌创建示范区	顺德区
8	全国人造革合成革产业知名品牌创建示范区	高明区
9	全国陶瓷机械产业知名品牌创建示范区	三水区

（市质监局供稿）

2017年佛山市标准联盟组织名录

序号	联盟组织	序号	联盟组织
1	干压陶瓷砖佛山标准联盟	39	佛山市高明区陶瓷砖标准联盟
2	LED 筒灯佛山标准联盟	40	佛山市高明区人造石英石板材标准联盟
3	佛山团餐与食材配送经营技术规范标准联盟	41	佛山市高明区装饰用焊接不锈钢管标准联盟
4	佛山市知识产权协会服务联盟	42	佛山市高明区铝合金装饰型材标准联盟
5	佛山市工业旅游标准联盟	43	佛山市高明区家具用聚氯乙烯人造革标准联盟
6	佛山市磁选设备产业标准联盟	44	佛山市高明区室内用铝合金木纹型材标准联盟
7	佛山市模具产业标准联盟	45	佛山市高明区页岩废料环保砖标准联盟
8	佛山市健康照明产业标准联盟	46	佛山市高明区不锈钢带标准联盟
9	佛山市学生配餐标准联盟	47	佛山市聚氯乙烯压延薄膜和片材标准联盟
10	佛山市家具标准联盟	48	顺德两万冷凝式燃气热水器标准联盟
11	佛山陶瓷标准联盟	49	顺德热泵热水器标准联盟
12	佛山市工业机器人产业标准联盟	50	电压力锅顺德标准联盟
13	佛山市活动隔断墙标准联盟	51	玻璃机械顺德标准联盟
14	佛山市电梯安装维保服务标准联盟	52	顺德木工机械标准联盟
15	不锈钢装饰管标准化联盟	53	顺德香云纱（莨绸）标准联盟
16	佛山市网络订餐标准联盟	54	顺德抽屉导轨标准联盟
17	佛山市食用农产品快速检测标准联盟	55	顺德杯状暗铰链标准联盟
18	佛山陶瓷喷墨打印液体色料标准联盟	56	顺德燃气具标准联盟
19	佛山市家用电器产业技术标准联盟	57	佛山市顺德区均安牛仔裤服装标准联盟
20	佛山市南海区内衣行业协会	58	电压力锅顺德标准联盟
21	佛山市南海区半导体照明标准联盟	59	顺德电陶炉标准联盟
22	佛山市南海区电风扇行业协会	60	顺德燃气具标准联盟
23	广东省铝型材产业	61	顺德木工机械推台锯标准联盟
24	南海区社创非营利组织发展中心	62	佛山市顺德区产品促进会
25	佛山市南海区养老服务业协会	63	佛山市顺德区涂料商会
26	佛山市钢管行业协会	64	顺德燃气具商会
27	佛山全铝家居产业标准联盟	65	顺德涂料联盟
28	佛山市南海区中医药学会	66	顺德区龙江镇家具物流产业联盟
29	佛山市南海区全铝家居行业标准联盟	67	顺德家居五金标准联盟
30	佛山市禅城区丝光棉针织T恤衫标准联盟	68	顺德家居标准联盟
31	佛山市禅城区装饰用焊接不锈钢管标准联盟	69	顺德区杏坛镇保护膜产业联盟
32	佛山市禅城区室内 LED 照明标准联盟	70	顺德木工商会
33	佛山市禅城区祖庙商会	71	顺德龙江家具材料标准联盟
34	华南电源产业技术创新与标准联盟	72	顺德净水行业标准联盟
35	佛山稻谷储藏检测技术创新联盟	73	广东省家用电器产业技术标准联盟
36	佛山市三水区陶瓷废渣烧结砖联盟	74	顺德龙江家具材料标准联盟
37	佛山市三水饮品行业标准联盟	75	顺德均安名菜标准联盟
38	三水农业合作技术联盟		

（市质监局供稿）

食品药品监督管理

【概况】 2017年，佛山市有获证食品生产经营单位80 550个，其中食品生产企业1 015家、食品加工小作坊307个、食品（含保健食品）销售经营企业47 737家、食品餐饮服务单位27 528个、单位食堂3 423个、保健食品生产企业8家、农贸市场532个。有药品生产企业48家、药品批发企业62家、药品零售连锁企业24家、零售药店4 215个；化妆品生产企业86家；医疗器械生产企业328家、医疗器械经营企业4 923家。是年，食品药品产业工业总产值1 183.64亿元。在食品制造业方面，佛山规模以上工业产值居于全省前两位，有海天、百威、健力宝、红牛等知名品牌企业。

【国家食品安全示范城市创建】 2017年，佛山市将国家食品安全示范城市创建工作纳入全市“十三五”发展规划和年度工作重点项目，出台《佛山市食品安全“党政同责、一岗双责”责任制实施办法（试行）》，将食品安全责任压实到各级党委。佛山市食品药品监督管理局与长沙市食安办、食品药品监管、农业等部门联合签署《加强区域间鲜活水产品产销对接监管合作框架协议》，形成区域间鲜活水产品产销对接监管合作机制。开展“放心肉菜示范超市”创建活动，通过“农超对接、厂超挂钩”和“基地+加工企业+超市”等形式，建立“1 + 10 + 100”示范超市（即不少于1家国家或省级示范超市、10家市级示范超市和100家区级示范超市）。引导食品小作坊、小餐饮、小摊贩进入集中生产经营区域，有针对性地实施“一业一策”管理模式。全市建成食品小作坊集中加工中心15个，入驻小作坊264个，占全市食品加工小作坊81%；实施小餐饮集中经营管理模式和许可承诺制，全市建成小餐饮集聚区33个，总计1 352个餐饮单位入驻经营，实施餐厨垃圾统一回收、废水废气统一处理；以“两划定、四不影响、六统一”（即划定经营时间相对统一、经营区域相对固定的摆卖点；不影响交通秩序、不影响居民生活、不影响城市形象、不影响摊贩生意；统一标识、统一公示信息、统一着装、统一餐具、统一垃圾处理、统一查验记录）为规范，推进食品小摊贩登记管理。制“1 + 5 + 32 + 1000”快速检测网络（即1个市级检测中心、5个区级检测中心、32个镇街快检室或快检车、1 000个检测点）三年建设规划，全市投入运行的各类食用农产品快检室510个，配置快检车19辆，出台蔬菜水果中有机氯类、拟除虫菊酯类和禽畜水产品中氯霉素残留3项快检联盟标准，形成食用农产品快检“政府+市场”双轮驱动局面。

【食品药品质量安全大提升规划】 2017年，佛山市食品药品监督管理局推出食品药品质量安全大提升一揽子行动计划，科学规划食品药品八大重点工作领域未来三年主要发展方向和具体举措。

“两图两档两公开”三年行动计划 要求各级监管部门制订明确企业分布图、监管责任图、食品安全监管信用档案、企业食品安全管理档案、食品安全监管信用信息和生产经营企业食品安全管理信息公开。

食用农产品质量提升三年行动计划 建立涵盖政府监管部门、种植养殖基地、农贸市场、连锁超市配送中心、餐饮服务单位的食用农产品质量安全快速检测点，着重提升全市批发市场软硬件建设。

餐饮服务业食品安全提升三年行动计划 实施“明厨亮灶”提升工程，要求托幼机构、学校食堂、中央厨房、集体配餐单位和大型餐饮单位实现100%覆盖。

食品药品监管人员和从业者全员大培训三年行动计划 开发“佛山市食品药品安全培训网络平台”，采取线上线下相结合的学习方式，对全市食品药品监管人员和从业人员进行培训和考核。

食品药品产业服务提升三年行动计划 通过提出优化监管服务措施，推进全市食品药品产业发展，探索佛山市食品药品产业发展的新路径。

食品小作坊、小餐饮、小摊贩综合治理三年行动计划 通过“两有两建两集中”的方式为规范“三小”生产经营提档升级。

“监管+宣传”三年行动计划 从提升群众满意度和知晓率的角度，将宣传元素融入日常监管。

药品质量安全提升三年行动计划 推进药品生产企业实施新版生产质量管理规范，实施药品经营质量管理规范，提出评价性抽验合格率高于国家药品“十三五”规划的目标。

【药械保化质量安全监管】 2017年，佛山市食品药品监督管理局在药械保化领域创新工作方式。建立以质量授权人管理为核心的药品生产企业主体责任制，完成对全市36家药品生产企业评价，对23家不符合要求的企业质量受权人进行不同程度的扣分，促进7家企业自行更换质量受权人。引导药品生产企业参与仿制药一致性评价工作，手心制药的盐酸雷尼替丁胶囊成为全国该品种首个申报企业并完成一致性评价。开展“双安双优”千家示范药店创建工作，至年底，全市有908家药店按要求完成提升工程。该做法得到广东省食品药品监督管理局充分肯定并在全省开展“广东省示范药店”创建活动中推广。市食安办联合工商、卫计、公安等开展打击保健食品非法会议营销、食品标签说明书“非法声称问题”和“两超一非”三大专项行动，立案查处案件150件，责令整改企业162家。全年全市新建3个省级示范区和3个市级示范区。在医疗器械领域全面推进第一类医疗器械生产企业规范化管理。

【食品药品基层监管能力建设】 2017年，佛山市食品药品监督管理局强化基层监管能力建设。出台基层监管机构建设“十个一”标准，即建设一个独立办公场所、一个快检室（车）、一支队伍、一辆执法用车、一套移动快检设备、一套取证设备、一套移动执法终端、一套标准操作程序（SOP）及每个村（居）配备一名食品（农产品）安全协管员和信息员，实现各级食品药品监管机构人员配置合理化、基础设施配置规范化、监管工作制度化。完成市食品药品检验检测中心新址搬迁，加快推进市食品药品检验中心和市质计中心食品部人员、编制、设备划转工作。建立基层群防群治体系，制订《佛山市村（居）食品安全主任、协管员、信息员管理工作指导意见（送审稿）》，全市配备食品药品安全主任、协管员和信息员 1 323 人。突出专业培训强化监管本领，建立每周集中学习制度，组织全市食品安全法律知识竞赛，通过开展“大学习、大培训、大比武”活动组织全系统的考学、竞赛，以考促学，以学练兵，提升整体队伍专业化水平。抓法治建设，提高依法监管能力，推动《佛山市食品生产加工小作坊集中管理办法》以政府规章形式出台，制订《佛山市食品药品监督管理局行政处罚自由裁量权规定》，建立最严格的覆盖生产加工到流通消费全过程的监管制度体系。

【食品安全抽检】 2017 年，佛山市各级食药监部门在食品安全抽检方面投入经费共计 4 993.41 万元，完成食品安全抽检 39 960 批次，包括监督抽检 33 549 批次、风险监测 6 352 批次以及其他执法抽检 59 批次。发现不合格产品 1 228 批次，其中标签不合格 265 批次、内在质量不合格产品 963 批次，总体抽检内在质量合格率 97.59%。相比 2016 年，佛山市 2017 年完成的食品安全抽检批次增长 41.77%，全市总体的抽检合格率上升 0.47%。其中，2017 年佛山市食品药品监管局继续对社会公众最经常食用的米及其制品、面及其制品、肉及其制品、乳及其制品、食用油、桶（瓶）装饮用水六大类重点品种食品，围绕违禁药物、微生物、违禁添加物质等食品安全关键指标，开展评价性监测。监测范围涵盖全市五区的食品重点品种的生产加工企业、批发市场、大型超市及农贸市场、餐饮服务单位等，对 526 家企业和单位抽取 2 259 批次样品，发现内在质量不合格产品 8 批次，内在质量合格率 99.65%，较 2016 年上升 0.29%。从监测抽查结果的总体情况看，佛山市的六大类重点品种食品的质量安全状况较为稳定。

【食品药品稽查打假】 2017 年，佛山市食品药品监督管理局在持续四年以“百日行动”的方式保持对食品安全违法犯罪行为高压态势的基础上，突出“打建结合”，首次联合公安、检察院印发行动方案，发挥公安和检察机关在案件侦办中的作用。案件查处质量有新提升，全市查处案件总量 3 932 件，其中一般程序案件 2 691 件，比上年增长 40.6%，重大案件 45 件，涉案货值 1 903.89 万元，罚没款 3 162.93 万元，取缔生产窝点 73 个，刑事立案 35 件，逮捕犯罪嫌疑人 44 人；重点领域整治有新突破，查处互联网违法案件 31 件，移送公安机关 4 件，案件数超过近三年的总和。行业规范提升有新进展，对存在问题的生产经营企业发出整改通知书 4 954 份，“回头看”比例达 98.6%，通过高频次、高密度的检查，不断发现问题和整改问题，使全市食品行业得到进一步规范。

（张建宏）

安全生产

【概况】 2017 年，佛山市发生各类安全事故 636 起、死亡 381 人、受伤 418 人、直接经济损失 4 003.23 万元，分别比上年下降 5.78%、上升 3.25%、下降 14.17%、上升 11.89%。

行业事故情况　交通运输和仓储业发生事故 534 起、死亡 281 人，事故起数比上年下降 5.65%、死亡人数比上年上升 6.04%。道路运输业发生事故 528 起、死亡 274 人，事故起数比上年下降 5.55%、死亡人数比上年上升 5.38%。商贸制造业发生事故 51 起、死亡 53 人，事故起数、死亡人数分别比上年下降 27.14%、20.9%。其中，冶金机械等八行业发生事故 20 起、死亡 19 人，事故起数、死亡人数分别比上年下降 53.49%、55.81%。建筑业发生事故 37 起、死亡 34 人，事故起数比上年上升 5.71%、死亡人数与上年持平。其中，房屋建筑及市政工程发生事故 27 起、死亡 25 人，事故起数与上年持平、死亡人数比上年下降 3.85%；交通建设工程业发生事故 5 起、死亡 5 人，均比上年上升 150%。其他行业发生事故 14 起、死亡 13 人，事故起数比上年下降 6.67%、死亡人数与上年持平。

较大事故情况　发生较大事故 2 起、死亡 9 人，事故起数与上年持平、死亡人数比上年上升 28.57%。2 起较大事故分别发生在交通运输和仓储业、商贸制造业。发生的 2 起较大事故为：三水区“6·18”较大道路交通事故，死亡 3 人；南海区“11·20”较大火灾事故，死亡 6 人。

【安全生产制度化建设】 2017 年，佛山市加强安全生产管理制度建设，促进安全生产管理制度化。11 月 21 日，在全省率先出台安全生产领域改革发展意见——《中共佛山市委 佛山市人民政府关于推进安全生产领域改革发展的实施意见》，提出佛山市安全生产工作要努力实现在完善监督管理体制上取得突破、在完善地方执法体制上取得突破、在推动齐抓共管上取得突破、在确保公共安全上取得突破、在深化落实重点工作上取得突破等“五大突破”。12 月 7 日，市人民政府办公室印发《佛山市安全生产信用分类分级管理办法》，加快推进安全生产诚信体系建设，推动各类生产经营单位诚实守信、合法经营。

【安全生产标准化建设】 2017 年，佛山市累计创建达标企业 35 169 家，其中一级标准化达标企业 8 家、二级标准化达标企业 312 家、三级标准化达标企业 34 849 家，达标企业数量继续位居全省第一。

【安全生产信用体系建设】 2017 年，在佛山市完成信息登记的安全评价中介机构 107 个，其中 8 个安全评价机构、29 个标准化评审和帮扶机构、13 个安全培训机构、57 个职业卫生技术服务机构。

是年，佛山市评出安全生产“红名单”企业 32 家，取消不合格“红名单”企业 195 家。及时把符合安全生产“黑名单”管理条件的 35 家企业列入“黑名单”管理，并把列入“黑名单”期满的 9 家企业移出“黑名单”。有 175 家信用好的企业在银行信贷、工伤保险费率、安责险费率等方面得到不同程度的优惠，有 10 家“黑名单”管理企业被禁止参与招投标、退回贷款申请和取消评优资格。

【安全生产宣教】 2017 年，佛山市继续做好安全生产宣教工作，打造“百万职工岗位零事故行动”“百万职工职业安全素质提升计划”“百万市民读安法微信宣传活动”“双十佳”选拔活动（十佳安监敬业模范、十佳安全工匠）等一批示范工程。全年全市有65.7万人参加“百万市民读安法活动”；45.3万人参与百场电影下基层活动；有8 640家（个）企业和班组参加安全晋级挑战行动，覆盖93.3万名职工；超过10万名学生、10万个家庭参与“安全家书”活动；超过1万家企业、308.2万名职工参与知识竞赛活动；“佛山安监”微信公众号点击阅读人数接近50万人，阅读超过80万次，多次名列全国市县乡安监局公众号影响力排行榜前列。10月，佛山市获“全国安全生产月”和“全国安全生产万里行”活动先进单位，是全省唯一获得该称号的地级市。

【安全生产社会化服务】

安全生产装备·技术·服务对接大会　2017年8月10—11日，佛山市安全生产委员会、顺德区人民政府联合在陈村花卉世界展览中心举办“首届佛山安全生产装备·技术·服务对接大会”，对接大会以安全生产为核心，汇聚安全生产领域装备、技术、服务企业及机构，通过开展系列培训、高峰论坛、技术分享会、服务对接活动、职业病防治现场宣讲等多种形式的活动，为1万多家参会企业与100多个技术服务机构搭建全面对接平台。

安全生产责任保险　2017年，佛山市安全责任保险增长迅猛，全市参保企业4 152家，位列全省第一（以广东省安全生产监督管理局的数据为依据），占全省7 413家近六成，为高危企业提供风险保障金额579.47亿元，已成为全面深化安全生产监管体制改革的又一重安全保障。

职业健康管理　2017年，佛山市新增完成职业病危害项目申报企业8 632家，累计有完成职业病危害项目申报企业39 116家；完成建立粉尘涉爆、涉氨等高风险企业电子档案企业2 349家，完成建设项目职业病防护设施“三同时”（建设项目的安全设施，必须与主体工程同时设计、同时施工、同时投入生产和使用）项目274个；督促21 740家企业累计完成职业健康检查384 658人；收到职业病诊断报告186例。全年完成2 447家企业分类分级评定工作，其中A级64家、B级1 161家、C级1 172家、D级50家。是年，在2017年全省职业健康监管工作综合评价中，佛山市四个季度得分在全省排名分别为第一名、第一名、第二名及第一名。是年，佛山市的广东中商国通电子股份有限公司成为广东省申报国家高标准、高质量推进尘毒治理示范企业的唯一代表企业，并通过国家总局验收，成为全国尘毒危害治理示范企业之一。

安全生产培训　2017年，佛山市完成安全生产培训158.24万人次，其中节后复产专项培训63.58万人次，从业人员基础培训83.26万人次。全市8.35万人次参加安全管理人员和企业负责人安全生产培训考试，5.86万人次参加特种作业培训考试，5 955人次参加危险化学品、烟花爆竹及非煤矿山企业安全管理人员和企业负责人安全生产培训考试。

危险化学品、烟花爆竹监管　2017年，全市核发危险化学品安全生产许可证12个、注销危险化学品安全生产许可证3个，核发危险化学品经营许可证567个、非煤矿山企业安全生产许可证2个、烟花爆竹批发许可证1个和烟花爆竹零售许可证23个，注销危险化学品生产许可证企业3家，其中禅城区1家、南海区2家。对34家生产、经营企业的新、改、扩建项目开展“三同时”审查，完成危险化学品建设项目安全设施设计审查34份。完成易制毒化学品生产备案证明2份、经营备案40份，重大危险源备案10份。

【安全生产监管行动】

安全生产执法监察　2017年，佛山市各级安全监管部门监督检查生产经营单位53 865家次，实施行政处罚2 254次，经济处罚2 018次，罚款5 061.09万元，行政处罚次数、经济处罚次数和处罚金额分别比上年上升25.6%、31.6%、37.5%。其中，佛山市全市行政处罚次数和经济处罚额2项数据均位于全省第三。

安全生产培训执法检查　2017年，佛山市各级安全监管部门全年对43 020家企业进行培训执法检查，查处违规或未持证上岗人员397人。

危险化学品、烟花爆竹执法检查　2017年，佛山市各级安全监管部门检查危险化学品从业单位5 411个次、烟花爆竹批发（零售）单位57个次、非煤矿山企业15家次。排查隐患总数5 985个，督查企业消除隐患5 985个，上传检查图片20 858张。全市各级安监部门出动工作人员4 967人次，检查场所3 491处，收缴烟花爆竹7 526箱（含联合执法），立案53件。

冶金等行业高风险企业监管　2017年，佛山市各级安全监管部门排查冶金等行业高风险企业2 638家，其中粉尘涉爆企业1 648家、液氨使用企业231家、工业煤气企业41家、涉及

2017年3月28日，“佛山市百万职工岗位零事故行动”启动大会

（市安监局供图）

有限空间作业企业543家、金属冶炼企业175家。全市各级安全监管部门出动执法人员11 844人次，对1 895家粉尘涉爆企业进行执法检查，发现问题10 116个，督促停业或搬迁企业125家，责令停产停业整顿企业716家，立案处罚企业168家，罚款325.74万元。是年，佛山市对冶金等行业高风险企业进行安全生产专项治理，全市各级安全监管部门监督检查企业3 504家，出动执法检查人员18 659人次，发现隐患16 386个，督促完成整改隐患15 412个，发出整改指令书3 043份，停产整改企业757家，立案处罚案件264件，处罚金额478.74万元，取缔关闭企业25家，永久停业或搬迁企业133家；举办培训班356期，参训企业3 637家，参训人员58 434人次。

职业健康监督执法　2017年，佛山市各级安全监管部门在职业健康监督执法中监督检查用人单位32 553个，下达执法文书25 621份，发现问题或隐患65 406个，责令当场改正25 436个，责令限期改正39 038个，立案处罚481件，警告278件，罚款金额783.44万元，责令停产停业整顿企业520家，提请关闭企业51家。

【安全生产信息化监管】2017年，佛山市安全生产监督管理局推进“智能安监”平台升级，先后召开项目会议22次，收集汇总新增业务及优化业务需求信息200余条，平台智能化水平得到较大提升。推进视频监控工作，更新完成40家高危企业的实时监控。组织中介机构对17 000多家企业进行数据调查核实，提升数据的准确性、完整性。

是年，“智能安监”平台收集23万余家生产经营单位信息，比2016年增长15%。其中，重点企业3万余家、个体工商户约20万家，并实现身份证式管理。收录隐患自查自报记录350万条，执法和隐患排查图片320万张；应急预案4万余份、应急演练记录9万余条。

【风险管控与隐患排查治理】

风险管控　2017年，佛山市深化城市风险管控，依托风险点、危险源地理信息系统，绘制电子动态分布图，在全省率先构建“一系统、一图纸、一表格”的城市安全风险管控模式。至年底，100%完成基础数据收集，落实分级分类管控和检查措施，建立常态化治理体系。截至2017年12月31日，佛山市安全生产领域城市风险点危险源有5 046个，其中红色49个、橙色301个、黄色1 523个、蓝色3 173个。每个风险点危险源都建立单独的风险管控档案，上传现场图片14 986张，应急预案9 484份。是年，佛山市五区安委办、市28个有关部门制订并上传管控工作方案、年度监管计划、工作总结等222份。

隐患排查治理　2017年，佛山市安监局编制通用、行业、领域三大类90个隐患排查治理标准，以《佛山市生产安全事故隐患排查治理办法》、个性化隐患排查治理工作具体做法作为培训教育的重要内容，率先在近100名培训讲师中培训，遴选50名推广教员，组织推广培训106场，培训人数2.7万人次，为个性化隐患排查治理体系推广工作奠定坚实基础。年内，全市3万余家标准化达标企业全部制订个性化隐患排查治理清单，自查自报隐患整改率100%，其中4 000家企业率先落实“车间有图表、岗位有卡片”要求。

安全生产应急管理　2017年，佛山市各级安全监管部门共建立专兼职安全生产应急救援队伍21支，队员242人，组建安全生产应急救援智能仓库53个，聘请安全生产专家241人，为佛山市安全生产应急救援提供有力保障。是年，佛山市智能安监管理平台和顺德区智能安监管理平台内33 354家重点企业中，有31 573家企业开展应急演练51 565次，演练开展率94.66%，平均每家企业开展演练1.63次。6月30日，在佛山德力梅塞尔气体有限公司举办2017年度危险化学品事故应急救援综合演练，全面检验并有效提升全市各级、各部门联动处置安全事故的整体能力。

【特别防护期安全生产大检查】2017年7—10月，佛山市开展特别防护期安全生产大检查。全市各级各部门按照“全面检查、严格执法、彻底整治”的总要求，检查生产经营单位286 187个，发现各类事故隐患189 381个，落实整改隐患181 746个，其中党政领导干部带队督查检查企业8 963人次、14 704家；排查治理重大隐患212个，已整治190个；打击严重违法行为1 068起，关闭取缔企业290家，停产整顿企业1 136家，暂扣吊销证照企业12家，处罚罚款6 230.2万元；联合惩戒失信企业19家；问责曝光工作不力的单位415个、个人264人。

【“今冬明春”安全生产大检查】2017年11月20日起，佛山全市开展为期4个月的“今冬明春”安全生产大检查活动。截至12月31日，全市各级党政领导干部带队检查14 130人次、出动执法检查人员400 611人次、检查企业和各类场所373 152家（个）次、发现事故隐患309 687个、停产整顿企业和场所9 895家（个）、关闭取缔企业和场所1 178家（个）。

（周结华）

海关·检验检疫·口岸管理

·海　关·

【概况】2017年，佛山关区监管进出口货物2 428万吨，比上年增长3%；货值3 082亿元，增长11.8%；报关单80.2万份，增长3.8%；征收税款166亿元，增长32.2%。监管进出境人员83万人次，进出境快件143万件；加工贸易备案手册1 076份，加工贸易实际进出口1 319.78亿元；登记注册企业11 307家，实施稽查作业102宗，稽查补税2.1亿元，增长39.7%。

【通关便利化】2017年，佛山海关以增强“系统性、整体性、协同性”为着力点，把“互联网+易通关”与“单一窗口”两项改革有机结合起来，实现改革项目之间的深度融合、互利叠加，取得“1 + 1 > 2”的共生效应，改革成效显著。年内，“单一窗口”在佛山五区所有口岸启动试点，并全面切换“国标版”。截至12月底，佛山市报关覆盖率稳定在50%以上，舱单覆盖率100%，国标版“单一窗口”累计完成海关申报50.8万票，累计单量与日增单量居全省前三，实现佛山推创“通过标准版客户端批量申报”“企业资质全流程申报”的“两个全国第一”。在大幅提升佛山口岸贸易便利化的同时，佛山海关释放改革红利，增强企业的获得感，持续推进口岸查验配套服务费改革，落实国务院“放管服”决策部署要求，为佛山企业降成本、减负担、增效能。年内，佛山口岸免除企业查验配套服务费 350 万元，受惠企业 4 000 余家。

推进“去繁就简”，整体优化通关流程，改进作业质量，货物通关时效显著提升，10 月进口平均通关时间 5.39 小时，出口 0.2 小时，优于全国海关和广州海关平均水平，比上年压缩通关时间比例超过二分之一，超额完成压缩三分之一的目标。推动车检场转型发展，深入各办事处开展“车检场口岸功能转型发展调研”，主动找出路、求转型，并形成《车检场转型发展专题调研报告》。

【海关工作推动新型贸易业态发展】2017 年，佛山海关在强化监测预警分析和促进“佛货回流”的同时，通过建立企业准入准出机制，促进“旅游购物”出口业务健康发展，2017 年前 7 个月旅游购物拉动出口增加 4.8 个百分点。自 8 月 1 日起“旅游购物”监管方式废止后，佛山外贸发展面临的困难增多、挑战更大，稳增长压力前所未有，佛山海关一方面配合支持“顺德亚洲国际家具材料交易中心”申报市场采购试点，另一方面对接花都市场采购试点，引导佛山企业参与花都市场采购业务试点。至年底，有 30 家佛山外贸企业在花都海关及白云机场开展市场采购试点，出口值突破 100 亿元，在省内 9 个开展市场采购的地级市中排名第二。此外，支持佛山跨境电商发展，在禅城区设立清关服务中心，全年佛山市企业以跨境电商方式进口货物 7.2 亿元。是年，佛山市外贸进出口总值 4 357.4 亿元，比上年增长 6.1%，进出口总值在全省 21 个地级市中排名第五。

【关税征管与打击走私】2017 年，佛山海关统筹开展综合治税，推行“汇总征税”和“自报自缴”，完善税收征管通报制度，1 — 12 月税收入库 166 亿元，比上年增长 32.2%。推进打击走私，提升缉私业务指标，协调、督促三个分局落实“狠打、稳打、联打、协同打”要求，牵头开展“国门利剑 2017 专项行动”，全年走私立案 493 件，案值 16.9 亿元，涉税额 2.4 亿元，罚没收入 5 032 万元。

实施目标管理，创新稽查绩效考核“周监控”“月评估”制度，强化稽查业务的协调、指导、监督，全年绩效考核评比综合得分保持领先，五个办事处“5 项基本指标全部达标”，关区稽查追补税 2.13 亿元，比上年增长 150.2%，创建关以来新高。统筹推进专项行动，以“特许权使用费”、废塑料和废五金行业为重点开展专项稽查，全年办结特许权使用费专项稽查作业 39 起，追补税款入库 5 813.6 万元，专项行动成效显著。实施常规稽查“双随机”，统筹五办常规稽查作业需求，全年关区办结常规稽查作业 29 起，“双随机”作业比率 93.1%，“双随机”稽查作业有效率 37.9%。融入地方社会信用体系建设，落实联合激励措施，实行执法互助、协同监管，全年启动重点企业服务 19 家，开展认证企业重新认证 77 家，培育认证企业 35 家。

【保税制度落实】2017 年，佛山海关跟进重点项目，支持佛山申请设立综合保税区，开展可行性研究，梳理申报环节和审批要求，制订个性化跟进方案，主动提出海关的专业意见、建议，协调、督促指导地方有关部门厘清土地性质、明确规划要求、组建运营主体、设计功能定位、引导招商引资、开展政策宣讲等，年内全部完成该项目报批的前期工作。跟进企业的保税业务需求，以“一企一策”的个性化方式，指导并完成佛山市 3 家企业开展进口旧机电产品保税维修业务，获得地方政府和企业肯定。开展佛山地区保税业务调研，向佛山市政府报送底数清、数字准、情况明、措施实的《促进佛山地区保税业务发展专题报告》。

【关区日常监督管理】2017 年，佛山海关综合运用科技手段，以业务系统和管理平台为抓手，整体分析关区风险态势，强化大数据挖掘，提炼转关、舱单、集装箱、通关一体化业务改革风险点，实施口岸风险排查，对木材等重点敏感商品、异地企业不退税出口、高退税率高值高频率低重量出口项目进行专题分析和监控，全年发布《风险业务要情》等业务简报 200 余期。实行稽查风险联署办公，整合风险信息资源，健全联合研判机制，年内统筹分析风险线索 9 条，开展常规稽查“双随机”作业 29 起。此外组织专项稽查作业 7 起，移交缉私处置 4 起、追补税 1 起，有效率 83%。化解“旅游购物”出口风险，建立企业“准入准出”机制，通过规范管理，促进旅游购物业务健康发展。及时处置加贸业务风险警示，全年制发涉及超国家单耗标准、先出成品后进料件、企业降级未补收台账保证金和涉嫌串换保税料件等异常情况《保税业务监控表》10 份，化解加贸业务风险隐患。加强进口固体废物监管，结合佛山“两废”进口量大的实际，对 8 个码头作业现场开展专项督导，强化正面监管，严防“洋垃圾”走私进口。

（王　庆）

·检验检疫·

【概况】2017 年 1 — 9 月，佛山出入境检验检疫局受理报检 31 834 批，比上年同期下降 8%，货值 21.48 亿美元，增长 41%。签发各类原产地证书 35 447 份，签证总金额达 12.58 亿美元，分别比上年同期增长 24% 和 31%。

【入境维修再制造商品闭环监管】至 2017 年底，佛山检验检疫局辖区内有开展进口维修再制造业务企业 4 家，另有 3 家企业筹备和申请开展进口维修再制造业务。是年，佛山市检验检疫局建立健全对入境维修再制造产业的管理制度，加强对入境维修再制造产业监管。年内，佛山市禅城区经贸部门与佛山检验检疫局保持密切协商，以此产业为契机，筹建入境维修再制造产业园，力推成为佛山市产业转型的示范项目。

【出口陶瓷质量安全示范区建设】2017 年，佛山检验检疫局推进出口陶瓷质量安全示范区建设。依托广东出口陶瓷与建筑材料公共技术服务平台，全年为企业举办研讨会、培训班等 62 场，提供

三水港 （佛山日报社供图）

公共技术服务1 000余项；先后为9家知名企业完成新产品评价以及建立实验室质量管理体系，促进佛山陶瓷产品质量提升。依托国家级重点室，取得欧盟CE、美国ICC—ES等15个国际认证机构的认证资格，使佛山企业足不出户就能享受检测、认证“一站式”服务。建设出口陶瓷质量安全示范区公共服务网站、微信公众号，全年发布资讯动态120篇，获各大媒体转载宣传25篇次。

【“洋垃圾”专项工作】 2017年，佛山市检验检疫局运用“进口货物现场检验平台系统”对进口废物原料现场查验实施“双随机”模式，全年退运不合格废物原料13批、16个集装箱；制定约谈制度，规范指导企业日常行为；加强日常口岸巡查频次，组织开展内部业务培训及口岸经营企业座谈会3场，打造良好的监管软环境。

【陶瓷产品技术性贸易措施研究评议基地评议意见获沙特阿拉伯采纳】 2017年，佛山检验检疫局依托中国WTO/TBT—SPS国家通报咨询中心陶瓷产品技术性贸易措施研究评议基地，创新技术贸易措施应对方式，成功对沙特阿拉伯卫生洁具——西式抽水坐便器新标准草案实施评议，使2017年沙特阿拉伯正式发布的新标准基本采纳评议基地提出的合理意见，助力陶瓷企业突破贸易壁垒，成为质检系统成功应对技术性贸易措施的又一示范性举措。

（杨　珊）

·口岸管理·

【概况】 2017年，佛山市口岸进出境人员77.97万人次，比2016年增长17%。其中，入境人员39.61万人次，比上年增长17%；出境人员38.36万人次，增长17%。进出口货运量2 428.1万吨，比2016年增长3%。其中，出口1 483万吨，比上年增长5%，进口945.1万吨，增长1%。

【佛山口岸建设】 至2017年底，佛山市经国务院批准对外开放的一类口岸4个，分别是佛山铁路客运口岸、南海港口岸三山港区、顺德港客运口岸、高明港客运口岸；经省政府批准对外开放的二类口岸11个，分别是禅城区的新港装卸点、澜石装卸点、滘口装卸点，南海区的九江装卸点、平洲装卸点、北村装卸点，顺德区的容奇装卸点、北滘装卸点（含勒流作业码头），高明区的高明装卸点（含食出作业码头），三水区的三水港装卸点、西南装卸点。2017年12月，经广东省人民政府口岸办公室批准，禅城区滘口口岸搬迁至顺德区了哥山港。

【国际贸易“单一窗口”国家标准版试点工作】 2017年7月27日，佛山市在南海区北村口岸启动“单一窗口”国家标准版的扩大试点工作，成功申报第一票业务，开启“单一窗口”从“广东省版”向国家标准版的平滑切换。8月8日，实现“单一窗口”国家标准版在佛山市所有口岸全覆盖。9月8日当天全市货物申报报关1 041票，报关覆盖率47.95%，报检246票，报检覆盖率32.28%，标志着佛山市提前完成“单一窗口”国家标准版货物申报业务量覆盖率30%的年度目标。“单一窗口”国家标准版实行免费申报机制，减轻企业负担，试点企业普遍反映使用“单一窗口”国家标准版申报省时、省力、省钱。“单一窗口”国家标准版在全市的推广建设，优化口岸通关环境，降低企业的物流成本，提高贸易便利化水平。

【口岸通关便利化】 2017年，佛山市商务局协调驻地口岸各单位，推动实施口岸通关便利化措施，为进出口企业减负降成本。一是开展“三互”大通关建设工作，口岸各单位以国际贸易“单一窗口”的试点推广为契机，加强在“信息互换、监管互认、执法互助”方面的共同推进落实。二是推进压缩货物通关时间工作，货物通关时效显著提升。根据海关测算，2017年10月份进口货物通关时间5.39小时，出口货物通关时间0.20小时，与2016年10月相比，压缩通关时间比例超过二分之一；检验检疫全流程实施压缩货物通关时间措施后，2017年11月份的测算平均时长出境0.45天、入境1.27天，全市口岸通关效率得到极大提升。三是落实口岸供给侧改革，推进免除查验配套服务费工作，全年免除查验配套服务费用金额349.55万元，惠及进出口企业5 030家。

【国际贸易“单一窗口”国家标准版政策宣讲暨培训会】 2017年9月20日，佛山市商务局联合佛山海关、佛山出入境检验检疫局、佛山市电子口岸有限公司举办国际贸易“单一窗口”国家标准版政策宣讲暨培训会，以加快推进国际贸易“单一窗口”国家标准版在佛山的扩大应用。佛山市商务局副调研员张玲、佛山出入境检验检疫局副局长梁柏清、佛山海关综合业务处副处长李丙实及佛山市电子口岸有限公司董事长苏婉仪等有关单位领导和业务负责人，以及全市五区的外向型企业、代理报关报检公司、船代公司、口岸经营单位等100多家企业的代表出席会议。

（黄海欣）

财政·税务

手机扫码阅读

财　政

【概况】 2017年，佛山市地方一般公共预算收入完成661.35亿元，为年初各级人大通过预算的104.48%，比上年增收56.85亿元，可比增长11.59%；一般公共预算支出完成775.92亿元，为年初各级人大通过预算的107.01%，比上年增长11.51%。全市各区一般公共预算收入均实现两位数的增长，其中禅城、南海、顺德、高明、三水分别比上年增长11.00%、13.52%、12.07%、14.71%、15.25%。佛山市财政收支运行总体平稳。

【财政收入管理】 2017年，佛山市财政工作在强化税源建设的同时，加强收入组织工作，财政收入实现稳中向好。一是密切关注经济发展形势，掌握重点税源变动情况，强化收入分析、预测和管控，增强组织收入的主动性和风险防范的预见性；二是加强非税收入管理，创新信息化便捷缴费手段，提高征管效率，并依法依规将应纳入预算管理的非税收入全部足额纳入财政预算，发挥非税收入对财政收入的补充作用。是年，佛山市地方一般公共预算收入完成661.35亿元。

【财政支出管理】 2017年，佛山市财政支出结构不断优化。全市各级财政部门一方面加强一般性支出的控制，坚决落实中央八项规定，严格执行党政机关和事业单位差旅费、外宾接待费、因公出国（境）经费等管理办法，修订完善培训费、会议费管理办法，开展整治潜入地下公款吃喝工作；另一方面，加强重点支出项目的统筹推进，强化支出目标管理，落实支出进度通报约谈制度，加快重点区域、重大项目以及八项支出的支出效率，并将部门支出进度考核纳入市政府绩效考核体系，建立健全抓支出工作的长效机制。是年，佛山市一般公共预算支出完成775.92亿元。

【财政促进经济发展提质增效】 2017年，佛山市财政工作以加大对产业结构优化的支持力度为抓手，促进经济发展提质增效。

推进供给侧结构性改革　设立总规模5亿元的佛山市供给侧结构性改革基金，推进降成本行动计划，落实“佛十条”等政策措施，开展政府扶持企业资金综合服务平台建设，降低企业成本，全年帮助企业减负349.2亿元，其中新政策减负122.5亿元。

推进产业结构优化升级　主动对接国家和省重大发展战略，推进机器人及智能装备应用“百千万工程”、珠江西岸装备制造业发展与科技创新平台载体建设，扩大佛山市优质技改创新项目贷款风险补偿基金规模，推动政产学研协同创新和各类科技企业孵化器建设，为佛山市加快实施创新驱动战略提供坚实的财力支撑。全市科技方面支出47.29亿元。

推进综合交通体系建设　佛山市重点工程项目建设方面支出120.34亿元，用于支持广佛线二期、佛山地铁2号线一期、3号线、一环高速化改造等重点工程建设，探索珠三角新干线机场建设融资渠道，推进广佛一体化和融入粤港澳大湾区建设。

推进高层次开放型经济发展　继续设立外贸稳增长专项资金，争取中央、省财政资金，推动外贸企业转型升级和创新发展。落实产业共建行动计划，支持大型骨干企业和特色优势企业的加工制造环节以及主导产业的配套企业向云浮转移，促进佛山市产业布局更加合理。加大重点项目建设股权投资力度和招商引资扶持力度，支持提升产业核心竞争力。

【财政保障民生事业】 2017年，佛山市财政支出安排以保障民生事业为主旨，

2017年10月20—21日，2017年佛山市地方政府债务和PPP管理培训班举行
（市财政局供图）

提升人民群众获得感。全年全市民生支出完成573.48亿元，占一般公共预算支出的73.91%，有力保障各项民生需求。其中，教育方面支出140.25亿元、社会保障和就业方面支出79.78亿元、医疗卫生和计划生育方面支出85.70亿元、文化体育与传媒方面支出22.97亿元、农业方面支出24.68亿元、扶贫方面支出27.54亿元、节能环保方面支出19.04亿元。同时，省、市十件民生实事分别完成53.6亿元、23.6亿元，均超额完成各项民生实事的年初预算目标。

【财政改革】 2017年，佛山市各级财政部门深化财政各项改革，推动财政管理创新，增强财政改革发展活力。

预算管理改革 加快建立完善滚动式项目库管理机制，细化完善预算编制，将预算编制落实到具体项目和实施单位，通过建立财政备选项目库全年常态化申报机制，提高预算编制的科学性。同时，建立预决算信息公开常态化机制，推进中期财政规划管理，完善跨年度预算平衡机制，并着力推进权责发生制政府综合财务报告试编工作。

财政信息化建设 推进财政综合管理平台（三期）项目，探索建设财政决策分析系统，构建“大数据”“一体化”业务系统框架；重点抓好佛山市政府扶持企业资金综合服务平台建设，以信息化手段强化财政支持和服务佛山市企业发展能力，平台一期于2017年12月29日在市级部门中正式上线试运行；配合做好人大预算联网监督系统建设工作，进一步将联网监督向镇街延伸，建立横向到边、纵向到底的监督体系。

国库管理改革 推进国库集中支付电子化管理改革，在省内率先实现财政国库集中支付全流程电子化，推进镇（街）国库集中支付制度改革，覆盖范围逐步扩展到所有预算单位、所有财政性资金，开展权责发生制政府综合财务报告编制试点工作。

绩效管理改革 通过不断加强全面化、专业化、制度化建设，加速绩效管理改革。全面实施项目绩效目标管理，加大财政支出项目预算绩效评审力度，提高预算编制的科学性、合理性；建立市级预算绩效管理专家库，促进绩效管理工作规范有序、专业客观；完善绩效管理制度建设，出台市级预算绩效监控管理办法。

【财政监管】 2017年，佛山市财政部门立足财政监督职责，在重点领域进一步强化监管力度，确保财政安全运行。

财政监督 强化预算执行动态监控，建立预决算信息公开常态化机制。落实财政内部控制制度体系，强化对内外权力运行的监控制约。组织开展会计信息质量、落实中央八项规定、“小金库”专项治理、预决算信息公开等专项检查，做好国家、省、市三级审计整改工作，建立审计整改台账，加强对会计中介机构执业质量检查，严肃财经纪律，保障财政资金安全。

政府债务管理 强化财政金融风险意识，规范政府举债途径，研究制订全市防范化解政府性债务和隐性债务风险工作方案，消化存量，控制增量，严控债务总规模。着力建立借、用、还相统一，责、权、利相结合的偿债机制，按照“谁借债、谁受益、谁偿还、谁承担风险”的原则，落实偿债机制。实行地方政府债务限额管理，加强政府债券资金使用管理。合理分配地方政府债券置换额度，降低公共基础设施项目举债融资成本，拉长偿债期限，优化债务结构，防范债务风险。

基建工程造价评审管理 全年全市完成审核工程概、预、结、决算项目1 375个，完成审核金额774.1亿元，核减不合理费用27.22亿元，核减率3.5%。

【佛山市政府扶持企业资金综合服务平台（一期）上线试运行】 2017年12月29日，由佛山市财政部门牵头建设的全市统一的扶持企业发展专项资金申报服务平台——佛山市政府扶持企业资金综合服务平台（一期）在市级部门中正式上线试运行。平台开发完成的功能模块主要包括通知公告、项目申报、部门评审、项目公示等，能够让企业通过平台便捷地查阅扶持政策、高效地申报项目、及时地获知进度。平台上线运行，标志着佛山市创新扶持企业发展专项资金服务树立一个新标准、迈上一个新台阶，为企业、主管部门以及财政部门提供解决申报难、审核难、统计难等问题的有效途径，为企业办事增便利、为政府运作提效率、为经济发展添活力。

【市级国库集中支付电子化改革打通最后“一公里”】 2017年9月25日，佛山市市级国库集中支付资金清算业务电子化上线，市级财政部门与人民银行、代理银行之间完成电子化系统对接，实现国库集中支付数据传输全程无纸化，标志着广东省首个地级市国库集中支付电子化管理系统全面建成并正式上线运行。从2014年底佛山市推行国库集中支付电子化改革开始，相继历经财政与代理银行电子化、直接支付和授权支付电子化的发展历程。实现国库集中支付清算业务电子化，标志着佛山市市级国库集中支付改革完成电子化改革之路的最后“一公里”，突显国库资金集中支付电子化成效，提高财政支付数据传输的准确性和安全性。

（李向楠）

税 务

·国家税务·

【概况】 2017年，佛山市国税局完成税收收入1 010.07亿元，比上年增长23.9%。其中，中央级收入632.02亿元，比上年增长17.1%；省级收入192.03亿元，增长55.0%；市区级收入186.02亿元，增长22.7%。剔除海关代征税收后，组织国内税收收入867.42亿元，比上年增长22.3%。全年共办理出口退税（不含免抵调库）206亿元。

是年，佛山市国税局税收收入呈现五大特点：一是税收收入增长呈现前高后低局面，营改增翘尾效应影响明显；二是税种结构保持稳定，国内增值税收入占全市税收收入总额的比重超过六成；三是主体税种贡献突出，国内增值税比上年增长24.5%，企业所得税比上年增长19.9%；四是全市各区国税局税收收入增速平稳较快，税收规模呈扩大趋势；五是税收三大产业结构稳中趋变，仍以第二产业为主，第三产业为辅，但第三产业增幅较为明显。

【国家税收优惠政策】 2017年，佛山市国税局创新政策宣传推广方式，通过开展线上和线下培训答疑、集中培训、上门辅导等方式，落实国务院六项减税政策、小微企业、高新技术企业等各项税收优惠政策。其中，有30.14万户纳税人享受小微企业增值税税收优惠，受惠企业占小规模纳税人的73.18%，共计减免增值税10.96亿元，减免额比上年增长14.24%。根据2017年四季度企业所得税预缴情况，为7.68万家小微企业减免所得税7.84亿元；落实高新技术企业税收优惠政策，为457家企业减免税额20.3亿元。全年落实车辆购置税优惠政策减免18.37万户次，减免税额5.11亿元。

【国税纳税服务】 2017年，佛山市国税局深化纳税信用运用，以三水区为试点，在全省范围内率先完成个体工商户纳税信用评价工作，依托“税融通”“税信通”等项目为守信企业解决“融资难”“办事难”问题，全年有1 014家企业享受“税融通”服务。推进便民办税，落实5类20项便民办税“春风措施”，推行全预约办税服务、容缺受理服务、“填报易”智能服务等，纳税人平均等候时间下降近40%，成功实现错峰办税。优化纳税咨询辅导，以“线上+线下”的方式，通过实地和网络直播平台开展纳税人培训。成立佛山市注册税务师行业党委，全面加强注册税务师行业党建工作，联合涉税中介、办税员协会等社会组织开展宣传辅导，发挥协税护税作用。

【国税税收征管】 2017年，佛山市国税局探索建立外地建安企业税收集成管理平台、房地产税收管控平台、增值税风险防控系统，进一步加强后续管理，为增值税管理增添信息化手段。构建分类管理、行业税负管理、“指引+平台”后续管理的企业所得税全链条管理模式，所得税管理质效不断提升。打造“三结合四联动”风险联防共治模式（三结合即事前、事中与事后管理相结合，制度与平台相结合，管理与服务相结合；四联动即制度整合部门联动、平台集成信息联动、机制融合管理联动、风险对接税企联动），开发全省首个外贸退税监控查询系统，初步建立出口退（免）税“立体化”管理体系。开展三级大企业税收风险管理，打造“房税e”智能风险管理工具，创新非居民税源监控手段，管理与服务水平显著提高。

【国税体系建设】 2017年，佛山市国税局在省国税局统一体系、统一框架、统一部署的前提下，形成具有佛山国税特色的六大体系（即税收征管体系、纳税服务体系、人力资源管理体系、廉政惩防体系、行政管理体系、国税文化体系）。搭建“一个管理平台、两项工作机制、三套实施方案、四大支撑手段”的体系建设整体框架，打造23个体系融合项目，六大体系建设总体进度超过80%。在体系建设过程中，形成一批具有特色亮点的重要工作成果和成效。一是构建“五融五通”大党建工作格局，促进党建在组织、党业、条块、体系和平台5个方面融合发展，实现机关与基层、党建与税收、系统与地方、纵向与横向、线上与线下“五个打通”，更好地推动“干好税务，带好队伍”。二是共建“一门式”办税服务厅，国税、地税主动融入政府“一门式、一网式”政务服务改革，实现服务共融、信息共享、资源共用、队伍共建、社会共治，将“放管服”改革推向深入，全年全市建成“一门式”办税服务厅6个。三是打造“e政务”综合管理平台，将政务、人事、财务、后勤、信息化管理等工作制度、机制、流程转化为信息化操作模块，精简行政事务流通环节，提升上下级工作统筹效能。

【国税地税合作】 2017年，佛山市国税局联合佛山市地税局在更广领域、更高层次、更深程度开展合作，形成“1 + 10 + N”（即1个总体实施方案、10个创新示范项目推广实施方案、N个合作领域创新事项）的全域合作框架，取得显著成效。

纳税服务深度融合　拓展“全业务”和“一门式”办税服务模式，实现“一窗一人一机”联合办税。串联“线上”电子税务局与“线下”税收物联网，率先开出全省首张O2O电子税务局发票。在禅城区绿岛湖办税服务厅启用全省首个国税地税“用户体验设计中心”，为纳税人带来高效便捷办税体验。推动大企业税收管理合作，与2家佛山知名制造业大企业签署“个性化纳税服务协议”，为大企业提供专业纳税服务。共同推广企业端税务风险防御系统（TRD），将税收监控指标嵌入企业信息系统，实现从“内控清单”“税务内审”到“内控自动化”的重大变革。

征管执法适度整合　持续推进税务数据平台建设，完善内外部数据交互应用机制。联合建立税务系统电子文档管理系统，为全市、全省税费业务通办夯实基础。联合共建税收法律顾问团队，从税务干部、专职律师和专家学者中选取20人组成法律顾问团，重点对强制执行期间涉及的执法流程

2017年2月18日，佛山市国税局上线佛山电台“民生直通车”节目，与广大市民进行互动交流
（市国税局供图）

及文书进行研讨，统一规范催缴、催告、查询账户、下达决定、通知扣缴等环节。健全稽查联合随机抽查机制，共同确定稽查对象，联合进户检查、审理并移送案件，合力打击发票违法犯罪活动。

【国税税收改革】 2017年，佛山市国税局深化一系列税收改革，税收治理能力得到显著提升。完成59项深化征管体制改革任务，11个基层工作亮点获省税务部门认可并推广，占全省亮点总数的四分之一。做好“营改增”效应分析、大辅导、后续管理等工作，确保“营改增”减税政策落到实处。贯彻落实《国家税务局 地方税务局合作规范（3.0版）》，51项合作事项全部落实到位，佛山市获“全国百佳国税地税合作市级示范区”称号，禅城区“一门式”办税服务厅获全国行政服务大厅“百优”称号。税收大数据平台建设成效初显，数据基础日益完备，应用模块日益完善，集成程度日益提高。探索建立全市国税系统统一的征管方式，启动任务管理系统建设，为转变税收征管方式探新路、蓄势能。

【国税税收法治建设】 2017年，佛山市国税局推进税务行政执法公示、行政执法全过程记录、重大税收执法决定法制审核“三项制度”试点工作，在全省率先出台配套措施落实重大执法决定法制审核制度。自主开发进户执法闭环监督平台，实现对进户执法全流程的痕迹化和闭环式管理，工作效果得到社会各界认可。探索基层综合派驻纪检监察员工作机制的建设，压实基层税务分局党风廉政建设“两个责任”，将监督延伸到基层一线。开展“海啸一号”“1·05”专案、“飓风38”等一系列专项行动，与佛山市公安经侦、海关等部门联合成立专案组，运用大数据分析及其他侦查手段，破获历年来涉税金额最大的偷税案件，挽回国家税款损失3.7亿元，有效净化税收环境。

【全省首个“一书一卡”微信版在佛山上线运行】 2017年5月5日，广东省首个“一书一卡”微信版在佛山全面上线运行（“一书一卡”即《广东省国税系统纳税人权利义务告知书》和《广东省国税系统税收执法监督卡》，是佛山市国税局针对税收执法权率先探索的社会监督手段），佛山市国税局通过微信回收第一份电子版“税收执法监督卡”，标志着实施已超过10年的“一书一卡”监督机制全面迈入“掌上时代”。随着“一书一卡”微信版的问世，“前置公开”“进户打卡”“掌上评价”等全新执法监督模式相继被引入，以体系思维实现税收征管和廉政惩防的“跨界”集成发展，赋予执法监督从线上到线下闭环互动的“O2O”新模式，为保障纳税人权利、营造良好营商环境奠定基础。

【全省首个“市镇联动”税企党建共建基地在佛山成立】 2017年6月20日，“星火共建 税企共赢”启动仪式暨党员活动日在三水区乐平镇广东星星制冷设备有限公司举行，标志着广东省首个“市镇联动”税企党建共建基地成立。该基地由佛山市国税局财务管理科党支部、监察室党支部、机关服务中心党支部、三水区国税局乐平分局党支部、三水区地税局乐平分局党支部以及广东星星制冷设备有限公司党支部等6个支部共建，通过开展“四项共建”（即规范组织生活的共建、提升组织活力的共建、拓展党建阵地的共建、打造党建品牌的共建），做到“八个共同”（即共同组织政治学习、共同参加组织生活会、共同开设一堂主体课题、共同开展一次党日活动、共同成立一个先锋组织、共同推进“四个之家”、共同加强人员交流、共同创建“四个五”党建品牌），实现“市级机关＋区级机关”“国税＋地税”“税务＋企业”的纵横融通式共建，打造“税企＋N”党建新模式。

【自助办税终端增值税电子普通发票自助领用功能启用】 2017年8月18日，佛山市南海区国税局在全省范围内率先启用增值税电子普通发票自助领用功能，启用当日，纳税人通过自助办税终端领用电子发票3.5万份。增值税电子普通发票自助领用模块的成功开发，不仅进一步拓展自助办税终端的功能，完善电子发票的信息化使用链条，也大大减轻纳税人和窗口人员的办税负担，为增值税电子普通发票全面推广保驾护航。

【税务法律顾问团队成立】 2017年12月14日，佛山市国税局、地税局联合举行佛山市税务法律顾问团队聘任仪式，标志着佛山市税务系统首支法律顾问团队正式成立。该团队以税务机关法制机构人员为主体，吸收专家和律师参加，为佛山市税务系统提供法律意见、协助处理法律事务，促进依法科学合理行政，进一步提升佛山市税务系统依法治税能力。

（张安然）

·地方税务·

【概况】 2017年，佛山地税系统依法组织税费收入，纵深推进征管改革，累计组织税费收入866.3亿元，比上年增长1.6%，增收13.9亿元，可比（剔除“营改增”影响，下同）增长13.0%，增收99.5亿元，为促进佛山经济发展、增进民生福祉提供坚实的财力保障。其中，组织税收收入498.9亿元，可比增长20.3%，增收84.1亿元，比上年下降0.3%，减收1.6亿元（从税收规模看，佛山市地税税收收入自1994年地税分设以来，连续24年稳居全省地级市首位）；组织社保费收入321.1亿元，比上年增长5.2%，增收16.0亿元。

【地方税收特点】 2017年，佛山市地方税收收入运行总体上呈现税收增速高于全省平均水平、中央级收入增长较快、所得税增长快于财产行为税、重点行业支柱效应突出、各区增长不平衡、非常量税源增收效应显著等特点。

地方税收增速高于全省平均水平 是年，佛山地税税收收入可比增速排名全省第八。从税收规模看，佛山市地税税收收入498.9亿元，连续24年居全省地级市首位，占全省（不含深圳，下同）地税系统税收收入的12.3%。其中，中央级收入138.2亿元，可比增长31.4%，比上年增长33.1%；省级收入79.6亿元，可比增长22.5%，比上年下降32.0%；市县级收入281.2亿元，可比增长14.9%，比上年增长0.6%，占全市一般公共预算收入的42.5%。从税收增幅看，佛山市地税税收收入可比增幅20.3%，高于全省平均可比增幅1.0个百分点，全省排名第八；全市市县级收入可比增幅14.9%，低于全省平均可比增幅0.2个百分点，全省排名第十。

所得税增速快于财产行为税增速　是年，全市企业所得税、个人所得税合计入库218.2亿元，比上年增长28.9%。其中，企业所得税受汇算清缴收入大幅增长78.8%带动，比上年增长24.6%；个人所得税在工资薪金所得和财产转让所得快速增长的推动下，比上年增长33.4%。与地方财政收入密切相关的财产行为税合计入库267.4亿元，比上年增长11.8%，落后于全省平均增幅2.8个百分点。其中，房产税受政策性征收期调整影响同比增长30.0%，城镇土地使用税受企业补缴欠税影响同比增长33.2%；契税、土地增值税受全省征收期调整及楼市调控影响，比上年增幅平稳，分别增长6.5%、10.6%。代征国内增值税12.4亿元，受二手房交易增多影响，可比增长93.1%。

地方税收重点行业支柱效应突出　是年，佛山地方税收重点行业支柱效应突出、重点企业竞争力保持强劲。第二产业实现税收收入114.5亿元，可比增长18.9%；第三产业实现税收收入383.8亿元，可比增长20.6%。第二、第三产业比重为23.0：76.9，第三产业比重较2016年下滑0.5个百分点。第三产业中，租赁商务服务业、居民服务修理服务业、文体娱乐业三个行业受股东股权转让交易增加、企业分红增长及大额土增清算税款入库影响，可比增速分别为45.2%、166.3%和221.0%；房地产业及公共管理、社会保障和社会组织业（主要含个人二手房交易税收）两个行业合计入库税收264.6亿元，占总税收比重的53.0%，较2016年下降1.3个百分点，可比增长14.7%，可比增收33.9亿元，拉动总税收可比增长8.2个百分点。第二产业中，制造业税收受企业股权交易增加推动，可比增长22.2%，增速领先房地产相关行业7.5个百分点。是年，市地税局业务范围内，纳税500万元以上的重点企业纳税户共1 046户，较2016年增加49户，入库地税税收295.1亿元，比上年增长19.2%，占地税总税收比重达59.1%，高出2016年同期1.5个百分点。其中房地产业重点企业数量占比、税收贡献均居前列，485家房地产企业累计入库159.6亿元，占重点企业税收比重的54.1%，行业税收比上年增长10.5%，快于全市房地产业企业平均增速12个百分点。

各区地方税收增长差异性较大　是年，佛山各区地税税收增长差异性较大，南海区收入总量优势凸显，三水区税收增速亮眼。各区地税局坚持组织收入中心工作不动摇，化解“营改增”减收困局，实现税收收入可比较快增长，完成税收收入预期目标任务。其中：南海区局税收总量、可比增量均稳居全市首位，入库税收197.4亿元，占全市总税收比重达39.6%，可比增收33.5亿元，占全市税收可比增量的39.9%；顺德区局紧抓高收入人群税收管理，强化股权激励税源跟踪，全年入库个人所得税41.8亿元，个人所得税贡献全市第一；禅城区局优化资本性税源管理，运用工商股权变更信息，挖掘自然人海外分红数据，全年入库大额资本性税源收入超6.3亿元，比上年增长43.8%；三水区局依托房地产溢出效应，凭借契税增长95.4%的增收优势，总税收同比、可比增速均列全市第一；高明区局抢抓区域经济发展回暖、房地产市场持续升温等利好时机，打造房地产税收链条化管理，助推税收可比增长29.4%，可比增幅仅次于三水区，位列全市第二。

地方税收非常量税源可比增速快于常量税源　是年，佛山全市地方税收常量税源收入390.4亿元，占总税收的78.2%，可比增长10.6%，增收37.3亿元；非常量税源收入108.6亿元，可比增长75.6%，增收46.7亿元，占总税收可比增量的55.6%。其中，企业所得税汇算清缴收入34.1亿元，增长78.8%，增收15.0亿元；土地交易契税收入28.5亿元，增长83.0%，增收12.9亿元；股权转让、股息分红个人所得税26.1亿元，增长69.4%，增收10.7亿元。

【地方税收增长因素】　2017年，佛山地方税收行益于经济环境稳中向好，为增长提供基础支撑。是年，佛山市深化供给侧结构性改革，创新驱动发展成效明显，实体经济振兴发展，居民收入水平稳步提升，全年实现地区生产总值9 500亿元，比上年增长8.5%，规模以上工业总产值增长8.7%，固定资产投资增长20%，社会消费品零售总额增长10.2%，为税收增长夯实基础。

自然人税源征管质效跃升，为税收增长提供强劲动能。随着佛山“招才引智”政策深入推进，高层次人才入驻推动工薪收入总量增加，促进工资薪金个人所得税收入增长，是年，全市工资薪金个人所得税收入60.4亿元，比上年增长26.0%，增收12.5亿元。与此同时，全市地税系统着力强化股权转让所得个人所得税动态管理，保障税源及时入库，全年累计入库股权转让交易个人所得税13.8亿元，比上年增长3.6倍，增收10.7亿元，占总税收可比增量的12.8%，创市地税局2012年以来股权交易个人所得税总额新高。

2017年10月，全省首个电子税务用户体验设计中心在佛山市禅城区启用。图为税务人员辅导纳税人体验办税电子设备　（黄宝莹摄）

房地产税收递延效应，为税收增长提供有力助推。在2016年度佛山市房地产市场热潮助推下，2017年企业所得税中，房地产企业汇算清缴收入规模达27.9亿元，比上年增长1.3倍，增收15.9亿元，占总税收可比增量的18.9%。此外，2017年佛山市土地出让交易畅旺，商住用地成交金额903.8亿元，为历年之最，比上年增长55.2%，助推土地交易契税实现收入28.5亿元，增长83.0%，增收12.9亿元。

税收征管转型，为税收增长提供有效保障。是年，佛山市地税局全面推行数据驱动分类分级管理模式改革，深化数据风险管理，集成涉税信息应用深挖税源，全年累计推送风险疑点数据3.6万条，入库税款14.5亿元。与此同时，通过开展联合稽查、专项稽查，利用税务稽查“双随机一公开”工作模式，全年累计实现稽查查补入库9.3亿元，其中，组织企业自查543家，入库税收7.1亿元；立案检查96家，查补入库2.2亿元。

【地税征管改革】 2017年，佛山市地税部门按照省局构建基于互联网生态的新型管理模式决策部署，坚持管理与信息融合，在集成前期改革成果的基础上，5月起全市推行数据驱动分类分级管理模式改革，在全省地税系统率先探索转变税收征管方式新路径，获得国家地税总局、省地税局肯定，认为该项改革顺应广大纳税人对纳税服务的美好需求，为新时代税收管理现代化建设打造可复制的“佛山典范”。

整体模式上，推行分类分级管户，取消税管员固定管户。以电子办税、数据管控、风险管理和智能服务为核心，实行专业化、标准化、数据化的分类分级管理；优化市局、区局、分局三级管理职责，分局设置5类10个业务专岗，将日常管理实务分为“基础管理、纳税服务、风险管理、法制事务”4类，实行专业化管理；增设管理服务区，作为分局管理系列对外服务的统一窗口，打造基层分局“4 + 1”大服务格局。

运行机制上，突出风险管理，转变无差别应对。建立“内部+综合治税+网络”全链条数据采集模式，采集部门从30个增至38个，出台外部数据管理办法，治理质量问题86个；构建“模型建设—风险计划—风险识别—扎口推送—风险应对—反馈监督”全闭环风险管理模式，推送风险管理任务56项次、风险疑点数据3.6万条，入库税款14.5亿元；建立数据分析模型，成功拦截319名涉嫌虚假申报个税非法获取购房资格者购买商品房，协助公安机关打掉1个犯罪团伙，抓获6名犯罪嫌疑人。

标准化、信息化建设上，加强后续管理支撑，强化事中事后管理。加快业务领域标准建设攻关，以应用云平台为基础，集成融合全市软件开发和应用系统，全面升级5S税务助手，5月在全省地税率先上线任务管理平台（一期），实现318项日常管理、风险管理、数据管理业务的电子化流转、全流程管理、智能化考核；在南海区试点成立全省地税首个实体化电子办税分局，对涉税业务进行线上集中审核、集约处理。

【国地税合作】 2017年，佛山地税以建设国税地税合作市级示范区为契机，形成“1 + 10 + N”全域合作“大框架”，合作规范3.0版的51项合作事项全部落实到位，11项合作创新亮点获省地税局认可并推广。佛山市获“全国百佳国税地税市级示范区”称号，禅城区局“一门式”办税服务厅获2017年全国行政服务大厅典型案例“百优”称号。

是年，佛山地税部门最大限度方便纳税人，推进服务深度融合。拓展“全业务”“一门式”办税服务模式，以南海区、三水区局为试点，实现联合办税“一厅通办”；在禅城区绿岛湖办税服务厅启用全省首个国地税“用户体验设计中心”；在全国率先实现通过“金税三期”系统代开增值税电子普通发票，每月减少纳税人门前开票近3万人次，被国家税务总局在第三次专项督察作为典型经验做法通报表扬；联合国税部门走访全国人大代表、政协委员及企业家，找准服务方向；推动大企业税收管理合作，与石湾酒厂、蒙娜丽莎签署“个性化纳税服务协议”。

是年，佛山地税部门最大程度优化税收治理，推进管理适度整合。与市国税部门联合共建国地税法律顾问团队，首批20名法律顾问迅速到位；深化设立、变更、核定、注销清税等执法合作，在三水区试点推行“一照一码”纳税人联合清税；健全稽查联合随机抽查机制，合力查处发票违法企业54家，涉及金额2.1亿元；在南海区试点国地税数据一户式查询，升级“金三助手”，在国地税数据互通基础上，实现校验类、免输入类、公告类、查询类四类功能的共享共用，推进信息聚合共享；市地税局与高明区共建干部联合培训基地，强化专业人才培养。

【全国首张企业纳税人表格式电子税票在佛山开出】 2017年2月28日，全国第一张企业纳税人表格式电子税票在佛山市禅城区地方税务局办税服务厅内开出，标志着广东地税电子税票应用试点工作在佛山顺利上线运行，纳税人在线即可随时随地取得合法有效完税证明。佛山市作为广东地税推广电子税票的4个试点市（区）之一，自2017年3月2日起，率先在禅城区、南海区、高明区和三水区推广电子税票的应用。电子税票全面推广后，纳税人在线即可随时随地取得合法有效完税证明，满足纳税人记账核算、办理涉税事务等需求，大幅提升纳税人办税便利化程度。实现自助开具的电子税票为税收完税证明，开具内容涵盖地税机关征收的个人所得税、车船税、契税、企业所得税等税种。电子税收票证与纸质票证具有同样的证明效力，并增加合法有效的电子签名、设置电子印章、可查验的二维码，由广东省政务电子证照系统签发后出具，可作为记账核算、电子存档、办理公共事务的凭证。

（周　鹏）

金融

手机扫码阅读

综　述

【概况】 2017年，佛山市金融业增加值407.62亿元，比上年增长3.9%，占国民生产总值比重4.3%。金融总量在省内排名第三位，仅次于广州和深圳。佛山市已经形成银行、保险、证券期货等传统金融机构和融资性担保公司、小额贷款公司、融资租赁、股权投资基金等泛金融机构相结合的较为完备的金融体系，机构总数超过800个。至2017年底，全市金融机构本外币各项存款余额14 042.40亿元，比上年增长5.73%，其中境内住户存款余额7 019.38亿元，增长4.2%，各项贷款余额9 376.97亿元，增长7.56%。全市保险行业完成保费收入433.78亿元，全市保险公司赔付支出95.66亿元，分别比上年增长25%、6%；全市证券交易成交总额（不含权证）38 533.6亿元，增长2.4%，占全省总成交份额11%；全市期货交易量8 589.3亿元，下降11.4%，占全省的11.8%。

【多层次资本市场】 2017年，佛山市贯彻落实《佛山市促进企业上市三年行动计划（2016—2018年）》《佛山市促进企业上市扶持办法》及《佛山市上市后备企业管理暂行办法》和《佛山市促进企业上市工作实施方案（2016—2018年）》，加大对企业上市的支持力度。是年，全市新增12家上市公司（含1家过会待发行），煜荣集团、万成金属登陆港交所，博实乐教育登陆纽交所，雄塑科技、金银河、新劲刚、天安新材、海川智能、佛燃股份、蒙娜丽莎、伊戈尔、科顺防水先后通过IPO审核，佛山市上市公司总数达到54家，累计融资超过950亿元，佛山上市企业市值接近1万亿元，在全国大中城市排名第七，并形成上百家拟上市企业梯队。同时，上市公司利用资本市场进行产业链上下游及跨行业的并购重组，是年，佛山市境内36家上市中有13家企业（占比36%）开展21笔并购，涉及金额106亿元。

“新三板”　是年，佛山市新增“新三板”挂牌公司27家，截至年底，有100家企业成功挂牌“新三板”，其中有3家企业入围创新层。

债券市场　是年，佛山市企业在全国性债券市场发行各类债券296期，融资金额1 191.4亿元，分别比上年（204期，1 018.41亿元）增长45.1%和16.99%。

股权投资行业　是年，佛山市新增股权投资公司52家，新增注册资本59亿元。截至年底，全市股权投资基金（创投公司）总数达386家，注册资本超过502亿元。其中，广东金融高新区私募创投机构204家，募集资金规模345亿元。是年10月，市政府正式颁布实施《关于加快股权投资行业集聚发展的实施办法》，方案从落户奖励、孵化奖励、投资奖励、地方经济贡献等多方面支持股权投资机构加快发展。在推进打造珠江西岸创投中心的工作中，佛山依托广东金融高新区的产业金融优势，在广东金融高新区核心区内重点建设打造私募股权基金为主，私募证券基金、公募基金共同发展的“千灯湖创投小镇”，建设创投机构集聚、创投氛围突出、创投业务活跃的特色基金小镇和创投人宜居宜业的家园。是年7月，千灯湖创投小镇正式揭牌，并召开小镇推介会议。截至年底，千灯湖创投小镇规划范围内落户的私募基金项目86个，募资资金总额达102亿元。截至年底，广东金融高新区股权交易中心有注册挂牌企业3 510家（注册企业2 689家、主板挂牌企业154家、科技板企业165家、华侨板企业502家），实现融资超947亿元；在江门、肇庆、云浮、韶关、揭阳、茂名、粤桂合作特别试验区等地设立运营中心或服务基地，并设立知识产权交易平台、科技板、国资板、青创板等特色板块。

【地方类金融机构监督管理】 2017年，佛山市开展涉众金融领域矛盾纠纷排查摸底活动，防范和打击非法集资等违法金融活动，全市金融形势平稳有序，主要风险在于e租宝、泛亚、金德公司等跨市、跨省案件。是年，全市公安机关共立非法集资类刑事案103件，破案89件，涉案金额13.55亿元。市金融局组织开展全市互联网金融风险整治工作，加强排查整治和打击力度，对纳入重点名单的13家P2P平台进行现场检查，对纳入整改类的11家平台下发整改通知书，并由相关领域牵头部门督促其落实整改工作；组织协调、督促市相关区处置好个别互联网金融信息有限公司资金兑付风险隐患工作，未出现重大风险问题。

融资性担保行业监管　佛山市金融局按照佛山市融资性担保行业监管联席会议制度，组织召开全市融资性担保行业监管工作会议，传达国家、省融资担保会议精神，组织各区金融办融资担保监管业务人员统一学习《融资担保公司监督管理条例》（该条例8月出台，并自10月1日起施行）；组织各融资担保公司针对《融资担保公司监督管理条例》的规定和有关指标进行自查自纠，同时结合各融资担保公司的现场检查工作，深入对公司人员进行宣传教育；开展非持证机构摸底排查行动，核查非持证机构开展融资担保业务情况，发现问题及时处置。

小额贷款行业监管　佛山市金融局组织各区金融办会同相关监管部门和第三方机构，开展全市小额贷款公司的风险排查2次，防范区域性风险。是年3月，启动小额贷款公司2016年度评级工作，最终评出A类3家、B类10家、C类8家、D类6家。日常监管工作中，市、区监管部门通过小额贷款公司非现场监管系统及经营月报，及时指出公司在经营过程中的风险隐患。同时，监管部门和行业协会通过电话、网站等多种渠道，及时处理有关投诉。

（徐轶奕）

地方类金融机构

【概况】　截至2017年底，佛山市有融资担保法人机构22个，全市本地注册融资性担保机构注册资本41.5亿元、净资产34.6亿元、在保余额129.1亿元、从业人员363人；核准设立小额贷款公司37家，注册资本54.85亿元，从业人员达635人；融资租赁机构22个。

【融资性担保业】　截至2017年底，佛山市有融资担保法人机构22个，其中禅城区6个、南海区8个、顺德区6个、高明区1个、三水区1个，比上年减少6个；分支机构6个，其中禅城区2个、南海区2个、顺德区2个。全市本地注册融资性担保机构注册资本41.5亿元，净资产34.6亿元；在保余额129.1亿元，比上年下降3.7%；其中融资性在保余额（含债券担保）32.5亿元，下降21.5%；融资性担保放大倍数仅0.94倍，减少0.01倍；全市融资性担保行业从业人员363人。佛山市担保行业发挥对中小微企业及个人的融资担保作用，全市22家本地注册公司自2010年起至2017年累计为中小企业融资担保超过690.2亿元、10 865家。

2017年，全市融资担保行业运行基本平稳，机构规范经营意识逐步提升。各融资担保机构加强对新发融资担保业务审核的审慎性，同时加大对往年代偿风险的化解力度，代偿情况逐步消化，代偿余额、代偿率逐步压降。行业风险总体可控，基本排除区域性系统性风险隐患，未引发大范围不良影响。

【小额贷款业】　截至2017年底，佛山市核准设立37家小额贷款公司，其中禅城区3家、南海区22家、顺德区10家、高明区1家、三水区1家；从业人员635人，其中高管193人；注册资本54.85亿元，其中6 000万元为国有企业出资，其余均为民营资本；累计为佛山中小企业和“三农”提供贷款5.5万笔，846亿元，贷款余额63.7亿元，成为佛山中小微企业和“三农”发展的助推器和传统金融机构的重要补充。

2017年，佛山市小额贷款公司全年向佛山中小企业和“三农”提供贷款7 357笔、84.9亿元，其中涉农贷款4.9亿元。是年，佛山市小额贷款公司经营环境有所改善，各小额贷款公司及时调整经营目标，加强风险控制，有效防范区域系统性风险。未发现小额贷款公司存在非法集资、超利率放贷、暴力收贷等违法违规行为。佛山市小额贷款行业处在平稳的发展轨道，风险可控。

【融资租赁业】　截至2017年底，佛山有融资租赁公司22家，注册资本52.59亿元。另外，于2015年底在深圳前海注册成立的由佛山市国有资本发起设立的广东耀达融资租赁有限公司计划迁回佛山，该公司注册资本3亿元。

（徐轶奕）

银行业

【概况】　截至2017年12月底，佛山市有银行业金融机构41个，其中政策性银行1家、国有银行4家、股份制银行11家、城商行5家、邮储1家、外资银行8家（渣打、汇丰、东亚、恒生、永亨、南洋、大新、创兴8家港资银行开设15家分、支行机构）、农村金融9家、非银机构2个。银行业机构网点数1 875个，银行业从业人员数32 051人。

存款稳定增长　2017年末，佛山市中外资银行机构本外币各项存款余额14 042亿元，比上年增长5.7%，较年初增加761亿元，少增653亿元。其中，人民币各项存款余额13 612亿元，比上年增长6.4%，比年初增加822亿元；外币各项存款余额66亿美元，下降7.1%，比年初减少5亿美元。

贷款余额比上年增长　2017年末，佛山市中外资银行机构本外币各项贷款余额9 377亿元，比上年增长7.6%，其中，人民币贷款余额9 158亿元，增长7.5%，比年初增加642亿元；外币

2017年6月11日，佛山市委政法委、佛山市处非办在南海区万达广场联合举办防范和处置非法集资宣传活动　（市金融局供图）

各项贷款余额34亿美元，增长15.2%，比年初增加4亿美元。

【货币信贷管理】 2017年，中国人民银行佛山市中心支行继续加强货币信贷管理，促进佛山银行业健康发展，为服务经济社会发展作贡献。

存款准备金率调整 按照人民银行总行部署，对辖区非县域农村商业银行开展定向降准动态考核，上调1家农村商业银行的存款准备金率，下调2家农村商业银行的存款准备金率，辖区法人金融机构执行的存款准备金率为7.0%至14.5%不等，引导法人金融机构进一步优化信贷结构。

利率市场化 指导辖区金融机构将利率市场化改革推向深入。辖区企业人民币贷款加权平均利率5.34%，同比上升30个基点，信贷市场融资成本的增长低于金融市场融资成本的增长。

支小再贷款投放 向金融机构发放支小再贷款12亿元，与上年持平；至2017年末，支小再贷款余额12亿元，与上年持平。金融机构运用支小再贷款资金累计发放小微企业贷款15.69亿元，惠及小微企业123家，贷款加权平均利率5.31%，比辖区同期小微企业人民币贷款加权平均利率低27个基点，缓解小微企业“融资难、融资贵”问题。

再贴现 累计办理再贴现18.65亿元，比上年增长97.4%。其中，小微企业票据再贴现18.21亿元，比上年增长99%，惠及小微企业194家；涉农企业票据再贴现2.32亿元，增长90.2%，惠及涉农企业4家。截至2017年末再贴现余额6.78亿元，余额比上年增长37.5%。再贴现的持续发放，有效支持小微及涉农企业的发展。

住房信贷政策的贯彻落实 结合地方政府出台的房地产调控政策，指导辖区金融机构贯彻落实好差别化住房信贷政策，辖区个别区域的过热现象受到控制。至年底，佛山房地产贷款余额4 174.13亿元，比上年增长21.2%，增速比上年减少13.2个百分点；佛山市个人购房贷款余额3 262.49亿元，增长18.1%，增速比上年减少31.2个百分点。

银行机构宏观审慎管理 完善辖区法人金融机构宏观审慎评估，将表外理财正式纳入广义信贷范围，引导金融机构优化货币信贷总量和投放节奏，有效提升经营的审慎性。是年，辖区法人金融机构宏观审慎评估情况总体良好。

金融支持创新驱动发展 推进产融合作试点，强化战略性新兴产业等重点领域的金融支持。是年末，辖区战略性新兴产业贷款余额156.24亿元，比上年增长29.1%；知识产权质押贷款、股权质押贷款和供应链融资余额共124.81亿元，增长71.1%，支持辖区产业的转型升级发展。

【银行业金融服务管理】 2017年，中国人民银行佛山市中心支行推动建立健全普惠金融工作机制，牵头成立普惠金融工作领导小组，协调金融局、银监局等相关单位推进《佛山市普惠金融建设实施方案》落实，制订《佛山市2017年普惠金融建设工作计划》，推进普惠金融指标体系建设。

推动金融IC卡与移动支付在公交领域取得新突破，3条公交路线实现受理金融IC卡（电子现金模式）付费，顺德区公交车ODA项目完成签约。推动佛山“市民之窗”扩展水、电、燃气等公共服务金融IC卡缴费功能（佛山市“市民之窗”自助服务终端总铺设1 018台终端，进驻34个市、区各部门的78个业务事项）。惠民新支付体验馆完成项目立项、方案设计与采购招标，进入实施阶段。

推进农村支付服务环境建设，升级农村支付综合化应用，做好助农取款业务风险排查工作。联合市人社局和三水区有关部门探讨“乡银保”项目有效开展的运行模式。探索助农取款与移动支付等现代化支付方式深度融合的应用模式，推动“助农取款+”发展。

【兴业银行佛山分行筹组佛江北高速项目银团】 2017年5月10日，兴业银行佛山分行与佛山市中策佛江北高速公路投资有限公司签署佛江高速公路和顺至陈村段项目的银团贷款合同，兴业银行佛山分行为该笔银团的牵头行和代理行，银团贷款总额82亿元。兴业银行佛山分行初始承贷金额30亿元，交行承贷额20亿元，工行承贷额10亿元，建行承贷额10亿元，农行承贷额10亿元，中信银行承贷额2亿元，并于同月12日成功发放首笔银团贷款20亿元。

【佛山农商银行创客支行正式开业】 2017年12月13日，入驻佛山科学技术学院的佛山农商银行创客支行正式开业。作为佛山首家以“创客”命名的支行，佛山农商银行创客支行配置专业的团队和专门的产品，为佛山科学技术学院师生、校企和校友的创业展业、技术转化、产业化提供一整套金融服务和金融解决方案。通过佛山本土银行与本地高等学府的强强联合、优势互补，为创新创业项目孵化提供金融服务与资金支持。

【交通银行佛山分行助推佛山小微企业经营发展】 2017年，交通银行佛山分行完善产品创新机制，重点推广“快捷抵押贷”和“商票快贴”等强风险缓释业务，运用“税融通”“科技贷”“抵押+”“无还本续贷产品”等优势产品，通过与禅城区、南海区经科局及税务机关等相关政府职能部门建立合作关系，参与风险补偿基金、科技贷以及税融通等扶持中小企业的融资平台，为小微企业提供综合化普惠金融服务。同时，依托项目制拓展思路，向产业核心企业倾斜，带动企业产业链整体发展，争取向链属企业提供一揽子金融服务方案。

【顺德中行牵头筹组国际银团推动美的库卡并购项目】 2017年8月21日，美的库卡并购融资银团签约仪式在美的集团总部大厦举行，全体银团成员与美的集团签署《美的库卡并购融资银团贷款角色确认函》。德国库卡集团是全球领先的机器人及自动化生产设备和解决方案的供应商之一，美的集团并购德国库卡体现中国产业资本完善全球产业链、抢占产业制高点的发展诉求，是中国银行助推“中国制造2025”战略的一大举措，是响应国家“一带一路”战略的具体实践。受美的集团委托，顺德中行作为“美的集团德国库卡并购融资再安排银团贷款项目”牵头行筹组美的集团并购德国库卡集团37亿欧元项目国际银团，其中顺德中行出资7.87亿欧元，推动智能制造产业发展。

【中国民生银行与盈峰控股集团签订战略合作协议】 2017年6月28日，中国民生银行佛山分行为盈峰投资控股集团有限公司并购中联重科股份有限公司环境事业部的项目发放首笔并购款22亿元，该项目是国内环保行业最大的并购案。同年7月27日，中国民生银行与盈峰投资控股集团有限公司签订全面战略合作协议，双方将在综合授信、债券融资、资金管理、国际结算及融资、投资银行、个人金融及其他金融服务方面加深、加强合作关系。

【中国银行佛山分行举办高新技术企业+“新三板”企业投融资撮合会】 2017年3月10日，中国银行佛山分行联合禅城区金融工作办公室、禅城区经济和科技促进局举办“中银科创企业投贷联动直通车”高新技术企业+“新三板”企业投融资撮合会，聚集多家专业机构为佛山地区20多家科创中小企业提供债权融资、股权融资、对接多层次资本市场等综合金融服务，助力佛山企业成功走向资本市场。“中银科创企业投贷联动直通车”是中国银行广东省分行响应国家创新驱动发展战略创新推出的投贷联动服务模式，融合商业银行与投资银行业务，联动券商、股权投资等机构为企业提供一站式综合金融服务。

【“中银中小企业融资融智南粤行”走进高明三水】 2017年6月20日、8月18日，“中银中小企业融资融智南粤行”分别走进高明区、三水区，中国银行佛山分行联合证券、保险等公司现场为高明区、三水区近80家农业、科技中小企业提供“面对面”“一对多”的“融资+融智”综合服务。“中银融资融智南粤行”是中国银行广东省分行推出的解决中小企业融资难融资贵问题的创新服务模式，该模式突出“跨界生态链服务”核心，主要通过与各级地方政府相关职能部门、行业协会、中国银行集团及其他中小企业服务机构联动，为农业、民生、传统产业转型升级的中小企业提供“融资+融智”的一站式金融服务。

【平安银行佛山分行成为禅城环卫工人爱心联盟成员】 2017年8月13日，由佛山市禅城区城市综合管理局（公用事业）、禅城区环境卫生养护中心牵头组织的“禅城环卫工人爱心联盟”正式成立。平安银行佛山分行携手太极集团、广州王老吉大健康发展有限公司、美的空调等9家爱心企业和社会团体成为该联盟的首批成员。在当日上午举行的启动仪式上，9家企业团体共同出资向环卫工人捐送1 700箱凉茶及1 800份藿香正气液等药品。

【顺德建行成为顺德首家住房租赁银政合作签约银行】 2017年12月5日，顺德区人民政府、中国建设银行广东省分行《培育和发展住房租赁市场试点工作战略合作协议》签约仪式在顺德举行。此举标志顺德分行成为当地同业首家住房租赁银政合作签约银行。该次战略合作协议的签订开启银政合作新领域，是双方以具体行动贯彻落实党的十九大精神的具体体现，为推动顺德区培育健康可持续的住房租赁市场、助力实现人民住有所居的安居梦迈出关键一步。

【建行佛山市分行率先上线非税支付宝缴费平台】 2017年3月29日，建行佛山市分行率先上线非税支付宝缴费平台，成为广东省地级市首个突破该项业务的分行，实现柜台、POS、网上、市民之窗自助设备、微信、支付宝缴纳非税的全线通，标志着建行佛山市分行在创新财政代理业务及便民服务上又向前迈进一大步，再次走在同业的前列。

【佛山农商银行联合阿里拍卖平台创新推出“线上拍卖贷”】 2017年10月18日，佛山农商银行在原有线下拍卖贷的基础上与阿里拍卖平台合作推出线上拍卖贷，成为广东首家与淘宝合作的农合机构。该产品通过线上交易受理，线下审批签约放款的模式，将进件渠道由传统的面对面营销变更为与网络平台合作，解决多家法院在处置佛山标的物中遇到的复杂性问题，有效缓解竞拍人参与司法竞拍一次性付款筹资的压力，促进佛山地区拍卖市场的发展。

【中国银行佛山分行创新推出智能柜台】 2017年5月，中国银行佛山分行正式上线智能柜台，截至年末在辖内70多个网点成功投产智能柜台，网点覆盖率超80%。智能柜台的成功上线标志佛山中行网点智能化建设和服务进入新阶段。中国银行智能柜台按照“客户为本、体验为王”的理念，通过“客户自助办理+关键节点银行审核”的创新服务模式，推动网点由交易处理向服务营销的快速转变。客户无需再排长队、不再手工填写单据，只要指尖轻轻一触，便可以轻松办理开卡、转账、卡挂失、查询业务、电子银行业务、理财业务、外币兑换业务、信用卡业务、存折业务、社保卡业务等27大类业务。

【邮储银行佛山市分行成立“三农金融事业部”】 2017年12月29日，邮储银行佛山市分行正式挂牌成立“三农金融事业部”，内设小额贷款中心、农业产业化中心、审查审批中心，同时在佛山五区设立小额贷款营销管理中心，配备专职的“三农”业务团队，精准对接“三农”特色化金融需求，通过导向性信贷资金、金融扶持政策等方式为佛山地区“三农”客户提供更加优质、高效的金融服务。

（姚迪腾）

证券期货业

【概况】 2017年，佛山市新增1家证券公司省级分公司（联储证券广东分公司）、2家地区分公司（东北证券佛山分公司、兴业证券佛山分公司），9个C类证券营业部。截至2017年底，佛山市证券机构110个，其中地区分公司11家、省级分公司1家、综合类证券营业部57个、轻型营业部41个，以及期货营业部14个。

是年，佛山市证券交易成交总额（不含权证）38 533.6亿元，比上年增长2.4%，占全省的11.8%，在全省排名第三；佛山市证券业会员手续费收入13.2亿元，比上年下降17.9%，占全省（除深圳市）的13.9%；佛山市期货成交金额8 589.3亿元，下降11.4%，占全省的11.8%，占比回落0.82个百分点。

【证券期货投资者适当性管理】 2017年

7月1日，中国证监会《证券期货投资者适当性管理办法》正式实施。7月6日，佛山市证券期货协会召集辖区40家证券机构负责人集中学习该管理办法，重点探讨该管理办法的实施、行业在业务开展过程中面临的共性问题及未来行业如何更加健康稳定发展等话题。年内，佛山市内各证券机构也为实施该管理办法做好包括员工培训、系统测试、全面落实、严格执行、适当性教育等工作。

【反洗钱专题培训】 2017年9月22日，佛山市证券期货协会与中国人民银行佛山中心支行反洗钱科联合举办反洗钱工作专题培训，行业全体会员单位反洗钱专员及负责人140余人参加培训。

该次培训重点对央行“3号令”《金融机构大额交易和可疑交易报告管理办法》进行政策解读。明确金融机构下一步工作任务：及时修订和完善内控制度；改造优化可疑交易监测系统；充实反洗钱队伍；全面开展学习培训。通过政策解读，将“3号令”的文件要求贯穿于日常工作中，维护金融健康稳定发展。

【“新三板”】 2017年，佛山全市新增“新三板”挂牌企业27家，累计106家。其中禅城区新增5家，累计14家；南海区新增10家，累计40家；顺德区新增9家，累计37家；高明区新增2家，累计5家；三水区新增1家，累计10家。

（张晶晶）

保险业

【概况】 2017年，佛山市新增产险公司2家、寿险公司3家，全市保险机构70个，其中产险公司30家、寿险公司40家。全市有561个保险服务网点，覆盖五区。其中产险公司网点335个，寿险公司网点226个。全市保险行业完成保费收入433.79亿元（占全省13%），比上年增长25%，在全省地级市中名列第二；其中产险保费收入110.81亿元，增长15%；寿险保费收入322.98亿元，增长29%。佛山财产保险业为全市承担风险保障6.8万亿元。产、寿险公司合计赔给付95.66亿元，增长6%。是年，佛山市保险深度（地区保费收入占该地区生产总值的比重）为4.5%，保险密度（人均保费收入）为5 118元每人。是年，佛山有保险从业人员7.25万人，比上年增长4%。

2017年7月7日，“7·8全国保险公益宣传日”前夕，“7.8公里扶贫公益跑”佛山站活动在佛山新城举行，全市150多名保险从业人员投身公益活动，宣传保险，助力扶贫

（市保险行业协会供图）

【保险行业产业结构优化】 2017年，佛山市与国计民生密切相关的责任险业务比上年增长30%，主要业务包括校园方责任保险、特种设备责任保险、安全生产责任保险、食品安全责任险等11类责任保险。与宏观经济相关性较强的保证保险业务增速115%，工程险为社会提供风险保障金额1 456.37亿元，比上年增长29.84%。

【保险投诉调处机制建设】 2017年，佛山市保险行业协会坚持把帮助消费者维权作为重点工作。年内，佛山市保险行业协会保险纠纷调解处置专业委员会受理保险合同纠纷调解案件1 081件，成功调解496件，达成调解金额4 483万元，收到消费者赠送的锦旗和表扬信6次。

【实体经济风险保障】 2017年，佛山市保险业为实体经济提供风险保障，推动产业转型升级。全年为企业提供出口信用风险保障13亿元、提供商业信用风险保障2.8亿元、产品质量风险保障20亿元。

【政策性农业保险发展】 2017年，佛山市政策性水稻保险承保面积5 146.47公顷（77 197亩），承担风险3 705万元；能繁母猪保险承保头数25 689头，承担风险2 569万元；政策性农房保险承保户数54.6万户，承担风险超109亿元；农业保险纳入省政府十大民生实事，家禽、岭南特色水果等新险种落地，家禽、生猪以及岭南特色水果农业保险承担风险3 718万元。各类农业险累计赔款357万元，分担农户经济风险，服务农业农村发展，助力乡村振兴战略。

【大病保险支付限额提高】 从2017年1月1日起，根据佛山医保一体化改革方案，佛山大病保险保障进一步调整。在大病保险“二次报销”的基础上，将最高支付限额从20万元提高到30万元，并选定部分恶性肿瘤疾病，将对应的非替代性靶向药纳入大病支付范围。是年，佛山市大病保险项目覆盖人群487.5万人，支付赔款8 247万元，赔付件数超2.6万件，有效缓解“因病返贫、因病致贫”问题。

【"事故 e 处理"快处快赔新模式实施】 2017 年 8 月起，佛山市保险行业开始实施"事故 e 处理"快处快赔新模式，并设立"事故 e 处理"快处快赔服务中心 1 个和服务网点 25 个，为市民提供"事故 e 处理"快处快赔保险服务。通过快捷、高效的轻微道路交通事故线上线下两种处理模式，道路交通事故现场处理用时大幅缩短，因道路交通事故导致的交通拥堵时间明显减少，道路交通事故处理和保险理赔效率进一步提高，化解因道路交通事故引发的矛盾纠纷，提升保险客户体验和满意度。2017 年 8 月至 12 月，通过快撤理赔，处理交通事故 21 742 宗。

（市保险行业协会）

2017年佛山市新增"新三板"挂牌企业名单

证券代码	证券名称	挂牌日期	所属行业	区　域	主办券商
870668.OC	健怡果	2017.1.24	批发业	禅城区	国联证券股份有限公司
870612.OC	睿江云	2017.2.9	互联网和相关服务	禅城区	招商证券股份有限公司
871365.OC	北创光电	2017.4.24	光学仪器制造	禅城区	安信证券股份有限公司
871579.OC	奥博信息	2017.7.5	信息系统	禅城区	长江证券股份有限公司
871888.OC	龙狮篮球	2017.9.1	文化体育和娱乐业	禅城区	中国中投证券股份有限公司
870200.OC	斯乐普	2017.1.4	专业设备制造业	南海区	兴业证券股份有限公司
870460.OC	大洋医疗	2017.1.20	专用设备制造业	南海区	国信证券股份有限公司
870964.OC	泓胜科技	2017.2.20	仪器仪表制造业	南海区	长江证券股份有限公司
870191.OC	丰高科印	2017.2.20	印刷和记录媒介复制业	南海区	财通证券股份有限公司
870865.OC	华特气体	2017.2.22	化学原料和化学制品	南海区	中信建投证券股份有限公司
871148.OC	艾科技术	2017.3.22	仪器仪表制造业	南海区	金元证券股份有限公司
871932.OC	数安时代	2017.8.11	信息传输、软件和信息服务业	南海区	东北证券股份有限公司
872117.OC	康荣高科	2017.8.21	制造业	南海区	东莞证券股份有限公司
872236.OC	安普泽	2017.11.2	生物医药	南海区	财达证券股份有限公司
872302.OC	和邦盛世	2017.11.8	家具制造业	南海区	东莞证券股份有限公司
870713.OC	任我通	2017.2.23	汽车制造业	顺德区	东莞证券股份有限公司
870814.OC	便捷神	2017.3.6	零售业	顺德区	西部证券股份有限公司
871097.OC	三合股份	2017.3.23	专业设备制造业	顺德区	国信证券股份有限公司
871468.OC	永通重机	2017.6.8	起重机制造	顺德区	东莞证券股份有限公司
871599.OC	蓝海豚	2017.6.8	旅客运输	顺德区	中信建投证券股份有限公司
871695.OC	乐善智能	2017.7.24	专用设备制造业	顺德区	长城证券股份有限公司
871834.OC	乐美智家	2017.8.4	制造业	顺德区	华金证券股份有限公司
872150.OC	光腾新能	2017.9.6	制造业	顺德区	中银国际证券有限责任公司
872267.OC	金发股份	2017.11.7	房地产业	顺德区	光大证券股份有限公司
870911.OC	何氏协力	2017.2.16	汽车制造业	高明区	广发证券股份有限公司
871809.OC	南亮股份	2017.8.28	制造业	高明区	安信证券股份有限公司
871908.OC	麦澳医疗	2017.9.6	制造业	三水区	开源证券股份有限公司

（佛山市证券期货协会）

城乡建设

城乡规划管理

【概况】 2017年，佛山市根据城乡建设需要，启动佛山市“一环创新圈”战略规划编制及禅南顺创新集聚区综合规划；编制《佛山市空间规划》《佛山市“十三五”城市近期建设规划（2016—2020年）》《佛山市自然生态文明建设专项规划》等规划；完成《年度佛山市交通模型维护及交通年报编制（2017）》《佛山市交通规划数据整合及决策支持研究》；城市升级五年完成投资2 293.54亿元；全年启动“三旧”（旧城镇、旧厂房、旧村庄）改造项目1 485个，总用地面积8 186.67公顷；全市完成城市治理三年行动计划投资额1 277.76亿元。

【城乡规划编制】 2017年，佛山市启动和完善一批规划纲领。启动《佛山市空间规划》编制工作；启动《佛山市城乡规划条例》立法工作；完善《佛山市中心城区“三规合一”规划》工作；开展《佛山市“十三五”城市近期建设规划（2016—2020年）》编制工作，规划成果已上报市人民政府提请市人大常委会审议。开展《佛山市街道设计导则》编制工作。

编制完成《佛山市自然生态文明建设专项规划》《佛山市河心岛总体整治规划指引》；修编《城市绿地系统规划》，并上报佛山市人民政府；完善《佛山市城市蓝线划定规划》；制订《佛山市乡村规划管理办法》；编制《佛山市中心城区应急避难场所建设规划》，通过专家评审；修订《佛山市既有住宅加装电梯管理办法》；修订《佛山市城镇新建住宅区配建教育设施管理办法》。

启动佛山市“一环创新圈”战略规划编制和禅南顺创新集聚区综合规划编制工作；启动《佛山市城市设计通则》的编制工作；开展《佛山市中心城区用地建设强度管理规定》和《控制性详细规划土地混合使用指引》等控制性详细规划改革配套政策文件的研究和制订工作，为控规深化改革提供支撑。由佛山市人民政府修订并印发《佛山市近期建设线网站点周边土地控制管理规则》；完成《年度佛山市交通模型维护及交通年报编制（2017）》；完成《佛山市交通规划数据整合及决策支持研究》；完成《佛山市城市地下管线综合管廊专项规划修编》并于2017年9月1日经佛山市人民政府同意印发执行实施。

【历史建筑与村庄规划编制】 2017年，佛山市国土规划部门组织开展佛山市历史文化街区和历史建筑保护条例实施细则的制订工作，并通过专家评审。开展历史文化街区保护规划编制工作及全市20个历史文化街区保护标志设立工作；制订《佛山市乡村规划管理办法》并通过专家评审，组织开展全市各区村庄规划编制工作；开展佛山市“特色小镇”策略研究和试点规划编制。

【“三旧”改造】 2017年，佛山市新增实施“三旧”改造项目195个，占地面积1 089.24公顷；完成“三旧”改造项目119个，占地面积619.35公顷，项目改造投入资金238.67亿元。

是年，佛山全市纳入省国土资源厅的“三旧”改造地块总用地面积37 846.67公顷，约占全市建设用地的26%。

至2017年，佛山市累计启动“三旧”改造项目1 485个，总用地面积8 186.67公顷，占全部应改造面积的21.64%，项目改造预算投入资金2 930.44亿元。其中，建设中改造项目669个，占地面积5 080公顷；竣工项目761个，占地面积2 706.67公顷；完成前期筹备改造项目55个，占地面积400公顷。

顺德立交夜景　（郑伟峰摄）

顺德杏坛逢简水乡　　（陈志辉摄）

【城市治理】（见96页《城市治理三年行动计划实施》）

【城市交通规划建设】 2017年，佛山西站开通运营，推动佛山市加快融入国家铁路网络体系，为构建全国的铁路枢纽城市，打造粤桂黔高铁经济带合作试验区奠定基础。佛山轨道交通2号线一期工程登花区间实现双线贯通，3号线工程首台盾构机下井始发，南海新交通试验线完成土建工程，高明有轨电车示范线启动建设。

是年，佛山市推进广州地铁7号线西延顺德段建设，做好佛山轨道交通2号线二期、4号线一期、9号线一期、11号线、13号线一期等项目前期工作，全市城市轨道交通项目全年计划投资179.18亿元，实际完成投资127.89亿元，投资完成率71.38%。

是年，佛山市抢抓粤港澳大湾区、广佛超级城市发展机遇，编制《佛山市城市轨道交通近期建设规划（2017—2022年）》（第二轮建设规划），推进广佛两市轨道交通一张网建设。

【佛山五个城市景观获国际大奖】 2017年，佛山市在2017中国（银川）都市景观大赛暨亚洲都市景观奖中国区选拔赛中获得佳绩，包括岭南天地商业街区、翰林湖农业公园、北滘镇碧江古村落活化、南风古灶、逢简美丽乡村营造等5个城市景观项目获得城市有机更新优胜奖、城市公共空间优胜奖、城市文化复兴优胜奖、美丽乡村营建优胜奖等单项奖前三名。

“亚洲都市景观奖”由联合国人居署亚太办事处、亚洲人居环境协会、福冈亚洲都市研究所和亚洲景观设计学会等四家国际机构于2010年共同创设，旨在促进亚洲各国和地区对城市创造良好都市空间、形塑优美景观、彰显城市特色。至2017年，有亚洲14个国家和地区的79个城市、项目和活动获得此项殊荣，得到众多亚洲国家（地区）政府、国际机构、学者的大力支持和认可。

（郭　庆）

城镇村庄建设

【中心镇建设】 2017年，佛山市设中心镇10个，分别是：南海区里水镇、西樵镇，顺德区北滘镇、乐从镇、龙江镇，高明区明城镇、更合镇、杨和镇，三水区乐平镇、芦苞镇。中心镇镇域总面积1 656平方千米，镇域总人口176.58万人，镇域暂住人口85.58万人；其中建成区面积128.19平方千米，建成区户籍人口28.89万人，建成区暂住人口35.35万人。村镇建设管理人员440人，其中专职人员307人。中心镇建成区公共绿地面积1 572.36万平方米，公园绿地面积435.83万平方米，镇区道路长度696.53千米，镇域道路长度1 308.3千米。

【城镇村庄建设】 2017年，佛山市禅城区、南海区、顺德区、高明区和三水区设建制镇21个；行政村378个，已编制村庄规划的行政村235个，占全部行政村的62.17%。建制镇镇域面积23.35万公顷，镇域户籍人口208.55万人，常住人口411.87万人。其中，建成区面积2.32万公顷，建成区户籍人口70.38万人，常住人口147.65万人；村镇建设管理人员790人，专职人员573人；建制镇市政公用设施方面（含常住人口），燃气普及率87.46%，人均道路面积10.84平方米，污水处理率89.04%，人均公园绿地面积5.48平方米，绿化覆盖率16.4%。

（郑炎鹏　伍佩龄）

【宜居城乡建设】 2017年，佛山市有2个项目申报中国人居环境范例奖，“禅城区社会综合治理项目”获“中国人居环境范例奖”，是佛山市首次获得该奖项；5个项目申报“广东省宜居环境范例奖”，“高明区西江新城城市生态修复项目”等4个项目获“广东省宜居环境范例奖”。37个社区申报“广东省宜居社区”，全部获得通过。全年有1个城镇、22个村庄和112个社区申报佛山市宜居城镇、宜居村庄和宜居社区，经专家评审、市创宜办审核，评出第十批市级宜居城镇、宜居村庄和第九批市级宜居社区，全市有1个城镇、20个村庄、56个社区获得佛山市“宜居城镇”“宜居村庄”“宜居社区”称号。120个村庄申报佛山市“绿色村庄”，全部获得通过。

2017年是佛山市开展创建宜居城乡工作的第八个年头，截至年底，佛山市共有11个城镇、78个村庄、225个社区分别获得广东省“宜居示范城镇”“宜居示范村庄”“宜居社区”称号，1个项目获得“中国人居环境范例奖”，18个项目获得“广东省宜居环境范例奖”；19个城镇、283个村庄（含村改居社区）和292个社区分别获得佛山市“宜居城镇”“宜居村庄”“宜居社区”称号。

（潘兆能）

【古村落活化升级】 2017年，佛山市委、市政府扩大古村落活化升级覆盖面，实施古村落活化升级延伸计划，2017—2019年新增20个古村落活化升级。印发《佛山市住房和城乡建设管理局 佛山市文化广电新闻出版局 佛山市旅游局关于2017年古村落活化升级工作的指导意见》和《佛山市古村落保护与活化三年行动工作指引（2017—2019年）》等文件，指导全市古村落活化升级工作。

筹备启动全面摸底普查佛山市古村落工作。在已开展古村落调查工作的基础上，扩大摸底普查覆盖面，重点对调查未覆盖或不充分的区域进行详查，包括文物、历史建筑、古树、历史环境要素、文化、风俗、语言等历史文化资源，摸清底数，进行甄别、分类、评级，盘点古村用地情况、人口结构、产业现状、自然资源，由市、区、镇、村四级联动进行普查，传统村落保护的完整性、真实性、延续性得到根本保证。发动科研院校、文保组织等多方社会机构参与普查行动。

组织申报第五批中国传统村落（佛山市有22个古村落申报第五批中国传统村落），完成申报村落PPT制作、填写传统村落调查推荐表、航拍传统村落视频、传统村落资料网上录入等工作。巩固扩大前期活化升级成果，改善人居环境，并建立整体示范、单项示范的示范遴选制度，推入市场、重点宣传、优先招商，拓展其在文化旅游、文化产业、农业休闲、教育示范等方面的“造血功能”。

在2017中国银川都市景观大奖颁奖典礼上，佛山市逢简美丽乡村营造项目获“美丽乡村营建”第三名，佛山市碧江古村落活化项目获“城市文化复兴”第三名。

至2017年底，佛山市特色古村落活化升级第三批10个古村落严格遵循“规划先行、环境再造、文化引领、村居营造”路径有序推进。活化升级项目196个，投资27 485万元。

（郑炎鹏 伍佩龄）

整改建设后的禅城区南庄镇紫南村头村 （市住建局供图）

建筑业

【勘察设计管理】 2017年，佛山市共完成南海区妇幼保健院新建儿童大楼等127项大中型建设工程初步设计审查，办理顺德区陈村总商会大厦等33项超限高层建筑工程抗震设防审批工作。组织开展2017年全市房屋建筑工程勘察设计质量专项检查，佛山市与中山市住建部门采取交叉检查的方式开展检查，全市抽查房屋建筑工程20项。

印发《佛山市住房和城乡建设管理局关于优化房屋建筑和市政基础设施工程防雷工作的说明》等文件，将建筑工程防雷装置设计审核整合纳入施工图审查，由住建部门监管，气象部门不再承担相应的行政许可和监管工作，理顺各项交接手续。委托第三方技术单位组织编制适合佛山市实际的《佛山市防雷装置设计施工图审查指引》，通过制订审查技术指引，使建（构）筑物防雷设计因地制宜地采取防雷措施，提高防雷设计审查要求。

（吴燕婷）

【建设工程造价管理】 2017年，佛山市开展综合价格数据库全面梳理调整工作，制订“综合价格”编制过程测算机制；实现园林绿化材料价格分级发布，加强对装配式材料和绿色工程材料的收集和发布。市造价中心承担编制《广东省园林绿化工程计价定额》，参编《全国园林绿化养护概算定额》《广东省房屋建筑装饰工程计价定额》等任务，完善《佛山市建设工程全过程造价咨询导则》，开展全过程工程咨询试点工作。市工程合同与造价监管信息平台完成设计概算价备案248项、招标控制价273项、合同价44项、结算价8项，业绩备案442项，施工合同备案1 186项，补录合同35项，新注册备案企业973家。

（张婉丽）

【建筑市场管理】 2017年，佛山市新报建项目超过1 800个，面积3 700万平方米，工程造价约680亿元。佛山市住建管理部门完善建筑行业诚信体系，完成建筑行业诚信管理办法的修订，于2017年7月1日正式施行，配套开发“佛山市建筑诚信评价体系管理平台”同步上线。全年全市平台诚信登记申请10 572家次（通过1 064家次）；诚信注销申请134家次（通过20家次）。落实“双随机一公开”要求，加强对建筑市场各方责任主体市场行为的动态检查。加大对违规失信企业的诚信扣分力度，全年全市建筑行业被扣分企业1 701家次，合共扣14 625分；是年，24家企业被列入诚信黑名单，74家企业被列为红名单。完善佛山市在省“三库一平台”系统的在建项目信息。强化事中事后动态监管。全年查处未报建先施工行为118宗，涉及企业152家，涉及个人69人，罚款金额共850万元。加强企业资质变更工作，全年受理建筑业企业资质申报近500家次，审查通过427家次，通过率86%。规范和优化建筑市场行政审批

2017 年 6 月 28 日，佛山市住房和城乡建设管理局召开建筑行业诚信管理办法宣贯动员大会

（市住建局供图）

流程，规范施工许可管理，统一全市建筑工程施工许可办事指南，简化优化施工许可前置条件，按照省住建厅的统一部署，全面使用省一体化平台核发施工许可证。市建筑行业协会评选出 2016 年度佛山市优秀施工企业 17 家、优秀项目经理 14 人，评出佛山市优秀工程监理企业 12 家、优秀总监理工程师 20 人、优秀专业监理工程师 25 人、优秀监理员 15 人、市示范工地 37 个、市建设工程优质奖 17 个、市优秀建筑装饰工程奖 13 个。

（张珍妮）

【建筑工程质量安全管理】 截至 2017 年底，佛山市在监房屋建筑工程 4 115 项，工程建筑总面积 8 658 万平方米。住建系统各项检查出动 14 228 人次，检查工程项目 6 495 次，发出质量安全整改通知书 2 073 份、局部停工通知书 355 份。住宅工程质量验收合格率达到 100%，其他工程一次验收合格率达到 100%，获得省、市“房屋市政工程安全生产文明施工示范工地”称号的项目分别有 16 个和 37 个，全市有 7 家企业获省“建设工程金匠奖”、9 家企业获省“优秀建筑工程奖”，11 家企业获省“优秀建筑装饰工程奖”。

2017 年，佛山市市、区住房和城乡建设行政主管部门采取专项检查、巡查和督查的方式，组织开展房屋建筑工程质量监督执法检查、建设工程质量检测机构专项检查、混凝土搅拌站专项检查等工作，确保佛山市建筑工程质量态势总体平稳。完成规范性文件《佛山市建设工程混凝土临时搅拌站（拌合点）监督管理办法》的修改工作。以创建“全国质量强市示范城市”为契机，紧抓“大力提升质量，建设质量强国”主题，在“质量月”期间组织开展学习观摩、学习培训、质量样板观摩会、职业技能竞赛等活动。

是年，佛山市发生施工生产安全责任事故 8 起，死亡 8 人。全市各级住建部门通过开展全市建筑施工安全日常巡查、专项检查和“飞行”检查，有效消除一大批生产安全隐患。印发《佛山市房屋建筑工程质量安全主体责任落实年工作方案》《佛山市房屋建筑工程质量安全提升行动实施方案》等重点整治方案。于 3 月 14 日在佛山新城中欧中心国际会议中心组织召开全市房屋建筑工程质量安全、建筑市场管理工作暨质量安全责任落实年动员会议。是年，佛山市还开展节前和节后复工建筑工程安全生产检查、2017 年安全生产特别防护期房屋建筑施工安全生产大检查、第一季度安全巡查、第二季度质量安全综合检查和第三季度质量安全暨国庆节前安全检查等专项整治工作。在 2017 年“安全生产月”和“安全生产万里行”活动期间，全市住建系统组织开展宣传教育、观摩、培训教育讲座、知识竞赛、事故救援演练等活动。

（卢兆华）

【绿色建筑推广】 2017 年，佛山市完成新建绿色建筑 942.4 万平方米（广东省下达佛山市新建绿色建筑建设任务为 650 万平方米），完成率为 145%。其中，通过施工图审查认定绿色建筑项目 27 个，建筑面积 274.2 万平方米。市住建局会同市建筑节能协会组织全市范围内的建筑节能与绿色建筑专项检查，在各区住建部门自查的基础上，抽查 12 个在建工地项目。

佛山市高明安华陶瓷洁具有限公司分布式光储一体化电站项目、佛山市毅丰电器有限公司屋顶光伏发电项目获 2017 年度省级可再生能源应用示范项目称号，并获治污保洁和节能减排专项资金（建筑节能）补贴各 100 万元。

【新型墙体材料推广】 2017 年，佛山市完成 26 项新型墙体材料、4 项建筑节能材料的新增目录登记工作。市住建局会同市勘察设计协会组织专家对《佛山市建筑节能材料和新型墙体材料目录》内的生产厂家进行检查 2 次，检查生产“普通混凝土实心砖”和“加气混凝土砌块”企业 11 家，对相关企业下发整改通知单并对抽查结果进行通报，规范全市建筑节能材料和新型墙体材料市场。

【新技术推广应用】 2017 年，佛山国际体育文化演艺中心等 5 个项目成功申报 2017 年度省建筑业新技术应用示范工程（立项），佛山市季华五路办公大楼等 2 个项目通过省住建厅组织的新技术应用示范工程专项验收。

【装配式建筑推广】 2017 年，佛山市住建局开展《佛山市推广装配式建筑实施细则》编制工作，完成两轮征求意见。中民筑友科技（佛山）有限公司、佛山建装建筑科技有限公司先后落户南海区里水镇的广东新材料产业基地，计划于 2018 年上半年试投产。

开启装配式建筑示范引领，在公建项目方面，促成市第三人民医院心理卫生大楼项目、佛科院仙溪校区教职工公寓项目和三水区地下综合管廊项目等采用装配式建筑。在房地产项目方面，万科美的西江悦花园二期项目 10 栋、12

栋高层住宅经组织专家评议为“装配式建筑示范项目”，建筑面积2.5万平方米，于12月进入装配式施工阶段；万科金色悦享等8个“装配式建筑应用项目”也在实施推进，新建建筑面积约133万平方米。

（吴燕婷）

【散装水泥推广】 2017年，佛山市散装水泥供应量655.59万吨；预拌混凝土使用量1 093.26万立方米；预拌砂浆（普通）使用量为127.47万吨，完成广东省散装水泥办公室下达的目标任务。

（卢兆华）

住房与房地产业

【房地产开发】 2017年，佛山市完成固定资产投资4 265.79亿元，比上年增长21.50%。其中，房地产开发投资1 453.99亿元，占全市固定资产投资34.08%，比上年增长18.2%，房地产开发投资比2016年同期占比下降0.94个百分点，房地产开发投资增速放缓。

【房地产市场】 2017年，佛山市新建商品房累计新上市面积2 020.73万平方米，比上年增长2.38%。其中，新建商品住房累计新上市面积1 374.28万平方米，比上年下降7.82%。

全年全市新建商品房销售面积1 811.57万平方米，比上年下降22.16%；成交金额1 790.92亿元，下降17.70%；成交套数235 068套，下降12.82%；成交均价9 886.04元/平方米，增长5.73%。其中，新建商品住房销售面积1 210.28万平方米，比上年下降36.92%；成交金额1 217.71亿元，下降33.65%；成交套数107 748套，下降38.19%；成交均价10 061.41元/平方米，增长5.18%。是年，佛山新建商品房成交量全省第一，新建商品住房成交量全省第二，房价均价低于珠三角平均水平。在楼市调控和货币政策持续收紧的大环境下，佛山房地产市场交易量萎缩，整体房价保持平稳发展态势。全年全市二手房成交面积1 277.23万平方米，比上年增长24.75%；成交金额680.49亿元，增长38.92%。其中，二手住房成交面积953.71万平方米，比上年增长11.33%；成交金额592.82亿元，增长34.85%；成交套数84 380套，增长16.62%。

【房地产调控政策】 2017年3月24日，佛山市针对市外购房需求大量涌入佛山市引起的市场短暂性波动，及时出台《佛山市人民政府办公室关于进一步完善我市新建商品住房限购政策的通知》，进一步收紧非本市户籍家庭购房条件；5月31日，鉴于5月份二手房成交量首次与一手房成交量持平的情况，出台《佛山市人民政府办公室关于进一步加强房地产市场调控的通知》，及时将二手住房纳入限购范围。随着政策效果的日益显现，佛山市总体房地产市场预期逐步回落，房价始终平稳、区域发展和一二手市场日趋均衡发展。

（雷发娟）

【房屋租赁管理】 2017年7月，佛山市成为全国首批12个开展住房租赁试点工作的城市之一。出台《佛山市开展全国租赁试点加快培育和发展住房租赁市场实施方案》《关于规范佛山市国有专业化住房租赁平台工作的指导意见》等文件，“佛山市房屋租赁合同（住宅）示范文本”正式推广使用。国有专业化住房租赁企业——佛山市建鑫住房租赁有限公司采购首批房源518套并开展第一轮增资扩股。佛山市与建设银行深度合作，共同探索住房租赁与金融支持深度融合的“佛山模式”，建设银行向佛山市政府给予意向性授信支持金额折合人民币不少于3 000亿元，双方战略合作协议于11月2日正式签署。佛山市与建设银行联合打造全国首个政银合作的房屋租赁交易监管服务平台，12月20日上线试运行。

是年，佛山市向五区下达租赁住房建设任务，计划至2020年全市增加租赁住房不少于10万套。12月底确定住房租赁试点意向启动项目18个。

（陈翠婷）

【房屋征收管理】 2017年，佛山市强化对国有土地上房屋征收与补偿的监管，开展房屋征收与补偿工作，全年全市发出征收决定项目13个，涉及征收户数1 126户。办理拆迁许可延期5宗；拆迁行政裁决2宗。8月，佛山市住房和城乡建设管理局对各区的房屋拆迁和征收工作开展检查，着重检查征收项目资料的归档、存放和管理，抽检业务核查审批资料，以及尚未完成的房屋拆迁项目的实际情况，并将有关检查情况作通报。同时，完善门户网站的征拆信息公开，做好房屋征收、拆迁信访及咨询指引。

（冯铭坚）

【物业管理】 2017年，佛山市重新构建物业管理行业监管体系。一是推进《佛山市住宅物业管理条例》立法；二是制订《物业管理工作检查规定》，强化诚信管理手段，加强“事中”“事后”监管力度；三是加强行业协会自律，发挥行业协会秩序维护、矛盾调处、标准制定的作用；四是正式上线“佛山市物业管理综合事务平台”表决功能，畅通业主决策途径，让小区决策真正体现业主真实意愿；五是出台《佛山市前期物业管理招投标管理办法》和《业主大会选聘物业服务企业管理办法》，将诚信情况作为最重要评标标准，规范物业管理招投标行为。

2017年末，佛山市实行物业管理的项目1 874个，其中住宅项目1 587个、非住宅287个；物业管理的项目面积18 852万平方米，其中住宅项目面积15 774万平方米、非住宅项目面积3 078万平方米。全市商品住宅专项维修资金年末归集总额127.36亿元，年末使用总额8 631.92万元，年末增值总额11.83亿元，年末账面余额138.33亿元。

（江　飞）

【危房改造】 2017年，佛山市完成新开工城市棚户区1 069套，完成率106.9%；棚户区改造基本建成285套，完成率130.1%，超额完成省政府下达佛山市新开工城市棚户区1 000套、棚户区改造基本建成219套的目标任务。制定并出台《关于印发佛山市政府购买棚户区改造服务管理办法的通知》和《关于加快推进城市棚户区改造货币化安置的指导意见》，指导各区加快推进城市棚户区改造工作。

【保障性住房建设】 2017年，佛山市公共租赁住房基本建成1 105套，完成率114.9%；新增发放租赁补贴410户，完成率107.9%。超额完成省政府下达佛山市公共租赁住房基本建成962套、新增发放租赁补贴380户的目标任务。完善住房保障信息系统功能，推进联审部门信息共享的落实。完善住房保障一系列制度，出台《关于政府购买或长期租赁住房用于公租房房源的指导意见》，为各区开展相关工作提供工作指引。

（李永强）

【佛山市国有专业化住房租赁企业首批房源面市】 2017年，佛山市建鑫住房租赁有限公司购入518套商业型公寓作为建鑫·乐家首批品牌房源，主要为在佛山市行政区域无房产的大专以上学历的新就业人才提供适合需求的小户型租赁住房。其中，建鑫·乐家富力广场房源位于汾江河畔，中山公园近在咫尺，价格比市面上同等房源更实惠，而且附带全新家具家电，可拎包入住。经过7月28日的线上摇珠公示，8月5日准承租人线下配房选房活动在佛山国家火炬创新创业园顺利举行，8月底首批承租人入住。

（陈翠婷）

【住房公积金管理运作】

住房公积金缴存人数 截至2017年底，佛山市建立住房公积金制度的职工158.89万人，实缴职工131.13万人，其中，各类企业职工占67.34%。是年，新增缴存职工17.87万人，减去退休注销等职工2.61万人、转移外地职工0.60万人，净增长14.65万人，净增长率12.84%。

住房公积金缴存 2017年，佛山市住房公积金缴存额122.96亿元，比上年增长9.60%；截至2017年底，累计缴存总额797.70亿元，资金余额245.02亿元。

住房公积金提取 2017年，佛山市住房公积金缴存职工中，有43.88万人提取住房公积金，合计金额90.03亿元。提取金额中，住房消费提取占89.52%（购买、建造、翻建、大修自住住房占26.55%，偿还购房贷款本息占60.76%，租赁住房占2.21%）；非住房消费提取占10.48%（离休和退休提取占6.25%，转移市外和出境定居占1.94%，其他占2.29%）。提取职工中，中、低收入占82%，高收入占18%。是年，新增职工提取住房公积金购建住房3.54万套、面积405.74万平方米。截至2017年底，职工累计提取住房公积金552.67亿元，提取住房公积金购建住房累计34.34万套、面积3 911.93万平方米。

住房公积金贷款 2017年，随着国家对房地产市场的调控，佛山市住房公积金贷款也大幅缩减。全年发放住房公积金贷款0.66万笔、金额28.09亿元，分别比上年下降58.85%、56.32%；职工住房公积金贷款购建房面积82.78万平方米。截至2017年底，累计发放住房公积金贷款12.94万笔、金额355.96亿元，贷款余额227.59亿元，职工住房公积金贷款购建房面积1 342.78万平方米。住房公积金贷款依时收回，逾期率0.021 %。

住房公积金业务收支 2017年，佛山市住房公积金业务收入7.50亿元，业务支出5.02亿元，其中支付职工住房公积金利息2.34亿元、支付年结转后的职工住房公积金存款补贴1.99亿元。全年实现住房公积金增值收益2.48亿元；扣减贷款风险准备金和管理经费后，2.20亿元可作廉租住房建设补充资金；截至2017年底，累计上划廉租房建设补充资金14.76亿元。

住房公积金运作效率 2017年，佛山市住房公积金资金使用率97.81%；存贷款比率92.89%；管理成本为0.1242元／100元；自查得分109.22分；前台业务量186.06万宗。

住房公积金行政执法 2017年，佛山市住房公积金管理中心依法开展行政执法工作。行政强制立案882件，结案560件，作出行政处理决定116件。行政处罚立案213件，结案144宗，作出行政处罚决定15件。行政执法涉及需补交住房公积金的人数139 609人。

住房公积金个人购房抵押贷款业务办理用时 2017年，佛山市住房公积金个人购房抵押贷款业务办理平均用时46.79天，共5个环节：承办银行“受理办理申请”环节平均用时0.22天；佛山市住房公积金管理中心“审核办理”环节平均用时3.31天；承办银行与借款人签订借款合同并办理抵押手续环节平均用时40.96天；佛山市住房公积金管理中心“发出贷款支票”环节平均用时0.83天；承办银行“向开发商放款”环节平均用时1.47天。其中，市住房公积金管理中心受理的环节为“审核办理”环节和“发出贷款支票”环节，两个环节合计平均用时4.14天。

住房公积金业务承办银行考核情况 2017年，佛山市住房公积金业务承办银行服务质量、管理质量和网络管理质量3类15项考核，按“出错率”排序依次为：交通银行佛山分行，出错率0.88%；建设银行佛山分行，出错率1.22%；农业银行佛山分行，出错率1.25%；工商银行佛山分行，出错率3.05%。全年平均“出错率”1.36%。中国银行佛山分行该年度承办期不足半年，暂不列入年度考核中。

住房公积金缴存比例 2017年，佛山市住房公积金管理中心落实国家供给侧改革工作，规范住房公积金缴存比例，为企业减负。按照《关于规范和阶段性适当降低住房公积金缴存比例的通知》，规范全市缴存单位和个人住房公积金缴存比例，全年没有发生缴存比例超过12%的现象。根据《住房公积金管理条例》第二十条规定，审核同意16个缴存住房公积金有困难的单位依法定程序降低住房公积金缴存比例，涉及职工人数6.61万人；按同口径测算，为16家企业减负2.49亿元。

第二套住房公积金贷款利率 2017年，根据佛山市政府房地产市场调控工作部署，依据《关于规范住房公积金个人住房贷款政策有关问题的通知》规定，以及市住房公积金管理委员会第十五次会议决议，提高佛山市购买第二套住房公积金贷款利率，为同期首套住房公积金个人住房贷款利率的1.1倍，于2017年4月17日开始执行。

全国住房公积金异地转移接续平台上线 2017年4月18日，佛山市住房公积金管理中心成功接入全国住房公积金异地转移接续平台并运行。接入全国住房公积金异地转移接续平台，更加方便跨省就业职工办理住房公积金异地转移手续，转出转入只需在转入地办理，避免职工两地往返奔波，缩短办理时间，提高工作效率。

无房提取住房公积金标准提高 2017

年7月1日，佛山市统一并总体提高无房提取公积金标准。职工申报无房提取公积金标准不再分区域划分，以公租房租金标准最高的区来核定。以高明区为例，无房提取额从原来的1 080元/年提高至4 320元/年。是年，全市无房提取人数、提取金额分别比上年增长79.21%、85.11%。

年结转职工住房公积金存款补贴　2017年7月1日，佛山市继续实施给予年结转职工住房公积金存款补贴，补贴率从原来的1%提高至1.2%，职工住房公积金存款收益2.7%/年，接近居民储蓄存款三年定期2.75%/年的水平。是年，给予职工住房公积金存款补贴1.99亿元。

（耿亚兰）

城市管理

【概况】　2017年，佛山市对城市管理考评进行第五次修订，在城市管理考评范围扩展到全市32个镇（街）的基础上，加大对各区非中心城区镇（街）的考评频次，增设季度考评成绩排名奖和年度单项管理优秀奖，以调动各考评对象城市管理工作积极性。全年市级城市管理考评完成34轮暗检、4次明检和4次公众满意度调查，立案录入考评系统案件11 465件，对问题严重、屡不整改的项目发出督办函17份，督促各区清拆违规户外广告约5 000块，合计超8万平方米。全年全市违法图斑42个（强制性4个），面积114万平方米；立案24个，面积45.13万平方米，拆除违法图斑11个（含往期图斑5个），拆除面积约54 620平方米；罚款3个，75.95万元。全市城管执法系统受（处）理案件63.94万件，其中教育纠正62.55万件，立案13 859件，罚款2 985.95万元。

（黄伟鸿　杨新霞）

【市容市貌整治】　2017年，佛山市开展人行道破损修复、人行道及道路分隔带清洗、市政公厕提升、"城市六乱"整治、"牛皮癣"清理、霸占公共车位的地桩地锁清理等多项专项整治，解决城市管理中的黑点问题，为市民创造良好的生活环境。同时通过组织召开全市市容管理经验现场交流会、全市城市精细化管理暨城管考评工作交流会等，介绍市容管理方面先进做法和精细化管理经验，通过相互交流，相互促进，为下一步工作提供创新思路和有效方法。

（荣　荣）

【违法建设查处】　截至2017年11月，佛山市建成区查处新增违法建设约17万平方米，其中拆除4.25万平方米、整改6.7万平方米、并对6.06万平方米处予罚款；查处存量违法建设27.98万平方米，其中拆除15.24万平方米、没收320平方米，整改12.71万平方米、对6 437.53平方米处予罚款，累计查处进度54.53%。

【违法图斑查处】　2017年，佛山市住房和城乡建设管理局在住建部驻佛山督察员、省驻佛山督察员的督导下，高度重视违法图斑的查处工作，加大违法图斑的查处力度，在查处和遏制违法图斑问题上多次重拳出击，以铁腕的手段加大查处力度，严厉查处违法建设行为，取得较好成效。

全年全市违法图斑共42个（强制性4个），面积114万平方米。立案24个，面积45.13万平方米，共拆除违法图斑11个（含往期图斑5个），拆除面积约54 620平方米。罚款3个，75.95万元。

（杨新霞）

【建筑废弃物排放运输秩序整治】

渣土运输与工地扬尘整治　2017年，佛山市住建管理部门结合佛山市大气扬尘污染防治工作，继续对全市32个镇（街）进行渣土运输与工地扬尘整治全覆盖式暗检，增加每次暗检数量、严格检查尺度，检查各类工地1 877次，比2016年增加880次，增长88.26%。对存在问题较为严重的工地发出限时整改督办函，监督整改带泥上路、超高等问题的物料运输车166辆，督促相关管理部门和施工单位加大对工地管理方面的人力、物力投入，加快工地管理精细化进程，改善城市面貌、优化城市环境，提高广大市民对政府管理能力的满意度。

建筑废弃物排放和运输管理规范化建设　2017年，佛山市住建管理部门修订《佛山市城市建筑垃圾管理办法》，针对全市建筑垃圾管理中存在的主管部门上下职责不对应、职责归口不一致；未实行全市统一的建筑垃圾处置许可，未设立全市统一的建筑垃圾处置综合信息平台；建筑垃圾运输行业管理混乱，建筑垃圾乱倾倒，建筑垃圾消纳场所不规范等建筑垃圾管理中薄弱问题和难点问题修订并设置相应的条款，解决实际问题。出台相关配套文件，规范渣土运输车辆运营作业行为。参照其他城市先进经验，结合佛山市实际情况，佛山市住房和城乡建设管理局联合市公安局、市交通运输局发布《关于进一步规范建筑垃圾运输车辆通行的通告》，联合市公安局、市交通运输局、市质量技术监

2017年5月17日，佛山市城管办组织召开全市市容管理工作经验交流现场会。图为在禅城区华远村现场参观交流

（市住建局供图）

督局印发《关于印发〈佛山市建筑垃圾运输车辆行业专用功能指导意见〉的通知》，分三个阶段实施建筑垃圾运输车辆的通行管制，对建筑垃圾运输车辆作出具体细致的管理细则，并逐步在全市范围内推行新型建筑垃圾运输车辆。

渣土运输整治联合执法行动　2017年，佛山市住建管理部门多次组织市、区、镇（街）三级城市管理、公安交警、交通运输等部门，在全市五区开展渣土运输联合整治行动。从12月11日起到2018年春节前，由市、区城管部门牵头，联合住建、公安交警、交通、环保、国土、水务、轨道办等部门，全市成立不少于40个联合督导组及执法组，全天候不间断开展渣土运输联合执法，对在渣土运输过程沿途丢弃、遗撒的，未密闭的车辆，一律扣车并处罚，形成对渣土运输车辆撒漏等违法行为的高压整治态势。从12月11日全市渣土运输车辆专项整治行动开始至12月31日，全市各部门出动人员17 130人次，出动车辆5 703辆次，检查工地7 121个次，对40个工地进行处罚，处罚金额约38万元。其间，检查渣土运输车辆6 384辆次，扣车438辆，对544辆渣土运输车辆进行处罚，处罚金额约73万元。

（荣　荣　黄伟鸿）

【扬尘治理执法】　2017年，佛山市住建管理部门对重点区域大气污染防治工作开展情况进行检查督查，各区执法部门出动执法人员56 975人次，出动执法车辆19 506辆次，查处车辆撒漏885宗、罚款115.86万元，制止露天焚烧垃圾857宗。

（杨新霞）

【户外广告牌整治】　2017年，佛山市组织开展全市主（次）干道违规设置建（构）筑附设式户外广告专项整治工作，并在整治期间召开全市现场交流会，邀请各区及镇（街）相关负责人到整治效果好的道路现场观摩学习、交流经验。截至该专项整治结束，全市有近5 000块，合计超过8万平方米的违规建（构）筑附设式户外广告被清拆。

（荣　荣）

【城市管理行政执法】　2017年，佛山市加强对城市管理各类违法行为的治理，通过教育纠正和行政处罚相结合，以实现精细化管理为目标，提升城市管理水平。全市城管执法系统受（处）理案件64.94万件，其中教育纠正62.55万件、立案13 859件，罚款2 985.95万元。

（杨新霞）

【数字化城市管理】　2017年，佛山市数字城管系统办理案件136万件，日均处置案件3 726件，按期结案率97.7%，高效解决大量城市管理问题。

数字城管运行效能提升　在省内率先完成数字化城市管理信息平台建设和整合工作任务，建立完善数字城管部门职责清单，实施数字城管新考评标准，推行事件、部件问题普遍性采集制度，全年全市信息采集案件125万件，采集（小类）覆盖率从33%提高至65%，信息采集质量得到提升。

建筑垃圾智能管理系统建设　以规范建筑垃圾管理为目标，以信息化和科技创新应用为手段，配合建筑垃圾新型运输车辆推广工作，初步构建起“两点一线”全面高效监管的建筑垃圾智能管理系统。

环卫车辆智能管理平台优化升级　以信息化、智慧化手段为切入点，以环卫车辆作业精细化为目标，优化升级环卫车辆智能管理平台，逐步推进环卫车辆智慧化管理。11月印发通知部署环卫车辆智能管理平台上线应用，并在五区中心城区投入试运行。全年接入市数字城管平台的环卫作业车辆和生活垃圾运输车辆2 135辆，卫星定位数据接入率99.5%。

（蔡广炎）

水务建设和管理

【概况】　2017年，佛山市投入40.45亿元建设295项民生水务工程，较好地完成全年各项水务工程建设任务，其中纳入2017年市政府重点工作任务的16项重点民生水务工程如期完成建设任务。佛山市第二水源后续建设项目总投资超过4.11亿元，惠及禅城区、南海区、三水区约1 200平方千米、320万人口。在广东省2016—2017年度水利建设质量工作评价中，佛山市获得全省第二名，质量评价等级A级荣誉。在2017年全省水利系统安全生产督查考核中，佛山市水务部门含亮点加分取得104分，抽查的工程项目均取得高分，全市综合评分100.6分，名列全省第二名。

【水利工程建设管理机制创新】　2017年，佛山推进水利建设市场信用秩序的建立，提高水利建设诚信经营氛围。全市46个招标代理机构、37个勘察单位、41个设计单位、38个监理单位、449个施工单位、39个重要设备供应商、4个质量检测类机构及全部从业人员，均在水利工程建设管理系统上办理登记备案，形成完善的水利建设市场主体信用信息基础数据库。市、区两级水务主管部门严格执行《佛山市水利建设管理巡查制度（试行）》，会同水利工程质量监督部门、项目法人、行业协会等有关部门采取“工程项目随机、巡查专家随机”的方式，全年组织专家1 000多人次对295项水利工程开展建设管理巡查。

【城区内涝治理】　2017年，佛山各级水务部门开展易涝点整治和汛期排水应急处置，确保排涝安全。加强对年度内全市27处主要低洼易涝点的整治，其中完成长效整治12处，未完成长效整治（禅城区1处、南海区1处、顺德区7处、三水区4处、高明区2处）的均采取临时治理措施。加强排水设施巡查（全市清疏排水管网总长度约2 000千米），对缺损的沙井盖、雨水口等迅速维修或更换，确保安全完好。2017年汛期，除顺德区碧桂路华侨城下沉隧道因施工方未能及时移交管理导致暴雨短时水浸、禅城区石南大桥往石湾方向上桥位因施工堵塞排水管导致水浸外，未发生特别严重内涝灾害。

【海绵城市建设】　2017年，佛山推行城市建设低影响开发理念，从顶层设计入手，以“5＋2”重点区域（即禅城区绿岛湖片区、南海区三山新城、顺德区中心城区、高明区西江新城、三水区云东海片区，以及佛山新城核心区和佛山科学技术学院新校区）海绵城市建设带动全市海绵城市工作整体推进，在佛山新城、奇槎片区、里水河和桂畔海流域等区域形成海绵城市连片建设，初步展现出“小雨不积水、大雨不内涝、水体不黑臭、热岛有缓解”的综合效应。3月，市政府印发《佛山市海绵城市规划建设管理暂行办法》，要求实现海绵城市建设管理流程全覆盖。11月，佛山市海绵城市建设工作领导小组办公室印发《佛山市低影响开发雨水设施标准图集》，标志着佛山海绵城市相关规划和标准已经形成较为完善的体系。年内，禅城区绿岛湖片区、南海区千灯湖片区、顺德桂畔海、三水云东海和高明西江新城、佛山新城及佛山科学技术学院等一批海绵城市建设区域按计划有序开展。截至年底，全市涉及海绵城市建设重点项目121个，概算总投资约218亿元。其中，重点区域内项目69个，开工项目67个，开工率97%。

2017年8月4日，佛山市对各区实行最严格水资源管理制度工作情况开展现场考核检查（市水务局供图）

【城市排水防涝设施建设规划出台】 2017年2月28日，佛山市人民政府印发《佛山市城市排水防涝设施建设规划》（简称《规划》）。《规划》由佛山市水务局联合中国华西工程设计建设有限公司等单位进行起草，历经基础资料的普查与收集、大纲的编制、规划衔接、专家评审等环节，历时3年多后正式落地。《规划》明确佛山城市排水防涝设施建设的三大目标：一是发生城市雨水管网设计标准以内的降雨时，地面不应有明显积水；二是发生城市内涝防治标准以内的降雨时，城市不能出现内涝灾害；三是发生超过城市内涝防治标准的降雨时，城市运转基本正常，不得造成重大财产损失和人员伤亡。针对佛山市部分区域存在不同程度的雨水管网淤积、管道沉降脱节、排水口被堵、泵站设备陈旧、能力低下的问题，《规划》提出用10年左右的时间，综合采取“渗”“滞”“蓄”“净”“用”“排”六字方针，建成较为完善的城市排水防涝工程体系。

【环绿岛湖、湿地公园徒步活动】 2017年3月18日，为纪念第二十五届“世界水日”和第三十届“中国水周”，佛山市水务部门在禅城区绿岛湖、湿地公园举办“环绿岛湖、湿地公园徒步活动”。有近800名水务系统干部职工及市民参与活动，从绿岛湖科海路旁南湖广场出发，沿绿岛湖和湿地公园徒步8千米，历时2个多小时，共同感受佛山水环境之美。

（罗惠栅）

公用事业

【供水】 2017年，佛山全市供水、用水量31.91亿立方米，其中火核电冷却水用量9.9亿立方米。在供水量中，地表水源占99.97%。在用水量中，以工业用水（含火核电冷却用水）为主，占47.5%，另外农业用水占22.2%、居民生活用水占20.4%、生态环境补水占2.6%。全市人均综合用水量422立方米，万元GDP用水量33立方米，万元工业增加值用水量28立方米，农田灌溉亩均用水量631立方米，居民人均生活用水量236升/天。

是年，佛山有供水龙头企业3家，其中佛山市水业集团有限公司主要负责禅城区、高明区和三水区3个区域的供水服务，瀚蓝环境股份有限公司负责南海区的供水服务，广东顺控发展股份有限公司负责顺德区的供水服务。佛山城市自来水普及率100%。市内有1家采用“活性炭+浸没式超滤膜”深度水处理工艺的优质水厂（佛山新城优质水厂，规模为0.5万立方米/天），其余城乡自来水厂均采用常规净水工艺。市内有国家级水质监测站1个、省级监测站2个，均具备《生活饮用水卫生标准》出厂水106项指标的检测能力，并通过计量认证；区级的供水企业均具备超过42项指标的检测能力。至年底，全市有城乡水厂32家，总设计供水规模508万立方米/天，供水管道10 723千米（管径75毫米以上）。

是年，佛山市水务部门对全市各区中心城区及日供水规模10万立方米以上的17家水厂出厂水及其管网水进行每月1次的水质监测，监测项目为出厂水和管网水45项指标，监测结果面向社会公告，并于年底公告106项指标水质检测数据结果。实施水质月度公告监测的水厂监测指标合格率100%。

是年，佛山继续加快推进城乡供水一体化建设，禅城区、南海区和顺德区实现农村自来水普及率100%；高明区和三水区“村村通”主体工程基本完成，工作进入收尾阶段，全市农村自来水覆盖率99.9%。除南海区外，其他四区均完成“建成区一户一表，独立计费”改造工作。

（罗惠栅）

【供电】 2017年，佛山电网运行正常，全年放开用电，电力供应基本充裕。全年供电量621.63亿千瓦时，比上年增长7.96%，成为全国第十三个供电量突破600亿千瓦时的城市。全市负荷九次创新高，最高负荷为8月22日的1 182.5万千瓦，比上年增长12.51%。综合线损率3.3%。全年全社会用电量673.82亿千瓦时，比上年增长8.54%。

佛山全社会用电量中，第一产业16.65亿千瓦时，第二产业475亿千瓦时，第三产业98.02亿千瓦时，第一、第二、第三产业分别比上年增长13.65%、7.94%、11.01%，第一、第二、第三产业所占总电量比重分别是2.47%、20.49%、14.55%。第二产业电量占比最大，是全社会用电量增长的主要决定因素。居民用电量84.15亿千瓦时，比上年增长8.13%。

在全省率先实现首个"电水气"多表集抄示范应用小区，探索代抄表收费商业模式。全年新建充电桩344个，在高明区建成并投运省公司最大规模电动公交充电站，累计充电量105万千瓦时。全年新增并网光伏项目2 082个、发电量1 712万千瓦时，完成电替代项目253个，替代电量7.68亿千瓦时。

推进地方电力立法取得重要进展，《佛山市用电安全管理办法》纳入2017年政府规章正式项目。佛山市供电局连续2年被评为"全国电力行业用户满意服务企业"，供电服务连续9年在省社情民意调查中名列全市公共服务行业第一，供电可靠性指标连续6年位居全国前十名。

（赵　岚）

【供气】 2017年，佛山市天然气供气区域包括禅城区、南海区、顺德区、高明区和三水区。全年全市天然气供气总量15.9亿立方米，液化石油气供气量43万吨。城镇燃气普及率100%。

是年，佛山市天然气供应主要来源为：中石油西气，占35%；中海油气电，占34%；广东大鹏一期合同气，占18%；其他零星供应商占13%。全市天然气管道总长4 210千米，其中2017年度新增天然气管网198.7千米，包括禅城区29.2千米、南海区61.5千米、顺德区55千米、高明区24.2千米、三水区28.8千米。全市建成运行的储配站有4座，调压站有11座，门站有4座（南庄门站、明城LNG门站、芦苞门站、杏坛门站）。天然气通气居民用户75万户。全市瓶装液化石油气企业23家，液化石油气储配站25座，瓶装液化石油气供应站256座。全市累计投产使用的汽车加气站28座，其中，禅城区11座、南海区7座、顺德区5座、高明区2座、三水区3座。

（伦泳霞）

【市政环卫】 2017年，佛山市住建管理部门加强市政环卫管理，推进设施建设、市容保洁等工作。

环卫设施建设　顺德顺控环投热电项目第一台炉排炉实现点火调试，南海生活垃圾焚烧发电厂提标扩能工程奠基建设。

市容保洁　推行市场化"大保洁"、"大市政"模式，逐步建设、配备垃圾中转站和运输车辆，村（社区）设有垃圾收集点，收运网络向农村延伸，规范农村生活垃圾收运管理，实现区、镇、村（社区）三级环卫保洁全覆盖。开展生活垃圾分流、分类减量及资源化利用，联合市教育局在100所学校的红领巾教育基地开展垃圾分类主题宣传活动。探索建立小型碎枝场处理园林树枝垃圾，制订《佛山市生活垃圾分流和分类减量工作方案》，采取"分流+分选+分类+分水（机械压缩水份）"四分法，推进全市生活垃圾全链条减量治理。

生活垃圾处理　全市生活垃圾处理设施形成"两填埋，两焚烧"格局，完善"一镇一站、一村一点"生活垃圾收运及运输车辆等配套设施，形成"村收—镇运—市、区处理"模式。全年全市4座生活垃圾无害化处理场（厂）处理生活垃圾390.44万吨，平均日处理量10 697吨，全市城镇生活垃圾无害化处理率100%。开展农村生活垃圾治理，村庄保洁覆盖面保持100%，农村生活垃圾有效处理率99%，2017年下半年，佛山市农村生活垃圾治理工作通过省联合验收组检查验收。

（何启松）

【园林绿化】 2017年，佛山市推进园林绿化建设，人居环境不断优化提升。

城市园林绿化　通过新建一批大型公园和滨水绿地，推进社区、村居公园建设，开展公园品质提升，完善公园体育设施等配套设施建设，完善全市各镇（街）公园绿地布局，推动城市绿化建设提升向社区、乡村延伸，提升城市人均公园绿地面积和公园绿地服务半径覆盖率，增加城乡绿地面积、提升市民居住环境。全年全市新增和改造绿地面积382.93公顷，其中新增公园绿地132.9公顷、改造提升公园绿地面积136.54公顷、新增改造道路绿化面积65.78公顷、新建立体绿化面积0.42公顷、新增改造水系绿化面积11.40公顷，新建其他绿化面积35.89公倾。建成大雾岗森林公园一期、澄海路东延线绿化景观、德民路东延线段绿化景观、潭州水道陈村段滨水景观、南蓬山森林公园、秀丽河滨河绿带（续建）、凤凰公园二期、水轴一期工程、西南涌三期等公园。同时新建33个社区（村）公园，改造提升3个社区（村）公园。建成区绿地率40.4%，建成区绿化覆盖率42.83%，城市人均公园绿地面积16.55平方米。海绵型园林绿地建设试点项目佛山新城龙舟广场二期完工，总面积12.2万平方米。该项目通过绿色屋顶、下沉绿地、雨水花园、透水铺装、多功能蓄水池等海绵城市建设措施，实现年径流量控制率85%的要求。完成新一轮古树名木普查工作，包括外业普查、台账建档，数据录入省古树名木信息管理系统。全市建档保护的古树名木2 051棵。开展佛山十大最美公园评选活动，评出听音湖公园等10个公园为"佛山十大最美美公园"。

绿道建设　结合道路绿化工程、滨水绿地、湿地公园开展绿道优化升级工作，先后在东平河北岸、佛山水道桂城段，顺峰山公园、云阳路滨河景观带、澄海路东延线、德民路东延线、德胜河北岸105国道至糖厂段、北滘及陈村潭州水道滩涂地等升级改造或新建绿道，进一步提升省立绿道、城市绿道的慢行道舒适性和绿化景观，打造精品绿道；开展校园社区绿道建设，完善中心城区校园周边慢行系统建设，完成桂城街道、祖庙街道、石湾镇街道范围内的社区绿道建设。全年新建绿道53.45千米，全市绿道总长 1 654 千米。

（黄丽英）

链接

佛山十大最美公园评选

2017 年，为宣传佛山市公园建设成果，带动市民参与到绿地建设中，增强市民爱绿护绿的意识，推进增绿和生态园林绿地建设，为创建国家森林城市打下坚实的基础，佛山市住房和城乡建设管理局组织开展“佛山十大最美公园”评选活动。活动评选采取市民网络投票结合专家实地考察打分的模式，综合评选出佛山十大最美公园为：听音湖公园（南海区西樵镇）、明湖艺术公园（高明区西江新城）、佛山新城滨河景观带（顺德区乐从镇）、亚洲艺术公园（禅城区石湾镇街道）、三水文化公园（三水区西南街道）、顺峰山公园（顺德区大良街道）、三江水韵公园（三水区云东海街道）、千灯湖公园（南海区桂城街道）、绿岛湖公园（禅城区南庄镇）、秀丽河景观公园（高明区西江新城）。

【污水处理】 2017 年，佛山市推进城镇生活污水处理，投入建设资金 13.4 亿元，建设污水管网共 309 千米，其中禅城区 60 千米、南海区 121.5 千米、顺德区 63.8 千米、高明区 31.5 千米、三水区 32.2 千米。截至 2017 年底，全市正式投入运营的污水处理厂有 54 家，设计污水处理规模为 245.1 万吨 / 日，配套管网约 2 600 千米，污水处理量 7.3 亿吨，城镇污水处理率 96.42%，污水处理厂产生污泥 22.72 万吨，采用填埋、堆肥、制砖、焚烧等方法实现无害化处理处置。是年，佛山加速推进污水处理厂提标改造相关工作，截至年底，需进行提标改造的 46 家城镇生活污水处理厂已开工 20 家（禅城区 2 家、南海区 15 家、顺德区 1 家、三水区 2 家），其中盐步污水处理厂提标改造完成；其余污水处理厂除个别存在规划调整外，基本具备开工条件。

（罗惠栅）

气象事业

【概况】 2017 年，佛山市气象局推进气象现代化建设，执行 24 小时坐班值班制度，做好夜间恶劣天气的监测预报预警工作，建立市、区一体化的预报业务流程，发布镇街预警、雷电预警和雨强定量雨强预警等预警信息，在省内率先发布 15 天逐日天气预报、率先制作 10 天空气质量预报和 24 小时逐时预报，连续 2 年被评为市环境保护“党政同责、一岗双责”年度考核“优秀单位”。做好与市三防、应急、民政、教育、海事、国土规划等部门的联动，全市气象部门启动气象灾害应急响应 9 次，制作发布决策服务材料 902 期，发布预警信号 854 次，发布决策手机短信提示 530 万人次，没有出现漏报漏发灾害性天气预警信号，灾害性天气预测能力稳步提升。与高明区合作，用 2 个月时间完成临时观测站的选址与建设工作。协助三防指挥部组织开展全市铁皮屋和工棚防灾巡查，建成防灾服务“一张图”。对全市 764 个村（居）委 1 890 名干部开展防灾培训，完成 37 603 个铁皮屋和工棚的普查和信息录入。推进龙卷防灾国家试点工作，开发龙卷及雷雨大风等灾害预警靶向发布系统，修订市龙卷和致灾雷暴大风临近预警业务流程，组织强对流天气预警服务应急演练。微压计监测系统建设方案通过专家评审，组织 C 波段相控阵天气雷达建设研讨会。与住建部门优化防雷许可交接工作，建立部门联席会议落实建设工程防雷许可工作制度。与人社部门联合发文落实台风、暴雨等恶劣天气劳动安全保障机制，将恶劣天气停工机制写入劳动合同标准版本，督促企业落实安全生产主体责任；与农业部门联合推广“广东农气”APP，提升气象为农服务产品的针对性和精细化程度；与民政部门联合开展基层灾害信息员培训，建立市、区、镇（街）、村（居）四级气象信息员队伍；与住建管理部门联合完成在建工地气象安全风险点信息的统计，实现气象预警信息精准发布；与安监部门联合对危险化学品行业、粉尘涉爆企业、旅游景区等重点行业领域气象灾害防御情况进行专项检查，确保人民生命财产安全；与国土规划部门联合做好地质灾害气象风险预警工作。

【气候特征】 2017 年，佛山市总体天气气候特征是：气温偏高、高温突出，降雨偏多、台风影响偏多。

全市年平均气温 23.4℃，与常年相比偏高 0.9℃；夏季高温日数为 41.7 天，比常年偏多 21.1 天；年极端最高气温 39.2℃（顺德 · 8 月 22 日），年极端最低气温 4.8℃（三水 · 12 月 18 日）。全市平均灰霾日数 45.3 天，较 2016 年少 13.7 天。2017 年降水偏多，全市年降水量 1 790.5 毫米，与常年相比偏多近 1 成，年内降水时空分布极不均匀。

2017 年 12 月 27 日，广东省环保厅副厅长黄文沐（左六）、广东省气象局副局长曾琮（右六）、佛山市副市长赵海分别代表三方在南海生态气象综合观测基地签署《共同加强大气污染防治科技支撑的合作协议》（市气象局供图）

极端天气气候事件频发。5月受南支槽和切变线影响，降雨频繁，出现多次强降雨，给佛山造成一定的灾害。前汛期台风“苗柏”进入佛山市防区；后汛期台风活跃，有10个台风（塔拉斯、洛克、桑卡、海棠、天鸽、帕卡、玛娃、古超、杜苏芮、卡努）进入防区；非汛期台风“海葵”进入防区。其中“天鸽”“帕卡”对佛山市造成比较严重的风雨影响，“玛娃”“卡努”也造成较为明显的影响。

【主要天气气候事件】

1月平均气温打破历史同期极值　由于冷空气活动偏弱，无寒潮和强冷空气影响，1月佛山市月平均气温16.6℃，较常年异常偏高2.7℃，打破历史同期最高纪录。

4月21日强对流天气过程　受飑线系统影响，4月21日中午起，佛山市各区先后出现强雷雨天气，并伴有8到9级、局部11级雷雨大风，局地冰雹和短时强降水。全市12个自动站录得9级以上阵风。顺德大良录得最大阵风29.8米/秒（11级），夏南一工业区一带铁皮顶厂房房顶倒塌。

4月气温波动大程　4月9日佛山进入夏季，然而4月10日到12日，受一股较强冷空气影响，佛山市出现大幅降温天气，冷空气过程平均气温降幅10℃左右。

5月降雨频繁　5月受南支槽和切变线影响，降雨频繁，主要降雨过程：3—4日、7—9日、15—16日、24日，出现不同程度的强降水天气。3—4日出现大雨、局部暴雨，并伴有9级阵风；7—9日出现大雨到暴雨，并伴有8级以上阵风，局部出现10级阵风，其中7日早晨到上午南海和三水突发暴雨局部特大暴雨，5时至10时南海里水文教金鸦水闸站录得全市最大雨量227.3毫米；15—16日出现大雨到暴雨，局部大暴雨，并伴有7级以上阵风，15日17时到16日02时全市有50个自动站的雨量超过50毫米；24日出现暴雨、局部大暴雨，并伴有7级阵风。

夏季偏长，高温日数偏多　2017年4月9日入夏，11月19日入秋，夏季长达224天，比往年多36天；另外2017年高温日数41.7天，与常年相比偏多21.1天。其中北部38天、中部39天、南部48天，分别与常年相比偏多16.4天、17.8天、29.0天。

半个月内3个台风影响佛山　8月下旬至9月初，半个月内“天鸽”“帕卡”“玛娃”3个台风分别影响佛山。2017年第十三号台风“天鸽”于8月23日12时50分前后以强台风级别登陆珠海市金湾区沿海地区。第十四号台风“帕卡”（热带风暴级）在菲律宾吕宋岛东部沿海登陆，登陆后继续西北行，27日09时前后以台风级别在台山东南部沿海地区再次登陆。第十六号台风“玛娃”于9月3日21时30分以热带风暴级别登陆汕尾市陆丰甲西镇沿海地区。“天鸽”和“帕卡”4天内先后以强台风和台风强度在珠海至台山之间沿海地区登陆，登陆时间相近，登陆地点高度重合，历史罕见。受台风“天鸽”外围下沉气流影响，8月22日佛山市出现高温酷热天气，顺德国家气象观测站录得最高气温39.2℃，突破该区历史极值（38.7℃），与佛山市最高气温的历史极值持平。受“天鸽”环流影响，8月23日白天佛山市平均风力7到8级，最大阵风11到12级，全市有7个自动站出现12级阵风，其中高明更合录得最大阵风36.1米/秒（12级）。降雨方面，佛山市普遍录得暴雨，局部大暴雨，23日08时至24日08时顺德伦教录得最大雨量145.0毫米。受“帕卡”环流影响，佛山市普遍暴雨到大暴雨，8月27日08时至28日08时顺德伦教录得最大累积雨量149.0毫米，平均风力6到7级，最大阵风10到11级。受“玛娃”环流影响，佛山市出现暴雨、局部大暴雨，9月3日20时至4日20时南海里水录得过程最大累积雨量111.9毫米。

10月罕见出现高温天气　10月南海、顺德均出现高温天气，这在历史上只有2005年和2007年出现过。其中南海10月3日录得最高气温35.1℃，顺德10月10日录得最高气温35.4℃。

12月降水异常偏少　2017年12月的雨日为1天，雨量为0.6毫米，降水较常年同期异常偏少98.1%，最低相对湿度达到16%。

（吴　斌）

防汛防旱防风

【概况】　2017年，佛山市发布雷雨大风预警信号292次、暴雨预警信号235次（其中红色暴雨预警3次）、台风预警信号66次，汛期经历14次较为明显的强对流、强降水天气过程，台风“天鸽”“帕卡”影响佛山。汛期，佛山市三防指挥部启动防台风和防汛应急响应9次，各级各部门及时采取防御措施，确保度汛安全。

【水雨风情特点】　2017年，佛山市入汛日为3月18日，较常年早19天。全年降雨量1 626.3毫米，较往年偏多1成。汛期期间，短时强降水天气较2016年有所增多、雷雨大风天气较2016年略有减少，受暴雨内涝31场次、洪水1次、台风3次。受西江上游强降雨影响，7月4日10时佛山水文分局发布洪水黄色预警信号，三水水位站于4日15时10分出现洪峰水位6.75米、洪峰流量11 800立方米/秒（超过10年一遇11 700立方米/秒），马口水位站于4日15时55分出现洪峰水位6.75米、洪峰流量38 200立方米/秒（接近10年一遇38 400立方米/秒），之后西江、北江水势缓慢回落，6日17时解除洪水预警信号。该次洪水是佛山市自2008年以来遭遇的最大洪水，具有流量大、流速急的特点。前汛期台风“苗柏”进入防区，后汛期台风“天鸽”“帕卡”影响佛山。

【灾情概况】　2017年，受洪水和台风影响，佛山市19个镇（街）受灾，受灾农作物面积1 093.33公顷（1.64万亩）、水产养殖损失面积89.93公顷（1 289亩）、树木吹倒13 248棵、车辆受损302辆、受浸道路169处，直接经济损失3 873万元，无人员伤亡。

【三防制度建设】　2017年，佛山市三防指挥部编制印发《佛山市防汛防旱防风预案编制与管理规定》《佛山市台风暴雨洪水预警信息发布工作机制》《佛山市台风暴雨洪水预警和防御信息发布细则》《佛山市洪涝风灾害避灾涉险人员安全转移安置实施办法》《佛山市防汛防旱防风责任制管理规定》《佛山市防汛防旱防风信息报送和发布管理规定》《佛山市三防值管理工作规定》共7项制度，规范三防管理工作，强化三防指挥、值班、信息报送等运行机制。

【三防抢险队伍建设】 2017年，佛山市组建省级三防专业抢险队伍。佛山市三防指挥部与佛山军分区联合组织省民兵轻舟机动一大队80名骨干集训演练和轻舟操作考核评比竞赛活动，省防汛抢险潜水队完成潜水基本技能训练和模拟抢险训练。为有效应对极端天气造成的各类防汛突发事件，各区组织开展2017年三防实战演练。禅城区利用镇云平台中心组织区镇联合演练，南海区三防指挥部联合区国土、交通等部门举办三防综合应急演练，顺德区组织区属潜水员到广州潜水学校进行培训，高明区联合人武部组织了防汛抢险演练和水库安全转移演练。

【三防风险防控管理体系建设】 2017年，佛山市继续推行2016年启动的三防风险防控管理体系建设，依据《关于加强佛山市三防风险防控管理工作的实施意见》《佛山市三防风险识别与登记技术指引》《关于做好三防风险识别与登记工作的通知》等指导文件，全年收集整理22类风险源有效数据9 610个，完成三防风险信息识别与登记工作培训280人次，完成佛山市三防风险信息台账初步成果收集、数据成果录入以及佛山市三防风险识别登记管理系统的前期开发工作。

【全省三防系统标准化建设】 2017年，佛山市为配合全省三防系统标准化建设，出台《佛山市开展市区镇三防系统标准化建设实施方案》，在基层三防体系建设成果的基础上，完善各级三防组织、责任、预案、队伍建设，落实解决基层三防专职人员，推进三防风险防控管理工作。各区、镇（街）三防办印制本级“三防系统标准化建设实施方案”，重点加强镇（街）三防专职人员和三防工作经费投入力度，解决基层三防人员（非公职人员）的通讯和交通费用每人每月200～500元，提升各级三防防灾减灾能力。

【汛期山区防灾安全隐患整治】 2017年汛期期间，佛山市三防成员单位结合汛期特点，重点对防汛险工险段、中小河流洪水和山洪灾害危险区、削坡建房、危房、地质灾害隐患点等薄弱环节进行查漏补缺，并在原来隐患排查的基础上，完善安全隐患台账。截至2017年底，佛山市安全隐患点总数250处，其中防汛安全隐患水利工程5处、中小河流洪水和山洪灾害隐患点30处、地质灾害隐患点142处、削坡建房认定可能引发灾害隐患点57处、山区危房16间；自然灾害应急避护场所1 751处不变。各相关责任单位制订方案和措施，所有安全隐患点都得到防控和整治。

【三防信息化建设】 2017年，佛山市三防指挥部通过实施“三防会商室基础设施老化更新改造”及“佛山市三防指挥联合值班室改造”项目，升级会商系统实现高清功能，增设气象、水文、水务、国土、城建、交通等15个三防成员单位联合值守席位，实现三防指挥部与各成员单位互联互通，及时提供相关防灾减灾和三防信息，确保三防指挥畅通，为市领导提供决策支持。

【防御台风“天鸽”】 2017年8月23日，第十三号台风“天鸽”以强台风级别在广东珠海南部沿海登陆。受“天鸽”影响，佛山全市受淹农田5.73公顷（86亩），道路水浸89处，受停电影响69 130户，通信设施受损2 295处，直接经济损失801万元。

8月21—23日防御台风“天鸽”期间，佛山市三防指挥部多次召集各区三防指挥部和市三防成员单位进行动员部署，6次视频会议连线到区、镇（街）两级，传达贯彻省防总会议精神和市委、市政府主要领导的指示精神，部署防台风各项工作。鉴于台风“天鸽”持续加强并将给佛山市带来严重风雨影响，8月22日和23日，市三防指挥部先后启动防台风Ⅳ级、Ⅲ级和Ⅱ级应急响应，市三防指挥部38个成员单位实行联合值守。按照防台风预案要求，交通、水务、住建、教育、农业、卫计、经信、供电等部门迅速开展本行业防台风工作，落实水陆客运、应急排涝、建筑机械设施加固、学校停课、抢修通讯网路等防风抗台工作措施，全市派出防台风督导检查人员2 583人，出动巡查和抢排险人员7 451人次，抢排险设备3 526台次，应急值班2 609人次。市三防办通过三防信息接收系统和微信工作群等方式，累计向各区、各部门和责任人发出预警信息及防御指令63条，指导各区各部门落实防风工作措施。市气象局和佛山水文分局坚守一线，向相关部门推送台风、水情预警预报信息共463条，各级通过宣传媒体、手机短信以及官方微信公众号、微博等渠道向公

2017年8月7日，佛山市三防指挥部和佛山军分区在南海区丹灶镇仙湖水库举行民兵轻舟机动大队骨干集训 （市三防办供图）

众发布台风预警信息约40万条，指引群众防风避险。台风来临前，全市按照防台风“五个百分百”的要求，做好人员安全转移工作，所有渔船回港避风，所有渔排作业人员全部上岸，受影响景区全部关停，建设工地停工撤人。全市转移危险区域群众60 609人、安置35 909人，启用应急避护场所1 648处，关停景区37个，回港渔船1 885艘，转移渔排作业人员278人。由于措施采取得当，该次台风没有造成人员伤亡。

（董欣欣）

爱国卫生运动

【概况】 2017年，佛山市开展爱国卫生运动，落实“三个一”环境卫生整治制度，开展病媒生物防制工作，建成覆盖全部镇（街）及“健康村（居）”“省卫生村”的以蚊媒为主的病媒生物密度监测网络，市、区、镇（街）监测覆盖率100%，监测点数量逐年递增。落实《佛山市建设健康细胞工程实施方案（2016—2020年）》要求，推进健康城市建设，通过建设环境宜居、社会和谐、人群健康的健康城镇（村、居），推动城乡建设与人的健康协调发展。截至2017年底，全市有国家卫生镇19个、省卫生镇4个；省卫生村1 278个（其中行政村451个）；市级健康村（居）169个，180个单位和654个家庭成功创建为佛山市“健康细胞”。

【冬春季爱国卫生运动】 2017年，佛山市组织开展冬春季爱国卫生运动，制订印发《佛山市开展“人人动手 整治环境 促进健康”冬春季爱国卫生运动工作方案》，结合佛山市“年廿八·洗邋遢”年前打扫卫生的传统习俗，将1月22—27日、2月13—17日、3月13—17日定为全市“爱国卫生活动周”，1月25日为“迎新春爱国卫生统一活动日”。各区、各镇（街）均按照市的统一部署开展形式多样的冬春季爱国卫生运动。

【纪念爱国卫生运动65周年暨健康“细胞”工程推进会】 2017年3月31日，佛山市纪念爱国卫生运动65周年暨健康“细胞”工程推进会在禅城区南庄镇紫南村召开。市政府副秘书长陈锋、市卫生计生局局长王政，市爱卫会委员单位及市直有关单位分管领导，各区政府、卫生计生局、爱卫办和各镇（街）领导以及各区建设健康“细胞”工程试点村、社区、学校、医院等代表约200人参加会议。会议邀请省卫生计生委副巡视员温伟群、省爱卫办主任邓惠鸿出席。该次会议旨在纪念爱国卫生运动65周年，全面深化佛山市新时期爱国卫生运动，总结并部署佛山市爱国卫生工作，推进建设健康“细胞”工程。会议上，市卫生计生局局长王政总结回顾过去65年佛山市爱国卫生运动走过的光辉历程，并对爱卫月工作作出具体安排。

【秋季爱国卫生运动】 2017年，佛山市开展以防蚊灭蚊为重点的秋季爱国卫生运动，结合蚊媒密度高峰期以及登革热防控形势，全市于9月初组织开展一次“全城大清洁”行动，各区、市各有关单位于9月27日前组织开展一次以防蚊灭蚊知识宣教为重点的大型现场宣传活动。活动中，活动组织部门动员群众参与到防蚊灭蚊活动中来，不断促进居民群众公共卫生意识和自我保健能力的提高。

【环境卫生综合整治】 2017年，佛山市各级、各部门继续贯彻落实《佛山市爱国卫生运动委员会关于印发佛山市深入开展新时期爱国卫生运动实施方案（2015—2020年）的通知》要求，建立城乡环境卫生综合整治长效管理机制和部门协同工作机制。市住房和城乡建设管理局开展农村生活垃圾专项治理工作，重点加强建筑工地防蚊灭蚊工作，提高建筑工人防控传染病的积极性和自觉性，增强工人防病意识；市教育局对防控寨卡病毒病、登革热和爱国卫生工作进行部署，在全市中小学、托幼机构开展校园卫生整治活动；市旅游局落实市内旅游景区防蚊灭蚊工作，加强旅游企业管理，强化寨卡病毒病和登革热防控的责任意识和风险意识，做好出境旅游人员的宣传教育；市工商局开展辖区内市场卫生保洁和蚊媒控制督导工作；市环保局开展黑臭水体整治、饮用水源保护区域违法项目清理以及生活垃圾、污水处理等专项监督检查工作；市食品药品监管局开展直管餐饮单位病媒生物防控及除四害工作专项检查；市公安局开展“平安市场”创建工作。

【卫生（健康）创建】 2017年，佛山市高明区、三水区65个自然村成功创建为广东省卫生村。

佛山爱卫部门继续推进“广东省卫生镇”全覆盖工作，年底，三水区南山镇通过省级评审，成功创建为广东省卫生镇。同时，市爱卫部门还组织开展对三水区大塘镇广东省卫生镇创建工作进行市级调研和创建工作指导。年底，顺德区勒流镇，三水区芦苞镇、白坭镇、乐平镇再次通过国家卫生镇复审。

是年，佛山市政府将健康“细胞”工程建设列入十项民生实事项目，在2013年全市全面开展健康村（居）创建工作的基础上，继续以健康“细胞”工程建设为抓手，通过建设健康村、健康社区、健康单位以及健康家庭，推进健康城市建设。全年全市38个村（居）、180个单位（46个社区、26个医院、47个学校和61个机关）和654个家庭成功创建为“健康细胞”。

（李永适）

环境保护

手机扫码阅读

综 述

【概况】 2017年，佛山市以环境质量改善为核心推进大气、水、土壤污染防治攻坚战，加快完善佛山市生态环境保护体制机制。

大气环境质量　二氧化硫（SO_2）、二氧化氮（NO_2）、可吸入颗粒物（PM_{10}）、细颗粒物（$PM_{2.5}$）年均浓度分别为13、44、63、40微克/立方米，一氧化碳（CO）浓度的第95百分位数为1.2毫克/立方米，臭氧（O_3）日最大8小时滑动平均浓度的第90百分位数为174微克/立方米，完成国家终期考核目标。空气质量指数（AQI）优良天数290天，占有效天数比例79.5%。影响空气质量的主要污染物O_3、NO_2和PM_{10}。全市降水pH值5.18，比上年上升0.08个pH单位；全年酸雨频率42.4%，比上年下降8个百分点。酸雨污染较上年略有缓和。

水环境质量　佛山市集中式饮用水源地水质均达到《地表水环境质量标准》Ⅲ类水质标准，水质达标率100%，水质状况总体保持优良。主要江河水质状况总体优良，与上年相比水质保持稳定。容桂水道、潭洲水道、西江干流水道、东平水道、顺德水道、东海水道符合《地表水环境质量标准》Ⅱ类水质，平洲水道道符合《地表水环境质量标准》Ⅲ类水质。桂畔海（逢沙桥断面）达Ⅲ类水质，高明河（沧江水闸断面）和佛山水道（横滘断面）达Ⅳ类水质，西南涌（和顺大桥断面）达Ⅴ类水质，大棉涌（大田花厂断面）、大良河（五坊桥断面）、水口水道（西航道入境处、泌冲大桥、黄岐断面均值）为劣Ⅴ类水质。影响内河涌水质的主要污染物为溶解氧、氨氮、总磷等。

声环境质量　声环境质量基本稳定，全市区域环境噪声昼间平均等效声级58.3dB（A），总体水平为“一般”；道路交通噪声昼间平均等效声级68.8dB（A），总体水平“较好”；功能区昼间和夜间噪声未能全面达标。

辐射环境质量　全市有核技术应用单位457个，非密封放射性场所8个。其中，涉源单位289个，有放射源1 666枚。核技术应用项目主要分布于金属压延、医疗卫生、塑料薄膜和饮料生产等行业。全市放射性环境状况正常，无放射性污染事故发生，电磁辐射水平保持稳定。

【100项环保民生实事】 2017年初，佛山市推出新一轮100项环保民生实事，其中大气污染防治任务36项、水环境整治任务41项、固体废物管理任务9项、环境管理任务14项。为强力推动100项环保民生实事，佛山市进一步提升环境执法力度，全市出动环境监察人员17.04万人次，现场检查企业66 400家次，立案处理企业2 797家，罚款金额超1.55亿元，创历史新高。至年底，100件环保民生实事有95件完成、5件未按期完成，完成率95%，整体进度良好。完成事项中，大气污染防治任务35项，水环境整治任务38项，固体废物管理任务8项，环境管理任务全部完成。对于未完成的项目，市环境保护局要求，各区各相关部门要继续推进，尽快完成。

【环境保护“一岗双责”】 2017年，佛山市出台《佛山市环境保护“党政同责、一岗双责”责任制考核办法》和《2017年佛山市环境保护“党政同责、一岗双责”责任制考核计分方法及操作

黑臭水体整治后的三水区大棉涌　（市环保局供图）

2017 年 6 月 6 日，佛山市市长朱伟在检查企业 VOCs 治理设备运行情况

（市环保局供图）

细则》。五区党委、人民政府 2017 年度考核结果均为合格；8 个重点考核单位中，市住建管理局、市质监局被评为优秀，市环境保护局、发展改革局等 6 个单位被评为合格；33 个一般考核单位中，市公安局、农业局、气象局被评为优秀，市委宣传部、市教育局等 30 个单位被评为合格。

【节能减排】（见 88 页《节能与循环经济》）

【排污权交易试点】 2017 年，佛山市陆续出台《佛山市排污权有偿使用和交易管理试行办法》《佛山市排污权政府储备和出让管理办法（试行）》《佛山市排污权有偿使用和交易出让金管理办法（试行）》《佛山市排污权交易的规则与流程（试行）》《佛山市排污权有偿使用和交易与其他环境管理制度有效衔接工作指引（试行）》《佛山市排污权有偿使用和交易业务办理指引》《关于二氧化硫、化学需氧量、氮氧化物和氨氮排污权有偿使用和交易价格的通知》等 7 份制度文件，加强政策宣传，提高企业对政策的知晓度，并结合实际开展试点政策优化工作。自试点政策 4 月 1 日实施至 12 月底，全市陆续受理、办理、办结 53 家企业的初始排污权有偿使用业务，涉及有偿使用费 2 266 万余元；受理、办理或办结 59 家企业的排污权交易业务，涉及交易金额 143 万余元。

【排污许可证改革】 2017 年，佛山市环境保护部门全面梳理火电、造纸、钢铁、水泥、石化、电镀等工业企业清单。按照国家许可证改革工作部署，完成火电、造纸钢铁、水泥、石化、印染、电镀等行业排污许可证核发工作，共完成发证企业 335 家，完成年度目标任务。

【《佛山市全方位环境保护“十三五”规划》印发实施】 2017 年 1 月 13 日印发实施。该规划回顾“十二五”时期环境保护工作，全面分析环保工作面临的形势；明确规划指导思想、基本原则和规划目标。根据该规划提出的目标，到 2020 年，全市环境空气质量优良天数比例达到 90% 以上，$PM_{2.5}$ 年均浓度低于 35 微克 / 立方米。该规划指出，空气污染控制的重点污染物除颗粒物和二氧化硫（SO_2）外，氮氧化物和挥发性有机物（VOCs）的排放控制应成为污染控制的重中之重。该规划提出，为达到上述目标，佛山将全面推进联防联控逐步解决区域大气复合污染，对大气治理的措施将从注重重点行业减排向全面防控转变，从单因子治理向多污染因子综合控制转变，多手段联合推进，稳步提升脱硫成效，全面推进降氮脱硝，协同控制挥发性有机物（VOCs）和氮氧化物（NOx），大幅减少颗粒物，控制 $PM_{2.5}$ 浓度，逐步解决光化学烟雾、酸雨和灰霾污染。该规划还提出，到 2020 年，在原有的佛山环境信息系统建设基础上，完善建设佛山“互联网 +”环境保护体系，形成“互联网+空气”的“天网”空气管理系统、“互联网+水”的“水网”水环境管理系统和“互联网+土壤”的“地网”土壤环境管理系统，通过云计算、模型分析等大数据技术深入挖掘环境数据应用价值，建立开发环境质量监测、污染因子追踪、预警预报、环境决策、智能监管等应用。其中，“天网”空气管理系统包括 $PM_{2.5}$ 监测云、VOCs 及臭氧监测云、遥感监测等“黑科技”。

（周欢年）

环境综合整治

【概况】 2017 年，佛山市环保部门开展重点行业、重点领域大气污染防治，完成全市在用 10 蒸吨 / 小时以上、65 蒸吨 / 小时以下燃煤锅炉提标治理，完成 157 家铝型材企业清洁能源替代，全年淘汰黄标车和老旧车 17 238 辆；多措并举开展水污染整治，出台《2017 年佛山市水污染防治工作方案》等治水计划和制度，完成顺德区乐从镇英雄河等 6 条城市建成区黑臭水体整治，累计建成分散式生活污水处理设施 289 个；完成 2 477 个农用地土壤污染状况详查点位核实，并启动土壤治理与修复工作；对村级工业区“一村一策”环境整治提升，完成清理淘汰企业 1 420 家，整治提升企业 2 979 家。

【环保违规建设项目清理整治督查巩固】 2017 年，佛山市环境保护局结合环评制度改革和排污许可证“一证式”管理改革，探索环保违规项目处理的改革办法。出台《佛山市环境保护局关于做好环保违规建设项目清理后续监管衔接有关工作的通知》，要求各区对“三个一批”项目开展随机抽查，对环保违规建设项目清理过程中依法做出的行政处罚、行政命令等执行情况开展后督察，不断完善环保违规建设项目清理后续工作。

【大气污染防治】 2017年，佛山市大气环境整治工作从重点行业、移动污染源等难点重点入手，有效遏制污染。

重点行业大气污染整治　印发《佛山市2017年挥发性有机化合物排放企业、锅炉企业、陶瓷行业、玻璃行业整治方案》《佛山市贯彻落实广东省大气污染防治强化措施及分工实施方案》，细化整治要求，落实责任分工。全市在用10蒸吨/小时以上、65蒸吨/小时以下燃煤锅炉完成提标治理；157家铝型材企业完成清洁能源替代；完成100家VOCs企业综合整治，6家玻璃企业完成提标整治，61家陶瓷企业完成提升整治。

移动源污染防治　推进黄标车和老旧车淘汰工作，全面启动黑烟车、非道路移动机械污染防治工作，规范检测站联网工作，强化油气回收日常监管工作。全年淘汰黄标车和老旧车17 238辆，完成率183%，其中淘汰黄标车6 509辆，完成率152%。划定黑烟车限制行驶区域，2017年11月1日起，全天24小时禁止黑烟车在佛山市行政区域内道路（包含佛山一环）通行。加大非道路移动机械执法力度，明确对建设工地使用排放黑烟等可视污染物非道路移动机械违法行为处罚要点，全年处罚36宗。开展机动车尾气路检执法工作，上路检测机动车18 785辆。

扬尘防治督查督办　对拆迁工地、道路交通工地、全市沙场和码头等重点扬尘源项目进行督查。实施《佛山市今冬明春大气严格管控方案》，全市"一盘棋"，落实污染管控措施。完善大气精准防控机制，以污染气象预报结果作为管控依据，实现提前防范和压制。

大气环境专项督查　针对华材职中、高明孔堂测点环境空气质量同比恶化，以及南海区重点镇街空气质量下滑问题，市环委会对禅城区城北片区及周边地区、高明荷城街道及周边地区、南海区重点镇街开展大气专项巡视督查。同时，对三水区开展大气环境专项督查，对上一年巡视督查发现的问题进行回头看。

【水污染防治】 2017年，佛山市整治水污染从制度的制订到落实，得到有效推进，水环境质量也得到改善。

2017年12月4日，环境保护部在佛山市召开机动车污染防治协作网城市工作会议　（市环保局供图）

治水计划的制定　出台《2017年佛山市水污染防治工作方案》《佛山市饮用水源保护区违法项目清理工作方案》《佛山市饮用水源保护区标准化建设规范手册》《佛山市畜禽禁养区监管巡查工作制度》等制度，制定完善《佛山市饮用水源保护定期巡查制度》等制度。

"一河一策"及黑臭水体整治　采取控源截污、垃圾清理、清淤疏浚、生态修复等措施，逐步改善内河涌水质。巩固第一批42条重点河涌整治成效，深化第二批90条重点河涌整治，每月向社会公开重点河涌的河长、水质目标、现状及同比变化。顺德区英雄河、高明区围拳涌、鄱阳环村涌、南海区三圣河、五胜涌，三水区大棉涌等6条城市建成区黑臭水体完成整治，符合"初见成效"验收要求，提前2年达到目标。

农村分散式污水处理设施建设　为努力实现农村生活污水处理全覆盖的目标，佛山市推进分散式生活污水处理设施建设工作，明确污水管网延伸不到的地区，生活污水暂无法集中到污水处理厂的，建设分散式生活污水处理设施，实现生活污水不留死角，污水实现生态化处理并达标排放。截至2017年底，完成投资6.62亿元建成289个合计6.06万吨/日的分散式生活污水处理设施。

保障饮用水源安全　开展佛山市饮用水源保护区违法项目清理工作；对佛山市饮用水源地分布及其可能的环境污染风险要素进行调查、评估，建立风险源管理数据库，制订风险规避和应急对策；高标准完成饮用水源保护区标准化建设；加强定期巡查，至年底，佛山市供水通道上的直排排污口已清理完毕；所有与供水通道相连的河涌均设置水利闸门，要求非防洪安全不得向供水通道排水，确保佛山市西、北江干流水质长期稳定达标。

强化治水信息公开制度　每月对全市5区和32个镇（街）的水环境质量排名并向全社会公开，对排名累计多次靠后且水质不升反降的镇（街），约谈主要负责人或干部考核一票否决。在河边安装河长公示牌，每月公布重点河涌的河长、水质目标、现状及同比变化。

【土壤和固废污染防治】

土壤污染防治　2017年，佛山市编制实施《佛山市土壤污染防治行动计划实施方案》，强化土壤环境监测能力，全市完成2 477个农用地土壤污染状况详查点位核实，并开展重点行业及污染场地土壤环境状况调查评估，启动土壤治理与修复工作，推进重金属污染防治工作。

固废处理处置　开展危险废物规范化管理，推进南海绿色工业服务中心建设，加快顺德绿色工业服务中心选址工作，危险废物规范化管理纳入"党政同责、一岗双责”责任制考核，完善固废废物信息化建设工作，启动佛山市固体废物立法工作，严厉打击进口废物违法行为。

【农村环境连片治理】 2017年，佛山市环委会印发《2017年佛山市村级工业区“一村一策”环境整治提升工作方案》，综合考虑工业区区位条件、产业基础等因素，结合城市治理三年行动计划、百村升级行动计划，对村级工业企业实行分类整治，全市完成清理淘汰企业1 420家，整治提升企业2 979家，纳入强化监管企业1 011家。

【黑臭水体整治提前2年实现省下达的任务】 2017年，佛山市继续推进城市建成区黑臭水体整治工作，打响黑臭水体歼灭战，截至年底，全市6条黑臭水体整治主体工程均完工，监测指标基本达标，实现初见成效治理目标，提前2年实现省下达的任务。

2015年，根据国务院《水污染防治行动计划》、广东省《关于全面开展城市黑臭水体整治的通知》，佛山市委、市政府将城市黑臭水体整治作为水污染防治行动计划的一项重要工作。2015年11月，梳理建成区主干河涌和公众反映强烈的内河涌的水质现状，识别出6条城市建成区黑臭水体（河涌），并于2015年12月向社会公布名单、相关责任人以及达标期限，接受公众监督，同时通过“全国城市黑臭水体整治监管平台”上报住建部。佛山市纳入城市建成区黑臭水体整治的6条黑臭水体（河涌），分别是：禅城区鄱阳环村涌，南海区三圣河、五胜涌，顺德区英雄河，高明区围拳涌，三水区大棉涌。至2017年，佛山市各区先后投入2.7亿元，完成总长27.4千米黑臭水体整治。其中鄱阳环村涌2.7千米，三圣河7.7千米，五胜涌4.6千米，英雄河1.6千米，围拳涌1.5千米，大棉涌9.3千米。

（周欢年）

环境监督和管理

【概况】 2017年，佛山市加强环境保护督查，全年发出督办通知书12份，挂牌督办项目2批6个，书记市长督查令3份，并在2016年工作的基础上，全面办结中央环保督察组进驻期间收到的中央环保督察案件32批合计562件。坚持铁腕执法，全年全市立案查处企业2 797家，做出处罚决定2 660家，处罚金额15 556万元，创历史新高，佛山市环境监察分局被国家环保部评为“全国环境保护系统先进集体”。及时处理环境信访和有奖举报，全年受理环境信访案件17 300件，办结率100%；实施扬尘举报奖励、露天焚烧举报奖励、黑烟车举报奖励373件。加强环境风险防控，印发实施《佛山市全方位环境保护“十三五”规划》，严守生态红线，落实企业环境信息公开制度，完善环境监测质量管理体系建设，加强环保宣传力度。

【环境保护督查】 2017年，佛山市出台《佛山市环境保护重点问题挂牌督办暂行办法》《佛山市市委书记市长环境保护督查令暂行管理办法》等一系列文件，形成督办、挂牌督办、市委书记市长环保督查令的三级督查督办工作体系。全年发出督办通知书12份，挂牌督办项目2批6个，书记市长督查令3份。

【中央环保督察案件办理】 2017年，佛山市重视中央环保督察反馈意见整改工作，提高政治站位，强化责任担当，结合年度水污染防治工作狠抓整改工作，特别将广佛跨界河流整治作为整改工作的重中之重，通过建立健全工作机构及整改方案，实行清单责任制，市主要领导亲自抓，市、区、镇（街道）三级督办压实整改责任，完善长效治理机制，有效推进整改工作。在中央环保督察组进驻期间，佛山市收到中央环保督察案件32批562件，扣除重复件后，实为500件。至年底，全部办结完毕。

【环境保护执法】 2017年，佛山市综合采取行政处罚、限制生产、停产整治、行政拘留等手段，严厉打击偷排偷放、不正常使用污染治理设施等恶意环境违法行为。全市全年立案查处企业2 797宗，做出处罚决定2 660宗，处罚金额15 556万元，创历史新高。移送行政拘留公安受理立案75件，移送涉嫌环境污染犯罪案件38件，按日连续处罚案件23件，按日计罚处罚金额1 417万元。其中，立案比上年增长94%、处罚金额增长139%，移送增长241%，按日计罚金额增加27倍。佛山市环境监察分局被环保部评为“全国环境保护系统先进集体”。

【环境信访和有奖举报】 2017年，佛山全市受理环境信访案件17 300件，办结率100%。制订《2017年佛山市涉环境问题矛盾纠纷专项治理工作方案》，采取线、面结合的方式在全市范围内对涉环境问题矛盾纠纷和涉环保“邻避”项目进行深入、全面排查。发动群众通过电话、微信对扬尘污染和露天焚烧、黑烟车行为进行有奖举报。全年实施扬尘举报奖励154件，实施露天焚烧举报奖励141件，实施黑烟车举报奖励78件。

【环境风险防控】 2017年，佛山市环保部门向企业派发《企业环保法律风险及其防范》宣传册，主动宣贯普及法律法规、环保标准、环保政策等。推动跨越水源保护区路桥项目完善环境应急防控措施，探索工业园（区）环境风险评估工作。健全应急救援响应、处置机制，对企业负责人、环保执法人员开展业务培训，探索建立区级应急救援队伍，组织有关环保单位开展突发环境事件应急演练。制订《2017年佛山市突发环境事件应急预案企业名单》，推进464家名单内企业突发环境事件应急预案编制并备案；对各区环保部门2016年备案的企业环境应急预案开展质量稽查；修订《佛山市突发环境事件应急预案》，制订《佛山市环境保护局突发环境事件应急预案》。

【《佛山市扬尘污染防治条例》获批】 2017年，佛山市加强《佛山市扬尘污染防治条例》立法工作，开展《佛山市扬尘污染防治条例（草案）》起草、修订、完善工作。佛山市第十五届人民代表大会常务委员会第六次会议于2017年11月6日通过《佛山市扬尘污染防治条例》。广东省第十二届人民代表大会常务委员会第三十七次会议于2017

绿水青山就是金山银山。图为建设中的佛山市三水区云东海国家湿地公园（试点） （市农业局供图）

年11月30日批准，《佛山市扬尘污染防治条例》自2018年1月1日起施行。该条例共五章三十九条。

【环保规划】 2017年，佛山市印发实施《佛山市全方位环境保护“十三五”规划》。按照《佛山市生态文明示范建设规划》《加快推进生态文明建设方案》等文件要求，组织全市各区积极开展国家生态文明建设示范市区创建工作，至2017年底，各区生态文明示范建设规划均印发实施。

【环评审批】 2017年，佛山市围绕以环境促发展，实现产业转型、城市转型和环境再造，落实《佛山市实施差别化环保准入促进区域协调发展实施细则》，通过实施不同区域差别化的环保准入要求，严守生态红线，严把项目准入关。支持省、市重点项目建设，强化重点项目环评审批服务。市环境保护局全年审批建设项目17个。

【企业环保自律的督促】 2017年，佛山市环境保护局探索建立个人环保诚信记录制度；开展第三方环保服务机构“黑名单”评价工作。推进企业事业单位环境信息公开及环境信息标识牌工作。突出企业自主申报责任，利用征税基本信息用于精准执法。开展企业污水管网规范化整治工作。指引建设单位科学规范地开展验收工作，严格约束建设单位自行验收行为，鼓励和培育优质的第三方服务机构，提高监测报告、验收报告质量，确保数据真实有效。

【环境监测质量管理体系建设】 2017年，佛山市环境监测中心站完成广东省环境监测资质认定复查和扩项评审，获广东省资质认定的监测能力达2个领域7个类别469个参数，监测能力得到进一步加强。开展监测人员持证上岗考核，共44人114项794项次取得省环境监测上岗合格证，保证监测业务正常开展。多种渠道扩大培训面，加大培训深度，完成培训29批次，参加培训人数234人次，提升技术人员的整体素质和能力。开展实验室内部质量控制，保证监测结果准确有效。

【环保宣传】 2017年，佛山市组织市内外媒体记者参与重要环保工作和环保行动，报道环保工作动态，《人民日报》、新华网、人民网、《南方日报》等高端媒体对佛山市精准治气、河长制治水、党政同责机制创新、中央环保督察、排污权有偿使用试点、环保警察等均做宣传报道。“佛山环保”政务微信在中国环境网主办的2017年全国环境互联网会议上，获中国环境政务新媒体市级最受欢迎公众号第一名。市环保部门支持和指导社会组织开展校园智能垃圾分类、“衣点爱心”旧衣物捐赠及回收利用、顺德伦教鹭鸟天堂爱鸟护鸟、各环境教育基地等环保公益活动，依靠社会力量不断提升公众环保意识和培育绿色行为习惯。开展省级绿色创建活动，全年新增“广东省绿色学校”3所、“广东省绿色社区”1个、“广东省环境教育基地”3个。

【佛山首号《市委书记市长环境保护督查令》颁布】 2017年8月1日，佛山市环境保护委员会召开水口水道流域治理工作约谈会议，宣读《市委书记市长环境保护督查令》，提出验收目标要求：水口水道水质第四季度基本达到V类水标准。

水口水道起于南海区里水草场，终于大沥沙溪，汇入珠江西航道，绕广佛交界地金沙洲西面而流，全长12.5千米，流域面积96平方千米。根据省相关要求，2017年水口水道水质要基本达到V类。针对水口水道流域治理的严峻形势，市环委会向南海区委、区政府发出2017年第1号《市委书记市长环境保护督查令》。《佛山市市委书记市长环境保护督查令暂行管理办法》于2017年3月开始实施。

（周欢年）

区域合作·扶贫开发

手机扫码阅读

佛港澳经贸合作

【概况】 2017年，佛山市与香港的进出口总值为492.65亿元，比上年下降3.69%；佛山市与澳门的进出口总值4.11亿元，下降12.64%。是年，港澳企业在佛山市共新设企业157家，比上年增长21.71%；实际使用港澳投资7.96亿美元，增长1.97%。佛山企业在香港投资14家，佛山企业一方协议投资额4 177万美元。

【“香港+佛山”合作】 2017年4月20日，香港特区行政长官梁振英率团到访佛山，首次提出“香港+佛山”的概念，佛山和香港可以“并船出海”，共同参与“一带一路”建设；同年6月5日，市委书记鲁毅、市长朱伟率佛山市党政代表团回访，佛港双方围绕“香港+佛山”7大领域的11项重点合作项目进行探讨交流。

【佛山市参加粤澳名优商品展】 2017年7月28—30日，由澳门贸易投资促进局、广东省商务厅联合主办的“2017粤澳名优商品展”在澳门举行，佛山市组织海天、石湾酒厂、佛山照明等8家知名品牌企业赴澳门参展，共12个展位。通过该次展销会，不但能让企业直接接触澳门市场的消费者，有利于企业按市场需求调整销售等策略，同时也能借此机会接触葡语国家的批发商和贸易商，更有利于企业开拓葡语国家的市场。

【佛山泛家居品牌产品展示体验馆建设】 2017年11月，为推动“佛山+香港”两地经贸合作，利用香港“贸发网”及“香港家庭用品展”展会平台推介佛山泛家居产业及优质品牌企业发展情况，市商务局与香港贸发局共同合作，对佛山市优质的家居用品企业进行重点推广和宣传；推广计划重点是在“贸发网”设立“佛山专区”，每家企业可在该专区内进行为期一年的线上宣传推广。与此同时，参与推广的每家企业还可通过贸发网“小批量采购”专区与全球客商随时进行小批量的产品贸易，可在香港贸发局编制的《佛山家庭用品特刊》中刊登广告。

【佛山（香港）投资环境推介会】 2017年12月1日，由佛山市人民政府主办，佛山市商务局承办的2017佛山（香港）投资环境推介会在香港举行，佛山市相关市、区政府领导及香港贸发局助理总裁梁国浩等代表出席活动，有12个两地重点合作项目在推介会上集中签约，其中，佛山市商务局与香港贸发局签订关于“香港+佛山”面向全球携手打造粤港澳大湾区合作备忘录，加强两地企业合作交流、两地联合开展投资环境推介和投资服务工作等范畴。

（吴晓荧）

珠三角区域合作

【概况】 2017年，佛山市加快推进区域融合发展。广佛同城化向纵深推进，两市建立多层次同城化工作机制，出台《广佛同城化“十三五”规划》，制订《广佛两市轨道交通衔接规划工作方案》。加强基础设施互联互通，中国最大的下进下出式高铁交通枢纽——佛山西站正式通车运营，真正让佛山成为西南和粤港澳大湾区之间的高铁枢纽城市，融入泛珠三角的高铁版图中。另外，广佛肇城际轨道、广明高速、龙溪大道（广州西环—五丫口大桥段）快速化改造等一批重要交通项目建成投入使用，海华大桥加快建设，广州地铁7号线西延顺德段开工建设，启动广州大学城卫星城建设。推动珠三角一体化发展，共建“广佛肇清云韶”经济圈，达成共同编制《广佛肇清云韶经济圈发展规划》共识。是年，佛山市在2016年度省深入实施《珠江三角洲地区改革发展规划纲要（2008—2020年）》考核中获优秀等次。

【广佛肇清云韶经济圈建设】 2017年，佛山市推动广佛肇清云韶经济圈建设。广州、佛山、肇庆、清远、云浮、韶关六市共同编制《广佛肇清云韶经济圈发展规划》，形成初稿。编制印发经济圈建设2017年度重点工作计划，推动70个合作项目或事项，将经济圈建设落到实处。起草《高质量推进广清一体化发展工作方案》，进一步优化广清一体化工作机制，细化工作任务。编制印发《广佛同城化“十三五”发展规划（2016—2020年）》。《广佛两市轨道交通衔接规划》编制完成，正结合两市轨道交通线网调整进行深化完善，努力实现轨道交通一张网战略目标。完成广佛南部地区过江通道衔接规划及实施策划工作，改善广州番禺区、南沙区与佛山顺德区的交通衔接。广佛新城（五眼桥—滘口片区）规划整合及城市设计深化成果已完成。粤港澳高端服务产业合作区（三山—东沙片区）规划整合完成初步设计方案。7月，在佛山市召开广佛肇清云韶经济圈产业专责小组第二次工作会议，部署经济圈产业协作事宜。发挥经济圈六市产业比较优势，以产业园区共建为主要手段，推进产业协同发展，共同打造富有竞争力的现代产业体系。

【佛山主动接纳深圳的溢出效应】 2017年，佛山市在深圳设立各种形式的驻点招商和产业合作的平台窗口，主动对接深圳政府部门、产业园区、行业协会、重点企业等，在深圳及周边区域构建招商信息网络，主动收集高端装备、新能源、新材料、工业服务业、生物医药、文化旅游等重点产业项目信息，跟踪世界500强、央企军企、行业领先企业等高新技术企业的投资动态。至年底，禅城区、南海区和顺德区也先后在深圳设立各种形式的驻点招商和产业合作的平台窗口，并开展相关工作，如禅城区先后参加由深圳三航工业技术研究院举办的第十三届Science产学研创新国际联盟论坛、人才交流路演推介会、2017腾讯“云+未来”峰会等，利用各种渠道推介禅城营商环境。另外，邀请约40家深圳企业参加6月在佛山举办的智信城市与区块链创新应用发布会。

顺德区在深圳湾科技生态园建设总面积约15 000平方米的先进制造产业加速器（以下称“深圳加速器”），其中3 300平方米的智能硬件行业加速器于7月28日完成建设。年底完成其余载体面积的确定。顺德区于2017年8月18日，在深圳加速器举办“深圳湾顺德创新港”揭牌仪式与签约活动，发布“深圳创新+顺德智造+广州人才”跨区域合作、共建粤港澳大湾区产业创新走廊的具体做法和成果。通过加强与深圳创新资源的对接，顺德区依托深圳加速器，加大招商力度，明确招商意向的有库卡中国研发中心等约20个项目。

建设产业园区，提供对接载体。南海区组织举办智慧安防产业投资推介会活动，邀请市、区、镇政府机构和企业代表约300人参加，重点推介智慧安防产业园建设情况，吸引深圳智慧安防产业的相关企业进驻。顺德区建设顺德（南山）科技园，主要承接深圳南山区的溢出项目。科技园初步选址在容桂鑫威工业园与杏坛高新区，共建设约10万平方米的连片科技园区，承接深圳转移的高科技项目。

【“一环创新圈”打造】 2017年2月24日，《中共佛山市委关于印发〈中共佛山市委常委会2017年工作要点〉的通知》指出，佛山应打造国家制造业创新中心，建设具有全国影响力的制造业转型升级示范城市，应打造“一环创新圈”，到2020年力争佛山国家高新区进入全国20强，顺德高新区成为佛山市第二个国家级高新区。以开放式平台为基础，推动全球产业资本、高端人才、先进技术等创新要素在佛山汇聚。

2017年5月27日，市委书记鲁毅指出，实施区域协同创新，推进珠三角国家自主创新示范区建设，对内要抓紧制订打造“一环创新圈”的行动计划，构建富有佛山特色的创新创业生态系统；对外要以更高的站位、更有力的举措、更快的速度对接、融入广深创新走廊，承接深圳创新溢出效应。

“一环创新圈”围绕把佛山建设成为面向全球的国家制造业创新中心、全国创新驱动与产业转型示范区和粤港澳大湾区国际科技创新中心的承载区的目标，以“一环创新圈”战略为引领、以“三龙湾”高端创新集聚区建设为龙头，打造具有国际影响力和吸引力的科技创新集聚带，走“世界科技+佛山制造+全球市场”的创新发展之路，成为广东向世界展示习近平新时代中国特色社会主义思想的重要“窗口”和“示范区”，为国家实施创新驱动发展战略提供重要支撑。

（郭　昊）

粤桂黔经济合作

【粤桂黔高铁经济合作试验区（广东园）建设】 2017年，粤桂黔高铁经济带合作试验区（广东园）建设稳步推进。6月8日，《粤桂黔高铁经济带合作试验区（广东园）发展总体规划（2015—2030年）实施方案》经广东省政府同意，由省发展改革委印发实施。8月8日，第三届粤桂黔高铁经济带联席会议上，佛山高新区与南宁、贵阳高新区签署合作备忘录，缔结成为友好高新区，探索跨区域合作新模式。8月18日，试验区核心区重要交通枢纽——佛山西站建成通车，正式开办客运业务，助推佛山成为对接粤港澳大湾区、大西南、东南亚的重要窗口。另外，1月23日，广东省发展改革委印发《粤桂黔高铁经济带合作试验区广东园云浮分园发展总体规划（2017—2030年）》。

粤桂黔高铁经济合作试验区（广东园）以佛山国家高新区南海园为主体区，面积约92平方千米；核心区即佛山西站枢纽新城，面积8.58平方千米；拓展区包括佛山国家高新区禅城、顺德、高明、三水等4个分园。同时，高铁经济合作试验区（广东园）还建设云浮分园，以云浮新区西江新城为主体区，其中核心区为云浮东高铁站区、中央商务区，拓展区包括郁南高铁站区、南江口高铁站区。

【粤桂黔高铁经济带合作试验区（广东园）发展总体规划实施方案印发实施】 2017年6月8日，《粤桂黔高铁经济带合作试验区（广东园）发展总体规划（2015—2030年）实施方案》经广东省政府同意，由省发展改革委印发实施。

该方案提出将试验区打造成中国高铁经济带发展先行区、粤桂黔创新创业合作聚集区、促进区域协调发展引领区、珠三角西部综合交通物流枢纽区和新型城镇化创新建设示范区。

该方案还提出将联合广西、贵州以“一区三园”的形式申报国家级跨区域合作试验区，为全国高铁经济带建设探索经验。为此，该方案从多方面制订开展跨区域合作的要求。深化体制机制改革创新、助推多方利益共享方面，该方案提出，要深化重点领域和关键环节改革创新，建立适应跨区域合作的管理体制和合作机制，释放改革红利，实现多方利益共惠共享，支撑贵广、南广高铁经济带快速发展。跨区域合作机制方面，该方案提出在贵广、南广高铁经济带合作机制框架下，建立省、市、试验区三级联动协调机制，并明确要建立高铁沿线园区交流合作机制。投融资制度方面，该方案提出鼓励社会资本组建发起规模100亿元的高铁经济带产业发展投资基金，吸引贵广、南广高铁沿线城市及社会资本、国内外投资机构加盟，发挥基金的杠杆效应和乘数效应，放大资本运作功能；同时，该方案还提出以试验区民营经济为主体，联合粤桂黔三省（自治区）民营机构，按照现代金融企业制度申请成立粤桂黔高铁经济带发展银行，重点为三省（自治区）高铁经济带沿线中小微企业成长服务。加强跨区域创新协同驱动、鼓励人才交流互动方面，该方案强调，要进一步优化创新创业服务环境，强化试验区与高铁沿线地区在科技研发、教育培训、创业就业等领域开展交流合作，实现跨区域创新协同驱动和人才交流互动。共建区域科技创新体系方面，该方案提出要强化高水平创新平台建设，筹建粤桂黔高铁经济带研究院，建立资源信息整合平台，筹建华南环保产业技术研究院，加强与新材料领域国家级科研机构的合作，组建产业技术平台；推进科技研发资源共享，筹建粤桂黔高铁经济带技术交流会，加强与贵州大数据产业合作，深化“中国在线制造”平台建设。此外，试验区将建立科技成果转化和交易中心：建立粤桂黔科技信息发布和交易网络平台，实现科技成果在线交易；推动佛山高新区与高铁沿线高新区高新技术成果转化项目认定绿色通道，同时享受当地优惠政策；积极对接欧美优秀科研机构和创新型企业，规划建设佛山新兴产业国际技术转移中心。人才合作培养与交流方面，该方案提出要加快高端人才合作培养，落实合作培养产业人才项目。同时，试验区还将探索建立粤桂黔小微创新型企业培育孵化中心和大学生创业基地，打造人才资源信息共享平台，定期举办专场招聘会。并且，试验区将探索建立佛山与桂黔地区“联合绿卡”制度，优秀创业人才可享受当地政策优惠。

【第三届粤桂黔高铁经济带合作联席会议】 2017年8月8日，第三届粤桂黔高铁经济带合作联席会议暨粤桂黔高铁经济带合作试验区（贵州园）建设工作现场会在贵州省都匀市举行。广东省委常委、常务副省长林少春及贵州、广西两地领导出席。佛山市委常委、副市长蔡家华代表佛山与12个城市签署《粤桂黔高铁经济带协同创新合作共识》，致力推进“粤桂黔高铁经济带合作试验区”建设，将围绕科学技术、金融发展、产业融合、合作机制等五大方面推进协同创新。

该届联席会议以为期2天，该活动包含粤桂黔高铁经济带沿线城市经贸合作圆桌会、粤桂黔旅游联盟互动交流会、粤桂黔名优特产品展销会等多项内容。广东、广西、贵州三省（自治区）领导，国家发展改革委经贸司领导、中国社会科学院专家，以及南广、贵广高铁沿线13个城市代表团成员80余人参会。

会议开幕式上，粤桂黔三省（自治区）领导就进一步推动粤桂黔高铁经济带发展作大会发言。随后，13个城市代表进行高新技术产业合作项目现场签约。其中，佛山市与南宁市、贵阳市签订缔结友好高新区合作项目协议，未来将从搭建产业协同发展平台、支持企业稳定交流协作等方面，实现共赢发展。这是继广西柳州之后，佛山与高铁经济带城市就高新区开展合作的又一重要举措。

链接

粤桂黔高铁经济带合作试验区（广东园）主要发展历程

粤、桂、黔三省（自治区）地理相连，历史上往来频繁。广东省是先发地区，与桂、黔两省（自治区）存在着发展梯度差；桂、黔两省（自治区）资源丰富，市场潜力大，三方有着良好的合作基础和谋求发展的共同需求。

2014年12月，泛珠新干线贵广、南广高铁开通，粤桂黔三省（自治区）党政主要领导齐聚贵阳共同谋划建设贵广、南广高铁经济带建设，三省（自治区）政府省长（主席）签署合作框架协议，正式开启粤桂黔高铁经济带建设。中共中央政治局委员、时任广东省委书记胡春华要求广东省有关部门以及高铁沿线城市认真研究落实如何推进高铁经济带建设。

2015年1月，佛山市委、市政府向广东省委、省政府请示提出建设试验区。省委、省政府主要领导批示同意，并要求启动立项和规划编制。

2015年3月，试验区纳为广东省2015年重点建设项目；同时纳入广东省“十三五”规划。

2015年5月，《粤桂黔高铁经济带合作试验区（广东园）发展总体规划（2015—2030年）》通过专家评审。

2015年7月，《粤桂黔高铁经济带合作试验区（广东园）发展总体规划（2015—2030年）》经十二届52次广东省政府常务会议审议并原则通过。

2015年8月，广东省政府批准实施《粤桂黔高铁经济带合作试验区（广东园）发展总体规划（2015—2030年）》。

2015年9月，试验区建设工作现场会暨首届粤桂黔高铁经济带合作联席会议、首届投资洽谈会等系列活动举办。中央政治局委员、时任广东省委书记胡春华，中国工程院院长周济等领导出席。

2016年3月，国务院《关于深化泛珠三角区域合作的指导意见》提出：“大力推进粤桂黔高铁经济带合作试验区建设”，试验区纳入国家级发展战略。

2016年4月，广东省政府同意设立粤桂黔高铁经济带合作试验区（广东园）管委会。

2016年10月，第二届粤桂黔高铁经济带合作联席会议在广西柳州召开，试验区（广西园）启动建设。

2016年12月，举办粤桂黔高铁经济带促进民间投资大会，7个联盟正式成立，开启了粤桂黔高铁经济带建设新阶段。

2017年6月，《粤桂黔高铁经济带合作试验区（广东园）发展总体规划（2015—2030年）实施方案》经广东省政府同意印发实施，强化省、市、区共建合力。

2017年8月，试验区重要载体——佛山西站建成通车，正式开办客运业务。同月，第三届粤桂黔高铁经济带合作联席会议在贵州省黔南州召开，试验区（贵州园）启动建设，试验区“一区三园”建设格局初步成型。

【“广州佛山互联互通，发挥枢纽服务功能”对接交流会】 2017年7月28日在佛山举行。广佛两市部分政府部门和企业家代表，围绕两市在交通、产业、环保、政务服务等方面的合作和发展，进行深入交流和精准对接。佛山市经信、商务、交通等部门及企业，重点围绕佛山市与广州市在交通基础设施建设、产业服务等方面，特别是利用广州在航空、高铁、港口等方面的枢纽优势，提出需广州给予支持和协调的事项。广州市政协主席刘悦伦、副主席李瑾、副主席兼秘书长柯珠军和佛山市委书记鲁毅、佛山市市长朱伟、佛山市政协主席熊志翔出席交流会。

（郭 昊）

对口支援

【对口支援西藏墨脱县】 2017年，佛山市财政承担对口支援西藏资金6 195万元，其中任务内支援西藏资金4 445万元、任务外追加支援西藏资金1 750万元（用于墨脱县多卡村、龙列村、岗玉村3个村危房改造项目和扶贫助学、就医帮扶等项目）。

项目建设 是年，广东省第八批援藏工作队墨脱县工作组（简称“工作组”）完成所有计划内十大类24个项目的前期工作和前置手续，并全部动工建设。其中，竣工项目8个，达到全部项目的三分之一，完成投资额7 371万元，超额50%完成年度投资计划（4 918万元）。争取到计划外资金13 180万元（其中10 180万元为广东省支持建设3个边境小康村，3 000万元佛山市支持3个地质灾害严重隐患村搬迁到边境易地安置，全年投资计划6 590万元），规划4个项目，计划外的4个项目正有序推进。7月13日和10月26日，计划内的达木珞巴民族乡卫生院和德兴村综合服务中心2个项目相继竣工并投入使用，为广东省第八批援藏工作队最早建成投入使用的建设类援藏项目。

民生事业 在医疗方面，是年投资400万元的达木珞巴族民族乡卫生院和投资100万元的墨脱县人民医院微生物实验室及应急项目相继建成并投入使用，工作组全年争取各类医疗设备和药物价值264.75万元，派出援藏医疗专家4人，指导或处理急重症30多例，免费义诊4 000多人次，免费发放药物15万元，开展各类培训60余场次，培训536人次。组织编写《墨脱县农牧民常见病、多发病调查报告》《墨脱县农牧民常见病防治指引》，组织申报西藏自治区科技厅科研课题《墨脱门珞民族幽门螺杆菌流行病学调查及抗Hp方案疗效评价》。在教育方面，投资300万元的德兴乡中心小学综合楼项目有序推进；全年累计开展对口培训36次，参训教师2 600人次；为墨脱全县所有学校（幼儿园）配齐图书近3万册，价值70多万元。是年，墨脱县小学毕业班参加内地西藏班考试有7人获正取、8人获协议录取；中学6人考取内地西藏班。在爱心帮扶方面，开展“佛墨缘”爱心家庭结对，成功结对305户，约占全县410户贫困户的75%。

产业发展 是年，工作组围绕“茶、旅、果、菜、谷、药、艺”等重点推进产业发展，协助墨脱县将茶叶种植面积由进驻墨脱时的280公顷（4 200亩）扩大到488.4公顷（7 326亩）；协助墨脱县申报国家AAAA级景区；建设墨脱雅鲁藏布大峡谷水果经济带；探索冬菜种植，工作组发放25个品种650多千克种子给农户试种并提供技术指导；引进3个优质高产抗病水稻新品种给农户试种；投资12万元用于支持朗杰岗村试种仿野生铁皮石斛1公顷（15亩）；投资20多万元组织墨脱县农副产品参展第四届广东（佛山）安全食用农产品博览会；投入35万元支持墨脱茶、墨脱石锅的宣传推广。

维稳安保队伍建设 投入106.2万元用于支持墨脱县公安局、解放军驻墨某部等单位加强维稳安保队伍建设及购置执法装备。工作组“三月抗灾保稳工作”获得中组部通报表扬。

（赖明建 李亚熙）

【对口支援新疆伽师县】 2017年，对口支援新疆维吾尔自治区伽师县援疆项目资金52 500万元，其中佛山市财政筹集17 573万元，广东省级统筹解决34 927万元。6月，广东省党政代表团赴喀什考察后，新增11 553.5万元用于伽师县安居富民工程项目建设。

项目建设 是年，对口支援伽师县共计划安排援疆资金52 500万元，以交支票形式实施七大类20个项目，其中基层范畴类项目17个，援疆资金投入49 368.2万元，占年度援疆资金投入93%；民生范畴类项目14个，援疆资金投入48 423.5万元，占年度援疆资金投入91%。在20个大项中，9个基建类项目全部竣工（或完成年度计划内容），验收一次通过率均达100%；11个非基建类项目全部实施完毕，项目完成率达100%。所有项目计划资金100%支付完毕。

产业发展 是年，对口支援伽师县共安排产业就业援疆计划项目5个，共计投入援疆资金18 156.09万元，占援疆资金的35.73%，分别是：伽师县职业技能培训项目、就业扶持项目、文化旅游扶贫项目、农业产业精准扶贫项目、工业园基础设施建设项目。是年，伽师工业园区有入驻企业108家（包括兴业中小企业孵化基地内自主招商企业19家），新增招商引资签约企业4家，合同投资规模8.3亿元；深度拓展“以商招商、以商引商”模式，新建厂房14座，累计建成厂房102 800平方米，成功签约引进并落地投产企业16家；开展招商推介，全年组织参加4场招商推介会，开展商务交流对接活动12批近200人次，签约引进企业投资项目24个（含兴业中小企业孵化基地16个），合同投资额超过10亿元；同时，开展创业培训、职业技能培训、组织转移就业等，促进当地群众就业，全年累计开展创业培训36个班，培训学员999人，开展职业技能培训8 799人，实现转移就业7 150人。

民生事业 在安居方面，推动实施安居工程及配套建设，全年安排援疆资金20 554.26万元，100%完成年度计划内10 300户（其中贫困户8 034户、一般户2 266户）建设任务，全部竣工并验收完毕，已入住9 328户，新增建设任务6 721户（其中新增贫困户3 922户），加快完成农村建档立卡贫困户和危旧土坯房安居富民房建设任务。在医疗卫生方面，全年安排援疆资金964.79万元用于帮助当地建设发展医疗卫生软硬件；选派计划内援疆医生

5人，柔性援疆医生5人，开展“传帮带”培训授课39次，培训1 027人次，演示指导手术1 420台次；申报省级科研立项5项、医院新技术项目21个，帮助受援地医生晋升职称5人次；指导接诊病人30 180人次，收治住院病人5 100人次，主刀和指导手术1 420台次。在教育方面，实施“结对+团队”组团帮扶伽师职业教育工程，安排佛山市9所职业院校对口帮扶伽师职校9个专业，伽师县职业技术学校校长、工作队社会事业组组长胡大强于2017年第六次全国对口支援新疆工作会议中被中组部人社部评为全国对口支援新疆先进个人；全年选派9名援疆教师在伽师县支教，另外选派6名柔性援疆教师参与支教工作，援疆教师通过师徒结对帮扶的方式，“传帮带”受援地教师42人。

（冯坚华　李亚熙）

【佛山市与双鸭山市对口合作】 2017年，佛山市正式确立与黑龙江省双鸭山市对口合作关系，并推进与该市对口合作工作实现良好开局。

对口合作关系正式确立　7月13日，佛山市委书记鲁毅和双鸭山市委书记孙喆会面，初步达成两市对口合作意向；双鸭山市副市长楼中梁分别于2月23日、4月20日两次带队到佛山市对接，沟通对口合作事宜，11月2日，佛山市市长朱伟与双鸭山市市长宋宏伟在哈尔滨签署《双鸭山与佛山对口合作框架协议》，标志着两市对口合作关系正式确立。

对口合作实现良好开局　经贸交流方面，至年底，两市通过座谈交流、经贸交流会、项目对接等方式，共开展经贸文化交流活动5次，推介项目76个，组织佛山3个重大产业平台及15家企业与双鸭山进行项目对接洽谈。其中，米高集团年产8万吨硫酸钾项目、中国中药控股有限公司在双鸭山产业链前端布局项目进入实质推进阶段。教育方面，12月中旬，两市签署教育交流协议，佛山一中与双鸭山一中成功结对，佛山市接收双鸭山市选派的31名校长、教师到佛山市进行为期2周的跟岗学习。医疗卫生方面，两地卫计部门签订医疗卫生对口合作协议书，建立联络机制和结对帮扶关系，佛山市妇幼保健院与双鸭山市妇幼保健院、佛山市三医院与双鸭山市精神病专科医院签订合作协议，优先安排免费进修、学术培训，不定期开展专家手术示范、疑难病例讨论等。干部人才交流培训方面，12月7日，双鸭山市企业经营管理专题培训班在佛山市委党校开班，共38人参加为期5天的专题培训班。

（李亚熙）

【旅游对口支援与合作】 2017年，佛山市旅游对口合作工作全面展开，旅游外向型交流工作格局初步形成。先后前往西藏林芝市墨脱县，四川凉山州和甘孜州的乡城县、得荣县，黑龙江双鸭山市等地，开展旅游结对帮扶、东西部旅游协作、旅游对口支援、旅游对口合作工作对接，成功促成墨脱县、乡城县组团参展2017广东（佛山）创意城市博览会，凉山州到佛山举办“爱不停步·五彩凉山之旅”活动启动仪式暨凉山资源专场推介会、“五彩凉山 绿动佛山”2017凉山特色农产品展销汇暨旅游文化推介周，全方位展示墨脱、乡城、凉山的旅游文化资源。林芝市政府、市旅发委、鲁朗景区管委会以及林芝有关景区负责人先后到访考察调研佛山旅游发展工作，交流探讨旅游援藏事宜。南海中旅、富盈假期、禅之旅、佛山国旅、佛山中旅、佛山信旅等佛山旅行社成功推出一批林芝、凉山精品旅游线路，为市民游客了解、认识和走进体验西部独特旅游文化资源创造条件。组团参加“寒来暑往、南来北往”旅游季“赏心粤目”广东旅游风情展、“寒来暑往、南来北往”旅游季开幕式暨2017黑龙江消夏旅游体验周、“寒来暑往、南来北往”旅游季2018广东冬季旅游推介会以及“寒来暑往、南来北往”4+2旅游联盟成立大会等，加强与黑龙江东部旅游联盟城市的合作交流，加强与双鸭山市的旅游合作对接。

（陈森平）

2017年8月9—10日，佛山市党政代表团赴湛江市对接新时期精准扶贫对口帮扶工作

（市扶贫办供图）

扶贫开发

【新时期精准扶贫对口帮扶湛江、云浮市】 2017年，佛山市继续开展新时期精准扶贫对口帮扶湛江市、云浮市工作（按照省委、省政府部署，新时期精准扶贫从2016年开始，到2020年与全国同步进入小康社会，佛山市对口帮扶湛江、云浮所属12个县（市、区）的254个相对贫困村、2.69万户8.88万个相对贫困人口）。在2017年年度省级考核验收中，佛山市获得最高等次“好”的成绩。是年，通过新时期精准扶贫对口帮扶，有33 686人预脱贫，其中湛江18 709人，云浮14 977人，年度预脱贫比率40.2%，帮扶村农村居民人均可支配收入13 803.74元，达到全省农村居民可支配收入60%以上。是年，佛山市对口帮扶湛江、云浮254个相对贫困村共建设标准村道376.7千米，实施饮水工程192宗（项），新建垃圾收集设施370个，新建文体场所91个，安装高标准路灯6 789盏；对口帮扶湛江市、云浮市投入财政专项资金12.09亿元，其中省定专项资金9.44亿元，

佛山市另行安排的资金2.55亿元，党政代表团访问交流捐赠0.1亿元，湛江、云浮各0.05亿元。

党政代表团访问　8月10日，佛山市党政代表团与湛江市委、市政府在湛江市召开对接新时期精准扶贫对口帮扶工作座谈会。9月1日，佛山市委书记鲁毅、市长朱伟率党政代表团赴云浮市对接产业共建和精准扶贫工作。

产业帮扶　佛山市引入龙头企业及培育经营主体，帮助贫困村培育成立或规范扩大农民专业合作社，对每个合作社投入10万元启动资金，帮助其运作起来。在此基础上，向有需求的帮扶村各捐赠1台农用皮卡车，用于合作社农产品运输及其他经济活动，为帮扶的76个贫困村捐赠农用皮卡车76辆。在当地建成农业产业基地83个，有97家企业参与基地建设，带动农户2万户（其中贫困户1.48万户）参加生产，人均每年增收2 000多元。

就业扶贫　佛山市通过组织用工单位赴当地招聘、开发公益性工作岗位，引入资金在村开办扶贫车间等措施，实现转移贫困户劳动力就业21 518人。其中外出转移就业4 469人，占比20.77%；就近就地就业17 049人，占比79.23%。

保障扶贫　佛山市协助当地全面落实五保、低保、孤儿、残疾人补助政策，确保应保尽保。全面帮扶贫困户购买城乡居民医保、养老保险，贫困户城乡居民医疗保险、养老保险参保率均达100%。对长期居住危房且危房为唯一住所的建档立卡贫困户，在帮扶期限内实施危房改造的，在省和当地配套每户补助4万元的基础上，佛山每户给予2万元以下补助，并先行给付资金，解决启动资金不足难题。全年完成危房改造2 548户。以村为单位，每村投入10万元启动资金，并通过爱心企业、热心人士和乡贤募捐，帮扶每村成立助医助学互助金，专项用于村内助医及慈善救助，构建长效化救扶机制。是年，已经成立助医助学互助资金的帮扶村有110个，当地数万群众受益。

社会帮扶　佛山市国有企业民营企业、社会组织参与“6·30”广东扶贫济困日活动及“10·17”全国扶贫济困日活动。如在“2017年广东（佛山）扶贫济困日活动仪式”上，26个爱心单位和爱心人士代表现场进行举牌认捐，现场认捐金额达到1 978万元，其中广东东泰五金集团认捐1 000万元。

（赖永逸）

【对口四川凉山州东西部扶贫协作】 2017年，在广东、四川两地省委、省政府的正确领导下，佛山市委、市政府高度重视，深入贯彻落实中央、国务院关于东西部扶贫协作的战略部署，取得明显成效。在2017年度国家考核验收中，佛山市获得最高等次“好”的成绩。是年，佛山市按照组织领导、产业合作、劳务协作、人才支援、资金支持、携手奔小康等六大方面重点工作推进对口四川凉山州东西部扶贫协作工作。

组织领导　6月28日，佛山市委、市政府与凉山州委、州政府在凉山共同召开第二次两地党政联席会议，交流前期扶贫协作开展情况，研究解决工作中遇到的困难和需协调的事项，并研究提出下一步工作计划、措施。

产业合作　佛山有40多家农业企业到凉山进行深度调研和考察。佛山24家企业先后与凉山相关企业达成项目合作协议，协议金额41亿元。佛山相关企业为凉山销售农特产品超亿元。5月13日，由佛山电台策划的“爱不停步、五彩凉山之旅”启动仪式暨凉山旅游资源推介会在佛山举行。

劳务协作　佛山市组织87家用工企业提供6 971个岗位在凉山举办8场专场招聘会，共有4 000多名求职者与佛山企业签订就业协议，招聘会取得良好效果。7月28日，位于佛山市人社局的凉山州驻佛山市农民工工作服务站成立并试运行。

人才支援　10月，佛山市向凉山州11个贫困县各派驻一名医生及教师开展医疗卫生、教育扶贫协作。佛山市为凉山举办10期干部培训班，有州县各级干部501人参训。5月，佛山市人社局组织4所职业技术学校与凉山州西昌学院就引进西昌学院部分专业的优秀毕业生到佛山的职业技术学校就业的事宜进行对接洽谈，并与西昌学院达成4项合作意向，加强佛山与西昌学院的人才合作交流。8月，佛山红十字会组织佛山相关专业优秀导师到凉山开展“救护师资培训班”，为凉山红十字会救护人员的素质提升提供支持。

资金支持　佛山市划拨凉山州对口扶贫协作专项资金1.19亿元，并于8月提前将2018年度的1.28亿元扶贫协作资金划拨到凉山州，为2018年援建项目的开工提供有力保障。此外，通过“携手奔小康”和两地对口部门帮扶等，又为凉山提供9个项目316万元资金支持。全年财政援助资金合计达1.22亿元，实际比上年增长11%。

携手奔小康　佛山市与凉山州的区县、乡镇、村村结对实现全覆盖。11月8日，佛山五区向凉山11个贫困县各派出1名驻县干部，并挂任当地县委（政府）办副主任。

住房建设　援建安置点11个，安全住房1 054套，其中易地扶贫搬迁765户、彝家新寨289户，为4 341名贫困群众解决安全住房问题。

文化交流　9月，在佛山“广莱坞”项目签约发布会上，佛山、凉山两地签约联手打造电视连续剧《索玛花开》，该剧11月6日在央视一套黄金时段正式播出。佛山还开展“我爱佛山、我爱凉山”原创歌曲征集活动，为佛山市民打开一个用艺术了解凉山的窗口。11月，佛山跑团参加凉山西昌马拉松，为赛事注入佛山元素。12月，佛山木板年画在凉山展出。

（赖永逸）

开放型经济

手机扫码阅读

开放型经济新体制构建

【《佛山市加快构建开放型经济新体制行动方案（征求意见稿）》印发】 2017年，佛山市提升全球配置资源能力和水平，加快建设开放型经济强市、助推广东在形成全面开放新格局上走在全国前列，并于年内开展加快构建开放型经济新体制行动方案的制订工作。是年6月6—10日，由佛山市政府领导带队前往无锡开展构建开放型经济新体制学习交流活动；6月22日，佛山市商务局赴东莞市商务局开展构建开放型经济新体制学习交流活动。7月12日，市商务局印发《佛山市加快构建开放型经济新体制行动方案（征求意见稿）》并征求有关单位的意见。

【“构建开放型经济新体制的探索和实践”主题演讲】 2017年7月28日，佛山市商务局局长苏岩在佛山机关大讲堂开展以“佛山构建开放型经济新体制的探索和实践”为主题的演讲，以“开放型经济新体制是什么”“为什么要构建开放型经济新体制”“怎样构建开放型经济新体制”为顺序逻辑，结合佛山实际展开讨论。围绕构建开放型经济新体制的具体目标，提出佛山应采取“三创新、三探索”等六方面措施。具体包括：创新对外开放体制机制、创新外贸发展新体系、创新构建以“一带一路”为重点的对外开放新格局，以及探索打造“不是自贸区的自贸区”、探索融入“粤港澳大湾区”建设、探索构建“大招商”工作体系。

【佛山市参与“一带一路”建设推动实体经济“走出去”工作会议】 2017年8月17日在佛山市机关小礼堂召开。市委书记鲁毅，市委副书记、市长朱伟，市委常委、统战部部长黄喜忠，副市长乔羽，市委、市政府相关秘书长，各区主要负责及分管领导，区经科局、工商联主要负责人，市“一带一路”工作领导小组成员单位主要负责人，“走出去”企业、协会主要负责人等参加会议。会议围绕推进佛山开放型经济新体制建设，总结佛山参与“一带一路”建设中实体经济“走出去”工作情况，研究实体经济“走出去”的发展态势、困难和对策，促进实体经济“走出去”健康可持续发展。

2017年，佛山对“一带一路”沿线国家进出口1 368.1亿元，占全市进出口总值的31.4%，比上年增长6.6%，高出全市增幅0.5个百分点，其中对泰国、马来西亚、印度和越南等沿线国家进出口总值超过100亿元，“走出去”战略步伐加快。

【“一带一路”“走出去”企业海外安全宣传培训】 2017年9月12日，由广东省外办主办，佛山市外事侨务局、市商务局、市工商联承办的佛山市“一带一路”“走出去”企业海外安全宣传培训系列活动启动仪式暨首场宣讲培训在佛山举办。外交部涉外安全事务司副司长曹小林为来自300多家企业的代表作“一带一路”“走出去”企业海外安全主题讲座。美的集团等先行一步“走出去”企业在现场进行经验分享。

【佛山泛家居产品“走出去”技术标准战略推进会】 2017年9月19日，佛山出入境检验检疫局、佛山市商务局联合主办的“参与‘一带一路’建设，佛山泛家居产品‘走出去’技术标准战略推进会”在禅城区南庄镇举行。会上，佛山出入境检验检疫局综合技术中心与佛山众陶联供应链服务有限公司举行“一带一路”泛家居产品走出去技术标准战略合作协议签约仪式。推进会向各行业代表、企业代表赠送《建筑卫生陶瓷“一带一路”国家标准汇编》。该汇编收集了大量的国内外陶瓷产品标准、技术法规和市场准入要求，囊括“一带一路”沿线国家的陶瓷标准，并详细介绍各国陶瓷产品检测方法的差异。

【泛家居产业发展与国际合作论坛】 2017年10月19日，由佛山市商务局、佛山市工商联和佛山市禅城区经科局联合主办的第二届“一带一路”泛家居产业发展与国际合作论坛在中国陶瓷总部基地举办。中国建材流通常务副会长兼秘书长秦占学、泰中侨商联合会副会长陈金敦、新加坡建筑材料商公会会长黄世荣、广州泽康律师事务所陈荻、佛山市陶瓷行业协会常务副秘书长毛国中作为主讲嘉宾，分别作以《“一带一路”泛家居产业新趋势及政策解读》《中国企业如何深耕泰国的华人市场》《新加坡及东盟其他国家建筑产业情况》《中国企业投资一带一路市场的法律风险及注意事项》和《借势“一带一路”，国际建筑卫生陶瓷产业创新之路》为主题的演讲。

（吴晓荧）

对外贸易

【概况】 2017年，佛山市实现外贸进出口总额4 357.4亿元，比上年增长6.1%。实现出口总额3 153.6亿元，增长1.7%；实现进口总额1 203.8亿元，增长 19.7%。一般贸易进出口 2 473.4 亿元人民币，比上年增长 15.2%，占全市进出口总值的 56.8%。其中，出口 1 818.1 亿元，比上年增长 11%；进口 655.3 亿元，增长 28.8%。2017 年各月以一般贸易方式进、出口均保持增长。

【出口商品结构优化】 2017 年，佛山市出口机电产品 1 743.6 亿元，比上年增长 5.1%，占同期佛山外贸出口总值的 55.3%。其中，机械设备 601.6 亿元，比上年增长 11.1%；电器及电子产品 557.3 亿元，增长 3.2%。出口传统劳动密集型产品（包括：纺织服装、纺织纱线织物及制品、家具、箱包、鞋类、塑料制品和玩具）710.4 亿元，比上年下降 3.2%，占 22.5%，其中服装及衣着附件 222.4 亿元，下降 12.2%；家具及其零件 189.1 亿元，增长 0.5%。此外，出口家电（属机电产品）383.5 亿元，比上年下降 1.2%；高新技术产品 242.6 亿元（与机电产品有交叉），增长 6%；贵金属首饰 178.8 亿元，下降 16.8%。

【外贸扶持政策的落实】 2017 年，佛山市外贸工作抓好国家、省及佛山市一系列外贸稳增长政策的贯彻落实，帮助企业用足、用好各级外贸财政扶持政策。发挥佛山市外贸稳增长资金效益，促进市场采购等重点项目扩大出口规模。同时，加强督查督办，掌握工作进度，压实工作责任，切实督促各区、各部门采取有力手段实现新增长目标。全年落实中央及省级资金 8 859.87 万元，落实市级外贸扶持资金 6 362.55 万元。

【佛山泛家居品牌全球推广】 2017 年 4 月和 6 月，佛山市分别在匈牙利、澳大利亚设立佛山泛家居品牌产品展示体验馆，并取得一定的成效，至年底，入驻企业累计通过两馆实现意向及实际订单金额 7 400 万元。在两个海外泛家居品牌产品海外展示体验馆的带动下，佛山对匈牙利进出口比上年增长 29.1%、对澳大利亚进出口增长 9.9%，高于佛山进出口平均增幅。

【外贸市场的开拓】 2017 年，佛山市开拓国际市场，依托佛山市建陶、型材等七大外贸转型升级示范基地，组织企业参加沙特阿拉伯国际建材展、澳大利亚经贸活动经贸活动等 33 场国内外展会以及重点经贸活动 600 家次，组织企业参加第 121 届、第 122 届广交会 1 000 多家次。

2017 年 6 月 8 日，佛山泛家居品牌产品（澳大利亚）展示体验馆在澳大利亚悉尼启动运营。图为启动仪式现场（市商务局供图）

【众陶联平台运营】 截至 2017 年 12 月 31 日，佛山市众陶联平台上的企业产值超过 2 215 亿元，平台销售流量 301.2 亿元，召集陶瓷企业 2018 年大订单 338 亿元。

【佛山企业对接花都市场采购贸易方式试点】 2017 年 8 月，自 2015 年起作为主要拉动佛山外贸增长力量的旅游购物贸易方式正式废止，引发佛山进出口连续 4 个月单月同比下降。经多方共同努力，佛山企业参加广州花都市场采购贸易方式（华南地区首个国家级市场采购贸易方式试点 2017 年初在广州市花都区正式启动）在 9 月底迈出实质性步伐，10 月开始有市场采购出口数据。至年底，有 30 家佛山外贸企业在花都海关及白云机场开展市场采购试点，出口值突破百亿元，在省内开展市场采购的 9 个地市中排名第二。

【第七届中国服务贸易年会】 2017 年 11 月 23—25 日，第七届中国服务贸易年会在佛山召开。有来自政、产、学界的境内外嘉宾约 800 人参加年会，规模创历史新高。中国国际金融股份有限公司、腾讯网、猪八戒网、联通智网科技、敦煌网、环球易购、软通动力、神州数码、中软国际、洛可可、仁卅信息、南京锦创、大全数码、河南申泰控股等知名企业进行对接并达成多项合作意向。年会同时举行广东省服务贸易促进中心正式落户佛山的签约仪式。年会期间举办“‘一带一路’与国际服务贸易研究”“服务业与服务业双向开放”“服务外包产业发展个人才培养”“制造业服务化”“服务企业创新发展”“中国服务评价标准讨论”等专题会议。佛山市的服务贸易产业园区包括广东金融高新技术服务区、石湾古镇文创园、潭州湾国际创新带等也进行现场推介。

【国际贸易反倾销的应对工作】 2017 年，佛山出口产品频繁遭遇国外反倾销，涉案产品涵盖建筑陶瓷、铝型材、不锈钢产品、光伏产品、塑料产品、玻璃制品和鞋类等各类产品。为此，佛山市组织做好国际贸易反倾销的应对工作。2017 年 2 月 18 日，巴基斯坦发布自 2016 年 2 月起对中国发起的反倾销调查案的仲裁公告，为做好巴基斯坦瓷砖反倾销案应对，2017 年 7 月 4 日，市商务局与中国五矿化工进出口商会在佛山召开反倾销案情况通报会。同年 11 月 9 日，佛山市商务局与商务部贸易救济调查局、中国五矿化工进出口商会、广东省商务厅召开瓷砖反倾销应对工作交流会，为做好韩国瓷砖反倾销第三次“日落复审”案件应对工作进行交流，并对巴基斯坦瓷砖价格承诺具体操作办法及执行情况进行交流。

【贸易壁垒和美国337调查应对专题培训班】 2017年11月13—15日，广东省商务厅公平贸易局在佛山举办贸易壁垒和美国337调查应对与反垄断业务培训班。培训班旨在加强广东省贸易摩擦应对综合服务工作，帮助商协会和广大企业更好地应对国际贸易摩擦所带来的各种技术性贸易壁垒、337知识产权调查以及反垄断诉讼等工作。内容主要有贸易壁垒总体形势及应对实务、美国301调查相关影响及对策、中小企业如何应对美国337调查、企业应对技术性贸易措施和反垄断审查等。

【佛山企业参加加工贸易博览会】 2017年4月，佛山市商务局组织佛山企业参加“2017年中国加工贸易产品博览会”（简称“加博会”）。该届加博会在东莞市厚街镇广东国际展览中心正式举行，展区设置1大主题展和6大专业展，汇聚全国15个省市及港澳地区的859家企业参展。佛山市有佛山市方块工业设计有限公司、广东山湖电器有限公司、高明高丽雅羽绒制品有限公司、南海区正旭鞋业有限公司等15家企业参展，参展产品遍及工业设计、餐厨用品、家居饰品、小家电、箱包名鞋、服装服饰等。

【佛山企业参加海上丝绸之路博览会】 2017年9月，佛山市商务局共组织5家企业参加“广东21世纪海上丝绸之路国际博览会”（简称“海博会”）。该届海博会在东莞市广东现代国际展览中心举行，共有75个国家和地区的嘉宾参会，来自国内及境外56个国家和地区的1 682家企业参展，共设3 556个展位。海博会作为广东参与“一带一路”建设的重要平台和载体，为沿线国家和地区企业、客商带来巨大商机，也为广东省与沿线国家和地区的全方位合作注入活力。佛山市商务局协助泰国馆组展，共有20家泰国企业参加海丝博览会，参展面积306平方米。

（吴晓荧）

利用外资

【概况】 2017年，佛山市新批外商直接投资项目315个，比上年增长37.55%；合同外资金额15.84亿美元，下降28.89%，实际使用外资金额16.23亿美元，增长10.32%，完成全年目标。是年，佛山引进世界500强企业新批和增资项目各1个，涉及投资总额0.51亿美元。截至2017年底，有60个世界500强企业在佛山市投资了116个项目，涉及投资总额95.44亿美元，合同外资39.11亿美元。

【超千万大项目引资】 2017年，佛山市引进外资质量继续提升，全市超千万美元项目45个，涉及投资总额34.78亿美元，合同外资13.22亿美元。其中，有1个属于第一产业，涉及投资总额0.90亿美元（占总量的2.5%），合同外资0.21亿美元（占总量的1.6%）；有18个属于第二产业，涉及投资总额6.38亿美元（占总量的18.35%），合同外资7.01亿美元（占总量的53.01%）；有26个属于第三产业，涉及投资总额27.50亿美元（占总量的79.06%），合同外资6亿美元（占总量的45.39%）。

【服务外包产业情况】 2017年，佛山市承接服务外包合同金额9.1亿美元，比上年增长35.4%；执行金额7.2亿美元，增长48.11%。其中，承接离岸服务外包合同金额7.2亿美元，比上年增长41.1%；离岸执行金额6.1亿美元，增长53.54%，完成全年目标任务的150.9%。佛山市在商务部服务外包系统中登陆的企业新增95家，总量647家。

（吴晓荧）

对外经济合作

【概况】 2017年，佛山市新增对外直接投资企业（含机构）43家，比上年增长19.44%；新增中方协议投资总额46.16亿美元，增长490.74%。是年，佛山市签订对外并购项目9个，累计中方协议投资49.93亿美元。如广东美的电气有限公司并购德国库卡集团、广东美的智能科技有限公司并购以色列Servotronix Motion Control Ltd.、广东星阳资本管理有限公司并购美国电子工业控股有限公司等。

【超亿美元对外投资项目】 2017年，佛山市企业对外投资中，新增中方协议投资额（含增资后）超亿美元的项目3个，合计中方协议投资总额47.84亿美元，占中方协议投资总额（含增资后）的92.95%。其中广东美的电气有限公司投资43.45亿美元并购德国库卡集团，成为佛山市历来最大的境外投资项目。佛山市顺德区高远投资咨询有限公司投资2.99亿美元并购马来西亚森林城市建筑工业化公司。广东美的智能科技有限公司投资1.4亿美元并购以色列Servotronix Motion Control Ltd.。

【国际产能合作推进活动】 2017年6—7月和9月，佛山市商务局分别组织佛山市企业赴阿联酋、埃塞俄比亚、肯尼亚和德国、匈牙利、白俄罗斯等国家开展国际产能合作推进活动，帮助企业了解潜在投资国家的投资政策和投资环境，更好地选定投资方向和进行投资决策。一是调研重点海外园区。赴中交建集团在埃塞俄比亚建设的阿瑞提建材工业园、广东华坚集团在埃塞俄比亚建设的华坚轻工业城、招商集团在白俄罗斯建设的中白工业园考察投资环境，引导企业到园区投资。二是重点调研佛山市境外投资项目。赴中国联塑集团在阿联酋建设的物流中心和商贸城、广东科达洁能股份有限公司在肯尼亚投资的陶瓷厂、佛山泛家居品牌产品展示体验馆所在的匈牙利中欧商贸物流合作园区、美的集团在白俄罗斯投资的家电厂参观考察，开展交流对接。三是加强与境外机构、商协会的沟通联系，与阿联酋广东商会、肯尼亚东非广东同乡会、佛山市驻德国招商代表处等开展经贸交流活动。

【佛山市促进对外经济合作专项资金】 2017年，佛山市为更好地推动佛山市企业参与“一带一路”建设，引导和鼓励企业对外投资，设立佛山市促进对外经济合作专项资金，资金规模1 000万元，对开展对外投资和对外承包工程业务的企业进行奖励和资助。专项资金安排用于对外投资合作企业分级定额奖励、对外投资合作企业开办费定额补助、企业参加市组团的对外经济合作促进活动补助、广东企业“走出去”信用保险统保平台配套补助等4个子项目。专项资金的使用重点：一是扶优扶强，对获得国家、省奖励的重点项目进行配套奖励；二是扶持中小企业发展，对中小企业开展对外经济合作业务、参加对外经济合作促进活动给予费用补助。

【“走出去”跨境并购风险管理研讨会】 2017年12月5日，佛山市商务局举办“2017年佛山企业‘走出去’跨境并购风险管理研讨会”，邀请5位资深专家重点就中国企业跨境并购的机会与挑战、最新海外投资政策导向、海外并购与投资法律风险以及跨境并购风险应对解决等内容进行专业解读和经验分享。研讨会上，市商务局与平安产险佛山分公司签订战略合作框架协议，双方协定加强合作，共同为佛山市企业提供服务和扶持。

（吴晓荧）

对外贸易促进

【概况】 2017年，佛山市贸促会先后组织企业赴欧洲、非洲、中东地区开展系列经贸交流活动，在境外开展佛山投资营商环境推介暨企业对接洽谈会6场，250多名中外企业家参加活动；在境外代表团到访佛山期间，与相关机构合作组织5场企业对接洽谈活动，与会人数440人次；做好出证认证服务，全年全市出证认证业务总量10.89万份；做好经贸信息服务，通过市贸促会政务短信平台发布经贸和预警信息79条。是年，佛山市完成出口总额3 153.6亿元，进口总额1 203.8亿元。

【佛山经贸代表团赴挪威、冰岛、英国开展经贸活动】 2017年6月21—30日，由佛山市政府副秘书长陈锋带队，市贸促会组织纺织、陶瓷、新能源等品牌企业组成佛山经贸代表团赴挪威、冰岛、英国开展系列经贸交流活动。

该次出访，市贸促会分别在挪威韦戈尔什黑市、冰岛莫斯费德斯拜尔市、英国伦敦布拉克内森林市、英国伯明翰市举办佛山投资营商环境推介会暨企业商务对接洽谈会。每场对接会双方参与人数均在50人以上。

【佛山经贸代表团赴巴林、阿联酋开展经贸活动】 2017年11月15—22日，为推动国家“一带一路”倡议，促进佛山市与海上丝绸之路沿线国家的经贸交流与合作，佛山市贸促会组织陶瓷、机械以及外贸企业赴巴林、阿联酋开展经贸交流系列活动。经贸代表团先后在巴林麦纳麦、阿联酋迪拜开展经贸对接洽谈活动，实地调研巴林、迪拜两地“龙城”项目（中国商品城）的发展情况，考察阿布扎比哈里发自由贸易区。出访期间，经贸代表团还拜访中国贸促会驻海湾地区代表处、广东省驻阿联酋经贸代表处及阿联酋广东商会，全面了解当地市场的外贸政策、营商投资环境和商机。

【佛山经贸代表团赴坦桑尼亚、纳米比亚、卡塔尔开展经贸活动】 2017年9月18—27日，由佛山市政府副秘书长赖紫宁带队，佛山市贸促会组织电器、金属材料加工、陶瓷等佛山品牌企业组成的经贸代表团赴坦桑尼亚、纳米比亚、卡塔尔三国开展系列经贸活动。该次出访活动中，市经贸代表团分别在达累斯萨拉姆、温得和克举办佛山推介会暨企业对接洽谈会。

【中国（广东）—匈牙利经贸推介会暨企业对接洽谈会在佛山举行】 2017年12月7—8日，匈牙利国家工商会率企业家代表组团访问佛山，并于8日上午在佛山皇冠假日酒店举办“中国（广东）—匈牙利推介会暨企业对接洽谈会”。对接洽谈会由广东省贸促会和匈牙利国家工商会主办，佛山市贸促会、市商务局、市投资促进中心承办，共有100多名嘉宾、代表参会。广东省贸促会副会长张华、佛山市政府副市长乔羽出席会议并致辞。推介会上，匈牙利国家工商会秘书长彼德就匈牙利的投资营商环境进行推介，并介绍外商在匈牙利投资的领域主要是汽车制造业、生物医药技术、旅游业等。佛山市投促中心高级项目经理彭凌也从地理位置、交通优势、产业结构和城市环境等方面介绍佛山的营商环境。会上，广东省贸促会与匈牙利工商会签署合作备忘录。会后，来自匈牙利不锈钢金属加工、电子商务、工业自动化、建材卫浴等领域的企业还与参会佛山企业进行对接洽谈。

【全省首个涉外商事法律服务志愿团在佛山成立】 2017年7月11日，佛山市涉外商事法律服务志愿团成立、热线电话启动仪式暨国际经济法讲座在佛山市律师协会大楼召开。佛山市涉外商事法律服务志愿团是广东省成立的首个服务于国际贸易的法律服务志愿团队，有62名具有涉外商事法律服务工作经验的律师组成，并开通由62位律师轮流值班的涉外商事法律服务热线电话（0757—82211568），同时制订涉外商事法律服务培训和涉外商事法律服务进企业计划，为企业免费提供商事法律咨询以及对接律师等服务。该法律服务志愿团的成立，将进一步帮助佛山外贸企业防范和化解国际经贸及投资纠纷，从而推动佛山企业紧抓国家“一带一路”和粤港澳大湾区建设机遇走出去，开拓国际市场。

【涉外商事法律准备金在佛山成立】 2017年11月28日，佛山国际商会第三次会员代表大会暨理事会就职典礼上，佛山国际商会宣布拿出100万元自有资金，成立涉外商事法律准备金，帮助会员企业应对涉外商事纠纷。这是全国贸促系统成立的首个涉外商事法律准备金。成立该准备金，旨在对参与反倾销、反补贴等涉外诉讼项目的会员企业提供为期一年最高15万元的无利息、无抵押借款来支付诉讼费用，引导鼓励会员企业应对涉外商事纠纷，减轻中小企业维权资金周转压力。

（关立涛）

民营经济

手机扫码阅读

综　述

【概况】 截至2017年底，佛山市有各类市场主体61.8万家。其中，企业总数26.63万家，比上年增长18.75%；个体工商户实有35.13万家，增长12.89%。2017年，全市规模以上民营工业企业完成工业总产值15 845.54亿元，增长10.2%。民营工业占全市工业总产值的70.9%，对全市工业增长的贡献率达81.6%，比2016年提高5.7个百分点。

【20家民营企业入选“佛山·脊梁企业”】 2017年6月19日，佛山市召开“佛山·脊梁企业”“佛山·大城企业家”命名大会，命名20家“佛山·脊梁企业”和20位“佛山·大城企业家”，入选的20家“佛山·脊梁企业”均是民营企业。分别是美的集团股份有限公司、碧桂园控股有限公司、佛山市海天调味食品股份有限公司、一汽大众汽车有限公司佛山分公司、佛山群志光电有限公司、本田汽车零部件制造有限公司、广东格兰仕集团有限公司、海信科龙电器股份有限公司、广东联塑科技实业有限公司、广东万和新电气股份有限公司、广东新明珠陶瓷集团有限公司、广东兴发铝业有限公司、广东志高空调有限公司、佛山市顺德区乐从供销集团有限公司、广东新宝电器股份有限公司、广东科达洁能股份有限公司、广东溢达纺织有限公司、佛山市三水凤铝铝业有限公司、佛山市东鹏陶瓷有限公司、佛山电器照明股份有限公司。

（刘义超）

民营骨干企业发展

【概况】 2017年，佛山市新增2家年主营业务收入超百亿元企业。全市年主营业务收入超百亿元企业总数达到18家，年主营业务收入50亿~100亿元企业12家，年主营业务收入20亿~50亿元企业42家。有7家企业进入“2017中国民营企业500强”。美的集团、碧桂园成功入围《财富》世界500强。佛山市恒力泰机械有限公司、佛山市三水凤铝铝业有限公司、广东精铟海洋工程股份有限公司入选工信部制造业单项冠军示范企业。坚美铝材、蒙娜丽莎集团获得第三届中国质量奖提名奖，伊之密精密机械、佛山燃气集团获评2017年广东省政府质量奖。

【7家佛山企业入选2017年中国民营企业500强榜单】 2017年8月，全国工商联公布2017年中国民营企业500强榜单，佛山有7家企业上榜，分别是美的集团股份有限公司、碧桂园控股有限公司、广东格兰仕集团有限公司、利泰集团有限公司、广东联塑科技实业有限公司、佛山市海天调味食品股份有限公司、佛山市兴海铜铝业有限公司。

【15家佛山企业入选2017广东民营企业100强榜单】 2017年9月19日，广东省企业联合会、广东省企业家协会联合发布2017广东民营企业100强榜单，佛山有15家企业上榜，上榜企业数量排名全省第三位。

15家上榜企业分别是：美的集团股份有限公司、碧桂园控股有限公司、广东格兰仕集团有限公司、利泰集团有限公司、广东联塑科技实业有限公司、佛山市海天调味食品股份有限公司、佛山市兴海铜铝业有限公司、佛山市南海正圣金属贸易有限公司、广东顺德农村商业银行股份有限公司、广东万和集团有限公司、佛山市顺德区乐从供销集团

广东万和电气有限公司　　（佛山日报社供图）

有限公司、广东合诚集团有限公司、广东新明珠陶瓷集团有限公司、广东志高空调有限公司、广东新宝电器股份有限公司。

【细分行业龙头企业】 2017年，佛山市质量强市工作领导小组办公室公布第一批通过认定的细分行业龙头企业名单，共154家，涵盖陶瓷、家电、家具、纺织、照明、内衣、铝型材等多个行业。其中：禅城区27家、南海区52家、顺德区40家、高明区18家、三水区17家。

（刘义超）

美的总部大楼　（佛山年鉴社供图）

中小微企业发展

【概况】 2017年，佛山市规模以上工业企业完成工业总产值22 350.65亿元，比上年增长8.7%。其中，中型企业完成规模以上工业总产值6 918.78亿元，比上年增长11.2%；小型企业完成规模以上工业总产值7 943.58亿元，增长8.2%；中型企业和小型企业工业总产值占全市规模以上工业总产值的比重达66.5%。

【企业暖春行动】 2017年，佛山市继续开展“企业暖春行动”，由市领导带队，分17个工作组进行。各工作组深入走访企业，广泛与企业家沟通交流，把政府支持企业的政策措施及新的思路传递到企业，全年全市走访企业1.1万家，收集意见、建议3 000多条，其中涉企问题超1 000条，全部得到跟踪办理。

【中小企业创新】 2017年，佛山市新获认定省级小型微型企业创业创新示范基地1个、新获认定省级民营企业（中小企业）创新产业化示范基地2个、新获认定省级中小企业公共技术示范平台2个。截至2017年底，佛山市有国家级中小企业公共服务示范平台2个，累计有省级产业集群升级示范区12个。

【“佛山政企通”平台运行】 “佛山政企通”APP自2016年4月正式上线运行，至2017年底运行良好。资讯功能方面，累计发布政策资讯近4 500条，内容包括政策法规、政策解读、通知公告、申报项目、工作动态等。服务功能方面，主要提供培训服务、专家咨询、企业和机构进驻、产品和服务展示等，累计进驻企业12 910家、专家113人、服务机构169个、发布产品3 798个、发布服务项目380个、发布培训事项541项、在线办事587次。

（刘义超）

个体私营经济

【概况】 2017年，佛山市民营主体整体平稳增长，民营企业59.14万家，其中私营企业23.91万家，个体工商户35.13万户，农民专业合作社327户，占佛山全市市场主体的95.7%。全年新登记企业5.06万家，比上年增长30.7%；新登记民营企业46 804户，增长28.8%。

【个体经济】 2017年，佛山市个体工商户有35.13万家，比上年增长12.9%，行业分布：农、林、牧、渔业1 821家，制造业45 939家，建筑业1 622家，批发零售业214 648家，交通运输、仓储和邮政业3 549家，住宿餐饮业38 985家，信息传输、软件和信息技术服务业1 613家，房地产业1 651家，租赁和商务服务业7 128家，科学研究和技术服务业2 076家，居民服务、修理和其他服务业28 799家，教育1 097家，文化、体育和娱乐业1 579家，其他759家。

【私营经济】 2017年，佛山市私营企业有23.91万家，比上年增长19.4%，注册资本（金）6 090.37亿元，同比增长29.9%。行业分布：农、林、牧、渔业1 266家，制造业69 235家，建筑业8 869家，批发零售业88 999家，交通运输、仓储和邮政业5 385家，住宿餐饮业4 773家，信息传输、软件和信息技术服务业6 558家，金融业1 386家，房地产业5 855家，租赁和商务服务业22 151家，科学研究和技术服务业13 412家，水利、环境和公共设施管理业713家，居民服务、修理和其他服务业6 124家，教育716家，文化、体育和娱乐业3 024家，其他636家。

【工商政策服务民营经济】 2017年，在佛山市范围内全面实施“多证合一”登记模式，实施个体工商户营业执照、税务登记证“两证合一”，不断减少登记环节，提高审批效率。

2017年，全市工商和市场监管部门办理动产抵押登记785份，抵押登记金额146.96亿元，办理股权出质777宗，为企业担保债券金额1 350亿元，协助解决企业融资难问题。

（卢泰山）

2017年佛山市入选“中国企业500强”企业介绍

【概况】 2017年9月10日，中国企

业联合会、中国企业家协会正式发布2017中国企业500强榜单，佛山市企业有美的集团股份有限公司和碧桂园控股有限公司上榜，分别位居第101位和第107位。

【美的集团股份有限公司】 美的集团股份有限公司成立于1968年，总部位于佛山市顺德区，是一家消费电器、暖通空调、机器人及工业自动化系统的科技企业集团，提供多元化的产品和服务，包括以厨房家电、冰箱、洗衣机及各类小家电的消费电器业务，以家用空调、中央空调、供暖及通风系统的暖通空调业务，迄今已建立遍布全球的业务平台。美的集团在世界范围内拥有约200家子公司、60多个海外分支机构及10个战略业务单位，是德国库卡集团最主要股东。

2016年，美的集团股份有限公司首登《财富》世界500强，成为中国家电行业首个跻身世界500强的品牌。美的集团股份有限公司供给侧结构性改革成效显著，通过“产品领先、效率驱动以及全球经营”三大战略主轴，稳步推进“三去一降一补”，生产效率和供给质量显著提升。同时，以合作并购培育发展新增长点，与产业巨头开展合资合作，拓展业务成长空间。2016年，美的集团股份有限公司收购日本东芝白电80.1%股权，获得东芝品牌40年的全球授权，超过5 000项白色家电相关专利，以及东芝白电在日本、中国、东南亚的市场、渠道和制造基地。进军机器人产业领域，与日本安川电机合资设立工业、服务机器人公司，成功跨国并购全球四大机器人公司之一德国库卡，持有库卡94.55%股权，持有国内工业机器人领域领先企业安徽埃夫特公司17.8%股权。美的集团股份有限公司在2017《财富》世界500强排名中位列450位，利润排名第208位。2017年美的集团股份有限公司财报显示，营业总收入2 419.19亿元。

【碧桂园控股有限公司】 碧桂园控股有限公司总部位于顺德区，是一家以房地产为主营业务，涵盖建筑、装修、物业管理、酒店开发及管理、教育等行业的综合性企业集团，中国房地产十强企业。下辖国家一级资质建筑公司、国家一级资质物业管理公司、甲级资质设计院等专业公司。20年来，碧桂园直接提供就业岗位5万多个，间接创造就业岗位逾20万个。

碧桂园控股有限公司于2007年4月20日在联交所主板上市。2007年9月1日成为摩根士丹利资本国际环球标准指数成份股，2007年9月10日晋身成为恒生综合指数、恒生中国内地综合指数及恒生中国内地流通指数成份股(后为恒生中国内地100)。2015年8月，碧桂园控股有限公司入围《中国房地产业联合会》主办的“2015年中国房地产业综合实力100强”榜单，排名第六位。2016年营收1 530亿元。

2017年7月20日，美国《财富》杂志发布2017年世界500强排行榜，碧桂园控股有限公司以230.4亿美元的营业收入首次上榜，排名467位。2017年碧桂园控股有限公司实现总收入约为2 269亿元，实现合同销售额约5 508亿元，在中国民营企业500强排名中位列第十七位。

(刘义超)

碧桂园集团总部 (市府办供图)

农 业

综 述

【概况】 2017年，佛山市有农业用地面积75 333.33公顷（113万亩），林业用地面积66 000公顷（99万亩），共占市域面积的38.4%。花卉种植、水产养殖是佛山农业的优势产业，佛山是全国农业产业化示范基地市、国家级海峡两岸农业合作试验区，“中国鳗鱼之乡”“中国淡水鱼苗之乡”和“中国花木之乡”“中国百合花名镇”。佛山也是广东省重要的农产品流通基地，农产品流通销售（交易）额超过1 000亿元，每天超过300吨淡水鱼经佛山销往全国各地。2017年全市农业总产值超过291亿元，农地产出率达2.56万元/亩。

【农业产业发展核心力量】 2017年，佛山市有市级现代农业园区45个，总面积20 933.33公顷（31.4万亩），入驻企业1 199家；有市级龙头企业112家，省级龙头企业40家，国家级龙头企业2家；有省农产品出口示范基地4个；有农民专业合作社达到225个，其中市级56个、省级22个、国家级1个；全市“三品一标一名牌”认证产品243个，其中无公害农产品148个、绿色食品6个、有机产品19个、地理标志农产品3个、省级名牌产品（农业类）67个。是年，佛山市深化与省农科院合作，签约共建广东省农业科技示范市；继续开展农作物良种推广，全市农作物良种覆盖率达98%；市农科所科技创新实现新的突破，获得市科技进步奖一等奖、二等奖、三等奖各一项。农业社会化服务体系逐步完善。是年，佛山市新型职业农民培训基地43个，年度培训1.5万人次，累计培训农户近20万人次；“政银保”合作农业贷款全面推广，全年发放农业贷款1 197笔，金额2.5亿元，为农业高端化发展提供重要资金保障；政策性农业保险险种体系不断完善、覆盖面不断拓宽，逐步增加生猪、家禽、水果等试点险种。

【农业产业结构】 2017年，佛山市种植业、水产业、畜禽业产值占农业总产值比重约为34∶41∶19。

是年，佛山市铁腕整治农业源污染，重点抓好广佛跨界河涌的农业源污染整治，全市先后关停、清理禁养区内8 389个畜禽养殖场，359个规模场完成治污减排配套设施建设，畜禽养殖污染存量明显减少。全市生猪饲养量218.09万头、比上年下降5.0%，家禽饲养量9 309.41万只，下降3.0%。全市近66.67公顷（1 000亩）水产生态健康养殖小区全面进入试水养殖阶段。推动“农业+旅游”发展，全市农业公园20个。推动在全省率先成立首个农业旅游社会组织——佛山市农业旅游协会，促成旅行社开通“菜篮子”基地直通车，开发出农业休闲观光旅游专线10余条，为加快全市农业旅游发展注入强劲动力。举办首届农业嘉年华活动，指导第四届广东（佛山）“安农博会”，客流量、销售总额均创历届新高。

【农产品质量安全】 2017年，佛山市推进“菜篮子”基地建设，市级“菜篮子”基地62个，省级11个，“菜篮子”基地直销点亮标经营和产品质量安全监测信息系统基本实现全覆盖。严抓农产品风险监测和监督抽查工作，部、省、市农产品的抽检合格率稳定在98%以上。落实产地水产品和农资产品“双随机”抽检机制、动物疫病防控绩效延伸考评、有害生物防控等工作走在全省前列。肉品统一配送工作入选2017年全国“双安双创”成果展，并作为佛山市创建国家食品安全城市的主要成绩之一作经验介绍。与湖南省长沙市签订《加强区域间鲜活水产品产销对接监管合作框架协议》，密切两地的监管合作。

【林业生态建设与保护】 2017年，佛山市推进“创森”攻坚，推动“湿地汇锦”“森林扩增”“乡村叠翠”“绿城飞花”“森动传城”五大主题行动。至2017年底，全市建有县级以上森林公园38个、县级以上湿地公园11个、公园绿地1 043处、森林生态廊道956.4千米，构建起具有佛山特色的城市森林生态体系。

是年，佛山市推进南海金沙岛、三水云东海申报国家湿地公园，获国家林业局批复同意，成为全市首批两个国家湿地公园试点。全市新增造林绿化面积7 000公顷（10.5万亩），森林面积106 900公顷（160.35万亩），市域森林覆盖率由34.16%提升到36.3%；建成区绿化覆盖率由38.73%提升到40.98%；建成区人均公园绿地面积由12.37平方米提升到16.54平方米。开展打击各类破坏森林资源和野生动植物保护资源执法，组织“2017利剑行动”“2017红线行动”“森网2017”和“打击走私象牙等野生动植物及其制品专项行动”等严打专项行动，侦破“3·07”特大非法收购、出售、加工珍贵濒危野生动物及其制品案，查获虎骨等野生动物制品一批，森林生态资源得到有力保护。2017年10月，国家林业局正式授予佛山“国家森林城市”称号。

【农林牧渔安全生产】 2017年，佛山市推动渔船更新改造、渔船停泊点建设和网箱渔排清理，打击电鱼违法活动。至年底，全市17.5万平方米水上网箱渔排完成清理。妥善化解禁渔时间延长2个月引发的突发问题，完成珠江流域禁渔工作。落实安全生产责任，加强日常检查和专项执法，全年开展专项执法、联合执法1 152次，出动人员1 865人次，查处各类安全隐患544个。全年全市重特大农产品质量安全和农业安全生产事故保持“零发生”。

【农业农村综合改革】 2017年，佛山市的农业农村综合改革进一步推进，规范集体资产交易。制定优化政策，要求各区按照“应上尽上”原则，进一步巩固落实集体资产台账信息全面上平台、村组两级交易事项全面上平台、手续不全资产交易全面上平台、集体经济收支事项全面上平台等“四个全面上平台”，全年全市五区进入平台交易的农村集体资产有22.6万宗，涉及合同标的总额1 019亿元，平均增值率10%以上。完成南海区承担的农业部农村股份权能改革试点，启动实施顺德区承担的农业部农村集体产权制度改革试点工作。南海区、禅城区被确定为全国农村集体“三资”管理示范县。

【农业社会化服务】 2017年，佛山市从行政审批改革、行政执法、涉农矛盾治理入手，加强农业社会化服务。强化农业系统行政审批和公共服务标准化的指导和监督，实现“一窗通办、协同联办、同城通办、O2O融合”服务模式创新。有20项审批服务事项进驻综合服务窗口，其中经营许可类18项、投资建设类2项；列入“一网通办”服务事项有73项、行政许可53项、行政确认13项、社会服务事项7项。加强行政执法自由裁量权细化，全面开展规范性文件清理评估，依法行政水平和执法办案能力有新的提升。对涉农矛盾开展全方位排查，建立信息台账，促进涉农矛盾纠纷有效化解。全市排查出列入三级台账的涉农突出矛盾5宗，化解5宗，化解率100%；接待办理群众信访事项26件，全部按期办结，办结率和满意率100%；负责的省、市包案，全部妥善化解。

【农村人居环境整治】 2017年，佛山市实施“五好”新村居建设扩面计划，推进第二批115个“五好”新村居建设，全年实施建设项目1 030个，完成资金投入7.06亿元。实施省级新农村连片示范建设工程，第一批南海里水“梦里水乡”片区和第二批三水南山“养生福地·精品康城”片区通过“两年基本实现目标”绩效评估，第三批顺德均安“东海绿岛”片区和禅城张槎“莲大”片区按计划推进，并新增高明荷城片区和禅城南庄片区2个片区，全市在建省级新农村示范片6个，覆盖面进一步提高。推进农村人居生态环境综合整治，全市完成农村人居环境综合整治的20户以上自然村有4 489个，完成率超过92.5%。佛山市的农村人居生态环境综合整治进度得到省的肯定，禅城、南海、三水、顺德等4个区排名珠三角6市（深圳、惠州、肇庆除外）各县（市、区）前十二名，获得2 100万元省财政争先奖补资金，佛山市获奖地区数量和获奖金额均位列珠三角6市中第一位。

【精准扶贫】 2017年，佛山市农业局（市扶贫办）推进新时期精准扶贫对口帮扶和东西部扶贫协作，落实《佛山市对口帮扶脱贫攻坚责任制实施细则》，通过严格的奖惩制度，推动攻坚各项任务顺利落实。至2017年底，佛山市累计投入精准扶贫专项资金15.79亿元，对口帮扶湛江、云浮两市254个相对贫困村，实施到村帮扶项目1 309个，实施到户帮扶项目274 210个，带动农户12 000多户参加基地生产，人均每年增收2 000多元，完成当地下达的相对贫困人口脱贫年度任务。

东西部扶贫协作帮扶四川凉山州方面，推动制订出台《佛山市落实扶贫协作帮扶凉山州工作任务分解方案》，推进人才支援、资金支持、产业合作、劳务协作、携手四川凉山州奔小康等专项工作。农业产业帮扶力度加大，两地正式签订农业产业合作协定，佛山、凉山农业产业投资合作项目21个，投资额41亿元，其中总投资10亿元、占地333.33公顷（5000亩）的佛凉现代花卉产业园是佛山对口凉山扶贫协作最大的产业造血式扶贫项目。全年两地产销对接额1.09亿元。对标《东西部扶贫协作考核办法（试行）》，推动各项考核工作加快完善，年度考核获“好”等次。

（黄　丽）

种植业

【概况】 2017年，佛山市农作物总播种面积88 700公顷（133.05万亩），实现种植业产值100.91亿元（现价），比2016年增长0.3%。粮食作物播种面积20 600公顷（30.9万亩），减少40公顷（0.06万亩），总产量9.81万吨，减少0.02万吨；其中水稻种植面积9 000公顷（13.5万亩），减少播种面积326.67公顷（0.49万亩），总产量4.91万吨，比2016年减少0.12万吨；蔬菜（含菜用瓜）播种面积47 046.67公顷（70.57万亩），减少1 166.67公顷（1.75万亩）；油料作物种植面积1 793.33公顷（2.69万亩），减少33.33公顷（0.05万亩）；水果种植面积2 766.67公顷（4.15万亩），增加386.67公顷（0.58万亩）；花卉种植面积8 460公顷（12.69万亩），比2016年减少993.33公顷（1.49万亩）。全市有市级以上农业龙头企业115家，有市级现代农业园区45个，市级“菜篮子”基地62个。种植业、水产业、畜禽业产值占农业总产值比重约为34：41：19。

【种植业生产管理】 2017年，佛山市发放耕地地力保护补贴1 001.42万元，全市水稻投保覆盖率100%，参保农户3.8万户次，投缴保险费金额76.73万元，由财政全额负担。

结合创建食品安全示范市，深化市级“菜篮子”基地建设，基地实现有标识、有二维码追溯、有品牌、有产销对接、有无公害以上认定、有检测室“六有”和推进质量标准化（HACCP和农药审核官）、亮标经营、菜篮子配送车、实时监测“四项工程”建设。组织开展“放心农资下乡进村宣传活动”，探索农资监管长效机制，建立健全辖区农资生产经营单位诚信档案，加大查处力度，全年全市各级农业部门农资打假出动执法人员 8 668 人次，检查各类农资生产经营企业 4 043 家次，整顿农资市场 34 个次，印发资料 3.6 万份；立案查处生产经营农资案件 33 件（其中农药 25 件，兽药 6 件，饲料 1 件，肥料 1 件），办结 33 件，移交公安机关 1 件，公开制售假冒伪劣农资行政处罚案件信息 32 件。佛山市从 2017 年 3 月 20 — 24 日在全市范围内开展“放心农资进乡村、质量兴农保安全”为主题的宣传周活动。宣传周活动期间，全市举办现场咨询活动 16 场次，参加咨询科技人员 262 人次，接受咨询群众人数近 3 300 人，发放宣传资料 1.83 万份，悬挂横幅和张贴标语 42 条。

加强农业投入品监管，落实农药经营信用评价和分类监管办法、高毒限用农药实名销售制度、农药使用审核官制度、农资投诉举报奖励制度、兽药经营企业实施 GSP 管理制度。农产品质量安全监管信息化平台投入运行，初步实现农资销售、使用、监管巡查、农产品生产企业生产记录在线录入等功能。推进农药管理条例地方立法工作，制订出台《佛山市农药管理条例》。

【农业产业化发展】 2017 年，佛山市农业产业化经营进一步发展壮大，发展速度进一步加快，农业产业化的经济效益和社会效益不断提升。

全市有市级以上农业龙头企业 112 家（国家级 2 家、省级 47 家，销售额超亿元的 44 家），比 2016 年增加 8 家，基地面积 6 200 公顷（9.3 万亩），带动农户种养面积 11 533.33 公顷（17.3 万亩），吸纳就业人员 2.14 万人。

有市级现代农业园区 45 个（五星级 11 个，四星级 34 个），总面积 13.6 万亩（0.91 万公顷），入驻农业园区经营的企业 1 199 家。推进广东万顷园艺世界粤台农业合作核心区建设，农业园区的经济效益、社会效益和生态效益越来越明显。

市级“菜篮子”基地达 62 个，省级 11 个，“菜篮子”基地直销点亮标经营和产品监测信息系统建设不断完善。严抓农产品风险监测和监督抽查工作，部、省、市农产品的抽检合格率稳定在 99% 以上。

【农业产业结构调整】 2017 年，佛山市种植业、水产业、畜禽业产值占农业总产值比重约为 34∶41∶19。

是年，佛山市农业部门推动“农业+旅游”发展，全市累计认定农业公园 20 个。推动开通“菜篮子”基地直通车，推动旅行社开发农业旅游专线 8 条，深受市民欢迎。在全省率先建立首个农业旅游社会组织——佛山市农业旅游协会，为加快全市农业旅游发展注入强劲动力。指导第四届“安农博会”成功举办，客流量 32 万人次，销售总额约 5 000 万元，均创历届新高。

【农业机械化】 2017 年，佛山市各级农业部门开展农机安全检查行动 862 次，出动检查人员 1 612 人次，检查拖拉机 1 624 台，检查联合收割机 30 台，检查场地 528 处，排查整治安全隐患 88 个，纠正违章行为 38 起。开展农机安全生产教育，全市各级农机管理部门开展现场农机安全宣传活动 58 次，现场农机安全宣传活动受益 2 145 人次，接受农机安全教育和咨询 3 169 人次，发放农机安全宣传材料 4 812 份，建设标语、横幅、展板、宣传专栏 404 个，发送手机短信 4.16 万条。拖拉机注册率 76.39%、年检率 55.53%、驾驶员持证率 100%，综合三率 77.31%，完成省下达的农机安全生产目标任务。

【2017 年市级农业龙头企业认定】 2017 年 3 月，佛山市农业局委托第三方机构组织 5 名评审专家，采用资料评审和实地评审的方式，对 2017 年新申报的 16 家候选企业和列入监测的 61 家市农业龙头企业（2017 年列入监测的企业共 66 家，其中 5 家企业放弃监测）进行评审，最终新认定佛山市农业龙头企业 13 家和监测合格企业 61 家。

【2017 年市级现代农业园区认定】 2017 年 7 月，佛山市农业局组织开展市级现代农业园区认定，同时对全市有效期满 3 年的星级现代农业园区进行复评。2017 年，全市星级现代农业园区有 45 家，其中，五星级现代农业园区 11 家，四星级现代农业园区 34 家。

佛山市市级现代农业园区分为五星级园区、四星级园区，四星级园区作为五星级园区的准入条件。市级现代农业园区由市农业局组织申报认定，实行动态管理，每 3 年考核一次，未达到要求的限期整改或取消资格。

（范忠武）

2017年新认定佛山市农业龙头企业名单

序号	单位名称
1	广东石湾酒厂集团有限公司
2	佛山市植宝化工有限公司
3	佛山市顺德区键林园艺科技有限公司
4	佛山市顺德区东民水产养殖有限公司
5	佛山市高明区明丽蔬菜种植有限公司
6	佛山市三水乐福米业有限公司
7	佛山市三水永晴农副产品有限公司
8	佛山市千沣农业发展有限公司
9	佛山市三水区芦苞镇黎裕权生猪养殖有限公司
10	佛山市三水区鸿砺农业发展有限公司
11	佛山市小农生态科技有限公司
12	广东苏萨食品有限公司
13	佛山市三水皓德农业发展有限公司

2017年佛山市监测合格的农业龙头企业名单

序号	认定单位名称	序号	认定单位名称
1	佛山市高明区温氏家禽有限公司	32	佛山市顺德区生鱼米业有限公司
2	佛山市三水区全诚水产养殖有限公司	33	广东全禾面粉有限公司
3	佛山市恒隆农业有限公司	34	佛山市顺德区德益水产养殖有限公司
4	佛山市皿井植物有限公司	35	佛山市高明区新广农牧有限公司
5	佛山市储备粮管理总公司	36	佛山市高明海达高新科技孵化养殖基地有限公司
6	佛山市禅城区粮油企业集团公司	37	佛山市海航饲料有限公司
7	佛山市南海区科达恒生水产有限公司	38	佛山金葵子植物营养有限公司
8	佛山市南海创贸投资有限公司	39	佛山市盈辉作物科学有限公司
9	佛山市中南农业科技有限公司	40	佛山市三水温氏家禽有限公司
10	佛山市南海种禽有限公司	41	佛山市三水祥盛西南耕牛市场有限公司
11	佛山市南海五丰生猪交易市场有限公司	42	佛山市三水利达隆蔬菜种植有限公司
12	广东何氏水产有限公司	43	佛山市三水区芦苞镇宝森养殖场
13	佛山市南海广铁三眼桥粮食货场有限公司	44	佛山市三水白金水产种苗有限公司
14	广东勇记水产有限公司	45	佛山市澳德丰农业有限公司
15	佛山市南海百容水产良种有限公司	46	广东顺德菊花湾农业发展有限公司
16	佛山市南海区国芊农业生物科技有限公司	47	广东省九江酒厂有限公司
17	佛山市西江农业生态园有限公司	48	广东白燕粮油实业有限公司
18	佛山市泰信水产有限公司	49	广东东方面粉有限公司
19	广东碧泉食品科技有限公司	50	广东富易农产品有限公司
20	佛山市南海泳姿彩锦鲤养殖场	51	佛山市高明区海鹏养殖有限公司
21	佛山市南海金汇农场	52	广东桂茶园生态农业发展股份有限公司
22	广东陈村花卉世界有限公司	53	广东三水正大康畜牧发展有限公司
23	佛山市顺德区乐从供销集团有限公司	54	佛山市三水区乐家庄养殖有限公司
24	广东甘竹罐头有限公司	55	佛山市三水区南嘉洲农业有限公司
25	佛山市顺德区粤花罐头食品有限公司	56	佛山市高明区丞祥农牧有限公司
26	生生农业集团股份有限公司	57	佛山市鸿励食品有限公司
27	佛山市顺德区东龙烤鳗有限公司	58	佛山市劲农农业科技有限公司
28	佛山市泰山环境绿化有限公司	59	广东英农集团有限公司
29	广东宏隆生物科技有限公司	60	佛山市广顺养殖有限公司
30	佛山市顺德区海皇锦鲤养殖有限公司	61	佛山市高明区顺盈家禽有限公司
31	佛山市顺德区就财农产品有限公司		

2017年佛山市五星级现代农业园区名录

序号	区别	园区名称	园区地点	园区面积（亩）	建设单位	备注
1	市直	佛山市现代农业生态园	三水区南山镇市农科所	768	佛山市农业科学研究所	
2	南海区	广东万顷园艺世界	南海区里水镇和顺万顷洋农业示范区	2 040	广东万顷洋农业发展有限公司	
3		渔耕粤韵文化旅游园	南海区西樵镇南九路国艺酒店旁	500	南海区西樵镇渔耕粤韵文化旅游发展有限公司	
4		何氏水产现代农业园区	南海区西樵镇环山大道	450	广东何氏水产有限公司	2017年新认定
5	顺德区	广东陈村花卉世界	顺德区陈村镇谭村细围	5 000	广东陈村花卉世界有限公司	
6		菊花湾现代农业园	顺德区勒流街道稔海村翁花沙菊花湾	2 144	广东顺德菊花湾农业发展有限公司	
7	高明区	广东盈香生态园	高明区荷城西安冼村	1 800	广东盈香生态园有限公司	
8		桂茶园现代农业园区	高明区明城镇新岗陈村西基地	1 964	广东桂茶园生态农业发展股份有限公司	2017年新认定
9		高明区鸿丽无公害蔬菜种植园区	高明区更合镇白石	2 000	佛山市高明区鸿丽蔬菜种植有限公司	2017年新认定
10	三水区	三水区现代农业园区—大塘农业园	三水区大塘镇	45 000	三水区大塘镇人民政府	
11		宝苞现代农业综合示范区－宝苞农场	三水区乐平镇南丰大道	2 418	佛山塘基农业有限公司	2017年新认定

2017年佛山市四星级现代农业园区名录

序号	区别	园区名称	园区地点	园区面积（亩）	建设单位	备注
1	南海区	南海花卉博览园	南海区里水镇流潮水口村水口路211号	1 450	佛山领南花博投资管理有限公司	2017年新认定
2		梦里水乡百花园	南海区里水镇文教社区	750	广东和华兴隆农业发展有限公司	2017年新认定
3	顺德区	南沙大地现代农业发展园	顺德区均安镇南沙村	344.16	佛山市顺德区南沙大地农业发展有限公司	
4		佛山市锦鲤工厂化育苗示范园区	顺德区北滘镇高村海心沙	250	佛山市顺德区海皇锦鲤养殖有限公司	
5		顺德蕴乡生态农业科技园	顺德区乐从镇佛山一环南村路段以北南围朗土地	515	广东顺德蕴乡生态农业有限公司	
6		顺德莘村花卉城	佛山市一环路莘村路段东侧	1 930	佛山市顺德莘村花卉城发展有限公司	
7		佛山市顺德区立丰水产养殖有限公司	顺德区容桂细滘居委会顺德大道细滘段1号	200	佛山市顺德区立丰水产养殖有限公司	2017年新认定

（续表）

序号	区别	园区名称	园区地点	园区面积（亩）	建设单位	备注
8	高明区	佛山市高明区温氏家禽有限公司更楼种鸡场	高明区更合镇珠塘村	278	佛山市高明区温氏家禽有限公司	
9		台湾优质水果种植休闲基地	高明区明城镇崇步农业园区	339	佛山市高明田丰农业发展有限公司	
10		福融八达水产物流园区	高明区杨和镇	151	佛山市高明区福融八达水产有限公司	
11		佛山市檀香科技园	高明区更合镇瑶村	1 280	佛山市绿缘生态科技有限公司	
12		旺林园艺花卉种植生产园区	高明区富湾	700	佛山市高明旺林园艺有限公司	
13		佛山市高明泰康山生态旅游度假区	高明区明城镇泰康山	480	佛山市高明泰康山旅游开发有限公司	
14		佛山市高明区海鹏家禽养殖园区	高明区杨和镇下围村	800	佛山市高明区海鹏养殖有限公司	
15		正茂园艺花卉种植精品园区	高明区荷城塘南村民委员会大塘江村	336	佛山市正茂园艺有限公司	2017年新认定
16		佳果园蔬果种植科技园区	高明区杨和镇禄堂村	202	佛山市高明区佳果园蔬果种植有限公司	2017年新认定
17		鸿业园艺花卉种植精品园区	高明区荷城南洲村石砚第二经济社168号	151	佛山市鸿业园艺有限公司	2017年新认定
18		鹏鹄蘑菇产业园	高明区更合镇陀程村	220	佛山市高明区鹏鹄农业发展有限公司	2017年新认定
19		高明诚品农业种植生产园区	高明区明城镇	323	佛山市高明诚品农业发展有限公司	2017年新认定
20		丽堂生态园区	高明区杨和镇河西居委会丽堂新村	550	佛山市高明区杨梅丽堂蔬菜专业合作社	2017年新认定
21		高明合朝农业生产园区	高明区更合镇香山村委会	880	佛山市高明区合朝农业发展有限公司	2017年新认定
22	三水区	佛山市三水区白坭现代农业园区	三水区白坭镇	5 200	三水区白坭镇人民政府	
23		佛山市三水区南山镇农业园区	三水区南山镇	21 800	佛山市奔康建设投资有限公司	
24		莘田现代水产园—三水鱼世界	三水区大塘镇莘田村委大边东	3 160	佛山市三水区合洋水产有限公司	
25		三水区大塘镇劲农现代都市农业创意园区	三水区大塘镇潦边村	810	佛山市劲农农业科技有限公司	
26		电白中茂生物科技农业循环基地	三水区白坭镇凤果大道3号	137	电白中茂生物科技有限公司佛山市三水分公司	
27		“小农街”现代农业园区	三水区乐平镇南边黄南路广东省南丰强戒所内	2 050	佛山市小农生态科技有限公司	
28		“宝特贝儿”都市现代农业示范区	三水区大塘农业园区北部	800	佛山市三水区澳农蔬菜种植有限公司	
29		千沣生态园	三水区大塘镇连滘村民委员会前街村外窝	393	佛山千沣农业发展有限公司	2017年新认定
30		三水侨鑫生态园	三水区乐平镇南丰大道陆坑路段	1 005	广东佛山市三水侨鑫高科技农业发展有限公司	2017年新认定
31		冬瓜小镇	三水区大塘镇农业生态园	565	佛山市三水区大塘镇金瑞康蔬菜专业合作社	2017年新认定
32		雪梅生态农业园区	三水区大塘镇莘田村委会上坳村	550	佛山市三水雪梅生态农业有限公司	2017年新认定
33		利达隆现代农业园区	三水区大塘镇潦边村民委员会横沥村“大地”	1 083	佛山市三水利达隆蔬菜种植有限公司	2017年新认定
34		兆利丰鲜摘果园	三水区大塘六一生态园内	310	佛山市三水区大塘镇兆利丰惠农蔬菜专业合作社	2017年新认定

林　业

【概况】 截至2017年底，佛山市有林业用地面积64 754.13公顷，森林覆盖率20.87%，森林蓄积4 659 341立方米，建有西樵山国家森林公园、广东云勇森林公园、广东海景森林公园及佛山九道山森林公园等县级以上森林公园37个，云东海国家湿地公园（试点）、南海金沙岛国家湿地公园（试点）等县级以上湿地公园20个，高明区合水桫椤自然保护区（县级）1个。

【义务植树】 2017年，佛山市以“全民植树，争创国家森林城市”为主题，不断丰富植树活动的载体、形式及内容，广泛开展形式多样的义务植树活动。其中，2月4日，佛山市几套领导班子和南海区机关干部200人齐聚佛山科学技术学院新校区，与该院教职工代表一起种植凤凰木、大腹木棉、中国红樱花等乔灌木400株。全年全市组织305.75万人次参加100场义务植树活动，种植各类树木折算数量421万株。是年，佛山市加大义务植树基地建设力度，建立起王借岗森林公园、绿岛湖、西岸林场、西樵山环山花海、大南山森林公园等多个义植树基地。

【林业重点生态工程建设】 2017年，佛山坚持以造林增绿为基础，实施森林扩增行动，重点抓好以园建绿、以水带绿、以路引绿、见缝插绿，不断提升城乡森林绿量，较好完成省下达的实施森林碳汇、生态景观林带、森林进城围城和乡村绿化美化四大重点生态工程任务。是年，佛山市完成山上造林1 690公顷、中幼龄林抚育3 273公顷，超额完成省下达的任务。新建“乡村森林家园”118个，创建“森林小镇”2个（高明区明城镇、三水区南山镇），新建水系绿化13.56千米，新建佛山龙山森林公园、高明区虎房森林公园，新建半月岛湿地公园、西樵听音湖湿地公园等县级湿地公园11个，并推动南海金沙岛、三水云东海成功获得国家林业局批准开展国家湿地公园试点建设工作。

2017年佛山市湿地公园名录

序号	名称	级别	所在县（区）	总面积（公顷）	建设时间
1	绿岛湖湿地公园	县级	禅城区	36	2015年
2	半月岛湿地公园	县级	禅城区	18	2017年
3	桂城街道中心湿地公园（千灯湖）	县级	南海区	30	2015年
4	九江镇外滩湿地公园	县级	南海区	23.5	2015年
5	广东南海金沙岛国家湿地公园（试点）	国家级	南海区	1 576.11	2017年
6	西樵听音湖湿地公园	县级	南海区	21.42	2017年
7	西樵桑基鱼塘湿地公园	县级	南海区	21.2	2017年
8	桂城文翰湖湿地公园	县级	南海区	66.7	2017年
9	桂城怡海公园湿地公园	县级	南海区	38.5	2017年
10	狮山孝德湖湿地公园	县级	南海区	22.63	2017年
11	丹灶翰林湖湿地公园	县级	南海区	133.3	2017年
12	大良智谷湿地公园	县级	顺德区	33.1	2016年
13	大良桂畔湖湿地公园	县级	顺德区	14.6	2016年
14	陈村玉带湿地公园	县级	顺德区	12.26	2016年
16	芦苞涌区级湿地公园	县级	三水区	12.8	2017年
17	西南街道北江凤凰湿地公园	县级	三水区	14.6	2017年
18	海滨湿地公园	县级	高明区	16.57	2016年
19	明湖湿地公园	县级	高明区	15.97	2017年
20	智湖湿地公园	县级	高明区	33.72	2017年

2017年佛山市森林公园名单

序号	名称	级别	所在县（区）	面积（公顷）	建设时间
1	王借岗森林公园	市级	禅城区	43.6	2015年
2	西樵山国家森林公园	国家级	南海区	1 400	1994年
3	海景森林公园	省级	南海区	66.7	1993年
4	西岸森林公园	县级	南海区	1285	2001年
5	象岗山森林公园	县级	南海区	167	2004年
6	展旗岗森林公园	县级	南海区	77.2	2004年
7	三山森林公园	县级	南海区	88	2015年
8	狮山中央森林公园	县级	南海区	96	2015年
9	顺峰山森林公园	县级	顺德区	243.4	2002年
10	马岗森林公园	县级	顺德区	53.3	2002年
11	锦屏山森林公园	县级	顺德区	122.9	2002年
12	龙峰山森林公园	县级	顺德区	232.8	2002年
13	大金山森林公园	县级	顺德区	191.8	2002年
14	翠湖森林公园	县级	顺德区	501.4	2002年
15	都宁岗森林公园	县级	顺德区	84.8	2002年
16	马宁山森林公园	县级	顺德区	167.4	2002年
17	象山森林公园	县级	顺德区	97.8	2002年
18	云勇森林公园	省级	高明区	1 800	1993年
19	三洲森林公园	县级	高明区	709.1	2002年
20	皂幕山森林公园	县级	高明区	1 666.7	2000年
21	鹿洞山森林公园	县级	高明区	2 800	2000年
22	茶山森林公园	县级	高明区	1 000	2000年
23	鹰塘森林公园	县级	高明区	767.4	2000年
24	西坑森林公园	县级	高明区	400	2000年
25	明阳塔森林公园	县级	高明区	540	2003年
26	香山森林公园	县级	高明区	1 683.3	2000年
27	泰康山森林公园	县级	高明区	255.7	2014年
28	凌云山森林公园	县级	高明区	366.33	2015年
29	南蓬山森林公园	县级	高明区	60.23	2015年
30	山下森林公园	县级	高明区	427.5	2016年
31	高明区虎房森林公园	区级	高明区	121.9	2017年
32	三水区森林公园	县级	三水区	3 333	2000年
33	大南山森林公园	县级	三水区	3 399	2001年
34	大坑森林公园	县级	三水区	1 710	2001年
35	佛山九道山森林公园	市级	三水区	616.95	2015年
36	三水区昆都山森林公园	县级	三水区	100	2015年
37	佛山龙山森林公园	市级	三水区	306	2017年

【森林资源保护管理】2017年，佛山市严格落实森林资源保护管理制度。规范使用林地审核审批流程，加强对使用林地项目的监管，开展使用林地专项检查，依法打击违法使用林地行为。加强野生动植物资源保护，完成佛山市野生动植物资源本底调查，摸清全市野生动植物资源基本情况。严格野生动物经营利用审批，全年办理野生动物行政许可499宗。规范野生动物收容救护工作，推进市野生动物救护中心搬迁和重建工作。做好森林病虫害防治工作和林业公路建设管养工作，全市林业有害生物发生基本保持“有虫不成灾”的平稳态势。

【森林防火】2017年，佛山市贯彻落实《广东省森林防火条例》要求，加强森林防火宣传，推进依法治火力度，查处火灾案件2件。加强森林火灾隐患排查和整改和督查，确保各火灾隐患点及时整改到位。全面部署森林特别防护期防火工作，尤其抓好清明、重阳、春节等重要节假日期间的火灾防控，确保全年无重大森林火灾发生。推进森林防火能力建设，开展区级森林防火规划编制工作，并通过补充森林防火物资，开展森林消防指挥员、护林员培训和演练，提高应急处置能力。

【国有林场改革】2017年，佛山市主要领导亲自谋划国有林场改革，并多次前往市云勇林场和三水大南山林场调研，高度肯定一代代林场人“牢记使命、扎实苦干，改革创新、争创一流，绿色发展、久久为功”的精神，全市掀起学“云勇精神”，建设生态文明的热潮。全市3个国有林场改革方案获省林业厅批复，林场转型升级正扎实推进，道路等基础设施明显改善，林场已成为广大市民节假日休闲新热点。佛山市云勇林场获评2017年“中国最美林场”，为广东省唯一入选的林场。

【“森林城市·森林惠民”佛山5公里创森一起走活动】2017年4月9日，由广东省绿化委员会、广东省林业厅、佛山市人民政府联合举办的“森林城市·森林惠民”佛山5公里创森一起走活动在佛山新城滨河景观带举行。公益团体代表、中小学生代表及市民等800多人参与活动，为佛山创森加油鼓劲。省绿化委员会副主任、省林业厅厅长陈俊光和巡视员陈俊勤，佛山市委副书记、市长朱伟，副市长乔羽等出席活动，与市民一起以徒步形式感受森林城市的变化，并参加植树活动。该次活动是省绿化委员会、省林业厅联合珠三角九市和汕头、梅州、茂名三市共同举办的“森林城市·森林惠民”九城同创国家森林城市群的主会场活动，并在现场发布九城同创国家森林城市群佛山宣言，倡议争当森林城市的建设者、传播者、践行者、守护者。

2017年11月18日，中共佛山市委书记鲁毅到云勇林场宣讲党的十九大精神，与林场一线干部职工互动交流，强调以党的十九大精神引领生态文明建设，守护好佛山的绿水青山金山银山（云勇林场供图）

【南海金沙岛、三水云东海获批开展国家湿地公园试点】2017年12月27日，国家林业局发文同意全国64处湿地开展国家湿地公园试点工作，其中包括广东南海金沙岛国家湿地公园（试点）和广东三水云东海国家湿地公园（试点）。这也是佛山首批国家湿地公园试点。

南海金沙岛国家湿地公园（试点），位于南海丹灶镇东部，环岛有全长42.3千米的河岸线。园区内包含水域、滩涂、林地、草地等，规划面积1 576.11公顷，湿地率95.83%。

云东海国家湿地公园（试点）位于三水云东海街道中部，总面积401.97公顷，湿地率82.24%。园内包括云东海北湖、月亮湖、杨梅涌、宝月引涌和大塱窝涌，整个公园的湖、河水面总面积330.59公顷。

（王　宁）

畜牧业

【概况】2017年，佛山市生猪饲养量216.48万头、比上年下降5.7%，存栏量71.73万头、下降18.3%，出栏144.74万头、增长2.0%；家禽饲养量8 900.74万只、下降7.0%，上市量7 145.89万只、下降2.6%，存栏量1 754.86万只、下降21.6%。

【养殖废弃物资源化利用】2017年，佛山市农业局在持续推动种养结合、循环农业发展方式的基础上，起草《佛山市畜禽养殖废弃物资源化利用工作方案（征求意见稿）》，提出通过源头减量、过程控制、末端利用的治理路径，推进畜禽养殖废弃物资源化利用，并提出到2020年，规模养殖场粪污处理设施装备配套率95%以上，大型规模养殖场粪污处理设施装备配套率提前一年达到100%，畜禽粪污综合利用率80%以上。召开推进畜禽养殖废弃物综合治理暨资源化利用现场会，推动畜禽养殖生产方式向绿色优质发展。

【畜禽养殖标准化示范创建】2017年，佛山市发动畜禽养殖企业申报标准化建设示范项目，改造栏舍，建设沼气池，推进标准化生态养殖技术，通过以点带面和示范带动作用，推动全市畜禽养殖模式向标准化、集约化、产业化、生态化发展，从源头上提升畜禽产品质量安全水平。至年底，全市有5个农业部畜禽养殖标准化示范场，另有“佛山澳纯乳业有限公司”“佛山市高明区温氏家禽有限公司”“佛山市三水兴农大畜养殖有限公司”被列为农业部2017年标准化示范创建单位。中央安排给佛山市250万元用于扶持畜禽良种推广和标准化养殖项目建设，市农业局会同市财政局，最终确定2个“畜禽标准化养殖扶持以奖代补”单位；13个“促进金融支持畜牧业发展试点”的合格单位，补助货款利息合计约132万元。

【病死畜禽无害化处理】 至2017年，佛山市各级财政累计投入财政资金173.89万元，累计建成病死畜禽无害化处理设施306个（化尸池261个、高温生物发酵18台、其他27个），集中处理中心2个。三水区西南、乐平两个病死畜禽无害化处理中心，累计共无害化处理病死生猪18 651头，降低动物疫情和畜产品质量安全事件发生的风险。高明区推进在更合镇建设全区性病死畜禽无害化处理中心的建设工作，厂房建设、设备招标等工作有序推进。

（徐青萍）

水产业

【概况】 2017年，佛山市水产养殖面积36 208.8公顷，其中鱼塘养殖面积35 472.9公顷。优质鱼养殖面积14 666.65公顷，占鱼塘面积的41.3%。水产品总产量65.64万吨，比上年增长4%；水产品总产值118.55亿元，增长4%。是年，塘鱼大部分品种价格持续回升，塘鱼主产区2017年新投包的承包金每亩上涨5%以上，养殖户收益增长，放养积极性高涨。

【水产良种体系建设】 截至2017年底，佛山市建有1个省级良种场、23个市级水产良种场、31个区级良种场，在水产良种选育和新品种人工孵化等方面取得较大突破。南海百容水产良种有限公司的“长珠杂交鳜”2017年先后经全国水产原种和良种审定委员会鉴定为水产新品种。中华刺鳅、苏丹鱼、匙吻鲟等新品种突破人工孵化技术难关，成功繁育出批量鱼苗。

【生态健康养殖推广】 2017年，佛山市验收2016年的3个生态健康养殖示范小区和2个生态推水循环养殖示范点的建设项目；财政投入480万元，建设5个生态健康养殖示范小区和3个生态推水循环养殖示范点，加大生态健康养殖模式和技术推广力度。至2017年底，全市创建农业部水产健康养殖示范场8个、省级水产养殖质量安全示范点35个、市级水产品质量安全示范点8个，以点带面，推动全市水产养殖标准化建设。

【鲜活水产品产销对接】 2017年，佛山市农业局（渔业局）协助省海洋与渔业厅在南海西樵召开水产品质量安全保障现场会，推广鲜活水产品安全运输模式，加强产销对接，并按照《关于开展广东省安全鲜活水产品产销对接监督管理试点工作的通知》，推动广东何氏水产有限公司、广东五洲八达水产有限公司和广东勇记水产有限公司创建“鲜活水产品产销对接”单位，构建淡水鲜活水产品从生产到消费环节的质量安全监管体系，实现水产品源头可追溯、流向可跟踪、信息可查询、责任可追究，维护生产者、经营者、消费者的合法权益，保障水产品消费安全。

【品牌兴渔】 2017年，佛山市三水区青岐现代水产园区获“广东现代渔业产业示范园区”称号，南海区渔耕粤韵文化旅游园获得“广东休闲渔业示范单位”称号，广东何氏水产有限公司获“广东渔业龙头企业”称号，生生农业集团股份有限公司获“广东水产品质量安全示范点”称号，广东何氏水产有限公司、广东五洲八达水产有限公司、佛山市南海盐步环球水产交易市场3家企业获“广东渔业物流示范企业”。

【水产品质量安全监管】 2017年，佛山市完成抽样检测任务1 074个水产品样品，合格率99.2%。全年办理水产品质量安全案件7件（其中2件案件被列入全省水产品质量安全典型案例），罚款3.2万元，没收违法所得400元，销毁不合格水产品3 250千克。强化监督检查，推行“双随机”抽查，并加强对水产养殖企业进行巡查。全市出动检查和执法人员1 028人次，检查生产企业（户）615家（户）。完善养殖企业（户）名录库，至年底，全市建立水产苗种场随机抽查对象名录库，入库的苗种场164个；入库的养殖企业（户）有42 872家（户）。推进水产品质量追溯体系建设，全市全年登记发放22 749份产地标识，可溯源水产品总交易量82 818吨。与长沙市签订《加强区域间鲜活水产品产销对接监管合作框架协议》，密切两地的监管合作。

【“水产养殖水质环境调研、评估及减排技术策略”项目启动】 2017年5月，佛山市农业局与珠江水产研究所签订协议，委托珠江水产研究所开展“水产养殖水质环境调研、评估及减排技术策略”项目工作。该项目针对常见水产养殖品种及养殖模式，开展水产养殖业水质环境专项调查，计划通过2年时间的调查，基本摸清全市水产养殖水质环境状况及用水排放、减排设施基础建设等基本情况，建立重点水产养殖排放环境管理档案，评估水产养殖对环境污染的贡献率，提出佛山市水产养殖业减排技术原则和技术方案，为发展环境友好型的生态渔业、保障水产品质量安全提供决策依据。

【“长珠杂交鳜”获水产新品种认定】 2017年4月18日，农业部公布14个水产新品种，由佛山市南海百容水产良种有限公司和中山大学、广东海大集团股份有限公司联合选育的“长珠杂交鳜”位列其中。“长珠杂交鳜”是以从洞庭湖采捕并经4代群体选育的翘嘴鳜雌体为母本、以从珠江采捕并经2代群体选育的斑鳜雄体为父本杂交而得。在相同养殖条件下，7月龄鱼成活率比母本翘嘴鳜平均提高20%，平均体重是父本斑鳜的3.2倍，适宜在珠江及长江流域人工可控的淡水水体中养殖。

（彭慕莹）

农业科技

【概况】 2017年，佛山市通过开展新型职业农民培育、推进品牌农业建设、加强市院科技合作等工作，较好地推进乡村振兴战略实施，助推农业供给侧结构性改革。全市各级开展新型职业农民认定培训1 500多人，开展农业科技培训1.5万人次。获批准无公害农产品产地25个、产品78个。新获广东省名牌产品（农业类）15个。全市有“三品一标”农产品176个。全年获省农业技术推广二等奖4项。

【新型职业农民培育】 2017年，佛山市成立佛山市新型职业农民培育工程项目领导小组，制订《佛山市2017年新型职业农民培训实施方案》，部署培训工作目标任务。同时，起草规范性文件《佛山市新型职业农民培育扶持办法》。督促各区实施中央新型职业农民培育工程项目，指导加快推进项目实施，受到省检查组督查的肯定。组织市级新型职业农民培训基地申报评审，并对原基地进行综合评价，选出43个市级培训基地，完善三级培训体系。推荐佛山市三水区舜丰职业培训学校申报“全国新型职业农民培育示范基地”，推荐佛山科技学院、佛山市劲农农业科技有限公司申报广东省农业农村实用人才培训基地。组织推荐21名有代表性的农民参加评选“广东省百佳新型职业农民”，其中9人入选。同时，推荐青年农场主梁达明参加“全国十佳农民”评选，并将其创业兴业事迹作为典型向农业部推荐。与佛科院食品科学与工程学院联合在高校举办农业人才专场招聘会，吸纳更多年轻、专业人才加入农业行业，以人才力量加快推进佛山现代农业发展。11月3日，2017年九江镇第四届水产养殖传统技艺大赛在九江镇举办，助推新型职业农民培育工作的开展。是年，佛山全市各级开展新型职业农民认定培训1 500多人，开展农业科技培训1.5万人次。

【品牌农业建设】 2017年，佛山市出台《佛山市农业品牌培育推广补助办法》，对认证（认定）农产品、参展、办展等进行“后补助”，推动佛山现代农业向品质农业加速发展。

全年向省审核推荐申报23个主体59个产品，获批准无公害农产品产地25个、产品78个（含上年申报部分）；受理绿色食品申报2个，并配合省主管部门完成了现场检查，其中1个获认定为绿色食品；12个有机产品获得认证。“顺德国兰”申报农业部农产品地理标志，于12月21日通过专家评审。

佛山市农产品认证情况汇总表

项目 单位	合计	无公害农产品	绿色食品	有机产品	地理标志产品	省级名牌产品（农业类）
合 计	243	148	6	19	3	67
禅城区	1	0	0	0	0	1
南海区	35	5	3	5	0	22
顺德区	22	5	1	0	0	16
高明区	68	52	2	1	1	12
三水区	117	86	0	13	2	16

注：本表为农产品认证动态数据，更新至2018年1月15日

佛山市地理标志及商标产品登记情况

序号	商品名称	称 号	注册人	批准单位	编号
1	合水粉葛	国家地理标志保护产品	佛山市高明区合水镇农业发展总公司	国家质量监督检验检疫总局	2007年第150号公告
2	乐平雪梨瓜	国家地理标志保护产品	佛山市三水区乐平镇农业服务中心	国家质量监督检验检疫总局	2009年第89号公告
3	三水黑皮冬瓜	农产品地理标志	佛山市三水区农业技术推广中心	中华人民共和国农业部	2016年第2468号公告

注：本表为农产品认证动态数据，更新至2018年1月1日

全市推荐11个广东省名牌产品（农业类）复审、19个新产品申报，通过省表彰的复审产品11个、新产品15个。

组织开展无公害农产品和地理标志农产品标志使用、无公害农产品综合检查等行动，全市出动检查人员65人次，检查市场（超市）27个，发放宣传资料400多份。至年底，全市有“三品一标”农产品176个，其中无公害农产品148个、绿色食品6个、有机产品19个、地理标志农产品3个；省级名牌产品（农业类）67个，其中广东省十大名牌系列农产品5个，入选全国名特优新农产品2个，为高明合水粉葛、三水黑皮冬瓜。

【农业科技市院合作】 2017年，佛山市人民政府为促进佛山农业科技创新能力提档升级，与广东省农业科学院签订《共建广东省农业科技示范市合作框架协议》，做强广东省农业科学院佛山分院和佛山市农业科学研究所，实施“一十百千万”产研直联工程，加强农业科技服务、科技成果转发等工作。省农科院佛山分院举办2017年佛山市农业科技合作需求对接会，省农科院分别与佛山10多家公司的15个项目进行对接，并先后派出各类专家100多人次跟进，保障项目落地。同时，省农科院佛山分院还与佛山多家企业合作，共建良种良法示范推广基地、科研成果孵化基地等农业科技创新成果示范点，多渠道加快科技成果转化，促进一二三产业融合发展。

【农业科技成果】 2017年，佛山全市各单位注重开展农业科研工作，获省农业技术推广二等奖4项，以及佛山市科学技术奖励一等奖、二等奖、三等奖各1项。其中，佛科院、市农科所《优质耐热甜玉米新品种选育及推广》获2016年度省农业技术推广二等奖，市林科所《城市森林高污染景观树种及培育技术推广应用》获2016年度省农业技术推广二等奖，云勇生态林养护中心《珠三角典型林分生态景观改造关键技术推广》获2016年度省农业技术推广二等奖，佛山市三水区乐家庄养殖公司《可溯源农产品安全监控关键技术推广应用》获2016年度省农业技术推广二等奖，《夜公细胞质三系杂交水稻华优008的研发和应用》《野丰占等三个优质高产抗性强水稻新品种的选育及应用推广》《优质高产新品种绿源1号、2号丝瓜的选育及高产栽培技术的推广应用》等3个项目分别获得2016年度佛山市科学技术奖励一等奖、二等奖、三等奖。

【农业对外交流】 2017年12月，佛山市农业局主办，省农科院佛山分院、市农科所承办的第十一届佛山市农业良种良法展示推广月活动暨首届农业嘉年华活动，在市农科院举行，活动时间持续一个月，吸引农技人员、市民观摩约15万人次。在全省率先举办的农业嘉年华活动，创新性地设置“畅游农业”农业万人体验游、“认识稻草人”农业科普宣传活动、“我是农夫”农事体验活动、“亲近自然”农业自驾游活动、“美拍农业”现代农业摄影大赛等七大主题活动，并在嘉年华活动期间，发布农业自驾游电子地图，注重参与性、互动性和娱乐性，让广大市民领略佛山现代农业发展的魅力。组织发动品牌农企参加第四届广东（佛山）安农博会、第八届广东省农博会、广东省稻米节等农展会，加强全市名优农产品对外交流，扩大宣传，促进本地农业产业不断向外延伸。

（杨斯宁）

农村经营管理

【概况】 2017年，佛山市农村集体经济总收入171.8亿元，农村集体资产832亿元，人均分红4 197元，农村居民可支配收入2.6万元。农村土地承包经营权确权、“三资”管理、村级公益建设“一事一议”财政奖补等重点工作有序推进。

【农村土地承包经营权确权登记颁证】 2017年，佛山市各级各有关部门推进农村土地承包经营权确权登记颁证工作攻坚战。在进度方面，提前超额完成省委、省政府提出2017年完成80%以上的任务，实现自我加压“年内完成90%”的目标；在质量方面，集中攻克南海区、禅城区作为确权确股类地区的登记、附图及打印证书等一系列特殊难题，探索出“确权确股”的南海模板，打造“确地确份额”的三水标杆，率先开展市级验收实践。全市五区累计完成土地实测面积68 933.33公顷（103.4万亩）；五区累计颁证46.54万本，农村土地承包经营权确权登记颁证工作转入扫尾收官阶段。

【农村“三资”管理】 2017年，佛山市加强对集体经济的指导管理，确保集体经济健康可持续发展，督导各区在2016年基础上进一步抓好“四个全面”（即集体资产台账信息全面上平台、村组两级交易事项全面上平台、手续不全资产交易全面上平台、集体经济收支事项全面上平台）的落实。全市进入平台交易的农村集体资产22.56万宗，涉及合同标的总额942亿元，平均增值率10%以上。做好市政府规范性文件《佛山市农村集体资产交易管理办法》修订工作。抓好“两个平台”升级完善和信息公开工作。将“两个平台”与基层公共服务平台对接，实现相关应公开信息网络化公开，村民在村居公共服务平台的触摸屏查询机器上点击三资管理板块即可查阅到村居相关资产和财务公开信息。在禅城区全面推广手机APP“村居一门通”，将三资管理有关应公开信息接入一门通，村居点击手机即可全面了解村务财务运行情况。禅城区还在张槎镇试点探索“农村集体经济数据云图”管理，轻点鼠标，村集体每一栋物业的资产经营情况、物业租金收入、片区产业情况、村集体收入等信息，全部可视化立体呈现在电脑屏幕。

【“一事一议”村级公益建设】 2017年，佛山市申报2017年村级公益事业建设一事一议财政奖补建设项目121个，涉及10个镇、82个村。广东省批复佛山市2017年一事一议项目奖补资金1 123万元，市、区两级财政按要求分别配套奖补资金842.25万元。截至年底，中央、省、市财政奖补资金全部拨付完成。同时，佛山市加强对村级公益事业建设一事一议工作政策的宣传发动，规范一事一议项目资金管理，编制村级公益事业建设一事一议财政奖补工作政策资料汇编发至基层。

（邱媛玲）

工 业

综 述

【概况】 2017年，佛山市树立新发展理念，推进供给侧结构性改革，贯彻“中国制造2025”国家战略，实施工业转型升级攻坚战，提高发展质量和效益，振兴实体经济，全市工业经济实现平稳健康发展。

工业经济运行平稳 全市完成规模以上工业总产值22 350.65亿元，比上年增长8.7%。完成规模以上工业增加值4 930.12亿元，比上年增长8.8%，增幅在珠三角九市中居第五位。规模以上工业增加值占地区生产总值的比重达51.63%，为城市经济的稳中向好提供重要基础。

工业投资保持较快增长 完成工业投资1 690.71亿元，比上年增长15.5%，比目标增速（12.7%）高2.8个百分点。工业投资约占广东省工业投资总额的13.9%，位居全省第一位。工业技术改造投资771.53亿元，比上年增长39.4%，总量稳居全省首位。

民营经济加快发展壮大 民营工业完成工业总产值15 845.54亿元，比上年增长10.2%，占全市工业总产值比重70.9%，对全市工业增长的贡献率81.6%。新增主营业务收入超百亿元企业2家，总数18家。7家企业进入“2017中国民营企业500强”。出台“四上”企业培育三年行动计划，入库企业新增2 806家，总数1.2万家。

工业经济效益明显趋好 12月，佛山市工业经济效益综合指数329.26%，比上年同期提高25.8个百分点，高于全省（259.47%）。制造业采购经理指数持续走高，全年位于50%的荣枯线以上。同年12月，佛山市制造业重点企业PMI指数55%，高于全国（51.6%）和全省（51.8%）。从11个分项指标来看，9个指数在50%以上（含50%），2个指数在50%以下，5项权重指数原材料库存、配送时间指数呈回升，原材料库存量持续增加和供应商交货时间加快，生产、新订单、从业人员指数呈回落。

工业发展质量提升 出台深化供给侧结构性改革实施意见，在全省率先

2016年、2017年佛山市规模以上工业增加值累计增长趋势

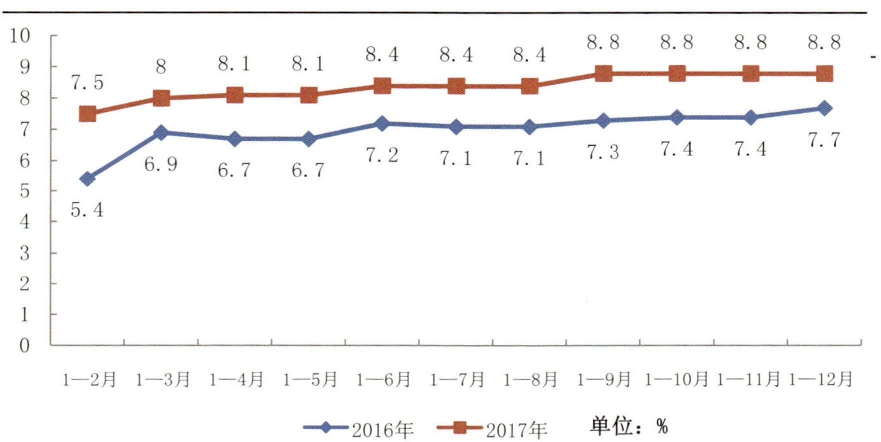

2016年、2017年佛山市工业投资额累计增长趋势

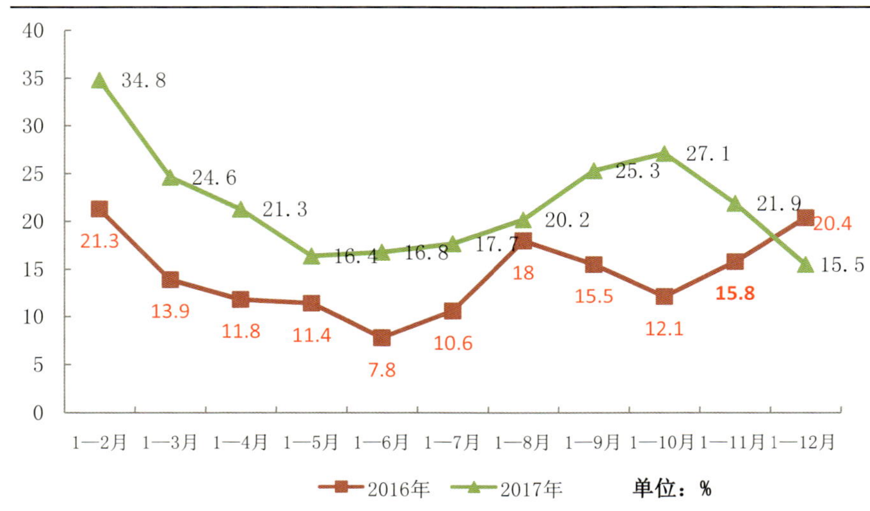

2017年1—12月佛山市重点企业PMI趋势图

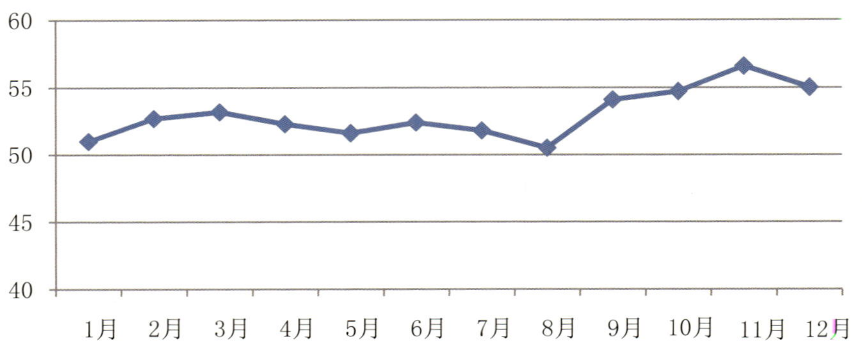

设立改革专项基金，基金规模5亿元。认定细分行业龙头企业154家；新增质量管理体系认证企业1 525家，累计6 642家；工业产品质量监督抽查综合合格率93.5%，提高1.5个百分点。新增联盟标准26项，累计98项；主导或参与制（修）订国家、行业或地方标准41项，累计1 640项。中国驰名商标159件，位居全国地级市首位；全国知名品牌示范区新申报4个，累计创建9个。是年，南海区成立全国首个制造业“隐形冠军”联盟。

重点行业发展势头良好　全市优势传统工业实现工业总产值8 543.54亿元，比上年增长11.1%。先进制造业实现总产值10 238.73亿元，比上年增长9.8%。装备制造业实现总产值7 556.78亿元，比上年增长13.2%，是拉动先进制造业增长的主要力量。高技术制造业实现总产值1 739.77亿元，比上年增长16.3%。

各区工业经济持续增长　禅城区实现工业总产值2 633.63亿元，比上年增长4.5%，占全市工业总产值的11.78%。南海区实现工业总产值6 409.68亿元，比上年增长9.6%，占全市工业总产值的28.68%。顺德区实现工业总产值6 753.76亿元，比上年增长9.7%，占全市工业总产值的30.22%。高明区实现工业总产值3 336.97亿元，比上年增长8.1%，占全市工业总产值的14.93%。三水区实现工业总产值3 216.61亿元，比上年增长9.2%，占全市工业总产值的14.39%。

佛山市入选2017广东制造业100强企业名单及名次

序号	排名	企业名称
1	4	美的集团股份有限公司
2	18	海信科龙电器股份有限公司
3	21	广东格兰仕集团有限公司
4	31	佛山市海天调味食品股份有限公司
5	59	广东精艺金属股份有限公司
6	62	佛山市国星光电股份有限公司
7	63	广东德联集团股份有限公司
8	68	广东萨米特陶瓷有限公司
9	70	科顺防水科技股份有限公司
10	72	广东金盛卢氏集团有限公司
11	75	广东昭信集团股份有限公司
12	88	广东石湾酒厂集团有限公司
13	93	广东新润成陶瓷有限公司

【产业结构调整】2017年，佛山市完成先进制造业10 238.73亿元，比上年增长9.8%，占规模以上工业总产值比重45.8%，提高近7个百分点；高技术制造业总产值1 739.77亿元，比上年增长16.3%。轻工业完成工业总产值9 275.92亿元，比上年增长8.6%；重工业完成工业总产值13 074.73亿元，增长8.8%，增幅比轻工业高0.2个百分点。单位GDP能耗下降5.13%，完成广东省下达的目标任务。

装备制造业比重提高　以领衔打造珠江西岸先进装备制造产业带为契机，加快培育发展装备制造业等先进制造和高技术制造业。举办第三届珠江西岸先进装备制造业投资贸易洽谈会，展馆规模、参与企业、客商数量和规格层次皆创新高，影响力进一步增强。是年，全市装备制造业完成工业增加值1 654.51亿元，比上年增长13.5%；完成装备制造业总产值7 556.78亿元，比上年增长13.2%，增幅高于全市工业整体水平。装备制造业占规模以上工业总产值的比重31.4%，比上年提高0.2个百分点。

智能制造快速发展　推广应用机器人及智能装备，组织召开佛山市推动机器人应用暨智能化技术改造现场会、机器人及智能装备扶持政策宣讲培训会，组织开展机器人及智能装备应用专项资金项目扶持，支持项目194个，安排扶持资金5 300万元。是年，全市新增机器人应用2 227台，开展“机器换人”的规上工业企业175家，超额完成省下达的目标任务。佛山市宏石激光技术有限公司等6家企业获评省战略性新兴产业（智能制造领域）培育企业，佛山市金银河智能装备股份有限公司、广东东承汇智能装备股份有限公司升级为省战略性新兴产业（智能制造领域）骨干企业。佛山华数机器人有限公司、佛山隆深机器人有限公司获评第二批广东省机器人骨干企业。佛山市新鹏机器人技术有限公司、广东泰格威机器人科技有限公司、华南智能机器人创新研究院获评广东省智能制造公共技术支撑平台。佛山欧神诺陶瓷股份有限公司、广东溢达纺织有限公司等7家企业入选2017年广东省智能制造试点示范项目。2017机器人国际大会在禅城区举办，智能制造、机器人等领域19个项目和创新团队签约落户。南海区出台《佛山市南海区促进机器人产业发展扶持办法》。

节能降耗再创佳绩　实施电机能效提升约30万千瓦，完成清洁生产审核企业348家，完成省下达的目标任务。开展绿色制造体系建设，23家企业入选国家绿色制造示范名单，4个项目入选国家绿色制造系统集成项目，入选企业与项目数量位于全省前列。其中，广东华昌铝厂有限公司等6家企业入选绿色工厂，广东美的制冷设备有限公司等2家企业入选绿色供应链管理示范企业。是年，佛山市单位GDP能耗比上年下降5.13%，完成广东省下达的目标任务。佛山市三水工业园区获批2017年广东省循环化改造试点园区。

【自主创新能力】 2017年，佛山市加快制造业创新中心建设，南海区广工大数控装备协同创新研究院牵头的半导体智能装备和系统集成创新中心获批筹建省级制造业创新中心。加快推进企业技术中心建设，新增广东威奇电工材料有限公司等37个省级企业技术中心，新认定佛山电器照明股份有限公司等33个市级企业技术中心。推动消费品工业“三品”战略示范试点城市建设，落实增品种、提品质、创品牌、优环境四大任务，禅城区成功申报省级出口陶瓷产品质量安全示范区。与工业和信息化部电子第五研究所合作开展“企业技术管理诊断”工作，召开佛山市“企业技术管理诊断”活动总结会暨2017年动员大会，发布首期诊断的成果，发动企业参加二期项目，形成企业诊断分析报告并加强宣传，形成示范效应。加快发展工业设计，举办佛山“市长杯”工业设计大赛活动，鹰牌陶瓷、维尚、万家乐、海信容声获批成为省级工业设计中心，佛山市青鸟工业设计有限公司获批成为省级工业设计企业。

【制造业与互联网融合】 2017年，佛山市发动中小企业申报国家、省试点，深入推进两化融合管理体系贯标，新增广东博德精工建材有限公司和广东华特气体股份有限公司2家国家级“两化融合”管理体系贯标试点企业，累计21家；新增省级“两化融合”管理体系贯标试点企业19家，累计112家；海尔滚筒洗衣机智能化生产建设试点示范等13个项目入选2017年广东省制造业与互联网融合发展试点示范项目。举办“2017年度国产工业软件优秀解决方案展示活动——佛山专场”，促进工业企业与软件企业的技术交流。推进信息消费示范城市建设，天猫工业电商共享服务中心落户禅城，众陶联平台的参与企业集团数量563个，平台交易额300.2亿元。是年，高明区成功引进“众塑联”产业平台，打造塑料产业互联网平台型总部经济体。

【军民融合工业产业发展】 2017年，佛山市加快军民融合发展，逐步形成以军工元器件、通信组件为主的军工电子信息产业，以特种材料为主的新材料产业，以及航空航天、舰船配套制造等产业共同发展的格局。年内，佛山市制订《佛山市推动军民融合产业加快发展的若干政策措施（试行）》；引进广东国防科技工业技术成果产业化应用推广中心、中国空间技术研究院佛山军民融合技术推广中心等一批重大研发平台；先后引导10余家佛山本地民营企业进入国防科技工业领域，多家企业获军工保密资质和军工生产许可。

【广东国防科技工业技术成果产业化应用推广中心落户佛山】 2017年8月3日，佛山国防科技工业技术成果产业化应用推广中心在佛山市南海区正式揭牌。是日，广东省经济和信息化委向该中心授予广东国防科技工业技术成果产业化应用推广中心牌匾。该中心由广东省经济和信息化委、佛山市人民政府、

佛山市2017年入选国家绿色制造系统集成项目名单（4个）

序号	项目名称	企业名称
1	交通用轻量化铝型材机加工产品绿色设计平台	广东兴发铝业有限公司
2	陶瓷生产大型成套装备绿色设计平台建设项目	广东科达洁能股份有限公司
3	典型家电制造业绿色供应链系统研究与应用	海信容声（广东）冷柜有限公司
4	冷柜绿色供应链系统集成技术改造项目	广东美的制冷设备有限公司

佛山市2017年入选国家绿色工厂企业名单（6家）

序号	企业名你
1	广东华昌铝厂有限公司
2	蒙娜丽莎集团股份有限公司
3	佛山市海天（高明）调味食品有限公司
4	广东兴发铝业有限公司
5	海信（广东）空调有限公司
6	海信容声（广东）冰箱有限公司

佛山市2017年入选国家绿色供应链管理示范企业名单（2家）

序号	企业名称
1	海信容声（广东）冷柜有限公司
2	广东美的制冷设备有限公司

2017 年 8 月 3 日，广东国防科技工业技术成果产业化应用推广中心落户佛山
（市经信局供图）

广东工业大学、中国航天系统科学与工程研究院共建，计划推动军民两用技术协同创新发展，搭建军民融合信息渠道，着力推进国防科技工业资源在广东地区集聚，建设国防科技工业技术成果产业化基地，打造全国重要的军民融合产业发展示范平台，成为广东省产业转型升级的重要支撑。

【2017 佛山“市长杯”工业设计大赛活动】 2017 年 7 — 10 月，佛山市举办 2017 佛山“市长杯”工业设计大赛活动。该活动由佛山市人民政府主办，佛山市经济和信息化局承办，各区人民政府及市有关单位共同协办。该届“市长杯”工业设计大赛活动贯彻落实创新、协调、绿色、开放、共享发展理念，以“推动工业设计创新，促进佛山智能制造”为主题，分产品组、概念组、产业组、材料组、机械装备组 5 个组别征集项目（作品），征集项目（作品）3 700 多个（件）。活动根据佛山产业特色，创新设立材料组类别，并探索制订相关评审标准，获业内知名设计专家的肯定。“市长杯”工业设计大赛活动期间，在卫浴、五金、模具、家具等制造领域举办由专业机构或企业发起的专项设计赛（活动），通过自身强大生产、销售能力搭建设计成果孵化平台。

【省政府调研佛山实体经济企业生产经营成本情况】 2017 年 5 月 4 日，广东省副省长袁宝成率队到佛山市开展实体经济企业成本情况专题调研。省政府副秘书长钟旋辉，省经济和信息化委主任涂高坤参加调研。调研组在佛山召开企业座谈会，并实地考察一方药业、文灿压铸、国星光电等企业，重点了解企业生产经营成本情况，特别是与江苏、浙江、山东等地及海外生产基地成本对比情况，听取企业反映的实际问题和困难以及对降低企业成本的意见建议。调研中，袁宝成针对企业反映比较强烈的成本问题与佛山市人民政府和有关企业深入交流探讨，要求省有关部门做好实体经济企业成本调研工作并出台支持实体经济发展的政策措施，切实降低制造业成本，将制造业成本控制在合理区间，使制造业成本具有比较优势，为全省制造业企业创造良好的营商环境，增强企业信心。

【中国空间技术研究院佛山军民融合对接会】 2017 年 8 月 24 日在佛山举行。佛山市人民政府与中国空间技术研究院签订战略合作协议，钱学森空间技术实验室佛山分部等多个项目签约落地。会上，南海区人民政府、佛山科学技术学院、广东广航科技有限公司等单位分别与中国空间技术研究院下属科研部门达成 11 项合作协议。根据协议相关内容，未来，用于载人航天等尖端科技产品研制的智能制造技术、用于卫星外部焊接的可移动自动焊接机器人系统、能够生产“人工肌肉”的 EAP 软材料技术、自适应红外隐身柔性薄膜等一系列高端科技，将有望在佛山实现技术转化。

【深圳（佛山）产业联络处在深圳南山揭牌】 2017 年 5 月 31 日，深圳（佛山）产业联络处在深圳南山区揭牌。该联络处毗邻南山留仙洞未来产业集聚区，拟构建两地产业合作信息沟通交流平台，助力深圳、佛山两地产业合作开创新局面发挥作用。揭牌仪式上，佛山市经济和信息化局、各区经济和科技促进局与深圳产学研合作促进会、深圳三航工业技术研究院、华夏幸福基业股份有限公司、广东高科技产业商会、深圳力合星空投资孵化有限公司、深圳中投产业宝网络有限公司等 6 家企业签订战略合作协议，拟搭建产学研投四位一体的招商合作模式，拓展招商服务合作领域。

【全国首个制造业“隐形冠军”联盟在南海区成立】 2017 年 12 月 5 日，佛山南海区举行品牌企业行动计划发布暨南海制造业全国隐形冠军授牌大会，发布第一批“南海制造业全国隐形冠军企业名单”（共 70 家“隐形冠军”企业），同时成立全国首个制造业隐形冠军联盟，即南海区制造业全国隐形冠军联盟。按照计划，南海区将围绕评选出来的 70 家“隐形冠军”企业，组建“冠军学习团”，由南海区相关部门组织开展“标杆企业学习活动”，更好地助力该 70 家来自南海的行业冠军企业做大做强。

（伍绍鹏）

装备制造业

【概况】 2017 年，佛山市装备制造业完成工业总产值 7 556.78 亿元，比上年增长 13.2%，工业总产值占全市工业总产值的比重 33.8%。全年装备制造业完成工业增加值 1 654.51 亿元，比上年增长 13.5%，占珠江西岸装备制造业增加值的 52.9%，位居珠江西岸八市第一位，其中工作母机类制造业增加值 347.4 亿元，占珠江西岸工作母机类制造业增加值的62.4%，位居珠江西岸八市第一位。

佛山市作为珠江西岸先进装备制造产业带龙头城市，智能装备产业发展基础雄厚，至2017年，初步形成以智能测控设备、关键智能基础装备、重大智能制造成套设备等为主导的智能制造装备产业基地，拥有佛山智能装备技术研究院、华南智能机器人创新研究院、广工大数控装备协同创新研究院等一批研发机构，为推进智能装备产业发展，突破智能制造核心技术奠定坚实的基础。美的集团、万和电气、格兰仕等一批传统佛山企业正在加快与海外智能装备企业的合作步伐，通过企业并购、成立新企业、研发新项目等形式，向全球输出佛山先进装备与智能制造技术。

【2017机器人国际大会】 于2017年9月21—22日在佛山国际会议展览中心举行。大会主要设有开幕式、科学家主题演讲、高端交流研讨会、国际创新项目成果展四个环节。并邀请20多名机器人领域国际一流科学家出席，就“机器人技术带动各行各业蓬勃发展”展开深入探讨，话题涵盖工业机器人、服务机器人、空中机器人、人工智能、无人驾驶、物联网等热点话题，对机器人在教育、互联网、制造工厂、物流仓储、银行金融、医疗保健、智能交通、餐饮酒店、工程建筑、安防监控、环境保护、防灾救灾等不同领域的应用展开对话，探讨技术与市场的结合点。开幕式上，19个项目和创新团队签约落户佛山，涉及智能制造、精准医疗、机器人等领域的前沿科学项目和创新团队。

（李鹏基）

汽车及零部件制造业

【概况】 2017年，佛山市汽车制造业实现总产值719.62亿元。

至2017年，佛山拥有一汽－大众汽车有限公司佛山分公司、北汽福田汽车公司南海汽车厂等至少8家整车生产企业，年产能超过200万辆，是继广州、深圳之后的广东省第三大汽车生产基地。粤海汽车成为继美国米勒公司之后“亚洲第一、世界第二”的清障车专业制造企业，国内市场占有率60%左右，产品批量出口美国等20多个国家；福迪汽车成为华南地区最大的冲压中心和广东最大的汽车生产基地之一。除外资企业外，不少佛山本土民营企业在行业内具有较大影响力。文灿压铸是全国铸件出口龙头企业，主要客户包括宝马、奔驰、奥迪、本田、特斯拉等；德联集团是宝马、奔驰、奥迪、大众等20多家汽车厂的定点配套厂和供应商，与巴斯夫、陶氏化学保持深度合作；时利和的汽车用黏胶剂（涂装胶）在国内市场占有率超过30%，全面覆盖欧系、美系和自主汽车品牌厂家。全市还拥有本田变速箱、丰田工机、中南铝车轮等一批规模大、素质高的汽配企业，汽车配套用品门类齐全。

【新能源汽车】 2017年，佛山市有已建或在建的汽车整车生产企业5家，其中，具有新能源汽车生产资质的企业有一汽－大众汽车有限公司佛山分公司、北汽福田欧辉新能源客车广东公司、佛山市飞驰汽车制造有限公司、佛山市路之友机械制造有限公司等4家（全省共16家）。是年，佛山市新能源汽车保有量超过16 000辆。12月18日起，佛山作为全省首批推广新能源汽车专用号牌的城市之一，正式启用6位数的新能源汽车专用号牌。

【“促进中国燃料电池汽车商业化发展项目”在佛山南海启动】 2017年9月7日，国内外新能源汽车和氢能产业的龙头企业、知名科研院所以及行会组织代表齐聚佛山市南海区，参加科技部（联合国）开发计划署“促进中国燃料电池汽车商业化发展项目”佛山项目启动仪式。同时，位于南海区丹灶镇的瑞晖加氢站正式启用，这是全国首个全商业化运营的加氢站。佛山项目采用政府主导，政府和企业共同投入的“1＋1＋N”模式，开展氢燃料电池汽车商业化运行工作。项目首期由联合国开发计划署和广东泰罗斯汽车动力系统有限公司等4家单位参与，计划投入17～20辆氢燃料电池公交车、20～30辆氢燃料电池中型客车、70～80辆氢燃料电池物流车参与示范运行。

【新能源汽车（氢能）产业招商推介会】 2017年9月7日，佛山市南海区召开新能源汽车（氢能）产业招商推介会。超百亿元产业项目——长江氢动力（佛山）研发中心及整车生产项目落户南海，国内新能源汽车领域的龙头杭州长江汽车控股有限公司首期投资120亿元，计划建设年产16万辆，涵盖纯电动和氢燃料电池客车、专用车、物流

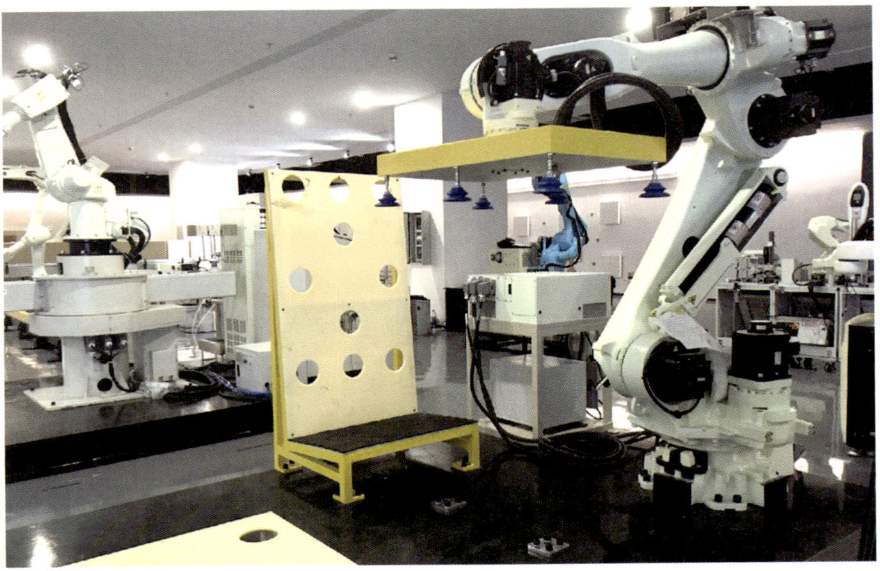

2017年9月21—22日，2017机器人国际大会在佛山举行。图为在展会上亮相的隆深机器人

（市经信局供图）

车、乘用车等车型的整车项目。燃料电池及氢源技术国家工程研究中心华南中心、新能源驱动系统仿真及控制技术联合实验室、广顺联合研发中心、自润滑流动动力机械技术国家地方联合工程研究中心、新能源汽车大数据人工智能研究中心等5个氢燃料电池产业研发平台进驻南海。"中国粤港澳大湾区中国氢能经济"佛山南海示范项目，中车四方现代有轨电车、氢燃料电池有轨电车示范线等战略性新兴产业合作项目，上汽大通氢燃料电池汽车示范运营三方合作项目，中石化加油、加氢、充电"一站式"汽车综合服务战略合作项目等重点项目也在现场签约。

【国内首个"氢能周"在佛山市南海区举行】 2017年12月4—9日，国内首个"氢能周"活动在佛山市南海区举行，以"氢产业 氢生活 氢未来"为主题。"氢能周"期间，第二届氢能与燃料电池产业发展国际交流会暨第一届中国（佛山）国际氢能与燃料电池技术及产品推介会成功举办，由中国绿色设计与制造产业创新联盟等单位倡议成立的"中国氢能产业联盟"成立，国内首个氢燃料电池氢气品质团体标准《质子交换膜燃料电池汽车用燃料氢气》(T/CECA-G 00145-2017）正式发布。同时，7个产业链项目签约落地佛山，涉及氢燃料电池产业化、氢燃料电池汽车、氢能源战略合作、中石油和中石化的加氢加油合建站、氢能特色小镇等领域。

【华南新能源汽车集成创新产业园落户三水区】 2017年7月10日，华南新能源汽车集成创新产业园在三水区签约，计划总投资60亿元，产业园由深圳巴斯巴集团和三水区联手共建，计划于2019年建成投产，到2025年可实现年产值100亿元，累计税收约15亿元，主要建设华南新能源汽车集成创新产业园运营总部、智能大制造平台、新能源汽车运营平台、全球创客中心及研发中心平台。

（李鹏基）

家用电器制造业

【概况】 2017年，佛山市家用电力器具制造业完成工业总产值2 111.67亿元，比上年增长9.1%。

至2017年，佛山市拥有美的、格兰仕、海信科龙等一批行业龙头企业。美的集团、格兰仕入选2017中国民营企业500强，其中美的再次成为唯一一家中国家电企业上榜公司，并向全球科技巨头加速转型升级；格兰仕在全球10多个发达国家和地区建立商务机构，在全球168个国家和地区申请注册自主商标，从"世界工厂"到"世界品牌"，已经在全球范围内有5亿多用户；海信科龙是中国最大的白电产品制造企业之一，其智能工厂项目获得政府转型升级资金支持，逐步成为中国家电制造新一轮产业革命、全球化扩张的新标杆、新代言。

【2017中国（顺德）家电博览会】 2017年3月2—4日，主题为"合力创未来"的2017中国（顺德）家电博览会在广东（潭洲）国际会展中心举办。博览会展览面积4万平方米，有万和、万家乐、志高、海信科龙、康佳集团等1 200家企业参展，展示近10万款产品，共有来自海内外8.12万人次的专业买家进场。该次博览会的参展企业和展品涵盖家电产业上中下游（设计、研发、材料、配件、成品、认证、投资等）及关联跨界（机械、模具塑胶、电机、压缩机等）的行业。为期3天的展会成交金额12亿元。

（李鹏基）

2017年佛山市家用电器业主要产品产量表

产品名称	产量（万台）	比上年增长（%）	占全省比重（%）
微波炉	3760.38	-30.8	55.6
空调	1591.95	3.3	29.6
热水器	844.78	2.8	78.8
洗衣机	464.78	33.7	62.0
电冰箱	374.20	5.5	24.0

建筑材料业

【概况】 2017年，佛山市建筑材料行业实现工业总产值1 932.86亿元，比上年增长10.8%。其中非金属矿物制品业实现工业总产值1 439.19亿元，比上年增长9.9%。佛山陶瓷建材总产量约20亿平方米/年，总产值超过1 000亿元/年，产量占全国30%以上。建筑、安全用金属制品制造业总产值486.74亿元，比上年增长13.7%。

至2017年，佛山市建筑材料行业拥有佛陶集团、蒙娜丽莎、东鹏等大批实力雄厚和极具知名度的品牌龙头企业，抛光砖、仿古砖、微晶砖、内墙砖、外墙砖、广场砖、马路砖等品种齐全，具备瓷砖生产、装备制造、化工制造、产品研发、物流运输等完整的产业链，出口区域达100多个国家和地区，国内一级经销商达数万家。佛山陶博会成为陶瓷潮流风向标，2002年至2017年15年间培养具有竞争力的品牌300多个。佛山市继续保有"中国建筑卫生陶瓷特色产业基地""中国陶瓷名都"等称号。

【第三十届中国（佛山）国际陶瓷及卫浴博览交易会】 2017年10月18—21日，第三十届中国（佛山）国际陶瓷及卫浴博览交易会在佛山三大陶瓷展览基地中国陶瓷城、中国陶瓷总部、佛山国际会议展览中心举办。有国内外725家参展商参展，东鹏、金意陶、TOTO、科勒、马可波罗、马拉齐、欧文莱、蒙娜丽莎、新中源、新润成、加西亚、罗曼缔克、卡布里、新锦成、曼联、KT瓷砖等多家知名企业在展会盛装亮相并推出新产品，能强、新锦成、强辉、鹰牌2086、RAK等企业首次参展。前后4天的博览交易会累计参展办证人数60 930人，来自全球60多个国家和地区的 5 900 多名国际专业采购商参加博览交易会。

（李鹏基）

食品饮料业

【概况】 2017 年，佛山市食品饮料业保持良好的增长势头，全年实现工业总产值 987.23 亿元，比上年增长 9.9%，总产值占全市优势传统工业总产值的 11.6%。

至 2017 年，佛山市食品制造业主要分布在高明区、禅城区和顺德区，其中高明区海天调味品生产基地是全国最大的酱油、调味品生产基地之一；顺德区水产品加工基地是国内主要的鱼类罐头生产基地。饮料制造业重要分布在三水区、南海区和顺德区。佛山市是“中国豉香型白酒产业基地”，三水区及其西南街道分别有“中国饮料之都”和“中国饮料名镇”称号。佛山市拥有九江酒厂、石湾酒厂和顺德酒厂三大著名酒厂，其中九江酒厂双蒸酒的酿造技艺入选广东省非物质文化遗产名录，并有“中华老字号”称号。

2017年佛山市食品饮料业主要产品产量表

产品名称	产量	比上年增长
酱油	332.26 万吨	8.1%
啤酒	168971.76 万升	3.3%
软饮料	196.26 万吨	0.4%

【中国（三水）国际水都饮料食品基地获评“产业集群区域品牌建设提升项目（食品饮料产业）”】 2017 年 4 月，由广东省经信委、省财政厅实施的 2017 年省级工业和信息化专项资金（支持企业转型升级）项目完成公示，中国（三水）国际水都饮料食品基地获“产业集群区域品牌建设提升项目（食品饮料产业）”称号，获 50 万元专项扶持资金。至 2017 年，中国（三水）国际水都饮料食品基地拥有“南国水都”和“西南饮料”2 个注册商标，区域内企业拥有中国驰名商标1个、广东著名商标4个、“广东名牌产品”称号 1 个。

（李鹏基）

生物医药业

【概况】 2017 年，佛山市生物医药业发展速度加快，其中医药制造业总产值不断扩大，医疗仪器设备及仪器仪表制造业实现快速增长。全年医药制造业实现工业总产值 106.15 亿元，比上年增长 8.2%；医疗仪器设备及仪器仪表制造业工业总产值 148.99 亿元，增长 12.1%。

至 2017 年，佛山市顺德区生物医药产业拥有顺峰药业、环球制药、康富来等医药生产龙头企业近 10 家、生物技术企业 126 家、医疗器械企业 20 多家，已搭建国际创新转化生物产业孵化中心、顺德生命科技产业园等产业平台。佛山市南海区广东（南海）生物医药产业化基地形成生物医药产业集聚，覆盖生物制药、化学制药、医疗器械、诊断试剂、中药提取以及保健品领域。

【广东省健康医疗大数据产业园在顺德区开园】 2017 年 5 月 9 日，广东省健康医疗大数据产业园在顺德区乐从镇开园，为广东省第一批省级大数据产业园。该园引进广东顺德南方医大科技园有限公司作为园区运营管理单位，为入园企业和团队提供健康医疗领域的大数据创新创业平台，立足于打造以临床医学、基础医学、计算机与技术、医疗设备、医学信息化建设等领域为主的产业集群。在开园仪式上，该园与顺德区第一人民医院、杏坛医院、陈村医院三家试点医院签订医学大数据融合共享合作协议，共同开展数据集成、分析利用、产品开发和孵化等工作；全球最大的数据和企业软件应用巨头甲骨文公司、广州赛意公司合作开发的医学大数据创新创业孵化平台测试版正式推出；广东康隆、深圳倍泰、大瑞慈航、中以医学科技公司等团队和企业正式入驻园区。

【首届全国生物传感、生物芯片与纳米生物传感技术高端论坛】 2017 年 10 月 20—21 日，由中国生物工程学会新成立的生物传感、生物芯片与纳米生物传感技术专业委员会会同中国科学院生物物理研究所共同主办，佛山中德工业服务区管委会承办的首届全国生物传感、生物芯片与纳米生物技术高端论坛在佛山中德工业服务区中欧中心举行。该论坛以“纵论分析生物传感技术、促进大健康发展”为主题，聚焦生物传感、生物芯片与纳米生物传感技术。有来自中国科学院、中国工程院等国内外机构的 8 名院士，多位该领域国际知名专家，200 多位学者、学生和企业家参加论坛。该次论坛除设置专家学术交流环节外，还设置中外院士与企业家直接对

2017 年 5 月 9 日，广东省健康医疗大数据产业园在佛山顺德开园

（市经信局供图）

话环节，让成果的供给方和需求方加强互动，双向促进。

（李鹏基）

家具制造业

【概况】2017年，佛山市家具制造业实现工业总产值578.86亿元，比上年增长11.2%。

佛山市家具制造业主要分布在顺德区、南海区、三水区和高明区，其中顺德区乐从镇有“中国家具商贸之都”称号；顺德区龙江镇有“中国家具材料之都”和“中国家具制造重镇”称号。佛山家具制造业主要产品包括板式家具、实木家具、软体家具、玻璃金属家具、现代竹藤家具、绿色环保家具以及新型高分子塑料家具等多类产品，2017年全市家具产量2 674.56万件，占广东省家具产量的17.8%。家具制造业涌现出一批综合实力较强的大型企业集团，拥有一批综合实力强的龙头企业。其中，佛山市维尚家具制造有限公司是广东省工业设计示范企业，于2017年3月成功登陆深交所。除此之外，广东联邦家私集团有限公司、佛山市南海金富雅家具有限公司、佛山联邦高登家私有限公司、佛山中至信家具有限公司等多家企业为国内家居产业百强企业。

【第三十四届国际龙家具展览会】2017年8月12—15日，由佛山市顺德区人民政府和龙江镇人民政府联合主办的第三十四届国际龙家具展览会在顺德区龙江镇前进汇展中心举行。该届展览会有参展企业428家，展出范围包括软体系列、实木系列、板式系列、两厅系列、儿童（青少年）系列、办公系列、家具原辅材料等，具有家具走向混搭风格、北欧设计与东方元素结合、大家居全屋定制个性化定制三大亮点。

【第二十四届亚洲国际家具材料博览会】2017年8月12—15日，由佛山市顺德区人民政府和龙江镇人民政府联合主办的第二十四届亚洲国际家具材料博览会在顺德区龙江镇亚洲国际家具材料交易中心举行。该届博览会开设三大馆、六大展区，有200多家企业到场参展，展览范围主要包括家具填充及包覆材料、家具五金及配件、办公家具及配件、家具半成品、家具基材、家具专用化工材料、自动化机械设备等。

（李鹏基）

石化及精细化工业

【概况】2017年，佛山市石油化工产业实现工业总产值1 087.32亿元，比上年增长10.9%，总产值占全市先进制造业总产值比重的10.6%。

至2017年，佛山市化工产业主要集中在产业下游，产品主要以沥青、涂料（内外墙建筑涂料，木器漆）、纺织印染助剂、变性淀粉、胶粘剂等为主，在全省市场占有率较高。佛山市天安塑料有限公司聚合物新材料创新产业化基地是广东省民营企业（中小企业）创新产业化示范基地。佛山市瑞丰石化燃料有限公司是珠三角地区最大的非国营石油企业之一，也是广东地区最大的炼油企业之一。广东德美精细化工集团股份有限公司是广东省高新技术企业、国家火炬计划重点高新技术企业，企业技术中心为“国家认定企业技术中心”。

【高明“众塑联”平台成立】2017年8月21日，佛山高明“众塑联”产业平台正式成立，该平台由28家企业共同投资1亿元建设，既有高明区本土的知名塑料企业，也有来自深圳的塑料原材料供应商，还有国内知名的创新型金融投资集团蓝源资本。该平台由核心股东、原材料供应商、塑料协会会员、新材料公司等五大部分组成，以“特色产业链+互联网+金融资本”为运作路径，计划借此引导外界资本和高明区本土塑料龙头企业抱团合作，形成中国万亿级细分市场行业垂直整合的B2B+O2O产业互联网平台型总部经济，力争打造出一家超百亿级企业，努力成为金融资本顶层设计下的中国最大塑料行业投资控股企业。

（李鹏基）

2017年8月21日，佛山高明“众塑联”产业平台正式成立　（市经信局供图）

新材料制造业

【概况】2017年，佛山市新材料制造业实现工业总产值1 626.76亿元，比上年增长2.3%，总产值占全市先进制造业总产值的15.89%。

至2017年，佛山形成以铝合金、不锈钢等金属结构为龙头，以电子信息材料、化工新材料、先进高分子材料等为代表，特色明显、优势突出的材料产业体系。拥有国家火炬计划佛山新材料产业基地、广东新材料产业基地等国家级、省级特色产业基地，拥有佛山南海新材料产业基地、佛山高明新材料产业基地、顺德新型建材产业基地等3个省市共建战略性新兴产业基地（新材料），船舶、地铁车体用增强铝合金制造领域取得较大突破。南海区以广东省新材料产业基地为核心，新型显示材料、新能源材料、功能陶瓷材料和纳米材料等新材料产业迅猛发展。顺德区在金属材料、精细化工材料和有机高分子材料及复合材料等方面发展势头良好。高明区新材料产业涉及电子信息材料、新能源材料、纳米材料、先进复合材料、新型功能材料、高性能结构材料、化工新材料、新型建筑材料、生物医用材料等领域。三水区初步形成以明宝、爱汽、聚菱燕、辉旭等为代表的汽配新材料集群和以达安基因为代表的生物医药新材料集群。

佛山市天安塑料有限公司聚合物新材料创新产业化基地是广东省民营企业创新产业化示范基地。广东安臣锡品制造有限公司无铅焊接材料创新产业化示范基地、广东炜林纳新材料科技股份有限公司高分子材料用新型稀土产品创新产业化示范基地是广东省中小企业创新产业化示范基地。广东海特高新材料有限公司拥有 5 项发明专利，3 项高新技术产品，3 项省市级科技创新项目。佛山市珀力玛高新材料有限公司拥有千吨级的聚醚砜（PES）高分子材料生产基地，是中国最大规模的聚醚砜（PES）高分子材料生产基地，生产规模在同行业仅次于德国巴斯夫、比利时苏威、日本住友三大国际品牌。

【第十二届中国塑料工业新材料新工艺新装备行业峰会】 2017 年 11 月 9—11 日，第十二届中国塑料工业新材料新工艺新装备行业峰会在佛山高新区举行。峰会由中国塑料加工工业协会、广东省塑料工业协会、佛山市狮山镇总商会联合主办，广东仕诚塑料机械有限公司和广州思肯德电子测量设备有限公司承办。该峰会旨在进一步推动塑料生产加工新材料、新技术、新工艺的研发创新，促进塑料行业先进技术和工艺的信息共享，加强国内塑料行业内企业间的互动交流。全国各地 300 多位专家和企业代表参会。

（伍绍鹏）

2017 年，佛山市爱康太阳能研发车间（市经信局供图）

光电产业

【概况】 2017 年，佛山市高端电子信息制造业实现工业总产值 1 367.08 亿元，比上年增长 19.6%，高于全市同期规上工业 10.9 个百分点，高于全省高端电子信息制造业同期 5.7 个百分点，工业总产值占全市先进制造业总产值的 13.35%。

至 2017 年，佛山市拥有佛山光电显示产业基地、佛山物联网和云计算产业基地 2 个省市共建战略性新兴产业基地（高端新型电子信息），具有以集成电路、新型传感器、新型显示、新光源、高端软件、高端服务器等一批高端电子主导产品的研制能力。具有以 TFT-LCD、AMOLED 为核心的新型显示产业发展框架，是全国三大光电显示示范基地之一，有佛山群志光电有限公司、广东盛路通信科技股份有限公司等一批高端新型电子信息产业骨干企业。群志光电是全球唯一拥有完整大、中、小尺寸 LCD 面板及触控面板的全方位显示器提供者，全球前三大液晶电视面板供货商，其开发出的 56 英寸液晶电视面板，分辨率堪称全球第一。盛路通信是国内规模最大、技术最先进的（民用通信）天线和微波（通信天线）设备制造商之一，保有“广东省工程科技研究开发中心”“广东省企业技术中心依托单位”等称号，是“国家火炬计划骨干企业”和“知识产权优势企业”。

佛山太阳能光伏装备制造业发展迅速，集聚爱康太阳能、卡姆南控电力资产、科力远、道氏、杜邦鸿基等龙头企业。保威新能源已为全球超过 25 个国家和地区的太阳能电站提供专业结构产品和电站施工服务，装机容量超过 300 兆瓦。爱康太阳能自主开发掌握光伏产业国际领先技术，拥有大量的国家专利，量产高效电池技术始终居于全球顶尖企业行列，其多晶硅太阳能高效电池实验效率超过 19%，接近世界最高纪录；保威新能源等企业在晶硅太阳能电池、光伏支架、光伏逆变器制造及电气设计、结构设计等方面处于国内先进水平。

【卡姆丹克南控（佛山）电力总部落户佛山】 2017 年 3 月 22 日，卡姆丹克南控（佛山）电力总部正式入驻禅城区绿岛湖都市产业区，项目总投资 1.5 亿美元。项目为卡姆丹克南控电力集团中国总部，包含采购中心、运营中心、技术中心和监控中心等，其业务主要为城市开发智慧能源，设计、投资、建设和运营小型商户太阳能分布式电站，以及研发、生产、销售电动汽车电池等。

（伍绍鹏）

交通运输业·邮政业

手机扫码阅读

交通综述

【概况】 2017年，佛山市进入新一轮交通基础设施大建设时期，全年完成交通基础设施投资309.85亿元，比上年增长111.5%。8月18日，佛山西站开通运营。佛山地铁2号线一期工程、地铁3号线工程、“一环”高速化改造、“一环”西拓等项目加快建设。佛山市新打通21条“断头路”。珠三角新干线机场前期工作积极开展。佛山市境内公路通车总里程5 409.3千米，城市道路总长4 297.6千米。全年全市公路、水路货运量完成3.1亿吨，旅客运输量5 267.84万人次。公路货运周转量增速7.99%，水路货运周转量增速15.28%，增速居珠三角城市前列。佛山成功获批国家“公交都市”示范城市创建城市。《佛山市治理货物运输车辆超限超载条例》颁布实施，佛山成为广东省第一个实现治超地方立法的地级市。

【广佛交通一体化建设】 2017年，佛山市响应粤港澳大湾区战略，全面推进以广佛一体化为核心的区域交通基础设施互联互通。广州、佛山两市领导继续保持密切的沟通，对广佛同城化重点交通基础设施项目进行部署和协调。黄榄干线接顺番公路于2017年底全线建成通车。珠江大桥放射线接广佛新干线（广佛出口放射线二期）广州段于11月复工。广佛地铁（燕岗至沥滘段）完成80%的土建工程，预计2018年底建成通车。是年，佛山开展广佛核心区快速通道建设方案研究，梳理广佛核心区现状及规划对接的9条快速通道，提出推进“两高两快五主干”（两高：广佛高速、广明高速。两快：海八路—龙溪大道、魁奇路—南大干线。五主干：建设大道—大坦沙大桥、广佛路—珠江大桥、广佛新干线—珠江大桥放射线、穗盐路—花蕾路—洲头咀隧道、佛平路—花地大道—鹤洞大桥）的广佛核心区对接道路。广佛接壤地区公路客运公交化改造完成，33条广佛城巴、快巴连接两市主要客运枢纽，43条广佛公交线路覆盖两市各大出行组团，广佛出租车在客流集中地段实现异地上客。

2017年2月6日，佛山市市长朱伟到地铁施工现场开展调研慰问活动并召开现场会议。图为朱伟等在3号线施工现场听取地铁建设情况汇报

（市交通运输局供图）

【智能交通系统建设】 2017年，佛山市交通运输行业按照“政府主动引导，社会共同投入”的原则，推进交通运输领域智能化发展，在行业管理、决策、社会信息服务三大方面开展相关智能系统建设。行业管理方面，推进出租车服务与管理信息系统、运输车辆综合管理系统、危险品运输监管平台、一体化科技治超系统、公交专用道监管平台、智能公交系统、网约车审批服务系统、交通综合电子执法平台、交通基础设施管理系统等智能化项目建设。交通决策方面，佛山市交通决策支持系统主要涵盖道路运行评价、公交运行评价、出租车运行评价和交通仿真4大方面功能。依托于交通决策支持系统，佛山市交通运行监测中心定期发布《佛山市交通运行监测报告》，为交通管理决策提供依据。社会信息服务方面，佛山市公交资讯服务平台正式投入使用。“佛山交通”APP公交信息服务板块于2015年5月发布投入使用，至2017年底，用户量突破422万人次，日活量超过40万人次，成为佛山市民公交出行首选查询服务工具。

【佛山机场】 2017年1—10月，佛山机场公司保障进出港航班3 407个，较2016年同期增长20.98%。旅客总吞吐量47.67万人次，较同期增长32.19%。保障进出港货物429吨。是年，佛山机场新开佛山往返山东东营、江西上饶、福建连城3条新航线。10月中旬，佛山沙堤机场开始检修维护，暂时停航，复航时间待定。

（李丹心）

公路交通

【概况】 2017年，佛山市境内公路通车总里程5 409.3千米，其中高速公路486.7千米、一级公路1 577.8千米、二级公路404.4千米、三级及以下公路2 940.4千米。全市公路密度142.4千米/百平方千米，其中高速公路12.8千米/百平方千米。

【高速公路建设】 2017年，佛山市负责实施的高速公路项目有6个，包括佛清从高速公路南段一期、佛江高速佛山段、广佛肇高速公路佛山段、佛江高速和顺至陈村段4个续建项目，以及佛清从高速公路南段二期、广明高速公路陈村至西樵段二期2个计划开工项目。是年，佛清从高速公路南段二期、广明高速公路陈村至西樵段二期于10月先后开工建设。“一环”西拓建设全面铺开，北环段5个子项目全面开工，南环段高明大桥至富龙大桥公路工程于6月28日开工建设。

【重点路桥工程】 2017年4月，佛山市政府印发实施《佛山市“断头路”连通五年（2017—2021）行动计划》，计划2017年内打通20条“断头路”。至年底，禅城区深宁路，南海区绿景东路（南海大道—桂澜路）、丹金大道，顺德区德民路东延线，三水区河西路，高明区杨西大道立交等21个项目完工通车，提高佛山市整体路网的承载力和运行水平。南海区下柏立交重建工程于6月22日建成通车，为佛山西站南出口的节点之一，主桥、匝道与桂丹路、罗村大道南、罗村大道北等主要交通干道实现交互，形成畅通的交通循环网络。

2017年8月30日，佛山世纪莲公交枢纽站正式投入使用　（李传智摄）

【综合交通枢纽】 2017年，佛山市抓住佛山西站开通运营，珠三角新干线机场、佛山港口等区域重大交通枢纽规划建设的机遇，加强与广州重要枢纽的交通衔接配套。佛山西站路网一期工程的部分主要路段配合佛山西站同步开通。佛山通过提升佛山各区白云机场城市候机楼服务，完善候机楼接驳公交线路，加快推进广佛环线城际轨道，实现广州南站—佛山西站—白云机场等区域枢纽的快速衔接，共享共建亚太地区航空枢纽。

【城市道路和桥梁项目】 2017年，除公路外，佛山市已命名通车的其他道路总里程约6 990千米。新增城市道路里程126.87千米。佛山市推进的市级重点城市道路项目13个，工程总投资29.94亿元，年度累计完成投资14.22亿元。截至2017年底，佛山市五区在册城市桥梁670座，其中人行天桥65座；按桥梁技术状况划分，C级桥106座，D级桥14座，E级桥1座（已修复），其余均为A、B级桥梁。全年全市城市桥梁安全形势整体处于可控状态。1月22日，汾江路南延线一期主线工程于建成通车，该项工程与同址的广佛线二期工程合建，采用沉管隧道穿越东平水道，隧道全长1.38千米，沉管段长度445米，是当时国内断面最大的公轨合建沉管隧道，也是佛山第一条过江隧道。

【国省道和农村公路养护】 2017年，佛山市着力构建现代公路养护管理体系，推动公路管理精细化、智能化。完成359千米的国省道路段的安全隐患治理。完成国道G325线顺德龙江至南海九江段路面改造工程、省道S121线顺德段灾毁路面修复工程、省道S273线黄象至白石段沥青罩面工程、省道S361线乐平镇城区段路面预防性养护工程。结合扶贫工作部署，开展农村村道改造扶贫工程，分别为乡道Y504郁南县南江口镇古蓬路口至李涌坑段路面改造工程、湛江市东海岛东山街道调文村村道路面改造工程。其中，乡道Y504于是年11月底完成全部工程。

【中心城区交通拥堵治理】 2017年4月，佛山市政府针对交通拥堵形势日趋严峻，中心城区路网平均运行速度持续呈现下滑趋势的情况，出台《佛山市中心城区交通拥堵综合治理三年行动计划》，以“公交车速稳提高，路网车速保平稳”为基本工作目标，推动中心城区交通拥堵治理工作。年内主要对重点学校、大型医院和商圈等热点区域和主要道路开展综合改善措施，打通路网微循环，推行单行交通组织、实行道路交通路长制、发出绿色出行倡议书等工作。是年，中心城区在轨道交通新开工11个站点、全市汽车保有量新增26万辆的形势下，高峰期公交车运行速度比上年同期上升3.49%；高峰期拥堵延时指数（高德常用指标，指实际出行时间与畅通出行时间的商值）同比下降1.85%。

（李丹心）

城市公共交通

【概况】 2017年初，佛山市交通运输局制订并推进实施《佛山市2017年公交提升计划》，提升公交服务水平。8月4日，佛山入围交通运输部“十三五”期间公交都市第一批创建城市名单。《佛山市建设人民满意政府指数（2017）报告》显示，2017年佛山市公共交通服务供给指数85.35，比上年提高3.6%。至2017年12月底，全市有公交线路637条，公交车辆6 986辆，出租车4 378辆，公交日均客运量190万人次。9月18—24日，佛山组织开展“2017年公交出行宣传周及无车日”活动，主题为“优选公交，绿色出行”，推出文明公交倡议、驾驶员职业技能竞赛、手机二维码乘车等多项活动，并发动政府部门和社会群众参与，宣扬文明公交、绿色出行理念。

【公交基础设施】 2017年，佛山市中心城区建成公交专用道145千米。公交专用道监控方面，建成164个专用道固定监控点以及280个公交车移动监控终端。公交专用道路网的通勤日平均运行速度24.91千米/小时，比中心城区公交路网提速33.2%。新改建岭南大道公交枢纽、佛山新城世纪莲公交枢纽、绿地未来城首末站等14个公交站场。全年更新、新增纯电动公交车辆681辆。新增公共自行车2 900辆，公共自行车服务站点87个。

【辅助公交】 2017年，佛山试点推进辅助公交建设服务，以满足市民群众多样化、多层次出行需求。3月，佛山在“50公里徒步活动”中首次推出辅助公交服务。至年底，全市完成13条辅助公交线路的建设，为佛山一中、佛科院等学校以及驾校考场提供“一人一座、专线定制、绿色共乘”高品质公交服务。

链接

辅助公交

辅助公交是处于常规公交与出租车之间的，可采用固定、非固定、固定与非固定相结合的站点、线路和时刻表，可根据客流需求灵活组织或量身定制的一种交通服务方式。

【智能公交建设】 2017年，佛山全市有4 319辆公交车接入智能公交平台，482条公交线路实现系统调度运营。6月，佛山以182路公交作试点，全线公交安装新的车载终端机，市民乘坐该线路可用金融IC卡、手机NFC支付。9月，佛山开通支持微信乘车服务的公交线路，线路遍及佛山五区。截至年底，共有165条线路、2 285辆公交车以及地铁广佛线支持微信支付，腾讯乘车码的使用规模位居全国前列。

链接

NFC支付

NFC是英文词语Near Field Communication的缩写，即近距离无线通讯技术。该模式就是将具有NFC功能的设备模拟成一张非接触卡，如门禁卡、银行卡等。卡模拟模式主要用于商场、交通等非接触移动支付应用中，用户只要将手机靠近读卡器，并输入密码确认交易或者直接接收交易即可。

【公交线网布局】 2017年，为保障佛山西站内外交通的顺畅衔接（2017年8月，佛山西站开通运营，成为佛山市重要的对外铁路枢纽），佛山同步开通和优化调整23条公交配套线路，满足佛山西站高铁客流的集疏散需求，强化佛山西站与全市公交的一体化无缝衔接。同年，佛山市推进实施中心城区骨干公交二期建设，佛山新开通G3、G5、G7、G9、G12共5条骨干公交线路，与一期骨干公交构建起“五纵六横”的中心城区公交骨干线网。

【网约车、出租车服务管理】 2017年，在佛山市辖区内经营的网约车、出租车企业有18家，其中网约车企业1家、出租车企业17家。6月1日，《佛山市网络预约出租汽车经营服务管理暂行办法》正式发布，网约车服务系统同步实施。新政贯彻落实国家网约车政策，根据佛山实际情况在车辆准入、驾驶员转入方面增加本地特色。网约车服务系统实现业务办理全程信息化，证照交取服务线上线下网络化，将“群众跑腿”办理变为“信息流动”。神州优车信息有限公司（佛山分公司）成为佛山市第一个合法的平台公司。

【TC公交改革】 2017年，佛山市开展全市TC公交发展模式及公交购买服务评价指标体系研究，制订TC公交购买服务评价指标体系指标28个，分为评价指标和参考指标，其中评价指标11个，作为评价公交购买服务的约束性指标；参考指标17个，作为评价公交购买服务的重要参考依据。指标体系为下阶段深化TC改革，评估各区的公交管理和发展水平，并为城市公交未来的发展方向和政策提供前瞻性指引。是年，佛山市南海区成立公交营运管理公司（即TC公司）和站场管理中心，通过强化服务监管、完善考核制度、优化运营补贴等措施，推进公交运营精品化、服务考核精细化、线路规划精准化、财政补贴精确化，形成公交高效、优质、可持续的管理机制，为公交服务水平改善提供强有力的支撑。

链接

TC公交

TC（transport community）即交通共同体模式，核心是实行“票运分离”，即由政府统一收取票款，对公交网络进行规划，对运营商提出服务质量要求，通过成本核算以政府购买服务的形式向企业购买公交服务。

（李丹心）

轨道交通

【概况】 截至2017年底，佛山市有已开通运营的地铁线路1条，为东起广州市沥滘（沥滘至燕岗段尚未通行）、西至佛山市新城东的广佛地铁（佛山1号线）；在建的地铁线路有佛山2号线一期工程、佛山3号线工程。

【轨道运营】 截至2017年12月31日，广佛地铁实现安全运营2 616天。2017年全年开行列车14.97万列，安全运送旅客1.07亿人次，日均客运量29.4万人次，列车正点率99.98%，未发生行车安全事故、乘客人身伤亡事故、治安及消防事故。广佛地铁开通运营总长度33.48千米，设车站22座，平均站间距1 570米，搭乘全程约55分钟。其中，佛山市境内21.5千米，设车站15座；广州市境内11.98千米，设车站7座。

【轨道交通2号线一期工程全面开工建设】 2017年，佛山城市轨道交通2号线一期工程全面开工建设，12台盾构机全面下井掘进。石梁站、湖涌站主体结构封顶，魁奇路站—石梁站区间左线、张槎站—石湾站区间右线洞通。11月16日，佛山地铁2号线一期工程登花盾构区间实现双线贯通。佛山城市轨道交通2号线一期工程，起于西端的南庄站，终于广州南站。全长32.4千米。其中高架段6.4千米；地下段25.3千米；过渡段0.7千米。全线设车站17座（地下14座、高架3座），其中换乘站7座。禅城段里程18.2千米，设南庄站、湖涌站、绿岛湖站、莲塘站、张槎站、石湾站、番村站、魁奇路站、石梁站、湾华站等10座车站。

【轨道交通3号线工程禅城段开工】 2017年3月，佛山轨道交通3号线禅城段开工建设，站点建设全面展开。湾华站已在轨道交通2号线工程中同步建设。佛山城市轨道交通3号线工程南起顺德学院站，北至佛山科技学院站，为贯通佛山市南北的主干线，线路全长66.5千米，共设36座车站，其中禅城段全长10.78千米，设置湾华站、亚艺公园站、季华六路站、镇安站、中山公园站、佛山火车站等6座车站。

【南海新交通试验段】 2017年，南海新交通试验段工程累计完成投资37.53亿元。蠕岗站、夏东站、华翠路站、夏康站区间主体结构完成，盾构区间全线贯通。7月28日，将运行于南海新交通试验段的首列有轨电车在中车四方股份公司下线，采用自动驾驶技术，是全球首列实现自动驾驶的现代有轨电车。佛山南海新交通试验段是横穿南海中心城区的轨道交通大动脉，路线全长13.1千米，包括地下线、地面线和高架线，设13个站点，是全国首条享有专有路权的有轨电车线路。

【高明现代有轨电车示范线首期工程开建】 2017年2月，佛山市高明区现代有轨电车示范线首期工程动工开建，线路长6.5千米，设车站10座、加氢站1座。高明有轨电车是全国首个以氢能源为动力的有轨电车示范项目，也是高明区首个轨道交通项目，将西江新城与荷城旧城区连为一体。首期工程预计将在2019年投入商业运营。12月6日，佛山高明现代有轨电车示范线的首列氢能源有轨电车在佛山下线。

（李丹心）

公路运输与服务

【营运车辆保有量】 2017年，佛山市在册营运货车5.76万辆，总计42.95万吨位。在册营运客车1 955辆，8.96万客位，其中，客运班车739辆，3.36万客位；包车客车1 216辆，5.6万客位。城市公交车辆6 920辆，运营线路总长度15 796.5千米，年客运量60 465万人次；出租汽车3 962辆，年客运量6 496.3万人次。

【经营业户及从业人员】 2017年，佛山市在册经营道路客运业户48户，从业人员1.54万人；道路货运业户3.43万户，从业人员7.83万人；道路运输相关业务经营业户7 341户，从业人员4.31万人，相关业务经营业户中机动车维修业户7 055户，其中汽车维修业户5 302户（一类114户、二类675户、三类4 513户），摩托车维修业户1 753户。

【道路客运】 2017年，佛山市客运线路280条，平均日发班1722班次。其中跨省线路67条，年平均日发班次108.5班次；跨地（市）客运线路213条，年平均日发班次1 613.5班次。

2017年11月30日，佛山地铁2号线一期工程仙涌站内，施工历时一年多的仙石高架区间实现贯通，这是佛山地铁2号线建设工程中首个实现贯通的高架区间

（张弘弢摄）

【客、货运输量】 2017年，佛山市道路运输客运量完成5 205万人次，比上年同期下降0.78%；旅客周转量完成658 907万人千米，增长5.06%；道路货运量完成26 457万吨，增长5.4%；货物周转量完成2 088 475万吨千米，增长7.99%。

【客、货运站场】 2017年，佛山市有客、货运站场30个，其中货运站场5个；等级客运站场24个，简易站及招呼站6个，平均日发4 673班次。

【汽车综合性能检测站及检测量】 2017年，佛山市有汽车综合性能检测站10个，全年完成汽车检测量共6.22万辆次。其中维修竣工检测123辆次，等级评定检测6.1万辆次。

【机动车驾驶员培训】 2017年，佛山市有机动车驾驶员培训业户51户，教练员人数7 370人，教学车辆6 444辆，全年培训22.89万人次。

【运输行业监管】 2017年，佛山市完成2017年春运工作，春运期间全市旅客发送量（含公路、铁路、水路、航空、地铁）1 283万人次，比2016年同期上升17.53%。《佛山市治理货物运输车辆超限超载条例》于2017年7月1日起正式施行。是年1月，佛山市组织开展一环治理车辆超限超载百日行动，集中查处在一环公路及沿线重要相关路段行驶的超限超载车辆，确保一环公路正常安全通行。4月20日，佛山市与广州、珠海、惠州、江门、茂名、肇庆六市一起同步开展高速公路收费站治超非现场执法工作。交通执法部门运用科技手段，研判非法营运假出租车、大巴车的出动规律，以火车站、汽车客运站点、候机楼为重点，灵活调整工作时间和巡查区域，保持对各类扰乱运输市场秩序行为的高压打击态势。佛山继续推行“计时培训计时收费、先培训后付费”的驾培制度改革，全市有8家新模式驾培机构成设并正式投入运营。

【道路客运改革试点】 2017年，经广东省交通运输厅批复同意，佛山市汽车运输集团有限公司（简称“佛汽集团”）正式开展包括联程联运、自主组客和个性化服务在内的道路客运试点工作，成为佛山市唯一获批的试点单位。道路客运市场迎来运输企业与市民的“互动时代”，佛汽集团可与相关企业合作，在省内三级以上客运站等设换乘服务点，开行佛山至省内“联程联运”班线，为佛山市往返省内各地的旅客提供“一票到景点”“一票到家”运输服务。

【城市配送运输】 2017年2月，《佛山市城市配送运输与车辆通行管理工作实施意见》印发实施。通过整合城市配送各种资源，鼓励和引导企业应用标准化装备，逐步推行以新能源厢式货车为主，长、短途运输和城市配送相结合的一体化运输，提高运输配送效率，提升服务水平。

（李丹心）

2017年7月31日，佛山市人大常委会副主任李坚率队到佛山地铁2号线一期TJ2标施工现场调研 （市交通运输局供图）

水路运输

【水路基础设施】 2017年，佛山市有生产用码头泊位290个，码头泊位长度19 497米，泊位年通过能力12 043.3万吨。内河航道通航里程115条，1 006千米。

【船舶保有量】 2017年，佛山市拥有水路运输机动船舶384艘，总载重量60.09万吨位，功率19.55万千瓦。其中，客船4艘，载客量1 358客位；货船372艘，总载重量59.99万吨（包括集装箱船42艘、载重量8.71万吨位、6 127个国际标准集装箱位）。

【水路运输量】 2017年，佛山市水路完成货运量4 540万吨，比上年增长6.35%，货运周转量903 910万吨千米，增长15.28%；水路客运量完成62.84万人次，增长2.71%。客运周转量7 827.66万人千米，比上年增长0.74%。

【港口吞吐量】 2017年，佛山港完成货物吞吐量7 967.4万吨，比上年增长20.54%；进出港货物主要为矿建材料、钢铁、煤炭、油品；佛山港外贸货物吞吐量2 702.9万吨，比上年增长14.8%，其中出口主要货物为陶瓷、机械电器设备，进口主要货物为工业原材料、木材等；集装箱吞吐量390.1万TEU，比上年增长21.2%。港口旅客吞吐量57.72万人次，比上年增长0.5%。

【港口航道建设和维护】 2017年，佛山港了哥山港区码头主体工程建成完工。北江飞鹿货运码头工程完成全部桩基础施工，项目累计投资完成约98%。了哥山港区通用码头工程项目（顺德新港）位于佛山市顺德区杏坛镇容桂水道入口段南华水闸下游左岸水域，岸线长度约440米，陆域用地18.4公顷（276.02亩）。工程建设规模为4个3 000吨级（水工结构兼顾5 000吨级）多用途泊位，设计年通过能力件杂货160万吨，集装箱9.6万TEU，计划建成具有二类口岸功能的通用码头，建成后将成为顺德最大的对外货运港口之一。佛山港大塘港区北江飞鹿货运码头工程位于佛山市三水区大塘镇北江右岸油金大桥下游328米处，项目拟建3个1 000吨级通用泊位及相关配套工程设施，可满足3艘1 000吨级干货船同时靠泊和作业，泊位总长度214米，陆域总面积7.36万平方米，设计年通过能力210万吨。该项目将进一步加快内河水运发展，完善佛山市综合交通运输体系布局，提升佛山港服务水平。三水港二期工程、高明珠江货运码头扩建工程两个项目在抓紧开展前期工作。

航道升级改造方面，纳入广东省航道整治重点项目的北江扩能升级（一期）工程和西伶通道航道工程在按计划推进。是年，全市航道维护通航保证率、航标维护正常率、船舶优秀率均达100%。

【港航管理】 2017年，佛山市推进水路货运升级，提高水路运输周转量。引导水运企业规模化发展，鼓励水运企业新增江海直达、大型船舶。推广内河船型标准化工作，鼓励企业进行船舶改造升级。全市新增船舶运力1.12万载重吨。2017年是国家实施内河船型标准化补贴政策的最后一年，内河船型标准化工作开展以来，全市有44艘单壳油船申请改造为双壳油船，35艘船舶申请拆解，113艘船舶申请生活污水处理装置改造。开展船舶与港口污染防治工作，推进港口绿色发展。是年，佛山印发实施《佛山市港口和船舶污染物接收转运及处置设施建设方案》和《佛山市船舶与港口污染物防治工作实施方案》，从加强港口污染物处置设施的建设，推行政府购买服务，提高船舶含油污水接收服务能力，鼓励船舶开展生活污水处理系统改造，加强联合执法检查等方面，全面提升佛山市船舶与港口污染物防治能力。加强港口行业的安全监管，水路航道执法工作持续加强。

（李丹心）

邮政业

【概况】 2017年，佛山市邮政行业业务总量完成84.29亿元，比上年增长28.08%，业务收入（不含邮政储蓄银行直营业务收入）59.71亿元，增长31.14%。其中，快递业务量完成39 016.62万件，比上年增长31.44%；业务收入完成49.85亿元，增长33.31%。佛山市快递业务量和业务收入分别位列全国重点城市第二十三名和第十八名。

全市有各类邮政和快递网点805个，其中邮政营业场所185个，快递网点620个。邮政业在经济社会发展中的基础性、先导性作用不断增强，为发挥制造业强市优势、促进全市电子商务发展、助推佛山市社会发展和经济转型升级发挥作用。

【邮政发展环境】 2017年，佛山市邮政行业发展环境持续得到优化和改善。

2月，佛山市政府办公室印发《关于进一步做好城市配送运输与车辆通行管理工作的实施意见》，明确将邮政快递纳入城市配送试点企业申报范围，允许试点企业持公安交警部门核发的城市配送车辆通行证，享有非高峰时段在限货区域内通行和临时停靠卸货物。

4月，佛山市政府出台《佛山市深入推进“互联网+流通”行动计划实施方案》，协调推动落实方案对快递物流服务制造业的扶持政策，促进制造业与快递物流业的联动发展，不断提升快递行业的服务能力和水平。

佛山市邮政管理局与市商务局、佛山海关、市邮政公司共同推进建设佛山市国际邮件互换局工作，并推动成立佛山市国际邮件互换局申请建设工作领导小组。建设佛山市国际邮件互换局被列入市政府重点项目，并获省政府、广州海关、省邮政管理局和省邮政公司的肯定与支持。

佛山市邮政管理局推动“人才兴业工程”，联合市快递行业协会与佛山邮校召开快递物流专业设置工作研讨会，现代物流专业开始招生。非公党建和企业评先创优活动火热开展，12家快递企业参加“广东省守合同重信用企业”评选活动，全部获得通过。

【邮政普遍服务】 2017年，佛山市邮政普遍服务保持稳定水平，全市共有邮政营业场所185个，436个建制村实现100%直接通邮。市邮政管理局继续推进信报箱验收工作。实地核查住宅项目162个，检查住宅总数88 388户，下达整改通知2份。推广邮政智能信包箱应用，邮政公司投放193台邮政便民信包箱，共计3 120个格口，加快佛山市投递方式的转型升级。支持和引导邮政企业建设邮乐购网点，全年新增“邮乐购”网点240个，全市“邮乐购”网点累计达366个。

是年，佛山市邮政管理局开展邮政普遍服务各项监督检查1 608人次，累计检查邮政营业场所211处，下发行政处罚决定书1份、约谈企业2次、通报7份、责令整改通知书13份。

部分快递企业智能快递柜的推广使用，促进了快递服务“最后一公里”问题得到改善

（陈志帆摄）

2017 年 6 月 1 日，佛山邮政联手佛山市检察院举行预防职务犯罪暨书信节启动仪式
（中国邮政集团公司佛山市分公司供图）

【快递市场监管】 2017 年，佛山全市有快递网点 620 个。年内，佛山市部分快递企业引进高速分拣设备和机器人技术，促进快递行业技术升级。百世、京邦达、德邦、苏宁等快递品牌的佛山分拨中心成为该品牌的全省性快件主要集散、中转地，同时，佛山也成为顺丰、中通和圆通等快递品牌企业的跨市区域中心。

是年，佛山市邮政管理局继续强化市场监管力度，推动“收寄验视+实名收寄+过机安检”制度落实。采用集中培训、点名通报、约谈告诫、强化检查督导、上门指导等多种方式，重点推进实名制系统应用工作，全市全行业实名收寄率达 90% 以上。全年开展快递市场执法检查 600 余人次，检查寄递企业 300 余家，下达书面责令改正通知书 65 份，作出行政处罚 24 起，罚款 11.2 万元，查封违法经营快递网点 21 个，处理市政府“12345 热线”转办的经济违法举报类工单 63 份；通过“12305”申诉系统和市政热线平台，受理消费者有效申诉 4 089 份，均妥善处理。

（邓　雯）

【佛山邮政】 2017 年，佛山邮政三大板块（含邮政、邮储、速递物流）合计实现业务收入 18.36 亿元，比上年增长 8.4%。是年，中国邮政集团公司佛山市分公司获评 2017 年全国通信行业用户满意企业，成为广东省唯一获奖的邮政单位。中国邮政储蓄银行佛山市分行被佛山媒体评为“最具口碑金融机构”“2017 年度佛山银行业普惠金融创新典范”；被佛山市公安局、银监会佛山监管分局评为“佛山市 2016 — 2017 年度银行业金融机构安全评估优秀单位”。中国邮政速递物流股份有限公司佛山市分公司获评“广东省守合同重信用”企业。

邮政基础能力　是年，佛山市有邮政企业自营网点 84 个，邮储网点（含一类网点 32 个，代理金融网点 72 个）104 个，邮政代办所 104 个，EMS 专营网点 36 个。另外有 247 个邮政服务亭（报刊亭）。全市设投递部 46 个，投递道段 1 280 条，其中城市投递段道 350 条，农村投递道段 224 条，速递投递道段 706 段。邮路日均里程 10 793 千米 / 天，其中速递日均里程 2 933 千米 / 天，普邮日均里程 7 860 千米 / 天。全市安装信报箱群 6.1 万个（格口 110.12 万个），全市城区信报箱平均覆盖率 90.2%；投放便民信包箱 193 个。

邮政网络运行及投递能力　新增 2 条省际直达邮路，分别是佛山—济南、佛山—杭州，上述路向邮件全程时限缩短近 12 小时。年内，通过新增夜班转趟作业和分拣处理，提升同城邮件处理能力，使市内互寄时限缩短 24 小时，市内互寄基本实现 T + 1 投递。继续推行“三个一点工程”，自提网络建设日渐成熟。全年发展人工自提点 3 万多个，便民信包箱累计投件 6.7 万件，全年投快递包裹 291.75 万件。

邮务类业务　全年函件量 4 672.77 万件。其中，国内函件 2 601.1 万件、国际函件 2 071.67 万件；国内包裹 1 537.93 万件；盲人读物及义务兵信件 40 件；机要件 3.66 万件。全市有集邮预订户 15 547 户，全市集邮协会会员 23 150 人；全市有青少年集邮组织 8 个、青少年邮局 6 个、全国青少年集邮示范基地 3 个；有报刊预订户 12.6 万户。是年，佛山邮政本着服务地方政府的企业宗旨，深入挖掘地方文化资源，借助国家传承发展戏曲政策的春风，推动佛山的粤剧文化名片登上“国家名片”，10 月 15 日上午，《粤剧》特种邮票全国首发活动在佛山市祖庙万福台举行，该邮票是继 2007 年《石湾陶瓷》邮票后，第二套以独立个体形式荣登“国家名片”的佛山题材邮票。

邮政金融业务　中国邮政储蓄银行佛山市分行正式挂牌成立“三农金融事业部”，内设小额贷款中心、农业产业化中心、审查审批中心，同时在佛山五区设立小额贷款营销管理中心，配备专职的“三农”业务团队，围绕服务农户、服务现代农业，加大农业供给侧结构性改革金融支持力度。立足佛山，重点围绕佛山家电、先进装备制造、工业机器人、陶瓷、五金、铝型材等行业，开展行业客户批量授信，提供“一揽子”金融服务，并参与佛山市地铁 2 号线、3 号线重大民生项目建设，提升服务实体经济质量和效益。是年，中国邮政储蓄银行佛山市分行与佛山市人力资源和社会保障局合作发放“再就业担保贷款”，带动超过 2 万人就业创业；举办“众创杯”创业创新大赛，帮助 2 个佛山创业项目登上中央电视台；把普惠金融向公益领域延伸，开展邮爱公益基金“3·20 公益日”活动，并号召社会公众加入“邮爱自强班”公益项目，共同为贫寒学子成长的关键阶段提供支持和关爱。

邮政速递物流业务　是年，佛山邮政为全市近 1 万家企业提供优质的速递物流服务，全年出口业务量超过 1 170 万件，速特快专递业务收入超过 2.95 亿元。

（顾丽冰）

信息业

信息化建设

【概况】 2017年，佛山市新增光纤接入用户超40万户，新增4G基站14 347座，新增公共场所免费AP接入点5 484个。截至2017年底，佛山市光纤接入用户累计超230万户，光纤入户率超97%，累计建设4G基站77 687座，公共场所免费AP接入点超过35 700个。是年，佛山市获“第七届（2017）中国智慧城市建设领先奖”。

【智慧城市建设】 2017年，佛山市继续推进智慧城市建设。在智能公交系统建设方面，至2017年，全市公交车全部接入市智能公交平台，各区公交车辆在线率90%以上。教育信息化方面，至2017年底，佛山市100%中小学校实现“宽带网络校校通”和“优质资源班班通”，97%师生完成“网络学习空间人人通”。医疗信息化方面，至2017年，佛山市建成一个中心（佛山区域卫生信息数据中心）、两个平台（佛山数字健康服务平台、佛山智能卫生管理平台）、五大应用服务群（健康服务、区域医院、公共卫生、社区卫生、绩效监评），32个信息系统，覆盖全市近800万管理人口的信息化服务体系。

是年，在“2017互联网+智慧中国年会”上，佛山市获“第七届（2017）中国智慧城市建设领先奖”。佛山市南海区入选国际标准化组织公布的国际智慧城市标准试点。

【信息基础设施建设】 2017年，佛山市新增公共场所免费AP接入点5 484个，累计超过35 700个，基本实现行政服务类办事大厅、公交枢纽、市政公园、银行网点、医疗机构、大型购物中心以及其他用户感知度较高的公共场所全覆盖，使公众能够随时随地享受便捷的无线网络服务。是年，佛山市新增4G基站14 347座，累计建设77 687座，全市基本实现4G网络全覆盖。新增光纤接入用户超40万户，累计超230万户，光纤入户率超97%。

【“两化”融合】 2017年，佛山市新增国家级“两化”融合（信息化和工业化融合）管理体系贯标试点企业2家，累计21家；新增省级“两化”融合管理体系贯标试点企业19家，累计112家。是年，佛山市举办“2017年度国产工业软件优秀解决方案展示活动——佛山专场”，促进工业企业与软件企业的技术交流。海尔滚筒洗衣机智能化生产建设试点示范等13个项目入选2017年广东省制造业与互联网融合发展试点示范项目。天猫工业电商共享服务中心落户禅城。

【电子政务】 2017年，佛山市推进“互联网+政务服务”暨“一门式一网式”政务服务模式改革，优化服务流程，创新服务方式，加强信息共享和数据应用。全市设置1 442个综合窗口，平均每个窗口通办事项210项，日均办理业务29.8宗，基本实现“一窗”办“百事”。

深化完善“一网通办”服务模式，实现全市政务服务两厅融合、便捷高效。全市可实现网上全流程办理的事项占比90%，全市网上办理业务量331万宗。省网上办事大厅佛山分厅进驻市、区行政审批事项3 485项，做到“应进全进”。市级网上全流程办理率95.9%，网上办结率92.8%，行政审批事项中有

2017年，广东省网上办事大厅佛山分厅进驻佛山市市、区行政审批事项3 485项，做到“应进全进”。图为佛山市民在电脑前操作登录省网上办事大厅佛山分厅办事

（市行政服务中心供图）

96%的事项到现场次数可不超过1次。“市民之窗”终端数量1 024台，覆盖市、区、镇（街）、村（社区）四级行政服务中心。

推进政府网站集约化建设，根据省府办公厅发布的2016年度全省政府网站考评结果，佛山市政府网被评定为“优秀”。根据第十六届中国政府网站绩效评估结果，佛山市政府网连续七年稳居全国地市政府网站第一名。

【佛山市政府网站连续七年获全国地市政府网站评估第一名】 2017年11月17日，由中国电子信息产业发展研究院指导，中国软件评测中心主办，北京大学电子政务研究院、人民网、光明网协办的“第十六届中国政府网站绩效评估结果发布暨经验交流会”在北京召开。发布会上，佛山市政府网再次获得全国地级市政府网站绩效评估第一名，创下连续七年蝉联冠军的优异成绩。

佛山市政府网站为市直党政单位提供网站群信息统一发布平台，不但避免分散建设导致的人力和资金方面的浪费，而且在技术上为网站信息发布的规范化提供很好的支撑，同时也更利于通过构建由防篡改系统、入侵检测系统、网络防火墙等组成的信息安全体系为各单位网站提供集中统一、整体高效的防护。同时，将市民重点关注的办事服务、信息公开、咨询解答、投诉建议等原本分散在各相关职能部门的入口都梳理并按科学的分类纳入到相应版块当中，让市民只要登录佛山市政府网，就可以便捷地享受各职能部门提供的政务服务，不但省却查找的麻烦，而且不用担心入口是否可信的问题。

（刘义超）

信息产业

【概况】 2017年，佛山市信息产业保持平稳发展，计算机、通信和其他电子设备制造业实现工业总产值1 412.60亿元，比上年增长16.9%。海尔滚筒洗衣机智能化生产建设试点示范等13个项目入选2017年广东省制造业与互联网融合发展试点示范项目。美的集团美的开普勒系统等项目获批2017年省级大数据应用示范项目，广东奥博信息产业股份有限公司等3家企业获批2017年广东省大数据培育企业。

【佛山数据开放平台运行】 至2017年，佛山市数据开放平台汇总数据目录386条、数据3 550万条，涵盖经济建设、资源环境等12个便民主题，提供数据查询、数据下载、数据关联、意见反馈等多个功能，手机APP同步上线试运行，方便公众或社会开发者获取政务数据资源。5月27日，2017中国国际大数据产业博览会·中国地方政府数据开放指数发布暨交流论坛在贵阳举行，在全国开展数据开放工作的19个城市（含省级）中，佛山数据开放平台综合评分排名第七，获“数开丛生·奖”。

【佛山南海大数据及工业互联网创新应用工作推进会】 2017年9月5日，佛山市南海区召开大数据及工业互联网创新应用工作推进会，来自国家信息中心、中国智慧城市产业联盟、中国标准化研究院、中国信息通信研究院、广东省人民政府、广东省经济和信息化委员会、佛山市人民政府、南海区人民政府的多位领导，阿里巴巴、腾讯等知名企业代表，以及有关商会、协会代表和媒体记者等近600人出席会议。会上，广东省经济和信息化委员会授予南海区广东省大数据产业园牌匾，并同步启动2017广东省大数据开发者大会“广东政务数据创新大赛”和广东省工业互联网创新应用示范基地建设，并有大数据产业和新型智慧城市项目等多个项目签约。

【智能制造与工业大数据思客会】 2017年5月13日，由广东院士联谊会、佛山市人民政府主办，新华网、碧桂园集团联合主办的第三届广东院士高峰年会的重要活动之一的智能制造与工业大数据思客会在佛山举行。广东院士联谊会会长邬贺铨主持思客会，佛山市委常委、常务副市长蔡家华介绍佛山市推进智能制造与工业大数据发展方面的情况，中国工程院院长周济致辞。中国科学院院士、华中科技大学机械科学与工程学院院长丁汉，中国工程院院士、中国联合通信有限公司科技委主任刘韵洁，中国工程院院士、曙光信息产业股份有限公司董事长李国杰，广东工业大学校长陈新，美国辛辛那提大学教授、美国智能维护系统（IMS）产学合作中心主任李杰等专家作报告，共同为中国在工业大数据时代实现智能制造创新转型升级进行“头脑风暴”，共同探讨制造业如何利用工业大数据技术转型“智造”。

（刘义超）

无线电事业

【移动通信网络建设】 2017年，佛山市新增4G基站14 347座，累计建设77 687座，全市基本实现4G网络全覆盖。新增光纤接入用户超40万户，累计超230万户，光纤入户率超97%。

【公共场所无线局域网建设】 2017年，佛山市新增公共场所免费AP接入点5 484个，累计超过35 700个，基本实现行政服务类办事大厅、公交枢纽、市政公园、银行网点、医疗机构、大型购物中心以及其他用户感知度较高的公共场所全覆盖，使公众能够随时随地享受便捷的无线网络服务。

（刘义超）

佛山市数据开放平台　（佛山年鉴社供图）

商贸流通业

手机扫码阅读

综　述

【概况】2017年，佛山市实现社会消费品零售总额3 320.43亿元，比2016年增长10.0%。平均增速为10%与全省平均增速持平，在珠三角九市（广州、佛山、肇庆、深圳、东莞、惠州、珠海、中山、江门）中排名第五。禅城区社消零增速11.2%，比工作任务高出1.2个百分点，排在佛山市各区之首。南海区、顺德区、高明区、三水区增速在9.3%～9.7%之间，与工作任务相差0.3～0.7个百分点。

按经营单位所在地分，全年全市城镇消费品零售额2 637.32亿元，比上年增长10.1%；乡村消费品零售额683.11亿元，增长9.8%。

按消费类型分，全年全市实现商品零售额2 989.14亿元，比上年增长10.7%。餐饮业收入331.29亿元，增长4.4%。

【佛山市五区商贸情况】2017年，禅城区累计实现社会消费品零售总额831.09亿元，比上年增长11.2%，比工作任务高出1.2个百分点，排在全市各区之首；南海区、顺德区、高明区、三水区增速在9.3%～9.7%之间，与工作任务相差0.3～0.7个百分点。其中，南海区、顺德区增速放缓，均为9.7%，分别累计实现1 061.3亿元、1 070.07亿元；高明区、三水区分别累计实现社会消费品零售总额128.59亿元、229.39亿元，分别比上年增长9.3%、9.5%，发展增速有待进一步提升。

（吴晓荧）

批发零售业

【概况】2017年，佛山市批发零售业零售额2 989.14亿，比上年增长10.7%，占全市社会消费品零售总额的90.02%。餐饮业收入331.29亿元，比上年增长4.4%。

【限额以上批发零售业商品零售】2017年，佛山市限额以上批发零售业因市场环境不同，零售业绩也就各有差异。1—12月，汽车类零售额651.67亿元，增长13.7%；石油及制品类零售额154.17亿元，比上年增长12.8%；通讯器材类零售额18.56亿元，增长7.1%；粮油、食品类零售额43.40亿元，下降11.6%；服装、鞋帽、针纺织品类零售额29.75亿元，下降5.2%。

【禅城区连锁企业品牌100计划启动】2017年10月26日，2017年佛山秋季欢乐购暨连锁企业品牌100计划启动仪式在佛山市禅城区祖庙丰收街举行，标志着佛山市禅城区连锁企业品牌100计划正式启动。

根据禅城区连锁企业品牌100计划，禅城区拟用3～5年时间，引进、提升和培育100个连锁品牌企业，形成较为完善的连锁产业链，构建起产业生态圈，逐步建成国内具有代表性的连锁特色小镇，凸显连锁企业总部效应。同时，禅城区将推动祖庙街道丰收街园区作为首个连锁经营总部集聚区建设，鼓励祖庙街道加快推进打造以佛山品牌为主的“美丽小镇”建设，同时融入美容大健康产业，并不断扩大连锁企业集聚规模效应，探索打造连锁特色小镇建设模式。

（吴晓荧）

2017年10月26日，2017年佛山市秋季欢乐购暨连锁企业品牌100计划正式启动
（市商务局供图）

拍卖业

【概况】2017年，佛山市拍卖成交额25.95亿元，比上年下降45.90%；拍卖场次357场，下降67.92%。从拍卖标的分类来看，土地使用权拍卖成交额最高、占比最多，成交额14.25亿元、占总成交额的59.15%。

【法院司法委托拍卖】 2017年，法院委托拍卖为佛山市拍卖业务的主要来源。全年法院委托拍卖成交额15.5亿元，拍卖99场次，分别占全市拍卖成交额的59.73%和拍卖场次的27.73%。其中，尤以土地使用权的成交标的最高，成交金额14.25亿，占全市四区总成交额59.15%。是年，全市最大金额标的是狮山一地块，成交额14.25亿，占法院委托拍卖总成交额91.94%，占全市拍卖总成交额的54.91%。

【房地产拍卖业务】 2017年，佛山市房地产业受到限购及大环境影响出现波动，房地产拍卖业务也明显下降。全年全市房地产拍卖153场次，减少680场次，比上年下降81.63%；成交额减少9.65亿元，减少到3.92亿元，下降71.11%。

按拍卖部门来分，2017年度，法院委托拍卖91场次，比上年下降87.52%；政府部门委托（包括土地、海关、公安、工商、税务、检察等）拍卖5场次，下降58.33%；金融资产机构委托（包括银行、资产管理公司等）拍卖19场次，增长90%；破产清算组委托拍卖1场次；其他机构委托拍卖16场次，下降23.81%；个人委托拍卖21场次，下降65.57%。

【债权、股权以及无形资产拍卖】 2017年，佛山市的债权、股权以及无形资产拍卖异军突起，成交额成倍增长。全年全市债权、股权拍卖成交额4.48亿元，拍卖场次78场，成交额分别比上年增长289.57%、1 850%。无形资产拍卖成交额0.71亿元，比上年增长153.57%。

债权、股权拍卖中，按部门分类，以个人委托拍卖业务场次最多，达到69场次；以金融资产机构委托（包括银行、资产管理公司等）拍卖成交额最高，成交额2.43亿元。无形资产拍卖中，按部门分类，以其他机构委托拍卖场次最多，达到11场次，拍卖成交额0.71亿元。

（吴晓荧）

会展业

【概况】 2017年，佛山市依托广东（潭洲）国际会展中心、佛山国际会议展览中心、中国陶瓷城、龙江前进汇展中心等，举办“互联网+”博览会、陶博会、珠宝展等知名展会，并新办佛山创意城市博览会等新展览会。2017年，佛山市举办重要专业展会34个，涉及机械装备、互联网、陶瓷、花卉、文化、汽车、家电、家具、有色金属等多个行业，展览面积69万平方米。展会数量和展览面积分别比上年增长10%和17%。

【会展场馆建设】 2017年，佛山市会展场馆建设大力推进，广东（潭洲）国际会展中心、佛山国际会议展览中心、中国陶瓷城、龙江前进汇展中心、顺联国际机械博览中心、佛山顺德罗浮宫国际家具博览中心等日渐完善。佛山市建成的规模较大的10个展览场馆（包括可以用来办展的销售场所）有室内净展览面积24.4万平方米，可容纳3米×3米标准展位超过1万个。其中广东（潭州）国际会展中心总建筑面积约20万平方米，一期工程总用地面积9.8万平方米，已投入使用；二期工程建设预计2018年底完成。潭洲会展中心毗邻广佛环线北滘站，可便捷利用广州南站区域性交通枢纽功能；紧邻佛山地铁3号线的上僚站，可快速到达佛山中心城区和顺德城区。

（吴晓荧）

现代物流业

【概况】 2017年，佛山市货运量30 997万吨，比上年增长5.5%，其中公路运输占85.35%、水路占14.65%，货物周转量299.23亿吨千米，增长10.1%，其中公路运输占69.8%、水路占30.2%。

【物流需求空间巨大】 2017年，佛山市社会消费品零售总额3 320.43亿元，比2016年增长10%，与社会消费品相关的商贸物流需求呈现平稳增长态势。同时，佛山市强大的制造业和各类大型专业商品批发市场的商品集散功能创造巨大的物流需求空间。

【物流信息化】 2017年，佛山市第三方物流企业信息化水平不断提高。企业内部管理和业务管理信息化投入继续加大，GPS和RFID技术得到有效的推广和应用；利用互联网、物联网创新经营模式和优化管理流程得到较快发展，涌现出欧浦物流、南储仓储、佛航物流集团、广东何氏水产、国通物流城、吉宝物流等一批开展电子商务物流、跨境物流、物流金融、冷链物流、现代仓储、物流信息平台交易管理等新业态的现代第三方物流企业，促进技术、产品、业态、商业模式等可持续创新。如佛航集团进行物联网改造和信息化应用，将互联网的发展成果与港口运行深度融合，推动佛山新港全面应用物联网、移动互联网、OCR识别、PLC控制、GPS定位、云计算等多种高新技术，实现“互联网+”在线报关、在线支付功能和数据自动采集与处理，提升码头操作的规范化和标准化作业水平，减少人工操作环节，从而降低差错率，基本实现码头管理智能化，部分环节实现自动化和电商化，使码头堆场的使用率提高60%，港口运作碳排放量降低40%，整体管理效率提升45%，整体的生产效率大大提升，客户的满意度常年保持在95%以上；佛山市汽车运输集团有限公司通过液体罐车的推广与应用，提高液体产品流通效率，确保在途品质安全；广东精准德邦物流有限公司通过德邦物流商业智能分析平台，推进建设德邦物流智能物流平台，把德邦物流带进大数据时代。

【国家物流标准化试点城市建设】 2017年佛山市开展物流标准化试点城市建设工作（佛山市于2015年被商务部认定为物流标准化试点城市）。截至2017年12月底，全市三批31个试点项目通过

佛山地处珠江三角洲腹地，内河航道通航里程 1006 千米，生产用码头泊位近 300 个，为现代物流业发展提供便利。图为佛山高明珠江码头集装箱堆放区
（佛山日报社供图）

验收，试点项目中建立社会化的托盘共用体系项目 17 个，推动物流设施设备标准化建设和应用项目 9 个，加强物流标准化信息服务平台建设项目 3 个，完善相关标准和服务规范项目 2 个。围绕物流标准化建设，试点项目新增投资总额接近 4 亿元，为财政扶持资金的 7.6 倍，投资资金主要用于物流标准化建设、开展技术改造和提升标准化、信息化管理水平等领域。通过物流标准化建设企业提高物流效率，降低物流成本，全市区域托盘循环共用体系初现雏形。

【物流龙头企业培育】 2017 年，佛山市通过落实 2016 年底发布的《智能物流腾飞计划方案》，明确发展方向、认定试点企业和进行政策扶持等方法推进智慧物流腾飞计划的实施，培育龙头企业，以点带面，推动全市物流业的转型升级发展。至年底，全市有 A 级企业 14 家，其中 AAAAA 级 1 家、AAAA 级 7 家、AAA 级 5 家、AA 级 1 家。

【冷链物流发展】 截至 2017 年底，佛山市有冷库超过 50 个，其中容量在 1 000 吨以上的冷库有 35 个，总容量达到 383 629 吨。年运输量上万吨的企业超过 20 家，其中广东何氏水产有限公司属于商务部认定的“农产品冷链流通标准化试点企业”，利用“互联网+”推出活鱼供应链管理平台，在活鱼供应链上建立质量安全可追溯系统，实现冷链物流的信息可追溯，配送网络遍及北京、上海、福建、南京、郑州、西安等全国 30 多个大中小城市及港澳地区。

【供应链物流协会会员大会】 2017 年 6 月 13 日，佛山市供应链物流协会第一次会员大会召开。市商务局、各区经科局以及各物流企业代表出席大会。大会完成协会负责人选举、协会章程表决等议程。佛山市供应链物流协会通过全体会员单位的努力和自律，努力建设成为促进国内国际沟通交流的平台以及企业和政府沟通的桥梁，为推动佛山市物流业的发展、为佛山市的社会经济发展添砖加瓦。

（吴晓荧）

电子商务

【概况】 2017 年，佛山市电子商务交易额 7 035.43 亿元，其中第一季度 1 446.22 亿元、第二季度 1 560.18 亿元、第三季度 1 717.69 亿元、第四季度 2 311.34 亿元，比上年增长 29.6%，B2B 交易额 5 242.88 亿元，约占总交易额的 74.5%，网络零售市场交易额 1 653.99 亿元，占总交易额的 23.5%。顺德区电子商务交易总额 2 340.17 亿元，占全市电子商务交易总额的 33.3%；南海区 1 987.06 亿元，占全市 28.2%；禅城区 1 804.78 亿元，占全市 25.7%；三水区 528.66 亿元，占全市 7.5%；高明区 374.76 亿元，占全市 5.3%。

【跨境电商】 2017 年，佛山市凭借雄厚的制造业基础，以及不断加强对各大国际知名跨境电商平台的招商引资力度，园区与平台快速集聚资源，跨境电商取得一定发展。全年全市跨境电商进出口量约 8 000 万件，跨境进出口金额约为 65 亿元，其中跨境出口业务量约为 7 500 万件，出口额度约 58 亿元，跨境进口量 500 万件，进口额度约 7 亿元。

【网络零售】 2017 年，佛山市网络零售市场规模继续稳步扩大，网络零售交易额不断增加，在全省居于前列。是年，全市网络零售市场交易额 1 653.99 亿元，占零售总交易额的 23.5%。是年“双 11”中，佛山“电商军团”的表现较为突出，多个品牌盘踞各大电商平台销售龙虎榜，其中林氏木业仅用 10 个小时即打破 2016 年 6.1 亿元销售纪录、美的全网销售额高达 45 亿元（同比激增 70%）、小冰火人 2.08 亿元销售额再创新高。

【“互联网+”商务交流会】 2017 年 10 月 12 日，佛山市人民政府主办、佛山市商务局承办，多家国内外知名企业参与的“互联网+”商务交流会在佛山希尔顿酒店举办。库卡、汉诺威、利迅达等多家知名智能装备制造领域企业参加了该次商务交流会。佛山市商务局局长苏岩致欢迎辞，并与在场企业就佛山“互联网+”领域的发展进行交流探讨，为佛山“互联网+”的行业发展打开多领域、多层次的合作渠道，将佛山的产业互联、智能制造推向世界。

（吴晓荧）

粮食流通

【概况】 2017 年，佛山市粮食产量 9.78 万吨，自给率不足 2%，大部分粮食通过市场化贸易在省外主要粮食产区购进，或者通过储备粮轮换进入市场流通。是年，佛山市粮食总供给量约 690 万吨，粮食总需求量约 685 万吨，全市粮油市场供需总体平衡，粮源充足，没有出现断供断档、抢购粮食现象。

【粮食安全政府责任制落实】 2017 年，佛山市做好粮食安全省长责任制考核迎检工作，落实粮食安全政府责任制。成立以常务副市长为组长，各考核成员单位一把手为成员的考核工作领导小组，强化佛山市考核组织机构和工作协调机构；对照国家对省的考核评分表，提前着手部署考核工作，将任务分解到各成员单位；由常务副市长专题召开粮食安全责任考核工作推进会，督导粮食安全考核迎检工作。2016 年、2017 年佛山市粮食安全责任考核工作连续两年被省评为“优秀”等次。

【“粮安工程”基础设施建设】 2017 年，佛山市继续推进 3 个纳入 2015 年中央预算内投资补助的粮食仓储设施项目建设。3 个项目分别是：佛山市粮食储备库项目，设计规模仓容 20 万吨，计划投资额 4.5 亿元，其中中央预算内补助 4 500 万元；高明区粮食储备库项目，设计规模仓容 3.5 万吨，计划投资额 4 638 万元，其中中央预算内补助资金 960 万元；佛山市泰五丰粮油有限公司仓储项目，设计规模仓容 7.9 万吨，计划投资额 9 250 万元，其中中央预算内补助资金 553 万元。截至 2017 年 12 月底，3 个项目完成主体工程建设。年内，佛山市还有在建的“粮安工程”基础设施项目 2 个，分别为南海区新粮库和顺德区粮食产业园一期。南海区新粮库设计规模仓容 20 万吨，油罐容 0.5 万吨，预计 2019 年底完工；顺德区粮食产业园一期规划建设 22.4 万吨储备粮标准仓容、2 000 吨储备食用油罐容和业务管理用房等配套设施，投资估算 7.5 亿元，并申报 2018 年中央财政补贴，纳入省级重点建设项目，预计 2019 年底完成建设。至 2017 年底，佛山市国有粮食仓容 54.2 万吨，油罐容约 2 万吨。

2017 年 11 月 28 日，佛山市常务副市长蔡家华和市粮安考核领导小组成员深入佛山市市级新粮库建设现场调研协调推进建库问题 （市发改局供图）

【粮油质量安全监管】 2017 年，佛山市做好库区安全储粮和安全生产问题、中央和地方储备粮管理问题和国家粮食收购政策和政策性粮食销售出库问题隐患排查。年内，市粮食局委托禅城区粮油检测中心开展粮油质量抽检 30 多次，抽取政策性粮油质量安全抽检样品 248 份。检测结果表明，佛山市储备粮油质量均符合国家食品安全标准要求。

【佛山与佳木斯粮食产销合作】 2017 年，佛山市与黑龙江省佳木斯市建立粮食产销合作长效机制，率先走在两省粮食对口合作前列。6 月 12 日，佛山市市、区两级粮食部门以及企业代表赴黑龙江省佳木斯市开展粮食产销合作活动。并分别与佳木斯市当地粮食部门签订粮食产销合作协议书，构建起佛山市与产区粮食部门长期、全面、稳定的产销合作关系，建设畅通的粮食购销渠道和稳定的对接模式，实现粮食产销地区优势互补。

（梁汝钰）

旅游业

综　述

【概况】2017年，佛山市接待国内外游客4 929万人次，比上年增长7.86%；接待国内外过夜游客1 497.82万人次，增长10.86%；景区接待国内外游客4 280万人次，增长5.29%；旅游总收入709.66亿元，增长13.59%，其中国内旅游收入608.57亿元，增长15.08%；实现旅游外汇收入151 468.37万美元，增长4.86%。旅游总收入占GDP的比例7.46%；旅游增加值319.12亿元，占GDP的比例3.36%。全市拥有对外开放旅游景区（点）73个，其中国家AAAAA级旅游景区2个、国家AAAA级旅游景区15个、国家AAA级旅游景区6个。旅游星级饭店46家，其中五星级旅游饭店10家、四星级旅游饭店15家。旅行社122家，其中出境游组团社35家。持证导游员4 441人，其中中级导游147人、高级导游16人。

【春节"黄金周"旅游】2017年春节"黄金周"，佛山旅游市场热闹兴旺，秩序良好，繁荣安定。佛山市五区推出祈福迎新、艺术展演、休闲娱乐、民俗文化等一系列集文化、体育、旅游于一体的新春贺年旅游产品，吸引众多市民游客参加。全市接待国内外游客382.16万人次，增长16.65%；接待国内外过夜游客12.87万人次，增长11.82%；接待一日游游客369.29万人次，增长16.82%，景区接待国内外游客354.76万人次，增长11.74%；旅游总收入20.11亿元，增长12.35%。

旅游市场呈现五个特点：一是新春贺岁节目异彩纷呈。各旅游景区推出地方特色浓郁的节庆文娱活动60多项，吸引大批外地游客和本地市民前往观光游玩。其中，佛山禅城花市、佛山万福台唱大戏、大城工匠剪纸艺术以及容桂龙狮迎新四大新春活动更是在春节期间先后登上中央电视台《新闻联播》以及《新闻直播间》，通过直播镜头与全球观众分享佛山的幸福年。二是长短途旅游出行选择多。自驾游和短途旅游市场持续兴旺，不少省内外其他城市游客选择驾车到佛山游玩，感受佛山特色年味。其中新春赏花游、乡村休闲游、家庭亲子游和绿道观光游等短途旅游受到游客广泛青睐。随着粤桂黔高铁开通，不少高铁沿线城市游客纷纷选择佛山作为春节旅游目的地，西樵山和岭南天地等景点走俏。同时，佛山古色古香的岭南古建筑、醒狮、武术等传统文化以及盆菜、特色小吃等本土元素特点突出，让到佛山过节的游客们印象深刻。三是新兴旅游产品成新宠。美的鹭湖森林度假区的房车产品销售火爆，房车露营作为形式新颖的旅行方式受到旅游者青睐。四是文明出游氛围良好。市通过佛山旅游政务网、佛山旅游网、佛山旅游微信公众号、佛山旅游微博等媒体互动平台及时发布景区实况、交通、安全、天气等主要旅游信息、旅游攻略等，为游客提供快捷便利的春节出游资讯。利用各种媒体阵地，宣传社会主义核心价值观、文明旅游提示语等，倡导文明旅游、安全出行、理性消费，让市民和游客自觉形成践行文明旅游、文明出行的示范效应。五是部门协作保障节日平安。春节"黄金周"前夕，佛山市启动相应联动机制，市公安、宣传、安监、消防、交通、质监、卫生、旅游等部门各司其职，各负其责，加强市区联动、政企联网，联合部署旅游市场安全监管工作，制定应急预案，落实防范措施，严抓安全检查。春节"黄金周"期间，根据省、市、区的要求部署，各有关景区加强春节期间安全隐患排查和安全管理，同时，市、区旅游管理部门分别对部分景区进行春节突击检查，出动检查组25个、检查人员51人次，检查旅游企业48家。整个春节"黄金周"，全市接到游客投诉11件，未出现大小旅游安全事故。

【国庆"黄金周"旅游】2017年国庆"黄金周"，国庆节、中秋节假期叠加，构成长达8天的"超级假期"。佛山市旅

2017年佛山市旅游经济发展情况统计表

类　别	接待过夜旅游者（万人次）	旅游总收入（亿元）	旅游外汇收入（万美元）	一日游人数（万人次）	旅游从业人员（人次）
全市合计	1 497.82	709.66	151 468.35	3 431	6.19
禅城区	435.61	240.62	60 430.06	873	0.44
南海区	393.51	192.81	21 612.77	948	3.18
顺德区	402	188.05	62 054.85	767	1.03
高明区	62.01	42.56	2 607.05	435	0.18
三水区	204.68	45.57	4 763.67	375	1.34

游市场热情高涨，市场供给充分、需求旺盛、文明有序、安全平稳，全市未发生旅游安全事故，无较大旅游投诉，市民游客度过一个欢乐祥和的国庆中秋假期。全市接待国内外游客542.9万人次，比上年同期增长20.64%；接待国内外过夜游客13.6万人次，增长21.68%；接待一日游游客529.3万人次，增长20.61%；景区接待国内外游客503.75万人次，增长24.33%；旅游总收入27.92亿元，增长15.37%。

旅游市场呈现五个特点：一是旅游产品丰富，岭南特色鲜明。依托佛山深厚的岭南文化底蕴，各旅游景区精心策划，以"最岭南之再向佛山行"为主题，引导市民游客从"走马观花"游向体验游、文化游转变，各地假日节目极具岭南文化特色。"黄飞鸿杯"第十三届世界华人狮王争霸赛暨水上双狮挑战赛在西樵山天湖公园举行，来自世界各地的16支参赛队伍展开狮王宝座争夺战。佛山祖庙邀请佛山真武馆馆长霍泽文率领一众徒弟进行多场精彩的武术表演，邀请香港粤剧红伶林芯荠以及佛山粤剧院当家文武生陆志鹏进行粤剧专场表演。第二届"远航九江"龙舟锦标赛、2017年上东第三十八届锦龙盛会、海寿岛环岛龙舟赛等相继举办，"珠三角地区最大规模灯会"同时在三水荷花世界和南海映月湖、文翰湖举办。二是美食需求旺盛，拉动消费强劲。佛山作为"世界美食之都"，美食消费占据节日消费的重要比重，成为拉动经济增长的新亮点。国庆期间，星级饭店及各类食肆供求两旺，适合大众消费的婚庆宴请、亲朋聚餐、旅游团餐等需求旺盛。为期五天的2017顺德（华侨城）美食节入场人数近百万人次，实现总销售额超3 000万元。盈香生态园第十一届万人濑粉节，吸引游客超7万人次，销售收入300多万元。三是旅游新业态、新产品成为吸引游客增长新亮点。侨鑫生态园推出迎国庆·贺中秋欢乐趴系列活动；鑫农餐厅推出国庆多人超值套餐，吃、住、玩一应俱全。美的鹭湖森林度假区推出"鹭湖旱雪温泉畅玩节"九大主题狂欢活动，这些旅游新业态、新产品成功吸引大批市民游客游玩。四是创新营销成为拉动年轻人消费的新方式。国庆期间，创新旅游营销活动以佛山首本旅游文创书籍《佛山情书》发行为引爆点，陆续推出"跟着情书去旅行""佛山旅游进高校""一封写给佛山的情书""跟着验客游佛山""慢游佛山N种方式征集"等主题活动，累计超过4 000万名年轻网友通过各种新媒体平台收看"最岭南之再向佛山行"旅游直播和宣传内容。五是旅游市场稳定、文明安全有序。假日期间，各级旅游部门坚持24小时应急值守，尽职尽责，接受游客咨询、及时受理游客投诉，多渠道及时发布安全提示、客流预警等信息；通过微信、微博、旅游网站、悬挂宣传标语、手机信息温馨提示、利用电子屏幕播放公益广告等形式，引导游客文明出游，督促旅游企业守法经营、诚信服务。国庆期间，全市旅游部门出动检查88次，出动检查人员228人次，检查涉旅企业153家，检查团队导游41人。接到"12301"旅游投诉平台轻微投诉2宗，没有发生大的旅游投诉和安全事故。

【全市旅游产业发展工作座谈会】 2017年4月26日，佛山市召开全市旅游产业发展工作座谈会，指导谋划佛山旅游产业发展工作。市旅游局机关全体干部、市旅游协会、市旅行社协会及部分旅游景区负责人参加会议。会议指出，市委、市政府对佛山旅游产业发展十分重视，对旅游产业如何发挥在经济发展中的支撑作用寄予很大希望，希望旅游部门在服务全市经济增长上要找准自身定位并作出积极贡献。旅游部门作为经济部门、产业部门，要从过往以行业管理为主，向资源开发、市场推广、拉动消费等产业发展职能转型，要研究经济工作、产业工作，推动旅游产业实现更好更快发展。

（陈森平）

旅游市场开拓

【概况】 2017年，佛山市旅游市场开拓持续创新，"狮舞岭南、传奇佛山"旅游品牌和"佛山智造、中国功夫"城市口号日益响亮。发布首部佛山旅游文创书籍《佛山情书》，配套"跟着情书去旅行""佛山旅游进高校""一封写给佛山的情书""跟着验客游佛山""慢游佛山N种方式征集"等旅游营销活动。融合"旅游+民俗""旅游+文创""旅游+影视"等元素，推出佛山秋色民俗文化活动、佛山陶瓷艺术周、佛山功夫电影周、佛山创意城市博览会、香港·佛山节等"五大盛会"和"最岭南之再向佛山行""最岭南之佛山过大年"旅游系列活动，整体展现佛山丰厚旅游文化资源。用活佛山旅游微信、佛山旅游微博、今日头条、天天快报、一点资讯、腾讯新闻、网易旅游、UC新闻、凤凰媒体等新媒体资源，借助同程、携程、蚂蜂窝、驴妈妈、途牛等知名旅游网络平台，线上线下互动发力，有效扩大佛山旅游城市形象宣传。参加广州国际旅游展、厦门海峡旅博会、澳门国际旅博会、广东国际旅博会、中国东盟博览会旅游展、海上丝绸之路（福州）国际旅游节等重要展会，举办"高铁同游·寻味岭南"首届佛山·禅城旅游文化周暨高铁经济带旅游博览会、广佛肇旅游联盟（昆明、丽江）推介会等，展示佛山岭南特色文化和旅游资源产品。参加粤港澳大湾区旅游业界合作峰会，探讨开拓更多"一程多站"旅游产品，共促粤港澳三地旅游合作交流。在广州白云机场到达厅咨询台摆放佛山旅游美食语音地图等旅游宣传资料供乘客免费取阅。在广州南站举办"佛山号"动车组冠名首发仪式，精心打造"佛山号"高铁专列两组（列）16节车厢。在G12、快3两条佛山旅游专线四部车辆投放佛山旅游形象标志、宣传标语，打造深度体验佛山旅程。举办"醉美佛山"旅游摄影大赛、佛山旅游纪念品创意设计大赛，全方位展示佛山优秀文旅资源及创新成果。

【清远北部区域联盟旅游产品（佛山）推介会】 2017年2月23日，清远北部区域联盟旅游产品（佛山）推介会在佛山举行。广东省旅行社行业协会秘书长郑文丽，佛山市旅游局副局长郭明远，各区旅游局和市、区旅游协会以及餐饮协会负责人等近300人出席会议。会上，清远北部区域联盟连州市、连山县、连南县、阳山县旅游局分别对辖区旅游产品进行现场推介，通过播放宣传片、派发宣传资料等方式，宣传当地旅游特色。清远地处广东西北部，是珠三角后花园，与佛山互为重要旅游客源市场，两地往返交通便利。清远通过整合旅游资源，发挥地域优势，先后获得中国宜居城市、中国优秀旅游城市、中国温泉之城、中国漂流之乡、中国奇洞之乡、中国最具特色旅游城市等称号，形成“亲情温泉、激情漂流、奇情溶洞、闲情山水、热情民族、浓情美食”六大旅游品牌。清远、佛山旅游业具有很强的差异性和互补性，两地旅游业界交流频繁，联系紧密，合作基础良好，市场前景广阔。

【“鄂尔多斯 温暖全世界”2017 鄂尔多斯（佛山）旅游推介会】 2017 年 3 月 14 日，为加强佛山与鄂尔多斯旅游业界的交流学习，宣传推广鄂尔多斯丰富的旅游资源，鄂尔多斯市旅游局在佛山皇冠假日酒店举办“鄂尔多斯 温暖全世界”2017 鄂尔多斯（佛山）旅游推介会。佛山市旅游局、佛山市旅游协会组织佛山市各大旅行社企业参加推介会。会上，鄂尔多斯市旅游局对鄂尔多斯旅游资源做整体推介，成吉思汗陵、响沙湾、康巴什等重点景区、酒店分别做了旅游产品推介，旅行社代表对多条旅游线路做详细介绍。推介会团队还向参会代表呈现具有浓郁蒙古族特色的歌舞表演和服装表演，并在现场开展转发朋友圈点赞送礼品等活动，现场气氛活跃，观众反映热烈，给与会者留下深刻印象。

【“粤享浙里”诗画浙江旅游推介会】 2017 年 3 月 20 日，由浙江省政府、省旅游局主办的“粤享浙里”诗画浙江旅游推介会在广州东方宾馆举行。浙江省副省长梁黎明、广东省副秘书长李贻伟、广东省旅游局副局长张振林、广东旅行社行业协会秘书长郑文丽以及两省各级旅游主管部门负责人出席会议。佛山市旅游局、佛山市旅游协会组织佛山市各大旅行社企业参加会议。会上，广东和浙江的旅行社代表签订 2017 年合作协议。佛山口岸国际旅行社有限公司、广东南湖国际旅行社有限责任公司佛山分公司等 5 家 2016 年广东赴浙江发团数前五位的旅行社企业获得由浙江省旅游局颁发的“诗画浙江市场贡献奖”。同时，由广东省旅行社组织的“粤享浙里行”主题旅游活动当天也举办集体发团仪式。浙江省副省长梁黎明带领该省各地市旅游主管部门负责人向广东省旅行社代表授旗。佛山市旅游协会会长单位佛山市中旅国际旅行社有限公司负责人现场接受浙江电视台采访。

【徒步小游戏助力佛山旅游宣传】 2017 年，为创新旅游宣传方式，借力 2017 佛山 50 公里徒步活动宣传推广佛山旅游城市形象，佛山市旅游局制作线上徒步小游戏，与用户互动，让市民游客边玩徒步游戏边领略佛山美景，取得良好推广效果。3 月 25 日，佛山市旅游局在 50 公里徒步活动禅城线的起点和终点分别举行线下扫码送礼活动，众多市民游客纷纷前来围观，拿起手机扫描关注佛山旅游微信公众号，领取佛山旅游宣传资料。该次宣传活动，结合线上线下一同推广，线上徒步游戏涉及佛山知名旅游景点众多，游戏奖品丰富多样，富有佛山岭南特色。线下活动人口基数大、关注度高。在短短 6 天的游戏时间内，佛山旅游微信公众号粉丝激增约 2 万人，活动期间最大单日净增粉丝数 8 970 人，每天后台互动信息超 100 条。

【“壮族三月三·相约游梧州”暨 2017 年广西岭南风情旅游文化周（佛山）旅游推介会】 2017 年 3 月 28 日，在佛山北帝诞和广西“壮族三月三”来临之际，梧州市旅游发展委员会组织当地旅游企业代表在佛山举办“壮族三月三·相约游梧州”暨 2017 年广西岭南风情旅游文化周（佛山）旅游推介会。

会上，梧州市资深政务导游介绍了梧州特色旅游景区景点、梧州一日游、两日游精品线路、“三月三”假日期间特色活动与优惠措施以及梧州即将举办的一系列旅游文化节庆活动，欢迎佛山游客到梧州去领略岭南风情和特色旅游节庆活动。梧州较具特色的旅游景点有岑溪天龙顶、石表山、四恩寺、太平狮山契嵩故里、龙母庙、六堡茶船古道、骑楼城等。

【黔东南州·凯里市旅游宣传暨招商推介会】 2017 年 4 月 25 日，以“中国聚宝盆·大美黔东南，探秘苗乡侗寨·畅游山水凯里”为主题的黔东南州·凯里市旅游宣传暨招商推介会在佛山马哥孛罗酒店举行。两市相关领导以及佛山市旅行社、酒店、景区和旅游手信企业代表等 150 多人参加会议，30 多家来自广东省、佛山市以及澳门地区媒体代表到会参与宣传推广。

会上，深圳市锦创宏光电科技股份有限公司、香港百川环球贸易有限公司、中天市天烁照明有限公司等 10 家知名企业现场和凯里市签约，佛山市中旅国际旅行社有限公司、佛山市南湖国际旅行社有限公司等 6 家旅游企业现场和凯里市签约，签约意向投资总金额 56.7 亿元。

【“缤纷海岸·蔚蓝广东”2017 广东旅游（四川）专场推介活动】 2017 年 4 月 8 日，由广东省旅游局主办的“缤纷海岸·蔚蓝广东”2017 广东旅游（四川）专场推介活动在成都举行。四川省旅发委党组书记胡斌，广东省旅游局局长曾颖如，凉山州副州长肖春，佛山市旅游局局长蒋庆以及广东省内各滨海城市旅游主管部门负责人出席活动。活动现场进行咏春武术表演、醒狮表演、经典粤语歌曲演唱等，并现场推介广州西关风情、佛山岭南天地、湛江观海长廊、惠州海龟湾等著名景点景区。佛山市对口的东西部扶贫协作城市凉山州副州长肖春现场推介五彩凉山旅游产品。佛山市通过参加“缤纷海岸·蔚蓝广东”2017 广东旅游（四川）专场推介活动，展示佛山的功夫文化、美食文化、工业文化和古村文化，让更多的成都市民了解佛山。

【佛山号动车组冠名】 2017 年 4 月 28 日，佛山号动车组冠名首发仪式在广州南站举行。佛山市旅游局副局长谢建华、永达集团副总裁汤斯以及多名旅游“达人”和新闻媒体代表参加仪式。与会嘉宾、旅游“达人”和媒体代表登上佛山号动车专列，参加首发之旅，亲身感受佛山号魅力。佛山号动车组内的座椅枕巾、小桌板、行李架上印有充满佛山元素的宣传画。首发之旅活动中，主持人、旅游达人和记者纷纷与在座乘客互动交流，并将佛山旅游宣传资料、精美特色小礼品派发给乘客。

2014年12月，贵广、南广高铁正式开通运行，粤桂黔“4小时经济生活圈”逐步形成，两条高铁连接三省区资源，粤桂黔高铁经济带应运而生，也为三地旅游市场区域合作创造新的发展机遇。为进一步发掘高铁旅游客源，借助贵广高铁带旺佛山旅游市场，佛山市旅游局与永达集团达成共识，将一列高铁列车命名为佛山号，并利用高铁车厢内的广播、宣传画等各类媒介，宣传“佛山智造 中国功夫”城市形象，借助佛山号动车把佛山旅游产品和旅游资讯传递到高铁沿线城市，并通过乘坐高铁的广大乘客，将佛山旅游品牌传遍全国。

【佛山组团参加第十三届海峡旅游博览会】 2017年5月12日，第十三届海峡旅游博览会暨2017中国（厦门）国际休闲旅游博览会在厦门国际会展中心举行。该届旅博会以“融合发展，合作共赢”为主题，参展国家及地区37个，创历年之最，并拓展到“一带一路”沿线国家和地区，是名副其实兼具海峡特色、海丝特色与国际特色的旅游展会。佛山市旅游局率领禅城区旅游局以及市内多家旅游企业携佛山岭南旅游文化特色参展。佛山展馆以佛山文化中蕴含的水与火两种力量为主题，以“水形火色”彰显佛山相互交融、兼容并蓄的城市精神；以浓浓的岭南元素，展现佛山旅游文化特色，提升佛山城市形象。展馆分为印象佛山、佛山韵味、古城漫游三大部分，整体展示佛山旅游资源、文化底蕴、城市精神。舞台背景的镬耳屋和舞台上的功夫人像、石湾公仔、剪纸作品、佛山彩灯等处处细节凸显浓重的岭南元素。展馆展出佛山剪纸作品20件、陶艺大师作品30件、特色大型藤编作品8件以及小型藤编等旅游产品与非遗产品。在手工艺品体验区设置有手捏陶互动体验和藤编互动体验。精美的展品吸引无数游人驻足观看，并在专业藤编师和陶艺师的指导下亲自动手尝试，领略手工艺品中蕴含的岭南风情。舞台区域每天安排4个时段进行特色佛山功夫和醒狮表演，现场还设有木人桩互动体验，咏春拳爱好者可以亲身体验佛山咏春拳的精妙。佛山市借助旅博会，向海峡两岸旅游业界充分展示佛山浓郁的岭南文化、深厚的民俗底蕴、丰富的旅游资源。

【首届佛山·禅城旅游文化周暨高铁经济带旅游博览会】 2017年5月28—30日，首届佛山·禅城旅游文化周暨高铁经济带旅游博览会在佛山市禅城区举行。除普通市民外，佛山市、区旅游部门、旅游协会、旅行社企业负责人以及贵广、南广、昆广、武广、厦深等高铁沿线18座城市组织的多个旅游团超过2 000名游客参加活动。市民游客不仅能在展馆饱览18座城市的浓缩美景，还能在“佛山食味”美食品鉴会享受地道美食，在佛山武术展演上学习功夫，在佛山·禅城旅游商品（手信）展购买特色手信。该活动标志着由佛山等18座城市组成的高铁经济带旅游协会联盟正式成立。以旅游为先导，佛山等城市将共同打造“高铁旅游”品牌，完善高铁经济带旅游博览会平台，推动高铁经济带实现共荣发展。

【佛山组团参加澳门国际旅游（产业）博览会】 2017年7月7日，第五届澳门国际旅游（产业）博览会在澳门威尼斯人金光会展中心举行。佛山市旅游局组团参加该届旅博会，展示佛山丰富的旅游资源和独特的岭南文化，融入粤港澳大湾区，助推佛山旅游产业大发展。广东省旅游局局长曾颖如、港澳台处（国际交流处）处长张国辉等领导嘉宾先后到佛山展位参观指导。该届展会，由佛山市旅游局局长蒋庆、副局长郭明远带队，发动禅之旅、遨游假期、南海藤编（大沥）传习所等旅游文化企业组团参展。参展人员在现场派送《佛山旅游》《景点视频录》《佛山旅游招商指南》等宣传资料，向澳门市民推介佛山丰富旅游产品，并现场免费派送醒狮狮头、黄飞鸿便签夹等佛山特色手信，展示佛山独特的岭南文化魅力。

【“活力广东·狮舞岭南·感悟禅宗”旅游推介会】 2017年9月4—6日，由广东省旅游局主办，佛山、云浮两市旅游局联合承办的“活力广东·狮舞岭南·感悟禅宗”旅游推介会分别在贵阳市及黔东南州举行。两场推介会是为加强旅游市场宣传，对接和融入国家“一带一路”战略，推动粤桂黔高铁旅游联盟城市旅游业相互发展，加深广东旅游业与贵州旅游业界的相互交流与共同合作而举办。在贵阳市，佛山、云浮两市旅游主管部门负责人分别向贵阳旅游行业代表推介佛山、云浮的旅游景区景点、民风民俗、美食特产等旅游资源，交换发展旅游经验做法，建立常来常往、客源互送、共同发展的旅游合作沟通机制。在黔东南州，佛山、云浮两市旅游主管部门负责人分别向凯里市旅游同行展示佛山、云浮两市旅游形象和特色旅游资源，同时传达交流合作的诚意。推介会上，佛山市主要推介佛山祖庙、岭南天地、南风古灶、西樵山等在国内外有较大影响力的景区，以及广受中外游客欢迎的历史文化游、工业游、休闲购物美食游产品。

【佛山组团参加2017中国（广东）国际旅游产业博览会】 2017年9月8—10日，由广东省人民政府主办、广东省旅游局承办的2017中国（广东）国际旅游产业博览会在广州琶洲展馆举行。为更好地宣传推介佛山旅游资源和产品，展示佛山城市形象，佛山市旅游局在该次旅博会中华馆专门申请54平方米的光地展位进行特装展示。佛山展馆以“最岭南之再向佛山行”为主题，多家景区、旅行社、酒店参展，还有国家非遗项目（狮头）传承人和佛山剪纸艺人进行现场展示表演。展馆中央设立有4个形象灯箱，展示佛山秋色欢乐节、佛山陶瓷艺术周、佛山功夫电影周、佛山创意城市博览会、香港·佛山节“五大盛会”以及佛山旅游文创书籍《佛山情书》内容。

【“寒来暑往、南来北往”4＋2旅游联盟成立大会】 2017年11月7日，由广东省佛山市、珠海市、江门市、中山市和黑龙江省伊春市、鹤岗市旅游主管部门共同组成的“寒来暑往、南来北往”4＋2旅游联盟成立大会在江门市举行。会上，发表“寒来暑往、南来北往”4＋2旅游联盟成立宣言。旅游联盟的成立，得到黑龙江省旅发委和广东省旅游局的重视和支持，先后发来贺信。联盟成员单位旅游主管部门负责人先后就联盟成立发表感言、祝福和邀请。“寒来暑往、南来北往”4+2旅游联盟成立以后，立足联盟城市本地资源特色，抱团集约发展，进一步开拓6市旅游客源市场，强化信息互通、资源共享、优势互补、利益互惠，形成具有较强差异化的旅游品牌，共同促进区域旅游产业协同发展，力争打造成为国内著名、国际知名的生态旅游胜地。旅游业内人士表示，基于良好的合作基础，加上黑龙江省和广东省旅游资源的差异性和互补型，特别是广东到伊春航线的开通，大交通问题的破解，黑龙江和广东两省之间，伊春、鹤岗两市与广东各地市之间将会有更广阔的合作空间。

2017年11月7日，由佛山市、珠海市、江门市、中山市和伊春市、鹤岗市旅游主管部门共同组成的“寒来暑往　南来北往”4+2旅游联盟成立大会在江门市举行

（市旅游局供图）

【第二届香港·佛山节】 2017年12月1—4日，由香港佛山社团总会、佛山海外联谊会主办，以“佛山智造 中国功夫”为主题的第二届香港·佛山节在香港长沙湾游乐场举行。立足于佛山独具特色的旅游美食资源、传统文化以及产业基础，第二届香港·佛山节以佛山美食旅游主题展、佛山非遗文化特装展以及佛山武术舞台表演三大板块内容为香港市民展现佛山特色。以此为契机，举办“最岭南之再向佛山行”2017佛山（香港）旅游推介会，推出13个旅游重点招商项目，组团向香港企业抛出“绣球”。推介会上，佛山市旅游协会、佛山市旅行社协会、香港入境旅游接待协会和粤港澳酒店总经理协会四方一同签订框架协议，拟在推动“香港+佛山”旅游合作、联合打造“香港+佛山”旅游精品、建立旅游宣传共享平台、实现市场互惠、客源互济、提供培训和经验共享、建立议事交流机制等方面开展合作，开创“香港+佛山”旅游新模式。

【佛山出席粤港澳大湾区城市旅游联合会成员大会】 2017年12月11日，粤港澳大湾区城市旅游联合会在珠海市举行成员大会。会议对《粤港澳大湾区城市旅游联合会章程》进行表决，并选举产生联合会首届轮值主席单位。佛山市携手广州、深圳、珠海、惠州、东莞、中山、江门、肇庆等地市和香港、澳门特别行政区旅游主管部门负责人签署《粤港澳大湾区城市旅游联合会协议》，全面贯彻落实《深化粤港澳合作 推进大湾区建设框架协议》，对内进一步密切粤港澳三地旅游联系与往来，对外进一步树立共同的国际旅游形象，携手打造世界级湾区旅游新标杆。

【佛山出席2017两广城市旅游合作（珠海）联席会议】 2017年12月12日，2017两广城市旅游合作（珠海）联席会议在珠海市举行，广东、广西两省（区）旅游委（局）、35个地市政府负责人、旅游委（局）以及旅游企业代表200多人参加。该次会议以“深化粤桂旅游合作，携手打造粤港澳大湾区世界级旅游区”为主题，珠海、佛山等多个城市代表及两省（区）旅游企业代表在大会上作主旨发言，广西壮族自治区旅游发展委员会与广东省自驾旅游协会在该次大会上签订战略合作框架协议。佛山代表广东省地市政府作题为《拥抱大湾区 领跑新时代——粤桂携手共建粤港澳世界级旅游区》的大会发言。活动期间，佛山市旅游局局长蒋庆在佛山展位现场推介佛山首本旅游文创书籍《佛山情书》以及“最岭南之再向佛山行”特色旅游文化资源与精品旅游线路，向参加活动的嘉宾和中外游客展示佛山旅游城市形象。

【最岭南·佛山过大年之2018佛山旅游行业新年热卖会暨佛山旅游手信贺年展销会】 于2017年12月30—31日在禅城区东方广场举办。该展会作为“最岭南·佛山过大年”系列活动之一，以时尚、有趣、互动的形式，展现佛山文化旅游资源。市内各大旅行社、景区、酒店、旅游手信企业等参与，共设52个展位。参展单位针对元旦和春节两大节日，对产品进行精心策划，除推出丰富多样的新春特惠旅游线路外，还有节庆房、景区优惠以及极具本土特色的旅游产品。得心斋扎蹄、公兴隆、国药冯了性、南海非遗藤编、九江双蒸、周大娘牛乳以及高明合朝农产品、高明用心粉葛、高明上善濑粉、西酒非遗小食等各具浓郁特色的佛山旅游手信产品亮相展会。来自“粤桂黔”高铁沿线城市的特色产品也在现场展出。

（陈森平）

旅游开发建设

【概况】 2017年，佛山市全面深化旅游供给侧结构性改革，旅游产业开发建设势头良好。

旅游招商稳步推进　全市建立旅游招商项目库，筛选13个旅游招商项目，利用重大展会平台等进行推介招商。成功引入总投资16.8亿元的宋城·西樵山岭南千古情景区项目落户南海区西樵镇听音湖片区。

产业融合加快发展　组织到深圳、

阳江、恩施、甘孜、凉山等地开展精品民宿专题调研，加快工业旅游示范基地、休闲农业与乡村旅游示范点建设，推进乡村旅游、工业旅游发展。打造佛山秋色民俗文化活动、佛山陶瓷艺术周、佛山功夫电影周、佛山创意城市博览会、香港·佛山节等“五大盛会”，促进旅游与文化、艺术、功夫、创意、美食等产业深度融合。加快华侨城文化旅游综合体、美的鹭湖森林度假区、三水尼克文化生态海岸、大旗头广府文化基地、荷花奇境等在建旅游项目建设步伐。梦里水乡获批 AAAA 级旅游景区，九江双蒸博物馆获批 AAA 级旅游景区，史努比缤纷世界和碧江金楼加快 A 级景区创建步伐，新昌小镇·奥特莱斯正式开业，旅游产品供给日渐丰富。

旅游服务设施不断健全 西樵客运站、大沥客运站、三水万达广场以及新昌小镇·奥特莱斯等旅游集散中心相继投入使用，白云机场快线、旅游公交专线等得到科学合理的设置。加快旅游厕所建设，全市新建旅游厕所 45 个、改建旅游厕所 9 个，全年给予旅游厕所建设资金补贴 470 万元。

【禅城区开展全域旅游创建】 2017 年，佛山市禅城区聘请广州智景旅游规划设计有限公司整体评估禅城开展全域旅游创建现状，制订《禅城区创建广东省全域旅游示范区三年行动计划》，分阶段细化落实创建任务，做好资金申请安排，加快全域旅游发展规划及其服务项目采购工作，力争做到“九个突破”和“十个抓手”。九个突破即：一是综合管理机制改革突破，筹备组建有党政主要领导牵头的创建工作领导机构，建立健全全域旅游领导机制，将全域旅游示范区纳入地方党政绩效考核，制订全域旅游示范区创建方案；二是多规合一突破，编制一套禅城区全域旅游发展规划；三是“旅游+”突破，旅游+工业（工业游品牌），旅游+文化（文化旅游品牌），旅游+商业（特色旅游商城品牌），旅游+购物（旅游商品品牌），旅游+美食（地方餐饮品牌），旅游+住宿（创建一批星级酒店），旅游+管理（创建一批 A 级景区）；四是市场监管突破，建立“政府统一领导、部门依法监管、企业主体负责”的旅游综合管理工作机制，尝试“1 + 3 + N”旅游综合执法模式，鼓励建立旅游警察、旅游巡回法庭、工商旅游分局及其他联合执法体系；五是旅游富民突破，对旅游业对当地 GDP 综合贡献率进行考核（15%），对旅游新增就业率进行考核（20%）；六是公共服务供给侧改革突破，构建旅游交通便捷服务体系研究，规范旅游标识系统设置，推进旅游厕所改造提升，完善老年和无障碍公共设施，完善旅游信息服务体系；七是旅游大数据突破，建立全域旅游大数据平台，创新旅游数据统计模式，培育一批旅游大数据人才；八是文明旅游突破，建立游客不文明行为黑名单制度，完善应急救援体系，制订应急安全预案，定期进行全域旅游安全演习；九是对外旅游交流合作突破，举办全域旅游宣传推介交流会，建立与其他全域旅游示范区的合作关系等。十个抓手即：一是制订一个全域旅游规划；二是建设一套旅游识别系统；三是创建一批 A 级景区；四是创建一批特色小镇；五是建立一个旅游服务信息平台；六是筹建一支旅游执法队伍；七是建立一个国际旅游交流平台；八是组织开展一系列城市营销活动；九是打造一批旅游商品和服务平台；十是筹措一批旅游发展扶持资金。

2017 年 10 月 12 日，广东省旅游局副局长曾晓峰到佛山调研全域旅游工作

（市旅游局供图）

【高明开展全域旅游创建】 2017 年，佛山市高明区围绕创建广东省全域旅游示范区目标，在体制、规划等方面进行创新和探索。一是创新机制体制，构建现代化旅游治理体系。构建旅游组织领导新体制，设立高明区全域旅游和美丽乡村建设办，形成高明区独有的部门联动工作格局。开展皂幕山景区经营管理体制改革，加快引入社会资本，促进皂幕山提档升级。启动旅游综合执法改革，探索推进旅游警察、旅游工商分局、旅游巡回法庭等综合管理工作，加快建立权责明确、执法有力、行为规范、保障有效的旅游市场综合监管机制。二是强化统筹规划，做好全域旅游顶层设计。出台《高明区创建省级全域旅游示范区工作方案》，分类制订 73 项具体工作任务。委托北京东方利禾景观设计有限公司启动全域旅游发展规划编制，形成总体规划、专项规划、景区策划、行动计划与实施方案等成果。实施涉旅项目备案制度，统筹全区旅游产业开发建设。三是强化载体作用，推动旅游产业项目落地。加强旅游招商引资，利用招商手册、大型展会等各种招商手段，全方位展示高明区旅游投资环境和旅游资源优势，引入优质旅游产业项目集聚发展。推进重点旅游项目建设，指导解决土地利用等共性问题。出台岭南新民宿扶持办法，从高明区旅游专项扶持资金安排扶持高端民宿发展，加快推动民宿项目在高明落地。四是软硬环境齐抓，提升全域旅游综合环境质量。开展城乡环境综合整治，加大厕所革命推进力度，有序提升高明全域旅游的硬环境建设。开展文明旅游主题实践活动，促进文明旅游常态化开展，塑造高明全域旅游的良好软环境。五是推动工作创新，探索全域旅游工作新路子。高明区成立

全域旅游发展公司，搭建全区旅游资源整合的新平台。注重旅游投融资主体的多元化，尝试引入社会资本参与旅游基础设施建设。

【《佛山情书》发布会暨“最岭南之再向佛山行”系列活动】 2017年9月16日，由佛山市旅游局、市文广新局共同策划的《佛山情书》发布会暨“最岭南之再向佛山行”系列活动启动仪式在市图书馆举行。市旅游局、市文广新局等单位相关负责人以及图书发行商代表、旅游企业代表、旅游达人、市民和大学生代表等近300人共同见证《佛山情书》首发。

《佛山情书》，定位为一本年轻态、有人情味的佛山旅游文创书籍，通过趣味的文章和插画，让市民游客能够跟着书籍来一趟佛山文化旅游的情调之旅。该书以“景点+文化”方式，整合佛山历史、人物、非遗、古村落、旅游景区、美食、新消费、新发现等，每篇文章篇幅短小但内容丰厚，以文本+美图+插画方式进行设计，有超过100幅手绘插画。该书还配合文化地图、景点推介等互联网产品，让人用一本书就能了解佛山文化，以及吃、住、行、游、购、娱等全方位资讯。《佛山情书》整体风格轻松活泼、清新时尚。语言活跃幽默，灵活使用粤语方言、网络热词等，吸引年轻人的阅读兴趣；在内容的采写上，通过每一个鲜活的故事，把文化和旅游融合起来，使内容具有丰富的可读性。

“最岭南之再向佛山行”系列活动，包括《佛山情书》发布会、佛山旅游进高校、中秋黄金周系列活动、慢游佛山征集、佛山（禅城）陶艺·建陶设计周暨陶瓷艺术周、广东（佛山）非遗周暨佛山秋色民俗文化活动、广东（佛山）创意城市博览会、广莱坞佛山国际功夫电影周、香港·佛山节等一系列活动。为配合“最岭南之再向佛山行”系列活动的开展，在10—12月期间，佛山市旅游局在全市范围内推出“最岭南之再向佛山行”旅游优惠活动。一是对组织国内游客来佛山过夜并游览佛山市1个以上收费景区的市内、外旅行社按20元/人进行扶持。二是对组织入境游客、包机、专列来佛山过夜并游览佛山市1个以上收费景区的市内、外旅行社按30元/人进行扶持。三是鼓励市内、外旅行社输送各类会议在佛山召开，会议规模人数在300人以上，来佛山过夜并游览佛山市1个以上收费景区的，按30元/人进行扶持。

【“跟着情书去旅行——佛山旅游进高校”（广州大学城）专场推介暨广佛大学生科技旅游联盟启动仪式】 2017年9月23日在广州大学城广东科学中心举行。该活动由佛山市旅游局主办，广州各大高校团委、南方报业传媒集团、在校大学生等参加活动。推介活动由“主舞台+6大摊位”形式展现。通过RAP、沙画表演、《佛山情书》朗诵、武术教学等形式，向大学生展示佛山历史文化和旅游资源，并对佛山“五大盛会”进行专门推介，吸引年轻人关注佛山、了解佛山、体验佛山并爱上佛山。

【佛山旅游纪念品创意设计大赛】 2017年8—10月在佛山举行。该大赛由佛山市旅游局主办，以弘扬佛山旅游文化为宗旨，结合“旅游+文化创意”“旅游+制造”等新趋势，创造出具有旅游纪念品特质，符合游客生活消费需求，体现佛山旅游文化特色、地域特色和人文特色的作品。大赛征集作品853件，经过初评、终评、网络评选等环节，最终评出获奖作品21件。其中，来自沈阳理工大学工业设计专业的大三学生周德设计的《桩·器》获一等奖。

【三水旅游集散中心投入使用】 2017年11月10日，佛山三水旅游集散中心举行揭牌仪式，以三水万达广场、新昌小镇·奥特莱斯为据点打造的文旅体验展示新平台正式投入使用。三水旅游集散中心探索引进旅游企业入驻，提供旅游宣传推广、公交中转换乘、候车、咨询、票务预订等服务。三水旅游集散中心作为一个政企联动、资源共享的文旅体验展示新平台，不仅在中心城区设点，更在镇街区域布局，有助于整合本土文化旅游资源，强化文旅宣传推广以及城市形象展示。

【第十一届“亚洲名厨精英荟”暨文旅交流活动】 2017年11月10—12日在佛山市南海区国艺度假酒店举办，来自韩国、日本、马来西亚等国家以及香港、澳门、台湾、南海等地的10支队伍80多位殿堂级厨师齐聚南海，为市民奉上一场美食盛宴。该次活动包括亚洲名厨精英荟厨艺比赛、亚洲名菜品鉴宴等内容，吸引8万名游客参与，旅游产值超过1 000万元。

【景区视频数据对接工作督导】 2017年12月6日，为加快推进佛山市AAAA级以上景区视频数据对接工作，广东省旅游发展促进中心主任孙朝晖率领督导组到佛山进行工作督导。督导组在佛山市旅游局有关负责人陪同下现场检查视频数据对接工作进程缓慢的佛山（国际）家居博览城和佛山祖庙博物馆，并为景区视频数据对接工作提出专业意见建议。现场检查后，督导组在佛山召开佛山市AAAA级以上景区视频数据对接工作督导会议。各景区负责人分别汇报景区视频数据对接工作进程以及遇到的困难，并表示将按照省旅游局要求在12月15日完成对接工作。督导组一一为景区解答对接工作中遇到的难题，并要求佛山各级旅游部门及各景区要克服困难全面落实景区视频数据对接工作。

（陈森平）

旅游行业管理

【概况】 2017年，佛山市拥有对外开放旅游景区（点）73家，其中国家AAAAA级旅游景区2家、国家AAAA级旅游景区14家、国家AAA级旅游景区5家。旅游星级饭店46家，其中五星级旅游饭店10家、四星级旅游饭店15家。旅行社122家，其中出境游组团社35家。持证导游员4 441人，其中中级导游147人、高级导游16人。

是年，佛山市旅游行业管理日趋完善，品质旅游服务不断加强。做好“放管服”工作，办理旅行社申请设立7家、旅行社变更备案登记15家、旅行社注销1家、领队证换发99张、电子导游证核发2 600多张等行政审批服务。利用“互联网+旅游”大数据，对旅行社经营管理进行规范，在省内率先推广使用旅游电子合同，市内近50家旅行社采用，服务游客超过 2 万人。向国家旅游局推荐 50 多家公开承诺诚信经营旅行社，搭建佛山市精英导游网络平台，为导游培训管理和业务对接提供在线新方式，吸引 571 名导游员注册进驻。评选出 15 名佛山市第二批金牌导游员，成为宣传佛山旅游形象大使。有序组织全国导游人员资格考试。培训指导顺德中旅导游王舒扬参加第三届全国导游大赛，成为广东省唯一参赛并获奖选手（铜奖）。举办佛山市旅游饭店行业服务技能大赛，以赛促训，岗位练兵。加强文明旅游工作，举办全市文明旅游主题宣传月启动仪式、旅游文明和旅游安全等专题培训，督促旅游企业完善文明旅游规范。开展对星级饭店、A 级景区评定性复核及整改检查，督促 AAAA 级以上景区做好视频数据对接，支持旅游行业协会和旅游企业提升旅游服务质量。

【2017 年佛山市旅游行业工资集体协议签订会议】 2017 年 1 月 11 日在禅城区召开。佛山市总工会副主席陈再勋出席会议。佛山市旅游协会组织各分支机构代表以及佛山中旅、禅之旅、南海中旅、南湖国旅、口岸国旅、和平国旅、金华国旅、新之旅、顺之旅等旅行社企业代表参加会议。会上，市旅游协会代表市旅游行业与市总工会签订 2017 年佛山市旅游行业工资集体协议。根据旅游行业的发展形势和佛山市职工劳动薪酬的实际情况，佛山市旅游行业最低工资标准由原来 1 600 元 / 月调整至 1 800 元 / 月。会议指出，市旅游协会将一如既往与市总工会保持密切联系沟通，为保障旅游行业从业人员薪酬合法权益，为所有会员企业提供及时积极热情服务。

【地接导游人员服务技能专题培训】 2017 年 2 月 16 日，佛山市旅游局在石湾宾馆举办地接导游人员服务技能专题培训，特邀广东省旅游协会导游分会名誉会长江澜进行“地接导游技巧及案例分享”专题讲座。来自佛山市旅游局、市旅行社协会、市旅游协会导游分会相关负责人以及全市 200 多名导游人员参加培训。培训主要围绕三个方面内容展开。一是地陪出团前的准备，如了解团队组成情况、全程旅游线路等；二是旅游团队接待技巧，不仅需要专业知识，还需要高度责任心、耐心和细节落实；三是强调导游在带团过程中的安全意识，如住宿安全、行车安全等。

【旅行社电子导游证换发】 2017 年，佛山市按照国家旅游局和广东省旅游局的统一部署，推进导游自由执业试点以及导游体制改革，稳步推进电子导游证换发工作。立足国家旅游局“全国旅游监管服务平台”，通过核对完善旅行社信息，分配登陆平台账号，组织平台操作培训，审核导游人员信息资料，打印电子导游证标识，完成近 2 000 名导游人员电子导游证换证工作。

【佛山市在全省率先推广旅游电子合同】 2017 年，佛山市在全省率先推广使用旅游电子合同，助推智慧旅游建设。至年底，市内近 50 家旅行社采用旅游电子合同，服务游客超过 2 万人。旅游电子合同是将传统纸质旅游业务合同电子化，通过现代信息技术，实现旅游合同的网上填写签署、修改审核、上传备案、统计分析、监督管理等全套流程。与传统的纸质旅游合同相比，旅游电子合同由于采用环保的电子形式签约，具有实时、规范、便捷、安全、唯一等五大优势，为游客提供方便和安全保障。同时，旅游主管部门可以通过电子平台查看签约情况和游客出游反馈，监督旅行社服务质量。

【佛山市第二批金牌导游员选拔】 2017 年 9 月 20 日，佛山市第二批金牌导游员选拔活动在佛山电大举行，来自市内 14 家旅行社的 28 名导游员以及 2 名社会导游员参加选拔。经过笔试和口试两个比赛环节，以及综合素质考察和社会公示，成功选拔出 15 名金牌导游员，分别是：岑志豪、李晓丹、杨兴湖、廖丽嫦、胡嘉静、朱炳鸿、陈艳莹、黄广智、陈焕齐、罗雅静、麦素娇、吴敏丹、涂晓芬、吴丹妮、陈华芳。

【佛山市旅游饭店行业服务技能大赛】 2017 年 12 月 26 日，2017 年佛山市旅游饭店行业服务技能大赛总决赛在佛山电视台举行。大赛决出一等奖 4 名（同时被授予“佛山市技术能手”）、二等奖 4 人、三等奖 7 人以及最佳人气奖 1 人，南海区旅游局等七个单位获“优秀组织奖”。该次大赛旨在提升佛山市旅游饭店服务行业服务人员的技能和水平，在行业内掀起“以赛促学、以赛促训”的学习高潮。

（陈森平）

旅游市场监管

【概况】 2017 年，佛山市旅游市场秩序规范井然，旅游服务质量持续向好。全市受理旅游投诉 129 件，调解成功率 95%，法定期限结案率 100%，挽回经济损失 10 多万元，有效维护游客和旅游企业的合法权益。开展佛山市旅游行业整治“不合理低价游”专项行动、旅游市场秩序综合整治春季行动、夏季专项行动、秋冬整治行动、开展元旦、春节、“五一”、端午、“十一”等节前旅游市场专项督导，重点打击无证无照经营旅游业务、超范围经营旅游业务、强迫或诱骗购物以及不合理低价等违法违规经营行为。成立佛山市旅游局行政处罚案件审理委员会，规范旅游办案程序，提高办案质量和旅游执法水平。全市作出行政处罚 9 起，停业整顿处罚企业 3 家，没收违法所得和罚款 14 万元。加强行业安全监管，旅游企业全面签订安全生产责任书，借力专业机构开展风险点危险源排查管控，检查风险点危险源 27 个，发现安全隐患 74 处，全部落实整改。开展特别防护期、汛期和岁末年初旅游安全大检查，采用联合检查、常规检查和突击检查等方式，聘请专家参与，提高安全检查专业水平。全市出动检查组 182 个，出动检查人员 1 160 人次，检查旅游企业 353 家次。发动旅游企业加入广东旅游应急管理平台，及时发布旅游安全预警信息，保障游客及旅游工作者生命财产安全。

【2017 年旅游行业特别防护期执法监察联合行动】 2017 年 3 月 15 — 16 日，佛山市旅游局牵头开展 2017 年旅游行业特别防护期执法监察联合行动，市安监、消防、交通、质监等部门执法人员以及国家二级安评机构注册安全工程师

等参与行动。先后检查盈香生态园、美的鹭湖森林度假区、世纪星酒店、佛山国际家居博览城、佛山市禅旅客运有限公司、保利洲际酒店、南海湾森林生态园、三水森林公园、灏华假期国际旅行社等旅游企业的安全管理制度、安全培训和应急演练记录、风险点危险源排查整治记录、消防设施设备、特种设施和大型游乐设施、景区最大承载量控制方案等内容，并提出32条整改意见，确保全国“两会”、党的十九大和省第十二次党代会期间全市旅游安全生产形势稳定。

【旅游安全宣传咨询日活动】 2017年6月25日，以“安全旅游、文明消费，为佛山质量加分”为主题的佛山市旅游安全宣传咨询日活动在禅城区东方广场举行。市、区旅游主管部门、旅游行业协会、市内各大旅行社、A级旅游景区、旅游特产经营店等现场参加活动。活动内容包括：现场受理旅游投诉，现场开展安全旅游、文明消费、理性维权知识宣传，现场派发安全旅游、文明旅游宣传资料，现场展示佛山美陶制作，现场展销佛山旅游特色商品，现场展销暑期旅游热点线路等，吸引大批市民参与互动。结合旅游安全实际和游客需求，活动现场设立大量旅游安全、文明消费、食品安全、消费维权、扫黄打非、防毒禁毒等常识宣传展板，并设立旅游安全知识问答有奖互动等活动环节，通过发放大量旅游安全宣传资料，向市民宣传出游安全、食品安全等相关知识。

【佛山首个旅游景区（点）安全保障公共责任险落地】 2017年11月1日起，南海区首创“旅游景区（点）安全保障公共责任险”正式落地生效，成为佛山市首个以政府采购公共责任保险方式来保障景区和游客安全利益的地区。该旅游景区（点）安全保障公共责任险保期为一年，保障的区域范围涵盖南海区所有旅游景区，从游客进入景区（点）管辖范围（含停车场）到离开景区（点）管辖范围，并对包括涉水区域游览意外、食物中毒意外、高风险旅游活动意外、经营性停车场车辆损失意外、电瓶车意外、大型活动意外、电梯意外、实施维修改造工程意外、拥挤、踩踏事件意外、动物伤人意外等方面对人员伤亡或财产损失进行保障。

（陈森平）

2017年佛山市旅行社名录

序号	旅游社	序号	旅游社
1	佛山市禅之旅国际旅行社有限公司	23	佛山市悠游假期国际旅行社有限公司
2	佛山市南海中旅假日国际旅行社有限公司	24	佛山市明俊国际旅行社有限责任公司
3	佛山国旅国际旅行社有限公司	25	佛山市皇冠假期国际旅行社有限公司
4	佛山市中旅国际旅行社有限公司	26	佛山市和平国际旅行社有限公司
5	佛山市三水中旅集团有限公司	27	佛山市高明区旅游公司
6	佛山海外国际旅行社有限公司	28	佛山市高明区中国旅行社
7	佛山市天宁国际旅行社有限公司	29	佛山市三水之旅国际旅行社有限公司
8	佛山市明媚假期国际旅行社有限公司	30	佛山市华银国际旅行社有限公司
9	佛山市南之旅国际旅行社有限公司	31	佛山市中宇假期旅行社有限公司
10	广东名家假期国际旅行社有限公司	32	佛山永安假期国际旅行社有限公司
11	佛山市明之旅国际旅行社有限公司	33	佛山市金华国际旅行社有限公司
12	佛山市富盈假期国际旅行社有限公司	34	佛山市新联假期旅行社有限公司
13	佛山广之旅国际旅行社有限公司	35	佛山市凤凰国际旅行社有限公司
14	南湖国际旅行社股份有限公司	36	佛山市喜之旅国际旅行社有限公司
15	佛山市浩兴国际旅行社有限公司	37	佛山市学旅假期旅行社有限公司
16	佛山市青年国际旅行社有限公司	38	佛山市逍遥天下国际旅行社有限公司
17	佛山市天下游国际旅行社有限公司	39	佛山东方假日旅行社有限公司
18	佛山市纵横天地国际旅行社有限公司	40	佛山市三水区畅游天下旅行社有限公司
19	港中旅（佛山）国际旅行社有限公司	41	佛山三人行国际旅行社有限责任公司
20	广东遨游假期国际旅行社有限公司	42	佛山市三水区美丽华旅行社有限公司
21	佛山市金马国际旅行社有限公司	43	佛山市高明沧江旅行社有限公司
22	佛山市灏华假期国际旅行社有限公司	44	佛山开心假期旅行社有限公司

（续表）

序号	旅游社	序号	旅游社
45	佛山市新之旅国际旅行社有限公司	84	佛山市顺德区顺汽国际旅行社有限公司
46	佛山凤腾旅行社有限公司	85	佛山市心怡旅行社有限公司
47	佛山市华之旅旅行社有限公司	86	佛山美途国际旅行社有限公司
48	佛山市美之旅国际旅行社有限公司	87	佛山市诚之旅旅行社有限公司
49	佛山市金之旅国际旅行社有限公司	88	佛山市拔萃旅行社有限公司
50	佛山星辰国际旅行社有限公司	89	佛山市畅快旅行社有限公司
51	佛山康怡国际旅行社有限公司	90	佛山市天外天国际旅行社有限公司
52	佛山卓越旅程旅行社有限公司	91	佛山广之旅假日国际旅行社有限公司
53	佛山禅一国际旅行社有限公司	92	佛山市亮途旅行社有限公司
54	佛山市禅龙旅行社有限公司	93	佛山市盛京旅行社有限公司
55	佛山市美好假期旅行社有限公司	94	佛山市新航旅行社有限公司
56	佛山尚旅国际旅行社有限公司	95	佛山市乐途假期旅行社有限公司
57	佛山市顺安达旅行社有限公司	96	中国国旅（广东佛山）国际旅行社有限公司
58	佛山市泛旅国际旅行社有限公司	97	佛山市新中源旅行社有限公司
59	佛山市大方广旅行社有限公司	98	佛山市三水区欢悦假期旅行社有限公司
60	佛山市醉美假期旅行社有限公司	99	佛山市龙行天下国际旅行社有限公司
61	佛山市华粤国际旅行社有限公司	100	佛山骅南旅行社有限公司
62	佛山市口岸国际旅行社有限公司	101	佛山市豪程旅行社有限公司
63	佛山市顺德区中旅国际旅行社有限公司	102	佛山康辉国际旅行社有限公司
64	佛山市上游国际旅行社有限公司	103	佛山市华旅假期国际旅行社有限公司
65	广东顺之旅国际旅行社有限公司	104	佛山市行至美国际旅行社有限公司
66	佛山市凤诚国际旅行社有限公司	105	佛山贵之旅旅行社有限公司
67	广东中旅（佛山）旅行社有限公司	106	佛山市环球之旅国际旅行社有限公司
68	佛山市顺德区太子旅行社有限公司	107	佛山天天假期国际旅行社有限公司
69	佛山市活力假日旅行社有限公司	108	佛山市奔富国际旅行社有限公司
70	广东凤怡假期国际旅行社有限公司	109	佛山市畅行国际旅行社有限公司
71	佛山市顺德区企发旅行社有限公司	110	广东星旅假期国际旅行社有限公司
72	佛山市京城风景线旅行社	111	佛山市爱度假旅行社有限公司
73	佛山市假日通青年国际旅行社有限公司	112	佛山市南海禅之旅国际旅行社有限公司
74	佛山市顺德康之旅旅行社有限公司	113	佛山市奇景旅游有限公司
75	佛山市万顺国际旅行社有限公司	114	佛山市信旅国际旅行社有限公司
76	佛山市顺德区英特商务旅行社有限公司	115	佛山市暴走团旅行社有限公司
77	佛山市顺德区星光假期旅行社有限公司	116	广东国汇海岛旅行社有限公司
78	佛山市顺德区同乐国际旅行社有限公司	117	佛山市志博国际旅行社有限公司
79	佛山市顺德区胜景游国际旅行社有限公司	118	佛山市开鑫旅行社有限公司
80	中国国旅（广东顺德）旅行社有限责任公司	119	佛山市至尚行旅行社有限公司
81	佛山市顺德区泰诚旅行社有限公司	120	佛山陆加壹国际旅行社有限公司
82	佛山市汇丰旅行社有限公司	121	佛山遨图途旅行社有限公司
83	佛山市欢畅旅行社有限公司	122	广东云联国际旅行社有限公司

2017 年佛山市星级旅游饭店名录

序号	旅游饭店	星级	地址
1	佛山皇冠假日酒店	五星级饭店	佛山市禅城区汾江中路118号
2	保利洲际酒店	五星级饭店	佛山市南海区灯湖东路20号
3	金太阳酒店	五星级饭店	佛山市三水区西南街道广海大道东6号
4	三水花园酒店	五星级饭店	佛山市三水广海大道中39号
5	高明碧桂园凤凰酒店	五星级饭店	佛山市高明区碧桂大道三洲碧桂园
6	绿湖温泉度假酒店	五星级饭店	佛山市三水区云东海街道绿湖山庄2号
7	恒安瑞士大酒店	五星级饭店	佛山市禅城区城门头西路1号
8	哥顿酒店	五星级饭店	佛山市顺德区容桂大道中38号
9	财神酒店	五星级饭店	佛山市顺德区乐从镇乐从大道东82号
10	华美达酒店	五星级饭店	佛山市顺德区北滘镇林上路2号
11	金城大酒店	四星级饭店	佛山市禅城区汾江中路125号
12	佳宁娜大酒店	四星级饭店	佛山市禅城区祖庙路14号
13	中恒金都酒店	四星级饭店	佛山市南海区佛山机场路口
14	凯迪威酒店	四星级饭店	佛山市三水区乐平镇乐平大道35号
15	新世界酒店	四星级饭店	佛山市顺德区大良清晖路150号
16	仙泉酒店	四星级饭店	佛山市顺德区顺峰山旅游区
17	碧桂园渡假村	四星级饭店	佛山市顺德区北滘镇碧江大桥侧碧桂园内
18	碧桂花城大酒店	四星级饭店	佛山市顺德区陈村镇佛陈大桥侧
19	福盈酒店	四星级饭店	佛山市顺德大良环市北路38号
20	新君悦酒店	四星级饭店	佛山市顺德区陈村镇佛陈路口
21	鹿茵酒店	四星级饭店	佛山市顺德区桂洲大道中1号
22	君莱酒店	四星级饭店	佛山市顺德大良鉴海南路14号
23	君豪酒店	四星级饭店	佛山市顺德区容桂容奇大道中24号
24	骏景酒店	四星级饭店	佛山市顺德区均安镇翠湖路2号
25	皇帝酒店	四星级饭店	佛山市顺德区大良锦龙路118号
26	旋宫酒店	三星级饭店	佛山市禅城区祖庙路1号
27	石湾宾馆	三星级饭店	佛山市禅城区汾江西路15号
28	鸿运酒店	三星级饭店	佛山市禅城区汾江中路6号
29	金银酒店	三星级饭店	佛山市禅城区汾江西路4号
30	登喜来大酒店	三星级饭店	佛山市禅城区文华北路77号
31	西樵山大酒店	三星级饭店	佛山市南海区西樵山白云洞风景区
32	南海迎宾馆	三星级饭店	佛山市南海区桂城天佑四路5号
33	恒威大酒店	三星级饭店	佛山市高明区泰华路238号
34	君悦大酒店	三星级饭店	佛山市南海区九江镇儒林东路1号
35	百盛达商务酒店	三星级饭店	佛山市南海区桂城海六路4号
36	中旅华厦酒店	三星级饭店	佛山市三水区西南街道新华路42号
37	君悦酒店	三星级饭店	佛山市三水区健力宝南路5号

（续表）

序号	旅游饭店	星级	地址
38	恒福星际酒店	三星级饭店	佛山市三水区新华路13号
39	三水阳光假日酒店	三星级饭店	佛山市三水区西南街道三达路16号
40	世纪星酒店	三星级饭店	佛山市高明区文华路455号
41	明苑迎宾馆	三星级饭店	佛山市高明区荷城文汇路9号
42	容莲宾馆	三星级饭店	佛山市顺德区容桂江南大道23号
43	高陞酒店	三星级饭店	佛山市顺德区北滘五长沙18号
44	帝庭酒店	三星级饭店	佛山市顺德区勒流镇银城路23号
45	长鹿度假酒店	三星级饭店	佛山市顺德区伦教长鹿度假村内
46	联昌大酒店	二星级饭店	佛山市高明区荷城沧江路89号

注：至2017年底，佛山市有五星级酒店10家，四星级酒店15家，三星级酒店20家，二星级酒店1家。

2017年佛山市国家AAA级以上旅游景区（景点）

旅游景区(点)名称	所在地	评定年份	面积（公顷）	级别	景区类型
佛山市西樵山风景名胜区	佛山市南海区西樵镇登山大道	2013	1 400	AAAAA	自然景观
佛山市长鹿旅游休博园	佛山市顺德区伦教街道三洲建设东路8号	2014	149	AAAAA	度假休闲
佛山市祖庙博物馆	佛山市禅城区祖庙路21号	2012	2.5	AAAA	历史文化
佛山市南风古灶旅游区	佛山市石湾镇街道高庙路6号	2009	2	AAAA	历史文化
佛山（国际）家居博览城	佛山市禅城区佛山大道中189号	2014	20.13	AAAA	其他
佛山市南海湾森林生态园	佛山市南海区西樵镇西岸	2011	220	AAAA	自然景观
平洲玉器街	佛山市南海区桂城街道永安路	2014	286	AAAA	工业旅游
佛山市清晖园	佛山市顺德区大良街道清晖路23号	2007	2.2	AAAA	历史文化
佛山市（顺德区）陈村花卉世界	佛山市顺德区陈村镇牡丹路28号	2012	50	AAAA	其他
佛山市顺德罗浮宫国际家具博览中心景区	佛山市顺德区121省道乐从路段	2012	23.3	AAAA	其他
佛山市乐从国际会展中心景区	佛山市顺德区乐从镇乐从大道南1至2号	2014	10	AAAA	其他
佛山市皂幕山旅游风景区	佛山市高明区杨和镇杨梅井头	2012	140	AAAA	自然景观
佛山市广东盈香生态园	佛山市高明区荷城街道西安冼村	2014	120	AAAA	度假休闲
佛山市三水荷花世界	佛山市三水区西南街道南丰大道	2006	50	AAAA	主题游乐
佛山市三水森林公园	佛山市三水区云东海大道	2006	224.4	AAAA	自然景观
中央电视台南海影视城	佛山市南海区狮山镇松岗影城大道	2016	100	AAAA	其他
佛山市顺德区周大福珠宝文化中心	佛山市顺德区伦教镇伦福路1至3号	2014	0.23	AAA	其他
佛山市顺德区杏坛逢简水乡	佛山市顺德区杏坛镇逢简村	2014	524	AAA	乡村旅游
佛山市禅城区柏林艺术馆	佛山市禅城区跃进路11号	2016	0.65	AAA	其他
佛山市顺德区南国丝都丝绸博物馆	佛山市顺德区大良街道观绿路3号	2016	3.002	AAA	乡村旅游
佛山市九江双蒸博物馆	佛山市南海区九江镇惠民路12号	2017	1.0742	AAA	文博院馆

注：至2017年12月，佛山市有国家AAAAA级景区2个，AAAA级景区14个，AAA级景区5个。

（市旅游局）

教　育

手机扫码阅读

综　述

【概况】 2017 年，佛山市有各级各类学校 1 596 所，其中普通高校（含省属高校、校区）13 所、成人高校 6 所、中职学校（含技工学校）47 所、普通高中 58 所、初中 142 所、小学 409 所、幼儿园 914 所、特殊学校 7 所。各级各类学校在校生约 139 万人，其中基础教育在校生约 125 万人，占全市在校生总数的 89.9%。在各级各类学校中，民办学校 672 所，其中幼儿园 561 所、小学 44 所、初中 43 所、普通高中 14 所、中职 10 所，民办学校在校学生 38 万人，约占基础教育学生总数的 30%。全年教育经费总投入 231.4 亿元，比上年增加 24 亿元，增长 11.6%，其中国家财政性教育投入 155.5 亿元，国家财政性教育经费占教育总投入比例 67.2%。

【教育管理】 2017 年佛山市出台《佛山市引进人才子女教育服务工作实施细则（暂行）的通知》《佛山市职业学校兼职教师管理实施办法》《佛山市全面提升教育现代化发展水平实施方案（2017 — 2020 年）》《佛山市人民政府关于加强全市幼儿园教师队伍建设的实施意见》《中共佛山市委 佛山市人民政府关于加快高等教育发展实施意见》《佛山市基础教育“强师工程”行动计划（2017 — 2020 年）》和《佛山市普通高中优质多样特色发展实施方案》等一系列政策和文件，加强教育管理，促进佛山教育事业健康有序发展。

年内，佛山市教育局召开各区教育局局长会议。佛山市政府召开 2017 年全市教育工作会议，对未来几年建设高水平教育现代化和加快高等教育发展以及全面完成 2017 年教育工作任务作部署。

年内，市人大常委会对佛山市贯彻落实《中华人民共和国义务教育法》开展执法检查，检查组肯定佛山市在依法落实政府责任，促进义务教育优质均衡发展方面所取得的成效。

【教育发展成效】 2017 年，佛山市加强教育事业统筹和教育改革顶层设计，先后出台全面提升教育现代化水平、加快高等教育发展、加强教师队伍建设等系列政策文件，全市教育事业呈现统筹综合、协调推进、同向发力、质效并举的良好态势。健全教育优先发展体制机制，持续加大教育投入力度，全年全市教育经费总投入 231.4 亿元，其中国家财政性教育投入 155.5 亿元，为教育改革发展提供坚实保障。学前教育公益普惠发展加快推进，全市公益普惠性学前教育覆盖率超过 70%。城乡义务教育一体化发展深入实施，新增义务教育优质学位 3.3 万个，义务教育标准化学校 100%，教育基本公共服务均等化水平全省领先。高中阶段教育向多元化、特色化发展迈进，省一级高中占比 84.7%，普通高中优质学位达 100%。职业教育、民办教育、终身教育等各类教育体系日益完善，高水平学习型城市初步建成。集中力量办一批师生家长关心、群众普遍期待的实事好事，如新市民随迁子女入读公办学校人数达 29 万人，占比超过 70%，综合成效稳居全省首位；特殊教育实现“零拒绝”“全接纳”，“三残”儿童（视力、听力、智力残障儿童）义务教育阶段入学率 100%；教育扶贫实现从学前教育到高等教育全覆盖，各类学校受助学生 4.2 万人，资助金额近 7 500 万元。南方高等教育名城建设初见成效，佛山科学技术学院仙溪新校区全面建成投入使用，四方共建南方医科大学、广东财经大学全学段佛山校区工作顺利推进，北

2017 年 6 月 3 日，2017 年广东省高水平大学建设推进会暨产学研对接大会在佛山举行　（市教育局供图）

京科技大学顺德研究生院、北京外国语大学佛山研究生院建设加快。产教融合深入推进，举办全省首届产学研对接大会，与省教育厅共建广东高校科技成果转化中心，为佛山产业转型升级提供创新动力和活力。五区教育亮点纷呈，展现良好的发展势头和差别化的竞争新优势。禅城区推进“区管校聘”教师管理改革，统筹全区教师资源和师资均衡发布成效明显。南海区推进普通高中优质多样特色发展，打造优质高中集群。顺德区在2015年底召开教育综合改革动员大会以来，在高等教育、职业教育方面改革创新力度较大。高明区在2017年高规格召开推进深化教育领域综合改革动员大会，提出到2020年要建成广东省县域教育综合改革试验标杆区。三水区自2016年启动新一轮教育综合改革以来，实施“提质创优建高地”行动成效初显。

（姚汉强　林建娜）

各类教育

【学前教育】 2017年，佛山市坚持学前教育公益普惠的改革主线，建立普惠性幼儿园认定和管理制度，扩大普惠性学前教育资源。开展学前教育学位需求情况调研，科学谋划学前教育发展，深入推进国家学前教育改革发展实验区建设，全市公益普惠性学前教育覆盖率超过70%，公益普惠性幼儿园生均公用经费标准提高到每生1 000元/年，全市落实提标经费1.53亿元。全面实施公益普惠幼儿园教师从教津贴制度，补助标准不低于平均每人每月400元。制定2017年市级学前教育专项经费使用方案，加大对公办幼儿园及村集体独立举办幼儿园基础设施补助，引导各区发展公办学前教育资源。启动实施幼儿园游戏化课程市级项目，着力提升幼儿园保育教育质量。全年完成66所规范化幼儿园、29所市一级幼儿园、6所省一级幼儿园的督导评估。

【义务教育】 2017年，佛山市落实国家统筹推进城乡义务教育一体化改革发展部署，巩固100%义务教育标准化学校建设成果，推进义务教育学校办学联盟、学区制、一贯制等改革。将落实义务教育阶段学校基础设施五年提升行动计划，新（改扩）建一批学校列为2017年佛山市十件民生实事之首，佛山市市长朱伟代表市政府与各区政府签订工作责任书，强力推进，确保全年全市完成新建、改（扩）建义务教育阶段学校33所，新增学位3.3万个（超原定计划6 000个）。编制《佛山市消除义务教育阶段学校大班额工作方案（2016—2020年）》，科学制订佛山市消除义务教育阶段学校大班额专项规划。组织全市五区开展义务教育优质均衡发展区全面自查自评，完成义务教育质量监测工作。做好义务教育招生工作，加大义务教育招生工作的改革统筹力度。秋季学期佛山市公办小学起始年级招收学生8.3万人，比上年增招9 000多人，增长12.22%，其中接收新市民子女超过3.8万人，与上年基本持平。公办初中起始年级招收学生6.2万人，增招近6 000人，比上年增长11.06%，其中接收新市民子女近3万人，增招近3 000人。佛山市2017年义务教育学校新市民随迁子女在校学生41万人，入读公办学校人数达29万人，占比70.28%，综合成效居全省首位。

2017年9月7日，佛山市委、市政府举行全市幼儿园、中小学和高校教师代表座谈会，热烈庆祝第33个教师节

（市教育局供图）

【普通高中教育】 2017年，佛山市普通高中在全省实现优质学位100%的基础上，继续呈现优质化、特色化、多元化、国际化发展态势，全市涌现出一批教育方式独特、学科优势明显、文化内涵丰富的特色高中，如民族教育、岭南文化教育、国际化教育、艺术教育、科技教育、舞狮教育、武术教育等特色高中。是年，佛山市高考成绩全面“飘红”：第一批本科上线率24.59%，比上年提高1.98个百分点；第二批本科上线率69.17%，比上年提高2.02个百分点；高分层学生人数和占全省的比重持续增加，其中有3名学生进入全省总分前十名；被清华、北大两所高校录取的考生达到23人，人数创下历史新高。是年，全省规模以上（报考人数超过800人）品牌高中高考重点率超90%的有11所，佛山就占2所，其中佛山一中实现“双破九”，第一批本科上线人数达941人，上线率90.7%。是年，佛山市艺术类高考成绩十分突出，音体美的高考成绩处于全省领跑位置，其中，美术生高考重点率24.48%，继续保持在省内艺术类高考重点率位列第一的优势。

【职业教育】 2017年，佛山市出台《佛山市职业教育现代学徒制试点管理办法》，建立完善的校企“双主体”育人制度，加强现代学徒制公共实训中心建设，推进7所职业院校17个专业点实施现代学徒制人才培养模式改革，并通过教育部现代学徒制年检。推动佛山市华材职业技术学校、梁銶琚职业技术学校、顺德中等专业学校相关专业成功入选全国职业院校示范专业点。出台《佛山市职业院校兼职教师管理实施办法》《佛山市职业院校教师企业实践实施办法》，破解制约深化职业教育产教融合、体系建设中的瓶颈问题。研制佛山市职业教育生均拨款制度，构建促进职业教育发展的长效投入机制。加大财政投入，启动1个现代学徒制公共实训中心（教学平台）、3个对接产业专业示范点建设。举办佛山市2017年职业教育活动周和佛山市职业学校技能大赛。

【高等教育】 2017年，佛科院仙溪校区新区工程如期竣工交付，9月中旬7个专业学院正式进驻新校区。学校被省教育厅确定为2017年博士学位授予立项建设单位，更名工作已明确纳入省“十三五”高校设置规划。

推进四方共建全学段校区。5月19日，佛山市政府、广东省教育厅分别与南方医科大学、广东财经大学以及两校在佛山市驻地的顺德区、三水区政府签署四方共建协议，2所高校首次实现在佛山建设全学段校区。2017年秋季学期，南方医科大学、广东财经大学在佛山校区进行全学段学习的学生538人，拨付南方医科大学顺德校区和广东财经大学佛山校区全学段学生生均经费补贴271.7万元。

承办广东省高水平大学建设推进会暨产学研对接大会。大会发布719项科技成果，其中25所高校及6所佛山科研机构现场展示154项科技成果，500多家企业到场观展和对接，现场签约项目17个。广东省教育厅厅长景李虎与佛山市长朱伟分别代表省教育厅和佛山市签署《广东高校全面服务佛山创新驱动发展战略合作框架协议》，共同举办广东高校科技成果转化中心，明确佛山市将配套设立“广东高校科技成果转化投资基金”，为汇聚全省高校创新资源，服务佛山产业转型升级提供稳定高效的合作渠道和资金保障。

优质高等教育资源加快向佛山聚集。佛山市获批新建1所本科高校，正式启动筹建工作；加快建设北京科技大学顺德研究生院和北京外国语大学南方研究生院；推动广东顺德创新设计研究院和南海广工大数控装备协同创新研究院分别被全国工程教指委评为工程研究生联合培养开放基地和示范基地；完成广东省研究生联合培养基地（佛山）2016级联合培养研究生入驻工作，启动2017级109名研究生企业对接工作；加快推进佛职院、顺职院建设广东一流职业院校工作，推动佛山广播电视大学转型升级为佛山开放大学。

2017年5月19日，广东省教育厅、佛山市人民政府、顺德区人民政府、三水区人民政府与南方医科大学、广东财经大学佛山校区分别签署四方共建协议，推动建设全学段南方医科大学顺德校区和广东财经大学佛山校区 （市教育局供图）

【特殊教育】 2017年，佛山市国家特殊教育改革实验区建设取得阶段成果，全市“三残”儿童少年义务教育阶段入学率100%，实现“三残”学生义务教育“零拒绝”“全接纳”。推进残疾儿童少年随班就读资源教室建设，落实“一人一案”，完善以随班就读为主要形式的残疾儿童少年教育安置机制。至年底，佛山市已经构筑起由特殊学校、随班就读、送教上门三类形式组成，学前教育、义务教育、高中教育纵向衔接，康复教育、文化教育、职业教育横向贯通的特殊教育体系。

【民办教育】 2017年，佛山市落实新修订的《民办教育促进法》和《国务院关于鼓励社会力量兴办教育促进民办教育健康发展的若干意见》，研究探讨民办学校分类登记制度，规范扶持民办教育健康发展。出台《佛山市民办学校义务教育阶段初中招生工作意见》，规范民办初中学校招生行为。是年，佛山获省级民办教育发展竞争性专项资金450万元，用于改善普惠性幼儿园和以招收随迁子女为主的民办中小学校办学条件，举办全市民办幼儿园教师素质提升培训班和中小学校长能力提升培训班，共200名民办中小学校长和幼儿园园长参加培训，有效提升民办学校管理人员和骨干教师的素质和能力。同年，佛山市教育部门协助省教育厅做好报批手续，力促佛山伊顿外籍人员子女学校在佛山市落成招生。

【社区教育】 2017年，佛山市举办2017年佛山市全民终身学习活动周活动，为市民免费提供学习资源800多项。佛山市以佛山开放大学（佛山社区大学）、五区社区学院为龙头，以居民社区为阵地，以社区学校为主力，以图书馆、博物馆、体育馆等场所为骨干，开展学习型组织建设，发展社区老年教育，鼓励社会力量举办各类职业培训，努力打造“一镇一品牌、一村一特色”的社区教育品牌，进一步构建起覆盖全市城乡的全民学习多元体系。

（姚汉强　林建娜）

教育发展

【立德树人】 2017年，佛山市组织开展2017年中小学“弘扬中国精神 共筑中国梦想”传统文化主题教育、“中华传统美德 百善以孝为先”中华孝德文化书信节和“我心目中未来的佛山”征文、绘画、手抄报、摄影、演讲比赛等20多项社会主义核心价值观主题教育系列活动。推进市级德育品牌项目、

2017 年 5 月 25 日，教育部副部长朱之文（右二）到佛山市启聪学校调研
（市教育局供图）

“书香校园”、心理健康教育特色学校、文明校园等的创建评选工作。开展中华优秀传统文化教育、心理健康教育、师德师风教育、法治教育、家庭教育和卫生健康教育。开展高校思想政治工作调研，推动新形势下高校思想政治工作。推进校园足球、校园篮球、校园武术工作，举办佛山市第九届运动会学校体育组比赛，19 人 8 队 21 次破 16 项市中学生运动会纪录。开展艺术特色学校和中华优秀传统文化艺术传承学校创建工作，基本形成“一校一品”或“一校多品”的局面，初步形成具有佛山特色的现代化学校美育体系。

【教育装备发展】 2017 年，佛山市承办 2017 年城市教育装备合作与发展大会，来自全国近 50 个城市的教育局、学校和研发单位代表等 300 多人参加。实施创新创客教育行动，完成 150 名创客教师和 50 名创客导师的培养任务，并举行全市中小学生（含中职）创客大赛选拔。在首届全省学生创客大赛上，佛山市获奖等级及数量均位居全省前列。佛山市工作成果在教育部基础教育装备有关会议和刊物上进行展示。

【教育信息化】 2017 年，佛山市教育局与中国移动佛山分公司和中国电信佛山分公司分别签订战略合作框架协议，双方优势互补，共同推进“三通两平台”的覆盖范围和应用水平，在未来的五年，合作双方将发挥各自优势，开拓进取，努力开创教育信息化工作新局面。至年底，全市 100% 中小学校实现“校校通”，100% 教室配备多媒体教学平台，生机比 5∶1，师机比 1∶1，全市 100％学校建成校园网络，100% 学校实现“宽带网络校校通”“优质资源班班通”，97% 师生实现“网络学习空间人人通”。

【教育科研】 2017 年，佛山市教育局加强学科建设，培育和创建“示范教研组”，推进“有效教学”研究，形成“四级联动”教研机制。在广东省总工会和省教育厅举办的广东省首届中小学青年教师技能大赛上，佛山市有 33 个学科获得全省一等奖。完成全国、全省教育科学十三五规划 2017 年度课题项目申报工作，组织佛山市“十二五”教育科研优秀课题成果推荐和答辩交流活动，深入基层指导一线教师开展科研服务。

【教育交流合作】 2017 年，佛山市荣山中学和顺德第一中学分别与德国因戈尔施塔特市路易斯－弗朗霍夫中学和卡塔琳娜文理中学签署校际伙伴关系协议书，正式缔结校际伙伴关系。德国因戈尔施塔特市格罗芬根足球俱乐部访华学生代表团到佛山六中和佛山二中进行访问交流活动，双方进行友谊比赛。为推动佛山制造业与香港服务业深度融合发展，借助香港“走出去”，合力建设粤港澳大湾区城市群，佛山市教育部门与香港高校商洽合作参与佛山高水平理工大学建设，推动佛港两地大学师生的合作交流项目。

（姚汉强　林建娜）

教育保障

【教师队伍建设】 2017 年，佛山市教育系统围绕建设更高水平教育现代化的总目标，坚持分类指导，坚持目标导向、问题导向和改革导向，加强全市教师队伍建设统筹规划和顶层设计，提升中小学教师培训水平，健全培训体系及评价体系，继续实施“中小学教师素质提升工程”“中小学教师强师工程”“中小学教师信息技术提升工程”，启动“百千万人才培养计划”，加强职业教育专业带头人和“双师型”教师培养，全年参加各级各类培训 2 239 人次。落实中小学校长、教师定期交流轮岗制度，全年交流轮岗人数 1 880 人，占义务教育阶段教师总数的 6.3%，超过省教育厅要求的 5% 的工作目标。做好中小学教师高级教师职称评审和推荐工作，完成全国中小学教师资格面试和认定工作。举行庆祝 2017 年教师节座谈会，营造尊师重教的良好氛围。

【教育财政投入】 2017 年，佛山市教育经费总投入 231.4 亿元，比上年增加 24 亿元，增长 11.6%，其中国家财政性教育投入 155.5 亿元，国家财政性教育经费占教育总投入比例的 67.2%。佛山市家庭经济困难学生资助政策体系实现从学前教育到高等教育全覆盖，全年全市各类学校受助学生 42 997 人次，资助金额 7 489 万元，比上年增加 2 451 人次、增加资助资金 1 191 万元。继续实施免费义务教育全覆盖政策，按照小学每生每年 1 370 元，初中 2 276 元核拨免费义务教育财政拨款资金，全市 71 万在校学生受惠，核拨资金 11.6 亿元。

2017年6月20日，"童心向党 永远跟党走"2017年佛山市"庆七一"童心向党歌咏展演活动在三水区西南街道中心小学举办，学生高唱经典红歌《红星歌》合唱表演

（市教育局供图）

【依法治教】 2017年，佛山市加大开展专项督导工作力度，完成春秋季开学检查、德体美育课程开课情况督查、中小学校安全工作督查、幼儿园办园行为检查等9项专项督查。不断丰富督导内涵，统筹五区通过全国中小学校责任督学挂牌督导创新区实地核查。提升教育治理能力，认定验收2017年市级依法治校示范校30所。畅通群众信访举报渠道，加强治理教育乱收费工作，全年收到信访、投诉190件，信访件100%办结。

【平安校园】 2017年，佛山市教育局围绕建设平安校园工作目标，完善"党政同责、一岗双责、失职追责"的责任体系，以"打牢校园安全基础、提高安全教育质量、规范安全工作管理、净化校园周边环境、突破安全工作瓶颈、坚决维护安全稳定"为工作主线，统筹教育系统政治稳定和校园安全工作，抓好意识形态和高校思想政治工作，以做好党的十九大特别防护期安全稳定为抓手，全方位、多举措织密中小学校园安全网，全面构建校园安全群防联治、联动协作的工作格局，完成省市两会、香港回归20周年、党的十九大召开等重要时期的校园安保攻坚战。成立校园安全、高校政治安全、信访工作和网络安全工作小组，推进"警家校"校园联动管理体系建设，家校护畅队伍200多支，"专业型家长"校园安全管理队伍达3 100人，校园及周边治安治理、校园消防安全、学生溺水防治、学生交通安全、食品安全等重点工作有成效，学生溺水人数比前三年下降48%。对全市924所幼儿园规范办园行为和安全隐患排查开展拉网式专项督查，840所幼儿园全部通过13项指标内容督查，占比90.9%。确保全市各级学校安全责任事故、恶性案件和群体伤亡"零事故"发生，维护教育系统安全稳定。

【教育党建】 2017年，佛山市教育局组织6个调研督导组，深入五区教育部门和50多所中小学校（幼儿园）进行实地调研督导，摸准存在问题，谋划新时代佛山教育工作新思路新举措。建立全市教育系统意识形态工作联席会议制度，加强意识形态阵地建设和管理。推进"两学一做"学习教育常态化制度化和党支部规范化建设，开展"党支部规范化建设年"活动，全年打造5个党支部为规范化示范点，对局机关党委属下18个在职党支部进行规范化建设考核验收。统筹推进中小学和民办学校党建工作，成立佛山市民办学校、中小学校党建工作领导小组，印发《佛山市中小学校党组织工作指引》和《佛山市中小学党组织书记责任清单》，建立一批中小学党建工作示范点和民办学校党建工作监测点。加强党风廉政建设和反腐败工作，强化"两个责任"，落实"一岗双责"，筑牢拒腐防变防线。出台《佛山市中小学校食堂管理廉洁风险同步预防工作指引（试行）》，加强廉洁风险防控。加强基层党组织建设和干部队伍建设、作风建设、党风廉政建设，营造良好教育生态。

（姚汉强　林建娜）

科学技术

手机扫码阅读

综　述

【概况】 2017 年，佛山市实施创新驱动发展战略，推动珠三角国家自主创新示范区建设，优化创新创业环境，全市科技综合实力和自主创新能力稳步提升。是年，全市企业研发机构建设工作获全省“双冠军”，规模以上工业企业研发机构建有率 49.07%，位居全省第一，主营业务收入 5 亿元以上的 595 家大型工业企业实现全覆盖，总量居全省第一；全市国家高新技术企业 2 547 家，比上年增长 83.5%，上市高新技术企业 26 家，数量居全省第三；共获省级以上科学技术奖 14 项、中国专利奖 49 项，获奖数均创历史新高，均居全省第三；在中国专利外观设计仅有的 5 项金奖中，佛山市获得 1 项。

【开放创新新格局构建】 2017 年，佛山市主动对接广深科技创新走廊。以 1 + 5 + N”的创新平台体系支撑构建“一环创新圈”，高起点规划、高标准建设禅南顺（三龙湾）高端创新集聚区，加快建设佛山军民融合创新示范区、广东金融高新区、南（海）三（水）产业合作区、青年湖电子信息产业园、空港经济区五大创新平台。强化“香港+佛山”创新合作。深化与香港在贸易、金融、科技创新合作、产业载体建设等方面合作，融入粤港澳大湾区。在 2017 佛山（香港）投资环境推介会上，与香港签约 12 个重点合作项目，总投资额约 145 亿元；广东金融高新区承接香港金融后台和服务外包转移，引进东亚、恒生、大新等 4 家港资银行以及多家港资金融后台及服务外包机构；重点打造粤港澳合作高端服务示范区，以“香港城”为抓手，投入使用丰树国际创智园和三山科创中心两大产业载体，推出“香港城创业十条”政策包，累计引入重点项目 40 多个，计划投资总额超 230 亿元，累计完成投资 150 多亿元。

2017 年 10 月 12—15 日，第三届中国（广东）国际“互联网 +”博览会在顺德区的广东（潭洲）国际会展中心举行。图为佛山智能装备技术研究院展示区吸引众多客商与参观者　（佛山年鉴社供图）

【科技交流与服务】 2017 年，佛山市成功举办第三届中国（广东）国际“互联网+”博览会，吸引海内外 656 家企业参展，同期举办 31 场专题活动，有 16.8 万人次参会参观。组织中国创新创业大赛（广东佛山赛区）、珠江天使杯创新创业大赛、佛山农商银行杯创新创业大赛等各级创新创业大赛 23 场，吸引各地参赛队伍近 800 支，线上线下超过 60 万人次观赛，全市创新创业热情高涨。

是年，佛山科学馆接待参观游客数量超过 80 万人次，日均接待量超过 3 000 人次，接待团体约 300 批次，团体游客数量 10 万人次。科学馆内设有四大主题常设展厅，200 多项展项以及大型展项“梦想号”全部通过竣工验收并投入使用。动感影院、立体影院全年播放电影 1 200 场次，接待游客观众 10 万人次。全年举办 5 场口腔健康公益讲座和多场主题公益展览活动，以及 1 场“海洋花园”珊瑚科普展览，展出多种海洋生物和标本，吸引超过 6 万人次入场观看。联合多家学校开展科普进校园活动，展出多款智能机器人。为提升参观服务质量，科学馆开通微信预约系统，周末上、下午各提供 500 个名额，方便预约群众、孕妇、残障人士等特殊人群进馆参观。科学馆不断提高服务品质，被评为“2017 佛山口碑榜 公共服务最佳口碑单位”。

（张　蔚）

科技创新

【科技创新投入】 2017 年，佛山市科技创新投入再创新高，全年全市财政共投入创新资金 47.29 亿元、占财政支出比重 6.09%，其中市本级财政投入在每年递增情况下额外追加 4 亿元，总经费 6.81 亿元。财政资金持续投入带动全社会创新投入高涨，全社会研发费投入（R&D）223.16 亿元，占比 2.34%；享受普惠性创新政策的企业数量和资金数额均有较大幅度增长，全年有 797 家企业申请研发费加计扣除金额 32.74 亿元，有 548 家企业获省级财政补助资金 3.07 亿元，有 456 家科技型中小微企业获得 2 693 万元创新券补助。

【高新技术企业培育】 2017 年，佛山市 2 551 家企业申报高新技术企业认定，截至年底高新技术企业总数达到 2 547 家。全年 2 928 家企业申请省高新技术企业培育入库，高新技术企业培育储备力量初步形成。推动高新技术企业“树标提质”，搭建佛山市高新技术企业人才综合服务平台，为高新技术企业人力资源供需对接开辟绿色通道；出台“助力高新技术企业发展十项措施”，落实税收优惠政策，提高企业申报高新技术企业积极性；推动国家高新技术企业进入多层次资本市场，把高新技术企业群打造成为产业转型升级的主力军。

【珠三角国家自主创新示范区建设】 2017 年，佛山市主动对标省珠三角自主创新示范区建设“八大举措”工作要点，印发《佛山市建设珠三角国家自主创新示范区 2017 年工作要点》，落实分解各项目标任务，推动佛山积极融入全省创新发展大格局，助力佛山走在全省地级市前面。

（张　蔚）

科技创新平台建设

【重大创新平台建设】 2017 年，佛山市获批建设先进制造科学与技术领域广东省实验室——季华实验室，邀请科技部原副部长曹健林担任实验室理事长、主任，领衔推动实验室建设，成为佛山市提升基础研究和应用基础研究的重要载体；全国首批、全省首个国家级知识产权保护中心——中国（佛山）知识产权保护中心正式运营；筹建清华大学佛山先进制造研究院、广东省科学院佛山产业技术研究院，美的集团获批建设全省唯一的白色家电行业省级技术创新中心。全年新增省（企业）重点实验室 4 家，省级重点实验室数量 21 家，新增省级工程中心 233 家、累计 628 家，省级工程中心新增数和总数均居全省第二；全市规模以上工业企业研发机构建有率 49.07%，建有率居全省第一；主营业务收入 5 亿元以上大型工业企业实现全覆盖，建有研发机构企业数量居全省第一。

【创新载体建设】 2017 年，佛山市印发《佛山市科技创新载体发展行动方案》《佛山市科技创新载体后补助试行办法》，鼓励龙头骨干企业围绕主营业务方向建设孵化器、众创空间，引导新型研发机构、科研院所、高等院校围绕优势专业领域建设孵化器、众创空间。全市有各级科技企业孵化器 77 家，众创空间 59 家，实现五区孵化器全覆盖。其中 18 家国家级孵化器、25 家省级孵化器、20 家国家级众创空间、30 家省级众创空间；孵化场地面积 224 万平方米，入孵科技企业 2 606 家，年内累计毕业企业 260 家。全市省级新型研发机构总量达 31 个。

（张　蔚）

产学研合作

【概况】 2017 年，佛山市与中国科学院、中国工程院、清华大学、北京大学、中国空间技术研究院等科研院校，以及美国、以色列相关科技协会等机构的合作不断深化。举办第三届广东院士高峰年会、第二十二届全国发明展览会暨第二届世界发明创新论坛、佛山企业走进清华等活动。引进广东高校科技成果转化中心、广东国防科技工业技术成果产业化应用推广中心、佛山中国空间技术研究院创新中心等平台，筹建清华大学佛山先进制造创新研究院、广东省科学院佛山产业技术研究院。引导支持本地企业与清华大学、中国科学院和佛山智能装备技术研究院开展核心技术攻关，将国内外科研优质资源持续导入佛山市。全年全市通过产学研合作建有省级新型研发机构 31 个，居全省第三；省级新型研发机构孵化企业数 223 家；成果转化和技术服务收入 7.8 亿元。广工大数控装备协同创新研究院、佛山智能装备技术研究院等提高研发、孵化和服务能力，步入市场化轨道。强化与中国空间五院等军工院所合作，发挥广东国防科技工业技术成果产业化应用推广中心作用，以“军转民”和“民参军”双向互动方式，助力佛山产业加快转型升级、创新发展。

【创新人才的培育和引进】 2017 年，佛山市出台《佛山市人才发展体制机制改革实施意见》《高端金融人才引进培育办法》《重点产业人才引进培育办法》实施细则，全年引进博士 143 人、硕士 1 890 人，高级职称专业技术人才 91 人，“双聘”院士 8 人。以佛科院高水

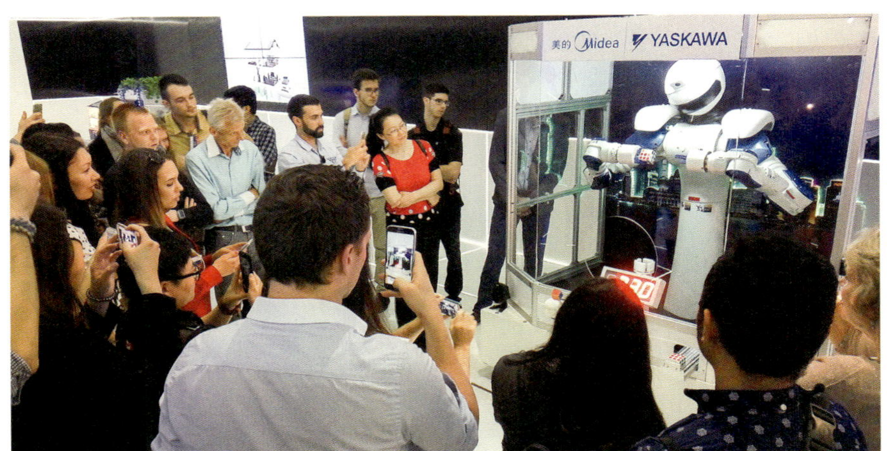

2017 年 5 月 4 日，来自荷兰、比利时、德国、瑞士、加拿大、俄罗斯、印度尼西亚以及国内部分高校的师生在美的全球创新中心参观，共同感受佛山产业创新魅力

（覃征鹏摄）

平理工科大学为载体，全年引进26名高层次人才、1个省级优质创业人才团队、1个省级领军人才。发挥产业园区聚集人才功能，广东工业设计城聚集设计研发人才8 120人，中国发明成果转化研究院落户佛山高新区。全年立项扶持市级创新创业团队19个，扶持资金8 850万元。推进佛科院建设高水平理工大学，新增6个硕士学位授予点；与南方医科大学、广东财经大学共建全学段佛山校区，与北京科技大学、北京外国语大学共建佛山研究生院；创建广东顺德创新设计研究院、佛山市南海区广工大数控装备协同创新研究院2个研究生联合培养国家示范基地。

【金融科技产业深度融合】 2017年，佛山市充分发挥财政资金引导作用。至年底，全市创新创业产业引导基金有10只子基金，设立总规模99.57亿元，投资30.24亿元。新增上市企业12家，其中新增上市高新技术企业7家，上市高新技术企业新增募资额30.87亿元，累计54家，上市企业市值位列全国第七名。灵活运用信贷风险补偿、专利保险等方式，切实帮助企业降低创新创业成本，运作好市科技型中小企业风险补偿基金，截至年底基金规模1.9亿元，累计授信企业333家，帮助佛山科技型企业获得贷款授信29.43亿元。全面推进国家专利保险试点工作，推广禅城区专利保险示范的先进经验，推动全市创新投保模式。省市联动投入不少于3 000万元用于孵化器内科技企业信贷和创业投资风险补偿。千灯湖创投小镇成为广东省首批特色小镇创建工作示范点，规划范围内累计注册成立的基金类机构累计84个，募集资金总额超过102亿元，创投基金呈现集聚发展态势。

（张　蔚）

知识产权工作

【专利产出】 2017年，佛山市专利申请总量73 948件、比上年增长39.49%，其中发明专利25 899件、增长50.72%；专利授权总量36 767件、增长28%。其中发明专利4 901件、比上年增长46.39%；有效发明专利15 050件、增长50.32%；PCT国际专利申请726件、增长54.47%。美的电热电器制造有限公司获中国外观设计金奖1项，成为全国仅有的5项外观设计金奖之一。

【国家知识产权示范城市建设】 2017年，佛山市推进国家知识产权示范城市建设。获国家知识产权局批准正式成为国家知识产权服务业集聚发展示范区。出台《佛山市知识产权质押融资风险补偿资金管理试行办法》和《佛山市促进知识产权服务业集聚发展资助试行办法》，通过知识产权质押融资风险补偿资金推动科技型中小企业知识产权融资困难问题，推动知识产权金融融合。

【中国（佛山）知识产权保护中心】 2017年8月17日，国家知识产权局批复同意佛山市建设“中国（佛山）知识产权保护中心”，面向智能制造装备产业和建材产业开展知识产权快速协同保护工作。这是全国第一批，同时也是全省首个国家级知识产权保护中心。通过保护中心专利优先审查的“绿色通道”，开展智能制造装备和建材领域发明、实用新型和外观设计专利的快速审查和快速确权工作，将大大缩短专利授权确权时间，提升佛山市智能制造装备和建材领域专利授权的速度，增强企业创新和申请专利的积极性。另外，依托国家专利信息资源，建成智能制造装备、建材专利数据库和专利信息开发运用平台，围绕产业关键领域核心技术，加强专利导航工作与快速审查联动，将专利导航融入产业决策全过程，通过跟踪国内外产业专利布局态势，预警产业专利风险，引导产业通过专利分析、专利布局等战略手段提升核心竞争力和市场话语权。

（张　蔚）

2017年佛山市国家级众创空间名单

众创空间	运营机构
工匠创客汇	佛山市南海区广工大数控装备协同创新研究院
广东3D打印应用技术创新中心众创空间	佛山市中科高新增材制造产业创新中心
力合创智U+inno创业中心	广东力合创智科技有限公司
创业18mall	广东东软学院
纳米空间	佛山市高明沧江工业园科技企业创业中心
智造佳众创空间	广东广佛智城商业地产投资有限公司
广东创业工场南海站	广东南海创业工场企业孵化器有限公司
T+SPACE创客大本营	佛山天安科技企业孵化器有限公司
乐孵众创空间	佛山创意产业园投资管理有限公司
佛山极客社区	广东新媒体产业园发展股份有限公司
IT共创空间	广东睿道共创科技有限公司
英诺创新空间	佛山市厚德众创科技有限公司
易客工场	佛山市易客商业投资管理有限公司
顺德创客汇	广东物联天下产业园有限公司
广东工业设计城·创客空间	广东同天投资管理有限公司
广东创业工场	广东顺德创业工场信息技术有限公司
顺德创客中心	佛山市聚客家园投资有限公司
德美众创邦	广东德运创业投资有限公司
Medical-X众创空间	广东顺德南方医大科技园有限公司
创意文化艺术街	广东顺博创意产业孵化器有限公司

2017年度佛山市获广东省科技奖项目名单（共14项）

序号	项目名称	完成单位	所属区
二等奖（1项）			
1	高性能聚丙烯（PPR）冷热水管的技术研发及产业化	广东联塑科技实业有限公司	顺德
三等奖（13项）			
2	纳米石墨烯/聚丙烯自增强管材的制备	日丰企业集团有限公司，中山大学	禅城
3	电针促进脑梗死神经再生与调控Nogo-A抑制信号传导通路的研究	佛山市中医院	禅城
4	洞石抛光砖及其发泡成孔布料装饰技术	广东东鹏陶瓷股份有限公司,清远纳福娜陶瓷有限公司	禅城
5	污泥源减量技术–改良好氧–沉淀–厌氧(MOSA)工艺的研究及产业化应用示范	佛山市水业集团有限公司，中山大学，中国科学院广州地球化学研究所，安德里茨（中国）有限公司	禅城
6	蒸气压缩/回路热管一体式机房空调系统技术研究及产业化	广东志高空调有限公司，郑州轻工业学院,中国科学院理化技术研究所	南海
7	绿色建筑铝合金结构型材关键技术研究及应用	广东伟业铝厂集团有限公司	南海
8	直连式墙地砖自动化成套包装设备	佛山市鼎吉包装技术有限公司	南海
9	UN650MGⅡ半固态镁合金注射成型机	广东伊之密精密机械股份有限公司	顺德
10	恒匀火高能效电磁炉关键技术研究和产业化	佛山市顺德区美的电热电器制造有限公司,华南理工大学	顺德
11	特宽频两管制热回收多联机关键技术研究及产业化	广东美的暖通设备有限公司	顺德
12	整体式房间空调器静音关键技术研究及产业化	广东美的制冷设备有限公司	顺德
13	面向含尘大气环境的超高温变频空调器关键技术开发与应用	海信科龙电器股份有限公司，广东科龙空调器有限公司	顺德
14	泡沫整理技术的工业化应用研究	广东溢达纺织有限公司	高明

2017年佛山市国家级孵化器名单

序号	孵化器名称	孵化场地面积（平方米）	在孵企业（家）	所属区
1	佛山市盈赛投资发展有限公司	15 000	60	禅城
2	佛山创意产业园投资管理有限公司	21 000	138	禅城
3	佛山火炬创新创业园有限公司	52 000	104	禅城
4	广东新媒体产业园发展股份有限公司	37 500	80	禅城
5	佛山市创智汇投资发展有限公司	41 000	93	南海
6	佛山市南海中国科学院中医药生物科技产业中心	12 400	50	南海
7	佛山市南海光明智汇新光源投资发展有限公司	36 000	54	南海
8	佛山市南海区广工大数控装备协同创新研究院	22 710	52	南海
9	广东力合创智科技有限公司	61 000	70	南海
10	佛山天安科技企业孵化器有限公司	39 000	60	南海
11	广东德运创业投资有限公司	10 981	116	南海
12	广东物联天下产业园有限公司	30 632	71	顺德
13	广东顺博创意产业孵化器有限公司	30 375	71	顺德
14	广东同天投资管理有限公司	52 296	81	顺德
15	佛山市高明沧江工业园科技企业创业中心	22 500	82	顺德
16	佛山市三水高新创业中心有限公司	43 038	26	顺德
17	东软华南IT创业园	6 600	85	三水
18	SKG硅谷孵化园	11 000	67	高明

2017年佛山市获得中国专利奖名单

序号	获奖情况	单位	区属	专利号	项目内容
1	外观设计金奖	佛山市顺德区美的电热电器制造有限公司	顺德	ZL201630032085.1	电饭煲（MB-FZ4094）
2	专利优秀奖	佛山市海辰科技有限公司	禅城	ZL200410050830.1	PTC厚膜电路可控电热元件
3		佛山市金辉高科光电材料有限公司	禅城	ZL200510035682.0	一种聚烯烃微多孔膜的制作方法
4		广东一鼎科技有限公司	禅城	ZL200610112089.6	建筑装饰板材表面防污剂的制膜方法
5		佛山市康思达液压机械有限公司	禅城	ZL200810028826.3	一种板材充液成形液压机
6		广东威特真空电子制造有限公司	顺德	ZL200910036449.2	一种磁控管
7		佛山市捷泰克机械有限公司	南海	ZL200910039079.8	管材切割机的管材夹持机构
8		美的集团股份有限公司	顺德	ZL200910040691.7	一种多联式空调冷热水多功能系统
9		广东伊之密精密机械股份有限公司	顺德	ZL200910131017.X	伺服控制半固态镁合金高速注射成型机
10		广东一鼎科技有限公司	禅城	ZL200910207424.4	墙地砖自动装箱生产线
11		广东好帮手电子科技股份有限公司	三水	ZL201010112999.0	基于空间地理信息的车辆监控系统及方法
12		佛山市海天调味食品股份有限公司 佛山市海天（高明）调味食品有限公司	禅城	ZL201010173244.1	调味品中大肠菌群的快速检测方法
13		佛山市雅洁源科技股份有限公司	南海	ZL201010174871.7	一种节水型分质供水水处理装置
14		佛山市南海区骏达经济实业有限公司	南海	ZL201010218803.6	汽车轮胎保险装置及其工作方法
15		广东美芝制冷设备有限公司	顺德	ZL201110044811.8	一种碳氢制冷剂旋转式压缩机的封油量优化方法
16		佛山市恒力泰机械有限公司	三水	ZL201110058882.3	一种油缸总成和设有该油缸总成的液压成型设备
17		中国科学院南海海洋研究所 佛山市安安美容保健品有限公司	禅城	ZL201110079404.0	一种含有海洋贝类活性肽的化妆品及其制备方法和应用
18		合众（佛山）化工有限公司	三水	ZL201110114225.6	一种持久抗菌型水性环保涂料及制备方法
19		广东金意陶陶瓷集团有限公司	禅城	ZL201110441548.6	一种可自激发产生负离子的全抛釉瓷质砖及其制造方法
20		广东博德精工建材有限公司	三水	ZL201210196180.6	高逼真度仿玉微晶玻璃陶瓷复合板制备方法
21		广东志高空调有限公司	南海	ZL201210321826.9	一种基于云计算的云空调系统
22		广东华特气体股份有限公司 广东华南特种气体研究所有限公司	南海	ZL201210328491.3	一种六氟乙烷的纯化方法
23		广东美的厨房电器制造有限公司 美的集团股份有限公司	顺德	ZL201210408669.5	一种半导体微波炉
24		广东何氏水产有限公司	南海	ZL201210485408.3	一种为水产运输而准备的暂时养殖和打包控制方法
25		广东星联精密机械有限公司	南海	ZL201310002265.0	一种设有瓶口槽的瓶胚模具结构
26		广东万和新电气股份有限公司	顺德	ZL201310038539.1	燃气热水器烟道堵塞保护装置及其检测方法

（续表）

序号	获奖情况	单位	区属	专利号	项目内容
27	专利优秀奖	广东精铟海洋工程股份有限公司	南海	ZL201310081097.9	一种多功能环梁升降装置
28		佛山石湾鹰牌陶瓷有限公司 佛山石湾鹰牌华鹏陶瓷有限公司	禅城	ZL201310106433.0	一种一次烧微晶玻璃复合板及其制造方法
29		蒙娜丽莎集团股份有限公司	南海	ZL201310123877.5	低温快烧轻质陶瓷保温板及其制备方法
30		广东翼卡车联网服务有限公司	三水	ZL201310203048.8	一种基于蓝牙的DTMF解码方法和系统
31		广东美的制冷设备有限公司	顺德	ZL201310320121.X	立式空调器风道结构及立式空调器室内机
32		佛山市新鹏工业服务有限公司	三水	ZL201310554355.0	一种活动顶针式排气模具
33		佛山市博晖机电有限公司	南海	ZL201310566762.3	一种用于陶瓷原料粉磨的立磨设备
34		佛山市顺德区高力威机械有限公司	顺德	ZL201310601055.3	玻璃磨边机及其磨边加工方法
35		广东申菱环境系统股份有限公司	顺德	ZL201410015621.7	一种全过程空气处理机组及其控制方法
36		广东韦达尔科技有限公司	南海	ZL201410143775.4	一种自动调位贴合机
37		佛山市东鹏陶瓷有限公司 广东东鹏控股股份有限公司	禅城	ZL201410305055.3	一种部分立体成洞洞石瓷砖制备方法
38		广东利迅达机器人系统股份有限公司	顺德	ZL201410408868.5	一种货车皵架自动焊接生产线
39		佛山市海天调味食品股份有限公司 佛山市海天（高明）调味食品有限公司	禅城	ZL201510012629.2	一种粘稠物料在线连续加热装置
40		美的集团股份有限公司	顺德	ZL201510085177.0	电器设备加入电力线载波通信网络的方法和系统
41		广东睿江云计算股份有限公司	禅城	ZL201510591310.X	一种异常流量检测方法
42	外观设计优秀奖	宗申·比亚乔佛山摩托车企业有限公司	禅城	ZL200930341900.2	两轮摩托车（BYQ125T-6）
43		佛山东鹏洁具股份有限公司	禅城	ZL201230373605.7	浴室柜（天鹅堡20902）
44		霍成基	禅城	ZL201230535457.4	浴室柜（风漪系列01）
45		广东汇泰龙科技有限公司	南海	ZL201430022580.5	智能电子锁（HZ-69006）
46		霍成基	禅城	ZL201530124730.8	一体式双把单孔面盆龙头（花恋系列）
47		广东美的厨房电器制造有限公司 美的集团股份有限公司	顺德	ZL201530177929.7	纯蒸炉（X1-241C白）
48		广东凯西欧照明有限公司	禅城	ZL201630192935.4	吊灯（音乐变焦）
49		佛山市顺德区美的洗涤电器制造有限公司	顺德	ZL201630213275.3	小型台式洗碗机（1）

注：中国专利金奖20项、中国外观设计金奖5项；中国专利优秀奖804项，中国外观设计优秀奖68项。广东省获得中国专利金奖4项、中国外观设计金奖2项、中国专利优秀奖185项、中国外观设计优秀奖23项。佛山市获得中国专利奖优秀奖40项，占全省22%；中国外观设计金奖1项，占全省50%；中国外观设计优秀奖8项，占全省35%

（市科技局）

社会科学

综　述

【概况】 2017年，佛山社科界各社科研究基地在平台建设、队伍建设、理论研究、成果转化上都有较好的成绩，其中广东省广府文化研究基地、华南智能教育研究中心、周彝馨广府建筑推广工作室、设计可持续研究中心等都有较好的表现。社科学术活动也蓬勃开展，其中有较大影响的有供给侧改革背景下的农业保险创新发展学术研讨会、佛山岭南文化研究院“名家学术讲座”、广东省非物质文化遗产传承人培训班等。在“贯彻十九大精神、携手迈进新时代——2017年佛山市社会组织建设成果展示会”上，市演讲与口才学会开展的“2017年佛山市第二届‘魅力演说家’大赛暨首届全国大学生精英职业挑战赛”获市级社会组织发展专项扶持资金优秀项目。根据全国大中城市社科联第二十八次工作会议主席团《关于表彰“全国社科组织先进单位”的决定》《关于表彰“全国社科工作先进个人”的决定》，禅城区委宣传部（社科联）、佛山市图书馆学会及佛山市心理辅导协会获“全国社科组织先进单位”称号；佛山市社科联主席邓翔、禅城区委宣传部（社科联）科长陈桂芳、佛山市图书馆学会常务副秘书长刘洙获“全国社科工作先进个人”称号。

【社科新型智库建设】 2017年，佛山市社科联探索成立有佛山特色的社科新型智库，组建佛山智库联盟。精准对接广东财经大学、佛山科学技术学院、佛山日报社等优势资源，分别成立大数据与佛山经济运行研究中心、佛山文化产业发展智库、佛山传媒智库。智库的成立得到市内外媒体的广泛关注，《南方日报》《佛山日报》、佛山电台、佛山电视台以及佛山新闻网等媒体均做重点报道。

【社科规划项目申报与评审系统建设】 2017年，佛山市社科联组织开发社科规划项目申报与评审系统，提升申报与评审效率。该系统包括：用户注册、填写申报项目基本信息、管理员审核管理、专家评分、自动计算排序、结果输出等功能，将传统的人工申报与评审统合在一个数字化、网络化、一体化集成平台上，完成社科规划项目申报、评审全过程，系统以稳定的逻辑程序和多用户权限控制功能，保证过程的高效、客观与结果的科学严谨。

【社科研究基地工作动态】 2017年，佛山社科界各社科研究基地在平台建设、队伍建设、理论研究、成果转化上都有较好的成绩。

广东省广府文化研究基地　6月，召开2017年度第一次广府文化研究基地发展建设会议，总结以往的建设经验，研究部署2017年的建设举措。会议选举下属5个研究所的所长，在规划团队、布置任务、整合方向、激励研究等方面明确了具体措施。12月，基地邀请暨南大学汉语方言研究中心主任兼语言资源保护暨协同研创中心主任、博士生导师甘于恩教授举办《基于大数据与宏观视角审视佛山语言资源》的学术讲座，并与基地教师就这一专题进行深入探讨。

广东省非物质文化遗产研究基地　年内，经佛山市编办批准进一步建设为“广府非物质文化遗产研究基地”。2月，基地与黄飞鸿中联电缆武术龙狮协会合作，共建“佛山市龙狮文化研究所”；与佛山市鸿胜堂功夫文化传播有限公司合作共建“佛山武医文化研究所”。8月，参与承办“喜迎十九大·文脉颂中华·广东篇”非物质文化遗产大型网络传播系列活动之广东省非物质文化遗产传承人群系列培训班（陶瓷手工成型类），来自广东省内陶瓷手工成型行业的37名学员以及3名西藏林芝市的陶土烧制传承人参加培训。10月，承担2017纪念佛山改革开放40年专项一般重点资助课题“改革开放以来佛山醒狮的变迁与发展研究”以及佛山市体育局等单位委托项目“佛山市二级社会体育指导员培训研究”“武术进校园评审”“传统武术裁判员培训”“功夫少年选拔”等。在核心期刊发表论文多篇，其中《“一带一路”建设与非物质文化遗产保护问题探论》被文化部中国非物质文化遗产网、中国民俗学网、中国民族文学网等全文转载。

周彝馨广府建筑推广工作室　年内，出版专著2部，其中《佛山历史村落》由南方日报出版社出版，《佛山祠庙建筑》由中国建筑工业出版社出版。3月，完成佛山市哲学社会科学规划项目《佛山古村落文化资源开发与保护研究》，结项成绩优秀。5月，在顺德图书馆举办“德胜读书会”《佛山传统建筑研究》分享会。12月，在中国文物保护基金会举办的“传承与重塑——文化遗产活化与利用论坛”上做报告《宏观视野下的西江流域古村、古建研究》。年内，工作室的设计实践获得国家级大赛金奖1项、银奖2项、铜奖3项，3度获得最佳指导教师奖。

设计可持续研究中心　年内，该平台申报的文化创意与品牌视觉设计工作室被认定为顺德区专家工作室。曾朝辉申报的《广东广府民系传统村落文化符号及再设计研究》课题获2017年度教育部人文社会科学研究项目（规划基金）立项；曾鸿燕申报的《顺德会展品牌塑造与区域产业发展研究》课题获2017年度顺德区哲学社会科学规划项目立项。团队参与2017年度佛山市哲学社会科学规划项目3个，主持顺德区《“市民之窗”自助终端标识与传播设计咨询项目》横向课题1项；完成《顺德区行政服务中心办公环境布局设计咨询项目》横向课题。

2017年12月23日，由佛山岭南研究院主办的“文本、媒介与佛山形象”研讨会在佛山佳宁娜大酒店举行（市社科联供图）

【重要社科学术活动】

供给侧改革背景下的农业保险创新发展学术研讨会　于2017年12月22日在佛山科学技术学院江湾校区举行，由佛山科学技术学院经济管理与法学院主办，主题为“基于供给侧改革视角探讨我国特别是广东省农业保险创新发展问题”。会议邀请广东省农业厅、佛山市农业局、太平洋保险广东分公司、安华保险广东分公司、佛山市农业局和部分高等院校的领导、业务负责人、学者16人参会，主办方佛山科学技术学院参与人员包括校长郝志峰、经济管理与法学院执行院长罗锋等领导、教授、博士20多人。其中，6人做公开汇报，分别为广东省农业厅副厅长牛宝俊作《广东省农业保险的现状与未来》报告、首都经济贸易大学教授庹国柱作《中外农业保险发展状况与改革展望》报告、西南财经大学教授丁少群作《我国新型农业经营主体对农业保险需求的变化及创新发展路径研究》、河北经贸大学教授冯文丽作《农业保险扶贫的理论与实践》报告、太平洋保险广东分公司农业保险部总经理陈韵云作《农险业务发展现状、问题及展望》报告、佛山科学技术学院经济管理与法学院教授黄丽作《政策性农业保险的适度保障水平与保费分解》报告。与会者分别从政府监管、实践运营和学术研究等多个角度进行交流，为广东农业保险创新发展确定基本方向。会议相关建议汇总进入研究报告《广东省政策性农业保险政府监管模式创新研究》，为广东省农业厅政策制订提供参考。

佛山岭南文化研究院“名家学术讲座”　2017年12月22日，文学评论家、复旦大学博士生导师、教育部“长江学者”特聘教授郜元宝受邀到佛山科学技术学院，作主题为“鲁迅看取意大利文化的眼光”的佛山岭南文化研究院首场“名家学术讲座”。佛山科学技术学院副校长李先祥出席活动并为郜元宝颁发“岭南讲座教授”聘书。佛山市艺术创作院文化与文艺理论研究部主任朱郁文，学校佛山岭南文化研究院负责人，人文与教育学院、经济管理与法学院等院系师生以及校外文学爱好者300余人参加讲座。

“文本、媒介与佛山形象”研讨会　作为2017年12月21—27日举办的2017“佛山文学周”系列活动重要组成部分，2017年12月23日，由佛山岭南文化研究院主办的“文本、媒介与佛山形象”研讨会在佛山佳宁娜大酒店举行。一批来自北京、上海、南京和广东省内各地的著名学者、专家和文学评论家参加研讨。佛山市文化广电新闻出版局局长陈新文、市艺术创作院院长夏金旺、市作家协会主席张况等领导出席并讲话，佛山岭南文化研究院、人文与教育学院等部门负责人及相关专业师生参加活动。佛山岭南文化研究院专职副院长巫小黎主持研讨会，介绍“文本、媒介与佛山形象”研讨会的举办背景、目的和研讨形式。佛山科学技术学院“岭南讲座讲授”、教育部“长江学者”特聘教授、复旦大学中文系教授、博士生导师郜元宝，上海师范大学教授、博士生导师、当代上海文学研究中心主任杨剑龙，东南大学艺术学院教授、博士生导师龙迪勇，中国现代文学馆研究员刘慧英，中山大学教授、博士生导师、广东省文艺评论家协会主席林岗，暨南大学教授、博士生导师苏桂宁，中山大学中文系教授、博士生导师陈希，中山大学古文献所研究员周松芳，广东省社科联研究员、《学术研究》编审陶原珂，华南师范大学教授刘纳以及来自《中国文化报》、广州农讲所纪念馆、嘉应学院、佛山科学技术学院等单位的专家学者30多人，就吴趼人、冼玉清、冼冠生、黄节、黄飞鸿等佛山历史文化名人的研究历史和前景展开研讨，对佛山文学、城市形象的现状与未来的发展走向，提出许多针对性、建设性的意见。

【岭南语言方言博物馆启动建设】　2017年11月23日，岭南方言文化博物馆建设启动仪式在佛山举行，这是全国首家省级实体语言类博物馆。该馆是经过省委宣传部批准设立的全国首家省级实体语言类博物馆，旨在建成一座集保存、保护、展示、交流、研究及创意开发岭南方言文化于一体的公共文化空间，为广东优秀传统口传文化传播引领一条生态发展之路。岭南方言文化博物馆选址佛山市图书馆5楼南区，面积约1 000平方米，以博物馆的形式提供更多更好的公共文化服务，计划2018年建成。

（淦述卫）

社科研究

【概况】 2017年，佛山市完成2016年的130个哲学社会科学规划项目的结项评审工作，结项数比上年增长39.78%。

发动2017社科规划课题申报，收到课题材料400份，比上年增长10.25%。经过资格审核、初评、终评、公示等程序和市社科联主席办公会议同意，共立项120个，其中“重点项目”5个、“一般项目”15个、“青年项目”20个、“共建项目”20个。围绕“佛山改革开放40年”开展课题立项并组织研究，经过资格审核、初评、终评等程序，完成特别委托重大课题4项、一般资助重点项目13个的立项工作。所有课题内容均围绕总结佛山艰辛创业的发展历程，梳理研究佛山改革开放中社会建设、经济建设、政治建设、文化建设以及生态建设等方面积累的宝贵精神财富，总结佛山改革开放40年创新发展中的重要成果和基本经验，围绕宣传党委、政府带领全市人民取得的辉煌成绩，围绕在全社会唱响佛山敢为人先的时代主旋律。

推进第五辑7本人文社科丛书的编撰工作，完成丛书的篇章目录及主要内容的编撰。有代表性的社科专著出版9本，内容涵盖文学、历史、政治、法学、经济、社会管理等方面，代表性著作有《甘泉学派》《佛山历史村落》《明清佛山地方治理研究》《空间碎片的国际法治理》《金融问题研究论（译）文集》《组织改革与创新——以佛山市社区（村）妇代会改建妇联为研究样本》等。

【《佛山地理》（第二辑）出版发行】 2017年10月10日，由佛山市社科联、佛山日报社组编的《佛山地理》系列丛书第二辑正式出版发行。《佛山地理》系列丛书第二辑从全新角度以图文并茂的方式讲述历史和故事，通俗易懂地介绍佛山地理文化，包括《佛山地理·公园》《佛山地理·纪念馆》《佛山地理·宗祠》《佛山地理·民俗》《佛山地理·老字号》等5册。《佛山地理·公园》包括亚艺公园、中山公园、千灯湖公园、孝德湖公园、顺峰山公园、凤岭公园、明湖公园、灵龟公园、三江水韵公园、西南公园。《佛山地理·纪念馆》包括黄飞鸿纪念馆、鸿胜纪念馆、李广海纪念馆、康有为纪念馆、叶问纪念馆、陈启沅纪念馆、朱九江纪念馆、詹天佑纪念馆、李小龙纪念馆、“三谭”纪念馆。《佛山地理·宗祠》包括兆祥黄公祠、石头霍氏宗祠、沙头崔氏大宗祠、右滩黄氏大宗祠、沙滘陈氏大宗祠、古朗伍公祠、沙边何氏大宗祠、艺能严公祠、西村陈氏大宗祠。《佛山地理·民俗》包括行通济、赛龙舟、重阳登高、舞狮、秋色、烧番塔、华光诞、观音诞、生菜会、花灯会。《佛山地理·老字号》包括陈太吉酒庄、冯了性药业、德众药业、应记面家、石湾公仔、盲公饼、远航双蒸酒、红棉毛巾、红荔米酒、海天味业。

【《佛山市人文和社科研究丛书》（第四辑）出版】 2017年6月，由佛山市委宣传部和佛山市社科联联合编纂的《佛山市人文和社科研究丛书》（第四辑）由南方日报出版社正式出版发行。《佛山市人文和社科研究丛书》（第四辑）包括《佛山养生文化探源》《佛山企业家文化研究》《佛山家风家教研究》《佛山木版年画研究》《佛山历史村落》等5册。该辑书籍的编纂过程中，编委会联合全市社会科学研究力量，深入挖掘佛山历史文化资源，梳理佛山哲学社会科学研究成果，并多次召开专门会议，讨论确定研究主题、编辑原则、体例标准、出版发行等事宜。《佛山市人文和社科研究丛书》从全市层面开展综合性研究，对佛山历史文化、名人古迹、民俗风情、非物质文化遗产和经济、政治、社会、生态等各个方面都给予关注，既彰显佛山社会经济文化综合实力，又展现佛山人文社科研究水平。

【《甘泉学派》出版】 2017年7月1日，戢斗勇著作《甘泉学派》由广州出版社正式出版。该书13.5万字，是《湛若水丛书》（全12册）已出版的5册（《心学大师湛若水》《甘泉学派》《甘泉与白沙》《甘泉与阳明》《湛若水家训的现代诠释》）之一。《甘泉学派》是国内首部研究湛若水学派创立及弟子传承的著作。内容共七章，第一、第二章着重介绍甘泉学派的兴起、创派、宗旨；第三、第四、第五章，介绍甘泉弟子三代“七贤”传人以及附传10人；第六章介绍甘泉学派的余绪3人：陈确、张履祥、黄宗羲；第七章，是对甘泉学派的地位、价值的肯定以及不足的评价。该著作出版后获得学界好评，特别是在2017“湛若水思想与当代社会”高峰论坛暨《湛若水丛书》学术研讨会上得到与会专家学者的肯定与赞誉。《湛若水丛书》是由广州出版社与广东省岭南心学研究会联合出版，入选2015年省委宣传部“理论粤军”的项目。

《佛山市人文和社科研究丛书》（第四辑） （市社科联供图）

【《明清佛山地方治理研究》出版】 2017年10月，赵东亮的著作《明清佛山地方治理研究》由广东人民出版社出版，全书39万字。自宋元时期开始，佛山属于“从贸易发展出来的市场和镇”，手工业发达。明清时期（1840年前），广州、佛山经济互补，一直是华南经济发展的火车头。佛山城市发展模式、城市管理方式和架构很有特色，民间色彩浓厚，本地士绅、商家实力强大，担负起城市管理的主要角色。佛山历史上先后出现过一些官府和民间的管理机构。属于官府的统治机构，有明、清两代都存在的五斗口巡检司、清代的佛山海防捕务同知署、都司署、千总署（一般合称文武四衙）；佛山士绅势力控制的机构，有明代的嘉会堂、清代的大魁堂、团防局。在城市管理中，佛山地方民间机构是城市管理的主角，官府起的作用是支持、监督，属于配角。清末以后，佛山镇的管理开始由传统向现代转型，出现新的权力机构，如商会、警察机关，民国还有市政府，其管理体制和职能也发生很大的变化。《明清佛山地方治理研究》对佛山市在城市治理中集中民间智慧、加强现代社区管理等方面具有启发和帮助。

【《空间碎片的国际法治理》出版】 2017年11月，黄韵的著作《空间碎片的国际法治理》由东北师范大学出版社出版。随着人类空间活动的飞速发展，数量高速增长的空间碎片作为一种太空垃圾，已经成为一项新的环境污染。空间碎片不仅对进入外层空间的空间飞行器的运行和航天员的安全造成威胁，也对地球上的人类活动产生多方面的影响。由于人类对空间碎片问题尚无破解之道，这一问题变得越来越突出。特别是国际法律规制层面，外空条约对空间碎片的治理显得力不从心，其他国际环境立法和习惯也不能对这一问题进行强有力的法律规制。该书立足于现有的国际法律基础，对空间碎片的预防、减缓、损害及责任等方面进行深入分析，建议完善空间碎片的国际责任建构，并在对中国的外层空间战略与策略分析的基础上，提出完善中国空间碎片减控立法的设想，从理论及实证等方面对空间碎片的国际法治理提出符合时代要求的创新型建议，为国家积极应对空间碎片问题提供有益的参考。

【《佛山木版年画研究》出版】 2017年6月，许结玲的著作《佛山木版年画研究》由南方日报出版社出版。该书18万字，从民俗学、文化学、语言学、艺术学及非物质文化遗产等多学科、多角度解读佛山木版年画的画里乾坤及画外人文；探讨佛山木版年画的文化内涵、艺术价值、社会功能及其作为首批国家级非物质文化遗产项目该如何活态传承及进行“生产性保护”等若干问题。著者与传承人携手合作，对佛山木版年画展开新的探索性研究，为当下佛山木版年画的传承与保护建言献策，探寻出路，共谋发展。该著作入选佛山市人文和社科研究丛书（第四辑）。

【《城乡居民基本养老保险制度的可持续发展：福利效应、财政能力与模式优化》出版】 2017年10月，黄丽、罗锋、刘红梅合著的《城乡居民基本养老保险制度的可持续发展：福利效应、财政能力与模式优化》由中国农业出版社出版。该书25万字，基于城乡居民养老保险制度可持续发展视角，运用制度分析法、典型案例研究法、社会养老保险精算法等，对现行制度安排的福利效应、政府的财政能力进行实证研究，在上述研究基础上，借鉴各国农村社会养老保险补贴政策，探讨城乡居民养老保险基本养老保险政府补贴的适度水平，并提出依托乡村集体实现城乡基本养老保险的路径，期望进一步丰富社会养老保险理论，并为完善国家城乡居民养老保险制度提供借鉴。

【《金融问题研究论（译）文集》出版】 2017年8月，尹祖宁著作《金融问题研究论（译）文集》由西安交通大学出版社出版。该论（译）文集23.1万字，收录作者在国内学术期刊上发表的18篇论文和6篇译文（绝大部分发表在国内权威和核心期刊）。全集分上、中、下三篇，其中上篇主要涉及中国有关的国际金融问题研究，中篇是对国内金融有关问题的研究，下篇是有关金融研究的翻译文章。文集中所有论文的选题及其内容的确定与安排，都是基于中国金融改革与发展的实际，围绕中国国际金融和国内金融以及金融与区域（地方）经济和产业发展所面临的基本和重要问题，进行理论分析和政策探讨。

【《组织改革与创新——以佛山市社区（村）妇代会改建妇联为研究样本》出版】 2017年3月，唐雄山著作《组织改革与创新——以佛山市社区（村）妇代会改建妇联为研究样本》由中山大学出版社出版。由于工业化与城镇化及行

佛山木板年画艺术展示　　（佛山年鉴社供图）

政区划的调整，导致包括佛山市在内的中国东部沿海地区的社区（村）经济实力成倍增长、区域面积成倍扩大、人口数量成倍增长且结构复杂化，从而使包括社区（村）妇代会在内的基层面临巨大的压力与挑战，组织改革与创新势在必行。20世纪末21世纪初，佛山市社区（村）妇联基层组织便开启改革创新的历程。在上级妇联及相关部门的支持指导下，佛山市社区（村）妇联基层组织拓展服务领域与内容、引进社会工作理论与方法、创建延伸组织、重构与其他组织的关系，这一系列的改革创新最终导致妇代会正式改建成妇联。因此，妇代会改建成妇联有着自己的逻辑与逻辑动力。妇代会正式改建成妇联使社区（村）妇联组织获取资源的能力、服务的量与质、动员力、执行力、渗透力都得到大幅度提升。任何组织的改革与创新都不能解决全部问题；同时，改革创新在解决问题的同时会创造出新的问题，组织内部与外部环境的变化也会产生出新的问题。面对未解决的问题和新出现的问题，社区（村）妇联组织必须采取对策，启动新的一轮或大或小的改革与创新。

【《佛山历史村落》出版】 2017年6月，吕唐军著作《佛山历史村落》由南方日报出版社出版。该书30万字，系统介绍佛山历史村落形成的区位、地理、历史、文化背景，重点介绍16个重要的佛山历史村落，从村落的空间布局、物质文化遗产、非物质文化遗产和人文特点四个方面剖析佛山历史村落的系统脉络，总结出佛山历史村落在岭南文化中的地位和特点。该书为佛山市人文和社科研究丛书，由佛山市社科联资助出版。

【《佛山祠庙建筑》出版】 2017年5月，吕唐军著作《佛山祠庙建筑》由中国建筑工业出版社出版。该书33.3万字。主要学术观点：祠堂与庙宇在岭南建筑中极具代表性，佛山有众多重要的岭南祠堂与庙宇建筑，地位举足轻重。该书展示佛山祠庙建筑中具有重要历史价值或建筑、艺术价值的精华案例，使读者形象地解读佛山祠庙建筑，进一步解读佛山建筑所体现的岭南文化性格：宗族集权，严整统一；讲究选址，崇尚风水；传承古制，融汇大成；彰显富贵，繁缛丰盛。

【《佛山科学技术学院学报（社会科学版）》】 2017年出版6期，刊发论文108篇，约105万字。刊发的文章中基金项目86个，其中国家社科基金项目15个，占16%；省部级基金项目50个，占50.3%；市级基金项目69个，占68%。有2篇文章被中国人民大学复印报刊资料转载，12篇进入同刊索引。主要栏目有《哲学研究（含马克思主义哲学）》《经济学研究》《法学研究》《历史学研究》《政治学研究》《社会学研究》《文学研究》《语言文字研究》《教育研究》《广府文化研究》《图书与档案研究》。是全国人文社科学报中文核心期刊、历届全国优秀社科学报、全国地方学报十佳学报、全国期刊网全文收录期刊、中国学术期刊综合评价数据库来源期刊、中国核心期刊（遴选）数据库来源期刊，中国知网、万方数据、维普资讯等全文收录。

【《顺德职业技术学院学报》】 2017年出版4期，刊发论文70篇，约18万字。其中科技与应用栏目载文16篇，占比22.9%。高职教育研究载文15篇，占比21.4%。刊发的文章中基金项目67个，其中国家社科基金项目11个，占16.4%。国家自科基金18个，占26.9%。省部级基金项目14个，占20.9%。其他基金项目24个，35.8%。该报主要栏目有《科技与应用》《经济与管理》《文化素质教育》《高职教育研究》《英语园地》《文·史·哲研究》《珠三角研究》等。该刊入选“万方数据—数字化期刊群全文收录期刊”“CNKI中国期刊全文数据库收录期刊”“中国核心期刊（遴选）数据库收录期刊”和“中文科技期刊数据库（全文版）收录期刊”“中国期刊网、中国学术期刊（光盘版）全文收录期刊”“中国科技论文在线收录期刊”等。

（淦述卫）

佛山市南海区松塘村，祠堂宗庙建筑保存完整　　（佛山年鉴社供图）

文　化

公共文化服务体系

【概况】 2017年，佛山市有6个区级以上公共图书馆和6个区级以上文化馆（均为国家一级馆）。新增省特级文化站一个（南山镇文化站），全市省特级文化站数量占全市文化站的93.8%。全市村（社区）综合性文化服务中心建成733个，覆盖率100%。市、区、镇（街）、村（社区）四级公共文化设施总面积193.34万平方米，每万人均公共文化设施建筑面积2 525.11平方米。佛山市文化中心成为全市公共文化服务的新地标，其中市图书馆新馆、市科学馆新馆、市青少年宫新宫、市文化馆新馆已建成开放，建筑面积14.34万平方米。

【国家公共文化服务体系示范区创建】 2017年，佛山市通过国家公共文化服务体系示范区创建中期督查，督查组认定佛山市35个指标全部达标，优秀率89%。以“制造业一线城市公共文化服务供给研究”为总课题开展系列制度设计研究，聚焦产业工人公共文化服务创新，出台系列政策文件。市区联动，指导禅城、南海、顺德三区通过省级示范区创建验收。强化过程管理，开展全市性督导9次，编送简报60期。7月以来，针对中期督查发现的问题，制订并实施《佛山市创建国家公共文化服务体系示范区强化提升工作方案》，围绕14个重点工作项目、40项工作任务展开集中攻坚。开展全市公共文化设施市民满意度及效能评估，研究制订《佛山市村（社区）基层综合性文化服务中心检查指引（试行）》。

【公共文化服务】 2017年，佛山市继续深入推进公共文化服务“五化”（标准化、均等化、数字化、社会化、品牌化）发展。全市公共图书馆、文化馆（站）、博物馆、美术馆继续免费向市民开放，市联合图书馆全面实施“二代身份证”免押金书刊借阅服务，总办证量93万个。

探索“点单式”“众筹式”公共文化服务，推出“文化馆阵地预约登记”“读者自主采购借阅服务”“电影馆服务点单”等活动，常态开展移动智能图书馆、流动演出、送戏下乡等公益活动，将公共文化服务送到群众身边。

加强数字化服务建设，市联合图书馆数字资源共建共享平台拥有37个外购商业数据库，47个试用数据库，21个自建数据库，资源容量100TB，年访问量近100万人次。全市文化信息资源共享工程已建成市支中心1个、区支中心5个、基层服务点864个，实现城乡100%全覆盖。

加大政府采购力度，建立健全政府向社会力量购买公共文化服务机制，市级继续集中1 000多万元开展专项扶持，有27个机构团体受益。创新建立“社工+文化志愿者”联动体系，促进文化志愿服务的社会化和专业化，至年底，全市文化志愿者队伍共有57支，登记在册人数10 205人。

推进公共文化服务特色品牌体系建设，“佛山韵律·书香怡城”全民阅读活动、“佛山韵律·和声飞扬”群众合唱展演活动、“佛山韵律·舞动全城”广场舞展演活动等品牌活动蓬勃开展，成为市民乐享的文化盛事；“筑梦佛山”文化艺术公益夏令营、“南风讲坛”“蜂蜂故事会”等一批品牌活动历久弥新，口碑良好。

【佛山市文化馆新馆正式对市民开放】 2017年7月，佛山市文化馆搬迁至新馆。12月23日，佛山市文化馆新馆举行开馆仪式，正式对市民开放。

市文化馆新馆位于顺德区乐从镇富华路，2013年7月开工，2017年5月建成。市文化馆新馆占地面积2.6万平方米，其中地上建筑面积1.6万平方米，共6层，设置包括琴房、合唱室、合奏室、大画室、书法工作室、摄影工作

2017年7月1日，佛山市创建国家公共文化服务体系示范区中期督查意见反馈会
（市文广新局供图）

室在内的多个功能室，供市民免费预约使用。另外，能容纳600人的实验剧场用于佛山市群众文化大型汇演的排练演出。市文化馆新馆是继佛山市图书馆、佛山市青少年文化宫、佛山科学馆等公共文化设施后佛山又一文化新地标。

【公共文化设施建设创新实践】 2017年，佛山市探索构建“智能文化家+”新型文化空间。在原有智能图书馆等科技型文化阵地基础上，按照“四个统一”（统一的空间设计、内容策划、管理机制、建设标准）进行改造提升或新建，打造形成依托智能文化空间，汇集阅读沙龙、小型讲座、文艺培训、展览展示、文化志愿服务、个人LIVE秀等多种文化活动和服务内容于一体的高品质、集约化的综合性新型公共文化空间，全方位提升市民享受公共文化服务的质量。截至2017年末，尼奥斯智能文化家、石湾镇街道智能文化家、工人文化宫智能文化家、39°空间智能文化家共4个示范点建成开放服务。

【农家书屋服务提升】 2017年，佛山市文广新局按照公共文化现代服务体系示范区创建中期督导工作和省新闻出版广电局要求，对全市农家（社区）书屋建设情况重新进行梳理。截至2017年12月，全市有农家（社区）书屋703家，在实现行政村全覆盖的同时，基本实现数字化阅读全覆盖。选定8家书屋组织当地中小学生参加包括阅读理解、剪报拼报、征文协作等内容的暑期课堂活动，力求以点带面，使农家书屋成为农村里吸引青少年的一方书斋。要求全市每家农家书屋至少配置《党的十九大报告》（单行本）、《中国共产党党章》《文件汇编》《辅导读本》4本读物，全市700多家农家书屋共配备党的十九大读本2 760册，进一步巩固农村基层的意识形态阵地。

【佛山市公共文化设施联盟成立】 2017年，佛山市以《公共文化服务保障法》为依据，率先探索“党建引领，文群共建”机制，成立以市文广新局、市科技局、市体育局、市总工会、团市委和市妇联为成员的联席会议制度，着力破解公共文化服务资源分散、活动分散、内容同质等突出问题。8月31日，在佛山市图书馆举行“文群共建”工作会议暨公共文化设施联盟成立仪式，推动市图书馆、市文化馆、市博物馆、市工人文化宫、市青少宫、市儿童活动中心、市科学馆、市体育场馆中心、佛山中奥广场管理有限公司等9个单位成立佛山市公共文化设施联盟，实现各公共文化设施管理单位间的互联互通、共建共享。

【2017广东公共文化研讨会在佛山举行】
2017年9月20—22日，由广东省文化厅主办，佛山市文化广电新闻出版局、佛山市禅城区文体局联合承办的“公共文化建设现场”——2017广东公共文化研讨会在佛山市举行。来自全国各地的公共文化专家、学者，广东省各市文化行政管理部门负责人、公共文化机构和企业代表270余人齐聚佛山，围绕“公共文化服务效能提升”这一重要课题，就“对接需求，提升公共文化服务有效性”“关注基层，加强城乡公共文化服务体系化建设”“学法用法，基本公共文化权益保障与促进”三个分主题进行深入探讨和经验交流。

研讨会上，佛山市代表以《制造业一线城市的公共文化服务创新实践》为题，结合实践和工作思考，回答“制造业一线城市的公共文化服务怎么搞”“现代公共文化服务体系怎么建”等问题。阐明佛山市在开展公共文化服务体系建设中，以实现公共文化服务标准化、均等化、数字化、社会化为目标，统筹兼顾，努力推动城乡和产业园区公共文化服务均衡发展。

（张紫琳）

2017年暑假期间，佛山市文广新局组织全市农家书屋开展暑期课堂活动。图为高明区豸岗村佛山市农家书屋暑期课堂活动成果展示　（市文广新局供图）

文化名城建设和文化遗产保护

【概况】 截至2017年底，佛山市有中国历史文化名镇1个、省级历史文化名镇1个，中国历史文化名村3个、省级历史文化名村6个，省级历史文化街区1个；全国重点文物保护单位7处、省级文物保护单位50处、市级文物保护单位286处，公布不可移动文物1 378处，可移动文物30 160件（套）；国家级非遗项目14个，省级非遗项目43个，市级非遗项目101个，国家级非遗代表性传承人11人、省级非遗代表性传承人55人、市级非遗代表性传承人163人，国家级非遗生产性保护示范基地1个，省级非遗生产性保护示范基地7个、省级非遗传承基地8个，省非遗研究基地1个、市级非遗传承基地50个。

【“文化佛山”三年行动计划顺利开局】
2017年，佛山市在完成文化升级两年行动计划各项任务的基础上，继续实施“文化佛山”三年行动计划（2017—2019年），着力建设与“经济佛山”相媲美的“文化佛山”，发挥文化在城市建设和经济社会发展中的引领、支撑作用，使“近悦远来，古今相宜”的“文化佛山”形象更加深入人心。“文化佛山”三年行动计划共75个项目，总投资额198亿元。至年底，工作推进顺利，其中74个项目完成年度任务，累计完成投资35亿元，为佛山城市治理贡献积极的文化力量。

【文化与城市融合发展】 2017年，佛山市推动文化与城市融合发展取得显著成效。启动“博物馆之城”建设，在充分调研的基础上，立足“城产人文”深度融合要求，编制《关于推进“博物馆之城”建设的实施意见（送审稿）》。继续开展古村落活化升级，完成第二批17个古村落活化升级工作；2016年和2017年两年，30个古村落开展活化项目523个，累计投资8.57亿元；修缮、维护文物建筑50余处，历史建筑和传统建筑140余处。启动特色文化街建设，市文广新局联合市住建管理局印发《佛山市特色文化街建设实施方案（2017—2019年）》，并开展《特色文化街设计导则》设计。扶持民办文化场馆发展，推动8对国有—非国有文化场馆挂钩帮扶，并调整非国有文化场馆扶持重点，扶优扶强，形成较好示范效应，全年全市有17个单位获得扶持资金共计89万元。

【文化遗产保护成果】 2017年，佛山市加大文化遗产保护工作力度。稳步推进文物保护工程，康有为故居保护规划已获国家文物局、省文物局审核同意，并由市政府报省政府审批；东华里古建筑群一期修缮工程设计方案及保护规划获审核同意。把好城市规划中的紫线控制关，审核市国土规划部门编制的片区控制性规划80份，确保城市更新与建设符合国家历史文化名城保护要求。探索佛山传统工艺振兴路径，落实非遗资金补助，12个非遗项目保护单位、11个非遗传承基地、2个非遗传习所、78位市级传承人获得扶持资金106.9万元。

【文博品牌活动】 2017年5月14日至6月10日，佛山市结合“国际博物馆日”及中国“文化和自然遗产日”，举办2017年佛山市文化遗产保护宣传月活动，全市举办文博讲座、展览、非遗展演、免费鉴宝、非遗体验等30多场活动，展示佛山作为岭南文化名城的风韵及内涵，与市民共享全市文化遗产保护成果。

【佛山第六批市级非物质文化遗产项目名录】 2017年12月21日，佛山市人民政府办公室公布佛山市第六批市级非物质文化遗产项目名录，九江灯谜、佛山十番等22个项目入选；另外佛山市文化广电新闻出版局也公布第五批非物质文化遗产项目代表性传承人，邓伟杰、邓燕平等31人入选。至此，佛山市级非遗项目总数101个，市级非遗传承人163人。

【建设“博物馆之城”重点工作推进会】

2017年12月27日，佛山市委、市政府召开建设“博物馆之城”重点工作推进会。会上，市委书记鲁毅向全市部署工作，要求“围绕建设高品质的文化导向型城市的目标，努力把佛山建设成为门类新颖齐全、布局科学合理、内容丰富多彩、富有地域特色的‘博物馆之城’。”市长朱伟总结并肯定近年来佛山文物博物馆事业所取得的成绩，并提出坚持“1＋2＋3”工作重点，即：把握一条主线、紧盯两大版块、实施三项工程，推进佛山文物博物馆事业大发展大繁荣。

会上还公布《关于推进“博物馆之城”建设的实施意见（送审稿）》，明确“博物馆之城”建设总目标——争取到2020年，经正式登记注册的博物馆（含纪念馆）数量增加至100个，美术馆、艺术馆总数增加至100个；实现每10万人拥有1个博物馆，每10万人拥有1个艺术馆或美术馆。会议的召开对于推动佛山文博事业的发展有着重大意义。

【“小手拉大手　大城小工匠”秋色赛会获省级荣誉】 2017年5月18日，佛山市“小手拉大手 大城小工匠”秋色赛会获广东省“博物馆优秀青少年教育项目”十佳奖。2017年的佛山秋色赛会活动于3月启动，历时9个月，参与人数近900人，收集参赛作品600多件，评选出获奖作品96件。在作品评选的网络投票环节，投票点击率184.9万次，累计投票35.3万次。该活动已成为青少年了解、认识佛山优秀传统文化的一个重要渠道。

【禅城区发放近500万元非遗保护专项资金】

2017年6月11日“文化和自然遗产日”活动中，禅城区举行2016年度非遗保护专项资金发放仪式，共计发放资金459.84万元。这是禅城区非遗保护专项资金管理办法出台后首次对区内多个非遗项目、传承基地及传承人进行补

2017年11月2—5日，2017年广东（佛山）非遗周暨佛山秋色民俗文化活动在佛山举行，活动内容包括39项全省非遗项目活态展示及“匠作秋色最岭南——佛山非物质文化遗产展”等。图为在岭南天地现场展示佛山剪纸艺术

（市文广新局供图）

2017 年 9 月 29 日，“佛山韵律　和风鸣畅”系列活动之一的佛山韵律舞台艺术惠民工程之文艺演出进企业园区
（市文广新局供图）

助和奖励，体现区政府对非物质文化遗产的重视。

【清晖园博物馆成立文化创意产品研发中心】 2017 年，清晖园博物馆为贯彻国务院、省政府关于做好文化文物单位文化创意产品开发的文件精神，发挥清晖园得天独厚的文化积淀资源和人才聚集优势，成立文化创意产品研发中心。研发中心的创立，旨在用好、用活馆藏文化资源，弘扬优秀传统文化，为传播中华文明、活化文物利用作出积极实践。并开发邮票邮册、陶瓷器皿、文房用品、顺德美食等文创产品。按照计划，研发中心将继续秉承“清晖创智，潮流引领”的理念，按照“企业运作、政府支持、院校联合、行业集中、功能完善”的基本原则，全面打造规模化、专业化、网络化、社会化的文化旅游创意商品设计、投资和孵化平台。

【高明区博物馆升级改造竣工开馆】 2017 年 12 月 4 日，佛山市高明区博物馆举行升级改造竣工开馆仪式，并同步开展竣工开馆后的首个系列文博活动，包括举办全国重点文物保护单位“高明古椰贝丘遗址文物展览”“高明区非物质文化遗产保护基地展览”“非一般的高明——高明历史题材美术创作工程作品展”等系列活动，让广大群众以全新的形式观高明历史、赏高明非遗、品高明美食，让人们走近和了解高明的本土文化。同时，改造后的博物馆馆舍将更为规范、专业，为市民带来更为精彩的展览及文化活动，同时助力佛山“博物馆之城”建设。

【粤剧黑胶唱片数字化整理取得阶段性成果】 2017 年 7 月，佛山市博物馆启动馆藏粤剧黑胶唱片数字化整理工作，第一阶段任务为对馆藏 300 张粤剧名伶黑胶唱片进行数字化转化。该项工作于 2017 年底完成，并通过数据验收，为建立粤剧名伶名曲数据库奠定基础。佛山市博物馆从上世纪九十年代开始，重视粤剧实物征集，至年底征集到清末至解放初期粤剧名伶黑胶唱片 4 000 多张。

【佛山祖庙文魁阁、三元亭揭幕】 2017 年 9 月 28 日，适逢孔子诞辰 2 568 周年，佛山祖庙孔圣园举行庄严肃穆的“祭孔仪式”，并举行文魁阁和三元亭落成揭幕大典。昔日的孔庙古建筑群占地面积 2 000 多平方米，是佛山文化群英聚集之佳处。为延续佛山传统文脉，再现孔庙荣光，佛山市祖庙博物馆全力推进孔庙片区景观提升工程，营建文魁阁和三元亭。文魁阁和三元亭的落成，不仅进一步完善佛山祖庙孔庙片区的建筑格局和功能，展现佛山人崇文重道、争为人先的进取心态，同时也为佛山构筑独具地方文化特色的人文景观。

（张紫琳）

文化活动和艺术创作

【概况】 截至 2017 年底，佛山市有国办专业文艺团体 1 个，专业文艺创作单位 1 个，市艺术创作院创作美术作品近 50 件，参加国内 18 个美术展览，佛山粤剧传习所创作排练话剧、粤剧 3 台并演出，两个专业艺术单位开展活动近 200 场。

【文艺创作及推广】 2017 年，佛山市扶持原创文艺作品 30 件和优秀展览项目 20 个。抓好文艺精品创作：话剧《康有为梁启超》获省“五个一工程奖”；话剧《穷孩子　富孩子》《铁血道钉》分别获省艺术节剧目一等、二等奖，2 件美术作品获银奖和优秀奖；粤剧《秋色传奇》完成彩排，粤剧《神狐绮梦》在香港连演 5 场；《闯广东》广播剧开播；启动《佛山韵律——文学艺术丛书》编撰工作。

组织节目录制央视大型群众文艺展示栏目《群英汇》佛山专场。承办“粤沪渝陕群星奖作品惠民交流巡演广东行”活动。南海区大沥镇文化站、顺德区大良街道文化中心获评为省级群众文艺作品试排试演基地。《南狮》节目年内三次在中央电视台播出。

【文化惠民】 2017 年，佛山市推进文化中枢建设，佛山美术馆联盟推出“魅力岭南”和“佛山韵律　艺象南风”艺术季两个艺术平台，为全市文艺工作者提供展示、出版、发表平台。开展“佛山韵律”系列活动，其中“周末大戏台”100 场、“创艺时光”34 场、舞台艺术精品展演 29 场、“园区行”15 场，为市民提供丰富的精神食粮。

【地方戏曲的传承发展】 2017 年，佛山市开展“1 + 2 + 50 + 100”的戏曲艺术保护传承生态链建设，制订并实施《佛山市粤剧曲艺传承发展计划（2017—2020 年）》。扶持佛山市顺德粤剧团、佛山市顺德艳阳天粤剧团 2 家民营粤剧院团复排《啼笑因缘》《义气在人间》，组建佛山私伙局联盟并评选 25 个优秀私伙局作为首批成员进行扶持，开展粤剧特色学校申报工作，完成大型粤剧传统例戏《香花山大贺寿》的复排，完成300张黑胶老唱片数字化整理，完成佛山市曲艺（粤曲）普查。

链接

“1 + 2 + 50 + 100”的戏曲艺术保护传承生态链

2016年《佛山市人民政府办公室关于促进戏曲传承发展的实施意见》提出，在“十三五”期间重点建设1个专业粤剧院团、扶持2个民营或县级以下粤剧院团，建立50个中小学粤剧传承基地（粤剧特色学校）、扶助100个私伙局建立戏曲角；挖掘、整理一批珍贵的戏曲史料，推出一批优秀剧目，培养一批戏曲新秀，逐步建成戏曲创作研究、戏曲传承推广的“1 + 2 + 50 + 100”的戏曲艺术保护传承生态链，形成戏曲活起来、传下去、出精品、出名家的良好局面。

【2017广东（佛山）非遗周暨佛山秋色民俗文化活动】 于2017年11月2—5日在佛山举行。活动包括全省非遗项目活态展示、佛山非遗展、祖庙秋祭、乡饮酒礼、秋色巡游、秋色赛会、秋色大舞台等七大板块。举办1场佛山非遗展，进行2场秋色巡游。共邀请40个国内外项目参加，其中佛山项目18个、省内其他地市项目13个、外省项目8个、国外项目1个。2场巡游吸引56万市民游客观看。举办4场秋色大舞台演出，分别在南海区、顺德区、高明区、三水区同时演出。举办4天非遗活态展示，汇聚全省39个非遗项目活态展示。

【“石湾是个美陶湾”成都展】 2017年7月18日至10月31日，由佛山市博物馆与成都博物馆主办，佛山市禅城区博物馆、广东石湾陶瓷博物馆协办的“石湾是个美陶湾”展览在成都博物馆成功举办。展览展出明代至民国的石湾陶人物塑像、动物造型、艺术器皿、瓦脊、微塑等精品106件（套），全面展现石湾陶塑的艺术风格和成就，吸引观众70万人次。展览期间，市博物馆邀请石湾陶研究专家在成都博物馆举办六场公益讲座，让观众从不同角度贴近石湾陶的历史和艺术世界。展览的举办促进佛山与成都两地的文化交流，塑造传播佛山城市形象。

（张紫琳）

文化产业发展

【概况】 2017年，佛山市有“三上”文化企业448家，与2016年相比新增32家，增速7.7%。全市有市级以上文化产业示范园区11个，聚集文化企业3 000余家。

【文化产业发展的组织领导和顶层设计】 2017年，佛山市文化主管部门对旅游文化创意产业发展领导小组架构进行调整，加强文化产业的组织领导和统筹力度。印发《关于加快文化产业融合发展的实施意见》，出台《佛山市扶持影视产业发展的若干政策》、修订《关于加快文化产业发展的若干政策》，草拟《佛山市文化产业统计工作方案》，形成文化产业发展“1 + 4”政策体系。

【展翅——佛山市初创文创企业扶持行动】 2017年，佛山市开展“展翅——佛山市初创文创企业扶持行动”，鼓励文化产业领域创新创业，最终选出8家优秀初创文创企业给予每家5万元资金扶持，分别是：佛山市匠曼延文化传播有限公司（匠曼延－东方精致生活品牌）、佛山市卡卡松堡文化传播有限公司（图书生活体验馆）、佛山市风旭科技有限公司（基于移动物联的可编程教育机器人）、广东同天缔创者科技有限公司（D2C缔创者设计实训平台）、佛山广现文化传播有限公司（微课视频制作）、佛山市金木视觉文化传播有限公司（大头宝贝粤语伴读）、佛山市狮王互娱文化传播有限公司（电竞动漫IP交易平台）、佛山树与陶艺术设计有限公司（寻找陶艺的100种可能性）。

【第二批市级文化产业示范园区认定】 2017年4月，佛山市第二批市级文化产业示范园区公布，南风古灶创意园、顺德创意产业园最终入选。至此，佛山市级以上文化产业示范园区累计11个。2017年入选的第二批市级文化产业示范园区均创建于2008年。其中南风古灶创意园位于南风古灶片区，前身为1506创意城，园区改造建筑面积逾16万平方米，是以陶文化为主题的文化平台，有约700家文化交易、文化创客等文化类业态企业进驻。顺德创意产业园位于顺德区大良凤翔路，占地8万多平方米，规划面积超20万平方米，是顺德区政府批准的顺德首家创意产业园、广东省小企业创业基地、顺德动漫文化创意中心及顺德国际广告创意中心，入驻企业280多家。

2017年10月3日，2017年广东（佛山）非遗周暨佛山秋民俗文化活动重头戏——秋色巡游 （市文广新局供图）

2017 年 11 月 16—19 日，2017 广东（佛山）创意城市博览会在广东潭洲国际会展中心举行，展会以“创意城市·美好生活”为主题，展览面积 5 万平方米，设创意城市馆、创意生活馆、创意休闲馆、创意设计馆和创意美食馆 5 个展馆

（顺德区供图）

【2017 年度佛山市旅游文化创意产业发展专项（文化）扶持资金】 2017 年 2 月，佛山市文广新局启动 2017 年度佛山市旅游文化创意产业发展专项（文化）扶持资金申报工作，经过初审、现场陈述、专家评审等环节，至 6 月，评选出 25 个项目，并给予 444 万元资金扶持。获资金扶持的 25 个项目中，文化融合类 12 个，资金总额 144 万元；文化科技融合类 6 个，资金总额为 120 万元；文化产业示范园区 4 个，资金总额 120 万元；文化产业创业平台 3 个，资金总额 60 万元。

【《佛山市扶持影视产业发展的若干政策》实施】 2017 年 8 月 1 日，《佛山市扶持影视产业发展的若干政策》印发实施。政策分为九大方面，包括鼓励社会投资、鼓励企业做大做强、鼓励优秀影视作品、落实金融支持政策、鼓励人才引进、落实税收优惠政策等，覆盖电影产业链的各个环节，链条环节上的主体都可以成为专项资金的扶持对象。根据该政策，企业到佛山投资影视产业最高可获 500 万元资金扶持。2017 年 11 月 7 日印发《2017 年度佛山市影视产业专项资金申报指南》（简称《申报指南》）。11 月 10 日召开新闻发布会，通过电视台、电台、报纸、杂志、网站、微博、微信等媒介平台，对《申报指南》进行宣传和解读。发布会后，对各区受理申报工作的业务骨干进行集中培训。

【南方影视中心建设】 从 2016 年 12 月 22 日南方影视中心落户佛山以来，通过政策顶层设计、打造影视产业园区、举办 2017 功夫（动作）电影周、建设文旅特色小镇等多项举措，配合强有力的宣传推介和产业招商活动，佛山影视产业呈现蓬勃发展势头。2017 年新增影视企业 63 家，是佛山历年影视企业存量的一倍。至年底，全市有 611 家涉足影视产业的企业。其中影视制作企业 128 家，影视拍摄基地 2 家，影视放映发行企业 186 家（其中发行企业 1 家、影院 120 家、流动放映队 65 个），影视设备及衍生品生产企业 232 家。涌现出《南哥》《柳毅奇缘》《索玛花开》《东方可儿之摩登乐园》《极速少年》等 20 多部佛山出品的影视、动漫精品。

（张紫琳）

文化行业监管

【概况】 2017 年，佛山市继续规范文化市场秩序，提升行业管理水平。全年出动文化市场执法人员 25 847 人次，检查经营场所 9 675 家次，取缔游商地摊 73 个，收缴各类非法出版物 93.9 万余份（张、册），查办案件 152 件（含黑网吧 76 件），移送公安机关 7 件，处罚金额 47.9 万元，组织各类专项行动 22 次。

【文化行业审批制度改革】 2017 年，佛山市文广新局与行政服务中心签订综合服务授权委托书，做好综合服务窗口工作人员的培训、业务指导、业务咨询、办件跟踪等；对照权责清单通用目录（2017 版）重新核对，并取消行政许可事项 3 项、校对事项 323 项次、调整 37 项次、增加 1 项。调整佛山市行政审批标准管理系统事项 38 次，新增事项 2 项，取消事项 3 项。配合调整梳理事项 51 项，校对调整网厅事项主题 49 个，与区中心、区文体局协商沟通处理事项 145 项；下半年佛山市市场监管服务信息化平台（市监管服务平台）上线，处理案件推送 89 项，收集各区信息 3 000 多条。

【文化市场监管执法】 2017 年，佛山市文广新局落实“扫黄打非”清源、净网、秋风、护苗、固边等五大专项行动任务，制订下发《佛山市迎接党的十九大文化市场专项保障行动》《迎接党的十九大出版物市场及网络文化环境百日集中整治行动》等工作方案，组织开展春节期间出版物市场整治、印刷复制企业专项整治、暑期文化市场整治、校园周边文化市场整治、无证无照经营查处取缔、非演出场所经营单位涉外营业性演出活动整治、网络表演平台排查、“蓝鲸”死亡游戏预警处置、迷你歌咏亭核查等各类网上网下专项整治行动 22 次，严密封堵查缴政治性非法出版物及有害信息，遏制含有禁止内容的文化产品在佛山市传播，震慑违法行为，为党的十九大胜利召开营造良好的社会文化环境。

【文化市场社会义务监督员】 2017 年 6 月，佛山市第一支取得监督员证的 20 名社会义务监督员正式走上监督岗位。演出市场社会义务监督员工作机制是佛山市文广新局以政府购买服务的方式引入社会力量，延伸监管执法触角的一次尝试和突破。项目通过场所分级分类管理、人员责任制、网络监督等举措，深化演出市场管理。至 2017 年底，监督员监督演出 39 场次，举报线索 3 条。

（张紫琳）

2017 年佛山市全国重点文物保护单位（7 处）

序号	名称	地址	年代	类别
1	佛山祖庙	禅城区祖庙街道恩光社区居委祖庙路 21 号	明、清	古建筑
2	南风古灶、高灶陶窑	禅城区石湾镇街道办事处忠信社区居委会高庙路 6 号	明	其他
3	东华里古建筑群	禅城区祖庙街道福贤社区居委会福贤路	清—民国	古建筑
4	康有为故居	南海区丹灶镇银河村委会苏村敦仁里	清咸丰八年	近现代重要史迹及代表性建筑
5	古椰贝丘遗址	高明区荷城古椰村鲤鱼岗侧	新石器	古遗址
6	清晖园	顺德区大良清晖路 23 号	清代	古建筑
7	顺德糖厂	广东省佛山市顺德区大良街道顺峰居委沙头村广东顺德糖厂有限公司内	民国二十四年（1935 年）投产	近现代重要史迹及代表性建筑

2017年佛山市省级重点文物保护单位（50处）

序号	名称	地址	年代	类型
1	河宕贝丘遗址	禅城区石湾镇街道办事处河宕村民委员会雾岗路	新石器时代	古遗址
2	梁园	禅城区祖庙街道培德社区居委先锋古道 93 号	清	古建筑
3	简氏别墅	禅城区祖庙街道恩光社区居委会臣总理 17 号	清—民国	近现代重要史迹及代表性建筑
4	兆祥黄公祠	禅城区塔坡社区居委会福宁路 95 号兆祥公园内	民国	近现代重要史迹及代表性建筑
5	林家厅及古民居群	禅城区石湾镇街道办事处忠信社区居委会高庙路 6 号	清	古建筑
6	霍氏古祠建筑群	禅城区石湾镇街道办事处石头西便村东街三巷 13 号南侧	明—清	古建筑
7	文会里嫁娶屋	禅城区祖庙街道兰桂社区居委会祖庙大街文会里 36、38、40 号	清	古建筑
8	西樵山遗址	南海区西樵镇西樵山	新石器时代	古遗址
9	北涌亭	南海区里水镇新联村委会沿江公园东	明弘治十八年	古建筑
10	鱿鱼岗遗址	南海区西樵镇百西村委会水边村鱿鱼岗	新石器时代	古遗址
11	崔氏大宗祠	南海区九江镇万安社区民康路 3 号对面	明嘉靖四十四年	古建筑
12	石燕岩采石遗址	南海区西樵镇西樵山碧云村石燕岩	明清	古遗址
13	绮亭陈公祠	南海区西樵镇简村村委会幼儿园东侧	清光绪十三年	古建筑
14	曹氏大宗祠	南海区大沥镇曹边村委会滘北村一巷 6 号	明代崇祯九年	古建筑
15	慈悲宫牌坊	南海区九江镇下西村委会翘南村新龙路探花公园旁	明万历年间	古建筑
16	良二千石牌坊	南海区九江镇下西村委会大稔村北边	明万历二十六年	古建筑
17	云泉仙馆	南海区西樵镇樵园居委会西樵山白云洞风景区白云峰西北麓	清乾隆丁酉年	古建筑
18	平地黄氏大宗祠	南海区大沥镇平地村委会平地村新市大街三号	清乾隆乙亥年迁建	古建筑
19	象林塔	南海区西樵镇樵园居委会西樵山白云洞风景区	清康熙五年	古建筑
20	九江吴家大院	九江镇儒林社区人民路 40 号	清光绪十三年（1887 年）至 1927 年	近现代重要史迹及代表性建筑

（续表）

序号	名称	地址	年代	类型
21	方献夫墓	南海区丹灶镇良登村委会孔边村孔边岗	明	古墓葬
22	钟边村钟氏大宗祠	南海区大沥镇钟边村委会钟边村钟边大道11号侧	清	古建筑
23	西华寺遗址	南海区里水镇草场社区石门山南麓西华村西华街13号	五代—清	古遗址
24	金楼及古建筑群	顺德区北滘镇碧江居委泰宁路6号	明—清	古建筑
25	右滩黄氏大宗祠	顺德区杏坛镇右滩村新村社五巷1号	始建于明代，清代咸丰、同治年间、1931年、2005年重修	古建筑
26	明远桥	顺德区杏坛镇逢简村潭头坊	宋	古建筑
27	尢列故居	顺德区杏坛镇北水村新基大街2号	清道光十七年	近现代重要史迹及代表性建筑
28	沙滘陈氏大宗祠	顺德区乐从镇沙滘南村沙滘小学旁	清光绪二十一年	古建筑
29	沙边何氏大宗祠	顺德区乐从镇沙边村沙边大街28号	清康熙四十九年	古建筑
30	西山庙	顺德区大良街道文秀居委文秀路西山山麓	始建于明嘉靖二十年，清光绪二十一年、1985年重修	古建筑
31	青云塔	顺德区大良街道苏岗居委神步岗上	明万历三十年建，道光十一年、光绪十四年重修	古建筑
32	贞女桥	顺德区龙江镇世埠居委会长路村	宋嘉定四年至八年建桥，明嘉靖二十八年建牌坊	古建筑
33	尊明苏公祠	顺德区北滘镇碧江村泰兴大街	明嘉靖，清代重修	古建筑
34	报功祠	顺德区北滘镇桃村桃源大道22号	始建于宋末，明天顺四年、清康熙四十年、道光十九年、光绪八年仲夏、民国三十六年季冬重修	古建筑
35	冯氏贞节坊	顺德区北滘镇林头居委始平巷牌坊街7号前	康熙三十七年	古建筑
36	逢简刘氏大宗祠	顺德区杏坛镇逢简村根大街9号	明永乐十三年（1415年）建，明天启年间、清嘉庆年间、2002年均有重修	古建筑
37	七乡蟠龙水闸	顺德区乐从镇良村村河涌口的河道上	清道光廿八年	古建筑
38	真武庙	顺德区容桂街道红星居委狮山东路大神庙街6号	万历九年重建，清乾隆十四年重修	古建筑
39	聚奎阁	顺德区容桂街道振华居委文塔公园内	清乾隆五十九年	古建筑
40	梅庄欧阳公祠	顺德区均安镇仓门村华庙街	清光绪八年重建	古建筑
41	冰玉堂	顺德区均安镇沙头村鹤岭大街29-2	1950—1951年	近现代重要史迹及代表性建筑
42	察院陈公祠	顺德区龙江镇新华西村北华村华楼路	清	古建筑
43	大街苏氏大宗祠	顺德区杏坛镇杏坛居委大街24号右侧	明	古建筑
44	胥江祖庙	三水区芦苞镇	始建于南宋嘉定年间，历经元、明、清各代多次修葺	古建筑
45	白坭银洲贝丘遗址	三水区白坭镇银洲村	新石器晚期	古文化遗址
46	大旗头村古建筑群	三水区乐平镇大旗头村	清光绪年间	古建筑（群）

（续表）

序号	名称	地址	年代	类型
47	梁士诒墓	三水区白坭镇岗头村九亩墩	1933 年	近现代重要史迹及代表性建筑
48	魁岗文塔	三水区河口魁岗村	明万历三十年	古建筑（塔）
49	大岗山窑址	高明区荷城街道沿江路 283 号	唐	古遗址
50	灵龟塔	高明区荷城街道沿江路 283 号	明	古建筑

2017年佛山市市级文物保护单位（286处）

序号	名称	地址	年代	类别
1	祖庙大街店铺	禅城区祖庙街道恩光社区居委会祖庙大街麒麟社 1 号之二	清	古建筑
2	龙塘诗社	禅城区祖庙街道恩光社区居委会文明里 68 号	清	古建筑
3	孔庙	禅城区祖庙街道恩光社区居委会祖庙路 21 号	清	古建筑
4	花王庙	禅城区祖庙街道福贤社区居委会燎原路弼头街 38 号	清	古建筑
5	忠诚当铺	禅城区祖庙街道福贤社区居委会福贤路禄丰大街 53 号	民国	近现代重要史迹及代表性建筑
6	仁寿寺塔	禅城区祖庙街道沙塘社区居委会祖庙路 5 号	民国	近现代重要史迹及代表性建筑
7	李可琼故居	禅城区祖庙街道沙塘社区居委会莲华巷 15 号	清	古建筑
8	莲花巷土府	禅城区祖庙街道沙塘社区居委会莲花巷 4 号	明	古建筑
9	基督教赉恩堂	禅城区祖庙街道沙塘社区居委会莲花路 27 号	民国	近现代重要史迹及代表性建筑
10	李众胜堂祖铺	禅城区祖庙街道恩光社区居委会祖庙大街 18 号	清	古建筑
11	隔塘霍氏家庙建筑群	禅城区祖庙街道恩光社区居委会隔塘大街 85、86 号	清	古建筑
12	傅氏家庙	禅城区祖庙街道恩光社区居委会隔塘大街 28 号	清	古建筑
13	黄祥华如意油祖铺	禅城区祖庙街道恩光社区居委会祖庙大街文明里 77 号	清	古建筑
14	简照南佛堂	禅城区祖庙街道兰桂社区居委会祖庙大街文会里 51 号	民国	近现代重要史迹及代表性建筑
15	陈铁军故居	禅城区祖庙街道恩光社区居委会福贤路善庆坊 6 号	清	古建筑
16	蕺园	禅城区祖庙街道纪纲社区居委会福贤路居仁里 139 号、福贤路 131 号	民国	近现代重要史迹及代表性建筑
17	居仁里土府	禅城区祖庙街道福贤社区居委会居仁里 38 号	明	古建筑
18	蓝田冯公祠	禅城区祖庙街道纪纲社区居委会六村正街 29 号	明	古建筑
19	区家庄	禅城区祖庙街道纪纲社区居委会福贤路居仁里区巷 1 至 20 号	清	古建筑
20	石路巷古民居群	禅城区祖庙街道纪纲社区居委会福贤路纪纲街石路巷 1 至 16 号	明—清	古建筑
21	季华女子小学旧址（铁军小学）	禅城区祖庙街道沙塘社区居委会田心里 17 号	民国	近现代重要史迹及代表性建筑
22	泰和当铺	禅城区祖庙街道福贤社区居委会福贤路石巷 37、39 号	民国	近现代重要史迹及代表性建筑
23	适安里古建筑群	禅城区祖庙街道培德社区居委会松风路适安里 19、22、24、26 号	清—民国	古建筑

（续表）

序号	名称	地址	年代	类别
24	培德里古建筑群	禅城区祖庙街道培德社区居委会松风路培德里40至50号	清—民国	古建筑
25	高庙	禅城区石湾镇街道办事处忠信社区居委会忠信巷10号	清	古建筑
26	叶家庄	禅城区祖庙街道永安社区居委会市东上路宝善坊6至20号	清	古建筑
27	任围	禅城区祖庙街道燎原社区居委会乐安里23至48号、任映坊1至17号	清	古建筑
28	国公庙	禅城区祖庙街道莺岗社区居委会福宁路新安街46号	清	古建筑
29	太上庙	禅城区祖庙街道塔坡社区居委会福宁路祥安街15号	明—清	古建筑
30	塔坡庙和井	禅城区祖庙街道福宁路塔坡社区居委会京果街2号	唐—清	其他
31	中山公园（含中山公园牌坊、亦乐亭、李氏牌坊）	禅城区祖庙街道升平社区居委会中山路12号	民国	近现代重要史迹及代表性建筑
32	佛山精武体育会会址	禅城区祖庙街道升平社区居委会中山路12号	民国	近现代重要史迹及代表性建筑
33	华英中学旧址	禅城区祖庙街道文沙北社区居委会文沙路25号市一中内	民国	近现代重要史迹及代表性建筑
34	青云街当楼	禅城区祖庙街道快子社区居委会筷子路向前街3号	民国	近现代重要史迹及代表性建筑
35	李大夫家庙	禅城区祖庙街道普君南居委新风路33号	清	古建筑
36	秀岩傅公祠	禅城区祖庙街道莺岗社区居委会卫国路86号第三中学内	民国	近现代重要史迹及代表性建筑
37	经堂古寺	禅城区祖庙街道普君南社区居委会新风路49号市委党校内	清	古建筑
38	苏氏私塾	禅城区祖庙街道普南社区居委会庆源坊69号	清	古建筑
39	吴勤烈士陵园	禅城区祖庙街道普西社区居委会岭南大道北57号	现代	近现代重要史迹及代表性建筑
40	沙岗张氏大宗祠	禅城区石湾镇街道办事处沙岗村民委员会镇中路沙岗文化中心西侧	清	古建筑
41	丰宁寺	禅城区石湾镇街道办事处莲峰社区居委会镇中二路北侧	清	古建筑
42	莲峰书院	禅城区石湾镇街道办事处莲峰社区居委会镇中二路北侧	清	古建筑
43	大雾岗遗址	禅城区石湾镇街道办事处莲峰社区居民委员会大雾岗	唐	古遗址
44	海口庞氏大宗祠	禅城区张槎街道办事处海口村民委员会南新村1号侧	明—清	古建筑
45	谭仙观	禅城区张槎街道办事处大富村民委员会小布东街16巷1号侧	清	古建筑
46	绿瓦亭	禅城区石湾镇街道办事处黎冲村民委员会黎冲上村绿瓦亭公园内	民国	近现代重要史迹及代表性建筑
47	状元井	禅城区石湾镇街道办事处黎冲村民委员会黎涌上村排坊三巷3号北侧	南汉	其他
48	黎涌陈氏大宗祠	禅城区石湾镇街道办事处黎冲村民委员会藜涌下村大宗公园内	清	古建筑
49	邓群岗遗址	禅城区南庄镇吉利村民委员会邓群村邓群岗	新石器晚期	古遗址
50	陈盛故居	禅城区祖庙街道莺岗社区居委会衙旁街39号	清末	近现代重要史迹及代表性建筑
51	鸿胜祖馆	禅城区祖庙街道莺岗社区居委会衙旁街15号	清末	近现代重要史迹及代表性建筑

（续表）

序号	名称	地址	年代	类别
52	酒行会馆	禅城区祖庙街道恩光社区居委会祖庙大街22号	清	古建筑
53	李广海医馆	禅城区祖庙街道朝东村民委员会忠义路平政桥侧	清末	近现代重要史迹及代表性建筑
54	集贤坊古民居群	禅城区祖庙街道同安社区居委会红风大街3、5、7、9、21号，勤俭街21、23、25、27号	清—民国	古建筑
55	隆庆陈氏宗祠及古官道	禅城区南庄镇罗南村民委员会隆庆村隆新大街七巷口	清	古建筑
56	三华罗氏大宗祠	禅城区南庄镇紫洞村民委员会三华村	明—清	古建筑
57	廖家围	禅城区石湾镇街道办事处和平社区居民委员会建国路建国二巷1、2、4号	清	古建筑
58	康宁聂公祠	禅城区石湾镇街道办事处深村村民委员会东升村大街3号	明—清	古建筑
59	平兰陈公祠	禅城区石湾镇街道办事处湾华村民委员会西华村大忠村2号	清	古建筑
60	石梁梁氏家庙	禅城区石湾镇街道办事处石梁村民委员会石梁二街1号	明—清	古建筑
61	永新社学	禅城区张槎街道办事处弼唐村民委员会西便村13号侧	清	古建筑
62	张槎仙槎书院古建筑群	禅城区张槎街道办事处张槎村民委员会	清	古建筑
63	张槎东岳庙	禅城区张槎街道办事处张槎村民委员会上南村大街张槎中学北侧	清	古建筑
64	大江罗氏宗祠	禅城区张槎街道办事处大江村民委员会罗联村	明—清	古建筑
65	大沙杨氏大宗祠	禅城区张槎街道办事处大沙村民委员会弘农大道3号内	清	古建筑
66	叶生生堂	禅城区祖庙街道快子社区居委会快子路12号	清末民国	近现代重要史迹及代表性建筑
67	众义国术体育馆旧址	禅城区祖庙街道办事处快子社区居委会筷子路44号	民国	近现代重要史迹及代表性建筑
68	探花桥	南海区九江镇下西村委会翘南村新龙路探花公园旁	明万历四十七年始建，清代重修	古建筑
69	魁星塔	南海区九江镇下北村委会铁滘村东南方	清嘉庆五年	古建筑
70	冯氏家族墓	南海区九江镇水南村委会迎安大道东边	宋	古墓葬
71	旌表节孝牌坊	南海区九江镇烟南村委会烟桥村新庄南部	清道光元年	古建筑
72	烟桥何氏大宗祠	南海区九江镇烟南村委会烟桥村西边	清嘉庆十九年重建	古建筑
73	玉廪峰、大科峰、金鼠塱摩崖石刻组	南海区西樵镇西樵山	明清	石窟寺及石刻
74	大石桥	南海区里水镇洲村村委会里横路东侧	清道光戊申年	古建筑
75	中共南三花工委旧址	南海区里水镇北沙村委会沈村村沈五五巷	1945 — 1949年	近现代重要史迹及代表性建筑
76	蔡道可、蔡子华墓	南海区里水镇逢涌村委会文头岭西麓	宋	古墓葬
77	文头岭窑址	南海区里水镇逢涌村委会文头岭南麓	唐—宋	古遗址
78	李子长墓	南海区西樵镇西樵山云路村云路峰下	明嘉靖五年	古墓葬
79	翠岩摩崖石刻	南海区西樵镇西樵山碧云村翠岩景区	清	石窟寺及石刻
80	泗源郑公祠	南海区里水镇贤僚村委会西一村文明一街13号	清光绪年间重修	古建筑

（续表）

序号	名称	地址	年代	类别
81	[illegible]István江公祠和江头江氏宗祠	南海区桂城街道叠南村委会江头村	清	古建筑
82	黄少强故居	南海区狮山镇群岗村委会小江二村九巷	1901—1942年	近现代重要史迹及代表性建筑
83	古岗桥	南海区狮山镇永安村委会古岗村	明	古建筑
84	七甫陈氏宗祠	南海区狮山镇七甫村委会铁网坊南侧	明弘治十二年	古建筑
85	福星桥	南海区狮山镇大榄村委会大榄涌上	清宣统元年重修	古建筑
86	中共南海县委旧址	南海区狮山镇显纲村委会显纲村中和里234号	1927年	近现代重要史迹及代表性建筑
87	通窿岩采石遗址	南海区狮山镇石泉村委会南国桃园平顶岗通窿岩	明清	古遗址
88	珠江纵队独立第三大队队部旧址	南海区狮山镇黄洞村委会东一区一号	1945年1—9月	近现代重要史迹及代表性建筑
89	伦文叙墓	南海区罗村街道芦塘村委会长安墓园棋子岭西南麓	明	古墓葬
90	义民纪念碑	南海区狮山镇狮中村委会陈洞村旧村东南方	1947年	近现代重要史迹及代表性建筑
91	树本善堂	南海区狮山镇狮北村委会银岗狮山一小旁	清光绪十四年	近现代重要史迹及代表性建筑
92	奇石窑址	南海区狮山镇新境村委会奇石村、西门村	唐—宋	古遗址
93	华平李氏大宗祠	南海区狮山镇狮西村委会华平村	清嘉庆年间	古建筑
94	邹特夫墓	南海区大沥镇泌冲村委会后海村长青墓园内	清同治八年	古墓葬
95	叶正简夫人墓	南海区狮山镇黎岗村委会豸下村后山	宋	古墓葬
96	陈宁墓	南海区狮山镇黎岗村委会豸下村梅花地	北宋	古墓葬
97	骆秉章墓	南海区罗村街道芦塘村委会雅三村东面山岗	清同治六年	古墓葬
98	联星江氏宗祠	南海区罗村街道联星村委会上三村吉祥巷1号北侧	清光绪三十年重建	古建筑
99	三山三眼桥	南海区桂城街道东区村委会禾仰村	清嘉庆二年	古建筑
100	奎光楼	南海区西樵镇樵园居委会西樵山白云洞风景区	明万历年间	古建筑
101	白云古寺	南海区西樵镇樵园居委会西樵山白云洞风景区	明正德丁卯年	古建筑
102	字祖庙	南海区西樵镇樵园居委会西樵山白云洞风景区	清乾隆四十二年	古建筑
103	第弌洞天牌坊	南海区西樵镇樵园居委会西樵山白云洞风景区	清乾隆年间	古建筑
104	湖山胜迹门楼	南海区西樵镇樵园居委会西樵山白云洞风景区	清咸丰三年	古建筑
105	小云亭	南海区西樵镇樵园居委会西樵山白云洞风景区	清咸丰八年	古建筑
106	光分亭	南海区西樵镇樵园居委会西樵山白云洞风景区	清道光二十八年	古建筑
107	枕流亭	南海区西樵镇樵园居委会西樵山白云洞风景区应潮湖旁边	清乾隆乙酉年	古建筑
108	白云洞摩崖石刻	南海区西樵镇樵园居委会西樵山白云洞风景区	明—中华人民共和国	石窟寺及石刻
109	龙母庙	南海区西樵镇樵园居委会西樵山蟠龙洞内	民国二十七年	近现代重要史迹及代表性建筑
110	吉水窦	南海区西樵镇西樵村委会吉水大道牌坊前	清光绪甲午年重建	古建筑

（续表）

序号	名称	地址	年代	类别
111	泮阳李公祠门楼	南海区罗村街道罗村村委会寨边村村前街八巷1号	明	古建筑
112	张浚家族墓	南海区狮山镇大榄村委会大榄林场大旗岭	宋	古墓葬
113	娥媚坑竹西岗汉墓群	南海区桂城街道林岳村委会娥媚坑竹西岗	汉	古墓葬
114	叶正简墓	南海区大沥镇颜峰村委会人和村葫芦岗	宋	古墓葬
115	方道隆墓	南海区丹灶镇良登村委会孔边村孔边岗	元	古墓葬
116	通心岗遗址	南海区丹灶镇良登村委会良登村	新石器时代	古遗址
117	三元桥	南海区九江镇儒林社区船栏街侧	清道光年间	古建筑
118	朱子襄墓	南海区九江镇下西村委会太平村龟岗西南麓	清光绪八年	古墓葬
119	李卓峰墓	南海区九江镇南方村委会忠良岗	1926年	近现代重要史迹及代表性建筑
120	破排角遗址	南海区九江镇沙口居委会文昌路沙口社区卫生站对面	南宋	古遗址
121	凤池曹氏大宗祠	南海区大沥镇凤池村委会凤西村凤西公园旁	清	古建筑
122	大沥“二·七”革命纪念碑	南海区大沥镇沥苑居委会沥园路大沥文化公园内	1958年	近现代重要史迹及代表性建筑
123	吴氏八世祖祠	南海区大沥镇沥东村委会荔庄村东区一巷1号	清	古建筑
124	阴鹭井	南海区丹灶镇仙岗村委会苏坑村村尾	宋	古建筑
125	贞烈牌坊	南海区丹灶镇仙岗村委会苏坑村村口	清康熙年间	古建筑
126	颜氏大宗祠	南海区大沥镇河西村委会颜边村新街76号	清道光十三年重修	古建筑
127	傅氏山庄	南海区西樵镇西樵山碧云村	民国二十一年	近现代重要史迹及代表性建筑
128	朝议世家邝公祠	南海区大沥镇大镇村委会四中村	明清	古建筑
129	邝氏始祖墓	南海区大沥镇大镇村委会四中村北侧	宋	古墓葬
130	铁屎墩冶炼遗址	南海区西樵镇百西村委会大地村	清	古遗址
131	三眼桥	南海区大沥镇河东村委会穗盐路	明	古建筑
132	杜氏大宗祠	南海区大沥镇白沙村委会白沙村中心路涌边1巷12号侧	清乾隆五十九年	古建筑
133	潋表李氏宗祠	南海区大沥镇黄岐村委会潋表村环村东路	清代始建，中华民国十年重建	古建筑
134	黄岐梁氏大宗祠	南海区大沥镇黄岐村委会岐南村岐西大街65号侧	清	古建筑
135	冯夏威墓	南海区西樵镇樵园居委会蟠龙洞洞口	1905年	近现代重要史迹及代表性建筑
136	九龙岩摩崖石刻	南海区西樵镇西樵山寺边村九龙岩景区	明正德丁丑	石窟寺及石刻
137	霍韬夫人墓	南海区西樵镇西樵山寺边村	明	古墓葬
138	西樵山抗日阵亡将士暨死难同胞纪念碑	南海区西樵镇东碧社区碧玉洞内	1947年	近现代重要史迹及代表性建筑
139	西樵山四峰书院遗址	南海区西樵镇西樵山寺边村	明嘉靖癸未年（1523年）	古遗址
140	松塘东山祖祠	西樵镇上金瓯松塘村文昌圩22号侧	清	古建筑

（续表）

序号	名称	地址	年代	类别
141	松塘甘井	西樵镇上金瓯桂阳坊 42 号侧	宋	古建筑
142	松塘汇川家塾	西樵镇上金瓯松塘村桂香坊 13 号	清	古建筑
143	松塘见五大夫祠	西樵镇上金瓯桂香坊	清光绪七年（1881 年）	古建筑
144	松塘六世祖祠	西樵镇上金瓯松塘村桂香坊	清	古建筑
145	松塘培元书舍	西樵镇上金瓯松塘村忠心坊 4 号 B 侧	清	古建筑
146	松塘翘秀园	西樵镇上金瓯松塘村华宁坊 1 号	清	古建筑
147	松塘区氏宗祠	西樵镇上金瓯松塘村桂香坊	明	古建筑
148	松塘世大夫家庙	西樵镇上金瓯松塘村文昌圩 22 号侧	清	古建筑
149	松塘司马第	西樵镇上金瓯松塘村桂香坊 126 号	晚清	古建筑
150	松塘太史第	西樵镇上金瓯松塘村华宁坊 59 号侧	1906 年	古建筑
151	松塘塘西六世祖祠	西樵镇上金瓯松塘塘西坊 61 号侧	清光绪乙未年（1895 年）	古建筑
152	西樵山百步云梯	西樵山石牌村金钗峰北麓	明正德十二年（1517 年）	古建筑
153	西樵山无叶井	西樵镇西樵山碧云村村口	明清	古建筑
154	西樵山紫姑井、仙姑亭	西樵镇西樵山寺边村九龙岩景区	清	古建筑
155	西樵山蟹眼泉	西樵镇西樵山碧云村翠岩风景区	清	古建筑
156	百西潘氏大宗祠	西樵镇百西社区幼儿园侧	清乾隆二十六年（1762 年）	古建筑
157	禄舟万寿堂	西樵镇岭西村委会禄舟村 20 号	1784 年	古建筑
158	信存何公祠	桂城叠北东胜坊东约	清道光年间	古建筑
159	东联吴氏大宗祠	丹灶镇东联社区水口村村前街西二十巷 1 号侧	清	古建筑
160	南沙陈氏宗祠	丹灶镇南沙社区新村街十四巷 1 号	清	古建筑
161	恒德徐公祠	丹灶镇西联社区五甲村五巷 1 号	清光绪壬午年（1882 年）	古建筑
162	沙水翰林步头	丹灶镇劳边村居会沙水村西街坊南乔公祠前	明	古建筑
163	仙岗仙迹丹泉	丹灶镇仙岗社区仙岗村流水井二巷前	明清	古建筑
164	荔庄泰岭书舍	大沥镇沥东社区荔庄村东区一巷 1 号	清	古建筑
165	区梦觉故居	西樵镇上金瓯华宁坊 69 号	1906 年	近现代重要史迹及代表性建筑
166	上东岑局楼	九江镇上东村委会上东沙村红旗 421 至 422 号	民国二十一年（1932 年）	近现代重要史迹及代表性建筑
167	冼光墓	顺德区乐从镇大罗村北万松原	明	古墓葬
168	何彦墓	顺德区杏坛镇西登村小金山北端	明	古墓葬
169	陈岩野墓	顺德区大良街道北区居委观光市场内	清道光、咸丰年间、民国二十二年、1987 年冬重修	古墓葬
170	连氏始祖古墓群	顺德区勒流街道富裕村沙富岗山麓沙富环山路旁	清道光十八年	古墓葬

（续表）

序号	名称	地址	年代	类别
171	北街古村落	顺德区杏坛镇桑麻村北街	清	古建筑
172	黎氏家庙及民居群	顺德区杏坛镇昌教村昌教小学右侧	清	古建筑
173	南村牧伯里民居群	顺德区乐从镇沙滘居委南村牧伯里	清	古建筑
174	西村低地民居群	顺德区乐从镇沙滘居委西村低地中街	清	近现代重要史迹及代表性建筑
175	龙江石龙里民居	顺德区龙江镇龙江居委石龙里	清	古建筑
176	克勤堂古民居群	顺德区龙江镇仙塘村朝阳农场朝阳大街	清	古建筑
177	碧江泰兴大街祠堂群	顺德区北滘镇碧江居委泰兴大街	清	古建筑
178	碧江村心祠堂群	顺德区北滘镇碧江居委村心大街	清	古建筑
179	苹村曾氏大宗祠	顺德区北滘镇苹村武城街七号	明、清光绪十五年	古建筑
180	苹村梁大夫祠	顺德区北滘镇苹村义学街2号、3号	清	古建筑
181	桃村袁氏大宗祠	顺德区北滘镇桃村怡谋街3号	清	古建筑
182	林头郑氏大宗祠	顺德区北滘镇林头居委粮站街42号前	康熙五十九年	古建筑
183	广教杨氏大宗祠	顺德区北滘镇广教居委林港路西	清	古建筑
184	宋参政李公祠	顺德区杏坛镇逢简村名园塘头街1号	清	古建筑
185	湬南伍公祠	顺德区杏坛镇古朗村世祖巷1号	明、清	古建筑
186	北水尤氏大宗祠	顺德区杏坛镇北水村北昌东	清雍正三年	古建筑
187	杏坛梁氏大宗祠	顺德区杏坛镇光华村德彦大道牌坊边	清	古建筑
188	豸浦胡公家庙	顺德区均安镇鹤峰居委豸浦玉堂街54号	清乾隆	古建筑
189	上村李氏宗祠	顺德区均安镇鹤峰居委上村大街	清光绪五年	古建筑
190	星槎何氏大宗祠	顺德区均安镇星槎村兴隆小组天市街	清同治三年建	古建筑
191	南浦李氏家祠	顺德区均安镇南浦村天期路	清光绪	古建筑
192	良教祠堂群	顺德区乐从镇良教村	清	古建筑
193	路州黎氏大宗祠	顺德区乐从镇路州村东头坊	建于明崇祯庚辰仲夏，清同治六年和宣统元年先后重修	古建筑
194	路州周氏大宗祠	顺德区乐从镇路州村塘边大街4号	清代光绪十三年建	古建筑
195	大墩梁氏家庙	顺德区乐从镇大墩村玉堂北便街5号	清	古建筑
196	梅氏大宗祠与陈氏宗祠	顺德区龙江镇陈涌居委小陈涌路2号	清	古建筑
197	张氏九世祠	顺德区龙江镇坦西居委坦田大街	同治、光绪年间	古建筑
198	大良罗氏大宗祠	顺德区大良街道文秀居委蓬莱路本原幼儿园内	清	古建筑
199	月池何公祠	顺德区伦教街道羊额村连州街	清初	古建筑
200	松庄仇公祠	顺德区陈村镇石洲村隔基坊路	清康熙四十年建，光绪九年重建	古建筑

（续表）

序号	名称	地址	年代	类别
201	桃村报功祠古建筑群（含金紫名宗、黎氏三世祠）	顺德区北滘镇桃村上街6号	始建于明代，清乾隆四十三年重修	古建筑
202	冯氏六世祖祠	顺德区容桂街道马冈村江佩直街41号	清道光九年建	古建筑
203	扶闾廖氏宗祠	顺德区勒流街道扶闾村社祥街	清光绪三年	古建筑
204	锦岩庙	顺德区大良街道北区居委锦岩公园内	明、清	古建筑
205	绿榕古庙	顺德区容桂街道容里居委华容三路六巷51号	清光绪二十一年	古建筑
206	众涌天后庙（天后宫）	顺德区勒流街道众涌村高巷大街2号	清	古建筑
207	福善堂	顺德区乐从镇腾冲村海边坊海边大街5号	清光绪三十年重修	古建筑
208	龙母庙（孝通殿）和五龙庙	顺德区杏坛镇龙潭村圩庙前大街5号	宋咸淳元年创，历明嘉靖、清乾隆四十四年、道光五年重修	古建筑
209	巨济桥	顺德区杏坛镇逢简村逢简圩入口处	民国八年重建	近现代重要史迹及代表性建筑
210	金鳌桥	顺德区杏坛镇逢简村根小组大地街	清康熙三十六年建	古建筑
211	爱日桥	顺德区杏坛镇龙潭村古粉牌坊前200米	明	古建筑
212	跃龙桥	顺德区杏坛镇上地村前街	清	古建筑
213	洛阳桥	顺德区容桂街道四基居委大市沿河路旁	宋、明、清	古建筑
214	广孝桥	顺德区勒流街道黄连居委基尾	明弘治四年	古建筑
215	见龙桥	顺德区勒流街道西华村见龙门牌坊旁	清康熙年间	古建筑
216	德云桥	顺德区北滘镇碧江居委民乐公园	清	古建筑
217	垂虹桥	顺德区陈村镇旧圩居委水流基路段	清咸丰元年重修	古建筑
218	御波桥	顺德区伦教街道三洲居委文明东路	建于咸丰年间，光绪十一年重修	古建筑
219	百岁坊	顺德区杏坛镇古朗村天市街卫生站侧	清乾隆十七年	古建筑
220	节孝坊	顺德区杏坛镇古朗村排牙坊	清嘉庆三年	古建筑
221	昇平人瑞坊	顺德区杏坛镇上地村石狮巷4号左前方	清同治六年	古建筑
222	简竹居牌坊、六角亭	顺德区北滘镇北滘居委简岸路北侧	民国二十三年	近现代重要史迹及代表性建筑
223	马姓回甦井	顺德区乐从镇水藤村先扬马巷	元	古建筑
224	漱玉泉	顺德区龙江镇沙富村长流大街	明、清	古建筑
225	周鉴井	顺德区大良街道苏岗居委太平山麓	明	古建筑
226	麦孟华、麦仲华故居	顺德区杏坛镇吉祐村爱日名关二巷4号	民国	近现代重要史迹及代表性建筑
227	伍宪子故居	顺德区杏坛镇古朗村竹林二巷2号	民国	近现代重要史迹及代表性建筑
228	李小龙祖居	顺德区均安镇鹤峰居委上村大街小龙巷12号	民国	近现代重要史迹及代表性建筑
229	罗家树民宅	顺德区均安镇沙浦村海珠巷1号右侧	民国	近现代重要史迹及代表性建筑

（续表）

序号	名称	地址	年代	类别
230	梁廷枏故居	顺德区伦教街道常教居委藤花巷聚星里4号	清	古建筑
231	千里驹故居	顺德区伦教街道三洲居委乌洲永兴街镇南三A巷3A	民国	近现代重要史迹及代表性建筑
232	鸣石花园	顺德区伦教街道羊额村丰埠坊	民国	近现代重要史迹及代表性建筑
233	刘氏宅第	顺德区乐从镇腾冲村掘涌大街25号	民国二十二年	近现代重要史迹及代表性建筑
234	冯立夫祖宅	顺德区龙江镇旺岗村大树里6号	民国初年	近现代重要史迹及代表性建筑
235	钟楼	顺德区大良街道文秀居委钟楼公园内	兴建于明嘉靖三年，清代重修	古建筑
236	更楼	顺德区乐从镇葛岸村教德坊	民国十四年	近现代重要史迹及代表性建筑
237	昌教乡塾	顺德区杏坛镇昌教村昌教村委会旁	清同治五年创建，光绪二十四年重建	古建筑
238	合兴当铺	顺德区杏坛镇龙潭村委会内	清代	古建筑
239	西海抗日烈士陵园	顺德区北滘镇西海村	1980年	近现代重要史迹及代表性建筑
240	四基天主教堂	顺德区容桂街道四基居委新圩路清波直街9号	清代、民国	近现代重要史迹及代表性建筑
241	大光明碾米厂	顺德区龙江镇龙江居委隔海桥旁海边街3号	民国	近现代重要史迹及代表性建筑
242	人民礼堂	顺德区大良街道文秀居委文秀路梯云岗上	1958年	近现代重要史迹及代表性建筑
243	龙潭水闸	顺德区杏坛镇龙潭村齐杏联围顺德支流涌口	清道光二十年	古建筑
244	北水水闸	顺德区杏坛镇北水村齐杏联围顺德支流北水涌口	清道光二十一年	古建筑
245	龙江新闸	顺德区龙江镇龙江居委东海河道上	民国	近现代重要史迹及代表性建筑
246	太平塔	顺德区大良街道苏岗居委太平山上	建于明代，道光十一年、光绪十四年重修	古建筑
247	七层文塔	顺德区勒流街道勒北村	建于清代乾隆廿九年，道光廿四年重修	古建筑
248	傅氏墓碑	顺德区勒流街道黄连居委基尾石龟一巷	明弘治四年、明正德元年	古建筑
249	朗锦祠堂群	高明区更合镇朗锦村	明—清	古建筑
250	深水古民居群	高明区明城镇深水村	清	古建筑
251	艺能严氏宗祠	高明区荷城街道塘肚村	明	古建筑
252	文昌塔	高明区明城镇明七路	清	古建筑
253	梁发故居	高明区荷城街道西梁村	清	古建筑
254	西梁梁氏宗祠	高明区荷城街道西梁村	清	古建筑
255	高明县立三小旧址	高明区更合镇北水桥头	民国	近现代重要史迹及代表性建筑
256	陈汝棠故居	高明区更合镇高村	清	近现代重要史迹及代表性建筑
257	谭天度故居	高明区明城镇岗头村委会七社村	清	近现代重要史迹及代表性建筑
258	谭平山故居	高明区明城镇岗头村委会七社村	清	近现代重要史迹及代表性建筑

（续表）

序号	名称	地址	年代	类别
259	海口塔	高明区荷城街道海口村	民国	近现代重要史迹及代表性建筑
260	文选楼	高明区更合镇小洞乡塘角村	清	近现代重要史迹及代表性建筑
261	把门岗贝丘遗址	三水区白坭镇周村管理区莘村	新石器晚期（距今约4000年）	古文化遗址
262	郑绍忠墓葬	三水区乐平镇大旗头村老虎岗	清光绪二十二年	古墓葬
263	何维柏墓	三水区金本镇芹坑村罗盘岗西北坡	明万历十五年	古墓葬
264	梁鹤鸣墓	三水区白坭镇龙池乡的东村	明朝万历十六年	古墓葬
265	范湖邝氏大宗祠	三水区乐平镇范湖片赤东村	清光绪二十年	古建筑
266	绿堂	三水区芦苞镇大宜岗村	清光绪年间	古建筑
267	洪圣庙	三水区芦苞镇独树岗村	明万历四十五年，嘉庆五年重修	古建筑
268	居德林公祠	三水区大塘镇六和深坑村委会蒲坑村民小组	清光绪年间	古建筑（近现代重要史迹）
269	奉正大夫家庙	三水区大旗头村古建筑群的南面	清光绪年间	古建筑
270	裕仁郑公祠	三水区乐平镇大旗头村南一区	清光绪年间	古建筑
271	郑大夫家庙	三水区乐平镇大旗头村北一区	清光绪丙申年	古建筑
272	西南武庙	三水区西南镇岭海路	清嘉庆十三年	古建筑
273	南边宝月堂（又称六祖庙）	三水区南边镇宝月圩	始建唐代龙朔元年以前，历代都有重修	古建筑
274	昆都山五显古庙	三水区金本昆都山脚	重建于道光十九年	古建筑
275	芦苞关夫子庙（关帝庙）	三水区芦苞范街，现刘寨管理区南侧	始建于清代嘉庆初年，光绪乙未、民国初年两次重修	古建筑
276	西村陈氏大宗祠	三水区西南镇西村	清	古建筑
277	陈金釭起义旧址	三水区乐平镇范湖圩	咸丰二年	近现代重要史迹及代表性建筑
278	邓培故居	三水区西南镇石湖洲邓关村	清同治年间	近现代重要史迹及代表性建筑
279	三水烈士陵园	三水区西南森林公园纪元塔右后侧	20世纪50年代	近现代重要史迹及代表性建筑
280	海天书屋（梁士诒生祠）	三水区白坭镇岗头村	民国初年建（1913年竣工）	近现代重要史迹及代表性建筑
281	横涌村头厅农民协会旧址	三水区西南镇上横涌村的榕荫厅供销合作社	1926年5月	近现代重要史迹及代表性建筑
282	半江桥	三水区西南镇河口片北岸	1936年	近现代重要史迹及代表性建筑
283	杜之英母墓（李氏）	三水区白坭镇周村	民国二十年前后	近现代重要史迹（墓葬）
284	芦苞水闸旧址	三水区北江下游左岸芦苞涌口	1921年动工，1923年完成	近现代重要史迹及代表性建筑
285	广三铁路三水站	三水区西南镇河口内	清代光绪二十九年	近现代重要史迹及代表性建筑
286	三水旧海关大楼	三水区河口街北江边	清末宣统元年	近现代重要史迹及代表性建筑

（市文广新局）

2017 年佛山市市级以上非物质文化遗产名录项目

级别	批次	项目名称
国家级（14 项）	第一批（6 项）	粤剧、剪纸（广东剪纸）、佛山木版年画、石湾陶塑技艺、狮舞（广东醒狮）、龙舟说唱
	第二批（7 项）	彩扎（佛山狮头）、香云纱染整技艺、庙会（佛山祖庙庙会）、十番音乐（佛山十番）、龙舞（人龙舞）、灯彩（佛山彩灯）、中秋节（佛山秋色）
	第四批（1 项）	锣鼓艺术（八音锣鼓）
省级（43 项）	第一批（8 项）	粤剧、剪纸（广东剪纸）、佛山木版年画、石湾陶塑技艺、狮舞（广东醒狮）、龙舟说唱、中秋节（佛山秋色）、庙会（佛山祖庙庙会）
	第二批（11 项）	十番音乐（佛山十番）、龙舞（人龙舞）、灯彩（佛山彩灯）、彩扎（佛山狮头）、香云纱染整技艺、八音锣鼓、粤曲星腔、佛山木雕、佛山春节习俗、行通济、乐安花灯会
	第三批（4 项）	石湾玉冰烧酒酿制技艺、九江双蒸酒酿制技艺、官窑生菜会、陈村花会
	第四批（11 项）	高明花鼓调、藤编（大沥、里水）、石湾龙窑营造与烧制技艺、金箔锻造技艺、中医养生（源吉林甘和茶）、蔡李佛拳、咏春拳、赛龙舟（九江传统龙舟）、中医传统制剂方法（冯了性风湿跌打药酒）、端午节（盐步老龙礼俗）、粤绣（广绣）
	第五批（4 项）	粤曲（市直）、庙会（大仙诞庙会）、真步堂天文历算、民间信俗（观音信俗）
	第六批（5 项）	粤曲（南海、顺德）、糕点制作技艺（九江煎堆制作技艺）、民间信俗（关帝侯王出游）、端午节（龙眼点睛习俗）
市级（79 项）	第一批（29 项）	木鱼书、三字经、广东音乐、佛山十番、八音锣鼓柜、岗雕乐（高明花鼓调）、广东醒狮、人龙舞、粤剧、龙舟说唱、南音、粤讴、粤曲星腔、赛龙舟、佛山木版年画、佛山剪纸、石湾陶塑技艺、佛山木雕、佛山狮头、佛山彩灯、佛山海天酱料制作技艺、刺绣、佛山铸造技艺、香云纱、佛山秋色、行通济、祖庙北帝诞、官窑生菜会、乐安花灯会
	第二批（18 项）	佛山水乡农谚、花鼓调、大头佛、蔡李佛拳、龙形拳、白眉拳、南海灰塑、石湾玉冰烧酒酿制技艺、佛山盲公饼制作技艺、九江双蒸酒酿制技艺、民间竹编、冯了性风湿跌打药酒、源吉林甘和茶、佛山春节习俗、大仙诞庙会、陈村花卉习俗、高明濑粉节、龙舟说唱（南海、扩展项目）
	第三批（13 项）	三山咸水歌、岭南古琴艺术、咏春拳、九江传统龙舟、石湾龙窑技艺、佛山饼印、九江煎堆制作技艺、南海藤编、西樵传统缫丝技艺、金箔锻造技艺、上元舞火龙习俗、盐步老龙礼俗、广东醒狮（禅城、扩展项目）
	第四批（9 项）	麦边舞龙、粤曲、南海竹编、三水龙舟制作、三水玉雕、蔡李佛鸿胜功夫推拿、华光诞、胥江祖庙庙会、广东醒狮（市直、扩展项目）
	第五批（10 项）	佛山少临南家拳、佛山鹰爪拳、佛山酝扎猪蹄制作技艺、佛山砖雕、香云纱（坯纱）织造技艺、西樵大饼制作技艺、佛山伤科正骨、佛山伤科制药技艺、佛山祖庙春秋谕祭、大江龙舟习俗

（市文广新局）

图书·博物·档案·地方志

手机扫码阅读

图　书

【佛山市图书馆】 2017年，佛山市图书馆图书、期刊及报纸的购置经费1 150万元。全年采购纸质图书27.85万册，期刊1 765种3 106份，报纸197种526份，音像制品4 663盒。新书借阅模式效益显著，约占购书总数量的18%。是年，佛山市图书馆进馆人数达204万人次，比上年增长36%。文献流通量达293万册次，比上年增长15%。全年开展到馆咨询、微信咨询、QQ咨询、邮件咨询、网页表单咨询等咨询服务，服务读者17.5万人次；开展全国联合参考咨询服务7.8万人次。接待同行交流、读者参观58批次3 211人次。8月1日，佛山市图书馆祖庙路分馆对外开放，拥有馆藏图书27万册。截至12月底，祖庙路分馆进馆读者24.3万人次，新增办证量4 442个，文献流通量近18万册次，社会服务效益显著。

读者活动　是年，佛山市图书馆"佛山领读者""阅读网红"等贯穿全年的大型全民阅读推广品牌活动吸引近70万名市民共同参与。"蜂蜂故事会"开启品牌形象升级战略；佛图群"英"会品牌纵横发展；"南风讲坛""南风学堂"通过细分服务对象和服务内涵，形成具有针对性的子栏目，扩大品牌效应。是年，佛山市图书馆开展公益性阅读推广活动2 198场，其中线下活动1 906场、线上活动292场，总参与读者116万人次。

学术研究与学术活动　是年，为期两年的佛山市图书馆"导师制"项目圆满结束。是年，"导师制"成员有23篇论文在国内学术刊物发表，6篇在各级图书馆学术年会征文中获奖，3篇入选年会征文。在"导师制"影响下，2016年至2017年全馆员工产生论文83篇，参与课题14个，参编著作5本。2月，"广东省古籍普查登记科研课题"结项；4月23日，由佛山市图书馆主持策划的《(民国)佛山忠义乡志》出版发行。是年，佛山市图书馆学会开展讲座与培训活动26场，举办大型行业会议3场。

2017年12月27日，佛山市公共文化设施联盟举办"基层图书馆管理人才培训班"
（市图书馆供图）

文化志愿者服务　是年，佛山市图书馆文化志愿者服务队新增志愿者690人，拥有志愿者1 828人，开展活动次数820余场，参加活动的志愿者1 840人次，为佛山社会力量深度参与公共文化服务提供有效途径。

媒体报道　是年，佛山市图书馆相关媒体报道898篇，其中报纸媒体报道354篇，网络媒体报道392篇，微信媒体报道109篇，视听媒体报道43条。

联合图书馆　是年，佛山市联合图书馆成员馆发展至226个，比上年增加86个，其中普通成员馆48个、智能图书馆175个、馆外新书借阅点3个。全年联合图书馆新增办证超过14万个，图书流通857万册次，新增文献123万册，累计馆藏文献超过813万册，累计办证93万个。

智能图书馆　是年，佛山市图书馆主导建设智能图书馆11个，总量175个，新增办证量5.2万个，流通量176万册。探索创新发展模式——"智能文化家+"，完成佛山尼奥斯自助图书馆"智能文化家+"、石湾镇街道图书馆"智能文化家+"、工人文化宫"智能文化家+"、39°空间"智能文化家+"共4个示范点建设。是年，移动智能图书馆外出行程18 560千米，为远离图书馆的社区、企业、学校、医院及特殊群体上门服务342场次，服务读者2万人，打通图书借阅的"最后一公里"，受到市民好评。

数字图书馆　至2017年底，佛山市联合图书馆数字资源共建共享平台建设拥有38个外购商业数据库，12个自建数据库，49个试用数据库，资源容量超过260TB，年访问量35万余人次，累计访问量220万人次。佛山市文化信息共享工程自2003年启动，至2017年底，建成市支中心1个、区支中心5个、基层服务点1 130个。佛山市图书馆公共电子阅览室有上网机302台，2017年上机次数11.7万次。佛图微信公众号“数字悦读”栏目2017年访问量63万人次，比上年增长37%，深受读者欢迎。2017年电视图书馆资源总量达到738G，共有视频节目417部，页面总访问量55万次，覆盖超过133万户广电网络电视用户家庭。提供活动预告、在线查询个人借阅信息、续借书刊、过期提醒、点赞、积分等服务，可在线观看“南风讲坛”“佛山记忆”等优秀视频资源。

阅读联盟　是年，佛山阅读联盟发展至50个，扩展活动范围至五区，开展各类阅读推广活动449场，参与读者超过4万人次。

公共文化设施联盟　是年8月31日，佛山市公共文化设施联盟正式成立。联盟成员单位包括市图书馆、市文化馆、市博物馆、市工人文化宫、市青少宫、市儿童活动中心、市科学馆、市体育场馆中心、佛山中奥广场管理有限公司等9个单位。佛山市图书馆当选首届联盟主席单位，馆长屈义华担任首届联盟主席，由佛山市图书馆办公室牵头成立联盟秘书处。举办佛山市音乐剧创作与表演培训班、非遗系列公益讲座、“马克思主义文化工作者培养工程”系列管理人才培训班等活动共13场。

荣誉　是年，佛山市图书馆通过中国图书馆学会“全民阅读示范基地”称号复审；获中国图书馆学会颁发的“2016年全民阅读先进单位”称号；馆长屈义华获广东图书馆学会颁发的“杰出贡献奖”；在广东省委宣传部主办的“书香岭南，最美悦读”推荐活动中，获2017年度“最美阅读空间”称号；在佛山传媒集团主办的“2017佛山口碑榜”活动中，获“公共服务最佳口碑单位”。是年，佛山市图书馆参加第六次全国县级以上公共图书馆评估定级，获“一级图书馆”称号。参与创建国家公共文化服务体系示范区相关工作，在文化部督察组对佛山开展中期督查中，佛山市图书馆众多创新做法受到专家肯定，其中文化志愿者“市民馆长”项目获专家点赞。

（柯　静）

【佛山市新华书店】　2017年，佛山市新华书店总销售6 819.2万元，比2016年6 572.5万元增加246.7万元，增长3.8％，其中一般图书（不含教材）销售123.6万册、2 833万元，比2016年的2 781.6万元增加51.4万元，增长1.8%。图书销售比例中哲学社科类39 622册、294万元，占10.38%；文化教育类662 157册、1 019.9万元，占36%；文学艺术类232 246册、542.95万元，占19.16%；科学技术类22 646册、248.25万元，占8.4%；少儿读物类199 733册、380.7万元，占13.44%；音像制品出版物79 596册、347.41万元，占12.26％。全年上交税金104万元，被佛山市禅城区文化产业协会授予2017年度“诚信经营单位”。

政治读物和重点出版物发行　配合佛山市委宣传部、市委组织部、市直属机关工委以及其他上级党委部门，通过公开征订，在书城、书店卖场设立专架专柜，开展各种宣传促销活动，努力做好各类党政、时政、重点读物的发行。全年发行2 464个品种，75 402册，164.33万元。其中销量排前十的书籍分别是：《中国共产党章程》22 202册、86 164元；《在中国共产党第十九次全国代表大会上的报告》8 826册、52 956元；《全面从严治党面对面/理论热点面对面·2017》4 607册、91 218.6元；《党的十九大报告辅导读本》4 479册、147 807元；《2016习近平总书记系列重要讲话读本/小字本》1 542册、24 672元；《党的十九大报告学习辅导百问》1 536册、43 008元；《习近平谈治国理政 第2卷》1 445册、115 600元；《中国共产党第十九次全国代表大会文件汇编》1 274册、15 288元；《关于新形势下党内政治生活的若干准则.监督条例》1 031册、7 217元；《胡锦涛文选/第1～3卷/平装》1 000套、139 000元。另外，该店把《习近平讲故事》《华为创新》《试飞英雄》《心有大我　至诚报国——黄大年》等30种2017年度“中国好书”作为重点出版物，通过微信公众号、微博、官方网站、卖场广告栏等宣传平台，以每周新书荐读、每月会员日优惠供应等方式，分期分批呈现给广大读者。

中小学教材教辅图书发行　负责禅城区内中小学课本、教辅读物发行进入第59个年头，坚持免费送书上门，保证“课前到书，人手一册”。全年为禅城区内12所高中、29所初中、80所小学征订、配送教材、教学辅导用书255万册，价值2 225万元。出动汽车380辆次，电动单车54车次，快递10批，出动人力786人次。此外，与往年一

2017年8月11—13日，佛山市新华书店在岭南明珠体育馆参与“2017南国书香节”佛山分会场书展

（新华书店供图）

样，配合学校做好教材余缺调剂工作，及时解决学校因学生增减而产生的课本余缺，想方设法满足学校补订或追加的课本要求，保证学校正常的教学不受影响。同时，做好与课本配套的教辅图书的零售供应。在新华书店所属的书城和门店都设有教辅图书零售专柜，按小学、初中、高中分年级陈列，其中惠景书城陈列 2 678 个品种、41 126 册，价值 105.33 万元，石湾书店陈列 859 个品种、5 061 册，价值 11.5 万元，两卖场做到品种齐全，选购方便。

书香社会及全民阅读系列活动　配合佛山市委宣传部、市文明办、市文广新局等单位主办的书香家庭、书香企业、书香校园、书香社会、书香网络等活动，先后组织讲座暨新书首发签售见面会 3 场，作家进校园活动 18 场，有关亲子、书法、创意绘画现场互动活动 9 场，与其他单位联合举办的文化宣传活动 7 场次，主题书展 6 次，不同出版社图书促销活动 45 次。其中，7 月 6 日至 12 月 24 日，与禅城区教育局、珠江青少年杂志社联合举办的 2017 年暑期“我读一本好书”（第十一届）读书征文活动，收到稿件 10 330 篇，参与学校 98 所；8 月 11—13 日在岭南明珠体育馆参与“2017 南国书香节”佛山分会场书展，三天时间接待读者 3 万人次，举办活动 6 场，举办主题书展 13 个，销售图书 5 730 册，销售金额 12.8 万元。

（梁金旺）

博　物

【佛山市祖庙博物馆】　2017 年，佛山祖庙功能及景观提升配套保护工程有效推进。完成祖庙直击雷防护工程的招投标工作；完成孔庙片区景观提升工程、佛山祖庙历史文化陈列和配电房低压双回路自投系统改造工程的竣工验收；推进祖庙国家二级文物九尊“漆朴神像”的修复工作并进入验收阶段，该项目纳入国家文物局“十三五”规划项目库。连续三年被评为“佛山生活消费最佳口碑单位”。全年免费提供精彩纷呈的武术、醒狮及粤剧演出 1 868 场。全年购票参观人数 129 万人，接待讲解 1 161 批次。

可移动文物修复　佛山市祖庙博物馆获广东省文物局颁发竹木雕、家具、书法绘画类文物修复资质，成为佛山市首家获得可移动文物修复资质的文博事业单位；完成修复兄弟文博单位的金漆翘头长案、仿汉漆木屏风、清代和民国时期门窗 90 件套、漆金罗汉神像 7 件和雕花屏风门等文物一批。

祖庙特色的民俗文化活动　是年，佛山市祖庙博物馆通过挖掘历史元素，创新活动形式、丰富活动内容，使春节祈福、“三月三”北帝诞、春秋谕祭、乡饮酒礼、孔诞等民俗活动品牌成为佛山乃至岭南地区最具影响力的历史文化品牌。佛山祖庙庙会（“三月三”北帝诞）在是年被“守望乡愁·佛山文化遗产保护联盟”评为 2016 年度（首届）佛山非遗十件大事。举办“纪念孔子诞辰 2 568 周年”暨三元亭、文魁阁揭幕仪式活动，文魁阁和三元亭的修建，使孔庙片区景观提升工程后的各项文化功能日臻完善，孔诞结合日常孔庙学童开笔礼活动，加大本地儒家文化的品牌效应。

祖庙特色的文化创意产品开发　是年，佛山市祖庙博物馆围绕祖庙文物资源、佛山功夫、孔庙儒家文化等元素，设计出 150 余款文创产品，并从中选择 45 款进行生产销售，受到广大游客及媒体的关注和好评，其中黄飞鸿醒狮系列文创产品还荣获由文化部、浙江省人民政府、中国国际贸易促进会主办的 2017 年第 12 届中国（义乌）文化产品交易会工艺美术铜奖。

智慧祖庙的建设进程　新增扫码电子支付、微信支付等售票方式，迎合现代电子支付新趋势。继续完善佛山祖庙历史文化陈列的数字化展示手段，包括重点文物展品讲解的语音录制及该展馆虚拟展厅的建设，既增强游客与文物的互动，又满足“线上”与“线下”的参观需求。

文物征集　为申报二级博物馆作充分准备，全年征集文物藏品 3 000 余件（套）。此外，发挥特色优势，长期坚持提供免费的文物鉴定与咨询服务，全年为市民鉴定各类文物艺术品 2 002 件（套）。

文物展陈　“岭南圣域——佛山祖庙历史文化陈列”被评为 2016 年度（首届）佛山文博十件大事，并获“2017 首届广东省博物馆陈列展览精品奖”。举办“阿拉善蒙古族民族民俗文物精品展”“永远的中国白——广东省博物馆馆藏明清德化窑白瓷展”“张介画展”等 9 个临时展览。

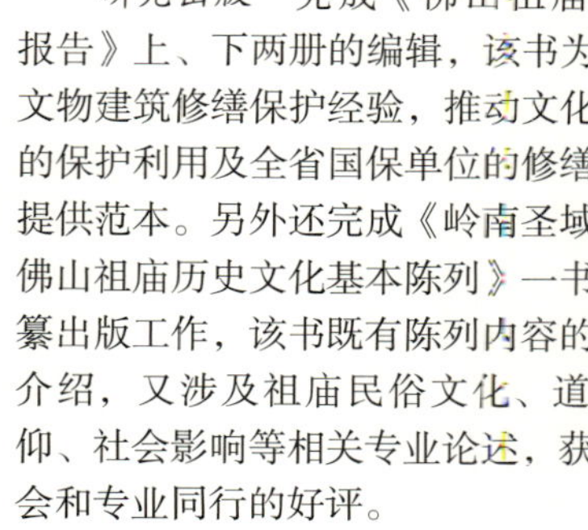

研究出版　完成《佛山祖庙修缮报告》上、下两册的编辑，该书为传承文物建筑修缮保护经验，推动文化遗产的保护利用及全省国保单位的修缮工作提供范本。另外还完成《岭南圣域——佛山祖庙历史文化基本陈列》一书的编纂出版工作，该书既有陈列内容的详细介绍，又涉及祖庙民俗文化、道教信仰、社会影响等相关专业论述，获得社会和专业同行的好评。

（邹文平）

2017 年 9 月 28 日，佛山市祖庙博物馆举办“纪念孔子诞辰 2568 周年”暨三元亭、文魁阁揭幕仪式

（祖庙博物馆供图）

【佛山市博物馆】

新馆建设　2017年，佛山市博物馆有序推进新馆建设。地下室建设完成，地面建筑施工至顶层，将于2018年初封顶，随即转入室内装修阶段。在配合土建工作的同时，对新馆陈列展览方案进行进一步优化。至年底，基本陈列“名镇·大聚的荣光——佛山古代历史文化陈列”（暂定名），专题展览“石湾是个美陶湾”（暂定名）、“风物最岭南——佛山非物质文化遗产陈列”（暂定名）陈列大纲基本定稿。

特色藏品征集　2017年，市博物馆通过购买、接受捐赠等多种渠道和形式，征集19批次976件（套）共计1 107件藏品，接受市民捐赠7批次774件（套）共计1 143件藏品，并有序开展藏品整理、修复和利用工作。全年完成纸质类藏品的修复装裱703件，馆藏300张粤剧名伶黑胶唱片数字化以建立粤剧名伶名曲数据库，为佛山市博物馆文博业务的开展提供坚实的物质基础。出版《岭南迎春 正阳接福——佛山木版年画展》《石湾是个美陶湾》图录、佛山非遗丛书之《佛山金箔锻造技艺》等8本书籍。

非遗保护体系　2017年，市博物馆协助开展第七批省级非遗项目、第六批市级非遗项目、第五批市级非遗代表性传承人申报及评选工作。新增“佛山伤科正骨”等5个省级非遗项目，“九江灯谜”等22个市级非遗项目，邓伟杰等31名市级非遗项目代表性传承人。协助开展2017年市级非遗资金申报评审工作，共有12个非遗项目、11个非遗传承基地、2个非遗传习所、78名市级传承人获得非遗资金补助。推进振兴传统工艺工作站建立，新石湾美术陶瓷厂成为佛山市第一个市级振兴传统工艺工作站。举办“青春非遗 多彩佛山——‘非遗进清华’第五期研修班结业成果展”。提升佛山市非遗传承人的综合素养及技艺水平。

曲艺（粤曲）普查　牵头开展佛山市全国地方戏曲剧种普查，并在完成第一阶段的调研工作基础上启动曲艺（粤曲）普查工作，将于2018年上半年完成。

文博活动　以“守望乡愁·佛山文化遗产保护联盟”“佛山市博物馆学会”为抓手，发挥市博物馆的龙头作用，统筹全市文博、非遗资源，促进智力与资源共享。如统筹全市文博、非遗力量，举办“佛山市文化遗产保护宣传月”活动；协助统筹开展佛山市第七批省级非遗项目、第六批市级非遗项目、第五批市级非遗传承人申报与评选工作等。牵头举办“2016年度（首届）佛山文博十件大事与非遗十件大事评选活动”，评选出受到专家和市民一致认可的2016年佛山文博和非遗十件大事，提高行业凝聚力和影响力。

2017年12月，“佛山木版年画精品展”在凉山州展出　（市博物馆供图）

文博品牌建设　2017年，市博物馆以精品展览讲述佛山故事，依托馆藏策划具有岭南文化特色的精品展览，以文物讲述佛山历史与文化，塑造传播佛山城市形象。其中，“石湾是个美陶湾”在成都博物馆举行，展览展出明代至民国的石湾陶人物塑像、动物造型、艺术器皿、瓦脊、微塑等106件（套），全面展现石湾陶塑的艺术风格和成就，吸引观众70万人次。“岭南迎春 正阳接福——佛山木版年画展”“佛山木版年画精品展”分别在北京、凉山州展出；“长命锁民俗文化展”在东莞、广州举办。展览所到之处，均受当地市民热捧，对于传播佛山城市形象起到积极作用。而在2017年广东（佛山）非遗周期间，精选佛山彩灯、狮头扎作、佛山剪纸、石湾陶塑技艺、香云纱染整技艺等佛山代表性非遗项目参加活态展示，并以“地图寻宝”“集印送礼”的方式增加活动趣味性，引导市民与游客参与活动，零距离接触非遗项目。一连4天的活动受到市民与游客热捧，约50万人次参与。同期举办的“匠作秋色最岭南——佛山非物质文化遗产展”成为活动一大亮点，展览精选代表性非遗作品100多件，并以图版形式介绍佛山市非遗传承人及各级非遗项目，向市民、游客传递“大城工匠”的底蕴与精神。1个月内吸引观众近10万人次。打造“佛博坊”系列活动，以进一步提高公共文化服务水平，促进市博物馆知名度提升。是年，“佛博坊”系列活动服务市民超过1万人，并被评为2017年度市级社会组织扶持专项资金精品项目。此外，承办“小手拉大手　大城小工匠”秋色赛会，受到广泛关注，于5月获2016年度广东省“博物馆优秀青少年教育项目”十佳奖。

文博事业与城市发展相融合　2017年，市博物馆推动公共文化服务均等化。开展传统文化进基层活动，组织精品展览、非遗传承人进学校、社区、工厂企业，为市民送上丰盛的文化大餐。以精品展览、非遗项目为载体，通过举办巡展、非遗展演，参与对外文化交流活动等，讲好佛山故事，塑造传播城市形象。启动“佛山文化符号 Open Database”（暂定名）建设工作，对佛山代表性的传统建筑、石刻与雕塑、文物精品、老字号商标以及传统美术、舞蹈、戏剧、武术、民俗等代表性非遗项目进行整理、拍摄、提取和绘图，形成开放数据库，为城市建设、文创产品开发等提供基础元素及素材。至年底已进行前期拍摄工作，预计2018年完成。

（邝倩华）

档 案

【概况】 2017年，佛山市档案行政管理部门6个，其中市级1个、区级5个；国家综合档案馆6个，其中市级1个、区级5个。一市五区综合档案馆总馆藏157万卷、143万件，纸质照片档案12.5万张，数码照片65.4万张，底图6 547张。是年，佛山市各级档案部门接收档案11.5万卷24.8万件；接待档案利用1.8万人次；全年办展14个。全市各级综合档案馆全年拍摄政务活动1 473项，共拍摄照片15.2万张。市档案局全年举办档案业务培训班13期，培训1 427人次。至2017年底，佛山市档案馆累计接收文书类电子档案14.2万件。

【档案馆库建设】 2017年，佛山市档案局把档案局新馆后续项目建设作为首要任务和重点工作来推进。至年底，完成密集架一期、口述历史档案室、二楼业务用房装修等22个建设项目，重点推进包括新馆展览、信息化项目一期、密集架二期等在内的多个重点工程项目。禅城区档案局新馆全面落成并投入使用，成功在2017年度全省国家综合档案馆年度评估情况通报的“未达标档案馆”名单中“销号”。顺德区新馆项目重新确定建设方案，并复工。高明区明确西江新城管委会为区档案馆新馆建设单位，结合推进西江新城核心区二期开发建设，安排区档案馆新馆率先开展立项和首期建设。三水区新馆项目于7月完成主体结构工程，下半年转入室内简易装修施工阶段。

【档案信息化建设】 2017年，佛山市档案局（馆）启动市数字档案馆第三期建设项目，完善数字档案馆系统，推进市档案馆信息化建设项目（一期）建设。顺德区依托区数字档案馆平台，在北滘镇建设镇级数字档案馆系统，实现镇级数字档案馆系统对上承接总馆系统业务，对下促进镇各局办、村居档案室资源和业务的规范化建设。该镇级数字档案馆系统进入试运行阶段。

是年，佛山市档案馆完成纸质数字化处理1.93万卷又1.01万件，形成图像数量210.5万页，累计完成数字化总量1 683万页，数字化档案占馆藏纸质档案总量的87.1%（以2010年馆藏档案为基数）。禅城区、南海区、顺德区、高明区、三水区档案馆年内分别完成110万页、120万页、195万页、54万页、22万页的纸质档案数字化处理，市规划城建档案馆完成109万页纸质档案、4.1万张工程图纸的数字化处理。“一市五区”国家综合档案馆均提前完成省要求的在“十三五”期间对70%的馆藏档案（以2010年底馆藏档案为基数）进行数字化处理的目标。

是年，佛山市档案馆接收电子档案目录数据55 365条、原文数据10 761份，审核并接收市直单位电子政务文件24 517份，在市档案局现行文件查询中心网站上网公开电子文件2 894份。至年底，现行文件查询中心数据库政务文件48万份，现行文件查询中心公开文件11万份。

【馆藏档案资源建设】 2017年，佛山市档案局（馆）在接收婚姻登记、知青、公证等民生档案的基础上，接收市妇幼保健院病历档案5.6万卷；会同市公盈投资控股有限公司，组成改制企业档案接收组，接收23家市直原国有转制企业档案8万卷，累计接收69家转制退市企业档案14万余卷（件）。禅城区馆接收专业档案近1万卷，三水区馆接收社保档案8 585卷又5万多件、婚姻档案9 339件。市规划城建档案馆接收各类档案5 350卷又2 912件。市档案馆通过多渠道征集到实物档案、书法作品、著作和剪纸等档案1 114卷（件）。开展“改革开放40年”图像和影音资料征集活动，征集到档案1 144份，为2018年纪念改革开放40周年活动提前做好资料准备。顺德区档案馆从区图书馆征集到口述历史视频资料及区梅卡媒体创作中心拍摄制作的顺德人文影像资料90多个，并从海外侨胞和热心人士手中收集20世纪90年代顺德珍贵影像资料一批。高明区征集到家谱、族谱10套91本。市档案局（馆）利用新馆先进设施和声像室专业技术力量，在省档案局的支持下，率先在全省地级市中开展“口述历史”档案资料收集工作，以“讲述历史、挖掘资源、服务社会”为主题，策划“佛山解放”专题，对原中国人民解放军某师老战士王荧等10多位亲历佛山解放的老同志进行采访，挖掘珍贵历史资料，丰富馆藏档案资源。禅城区馆通过向社会购买服务的形式，拍摄《广东醒狮》《中华名小吃》等反映禅城特色的非物质文化遗产的专题片。顺德区馆重点对顺德各行各业健

2017年3月30日，佛山市委书记鲁毅、市长朱伟带队到佛山市档案局（馆）观看“瞰佛山·航拍佛山40年变迁”图片展 （市档案局供图）

在的名人、民间文化传承者、各种历史事件亲历者进行口述历史采访。

市档案馆完成重大政务活动拍摄任务439项，拍摄图片5.6万张，制作完成政务画册16册，摄制政务活动视频9个、时长896分钟。五个区综合档案馆全年参与政务活动拍摄1 034项，形成照片9.6万张。市规划城建档案馆完成佛山五区50公里徒步、城市治理、河长制、行通济等活动的声像拍摄记录工作，拍摄照片3.7万张、视频2 691分钟、录音5 880分钟和根据录音整理文字10万多字。

是年，全市国家档案馆馆藏总量增加馆藏档案13.5万卷又24.8万件，其中市档案馆及禅城区、南海区、高明区档案馆已提前完成省要求“到‘十三五’末，综合档案馆民生档案达到馆藏的60%以上”的目标。

【档案综合利用与服务】 2017年，佛山市各级档案馆接待来馆查阅利用档案1.8万人次，利用7.1万卷次、16.8万件次。禅城区档案局搭建社保档案数据共享平台，为区社保局提供网上查询利用服务；南海区档案局依托电子政务网络平台完成数字档案馆系统搭建，并将系统延伸部署至部分村（社区），实现档案馆、区直立档单位、镇（街道）、村（社区）互联；顺德区档案局稳步推进档案总馆、分馆间的档案电子数据共享，与大良街道、北滘镇2个分馆实现馆藏档案电子数据共享。

是年，佛山市档案局挖掘档案地方志资源，申报省级编研项目，其中《民国佛山广告商标档案资料选编及利用价值研究》《近代佛山机器工业发展路径研究》获省级立项，启动民国岐关车路有限公司档案编研工作；佛山市各级档案部门编写《资政参考》，为党委政府科学决策提供参考。南海区档案局编辑出版《风云二百年——北京南海会馆》受到各方好评，撰写的《中国第一家近代民族资本工业再考证》调研报告引起党委、政府和社会的广泛关注。顺德区档案局完成广东省开发项目《顺商人物辑录》的编辑发行。高明区档案局与高明电视台合作制作的《美丽高明风俗大观》系列电视栏目按计划播出，并同步出版书籍。

2016年12月26日至2017年3月31日，市档案局承办“红星照耀中国——外国记者眼中的中国共产党人”档案史料展，接待参观团体超过400批次、参观人数15 000余人次，最多一天接待18批次、近1 000人次。3月，举办“瞰佛山·航拍佛山40年变迁”图片展，市委书记鲁毅、市长朱伟带队到市档案局观看展览，对展览给予肯定；举办“喜迎十九大 永远跟党走”书画剪纸摄影作品展，为党的十九大召开营造良好氛围。

【档案业务监督指导】 2017年，佛山市档案局加强对“一市五区”国家档案馆工作检查指导，先后30多次深入全市综合档案馆进行档案馆评估及馆内业务建设检查指导，开展集中安全检查和馆藏纸质档案数字化工作质量测评活动，促进全市档案馆业务工作继续保持全省领先水平。是年，一市五区6个国家综合档案馆在全省国家综合档案馆年度评估中继续保持“业务工作”评估全优的成绩单；加强市级单位档案工作监管，深入基层档案室开展业务指导工作200多次，督促指导市级各单位完善文件材料归档范围和保管期限表，强化各单位档案综合管理能力；进一步加大佛山市重大建设项目档案工作的依法监管力度，多次对佛山供电局重大建设项目档案工作进行指导，并组织佛山110千伏瑞颜输变电工程项目档案专项验收，对市第一人民医院保健中心项目、市城市轨道交通2号线一期工程、顺德区红旗路快速化改造工程、顺德区第一人民医院易地新建项目、高明西江新城核心启动区市政工程（文化中心、体育中心）项目开展巡查和“回头看”。

市档案局会同市食品药品监管局、市教育局和市卫生计生局等单位，对2015年佛山市确定的40个食品安全档案建档单位开展检查验收；联合各区档案局成立专项检查组，对市内12所学校、幼儿园、医院的食品安全档案工作进行检查，以检促建，不断推进食品安全档案建档工作规范化管理。顺德区档案局全面铺开全区中小学校和幼儿园食品安全建档工作。佛山市食品安全档案工作得到省档案局领导的肯定，并专程到佛山开展“食品安全档案建档”工作调研，总结推广佛山经验。

市档案局加强农村土地承包经营权确权登记颁证档案的建档督导。协助市确权办举办全市农村土地承包经营权确权登记档案管理工作培训班。深入镇、村调研督导，开展档案安全检查，密切跟进，确保全市农村土地承包经营权确权登记颁证档案工作进度和质量规范。三水区档案局按“早启动、稳推进、先易后难、进度服从质量”的总体思路，与区确权办联动协作，主动作为，提前介入，加强与各镇（街道）的沟通，加大对档案中介公司归档业务的监督指导力度，在全省土地确权工作会议上受到表彰。市确权办对在确权工作中作出突出贡献的市档案局、三水区档案局、南海区档案局3个档案部门及相关人员予以通报表扬。

按照国家、省关于做好精准扶贫档案工作的要求，主动与市扶贫办联系，就如何对湛江、云浮等地对口帮扶工作组做好档案业务培训、指导和监督等工作达成共识。秉持“中央要求、佛山所能、凉山所需”理念，成立调研组，远赴凉山州，正式启动佛山、凉山两地档案部门对口帮扶。

【档案安全】 2017年，佛山市各级档案部门加强馆库消防安全、智能安保系统建设，加强安保队伍培训，举办消防演练，加大安全隐患排查力度，落实早晚登记并调控库房温湿度制度和档案、人员出入库房登记制度等。禅城区35个区直部门成立档案安全领导小组，签订档案保密安全责任书。市档案局不定期对各档案馆室安全保密工作进行检查，会同市保密局对部分市直单位开展档案保密检查，把安全与保密工作列入常规检查范围。

市、区两级档案部门认真贯彻落实国家、省关于重点档案抢救和保护的相关规定和要求，顺德区馆上半年全部完成包括民国、革命历史、清代地契、清代书画等档案在内的近6 000卷国家重点档案的修裱抢救工作。三水区档案馆争取到50万元专项经费，对594卷民国档案进行裱糊修复。截至年底，全市综合档案馆全部国家重点档案均进行裱糊修复，并且完成数字化处理。

市人大常委会首次对佛山市贯彻

实施《档案法》情况进行执法检查，市档案局配合做好相关工作，并抓住契机，组织开展档案执法检查及档案年检工作，加大《档案管理违法违纪行为处分规定》执行力度，严肃查处各类档案管理违法违纪案件，提高各区、各部门档案法治观念，强化依法治档工作水平。从年检的情况看，是年，全市大多数单位领导依法治档意识不断增强，归档文件材料齐全完整程度不断提高，档案开发利用工作稳步开展，档案信息化建设不断加强，档案保密安全保障有力。

【档案文化宣传】 2017年，佛山市档案局成功创建广东省中小学档案教育社会实践基地。与市教育局联合成立中小学档案教育社会实践活动工作领导小组并制订活动方案，统筹开展基地创建活动，于年底通过省级考核验收。动员全市大中小学生到馆参观展览，接受爱国主义教育、革命传统教育和市情教育。配合“6·9”国际档案日开展“佛山档案小记者”社会实践系列活动、“走进档案馆·寻访佛山印记”主题征文比赛、“第四季”梦想寄存等活动，通过参观展览、档案库房、口述历史档案室，组织档案实践课堂、档案知识讲座等多种活动形式，宣传普及档案知识，让中小学生感知档案，感受档案文化魅力。联合市教育局成立《佛山乡土读本》编委会，通过档案编研资料把佛山传统文化带进校园、带进课堂。全年接待近3 000名师生到馆参观和开展档案教育和社会实践活动。全市各级档案部门利用微信、微博平台，推送本地档案特色文章，市局的“佛山档案”和顺德区档案局的“兰台悦读”，已逐步成为品牌栏目。在6月9日“国际档案日”开展“档案——我们共同的记忆”专题讲座暨档案捐赠证书颁发仪式，在《佛山日报》开设“佛山制造：追寻档案里我们共同的记忆”专栏，宣传档案知识。全市档案系统工作人员撰写工作信息、理论研究和地情研究文章，在《中国档案报》《中国档案》《广东档案》《粤档信息》等刊物发表，刊稿量位居全省前列。参与中国档案学会、中国地方志学会举办的国家级各类征文比赛活动，获奖10人次。

（刘绮平）

地方志

【地方志资料年报】 2017年，佛山市完成2016年度资料年报工作任务。6月12日，市地方志办印发《关于做好2017年佛山市地方志资料年报工作的通知》；7月19日，市地方志办举办业务培训班，参加学员120人；至12月底，市级各承报单位相继完成资料的报送，各区也基本完成资料年报工作任务。

是年，《佛山图志——建设人民满意政府》一书正式出版。该书共含616张图片，是通过筛选年报资料以及按栏目适当添加其他图片资源的方式编辑而成，这也是市地方志办开展的一项创新工作。

【自然村落历史人文普查】 2017年7月29日，佛山市地方志办组织五区召开普查工作交流推进会，通报普查工作进度，交流普查工作做法和经验。9月初，佛山市自然村落历史人文普查工作领导小组深入镇、街、村现场督查，重点督查是否以行政村为单位开展普查情况、《全粤村情》各区分卷总纂进度及重点卷册总纂进展情况。截至12月底，全市完成普查表填报和《全粤村情》初稿撰写及初审工作，并复审普查表85.28%，《全粤村情》78.76%，总纂39.07%。

是年，为推进自然村落历史人文普查工作，市地方志办先后通过佛山电视台、《佛山日报》、佛山电台、《南方日报》等主流媒体开展系列宣传。2月20日，佛山电视台《小强热线·点赞》栏目用40分钟节目时长对佛山市的普查工作进行系统报道。此外，市地方志办与市住建局联合编印《佛山史志——古村落活化专刊》，印发量4 000册，较好地宣传佛山古村落活化和自然村落历史人文普查工作。

是年，为丰富自然村落人文普查工作的成果，禅城区开展自然村全景航拍工作，拍摄图片600多张；高明区全年收集族谱家谱10套，共91本。

【资政材料编研】 2017年，佛山市地方志办围绕市委、市政府中心工作，搜集资料，编好《资政参考》，全年印发12篇，主要内容涉及河长制、佛山“创森”工作等方面。9月，《资政参考（2010.11—2015.12）》完成印刷，该书是将近年编写印发的《资政参考》进行汇编，涵盖佛山市社会、经济、文化、教育、科技发展等方面内容。

【政协提案办理】 2017年，佛山市地方志办办理政协提案3件，其中主办2件

2017年6月9日，佛山市档案局（馆）长孙少娜在“6·9”国际档案日专题讲座暨档案捐赠证书颁发仪式上，接受原市政协副主席、原九三学社佛山市主委叶雄干捐赠的书画

（市档案局供图）

(《关于设立佛山市家谱中心、加强本土文化的保护、研究与传播的建议》《关于将编史修志纳入古村落活化工作内容的建议(两案合并)》),会办1件(《关于保护和恢复我市老旧地名的建议》)。主办件获得满意和非常满意的评价。禅城区全年主办政协委员提案1件,委员满意率100%。

【地情资料工作】 2017年,佛山市及各区地方志办继续做好地情资料的搜集和开发利用工作。市地方志办按计划出版发行两期《佛山史志》,并获全省地方志系统优秀期刊(连续性内部资料出版物)二等奖。至年底,《庞国钟名人资料专集(第二版)》进入最后修改完善阶段。

是年,市地方志办《近代佛山及其工业发展路径研究》《民国佛山广告商标档案资料选编及利用价值研究》分别获广东省地方志资源开发利用、广东省档案局科研立项。

2017年12月27日至2018年1月2日,由佛山年鉴社主办、佛山科学技术学院图书馆承办的“知鉴·用鉴——《佛山年鉴》走进佛山科学技术学院”年鉴展示宣传活动在佛山科学技术学院仙溪校区图书馆举行 (佛山年鉴社供图)

《禅城民风民俗辑录(二)》完成印刷出版600册。该书约16万字,收录图片约120幅,分设行业行规、圩市商俗、民俗活动、民间工艺与艺术等篇章。南海区出版发行《风云二百年——北京南海会馆》,全书由3篇9章构成,共23万字,详细考证北京南海会馆自建立至衰败期间的历史和现状;南海区地方志办与佛山电视台南海频道节目组合作推出革命遗址遗迹、南海院士、南海风情等30余期;与南海文联、南海政协文史委等部门合作举办《光影记忆——民国南海摄影师陈衍桐作品展》,获各界关注和好评。顺德区于10月内部出版发行《顺商人物辑录》;分批完成对《番顺县志》《陈村公社志》《顺德县纺织工业专志》等16部旧志的整理。高明区编辑出版《美丽高明风俗大观》电视栏目及书籍,展示高明乡村的历史人文、风俗民情。三水区《英国人眼中的三水——1897—1938年三水海关税务司纪事》入选广东省地方志资源开发利用结项优秀项目名单。

【年鉴编纂与出版】 2017年,佛山市及各区年鉴编纂工作稳步开展。3月27日,佛山年鉴社召开《佛山年鉴·2017》撰稿人培训班暨组稿会议,100多个供稿单位参加。此外,《佛山年鉴》创新提出年鉴“二维码音、视频链接”概念,引入“链接”“互见”等内容表现形式,并增设“全面深化改革”“区域合作·扶贫开发”等栏目,全书120多万字,近400张照片,20个表格,资料链接6条;简本约20万字。12月底,佛山年鉴社在佛山科学技术学院举行“知鉴·用鉴——《佛山年鉴》走进基层”年鉴展示活动。

《禅城年鉴·2017》全书约66万字,收录图片180张;南海年鉴社继续推进网络年鉴试点工作,利用微公众平台推送60多个年鉴专题信息;顺德年鉴社于5月编辑出版《顺德年鉴·2016》简本。是年,《顺德年鉴·2017》与简本、《高明年鉴·2017》和《三水年鉴·2017》在年底前相继出版。此外,《三水年鉴·2016》在全国地方志优秀成果(年鉴类)评选中获特等奖。

【地方志信息化】 2017年,佛山市地方志办对佛山市地情网进行全面改版升级,并根据实际工作情况,新增《佛山史志》、美丽乡村、自然村落普查动态、同行信息与调查征集5个栏目,全年上传约63万字。

至年底,禅城区上传文章5 245篇、图片4 774幅、地方志书2本、年鉴4本及地情书籍5本。南海区推出档案史志微信公众号,获1 200多个关注。为提高史志编研效率和利用的便捷性,顺德区创新在档案综合管理系统中建设党史方志资源库;高明区全年上传地情资料约80万字;三水区上传地情书籍3本,更新信息265条。

(李泳欣)

传播媒体

新闻出版和版权保护

【概况】 2017年，佛山市新闻出版产业稳步发展，根据2016年度核验数据显示，整个新闻出版行业实现产值约307亿元。加强版权保护工作，巩固机关软件正版化成果，查处系列典型侵权盗版案件，实施文化产业版权护航行动，资助版权登记2 800件，核发资金70万元，惠及171个企业单位和156个自然人。是年，全市提交作品版权登记申请3 898件，比上年增长36.4%。

【新闻出版年度核验】 2017年，佛山市文化广电新闻出版局对不符合条件、存在违法情况的经营单位或个人进行整顿清理，确保舆论正确、生产安全。至年底，通过年度核验的新闻记者证851个、被注销25个；通过年度核验的印刷企业2 339家，不通过核验的企业6家，2016年工业总产值达300.1亿元；通过年度核验的发行单位634个，暂缓核验和不予核验的共27个，2016年全年图书销售1 844.8万册，销售额4.24亿元；通过年度核验报刊13家，2016年总收入2.96亿元。3 839个新闻出版单位和个人通过年度核验，56个单位和个人暂缓核验或不予核验。新闻出版行业2016年实现产值约307亿元。

【新闻出版秩序管理】 2017年，佛山市文广新局开展新闻报道规范用语和学习宣传党的十九大精神专项审读，编印3期出版物审读简报。开展印刷复制和出版物发行专项治理，举办内部资料性出版物培训，减少内部资料非法编印、承印行为。通过整治，确认佛山市审批连续性内部资料准印证70件（个），核发一次性准印证648件（个），注销连续性准印证企业17家，限期整改52家。

【出版单位网络信息安全维护】 2017年，佛山市文广新局组织开展新闻出版单位网络信息安全检查，特别在10月份重要安全保障期，严格执行24小时值班和平安报告制度，要求各单位对出版平台、移动客户端、官方网站等进行安全自查，完成关于远程维护端口开放、身份鉴别认证情况未达标等6个问题的整改。对《珠江时报》主管的“南海新闻网”被网络攻击现象，立即启动应急反应机制，及时进行关停，防止造成不良社会影响，维护新闻信息传播安全。利用全市机关WPS Office升级授权即将到期的机会，调动金山软件公司对市、区、镇（街）251个政府机关升级金山办公软件，并对市直72个机关采取实地抽查，新版本的WPS 2016由6月份的1.1万个增长至2.34万个，对所有机关电脑软件授权进行核查，在巩固机关软件正版化成果的同时，提升政府机关的网络信息安保水平。

【侵权盗版行为查处】 2017年，佛山市文广新局协助查处侵权盗版案件8件，涉案金额1 600多万元。查处“3·02”“6·27”存储发行盗版图书、“3·14”未经著作权人许可复制发行电影、左某网络销售盗版软件等案件，其中2016年的“12·23”批销盗版图书案被全国“扫黄打非”办列为全国督办案件，并被评为“剑网行动”2016年全国典型案例，该案的专案组获得国家版权局2016年度查处侵权盗版案件有功单位的奖励，左某网络销售盗版软件案被国家版权局列为16起网络侵权盗版典型案件之一进行公布。

【文化产业版权护航行动】 2017年，佛山市文广新局调整、新增3个版权基层服务站，优化原有基层服务站的服务，如大沥版权基层服务站实施“一物一证

2017年9月6日，佛山市文化发展工作会议在机关小礼堂举行（市档案局供图）

（版权登记证书）”的展览，让作品版权权属一目了然，创建由广东省财经职业技术学校学生组成的义工队伍，这支首批35人、经业务培训考核后上岗的学生哥队伍，也成为全省第一支具备专业知识的版权服务义工队。确定10家重点文创企业，指导完善版权管理制度，资助支持使用电子证据固化系统和“e防标”二维码版权信息印记。召开“版权兴业”调研座谈会，专题研讨与版权相关产业中制造类企业如何向文创企业转型升级以及版权对文化产业的支撑作用。

【版权作品资助】 2017年，佛山市文广新局资助作品2 800件，核发资金70万元，惠及171个企业单位和156个自然人。为扶持高品质版权作品的创作，专门出台《佛山市文化广电新闻出版局优秀版权作品认定资助办法》，并结合“佛山文化”微信公众号开展“最具人气版权作品投票”，最终评出“闯广东”“可儿娃娃系列”和“商标监测预警软件”等3个优秀版权作品。是年，全市提交作品版权登记申请3 898件，比上年增长36.4%。

【软件正版化成果巩固】 2017年，佛山市文广新局在完成一级国有企业软件正版化任务的基础上，稳步推进二级国有企业软件正版化。举办市直机关软件正版化培训班，对市直机关近百单位的200名信息管理人员进行软件版权和软件管理知识培训，联合市国资委和南海区、三水区公资办分别组织市直和南海区、三水区二级国有企业软件正版化培训，巩固现阶段软件正版化成果，确保不反弹不走过场。开展“4·26”保护版权宣传周活动。开展版权现场互动暨绿书签行动宣传，增进市民对版权的认识，努力营造尊重知识、鼓励创新、绿色阅读的良好社会氛围。

（张紫琳）

【新闻工作者管理】 2017年8月，佛山市新闻工作者协会邀请暨南大学新闻与传播学院副院长、新闻学系主任张晋升举办《马克思主义新闻观学习培训讲座》，为全市新闻战线采编人员迎接党的十九大召开夯实思想理论基础。11月初，党的十九大闭幕后，恰逢第十八个记者节，市新闻工作者协会配合传媒集团邀请市委党校教授开展《如何学习好十九大报告》专题辅导，先行一步，提升新闻采编人员在开展学习宣传党的十九大精神工作中的思想理论水平。11月底，配合传媒集团和央广合作举办《大国新时代——创新升级产业链》十九大精神宣讲报告会，用习近平新时代中国特色社会主义思想进一步武装全市新闻战线干部员工的思想。11月，市新闻工作者协会根据省记协要求推荐人选参加首届全国新闻界马拉松邀请赛，其中3人入选并应邀前往浙江金华参赛。12月12日，由广东省新闻工作者协会主办的第四届全省新闻战线“好记者讲好故事”全省巡回演讲活动在佛山开讲，市新闻工作者协会承办佛山站活动，并组织全市近300位记者、编辑前往观摩、聆听。

开展精准化、多层次、专业化交流与培训，为传媒的改革事业发展提供智力支撑，全年组织佛山传媒集团及属下各媒体队伍开展的各类学习培训超过300场。

（赵　伟）

传媒集团

【概况】 2017年，佛山传媒集团由佛山市直属公益三类事业单位转为二类事业单位。集团直接下辖佛山日报社、佛山人民广播电台、佛山电视台、珠江时报社、珠江商报社五个副处级以上事业单位，以及佛山珠江传媒集团股份有限公司、佛山文化发展投资管理有限公司。集团在职员工2 400多人，2017年完成经营总收入8.6亿元，继续保持稳定增长，先后被评为“广东省文明单位”“全国新闻出版系统先进集体单位”，各媒体获得2016年广东新闻奖、广东广播影视奖等多项专业大奖近百件（项），其中佛山日报社采写的消息《“亲清八条”构建新型政商关系》获中国新闻奖二等奖。9月，根据全市打造中国南方影视中心的部署，成立佛山文化发展投资管理有限公司，受托管理由财政出资设立的文化产业投资基金，开展影视文化产业项目投资。五大下属事业单位及两家公司，在长期宣传与经营活动中，根据需求分别设立下属全资公司、或者控股参股设立单独企业法人主体。

党的十九大主题宣传　佛山传媒集团组织各媒体单位在党的十九大召开前和会议召开过程中，推出《砥砺奋进的五年》《喜迎十九大》《十九大时光》等一系列主题宣传栏目，对党中央治国理政新理念新思想新战略开展重大主题宣传。党的十九大召开后，佛山传媒集团下属各媒体开设“新时代新气象新作为”专栏，全方位立体式报道，掀起各级各界学习贯彻党的十九大精神宣传的高潮，形式多样地展现佛山各级各界学习贯彻党的十九大精神的生动故事。

专题宣传　佛山传媒集团组织各媒体单位对全市重要工作进行专题宣传，主要有：学习习近平总书记重要批示精神、深化供给侧结构性改革、佛山积极融入粤港澳大湾区建设、佛山深度参与“一带一路”建设等重大题材，迎接创建文明城市复评等。

讲好佛山故事　佛山传媒集团下属各媒体传播正能量，开设“佛山正能量”“好人365”“温爱佛山”等专栏专题，刊播多篇佛山好人好事报道新闻，主要有《红衣女护师跪地救人》《佛山孕妇出租屋临产，警察邻居帮忙》《众人顶住下滑车辆，救助晕倒女子》《危急时刻有援手，甘当“肉垫”勇救小孩，英雄不幸牺牲》《男子被压车底，众人及时救助》《小货车行驶中着火，众人参与救援》《佛山男童被锁车内 民警破窗救援》等。

【意识形态工作责任制】 2017年，佛山传媒集团健全党委书记责任制、维护意识形态安全和网络意识形态安全责任制。完善宣传管理、技术管理等规章制度，严格采编播发流程管理，开展安全刊播大检查。6月，佛山传媒集团党委书记、总编辑宋卫东带队，对各媒体以及印务与发行公司等单位开展交叉检查，及时整改发现的问题；10月，组织实施包括网络技术安全检查、稿件三审三核等制度的多次安全刊播检查。

【内参精品】 2017年，佛山传媒集团加强内参的调研和撰写，制订《关于进一步办好“内参”的工作方案》，撰写《多条地铁线路同时开建，中心城区交通迎“大考”》《魁奇路快速化工程（二期）施工围蔽舆情专报》《关于魁奇路快速化节点封闭施工绕行的民意调查》《佛山传媒集团关于协助做好重大交通项目施工疏导工作的建议》《佛山传媒集团关于协助做好重大交通项目施工舆情疏导的思路》4 份调研报告。其中《魁奇路快速化工程（二期）施工围蔽舆情专报》写入 2017 年 4 月 13 日的《内参》总第 69 期。

【重大主题、项目宣传】 2017 年，佛山传媒集团主办、佛山日报社承办的“使命与担当——佛山企业家精神的时代呼唤”暨佛山企业家精神大讨论活动，原创发稿 58 篇，受到各方关注和各界好评。4 月，佛山传媒集团赴佛山对口帮扶的四川凉山州开展实地调研，与市文明办、市慈善会共同制订《发动社会力量对口帮扶凉山州工作方案》。4 月 26 日，举行对口凉山扶贫协作“爱心项目”推介发布会，正式发布圆梦行动、学前教育“三送”行动、“温爱到新家”行动、“心愿树”专项行动、“爱不停步・五彩凉山之旅”5 个爱心项目、6 场推介会近 2 000 名企业家、公益机构代表及市民到场参加。6 月 19 日，大规模报道市委、市政府举行的“佛山脊梁企业”和“佛山大城企业家”命名大会。11 月 19 日，组织策划云勇林场先进典型宣传报道，分 3 个阶段推出“大城青山，大美云勇”大型系列报道，引起社会各界关注。

【融媒体发展】 2017 年，佛山传媒集团按照市委宣传部的总体部署，成立“全媒体时政新闻融合报道部”，组织策划“元宵慈善人人行报道”“北京全国两会”等专题报道，为佛山传媒集团未来融媒“中央厨房”奠定基础。是年，佛山传媒集团开始筹备中央新闻指挥中心，与中科院自动化研究所签署战略合作协议，联合国内权威数据分析公司，通过对媒体大数据分析，强化融媒体传播影响力。佛山日报社筹建“佛山+”融媒体平台，佛山人民广播电台组建“融媒体大数据中心”，佛山电视台“无线佛山”入驻“央视新闻+”APP，佛山新闻网成立“佛山市政务新媒体联盟”，珠江时报社、珠江商报社进一步完善流程，开拓业务，推动融媒体发展。佛山传媒集团针对性地选拔一批记者开展融媒专项业务培训，培养造就一批具备高度专业精神的“全媒体、专家型人才”。

【功夫电影周】 2017 年 11 月 23 — 29 日，中国南方影视中心“功夫电影周”在佛山举办。作为国内首个以功夫动作为主题的影坛盛会，也是南方影视中心自 2016 年底成立以来，明星嘉宾规格最高、人数最多、影响力最广的一次影视圈盛事。

开幕式通过“红毯仪式”“国产优秀功夫（动作）电影推介”“致敬经典”等内容，以丰富多姿的舞台艺术形态，展示出岭南文化与中国功夫精神的高度融合。中央电视台《新闻联播》、中央六套电影频道《中国电影报道》、广东、上海、凤凰卫视、星空卫视以及新华网、人民网、中国新闻网、腾讯、网易、优酷等多家媒体纷纷聚焦此次活动，报道“佛山功夫（动作）电影周”用功夫精神彰显家国情怀、展示文化自信、推动文化发展繁荣兴盛，擦亮佛山“武术之城”的文化名片，提升佛山在

2017 年 11 月 23 — 29 日，国内首个以功夫动作为主题的电影活动——南方影视中心・2017 佛山功夫（动作）电影周在佛山举行

（黎汉沼摄）

影视行业的知名度和影响力。

首届功夫（动作）电影高峰研讨会、功夫电影海报展及嘉年华活动高峰研讨会以佛山如何发力影视产业，南方影视中心如何从激烈的产业竞争中突围等为主题，吸引900多名专业观众参加，超过30家媒体报道和转载；功夫影视嘉年华及海报展特邀“天下第一武指”袁和平带领《奇门遁甲》剧组助阵，取得良好效果。

闭幕式聘请香港中乐团，设置“卧虎藏龙”“百川汇流”“侠骨柔情”“笑傲江湖”四大篇章，表现中国特色功夫影视文化和音乐精华，展现中国传统文化的魅力，具有强烈的传统性和现代感。

【传媒外宣】 2017年，佛山传媒集团下属各媒体积极上送稿件。是年，佛山电视台被中央电视台各频道采用稿件超100条次（其中超过10次登上《新闻联播》），被广东电视台采用稿件超1 200条次，用稿量居全省城市电视台之首。佛山人民广播电台《全国文明城市建设巡礼——佛山篇》《顺德在全国率先提出建设产业发展保护区，保护产业用地》等多篇录音报道在中央人民广播电台《中国之声》的《新闻与报纸摘要》《新闻纵横》等栏目播发。是年，佛山人民广播电台向广东广播电视台发送稿件超500篇。

【传媒经营体制改革】 2017年，佛山传媒集团进一步推动经营体制改革，释放经营活力。出台《货物、服务和工程采购管理办法》，制定《佛山传媒集团财务总监委派制度》，下放经营管理权限，完善服务监管职能。佛山电视台重塑组织架构、明晰职责，增强内在驱动力。佛山人民广播电台重点围绕代理制度完善、产业拓展、项目研发、人员结构调整，从广告经营、产业经营等方面进行规划和梳理重整，保持经营的持续力。佛山日报社加强各经营部门资源整合力度，强化内部经营协同，完善和创新经营模式，靠策划促项目，用活动拉动刊登，用新媒体进行增值。珠江商报社、珠江时报社改架构、建机制、创产品，调整业务结构、发展线下业务，减少传统依赖，布局多元发展。

【传媒产业结构的优化】 2017年，佛山传媒集团下属各媒体单位推动媒体产品从内容、功能到结构的升级与革新。佛山日报社以移动端传播为主要改革方向，继续打造“两微一端”，尝试视频拍摄及移动直播等多手段的传播方式，传播佛山好声音。佛山电视台按照线上栏目+线下活动+新媒体推广+产业开拓的模式，推动整合营销，强化品牌变现，取得一定成效。佛山人民广播电台结合实际调结构，将广播旅游、电子商务、培训课程、演出票务等确立为产业经营重点培养方向。“广佛都市网”更名为“佛山新闻网”，佛山英文网升级2.0版，打造全市大外宣平台。200余个政务新媒体单位共同发起成立佛山政务新媒体联盟，向活动策划、影视制作等领域延伸服务。珠江时报社发力高端视频直播领域，全年直播各类高端政务活动24场，同时还打造视频原创节目《丈量》微信公众号、《好家长互助会》视频栏目，拍摄制作一批有影响力的视频专题片。

【传媒政务服务】 2017年，佛山传媒集团下属各媒体推出一大批适应政务服务的新项目和新活动，拓展政务新资源。佛山日报社在市档案馆举办“瞰佛山——航拍佛山40年变迁”图片展，编纂出版《佛山历史文化丛书》（第二辑），系列报道“大城脊梁”佛山企业家精神；佛山电视台继续开办《点赞》《观点佛山》等精品栏目；佛山人民广播电台推出《空中一门式》栏目；珠江商报社、珠江时报社与佛山新闻网推出各类专刊、专评、专栏。此外，珠江时报社重点打造包括南海手艺人、创森系列、佛山陶艺36将等文创项目。

（王建东）

报　刊

【《佛山日报》】 2017年，中共佛山市委机关报《佛山日报》日均24版，主要栏目有封面导读、要闻、财经、企业、钱途、民生、五区观察、视觉、教育在线等。

党的十九大召开前，《佛山日报》推出“砥砺奋进的五年”大型主题宣传报道；会议期间，每天推出多个专版进行报道；会后，推出“学习宣传贯彻十九大精神”“新时代新气象新作为”等系列专栏，多维度、多视角展现佛山干部群众学习贯彻落实党的十九大精神的新思路、新做法、新气象、新作为。年内，佛山日报社还策划推出省市“两会”、全国“两会”专题报道，中共佛山市委第十二届四次全会特别报道，中国人民解放军建军90周年阅兵报道等重大时政报道。其中，全国“两会”报道得到市委书记鲁毅的肯定，他在陪同省领导慰问媒体时，特别肯定《佛山日报》的“风向”栏目，说“做出了特

2017年12月13日，佛山历史文化丛书编委会、佛山市委宣传部向广东省立中山图书馆等7个单位赠送《佛山历史文化丛书》 （甘建华摄）

色，和省媒可以媲美”。广东省委常委、宣传部部长慎海雄也表扬说：“这就是地级市媒体小而精的体现”。

年内，佛山日报社推出“大城脊梁”佛山企业家精神系列报道和大讨论活动，在企业界和政界引起强烈反响。承办“2017南海大城工匠命名与品牌制造展示计划”，成为贯彻落实广东省第十二次党代会和佛山市民营企业家表彰大会精神的重要行动之一。主办“关爱大学生公益行动”，资助30多名无力承担学费的本地大学新生，帮助他们实现大学梦想。组织举办“质量佛山，中国力量”第六届品牌佛山系列活动，提高企业界对质量的认可和重视，为佛山建设质量强市示范市营造良好氛围。编纂完成《佛山历史文化丛书》（第二辑），并由广东人民版社出版。

市“两会”期间，佛山日报社全媒体平台共计发布创意新媒体产品——如“佛山两会朋友圈”“跟着小i去丰收”“一图读懂‘快看佛山2017’”等近10项，总计发布“两会”报道205篇，点击阅读量近50万次。2017元宵节“行通济”活动，佛山日报社全媒体通过佛山在线APP、网站、视频、微博矩阵等平台全网直播发布，视频直播累计访问超12万人次，与APP的文图直播活动超过18万阅读量、微博直播获得211万次点击。

是年，佛山日报社党报的优势明显，全年的政务类专题无论刊登和收入都占据绝对大头。经营模式趋向更多元化，客户的新需求给报社开展经营工作提供越来越多的经营机会。集中优势兵力抓好大项目，是带动经营快速增长的利器。全媒体服务手段创造新的盈利点。《佛山日报》的品牌价值愈加彰显，在11月2日揭晓的第二十七届中国新闻奖评选中，佛山日报社记者采写的消息《“亲清八条”构建新型政商关系》获中国新闻奖二等奖。

（唐岭梅）

【《珠江时报》】 2017年，《珠江时报》完成经营收入6 909.33万元，完成利润513.25万元，超额完成各项指标任务。《珠江时报》的传播力和品牌影响力持续提升，在9月17日举行的2017传媒中国年度盛典暨传媒中国百强指数发布会上，《珠江时报》获“2017传媒中国年度融合创新十大影响力区域报”，《珠江时报》融媒创意传播中心获“2017传媒中国年度融合创新发展年度创新团队”。

在党的十九大期间，《珠江时报》完成党的十九大宣传报道任务。刊发新华社报道49个整版，“十九大时光”6篇，微信报道10条，微博报道35条。策划推出“喜迎十九大”和“砥砺奋进的五年”专栏，其中推出“喜迎十九大”专栏报道39篇、“砥砺奋进的五年”专栏稿件93篇。在后续学习宣传贯彻党的十九大精神宣传报道中，《珠江时报》推出报道140多篇，并挖掘南海桂城翠颐社区和狮山群岗社区两个学习典型，其中狮山群岗社区案例文图被人民网头条采用。

2017年3月29日，“2016年度禅城十大新闻·十大新闻人物暨十佳宣传创新项目”颁奖仪式举行

（珠江时报社供图）

策划推出《佛山2016传播影响力》提升佛山形象，该书汇集国内外重要媒体2016年对佛山的报道内容，系统呈现佛山2016年的传播影响和宣传效果，该书被带到北京作为交流使用，宣传佛山城市形象。

联合中国社科院课题组专家及新华社、《中国经济学人》杂志社、《21世纪经济日报》《第一财经日报》等三流政经媒体记者走进佛山高新区，对制造业转型升级的佛山样本展开专题调研。调研活动产生近10篇有影响的稿件，经过《中国经济学人》杂志、新华社、《21世纪经济报道》《第一财经日报》的报道之后，大量互联网媒体进行二次转载传播，包括新华网、网易、新浪、搜狐、凤凰网、和讯、金融界、中国经济信息网等。

承接南海区委宣传部主管的《学习参考》，为南海的领导干部搭建理论学习和交流的平台。为佛山市文广新局制作“文化动态信息”微信公众号；还承接“南海区政府公共服务满意度调查”“丹灶镇一岛两湖文旅发展情况调研”“第二届广佛国际创客节之创客调查”等多个调研课题，并发布《南海创客发展蓝皮书》。

推出《今日佛高区》，这是珠江时报社打造的继《今日南海》《今日禅域》之后的又一个“今日”品牌，成为宣传报道佛山高新产业、智能制造等产业经济发展的一个重要窗口。同年，《珠江时报》还推出《今日南海·经济》版。

承办“环境整治十年百万图拍摄对比行动”启动仪式、系统平台（投稿、投票、点阵示意图）开发和运营维护、以及线上线下的活动和报道。通过对比行动，南海区22 561个环境痛点得到“治愈”，45 122幅环境整治对比照片见证南海生态蝶变。在南海全社会形成“人人关心环保、人人参与环保、人人监督环保”的良好氛围。

推出《学习习近平总书记系列重要讲话100问》《传承品质 成就品牌》《粤港澳大湾区新都市》《南海影响力》《禅城最强音》等49本书籍特刊，深度服务政府。

制作的南海区高端视频《一方南

海任遨游》在腾讯、爱奇艺、优酷等全国商业视频门户二级页面重点推送，在土豆、搜狐以及人民网新闻频道、中国新闻网等渠道推送，实现1 200万量级传播，向全国展示南海区全球创客新都市形象。还推出系列网络宣传创意产品，其中，纪念佛山女儿陈铁军的沙画视频，腾讯视频单条阅读量3.1万人次，微博阅读数单条1.6万人次；西樵山双马系列赛新浪微博话题创新高，突破5 000万人次阅读量；佛山50公里徒步活动微博话题破百万人次；《足下生风》短视频在腾讯视频推出，单条阅读量破20万人次。另外，珠江时报社还尝试航拍和地面拍摄短视频传播模式。

全年直播各类高端政务活动24场，同时打造视频原创节目《丈量》微信公众号、《好家长互助会》视频栏目，珠江时报社的图文视频直播成为南海区A级宣传项目标配。6月17日晚直播的《庆七一　迎十九大——2017年佛山韵律　和声飞扬》群众合唱总展演，《珠江时报》头条号创下单场单平台7万人次阅读数，网络投票浏览量230多万人次。8月12日，珠江时报社全程、全网、全景视频直播2017环佛山绿色骑行活动，33万网友在线参与，总阅读数约200万次，主要分布在人民日报客户端、今日头条、网易、搜狐、腾讯等新媒体平台。该次直播也是国内首次使用NEWTEK演播室系统与LIVEU4G背包信息采集系统，通过NDI无缝对接进行直播。

与人民网舆情中心合作，引入人民网的舆情监控系统，包括舆情监测系统和演示系统，可实现全网信息搜集和关键词推送，实现7×24小时全网全渠道监测和舆情大数据的区域分布展示和点阵呈现。

承接“微家书　传家教”以及南海区“2017寻找最美家书”项目，用全媒体手段，线上线下同步推进，参与人数众多，影响巨大，微家书系列活动已经成为佛山践行核心价值观的精品活动。

（戴满香）

【《珠江商报》】 2017年，《珠江商报》日均对开16版，是顺德区域主流媒体。是年，《珠江商报》做好市委、市政府重大会议精神的策划报道，传递党委政府声音；围绕市委宣传部关于做好每个月重点宣传报道要求，做好如供给侧结构性改革、工匠精神、企业家精神、创建文明城市、质量强市等报道，“创文”开设近20个子栏目，全年按要求刊发公益广告，报道相关内容近300个版，同时做好“创文”材料上报工作；做好高端媒体宣传佛山的二次传播，充分利用《珠江商报》新媒体、传统媒体平台，扩大宣传效果；做好市有关重大展会的活动报道，如行通济、“互联网+”博览会、创博会、全国发明展等报道。功夫电影周VI系统的设计得到各界赞扬，设计内容涵盖海报、邀请函、标志识别、着装、用品、奖杯等识别系列。

重大时政宣传　继续围绕市、区两级政府重大时政热点做好集中式的主题宣传，向读者传递政府声音，为佛山鼓与呼。1月，策划推出《回眸与展望——新年系列述评》。2月，推出《看·重点——顺德区基础设施建设工程巡礼》栏目，还深入挖掘春节期间坚守岗位的基层人物，推出《他们暖我心——走近基层人物》报道。3月初到4月，针对顺德区对村级工业园整治提升的统一部署，以专栏专题形式全方位报道村级工业园整治提升。顺德区2017年党代会期间，推出4个版报道，深入解读党代会精神。顺德区“两会”期间，连续3天以每天3～7个版的规模做深入报道。4月底，派出骨干记者到德国，参与“发现顺德·全球路演”走进德国活动，并以《“发现顺德·全球路演”走进汉诺威》为专栏，推出近10篇报道。省党代会召开期间，推出《砥砺奋进的五年》系列报道。10月，党的十九大召开前后，做好报道及后续学习宣传贯彻党的十九大精神报道。

新媒体平台发展　各新媒体平台运行平稳，其中官微继续占据顺德主流地位，粉丝超过15万人，在广东省纸媒公众排行榜继续位居前列。“直播顺德”项目继续发力，全年直播近100场，在线观众超过500万人次。垂直公众号“德食”以细腻的文案和精美的视频为主打，在当地美食圈具有一定知名度。是年，《珠江商报》还取得网易新闻顺德频道代理权，为顺德外宣服务开辟绿色通道，被网易评为优秀代理商。同年，《珠江商报》新媒体托管大幅增值，代运行新媒体平台有解读、顺德风物志、爱北滘、人大微博微信、环运局微信、顺峰山公园微信、顺德城市规划、顺德外经贸、顺德国资、顺德人才发展中心、北滘环运局微信、容桂市监局、宜居伦教官方微信微博、伦教环运、伦教工会、伦教和谐家庭联谊会网站、勒流官方微信微博、陈村官方微信

2017年，珠江商报社“直播顺德”项目继续发力，全年直播近100场，在线观众超过500万人次

（珠江商报社供图）

微博、陈村花园家园微信、杏坛官方微信微博等，丰富报道形式。同时，针对不同客户需求，开展相应的全媒体营销，包括医患互换系列活动、篮球三分赛系列活动、新顺德人协会摄影大赛、容桂工会会员才艺大赛、送戏下乡系列活动等。

（黄　晨）

广播电视

【佛山电视台】 2017年，佛山电视台包括综合、公共、影视、南海、顺德等5个自办频道。公共频道由《六点半新闻》《小强热线》等栏目组成的新闻版块，在佛山100多个落地频道中，收视份额排在前列；超过90%在佛山生活的人，都收看过佛山公共频道的节目，到达率排行第一。

策划融媒宣传，营造党的十九大舆论氛围。“喜迎十九大”专栏推出《砥砺奋进的五年》《创新驱动·问道行业冠军》《走访佛山美丽文明村居》《我的获得感》几大系列，展示佛山过去五年砥砺奋进、深化改革的成果；党的十九大召开期间，推出“聚焦十九大”“十九大时光”专栏，紧跟节奏报道大会动态，又围绕新时代新理论新思想，每天深入基层采访报道佛山各界的热烈反响。党的十九大闭幕后，持续发力推出“学习宣传贯彻党的十九大精神”专栏，报道佛山领导带头组织，在全市掀起党的十九大精神宣讲热潮。市、区、镇三级电视机构实现党的十九大安全保障“零事故”。

筹建时政深度报道组，整合采编人才参与团队建设，深化新闻采编改革创新，推出首档融媒体时评节目《观点佛山》，以“主流观点、关键声音、观察佛山”为理念，策划一系列立足佛山、放眼区域大发展的深度报道，通过《六点半新闻》、“南方+”和佛山电视台全媒体渠道传播，在佛山乃至珠三角区域引起高度关注。

《小强热线》栏目继续推动正能量宣传，《点赞》特别节目坚持“从身边好人说起，讲好身边善事”的定位，培育向善向上的社会氛围。设立《寻找最美佛山人》《点赞排行榜》等版块，举办“乐善佛山 感动十年”“最美佛山人”分享会等大型活动，营造“大爱佛山”的社会氛围，掀起一股“寻好人、赞好人、敬好人、学好人”的高潮。同时，探索“媒体+公益”的模式，倡导快乐慈善，成为佛山爱心公益事业的“慈善大使”。在“佛山携手凉山奔小康”爱心项目中，佛山电视台承担“心愿树”“圆梦计划”“学前三送”3个项目。

全新组建融媒运营中心，承担融媒体产品生产、新闻快速反应、平台运营管理、市场化探索等职能，初步形成APP+公众号+直播+微博+官网的融媒生态。党的十九大、全国“两会”报道和《观点佛山》项目等都启动融媒矩阵传播；秋色巡游、功夫电影周等重大活动实现全网分发，扩大佛山电视台的品牌影响力。“佛山五十公里徒步”活动通过融媒传播，成为佛山最热IP，无线佛山APP成为佛山媒体第一大新媒体平台。融媒平台还推出佛山领读者、名校行、直通名医等项目。

加强与中央电视台、广东省电视台的策划联动，上送稿件，讲好佛山故事，传播佛山城市形象。全年上送中央电视台并被采用稿件155条次（其中《新闻联播》采用14条），获中央电视台2017年中国电视新闻协作网（3N网）“十佳”优秀通联集体之一，连续第六年获此荣誉；上送广东电视台并被采用稿件1 599条次，用稿量居全省城市电视台之首；五集大型纪录片《佛山廉洁文化DNA》在广东卫视播出并受到好评；《回家过年——回家的路有多远》在元宵节央视纪录频道黄金时段播出，节目主创做客央视直播室，与全国观众互动。

主办品牌活动和承办党委政府主推项目60多场，助力塑造城市形象，提升城市文化，赢得党委政府和市民的广泛好评。策划承办“美丽佛山　一路向前——2017佛山五十公里徒步”活动，政媒企联合打造全民参与的城市运动名片，展现城市升级、升值成果。“佛山50公里徒步”被赋予更重要的使命，在2017年的佛山市“两会”上，首次被写入政府工作报告，成为一项重点民生工作。

以节目创新创优工作为示范引领，创作叫得响、传得开、留得住的优秀作品。在2016年度广东省广播影视奖评选中，有23件电视作品获奖。其中，一等奖作品4件，排名位居全省第三，继续名列全省地级市台榜首。《经历》获得第二十三届中国纪录片盛典十优栏目，《佛山廉洁文化DNA》获得中国南派纪录片优秀节目奖，《功夫饭局》获得中广联全国旅游节目一等奖。《环卫女工美丽大变身 惊艳了时光》获2017年度广东省新闻战线“走基层、转作风、改文风”活动优秀作品一等奖。佛山电视台纪录片工作室成为全省唯一被省新闻出版广电局推荐进入全国广电先进集体终评的部门。佛山电视台还连续

2017年3月1日，佛山电视台“无线佛山”APP正式上线　（佛山电视台供图）

两年被评为广东省广播电视公益广告优秀传播机构。

（丁红兵）

【佛山电台】 2017年，佛山人民广播电台（简称“佛山电台”）转型升级，各项业务取得较好成绩。

党的十九大安全播出工作　党的十九大会议安全播出是2017年佛山电台最重要工作。佛山电台早部署早安排，成立佛山电台“十九大”安全生产领导小组，台长任组长，各个分管的台领导任副组长，各频率、各部门主要负责人任成员。从2017年第一季度开始，按照自查、整改、省督查、总局检查及回头看复查五个阶段开展大检查工作。同时，严格落实审核制度，在每天全台的编务会中，及时传达上级各项新闻宣传纪律，坚持正确的舆论导向，完善新闻采编流程和新闻稿件的三审、重播重审制度。此外，在党的十九大会议召开前夕，佛山电台专门开设《喜迎十九大》《砥砺奋进的五年》专栏，围绕全面展示以习近平总书记为核心的党中央治国理政新理念、新思想、新战略在佛山的生动实践和重要成就这一主线，聚焦供给侧结构性改革等八个方面，展开采访报道，反映佛山实践所带来的成效和变化。佛山电台一共投入300人次，直接参与党的十九大会议的安全播出保障工作，重点节目的主持人岗位均实行“双人岗”制度，确保党的十九大安全播出任务的完成。

2017年12月9日，佛山电台在佛山东方广场举行“花生节”，由市民合力参与挑战世界最大的花生图案创“世界最大的花生拼图”世界纪录　（佛山电台供图）

重大主题宣传和区域宣传　是年，佛山电台辖下的FM94.6、FM90.1、FM92.4、FM90.6、FM88.3频率，通过音视图文等全媒体手段，升级改造政风行风热线节目，拓宽政府与民众互动沟通的渠道。佛山电台在自身原有的呼叫中心、数据中心基础上，整合资源，成立佛山市社情民意研究中心，围绕佛山市委、市政府的重点工作，定期进行主题调研，用数字为政府部门的决策参考提供依据。佛山市社情民意研究中心于4月启动，至年底完成调研项目12个，参与调查的市民群众达到30万人次，调研成果成为佛山市政府部门决策的重要参考数据。佛山电台各频率结合自身定位要求，通过“新闻+节目+活动”整合营销传播的模式，先后策划推出千灯湖音乐节、文明交通小天使、厨神驾到、中国最美村镇、健康佛山大讲坛、甜蜜节等多个项目，使区域宣传服务落实到位。

唱响“佛山好声音”　是年，佛山电台拓宽宣传渠道，加强与中央人民广播电台、广东广播电视台的通联，同时与境外华语电台建立联系，使节目输出海外，推广佛山文化。是年，佛山电台被中央人民广播电台采用稿件30篇，被广东广播电视台采用稿件500篇。另外，佛山电台有4个节目落地澳大利亚悉尼2ac华人电台，这些节目涵盖广播小品、美食、财经、娱乐等节目类型，通过粤语音频节目的版权输出，有利广府文化传播、推广。

媒体融合　佛山电台通过实施“一台两端”（即车载端和手机端）发展战略，加大硬件投入，使融媒系统得到深化应用，在党的十九大召开期间，协助台内业务部门完成“三审制度”的流程化管理，以新的技术手段为各项内容的安全播出提供可靠的保障。佛山电台花生FM、花生宝贝和畅驾三大融媒主平台加强运营推广和精品创作，主动与腾讯、喜马拉雅、百度、高德地图等互联网平台合作，带动自身新增用户的增长。其中，花生FM下载量突破100万人次，在全省地级市媒体主办的APP里名列前茅；花生宝贝粉丝数增加到32万人，成为佛山最大的亲子服务微信号；畅驾APP下载量55万人次，成为佛山地区车主服务第一平台。

整体经营　是年，佛山电台相继推出跨年演唱会、民间车王挑战赛、车主服务周、“世界畅游自驾游”、花生节等创意产品；继续承接推广吕祖大仙诞庙会巡游、“厨神驾到”系列活动；拓展花生商城、花生游、花生宝贝冬夏令营活动，确保2017年整体经营任务的完成。

荣誉收获　佛山电台获得国家、省、市级宣传类奖项100项。其中，获得广东省广播影视奖一等奖作品2件，获得广东新闻奖二等奖作品3件。12月22日，在由《中国广播影视》杂志社主办的“时代之声（2017）全国广播业综合实力大型调研成果发布会”上，佛山电台获“年度最具成长性市级广播电台”称号，佛山电台新媒体中心获“年度最具创新力市级广播团队”称号。融媒项目中，花生FM获TV中国“2016—2017年度融合创新发展十大品牌创新力十大案例”；花生宝贝获国家新闻出版广电总局颁发的2016年度“全国优秀少儿广播栏目”十大精品栏目；“畅驾”APP获得“2017传媒中国年度广播电视融合创新发展实战案例20佳”。

（钟　毅）

卫生·体育

手机扫码阅读

卫生·计划生育

【概况】 2017年，佛山共有医疗卫生机构1 715个，其中医院110家。全市医疗卫生机构在岗职工60 078人，其中执业（助理）医师18 134人，每千常住人口执业（助理）医师数2.37人；注册护士23 403人，每千常住人口注册护士数3.06人；全市医疗卫生机构拥有病床35 273张，每千常住人口床位数4.61张。总诊疗人次数8 244.9万人次，入院人数126万人次。全市医疗机构总收入285.77亿元。孕产妇死亡率5.11/10万、婴儿死亡率2.11‰。常住人口出生131 131人，自然增长率12.77‰。

【医药卫生体制改革】 2017年，佛山市卫生和计划生育部门继续推进医药卫生体制改革，持续推动全市医疗卫生事业健康发展。

城市公立医院综合改革　7月1日，佛山市全面启动和推开城市公立医院综合改革，推出16项举措，明确15项具体配套政策，所有公立医院全部取消药品和医用耗材加成。改革采取“8∶1∶1”的补偿方式，同步调整基本医疗服务价格，基本实现新旧运行机制平稳转换，取得“一优化，一控制，两明显”的效果（就医流向不断优化，医疗费用不合理增长得到有效控制，药品费用占比明显下降，医疗服务收入占比明显提升）。第三方机构独立进行的满意度调查结果显示，89.15%的受访者对改革表示满意。

卫生强市建设　推进区域医疗中心能力建设，引入省级医院和南方医科大学等高等医学院校共建高水平医院。禅城区整合向阳医院、澜石医院和朝阳医院建设禅城区人民医院，南海区与南方医科大学合作共建南方医科大学南海医院，顺德区与南方医科大学等5所高校合作提升全区医疗水平，三水区与南方医科大学珠江医院合作建设新城医院，高明区人民医院创建三甲医院步伐加快。市第三人民医院、市口腔医院升级为三级专科医院。市卫生计生局与市科技局联合印发《佛山市医学科技创新平台建设方案（2017—2020年）》，认定15个市级医学创新平台。

分级诊疗　完善制度建设，贯彻落实《佛山市推进分级诊疗制度建设实施方案》和《佛山市推进医疗联合体建设指导意见》，印发高血压等58个病种出入院标准、转院标准和流程。推进医联体建设，全市三级公立综合医院全部参加医联体建设，100%的社区卫生服务中心、镇（街）卫生院与二级、三级医院建立分工协作关系。鼓励公立医院与民营医院合作，促进不同举办主体医疗机构的联网协作。推进家庭医生签约服务，制订实施《佛山市加快推进家庭医生签约服务制度的实施方案》和《佛山市家庭医生签约服务包（第一版）收付费方案》，居民签约覆盖率42.61%，重点人群签约覆盖率61.73%。

社会办医　新增受理血透中心等7类医疗机构行政审批，鼓励举办新业态。佛山新世纪环湖妇儿医院启动建设，三水芦苞众泰医院建成开业。是年，全市新注册登记非公立医疗机构225个，新增床位435张。

基本公共卫生服务　举办基本公共卫生服务项目培训班，开展基本公共卫生服务宣传月活动。至2017年底，全市建立电子健康档案646万份，建档率86.87%。是年，佛山市基本公共卫生服务考核成绩在全省排名第二。

2017年6月30日晚至7月1日凌晨，佛山市基本医疗服务价格改革应急指挥小组实时监测数据系统等情况
（市卫计局供图）

【医政管理】 2017年，佛山市卫生和计划生育部门加强医政管理，持续推动全市医疗卫生事业健康发展。

医疗质量管理 新增2个市级医疗质量控制中心。组织开展临床路径和合理用药业务培训以及医疗质量巡查。实施进一步改善医疗服务行动，推广预约诊疗等便民惠民措施。佛山市第一人民医院获评为全国改善医疗服务行动“保障医疗安全”主题和广东省改善医疗服务示范医院。佛山市中医院获评为广东省改善医疗服务示范医院。

基层能力建设 推进社区卫生服务能力提升工程，全市新建、改建10个社区卫生服务机构。开展优质服务示范社区卫生服务中心创建活动，全市6个社区卫生服务中心获评“国家优质服务示范中心”称号。加大基层卫生技术人员培训力度，培养151名全科医师和103名各类卫生专业技术人员。

妇幼保健服务 实施产科助产能力分级管理，加强危重孕产妇救治中心和危重新生儿救治中心建设。继续做好妇幼重大公共卫生项目和免费孕前优生健康检查项目，全年有45 449名待孕对象接受免费孕前优生健康检查项目；有133 281名孕妇接受地贫血常规初筛，15 227名孕妇接受地贫基因检测；孕产妇艾滋病、梅毒和乙肝检测率达99%。

平安医院建设 印发《佛山市2017年平安医院创建实施方案》，开展平安医院社会宣传，提高群众对改善医疗服务的知晓率。发挥医疗纠纷第三方调解组织的作用，依法、及时、妥善处置医疗纠纷；建立警医联动机制，强化医院安全防范措施，开展严厉打击涉医违法犯罪专项行动，维护正常的医疗秩序。

【公共卫生】 2017年，佛山市卫生和计划生育部门加强重点传染病防控，整合登革热、H7N9禽流感、埃博拉等传染病防治协调机制，建立佛山市防治重大疾病工作联席会议制度。建立重点急性传染病疫情风险评估月报告制度，开展结核病分级诊疗和综合防治服务模式试点工作，推进艾滋病、性病和麻风病防治工作。全年各类传染病疫情总体平稳。

做好慢性非传染性疾病、职业病、地方病防控工作，加强严重精神障碍患者救治管理，全市未发生在管患者肇事肇祸事件。开展重点职业病监测和职业健康风险评估，规范职业健康检查、报告、诊断行为。开展食品安全风险监测工作，落实饮用水卫生监测信息公开工作。

开展卫生应急演练和队伍培训，举办卫生应急综合技能培训班，佛山代表队在全省卫生应急技术竞赛中获得二等奖。市人民政府办公室修订印发《佛山市突发事件医疗卫生救援应急预案》。调整市级应急药品储备目录。推进传染病集中隔离场所建设，由佛山市第四人民医院承担建设传染病集中隔离留验场所。

【爱国卫生工作】 2017年，佛山市卫生和计划生育部门组织开展以“为了人民的健康——65年的历史与展望”为主题的爱国卫生月活动，围绕环境卫生综合整治、灭蚊防病主题，落实环境卫生整治制度。禅城区南庄镇、南海区里水镇、顺德区乐从镇、三水区白坭镇和高明区明城镇被确定为省级健康镇试点，94个村、28个社区被确定为省级健康村、健康社区试点。完成健康细胞创建任务（市政府十项民生实事之一），全年创建健康村（居）、健康社区、健康学校和健康机关等218个、健康家庭654户。

【中医药工作】 2017年，佛山市政府印发《佛山市推进中医药强市建设实施方案（2017—2020年）》。6名医生获“广东省名中医”称号。市中医院成立佛山市中医院医疗联盟，与贵州省、四川省以及广东省云浮市等省内外30多家医院开展交流合作。禅城区启动区中医院建设项目，南海区通过全国基层中医药工作先进单位复审。全市继续加强基层医疗卫生机构中医药能力建设，全市48家（个）乡镇卫生院、社区卫生服务中心中，已有41家（个）建成或在建中医馆，占比85.4%。

【医疗卫生信息化】 2017年，佛山市政府印发《佛山市促进和规范健康医疗大数据应用发展实施方案》，推动健康医疗大数据创新发展和深入应用。印发实施《“十三五”佛山市全民健康信息化发展规划》。加快推进“健康佛山”微信和各医院微信公众号建设应用，微查询、微信用等服务受好评，“健康佛山”微信公众号再次入选“佛山十大政

2017年1月28日（农历大年初一），佛山市副市长乔羽率市卫生计生局、市食安办、市疾控中心等有关部门负责人，检查佛山市H7N9流感防控工作

（市卫计局供图）

务微信（市级）”。网上服务事项全面接入市级“一门式一网式”综合受理和申办流转系统。完成“双随机一公开”信息项目，“双随机”抽查工作转入常态化和规范化管理。承担国家“三个一”工程、电子居民健康卡建设试点城市建设任务，出台电子居民健康卡试点建设方案，生成400万张电子卡。探索推进“互联网+”医疗创新平台建设，开展市级网络医院、智能化护理示范医院建设。落实新生儿编码制度，实现预防接种与妇幼保健信息资源互通共享，并实现出生证信息与公安入户信息的相互共享。加强网络信息安全工作，全年未发生不良网络安全事件。

【医学科研教育】 2017年，佛山市医疗卫生系统继续重视医学科研教育，提高医疗卫生机构医学水平。

医学科研　佛山市第一人民医院“基于现代影像手段的鼻咽癌咽旁间隙侵犯及淋巴结转移的系列研究”和南海区妇幼保健院“健脾益肾通督醒脑针灸推拿法治疗脑瘫儿童的临床与实验研究”获2016年度佛山市科技进步奖一等奖。全年获得国家级科研立项7项，资助经费515万元；获省部级科研立项12项，资助经费211.5万元；获市厅级科研立项474项，资助经费840.5万元。市卫生计生局课题立项421项。

医学专科建设　推进60个佛山市高水平医学重点专科建设。启动医学科技创新平台建设。组织2017年符合条件者申报评估验收并通过23项。组织申报省高水平西医临床重点专科30个，组织申报省高水平中医临床重点专科8个。

卫生人才培训　印发《佛山市医学领军人才和杰出青年医学人才以及医学骨干人才遴选工作方案》，组织申报省医学领军人才7人和杰出青年医学人才28人。印发《佛山市全科医生定向规范化培训实施方案》，依托佛山市基层卫生人才培训中心（设在佛山市第一人民医院），开展3批次基层医务人员培训，103人参加，培训专业包括内科、护理、检验、急诊、妇产科康复、B超等。举办全市继续医学教育管理人员学习班，组织申报2017年佛山市市级继续教育项目，获批和公布立项663项。组织开展省卫生和计划生育委员会2017年继教项目申报工作，获立项297项。申报2017年度国家级继续教育项目，获立项62项。

【卫生监督】 2017年，佛山市卫生和计划生育部门推行“双随机一公开”抽查机制，实现监督执法职能全覆盖。推进民营医疗机构信用评价、医疗机构不良执业行为记分管理和校验管理等工作，推行学校卫生综合评价，加大非法行医等违法行为打击力度。推进网上办事和标准化改革，实行行政审批标准化和受理发证“一窗式”服务，启动医疗机构、医师、护士电子化注册工作。推进依法行政工作，南海区卫生和计划生育局、市中医院、顺德区第一人民医院成为全省卫生与计划生育系统首批依法行政、依法治理创建单位。

2017年5月25日，佛山市卫生和计划生育局在禅城区南庄镇紫南文化广场举办2017年佛山市家庭发展促进月暨计划生育协会“5·29”会员宣传服务日活动，并为紫南村易运物流有限公司计划生育协会揭牌　（市卫计局供图）

【计划生育管理】 2017年，佛山市卫生和计划生育部门继续贯彻国家计划生育政策。加强计划生育管理。

全面两孩政策　做好政策解读、舆论引导和措施落实等工作，稳妥实施全面两孩政策。改革生育服务管理制度，对符合政策生育2个以内（含2个）孩子的，不实行审批，由家庭自主选择安排生育。对于再婚家庭等特殊情形的再生育条件，实行再生育审批制度。实行生育登记服务制度，推行网上办事，优化办事流程，简化办理手续，进一步简政便民。

计生信息统计　加强对国家网络直报系统和广东全员人口信息系统日常监测和动态监测，提升数据报表整体质量，定期编制统计决策分析报告，发挥决策辅助作用。11月，广东省卫生和计划生育委员会对2016年全员人口数据15项指标综合评估，佛山市数据质量获得全省第三名，三水区获全省县级第一名。

计生利益导向　贯彻落实各项奖励扶助制度，按时足额发放各项奖励扶助金，全年向8.35万人发放各项计划生育奖励扶助金1.57亿元。开展爱相随、康乃馨行动、白玉兰计划等项目，通过多种形式为计划生育特殊家庭提供家庭医生、免费体检、购买保险、慰问救助、养老照料、精神慰藉、再生育指导等服务，探索构建失独家庭的社会支持体系。

流动人口计生服务与管理　组织开展流动人口卫生计生关怀关爱专项行动、集中服务管理专项活动和动态监测，推进流动人口卫生计生基本公共服务均等化，禅城区将超高龄孕产家庭生育关怀项目的服务人群扩展到居住满半年的流动人口。

家庭发展　推进“创建幸福家庭”、新家庭计划、科学育儿、青春健康教育等项目，开展家庭发展促进月和各类型宣传服务活动、培训讲座，顺德区创新推进家庭发展工作项目入围全省“十佳”创新项目。开展集中整治“两非”（指非医学需要的胚胎、胎儿性别鉴定和选择性别的人工终止妊娠）专项行动。

【健康教育】 2017年，佛山市卫生和计划生育部门紧扣重大卫生与计划生育宣传主题，开展健康教育与促进社会宣传活动。强化新闻媒体宣传，策划佛山市卫生与计划生育事业发展“十三五”规划、医药卫生体制改革、H7N9流感、登革热等宣传主题，组织建设卫生强市、护士节、义务献血、结核病防治、流动人口等活动的媒体宣传。加强先进典型人物宣传，与《南方都市报》合作，开辟“佛山仁医”宣传专题，出版10期。与佛山电视台小强热线合作策划推出《点赞——直击疾控一线》新闻专题等。

【首次卫生与健康大会召开】 2017年4月7日世界卫生日，佛山市首次召开卫生与健康大会，市委书记鲁毅主持会议，强调坚持把人民健康放在优先发展的战略地位，坚定不移把医改向纵深推进，努力开创佛山市卫生与健康事业新局面。市长朱伟对佛山市卫生与健康工作作具体部署。会议提出全市所有公立医院在2017年7月前全面取消除中药饮片以外的药品和医用耗材加成；研究成立市公立医院管理委员会，逐步推开公立医院法人治理工作；试点设立市医保基金管理中心，整合并承担医疗保险管理、药品集中采购管理、基金支付和管理职能；等等。

该次大会是佛山市首次召开卫生与健康大会，其规格之高在佛山市卫生与健康事业发展史上尚属首次。

（何敏宏）

体　育

【概况】 2017年，佛山市继续完善全民健身体系，全面提升青少年体育工作质量，提高竞技体育水平，大力发展体育产业，推进体育产业联系点城市建设，打造“世界功夫之城”。

是年，佛山市（含区、镇街）组织群众体育赛事活动500多项次，直接参与人数350多万人次，全市体育人口占比60.5%；全市新建社区体育公园24个，新成立体育社团7个，佛山市全民健身活动中心完成建设并全面对外开放；全年全市主要体育场馆免费开放达116天，全市人均体育场地面积2.18平方米。

是年，佛山市运动员参加世界大赛获得第一名4个、第二名4个、第三名1个；参加全国赛获得第一名27个、第二名20个、第三名14个，其中第十三届全国运动会竞体项目取得第一名13个、第二名12个、第三名6个，群众体育项目取得11金1银2铜。

是年，全市承办欧洲高尔夫挑战巡回赛佛山公开赛等20多项国际、全国体育赛事，举办第九届市运会；南海区被国家体育总局命名为“国家体育产业示范基地”，“高明区东洲鹿鸣国家运动休闲特色小镇”获国家体育总局正式命名；全年销售体育彩票13.5亿元。

【全民健身活动】 2017年，佛山市体育局组织50公里徒步、全民健身日系列活动、佛山市村（居）男子篮球赛、佛山市镇（街）男篮超级联赛、佛山市残疾人运动会、佛山市乒乓球公开赛、佛山市“足协杯”足球赛、MIMI世界杯篮球赛暨佛山市篮球公开赛、佛山市羽毛球公开赛、佛山市陶瓷行业男子篮球赛、市直机关第五届运动会、佛山市广场舞公开赛、佛山市传统狮比赛、佛山市棋类锦标赛等赛事及活动。组队参加全国城市篮球赛、广东省足球联赛、广东省篮球联赛、广州市国际龙舟邀请赛等赛事和活动。全年全市（含区、镇街）组织群众体育赛事活动500多项次，直接参与人数350多万人次，全市体育人口占比60.5%。市民体育健身意识不断增强，体育人口呈逐年上升趋势。

【全民健身设施建设】

社区体育公园建设　2017年，佛山全市建设社区体育公园24个，总面积约25万平方米，总投资约1亿元，建设篮球场30个、乒乓球台86张、羽毛球场30个、健身路径136条、足球场20个、全民健身广场1.74万平方米，四年（2014—2017年）全市新建社区体育公园237个，全市人均体育场地面积2.175平方米。

政府购买体育场馆时段免费开放

2017年3月25日，佛山50公里徒步活动在佛山五区同时举行，五条线路同时开走，来自不同国家和地区超21万人参与这场全民健身活动，最终8万人徒步到达终点世纪莲体育场。图为参加活动的佛山市委常委、宣传部长郭文海与“佛山好人联盟”成员合影

（市体育局供图）

2017年，佛山市通过政府购买服务，实现春节、元旦、“五一”“十一”以及周日等节假日主要场馆免费向市民开放，全年市主要体育场馆免费开放达116天。

学校体育设施向公众开放 2017年，佛山市贯彻执行《关于进一步推进学校体育设施向公众开放的实施意见（试行）》，全年新增84所学校体育场馆向社会开放，全市有208所学校实行体育设施向社会开放共享。

全民健身活动中心建成 佛山市全民健身活动中心是佛山市民生工程，在2016年建设的基础上，于2017年完成建设并于8月8日全民健身日全面对外开放，中心建筑面积3 700平方米，一次性可同时容纳500人参与健身。

【体育社会组织】 2017年，佛山市成立鸿胜蔡李佛协会、电子竞技协会、龙形拳协会、航空运动协会、柔道运动协会、铁人三项运动协会、体育产业协会等7个体育社团，全市市级体育社团57个，区级、镇（街）级体育社团245个，全市32个镇（街）全部拥有5个以上晨晚练体育活动点，体育社会团体得到发展。推进体育社团规范化运行，激发体育社团活力，市足球协会、武术

2017年佛山市新建社区体育公园名单

地点（公园名）	镇街	类别（新建或提升）	总面积（平方米）	总投资（万元）	体育场地面积（平方米）
莱翔路大雾岗公园	禅城区石湾镇街道	改造提升	76 000	3 000	
流潮公园	南海区里水镇	新建体育公园	22 518	800	1 062
胜利公园	南海区里水镇	新建体育公园	24 602		5 640
大步公园	南海区里水镇	新建体育公园	25 528	600	920
麻奢公园	南海区里水镇	新建体育公园	25 396	600	6 005
鹤峰公园	南海区里水镇	新建体育公园	3 040	300	840
罗家社区体育公园	南海区丹灶镇	新建体育公园	2 500	30	400
下安公园	南海区丹灶镇	新建体育公园	3 500	100	2 500
东南南篮球场	南海区大沥镇	新建体育公园	800	15.5	600
下西社区新华体育公园	南海区九江镇	新建体育公园	3 000	100	550
岭西村十九社公园	南海区西樵镇	新建体育公园	5 000	700	1 000
三水区云东海高丰公园	三水区云东海街道	新建体育公园	41 537	650	12 000
近良社区体育公园一期	顺德区大良街道	新建体育公园	2 528	95	1 167
府又社区体育公园	顺德区大良街道	改造、提升	1 450	44	163
联安公园	顺德区大良街道	改造、提升	560	18	500
顺峰社区体育公园二期	顺德区大良街道	改造、提升	1 003	40	800
富裕沙富街心公园体育公园	顺德区勒流街道	新建体育公园	10 000	250	3 500
陈涌社区体育公园	顺德区龙江镇	新建体育公园	3 000	70	1 500
苏溪社区体育公园	顺德区龙江镇	新建体育公园	2 670	200	1 000
新龙体育球场	顺德区龙江镇	新建体育公园	950	12	748
常教社区足球场	顺德区伦教街道	新建体育公园	6 800	280	4 000
细滘华兴公园	顺德区容桂街道	新建体育公园	8 000	90	6 000
智湖公园	高明区荷城街道	改造、提升	340 000	2 200	190 000
秀丽河堤围公园	高明区荷城街道	改造、提升	15 000	120	6 000

协会和农民体协按章程进行换届选举。按照《佛山市级体育类社会组织发展专项扶持资金评审细则》，通过竞争性分配方式，全市投入100万元资金扶持体育社会组织发展，支持市级体育社团全年组织各类比赛和活动60多项，直接参与人数5万多人次。

【体育公共服务】 2017年，佛山市开展全民健身宣传推广，全年派发《佛山市全民健身指引手册》2万多册；开展国民体质监测，全年全市监测8 000人，撰写学术报告8篇；开展社会体育指导员培训，全年培训二级社会体育指导员150多人；推进“广佛群体通”全民健身公共服务平台建设，发展体育信息化服务，推进广佛一体化融合发展。

【群众体育项目比赛】 2017年，佛山市体育局组队参加各类群众体育项目比赛。在第十三届全运会龙舟、轮滑等群众体育项目比赛中，佛山市取得11金1银2铜的优异成绩，其中以南海九江女子龙舟俱乐部为班底组成的广东女子龙舟队包揽全部6个小项的金牌，实现“大满贯”；由顺德乐从俱乐部为班底组成的广东男子龙舟队获得4金1铜的好成绩。在广东省第四届体育大会上，佛山派出432名运动员参加全部10个大项14个小项的比赛，获团体总分第三名。

【“世界功夫之城”建设】 2017年，佛山市贯彻落实《佛山市武术文化发展三年行动计划（2016—2018年》，推进全市五区“佛山功夫角”建设，在中山公园、听音湖、顺峰山公园、荷城公园商业广场开展“佛山功夫角”活动，顺德区、南海区创新展演模式，在社区、企业和镇街开展功夫角展演活动。承接亚洲武术联合会主办的第一届“亚洲杯”亚洲武术散打比赛，举办国际咏春拳大赛、国际（佛山）蔡李佛功夫赛、中国南海武术大赛、世界龙迷大会、全国传统武术比赛、佛山功夫嘉年华、佛山传统武术锦标赛等武术赛事和活动；组建佛山功夫表演队参加香港·佛山节，协助市委宣传部举办“佛山功夫电影周”。推进武术进校园，联合市教育局开展对全市37所武术进校园学校进行综合考核，推进武术进校园活动标准化、制度化建设。创建“全国武术之乡”。开展武术文化宣传，佛山市体育局与珠江时报社联合出版《食夜粥——佛山武者功夫纪事》书刊，通过讲故事说感受宣传佛山功夫历史基因和传承发展。完成市武术协会换届改选，规范市武术协会依法依规运行。完成“佛山功夫”商标和佛山功夫研究院注册。编撰《佛山功夫》，拓展佛山功夫旅游线路内容和内涵。

【青少年体育运动】 2017年，佛山市体育局推动全市各类各级体校和训练基地建设，强化体育后备人才培养。对28所省级传统校、91所市级传统校进行指导，促进教体融合。创办青少年体育俱乐部，全年有3个单位成为省级青少年俱乐部。承办广东省青少年游泳锦标赛、广东省“省长杯”青少年足球联赛（男子甲组）、广东省青少年体操冠军赛、广东省青少年拳王争霸赛等赛事。

【第十五届省运会备战】 2017年，佛山市体育局为迎接将于2018年在肇庆市举办的第十五届省运会，组织做好相关备战工作。优化参赛结构，抓好队伍选拔，做好与顺德区合团组成佛山市代表团参加第十五届省运会青少年竞技体育组队选拔工作方案，落实24个参赛项目和1 138名参赛运动员，确保最强队伍参赛；组织训练单位进行运动员网上注册及组织参加文化考试、体能测试工作；举办市田径、跆拳道等四项青少年赛和进行羽毛球集训队员选拔；加强对参赛备战队伍指导、检查、督促，做好保障服务工作；精心组织田径、游泳等20个项目818名运动员参加广东省青少年锦标赛等省级赛事，锻炼队伍，积累参赛经验。

【竞技体育比赛及成绩】 2017年，佛山市运动员参加世界大赛获得第一名4个、第二名4个、第三名1个、第四名1个、第五名3个、第六名1个、第八名2个。参加全国赛获得第一名27个、第二名20个、第三名14个，其中在第十三届全国运动会上，佛山市72名选手参加竞技体育项目26个大项90个小项比赛，在田径、皮划艇、羽毛球等项目上取得第一名13个、第二名12个、第三名6个、第四名8个、第五名8个、第六名4个、第七名4个、第八名2个的优异成绩，在全省各地级市排名第二，是佛山市运动员参加历届全运会中项目最多、成绩最好的一届。参加省青少年赛获得18金、50银、54铜，总分2 596分。

【竞技体育人才输送】 2017年，佛山市向省体工队输送体育人才11人，8人被省体校吸收。至此，佛山在省体工队队员有98人，集训有53人；在省体校正式队员有17人，集训队员有18人；

2017年12月31日，珠三角龙舟友谊赛第四站在伦教大涌滨江河段举行

（顺德区供图）

22 名达到一级运动员水平，134 名达到二级运动员水平。

【足球试点市建设】 2017 年，佛山市推进足球试点市工作。首先做好发展规划，落实《广东省足球场地设施建设规划（2016 — 2020 年）》和《关于支持足球场地设施规划建设的若干政策意见》，制订印发《佛山市足球中长期发展规划（2017 — 2050 年）》和《佛山市足球场地设施建设规划（2016 — 2020 年）》。其次，开展青少年足球运动，举办佛山市第二、第三届青少年俱乐部足球锦标赛、佛山市校园足球特色学校联赛（小学组）等赛事。再次，为青少年足球培养后备人才，全年向省体队输送足球运动员 3 人，在省体工足球队佛山籍运动员有 10 人，在省一、二、三线足球队集训运动员 31 人（人数位居全省前三名），尹鸿博等 5 人参加中超、中甲等全国职业联赛，庞嘉俊、梁宪入选 U19 国家男子足球队第二期集训，梁伟棚、蔡泳淇入选 2024 奥运之星集训营。此外，还加强足球教练和裁判队伍建设，举办佛山市校园足球骨干教师和裁判员培训班、足球二级裁判员培训班和中国足协 D 级教练员培训班，提高足球教练（教师）、裁判员业务水平。

【体育产业发展规划及政策】 2017 年，佛山市体育局编制《佛山市体育产业发展“十三五”规划》并由市政府印发，提出至 2020 年体育产业增加值占地区生产总值的比重达 2%；协助市文广新局编制《关于加快文化产业融合发展的实施意见》并由市政府印发；协助市旅游局草拟《佛山市以文化消费促进城市消费升级的实施方案》待市政府印发。

【体育产业发展扶持】 2017 年，佛山市体育局根据《佛山市人民政府关于扶持旅游文化创意产业发展的意见》，印发《2017 年度佛山市旅游文化创意产业发展专项（体育）扶持资金申报指南》，并开展扶持资金申报受理工作。全年全市有 23 个项目申请扶持资金，经单位申请、各区初审和市体育局材料审核、申报单位陈述和专家评审，最终确定 17 个扶持项目（其中竞赛表演类 11 个、体育训练中心类 4 个、体育装备类 2 个），实际支出扶持资金 570 万元。

【体育竞赛表演业发展】 2017 年，佛山市体育竞赛表演蓬勃发展，成为佛山体育产业一个重要增长点。承办欧洲高尔夫挑战巡回赛佛山公开赛、国际女足锦标赛、“一带一路”中国龙舟公开赛总决赛、武战世界功夫争霸赛、全运会男子拳击资格赛暨全国男子拳击锦标赛等 20 多项国际、全国体育赛事。2019 年篮球世界杯筹备工作有序推进。

【重点体育项目建设】 2017 年，佛山市加快推进佛山国际体育文化演艺馆建设。推进佛山国际体育文化演艺馆建设（该馆是 2019 年男篮世界杯佛山赛区主场馆，由民间资本投资 20 亿元兴建，计划于 2018 年 8 月建成并投入使用），至 2017 年底，完成土地结构和钢结构封顶，项目建设按计划推进。推进国家体育产业示范基地（单位）申报工作，南海区被国家体育总局命名为“国家体育产业示范基地”。支持高明区东洲鹿鸣国家运动休闲特色小镇建设。着力发展新业态项目，成立电子竞技协会，落成佛山首个电竞产业基地，探索发展航空运动（基地正在选址）、电子体育、智能体育产业园等。

【体育场馆运营多元化发展】 2017 年，佛山市岭南明珠体育馆、顺德体育中心、高明体育中心等大型综合性体育场馆与专业体育场馆运营单位合作，效益显著。市体育场馆中心致力于“把握场馆公益属性，臻于优化公共体育服务”宗旨，着力建设体育运动、健身休闲的多功能场所，全年服务市民群众约 89 万人次；岭南明珠体育馆举办政府大型公益活动、大型体育赛事、文艺演出、会议展览、企事业文化活动等 99 场次，服务市民观众逾 65 万人次。

2017 年 8 月 1 — 2 日，佛山市第九届运动会“乐透杯”学校体育组健美操比赛在顺德区容桂体育馆举行。图为高明区五人操比赛 （市体育局供图）

【佛山市第九届运动会】 于 2017 年 7 月 15 日至 8 月 20 日在佛山市顺德区举行，有 5 000 多名运动员参加该届市运会青少年竞技体育组和学校体育组 2 个组别、22 个大项、356 个小项比赛。该届市运会突出“活力佛山、精彩市运”主题，展示新时期佛山市竞技体育和青少年体育发展的新成就，引领和推动全民健身运动的普及推广。在该届市运会上，有 1 人 1 次破 1 项佛山市青少年甲组纪录，39 人 7 队 14 次破 10 项佛山市中学生运动会甲组纪录，10 人 1 队 7 次破 6 项佛山市中学生运动会乙组纪录，涌现一大批优秀体育后备人才。顺德区作为东道主以 193 枚金牌，总分 8 565 分夺得团体总成绩第一名。

【佛山首个电竞产业基地落成】 2017 年

12 月 8 日，2017 首届佛山电竞嘉年华在石湾古镇文创园内的佛山国际创客中心开幕，同时举行佛山电竞产业基地揭牌仪式和佛山电子竞技协会成立仪式。佛山电竞产业基地提出“电竞+文化+产业”的电子竞技跨界融合新业态，打造具有佛山特色的电竞产业，推动佛山电竞产业抢占电竞行业发展的新高地。佛山电竞产业基地占地 1 000 平方米，是由石湾古镇文创园与园区企业狮王互娱共同打造的佛山首个电竞文化产业基地，并发起成立佛山市电子竞技协会，计划与正在筹建的电竞产业发展基金一起形成佛山电竞产业发展的“铁三角”，构建完整的佛山电竞产业生态圈。

【“高明区东洲鹿鸣国家运动休闲特色小镇”获国家体育总局命名】 2017 年 8 月 9 日，国家体育总局公布第一批运动休闲特色小镇试点项目名单，其中佛山市高明区东洲鹿鸣体育特色小镇是佛山市唯一入围的特色小镇。该特色小镇规划面积 4 平方千米，总投资约 50 亿元，将以体育运动、旅游休闲为主导产业，打造集运动、赛事、健身、休闲、度假等于一体的国家体育休闲小镇示范样本。

【体育彩票销售】 2017 年，佛山市销售体育彩票 13.5 亿元（禅城区 2.47 亿元、南海区 4.12 亿元、顺德区 5.49 亿元、高明区 0.73 亿元、三水区 0.69 亿元），超额完成 12 亿元销售目标任务，销售额排全省第四，比上年增加 8 200 万元，增长 6.47%。全市筹集体育彩票公益金 9 718 万元（市本级 1 695 万元），代扣个人所得税 2 170 万元。全市体育彩票销售网点 960 个，从业人员近 2 000 人。

（孔祥胜）

2017年佛山市承办的国际、全国体育赛事一览表

赛事名称	时间	地点	主办单位	承办单位
2017年“春辉物流杯”中国足协佛山国际女足锦标赛	1月19—25日	佛山市世纪莲体育中心	中国足球协会、广东省体育局	佛山市体育局、广东省足球协会、广东省足球运动中心
第十三届全国运动会拳击项目男子组第一次资格赛暨2017年全国男子拳击锦标赛	3月5—10日	岭南明珠体育馆	国家体育总局路拳中心、中国拳击协会	广东省体育局、广东省重竞技体育训练中心
广东省第一届拳王争霸赛（佛山站）	5月7日	岭南明珠体育馆	广东省拳击协会、广东省青少年训练竞赛中心	佛山市体育局
广东省第二届百县（区）足球赛佛山预选赛	5月13—27日	高明区体育中心	广东省体育局	佛山市体育局
广东省健身气功艺术表演大赛	6月19—21日	岭南明珠体育馆	广东省体育局	佛山市体育局
2017年全国高水平后备人才基地U13男子南区（广东佛山）	7月6—12日	岭南明珠体育馆	国家体育总局篮球管理中心、中国篮球协会	佛山市体育局
第十三届全运会羽毛球项目资格赛	7月1—10日	岭南明珠体育馆	国家体育总局羽毛球中心	佛山市体育局
广东省青少年游泳锦标赛	8月7—11日	高明区体育中心	广东省体育局	佛山市体育局、高明区文化体育局
2017欧洲挑战巡回赛暨中国职业男子高尔夫球巡回赛——佛山公开赛	10月19—22日	佛山高尔夫球会	由国家体育总局小球运动管理中心、中国高尔夫球会主办	佛山高尔夫球会
西樵山马拉松系列赛(西樵山国际半程马拉松）	10月29日	西樵镇环山大道	西樵山风景名胜区管理委员会、佛山市南海区文化体育局、佛山市南海区旅游局、西樵镇人民政府	佛山超马文化活动策划有限公司
西樵山马拉松系列赛（西樵山国际超级马拉松）	11月4—5日	西樵山国艺影视城		
全国羽毛球冠军赛	11月1—10日	岭南明珠体育馆	国家体育总局羽毛球中心	佛山市体育局
2017年第四届海峡两岸暨港澳地区健身气功交流比赛大会	11月7—9日	岭南明珠体育馆	国家体育总局健身气功管理中心、中国健身气功协会	广东省体育局、佛山市体育局
“一带一路”2017年中国龙舟公开赛总决赛暨全国第一届村（居）龙舟公开赛	11月11—12日	东平大桥东平河段	国家体育总局社会体育指导中心、中国龙舟协会	广东省龙舟协会、佛山市体育局、顺德区文化体育局、乐从镇人民政府
第二届佛山蔡李佛功夫锦标赛	11月11—12日	佛山市体育馆	佛山市体育局、禅城区文体局	佛山市鸿胜蔡李佛拳协会

（续表）

赛事名称	时间	地点	主办单位	承办单位
2017年中国乒乓球协会会员联赛总决赛	11月11—14日	岭南明珠体育馆	中国乒乓球协会	佛山市体育局
2017年全国体育运动学校U16篮球锦标赛	11月22—27日	高明体育中心	国家体育总局篮球管理中心、中国篮球协会	佛山市体育局
武战世界功夫争霸赛	11月24日	岭南明珠体育馆	国家体育总局武术管理中心	广州我能育服务有限公司
2017第四节国际咏春拳大赛	11月24—25日	狮山体育馆	总局武术运动管理中心、中国武术协会	佛山市高新区管委会
2017尚佳杯首届全国柔道大师赛	11月25—27日	佛山体育馆	中国柔道协会	佛山市柔道协会
2017年全国传统武术比赛	11月26—29日	岭南明珠体育馆	国家体育总局武术管理中心	佛山市体育局
第一届亚洲杯武术散打比赛	12月15—16日	高明体育馆	亚洲武术联合会	佛山市体育局
2017中国南海国际武术大赛	11月25—26日	西樵山天湖公园	南海区文体局	南海区武术协会

2017年度佛山市市级群众体育赛事一览表

赛事名称	时间	地点	主办单位	承办单位	参加规模（人）
粤港澳狮王争霸赛暨佛山市第五届南狮锦标赛	2月12日	岭南明珠体育馆	佛山市体育局	佛山市龙狮协会	200
2017年佛山50公里徒步	3月25日	佛山新城世纪莲体育中心为终点	市体育局、市升级办、市创森办、佛山传媒集团、团市委、市慈善会	佛山电视台	210 000
佛山市第四届镇（街）男子篮球超级联赛	6月12日—8月4日	岭南明珠体育馆 佛山体育馆 各镇街体育馆	佛山市体育局	佛山市篮球协会、佛山龙狮俱乐部	600
佛山市陶瓷企业男子篮球超级联赛	7月30日—9月12日	禅城区	佛山市体育局、禅城区文体局、禅城区总工会	瓷海国际	688
“广佛同心 乐享龙舟”2017欢乐家庭龙舟赛	8月5日	保利水城	佛山市体育局、南海区文体局	南海桂城街道宣传文体办、广州市龙舟协会、佛山市龙舟协会	30
佛山市广场舞公开赛	8月8日	岭南明珠体育馆	佛山市体育局	佛山市体育舞蹈协会	450
佛山市第八届残疾人运动会	8月13—25日	佛山大学	佛山市残联、佛山市体育局	佛山大学	400
佛山市青少年棋类公开赛	9月9—10日	普君新城	佛山市体育局	佛山市棋类协会	850
佛山市、区直属机关领导干部四项球类比赛	9月9—29日	三水区明富昌体育馆	佛山市体育局	三水区文体旅游局	400
第四届佛山市传统武术锦标赛	9月23—24日	岭南明珠体育馆	佛山市体育局	佛山龙道体育服务有限公司	2 400
佛山市第五届直属机关运动会	10月29日—12月9日	佛山市体育馆、世纪连体育中心	佛山市直机关工委、佛山市体育局	市级单项体育协会	4 200
第12届佛山市村（居）际男子篮球赛总决赛	11月27日—12月8日	高明区体育中心	佛山市体育局	佛山市篮球协会、高明区体育总会	250

（市体育局）

社会生活

手机扫码阅读

人力资源

【概况】 2017年，佛山市人力资源和社会保障部门发挥保障民生、人才智力支撑作用，为佛山经济社会发展和民生改善作出突出贡献。是年，全市各类人才总量142.8万人，其中专业技术人才41.4万人、技能人才74.3万人；全市设博士后科研工作站59个，博士后科研工作站分站和博士后创新实践基地40多个，设站总数在全国地级市中位居前列；全年计划招录公务员482人，468名考生入围体检，报考佛山职位人数比2016年增长约11%，报考人数为广东省各地级市最多；全市妥善接收安置军转干部276人，比2016年增长45%。

【公务员管理】 2017年，佛山市成功报考佛山公务员职位考试人数22 423人，与上年相比，增加约2 500人。经过公务员笔试后，1 634名考生进资格审核、体能测试环节，1 224名考生进入公务员考录面试，468名考生入围体检。

公务员制度改革 一是做好公务员分类改革的调研工作。按照国家和省的统一部署，对公务员分类改革相关实施文件的修改意见进行汇总，同时对全市公务员分类改革进行职位摸底，并形成统计表，报送省相关部门，为公务员分类改革的实施提供前期的数据支持。二是做好承担行政职能事业单位改革试点工作。通过多种形式调研，摸清涉改单位的实际情况，并在调研和分析总结基础上，提出人员安置意见，规范开展改革工作，确保人员安置工作落实到位。

公务员任免 提请人大审议任免35人次，办理政府部门领导任免93人次，科级任职253人次，调任转任196人次，公务员登记337人次。

公务员培训 以市行政学院为培训主阵地，推进各类常规培训有序进行。举办初任培训班5期，培训新录用公务员497人；在职培训班4期252人参加培训；举办科级任职培训班3期，参训人数201人；举办军转干部培训班1期，165名军队转业干部参加；联同市纪委和市委组织部共同组织全市新入职公务员分期分批前往市廉政教育培训中心进行廉政教育培训，每期廉政教育培训的时间由上年的4周变为3周（培训形式和内容以参与纪律审查安全陪护工作，学习党纪政纪条规和国家法律法规，开展现场警示教育和廉政文化活动等为主），全年协调组织15期培训班共774人次参加廉政教育培训。此外，以旧城区建设，“三旧”改造以及区域经济发展等主题，协助省厅做好重庆、宁夏等对口培训班的实地考察。

【事业单位人事管理】 2017年，佛山市人社系统组织开展市直事业单位公开招聘2次，参加公开招聘的单位48个，招聘岗位120个，公开招聘161人。调整岗位设置19个，办理岗位变动1 395人次，办结人员调动209人次，办理住房补助金申领人员职级审核1 750人次。

放宽政策、简化流程为高校招人减负。一是为佛科院引进人才提供宽松政策，对符合条件的人员，给予免公开招聘或免笔试的政策待遇。二是简化聘用流程，提供便捷高效的人事管理服务。从以往统一受理统一办理的模式，调整为允许分批公示，逐一商调个人档案，办理聘用手续，开出入户证明，协助人才落户佛山。三是配合做好招引人才前期宣传和引才后续保障服务。是年，引进博士和高级职称人才58人，为创建省高水平理工科大学提供人才保障。

开展机关事业单位防治“吃空饷”问题长效机制建立情况自查工作。按照《关于开展机关事业单位防治“吃空饷”问题长效机制建立情况专项督查工作的通知》要求，组织全市各区及市直机关事业单位开展自查自纠工作，重新梳理并校验核对在编在职、离退休人员的编制信息和工资发放情况。全市未发现机关事业单位及个人存在“吃空饷”的情况。

【军转干部安置】 2017年，佛山市接收安置军队转业干部276人，其中计划分配军转干部264人，自主择业军转干部12人。全市接收的计划分配军转干部比2016年增长45%，其中团职干部40人（其中正团职11人、副团职29人），技术9级以上60人，营职及技术10级以下164人，接收安置任务数达到近10年峰值。完善自主择业军转干部的管理服务，推进自主择业工作信息平台建设工作，比省规定时限提前半年完成平台建设任务，保证全市安置任务的完成，军转安置工作获得省军转办的肯定和表扬。

开展企业退休军转干部解困稳定工作。全市2000年12月31日前转业的企业军转干部2 053人。通过敞开沟通渠道建立面对面沟通机制、做好政策宣传引导、适时调整解困措施、完善医疗服务保障体系、主动开展关爱帮扶活动、组织退休军转干部开展文化活动等多种举措，确保全市企业军转干部总体稳定，没有发生市内集访，也没有发生到省进京越级上访。

【人才引进与交流】 2017年，为配合《佛山市重点产业人才引进培育暂行办法》(简称“《办法》”)贯彻落实，佛山市人社系统制订《佛山市重点产业人才引进培育暂行办法实施细则》(以下简称《细则》)以及《佛山市重点产业紧缺人才目录》(简称“《目录》”)，并于6月26日启用重点产业人才网上申报系统。其中，《细则》主要从操作层面解释《办法》相关申请程序，《目录》更直观反映每一个产业对应的每一个岗位的具体需求，用人单位结合《细则》与《目录》便能很好地为员工申请到重点产业人才待遇。另外，为方便用人单位在重点产业人才网上申报系统办理相关业务，市人社局制作用人单位操作指南，从单位注册、人才认定到人才津贴申请都做了详细指引，用人单位按照操作指南就可以轻松完成申请工作。同时，印发《佛山市重点产业紧缺人才引育工程一本通》3 000本，内容涵盖《办法》《细则》《目录》和操作指南，分发至佛山五区企业，加大政策覆盖面。

人才激励　开展第三届创新创业领军人才和市直单位引进高层次人才考核工作，核准发放市直引进高层次人才补贴131人、119万元；开展2017年度中国留学人员回国创业启动支持计划、2017年度广东省海外名师项目及海外赤子为国服务行动计划等申报工作。经过遴选，佛山市向省人社厅推荐博士陈显锋等8位申请人参加下一轮的评审。

高层次人才服务专区建设　为联系凝聚佛山市各领域高层次人才，搭建人才、政府和社会的桥梁，市人社局在祖庙街道“丰收街·菁创聚青年创新创业社区”建设“佛山市高层次人才服务专区”，打造高层次人才交流学习、资源共享、创新创业分享、专门服务的平台。

国际人才引进　通过综合性大型人才交流会开展国内外人才智力引进。4月，组团参加“中国国际人才交流大会”，接待各类机构和人才超过2万人次，吸引3家企业到佛山洽谈落地项目(包括圆融健康、澳通科技、沈阳自动化研究所等)。12月，组团参加“2017中国海外人才交流大会暨第十九届中国留学人员广州科技交流会”及“香港·佛山节”大型活动。

博士后工作　至年底，全市设有博士后科研工作站59个，博士后科研工作站分站和博士后创新实践基地40多个，分布在美的、海天、国星光电等企事业单位，设站数量居全国地级市前列。博士后科研工作站工作开展以来，引进270多名高层次人才到佛山市开展博士后项目研究。与此同时，工作站在博士后人员带领下，依托高校师资和科研资源优势培养企业研发团队，锻炼培养企业大批科技后备人才，强化企业自主创新理念，带动企业创新型人才梯队建设，提升企业整体科技攻关能力。

【外国人来华工作管理】 2017年，佛山市全面开展“外国人入境就业许可”和“外国专家来华工作许可”整合为“外国人来华工作许可”工作。新办业务在试点“外国人来华工作管理服务系统”申请办理。新的“外国人来华工作管理服务系统”4月5日上线运行，并承办新办业务。全年办证业务403人次，包括外国人来华工作许可通知118人，外国人来华工作许可证126人，注销14人，延期133人，外国人来华工作许可(90日以下，含90日)12人。

【人才服务】 2017年，佛山市主动外出揽才，力争人才竞争主动权。在全国“东西南北中”高等教育资源丰富、人才集中的地区设立5个人才驿站。人才驿站发挥枢纽和辐射带动作用，引领所在地区院校与佛山市建立人才合作联络机制，在政策资讯宣传、毕业生就业、高层次人才交流、创业服务、研究生联合培养基地建设、高校人才实习基地等方面开展全方位、深层次的长效对接合作。在武汉大学、吉林大学设立人才驿站。此外，与全国近103家省内院校建立合作关系，合作内容包括毕业生就业服务、政校企合作、博士后工作站、产学研、创新创业等方面。

整合资源，提升“一网式”人才服务水平。对佛山人才网进行改版升级，设置招聘频道、创业地图、信息公开、在线办事、在线预约、便民服务等几大板块，将能在网上办的业务全部移到网上办。利用佛山人才网大数据优势，深度挖掘数据应用链，与市科技局、市经信局、市民政局、市总工会、禅城区数据统筹局、产业园区等单位对接合作，开辟一系列人才服务专区，为全市汇聚人才搭建高效便捷通道。佛山人才网自改版升级以来，每天上线开展就业人才业务的企业超300家，最高峰超1 000家，至年底，进驻企业和准备进驻企业数近5万家，进网人力资源总量超20万人次，业务量较改版升级前接近翻一番。佛山人才网改革创新成果得到多方肯定，获人社部、省、市有关领导认可和赞扬。

【人事档案管理】 2017年，佛山市在广东省率先规范、统一全市流动人员人事档案的管理服务标准，将借阅档案联系函通过无纸化转递，简化流动人员人事档案管理服务流程，实现人才柔性流动。全年为单位和存档人员提供各类人事档案公共服务3.9万人次。在各类人事档案服务业务中，接收人事档案16 308份，转出人事档案5 258份，档案资料归档3 758份，接待借档案162人次、借档案资料326人次、查阅档案

2017年5月24日，佛山市人社局联合市科技局共同打造佛山市高新技术企业人才综合服务平台。图为该平台建设签约仪式　(市人社局供图)

3 382 人次、复印档案资料 676 人次，出具证明 246 份，接待各类咨询 1.3 万人次。

【佛山市高新技术企业人才综合服务平台上线运行】 2017 年 11 月 8 日，佛山市人力资源和社会保障局与佛山市科学技术局依托佛山人才网共同打造的佛山市高新技术企业人才综合服务平台正式上线运行。该平台设置高新技术企业介绍、招聘会、职称评定、高新企业培育指南、科研合作和最新资讯等六大版块。可为佛山市高新技术企业、高层次人才提供包括：求职招聘精准匹配、科研合作对接、最新政策推送、资源共享、职称评定、政校企合作、人才公寓申请、人事关系托管等服务。

佛山高新技术企业对于高新技术人才的需求大且急切，通过该平台，市科技部门的高新技术企业信息与佛山人才网大数据有机对接，引入佛山人才网“互联网 +”线上线下立体互动的公共就业人才服务新模式，为全市高新技术企业人力资源供需对接专门开辟绿色通道。此后新增的高新技术企业，也将自动纳入到平台当中。佛山市高新技术企业人力资源供需双方，既可通过线上匹配、预约，线下快速联系实现对接，又可通过“点击鼠标”“掌上触屏”“远程视频”等方式实现线上无时间、空间限制的对接。

（卢文韬）

劳动就业

【概况】 2017 年，佛山市城镇新增就业 8.6 万人，失业人员再就业 3.6 万人，就业困难人员实现再就业 7 197 人，均超额完成省人社厅下达的指标任务；年末城镇登记失业率 2.35%，与上年基本持平，控制在 3.5% 的目标以内，就业形势总体稳定；本市生源应届高校毕业生就业率 96% 以上，其中“双困”高校毕业生就业率 100 %；促进创业 8 510 人，带动就业 35 755 人；审核发放创业担保贷款 958 笔，发放金额 1.73 亿元，额度位居全省前列；稳岗补贴单位 3 890 个，全市初核稳岗补贴金额 2.06 亿元。

【高校毕业生就业创业】 2017 年，佛山本市生源应届高校毕业生 38 431 人，其中理科 18 204 人，占比 47%；文科 20 227 人，占比 53%。全年全市促进创业 8 510 人，其中在校及毕业 5 年内高校毕业生 1 288 人；全年发放创业担保贷款 958 笔，合计 1.73 亿元，其中为在校及毕业 5 年内高校毕业生发放 23 笔；全市高等学校毕业生（含毕业学年）参加创业培训人数 1 527 人。

高校毕业生就业服务　贯彻落实促进高校毕业生就业的各项政策措施，开展针对性的就业政策宣传、就业形势分析、就业咨询等活动，促进本市生源应届高校毕业生就业。是年，佛山本市生源应届高校毕业生就业率 96.2%，全市登记“双困生”146 名，就业率达 100%。

高校毕业生招聘服务平台　开展高校毕业生专场系列招聘会，为高校毕业生搭建线上线下、优质高效的招聘服务平台。全年全市举办高校毕业生招聘会 32 场，有 3 573 家企业进场招聘，提供就业岗位 43 056 个，达成就业意向 13 076 人。

政校企合作　着重“引进来”和“走出去”并举，与 103 所省内外高等院校、高中职院校和佛山 300 多家知名企业建立长效的服务合作机制。搭建校企合作服务平台，组织佛山市企事业单位赴兰州、武汉、景德镇、吉林等地的高校招才揽智，精准对接各类优秀人才。

【异地务工人员和就业困难人员就业】 2017 年，佛山市举办现场招聘会 731 场次（其中各区 641 场次），累计参会单位近 5 万个，提供招聘岗位近 55 万个，入场总人数近 50 万人（次）。在 2017 年“三春”就业服务活动期间，全市举办现场招聘会 209 场，共有 16 442 家企业参与招聘，达成就业意向的有 168 114 人，现场录用 30 767 人，设立 300 多个人工咨询服务点，派发就业政策宣传资料累计超过 9.6 万份。有针对性地开展网络专场招聘活动 7 场次，累计有参会单位 674 个，提供岗位数 4 520 个。

加强对重点群体的就业服务工作。在 2017 年就业援助月活动期间，全市各级人社部门走访 1 385 户就业困难人员家庭，没有出现零就业家庭，共帮助就业困难人员实现就业 577 人，帮助 729 名就业困难人员和 148 家招用就业困难人员的企业享受扶持政策。重点做好与对口挂点禁毒重点整治镇——西樵镇的帮扶工作，主动沟通，加强检查督导，共同制订帮扶工作方案。帮扶工作开展以来，西樵镇专门建设启明星驿站落实社会管控服务，组织青少年学生参观禁毒教育基地，在蒙娜丽莎集团股份有限公司建立一个关爱基地，集中安置一批戒毒康复人员；通过采取集中安排、分散安置、扶持自主创业等形式，提高戒毒康复人员就业安置率。截止至 2017 年 12 月 28 日，西樵镇社区戒毒社区康复人员 110 人，执行社区戒毒社区康复人员 109 人，执行率 99%，就业安置率超 88%，社区戒毒社区康复人员基本实现一人一档管理。

精准开展劳务对接招聘。一方面，与输出地合作，把当地有意愿到佛山就业的人员信息，包括基本情况、薪酬待遇期望、住宿要求等信息，发布给相关企业。另一方面，筛选一批管理规范、岗位适合、待遇较好、社会责任感较强的企业接收贫困劳动力。至年底，全市筛选 240 多家企业的近 7 000 个优质岗位信息向对口帮扶地区发布。同时，加强精准招聘对接，利用节后的招聘求职旺季，及时组织佛山优质企业到对口帮扶地区举行现场招聘会，为当地贫困劳动力送岗位上门，减少贫困劳动力求职的交通成本，帮助对口帮扶地区贫困家庭脱贫。市人社局 15 次组织 379 家企业到劳动力富余的贫困地区开展就业扶贫活动，现场提供 23 208 个招聘岗位，其中初步达成意向 3 968 人。

【创业带动就业】 2017 年，佛山市促进创业人数 8 510 人，带动就业人数 35 755 人，完成广东省下达目标的 135%；发放创业担保贷款 958 笔，发放金额 1.73 亿元。至年底，全市由人社部门主导建设或认定的孵化基地有 51 个（比 2016 年底增加 9 个），其中省级 4 个、市级 15 个，进驻企业 4 350 家，累计带动就业 38 982 人。

孵化基地建设　组织开展 2017 年佛山市市级创业孵化基地评审认定工作，评出 11 个市级创业孵化基地；其

2017年7月17日，佛山市人社局在禅城区“丰收街·菁创聚”青年创新创业社区举办“2017年佛山市市级创业孵化基地授牌暨创业导师聘任仪式”

（市人社局供图）

中市级创业孵化示范基地3个，市财政给予每个基地30万元的一次性奖补。推荐和指导符合条件的市级创业孵化基地参加省级创业孵化示范基地评审，在2017年全省评出的10个省级创业孵化示范基地中，全市有2个基地获评，获评数量连续两年全省第一。

创业项目　遴选出全市20个优秀创业项目，分别给予5万~20万元的资助，壮大佛山市创业项目库，扶持更多优秀创业项目到佛山落地、孵化、发展、壮大。

创业培训　开展2017年佛山市创业定点培训机构评审工作，全市创业培训定点机构15个（比2016年增加7个）。承办两期广东省创业培训师资班，组织60名广佛两地从事创业培训与创业指导工作的培训机构教师以及创业孵化基地负责人参加，全部通过考核成为创业培训师。

营造“大众创业”氛围　通过多渠道、新形式向社会宣传创业政策和服务，推出15集电视专题栏目《创客时代》，讲述创业孵化基地建设、优秀创业项目和团队的创业故事，并推出6条30秒政策宣传片，在佛山电视台黄金时间段滚动播出，介绍一系列创业扶持政策及惠民措施。此外，还组织开展2017年市级创业孵化基地授牌暨创业导师聘任仪式和2017佛山市大众创业万众创新活动周活动，举办佛山市第三届大众创业交流会。通过一系列双创活动，整合创业孵化基地、创业导师、创业培训机构等资源，为创业者提供展示交流平台。

【技能人才培养】　2017年，为促进技能人才培养与企业需求更好对接，佛山市在技能人才培养过程中，突出企业、行业培养技能人才的主体作用，鼓励、支持企业、行业发挥资源优势，多形式、多渠道培养技能人才。

以企业办学校的方式培养技能人才。鼓励支持企业、商会和行业协会创办职业培训学校，利用企业的场地、设施、设备、人才等资源，以贴近生产实际的方式开展技能培训，培养符合企业、行业实际需要的技能人才。至2017年底，佛山有肯富来泵业、志高空调、科达洁能等25家（个）知名企业、协会成功创办职业培训学校。

扶持有条件的企业、行业协会建立技能大师工作室。通过企业技能大师带徒传技，实现技能攻关、技能传承和技能推广。全市依托6家（个）企业、协会建立10个职业（工种）的省级技师工作站。

工学结合，深化校企合作。鼓励各大中型企业与学校共同建设“校中厂”“厂中校”式的实训环境，通过企业与院校、培训机构互派师资，学校教师与企业工程师、技师交流教学等方式，提高培训效果，让劳动者（学生）掌握扎实的理论知识和符合实际的操作技能。例如，佛山市南海技师学院探索“校企”联合办学模式，与欧司朗照明公司、沈阳机床集团公司等数十家企业和行业协会建立全方位、多层次的校企合作关系，培养大批优秀的高技能人才。高明区技工学校大力推行“工学结合一体化”教学改革，学校像企业，学习在车间，以企业岗位实际工作任务为学习内容，“做中学，学中做”，理论与实践相结合，形成“工学结合”的技能人才培养特色。

【职业技能补贴】　2017年，佛山市组织劳动力技能培训37 998人，发放技能晋升培训补贴7 923.97万元，比2016年增长28%。实施技能晋升培训补贴政策，将培训市场向所有劳动者公平开放，以获得国家职业资格证书为发放补贴的最终条件，更有利于培育健康规范和竞争有序的技能人才培训市场。政策上扩大补贴对象范围，打破户籍、地域限制，将补贴对象从省内农村劳动力扩大到所有法定劳动年龄内省内外城乡劳动力（在校生及机关事业单位在编人员除外），且每提升一个技能等级均可享受一次。劳动者除可参加与政府签订培训协议的培训机构提供的免学费培训外，还可以自费参训或者自学，获得广东省颁发的资格证书后，个人向政府申请补贴。

【职业技能鉴定】　2017年，佛山市大力弘扬“工匠精神”，推动落实职业技能鉴定各项工作。

以企业、行业为主体，制订符合产业发展的技能人才的评价标准，对符合条件的员工进行评价认定并核发相应等级的职业资格证书。截至2017年底，已在佛山市汽车行业协会和佛山市南海新达高梵实业有限公司、佛山市田昌灯饰有限公司、佛山市华兴玻璃有限公司、国星光电股份有限公司和富士康集团全亿大科技（佛山）有限公司等5家企业开展汽车修理工、装配钳工、玻璃自动机成型工、点焊操作和电子仪器仪表装配工5个工种专项、初级、中级、高级的企业技能人才评价工作，参评人数578人。

依托企业、行业协会举办职业技能竞赛，选拔具有高超技艺的技能人才。举办智能信息机器人上下料应用、汽车修理工、电焊工、汽车装调工、陶瓷工艺师、制冷设备维修工、养老护理员等14项职业技能竞赛。各项竞赛吸引过千人报名参赛，赛后评选出67名优秀选手授予“佛山市技术能手”称号，其中10名优秀选手已上报省人社厅，申请核定授予“广东省技术能手”称号。通过一系列技能竞赛进一步推动佛山职业技能培训工作的开展，促进佛山劳动者整体素质提升，在全社会营造“崇尚一技之长，不唯学历凭能力”的良好氛围。

【技工教育】 2017年，佛山市有技工院校9所（公办4所，民办4所，行业办校1所），在校生1.37万人，教职员工1 162人，专职教师917人，其中一体化教师304人，技师、高级技师358人。按学校层级高低分类为：技师学院1所、高级技工学校1所、国家重点技工学校1所、省重点技工学校2所、省一类技工学校2所、合格技工学校2所。全市各技工院校开设数控加工、模具制造、机电一体化、工业机器人应用与维护、电气自动化设备安装与维修、汽车维修、服装设计与制作、烹饪、电子商务等多个专业。其中，工业机器人应用与维护专业是南海技师学院和高明区高级产业发展需要新设的专业。

【劳动关系调整】 2017年，佛山市人社系统规范劳务派遣用工行为，依法做好劳务派遣经营行政许可，全年发放劳务派遣经营许可证269个，依法对26个劳务派遣单位分支机构进行备案，涉及劳务派遣工34 698人。

开展人力资源和社会保障法律法规宣传月活动，通过户外普法活动、举办普法讲座，组织开展法律法规知识网络竞赛活动等方式，为用人单位和劳动者集中普及人社法律法规知识。

在全市范围内开展最低工资评估工作。该次评估采取召开座谈会、发放调查问卷等形式对抽样的100家企业和300名职工进行调查，重点调查制造业、批发零售、建筑业、住宿餐饮业、交通运输邮政及其他服务业，形成佛山最低工资标准评估报告，为广东省调整企业最低工资标准提供参考。根据省统筹安排，开展企业薪酬调查。对全市943家企业的人工成本情况和在岗职工工资报酬情况进行调查，调查对象涵盖“农业、林业、牧业、渔业”“制造业”“电力、热力、燃气及水生产和供应业”等15个行业门类的企业和由调查企业支付工资的劳动者，涉及职工172 577人。经过对数据汇总分析后，形成2017年人力资源市场指导价位初稿。

【劳动监察】 2017年，佛山市人社系统对20 060个用人单位的用工情况进行执法检查（比上年上升15.4%），对1 448个工程建设项目进行执法检查，办结欠薪违法案件1 906件（比上年下降17.4%），办结工程建设领域欠薪违法案件297件，所有欠薪案件均严守办案程序如期办结，法定审限内结案率100%，广大农民工权益得到根本维护。从整体情况来看，年度治欠保支工作目标基本完成，佛山欠薪违法案件数量比上年呈现大幅下降趋势，欠薪多发高发的态势得到遏制，劳资关系整体平稳可控，全年没有发生欠薪引发的群体性事件和极端事件。

开展异地务工人员工资支付大检查、清理整顿人力资源市场秩序专项行动、农民工工资支付专项督查、未成年工保护检查活动等专项检查行动，集中整治一批企业违法行为，规范企业的劳动用工秩序。开展劳资纠纷隐患排查，以劳动密集型加工制造业、建筑业和租赁经营企业为重点排查领域，推广基层社会综合治理网格化排查模式，并通过大数据平台，实时上报企业的欠薪等劳资隐患，及时跟进处理。全年累计排查出重大劳资矛盾隐患42处，矛盾化解率100%。

【劳动争议仲裁】 2017年，佛山市各级劳动人事争议仲裁机构立案受理劳动人事争议案件10 143件，比2016年下降10.8 %，累积结案率达94.1%，劳动人事争议仲裁办案效能得到提升。

开展仲裁员分级管理工作。对仲裁员实行分级管理，正确评价其工作业绩，落实奖惩措施，对广大仲裁员起到示范和引领作用，对仲裁员整体素质提升和仲裁业务提质增效具有重大意义。出台《佛山市劳动人事争议仲裁员分级管理实施细则（试行）》，对分级管理工作中各程序进行规范，确保此次评定工作公平合理，至年底，此项工作已完成。

仲裁员业务培训 6月和10月，市人社局分别组织全市专（兼）职仲裁员业务骨干开展业务培训，对新的法律法规、司法解释以及新类型案件，由仲裁机构负责人或法院法官进行授课、开展专题讨论，不断提升仲裁员业务水平，提高办案质量，降低上诉率和改判率。

裁审对接 依据市仲裁院和市中级人民法院关于裁审对接协议，组织市、区两级业务骨干在广州法官学院参加劳动争议业务培训。

基层劳动争议调解体系建设 争取地方党委政府的支持，整合政府、社会资源发挥“大调解”功能，推动贴近劳资双方的基层劳动争议调解组织建设，重点加大对企业内部调解组织、镇（街）一级调解组织的扶持力度。禅城区南庄镇劳动人事争议调解中心、禅城区张槎街道劳动人事争议调解中心、南海区里水镇劳动人事争议调解中心、南海区西樵镇劳动人事争议调解中心、顺德区松高劳动保障法律咨询服务中心、三水区白坭镇劳动人事争议调解中心6个单位被推荐为广东省乡镇（街道）劳动争议调解综合示范单位。

【人社法规建设】 2017年，佛山市完成人社部门权责清单（2016版）编制工作。按照佛山市机构编制委员会办公室《关于确认市、区人社部门等12个系统权责清单通用目录的函》的要求，及时对有关职权事项进行确认并提出意见23条，确保有关目录内容准确。市人社部门2016年版的权责清单通用目录按时发布，涉及市、区人社部门职权事项315项，其中行政许可20项、行政处罚127项、行政给付47项、行政检查17项、行政奖励4项、行政确认14项、其他类别86项（包括行政备案5项、服务事项22项、代办转报3项、规划编制3项、考试组织5项、政策制定15项、政府内部审批21项、其他细分12项）。

以“职工学堂”为活动主题，与相关机构签订合作协议，举办佛山市2017年普及人力资源社会保障法律常识宣讲系列活动，探索通过购买服务的

2017 年 12 月 29 日，佛山市第三届大众创业交流会在禅城区岭南天地举行，为全年就业创业工作画上句号 （市人社局供图）

方式，走进市内技工及职业学校（院）、市内职业培训机构，为技校学生、技能培训职工普及人力资源社会保障法律法规。在新法颁布实施时点、劳动节、“12·4”宪法宣传日等时间前后，通过集中投放电视、电台、公交、地铁广告扩大宣传效果，加强人力资源社会保障法规政策的宣传力度，制作普发广告 15 个，累计播放超过 15 000 次。

【佛山市第三届大众创业交流会】 2017 年 12 月 29 日，佛山市第三届大众创业交流会在禅城区岭南天地隆重举行，活动主题是“创业佛山 创新未来”，为全年就业创业工作画上句号。该次交流会分为交流和展示 2 个环节。交流环节主要包括在岭南天地展示专区重点宣传佛山就业创业扶持政策、创业孵化基地、创业导师团、创业项目库、活动官方海报等；举办佛山市省级区域性创业孵化基地投资机构和入驻项目的签约仪式，有 4 个优秀创业项目签约入驻佛山市省级区域性创业孵化基地，4 个机构与基地运营方签订战略合作协议；开展“新机遇、新生态、新双创”——佛山如何积极打造粤港澳大湾区产创融合新典范交流，邀请重量级嘉宾和创业“大咖”共商佛山双创前景。座谈嘉宾有华南理工大学电子与信息学院院长薛泉、广东省海归协会副会长兼科技创新专委会主任陈山等。展示环节主要包括精选 8 个优秀创业项目开展路演，内容涉及互联网＋电商、信息技术、智能制造等方面；现场布置 35 个展位展示优秀项目风采，供市民参观了解，包含技能工匠、大学生、科技海归、支农助农、残疾人公益等创业创新类别。

【“互联网+”劳务协作】 2017 年，佛山市人社系统利用“互联网+”技术，提高劳务协作工作成效。利用“互联网+”技术，在佛山人才网举办“精准扶贫/劳务对接”专题网络招聘活动，为有意向招收贫困劳动力的企业提供专业平台，并利用微博和微信公众号对就业扶贫工作做专题宣传，提高全社会对就业扶贫的认知度，利用社会各界力量，帮助贫困家庭实现就业脱贫。

8 月 11 日，湖北房县人社局组织当地劳动力，佛山市人社局为企业提供场地和硬件设备，双方合作通过网络视频聊天的方式进行远程网络面试，凤铝公司人事代表与房县 8 名劳动力分别进行面试，求职者了解企业工作时间环境、薪酬待遇等，企业亦了解求职者的个人经历和职业技能情况，当天初步达成意向 6 人，由房县人社局组织求职者前往佛山三水。

（卢文韬）

社会保障

【概况】 2017 年，佛山市社保部门推进基本医疗保险城乡一体化改革、公立医院改革、机关事业单位养老保险制度改革，落实职工养老保险省级统筹，构建多层次社会保障体系。佛山市在广东省率先完成全民参保登记工作，登记入库人员近 397 万人，其中佛山市户籍人员全部登记入库，入户调查率和登记入库率均实现 100%。截至 2017 年 12 月底，全市养老（含居保）、基本医疗、生育、失业和工伤保险实际缴费人数分别达 282.84 万人、472.93 万人、245.29 万人、244.84 万人、246.05 万人。全市社会保险基金历年累计结余 761.79 亿元，其中 2017 年各险种基金收入 438.06 亿元、支出 363.69 亿元、当期结余 74.37 亿元。2017 年，养老、医疗保险基金历年累计结余较 2016 年的增幅超过 10%。佛山市社保局连续三年获得佛山口碑榜“行政服务最佳口碑单位”“市民满意服务单位”等称号，“佛山社保”微信公众号连续两年获评“佛山市直十大优秀政务微信”。

【养老保险】 至 2017 年底，佛山市参加基本养老保险 538.36 万人。其中，城镇职工基本养老保险（含离退休人员）参保人数 481.73 万人，较上年减少 1.46 万人；城乡居民养老保险参保人数 56.63 万人，减少 2.26 万人。全年职工基本养老保险基金收入 283.61 亿元、支出 223.17 亿元；全年城乡居民养老保险基金收入 12.86 亿元，支出 14.82 亿元。

企业职工养老保险省级统筹 按照全省统一部署，佛山市全面落实企业职工养老保险省级统筹工作。自 2017 年 7 月起，全市执行统一的养老待遇计发办法，企业退休人员养老金在每月 10 日前足额发放。

养老待遇调整 7 月，完成机关事业单位及企业退休人员养老金调升。调整后，企业退休人员平均养老金 3 050 元/月，人均增资 141 元/月。9 月，佛山市完成城乡居民养老保险基础养老金调升。调整后，佛山市城乡居民基础养老金由原 170 元/月增加到 180 元/月，每月增加 10 元，比省的基础养老金标准 120 元/月高出 60 元/月。全市近 90 万名退休人员的养老金得到提升。

【医疗保险】 至 2017 年底，佛山市基本医疗保险参保人数 517.74 万人，其中企业职工医疗保险 302.97 万人、居民医保 214.77 万人。2017 年基本医疗保险基金总收入 122.52 亿元、总支出 102.78 亿元。

2017 年，佛山社保部门在全省范围内第一批次上线异地就医结算，实现佛山市参保人跨省异地就医住院费用直接结算，异地就医备案人员近万人名单得到及时上传。至年底，市内 16 家三级医疗机构和 26 家二级医院、3 家一级医院，共 45 家医疗单位在国家平台上线；省内异地就医结算方面，实现 41 家定点医疗机构上线。

【失业保险】 至 2017 年底，佛山市参加失业保险人数 244.84 万人，比上年增长 6.5%；全年失业保险基金收入 5.64 亿元、支出 5.88 亿元。按规定，2017 年 7 月 1 日起，佛山市调整失业人员一次性丧葬抚恤金标准，调整后，标准从 46 359 元调整为 50 391 元。

市社保局配合市人社局做好稳岗补贴的发放工作。参与人社局网上申报系统的需求研讨，提供计算公式和统计口径，解决网上申报时遇到的数据、账号信息和多个社号编号等问题，并组织人员进行测试；经人社局公示后的企业由社保局发放稳岗补贴。全年全市有 3 890 家企业通过审核公示，涉及稳岗补贴金额 2.07 亿元，2017 年完成 2014 年度、2015 年度符合条件的 3 033 家企业的稳岗补贴发放，发放总金额 1.29 亿元，余下 2016 年度符合条件企业的 7 750 万元将在 2018 年发放。

【工伤保险】 至 2017 年底，佛山市参加工伤保险人数 246.05 万人，比上年增长 6.3%；全年工伤保险基金收入 6.51 亿元、支出 4.58 亿元。对全市 20 万多个单位进行工伤保险浮动费率的调整和阶段性下调，浮动下调后，一年可为企业减负约 2 亿元。

4 月，佛山市一次性工亡补助金的标准调整为 672 320 元，较原标准增加 48 420 元，增幅 7.76%；7 月，工伤职工的护理费月平均金额调整为 2 262 元，人均增加 189 元；供养亲属抚恤金月平均金额调整为 1 067 元，人均增加 86 元；丧葬补助金的计发基数按新的社会职工的平均工资计发；调整供养亲属抚恤金发放标准，标准低于佛山市城镇低保标准 900 元的，按城镇低保标准 900 元发放。9 月，月人均伤残津贴调整为 3 015.10 元，人均增加 165.42 元，增幅 5.8%。

【生育保险】 至 2017 年底，佛山市参加生育保险人数 245.29 万人，比上年增长 6.3%；全年生育保险基金收入 6.92 亿元、支出 12.46 亿元。配合供给侧结构性改革的要求，在国家计划生育政策调整、基金支付压力增大的情况下，佛山市继续维持生育保险费率从 0.9% 调整为 0.5% 的政策，按 2017 年基金收入规模计算，减收 0.4% 的费率可为企业减负 5.01 亿元。全年全市享受生育保险待遇 14.41 万人次，生育的医疗费用 5 174.45 元 / 人次、生育津贴 13 768.62 元 / 人次，计划生育津贴 2 527.52 元 / 人次。

【社保依法行政】 2017 年，佛山市职能综合管理系统正式上线，佛山市社保局按要求统一将市、区社保经办机构 203 项权责全部录入系统接受管理，并在局门户网站公开权责清单，接受社会监督。佛山社保部门依据审定公布的权责清单，细化、量化市级专属以及市区共同行使的各种类行政执法职权的自由裁量具体标准。在权责清单的基础上，梳理优化市、区两级社保经办机构的 156 个审批服务事项，对申请材料、接件材料等 300 多个要素进行规范，并根据政策的调整对标准化目录进行了 6 次动态调整。制订《信访维稳应急预案》，建立信访维稳处置工作机制，落实 24 小时值班制度；全年市社保局处理热线工单、网络发言人、书面信访等各类信访件 1 000 余件。按照法律规定，做好行政诉讼的应诉工作。

【社保基金监管】 2017 年，佛山市社保局加强社会保险基金管理和监督，重新修订《佛山市社会保险基金财务经办管理规程》，制定《佛山市社会保险基金专用收据和印鉴管理制度》，升级改造社保基金财务信息系统，建立全市社保基金财务一体化核算监控系统，实现对社保基金运作事中、事后的无纸化监控，打造财务资金与数据的安全生态圈。全年完成数据比对 5 次 986 条，完成数据核查 4 次 41 368 条。成立佛山社保第三方医疗费用评审中心，从 8 月起独立开展基本医疗保险费用的评审工作，8 — 12 月审定违规单据 4 836 条，实际挽回金额 81.2 万元。

禅城区通过政府购买服务，委托人保财险佛山市分公司参与定点医疗机构协议管理和异地社保稽核工作，在广东省范围内首创把商业保险的专业力量引入到社保的稽核服务。南海区出台规定统一建筑业参保待遇支付业务操作，加强工伤保险基金先行支付和大额工伤医疗费用审核业务风险控制，强化内部

2017 年 7 月 26 日，佛山社保第三方医疗费用评审中心成立。市社保局局长钟永平参加了成立仪式
（市社保局供图）

控制。顺德区局通过基金监督举报奖励制度，加强基金社会化监督。

【社保信息公开与宣传】 2017年，佛山市社保部门制订《佛山市社会保险基金管理局信息报送工作管理办法》《关于做好贯彻落实佛山市人民政府办公室2017年政务公开工作要点分工方案工作的通知》，按时在网站公开上年度社保信息披露报告、政府信息公开年度报告，加强市、区、办事处三级联动以及队伍建设，强化信息公开责任意识，将信息报送工作列入年度工作考核。在宣传载体上，形成以市社保局门户网站、微信、微博三位一体的自媒体矩阵。至2017年底，“佛山社保”微信公众号粉丝量超过29万。是年，佛山市社保局制作5条宣传短片，相继投放广佛地铁线路全线、写字楼和住宅小区的LED视窗，以及公共汽车内广告机；制作宣传海报投放位于热点生活圈和商圈的车亭灯箱，扩大社保影响力。

【基本医疗保险城乡一体化改革】 2017年1月1日起，佛山市整合职工医疗保险和居民医疗保险，实行一体化医疗保险制度，实现居民与职工同等医疗待遇。年内，发布《佛山市社会保险基金管理局关于门诊特定病种定点就医的有关通知》，制订门诊特定病种选点办法；发布《关于做好职工参保人申请跨区享受普通门诊待遇有关工作的通知》，明确待遇享受地的规则和业务流程，每年受理时间延长到12月25日；制订《关于做好门诊特定病种和门诊慢性病种待遇年度资格审核工作的通知》《关于做好基本医疗保险门诊慢性病种和门诊特定病种待遇年度资格审核工作的补充通知》，简化申请资料，并对逾期申请作补充规定。一体化后，2017年佛山市医疗保险参保人数517.74万人，其中居民参保人数和总体报销比例均上升14%；享受门特门慢待遇的市民人数大幅增加，2017年较2016年增加近159万人次，增长超过53%，其中居民参保人的门特门慢就诊人次与上年相比增长939%，基金报销金额增长446%。

【社保“一门式一网式”改革】 2017年，佛山社保部门推进“一门式一网式”改革，提升社保经办服务水平，规范行政审批服务事项标准。禅城区将“出具参保证明”等8个事项纳入“零跑腿”业务，制订推进减少二次录入事项上线的实施方案，试行应用“一门式”社保业务电子章；顺德区推行“1＋N”服务方式，群众进门一次就可以办妥多项手续；三水区开展“一门办理，全城通办”政务创新工作，有61项社保业务纳入办理；高明区加强社保办事处综合服务窗口建设，社保业务“一窗式”办理综合服务效率得到提升。

【社保卡的应用功能拓展】 2017年，佛山市社保卡完成制卡548.8万张，其中本市户籍人口359.2万张，激活495.8万张，激活率90.34%。市民使用的社保卡实现94项应用，其中包括市民可以利用社保卡作为身份凭证办理各项人社业务、利用社保卡金融账户进行各项社保待遇发放、利用社保卡进行居民医疗费用扣缴。佛山市各项社保待遇基本实现利用社保卡进行发放，近3万名参保人员选择通过社保卡金融账户或医保账户进行居民医疗缴费。

【佛山首推利用人脸识别技术实现养老待遇资格认证】 2017年，佛山市进行养老待遇资格认证手段创新，首推利用人脸识别技术实现养老待遇资格认证，结合移动应用APP“i社保”实现远程认证。全年全市有1.5万名企业退休人员利用“i社保”手机APP办理认证。

【社保“互联网+”应用开发】 2017年，佛山社保部门依托网上办事大厅、自助服务终端、“i社保”APP、微信公众号等平台的多元网上办事模式，多渠道拓展便民服务。针对居民医保申报时间集中，业务量大的问题，开发居民医疗保险网上申报系统。顺德区社保局通过掌上微信端成功办理首笔多发医保待遇退款业务。

【《佛山市大病保险业务经办工作手册（2017）》】 2017年5月，佛山市社保局监督指导承保公司制订《佛山市大病保险业务经办工作手册（2017）》。该手册对经办业务做出标准化、精细化指引，更好地规范大病保险经办服务；完成大病保险特殊药品指定药店端结算系统的改造工作，实现特殊药品费用明细信息系统实时交换和结算，确保特殊药品费用补偿项目的落实；根据与承保公司签订的合同内容，承接意外伤害就医审核业务，从2017年6月起陆续承接意外伤害就医审核业务。

【佛山公立医院改革医保信息系统改造上线】 2017年7月1日零时，佛山市完成社保端和医院端结算系统的切换，佛山公立医院改革医保信息系统改造上线。根据佛山市公立医院综合改革总体部署，医保支付标准调整工作和社保信息系统测试改造等相关工作由佛山市社保局负责完成。该次系统改造牵涉改革的公立医院79家，由市社保部门研究确定佛山市公立医院门诊诊查费医保报销的规则和流程，按照新的《佛山市公立医院基本医疗服务项目和价格》调整医保结算系统的诊疗项目基准库。

（邹花妍　游剑波）

民　政

·社会组织管理·

【概况】 2017年，佛山市社会组织登记管理工作以党建工作为引领，深化社会组织体制改革，促进社会组织蓬勃有序发展。至年底，全市有社会组织6 335个，比上年增长5.2%，社会组织总数在全省排第三，居地级市首位。社会组织中有社会团体3 801个（登记2 301个，备案1 500个），其中市级824个、禅城区434个、南海区1 016个、顺德区820个、高明区271个、三水区436个；有民办非企业单位2 522个（登记2 426个、备案96个），其中市级206个、禅城区334个、南海区791个、顺德区898个、高明区123个、三水区170个；有基金会12个，其中市级4个、顺德区8个。

【社会组织党建】 2017年，佛山市推进社会组织登记管理和党建工作同步机制，强化党组织在社会组织法人治理体系中的地位，把社会组织党建工作贯穿于登记成立、年度检查、等级评估等各个环节。

推动把党的建设写入社会组织章程。在办理社会组织申请登记、届中章程修改等业务时，引导社会组织将党的建设写入章程；在年检、抽查等日常监管工作中，督促检查社会组织将党的建设写入章程。对尚未将党的建设写入章程的社会组织，指导其依法启动章程修订工作，将党的建设增加到章程中。同时，强化考核检查，将“党的建设写入章程”作为年度检查、等级评估以及评先评优的重要考核指标。

建立社会组织党建监测点，打造示范点。选取建筑业协会党支部等 10 个单位作为监测点。在此基础上，重点打造佛山市社会组织培育发展中心党支部、佛山市建筑业协会党支部两个党建工作示范点，通过树立党建工作品牌，使各级党组织学有样板、干有示范，推进市级行业协会商会党建工作不断发展和进步。

设立党建项目资金。对市级社会组织发展专项扶持资金项目设置进行调整，新设社会组织党建工作项目，每年扶持实施党建工作项目的社会组织各 5 个，每个补助资金 10 万元，支持社会组织开展党建工作。

推进社会组织党的组织和工作有效覆盖。结合社会组织实际，推行社会组织登记注册、年检、等级评估、换届选举、评先评优和党建工作同步，将加强社会组织党建工作贯穿于登记管理工作中。同时，对社会组织进行排查摸底，完善工作台账，加大社会组织党组织组建力度。截至 2017 年底，佛山有市级社会组织党组织 101 个，其中直属党组织 47 个、属地管理党组 织 34 个、业务主管单位管理党组织 20 个，党组织覆盖率 93%，党的工作覆盖率 97%。

2017年12月15日，佛山市召开2017年度佛山市社会组织建设成果展示会

（市民政局供图）

【社会组织管理制度改革】 2017 年，佛山市将推进社会组织体制改革作为全市全面深化改革工作任务之一，列入地方党委和政府绩效考核内容和社会治安综合治理考评体系。佛山市民政局会同市委政法委制订《2017 年度佛山市推进社会组织体制改革工作方案》，明确市组织、公安、民政等部门的职责，建立社会组织综合监管和联合执法机制，深化境外非政府组织登记管理的沟通机制。

推进行业协会商会与行政机关脱钩工作。出台《佛山市行业协会商会与行政机关脱钩实施方案》，按照职责推动开展，完成第一批社会组织试点脱钩工作。人社部门全面清理公务员在行业协会商会中任职、兼职行为；机关事务管理部门清理腾退行业协会商会占用超出规定面积标准的行政办公用房；组织部门加强行业协会商会脱钩后的党建工作。

推进行业自律和社会信用体系建设。按照制订的《2017 年佛山市社会组织加强自律与诚信建设工作方案》等工作部署，推荐佛山市建筑业协会等 5 个市级行业协会为佛山市 2017 年社会组织行业自律和社会信用建设示范单位，通过示范引领，引导社会组织不断完善治理结构，提升专业服务水平，强化行业自律，真正成为依法自治的现代社会组织。清理规范行业协会商会收费行为，并对市级行业协会商会所有收费项目和标准进行公开和公示。加强对社会组织的抽查审计，全年对 74 个市级社会组织进行财务专项审计，发出整改通知书 40 份，对发现的问题及时进行整改。加强社会组织意识形态领域的监督和引导，实行社会组织进行评比表彰和举办研讨会论坛须向业务主管单位和民政部门报备制度。市本级全年排查社会组织评比表彰、举办论坛等活动 480 余个。

培育扶持社会组织发展。开展社会组织等级评估工作，市级评出 AAAAA 等级社会组织 4 个、AAAA 等级社会组织 7 个、AAA 等级社会组织 5 个。至年底，全市有 AAA 以上等级社会组织 365 个。打造社会组织“四大孵化平台”，整合既有的信息化服务，以及法律、心理、财税、党建等常驻服务，打造“云服务平台”；升级线上物资捐赠平台“民爱坊”，打造“云资源平台”；成立全市首个孵化基地志愿者总队，整合发展志愿者资源，搭建“云志愿服务平台”；市民政局与市人社局、市人力资源公共服务中心联合构建“云招聘服务平台”。

【佛山成为社会组织党建工作综合检测区】 2017 年 4 月，佛山市被中央组织部选为社会组织党建工作综合检测区，成为广东省唯一一个入选社会组织党建工作综合检测区的地级市。年内，佛山市民政局根据《佛山市 2017 年社会组织党建综合监测区建设实施方案》等文件要求，专门成立调研组，对市级行业协会商会党建工作情况进行全面调研。在一系列调研工作基础上，结合实际首创行业协会商会党建工作“1 + N”管理模式，打造具有佛山特色的社会组织党建工作模式。该工作模式把市级行业协会分成 18 个群组，选定 18 个龙头党组织，通过龙头党组织在组织、学习、建设、服务、活动等 5 个方面的带动，促进群组党建共同发展，构建党委统筹、龙头牵引、共建互促、融合发展的社会组织党建工作格局（此项工作受到人民网关注并做专题报道）。

（吕龙锋）

·专业社会工作·

【概况】 2017年，佛山市注册登记民办社工机构162个，持证社工9 119人，其中社会工作师1 489人、助理社会工作师5 539人、市社工员2 091人，每万人有持证社工12.2人，提前超额完成“到2020年每万人持证社工数达10人”的任务指标，社工持证人数及每万人持证社工数均位居全省前列。

【党建引领社工行业发展】 2017年，佛山市推进社工行业党建工作，加强党建引领，将党的建设工作融入社工机构运营和发展的全过程，促进社工行业健康持续发展。印发《佛山市民政局关于推进社工行业党建工作的指导意见》，建立社工机构登记管理和党建工作“三同步”机制（民办社工机构审批登记与组建党组织同步、民办社工机构年检与党建工作检查同步、民办社工机构等级评估和党建工作评估同步），加大党组织组建力度，扩大民办社工机构党的组织覆盖面。推行社工行业“1＋N”群组链党建工作模式，实施社工行业党建工作网格化管理，扩大党建工作覆盖。按服务领域相近、地域相邻等因素把社工机构划分成若干群组，群组由“1＋N”个社工机构构成，“1”是群组内龙头社工行业协会或社工机构，“N”是群组内若干个社工机构。通过龙头发挥牵头作用，引领带动整个群组党建工作共同发展。

【专业社工考试】 2017年，佛山市发动符合条件的社会工作从业者报名参加2017年全国社会工作者职业水平考试。全市报考全国社会工作者职业水平考试5 511人，其中助理社会工作师3 713人、社会工作师1 798人；通过全国社会工作者职业水平考试775人，其中助理社会工作师540人、社会工作师235人。为提升考生考试通过率，佛山市民政局于4—6月陆续举办12天的考前培训，其中初级班课程5天、中级班课程7天，培训超过2 500人次。

【持证社工综合素质提升】 2017年，佛山市民政部门开展不同层次、多样化的社工人才专业培训，提升持证社工综合素质。协助省民政厅开展“社工专才培养计划”系列培训，组织社会工作从业人员报名参加社工专才系列培训，分领域提高社会工作从业人员专业水平。培训服务领域包括社区、老年、残障康复、禁毒戒毒、青少年服务等领域，全市有70名社会工作者分领域、分批次参加培训。举办社会工作者继续教育培训班，培训内容涉及社区、企业、禁毒戒毒领域社会工作及志愿者服务管理、机构规范发展等。实施社工督导人才培养项目，完成佛山社工督导人员培训班项目，36名学员结业。举办佛山市2017年社工督导培训提升班，在各区普遍开展社工督导人才培训的基础上，招收一批曾参与过督导培训或具有丰富督导服务经验的社工督导进行督导提升培训，深化社工督导人才的培养。至年底，全市培养社工督导人才超过150人。

【社工力量参与脱贫攻坚】 2017年，佛山市推进社会工作服务机构“牵手计划”，支持社会工作专业力量参与脱贫攻坚。年内，择优遴选AAAA等级的佛山市福康社会工作服务中心、博睿社会工作服务中心等5个社会工作服务机构对口帮扶广西壮族自治区。各级民政部门还通过公益慈善创投、申请专项财政资金等举措，落实援派社工机构经费保障，支持社会工作专业力量参与脱贫攻坚。

2017年12月15日，佛山市民政局举办2017年社会组织建设成果展示会，公布2017年度佛山市社工之星名单 （市民政局供图）

【社工宣传活动】 2017年，佛山市开展系列宣传活动，努力营造社会公众关注、理解、支持专业社会工作的良好环境。开展第六届“岭南社工宣传周”活动，围绕“社工让社区更美好”主题，在全市范围内组织开展内容丰富、形式多样的系列宣传活动，提升社会公众对社会工作、专业社工人才的认知度和认可度。举办佛山市2017年“岭南社工宣传周”启动仪式暨社会组织孵化培育基地志愿服务总队成立活动，并在社工宣传周期间举办社会组织人才专场招聘会，吸引近180个社会组织及其会员单位进场招聘，提供近1 500个岗位，入场求职人数近2 000人次。开展“激扬青春·社工初体验”活动、“社工1＋1课堂”宣传活动、2017年度“佛山市社工之星”推荐活动等，其中2017年度“佛山市社工之星”推荐活动共推荐10名社会工作者为年度社工之星。佛山市民政局与佛山电视台合作拍摄不同主题专业社工的宣传视频，在佛山电视台《630新闻》《点赞》栏目中分4期播出，扩大专业社会工作社会影响力；与佛山日报社合作，依托“关爱大学生公益行动”平台，组织16名佛山高校或佛山籍社工专业在校大学生到市内社工机构进行实习，并由《佛山日报》记者全程跟踪采访，推出专题系列报道6篇；与佛山电台合作，在FM94.6电台频道开辟“社工1＋1课堂”栏目，通过录制访谈资深社工音频，于下班高峰时段在该频道循环播出，向社会大众宣传普及专业社会工作基础知识，增进社会对专业社会工作的认知和理解。

【“广东志愿者”信息管理系统应用】 2017年，佛山市民政局协同市文明办、团市委、市志愿者联合会，发动志愿服务组织和志愿者登陆“广东志愿者”信息管理服务平台（“i志愿”系统）登记注册，依托平台开展活动、登记服务时数，做好社会组织法人类志愿服务组织在平台的审核登记工作。至年底，市民政部门审核通过超过40个社会组织法人类志愿服务组织。市民政局与团市委合作，开展社工机构志愿者服务管理培训，推广使用“广东志愿者”系统，指导社工机构规范开展志愿服务管理工作。

【佛山市首个社会组织服务人才招聘求职平台上线】 2017年3月15日，由佛山市民政局、市人力资源和社会保障局联合主办的佛山市社会组织服务人才招聘求职平台签约仪式暨社会组织专场招聘活动在市人力资源公共服务中心举行。至此，佛山市首个社会组织服务人才招聘求职平台上线运行。该平台是佛山市民政局与市人力资源和社会保障局合作，利用佛山人才网招聘频道功能，建设的佛山市首个规范的社会组织服务人才招聘求职平台，实现人才招聘需求与求职需求的高效对接，助推包括社工机构在内的社会组织健康可持续发展。

【佛山市首个社会组织志愿者服务总队成立】 2017年3月15日，佛山市首个社会组织志愿者服务总队——佛山市社会组织孵化培育基地志愿服务总队成立。该社会组织志愿者服务总队的成立，旨在有效整合佛山市社会组织志愿服务资源，解决社会组织服务人手及服务持续性问题，提升社会服务水平和效益，推动专业社会工作和志愿服务的发展。该社会组织志愿者服务总队首批会员单位18个，其中包含5个社工中心及13个各类型公益组织。

（吕龙锋）

·双拥工作·

【概况】 2017年，佛山市贯彻落实全国和全省双拥模范命名表彰大会精神，在巩固双拥模范城“八连冠”创建成果的同时，开展新一轮双拥创建工作，坚持以双拥共建为依托，以推动社会化拥军为抓手，以军民融合深度发展为方向，密切和发展“同呼吸、共命运、心连心”的军政、军民关系。全年全市支持部队建设的投入2.13亿元，为社会经济发展和国防军队建设提供有力保障。

年内，佛山市各级党委、政府开展丰富多彩的“八一”建军纪念和走访慰问部队活动。7月中旬，佛山市双拥办联合市爱促会组织热心爱国拥军事业的企业家到湛江对佛山驻军部队和共建部队开展走访慰问活动。南海区、顺德区召开“八一”党政军座谈会，与驻军官兵欢聚一堂，共商融合发展大计。顺德区“八一”拥军慰问团远赴香港慰问顺德艇官兵。7月24日，佛山市委书记、市人大常委会主任鲁毅，副市长乔羽率领市“八一”拥军慰问团走访慰问佛山军分区，给广大官兵送去节日问候，并肯定军分区军改以来所取得的成绩。7月25日，市委副书记、市长朱伟率市“八一”拥军慰问团慰问驻佛山片空军部队。7月27日，朱伟率市“八一”拥军慰问团前往武警佛山市支队五中队营区慰问武警佛山市支队五中队官兵，对武警支队被总部评为“连续21年安全无事故先进单位”给予肯定。7月31日，广东省委副书记、省长马兴瑞率省“八一”拥军慰问团到佛山市南海区某部队营区看望慰问官兵，并出席“八一”拥军慰问大会，鲁毅陪同进行走访慰问。

此外，佛山市还广泛开展文艺演出、影视展播等“送文化艺术进军营”活动。“八一”前夕，佛山市组织文艺志愿者走进驻军营区，举行“军歌嘹亮·纪念中国人民解放军建军90周年”佛山市文艺志愿者进军营慰问演出，用精彩的文艺节目，为部队官兵献上“八一”建军节的问候，共叙鱼水深情。为丰富驻军官兵的业余文化生活，组织数字电影放映队走进10个基层部队军营开展“送电影进军营”活动，受到官兵们的欢迎和好评。

为做好退伍军人返乡安置工作，营造“当兵报国、退役光荣”的良好氛围，南海区里水镇、大沥镇复退军人服务中心围绕“入伍有多热烈，退伍就要多热烈”的行动目标，从8月中旬开始与各村（居）、社区、军人家属沟通联系，及时掌握退伍士兵的信息，组织人员和车辆前往机场和各车站迎接，欢迎退伍军人返乡。退伍士兵返乡后，安排专职工作人员做好退伍士兵报到接收工作，协调做好档案接收、预备役登记、组织关系接转和养老保险续接等工作，为其提供帮助。

【双拥宣传】 2017年，佛山市组织开展以“赞颂辉煌成就、喜迎历史盛会、军民同心筑梦”为主题的系列宣传教育活动，利用各种主流媒体和手机短信、互联网络等平台进行立体宣传，使拥军优属拥政爱民当兵光荣等理念更加深入

2017年7月31日，广东省委副书记、省长马兴瑞率省“八一”拥军慰问团到驻佛山某部队进行慰问

（市民政局供图）

人心，激发全社会热心双拥、关心国防的热情。

在《佛山日报》开辟双拥模范城“八连冠”创建宣传专版，还分别采用灯箱广告、LED大屏户外广告等多种形式在中心城区主要公交站点、人流量密集的公共场所和自行车站点进行双拥模范城“八连冠”创建成果宣传。

通过网络媒体、微信公众号等新兴媒体精准推送，电视台、报纸等传统媒体播放和刊登，乡镇、社区宣传橱窗、公共场所LED电子屏公告等形式，宣传全国双拥慰问信内容。

在春节和“八一”前夕，在《佛山日报》、佛山电视台、佛山电台、《珠江时报》等主流媒体和微信公众号、网站等新兴媒体上刊发佛山市委、市政府发出的节日慰问信，向驻佛山部队全体官兵和全市优抚对象致以新春的祝福和诚挚的问候。

通过在市区主要路段和人流密集处24小时不间断投放灯箱广告和LED大屏户外广告等方式加大双拥宣传力度。利用微信公众号、H5等新媒体工具在线上举办“八一”建军节国防知识竞赛，推广“铁血铸军魂”庆祝建军90周年双拥宣传H5页面，展现出全社会关心支持国防军队建设和双拥事业的新风貌、新景象。依托《佛山日报》和《佛山周报》等媒体，在“八一”期间连续开展优秀退役士兵系列报道，对20多名优秀退役士兵进行风采展示，宣传复退军人返乡后就业创业、奋发有为，为经济社会建设作出重大贡献的先进事迹，弘扬佛山五区复退军人“退伍不褪色 退役不退志”依然在地方发挥军人本色的正面形象。

【佛山市纪念中国人民解放军建军90周年大会】 2017年7月27日，佛山市委、市政府在琼花大剧院举行佛山市纪念中国人民解放军建军90周年大会，庆祝中国人民解放军建军90周年。佛山市委书记、市人大常委会主任鲁毅，市委副书记、市长朱伟，以及熊志翔、李子甫、郭文海、黄喜忠、梅河清、杨朝晖等市几套班子领导，驻军部队领导以及军队离退休老同志、驻军官兵、优抚对象代表和军地双拥先进单位代表等1 000多人出席大会。鲁毅代表市委、市政府和全市人民，向驻佛山的广大官兵和优抚对象致以节日的祝贺和亲切慰问，对驻军部队在改革强军、支援地方建设等方面的突出表现给予肯定。朱伟代表市委、市政府向驻军部队赠送慰问金。随后，与会军民一同观看电影《建军大业》。

【佛山市优秀退役士兵事迹分享会】 2017年7月26日，佛山市双拥办联合市爱促会和佛山电视台举行佛山市优秀退役士兵事迹分享会。近1 000名复退军人代表、驻军部队和群众参加事迹分享会。会上，全市31名优秀退役士兵分享他们退役后再就业的故事。通过优秀士兵退役分享会，挖掘树立一批富有时代特色的自强自立优秀复退军人模范，增强退役士兵的荣誉感、自豪感和获得感，同时弘扬正能量，彰显军民鱼水情。

（吕龙锋）

2017年7月27日，佛山市举办优秀退役士兵事迹分享会，全市31名优秀退役士兵分享他们退役再就业的故事。图为有关领导与31名优秀退役士兵合影

（市民政局供图）

·优抚安置·

【概况】 2017年，佛山市着力解决广大优抚安置对象的实际困难，有针对性地做好走访慰问，有指向性地搞好调查摸底，多措并举贯彻落实各项优抚安置政策，推动完善复退军人服务体系建设，开展困难优抚安置对象慰问帮扶活动，做好退役士兵安置工作，组织开展烈士纪念活动，保障广大优抚对象、复退军人的合法权益和基本生活。是年，全市有区级复退军人服务组织5个、镇级服务组织28个、村级服务组织286个。全年全市接收2016年退役士兵1 172人。

此外，完成优抚对象数据精细化管理及信息化建设。印发《2017年佛山市优抚对象数据核查实施方案》，以高龄对象和无身份认证对象为重点进行入户核查，对全市五区50名优抚对象进行抽查，全市优抚对象身份证信息采集完成比例超过99%，完成年度既定目标。

【慰问帮扶活动】 2017年，佛山市开展“三访”（“三访”活动即开展各级领导、部门“下访”慰问活动，各级民政“约访”活动，部门联合“接访”活动）和“四级”慰问帮扶活动（“四级”慰问帮扶活动即市、区、镇或街道、村或社区四级分别组织开展慰问优抚对象、走访慰问现役军人家庭和日常接访走访，赠送困难救助金、临时帮扶、专项解困等多种形式切实帮助部分生活困难的优抚对象解决实际问题，为优抚对象提供人性化、精细化和常态化服务）。全年全市开展“三访”活动4 397人次，领导干部与优抚对象结对交友513人次；帮扶解困优抚对象825人次、帮扶解困金额 393.17 万元，走访慰问 2 998 人次、支出慰问金额 212.44 万元。

【随军家属安置】 2017 年，佛山市共接收并安置随军家属 139 人。根据佛山市自然增长机制，从 2017 年 7 月 1 日起，按照 8.7% 的增长幅度调整随军家属一次性安置补助金标准。调整后，全市随军家属一次性安置补助金标准由原来的 92 694 元调整提高至 100 758 元。

【退役士兵接收安置】 2017 年，佛山市接收 2016 年退役士兵 1 172 人，其中，选择自主就业的退役士兵 1 157 人、由政府安排工作退役士兵 14 人、复员干部 1 人；接收残疾士兵 7 人。针对由政府安排工作退役士兵，印发《佛山市人民政府关于做好 2017 年由政府安排工作条件退役士兵安置工作的通知》和《佛山市民政局关于协助做好国有企业接收安置 2017 年由政府安排工作退役士兵安置工作的通知》，采取档案考核办法，根据退役士兵的服役年限和德才表现情况确定选岗顺序，由各区按规定将 15 名符合条件的退役士兵安置到区或下辖镇（街道）的党政机关、人民团体雇用人员岗位，事业单位工作人员岗位，国有以及国有控股和国有资本占主导地位企业的正式员工岗位等三类岗位。

【军休干部服务管理】 2017 年，佛山市落实军休干部的政治和生活待遇。按要求做好对军休对象的接收安置工作，及时给军休干部调整、发放离退休费和生活补贴。组织军休干部开展各项活动，丰富军休干部晚年生活。佛山市军休二所获得广东省“五星级军休服务管理机构”称号，佛山市军休所获得“四星级军休服务管理机构”称号。

【复退军人服务体系建设】 2017 年，佛山市推进复退军人服务体系建设，打造具有佛山特色的复退军人服务工作品牌。印发《关于建立和完善我市复退军人服务体系的意见》，制订复退军人生活困难救助、医疗、住房、子女教育、就业创业、交通出行等多项优待机制。市、区建立由政府主要领导挂帅的复退军人服务体系建设工作专班，建立健全“六有”（有专职人员、有专项工作经费、有专用办公场所、有专门工作制度、有规范牌子、有双拥宣传栏）服务组织，确定复退军人优待、精神激励、意见建议联合会商、社会力量参与复退军人服务、领导结对联系、建设复退军人服务信息系统等六项服务措施。以南海区复退军人服务中心、里水镇复退军人服务工作站、宏岗村复退军人服务工作联系点为先行点，率先建立规范的复退军人服务组织。

【烈士公祭暨向陈铁军烈士纪念碑敬献花篮活动】 2017 年 9 月 30 日，佛山市、禅城区烈士公祭活动暨向陈铁军烈士纪念碑敬献花篮仪式在禅城区铁军公园举行，市委书记鲁毅、市政协主席熊志翔等市几套班子及佛山军分区领导，禅城区几套班子领导，市各民主党派、工商联和无党派人士，机关干部代表，烈士军属、复退军人和各界群众代表，公安警察、志愿者、学生代表以及驻佛山解放军和武警部队官兵代表，约 800 人参加公祭活动。公祭仪式上，在众人齐唱庄严的国歌后，全场肃立向烈士默哀一分钟。并在少先队员高声齐唱《我们是共产主义接班人》后，由礼兵踏正步向烈士纪念碑献上花篮。鲁毅等上前整理花篮缎带，向烈士表达敬意，并率全体人员绕烈士纪念碑一周，瞻仰铁军烈士雕像，缅怀烈士丰功伟绩。《佛山日报》、佛山电视台等市内多家新闻媒体对活动进行报道。

（吕龙锋）

·社会救助·

【概况】 2017 年，佛山市继续健全社会救助工作机制，根据实际调整完善最低生活保障、特困人员供养和医疗救助政策。全市低保标准统一由每人 630 元/月提高到 900 元/月，全市低保补差水平从每人不低于 455 元/月提高到不低于 530 元/月。全市特困人员供养标准按照不低于佛山低保标准的 1.6 倍，且不低于佛山特困人员供养标准来确定。全年发放特困人员供养金 6 812.13 万元。同时，佛山市不断优化救助措施，提升救助标准，扩大救助对象范围，简化救助审批流程，完成年度省、市十件民生实事相关任务，有效保障全市困难群众的基本生活权益。

【最低生活保障】 2017 年，佛山市继续提高最低生活保障标准和补差水平。全市低保标准统一由每人 630 元/月提高到 900 元/月，全市低保补差水平从每人不低于 455 元/人提高到不低于 530 元/月。至年底，全市有低保对象 12 262 户 20 868 人，城镇低保补差水平为每人 951.62 元/月、农村低保补差水平为每人 604.12 元/月，全年发放低保救助金 19 793.98 万元。出台《佛山市最低生活保障对象分类救助实施办法》，将分类救助标准统一为“按佛山市低保标准每人每月增发不低于 20% 的分类救助金”；将一户多残、老残一体以及监护人无经济能力的残疾人员，患血友病等疾病且需要长期服药治疗的人员，单亲家庭中的未成年和在读子女纳入分类救助对象范围；明确家庭困难的成年无业重度残疾人救助措施。

【特困人员供养】 2017 年，佛山市适时调整特困人员供养标准。全市特困人员供养标准按照不低于佛山低保标准的 1.6 倍，且不低于佛山特困人员供养标准来确定。是年，佛山各区特困人员供养标准为，禅城区每人 2 083 元/月、南海区每人 1 765 元/月、顺德区每人 1 830 元/月、高明区和三水区每人 1 440 元/月。至年底，全市有特困供养人员 3 431 户 3 434 人，全年发放特困人员供养金 6 812.13 万元。佛山市民政局草拟《佛山市特困人员供养工作实施办法（征求意见稿）》，将佛山农村五保供养、城镇“三无”人员救助等制度整合并完善为特困人员救助供养制度，提高特困供养人员的救助水平。

【困难群众医疗救助】 2017 年，佛山市出台《佛山市困难群众医疗救助暂行办法》。明确规定是年在医保定点医疗机构住院治疗疾病和诊治门诊慢性病种、门诊特定病种疾病，个人负担的医疗费用达到或超过其家庭年可支配总收入的 50%（计算时间为申请医疗救助之日前一年），且家庭资产总值低于户籍所在区规定上限的佛山市户籍人员和低于居住所在区规定上限的持佛山市有效居住证且参加佛山市社会保险或医疗保险的非佛山市户籍人员可获得医疗救助。全年全市救助 54 713 人次，支付医疗救助金额 3 767.43 万元。其中，门诊救助 41 587 人次，支付救助金额 539.15 万元；住院医疗救助 13 126 人次，支付救助金额 3 228.28 万元。

新增支出型贫困医疗救助。支出型贫困救助对象在市内医保定点医疗机构住院和诊治门诊慢性病种、门诊特定病种疾病的医疗费用，经基本医疗保险、大病保险报销后，剩余个人需要支付的医疗费用由其个人先行支付后，佛山市户籍人员回户籍所在区民政部门、非佛山市户籍人员回居住所在区民政部门按 80% 的救助比例予以报销，年度最高限额 15 万元。

提高重点救助对象救助标准。提高住院二次医疗救助报销比例。重点救助对象在市内医保定点医疗机构住院的医疗费用，经基本医疗保险、大病保险和住院首次医疗救助报销后，剩余个人需要支付的医疗费用救助比例由 80% 调整为 95%，年度报销最高限额由 3 万元调整为 8 万元，并取消 2 000 元的起付条件。提高市外定点医疗机构住院的救助比例。重点救助对象经市、区属三级医保定点医疗机构和参保所属社保经办机构转诊备案的，到市外医保定点医疗机构住院，救助比例由 60% 调整为按市内定点医疗机构的救助比例予以报销。未经备案到市外医保定点医疗机构住院的，按市内定点医疗机构救助比例的 60% 予以报销。

新增重点救助对象救助项目。新增门诊慢性病种救助。重点救助对象在市内医保定点医疗机构诊治门诊慢性病种、门诊特定病种疾病的医疗费用，经基本医疗保险、大病保险报销后，剩余个人需要支付的门诊医疗费用通过医疗救助“一站式服务”结算系统按 80% 的救助比例予以报销，年度报销最高限额 2 万元。新增普通门诊救助。重点救助对象在市内医保定点医疗机构诊治普通门诊疾病的医疗费用，经基本医疗保险报销后，剩余个人需要支付的门诊医疗费用年度累计超过 1 000 元以上的部分按 80% 的救助比例予以报销，年度报销最高限额 1 万元。

【社会救助工作机制】 2017 年，佛山市将佛山市社会救助工作联席会议制度调整为佛山市困难群众基本生活保障工作联席会议制度。开展社会救助对象主动发现、精准救助专项行动。3 月底至 4 月初，市民政局会同市财政局、残联和市府办（督查室和信息公开室）组成督查组，到各区开展社会救助对象主动发现、精准救助及救助政策落实情况的督促检查。通过督查发现各区在政策执行和宣传方面存在不到位的情况，要求各区对存在的问题及时做好整改。开展“救急难”和做好临时救助工作。同时，对遭遇突发事件、意外伤害、重大疾病或其他特殊原因导致基本生活陷入困境，其他社会救助制度暂时无法覆盖或救助之后基本生活暂时仍有困难的家庭和个人给予的应急性、过渡性救助。为进一步整合社会救助资源，打通社会救助部门之间、以及政府部门与社会组织之间的社会救助工作信息通道，形成市、区、镇（街）、村（居）审批管理信息的无缝连接，以信息化手段确保佛山社会救助工作的精准高效，市民政局推进佛山市社会救助信息平台建设，开展社会救助信息化平台建设立项工作。全年全市支出临时救助资金 1 237.17 万元，救助 5 612 人次。

【流浪乞讨人员救助】 2017 年，佛山市建立区、镇（街道）、村（社区）三级日常巡查制度和报告制度，在开展“寒冬送温暖”专项救助行动期间，各救助单位加强街面巡查频率和救助力度，对发现的流浪乞讨人员按照属地管理原则实施救助并及时上报，确保流浪乞讨人员及时得到全方位救助。专项救助行动期间，全市各救助单位出动 732 人次、救助 86 人次。

完成“跨市安置人员”的接回和日常安置管理工作，在规定时间内将市外托养的 272 名流浪乞讨人员全部平安接回市内，并对后续的安置管理工作进行统筹安排和细化落实，完善佛山市救助站内监控和住宿设施，提高伙食和护理标准，确保在佛山市救助站临时安置点安置的托养人员基本生活。

投资 6 872 万元启动佛山市受助人员托养中心建设。该中心主要提供经精神专科医院治疗后病情稳定的佛山“三无”人员和滞留佛山的市外流浪精神障碍患者、智力发育迟缓人员的生活照料、康复治疗等日常照料服务。12 月 19 日，该中心项目建设正式动工。

（吕龙锋）

·防灾救助救灾·

【概况】 2017 年，佛山市新增室内（外）应急避护场所 13 个，累计 1 655 个。开展“5·12”防灾减灾日宣传周活动，其中在全市五区开展场防灾减灾知识巡回宣传 100 余场。加强自然灾害救灾队伍建设，成立佛山市减灾委专家委员会。新增全国综合减灾示范社区 16 个，累计 159 个。同年，佛山市制订《关于支持引导社会力量参与防灾减灾救灾工作的实施方案》《佛山市自然灾害救助标准》《佛山市应急避护场所管理规定》，修订《佛山市自然灾害救助应急预案》，完善防灾减灾救灾体系和自然灾害救助应急体系，构建政府主导、社会参与、协调联动的防灾减救灾工作格局，加强和规范自然灾害救助及应急避护场所管理，提升应对自然灾害的能力。同时，加大防灾减灾知识宣传力度，强化救灾服务队伍建设，保障全市防灾减灾救灾工作的顺利开展。

【应急避护场所建设】 2017 年，佛山市有室内（外）应急避护场所 1 655 个，比 2016 年增加 13 个。佛山市中心城区的岭南明珠体育馆、文华公园、亚洲艺术公园以及市第一人民医院、岭南公交枢纽站成为可容纳人数超过 60 万人的一体化避护中心，其中市级避护场所——岭南明珠体育馆室内可容纳 5.5 万人转移安置。在文华公园、亚洲艺术公园设置防灾减灾宣传栏，增强市民众防灾减灾意识，提高防御灾害能力。

【救灾应急物资储备】 2017 年，佛山市市、区、镇（街道）、村（社区）四级均建有救灾物资储备库并储存救灾物资（含代储物资），市、区、镇（街道）三级救灾物资均储备帐篷、棉被、棉衣、雨衣、雨伞、折叠床、睡袋等基本的应急救灾物资。是年，佛山市民政救灾储备库和岭南明珠体育馆应急物资仓库新增购置帐篷 50 顶、军用棉被 390 张、军大衣 247 件、简易床垫 268 张等救灾物资。

【防灾减灾知识宣传】 2017 年，佛山市民政部门利用“5·12”防灾减灾日宣传周，开展应急救助演练、防灾避险知识宣传和减灾自救能力培训等活动，扩大全国防灾减灾日的社会影响力，增强广大市民群众的防灾减灾意识，提高整体防灾减灾能力。佛山市减灾委联合南海区减灾委在南海区千灯湖市民广场举办大型的防灾减灾演示、咨询和体验活动。该活动由佛山市减灾办、市地震局及市减灾救灾协会承办，并邀请市菠萝服务队、蓝天救援队等社会组织参与，形成“政府主导、部门配合、社会参与”的防灾减灾宣传工作新局面。佛山市减灾办联合公安消防、科协、气象、地震等部门在全市五区开展场防灾减灾知识巡回宣传 100 余场。引入社会力量参与灾减灾救灾宣传活动，利用社会组织专项扶持资金，扶持市防灾减灾协会改造应急避险模拟体验大篷车，在全市社区、学校、企业开展防灾减灾救灾宣传活动。

2017 年防震减灾宣传周活动启动仪式暨防震减灾支援服务体验日活动

（市民政局供图）

【自然灾害救灾队伍建设】 2017 年，佛山市正式成立佛山市减灾委专家委员会，专家委员会参与灾情会商、查核灾情和提供制订减灾救灾政策咨询。当月，佛山市民政局印发《关于支持引导社会力量参与防灾减灾救灾工作的实施方案》，成立社会力量参与防灾减灾救灾联盟。开展灾害信息员培训。在佛山市广播电视大学举办 2017 年度灾害信息员培训班，培训内容包括救灾业务工作实务、国家自然灾害灾情报送系统操作及灾情信息报送技巧等。加大市减灾救灾志愿者队伍培训力度，在岭南明珠体育馆进行救助培训，内容以搭帐篷和物资派发为主。组织灾害信息员参与佛山市政府举办的地震救援综合应急演练，参与模拟地震灾害的应急救助，提高救灾志愿者队伍救助能力。

【全国综合减灾示范社区创建】 2017 年，佛山市共有 16 个社区获得“全国综合减灾示范社区”称号，超额完成广东省民政厅下达的“全年创建 12 个全国综合减灾示范社区”的任务目标。至年底，佛山市有 159 个全国综合减灾示范社区，主城区覆盖率超过 60%。

【佛山市减灾委专家委员会成立】 2017 年 5 月 9 日，中共中央国务院防灾减灾体制机制改革意见学习培训会在佛山举行，会上宣布成立佛山市减灾委专家委员会。该专家委员会由社会各领域专业人员组成，后续将在佛山市防灾减灾救灾工作中提供政策咨询、技术支撑、专题调研、培训演练、科普宣传教育等方面发挥积极作用，提升佛山防灾减灾救灾能力。

（吕龙锋）

·地名与区划界线管理·

【地名管理】 2017 年，佛山市审批建筑物、住宅区地名命名、更名 193 宗，道路地名命名、更名 264 条。是年，佛山市推进全市地名普查，加强行政区划管理，推进平安边界创建，规范开展地名管理。市普查办到各区开展地名普查调研督查工作，并委托佛山怡高测绘公司和南海地名文化协会对各区地名普查外业采集和内业整理进行全面监理。配合省监理组对禅城区、顺德区进行普查监理检查。8—11 月，省验收组分批验收佛山五区普查工作。

【区划界线管理】 2017 年，佛山市民政部门开展政府驻地情况核查工作。组织各区对辖区内各级政府驻地情况进行全面核查，建立驻地情况信息数据库，理顺政府驻地迁移审批工作。协调解决三水区与四会市关于“洪塘”飞地争议管理问题。走访调研广州、深圳两市调处飞地、插花地管理争议情况。组织第三轮界线联检工作；牵头组织开展“佛山—江门”“佛山—清远”行政区域界线联检工作；会同江门市、清远市及沿线各区（市）界线管理人员分别组成联检工作组，开展界线内外业联检工作，并确定对破损、丢失的界桩由负责日常管护的一方重新埋设。加强界线管理工作，印发《2017 年度佛山市“平安边界”创建工作方案》，深入开展平安边界创建活动。落实界线签约委托管理制度。3 月，市、区民政部门分别签订行政区域界线签约委托管理协议书，明确各自界线管理责任。市财政向有地级市界线管理任务的四个区下拨界线管理维护专项经费 34.42 万元。各区民政部门采取政府购买服务的形式，引入专业测量队伍，承担界线委托管理和界线联检测量工作。开展界线纠纷隐患排查，维护边界地区社会和谐稳定。5—8 月，在全市开展界线纠纷隐患排查工作，各区对辖区范围内的各级界线纠纷隐患现状进行调查摸底，通过实地调研、查阅资料等方式建立界线隐患纠纷档案，创建各级界线平安边界工作台账。

（吕龙锋）

·婚姻登记·

【概况】 2017年，佛山市办理结婚登记33 385对（其中内地居民33 097对，涉外、华侨、港澳台288对），离婚登记10 832对（其中内地居民10 742对，涉外、华侨、港澳台90对），补领结婚证8 309对（其中内地居民8 268对，涉外、华侨、港澳台40对），补领离婚证731份（其中内地居民723宗，涉外、华侨、港澳台8宗）。

【婚姻登记“全城通办”试点】 2017年，佛山被广东省民政厅确定为婚姻登记“全城通办”试点市。为推进婚姻登记“全城通办”试点工作，佛山市探索开展异地办理婚姻登记工作，制订在全市开展跨区办理婚姻登记工作方案，推进婚姻登记“全城通办”跨区办理和婚姻家庭辅导服务，开放周末和法定节假日婚姻登记服务。统一调整全市各区民政局婚姻登记处婚姻登记服务时间（各镇级婚姻登记机关不作调整），除正常办理婚姻登记外，增加周六半天以及1月1日、5月1日、10月1日当日为预约市民办理婚姻登记。此外，自2017年4月1日起，停征婚姻登记费。各区及时在婚姻登记处张贴公告，配合做好收费取消后非税收入票据核销手续。

【婚姻登记管理机关建设】 2017年，佛山市统一调整禅城区、南海区、高明区、三水区婚姻登记机关名称为“某某区民政局婚姻登记处”。加强婚姻登记队伍建设，推进婚姻登记管理工作依法规范开展，推动国家等级婚姻登记机关创建工作，按照民政部《婚姻登记机关等级评定标准》以及《佛山市等级婚姻登记机关创建工作实施方案》，有计划、有步骤地开展创建工作。组织各区开展婚姻登记示范单位创建活动，经区申报和市审核，推荐禅城区、南海区、三水区婚姻登记处申报全省婚姻登记示范单位。举办全市婚姻登记员培训班，培训结束后进行婚姻登记员考试，考试合格者由佛山市民政局颁发婚姻登记员考核合格证书。组织各区民政局婚姻登记处负责人参加全省婚姻登记工作培训班。

（吕龙锋）

·殡葬管理·

【概况】 2017年，佛山市殡葬事业有序发展，100%火化率和“无坟化”清坟成果得到巩固，低收入群体殡葬基本服务免除费用政策有效落实，殡葬服务单位建设和管理不断规范。继续开展骨灰植树活动，全年发放骨灰植树补贴21.3万元。开展殡改宣传月活动，并举办“殡仪馆开放日”活动。妥善做好清明安保工作，未发生交通事故、人员踩踏等安全责任事故。完成2016年度全市经营性公墓年检工作。佛山殡葬事业发展得到广东省民政厅的肯定。

【清明安保】 2017年3月，佛山市召开全市民政工作暨清明保障工作会议。做到早动员、早部署、早安排。清明节期间全市殡仪服务单位共接待祭扫群众500多万人次，各种类型车辆100多万辆次，未发生交通事故、人员踩踏等安全责任事故。

【骨灰植树活动】 2017年4月22—23日，佛山市民政部门组织开展骨灰植树活动，500多名群众携带426份先人骨灰在高明区更合镇“长青林”参加骨灰植树活动。是年，骨灰植树补贴从300元/份上调到500元/份，全年发放补贴资金21.3万元。

【殡葬基本服务费用免除】 2017年，佛山市继续实施殡葬基本服务费用免除政策，对佛山市户籍或在佛山市办理居住证半年以上，在本行政区域内死亡且遗体在区内殡仪馆实行火化的，免除遗体接运、遗体存放（不超过3天）、遗体火化、骨灰寄存（两年寄存）、小型告别厅、遗体消毒、骨灰盒（盅）（不超过100元），7个项目最高减免1 320元。是年，全市约为2万名群众免除殡葬基本服务费用1 800余万元。

【殡仪馆开放日活动】 2017年3月19—27日，佛山市殡仪馆及各区殡仪馆举办“殡仪馆开放日”活动。活动当天，佛山市殡仪馆通过市民说法、直面回应、以及相关政策剖析和纵深报道，营造殡葬服务行业透明服务、阳光殡葬的良好氛围；南海区殡仪馆通过设置创意的话剧环节，用艺术方式提示生命意义，并邀请全国殡葬专业创始人王夫子作《殡葬那些事》专题讲座，让群众深入理解殡葬行业；顺德区、高明区、三水区等殡仪馆通过主动向新闻单位提供宣传线索和素材，传递正能量，营造良好的舆论宣传氛围。开放日活动吸引《佛山日报》《珠江时报》《南方都市报》《广州日报》《羊城晚报》及佛山电台、佛山电视台等媒体和广大市民的关注。

（吕龙锋）

·社会福利·

【概况】 2017年，佛山市各级民政部门推进社会福利体系建设，推进公共服务均等化。完善养老服务体系建设，通过统筹整合资源，创新发展路径，努力构建多元化投入机制，推动养老服务信息化、标准化，促进养老服务业持续健康发展，截至2017年12月31日，佛山收养性床位33 212张，每千名老人拥有床位数比例46.5‰。健全孤残儿童、事实无人抚养儿童、困境儿童保障制度，深化普惠性儿童福利制度建设，全年安排孤儿生活保障金约1 300万元，全年向事实无人抚养儿童83人发放补贴资金99.6万元。落实残疾人补贴制度，全市残疾人生活津贴标准为每人150元/月，重度残疾人护理补贴标准为每人200元/月。发展福利彩票公益事业，全年销售福利彩票20.84亿元。

【儿童福利】 2017年，佛山市落实孤儿最低生活养育标准的提标工作。从2017年1月1日起，佛山孤儿养育金按照每人1 800元/月标准发放。至年底，全市共有孤儿584人，全年安排生活保障金约1 300万元。由市民政局草拟《关于提高我市2018—2020年孤儿最低养标准的通知（征求意见稿）》，提前谋划做好2018年以后孤儿保障工作。建立事实无人抚养儿童生活保障制度，按照每人1 000元/月的标准，向符合标准的儿童发放补贴，全年全市向事实无人抚养儿童83人发放补贴资金99.6万元。加强儿童护理人员队伍建设，组织各福利机构派员参加省民政厅举办的孤残儿童护理员中级职业技能培训和鉴定班培训，通过培训和考试，推动儿童护理员的持证上岗。加强困境儿童关爱保护工作，起草佛山市困境儿童关爱保护工作实施意见并征求各部门意见。做好收养登记工作，并自2017年4月1日起取消收养登记费。

【老年人福利】 2017年，佛山市推进养老服务体系建设。出台《佛山市养老设施布局规划》，明确养老设施发展规模和布局，确定佛山市养老结构体系及老年人设施建设标准，提出实施建议与保障措施。加强养老床位建设。截至2017年12月31日，佛山收养性床位数33 212张（禅城区6 008张、南海区10 765张、顺德区10 391张、高明区2 535张、三水区3 513张），每千名老人拥有床位数比例46.5‰，超额完成省民政厅下达的“2017年每千名老人拥有床位达到46‰”的指标任务。

筹备新社会福利院和佛山市颐养院工程建设。其中，佛山市颐养院主要提供养老、康复以及临终关怀等服务；新社会福利院主要提供养老、疗养、孤儿救助、脑瘫儿童康复等综合性服务。

制订《佛山市养老院服务质量建设专项行动工作方案》，明确改善养老院服务质量，建立养老院服务质量标准体系；实施养老机构责任保险统保示范项目。建立科学合理、运营高效的长效评估机制，力求养老服务评估科学化、常态化和专业化，实现有需求的老年人养老服务评估100%；推进医养结合工作；开展养老机构星级评定工作；建立经济困难的高龄、失能等老年人补贴制度；到2020年，全市养老机构院长培训上岗率100%，养老护理员培训上岗率90%以上。

加快居家养老信息化平台建设，禅城区居家养老信息平台完成平台开发建设；南海区居家养老信息平台建成并投入使用，信息平台可提供统计、监管、SOS紧急救助、健康管理、养老服务等服务；三水区居家养老信息平台作为省试点之一，与中国电信广东公司合作落实“互联网+”，以广东省居家养老信息化服务平台为核心，整合政府、企业、社会组织等多方资源，利用云计算、大数据、物联网、移动互联网等先进技术，对接老年人服务需求和各类主体服务供给，为老年人提供高效、便捷、优质的居家养老服务，打造具有特色的居家养老服务体系和服务品牌。1月19日，三水区居家养老信息化服务平台启动，现场向芦苞镇政府购买居家养老服务的108名老人派发终端机；3月17日，三水区作为广东省居家养老信息平台优秀试点地区代表接受省民政厅媒体采访，分享试点经验。

2017年12月8日，广东省民政厅副厅长曾凡瑞一行到佛山禅城石湾敬老院指导开展防寒保暖工作

（市民政局供图）

推进禅城区祖庙街道敬老院、南海区社会福利中心、顺德区颐养院、顺德区龙江镇敬老院4个公办养老机构社会化改革试点工作。禅城区祖庙街道敬老院、顺德区颐养院、顺德区龙江镇敬老院通过招投标完成公办养老机构社会化改革。南海区以南海福利中心为龙头的整区改革试点工作稳步推进。

推动养老服务机构安装简易喷淋设施，市级财政向各区划拨资金用于帮扶相关养老服务机构安装简易喷淋设施，解决部分不具备安装正式消防喷淋系统的养老服务机构消防安全问题。

【残疾人福利】 2017年，佛山市完善残疾人“两项补贴”管理制度。残疾人“两项补贴”工作由市民政局承接，各区分别建立“广东省残疾人两项补贴信息系统”注册账号，并完成系统信息录入。是年，全市残疾人生活津贴标准为每人150元/月，重度残疾人护理补贴标准为每人200元/月。

【福利彩票】 2017年，佛山市销售福利彩票20.84亿元，比上年增长1.58%。其中，电脑型彩票销售18.2亿元、网点即开票“刮刮乐”销售1.8亿元、“中福在线”视频票销售7 673万元。超额完成广东省民政厅下达的销售任务，连续三年获全国即开型福利彩票销售“十强城市”称号。

“阳光福彩”建设　向社会公开征召设立45个投注站。由市福彩发行中心专门成立站点公开征召领导小组，制订详细的方案与实施办法，纪检监察部门全程参与，新闻媒体全程跟踪。通过网站和报纸等媒体向社会发布开设站点公示、申请人资格审核、公开摇号等程序，最终确定41个开设名额。公开福彩信息。拓展信息公开渠道，创新信息公开机制，通过市福彩发行中心自建各类微信平台、市民政网、各区民政网和《佛山日报》《珠江时报》《珠江商报》等渠道公开福彩信息。建立新闻发布机制，及时向社会通报各种福彩信息；在报纸媒体特别增设信息公开栏目，做好各类发文、新闻动态、通知公告等的发布。不断创新信息公开形式，发展官方微博、微信公众平台和站点信息显示，及时主动发布彩民和社会关注的信息。

福彩信息化建设　开发数据分析系统，及时分析每月站点的销量变化，解决或者避免问题发生；通过分析各区域、各站点、各票种的销量等情况，做到精准营销，促进刮刮乐精细化管理。市福彩发行中心通过手机“及时语”会议系统，将区中心、中心员工、配送管理员汇集在一起，加快信息与知识的交流传播，促进团队合作，加快决策速度。推进投注站显示屏联网和定时信息系统建设，利用手机和微信控制，市福彩发行中心和投注站都可根据需求实时发布彩票信息。以统一免费安装和提供补贴的方式，为全市投注站点加装高清变焦摄像头，通过系统网络连接，中心片区管理人员和站点负责人能随时通过手机和电脑查看站点的影像信息，对各种图像进行联动管理，确保全市彩票销售工作的安全运行。另外，为方便彩民兑奖，市福彩发行中心与银行合作，共同开发兑奖信息化系统。通过 VTM 和网银，将银行柜台服务引入中心大堂，实行兑奖领钱一站式服务，彩民奖金实时到账。原来需要一个小时以上的整个兑奖流程，通过 VTM6 分钟即可完成。

（吕龙锋）

·慈善事业·

【概况】 2017 年，佛山市出台慈善组织登记和认定工作指南，在行政审批系统增加慈善组织登记和认定功能，加强指导慈善组织按要求进行公开募捐活动备案。至年底，全市登记慈善组织 5 个，认定慈善组织 14 个，确认 9 个慈善组织取得公开募捐资格。

推动慈善事业发展，开展形式多样的慈善活动，倡导市民做好事、行善举，乐善氛围日益浓厚，“大爱佛山”渐成新的城市名片。在中国慈善联合会发布的“第四届中国城市公益慈善指数”报告中，佛山市以 84.05 分位居全国第二十三名、全省第四名，受到中华慈善联合会及兄弟城市慈善会的肯定和好评。

【第八个广东（佛山）扶贫济困日活动】 2017 年 6 月 29 日，在佛山市委办公楼一楼大厅，佛山市委书记鲁毅带领市几套班子领导和市委机关干部将爱心款投进红色心形捐款箱内，共捐款 49 570 元，为第八个广东（佛山）扶贫济困日活动拉开序幕。6 月 30 日，佛山市举行“2017 年广东（佛山）扶贫济困日”活动启动仪式，通报 2016 年扶贫济困日活动和扶贫开发工作情况，表扬 129 个（名）2016 年扶贫济困先进单位和个人，并举行 2017 年扶贫济困日活动认捐仪式，认捐仪式上，爱心企业认捐总额 1 978 万元。市政府副市长乔羽出席并作讲话。全市“6·30”活动及慈善认捐活动募得款项 5 436.48 万元。

【美的集团发布 60 亿元慈善捐赠计划】 2017 年 7 月 25 日，美的集团创始人何享健在顺德区美的总部公布超过 60 亿元慈善捐赠计划，宣布捐出 1 亿股美的集团股票（2017 年 7 月 25 日收盘价 43.42 元）和 20 亿元现金注入广东省和的慈善基金会（由何享健担任荣誉主席），用于支持佛山本土乃至全省全国等多个领域的公益慈善事业发展。佛山市委书记鲁毅，广东省民政厅副厅长饶美奕，佛山市委常委、宣传部部长郭文海，中信信托有限责任公司董事长陈一松，佛山市委常委、顺德区委书记区邦敏，顺德区区长彭聪恩，佛山市民政局局长陈浩斌，美的集团董事长方洪波等嘉宾出席捐赠仪式。佛山市慈善会聘请何享健担任佛山市慈善会名誉会长，鲁毅向何享健颁发名誉会长聘书。60 亿元捐赠中 1 亿元资金用于佛山市慈善会助力佛山扶贫、教育、医疗、养老等公益慈善事业的发展。佛山市副市长、市慈善会名誉会长乔羽代表市慈善会接收 1 亿元的善款捐赠支票。

【2017 年五十公里徒步活动募捐】 2017 年 3 月 25 日，佛山市举办 2017 五十公里徒步活动并在活动中融入慈善宣传、慈善义卖和儿童大病医疗救助项目筹款等慈善活动，活动筹集善款逾 30 万元，参与 2017 五十公里徒步慈善报名的市民在市慈善会设立微基金 219 个。

【《佛山市建设“乐善之城”行动计划（2018 — 2020 年）》出台】 2017 年，佛山市出台《佛山市建设“乐善之城”行动计划（2018 — 2020 年）》，提出未来三年佛山对标国内先进城市，聚集优秀慈善资源要素，通过设立“标志性、特色性、关键性和基础性”四个方面的指标，建成一批标志性（不少于 30 个）慈善街区、广场和公园等主题场所，打造 5 个国内知名品牌慈善组织和 10 个国内知名品牌慈善项目，通过创新驱动、专业运作和社会参与三者有机结合，推动形成具有佛山特色的全民慈善、快乐慈善、阳光慈善、高效慈善、共享慈善的现代化慈善事业发展新格局，让慈善成为佛山市“更高质量的民生幸福城市”的亮丽名片。

（吕龙锋）

2017 年 7 月 25 日，美的集团创始人何享健在顺德区公布 60 亿元慈善捐赠计划，宣布捐出 1 亿股美的集团股票（当天收盘价 43.42 元）和 20 亿元现金注入广东省和的慈善基金会，用于支持公益慈善事业发展。图为出席捐赠仪式的领导嘉宾合影留念

（市民政局供图）

·老龄工作·

【概况】 至2017年底，佛山市60周岁以上老年人口73.65万人，比上年增长3.59%；80周岁以上老年人9.81万人，比上年增长2.97%，占老年人口的13.31%。

2017年，佛山市发放高龄津贴1.82亿元，发放253.51万人次。全市户籍老年人享受半价乘车优惠刷卡1 380.15万次，享受免费刷卡9 106.13万次，其中，外埠老年人享受半价乘车优惠刷卡378.99万人次、享受免费刷卡1 302.21万人次，全年全市老年人公交乘车优惠合计1.72亿元。是年，佛山市继续提高企业退休人员养老金待遇，佛山企业退休人员每月人均养老金3 050元，养老待遇水平高于省平均水平，至此，佛山连续13年16次提高企业养老保险待遇水平。同年，佛山市印发《调整城乡居民基本养老保险基础养老金标准工作方案》，把全市基础养老金补贴标准从每人每月170元提高到180元，比省标准高出60元，每年增加财政支出3 641.7万元。同年，佛山市启动市受助人员托养中心、市颐养院、市新社会福利院3个项目的建设工作。3个项目均为政府公建项目，投入总额4.45亿元，由佛山市民政局作为3个项目的建设主体，佛山市代建中心建设，采取同时启动、分别立项、同步建设的方式推进建设工作，其中佛山市受助人员托养中心计划在2018年底前投入使用。

【老年人意外伤害保险】 2017年，佛山市五区户籍60周岁以上老人由政府出资投保，购买一份“银龄安康”综合意外商业保险，至年底，全市实现60周岁以上老年人意外保险100%覆盖，全市老年人意外保障水平稳步提升。

【老年人精神文化生活】 2017年，佛山市举办第一届老年文化节，通过举行老年人文艺汇演、老年人公益讲座、老龄问题研讨会、老年人体育竞赛，展现佛山老年人风采。开展五区老年文艺巡演活动，活动吸引全市近6 000名老年文艺爱好者参加。是年，市老龄办与佛山开放大学合作，以各区开放大学为依托，在全市范围内举办以绘画、法律宣传、摄影等老年人喜闻乐见的公益讲座，全年举办公益讲座40场，超3 000人次参加活动。组织佛山市老年体育爱好者参加广东省老年体协组织的柔力球比赛和网球比赛，均取得优异成绩。

【老年法律法规宣传】 2017年9月28日，新修订的《广东省老年人权益保障条例》正式颁布，佛山市以此为契机，采取多种形式开展针对老年人的普法宣传教育，完善自上而下的普法宣传教育体系。一是将《中华人民共和国老年人权益保障法》和《广东省老年人权益保障条例》纳入全市普法宣传的内容和计划，不断深化学习宣传。二是整合资源，因地制宜，将普法宣传有机地融入各项专题活动，通过电台、报纸和镇（街道）宣传栏、法律援助联系卡等加大宣传力度。三是与社区老年大学合作，开办老年法规政策学习讲座，组织广大老年人分批开展老年法规政策学习活动，提高他们依法维护自身合法权益的意识和能力。四是开展送法下基层活动，全年向基层单位、社区、老年协会和老年人派发《广东省老年人权益保障条例》2.8万册，实践“法治惠民”。

【老年人防范网络诈骗】 2017年，佛山市老龄办针对非法集资在网上有蔓延趋势的特点，利用多种渠道，加强老人年防范网络诈骗宣传。在佛山民政公众网、佛山民政微信公众号开展法律法规、防骗识骗技巧宣传。在佛山电台投放为期3个月的公益宣传广告，提醒广大市民尤其是老年人注意防范网络电信诈骗和非法集资。与公安、银行等单位在全市范围内联合开展防范和处置非法集资专题讲座10余场，邀请片区民警，银行工作人员结合工作实际现身说法，通过通俗易懂的语言结合具体案例向老年人教授防骗识骗技巧。另外，印制以防范和打击非法集资活动为主要内容的宣传资料向全市老年人派发，同时组织义工耐心地向老年人讲解，引导老年人要主动学习必要的法律知识和金融常识，对“高额回报”的民间借贷、“快速致富”的投资项目擦亮眼睛、提高警惕，并远离非法集资。

【老年人法律援助】 2017年，佛山市开展“老年人法律援助绿色通道”服务，对老年人申请法律援助的案件实行优先受理、优先审查、优先指派和优先办理。佛山市市、区两级法律援助服务大厅均设置无障碍通道，在等候区配备座椅、饮水机、纸币等适老用品，还准备急救箱以应对紧急状况，为老年人提供良好服务环境。是年，佛山市法律援助机构共为161名老年人提供法律援

2018年6月27日，佛山市老年文化节活动之一的太极拳（剑）比赛在顺德区伦教体育馆举行，近200名选手参赛（市老龄办供图）

助，办理涉及老年人案件154件，其中刑事案件7件、民事案件147件。全年全市法律援助机构接受老年人到访咨询1 232人次。

【"佛山市健康老龄化新锐问题"研讨会】 2017年11月2日，佛山市老龄办与佛山市老年学学会在佛山市中医院举办"佛山市健康老龄化新锐问题"研讨会。该次研讨会收到论文50多篇，入选的文章有医学专家对老年人健康保健、养生等问题的研究，有来自专家学者的论文及研究成果，也有来自各区从事老龄工作研究者的经验分享，范围广且理论联系实际，可为解决健康老龄化建设面临的新锐问题提供理论与实践的依据。

（黄文洁）

物　价

【概况】 2017年，佛山市居民消费价格（CPI）处于温和上涨区间运行，全年平均上涨1.9%，其中食品烟酒价格下降0.8%，是平抑物价上涨的有利因素；服务价格上涨4.1%，工业品价格上涨2.2%，涨幅相比2016年均有所扩大。全年平均涨幅分别比全国、全省高0.3、0.4个百分点，与全国、全省对比，佛山市CPI走势一致。在珠三角城市中，涨幅从高到低排序佛山位居第二，低于广州0.4个百分点，高于惠州0.1个百分点。

月环比波动幅度较2016年收窄　从各月环比看，2017年在-0.6% ~ 1.4%区间运行，而且有5个月在持平线上下0.1个百分点浮动，相比2016年在-1.1% ~ 2.6%区间波幅有所收窄。其中，1月份受春节因素影响环比上涨1.4%，随后2—3月持续回落，7月份受医改影响，医疗服务价格上涨拉动环比上涨0.9%，其余月份均在持平线上下小幅波动。

月同比高位回落趋于平稳　从各月同比看，受对比基期春节错月影响，1月份同比上涨3.6%高位开局，2月份快速回落，同比上涨0.6%，3—5月涨幅逐月扩大，分别上涨1.2%、1.5%、2.2%，随后6—10月连续稳定在1.9% ~ 2.4%区间运行，11—12月涨幅再度收窄，均上涨1.6%。

八大类构成"七涨一降"　从分类看，八大类商品及服务价格"七涨一降"。其中仅食品烟酒价格下降0.8%，其余七类全部上涨，依次为：医疗保健价格上涨7.6%，衣着价格上涨5.6%，居住价格上涨3.6%，教育文化和娱乐上涨2.7%，其他用品和服务价格上涨1.3%，生活用品及服务上涨1.1%，交通和通信价格上涨1.1%。

2017年佛山八大类商品及服务项目价格累计同比涨跌幅度

项目名称	价格涨跌幅（%）	对总指数的影响（百分点）
居民消费价格总指数	101.9	—
一、食品烟酒	99.2	-0.27
二、衣着	105.6	0.35
三、居住	103.6	0.83
四、生活用品及服务	101.1	0.07
五、交通和通信	101.1	0.14
六、教育文化和娱乐	102.7	0.29
七、医疗保健	107.6	0.47
八、其他用品和服务	101.3	0.04

食品烟酒价格同比下降　2017年，佛山市食品价格同比下降1.2%，影响总指数下降0.25个百分点。纳入调查的14类食品价格"四涨九降一持平"。粮油及副食品类同比价格小幅波动。其中，粮食、豆类及糖果糕点类分别上涨1.3%、0.9%、0.9%；而薯类、奶类及食用油分别下降2.9%、1.4%、0.2%；调味品价格保持持平。鲜菜、鲜瓜果价格双双下降。受天气因素晴好以及上年高基数影响，鲜菜鲜瓜果全年仍以降为主。其中鲜菜价格下降6.2%，鲜瓜果价格下降1.6%。肉禽蛋类价格下降，水产品价格上涨明显。伴随着生猪出栏价持续下跌拉动猪肉价格下降5.4%；受禽流感疫情的持续影响，禽肉价格下降3.9%，蛋类价格下降0.3%。随着养殖成本及营运成本的上涨，加上节假日消费需求刺激，水产品价格上涨7.5%。烟酒价格上涨，在外饮食、茶及饮料小幅下降。全年酒类价格上涨3.1%，烟草价格持平，在外饮食、茶及饮料分别小幅下降0.4%、0.3%。

服务价格涨幅明显　2017年，佛山市服务价格上涨4.1%，在各类别中涨幅居首。受佛山医疗改革影响，医疗服务价格同比上涨11.7%，其中综合医疗类上涨24.0%，治疗类上涨20.8%，中医医疗服务类上涨5.6%，其他医疗服务类上涨15.0%。另外，涨幅较为明显的服务价格：家政服务上涨15.1%，养老服务上涨10.0%，小学初中教育上涨9.1%，私房房租上涨6.1%，学前教育上涨5.9%，旅行社收费上涨5.8%，物业管理费上涨5.4%。

能源价格上涨　2017年，佛山市能源价格上涨3.1%，影响CPI总水平上涨0.4个百分点。其中汽油、柴油价格分别上涨8.4%和9.2%，液化石油气价格上涨13.5%。

2017年全国、广东省及佛山市CPI各月同比走势图

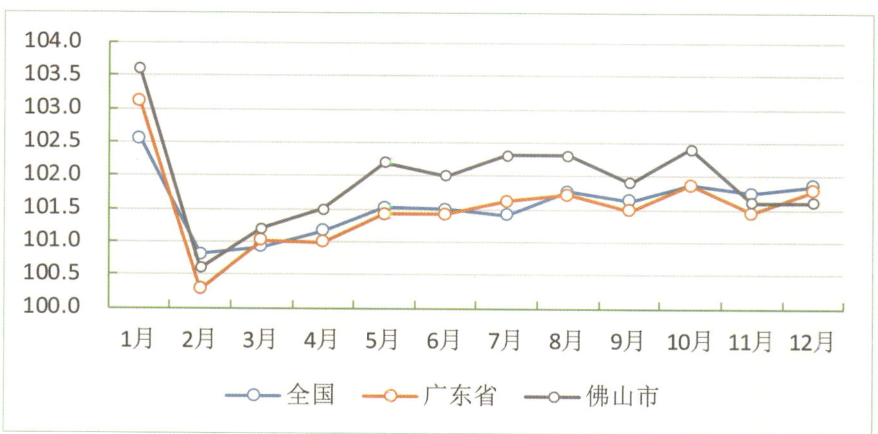

工业品价格涨幅扩大 2017年，随着上游原材料涨价以及生产运营成本增加，在价格传导下佛山市工业品价格同比上涨1.7%，涨幅比2016年（0.1%）扩大1.6个百分点。其中家具价格上涨6.5%，衣着价格上涨4.4%，住房装潢材料价格上涨4.4%。

（许雁雁）

【主要商品价格】 *粮食价格* 2017年，佛山市粮食零售均价3.48元/500克，比2016年3.46元/500克微升0.75%。在全国粮食继续保持增产、粮食储备充足和国际粮食价格弱势等背景下，佛山市粮食价格平稳运行，价格轻微上升主要受劳动力价格和生产运输成本上升等因素影响。监测的7种粮食每500克零售均价在3.45元至3.51元之间微幅波动上行。

食用油价格 2017年，佛山市监测的2种食用油（5L桶装，下同）均价83.53元/桶，比2016年82.27元/桶上升1.53%。受下半年国际油脂原料价格逐步走高以及国内市场供求状况改善的影响，佛山市食用油市场价格稳中略升，月均价在82.69元/桶至84.05元/桶之间波动上行。

蔬菜价格 2017年，佛山市蔬菜价格受天气和季节因素影响程度远低于2016年，总体呈先低后升走势。监测的30种蔬菜市场均价为3.59元/500克，比2016年3.99元/500克下降9.93%。春节期间，佛山市大量从事蔬菜运输、批发和农贸市场零售档口的经营者，因回乡过年而休市，蔬菜供应出现阶段性减少，价格小幅上升。春节过后随着蔬菜供应恢复正常，加上天气较为稳定，蔬菜产量和供应充足，价格逐步回稳下跌。下半年则受三季度受台风天气多发和夏季高温多雨的天气影响，蔬菜供应偏紧，价格持续上升，10月均价涨至年内最高点3.89元/500克。入冬后佛山市天气较为晴暖，至年底蔬菜价格运行依然保持平稳。

生猪和猪肉价格 2017年，佛山市生猪出栏均价7.56元/500克，比2016年9.22元/500克下降18.05%；仔猪出栏均价21.9元/500克，比2016年26.29元/500克下降16.7%；母猪出栏均价20.44元/500克，比2016年20.38元/500克微升0.34%；白条猪肉批发均价9.82元/500克，比2016年11.57元/500克下降15.1%；猪肉（4种）零售均价18.24元/500克，比2016年18.52元/500克下降1.53%。是年，国内生猪产能逐步恢复，市场猪源供应总体充足，需求偏弱，佛山市生猪（肉）价格进入下行通道。生猪出栏和白条猪肉批发价格方面，佛山市的猪肉消费季节性明显，2016年11月至2017年的2月，食品加工企业和居民制作腊味及春节食品，使佛山市猪肉消费进入传统旺季，拉动着生猪（肉）价格的走高。同时，2017年7—8月期间，因台风降雨天气阻碍生猪出栏和调运，也导致佛山市生猪出栏价格、白条猪肉批发价格出现小幅上升。而进入夏季和暑假期间，市场需求下降，价格均弱势下行。仔猪价格方面，2017年天气总体相对稳定，仔猪成活率较高，供应充足，但生猪（肉）市场价格的持续弱势，养殖场（户）补栏积极性受挫，导致仔猪出栏价格大幅回落。猪肉零售价格方面，虽然生猪出栏和猪肉批发价格出现两位数的下降，但由于受零售环节人力和租金等经营成本上升因素影响，猪肉零售价格仅下降1.53%，降幅大大小于批发和出栏等价格。

毛鸡和鸡肉价格 2017年，佛山市监测的毛鸡批发均价8.98元/500克，比2016年9.67元/500克下降7.12%，总体呈先降后升走势。2017年初受H7N9禽流感疫情影响，佛山市活禽交易市场在1月至3月定期空栏休市，市场毛鸡交易量和需求量下降，价格持续走低，偏弱行情持续到7月，随后受夏季高温

2016—2017年佛山市7种主要粮食月均价走势图

单位：元/500克

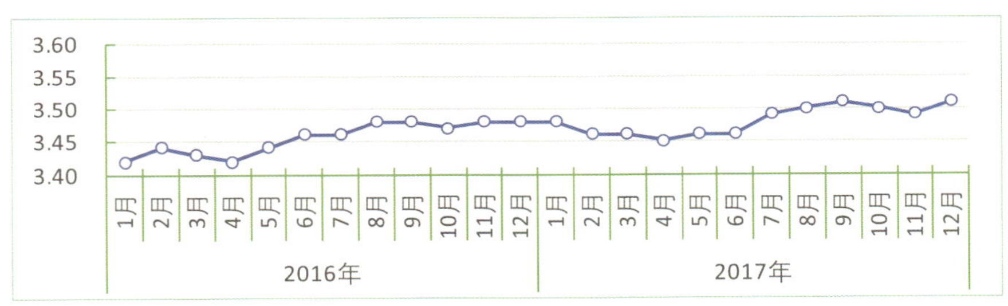

2016—2017年佛山市2种食用油月均价走势图

单位：元/桶

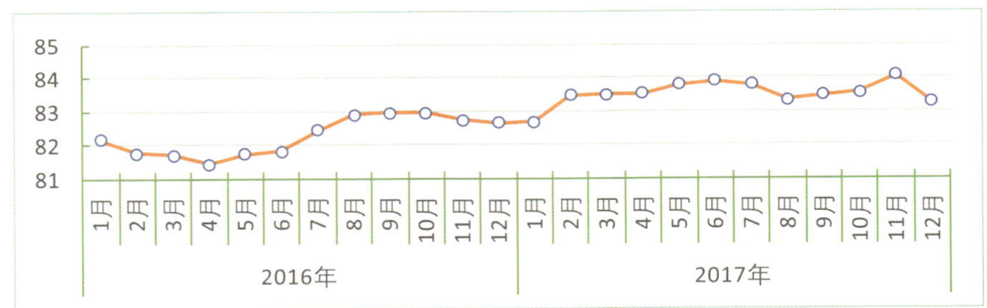

2016—2017年佛山市30种蔬菜月均价走势图

单位：元/500克

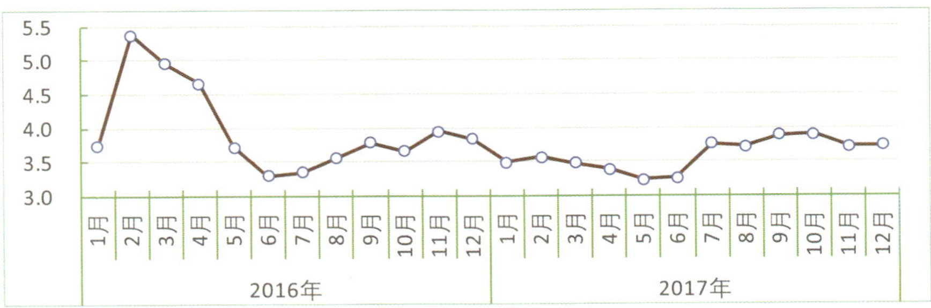

和台风降雨天气影响，毛鸡的养殖、储存和运输成本增加，加上9月学校开学和国庆节、中秋节前消费需求增加，市场毛鸡供应偏紧，9月以后毛鸡批发价格持续上升。佛山市鸡肉（白条鸡）零售均价16.99元/500克，比2016年16.68元/500克稳中上升1.86%。

鸡蛋价格 2017年，佛山市红壳鸡蛋批发均价4.13元/500克，比2016年4.56元/500克下降9.43%，白壳、红壳鸡蛋零售均价分别为5.74元/500克、5.03元/500克，比2016年分别下降5.81%、5.3%。鸡蛋批发和零售价格呈先降后升态势，上半年因蛋鸡存栏量及产量增加，市场供应过剩，佛山市鸡蛋价格持续下跌，6月降至近两年来最低位。随后触底反弹，9月受中秋节前需求小高峰推动，涨至年内最高点，10—12月在高位窄幅盘整。

水产品价格 2017年，佛山市水产品均价23.94元/500克，比2016年23.05元/500克上升3.83%，呈上升—平稳—回落走势。1月份春节节日效应带动水产品需求旺盛，但由于寒冷的天气致使产量下降，加上春节放假用工的短缺等因素影响，佛山市水产供应一度偏紧，价格走高，至6月后才逐步回落。下半年，由于天气炎热，消费下降，价格稳中趋降，直至12月价格才开始出现回升。

饲料价格 2017年，佛山市饲料价格2.18元/千克，比2016年2.15元/千克上升1.59%，其中，麦皮、米糠、豆粕价格分别比2016年上升11.87%、7.57%、0.59%，玉米下降8.93%。

商品住宅价格 2017年，佛山市新建商品住宅价格升幅收窄，二手住宅价格走高。上半年，佛山市新建住宅总体继续保持上涨态势，3月24日和5月31日，佛山市2次出台“区域限购和差别化信贷”调控政策，对中心城区以及广佛周边的11个镇街实施限购和差别化住房信贷政策。进入下半年后，上涨态势得到控制，从7月开始逐步回调。据市住建局网签数据显示，2017年新建住宅成交均价为10 073.3元/平方米，比2016年均价9 460.3元/平方米上升6.48%，涨幅比2016年收窄4.77个百分点。监测的禅城区一类地段新建普通商品住宅2017年中位成交均价14 258元/平方米，比2016年11 828元/平方米上涨20.5%，涨幅比2016年收窄3.5个百分点，最低、最高价分别出现在2月（12 854元/平方米）、6月（16 057元/平方米）。二手房方面，在佛山、广州两地新房均限购的背景下，原来不限购的佛山二手房，特别是佛山市东部限购区域二手房市场迅速升温，成为广州买家购买力外溢主要区域，推动佛山市二手住宅价格持续走高，即使6月起把限购区域的二手房纳入限购范围，二手房价格仍然波动上行。监测的禅城区一类地段二手普通商品住宅2017年中位成交均价12 236元/平方米，比2016年9 358元/平方米上涨30.8%，涨幅比2016年扩大18.3个百分点，最低、最高价分别出现在2月（8 979元/平方米）、9月（15 116元/平方米）。

2016—2017年佛山市生猪出栏均价、白条猪肉批发均价、猪肉零售均价走势图

单位：元/500克

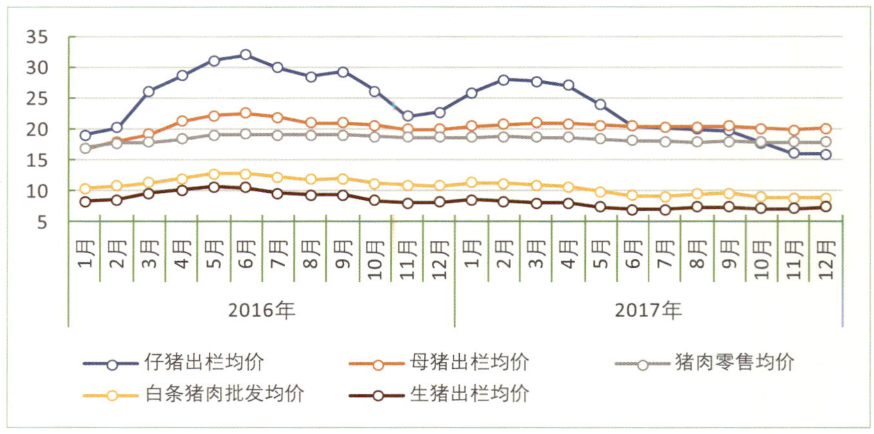

2016—2017年佛山市家禽类批发、零售月均价走势图

单位：元/500克

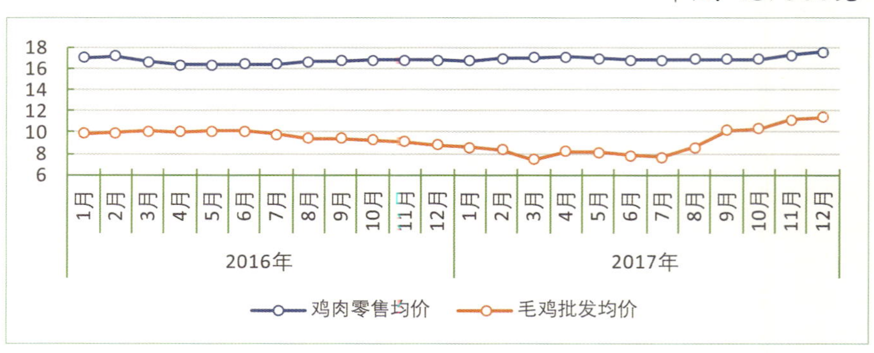

2016—2017年佛山市鸡蛋批发、零售月均价走势图

单位：元/500克

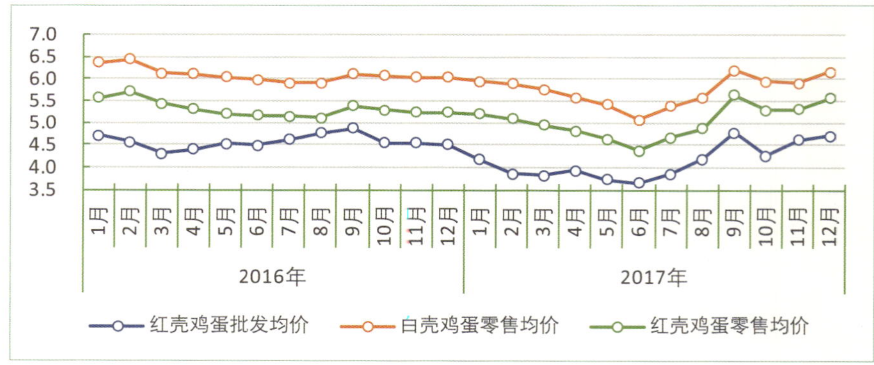

瓶装液化石油气价格 2017年，佛山市居民瓶装液化石油气（14.5千克，不含送气费）每瓶零售均价99.57元，比2016年均价83.16元上升19.73%。受2016年岁末冬季市场对瓶装气需求旺季及国际原油价格持续走高带动，一季度佛山市瓶装液化气市场价格不断回升，连涨3个月，创近两年新高。随后气温回升，需求减少，4—7月价格小幅回落，7月降至年内最低位90.89元，8月以后再度走高。四季度后受国际原油价格走高和国内燃气供应紧张影响，10月冲破百元大关，12月（105.23元）刷新近两年最高价位。

2016—2017年佛山市11种水产品月均价走势图

单位：元/500克

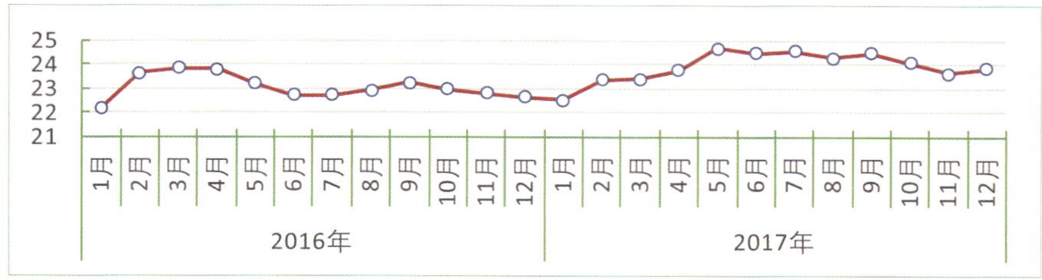

2016—2017年佛山市4种饲料原料月均价走势图

单位：元/公斤

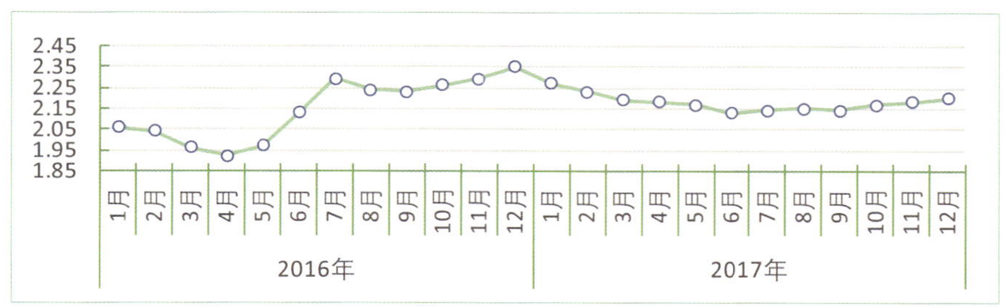

2016—2017年佛山市禅城区一类地段普通商品住宅月均价走势图

单位：元/平方米

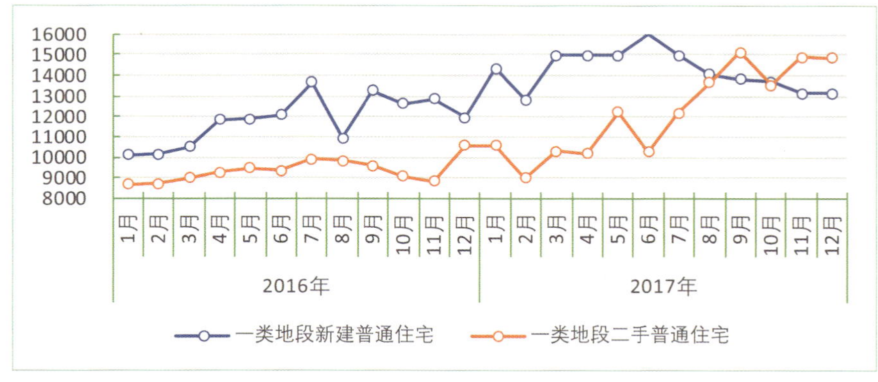

2016—2017年佛山市瓶装液化石油气零售月均价走势图

单位：元/瓶

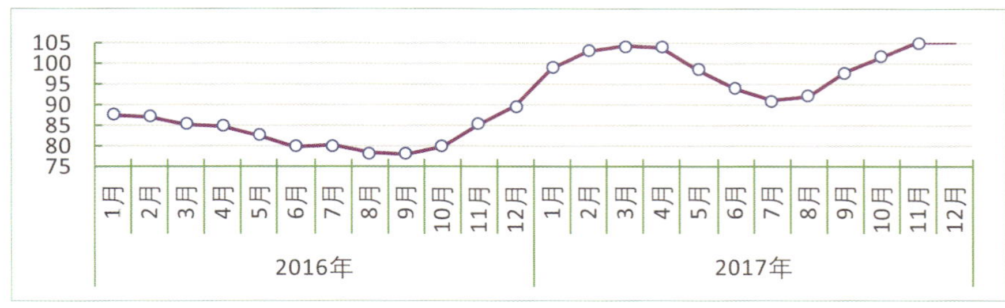

成品油价格 2017年，佛山市监测的3种成品油批发均价为6 124元/吨，比2016年均价5 518元/吨上升10.98%。国际原油受OPEC减产协议、库存、地缘政治、美国页岩油和市场供求等因素影响，价格全年走出先降后升的"V"字型走势。上半年欧佩克减产协议的执行，原油库存的释放，令国际油价徘徊于50~55美元/桶之间，并小幅向下。下半年受减产协议延长和地缘政治风险增加等因素影响，国际原油价格震荡走高，布伦特原油价格从10月底开始突破60美元/桶高位。受此影响，国内成品油调价窗口经历11次上调、6次下调、8次搁浅，佛山市成品油价格先降后升，呈"V"字形走势，总体波动上行，11月（6 877元/吨）涨至近两年最高点。

有色金属价格 2017年，受世界主要经济体逐渐复苏，国际市场大宗商品价格震荡走高，部分有色金属供应偏紧以及国内供给侧结构性改革成效显现等因素影响，佛山市有色金属价格大幅回升。上半年价格稳中有降，下半年价格稳步上涨，监测的6种有色金属均价58 067元/吨，比2016年48 002元/吨大幅上涨20.97%。

化工产品价格 2017年，受国际原油市场价格先降后升走势和市场供需关系影响，佛山市化工产品价格先降后升，监测的2种化工产品均价4 932元/吨，比2016年3 825元/吨大幅上升28.94%。上半年除1—2月春节前企业备货积极，推动价格小幅上升外，3—8月价格均小幅回落，随后因国际原油价格持续走高带动，佛山市化工产品价格连续4个月快速上升，导致2017年均价大幅上升。

建材价格 2017年，受基础设施建设项目持续启动、房地产市场发展和钢铁煤炭等大宗商品价格上涨等因素影响，佛山市建材价格稳中有升。监测的水泥2017年均价483.5元/吨，比2016年上升12.14%；玻璃2017年均价29.5元/平方米，与2016年持平。

城市居民服务价格 2017年，佛山市城市居民服务价格总体较为平稳，特别是旅游娱乐类并未受春节、劳动

2016—2017年佛山市3种成品油批发均价走势图

单位：元/吨

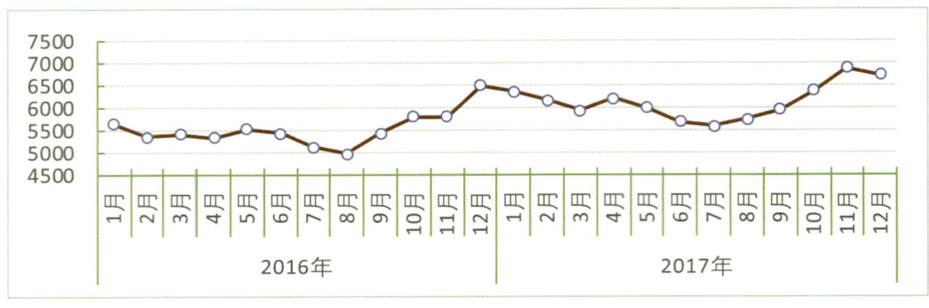

2016—2017年佛山市有色金属月均价走势图

单位：元/吨

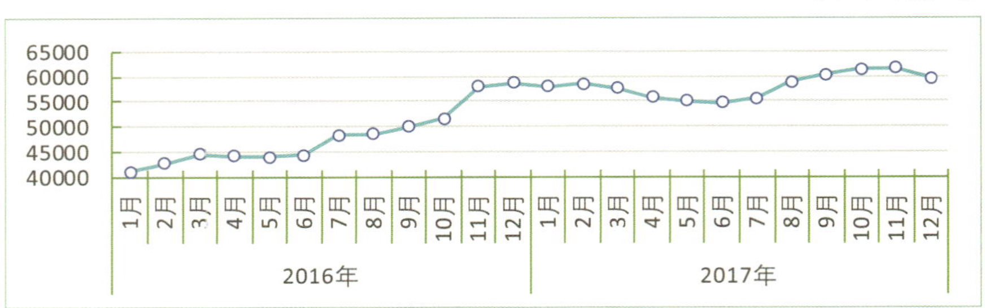

2016—2017年佛山市化工产品月均价走势图

单位：元/吨

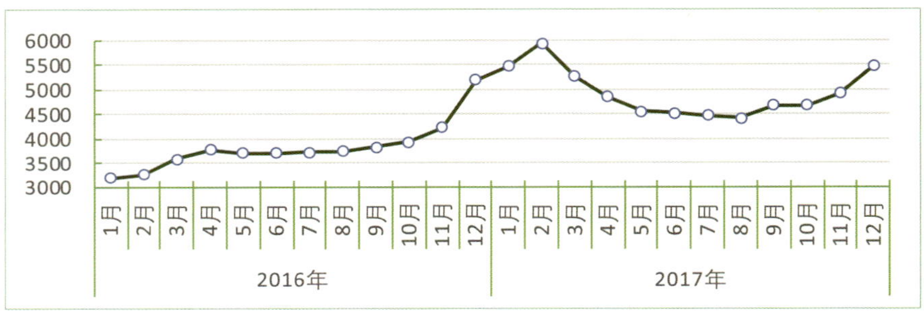

2016—2017年佛山市建材（水泥）月均价走势图

单位：元/吨

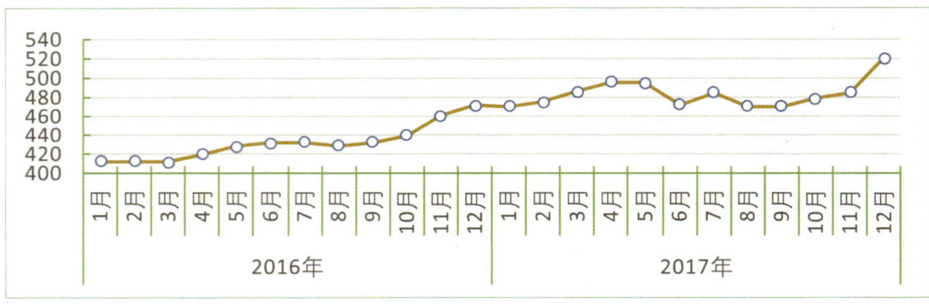

2016—2017年佛山市建材（玻璃）月均价走势图

单位：元/平方米

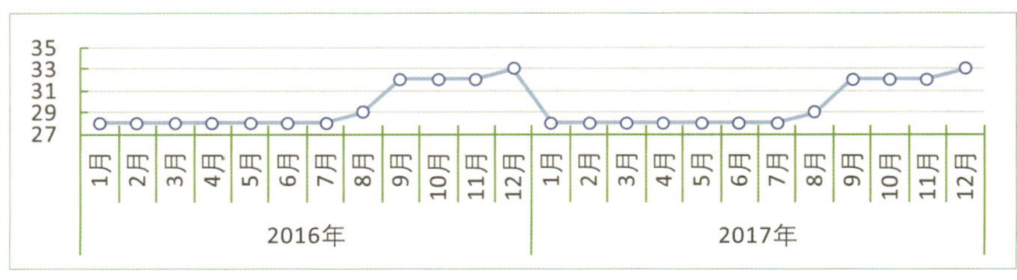

节、中秋节、国庆节等节日消费旺季的到来而大幅涨价，监测数据显示其价格均保持在合理的价格区间运行。如：景点门票（西樵山）的价格始终维持在70元/次的价位；宾馆住宿（市区三星级标间）的价格在238至278元/间·日间波动；旅游包车（33座）的价格也在1 000至1 150元/日区间浮动。汽运票价及公路货运价格方面，受国际原油和国内成品油价格上升，国内经济稳中向好和出口增速回暖等因素的影响，价格稳中偏强运行。如：道路班车客运票价（省内线路、中型高一级车）在0.4至0.43元/人·千米区间浮动，高于2016年0.32至0.4元/人·千米；道路班车客运票价（跨省线路、大型高二级班车）在0.23至0.38元/人·千米区间浮动，高于2016年0.23至0.34元/人·千米；公路货运（省内，定区不定线，零担）在0.47至0.53元/吨·千米区间浮动，高于2016年0.36至0.55元/吨·千米；公路货运（省际，定期定线，整车）在0.42至0.48元/吨·千米区间浮动，高于2016年0.25至0.49元/吨·千米；公路生鲜产品货运（整车）在0.4至0.47元/吨·千米间浮动，高于2016年0.29至0.4元/吨·千米。

（张艳玲）

收入与消费

【概况】 2017年，佛山市主动适应经济发展新常态，坚持稳中求进总基调，经济发展保持稳中有进、稳中向好、稳中趋优的良好态势。据国家统计局佛山调查队城乡一体化住户调查数据显示，2017年佛山常住居民收入稳步增长、消费需求不断优化，城乡居民实现收支双增长。佛山全体常住居民人均可支配收入45 813元，比上年增长9.2%，增速分别比全国、广东省高0.2个百分点、0.3个百分点。佛山市居民消费价格（CPI）处于温和上涨区间运行，全年上涨1.9%，涨幅比上年回落0.4个百分点。由于物价温和、新消费热点尚在培养，加上食品和交通通信类价格维持低位运行，全体常住居民人均生活消费支出32 648元，名义增长6.8%，增速比上年回落3.5个百分点。

【常住居民人均可支配收入平稳增长】 2017年，佛山全体常住居民人均可支配收入45 813元，比上年增长9.2%。其中，城镇常住居民人均可支配收入46 849元，比上年增长8.6%；农村常住居民人均可支配收入26 390元，增长9.2%。扣除价格因素，全体、城镇、农村常住居民人均可支配收入实际分别增长7.2%、6.6%、7.2%。从收入构成看，工资性收入仍为首要来源。2017年，居民人均工资性收入29 509元，增长7.8%，占收入比重为64.4%；人均经营净收入6 449元，增长12.0%，占收入比重14.1%；人均财产净收入6 944元，增长12.1%，占收入比重15.2%；人均转移净收入2 911元，增长11.6%，占收入比重6.3%。

2017年佛山市居民四大项收入构成情况

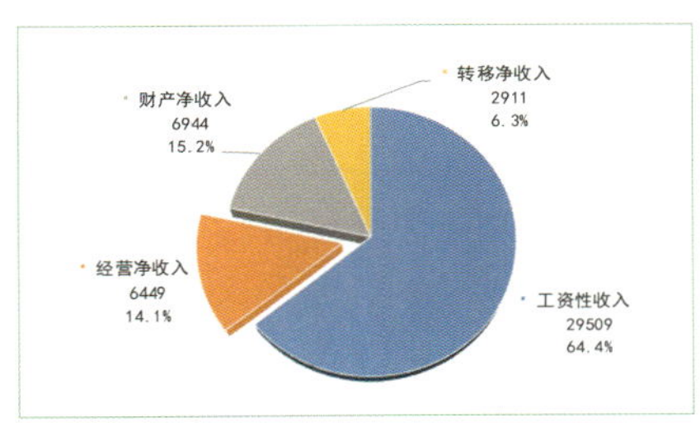

就业稳定、薪资提高助推工资性收入稳步增长 全体居民人均工资性收入占可支配收入的64.4%，拉动居民收入增长5.1个百分点，是居民收入增长的主要动力。全年佛山就业形势平稳向好，全市人社系统发放创业担保贷款1.7亿元，带动4.2万人创业；就业人员数量保持稳定略增态势，城镇新增就业8.6万人，再就业3.6万人，登记失业率低于预期水平。企业单位正常工资增长机制进一步完善并发挥效用。就业增加和工资增长，均带动居民人均工资性收入稳步增长。分城乡看，城镇居民工资性收入30 261元，增长7.3%，农村居民人均工资性收入16 716元，增长8.5%，农村居民工资收入增速快于城镇。

经营净收入平稳增长 市委、市政府大力推进产业转型升级，经营、创业环境继续改善，企业降成本效果显著。全年全市为各类市场主体减负349.2亿元，促进居民经营净收入稳定增加。农业生产形势总体良好，粮食价格平稳，略有上涨；渔业等农产品价格保持平稳，生猪虽然价格有所回落，但仍能实现盈利，促进农民增收。分城乡看，城镇居民人均经营净收入6 457元，增长12.0%；农村居民人均经营净收入4 422元，增长7.7%。

财产净收入快速增长 居民财产净收入比上年增长12.1%，占居民收入比重的15.2%。分城乡看，城镇居民人均财产净收入7 147元，增长11.1%；农村居民人均财产净收入3 598元，增长13.9%。一方面，随着经济发展需要，农村集体红利持续带来收入；另一方面，居民投资理财观念的增强，来自储蓄保险收益和出租房屋收入均有所增加，带动居民财产性收入较快增长。

政策性因素助力转移性收入较快增长 佛山市落实关于改善民生和打赢脱贫攻坚战的要求，精准扶贫和民生投入力度不断加大，养老、医疗、低保标准继续提高。企业职工退休金待遇实现"十三连涨"，为居民转移性收入增长提供支撑。城乡居民基础养老金标准由170元上调至180元，比广东省的最低标准（每人每月120元）高60元。推进基本医疗保险城乡一体化改革，实现职工和居民待遇标准统一，基本医保参保511万人，增加10万人。城乡居民最低生活保障标准从每人每月630元提高到900元，增幅42.9%。

【常住居民消费水平继续提高】 2017年，佛山市全体常住居民人均生活消费支出32 648元，名义增长6.8%，增速比上年回落3.5个百分点。分城乡看，城镇居民人均生活消费支出33 451元，增长6.9%；农村居民人均生活消费支出18 262元，增长9.1%。扣除价格因素，全体、城镇、农村居民人均生活消费支出实际分别增长4.8%、4.9%、7.1%。分类别看，佛山居民八大类消费支出呈"七升一降"态势，其中医疗保健消费支出增长最快，增速15.7%；教育文化娱乐、居住、生活用品及服务消费支出平稳增长，增速分别为9.6%、8.8%和8.3%；食品烟酒类、其他用品及服务和交通通信消费支出小幅增长，增速分别为4.5%、6.7%和6.6%；衣着消费支出有所减少，下降1.4%。

"衣食住行"刚需型消费增速放缓 人均食品烟酒消费支出10 624元，增长4.5%，占人均消费支出的比重为32.5%。人均衣着支出1 312元，下降1.4%。人均居住支出6 706元，增长8.8%。人均交通通信支出5 929元，增长6.6%，增幅较上年下降11.7个百分点。这四类支出合计占人均消费支出总额的75.3%，属于居民的刚性消费支出。

发展型消费需求有所提升 随着居

统计开放日宣传活动　　（国家统计局佛山调查队供图）

2017年佛山市常住居民收入和支出数据表

	全体常住居民		城镇常住居民		农村常住居民	
	实绩（元）	比上年增长（%）	实绩（元）	比上年增长（%）	实绩（元）	比上年增长（%）
人均可支配收入	45 813	9.2	46 849	8.6	26 390	9.2
一、工资性收入	29 509	7.8	30 260	7.3	16 716	8.5
二、经营净收入	6 449	12.0	6 457	12.0	4 422	7.7
三、财产净收入	6 944	12.1	7 148	11.1	3 598	13.9
四、转移净收入	2 911	11.6	2 983	9.9	1 654	11.2
人均消费支出	32 648	6.8	33 451	6.9	18 262	9.1
一、食品烟酒	10 624	4.5	10 858	4.8	6 069	4.6
二、衣着	1 312	−1.4	1 352	−1.6	702	18.6
三、居住	6 706	8.8	6 796	7.6	4 017	7.9
四、生活用品及服务	1 536	8.3	1 542	0.9	967	9.0
五、交通通信	5 929	6.6	6 101	8.9	3 284	16.2
六、教育文化娱乐	4 368	9.6	4 488	11.3	1 957	16.9
七、医疗保健	1 400	15.7	1 408	13.9	868	1.1
八、其他用品和服务	773	6.7	906	6.5	398	7.0

民生活水平的不断提高，对消费升级、消费结构优化的需求日益增加，教育、旅游、电影、体育健身等文化娱乐消费成为消费新的热点。具体来看，人均生活用品及服务支出 1 536 元，增长 8.3%，主要是居民家庭家用电器升级换代加快，耐用消费品数量增多、档次提升。调查显示，2017 年佛山每百户家庭汽车拥有量 73.1 辆，增加 2.3 辆；计算机拥有量 120.5 台，增加 4.5 台；移动电话 275.8 部，增加 4.5 部。教育文化和娱乐支出 4 368 元，比上年增长 9.6%；随着医保报销比例提高和居民对优质医疗保健需求增加，医疗保健支出（含报销医疗费）1 400 元，比上年增长 15.7%；其他用品和服务支出 773 元，增长 6.7%。

（许雁雁）

2017年佛山居民八大类支出构成及增长情况

人　物

新任佛山市领导

区邦敏　1964年6月出生，佛山南海人，1986年7月参加工作，1989年9月加入中国共产党，大学学历。1982年9月至1986年7月在华南工学院食品系制糖专业本科学习；1986年7月至1989年12月，任广东南海天然保健食品厂技术员、副厂长；1989年12月至1990年12月，任南海天然保健食品厂副厂长、南海食品饮料研究所副所长；1991年1月至1992年7月，任南海天然保健食品厂厂长；1992年7月至1993年2月，任南海县科委业务科副科长兼天然保健食品厂厂长（其间1992年9月至1993年2月挂任桂城经济发展总公司副总经理）；1993年2月至1996年5月，任南海市科委副主任；1996年5月至1997年1月，任南海市科委主任、党组书记；1997年1月至1997年6月，任南海市科学技术局局长、党组书记；1997年6月至1997年12月，任南海市政府副市长，科学技术局局长、党组书记；1997年12月至2003年1月，任南海市政府副市长；2003年1月至2003年7月，任佛山市南海区政府副区长；2003年7月至2006年10月，任佛山市南海区委常委、副区长，南海科技工业园党组书记；2006年10月至2006年11月，任佛山市南海区委副书记、副区长；2006年11月至2011年7月，任佛山市南海区委副书记、区长；2011年7月至2011年9月，任佛山市副厅级干部，南海区委副书记、区长；2011年9月至2011年11月，任佛山市副厅级干部，禅城区委书记、区人大党组书记；2011年11月至2013年1月，任佛山市委常委，禅城区委书记，区人大常委会主任、党组书记；2013年1月至2014年6月，任佛山市委常委，禅城区委书记；2014年6月至2014年7月，任佛山市委常委；2014年7月至2014年11月，任佛山市委常委，市政府常务副市长、党组副书记；2014年11月至2014年12月，任佛山市委常委，市政府常务副市长、党组副书记，顺德区委书记、顺德职业技术学院党委书记；2014年12月至2015年7月，任佛山市委常委，顺德区委书记、顺德职业技术学院党委书记；2015年7月至2017年9月，任佛山市委常委，顺德区委书记、顺德职业技术学院党委书记、佛山新城（中德工业服务区）党工委书记；2017年9月，任佛山市委副书记、政法委书记、社工委主任。

梅河清　1969年8月出生，江西进贤人，1996年7月参加工作，1996年6月加入中国共产党，研究生学历。1993年9月至1996年7月，在中山大学中国近现代史专业硕士研究生学习；1996年7月至1997年9月，任广东省广州市纪委监察局办公厅干部；1997年9月至2000年12月，任广东省广州市纪委、市监察局办公厅副科级纪检监察员；2000年12月至2001年8月，任广东省广州市纪委、市监察局办公厅正科级纪检监察员；2001年8月至2004年4月，任广东省广州市纪委、市监察局办公厅副处级副主任；2004年4月至2006年2月，任广东省广州市纪委、市监察局办公厅正处级副主任；2006年2月至2007年10月，任广东省广州市纪委、市监察局宣教室正处级主任（其间2005年6月至2007年6月挂任广东省广州市白云区太和镇党委副书记）；2007年10月至2008年3月，任广东省广州市纪委研究室正处级主任；2008年3月至2011年1月，任广东省广州市纪委研究室副局级主任；2011年1月至2011年10月，任广东省广州市纪委副秘书长、研究室副局级主任；2011年10月至2011年12月，任广州市纪委副秘书长、办公厅副局级主任；2011年12月至2012年3月，任广东省广州市纪委常委、副秘书长，市纪委办公厅副局级主任；2012年3月至2013年11月，任广东省广州市纪委常委；2013年11月至2015年5月，任广东省广州市纪委常委、市监察局副局长；2015年5月至2016年10月，任广东省纪委宣传部（预防腐败室）副厅级部长（主任）；2016年10月至2017年5月，任广东省纪委宣传部副厅级部长；2017年5月，任广东省佛山市委常委、市纪委书记。

李子甫　1959年4月出生，广东湛江人，1975年8月参加工作，1984年3月加入中国共产党，省委党校研究生学历。1975年8月至1978年4月，高鹤县宅梧公社知青；1978年4月至1979年11月，在佛山地区财政学校学习；1979年11月至1990年3月，任佛山地区财政局干部、副科长（其间1984年9月至1986年7月，在暨南大学经济学院干部专修科财政金融专业脱产学习；1989年4月至1989年6月，挂任高明县高明镇党委副书记；1989年6月至1990年3月，挂任高明县财政局副局长）；1990年3月至1992年11月，任高明县财政局局长；1992年11月至1993年3月，任高明县县长助理、县财政局局长；1993年3月至1995年8月，任高明县（市）副县（市）长；

1995年8月至1996年2月，任高明市委副书记、副市长；1996年2月至1997年12月，任高明市委副书记、市长；1997年12月至1998年3月，任高明市委书记；1998年3月至2001年8月，任高明市委书记、市人大主任（其间1997年9月至2000年7月在广东省委党校经济学专业在职研究生班学习）；2001年8月至2001年10月，任佛山市市长助理、市经贸局局长，高明市委书记、市人大主任；2001年10月至2007年1月，任佛山市市长助理，市经贸局局长、党组书记，市中小企业局局长；2007年1月至2011年11月，任佛山市副市长；2011年11月至2014年6月，任佛山市委常委、副市长；2014年6月至2016年11月，任佛山市委副书记、政法委书记；2016年11月至2017年1月，任佛山市人大常委会党组副书记；2017年1月，任佛山市人大常委会副主任、党组副书记。

麦洁华　女，1965年1月出生，广东佛山人，1990年7月参加工作，无党派，研究生学历，理学硕士。1983年9月至1987年7月，在中山大学大气科学系天气动力专业大学学习；1987年7月至1987年9月，毕业待分配；1987年9月至1990年7月，在中山大学地理系环境地学专业硕士研究生学习；1990年7月至1997年11月，任佛山市环境监测中心站技术员、助工、工程师、大气监测室副主任；1997年11月至2000年2月，任佛山市环境监测中心站副站长、工程师、高级工程师；2000年2月至2001年9月，任佛山市环境保护局局长助理；2001年9月至2002年2月，任佛山市环境保护局办公室主任；2002年2月至2005年8月，任佛山市环境保护局副局长；2005年8月至2007年1月，任佛山市科技局局长兼知识产权局局长；2007年1月至2017年1月，任佛山市副市长；2017年1月，任佛山市人大常委会副主任。

刘　珊　女，1967年6月出生，广东大埔人，1989年6月参加工作，1995年11月加入中国共产党，在职研究生学历，法学硕士。1985年9月至1989年6月，在中山大学中国语言文学系汉语言文学专业大学学习；1989年6月至1990年11月，任佛山市工艺总厂美奇公司办公室职员；1990年11月至1992年5月，任佛山市电器工业总公司职员；1992年5月至1995年5月，任佛山市电器工业总公司团委副书记；1995年5月至1995年9月，任共青团佛山市委办公室干部；1995年9月至1997年5月，任共青团佛山市委办公室副主任；1997年5月至2003年5月，任共青团佛山市委副书记、党组成员（其间1997年9月至2000年6月在广东省委党校经济管理专业在职研究生学习）；2003年5月至2005年7月，任共青团佛山市委书记、党组书记；2005年7月至2008年1月，任顺德区委常委、组织部长（正处级），区编办主任、区直属机关党委书记；2008年1月至2010年9月，任佛山市政府副秘书长（其间2007年9月至2010年6月在中南财经政法大学经济法专业在职硕士研究生学习）；2010年9月至2010年11月，任佛山市人力资源社会保障局（市社保基金管理局）局长、党组书记；2010年11月至2015年4月，任佛山市委组织部副部长，市人力资源社会保障局（市社保基金管理局）局长、党组书记；2015年4月至2017年1月，任佛山市委组织部副部长，市人力资源社会保障局（市社保基金管理局）局长、党组书记，市博管办主任；2017年1月，任佛山市人大常委会副主任、市总工会主席。

李　坚　1964年10月出生，广东兴宁人，1985年7月参加工作，1984年12月加入中国共产党，省委党校研究生学历。1982年9月至1985年7月，在湖南大学衡阳分校工业安全技术专业大专学习；1985年7月至1990年10月，任佛山市劳动局干部；1990年10月至1992年9月，任佛山市劳动局劳动保护安全监察科副科长（其间1991年5月至1992年6月，挂任高明市人和镇党委副书记）；1992年9月至1995年8月，任佛山市劳动局劳动保护（锅炉压力容器）安全监察科科长；1995年8月至1996年9月，任佛山市劳动局局长助理、锅炉压力容器安全监察科科长；1996年9月至1997年3月，任佛山市劳动局副局长、党组成员，锅炉压力容器安全监察科科长；1997年3月至2001年8月，任佛山市劳动局副局长、党组成员（其间1996年9月至1999年7月在广东省委党校经济学专业在职研究生班学习）；2001年8月至2002年5月，任佛山市经贸局副局长、党组成员；2002年5月至2004年9月，任佛山市经贸局副局长、党组成员，兼任市安全生产监管局局长；2004年9月至2007年1月，任佛山市经贸局副局长、党组成员；2007年1月至2008年1月，任佛山市经贸局局长、党组书记；2008年1月至2012年2月，任佛山市经贸局局长、党组书记，兼任佛山高新区管委会副主任；2012年2月至2017年1月，任佛山市经济和信息化局局长、党组书记；2017年1月，任佛山市人大常委会副主任。

叶　良　1960年5月出生，广东廉江人，1978年3月参加工作，1979年8月加入中国共产党，中央党校大学学历。1978年3月至1979年9月，在部队服役（其间1979年2月至1979年3月参加对越自卫反击战）；1979年9月至1981年8月，在解放军信阳陆军学校步兵排长专业学习；1981年8月至1988年6月，任某部队副政治指导员、政治处正连职干事（其间1984年7月至1985年5月参加老山对越自卫反击战）；1988年6月至1996年4月任佛山军分区政治部副营职、正营职、副团职干事（其间1991年9月至1994年7月在南京政治学院军队政治工作学专业在职大专学习）；1996年4月至1996年7月，任佛山市城区人武部政委；1996年7月至2001年12月，任佛山市城区区委常委、城区人武部政委（其间1996年8月至1998年12月在中央党校函授学院总参谋部分院经济管理专业在职大学学习）；2001年12月至2002年8月，任佛山市城区区委常委；2002年8月至2003年1月，任佛山市城区区委常委、区委政法委书记；2003年1月至2007年5月，任佛山市禅城区区委常委、区委政法委书记（其间2003年8月至2006年6月在解放军海军工程大学法律专业成人教育大学学习）；2007年5月至2011年12月，任佛山市委政法委副书记、市流管办主任；2011年12月至2014年3月，任佛山市委政法委副书记、市社工委常务副主任；2014年3月至2014年8月，任佛山市委政法委副书记；2014年8月至2016年6月，任佛山市委政法委副书记、市社工委副主任；2016年6月至2017年1月，任佛山市委政法委常务副书记、市委维稳办主任、市社工委副主任；2017年1月，任佛山市人大常委会副主任。

黄　坚　1964年11月出生，广东罗定人，1985年7月参加工作，1988年8月加入中国共产党，大学学历。1981年9月至1985年7月，在中山大学历史系历史专业大学学习；1985年7月至1990年3月，任广东省委保密委员会办公室干部；1990年3月至1993年6月，广东省委保密委员会办公室副主任科员（其间1991年3月至1992年3月挂任花都县委办综合科副科长）；1993年6月至1994年2月，任广东省委保密委员会办公室主任科员；1994年2月至1997年1月，任广东省委办公厅正科级秘书；1997年1月至2000年5月，任广东省委办公厅副处级秘书；2000年5月至2001年3月，任高明市委副书记；2001年3月至2002年10月，任高明市委副书记、宣传部部长、宣教体卫（系统）党委书记；2002年10月至2003年1月，任高明市委副书记、纪委书记；2003年1月至2006年11月，任高明区委副书记、纪委书记；2006年11月至2011年9月，任高明区委副书记；2011年9月至2011年11月，任佛山市政府副秘书长；2011年11月至2015年4月，任佛山市委组织部副部长（正处级）；2015年4月至2017年1月，任佛山市委组织部常务副部长；2017年1月，任佛山市人大常委会副主任，佛山市委组织部常务副部长。

许　国　1966年1月出生，湖南湘潭人，1986年7月参加工作，1985年6月加入中国共产党，在职研究生学历，历史学硕士。1983年9月至1986年7月，在湖南湘潭师范学院历史系历史专业大专学习；1986年7月至1992年7月，任湖南湘潭市第二中学教师（其间1989年9月至1992年7月在湖南师范大学历史学专业在职硕士研究生学习）；1992年7月至1993年9月，任清远市委办公室调研信息科科员；1993年9月至1994年7月，任清远市委办公室调研信息科副科长；1994年7月至1995年2月，任清远市委办公室综合科副科长；1995年2月至1997年3月，任清远市委办公室综合科科长；1997年3月至1999年7月，任清远市委办公室副主任；1999年7月至2000年10月，任清远市委副秘书长、办公室副主任；2000年10月至2002年6月，任清远市委副秘书长、办公室主任；2002年6月至2003年3月，任清远英德市委书记；2003年3月至2006年11月，任清远英德市委书记、市人大常委会主任；2006年11月至2007年1月，任清远市政府党组成员；2007年1月至2012年1月，任清远市副市长；2012年1月至2014年6月，任佛山市副市长；2014年6月至2016年11月，任佛山市委常委、对口帮扶云浮指挥部总指挥，云浮市委常委、副市长（挂职）；2016年11月，任佛山市政府党组副书记、对口帮扶云浮指挥部总指挥，云浮市委常委、副市长（挂职）；2017年1月，任佛山市副市长。

邓建伟　1963年10月出生，广东佛山人（出生地广东广州），1981年2月参加工作，1985年6月加入中国共产党，大学学历。1981年2月至1985年6月，任广东省公安厅出入境管理处办事员；1985年6月至1988年9月，任广东省公安厅出入境管理处科员（其间1986年8月至1988年7月在省政法管理干部学院公安管理专业脱产学习）；1988年9月至1992年4月，任广东省公安厅二处二科副科长（其间1988年10月至1992年4月参加援藏工作，先后任西藏那曲地区公安处外事科副科长、科长）；1992年4月至1997年4月，任广东省公安厅出入境管理处正科级侦察员、副科长；1997年4月至1998年7月，任广东省公安厅出入境管理处六科科长；1998年7月至2000年5月，任广东省公安厅出入境管理处助理调研员兼六科科长；2000年5月至2002年7月，任广东省公安厅出入境管理处副处长；2002年7月至2004年2月，任广东省公安厅刑侦局综合指导处处长；2004年2月至2005年9月，任广东省公安厅缉毒戒毒处处长（其间2002年9月至2005年7月在中国人民公安大学远程教育法学专业学习）；2005年9月至2007年4月，任广东省公安厅禁毒局副局长；2007年4月至2010年9月，任广东省公安厅宣传处处长；2010年9月至2011年9月，任广东省公安厅办公室（情报研判及应急指挥中心）副主任兼宣传处处长；2011年9月至2014年6月，任广东省公安厅办公室（情报研判及应急指挥中心）政委；2014年6月至2017年7月，任广东省公安厅禁毒局局长；2017年7月至2017年8月，任佛山市政府党组成员，市委政法委第一副书记，市公安局党委书记；2017年8月，任佛山市政府副市长、党组成员，市委政法委第一副书记，市公安局局长、党委书记。

乔　羽　1966年6月出生，安徽和县人，1988年7月参加工作，致公党党员，大学学历。1984年9月至1988年7月，在西南交通大学铁道桥梁专业大学学习；1988年7月至1990年5月，任佛山市公路局第一工程队路桥助理工程师；1990年5月至1994年11月，任佛山市公路局工程公司路桥助理工程师、工程师、工程部股长（其间1993年6月至1993年12月任工程部副部长、澳门粤山发展有限公司工程部副经理）；1994年11月至2001年1月，任佛山市公路局公路建设发展科、计划工程科副科长；2001年1月至2004年12月，任佛山市公路局收费管理科科长；2004年12月至2006年11月，任佛山市公路局副局长；2006年11月至2010年6月，任佛山市禅城区副区长；2010年6月至2011年6月，任禅城区副区长，区人力资源社会保障局局长；2011年6月至2011年9月，任禅城区副区长，区交通运输局局长；2011年9月至2012年1月，任致公党佛山市委会主委，禅城区副区长、区交通运输局局长、区财政局局长；2012年1月至2012年6月，任致公党佛山市委会主委，禅城区副区长，区财政局局长，区人力资源社会保障局局长；2012年

6月至2014年12月，任致公党佛山市委会主委，禅城区副区长，区财政局局长；2014年12月至2015年4月，任致公党佛山市委会主委（正处级），禅城区副区长，区财政局局长；2015年4月，任致公党佛山市委会主委、市住建管理局局长；2017年1月，任佛山市副市长。

郑大光 1964年9月出生，河南淮滨人，1989年7月参加工作，1991年9月加入中国共产党，黑龙江省社会科学院政治经济学专业毕业，硕士研究生学历。1982年9月至1986年7月，在东北师范大学数学系数学专业学习；1986年7月至1989年7月，在黑龙江省社会科学院经济研究所政治经济学专业硕士研究生学习；1989年7月至1991年9月，任黑龙江省计划委员会产业政策处科员；1991年9月至1992年11月，任黑龙江省计划委员会产业政策处副主任科员；1992年11月至1993年3月，任黑龙江省计划委员会交通处副主任科员；1993年3月至1997年10月，任黑龙江省计划委员会交通处主任科员；1997年10月至2000年6月，任黑龙江省计划委员会政策研究室副主任；2000年6月至2004年1月，任黑龙江省发展计划委员会交通邮电处副处长；2004年1月至2004年11月，任黑龙江省发展和改革委员会交通运输处副处长；2004年11月至2007年5月，任黑龙江省发展和改革委员会政策法规处处长；2007年5月至2010年7月，任黑龙江省发展和改革委员会交通运输处处长；2010年7月至2013年4月，任黑龙江省发展和改革委员会党组成员，省工程咨询评审中心主任；2013年4月至2013年6月，任黑龙江省发展和改革委员会党组成员，省工程咨询评审中心主任，省铁路办副主任；2013年6月至2014年1月，任黑龙江省发展和改革委员会党组成员，省工程咨询评审中心主任，省铁路办副主任、党组成员；2014年1月至2016年11月，任黑龙江省发展和改革委员会副主任、党组成员，省铁路办副主任、党组成员；2016年11月至2016年12月，任齐齐哈尔市委常委、副市长人选；2016年12月至2017年7月，任齐齐哈尔市委常委、副市长；2017年7月，任齐齐哈尔市委副书记；2017年9月，挂职任广东省佛山市副市长。

熊志翔 1958年6月出生，湖南永顺人，1976年7月参加工作，1985年5月加入中国共产党，在职研究生学历，教育学博士。1976年7月至1977年9月，湖南省吉首市太平公社知青；1977年9月至1978年9月，在湖南省吉首民族师范学校工作；1978年9月至1982年7月，在湖南湘潭大学历史系历史专业大学学习；1982年7月至1989年5月，任湖南湘潭大学历史系助教、讲师（其间1984年9月至1987年7月在湘潭大学历史系中共党史专业硕士研究生学习）；1989年5月至1993年7月，任佛山大学政史系讲师、副主任、主任；1993年7月至1996年5月，任佛山大学社会科学部党总支书记、副教授（其间1995年2月至1995年7月在英国斯泰福大学做高级访问学者）；1996年5月至1996年12月，任佛山科学技术学院党委副书记；1996年12月至2005年10月，任佛山科学技术学院党委副书记、纪委书记（其间2002年12月评为高等教育研究员；2004年5月任华南师范大学高等教育学硕士生导师）；2005年10月至2011年4月，任佛山科学技术学院党委副书记；2011年4月至2013年4月，任佛山科学技术学院党委书记（其间2003年5月至2011年11月在华中科技大学高等教育学专业攻读博士，获教育学博士学位）；2013年4月至2015年10月，任佛山科学技术学院党委副书记、院长；2015年10月至2016年4月，任佛山市人大常委会党组成员（正厅级）；2016年4月至2017年1月，任佛山市人大常委会副主任、党组成员（正厅级）；2017年1月，任佛山市政协主席。

郑灿儒 1964年7月出生，广东恩平人，1984年8月参加工作，1994年9月加入中国共产党，省委党校研究生学历。1982年9月至1984年7月，在佛山财政学校商业统计专业中专学习；1984年8月至1991年11月，任佛山市财政局财政一所办事员、科员；1991年11月至1992年9月，任佛山市财政局财政一所副所长（其间1989年9月至1992年7月在广东广播电视大学财务会计专业在职大专学习）；1992年9月至1995年9月，任佛山市财政局秘书科副科长；1995年9月至1998年12月，任佛山市财政局秘书科科长；1998年12月至2003年3月，任佛山市财政局副局长（其间1999年9月至2002年7月在广东省委党校经济学专业在职研究生学习）；2003年3月至2006年11月，任南海区副区长；2006年11月至2010年6月，任南海区委常委；2010年6月至2011年3月，任南海区委常委、区市场安全监管局局长；2011年3月至2011年5月，任南海区委常委、副区长；2011年5月至2011年9月，任南海区委常委、副区长，区财政局局长；2011年9月至2011年11月，任南海区委副书记、代区长；2011年11月至2017年1月，任南海区委副书记、区长；2017年1月至2017年3月，任佛山市政协副主席、南海区委副书记、区长；2017年3月，任佛山市政协副主席。

葛承书 1966年4月出生，湖北监利人，1997年10月参加工作，1988年6月加入中国共产党，研究生学历，法学博士。1984年9月至1988年6月，在湖北师范学院政治系政治专业大学学习；1988年6月至1990年9月，任湖北十堰大学政史系教师；1990年9月至1993年6月，在华东政法学院民法学专业硕士研究生学习；1993年6月至1994年7月，任佛山市中级人民法院书记员；1994年7月至1998年6月，任佛山市中级人民法院助审员；1998年6月至2000年4月，任佛山市中级人民法院经二庭副庭长、审判员；2000年4月至2001年2月，任佛山市中级人民法院经一庭庭长；2001年2月至2002年4月，任佛山市中级人民法院审委会委员、经一庭庭长；2002年4月至2002年10月，任佛山市中级人民法院审委会委员、民四庭庭长；2002年10月至2004年6月，任佛山市中级人民法院副院长（其间2002年10月至2003年6月在香港大学法学院修读普通法专业在职硕士学习）；2004年6月至2007年11月，任佛山市中级人民法院副院长、执行局局长（其间2002年9月至2006年12月在武汉大学国际法学专业博士研究生学习）；2007年11月至2008年11月，任佛山市法制局局长、党组书记；2008年11月至2010年6月，任禅城区委常委、副区长（正处级）；2010年6月至2011年4月，任禅城区委常委、副区长（正处级），区国土城建和水务局局长；2011年4月至2011年12月，任佛山市政府副秘书长；2011年12月至2014年6月，任佛山市政府副秘书长、市行政服务中心党组书记；2014年6月至2015年4月，任佛山市政府副秘书长、市发展改革局党组书记；2015年4月至2015年7月，任佛山市政府秘书长，市府办主任、党组书记，市发展改革局党组书记；2015年7月至2016年9月，任佛山市政府秘书长，市府办主任、党组书记；2016年9月至2017年1月，任佛山市政府党组成员、对口四川凉山州扶贫协作组组长，凉山州委常委（挂职）；2017年1月，任佛山市政协副主席，佛山市政府党组成员、对口四川凉山州扶贫协作组组长，凉山州委常委（挂职）。

骆毓林　1963年6月出生，广东龙川人，1983年3月参加工作，1989年6月加入中国共产党，省社科院在职研究生学历，在职硕士。1983年3月至1987年7月，任广东省电台记者；1987年7月至1989年2月，任佛山市委办综合科干部；1989年2月至1993年10月，任佛山市委办综合科副科级新闻秘书（其间1989年9月至1992年7月在佛山大学中文专业在职大专学习）；1993年10月至1995年6月，任佛山市委办综合科正科级调查研究员；1995年6月至1996年10月，任佛山市委办信息科科长（其间1995年6月至1996年10月挂任石湾区张槎镇党委副书记）；1996年10月至1999年10月，任佛山市城区常委、区委办主任、区府办主任；1999年10月至2003年1月，任佛山市城区常委、纪委书记（其间1999年10月至2002年11月在广东省社科院经济学专业在职研究生学习）；2003年1月至2006年11月，任佛山市禅城区委副书记、纪委书记；2006年11月至2008年8月，任佛山市禅城区委副书记（其间2002年9月至2006年12月在华中科技大学建筑与城市规划学院城市规划与设计专业在职学习，获工程硕士学位）；2008年8月至2012年11月，任佛山市政府副秘书长；2012年11月至2013年12月，任佛山市政府副秘书长、市食安办主任；2013年12月至2014年1月，任佛山市政府副秘书长、市档案局党组书记、市食安办主任；2014年1月至2014年4月，任佛山市政府副秘书长、市档案局党组书记；2014年4月至2017年1月，任佛山市食品药品监管局局长、党组书记，市食安办主任；2017年1月至2017年3月，任佛山市政协副主席、秘书长，佛山市食品药品监管局局长、党组书记，市食安办主任；2017年3月，任佛山市政协副主席、秘书长。

朱华仙　女，1963年1月出生，江西丰城人，1983年8月参加工作，1986年11月加入中国共产党，省委党校研究生学历。1979年9月至1983年8月，在贵州大学哲学系哲学专业大学学习；1983年8月至1989年8月，任贵州省六盘水市委党校教员；1989年8月至1990年3月，任贵州省六盘水市人民广播电台编辑部编辑；1990年3月至1991年6月，任贵州省六盘水市人民广播电台编辑部副主任；1991年6月至1993年3月，任佛山市委党校讲师；1993年3月至1997年7月，任佛山市委党校党建教研室副主任；1997年7月至1998年2月，任佛山市委党校党建教研室主任；1998年2月至1999年6月，任佛山市委党校校长助理、中共党史党建教研室主任；1999年6月至2000年8月，任佛山市委党校校长助理、中共党史党建教研室主任、校党委委员（其间1996年9月至1999年7月在广东省委党校经济学专业在职研究生学习）；2000年8月至2010年9月，任佛山市委党校副校长；2010年9月至2014年4月，任佛山市委党校常务副校长；2014年4月至2017年1月，任佛山市编办主任；2017年1月至2017年3月，任佛山市政协副主席、佛山市编办主任；2017年3月，任佛山市政协副主席。

万志康　1964年11月出生，广东佛山人，1987年7月参加工作，无党派，大学学历。1983年9月至1987年7月，在华南农业大学土壤农化专业大学学习；1987年7月至1991年12月，任南海县国土局办事员、建设用地股副股长、矿产资源管理委员会办公室副主任；1991年12月至1993年11月，任南海市国土局建设用地股副股长、地产交易所副所长、规划地籍股副股长；1993年11月至1995年4月，任南海市国土局规划地籍科科长、地产交易所所长；1995年4月至1997年3月，任南海市国土局副局长；1997年3月至1998年1月，任南海市市长助理；1998年1月至2003年1月，任南海市副市长；2003年1月至2011年9月，任南海区副区长；2011年9月至2013年12月，任佛山市市长助理，市行政服务中心主任；2013年12月至2014年6月，任佛山市行政服务中心主任；2014年6月至2017年1月，任佛山市发展改革局局长；2017年1月至2017年3月，任佛山市政协副主席、佛山市发展改革局局长；2017年3月，任佛山市政协副主席。

杨小晶　1961年6月出生，河北任丘人，1982年8月参加工作，2015年11月加入农工党，大学学历。1978年10月至1982年7月，在西安公路学院公路工程专业大学学习；1982年7月至1984年8月，在青海省海北州工交局工作；1984年8月至1991年6月，在甘肃省兰州市城市建设设计院工作；1991年6月至1992年10月，在佛山市石湾区公路桥梁公司工作；1992年10月至1995年1月，任佛山市市政设计院组长、室主任；1995年1月至1997年7月，任佛山市城市建设局工程技术科副科长；1997年7月至1998年8月，任佛山市城市建设局局长助理（正科级）；1998年8月至2001年8月，任佛山市城市建设局副局长；2001年8月至2006年11月，任佛山市公用事业管理局副局长；2006年11月至2009年9月，任顺德区副区长；2009年9月至2011年9月，任顺德区副区长、区国土城建和水利局局长；2011年9月至2015年3月，任顺德区副区长、区发展规划和统计局局长；2015年3月至2015年4月，任顺德区副区长、区城市管理委员会办公室主任；2015年4月至2015年5月，任佛山市轨道办主任；2015年5月至2016年7月，任佛山市国土规划局副局长、市轨道办主任；2016年4月至2016年7月，任农工党佛山市委会副主委，市国土规划局副局长、市轨道办主任；2016年7月至2017年1月，任农工党佛山市委会主委，市国土规划局副局长、市轨道办主任；2017年1月至2017年3月，任佛山市政协副主席，农工党佛山市委会主委，市国土规划局副局长、市轨道办主任；2017年3月，任佛山市政协副主席，市国土规划局局长，农工党佛山市委会主委。

（摘自佛山市人民政府网）

全国先进模范人物

孙明冬 1974年7月生，湖南新邵人，中共党员，大专学历，广东正野电器有限公司技术经理。自加入正野公司后从事技术研究工作已经有20多年的时间。主持家用换气扇配套单相电容运转电动机的生产线上马项目，完成几百个规格品种的电机技术开发工作；主持企业通风换气产品技术开发工作，完成几十项新产品开发工作。特别是豪华静音工业换气扇产品系列和机翼型叶片设计的超静音管道式换气扇产品的开发，处于国内先进技术水平，填补国内空白，得到专家一致好评，并获佛山市、高明区政府科技进步奖表彰。自主开发的全金属天花管道换气扇产品率先获得UL和CSA认证及HVI认证，为中国企业出口北美市场取得第一张通行证。2013年获广东省五一劳动奖章，2015年获“广东省劳动模范”称号。2017年获全国五一劳动奖章。

叶锦华 1988年1月生，广东茂名人，初中学历，佛山市东成立亿纺织有限公司保全部组长。从2006年开始，一直在纺织行业工作。2011年进入东成立亿公司工作，担任保全技术员，主要负责生产机械日常维护和产品调试。他在生产一线打拼多年，锻炼出过硬的技术本领。在2014年获得“广东省纺织行业纬编工职业技能竞赛”第一名。2015年获广东省五一劳动奖章、“全国纺织行业技术能手”、首届“佛山·大城工匠”等荣誉称号。2017年获全国五一劳动奖章。

胡　锋 1965年7月生，湖北麻城人，本科学历，海信科龙电器股份有限公司主任工程师、副高级工程师。从1991年加入海信科龙电器股份有限公司工作，一直潜心致力于冰箱、冷柜的聚氨酯发泡工艺、技术研发工作。在国内外率先推出多项新技术，包括环戊烷“三低一快”（低比例、低密度、低K值、快速脱模）发泡技术、HFC—245fa发泡技术、发泡绝热系统微晶核技术、复合发泡技术、真空减压高效节能发泡技术、干法芯材低热桥效应VIP应用等。主持项目多次获得省、市、轻工业联合会及家电协会等科技进步奖，个人获得2007年广东省五一劳模、佛山市科技创新领军人物及顺德区金凤凰奖，同时作为第一作者获得专利8项（发明专利5项，实用新型专利3项），在专业刊物及行业会议上发表论文多篇。2017年获全国五一劳动奖章。

（市总工会）

佛山市积极发挥劳模示范带头作用，通过创建劳模创新室，服务创新驱动发展。图为佛山市南海区九江酒厂劳模创新室科研人员工作场景　（市总工会供图）

王治勇 1977年1月生，曾是佛山菠萝物流公司总经理。2008年全国冰灾，事业刚刚起步的王治勇就利用自己物流公司的便利资源免费为灾区承运电塔。2010年广东高州水灾，再次向灾区人民伸出援手。2012年，组建了以自己企业员工为主的志愿服务队——菠萝物流义工队。2013年8月，把义工队转型成专业救援队，也是佛山首支注册批准的民间公益救援组织。在服务好佛山的同时，将救援服务延伸至全省乃至全国，参与2014年云南鲁甸、普洱地震救援服务，2016年广东信宜、福建闽清、安徽安庆、湖北荆门、江苏阜宁风灾等救灾服务。2016年6月，带领队员驰援四省参与抗洪抢险，由于体能消耗严重，加之休息不够，在湖北荆门救灾时晕倒。王治勇带领队伍参与各类大小救援服务400多起，帮助的人达到近2000人次。由于成绩突出，菠萝义工服务中心及王治勇先后获得南海区、狮山镇义工联杰出团队、狮山树本印记、罗村孝德人物，2013年感动南海十大人物之一、2014年南海道德模范人物、南海区五星级义工、十大杰出义工、广东好人、中国好人等称号。2016年9月入选中国好人榜（助人为乐）。2017年获全国道德模范提名奖。

（市文明办）

张承志 生于1975年12月，卒于2016年2月，广东广州人，中共党员，生前就职于佛山市公安局禅城分局永安派出所，正股级科员，三级警督，最高学历在职大专（中国人民公安大学）。历任佛山市公安局石湾区分局澜石派出所、环市派出所民警，禅城区公安局环市派出所民警，禅城分局环市派出所、祖庙派出所科员，禅城分局巡逻警察第一大队科员、副股级科员，禅城分局永安派出所正股级科员。从警20余年，扎根服务基层社区16年，是社区居民心中“三防结合”管理的主心骨，创造的“郊边模式”，让郊边村连续五年警情数、立案数实现双降，时任省公安厅主要领导到郊边村警务室调研时称：“郊边模式应全省推广学习。”也是群众眼里英勇救人的好民警，曾两次在生死边缘奋力救起轻生女子，以血肉之躯徒手制服持刀武疯子，被群众誉为“守护神”；是辖区群众心中力斩“黄疾”的“知心人”，想群众所想，急群众所急，雷厉风行斩除郊边村卢江里横行多年、屡打不净的涉黄痼疾，深受辖区群众欢迎；是同事口中热心帮忙的“顶班王”，“有事就找志哥，顶个班没问题。”是他常挂在嘴边的口头禅；他是禅城警队的一名好同志、好战友，在他生命的最后一刻，仍惦记着要回到他战斗的地方：“佛山”。作为一名基层公安民警，他没有轰轰烈烈的惊天壮举，但他把最美好的青春年华和全部的精力、智慧毫无保留地奉献给了他所热爱的公安事业。他以实际行动展示新时期人民警察全心全意为人民服务的崇高思想境界。他的从警事迹感动万千群众，关于他的悼文阅读评论2天之内便过20万。他是公安民警的优秀代表，是人民公安忠诚为民的先进典范。曾获个人嘉奖2次。2017年4月，被公安部授予“全国公安系统二级英雄模范”称号。

马丁发 1973年9月生，广东韶关人，中共党员，佛山市公安局交警支队高速公路一大队科员，大学学历，历任四川省成都市某部队战士，广西桂林空军学院学员，后任某场站警卫连二排排长、空军某场站警卫连连长、空军某部某场站司令部军务股股长、佛山市公安局高速公路大队科员。自2009年2月从部队转业参加公安工作后，始终扎根在交警队伍最基层，服务在高速公路最前线，9年多以来兢兢业业，忠诚履职，查处各类交通违法行为4.6万起，处理交通事故3 000多宗，救助危难群众1 300多人次，工作绩效在单位一直名列前茅，被同事誉为“高速马达”。在部队期间曾获三等功2次，参加公安工作后获个人二等功1次、三等功2次、个人嘉奖3次，曾获优秀共产党员、全市优秀人民警察、佛山市十佳人民警察等称号。2017年5月获评全国优秀人民警察。

钱　水 1979年6月29日生，湖南湘乡人，中共党员，佛山市公安局刑警支队三大队主任科员，副主任法医师，硕士研究生学历。1997年9月至2005年6月，在华中科技大学同济医学院任职；2005年7月31日起，在佛山市公安局刑警支队三大队任职。2015年12月，作为项目主要负责人带领团队成功研发全国首创、全球领先“19 + 14Y”DNA二合一试剂，并申报专利；2016年该创新项目在第二届粤警创新大赛中获金奖，并被列为全省重点推广项目；该试剂升级到“19 + 20Y”DNA该试剂。2016年12月，申报的“一种现场微量物证中混合检材的检验试剂研制”课题成功在省厅科技立项并获资助专项经费6万元，实现佛山刑事技术在省厅科研立项的零突破。课题意在解决现场物证混合检材中不能有效进行DNA分离检验难题，提高现场物证有效利用率，为案件提供更多的线索和证据。近年来，钱水通过日常检案发现工作中的薄弱点和盲点，突破骨骼、牙齿、脱落细胞等疑难物证的检验，提升佛山DNA的检验水平。2017年初，钱水在全市普及推广脱落细胞DNA在案件特别是盗抢案件中的应用，通过“快速提取送检、快速检验入库，快速查询比对”三快机制，大大提高脱落细胞DNA的检出率和比中率。在“全国打击拐卖儿童”专项行动中，钱水建立大量失踪儿童父母和被拐儿童的DNA档案，并成功让10多名被拐儿童与失散多年的亲人团聚。发表《常染色体STR鉴定叔侄关系的应用》《生物脱落细胞提取仪检验案例15例》等多篇论文，曾获个人三等功2次、个人嘉奖2次，获评2013年佛山市青年建功立业先进个人、2014年全市公安机关十佳技术能手。2017年获评全国优秀人民警察。

潘荣国 1983年4月生，湖南东安人，中共党员，佛山市公安局交警支队一环公路大队二中队中队长，大专学历。历任某武警支队班长，佛山市公安局巡警特警大队一中队办事员、科员，佛山市公安局巡警支队特警大队三中队指导员，特警支队突击大队三中队指导员，三水分局乐平派出所副所长（挂职），特警支队突击大队三中队中队长。从部队退伍进入警队后，扎根特警，精于锤炼，迅速成长为精通射击、擒拿、格斗、绳降、突击等多项特警专业技能的骨干，在执行各项重大任务中屡立战功。曾出色处置各类暴力犯罪事260多起，抓获各类犯罪嫌疑人470余人，缴获涉案枪支19支及各类毒品300余公斤。曾获个人嘉奖3次、个人三等功2次。2017年获评全国优秀人民警察。

邹啟忠 1971年1月生，广东佛山人，中共党员，佛山市公安局南海分局黄岐派出所黄岐社区民警中队副中队长，武汉理工大学在职大专学历。历任某部队战士、班长，佛山公安局南海分局黄岐派出所科员、副中队长 。从警25年，参与抓获各类违法犯罪分子近1 000人，调解群众矛盾纠纷800多次，解救危难群众150多次，收到群众锦旗33面、感谢信68封；2014年，一名高大魁梧外国男子挥舞长刀追砍路人，手持钢叉冲上前去与其开展正面搏斗，将其与周围群众隔离，在受伤的情况下鸣枪示警，将该男子制服；在一次解救意欲自杀的女子时，他瞅准机会冲上前去夺下菜刀，不顾手部受伤劝解轻生女子，将女子感动并放弃轻生；他把服务群众当做自身职责，23年扎根社区不动摇，大力加强辖区“三非”外国人清查治理，创新推动警企联防建设、门禁+视频系统建设、在各人员复杂场所设立对讲机互动平台等手段，极大提升辖区打防建设水平，推动辖区刑治警情逐年下降，群众满意度逐年提升，六联社区党委班子曾联名给南海公安分局长写了一封感谢信，高度肯定邹啟忠的社区警务工作成效。曾获个人三等功1次、个人嘉奖12次，被评为全省社区防范能手、全市优秀人民警察、全区优秀人民警察、南海好人等。2017年获评全国优秀人民警察。

马宏声　1979年5月出生，辽宁沈阳人，中共党员，佛山市顺德区公安局刑事侦查大队四中队副中队长，主检法医师，中国医科大学本科学历。历任佛山市顺德区公安局刑警大队四中队科员、副中队长。2004年7月，马宏声在技术领域开拓创新，发明“肋软骨干燥保存法”解决困扰基层的物证保存难题，并且被写入《佛山市生物检材送检规定》之中；2007年7月，在协助侦破一宗轮奸案时，创造性使用“格子检验法”，后被应用在很多微量疑难物证的检验中；2010年，在马宏声带领下，顺德DNA实验室建立起一套标准化的管理体系，使顺德DNA实验室成为国内第二家，省内唯一一家通过实验室认可的县区级DNA实验室。2012年1月，马宏声被评为2011年度全市优秀人民警察；2016年1月，评为2015年度佛山市十佳人民警察；2016年6月，获个人一等功。2017年获评全国优秀人民警察。

（市公安局）

林纯莹　女，1964年2月生，广东澄海人，中共党员，本科学历，主任医师，南海区第二人民医院院长、党委书记。林纯莹擅长心律失常起搏治疗，在心律失常、心力衰竭、高血压、心血管内科危重急症的诊治方面有丰富临床经验。2012—2013年，林纯莹受国家委派并担任中国第二批援非洲加纳医疗队队长远赴非洲加纳共和国开展援加纳医疗卫生工作。她帮助所援助的克里布教学医院建立起有效的心内科病房管理模式，心内科死亡率明显下降。2014年，林纯莹申请建立“中加西非心脏医疗中心”，并获得省卫计委、国家卫计委的立项资助，帮助加纳培养一批优秀心血管医生，并带领加纳医生完成首个非洲国家心血管疾病危险因素的流行病学调查。2017年，获“最美援外医生”，是广东唯一获此称号的医生。

（南海区）

杨　翠　女，1967年8月出生，籍贯广东佛山，中共党员，本科学历，广东省特级教师，禅城区张槎中心小学党支部书记、校长。她用先进理念引航学校发展，用课改科研提升办学质量，用名校长效应助力教育发展。2005—2011年任东鄱小学校长期间，学校获得广东省书香校园、佛山市文明单位、禅城区首批品牌学校等30项集体荣誉，形成“科技领跑，各育并进，师生发展，学校崛起”的“东鄱现象”。担任张槎中心小学校长后，使该校由普通乡村小学合并的中心小学迅速转型为现代城市中心小学。全校师生获各级奖励约3 000人次，学校先后获得联合国教科文组织可持续发展项目国家级实验学校、全国学校体育工作示范校、全国阅读教育先进集体、全国优秀家长学校等30项称号。杨翠具有扎实的教育理论功底和丰富的教学实践经验，教科研能力强，示范引领作用突出，学校管理水平高，历获广东省南粤教书育人优秀教师，广东省基础教育“百千万人才工程”省级教育专家、名校长，全国名校长工作室主持人等荣誉。2017年4月，被中华全国妇女联合会评为“全国巾帼建功标兵”。

陈翠发　女，1969年12月生，中共党员，大专学历，广东顺德农村商业银行股份有限公司均安黄蓬支行网点经理。作为一名银行从业人员，陈翠发总能提供无微不至的亲情服务。她不仅竭力为每一位客户提供满意周到的金融服务，还时刻关心着客户的工作和生活，并想方设法地为客户排忧解难，如陪同客户求医就诊，为没空的客户接送小孩等，真正做到想客户所想，急客户所急。陈翠发一直积极参与到均安镇政府的义工组织当中，如时常探访和鼓励受捐助的孩子，资助家境贫寒的大学生，助孩子实现读书梦；为孤寡老人打扫卫生，购置家电；在义工的活动中，总会看到陈翠发的身影。2003年获顺德信用社最高终身荣誉——“模范服务之星”；2004年获“广东省五一劳动奖章”；2005年被评为“顺德区十大杰出青年”；2009年被评为“顺德好人”之星银星奖；2012年获“真情服务60年”杰出贡献金奖；2013年被评为2012年度“佛山好人”。2017年4月，被中华全国妇女联合会评为“全国巾帼建功标兵”。

莫玉婷　女，1971年7月生，广东省佛山市三水顺华源水产有限公司负责人。1995年，与丈夫开始养鱼生涯。2011年她和丈夫组织成立三水区第一家以优质水产养殖、种苗孵化、水产品销售流通为主的农民专业合作组织—三水华森水产专业合作社。组建合作社后莫玉婷坚持以“为社员服务、为养户增收”为宗旨，采取“合作社+农户+市场+流通”的经营模式，为社员提供进行水产新品种、新技术引进和示范、水产种苗的孵化繁育、技术指导咨询、产品流通信息中介服务，带动农户逐步走向规模化、品牌化、产业化经营。在经营中注重优先高价直接让利社员，带动周边养殖户300多户，养殖面积200多公顷（3 000多亩），养殖优质鱼（笋壳鱼、桂花鱼、加州鲈鱼等）平均带动社会和养殖户每亩增收3 000元。合作社2011年至2013年连续三年被评为佛山市优秀示范社、省优秀示范社，2014年被评为佛山市农业农头企业，2014年被评为市级水产良种场，2015年成为农业产业商会理事单位，2016年成为全国工商联水产业商会鲜活水产专业委员会副会长单位。个人先后获得“三水区先进青年”“三水区先进劳动者”“广东省三八红旗手”，其家庭获2011年佛山市“十大文明家庭”称号。2017年4月，被中华全国妇女联合会评为“全国巾帼建功标兵”。

（市妇联）

张　莉　女，1964年8月生，籍贯河北，中共党员，佛山市第一人民医院党委委员、护理部主任、工会副主席。1980年起从事护理工作，多次被评为先进科技工作者，2003年被选为佛山市人大代表；《健康报》曾予以报道并荣立两次三等功；荣立过抗SARS三等功；自2002年任护理部主任以来，率领护理团队深化护理管理模式改革，完成多项创新，取得突出成绩。刊文74篇（45篇为国家级核心期刊）；著有专著6部；将医院开展优质护理服务的经验主编成《护理人员形象重塑》在全国发行再版四次，主编《病人安全高危风险评估及护理管理》；作为全省著名护理专家参与编审广东省卫生厅组织编写的对广东护理发展起指导意义的“三大规范”——《护理工作管理规范》《临床护理技术规范（基础篇）》和《临床护理文书规范》。2015年，获“佛山市职工技术创新示范岗”称号、获评广东医院优秀管理干部。2016年，被评为2016全国优秀护理部主任。2017年，被评为“国家卫计委全国改善医疗服务（优化优质护理）示范个人”。

（市卫计局）

冼碧玲 女，1980年3月生，中共党员，佛山市安全生产监督管理局主任科员。全国首批社会工作师，广东省社工师联合会会员、佛山家长学校联谊会理事，曾获广东省家庭文化建设先进工作者、全市党委系统信息工作先进个人、市优秀公务员等称号。其撰写的文章，曾获全省家庭文化建设优秀调研报告、全国安全生产月好新闻奖、全市党建工作优秀论文等奖励。2017年获全国安全生产监管监察先进个人。

（市安监局）

冯世荣 1975年5月生，广东南海人，在职研究生，中共党员，佛山市南海区国土城建和水务局国土执法监察大队队长，分管土地执法监察科、信访科、批后监管科工作，负责维稳相关工作，挂钩联系丹灶国土资源管理所。多年来，他投身于土地执法一线岗位，在平凡的岗位上以身作则，用自己的实际行动践行执法为民，带领团队不断锐意创新，严格土地执法，坚决维护土地管理秩序，有力保障地方经济社会的发展。在2017年获得国土资源部授予的“全国国土资源执法监察工作先进个人”称号。

（市国土局）

钟治田 1968年8月出生，广东韶关人，共产党员，禅城区祖庙街道党工委委员、纪工委书记。钟治田从事镇（街）纪检工作15个年头，曾任广东省佛山市禅城区张槎街道纪工委副书记。钟治田扎根基层，敢于担当、甘于奉献，着力解决发生在群众身边的腐败问题，有力推动反腐倡廉在基层落地生根。因工作业绩突出，并先后荣立个人三等功1次，获嘉奖共3次。2017年钟治田获中央纪委嘉奖，成为佛山市唯一获此殊荣的纪检人。

（禅城区）

体育世界冠军

陈清晨 女，广东兴宁人，9岁时到佛山生活，后入读顺德体校，中国女子羽毛球队女子队员。2011年10月20日，在第七届全国城市运动会女子羽毛球团体决赛中获得冠军。2017年6月30日，世界羽联公布最新世界排名，郑思维、陈清晨组合排名混双世界第一，陈清晨、贾一凡组合排名女双第四。2017年8月27日，格拉斯哥羽毛球世锦赛，陈清晨、贾一凡组合首夺世锦赛冠军；9月8日，陈清晨、贾一凡组合获得第十三届全运会羽毛球女双亚军；10月23日，2017年世界羽联超级系列赛丹麦公开赛混双亚军；11月19日，2017年世界羽联中国超级赛女双冠军；12月17日，2017年世界羽联超级系列赛总决赛混双冠军。

钟杏平 女，广东人，中国蹦床队队员。1998年开始训练，2001年首次参赛。在2005年和2007年连续两届蹦床世锦赛上均与队友合作取得网上女子团体项目的冠军以及2009年十一届全运会获女子个人项目冠军。是中国蹦床队主力成员之一，也是备战北京奥运会的重点队员。2017年，“高飞”杯全国蹦床冠军赛女子双人同步冠军（与李丹）；第十三届全运会蹦床女子团体冠军；蹦床世界锦标赛女子网上团体冠军（与朱雪莹、刘灵玲）、女子网上同步赛冠军（与朱雪莹）、女子网上个人赛第六名；2017年世界蹦床锦标赛上，与队友朱雪莹夺得女子网上同步赛冠军，成就个人在世界蹦床锦标赛上第九冠。2017年12月5日，钟杏平/朱雪莹入选2017CCTV体坛风云人物年度最佳组合奖候选名单。

（市体育局）

2017年“最美佛山人”名录

季度					
第一季度	刘党奇（敬业奉献）	彭　映（见义勇为）	黄柳波（见义勇为）	关明伟（敬业奉献）	茅建军（见义勇为）
	黄清强（见义勇为）	骆声波（见义勇为）	罗　超（见义勇为）	周明洪（见义勇为）	刘先福（敬业奉献）
	周庆文（见义勇为）	卢能业（敬业奉献）	李志勇（敬业奉献）	陈焕英（助人为乐）	李中芳（见义勇为）
第二季度	钱　水（敬业奉献）	吴钟秀（敬业奉献）	梁忠贵（见义勇为）	叶玉英（见义勇为）	梁志豪（助人为乐）
	刘　雁（孝老爱亲）	陈永强（见义勇为）	李想葵（孝老爱亲）	陈佳华（见义勇为）	李国华（见义勇为）
	罗锡标（孝老爱亲）	林　静（助人为乐）	戴　磊（敬业奉献）	谭伟强（敬业奉献）	莫才好（助人为乐）
第三季度	谭健敏（敬业奉献）	吴德明（助人为乐）	廖遇钿（敬业奉献）	朱国栋（见义勇为）	秦志红（助人为乐）
	叶健夫（见义勇为）	何志铨（诚实守信）	李思平（助人为乐）	蔡广权（孝老爱亲）	袁家林（敬业奉献）
	邓卓坤（助人为乐）	肖厚兰（敬业奉献）	伍召兰（孝老爱亲）	苏均维（见义勇为）	高勇飞（见义勇为）
第四季度	曾永滔（见义勇为）	黄伟忠（助人为乐）	吕贞兰（孝老爱亲）	刘建军（敬业奉献）	黎远强（敬业奉献）
	颜远军（诚实守信）	陈燕梅（孝老爱亲）	林纯莹（敬业奉献）	黄伍根（助人为乐）	何宛凌（助人为乐）
	宋洪涛（敬业奉献）	李明中（敬业奉献）	罗福才（助人为乐）	杨伟林（助人为乐）	姚　敏（敬业奉献）

2017年佛山市省级先进模范人物名录

姓名	荣誉称号或奖项	所在单位	评定单位
何惠娟	广东省三八红旗手标兵（十大南粤女工匠）	佛山市禅城区栩之陶艺工作室	广东省妇联、广东省总工会
肖瑞瑞	广东省三八红旗手	佛山市禅城区妇儿工委	广东省妇联、广东省总工会
罗月参	广东省三八红旗手	佛山市顺德区容桂街道上佳市社区	广东省妇联、广东省总工会
吴海燕	广东省三八红旗手	佛山市高明区荷城街道三洲社区	广东省妇联、广东省总工会
张雯雯	广东省三八红旗手	广东劲农农业科技有限公司、佛山市大塘舜兆蔬菜专业合作社	广东省妇联、广东省总工会
尚慧玲	广东省三八红旗手	佛山市第一人民医院	广东省妇联、广东省总工会
高凯健	广东省三八红旗手	佛山市南海区星辉学校	广东省妇联、广东省总工会
饶宝莲	广东省三八红旗手	佛山市南海区宝莲剪纸工作室	广东省妇联、广东省总工会
蒋丽霞	广东省三八红旗手	佛山市顺德区大良医院	广东省妇联、广东省总工会
高　玲	广东省三八红旗手	广东顺德高瓴科技有限公司	广东省妇联、广东省总工会
胡建武	广东省五一劳动奖状	佛山市南海中南机械有限公司	广东省总工会
柳小明	广东省五一劳动奖状	广东志高空调有限公司	广东省总工会
谭联枝	广东省五一劳动奖状	佛山市祥源家具制造有限公司	广东省总工会
陈红军	广东省五一劳动奖状	佛山市三技精密机械有限公司	广东省总工会
吴树鸿	广东省五一劳动奖状	广东电网有限责任公司佛山供电局	广东省总工会
金敏翔	广东省五一劳动奖状	广东精工钢结构有限公司	广东省总工会
陈建洪	广东省五一劳动奖状	佛山市国家税务局	广东省总工会
吴　虹	广东省特级优秀人民警察	禅城分局	广东省人社厅、公安厅
袁家林	广东省优秀人民警察	高明分局	广东省人社厅、公安厅
唐志权	广东省优秀人民警察	三水分局	广东省人社厅、公安厅
杜汝帮	广东省优秀人民警察	南海分局	广东省人社厅、公安厅
王贵杰	广东省优秀人民警察	交警支队	广东省人社厅、公安厅
宋洪涛	广东省优秀人民警察	顺德区局	广东省人社厅、公安厅

（续表）

姓名	荣誉称号或奖项	所在单位	评定单位
黄康伟	广东省优秀人民警察	消防支队	广东省人社厅、公安厅
王治勇	全国道德模范提名奖（助人为乐） 广东省道德模范（助人为乐）	—	广东省文明办
刘振寰	中国好人（敬业奉献）	—	广东省文明办
李永雄	中国好人（助人为乐）	—	广东省文明办
林伟光	中国好人（敬业奉献）	—	广东省文明办
李国华	中国好人（见义勇为）	—	广东省文明办
刘　勇	广东好人（助人为乐）	—	广东省文明办
林伟光	广东好人（敬业奉献）	—	广东省文明办
黎镜芬	广东好人（孝老爱亲）	—	广东省文明办
吴钟秀	广东好人（敬业奉献）	—	广东省文明办
李国华	广东好人（见义勇为）	—	广东省文明办
赵赣湘	广东好人（助人为乐）	—	广东省文明办
伍庭光	广东好人（助人为乐）	—	广东省文明办
莫才好	广东好人（助人为乐）	—	广东省文明办
陈燕梅	广东好人（孝老爱亲）	—	广东省文明办

2017年佛山企业敬业之星名录

姓名	单位	姓名	单位
段成华	佛山市禅城区玫瑰小学	杨达光	广东顺德酒厂有限公司
周玉焕	广东坚美铝型材厂（集团）有限公司	陶洪亮	广东奔朗新材料有限公司
沈敏峰	佛山市南海佛广公共汽车有限公司	熊启权	广东永利坚铝业有限公司
施国繁	佛山市南海中南机械有限公司	陈卫民	佛山市三水供电局
陈伟强	广东志达精密管业制造有限公司	梁浩天	佛山市三水区力工居家养老服务中心

市辖区

禅城区

【概况】 禅城区位于珠江三角洲腹地，佛山市中部。辖区东、西、北面与南海区接壤，东南、南面与顺德区毗邻，南北长15千米，东西宽19千米，辖域面积154.09平方千米。禅城区是佛山市人民政府驻地，于2002年12月经国务院批准设立，行政区域由原佛山市城区、石湾区和原南海市南庄镇组成。2017年，下辖南庄镇、石湾镇街道、张槎街道、祖庙街道，有91个社区和54个行政村。年末户籍人口65.98万人，常住人口116.11万人，人口自然增长率17.20‰。祖籍禅城区的海外华人、华侨和港澳同胞约23.5万人。

禅城区建设用地使用面积1.04万公顷，建成区绿化覆盖率39.7%，公园绿地面积916.86万平方米。境内有东平水道、佛山水道、吉利水道、顺德水道等4条水道，辖区岸线95千米，码头25个，二类口岸港口2个（澜石港和佛山新港）。广佛、佛开高速公路和广湛铁路穿境而过，客运火车直通香港九龙，广佛地铁贯穿市区。辖区拥有南风古灶、佛山祖庙博物馆、梁园、广东粤剧博物馆、仁寿寺、佛山岭南天地、南庄绿岛湖、中国（佛山）国际家居博览城等旅游景区。其中陶文化资源尤为丰富，以南风古灶片区、1506创意城、公仔街、广东石湾陶瓷博物馆、佛山陶都工艺美术馆、北纬23度艺术空间、新石湾美术陶瓷厂、岭南酒文化博物馆为节点的“陶醉文化街区”成为旅游热点。正月十六行通济、“三月三”北帝诞、粤剧华光诞、佛山秋色欢乐节、中国（禅城）岭南年俗欢乐节等民俗节庆活动成为当地旅游品牌。禅城区土特产品丰富，有佛山盲公饼、酝扎猪蹄（佛山扎蹄）、佛山柱候鸡、石湾米酒、佛山应记云吞面、海天豉油、豉味玉冰烧等。特色旅游产品有石湾公仔。豉味玉冰烧和石湾公仔获国家地理标志。

禅城区是佛山市传统中心城区，是著名的陶瓷艺术之乡、民间艺术之乡、武术之乡、成药之乡和龙狮运动之乡。全区有国家级文物保护单位3处、省级7处、市级67处，市级历史文化保护区1个，市级历史文化街区1个。列入非物质文化遗产名录共44项，其中石湾陶塑技艺、佛山木版年画、佛山剪纸、粤剧、佛山狮头、佛山彩灯、佛山秋色、佛山十番、佛山祖庙庙会被列入国家级非物质文化遗产名录。禅城区人杰地灵、名人辈出，有南汉简文会，明代伦文叙、霍韬、理学名师庞嵩，清代陈如岳、岭南画家招宝莲，民国简照南、简玉阶兄弟，革命烈士罗登贤、陈铁军、吴勤，粤剧南派艺术大师罗品超，名医李广海等。

2017年，禅城区实现地区生产总值1 722.50亿元。社会用电量84.42亿千瓦时。全年科学技术财政投入5亿元（科技三项费用），比2016年增长25%；教育事业财政投入18.8亿元，增长12%；文化体育与传媒财政投入2.4亿元，增长62%；医疗卫生与计划生育

2017年禅城区国民经济主要指标

指　标	单　位	数值	比上年增长（%）
地区生产总值	亿元	1 722.50	7.8
第一产业增加值	亿元	0.27	−10.1
第二产业增加值	亿元	748.84	5.8
工业增加值	亿元	730.36	6.0
第三产业增加值	亿元	973.39	9.6
人均地区生产总值	万元	15.01	5.9
规模以上工业总产值	亿元	2 294.19	—
农林牧渔业总产值	亿元	0.51	−7.6
固定资产投资	亿元	706.47	17.7
社会消费品零售总额	亿元	831.09	11.2
外贸进口总额	美元	179.7	20.6
外贸出口总额	美元	683.7	−1.9
实际利用外资	亿美元	1.61	−35.8
地方一般公共预算收入	亿元	122.97	3.5
地方一般公共预算支出	亿元	221.59	8.3
城镇常住居民人均可支配收入	元	45 199	8.5

2016—2017 年禅城区社会事业主要指标

指标	单位	2016 年	2017 年
中等职业学校和技工学校	所	9	—
中职和技校在校学生	万人	1.13	0.67
普通中学	所	26	—
普通中学在校学生	万人	4.2	4.4
小学	所	73	—
小学在校学生	万人	7.30	7.64
医院、卫生院	家	32	31
医院、卫生院床位	万张	1.17	1.11
群众艺术馆、文化馆	个	2	2
公共图书馆	个	2	2
博物馆	个	5	5
国家档案馆	个	1	1

财政投入 12.7 亿元，增长 149%。年末从业人员 62.96 万人，城镇登记失业人员总数为 0.50 万人，失业率 2.11%。全年接收社会化管理退休人员 512 人，在册管理的社会化退休人员有 46 478 人。领取基本养老金退休人员 12.19 万人，享受失业保险待遇 4.77 万人次，享受生育保险待遇 1 万人次，享受工伤保险待遇 5 390 人次。城镇生活污水集中处理率 98.02%，城镇生活垃圾无害化处理率 100%。

是年，禅城区获评全国综合实力百强区第十八名，位列全国投资潜力、新型城镇化质量百强区第九名，全国创新创业百强区第十七名。区“一门式”改革成效被国务院选为全国综合性实体政务改革案例。区“一门式”办税服务厅获全国行政服务大厅典型案例“百优”称号。区社会综合治理项目获中国人居环境范例奖。区城市规划“一张图”项目获中国地理信息产业优秀工程银奖。“数字公民”禅城区自然人库建设项目获第三届中国“互联网+政务”50 强。禅城区政府网获 2017 年度中国政务网站领先奖。禅城区“探索实践区域化党建，引领基层治理创新”获评第四届全国基层党建创新优秀案例。区行政服务中心获评全国文明单位，紫南村获评为全国文明村、“2017 中国最美村镇”。禅城区入选广东省双创示范基地。

中共禅城区委书记：刘东豪；区人大常委会主任：马志强；区长：孔海文；区政协主席：殷辉；区纪委书记：植伟生。

【产业发展】 2017 年，禅城区“去降补”加减并举，累计为企业减负超 42 亿元，累计兑现各类扶持资金 9.8 亿元，受惠企业超 1 400 家（次）。是年，禅城区“植产兴业”推进有力，实现第一产业增加值 0.27 亿元，比上年下降 10.1%；第二产业增加值 748.84 亿元，增长 5.8%；第三产业增加值 973.39 亿元，增长 9.6%。全区新增签约、动工项目（不含房地产项目）53 个，投资总额 462.34 亿元，主要集中在装备制造、大健康、现代服务业等产业项目。其中，超亿元项目 36 个，超 10 亿元的重大项目 11 个，超千万美元的外资项目 6 个，超亿美元外资重大项目 2 个。

工业振兴发展 2017 年，禅城区实现工业总产值 2 457.67 亿元，其中规模以上工业总产值 2 294.19 亿元；规模以上工业增加值实现 683.01 亿元，增长 6.0%。重工业支撑作用显著，全年规模以上重工业完成产值占全部产值的 64.8%，增长 5.3%；轻工业完成产值增长 3.2%。民营工业持续领跑，全年民营工业完成产值 1 876.39 亿元，增长 4.8%，增幅比全区工业高 0.4 个百分点，分别高于“三资”工业和国有工业 0.8 和 1.3 个百分点。高端制造业呈现结构性增长，规模以上先进制造业和高技术制造业分别实现产值 854.81 亿元和 253.60 亿元，增长 12.4% 和 15.0%；高技术制造业增速高于传统产业工业总产值 9.5 个百分点，其中高端电子信息制造业增长 30.1%；电子器件制造业增长 27.2%。支柱行业发挥引领聚集效应，在 29 个规模以上工业行业中，有 15 个行业实现正增长。其中计算机、通信和其他电子设备制造业增幅最大，增长 30.5%；医药制造业、家具制造业、酒、饮料和精制茶制造业增速均超 20%。

商贸提速发展 2017 年，禅城区社会消费品零售总额实现 831.09 亿元，比上年增长 11.2%，增速高于全市平均水平 1.2 个百分点。举办首届高铁经济带旅游博览会、佛山（禅城）陶瓷设计艺术周，持续打造“岭南年俗欢乐节”等系列活动，促进文商旅与产业融合，挖掘消费增长新潜力。发展品牌会展，举办两届陶博会和第二届中国陶瓷卫浴产区峰会，承办佛山市国际建筑卫生陶瓷工业设计大赛，助推禅城陶瓷卫浴产品走向世界。是年，全区商品零售实现 831.09 亿元，比上年增长 11.2%，对社会消费品零售总额增长的贡献率达 96.1%；餐饮收入实现 50.91 亿元，比上年增长 6.9%。东方新天地、正佳 YOUNG、世博商贸城、绿岛广场等新商业体正式营业，总面积 33.6 万平方米。在主要法定假期（元旦、春节、“五一”、中秋节、国庆节）期间，禅城区接待游客 494.34 万人次，比上年同期增长 10.38%。禅城区全年接待旅游人数（含星级酒店及其他住宿设施与一日游）1 308.95 万人次，比上年增长 7.45%，其中接待境内外过夜游客 435.61 万人次，增长 15.02%；实现旅游收入 240.62 亿元，增长 16.3%。

现代服务业势头强劲 2017 年，禅城区电子商务交易额 1 744 亿元，比上年增长 26.3%；全区在册的电子商务企业 1.6 万家，增长 6.7%，其中 B2B（企业对企业）电子商务企业 1.2 万家，B2C（企业对个人）、C2C（个人对个人）与其他非主流模式企业约 4 000 家，电子商务服务企业直接从业人员超过2.8万人，增长12%。是年，佛山市五行电子商务发展有限公司、广东鸭梨新媒体信息科技股份有限公司、佛山市东鹏陶瓷有限公司、佛山市楼兰家居用品有限公司4家企业入选广东省工业和信息化领域电子商务试点单位名单。

金融产业初具规模　2017年，禅城区出台《佛山市禅城区扶持金融产业发展办法（2017年修订）》等系列政策，针对金融行业推出开办补贴、租金补贴、收入补贴、购房补贴等20种扶持举措，包括金融招商、金融发展和金融人才三大扶持内容。华福证券佛山分公司、平安健康保险佛山中心支公司、复星联合健康保险佛山中心支公司、中山证券佛山营业部、上海证券佛山营业部等一批金融机构先后落户禅城；累计给予平安健康、复星健康等9家企业各类金融产业扶持资金约1 000万元；成功打造金融发展示范载体2个（万科金融中心、智慧新城园区）和金融发展载体1个（雅庭国际），其中万科金融中心引进大型金融机构4家。扶持企业上市和后备企业储备，全年发放市、区级利用资本市场扶持资金2 000万元。金融引擎释放动能，累计为167家企业提供转贷资金29.3亿元。新增上市企业数为历年新高，天安新材和佛山燃气2家企业先后上市，南湖国旅进入“新三板”创新层，广东北创光电、奥博信息等4家企业登陆“新三板”基础层。截至2017年底，禅城区有各类金融机构及网点806个，其中有银行市级分支机构19个，支公司以上保险机构55个、保险中介机构总部15家，证券期货公司营业机构37个，融资租赁公司总部9家，担保小贷公司总部23家，以及基金、保理等各类创新型金融机构总部近100家。有境内外上市企业（含新三板创新层）12家，新三板挂牌企业14家，挂牌上市后备企业数量超过50家。

【全面深化改革】　2017年1月，禅城区提出打造佛山“首善之区”，从城市新一轮转型、供给侧结构性改革、创新驱动发展、构建开放型经济体制、全面深化改革、创新人才队伍建设、文化旅游发展等十大领域展开建设。5月，禅城区委召开全面深化改革工作会议，提出20项重点改革攻坚任务。

创新从严治党责任机制　2017年，禅城区推进区委巡查制度、基层党风廉政建设综合治理、落实容错纠错机制等改革任务。建立区委巡察机构，健全巡察工作机制，组建巡察人才库，完成2轮对9个单位党组织的常规巡察，督促整改管党治党宽松软等问题307个，发现问题线索42条，立案查处违纪干部5人。开展扶贫领域专项巡察，实施对口帮扶资金实地检查，督促整改扶贫工作问题27项。开展农村基层党员干部违纪违法线索排查、异地交叉检查，排查线索1 766条，查处违纪党员干部151人。严把选人用人廉洁关，办理干部党风廉政情况回复2 937人次。畅通信访举报渠道，受理信访举报256件，比上年上升52.4%；处置问题线索507条，上升319%；加大执纪审查力度，立案164件，上升59.2%；给予党纪政纪处分143人，上升6%。建立健全容错纠错机制，受理容错申请15项，为101名党员干部澄清问题，最大限度宽容干部在改革创新、化解历史遗留问题中的失误。推进廉洁试验区建设，探索“互联网+中介治理”，搭建中介组织综合监管平台，176个中介机构入驻平台，完成189项中介服务选取。

2017年5月17日，禅城区委召开2017年全面深化改革工作会议　（王颖尧摄）

经济体制改革　2017年5月，出台《2017年禅城区深化供给侧结构性改革工作方案》，实施供给侧结构性改革攻坚工程、创新创业发展示范工程、实体经济振兴工程、“促投资、稳增长”工程、大数据推广应用工程等八大工程。禅城区将“智能制造”作为产业转型升级的主攻方向，全年工业技改投资61.4亿元，开展“机器换人”的规上工业企业累计10家，“两化”融合管理体系贯标试点企业达20家，培育“中国制造2025”试点示范企业6家。全年新增战略性新兴产业项目21个，含超亿元项目14个，计划投资199.5亿元，达安创谷等项目签约落地。实施质量强区“三大战略”（以质取胜战略、技术标准战略、品牌带动战略），佛山市燃气集团股份有限公司获评省政府质量奖；累计参与国家、行业标准制定23项，累计获评广东省名牌产品55个；成功创建“全国现代电源（不间断电源）产业知名品牌示范区”和“全国丝光棉针织服装产业知名品牌示范区”。“互联网+外贸”蓬勃发展，大江冷库对外运营，泛家居、不锈钢等外贸服务型平台公司成立，佛山跨境电商清关中心、佛山金口岸贸速通汇、佛山国际贸易进出口公司等服务平台试运行。“禅城一张图”大数据平台完成框架建设，以电子地图、行政界线图等数据为基础地图层，叠加城市建设、教育、环保、经济等领域146类的数据资源，覆盖辖区154平方千米，提高各类城市管理资源的共享利用。推动公资系统企业整合重组，成立城建、高新、轨道三大平台公司，明确重点发展的十大业务板块，区属公有企业存量366亿元，所有者权益72亿元，确保国有资产保值增值。

现代化治理改革 2017年，禅城区“一创新一改革一平台”（基层党建创新、一门式改革、社会综合治理云平台）的现代治理架构勾勒成型。搭建“1 + N + X”区域化党建组织架构，打破以往党组织条块分割局面，在更大范围内凝聚各方力量、整合共享资源，区域化党建获评全国基层党建创新优秀案例。“一门式一网式”政府服务改革，群众满意度达99.96%，获国务院免实地督查奖励，“数字公民”项目入选第三届中国“互联网+政务”50强，禅城区被列为全国基层政务公开标准化规范化试点。社会综合治理改革稳步跨越，大数据在建设、环保、防疫等领域应用，社会综合治理云平台获评2017年“粤治—治理现代化”优秀案例。“IMI”身份认证平台建成使用，军民融合大数据创新应用，禅城率先在全国应用区块链技术，首批“零跑腿”事项运行，“区块链+公证”APP上线服务，“数字政府”启动建设。改革镇（街）财政管理体制，按“收支五五，保既得利益，加大镇街激励”原则，明晰区、镇（街）事权，使全区财力进一步向镇（街）倾斜。非户籍常住人口参与基层治理试点改革实现突破，开展非户籍常住人口及党员参与“两委”换届选举，共选举非户籍委员60个。

2017年6月22日，禅城区举办智信城市与区块链创新应用（禅城）发布会，正式启动智信禅城平台，佛山市市长朱伟、禅城区委书记刘东豪参加活动

（王颖尧摄）

【创新驱动发展】

科技企业发展 2017年7月18日，禅城区出台《禅城区进一步加强2017年度高新技术企业培育扶持奖励办法》，引导及鼓励企业进行技术创新，推动全区高新技术企业集聚及高新技术产业快速发展。是年，禅城区高新技术企业、新型研发机构培育取得大突破，累计认定省级以上高新技术企业264家，其中新增高新技术企业139家；佛山电器照明股份有限公司等144家企业共398个产品获得广东省高新技术产品认定；禅城区17项科技成果获得2016年度省、市科技进步奖，其中省科学技术奖2项，市科技进步奖15项。

孵化器和众创空间培育 2017年，禅城区新增国家级众创空间2家、省级众创空间7家、市级众创空间1家、市级孵化器立项1家、区级孵化器备案1家。累计拥有4个国家级、7个省级、9个市级科技企业孵化器。新增省级工程技术（研发）中心13个、市级工程技术（研发）中心15个、省级院士工作站1个；新增省级企业技术中心5个、市级企业技术中心1个。创新能力不断提高，成功举办2017机器人国际大会，建立“佛科院、禅城区工商联产学研联盟”；引进的中国科学院院士、上海太阳能电池研究与发展中心主任褚君浩及其创新团队，与禅城区电源行业龙头企业新光宏锐公司共建UPS电源与新能源院士工作站。

双创实力持续增强 2017年，禅城区采取区镇（街）联动的模式，加快推进创新创业园区建设，以南庄绿岛湖·智荟、石湾中国陶谷、张槎华南创谷、祖庙丰收街·菁创聚四大双创园区为主体，多个孵化器、众创空间等众创载体配套协同的“4 + N”双创园区模式构筑成型。出台《佛山市禅城区利用旧工业园区发展创新创造新产业扶持措施（试行）》，鼓励通过旧工业园区更新改造盘活禅城区产业载体，以打造一批区文化创意等新产业新业态集聚的双创示范载体。截至2017年底，禅城区内实有市场主体124 447户；其中2017年新设市场主体25 710户，比上年增长47.74%，呈现“井喷式”增长。一批具有市场活力的双创支撑平台蓬勃发展，祖庙丰收街·菁创聚累计引进北大数研航遥园区、中国科技开发院佛山孵化中心、YOU +青年公寓、广东伊丽汇美容管理有限公司总部项目、广东连锁品牌100（佛山）双创中心五大孵化平台，乐怡海创·文华荟、南方报业传媒集团289米艇头PARK两大产业载体，以及100多个初创型项目超1 000名青年创客；石湾中国陶谷双创园区累计投资超过9亿元，集聚各类新兴企业1 700多家。是年，禅城区入选第二批省级大众创业万众创新示范基地名单，佛山新媒体产业园成为全市唯一的广东省创业孵化示范基地，禅城继续跻身2017年度全国创新创业（双创）百强区行列，位居全国第十七位，比2016年上升2位。

知识产权工作取得新突破 2017年，禅城区发明专利申请量6 398件，比上年增长64.98%；有效发明专利拥有量2 326件，占全市比例15.46%，增长22.16%；专利申请量11 034件，增长36.92%；发明专利授权量520件；万人发明专利拥有量20.03件；PCT国际专利申请量43件。禅城区拥有省级以上知识产权示范企业9家，其中国家级1家，省级8家，广东兴发铝业有限公司获评为2017年度国家知识产权示范企业，为禅城区首家获该称号的企业；拥有知识产权优势企业33家，其中国家级7家，省级26家；新增广东凯西欧照明有限公司、佛山华国光学器材有限公司等19家知识产权贯标认证企业。是年，中国（佛山）知识产权保护中心成功落户绿岛湖，国家知识产权服务业集聚发展试验区（禅城园）开园。禅城区有17项专利获第十九届中国专利奖，获奖数量创历年新高，获奖专利技术和禅城优势产业密切相关，涵盖传统产业陶瓷卫浴、调味食品、装备制造、照明，涉足新兴行业新材料、电子、互联网等领域。

【民生事业发展】

十大民生实事　2017年，禅城区建成8个美丽文明村居；启动改造建设石湾公园等一批公园项目；打造9条亮点河涌；完成一批垃圾压缩站、公厕的改造升级；新增6条骨干公交线路，“警家校”护畅模式覆盖全区八成以上小学，交通安全云服务平台投入使用；超过28万人签约家庭医生，为482户残疾人家庭安装“平安通”，祖庙微服务中心“互联网+”综合服务试点成功；建成（扩建）养老机构5个，新增床位1 050张；资助13个基层社会治理创新项目，建成法雷奥（佛山园区）企业社会工作服务基地；成立“蒲公英”女性双创联盟，带动就业创业超过5 000人次；镇街消防体验馆全部建成。

公共服务提质升级　2017年，禅城区新增学位5 760个，新建成佛山市岭南美术实验中学、佛山市外国语学校北校区，推进奇槎公办学校建设、澜石中学重建。区口腔医院港口分院落成，启动21个社区卫生服务机构标准化改造，取消药品和医用耗材加成，推进公立医院综合改革。成功创建广东省公共文化服务体系示范区，区图书馆总分馆模式在全省推广，镇（街）图书馆全部建成，村级基层综合性文化服务中心建成112个，文体活动站点城乡全覆盖。城镇登记失业率控制在3.5%以内，新增就业2.1万人。提高企业职工养老保险、工伤保险、特困人员供养等标准，为12.8万名60周岁以上的户籍老人购买意外保险。完成棚户区改造332套，新建公租房676套，累计分配公租房9 215套。

【美丽文明村居建设】　2017年1月6日，禅城区委书记刘东豪参加佛山市美丽文明村居建设推进会，提出禅城力争用两年时间建成20个美丽文明村居示范点，打造5个具有鲜明特色的美丽文明村居示范片，以此辐射全区村居。3月6日，禅城区召开美丽文明村居建设工作部署会，解读《佛山市禅城区美丽文明村居建设实施方案（2017—2018年）》。在全区重点选取20个行政村，将其打造成美丽文明示范村，包括南庄镇的紫南村、龙津村、罗南村、吉利村、湖涌村、南庄村和上元村；石湾镇街道的湾华村、鄱阳村、番村村、沙岗村；张槎街道的莲塘村、大富村、村尾村、张槎村、下朗村和弼唐村；祖庙街道的扶西村、简村和永红村。7月5日，禅城区美丽文明村居示范点建设工作现场会在龙津村召开，全区主要领导以及20个美丽文明村居示范点所在村居的主要负责人等100多人，实地参观龙津的廖锦涛烈士公园、格治公园、良宝维则公园、村中涌改造等文化景观工程。是年，禅城区建成莲塘村、紫南村、罗南村、龙津村、扶西村、下朗村、鄱阳村、南庄村等8个美丽文明村居。

【创新人才集聚示范区创建】　2017年5月，禅城区出台《禅城区争创创新人才集聚示范区工作意见》，推出十条人才政策，着力于引进和培养适合禅城产业发展的高、新、尖、缺的海内外高层次人才。5月11日，禅城区人才研究所挂牌成立，属禅城区委组织部管理的公益一类事业单位，主要负责人才理论与实践研究工作，调研、分析人才工作的方向、动向和前瞻性问题，研究人才政策和措施等。12月，印发《佛山市人力资源服务产业园招商扶持办法》，修订《禅城区推进“通济才智”工程建设实施办法》《佛山市禅城区加强人才载体服务平台及引才揽智平台建设暂行办法》。12月13日，禅城区公布首届创新驱动发展优秀科研团队（人才）评审结果，对1个优秀科研团队和10名科研人才给予政府扶持资金。是年，禅城区引进各类人才1.32万人，人才总量22.9万人，增长5.7%。新增省级院士工作站1个，佛山博士创新梦工场开放。“佛科院、禅城区工商联产学研联盟”成立，褚君浩团队与禅城企业共建UPS电源与新能源院士工作站。全区建立企业研究生联合培养基地25个，人才服务工作联合工作站10个，高层次和专业人才社会组织3个。

【城市治理三年行动计划】　2017年5月19日，禅城区召开城市治理三年（2017—2019年）行动计划工作会议，以城市治理推进城市发展、产业建设和社会民生建设。9月27日，印发《佛山市禅城区城市治理三年行动计划》，围绕规划建设科学化、人居环境绿色化、城市形象特色化、基础设施一体化、镇村发展现代化、城市管理精细化、公共服务优质化等七个方面，实施项目191个，总投资830亿元，建成宜居宜业宜创新的高品质现代化国际化大城市“强核心”。是年，禅城区城市治理累计完成投资216亿元。打通深宁路、禅港西路等“断头路”，完成绿景东路、文华中路人行天桥等交通项目；启动聚锦路、五峰路等新建改造项目，轨道交通2号线一期、3号线禅城段共计16个站点全面建设；岭南大道公交枢纽站、绿地未来城首末站等新场站投入使用，石湾广场地铁、公交、停车综合交通换乘枢纽启动建设，公交分担率40%，新增公共停车位5 693个。完成“三旧”改造107.2公顷，建成面积271万平方米。禅城陶谷小镇（石湾—南庄）入选省特色小镇创建示范点。新增和改造绿地105.7公顷，绿化覆盖率达到39.7%，亚艺公园、绿岛湖公园入选“佛山十大最美公园”，南庄镇紫南村获评“2017中国最美村镇”。建成大气精准防控微型站27个，空气优良天数278天。社会矛盾化解率98.2%，全区有效刑事治安总警情比上年下降28%。禅城区社会综合治理指挥中心荣获“2013—2016年度全国社会治安综合治理先进集体奖”。

【禅城区成功创建省公共文化服务体系示范区】　2017年，禅城区加快构建现代公共文化服务体系。推进公共文化设施建设，完成区文化馆主体工程；完成第三批24个基层综合性文化服务中心建设，全区有综合性文化服务中心136个，实现100%全覆盖。强化“互联网+公共文化大数据服务平台”的推广应用，完成平台第二期的开发（公共文化大数据移动采集和创客服务平台）。开展“花开四季 文化禅城”文化惠民活动，打造岭南年俗文化系列活动、少儿读书节、璀璨夕阳老年人文化、青年123村居文化志愿行动等活动品牌，区、镇（街）、村（居）三级开展各类文体活动近1 000场次，播放公益电影813场，受惠市民共超过300万人次。完善联合图书馆服务体系，禅城区图书馆石湾镇街道分馆（原澜石金属图书馆）6月重新开馆，祖庙街道分馆（原环市童装图书馆）10月正式开放；全区联合图书馆全年接待读者121.5万人次；图书借阅148.9万册次；新办读者证9 255个；举办各项读者活动280场次，参加活动的读者3 9074人次；移动图书馆访问量26.71万人次；汽车图书馆服务次数305场次，图书借阅44 190册次，接待读者3.5万人次。推动文艺创作精品化，创作音乐、舞蹈、戏曲、书画等作品74件；精品话剧《满庭芳》下基层取得成功，全年累计演出23场。实施“一镇一品”品牌活动项目、节庆文化品牌活动项目、“岭南文脉·品味禅城”品牌活动项目，重点开展关帝诞、北帝诞、塔坡诞、孔子诞、华光诞以及开展秋色巡游、年俗欢乐节、行通济等活动。是年，禅城区通过省文化厅验收，成为全省首批公共文化服务体系示范区。

【禅城区推出自然人全生命周期服务】

2017年5月18日，禅城区在全省率先推出自然人全生命周期行政审批服务。按照自然人的年龄和每个年龄段的核心主题，把个人全生命周期分解为出生、入学、就业、住房、婚姻、生育、退休和后事八大阶段，涉及需办理行政服务事项136项。根据市民办理事项记录，禅城区行政服务中心改变以往政府“被动审批”的模式，从自然人的需求出发，精准推送相关联服务事项和操作提示，主动服务市民。是年，通过网站、微信、“空中一门式”、实体大厅“一门式”系统等渠道主动向市民推送办事信息31 576人次，市民收到推送信息后申办人生同一阶段关联事项达8 323人次，占“推送办”服务总量的26.36%。

【禅城区委召开全面深化改革工作会议】

2017年5月17日，禅城区委召开全面深化改革工作会议，审议重点改革项目清单和全面深化改革工作要点。改革以落实全面从严治党责任创新机制、探索全面深化经济体制改革、提升现代化治理能力为主线，包括区委巡查制度、基层党风廉政建设综合治理、落实容错纠错机制、推动“三去一降一补”、发挥投资拉动效应、整合公资企业板块、完善“禅城一张图”、加快区块链智信禅城平台建设、建立互联网+公共文化大数据平台、社会综合治理改革、完善权责清单制度、改革区对镇（街）财政体制、推进自然人全生命周期服务、加快工商登记及相关领域审批监管制度改革、推进人才综合服务“一门式”办理方面等20项重点改革攻坚内容。

【基层政务公开标准化规范化试点工作】

2017年，禅城区被国务院列入基层政务公开标准化规范化试点。9月28日，出台《佛山市禅城区开展基层政务公开标准化规范化试点工作实施方案》，围绕就业创业、社会救助、社会保险、户籍管理、医疗卫生、涉农补贴、城市综合执法、养老服务等八个方面开展试点工作，试点时间为2017年9月至2018年8月15日。截至2017年底，禅城区全年主动公开政府信息59 321条，梳理区直部门权责事项8 503项。推进全区政府网站集约化建设，完成新集约化平台搭建以及29个部门主题页面建设和其他非集约化部门网站的数据迁移工作。通过区政府门户网站发布信息23 658条，网站访问量496万人次。“禅城发布”微信公众号、“禅城发布”微博全年推文阅读量分别达到925万次、3 774万次。发行《禅城区人民政府公报》11期，主动公开区级规范性文件和区政府有关政策、重要政务信息、重要人事任免情况等，并在区政府网站公开电子版。

【禅城区对接广深一线城市优质资源】

2017年，禅城区抢抓粤港澳大湾区建设机遇，挖掘广州、深圳两个超大城市的带动作用。2月20日，禅城区委书记刘东豪率领党政代表团赴深圳市罗湖区考察学习，两区签订战略合作协议，缔结成友好合作城市。根据协议，双方建立长期友好合作关系及互访交流制度，搭建合作交流平台，扩大商贸往来合作，加强人才和教育交流；立足两地资源优势，持续增进两地产业发展、城市更新等领域的对接和合作，共同推进两地科技、金融、物流、专业服务等创

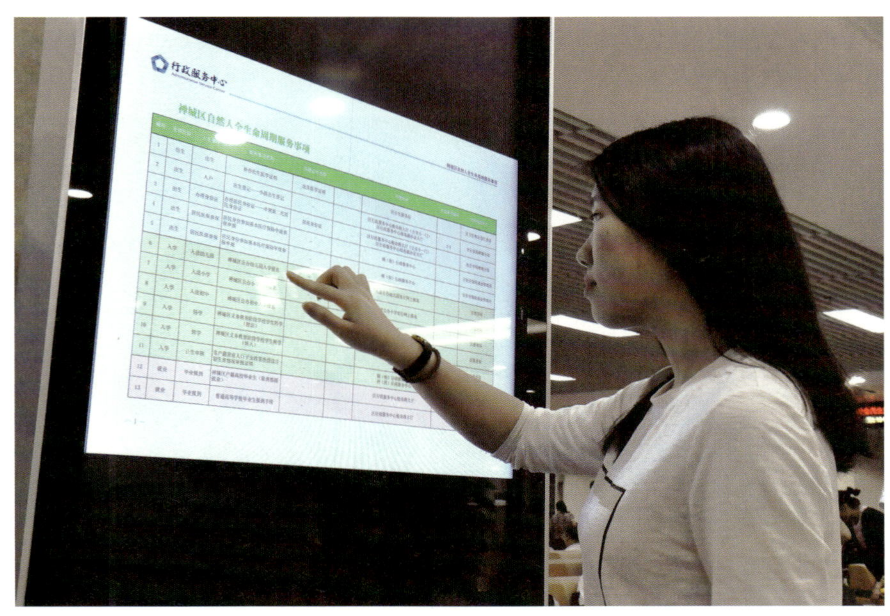

2017年5月18日，佛山市禅城区推出自然人全生命周期行政审批服务。图为市民在禅城区行政服务中心魁奇路大厅电子屏查询关联事项

（禅城区行政服务中心供图）

新资源的合作共享，共同推进科技创新、楼宇经济、电子商务、文化创意等产业业态的对接发展，加快两地重大产业平台项目的深度融合。8月4日，佛山（禅城）—广州产业对接联络处在禅城区政府签约授牌，成为继2016年底挂牌的佛山（禅城）—深圳产业对接联络处后，禅城布局的第二个产业联络处。11月30日，“设计助推智造”禅城·深圳设计产业对接会在深圳市福田区举行。设计引领、湾区设计联盟合作项目，众陶联泛家居跨境购销供应链平台，国际设计产业服务中心，设计产业智库四大项目签约落户禅城区。是年，禅城区多维度承接广州、深圳外溢资源，成功签约7个项目，投资总额约30亿元。

【禅城区举办机器人国际大会】 2017年9月21—22日，禅城区人民政府联合三航工业技术研究院共同举办“2017机器人国际大会”。大会设开幕式、科学家主题演讲、高端交流研讨会、国际创新项目成果展四个环节，机器人与人工智能领域的22名世界顶级科学家出席活动。国际创新项目成果展集中展示大会科学家及创新团队的科技创新成果，包括机器人、智慧生命、人工智能、工业自动化领域的相关配套产品、软件技术和项目等。大会现场签约19个涉及智能制造、精准医疗、机器人等领域的国内外一流创新项目。

【禅城区在全国县区率先探索区块链政务应用】 2017年6月22日，禅城区召开智信城市与区块链创新应用（禅城）发布会，正式发布“IMI”身份认证平台、“智信城市”计划等基于区块链技术的创新应用成果，成为全国首个探索区块链政务应用的县区。“智信城市”以区块链技术为基础平台，通过横向打通个人及组织的“条数据”，形成跨平台、跨部门、跨地区，开放共享、真实可信的“城市块数据”，为创新社会治理、优化民生服务、推动数字经济建设提供支撑。10月30日，禅城区依托“大数据+区块链技术”，正式推出政务服务“零跑腿”APP，通过对接自然人库和部门业务系统数据，首批20项事项实现“零跑腿”服务，主要涉及老年人优待证办理、个人参保证明打印、个人纳税证明打印等业务，其中8项在全国率先实现申请材料“零提交”。12月12日，禅城公证处业务正式纳入禅城区块链“智信城市”计划，市民通过手机登录禅城区“IMI”身份认证平台，办理出生医学证明、学历、学位、无犯罪记录等20项公证业务无需再“跑腿”，其中委托购房等13个事项可实现“1小时出证”。

【禅城区社会综合治理云平台获中国人居环境范例奖】 2017年10月27日，住房和城乡建设部发布中国人居环境奖获奖名单，禅城区社会综合治理云平台（简称“云平台”）项目获评中国人居环境奖——范例奖。云平台于2015年12月启用，以云计算、大数据等重点核心技术突破政府运作传统流程模式瓶颈，构建综合管理、主动防控、智慧应用的现代化社会治理3.0模式。云平台联动矢量地图、街景影像图等，汇聚公安、村居、学校等地约6 200路实时视频，打破职能部门之间的非密信息壁垒，有效整合人口数据、法人数据、城市部件、城市事件数据，以及安监、信访、消防数据等基础数据。是年，云平台受理各类案件36.69万件，结案35.56万件，办结率96.92%，案件类型涵盖城市管理、治安防范、消防安全、安全生产等方面。

2017年9月21—22日，禅城区人民政府联合三航工业技术研究院共同举办“2017机器人国际大会”。图为创新项目签约仪式 （王颖尧摄）

【自然人库建设项目获国家级荣誉】 2017年11月23日，“2017互联网+智慧中国年会”在北京召开，“数字公民”——禅城区自然人库建设项目获评为第三届中国“互联网+政务”50强。禅城区自然人库建设项目以“一门式”业务受理数据为基础，整合区计生、流管、人社等部门相关自然人数据，以身份证为索引，建立区自然人政务数据资源管理体系，展现自然人在计生、信用评分、办事等情况和全区非户籍常住人口、全区自然人信用评级分析情况等内容。截至2017年底，入库自然人数据约4 000万条，涵盖全区超百万的常住人口和1 600项标签。支撑一门式自助填表、自然人一门式服务“信任审批”、中小学入学“无纸化”报名、非户籍常住人口参与基层社会治理、数字禅城、祖庙街道“大数据·微服务”和张槎街道“社会综合管理”、军民融合大数据平台建设、“零跑腿”等10项重点应用。

【全国首个高铁主题旅游博览会在禅城举行】
2017年5月28—30日，全国首个高铁主题旅游博览会——2017首届佛山·禅城旅游文化周暨高铁经济带旅游博览会在禅城区举行，来自贵广、南广、昆广、武广、厦深等高铁沿线的18个重要沿线节点城市参与活动并结成高铁经济带旅游协会联盟。旅游文化周以“高铁同游·寻味岭南”为主题，举办佛山本地旅游展等多项主体活动，激活文化、商业、旅游三大基因，涵盖旅游展览、美食品鉴、武术展演、音乐表演等各项旅游体验。活动期间，共吸引18个城市超过180家旅行社参展，吸引新华社等26家媒体参与传播，全区旅游景点得到宣传推广；禅城区旅游经济大幅攀升，其中主要旅游监测点接待游客58.7万人次、比上年增长123.2%，全区旅游总收入3.98亿元、增长135%；吸引参加各类活动的游客超10万人次，带动旅行社产品收入1 200万元、旅游景区产品收入200万元、旅游手信及酒店商家收入920万元、美食展商家收入20万元。此外，活动组织18个城市的2 086名旅游达人游禅城，广泛传播“佛山制造、中国功夫，岭南文脉、品味禅城”的城市标语，提高城市知名度和美誉度。

2017年10月19日，聚集珠三角九市和港澳地区设计人才与资源的粤港澳大湾区设计联盟在禅城区成立（石湾镇街道供图）

【粤港澳大湾区设计联盟在禅城区成立】 2017年10月19日，粤港澳大湾区设计合作联盟在禅城区成立，集合珠三角九市和港澳地区的设计人才与资源，并聘请清华大学美术学院教授、有“中国现代工业设计之父”之称的柳冠中和德国红点奖原评委会主席荣翻担任荣誉会长。同日，禅城区在中国陶谷举办主题为“大设计 大湾区——创新、联动、产业”的峰会，国内外顶级设计师、粤港澳大湾区各设计协会及驻佛山海外设计师代表，共同研讨设计行业协同跨界创新，助力禅城区打造创意设计之都。禅城区借助联盟资源，推动设计产业培育壮大以及“文化、设计、产业”融合发展，打造粤港澳大湾区设计人才和资源的聚集地。

【禅城区启动“连锁企业品牌100”计划】 2017年，禅城区印发《禅城区连锁企业品牌100计划》，在3～5年内引进、提升和培育100个连锁品牌企业，构建起包括品牌、资金、人才、技术等服务和资源的优良连锁产业生态圈。6月9日，“连锁品牌100·商机大咖汇”首场连锁品牌项目路演暨招商洽谈会在祖庙街道丰收街举办，超过20个投资人与项目开展意向合作对接。10月26日，佛山秋季欢乐购暨连锁企业品牌100计划启动仪式在祖庙街道丰收街举行，发布禅城区连锁行业发展计划及扶持政策，举行广东连锁品牌100（佛山）双创中心、佛山连锁企业协会、禅城区连锁十强企业授牌仪式；一批连锁品牌总部及服务商现场签约进驻禅城，包括夜郎古酒、天福连锁便利店、蜜柚信息科技、桂丰快保、华蔚托育等。

【禅城项目获中国妇女创业创新大赛“社会效益奖”】 2017年，禅城区应用大数据建设女性“双创”基地，探索女性创业就业新模式。4月，从项目创新性、禅城特色、女性特点、社会效应等方面，选取“嘉有儿女——母婴童健康云平台”“齐月色彩产业创新中心”“同城到家·家政服务”和“嚟买餸”互联网+智慧农贸市场项目为2017年禅城区“女性双创”第一批培育项目，带动女性就业。推选以上4个项目参加首届中国妇女创业创新大赛，其中“嘉有儿女——母婴童健康云平台”和“同城到家·家政服务”项目入围全国复赛。经评选，“嘉有儿女——母婴童健康云平台”项目晋级全国30强，进入全国总决赛（广东省仅有2个项目入选总决赛）。9月，在全国总决赛中，“嘉有儿女——母婴童健康云平台”项目获得“社会效益奖”。

【南庄镇】 位于禅城区西部，辖区总面积76.03平方千米。2017年辖5个社区和18个行政村。年末户籍人口9.4万人，外来人口10.9万人。南庄历史悠久，开埠于宋代，自古以“桑基鱼塘”著称，是典型的岭南水乡，孕育出革命烈士罗登贤、廖锦涛，著名学者罗汝楠、李应林，粤曲泰斗罗品超等杰出人物。南庄镇交通路网发达，区位优势突出，是禅西新城的发展核心，拥有佛山一环高速、佛开高速、广明高速、季华西路、南庄大道、魁奇路西延线、樵乐路、龙湾大桥等主干路网，在建的佛山地铁2号线在南庄设有绿岛湖、湖涌、南庄三个站点，可与广州无缝对接形成半小时经济生活圈。

南庄以陶瓷工业立镇，有“中国建陶第一镇”之称，拥有世界级的陶瓷国际会展中心、国家级的华夏建陶研发中心。辖区内的省级经济开发区——广东佛山禅城经济开发区重点发展大数据、新能源、新材料、智能制造等产业，成为城产人融合发展的标杆示范地。2017年，位列全国综合实力千强镇排名第129位。全镇地区生产总值246.62亿元，比上年增长8%。其中，第一产业增加值0.42亿元，下降14.3%；第二产业增加值152.29亿元，增长6.8%（规模以上工业增加值138.92亿元，增长7.4%）；第三产业增加值93.91亿元，增长10.0%。人均地区生产总值127 781元，比上年增长13.5%；固定资产投资149.19亿元，增长18.8%；社会消费品零售总额75.95亿元，增长12.1%；南庄镇外贸出口额215.825亿元，增长23.82%。

截至2017年底，南庄镇累计获评“国家发展改革试点小城镇”“国家级生态乡镇”“国家卫生镇”“广东省宜居城镇”等称号，拥有全国文明村1个、全国绿色村庄1个、国家级生态村1个、“全国十佳小康村”1个、省宜居示范村庄5个、市级生态村18个。

产业发展 2017年，南庄镇培育“城产人文”相融合的经济发展环境，形成陶瓷、大数据、新能源汽车的产业格局。全面推进佛山建陶小镇建设，促进陶瓷电商、信息、文化等产业的融合提升。5月，国家知识产权服务业集聚发展试验区（禅城园）开园，推进建设全省首个中国（佛山）知识产权保护中心和禅城区知识产权法庭。6月，镇陶瓷产业促进会启动全国首个陶瓷原料集中制粉项目，可促使陶企污染排放量减少50%。是年，加快建设科力远CHS项目，一期工程完成90%；该项目技术优势凸显，获得2项国际发明专利，97项国内专利；项目引进各类工程技术人员超过220人，其中混合动力行业专业博士10人、特聘国外专家2人。出台城市产业发展扶持管理办法等系列政策，全年落实各项政策奖励5581万元，受惠企业98家。投入工业技改资金28.67亿元，比上年增长110%，开展技术改造的规模以上工业企业47家，新增机器人应用40台，完成机器换人企业4家。新增国家级高新技术企业21家，省级众创空间1家（无境众创空间），有效发明专利拥有量332个，增长31.23%。广东兴发铝业有限公司获评为2017年度国家知识产权示范企业。

新农村建设 2017年，南庄镇完成村尾村、溶洲村市级宜居村庄创建工作，完成罗南村、南庄村、紫南村、湖涌村、龙津村、吉利村6个“五好”新村居区级验收，推进罗南村、南庄村、紫南村、龙津村、吉利村、湖涌村、上元村等7个美丽文明村居建设。紫南村获得“全国文明村”“2017中国最美村镇”称号，村尾村、溶洲村被评为佛山市第十批宜居村庄。完成农村土地承包经营权确权工作，推进南庄大道南侧、佛山一环西侧地块“三旧”改造项目。是年，区、镇、村三级联动，完成违法用地整治31宗，整治面积6.44公顷。推广应用“农村集体经济数字云图”，提升农村集体“三资”管理水平。完成农村集体资产交易901宗，交易金额16 653.70万元，溢价1 429.01万元，其中通过农村集体资产管理交易平台完成交易144宗，增值370.02万元。是年，出台《南庄镇农村建设工程及大宗采购项目招投标管理规定（修订）》，村级工程招标及大宗采购68宗，节约资金4 811.84万元。

国家知识产权服务业集聚发展试验区落户南庄 2017年5月18日，省市共建引领型知识产权强市工作会商会议暨国家知识产权服务业集聚发展试验区禅城园开园仪式在南庄举行，广东省知识产权局局长马宪民、佛山市市长朱伟等出席会议。国家知识产权服务业集聚发展试验区禅城园（简称“禅城园”）落户南庄镇的绿岛湖都市产业区，由市知识产权局、禅城区政府、南庄镇政府共同建设，建设总面积约2.7万平方米。禅城园定位为知识产权服务业集聚区、知识产权金融服务核心区、知识产权人才集聚区和知识产权服务机构核心区。首批签约进驻的单位包括猪八戒快智慧知识产权代理有限公司、中规（北京）认证有限公司、深圳市世纪恒程知识产权代理事务所等14个大型知识产权服务机构。

众陶联“互联网+陶瓷”亮相央视改革专题片 2017年7月18日，南庄镇重点企业佛山众陶联供应链服务有限公司（简称“众陶联”）作为首个典型案例，入选央视大型政论专题片《将改革进行到底》第二集《引领经济发展新常态》。众陶联成立于2016年3月，由国内知名的金融投资集团蓝源资本顶层设计，15家佛山陶瓷龙头企业共同打造，是“产业+互联网+金融资本”的陶瓷产业链服务平台，通过在B2B（企业与企业）平台上建立撮合交易、集中采购、源头交易、竞价交易和委托交易，破解陶瓷行业的融资困难、采购不透明、低层次同质化竞争等问题。是年，众陶联受企业委托采购的订单金额达304亿元，为采购企业降低综合成本11.6%。累计参与众陶联平台的企业集团563个，供应商3 514个，加盟企业产值2 215亿元，约占中国陶瓷产业产值的45%。

佛山博士创新梦工场开园 2017年11月17日，佛山博士创新梦工场开园仪式在绿岛湖国际中心举行。该项目由南庄镇与佛山科学技术学院合作建设，围绕禅城、南庄传统产业基础优势，以企业为主体、市场为导向，打造产学研用深度融合的创新型人才创业和高新技术项目加速和孵化平台。项目运

禅城区南庄镇湖涌村 （佛山年鉴社供图）

营实施“100 + 400 + N”博士集聚模式，即引进100名以上博士团队进驻园区博士工作室；利用佛山科学技术学院约400名在职博士支持园区项目建设与运营；吸引N个带项目的海内外高层次人才团队入驻园区，并建立成果转化平台。至年底，佛山博士创新梦工场签约博士团队21个共63名博士，其中已进驻团队10个。

【石湾镇街道】 位于禅城区东南部，禅城区委、区政府所在地，是佛山市中心城区的重要组成部分。2017年辖27个社区和12个行政村。辖区总面积28.32平方千米。年末户籍人口18.97万人，常住人口33.08万人。石湾交通发达，季华路、魁奇路、佛山大道、汾江路、文华路、南海大道等主干道贯境而过，在营、在建、规划中的地铁1至6号线均覆盖石湾。辖区有三甲医院2家，环湖小学、城南小学、实验小学、华英中学、佛山二中、佛山三中等优质学校，以及亚艺公园、文华公园、石湾公园、半月岛湿地公园等大型公园。

“石湾瓦，甲天下”，石湾有五千年的制陶史，是“中国十大魅力名镇”，享有“南国陶都”“中国陶瓷之都”“中国陶瓷历史文化名城”“中国陶瓷艺术之乡”“中国民间文化艺术（陶艺）之乡”等称号，石湾陶塑技艺被评为第一批国家级非物质文化遗产。辖区内有全国重点保护文物单位——五百年薪火不断的南风古灶，石湾陶瓷博物馆、莲峰书院、丰宁寺、公仔街，以及众多艺术馆、大师工作室等文化旅游资源。

石湾拥有陶瓷、不锈钢等支柱产业，是全国唯一的不锈钢名镇、全国最大的不锈钢制品和材料集散地，是“中国不锈钢商城”“品牌中国不锈钢（国际）产业示范基地”。2017年，石湾推进中国陶谷小镇、不锈钢小镇建设，推动陶瓷、不锈钢产业转型升级。全街道地区生产总值458.85亿元，比上年增长7.9%。其中，第二产业增加值160.88亿元，比上年增长4.7%；第三产业增加值297.97亿元，增长9.7%。固定资产投资222.62亿元，比上年增长18.7%。社会消费品零售总额285.93亿元，比上年增长11.7%。外贸出口额25.18亿美元，比上年下降4.8%。阳光教育众创空间入选“广东省众创空间试点单位”，佛山市东鹏陶瓷有限公司被命名为“佛山·脊梁企业”。

新兴产业培育　2017年，石湾围绕大汽贸、大数据、大健康、泛金融等产业，加快培育发展新动能，打造经济新增长点。引进石湾大健康城和达安创谷等大型优质项目。引入诚德特钢、捷联诚、大参林、佳安保险、阳光人寿等企业，年度新增产值超100亿元。着力建设产业发展载体，世博商贸城、联塑领尚环球之家、居然之家陆续开业，不锈钢总部大厦、雄盛王府商城、新福港交通枢纽广场、岭君广场等项目加快推进。

创新创业　2017年，石湾有72家企业申报高新技术企业认定。专利申请2 808件，总量列全区第一。广东（佛山）软件园获得“国家级孵化器”称号，阳光教育众创空间入选广东省级众创空间试点单位。佛山科学技术学院与绿巢智谷共建“华南科技创新战略发展研究院”“产业学研基地”，鄱阳城众创小镇加快建设，引进广州地区孵化器创新创业服务联盟等企业。加快建设人力资源服务产业园，引入佛山市领航人力资源服务有限公司、广东汉普人力资源集团、58同城、赶集网、猎聘网等100家优质企业，以及100多家创客空间和创客工作室。启动石湾陶艺职业培训学院建设，完成教材编写、师资库建立等前期工作。截至2017年底，石湾镇街道累计打造各类创新孵化平台8个，包括国家级科技型企业孵化器1个，建设孵化场地面积超30万平方米，引进1 000多家创新企业，创新创业氛围浓厚。

特色小镇建设　2017年，石湾建设中国陶谷小镇、不锈钢小镇，通过载体、项目、平台，推动陶瓷、不锈钢产业加快转型升级。8月，中国陶谷小镇成为全市首批15个特色小镇之一，与佛山建陶小镇组成的禅城陶谷小镇（石湾—南庄）入选广东省特色小镇创建工作示范点。12月，从“一谷八园”扩至“一谷十园”。是年，中国陶谷小镇的重要组成部分佛山泛家居电商创意园全面完成改造，实现100%招商；石湾古镇文创园引入佛山国际创客中心、佛山电竞基地、高一影业等14个项目，以及309家登记企业。不锈钢特色小镇建设取得成效，成功举办全国不锈钢高端峰会；佛山不锈钢指数正式对外发布；佛山不锈钢互联网平台和佛山不锈钢电子交易平台启用，全年实现线上线下销售额5.42亿元。

佛山（禅城）陶艺·建陶设计周暨陶瓷艺术周　2017年10月19日，2017佛山（禅城）陶艺·建陶设计周暨陶瓷艺术周在中国陶谷举行。此次活动为期三天，围绕“设计助推智造”的主题，举办三个大赛、两个研讨会、三个展览、两场路演等系列活动，并成立佛山设计联合会和粤港澳大湾区设计联盟，吸引来自国内23个城市、“一带一路”沿线15个国家和地区的产业界、艺术界、文化界、设计界等领域的近400名顶级专家、学者大师和青年才俊，3 000多家企业和国家、省、市行业协会，以及2万多人次市民观众参加，推动陶艺、文化、设计、创意、旅游、产业等元素的跨界融合。

中国不锈钢高端峰会举行　2017年12月23日，“产业互联 不锈论道”2017中国不锈钢高端峰会在石湾镇街道举行，来自全国不锈钢产业链上下游著名企业、行业协会的代表及知名专家、学者等500余人参会，研讨不锈钢行业新风向。中国不锈钢高端峰会是不锈钢行业高规格的盛会，云集全国行业巨头，该次参会企业的总粗钢产量约占全国不锈钢产量的85%。石湾按照新规划、新产业布局，推进“互联网+不锈钢”等计划，为传统不锈钢行业嫁接新产业，以举办中国不锈钢高端峰会等高端会议，增强石湾不锈钢的凝聚力和影响力。是年，石湾本土限额以上不锈钢贸易企业销售额超过1 542亿元，比上年增长25.4%。

全市首个电竞产业基地落户石湾　2017年5月4日，佛山电子竞技产业发展研讨会在石湾举行，石湾古镇文创园与狮王互娱、世界大学生电子竞技联赛（WUCG）现场签订合作协议，在园区打造佛山首个电竞产业基地及电竞生态孵化园。该基地占地1 000平方米，包括线下场馆和线上平台两大部分，共打造五大核心功能板块，即举办电竞赛事、输出电竞异业模式、孵化电竞创业、培训电竞人才、提供电竞设备及服务周边等。11月18日，佛山市首个电竞高校联盟在石湾古镇文创园内成立，有12所高校的电竞社（协会）加入。12月8日，首届佛山电竞嘉年华在石湾古镇文创园举行开幕式，佛山电竞产业基地、佛山竞技协会揭牌成立，可与在筹建的电竞产业发展基金共同打造成佛山电竞产业发展的“铁三角”，构建完整的电竞产业生态圈。

【张槎街道】 位于禅城区中西部，是禅西产业新城的重要组成部分，总面积28.86平方千米。2017年辖8个社区和15个行政村。户籍人口约8万人，常住人口约24万人。张槎是较为典型的岭南水乡，拥有东平河、汾江河、王借岗等自然景区，以及杨氏大宗祠、太史第、张槎村古建筑群等人文景观，武术、粤剧、醒狮、龙舟、剪纸等传统优秀岭南文化得到较好传承和发展，是国家级“龙狮运动名镇”。

张槎是“中国针织名镇”，产业基础雄厚，国家级高新区——佛山高新技术产业开发区禅城城西园坐落辖区，拥有智慧新城、欧洲工业园、华南创谷、新媒体产业园等一批主题产业园，高端装备制造、电子信息、针织服装等优势产业集聚发展。2017年，张槎街道实现生产总值489.59亿元，比上年增长8.2%。其中，第二产业增加值304.05亿元，比上年增长6.7%；第三产业增加值185.54亿元，增长11.0%。固定资产投资175.71亿元，比上年增长15.0%。社会消费品零售总额78.50亿元，比上年增长10.5%。启动广东绿能装备小镇建设，并入选佛山市首批市级特色小镇创建名单。获评“中国产学研合作创新示范镇”“全国现代电源（不间断电源）产业知名品牌示范区”“全国丝光棉针织服装产业知名品牌示范区”，并获批创建“广东省军民融合科技产业创新试点镇”。

产业转型升级　2017年，张槎街道引导高端装备制造、电子信息等产业集聚，引进弘视通信、德国海因克尔、广东宽普等一批行业顶尖企业，柏克新能、新光宏锐等5家企业入选省级两化融合管理体系贯标试点企业。推进传统针织产业转型升级，织联网、中纺互联等一批龙头“互联网+针织”项目成功落户，国内首台高速通过式直喷印花机研发成功，佛山首家针织主题观光工厂开业；举办全国纺织职业技能竞赛和首届中国针织行业供应链管理发展峰会、中国（张槎）针纺纱线展暨高峰论坛等具有全国影响力的产业大会，组团参加中国国际纺织博览会，提升“张槎针织”品牌知名度。

科技创新　2017年，张槎街道构建政府搭台、企业为主体、市场为导向、产学研相结合的科技创新体系。打造“苗圃+孵化器+加速器+科技园”的全孵化链科技企业孵化器载体，创意产业园获“国家级众创空间”称号，佛山新媒体产业园成为全市唯一的广东省创业孵化示范基地。11月，在第十一届中国产学研合作创新大会上，张槎街道获“2017年中国产学研合作创新示范镇”称号。至年底，辖区拥有国家级科技企业孵化器3家，国家级众创空间2家，高新企业92家，各类创新平台96个。

两个全国知名品牌示范区创建　2017年3月，张槎街道的全国丝光棉针织服装产业知名品牌示范区、全国现代电源（不间断电源）产业知名品牌示范区通过国家质检总局考核验收，正式获得命名。针织产业、现代电源产业是张槎支柱产业，2015年经国家质检总局批准，张槎街道开展“全国知名品牌示范区”创建，从组织保障、政策扶持、资金落实、文化宣传等方面，多元共建时尚针织和现代电源产业体系，打造区域品牌。2017年，张槎时尚针织业产值达294.35亿元，比上年增长15.62%；现代电源产值达30.26亿元，增长8.1%。

中国青年创业社区和青年之家落户张槎　2017年12月6日，位于禅城区张槎街道华南生命科学园的中国青年创业社区（佛山站B站）和青年之家揭牌成立，打造低成本、全要素、一站式创业服务综合体，以及以关注青年生理、心理及社会适应性为宗旨的新型服务载体。中国青年创业社区是由团中央委托中国青年创业就业基金会负责具体实施的青创社区，其中“佛山站B站”由华南生命科学园与佛山科学技术学院共建。

消防重点隐患地区整治　2017年，张槎街道将火灾隐患整治纳入街道年度中心工作，投入经费5168万元开展各类整治工作。扩建20人组成的专职消防队伍，23个村（社区）、3家直属公司、39个消防重点单位分别建立6～10人的兼职消防队伍。新建微型消防站37个，新增灭火器10 863个、应急灯6 962个、烟感器6 279个、安全出口指示6 223个。以朗丰工业园为试点，推广电动车定点集中充电示范点，根治电动车充电隐患，建成电动车集中充电桩50个，充电插座1 258个。成立“三小”（小作坊、小档口、小娱乐场所）场所等6个专项整治小组，按省验收标准完成整治“三小”场所2 643个、公共聚集场所91个、工业建筑520座、出租屋608栋。是年，张槎消防四化（网格化、信息化、规范化、常态化）巡查完成率100%，街道火警成灾数下降50%。

文体事业发展　2017年2月，张槎举办全国“龙腾狮跃闹元宵”大联动、“张槎杯”佛山狮王争霸赛。5月，举办“国笋心·张槎情”国笋文化节，开幕式邀请千名市民品尝重达2 000千克的盘笋粥，推广张槎笋饮食文化。7月，举行“东基童梦杯”第五届龙舟赛，来自张槎各村的47支队伍参赛。是年，开展“魅力母亲”“张槎好人”“有为青年”评选，举办外来工集体婚礼和“玫瑰有约·情缘张槎”青年交友活动。建成禅城首个园区智能化图书馆——华南创谷自助图书馆。开展群众性文体活动，莲塘龙狮队参加广东省龙狮锦标赛获南狮规定套路和自选套路双料亚军。是年，张槎获评“2013～2016年度全国群众体育先进单位”“广东省第十六届体育节活动先进单位”，为全市唯一获得以上称号的镇（街）。

【祖庙街道】 位于禅城区的东北部，东至桂澜路、南沿季华路，西以佛山大道为界，北抵汾江河北岸，辖区面积20.88平方千米。2017年辖51个社区和9个行政村。年末户籍人口29.18万人，常住人口42.05万人。农用地面积25.93万平方米。支柱产业是电器机械和器材制造、文教工美体育和娱乐业、塑料制品、纺织服装服饰业、批发零售业、房地产业、金融业等。祖庙街道地处佛山市中心城区，交通便利，地铁广佛线横贯辖区。旅游景点有佛山祖庙、东华里古建筑群、梁园、仁寿寺、中山公园、岭南天地、广东省粤剧博物馆、精武馆等。辖区有祖庙商圈、东方广场商圈和季华商圈，商贸文化活动丰富。正月十六行通济、“三月三”北帝诞、粤剧华光诞、佛山秋色欢乐节等民俗节庆活动在辖区举行。

2017年，祖庙街道地区生产总值555.51亿元，比上年增长7.9%。其中，第二产业增加值153.92亿元，比上年增长4%；第三产业增加值401.58亿元，增长9.3%。人均地区生产总值126 109元，比上年增长10%。工业总产值436.84亿元，比上年增长2.4%，其中规模以上工业增加值为122.68亿元，增长3.8%。全社会固定资产投资158.96亿元，比上年增长18.5%。社会消费品零售总额390.7亿元，比上年增长10.9%。街道本级一般公共预算收入完成10.28亿元，比上年增长18.7%；街道本级一般公共预算支出完成11.07亿元，增长29.86%。税收总额98.28亿元，增长7.3%，辖区内年纳税额超1 000万元的企业有111家。是年，祖庙街道拥有国家级高新技术企业58家，各级研发机构38个，有效发明专利拥有量778件。佛山燃气集团成功上市，成为辖区第五家上市企业，并获评广东省政府质量奖。佛塑、日丰、欧司朗、佛照等4家企业被认定为首批佛山市细分行业龙头企业。

产业优化提质 2017年，祖庙街道新增签约、落地项目11个，投资总额138.27亿元，其中超10亿元项目5个；完成对工业技术改造投资6.53亿元，完成对珠江西岸装备制造业投资3.58亿元，工业企业逐步向转型高质量发展。丰收街·菁创聚累计完成招商面积超过13万平方米，创造产值超过2 000万元。北大数研、中开院孵化中心、YOU +、乐怡海创四大平台加快建设，引进万城万充等项目超过100个，伊丽汇美业创业孵化平台等相继落户。以“岭南文化+”为导向，谋划岭南文荟小镇建设。新增高新企业37家，总量58家；新增省、市级工程技术中心3个，总量达24家；主营业务收入5亿元以上工业企业实现研发机构全覆盖。北大数研航遥基地认定为省级众创空间，丰收街·菁创聚、北大数研、乐怡海创·文华荟成为市、区级创业孵化基地，孵化育成体系勾勒成型。金科产加快融合发展，佛山燃气集团成功上市，南湖国旅进入“新三板”创新层，辖区上市企业累计5家，上市企业市值位列全区第一。乐怡海创·文华荟创新金融产业园建成正式开园，佛山（禅城）企业创新投融资协会成立。

民生微服务 2017年7月，祖庙街道微服务中心启动运营，以“大数据·微服务——互联网+民生服务”为主题，总投资金额3 600万元，成为“线上社会服务信息化平台+线下微服务中心实体运营”相结合的“一门式”民生服务窗口，实现政府信息化管理和服务的全方位覆盖。扩展长者饭堂服务，新建高标准长者饭堂同济服务站，向全街道长者饭堂年内提供餐饮服务超过55万人次。拓展线上功能可移动、定位的设备终端，实现平安钟服务从“平安家居”到“平安出行”的升级和创新，累计服务用户1 217户。医务社工服务以“定点—社区—上门”为思路，在“固定点、广覆盖、送到家”三个服务空间维度开展专业服务。开展敬老院公建民营改革，通过引入社会资本1 600万元，提升管理服务水平，实现养老机构转型升级。发展残疾人生存能力，创新辅助性就业模式，设立残疾人辅助就业爱心平台——乐善购绿色家园。祖庙街道残疾人综合服务模式被佛山市政府纳入残疾人事业“十三五”发展规划。

“丰收街·菁创聚”正式开园 2017年5月3日，丰收街·菁创聚青年创新创业社区开园仪式暨祖庙街道重点项目推介会在丰收街举行。创美药业物流中心、乐怡海创·文华荟、伊丽汇·美丽小镇、佛山绿地中心生命健康产业园、华南健康产学研究基地、广东连锁品牌100（佛山）双创中心、289丰收park、禅城区金融产业协会、广东银达融资租赁有限公司等九大项目签约落户祖庙街道，涵盖创新金融、大健康、时尚文创三大新兴产业，总投资超7亿元。

全市首家“公建民营”养老院建成营业 2017年3月16日，禅城区春晖颐养院正式营业，为佛山市首家“公建民营”养老院，打破传统公办敬老院由政府大包大揽、全程包办的模式。该养老院前身为祖庙街道敬老院，为优化公有养老资源，祖庙街道探索养老机构“公建民营”模式，于2016年7月引入民营机构进行运营，由南海区春晖养老服务中心正式承接运营祖庙街道敬老院，投入资金对其进行升级改造，并将其更名为“佛山市禅城区春晖颐养院”。该养老院经改造升级后，床位总数从原来的280张增至380张，采用

祖庙街道“丰收街·菁创聚”青年创新创业社区　（王颖尧摄）

“护士+社工”的护理模式，院内常驻4名执证护士、专业社工，提供医养融合的院舍养老服务。与单纯的民营养老院相比，该养老院仍保留公办养老院的公益性质，优先接收祖庙街道辖区“五保”“三无”人员，安置接收不少于总床位数的10%。

河涌综合环境治理　2017年4月，祖庙街道镇中东涌综合整治工程启动，工程总投资898.3万元。6月，该工程完工，有效增强河涌的排涝能力和改善河涌两风貌。10月，佛山涌（南海大道—桂澜路）南岸提升一期工程完工，总投资约680万元。是年，启动丰收涌水生态治理工程，对丰收涌水体生态和景观进行修复、改善，对水环境进行提升改造。

非户籍常住人口参与基层治理　2017年，祖庙街道推进非户籍常住人口参与基层治理工作。3月，开展非户籍常住人口调研，摸排出一批非户籍常住人口及党员参与基层治理的候选人名单。5月，推动非户籍常住人口参与村（社区）“两委”换届选举试点工作，选出村（社区）非户籍委员34人。各村（社区）均有非户籍常住人口及党员参与工青妇等群团组织。村（社区）党组织推进非户籍常住人口党支部建设，创新直联工作方式，走访服务非户籍常住人口，推动非户籍商家和新老居民参与社区治理等进行探索。落实“家·禅城”议事厅制度，每季度召开有非户籍成员参与的议事会议。6—12月，村（社区）非户籍委员走访联系非户籍人口达2.9万人次，非户籍工商户3 600余户，引导非户籍常住人口及党员参与村（社区）建设，广泛联系、服务非户籍群体。塔坡社区以“1＋X”模式创新建立“我的社区我做主”居民议事会，拓展小区非户籍常住人口反映建议、协调利益、解决需求的渠道。

（蒋中平　张群群）

南海区

【概况】　南海区位于佛山市中东部，东连广州市白云区、荔湾区，与广州市番禺区隔江相望，西邻三水区、高明区，南接顺德区，与江门市蓬江区、鹤山市隔西江相望，北濒广州市花都区，中南部与禅城区接壤。1992年撤县设市，由佛山市代管。2002年，撤市设区。2017年辖桂城街道、九江镇、西樵镇、丹灶镇、狮山镇、大沥镇、里水镇等7个镇（街），有208个社区和66个行政村，有1 253个自然村，区政府驻地为桂城街道。辖区总面积1 073.82平方千米。年末户籍人口141.37万人、常住人口328.74万人。人口自然增长率16.87‰。祖籍南海的海外华人、华侨和港澳台同胞40多万人。

2017年，南海区有耕地面积1.19万公顷，粮食播种面积1 403.4万公顷，粮食产量0.71万吨。林地面积4 973.96万公顷，市域森林覆盖率18.5%，活立木蓄积量60.82万立方米。人均公园绿地面积20.31平方米。土特产有九江桂花鱼、盐步秋茄、松岗桃花、石碣西瓜、谭边大顶苦瓜、罗村竹笋等。传统特色食品有九江双蒸米酒、九江煎堆、西樵大饼、平洲福肉饼等。是中国淡水鱼苗之乡。主要旅游景点有国家AAAAA级景区西樵山风景名胜区，AAAA级景区南海湾森林生态园、平洲玉器街、中央电视台南海影视城，还有南国桃园、康有为故居、黄飞鸿狮艺武术馆等特色景点。主要传统民俗活动有醒狮会、扒龙舟、乐安花灯会、官窑生菜会等，其中广东醒狮（南海）、茶基十番被列入国家级非物质文化遗产名录，乐安花灯会、官窑生菜会、九江传统龙舟、盐步老龙礼俗、西樵大仙诞被列入广东省非物质文化遗产名录。

2017年，南海区围绕“传承品质、成就品牌”工作主线，深入推进“升级工业园、建设新都市、发展新经济”，突出抓好招大商、重创新、强治污、惠民生、促改革等关键性工作，全区经济社会发展呈现出良好局面。

2017年，南海区实现地区生产总值2 667.89亿元。万元地区生产总值能耗下降4.87%。社会用电量242.13亿千瓦时。全年科学技术财政投入13亿元（科技三项费用），比上年增长29.71%；教育事业财政投入44.15亿元，增长5.67%；文化体育与传媒财政投入6.13亿元，增长5.82%；医疗卫

2017年南海区国民经济主要指标

指　标	单　位	数值	比上年增长（%）
地区生产总值	亿元	2 667.89	8.4
第一产业增加值	亿元	44.70	2.0
第二产业增加值	亿元	1 485.08	8.4
工业增加值	亿元	1 423.13	8.5
第三产业增加值	亿元	1 138.11	8.8
人均地区生产总值	元	97 035	6.8
农林牧渔业总产值	亿元	88.52	2.4
固定资产投资	亿元	1 315.62	22
社会消费品零售总额	亿元	1 061.3	9.7
外贸进口总额	亿美元	82.3	14.9
外贸出口总额	亿美元	119.7	1.1
实际利用外资	亿美元	5.41	−20.6
地方一般公共预算收入	亿元	224.87	13.5
地方一般公共预算支出	亿元	228.85	7.6
城镇常住居民人均可支配收入	元	47 390	8.6
农村常住居民人均可支配收入	元	30 783	9
境内住户存款余额	亿元	2 473.94	2.9

2016—2017年南海区社会事业主要指标

指标	单位	2016年	2017年
中等职业学校	所	9	9
中职在校学生	万人	3.04	3.33
普通中学	所	71	72
普通中学在校学生	万人	114 843	122 168
小学	所	129	131
小学在校学生	万人	185 538	204 502
幼儿园	所	331	348
在园人数	万人	107 929	116 201
医院	家	22	23
医院床位	张	8 716	8 654
群众艺术馆、文化馆	个	1	1
公共图书馆	个	80（含读书驿站）	149（含读书驿站）
博物馆	个	5	5
国家档案馆	个	1	1

生与计划生育财政投入28.68亿元，增长29.89%。年末城镇登记失业人员总数为3 062人。全年领取基本养老金退休人员17.08万人，享受失业保险待遇4.94万人次，享受生育保险待遇7.85万人次，享受工伤保险待遇0.49人次。城镇生活污水集中处理率97.3%，城镇生活垃圾无害化处理率100%。

南海历史文化源远流长，是珠江文明的发祥地之一，也是岭南文化的典型代表。在5 000多年前的新石器时代，就出现以双肩石器为代表的西樵山文化，被考古学家誉为“珠江文明的灯塔”。自隋代置县起，南海一直处于岭南的政治、经济、文化的中心地带，广府文化的核心区域，素有广东“首府首县”之称。南海自古文教之风昌盛。历代出文进士449人，宰相、大学士、尚书10多人，翰林院编修50多人，有“南海衣冠”的美誉。近代以来，南海更是涌现出科学家、中国第一部摄影器研制者邹伯奇，清末大儒朱次琦，中国民族工业先驱陈澹浦、陈启沅，“中国铁路之父”詹天佑，岭南武林一代宗师黄飞鸿、叶问，维新运动领袖、思想家康有为，无产阶级革命家罗登贤，革命家、政治活动家何香凝，中国第一枚国际体育金牌获得者陈彦，“家鱼人工繁殖之父”钟麟，世界举重冠军何灼强等名人。南海籍的中国科学院、中国工程院院士多达16人。

2017年，南海区获“2017中国最具幸福感城市”“全国创建无邪教示范区”“广东省公共文化服务体系示范区”等称号以及“2017中国智慧城市创新奖”。

中共南海区委书记：黄志豪；区人大常委会主任：赵崇剑；区长：郑灿儒（任至3月），顾耀辉（3月任职）；区政协主席：张辉明；区纪委书记：李伟成。

【产业发展】 2017年，南海区实现第一产业增加值44.70亿元，比上年增长2.0%；第二产业增加值1 485.08亿元，增长8.4%（工业增加值1 423.13亿元，增长8.5%）；第三产业增加值1 138.11亿元，增长8.8%。三次产业比重为1.7∶55.7∶42.6。是年，南海区连续第四年位居全国中小城市百强区第二位，位列全国工业百强区第五位。

现代农业加快发展　2017年，南海区实现农林牧渔业生产总值82.26亿元。是年，南海区加强现代农业园区、农业公园等载体建设，推动一二三产业融合发展。何氏水产现代农业园区晋升市五星级农业园区，南海花卉博览园、梦里水乡百花园获评市四星级农业园区，拾贰季农业公园、南海花卉博览园获评市级农业公园。积极培育农业品牌，新增广东省名牌产品（农业类）8个、通过复审2个，新增广东省名特优新农产品1个。引导和扶持农业龙头企业转型升级。至年底，南海区有农业龙头企业34家，其中国家级1家、省级10家、市级14家、区级9家。

工业品牌影响力不断扩大　2017年，南海区有规模以上工业企业2 504家，完成规模以上工业增加值1 157.68亿元。规模以上高技术制造业实现增产值176.89亿元，比上年增长14.6%；规模以上先进制造业实现增产值526.21亿元，增长11.5%。以金属制品业、纺织服装、家用电力器具制造业等为主导的优势传统产业实现增产值337.82亿元，比上年增长9.7%。是年，南海区成功创建半导体照明全国知名品牌示范区，启动“西樵梭织面料聚集区”全国知名品牌示范区创建工作，建成省级出口铝型材质量安全示范区，口腔医疗器械产业被认定为国家级创新型产业集群，汽车产业成功申报国家产业集群区域品牌建设试点，西樵镇获“中国妇婴卫生用纺织品示范基地”称号，大沥镇获评“中国内衣大数据采集示范镇”。启动品牌企业行动计划，打造制造业全国隐形冠军企业联盟，评选出70家冠军企业和23家冠军培育企业。坚美铝材、蒙娜丽莎入选中国质量奖提名奖建议名单，伟业铝厂公司获佛山市政府质量奖。

第三产业蓬勃发展　2017年，南海区消费品零售总额1 061.3亿元，比上年增长9.7%。其中，商品零售总额936.78亿元，比上年增长10.5%；餐饮收入总额124.52亿元，增长3.9%。电子商务快速发展，产业规模不断扩大，发展水平持续提高。至年底，全区有在册电子商务企业2.09万家，实现市场交易额约1 883亿元，比上年增长26.38%。其中，B2B交易额1 433.73亿元，比上年增长23.07%；B2C与C2C网购交易额336.77亿元，增长36.9%；O2O、C2B、B2G交易额112.5亿元，增长42.4%。旅游市场供需两旺，梦里水乡等特色景点加快建设，南番顺、粤桂黔旅游合作继续深化，“黄飞鸿功夫

2017 年 11 月 21 日，广东省大数据开发者大会暨 2017 云栖大会·广东分会智能制造论坛在佛山市南海区举行（南海区供图）

文化之旅”游学产品在国际旅游市场形成品牌效应。全年全区实现旅游总收入 136.56 亿元，比上年增长 8.9%，其中旅游外汇收入 1.9 亿美元，增长 9.1%；接待游客 1 408.18 万人次，增长 8.9%。

【全面深化改革】

深化供给侧结构性改革　2017 年，南海区印发《关于进一步深化供给侧结构性改革的实施意见》，稳步推进“三去一降一补”。去产能方面，省、市下达单位“僵尸企业”出清任务全部完成；区内企业赴“一带一路”沿线国家或地区投资项目 15 个，中方直接投资额 4 436.2 万美元。去库存方面，加快培育和发展住房租赁市场，促进房地产市场健康发展。去杠杆方面，地方性法人银行机构、小额贷款公司、融资担保公司、融资租赁公司杠杆率均符合监管标准。降成本方面，通过降低制度性交易成本、税负成本、运营成本和财务成本等一揽子政策措施，全年减轻企业负担约 104.35 亿元。补短板方面，能源、水利、信息、新能源汽车、城际交通等基础设施建设稳步推进。

加快政务服务改革　2017 年，南海区在全市率先实施行政审批事项容缺受理，全年推出 3 批 126 项容缺受理事项。率先全面推行“窗口无否决权”服务机制，创新和改进公共服务。实行政府扶持事项“一窗通办”，进一步规范申请政府扶持资金的审批流程。再次扩大跨城通办范围，分别与广州市白云区、花都区实现跨城通办，全区累计推出 4 批 93 项跨城通办事项。推出第五批、第六批 99 项全区通办事项，第二批、第三批、第四批 251 项省内包邮事项，全区通办事项累计近 350 项、包邮服务事项 289 项，构建起“一窗通办、线上审批、线下包邮”的智慧政务新模式。

深化商事制度改革　2017 年，南海区将企业“三证合一”“五证合一”、个体工商户“两证整合”扩面升级到各类企业、农民专业合作社和个体工商户的“多证合一，一照一码”登记制度，并实施住所登记管理改革、全程电子化登记、将注册资本 1 000 万元及以下有限公司登记注册权限下放至镇（街）工商局等举措，有力提升市场准入便利化程度。

推进投融资体制改革　2017 年，南海区全力推进投资建设项目联合审批改革，将项目立项到取得施工许可证的审批时间从法定的 300 多个工作日压缩至 46 个工作日，审批提速近九成。是年 6 月，南海区被省发改委确定为深化投融资体制改革试点，为全省投资建设项目联合审批改革探索路径、积累经验、提供示范。

实施价格和收费领域改革　2017 年，南海区公布涉企行政事业性、经营服务性收费目录清单，清理和规范电子政务平台和行业协会商会收费、行政审批中介服务收费等涉企收费。取消或停征房屋转让交易手续费等行政事业性收费 41 项，降低电信网码号资源占用费等行政事业性收费 8 项。推进民生领域价格改革，是年 7 月 1 日起全面取消公立医院除中药饮片外的药品和耗材加成，启动农业水价综合改革，落实盐业体制改革，放开食盐出厂、批发和零售价格，分类推进旅游景点门票价格改革。

社会治理网格化标准体系建设　2017 年，南海区在全省率先开展社会治理网格化标准体系建设，完成 184 项入格社会治理事项的标准编制。是年 7 月，省质监局将南海区社会治理网格化先进标准体系列入广东省现代服务业先进标准体系试点项目。

【创新驱动发展】　2017 年，南海区在中国中小城市创新创业百强区评选中连续第二年位居全国第二，居全省第一，科技创新创业工作成效显著。是年，全区全社会科研投入 70.72 亿元，研发经费支出占地区生产总值比重 2.63%。

推动创新要素加快聚集　2017 年，南海区启动全球创客新都市建设，推进全球产品跨界创新中心建设，加快千灯湖创投小镇建设。佛山国家高新区引入广东国防科技工业技术成果产业化应用推广中心、佛山中国空间技术研究院创新中心，启动建设广东半导体智能装备和系统集成创新中心、广工大数控研究院二期。是年，佛山国家高新区获批成为国家创新型特色园区和国家知识产权试点园区；中国（广东）机器人集成创新中心建设获 2017“影响中国”年度智造奖；广工大研究院获评国际科技企业孵化器，获颁“广东省‘大众创业、万众创新’示范基地”牌匾。

推进创新平台和高新技术企业培育　2017 年，南海区出台科技创新平台发展扶持办法，鼓励企业建立研发平台。全年发放科技创新券 1 495 万元，受惠企业 266 家。全年新认定省、市级工程技术研究中心 147 个，5 亿元以上工业企业研发机构建有率达 100%，规模以上工业企业研发机构建有率 45%。新增国家级科技企业孵化器 1 家、国家级科技企业孵化器培育单位 1 家、国家级众创空间3家、省级众创空间2家。新增高新技术企业506家，大幅增长77.9%。大力推动工业互联网创新应用、机器换人及智能化改造，引导工业企业“上云用云”，鼓励企业加大设备更新和技术投入，全年工业技改投资额244.6亿元，比上年增长31.7%。

构筑创新型产业人才支撑体系 2017年，南海区全面升级人才政策，首推“人才卡”制度，开展“蓝海人才计划”申报评审工作，加快高端产业人才引进。新增各级创新创业团队35个，总量增至160个，数量均居全省同级前列。深入推动“人才复用”计划，推荐2家高新技术企业与佛科院开展技术合作。完善广东金融高新区股权交易中心“人才板”，进一步促进人才、政策、产业、资金等资源对接。是年，“人才板”获评2017年全国人才工作创新案例奖。畅通基础实用人才引育渠道。开展企业紧缺适用人才引进培育扶持申报工作，组织区内339家重点企业赴广州、长春、桂林、景德镇等各高校开展招聘。

【招商引资成效显著】 2017年，南海区围绕“大招商、招大商”的目标，全面拓宽招商网络，继上年在上海成立投资促进代表处后，相继在深圳、北京设立投资促进代表处，招商网络覆盖京津冀、长三角、珠三角全国三大经济圈。在日本、法国、德国分别举办投资说明会及企业对接会，在北美（硅谷）和英国（牛津）分别设立的佛高区北美联络处、英国联络处。同时，推动载体招商，加快中国医卫用非织造产品示范基地、广东新能源汽车核心部件产业基地、广东新材料产业基地等主题园区建设。全年引进投资超千万元项目454个，计划投资总额1 116.56亿元，其中引进超亿元项目128个，计划投资总额1 038亿元，比上年增长20%。引入全市工业投资额最大的超百亿元项目长江新能源汽车项目、最大的文旅项目宋城演艺项目、最大的外资投资项目东丽无纺布项目，广域信云数据中心、洛客、埃夫特等一批优质项目也纷纷落户南海，推动新能源汽车、电子信息、大数据、新材料、机器人等战略性新兴产业的聚集发展。

【广佛同城化取得新进展】 2017年，南海区进一步推进广佛同城化合作的广度和深度，合作量级不断增强。是年，南海区与广州市荔湾区首批3项人才服务事项实现“跨城通办”，分别与广州市白云区、花都区实现内资有限责任公司设立登记等4项事项的跨城通办。同时，深化两地“市民之窗”自助政务服务终端应用。至年底，荔湾区、白云区、花都区、南海区分别设“市民之窗”终端50台、5台、19台和469台，可办理荔湾区业务892项、白云区业务361项、花都区业务381项、南海区业务1 454项。推进滘口—五眼桥综合开发治理试验片区建设。由广州市国土规划委牵头组织编制“广佛新城”城市设计专题规划，荔湾区规划局负责开展规划招投标，在位于南海荔湾交界的区域建设“广佛新城”。推进三山—东沙粤港澳高端服务产业合作区建设，由佛山市国土规划局负责城市设计专题规划，南海区负责出资及具体实施组织，广州市国土资源和规划委员会配合编制。此外，南海区与白云区在产业协作方面探索新路径。南海区在里水镇规划建设南海电子信息产业园，重点围绕半导体芯片制造、集成电路设计、智能终端等领域集聚发展，与“一江之隔”的白云区黄金围“新一代信息技术、人工智能产业园”实现联动发展，携手打造广佛智慧创新产业集聚区。

【粤港澳合作实现新突破】 2017年，南海区落实多领域与港澳的合作项目，致力粤港澳三地合作互利共赢、共同发展。公布粤港澳合作高端服务示范区“香港城”规划，打造粤港澳大湾区西岸现代服务业高地、“香港+佛山”深度融合支撑区和“两地一城”优质生活圈。广东金融高新区围绕《粤港合作框架协议》内容，加强粤港金融合作。至年底，金融高新区已引进汇丰、东亚、恒生、大新等4家港资银行，以及友邦保险集团亚太区后援中心、毕马威共享服务中心、汇丰环球运营中心等港资金融后台及服务外包机构，并引入毕马威会计师事务所佛山分所、盈科律师事务所、万宝盛华、香港林骆律师事务所驻佛山代表处等金融中介及人力资源中介机构。举办多个投资推介会，推动与港澳合作交流。是年，在澳门举办粤澳服务贸易自由化推介交流会，并首次举办粤港澳合作论坛，促进粤港澳三方在科技创新、金融服务、产业升级等方面的交流。此外，南海区全年举办粤港澳青少年沟通交流活动48个，参与活动总人数7 000多人，进一步密切粤港澳三地青年间的联系。

【南海区推进特色小镇建设】 2017年，南海区加快推进特色小镇建设。5月，成立由区长担任组长的特色小镇建设工作推进领导小组，负责统筹协调全区特色小镇建设工作和研究解决推进工作中遇到的重大问题。同时，区直各部门和各镇（街）立足产品特色，谋划特色小镇建设，形成上下联动、协同推进的建设态势。7月，南海区千灯湖创投小镇、岭南文旅小镇和广佛里智慧慢城入选首批市级特色小镇创建名单。8月，千灯湖创投小镇申报为首批省级特色小镇创建示范点，西樵镇入围住房和城乡建设部发布的第二批全国特色小镇名单。

至2017年底，南海区各镇（街）有明确计划要建设的特色小镇13个，实现7个镇（街道）全覆盖。南海区金融办依托广东金融高新区，牵头推动千灯湖创投小镇建设。至年底，在千灯湖创投小镇规划范围内注册成立的基金类机构86个，募集资金总额102亿元（2017年新增21亿元）。桂城街道打造“互联网+”创新创业示范镇、平洲玉器珠宝特色小镇。是年，“互联网+”创新创业示范镇与绿圃（北京）科技控股有限公司签署合作协议，共同建设“桂城国际双创园”项目。平洲玉器珠宝小镇AAAA级景区整治工作完成并通过复评，会展商贸文旅综合体——大明宫项目进入施工阶段，泛珠宝、泛玉石交易平台——璞玉园项目竣工投入使用。狮山镇和丹灶镇依靠制造业产业优势，联手打造全省首个科技创新小镇群，包括智造小镇、IT小镇、生命健康小镇、星光小镇、创想小镇。是年，探索“特色小镇镇长”机制，聘请东软集团董事长出任首位“IT小镇镇长”。至年底，东软华南IT创业园入驻项目50多个，广工大研究院、力合科技园、生物医药基地等引进项目约40个，联东U谷·南海国际企业港一期A区产业载体全部进驻，B、C两区完成招商，力合星空·728创域孵化器有34个创新创业团队进驻。大沥镇紧抓广佛同城化和全球产品跨界创新中心建设机遇，打造全球创客小镇。是年，举办IDO全球设计师大会，广东中南机械增材制造（3D打印）孵化器建成投入使用，宝力智能慧谷项目推进顺利，与微软、IBM、思科等企业，MIT、北大、清华等高校及美国华南商会、以色列华南商会等行业协会签订战略合作协议。里水镇以“绿色”为主调，建设绿色健康小镇。是年，里湖新城进行深化城市设计并基本定稿。至年底，里水新城规划展馆进入施工阶段，里湖中央公园、中轴线、慢行系统的人行桥设计方案进入任务书编制阶段。小镇内的精钢海工、中企绿色总部、宇能数码广场、骆驼大厦等项目顺利推进。同时，佛山市国资委牵头打造广佛里智慧慢城，建设以生物医药、健康养生、休闲旅游为主导的医药产业创新升级示范园区。年内，广佛里智慧慢城与多家产业项目对接，韩国SK集团、华大基因、联合医生集团等达成合作意愿，并与SK电讯签订战略合作协议。九江镇发展以医卫用非织造布产业为核心的大健康产业，建设医养健康小镇。全年医卫用无纺布产业落地项目6个，计划投资总额约23亿元。西樵镇打好文旅牌，打造岭南文旅小镇。是年，宋城·西樵山岭南千古情景区等4个文旅产业项目签约落户，其中宋城·西樵山岭南千古情景区总投资额16.8亿元。樵山文化中心、飞鸿馆封顶，观心小镇主体建筑完工，国艺影视城二期和国艺度假酒店对外开放。

【村级工业园区升级改造】 2017年，南海区围绕区十三届党代会二次会议提出的“升级工业园，建设新都市，发展新经济”工作部署，将加强村级工业园综合整治作为一项重要任务，按照“整治规范一批、强化监管一批、升级改造一批”的总体要求，坚持村级工业园改造提升和环境安全消防整治“两手抓”，综合整治工作取得阶段性成效。全区有村级工业园685个，占地面积0.95万公顷，建筑面积5 156.64万平方米，园内有企业18 545家。截至2017年底，完成214个村级工业园的环保专项整治，占比31.2%；完成572个村级工业园的安全生产专项整治，占比83.5%。33个村级工业园改造提升试点项目，基本完成4个，建设中24个，处于洽谈阶段5个。试点项目计划总投资125.06亿元，累计投资13.54亿元。全年发放扶持资金6 063万元。至年底，试点项目进驻企业42家，预计年增产值9.08亿元。

【全球创客新都市启动建设】 2017年2月28日，南海区举办建设“全球创客新都市”暨2017年度城市更新项目推介会，正式启动全球创客新都市建设。南海区将以“一区、一核、一带”（“一区”指新都市建设启动区，“一核”指新都市建设核心区，“一带”指由重要节点构成的“一横三纵”新都市带）作为空间布局，建设具有全球号召力的创新型门户城市、具有全球竞争力的创新型产业高地、具有全球磁聚力的创客型人才枢纽、具有全球品牌力的创意型文化之都。启动仪式上，南海区获颁广东省“大众创业、万众创新”示范基地牌子，佛山天安科技企业孵化器获授“国家级孵化器”称号，珠三角湾区国际创新联盟成立，粤港科技中心项目、时代全球创客小镇、浙江大学佛山（南海）技术转移中心等一批项目签约或发布。

【南海成粤首个“互联网+教学范式研究”实验区】 2017年6月，南海区获颁“广东省‘互联网+教学范式研究’实验区”牌匾，成为全省首个“互联网+教学范式研究”实验区。桂江小学等30所学校成为广东省“互联网+教学范式研究”基地学校，15名各学科教研员获颁学科指导专家聘书，标志着南海区“互联网+教学范式研究”项目启动。该项目由区教育局教研室牵头，电教站统筹，组建创新共同体，采用“行政主导、研究先行、创新驱动、技术支撑”的模式，探索云计算、大数据等新技术和各种认知工具与教育的深度融合，寻找高标准、高水平的教学范式，探索学生学习方式的变革、学力的构建，同时培养一支创新型教师队伍，密切跟踪信息化在教学方面的最新研究，保持教学处于领先地位。

【南海信用工作局成立】 2017年6月7日，南海区信用工作局揭牌成立，成为全省首个县区级信用工作局。信用工作局负责贯彻落实国家、省、市有关社会信用体系建设的法律法规；统筹协调全区社会信用体系建设相关工作；研究制定并统筹实施全区社会信用体系建设中长期规划和相关规章标准、机制、政策措施；研究全区社会信用体系建设的重大问题；负责全区信用信息的管理；推动信用服务市场化。

【南海全面推行河长制】 2017年6月27日，南海区出台《佛山市南海区全面推行河长制工作方案》，对全区1 195条河涌、31个水库、7个湖进行梳理，全面建立区域与流域相结合的区、镇、村三级河长体系：区、镇（街）设立总河长、副总河长，由同级党委、政府主要负责领导担任；流经各区域内主要河湖分别由区、镇（街）党政负责领导和村（社区）负责人担任河长。同时，出台《佛山市南海区全面推行河长制区级河长会议制度》等7项制度，建立重点河涌区直部门干部联络机制，形成“河长领导、部门联动”的工作机制。是年，全区有区、镇（街）、村三级河长共407人，全年区、镇两级河长带头开展河道巡视1 200多人次。

【南海“大城工匠”命名大会举行】 2017年8月8日，南海区举行南海“大城工匠”命名大会，有30人被授予“大城工匠”称号。此次被命名的“大城工匠”，分布在南海传统优势制造业、战略新兴制造业、先进装备制造业等领域。当天还启动“大城工匠”成果巡回展，由18个制造行业、41家品牌企业创新成果构筑的“南海品牌号”列车首次亮相，设置有传统优势制造、战略新兴制造、先进装备制造、南海大城工匠4个站点，展出产品涉及18大类900多件展品（含视频资料），其中包括30名“大城工匠”所在企业产品。

【佛山西站开通运营】 （见99页《佛山西站投入运营》）

【粤港澳合作论坛在南海举办】 2017年11月28日，粤港澳合作论坛在南海区举办，国家有关部委及珠三角9市相关负责人，粤港澳企业界和学术界等600多人参加。论坛期间，中非佛山采购中心、佛山南海澳门城、“一带一路”产业园总部基地、寿桃绿色健康食品生产基地等12个合作项目签约落户南海，总投资金额291亿元。当日还举行“粤港澳青创汇——打造大湾区创新集聚区”活动，来自粤港澳大湾区城市群的政府部门、企业、创业团队、青年商会以及学生代表共200余人参与，并成立粤港澳青创联盟。

2017年9月20日，第二届广佛国际创客节在佛山市南海区举行

（南海区供图）

【第二届广佛国际创客节举行】 2017年9月20日至10月31日，第二届广佛国际创客节在南海区举行。开幕当天，来自不同国家和地区的40多个创业团队进行“黑科技”展示，丰树华南新加坡城国际创智园环球创新创业基地揭牌，一批创客类平台和项目签约落户。此次系列活动主题为“创客使城市更年轻”，历时一个半月，包括“谁是创业+”南海区第二届创新创业大赛、2017“醒狮杯”国际工业设计大赛、九江镇科技创新启动暨英儒起航科技孵化器揭牌仪式、志高创业孵化器创业大赛等活动，吸引国内外568个创客团队、近20万名观众参与。

【制造业全国隐形冠军授牌大会举行】 2017年12月5日，南海区召开制造业全国隐形冠军授牌大会，对广东佳科风机股份有限公司、广东广顺新能源动力科技有限公司、广东昱升个人护理用品股份有限公司等70家“隐形冠军”企业进行授牌，并组建“隐形冠军”联盟。另外，有23家企业入选“隐形冠军”培育企业。会上同时发布《佛山市南海区人民政府关于实施品牌企业行动计划推动实体经济创新发展的意见》和《佛山市南海区品牌企业行动计划实施方案》。品牌企业行动计划提出，南海将用五年时间，推动企业发展实现“十百千万”的目标，即让南海全区营业收入超百亿元的企业达10家以上，细分行业龙头企业达100家以上，实现创新发展的企业达1 000家以上，从而带动全区工业总产值达10 000亿元。该项行动计划将选取200家品牌企业作为试点。

【桂城街道】 位于南海区东部，是南海中心城区，东西两翼分别与广州荔湾区、禅城区相连，南部接壤顺德区和番禺区。2017年辖39个社区，有118个自然村。辖区总面积84.16平方千米。年末户籍人口28.95万人，常住人口66万多人。是全国珠宝玉石首饰特色产业基地、广东机械装备专业镇、广东省村务公开民主管理示范街道、全国规范化家长学校实验区和全国社区教育示范镇。支柱产业是金融服务业、都市型产业。特色产业有珠宝玉器业。2017年获“全国文明单位”称号。

2017年，桂城街道规模以上工业增加值71.17亿元，社会消费品零售总额347.10亿元，固定资产投资216.85亿元，实际外商直接投资24 388万美元。

南海金融公园对外开放 2017年9月28日，南海金融公园正式对外开放。公园位于广东金融高新区核心区，东起华翠北路，西接千灯湖总体轴线，北临佛山水道，用地面积约13万平方米。公园最大特色是位于公园核心位置的大型中央景观水体，其面积占公园总面积的15%，设计主题为“千帆竞渡，百舸争流”。横卧于水面的“千帆竞渡”是由18座特色建筑组成的绿色商业体，船两头和侧壁用浮雕雕塑的形式将龙舟元素与绿色建筑完美融合，使人们身在其中感受岭南水乡的特色。

桂城教育城市化行动计划发布 2017年3月27日，桂城街道举办教育城市化行动计划发布会暨文翰中学建成启用仪式。《桂城街道教育城市化行动计划》提出，2016—2020年，桂城计划新建扩建学校18所，新增中小学学位24 000个，总投入不少于20亿元。围绕灯湖、映月、怡海、文翰这四大人文景区，对中小学进行城市化命名，促进区域间、学校间、城乡间教育均衡发展。

【九江镇】 位于南海区西南部，东邻顺德区，隔西江与江门市鹤山市、蓬江区以及高明区相望。2017年辖19个社区和7个行政村，有113个自然村。辖区总面积94.75平方千米。年末户籍人口10.99万人，常住人口约21万人。是中国医卫用非织造产品示范基地、中国淡水鱼苗之乡、中国首个龙舟名镇、国家卫生镇、广东省传统龙舟特色镇、广东省教育强镇、佛山市应用电子商务提升传统产业试点镇、佛山市文明镇。支柱产业是大健康产业和先进装备制造业。特色产业有文化旅游业、水产养殖业。2017年获“广东省文明镇”称号。

2017年，九江镇规模以上工业增加值62.42亿元，社会消费品零售总额

49.47 亿元，固定资产投资 63.43 亿元，实际外商直接投资 1 646 万美元。是年，在全国综合实力百强镇排名中位列第七十三名。

烟桥古村被列入中央财政支持范围的中国传统村落　2017 年 5 月 9 日，住房和城乡建设部等 7 个部门联合发布通知，公布 2017 年列入中央财政支持范围中国传统村落名单。九江镇烟桥古村成为佛山市唯一一个入选的传统村落。

九江龙舟队屡获大奖　2017 年 5 月，名门世家南海九江男、女子龙舟在澳门国际龙舟赛分别获得国际公开组（男）、国际女子组冠军。7 月，名门世家南海九江女子龙舟队代表广东省参加第十三届全国运动会龙舟赛，包揽该届赛事全部项目的金牌（共 6 枚），实现全国性龙舟赛事大满贯。10 月，国际龙舟联合会第十三届世界龙舟锦标赛在云南昆明结束。南海九江男、女龙舟队的 38 名队员代表中国参加 8 个项目比赛，获得 4 金 2 银 2 铜。

东丽集团华南无纺布项目落户九江　2017 年 8 月 31 日，东丽集团华南无纺布项目正式落户九江镇中国医卫用非织造产品示范基地。项目由亚洲第一的纺粘无纺布制造商日本东丽集团投资建设，占地 10 公顷，首期投资 2 亿美元，计划引进 4 条无纺布生产线，投产后预计年产值可超 10 亿元。

【西樵镇】　位于南海区西南部，毗邻高明区、三水区、江门鹤山市，与禅城区一河之隔。2017 年辖 23 个社区和 9 个行政村，有 178 个自然村。辖区总面积 176.63 平方千米。年末户籍人口 16.51 万人，常住人口近 30 万人。是中国历史文化名镇、中国面料名镇、中国龙狮名镇、国家卫生镇、国家级生态乡镇、全国文明镇、广东省教育强镇、广东省宜居城市、岭南魅力名镇和广东省旅游名镇。支柱产业是文化旅游业、纺织业、陶瓷业。特色产业有卫生用品业。2017 年获“全国特色小镇”“中国妇婴卫生用纺织品示范基地”称号。

2017 年，西樵镇规模以上工业增加值 67.86 亿元，社会消费品零售总额 91.35 亿元，固定资产投资 110.42 亿元，实际外商直接投资 464 万美元。是年，在全国综合实力百强镇排名中位列第二十八名。

西樵镇入选第二批全国特色小镇　2017 年 8 月 28 日，住房和城乡建设部公布第二批全国特色小镇名单，西樵镇榜上有名，是南海区唯一入选的镇（街），也是南海区首个全国特色小镇。西樵镇岭南文旅小镇建设，政府投入资金 50 亿元，带动社会投资约 150 亿元，涉及项目 36 个，全面对接山上山下旅游资源，涵盖山上民宿开发、山下四大片区的重点项目建设、古村落活化等内容，打造集旅游度假、生态休闲、禅意养生、学术交流、影视动漫、文化创意等功能于一体的特色小镇。岭南文旅小镇位于西樵镇西樵山西北山麓，规划范围以听音湖片区为核心，北至白云路，南至官太路岭西段，东至西樵山白云洞景区，西至樵高路，规划总面积 3.7 平方千米，核心区面积 2 平方千米。

西樵镇获“中国妇婴卫生用纺织品示范基地”称号　2017 年 6 月 20 日，中国产业用纺织品行业协会第四届第二次理事扩大会议在上海举行，西樵镇被评为中国妇婴卫生用纺织品示范基地。至年底，西樵镇有 30 多家妇婴卫生用纺织品企业，涵盖生产、包装材料、装备制造等全产业链条，卫生用品产业产值超 13 亿元，纳税超 4 000 万元。其中，广东昱升卫生用品实业有限公司和佛山市啟盛卫生用品有限公司两家卫生用品龙头企业总投资超 14 亿元。

宋城·西樵山岭南千古情景区项目奠基　2017 年 6 月 13 日，宋城·西樵山岭南千古情景区项目在西樵听音湖广场举行奠基仪式。宋城·西樵山岭南千古情项目是中国演艺龙头企业宋城演艺发展股份有限公司在珠三角首个旅游演艺项目，总投资额 16.8 亿元，占地 6.67 公顷，重点打造《岭南千古情》标志性演出，剧场座位数超过 2 500 个，计划 2020 年开业。

【丹灶镇】　位于南海区西部，与禅城区、三水区相邻。2017 年辖 19 个社区和 6 个行政村，有 148 个自然村。辖区总面积 143.5 平方千米。年末户籍人口 10.29 万人，常住人口约 21 万人。是中国日用五金之都、中国百强镇、全国文明镇、国家生态镇、国家卫生镇。支柱产业是电气机械器材制造业、汽配产业、金属制品业。特色产业有新能源汽车产业和智能安全产业。2017 年获“全国扫黄打非进基层工作示范点”称号。

2017 年，丹灶镇规模以上工业增加值 54.89 亿元，社会消费品零售总额 43.99 亿元，固定资产投资 70.97 亿元，实际外商直接投资 11 239 万美元。是年，在全国综合实力百强镇排名中位列第七十二名。

长江氢动力（佛山）研发中心及整车生产项目落户丹灶　2017 年 9 月 7 日，科技部/联合国开发计划署“促进中国燃料电池汽车商业化发展项目”佛山项目启动仪式暨南海区新能源汽车（氢能）产业招商推介会在丹灶镇举

2017 年 9 月 7 日，超百亿元新能源汽车产业项目——长江氢动力（佛山）研发中心及整车生产项目落户南海区　（南海区供图）

行。新能源汽车整车生产项目——长江氢动力（佛山）研发中心及整车生产项目签约落户丹灶。该项目是佛山市2017年引进的首个投资额超百亿元的制造业项目，首期投资120亿元，其中包括总投资达10亿元的长江汽车全球唯一的氢动力汽车研发中心。整车生产项目分两期建设，生产车型包括纯电动和氢燃料电池客车、专用车、物流车、乘用车等，年产16万辆，建成达产后总产值达400亿元。同时，燃料电池及氢源技术国家工程研究中心华南中心、新能源驱动系统仿真及控制技术联合实验室等5个氢燃料电池产业研发平台进驻位于该镇的广顺新能源科技大厦。位于该镇的全商业化运营的加氢站也正式投入使用。

翰林湖农业公园获“亚洲都市景观奖” 2017年，丹灶翰林湖农业公园获“亚洲都市景观奖”，同时获中国区选拔赛“城市公共空间优胜奖”第一名。该届“亚洲都市景观奖”有14个国家共53个参赛城市项目，经过严格的评审，有13个城市（项目）获得“2017亚洲都市景观奖”，翰林湖农业公园是中国的4个获奖项目之一。该公园位于丹灶镇中心位置，规划面积133.33公顷，是以“耕读田园”为主题，集农业种养、生态休闲、科普教育为一体的农业生态休闲观光区。

【狮山镇】 位于南海区中部，毗邻广州市花都区，佛山禅城区、三水区，是佛山国家高新区的核心园区所在地、粤桂黔高铁经济带合作试验区（广东园）主体区所在地和珠三角国家自主创新示范区的重要组成部分。2017年辖44个社区和28个行政村，有374个自然村。辖区总面积330.6平方千米。年末户籍人口31.53万人，常住人口约81万人。是国家专用装备高新技术产业化基地、中国塑料中空包装产业基地、广东省新光源产业基地、广东省智能制造示范基地、珠江西岸装备制造产业创新基地、国家新型城镇化综合试点地区、国家卫生镇、国家社区教育示范镇、广东省文明镇、广东省食品安全示范镇。支柱产业是汽车整车及零部件制造业、高端装备制造业、生物医药和口腔医疗器械产业、有色金属业、新光源产业、智能家电业、光电显示产业。

2017年，狮山镇规模以上工业增加值629.66亿元，社会消费品零售总额193.06亿元，固定资产投资396.74亿元，实际外商直接投资12 466万美元。是年，在全国综合实力百强镇排名中位列第二名。

“青春π乐城”活动举办 2017年4月，“青春π乐城”系列活动在佛山高新区启动。青春π乐城系列活动以“2017Beyourself”为主题，汇聚五种核心要素：梦（梦想）、动（动感）、创（创意）、智（智慧）、学（尚学），跨界整合资源，打造全年系列活动。其中，“梦·乐园”主要包括南海大学城模特大赛、“佛高区最强音·网易云音乐”全国城市挑战赛、社团表演日等活动；“动·乐园”主要包括佛山高新区百校三人篮球赛、武动中国·咏武世界国际咏春大赛（高校组）等活动；“创·乐园”主要包括创新创业系列主题讲座、创意市集、南海大学城开学派对等活动；“智·乐园”主要包括2017南海区“筑梦佛山”文化艺术公益夏令营等活动；“学·乐园”主要包括亲子家庭定向寻标活动等活动。

佛科院狮山仙溪新校区启用 2017年9月16日，佛山科学技术学院狮山仙溪新校区启用，入驻新校区的有机电工程学院、自动化学院、电子信息工程学院、物理与光电工程学院、交通与土木建筑学院、食品科学与工程学院、生命科学与工程学院、人文与教育学院、经济管理与法学院9个学院3 681名新生，其中研究生272人。佛科院新校区从2015年9月开始建设，按先北区后南区的顺序分阶段施工，整个项目用地面积97.87公顷，启用的北区建有行政办公楼、图书信息中心、体育馆及各学院教学楼等34座建筑。

【大沥镇】 位于南海区东部，与禅城区、广州市荔湾区接壤。2017年辖42个社区，有196个自然村。辖区总面积95.9平方千米。年末户籍人口28.21万人，常住人口约66万人。是中国商贸名镇、中国内衣名镇、中国时尚品牌内衣之都、中国针织内衣产业转型升级示范镇、中国内衣大数据采集示范镇、中国再生金属物流加工基地、中国专业市场电商采购示范区、广东省有色金属产业集群升级示范区、国家卫生镇、中国龙狮运动名镇、中国民间文化艺术之乡（粤曲）、中国摄影之乡、广东省民间文化艺术之乡（摄影、书画、传统龙舟、藤编）、广东省曲艺传承基地、广东省教育强镇、广东诗歌之乡、广东省口哨音乐之乡。

2017年，大沥镇规模以上工业增加值98.46亿元，社会消费品零售总额240.64亿元，固定资产投资212.08亿元，实际外商直接投资2 003万美元。是年，在全国综合实力百强镇排名中位列第十一名。

大沥镇“全球战略”发布 2017年1月12日，大沥镇举行“创新大沥 向世界进发”产业战略发布暨经济推介会，发布实施“全球战略”，启动全球采购中心和全球创客小镇建设，集聚全球资源重塑大沥产业脊梁，时代地产、华亚集团、乐宜嘉智能家居、广东制造业南海创新中心等12个项目现场签约。同日，大沥成立全球贸易服务联盟和全球创客服务联盟，德稻集团、广东大京世控股集团有限公司、环球集团GMC等签约成为联盟成员，政企联手打造创新创业服务圈。粤科大沥国家级跨境电商孵化器与全球采购中心签约，计划搭建一个建筑面积2.2万平方米，集联合办公、孵化器、加速器、创业社区于一体，提供质量检测和融资服务的生态化孵化链。

大沥北村水闸工地发现恐龙蛋化石 2017年4月，大沥黄岐北村水闸附近一工地作业过程中，挖出多枚疑似恐龙蛋化石。经专家鉴定，该恐龙蛋化石距今已经有近7 000万年历史，为近几十年来南海区首次发现恐龙蛋化石。

大沥行政服务中心获“全国巾帼文明岗”称号 2017年9月，大沥行政服务中心举行“全国巾帼文明岗”揭牌仪式，成为全区首批获得“全国巾帼文明岗”称号的行政服务中心。全年中心受理业务32.8万件，按时办结率100%，受理事项没有发生违规审批或产生行政纠纷。中心围绕建设“一流的窗口、一流的服务、一流的大厅”的目标，不断创新服务方式、改进工作作风，进一步深化“放管服”改革，持续提供优质高效的政务服务。

【里水镇】 位于南海区东北部，紧邻广州市。2017年辖22个社区和16个行政村，有126个自然村。辖区面积148.28平方千米，户籍人口14.88万人，常住人口约43万人。是中国袜子名镇、中国香水百合名镇、国家卫生镇、全国环境优美乡镇、全国文明镇、国际安全社区、全国安全社区、广东省教育强镇、广东省生态示范镇、广东省绿色名镇、广东省宜居城镇。2017年获“全国文明镇”称号。

2017年，里水镇规模以上工业增加值173.20亿元，社会消费品零售总额95.70亿元，固定资产投资180.32亿元，实际外商直接投资1 893万美元。是年，在全国综合实力百强镇排名中位列第十二名。

里水镇获“全国文明镇”称号 2017年11月17日，里水镇获评为“全国文明镇”。在“全国文明镇”创建过程中，里水镇通过“网格化+精细化”的“两化融合”，加快非户籍人口融入的社区治理模式，启动建设绿色健康小镇，探索一条符合当地城市特色和文化特点的文明创建之路。同时，里水镇提出“打造梦里水乡”思路，致力通过宜居城市的打造，提升群众幸福指数。

南方医科大学南海医院投入使用 2017年11月3日，南方医科大学南海医院正式落成并投入使用。该医院由南海区人民政府、里水镇人民政府与南方医科大学合作共建，占地面积6.67公顷，完全展开床位1 200个。有职工近900人，其中高学历、高职称学科骨干100余人，名医团队5支，为附近居民提供优质医疗保障。

里水镇食药监分局获食品药品安全守望者“优秀集体”称号 2017年12月，南海区食品药品监督管理局里水分局获国家食品药品监督管理总局颁发的2017年食品药品安全守望者“优秀集体”称号。南海区食品药品监督管理局里水分局内强素质、外树形象，致力于加强执法队伍建设，推进依法行政，探索和完善食品药品长效监督管理机制；以日常检查为基础，以专项检查为手段，把监管和服务结合起来；以整顿和规范辖区市场秩序为重点，转变执法理念，加大执法力度，监管工作取得较好的成绩，维护了辖区内的市场秩序。

（沈　娜）

顺德区

【概况】 顺德区位于佛山市东南部，东接广州市，南邻中山市，西南与江门市隔江相望。建县于明景泰三年（1452年），1992年撤县建市，2003年撤市设区。2017年辖大良、容桂、伦教、勒流等4个街道和北滘、陈村、乐从、龙江、杏坛、均安等6个镇，另设中德工业园服务区，有96个社区和106个行政村，有565个自然村，区政府驻地为大良街道。辖区总面积806.57平方千米。年末户籍人口139万人、常住人口295万人。人口自然增长率1.72‰。祖籍顺德的海外华人、华侨和港澳台同胞30余万人。

2017年，顺德区耕地面积7 226公顷，粮食播种面积60公顷，粮食产量387吨。林地面积1 584公顷，森林覆盖率6.75%，活立木蓄积量14.43万立方米。人均公园绿地面积19.82平方米，市域森林覆盖率35.91%，城区绿化覆盖率41.38%。土特产有龙江煎堆、双皮奶、金榜牛乳、大良蝴蛳、伦教糕、陈村粉、鱼皮角。是“世界美食之都”“中国家电之都”“中国燃气具之都”“中国涂料之乡”“中国家具商贸之都”“中国塑料商贸之都”“中国钢铁专业市场示范区”“中国家具电子商务之都”“中国民间文化艺术之乡”“中国书画艺术之乡”“国家级生态乡镇”“世界盆景赏石园艺博览之都”“中国花卉之都”“中国花木之乡”“中国永春之乡”，全国首个“中国美食名城”。主要旅游景点有清晖园、宝林寺、逢简水乡、长鹿农庄、顺德博物馆、李小龙乐园、678文化街等。主要传统民俗活动有点（开）灯、春茗、祭祖、敬老、龙舟、巡游等46种81项。

2017年，顺德区实现地区生产总值3 059.30亿元。主要万元生产总值能源消耗0.28吨标准煤。社会用电量194.94亿千瓦时。全年科学技术财政投入14.8亿元（科技三项费用），比

2017年顺德区国民经济主要指标

指标	单位	数值	比上年增长（%）
地区生产总值	亿元	3 059.3	8.5
第一产业增加值	亿元	44.40	1.0
第二产业增加值	亿元	1 729.65	8.8
工业增加值	亿元		9.1
第三产业增加值	亿元	1 285.25	8.5
人均地区生产总值	元	116 914.67	—
规模以上工业总产值	亿元	1 520	9.4
固定资产投资	亿元	971.76	27.1
社会消费品零售总额	亿元	1 070.1	9.7
外贸进口总额	亿元	381.3	19.5
外贸出口总额	亿元	1 383.1	2.4
实际利用外资	亿美元	7.8851	78.8
地方一般公共预算收入	亿元	222.99	10.4
地方一般公共预算支出	亿元	224.69	17.1
城镇常住居民人均可支配收入	元	49 881.4	8.6
农村常住居民人均可支配收入	元	31 918.1	9.0
境内住户存款余额	亿元	4 512.2	14.4

2016—2017年顺德区社会事业主要指标

指标	单位	2016年	2017年
中等职业学校和技工学校	所	13	13
中职和技校在校学生	万人	2.59	2.45
普通中学	所	62	63
普通中学在校学生	万人	11.16	11.18
小学	所	150	148
小学在校学生	万人	17.52	18.16
幼儿园	所	305	315
在园人数	万人	9.52	9.68
医院、卫生院	家	547	587
医院、卫生院床位	张	10 581	10 631
公共图书馆	个	11	11
博物馆	个	3	3
国家档案馆	个	1	1

上年增长28.11%；教育事业财政投入449 517万元，增长17.84%；文化体育与传媒财政投入53 242万元，增长51.04%；医疗卫生与计划生育财政投入25.1亿元，增长20.68%。年末城镇登记失业人员总数1.81万人。全年接收社会化管理退休人员1.48万人，在册管理的社会化退休人员有27.7万人。领取基本养老金退休人员17.57万人，享受失业保险待遇11.22万人次，享受生育保险待遇6.33万人次，享受工伤保险待遇5420人次。城镇生活污水集中处理率95%，城镇生活垃圾无害化处理率100%。

顺德自古人文昌盛，文化底蕴深厚。顺德是粤曲、粤剧的发源地之一，2007年被评为“中国曲艺之乡”。顺德美食文化源远流长，天下闻名，是“世界美食之都”“中国厨师之乡”，每年一届的“岭南美食文化节”成为本地品牌盛会之一。顺德历史名人、贤才杰士众多。北宋至清末有文状元3名（张镇孙、黄士俊、梁耀枢），武状元1名（朱可贞），文武进士762人，文武举人2 397人；有清代诗书画三绝的黎简和画坛怪杰苏仁山，以及李小龙、李兆基、郑裕彤、罗定邦、伍宜孙、梁銶琚、陈冯富珍等杰出人物。

2017年，顺德区连续六年获全国综合实力百强区第一，第九次获评“中国全面小康十大示范县市”。乐从镇成为继北滘镇后全区第二个国家级特色小镇，北滘—龙江—乐从—陈村获评省特色小镇集群示范区。

中共顺德区委书记：区邦敏（任至8月）、郭文海（9月任职）；区人大常委会主任：列海坚；区长：彭聪恩；区政协主席：周文；区纪委书记：肖秀明。

【产业发展】 2017年，顺德区实现地区生产总值3 059.3亿元，比上年增长8.5%。其中，第一产业增加值44.40亿元，比上年增长1.0%；第二产业增加值1 729.65亿元，增长8.8%；第三产业增加值1 285.25亿元，增长8.5%。家用电器、机械装备、家具制造、纺织服装、珠宝首饰等支柱和特色产业稳定增长，新材料、生物医药等新兴产业成长迅速，形成特色鲜明、门类齐全、规模较大的现代工业体系。连续六年位居全国市辖区综合实力百强首位，第九次获评“中国全面小康十大示范县市”。

现代农业　2017年，顺德区农业用地面积18 576公顷，其中水产养殖业10 473公顷，种植业7 222公顷。2017年全区实现农业总产值88.7亿元，比上年增长1.2%，占全区生产总值3%，平均亩产值约3万元，位列全省前列。其中种植业20亿元，比上年增长0.1%；水产养殖业59.3亿元，增长1.4%；畜牧业4.3亿元，增长5.6%。至年底，市级以上农业龙头企业30家；拥有“中国鳗鱼之乡”“中国兰花之乡”“全国重点花卉市场”等颇具影响力的农业区域品牌；农业商标方面有集体商标1件、驰名商标1件、著名商标3件，有省名牌产品15个、无公害农产品11个，市级农业公园增至6家、省级1家；中国首批介质蝴蝶兰从陈村启运美国，实现零的突破。顺德智谷花卉世界现代农业电子商务产业园在陈村花卉世界落成，促使区域农业更快融入互联网时代；“顺德国兰”地理标志通过农业部专家评审；全区市级以上农业龙头企业共31家，新申报企业2家全部挂牌成为市级农业龙头企业，省级龙头企业过亿元销售额企业12家，专业交易市场1家。开展“菜篮子”基地建设项目，顺德区共4家企业申报获“菜篮子”基地项目建设。

工业　2017年，顺德区实现规模以上工业增加值1 520亿元，比上年增长9.4%。家电与机械装备两大支柱产业引领顺德产业发展加快转型升级。其中，先进制造业增加值为982.8亿元，比上年增长8.7%，占规模以上工业增加值比重64.7%。骨干企业引领全区经济发展，2017年区内主营业务收入超100亿元企业首次达8家，其中超1 000亿元企业2家。智能制造产业加快发展，成为国内以智能制造为抓手推动工业转型升级的两化融合典范。

第三产业　2017年，顺德区社会消费品零售总额1 070.1亿元，比上年增长9.7%。分行业看，批发和零售业零售额967.3亿元，比上年增长10.5%；商贸流通业发展商品供应充足，专业市场销售额保持平稳。工业设计方面，以广东工业设计城为代表的一批设计产业载体集聚工业设计企业超过300家。营收超千万元的设计企业6家（2014年3家），其中卡娃设计为6 000万元。电子商务多产业、多元化发展，产业规模迅速扩大。2017年，顺德区电子商务交易额2 340.17亿元，其中美的集团电子商务销售额420亿元。销售过亿元的企业有美的、飞鱼、美易达、Pingo

国际、九鼎、大自然、小冰火人、悍高电商、箭牌、万和、格兰仕、万家乐等。开展跨境电子商务的企业超过100家。对外贸易稳健，全年进出口总值1 764.33亿元，比上年增长5.7%。会展业持续发展，承办“珠西装洽会”和“互联网+”博览会。省健康医疗大数据产业园正式开园，国际创新转化生物产业孵化中心进驻企业16家。

【全面深化改革】 2017年，顺德区深入推进重点领域和关键环节改革。单独设置镇（街）安全生产监管机构，推进城市管理和综合执法、食盐监管体制改革，完成10个行政职能事业单位改革。

供给侧结构性改革　2017年，顺德区推进“三去一降一补”，累计减免企业成本超100亿元，6家区属国有特困企业全面完成出清重组；健全风险监测预警机制，加快处置不良资产；美的集团通过“产品领先、效率驱动以及全球经营”三大战略主轴，稳步推进“三去一降一补”，生产效率和供给质量显著提升，产值首次突破2 000亿元，成为中国家电行业首个跻身世界500强的品牌；召开《融入粤港澳大湾区推动顺德港航业供给侧改革研究报告》评审会议，完成顺德区港航行业融入粤港澳大湾区调研工作。

行政审批制度改革和政务服务体系创新　2017年，顺德区在深化“放管服”等优化服务的工作进程中，推行行政审批要素标准化，梳理优化审批流程，简化跨部门、跨层级办理流程，绘制办理流程图，细化量化裁量标准，重组审批要素。按照合法合理、清晰明确、实用有效的原则，重点对申请材料、受理范围、审批条件、审批时限进行规范优化，做到材料一次提交、重复可用，进一步减少办事人反复提交材料的次数。在广东省网上办事大厅政府门户网站主动公开行政许可事项办理流程、办事指南，实行目录化、编码化管理，限时办理、规范办理、透明办理、网上预约办理等，同时，还通过邮政速递方式，为广大群众提供服务。升级完善政务数据共享云平台，建成顺德区政务数据资源管理云平台，真正实现“一数一源”。建立全区人口、法人基础数据库，建成500多个子数据库，逐步形成政务数据资源池。建设政务数据辅助决策数据APP，加强数据精准化、可视化。建成面向公众的政务数据服务网，将采集到的20个部门共113项开放目录政务数据向社会开放。继续加强智能服务大厅建设，升级现场评价系统，增加中心简介、宣传短片、预约指南、服务之星、党员先锋岗等显示功能，提升群众现场办事体验。2017年1月，印发《顺德区智慧城市发展规划（2017—2020年）》，是政府大数据应用统筹基础上的智慧城市建设顶层规划。是年，行政服务中心获颁“中国政务信息无障碍公益行动推动单位”牌匾。进一步开拓“顺德百事通”APP应用范围，在政务服务、交通服务和生活服务中不断开发便民服务的新功能，全年新增功能大类80个、小类284个；开通微信版本。通过线上线下活动，加强宣传推广，平台新增24 568个活跃用户和60 967人次访问量，累积用户44 973个、访问量290 511人次。11月，“顺德百事通”便民平台入选“2017年广东省电子政务优秀案例”的政府案例篇，并获奖牌。

商事制度改革　2017年，顺德区全面实施住所登记管理制度改革，有10 354户商事主体申请住所信息申报登记；有706户商事主体申请“住改商”登记；有13户商事主体申请“一址多照”登记和2户“一照多址”；有2个产业园办理集群登记备案。实施简易注销登记改革，至年底，有772家企业进入简易注销公告流程，其中有452家企业通过简易注销流程办理注销登记；推行“多证合一、一照一码”改革，在企业（包括公司、非公司企业法人、个人独资企业、合伙企业等市场主体及其分支机构）和农民专业合作社“五证合一、一照一码”的基础上，再整合住房公积金缴存登记、外商投资企业设立备案、对外贸易经营者备案登记、国际货运代理企业备案、检验检疫报检企业备案、原产地证申领企业备案登记；在个体工商户“两证整合”基础上，再整合住房公积金缴存登记、对外贸易经营者备案登记。使企业在办理营业执照后即能达到预定可生产经营状态，缩短企业从筹备开办到进入市场的时间。

社会治理创新　2017年，顺德区规范农村管理，完成村（居）“两委”换届选举；完成50个村（居）“三资”；推进北滘桃村、杏坛右滩村2个精品村（居）建设；基本完成农村土地承包经营权确权登记颁证工作。整合资源成立社会建设“双创”专项资金，撬动和链接社会力量深度参与社会治理，进一步拓展多元治理平台，引导多元主体特别是社会组织运用专业方法深度参与平安法治建设和社会治理。推行“中心+网格化+信息化”建设，搭建基层社会治理网格化信息平台，收集梳理涉及21个区属职能部门的80项入格巡查事项。印发《顺德区基层社会治理网格化工作实施方案》，对区级监管指挥中心和10个镇（街）监管指挥中心进行选址和图

2017年12月8—11日，第十八届中国顺德（伦教）国际木工机械博览会在佛山市顺德区伦教举行。图为该博览会开幕式现场　（顺德区供图）

纸设计。全区划分2 060个网格，制订网格化工作长效机制。将大良、北滘和龙江等3个镇（街）全区域及其他7个镇（街）各选取1个村和1个社区，作为基层社会治理网格化试点，在取得实效基础上向全区推开。

【创新驱动发展】 2017年，顺德区深入实施创新驱动发展，落实《顺德区开放引领创新驱动三年行动计划》（2016—2018年），引导集聚各类创新要素。

创新平台建设 2017年，顺德区推进创新平台建设，新建生物医药创新基地、华南理工大学国家大学科技园两个创新平台，其中生物医药创新基地广东省健康医疗大数据产业园已经被认定为广东省第一批省级大数据产业园。引导企业自主创新，全社会研发投入占地区生产总值比重4%；规模以上工业企业研发机构建有率50.6%，其中主营业务收入5亿元以上的建有率100%；高新技术企业940家，同比增长88%；累计共建有10个省级企业重点实验室、2个省级企业研究院和9个市级企业研究院。全年有8家企业成功申报佛山市省重点实验室培育；建设各级工程中心517个，其中新认定的省级工程中心53个、新认定市级工程中心25个、新认定区级工程中心34个。新建省级企业技术中心11个，研发机构183个，新增1家国家技术创新示范企业（全区累计2家）。高新技术企业数量大幅增长，新增高新技术企业442家，总数942家，增长率88.4%。全年新增上市企业5家、“新三板”挂牌企业9家、新增股改企业70家。实施孵化器提质增量工程，新增国家级科技企业孵化器1家、省级科技企业孵化器3家，省级众创空间3家，为营造大众创业、万众创新的环境提供强有力的载体和服务支撑。

人才强区建设 2017年，顺德区推进人才强区建设，引进博士超400名，确认高层次人才10 461人。推进广州大学城卫星城建设，配建45万平方米人才住房。广东顺德工业设计研究院作为广东工业设计城的人才引进培养平台，以“建设技术创新生态、服务顺德产业升级、培养高级复合人才”为宗旨，不断发挥创新创业孵化、企业科技服务和研究生联合培养等三大功能作用，成为“政产学研”一体化的协同创新平台。至年底，研究院共引进国内、外研究生1 402人，吸引来自美国、德国、英国等国家的高校导师、设计师相继落户，为设计企业提供共享国际平台；与德国奥芬巴赫大学，以及广州大学共同开展“国际设计校园IDC”项目，招收20名工业设计类硕士；与54所国内、外院校签订合作协议，联合培养研究生1 911人，引进高层次人才127人。开展企业科技服务98项，超额完成聚集8 000名设计师的任务，成为全国首个“工程专业学位研究生联合培养开放基地”。

2017年8月15日，华南金属表面处理中心奠基仪式在佛山市顺德区伦教街道举行 （顺德区供图）

引进创新创业团队 2017年，佛山汉腾生物科技有限公司引进的汉腾生物团队获认定为“珠江人才计划”引进第六批创新创业团队，填补顺德区乃至广东省在抗体生产服务领域空白，推动生物医药技术提升。至年底，有6个创新团队认定为省级创新创业团队，10个创新团队认定为市级科技创新团队。其中引进的生物医药、新能源行业团队“面向医疗的RNA芯片及大数据分析产品的研发及产业化团队”“治疗缺血性脑卒中及神经退行性疾病创新药物研究开发团队”“恒锦锂电储能系统团队”获市级科技创新团队立项。开展省级研发机构评估和认定工作，全区有14个省级新型研发机构，占全市31个的45%。是年，美的集团成功被省科技厅认定为省级白色家电技术创新中心，成为佛山市唯一一家省级技术创新中心。

知识产权保护与创新 2017年，顺德区实施知识产权强区保护与创新战略，开展“上量提质”活动，地区专利由“大”向“强”迈进。全年全区专利申请31 353件，其中发明专利申请8 888件，比上年增长41.4%；专利授权18 752件，其中发明专利授权2 622件，增长82.9%；万人有效发明专利拥有量28.7件，超过广东省同期平均水平；PCT国际专利申请达601件，占全市82.8%，增长67%。顺德在第十九届中国专利奖中获奖总数创新高，全区获奖14项，其中外观设计金奖1项、优秀奖13项。全年新增国家知识产权示范企业5家、国家知识产权优势企业6家，省级知识产权示范企业1家、知识产权优势企业3家，各级知识产权试点示范企业数量在全省县（区）中居前列。推进《企业知识产权管理规范》贯标工程，全年全区有26家企业通过贯标认证，累计通过贯标企业38家；实施知识产权质押融资贴息和风险补偿政策，质押融资工作成为全国示范，全年全区知识产权质押备案金额近5亿元，实际贷款金额超1.6亿元。全年处理涉嫌假冒和专利侵权纠纷案件151件，各类专利执法行为共计出动执法人员近800人次，通过开展大规模专利执法检查工作推动顺德区形成尊重知识、崇尚创新、诚信守法的知识产权创新文化。

高效运作创新创业投资母基金 2017年，顺德区成立21只市场化子基金、4只政策性投资子基金。建立信贷风险补偿机制，为53家科技型企业提供信贷支持。成立政策性融资担保公司，帮助企业融资超60亿元。

【智能制造产业发展】

以贯标为手段，加快信息化与工业化融合 2017年，顺德有10家企业成功通过国家评定，4家企业完成评定的监督审核，2家进入评定阶段，1家待公示。年内有6家企业获2017年省“两化”贯标专题扶持，合计300万元。全年新增6家省试点企业，全区累计9家国家试点企业，42家省试点企业。试点企业行业分布涵盖物流、机械、轻工、家电、电子信息等5个行业。

以应用为抓手，带动制造业智能化升级 2017年，顺德实施《顺德区智能制造发展专项资金管理办法》《顺德区“中国制造2025”试点示范实施方案（2017—2019）》，支持企业实施智能化制造，扶持工业及服务机器人企业、智能制造集成企业、智能制造公共服务平台发展。是年，顺德有年产值超亿元智能制造骨干企业12家，广东省机器人骨干企业3家，广东省智能制造试点示范项目6个，6家企业获2017年广东省制造业与互联网融合发展试点示范项目扶持，共1 380万元，全区合计安排约3 000万元省、市、区资金支持实施智能制造、扶持机器人制造骨干企业及工业机器人应用企业。至年底，全区新增智能化技术改造示范企业8家，规模以上企业开展“机器换人”企业45家，新增机器人应用数量950台，智能制造产值约200亿元。全区企业开展的重点智能制造项目超过200个，投入近662亿元。

以产业为支撑，推动机器人全链式发展 2017年，顺德鼓励行业龙头企业加速布局机器人产业。美的集团继拿下德国库卡集团95%股权后，2017年初收购以色列智能控制软件公司Servotronix；在4月成立注册资本1亿元的美的智能机器有限公司，向全球招聘智能制造的高端人才。全面加速智能制造及机器人产业的布局。日本发那科机器人应用工程中心落户中欧中心。与隆深机器人公司合作的3 000平方米的日本安川机器人应用工程中心落户陈村顺联智造汇。至年底，全区拥有45家机器人企业，其中本体12家，集成33家。涌现嘉腾、隆深、利迅达、安川美的等多家超亿元机器人本体及集成企业。伊雪松、嘉腾正在顺德投资建设工业机器人生产基地。顺德成为华南地区机器人集成系统解决方案集聚地。

以平台为载体，促进研产销的智能协作 2017年，顺德建有华南智能机器人创新研究院等研发机构，国家工业机器人质量监督检验（广东）中心等综合技术服务核心平台以及汉诺威佛山机器人学院、顺联机械城等专业平台或园区，逐步形成机器人研发和服务、生产和配套、展示和销售的全链条式发展载体。正在建设的顺德智能制造科技园、广东—亚琛工业4.0应用研究中心和华工—亚琛机械学院，打造开放的机器人产业生态圈。

以基地为依托，打造智能制造产业集群 2017年，顺德高新区的广东省智能制造产业示范基地建有“顺德机器人产业园”“智能制造产业园”和“机械装备产业园”；陈村顺联机械城3期智造汇打造20万平方米“全国首个智能机械装备商贸综合体”；莱茵机器人产业园改造升级为国际知名机器人产业基地；大良汇创方智造园打造智能制造的加速器，加上正在建设的顺德区智能制造科技园，顺德已构建多元化机器人以及智能产业生态圈。开展“顺德智能制造百家企业推广工程”，联合顺德区机器人协会，到顺德各镇（街）、商协会开展一系列智能制造解决方案推广、经验交流、需求互动、扶持政策宣讲以及企业创建佛山市2025试点示范咨询辅导等公益性活动。

【第九届清华国际艺术·设计学术月】 2017年12月8日，中国设计活动日系列活动——第九届清华国际艺术·设计学术月暨“2017年第七届中国工业设计北滘论坛”在广东工业设计城举行。来自工信部、省、市的相关领导，相关协会的负责人，国内外工业设计领域的专家学者、企业与设计师代表、院校师生等近200人齐聚顺德区北滘镇，围绕中国的社会组织创新，结合当下设计发展的大背景，开展设计研究与设计思想的交流。其间，清华大学美术学院携手广东工业设计城先后举办协同创新工作坊、北滘论坛，吸引大批工业设计领域的专家学者、企业代表、院校师生来到北滘，共同探索中国设计创新发展。作为对“中国制造2025”国家发展战略的响应，该活动自2011年首次走出清华园，携手广东工业设计城，已连续七届在广东顺德成功举办。

【首届顺德教育创客节】 2017年10月14—15日，首届顺德教育创客节暨WER2017华南公开赛在中欧中心举行，佛山市、区等相关领导，与中央电教馆、省教育技术中心和部分高校的教授专家作为嘉宾出席活动，来自福建、广西、湖南和粤港澳大湾区的中小学师生1 000多人共同参与。佛山市有关领导出席开幕式并致辞表示，佛山是中国工业建设的脊梁城市之一，在互联网时代，更加需要创客精神，让佛山制造业插上智能的翅膀。佛山积极推进和普及创客教育，希望通过此次创客节，扩大创客教育的影响力。

【第十四届中国国际中小企业博览会】 2017年10月，第十四届中国国际中小企业博览会（简称“中博会”）分3期在广东广州、顺德两地举办，展会以“智能、智慧、智造、节能”为主题，在举办境外主题展和境内主题展的基础上，设立智能制造及“互联网+”展、智慧建材与家居展、节能展等3个专业展，包括中国在内的35个国家和地区的3 056家企业参展，展览面积15万平方米，展位总数6 328个，有32.2万人次进场参观、洽谈和采购，展览规模创历届之最。其中，专业展在顺德的广东（潭洲）国际会展中心举办，智慧建材与家居展展览面积占3.5万平方米，展位1 431个；节能展促成多个合作项目，有力推动国内外中小企业贸易交流与合作。

【第十五届华语文学传媒大奖文学周暨广州大学城卫星城“文学季”系列活动】 于2017年4月15日在顺德区图书馆启动。以华语文学传媒大奖永久落户为契机，顺德区推出此次文学周以及大学城卫星城“文学季”系列活动，包括大量以文学为主题的讲座、沙龙、展览等，让更多顺德市民走近文学，了解文学魅力，从而提高市民文化素质，营造良好社会氛围，让顺德真正成为一个具有浓郁书香味的宜居城市。4月22日，第十五届华语文学传媒大奖颁奖典礼在顺德北滘文化中心举行。华语文学传媒大奖由《南方都市报》和《南都周刊》发起主办，顺德区委宣传部（区文化体育局）、顺德区北滘镇人民政府联合举办。4月23日，于坚和谢有顺围绕“百年新诗的荣光”对谈，张悦然和双雪涛共话“童年与文学”，江弱水则带来一场名为“我们为什么要读诗和小说”讲座。该系列活动来自全国各地的作家、诗人、评论家汇聚一堂，畅谈写作、人生，使4月的顺德成为文学之城。

【增殖放流】 2017年6月3日，顺德区在大良新城区德胜河亲水平台处，举行2017年顺德区水生生物增殖放流活动。2017年放流活动主题是“生态保育，三生共融”，主要放养品种以适合本地江河环境生长的原生优质品种，如草鱼、鳙鱼、鲮鱼、广东鲂、鲫鱼等，放流数量约380万尾，其中100万尾由各商协会、企业组织捐赠。有27家社会团体和企业，50组市民家庭参与。该项增殖放流活动自1983年以来每年开展，已有34年，累计投入资金超过300万元，累计投放各类鱼苗超过1.55亿尾，这对于恢复水生生物资源、改善水域生态环境、促进渔业增效渔民增收和维护生态安全具有重要作用，是保护珠江生态环境、促进珠江渔业可持续发展的重要举措。

【全国首个工程研究生培养基地落户顺德】 2017年9月15日，经过全国工程专业学位研究生教育指导委员会经过评审并公示，广东顺德工业设计研究院（广东顺德创新设计研究院）被授予“全国工程专业学位研究生联合培养开放基地”称号，这是全国首个工程专业学位研究生联合培养开放基地。

【顺德区举行首届军民融合卫勤装备发展促进会】 2017年12月16日，由中国医师协会急诊医师分会、全军急救医学专业委员会和中国科技信息研究所主办，广东工业设计城承办的首届军民融合卫勤装备发展促进会在广东省佛山市顺德区举行。作为全国首个军民融合卫勤装备发展促进会，会议邀请中国医师协会急诊分会会长于学忠、全军急救医学专业委员会主任委员赵晓东、中国科学技术信息研究所所长戴国强等数十位国内顶尖专家到场研讨中国军民融合卫勤装备创新发展，探索打造全国首个战创伤救治、野战医疗和灾难医学相关装备器材的设计、研发、生产、应用的沟通对接平台。12月28日，广东顺德军民融合创新产业园一期在北滘开园，一期占地面积6万平方米，12个重点项目签约入驻。产业园以天地一体化、人工智能、信息安全等作为重点发展方向，打造集孵化器、加速器、产业园于一体的全链条军民融合产业生态体系。

【大良街道】 地处顺德区的中部偏东，连接广州，毗邻港澳，是顺德区政府所在地，2017年辖19个社区和2个行政村，有55个自然村。辖区面积80.29平方千米。年末户籍人口25.24万人，常住人口42.04万人。顺德客运总站和顺德港坐落其中，105国道、太澳高速、广珠轻轨等穿越辖境，佛山轨道3、9、11、13号线和肇顺南城际轨道将在辖境交汇或换乘。大良文化底蕴深厚，内有清晖园、宝林寺、西山庙等名胜古迹，有广绣、粤曲、鱼灯、咸水歌等非遗项目，素享“食在广州，厨出凤城”的美誉。大良经济基础良好，公共配套完善，文化、教育等社会事业发展突出，是全国首个“中华餐饮名镇”，有“中国曲艺之乡”“广东省教育强镇”“广东省机械及电气装备技术创新专业镇”“广东省数控一代机械产品创新应用示范专业镇”等称号。

2017年，大良实现地方生产总值536.35亿元，一、二、三产业占比为0.06 ∶ 34.60 ∶ 65.34，规模以上工业企业产值390亿元，限额以上贸易住宿餐饮业营业额452.21亿元，全社会固定资产投资125亿元，工商税收116.59亿元，其中区级库税收34.43亿元。

五沙工业园　至2017年底，五沙工业园出让工业用地约467公顷，剩余约73公顷，引入企业205家，其中世界500强投资的企业16家，园区投产企业190家，有员工近3万人，投资项目涉及汽车配件、智能家电、精细化工、机械装备及模具、新型材料、电子信息等行业。是年，园区内产值超亿元企业47家，规模以上工业企业87家；实现规模以上工业生产总值211.95亿元，比上年增长11.3%；工商税收约13亿元，增长10.7%；建设用地产出21.3万元/公顷，建设用地税收产出1.29万元/公顷。园区产业中，最具集聚度和规模的是汽车配件、智能家电、机械装备3个行业，分别占整个园区总产值约27%、15%、16%，尤其是汽配产业，凭借着毗邻南沙自贸区的区域优势，园区承接日系汽配产业的转移，成为华南地区重要的汽配产业基地之一。东海理化、丰田橡塑、丰田部品、爱信精机、爱三部品、光洋六和等均为广州丰田一级供应商，2017年销售额均超3亿元、创税均超3 000万元。

众创金融街　至2017年底，顺德众创金融街进驻机构125个，总注册资本超50亿元，成立22只产业定向投资基金和创新创业投资基金。金融街内的企业孵化器引入智能制造、电子信息技术等新兴产业项目48个。

九年一贯制“凤城实验学校”成立　2017年4月25日，凤城实验学校揭牌暨合作办学签约仪式举行。大良在全区率先实施“九年一贯制”办学，将凤城初级中学与大门小学合并为凤城实验学校。

顺德新城区第一所公益性幼儿园开园　2017年9月1日，新城区第一所公营幼儿园——文安幼儿园正式开园。作为顺德新城区唯一一所公益性幼儿园，文安幼儿园总建筑面积8 000多平方米，可开设20个班，容纳705名学生，进一步缓解新城区教育资源以及学位不足的压力。

大良龙舟队参加第十三届世界龙舟锦标赛　2017年10月17—22日，大良龙舟协会龙舟队代表国家出征在昆明举办的第十三届世界龙舟锦标赛，首次参加龙舟世锦赛就包揽男子老将A组标准龙全部赛事（2 000米、1 000米、500米、200米）4枚金牌。

2017年大良慈善之夜活动　2017年

11月30日，大良街道办、大良慈善会在龙的大厦共同举办“益善同行·聚爱凤城——2017年大良慈善之夜”活动，表彰一批爱心单位、个人以及2016年度纳税大户。该活动筹得善款2 412.36万元。

【容桂街道】 位于顺德区南部，毗邻港澳，与广州南沙自贸区隔江相望，处于珠江东西两岸交汇点，是广佛、深圳、港澳三个珠三角城市群核心极的辐射聚焦点，地理位置优越，水陆交通便利，105国道、广珠西线高速、广珠城际轨道、伦桂路等重要交通干线穿越辖境。2017年辖23个社区和3个行政村，有121个自然村。辖区总面积80平方千米。年末户籍人口22.8万人，常住人口57.3万人。先后获“全国文明单位”“中国品牌名镇”“国家卫生镇”“全国精神文明建设工作先进单位”等称号。2017年8月，被中国烹饪协会评为“中华美食名镇”；11月容桂社区卫生服务中心成为“全国百强社区卫生服务中心”。

2017年，容桂实现规模以上工业总产值可比增长10%；全社会固定资产投资102亿元，增长23.6%。工商税收69.4亿元，比上年增长14%，其中国税46.55亿元，增长11.8%，地税22.85亿元，增长18.7%。限额以上贸易住宿餐饮业营业额345.5亿元，比上年增长19.1%。容桂有各类企业及个体工商户超过3.2万家，其中超亿元企业145家，超十亿元企业24家。有占地13.5平方千米的高新技术产业开发区，高新技术企业存量205家。拥有国家级科技企业孵化器2家、国家级众创空间1家、省级众创空间2家，省级工程技术研究中心41个，各类科技服务机构超20个，以及中科院顺德基地、西安交大院士工作站等一批科研平台和研发中心。有海信科龙、德美化工、万和新电气、国盛金控、顺威股份、伊之密、科顺防水等7家上市公司，中国中药控股、鸿特精密、顾地科技、万成金属等4家控股区内上市公司以及小冰火人、三合股份和乐美智家等3家新三板挂牌企业。拥有中国驰名商标7个，广东省著名商标37个，广东省名牌产品29个。形成以智能家电、信息电子、机械模具、化工涂料、医药保健及互联网应用为主的“5+1”支柱产业体系。

顺德区第二人民医院牵手暨南大学共建暨南大学附属顺德医院 2017年5月8日，顺德区政府与暨南大学签约，协议把顺德区第二人民医院（原桂洲医院）建设成为暨南大学附属顺德医院。根据协议，暨南大学将推动附属顺德医院3年内升级三级甲等综合性医院并达到大学临床医学院建设标准。暨南大学还将按照直属附属医院的要求和标准，结合顺德本地的医疗卫生事业发展规划，将附属顺德医院建设成为集医疗、科研、教学于一体的高水平医院。

容桂女企业家协会正式成立 2017年5月18日，容桂女企业家协会成立大会正式召开。容桂女企业家协会由33名来自各行各业的女性高层管理者和专业人士组成，这是一个层次较高的女性社会团体，是容桂企业界女能人精英的汇聚。协会为女企业家们搭建一个资源对接、信息共享、交流互动、互助发展的平台，对于促进妇女创业就业、推进妇女事业发展具有重要意义，为女企业家施展抱负、成就大业创造更好条件、更优环境。

第二届顺德互联网大会暨顺德跨境电商高峰论坛在容桂举办 2017年5月19日，第二届顺德互联网大会暨顺德跨境电商高峰论坛在容桂街道南宏跨境电商产业园举行。大会以“共享互联 跨无止境”为主题，为第四批顺德区电子商务特色产业园（顺德区南宏跨境电子商务产业园及美旗科技园）进行授牌，为容桂电商服务外包中心进行揭牌，举行南宏跨境电商产业园开园仪式及跨境电商平台进驻南宏跨境电商产业园签约仪式。南宏园区前期引入包括谷歌、阿里巴巴等服务商进驻，打造涵盖推广、翻译、后台程序等一系列服务体系和平台，从跨境电商和出口贸易2个方面服务于本地及周边地区企业和产业。

容桂实验学校委托顺德一中管理项目 2017年，容桂建立与区内名校合作的发展新机制，以“名校集团化办学”的形式，顺德一中2017年7月起对容桂实验学校实施全面管理，试合作期3年，托管期间容桂实验学校一切教学、经营、管理事务由顺德一中全面接管，自收自支、自负盈亏。

容桂街道获中国烹饪协会授予“中华美食名镇”称号 2017年8月，佛山市顺德区容桂街道获中国烹饪协会授与“中华美食名镇”称号，容桂的佛山市顺德区猪肉婆私房菜有限公司、佛山市顺德区龙悦湾饮食有限公司、佛山市顺德区哥顿休闲会所、佛山市顺德区容桂味可道美食坊、佛山市顺德区御膳粥饮食服务有限公司、佛山市大快活饮食有限公司、佛山市顺德区源兴饮食有限公司共7家餐饮企业获中国烹饪协会颁发“中华餐饮名店”称号，佛山市马冈园食品有限公司的马冈鸡仔饼获中国烹饪协会颁发“中华名小吃”称号。

健生堂总部大楼容桂落成 2017年10月10日，广东健生堂保健品有限公司20周年暨总部办公楼落成庆典在容桂街道华口社区高新区举行，广东健生堂保健品有限公司于1997年在顺德创立，2002年搬迁至广州并设立总部，有200多家门店，该公司在成立20周年之际，响应发展总部经济和振兴容桂产业发展的号召，购买容桂街道高新区厂房，并将总部搬迁回容桂。

香港顺德容桂同乡会正式成立 2017年10月24日，香港顺德容桂同乡会在香港正式成立，同时产生首届会董。

【伦教街道】 地处珠江三角洲腹地，与广州番禺一水之隔，是顺德中心城区的重要组成部分。伦教交通路网纵横交错，以105国道为核心，与周边镇街、地区紧密融合，广佛地铁3号线、11号线等轨道交通处于规划建设阶段，新市良路、甲子路、新基北路、伦桂路等项目竣工。2017年辖2个社区和8个行政村，有34个自然村。辖区总面积59.2平方千米。年末户籍人口9.3万人。常住人口约20万人。支柱产业是珠宝产业和机械产业。伦教有“中国珠宝玉石首饰特色产业基地”“中国木工机械重镇”“中国玻璃机械重镇”“国家级生态乡镇”“广东省教育强镇”等称号。

2017年，伦教实现地区生产总值220.21亿元，农业总产值5.4亿元，规模以上工业产值为631.1亿元，第三产

2017年3月31日，伦教东部教育集团挂牌成立　（顺德区供图）

业增加值54.47亿元，全社会固定资产投资69亿元，限额以上批发零售餐饮业营业额83.73亿元，社会消费品零售总额42.66亿元，国地税收入25.27亿元，金融机构人民币存款余额160.86亿元，居民储蓄余额128.97亿元。

伦教东部教育集团挂牌成立　2017年3月31日，伦教东部教育集团在翁祐中学挂牌成立。该教育集团以东部辖区的翁祐中学为龙头，三洲学校、熹涌陈佐乾纪念学校、霞石善祥学校、鸡洲锡全小学、永丰小学为成员校。各学校原校名不变，翁祐中学加挂“佛山市顺德区伦教东部教育集团”牌子，成员校加挂“佛山市顺德区伦教东部教育集团成员校”牌子。

省内首家鸡生肖原地邮局成立　2017年1月5日，广东省首家鸡生肖原地邮局在伦教街道鸡洲村委会成立。顺德区邮政局伦教分局借着鸡洲生肖原地邮局成立的契机，首发“丁酉年生肖”原地封和首日封。是日，多位知名书法家义务为群众写春联。

“民意直通车”启动　2017年2月28日，伦教街道办事处启动“民意直通车”，向外界公布年内重点完成的十大民生实事，包括南苑路开通启用、南方医科大学顺德医院交通配套、改善办学条件增优质学位、村级工业园区“双达标”整治提升、规范农村集体资产管理及增收、开展“健康人生”活动、慈善帮扶提质工程、完成污水管网二期、推进农产品快速检测以及佛山市美丽文明村居建设等。

保发珠宝产业园奠基　2017年9月27日，保发珠宝产业中心奠基暨伦教珠宝名镇展厅揭幕活动在伦教举行。此外，伦教街道还发布《伦教街道推动珠宝首饰产业发展的扶持办法》《伦教街道珠宝首饰人才工作扶持办法》两项珠宝产业扶持政策，强化当地珠宝首饰制造基础，建设“产”“城”“人”高度融合的珠宝名镇。

伦教“严选100”项目开业　2017年10月10日，伦教华南机械城“严选100”华南配件品牌馆宣布正式开业。该项目将集百家优选配件耗材品牌于一体，为家具行业提供一站式采购以及“互联网+”、人才培养等服务。

世界首台带冷冻刀盘和复合式注浆系统的双模盾构机下线　2017年10月16日，中铁华隧联合重型装备有限公司正式揭牌，该公司创新研制的世界首台具有冷冻刀盘和复合式注浆系统的双模式盾构机正式下线，该设备实现多项重大技术组合与创新，为复杂地层盾构机安全开仓提供优质解决方案。是日，广东省国资委副主任黄敦新以及区、街道相关领导出席揭牌仪式。

【勒流街道】勒流踞广佛中心，连接顺德7个镇（街），位于广佛半小时生活圈和深港澳两小时辐射圈之内，顺德水道（北江）、顺德支流一北一南贯穿而过，珠二环高速、佛山一环南延线、国道G325、南国西路、伦桂路在此交汇。2017年辖5个社区和17个行政村，有82个自然村。辖区总面积90.78平方千米。年末户籍人口12.45万人，常住人口31.68万人。

2017年，勒流街道实现地区生产总值294.23亿元，三产比例为2.20∶62.64∶35.16；规模以上工业总产值719.29亿元，固定资产投资额63.11亿元；限额以上贸易住宿餐饮业营业额28.05亿元，税收（含国税调库数）完成28.43亿元，一般公共预算收入7.32亿元，城乡居民储蓄存款余额169.72亿元。2017年勒流专利申请量2 431件，比上年增长9.65%；授权专利1 870件，增长18.81%；拥有各级技术研究中心超过50个，产学研合作项目超过100个，高新技术企业增至98家，入库企业85家；拥有中国驰名商标4件，广东省著名商标22件，广东省名牌产品25个。富华机械获得珠江西岸先进装备制造业发展专项资金，安帝斯、欧雅典通过2017年顺德区小企业创业基地认定。2017年挂牌上市企业增至6家。

国家汽车质量监督检验中心（广东）在富华交通机械城成立　2017年2月21日，国家汽车质量监督检验中心（广东）在富华交通机械城正式挂牌。检验中心开拓官方机构与企业的全新合作模式，由富华集团与国家汽车质量监督检验中心合作共建，占地面积约5 500平方米，旨在建立重型卡车“车轴试验部”，将执行对重型卡车的“汽车驱动桥”“汽车前轴”“挂车车轴”等六大检测对象的18项检测服务。

新城五金产业园成为产业发展保护区示范园区　新城五金产业园位于勒流龙升工业区，2017年由顺德区科能实业有限公司计划投入2亿元，以“三旧”改造方式对厂房进行规划重建。改造后将新建7～8层工业厂房7栋，人才公寓1栋，并将全部使用自动化生产设备，建筑总面积15.82万平方米，容积率3.5，打造产、学、研、服务一体化的现代五金产业园区。

首批西藏学子入读勒流江义中学

2017年9月1日，首批到顺德学习的42名西藏学子和勒流江义中学学生一同参加新学年开学典礼，该批来自西藏拉萨、林芝、昌都等地区的学生将在江义中学进行为期3年的学习。西藏班在勒流的开设，既填补顺德民族班的空白，也为顺德和西藏搭建起文化交流桥梁。

顺德首家镇街级安全生产协会成立 2017年10月12日，顺德区首家镇街级安全生产协会在勒流成立，将进一步规范安全生产自我管理行为，建立健全安全生产自律机制，构建起政府宏观指导、企业规范经营、协会沟通协调“三位一体”的安全监管运行模式。至年底，协会成功吸纳会员企业44家，涵盖交通机械、小家电、家居五金、照明电工等支柱产业知名企业。

勒流牵手广州中医药大学合作共建公立医疗机构 2017年10月12日，勒流街道与广州中医药大学顺德医院签订协议，将结成紧密型纵向医疗联合体，合作共建公立医疗机构。签约后，勒流医院更名为“广州中医药大学顺德医院附属勒流医院”。

盈峰环境顺德环保科技产业园举行奠基仪式 2017年12月5日，顺德首个以智能制造为主的环保装备研发制造产业园——盈峰环境科技集团环保科技产业园在勒流奠基，项目计划意向投资10亿元，预计5年内完成建设，首期总投资2.64亿元，主要投资方向包括环境检测设备研发制造、环保装备研发制造、小型新能源环卫车辆研发制造等，将对顺德区环保产业的升级、环保产业链条的完善、环保产业影响力的提升、地区生态环境的改善与优化有积极作用。

【陈村镇】 位于珠江三角洲腹地和广佛都市圈核心区域。2017年辖8个社区和7个行政村，有57个自然村。年末户籍人口8.39万人，常住人口18.48万人。辖区总面积50.7平方千米。陈村素有“中国花卉第一镇”“千年花乡”的美誉，自古就是商贾云集之地，历史上曾与广州、佛山、东莞石龙镇合称“广东四大名镇”，拥有“世界盆景赏石园艺博览之都”“中国花木之乡”“中国花卉之都”“中华花卉美食名镇”“国家级生态乡镇”“中国机械装备工贸名镇”等称号。

2017年，陈村镇实现地区生产总值177.2亿元，比上年增长8.5%；工业总产值482.2亿元，增长13.9%；全社会固定资产投资84亿元，增长22.3%；财政预算总收入16.3亿元；税收收入22.6亿元（1—11月）；居民储蓄余额165.2亿元，增长7.2%。

“智绘花乡”顺德陈村城市形象设计大赛在广州美术学院启动 2017年3月22日，陈村城市形象设计大赛邀请广州美术学院和大学城其他院校设计学院的学子们参与陈村系列的宣讲会、花乡民俗活动、实地采风等，让大学城学生主动了解陈村、认识陈村，并为陈村设计城市形象标识、陈村吉祥物等。

全省首家农业电商产业园区 2017年3月29日，顺德智谷花卉世界现代农业电商产业园运营中心在陈村花卉世界成立，是全省首家农业电商产业园区。园区打通花卉产业线上线下发展链条，设立电商企业孵化培育平台，以孵化器的形式推动电商创业创新配套服务、营造电商人才社区空间。

陈村镇大学城卫星城产业社区启动 2017年3月30日，陈村镇大学城卫星城产业社区启动，该社区与猪八戒网合作，以园区平台为载体，筛选和聚集优质服务，形成品牌升级和科技升级的综合服务能力，为传统优势产业升级转型服务，带动珠江西岸区域的产业融合、资源集群效应。

民族路片区活化改造项目启动 2017年6月28日，作为全区16个“三旧”改造重点项目之一的民族路片区活化改造项目正式启动。改造首次采用公有资产出资参与“三旧”项目建设，通过公开招标方式，由佛山市景裕云投资有限公司竞得合作方资格，以合作伙伴形式引入社会资本。活化改造计划将遵循“修旧如旧、建新如故”的原则，保留片区内特有的骑楼文化、纸厂内部建筑中的横梁及特有的烟囱，增加现代构筑元素，融入新业态。

华南理工大学科技园顺德创新园区落地陈村 2017年7月13日，顺德区人民政府与华南理工大学正式签约，共建华南理工大学科技园顺德创新园区。该园区位于陈村顺联国际机械城3期，总面积4万平方米，计划引进或孵化科技型企业60家以上（其中认定或培育高新技术企业30家），促进园区累计增加就业人数3 000人以上。

佛山安全生产装备·技术·服务对接大会 2017年8月10日，首届佛山安全生产装备·技术·服务对接大会在陈村镇举办，77家省内外安全生产领域行业翘楚现场展示最先进的安全生产设备、技术和管理服务。

打造两大企业服务平台，助推大学城卫星城建设 2017年8月11日，陈村镇推出线上线下两大服务平台，聚集优质资源，提升企业综合服务能力，助力大学城卫星城产业社区建设。一是与中国电信共同打造顺德首个“天翼云产业社区”。未来，双方将以“云计算+大数据”为平台，建设企业互联网基础设施，降低企业信息化成本，为本土中小企业的信息化建设和管理提供服务。二是成立陈村镇企业服务中心，为承接系列公共审批事务搭建受理窗台。

顺德中科华兴生物医药基金落地陈村 2017年11月14日，陈村镇举行顺德中科华兴生物医药基金落地陈村签约仪式。该基金是陈村镇与中科招商合作成立的一支生物医药创业投资基金，资金总规模1亿元。

【北滘镇】 位于广州主城区、佛山新城、顺德主城区三城交汇处，区域内及周围有广珠西线（太澳高速）、佛山一环、广州南站等交通设施连接粤港澳大湾区城市及华中地区。已开通的广珠轻轨在北滘有2个站点，规划建设中的广佛环线轻轨、佛山地铁3号线、11号线和广州地铁7号延长线也横穿北滘，北滘轨道站点超过9个。有港口北滘港。2017年辖10个社区和10个行政村，有79个自然村。总面积92平方千米。年末常住人口30万人，户籍人口13万人。北滘立足岭南特色水乡文化和现代城市文明，有中国历史文化名村碧江村、都宁岗森林公园、古祠堂、和园、和美术馆等特色旅游胜景，有“小城盛事”文化品牌、华语传媒文学大奖、仲夏音乐节、“阅读北滘”等公益惠民文化工程。北滘镇产业特色明显，是中国家电制造业重镇、广东省家电专业镇，支柱产业为家电制造、金属材料以及装备制造业等。获“中国第一批特色小镇”“全国重点镇”“国家卫星镇”“国家生态乡镇”“全国安全社区”“全国美丽宜居小镇”等称号。

2017年，北滘镇地区生产总值559亿元，位列全国中小城市综合实力千强镇第八位，农业总产值8.35亿元，规模以上工业产值2 381亿元，全社会固定资产投资总额118亿元，国地税收入114.2亿元，金融机构本外币存款余额948.1亿元，限额以上贸易住宿餐饮业营业额187亿元，城乡居民存款余额272.4亿元，城镇居民人均可支配收入60 693元，农民人均纯收入18 843元。

广东工业设计城获评首批“广东省创业孵化示范基地” 2017年7月，广东省人力资源和社会保障厅、广东省财政厅发布《关于公布2016年度广东省创业孵化示范基地名单的通知》，广东工业设计城获评首批“广东省创业孵化示范基地”。17日，在佛山市举办的“2017佛山市市级创业孵化基地授牌暨创业导师聘任仪式”上，广东工业设计城获得“佛山市2017年市级创业孵化示范基地”。广东工业设计城为初创者及初创型企业提供专业孵化服务，引进国内外优质设计资源，搭建工业设计公共服务平台以提升孵化能力；为创新企业提供资金、人才、交易对接服务，配套建有新型研发机构；以技术研发为基础，以产品设计为特色，形成以设计企业与创新产品为对象“双孵化”的独特孵化模式。

北滘镇获第一批广东省公共文化服务体系示范项目 2017年8月，北滘镇“以城带乡”，让公益性文化设施向村（居）覆盖，构建文化生活圈；以音乐文化为抓手，打造地方特色公共文化品牌；以落实政策、制度、经费投入保障，完善公共文化服务体系；创新文化服务机制，实现公共文化服务体系可持续性发展，为广东省公共文化服务体系建设做出示范，以公共文化服务体系助推“魅力小城”建设获第一批广东省公共文化服务体系示范项目。

碧江古村落活化项目获“城市文化复兴优秀奖”第三名 2017年9月，在2017年亚洲都市景观奖中国选拔赛中，北滘镇碧江古村落活化项目获“城市文化复兴优胜奖”第三名。碧江古村落活化项目本着“传承和发扬传统文化，保护优秀的历史建筑”的宗旨，完善社区基础设施配套建设，以金楼景区为核心，对村内历史建筑和传统建筑进行分层次修缮和保护；丰富社区文化内涵，推进村史馆和名人馆布展工程，挖掘村故事，展示古村历史沿革和民俗民风。

顺德电子商务创业孵化示范基地启用 2017年11月7日，“创业圆梦想 激发新动能”——广东佛山顺德电子商务创业孵化示范基地项目落成启用仪式在北滘淘商城举行。通过打造“创业体验区”“大学生创业区”“顺德区创新创业学院”“顺德创业服务网”“视觉营销服务中心”“电商广场”“互联网+创新体验馆”等七大项目，发挥专业、人才、智力等优势，培育北滘镇新一代电子商务创新创业型人才，对接区域经济与社会发展需求。基地可让大学生、就业困难人员进驻，开展电商创业体验，使人才初创项目、团队项目可以“拎包入驻”。

北滘青少年宫启用 2017年11月30日，位于北滘市民活动中心的佛山市青少年文化宫（北滘宫）正式启用。依托佛山市青少年文化宫建设的镇级青少宫，该项目可以让北滘周边青少年在“家门口”即可享受到佛山市青少年文化宫的优质公益培训及高端赛事活动，丰富青少年课余生活，并致力打造成为“全国镇级标杆青少宫”。

【乐从镇】 位于珠江三角洲中部，距广州市30千米。地处广佛都市圈核心区域，是两大国家级对外合作平台中德工业服务区、中欧城镇化合作示范区的核心区所在地。可通过顺德快线、新桂路、环镇路、佛山大道、佛山一环及轨道交通与周边镇街快速对接，辐射整个珠三角地区。2017年辖6个社区和19个行政村，有35个自然村。辖区总面积78平方千米。年末户籍人口12万人，常住人口32万人。乐从是著名侨乡，有港澳同胞以及海外侨胞30多万人，分布在全世界60多个国家和地区。2017年，“乐从国际品牌小镇”入选第二批全国特色小镇，在“国际品牌小镇”大框架下，以乐商小镇、生命健康小镇、国际创新小镇、文旅小镇、水利小镇为主题，高标准开展城市空间、产业布局、交通体系、文化旅游等系统规划。“佛山乐商小镇”纳入首批市级特色小镇，并成为省特色小镇集群示范区。

2017年，乐从实现地区生产总值199.01亿元，比上年增长8.7%；贸易业销售收入932.04亿元，增长4.34%；固定资产投资108.04亿元，增长26.65%；实现税收33.7亿元，增长1.22%；工商业用电量9.54亿千瓦时，增长10.16%；银行存款余额449.31亿元，增长8.98%；居民存款余额323.37亿元，增长7.77%。

阿里巴巴华南大区轻创项目落户物联创智谷 2017年1月17日，阿里巴巴华南大区轻创项目跨境电商创业者基地正式落户乐从物联创智谷。阿里巴巴将携手顺德区政府、物联创智谷共同打造阿里巴巴新外贸示范区。新外贸示范区涵盖阿里巴巴华南大区跨境电商服务体验中心、阿里巴巴华南大区轻创项目，为跨境电商创业者聚集人才、提供资源与支持。

2017中国新型城镇化（佛山顺德区）经验交流会在中欧中心举行 2017年3月17—19日，由国家发改委城市和小城镇改革发展中心主办的2017中国新型城镇化（佛山顺德区）经验交流会在中欧中心国际会议中心举行。活动围绕“新型城镇化与产业转型升级”主题，举办“城镇化专题讲座”以及与“产业转型升级与新型城镇化”“城乡一体化与特色小镇建设”“投融资创新助推新型城镇化”等主题相关的3场对话。顺德坚持“开放引领、创新驱动”发展战略，探索出一条产城融合发展的新型城镇化道路，为全国各地新型城镇化进程提供现实样本和可借鉴的经验。

黎时煖松柏大学获第二届全国“敬老文明号”先进集体称号 2017年6月，全国老龄工作委员会下发《关于表彰第二届全国“敬老文明号”和“全国敬老爱老助老模范人物”的决定》，北滘镇黎时煖松柏大学获第二届全国“敬老文明号”先进集体称号，颐乐居家养老服务中心龙秋梅获全国“敬老爱老助老模范人物”称号。

2017天鹅奖·国际创新设计与中国制造高峰论坛暨2017乐从文化艺术

季落幕 2017年11月24日，由中央美术学院城市设计学院与中德工业服务区管理委员会联合主办，中央美术学院城市设计与创新研究院、顺德区经济和科技促进局、乐从镇政府及龙江镇政府联合承办的“2017天鹤奖·首届国际创新设计与中国制造高峰论坛”在佛山市图书馆报告厅举行，同时为2017乐从文化艺术季落下帷幕。此次论坛海内外专家学者汇聚一堂，以加快乐从特色小镇集群、传统产业升级、城市空间创新、美丽文明乡村建设为目标，以“创新设计引领中国制造”为主题，围绕国际创新设计资源与中国制造业对接，对创新设计介入和引领中国制造、版权保护推动设计创新、凝聚创新资源，培育本土力量、依托创新设计建设特色小镇、教育资源与产业对接、构建“研学产”协同创新设计体制与机制等主题展开研讨。

“联动大湾区·粤创国际化”国际大学创新资源对接研讨论坛暨IUIA华南国际创新中心启动仪式 2017年12月9日，乐从镇人民政府与国际大学创新联盟共同举办主题为“联动大湾区·粤创国际化”的国际大学创新资源对接研讨论坛暨IUIA华南国际创新中心启动仪式。IUIA华南国际创新中心启动仪式上，向首批专家顾问授予聘任证书，并围绕联动大湾区·顺德引才招智计划与海外高级人才创新创业基地的选择和粤创国际化·乐从创业新沃土与“一带一路”倡议背景下的国际项目产业化这两大议题展开研讨。

【龙江镇】 位于顺德区西部，是国家重点镇、广东省中心镇，也是珠三角地方性中心和佛山城市组团之一，325国道、121省道、珠二环高速、佛开高速、顺番路、乐龙路经过辖区。2017年辖10个社区和13个行政村，有33个自然村。辖区面积73.8平方千米。年末户籍人口10.9万人，常住人口30万人。建成龙江家具与材料博物馆；龙家具展、家具材料展、家居设计展、家居建材五金国际展和亚洲家具联合会的影响力不断扩大。2017年，龙江获评佛山“家居名镇”，入选省特色小镇集群示范区。

2017年，龙江镇完成地区生产总值是242.6亿元，完成工业总产值783.6亿元，比上年增长12.4%；商品销售总额202.9亿元，增长26.4%；全社会固定资产投资88.6亿元，增长28.3%；税收入库（含调库收入）24.3亿元，增长22.7%；人民币存款余额260.5亿元，增长14.4%，其中城乡居民存款余额203亿元，增长6.6%。

龙江慈善会获2017年佛山市红玫瑰奖 2017年，龙江慈善会独有“1+3+N”新型慈善模式改革成效为人瞩目，获第五届佛山市公益慈善盛典颁发“公益慈善之星——红玫瑰奖”，是全市唯一一个获得该荣誉的镇级慈善会。2017年13个项目获得镇级或以上单位资助，其中乐家爱心超市项目获得2017佛山公益慈善年度优秀项目，且连续两年获佛山市创新项目扶持。同年，获顺德区年度公益慈善机构称号，是全区获此称号的唯一一个慈善组织。

2017年7月24—25日，龙江镇小麦苗少儿合唱团参加第六届中国童声合唱节比赛，并获得D组银奖 （顺德区供图）

亚洲国际流动人口和出租屋服务管理办事处和警务室成立 2017年，亚洲国际流动人口和出租屋服务管理办事处和警务室成立，成为龙江镇“平安创建”工作亮点和示范参观点。此外，亚洲国际物业管理中心投入近1 000万元，配备保安队伍90人、工程队伍19人、清洁队伍66人，投入500多万元实施视频监控工程，安装摄像头1 100支、高清卡口28个，增设护栏132个、岗亭10个；新建监控中心，占地近100平方米，配备专职人员15人，全天候24小时专人值班；物流区全部企业要求安装“全球眼”，实现物流可视化、标准化、智能化、信息化、品牌化管理。

龙江小麦苗获第六届中国童声合唱节银奖 2017年7月24—25日，第六届中国童声合唱节在肇庆举行。来自全国21个省、市、自治区的48支合唱团队参加比赛。龙江镇小麦苗少儿合唱团获得D组银奖。

龙江家具与材料博物馆建成开馆 2017年8月12日，龙江家具与材料博物馆正式启用。该馆位于龙江镇亚洲国际A入口，建筑面积超3 000平方米，是一座家具与材料专题博物馆，共收藏188件展品，分为古家具馆和近现代馆，有中国传统木工工具，上百种实物展示，新石器至今的各类家具，还有未来创新式家具，各行各业的工具行头、五大篇章。

龙江镇人大联络站点涵盖所有居（村） 至2017年底，龙江镇人大新建联络站2个和联络点13个，联络站点涵盖全镇所有居（村）。全年镇内各人大代表联络站点共安排90名代表进驻，开展接待群众活动223次，参加接待的代表430人次，接待群众434人次，收到意见和建议383件，全部答复。

【杏坛镇】 位于顺德区西南部，以孔子讲学的杏坛之说命名。2017年辖6个社区和24个行政村，有36个自然村。辖区总面积122平方千米。年末户籍人口 13.94 万人，常住人口 26.04 万人。杏坛是珠江三角洲知名水乡，文化氛围浓郁，现存较完好的古桥 16 座；有刘氏大宗祠、黄氏大宗祠、九列故居等省、市级文物保护单位 42 处；有“中国最美村镇”“中国乡村旅游模范村”等称号，有国家 AAA 级景区——逢简水乡，“中国永春之乡”——马东村；舞龙、龙舟说唱、锣鼓柜、柜色表演等是传统民间文化艺术，其中永春拳、龙舟说唱、人龙舞、八音锣鼓列入国家级非物质文化遗产名录。杏坛是“中国民间文化艺术之乡”“全国群众体育先进单位”“国家卫生镇”“广东省生态示范镇”“广东省教育强镇”“广东省体育先进镇”“广东省环保材料专业镇”。年内，杏坛镇获得“佛山市文明镇”称号，逢简水乡入选第五届全国文明村镇、中国最美 50 强村镇，获 2017 中国（银川）都市景观大赛美丽乡村营建优胜奖第三名。

2017 年，杏坛镇实现地方生产总值 225.39 亿元，比上年增长 8.55%；工业总产值 598.7 亿元，增长 13.3%；全社会固定资产投资 73.05 亿元，增长 27.66%。

杏坛镇首个城市综合体宏汇城开业　2017 年 9 月 23 日，杏坛首个城市综合体宏汇城正式开业，宏汇城位于杏坛镇杏龙路和河北路交界处，地处杏坛东大门，作为杏坛镇“三旧”改造的重点项目，备受关注。

顺德新港（了哥山港）正式开港运营　2017 年 6 月 28 日，由招商局港口控股有限公司和广东顺德控股集团有限公司联合打造的第一个内河港口正式开港试运营。顺德新港码头位于杏坛镇南华村，与高富路、顺德一环南延线相连，工程建设规模为 4 个 3 000 ~ 5 000 吨级多用途泊位，设计年通过能力件杂货 200 万吨，集装箱 50 万 TEU（标准箱），是粤港澳大湾区与大西南地区对接、西江经济带及珠三角与世界沟通联系的重要枢纽和通道。

《青田范式》正式发布　2017 年 3 月 19 日，顺德区榕树头村居保育公益基金会成立一周年庆典活动在杏坛镇龙潭村青田村举行，在基金会、广东工业大学艺术与设计学院、顺德区杏坛镇政府以及各方力量推动下，开设“青田论坛”、对外发布《青田范式》，启动青田村项目。

顺德区杏坛镇特色文化——龙潭水乡文化节　（顺德区供图）

第六届顺德水乡民俗文化　2017 年 9 月 30 日至 10 月 4 日，2017 第六届顺德水乡民俗文化节在杏坛逢简水乡举行，文化节以龙文化为主题，同时保留原有水乡风貌和民俗特色，从活动形式和活动内容上推陈出新，推出“龙文化”主题百龙巡游、舞龙文化图文实物展、水上龙文化飘色、龙舟竞渡、龙舟说唱等一系列活动。

任我通汽车云智能科技股份有限公司挂牌“新三板”　2017 年 1 月 9 日，广东任我通汽车云智能科技股份有限公司取得挂牌批文，正式登陆“新三板”。

【均安镇】 地处珠三角腹地，扼顺德西南片区的开放门户，为佛山与中山、江门两市的黄金交汇点。2017 年辖 8 个社区和 5 个行政村，有 33 个自然村。年末户籍人口 9.39 万人，常住人口 17.05 万人，旅居港澳台乡亲和海外华侨 4 万多人。辖区总面积 80.13 平方千米。均安呈半岛状，西江东海水道和海洲水道以及凫洲河穿城而过，全镇有面积 2 333.33 公顷基塘、面积 466.67 公顷连片山林以及数十条内河涌，保持着珠三角地区罕有的原生态地貌。均安是国际武打巨星李小龙的故乡，曾有清代探花李文田、父子翰林胡杰与胡亦常以及粤剧名人李海泉、罗家树、罗家权、罗家宝等名人，均安女篮为全国农运会六连冠。鱼饼、拆鱼羹、蒸猪、烧猪等四大名菜享誉国内外。支柱产业是牛仔产业和灯饰产业。先后被评为“全国环境优秀乡镇”“国家级生态乡镇”“广东省生态示范镇”“广东省级旅游度假区”和“全省休闲农业与乡村旅游示范镇”等。

2017 年，均安镇实现地区生产总值 174.67 亿元，工农业总产值 376.05 亿元，规模以上工业产值 203.6 亿元，限额以上批零住餐营业额 15.7 亿元，境内住户储蓄余额 102.39 亿元，税收入库 11.16 亿元，固定资产投资 52 亿元。发明专利申请量为 66 件，万人有效发明专利拥有量为 75 件，有 19 家企业通过高新技术企业认定，推动高新产业发展。

庆“三八”行走正能量，美丽文明居亲子徒步活动　2017 年 3 月 4 日，均安镇 2017 庆“三八”美丽文明村居亲子徒步在鹤峰都市经典广场举行，活动吸引近 3 000 名市民参与。此次亲子徒步活动以“慈善、公益、环保、爱家”为主题，还有街舞表演、个性化装扮、便民咨询等内容，而所有慈善义卖摊位所得收入将用于帮扶镇困难家庭。该次活动让“徒友”在游玩过程中不忘公益慈善。环城徒步路线选取均安镇最具特色的旅游美食景点，总里程约 10 千米，共设置五个趣味补给站点，分别是：上村村史馆、李小龙乐园、星槎食街、奎福古寺、均良路绿道。

顺德均安女篮卫冕，再夺广东省女篮联赛冠军　2017 年 4 月 1 日，2017 双鱼长虹·广东省女子篮球联赛总决赛在均安镇篮球馆举行。均安爱得乐女篮成功卫冕，完成广东女子篮球联赛头两届的连冠。均安女篮 13 号韩浩拿下本场比赛最高的 23 分，最终当选总决赛 MVP。广东省体育局局长王禹平为均安女篮颁发冠军奖杯。

均安首届“潮派”音乐节　2017 年7月29—30日，均安镇首届“潮派”音乐节在李小龙乐园举行，以音乐狂欢燃爆夏日，以牛仔时尚激发活力，将音乐、牛仔、功夫、生态等元素进行有机融合，通过乐队表演、潮流设计展现等系列活动，营造出浓厚的青年文化氛围。

珠三角 40 支龙舟劲旅“逐龙”均安　2017 年 11 月 5 日，2017 珠三角龙舟友谊赛第三站（均安站），40 支来自珠三角的龙舟劲旅联袂在凫洲河上演“速度与激情”。龙舟队伍在 4 小时内进行 30 场激烈角逐，结合一河两岸观赛环境，一流的水环境质量，展现珠三角的龙舟盛事。

第十一届广东省青少年曲艺“明日之星”选拔赛　2017 年 12 月 9 日，第十一届广东省青少年曲艺“明日之星”选拔赛粤语曲种专场在均安篮球馆举办。来自全省 38 个曲艺新秀精英相继登台竞技，经过评委们专业评分，赛事决出 12 位“明日之星”。其中，均安有 3 名选手取得“明日之星”称号，创下均安镇历届获星数量之最。这 3 名选手分别为表演《嫦娥之玉宇蟾宫》的欧阳颖琦、表演《醉闹五台山》的吴宗轩以及表演《武松打虎》的胡美琪。

（杨　力）

高明区

【概况】 高明区位于广东省中部、珠三角西翼、佛山市西部，是珠江、西江交汇的重要节点，与南海、三水及肇庆高要、云浮新兴、江门鹤山为邻。高明得名于西汉元鼎六年（公元前 111 年），先后属南海郡、苍梧郡辖地，明成化十一年（1475 年）设高明县，1981 年恢复县建制并划归佛山地区管辖，1994 年撤县设市，2002 年撤市建区。2017 年辖荷城街道、杨和镇、明城镇、更合镇等 4 个镇（街），另设西江新城，有 21 个社区和 51 个行政村，572 个自然村，区政府驻地为荷城街道。辖区总面积 937.81 平方千米。年末户籍人口 31.34 万人、常住人口 44.02 万人。人口自然增长率 13.7‰。祖籍高明的海外华人、华侨和港澳台同胞 10 万人。

2017 年，高明区耕地面积 1.22 万公顷，粮食播种面积 0.65 万公顷，粮食产量 5.53 万吨。林地面积 44 686 公顷，森林覆盖率 51.59%，活立木蓄积量 263.03 万立方米。人均公园绿地面积 21 平方米。重要物产资源有特色农作物、淡水鱼。土特产有合水粉葛、合水生姜、富硒大米、三洲黑鹅、对川红茶，是珠三角西翼的“鱼米之乡”、全国科学发展百强区、中国工业百强区、“最美中国·生态旅游目的地”。主要旅游景点有唐代龙窑遗址、皂幕山风景区、盈香生态园、云勇森林公园、海天娅米阳光城堡、美的·鹭湖森林度假区。主要传统民俗活动有“角仔节”“塘肚行神”等。

2017 年，高明区以“珠西先进制造高地、岭南美丽田园新城”为发展定位。全年实现地区生产总值 841.31 亿元。万元地区生产总值能源消耗 0.4 吨标准煤。社会用电量 50.97 亿千瓦时。全年科学技术财政投入 0.13 亿元，比上年下降 72.5%；教育事业财政投入 8.45 亿元，增长 16.36%；文化体育与传媒财政投入 0.73 亿元，增长 88.54%；医疗卫生与计划生育财政投入 6.67 亿元，增长 20.52%。新增城镇就业 6 600 人，失业人员实现再就业 2 829 人，城镇登记失业率 2.59%。全年接收社会化管理退休人员 0.2 万名，在册管理的社会化退休人员有 2.9 万人。领取基本养老金退休人员 2.9 万人，享受失业保险待遇 1.5 万人次，享受生育保险待遇 5.12 万人次，享受工伤保险待遇 2654 人次。城镇生活污水集中处理率 90.13%，城镇生活垃圾无害化处理率 100%。

高明曾有“文风甲端郡”“硕彦辈

2017年高明区国民经济主要指标

指标	单位	数值	比上年增长（%）
地区生产总值	亿元	841.31	8.2
第一产业增加值	亿元	16.05	2.9
第二产业增加值	亿元	644.84	7.9
工业增加值	亿元	630.30	8.1
第三产业增加值	亿元	180.42	10.1
人均地区生产总值	元	193 028	7.0
规模以上工业总产值	亿元	2 986.05	8.1
农林牧渔业总产值	亿元	34.08	2.1
固定资产投资	亿元	475.3	18.4
社会消费品零售总额	亿元	128.59	9.3
外贸进口总额	亿元	31.8	42.7
外贸出口总额	亿元	148.9	2.1
实际利用外资	万美元	2 898	150.7
地方一般公共预算收入	亿元	36.37	13.3
地方一般公共预算支出	亿元	33.75	10.5
城镇常住居民人均可支配收入	元	32 642	8.8
农村常住居民人均可支配收入	元	22 105	9.5
境内住户存款余额	亿元	207.91	7.5

2016—2017年高明区社会事业主要指标

指标	单位	2016年	2017年
中等职业学校和技工学校	所	3	3
中职和技校在校学生	人	4 972	4 945
普通中学	所	8	9
普通中学在校学生	人	10 603	12 014
小学	所	22	23
小学在校学生	人	30 904	31 951
幼儿园	所	38	40
在园人数	人	15 449	15 538
医院、卫生院	家	13	14
医院、卫生院床位	张	1 821	1 886
群众艺术馆、文化馆	个	73	73
公共图书馆	个	109	109
博物馆	个	2	2
国家档案馆	个	0	0

出”美誉，拥有古耶贝丘、唐代龙窑、粤中纵队纪念馆等55处各级文物保护单位，历史文化名人有明代“岭南诗人”区大相，中国第一报人梁发，象牙微雕刻大师冯公侠，武术家、医学家夏汉雄，教育家、数学家何衍璇等。高明是广东革命老区（县）之一，是珠三角地区重要的革命活动阵地和游击区，也是粤中纵队诞生地和主要根据地，涌现以“三谭”（谭平山、谭植棠、谭天度）为代表的一大批革命先驱。

2017年，高明区获得2017中国地理信息产业优秀工程金奖；获得农业部授予的“国家农产品质量安全县”称号；2017年广东省宜居环境范例奖——西江新城城市生态修复项目；参加全国“双安双创”成果展受到省食安办、省农业厅发文表彰。

中共高明区委书记：徐东涛；区人大常委会主任：罗雄；区长：梁耀斌；区政协主席：黄棋泰；区纪委书记：蔡国富。

【产业发展】 2017年，高明区实现第一产业增加值16.05亿元，比上年增长2.9%；第二产业增加值644.84亿元，增长7.9%；第三产业增加值180.42亿元，增长10.1%。三次产业比重为1.9∶76.6∶21.5。2017年，高明区位列全国综合实力百强区第四十三位、全国投资潜力百强区第八十三位、中国工业百强区第十九位，连续5年跻身全国科学发展百强区，其中，全国综合实力百强区排名与2016年持平，全国投资潜力百强区排名较2016年上升1位。

现代农业加快发展　2017年，高明区实现农林牧渔业总产值34.08亿元，比上年增长2.1%。其中，农业产值7.15亿元，比上年增长6.3%；林业产值1.11亿元，增长16.7%；牧业产值13.26亿元，增长0.3%；渔业产值10.81亿元，增长1.2%；农林牧渔服务业产值1.75亿元，增长2.9%。至年底，全区拥有农业龙头企业30家，其中省级农业龙头企业6家，市级农业龙头企业18家，年销售收入27.83亿元；拥有“菜篮子”基地27个，其中省级“菜篮子”基地5个，市级“菜篮子”16个；发展星级农业园区17个，其中四星农业园区14个、五星农业园区3个。全区拥有省名牌产品（农业类）12个，名特优新农产品经营专用品牌3个，省区域品牌1个，认证“三品一标”农产品38个。

工业实力持续增强　2017年，高明区拥有工业企业1 318家，完成规上工业总产值2 986.05亿元，比上年增长8.1%；规模以上工业企业增至508家，完成规模以上工业增加值627.08亿元，增长8.2%。开展产业大招商，引资总额360.03亿元，是2016年2.5倍，其中超10亿元项目12个，超50亿元大项目1个，创下历史新高。纺织服装产业、食品饮料产业、家居建材产业、精细化工产业、金属制品产业、塑料制品产业、电子电器产业七大支柱产业实现产值2 497.96亿元，比上年增长8.5%。装备制造业、新能源产业、新材料产业三大战略性新兴产业实现产值1 198.26亿元，比上年增长9.2%。实施重点企业培育“领航计划”，18家企业认定为市首批细分行业龙头企业，海天入围中国民营企业500强，溢达跻身中国企业创新能力百强。

第三产业势头良好　2017年，高明区推进广东省全域旅游示范区创建，美的·鹭湖森林度假区、盈香生态园等重点景区扩建项目对外营业，全年接待游客702.14万人次，比上年增长16.8%，实现旅游业总收入31.31亿元，增长20.19%。现代物流业加速发展，乐歌供应链配送中心、佛汽物流园等现代物流项目动工建设。商贸流通态势良好，社会消费品零售总额128.59亿元，比上年增长9.3%；批发零售业零售额111.4亿元，增长9.7%；住宿餐饮业零售额17.2亿元，增长6.9%。至年底，总投资49.6亿元的6个现代物流项目进展顺利，佛山市塑料制品国际采购中心、Logos华南汽车供应链配送中心、佛汽集团高明物流中心、普洛斯现代物流园项目动工。

【全面深化改革】 2017年，高明区完成2个国家级改革试点项目改革任务（承接行政职能事业单位改革试点工作、国家知识产权强县工程试点区），1个市级重点改革专题（强化区级统筹，增强镇街发展活力），15个区级重点改革项目、66项全区改革清单完成改革任务或年度任务。

实施区级统筹改革　2017年，高明区实施区级统筹改革，强化区级在土地资源、产业招商、城乡规划、公有资产管理、事权财权、基层治理六大领域统筹，推动镇（街）工作重心逐步回归基层治理和公共服务本位，建立起更加科学高效的区、镇管理体制机制，相关探索实践被中央党校课题组编入《国家治理现代化》丛书。建立土地统筹开发管理新机制，土地出让办理时限由原来的53个工作日缩减至39个工作日。实

国内调味品的龙头企业佛山市海天调味食品有限公司（高明区供图）

施项目引进区级统筹，建立起项目引进、布局由区级主导推进，项目征地拆迁、企业服务等由镇（街）负责的管理新机制，实现确立“全区招商一盘棋”。实施城乡规划区级统筹，建立“多规合一”工作架构和工作机制，推动国民经济和社会发展规划、城乡规划、土地利用总体规划、林地保护利用总体规划等规划实现“多规合一”。实施重点工作推进区级统筹，成立“六大办”（区基建办、征拆办、重点项目办、监审办、全域旅游和美丽乡村办、治理办），做到集中力量办大事。推进公有资产统筹改革，将14家一级国企整合重组为6家一级企业，建立“区公资办—集团公司—经营主体”三层架构体系，区属公有企业资产总额99.3亿元，比上年增长33.57%。

优化产业发展机制　2017年，高明区深入推进供给侧结构性改革，出台“去降补”精准扶持政策，铁腕整顿低小散乱企业近400家，区属特困公有企业全面脱困出清，累计为企业减负30亿元，累计去库存25.28万平方米，推进56个补短板项目，累计投资56.88亿元。实施农业供给侧结构性改革，获得农业部授予的“国家农产品质量安全县”称号，推进农村土地承包经营权确权登记颁证，确权颁证率94.6%；关闭清拆非法畜禽养殖场150个、蛙类养殖场62个；制订集水区禁种规定以及林相改造管理规定，缩减桉树面积1 226.67公顷（1.84万亩）。提速发展现代服务业，“旅游+”新业态蓬勃发展，第三产业实现增加值178.96亿元，占GDP比重21%。

完善企业服务机制　2017年，高明区组建“一局一中心”（区投资促进局、区招商引资促进中心）和区、镇两级企业服务快速响应中心，打造专业化招商队伍，严格项目准入标准，招商引资质量效益得到双提升。成立社会化运作的中小企业服务中心，分类建立企业服务微信工作群，推行“一企一档”信息化管理，持续深入开展企业暖春行动，帮助企业解决239项问题事项。加大放管服力度，新登记市场主体5 270家，其中新登记企业1 314家，完成“个转企”77家。推行“两厅融合、互联网+”“e门政务、e窗通办”政务服务模式成为全省推广的典型经验。

优化基层治理体系　2017年，高明区以基层党建引领基层善治，党组织在村民小组一级的单独组建率78.4%，推进5个软弱涣散村（社区）党组织整顿。完成“两委”换届选举工作，新一届“两委”书记主任“一肩挑”率、“两委”交叉任职率、党员群众参选率等创历次村级换届新高。实施农村集体经济组织财务账套代管、公章集中管理、合同备案监管制度，规范农村集体经济组织管理。探索推进基层社会综合治理新模式，启动“中心+网格化+信息化”建设，深化综治网格化模式，打造综治智能化平台，实现管理服务精细化，群众安全感、政法工作满意度和平安创建知晓率均列五区第一。

推进民生领域改革　2017年，高明区推进初级中学办学体制改革，将全区各镇（街）辖区内公办初中学校管理权收归区级管理，构建起以区统筹管理为主、镇（街）共同参与的管理体制，6所镇（街）公办初中收归区一级管理。推动健康高明工程，区人民医院与市第一人民医院组建医联体，加快创建三甲医院步伐；区中医院与省二医组建“广东省网络医院联盟”；试点开展分级诊疗，取消药品和医用耗材加成，群众看病成本降低。推进基本医疗保险城乡一体化改革，推进参保征收、待遇审核结算，实现非就业户籍居民参保全覆盖。

【创新驱动发展】　2017年，高明区全社会科研投入25.96亿元，研发经费支出占地区生产总值比重3.05%。规模以上工业企业研发机构建有率55.51%，131家主营业务收入5亿元以上工业企业及规模以上高新技术企业研发机构建有率100%，研发机构建有率全市最高。

高企培育和创新平台建设　2017年，高明区高企群体持续壮大，高企储备库企业增至200家，高企存量111家。溢达公司成为佛山市唯一一家跻身中国企业创新能力百强名单的企业，连续三年入选佛山市十大专利富豪榜前三名；万和、永利坚、柯维光电等3家企业获2017年市专利优秀奖。推进“四大研究院（安承升降装备研究院、高明中科院新材料产业研究院、广东高明产业创新研究院、德方纳米锂动力研究院）”等新型研发机构建设，新增省级工程中心23个，存量较2016年增长100%，各级工程技术研究中心增至267个。联合中国专利信息中心和省知识产权局建立全国首个PVC/PU产业专利数据库，高明区科技创新创业中心被科技部火炬中心认定为国家级科技企业孵化器，高明中科院新材料产业研究院聘请4名中科院院士为顾问，这是中国科学院在广东省建立的首个区级研究院。

金科产融合发展　2017年，高明区新增2家“新三板”挂牌企业，累计“新三板”挂牌企业5家；11家企业完成股改，上市后备企业增至56家。推进人造革合成革产业筹建全国知名品牌创建示范区，启动筹建全国人造石英石产业知名品牌创建示范区工作。推进质量强区建设，建立全方位的品牌培育机制，新增注册商标717件，累计5 832件；新增“广东省著名商标”5件，总量35件；拥有“中国驰名商标”11件。新增制修订各级标准25项，新发布实施联盟标准4项，累计参与或主导制修各类标准120项。

国家知识产权强县工程试点建设 2017年，高明区专利申请和授权量稳步增长，专利申请4 570件，比上年增长55.07%；发明专利申请1 922件，增长45.50%；专利授权1 901件，其中发明专利授权370件，每万人发明专利拥有量23.16件。在第二十二届全国发明展览会上，获8金8银2铜，金牌数量排佛山市第一；成功举办第三届高明创新创业大赛暨首届高明创意大赛，在全省开创性地将创意大赛和创新创业大赛一起举办，并特设中小学生组，激发青少年创新热情。

【高明区现代有轨电车示范线项目启动建设】 2017年2月27日，高明区现代有轨电车示范线项目正式动工建设。这是省内首个以氢能源为动力的现代有轨电车示范线项目。该项目规划线路全长17.4千米，设车站20座。首期工程全长约6.5千米，总投入8.38亿元，全部为地面线路，计划2019年投入运营，共设置沧江路站、跃华站、怡乐路站、荷城站、文化中心站、明湖公园站、新江路站、体育中心站、阮涌站、智湖站10座车站，其中荷城站将与佛山地铁二号线延长线实现接驳换乘。该项目将高明中心城区、西江新城以及富湾科教园区串联起来，对优化高明城市交通，改善人居环境，全面提升区域品牌和竞争力，具有十分重要的意义。

【高明区启动基础设施建设“大会战”】 2017年2月27日，高明区正式启动基础设施建设“大会战”，全面推进79个总投资226亿元的基础设施项目建设。配合做好珠三角新干线机场规划选址，地质勘测、选址论证、方案设计、项目报批等工作顺利推进，临时气象观测站建成投入使用；现代有轨电车示范线、一环西拓南环工程动工，高恩高速进入建设阶段，全区高速公路通车里程90.3千米，大德路、荷香路北延线、怡乐路等一批城市断头路顺利打通；推动中心城区扩容提质，西江新城核心区二期建设进入实施阶段，完成七星岗泵站、围拳涌改造提升等6个海绵城市重点项目建设；完成更合镇合水旧桥改建工程、南蓬山森林公园、秀丽河堤围综合整治工程等一批重点项目。推动基础设施建设与文明创建相结合，成功通过全国文明城市复评。

【佛山电视台高明频道正式开播】 2017年3月28日，高明区举行佛山电视台高明频道开播仪式。是年1月11日，高明电视频道正式获省新闻出版广电局批准成立，为区域内有线数字电视网络第八频道。开播后，频道播出时间为每日7时至24时，市民可收看《早间剧场》《高明新闻》《高明警讯》《美丽高明百村行》《落力帮》《微观天下事》《问政高明》《黄金剧场》《纪录片展播》等多个品牌栏目。

【广东省委书记胡春华赴高明区调研】 2017年4月12日，广东省委书记胡春华赴高明区调研。在高明区更合镇白石村，胡春华听取村级“两委”换届选举及非户籍居民和党员参选“两委”试点工作汇报，肯定高明区坚持稳中求进开展村“两委”换届选举筹备工作，强调要选好配强“两委”班子，精心组织实施换届选举，做好非户籍居民和党员参选“两委”试点工作，确保全过程风清气正。随后，胡春华调研珠三角新干线机场选点，了解相关工作推进情况，要求省、市有关部门加强协调，加快推进选址论证、方案设计、项目报批等工作，力争早日开工建设。胡春华还深入德方纳米科技有限公司调研，了解企业生产经营和创新发展情况。

【沧江工业园创建国家级经济技术开发区工作启动】 2017年6月2日，高明区举行沧江工业园创建国家级经济技术开发区启动暨重点项目签约仪式。活动正式宣布启动沧江工业园创建国家级经济技术开发区工作。根据创建工作安排，沧江工业园将围绕“一年打基础、三年见成效、五年大跨越”工作思路，通过完善基础设施建设、拓展园区发展空间、加大招商引资力度、推进创新驱动发展等举措，全面提升园区软硬件环境，力争到2021年成功创建国家级经济技术开发区。同时，现场还对重点产业项目和园区合作平台项目进行集中签约，其中重点产业项目23个，签约金额316亿元，集中在先进装备制造、新能源、新材料、现代服务业、文化旅游五大领域。

【高明2025战略规划】 2017年6月，高明区为抢抓粤港澳大湾区和珠三角新干线机场加快规划建设、珠江西岸先进装备制造产业带加速壮大等系列重大发展机遇，启动高明2025战略规划工作，研究谋划全区面向2025年的战略规划布局，推动高明加速实现新一轮大发展。成立高明2025战略规划领导小组并下设办公室，设立空间战略规划、产业规划、交通建设、土地利用、政策体制研究五大专责小组，对高明面向2025年的总体发展进行战略性谋划布局。组织召开三次领导小组全体会议，对建设产业新城、推动临空经济区规划建设、加快建设粤港澳大湾区西部交通枢纽等重大议题进行研究审议，推动一批重大事项、重大项目的规划实施。其中，新机场临时气象观测站投入运行，空港经济发展研究形成初步成果。

【“众塑联”产业平台成立】 2017年8月21日，高明区在万方电子商务园区举行“众塑联”产业平台成立仪式。塑料产业是高明区传统支柱产业之一，曾获“中国合成革产业基地”称号，拥有工业类“广东省名牌产品”12个，塑料产品类“广东省著名商标”4件，高新技术企业19家，2017年实现总产值273.69亿元。高明区借鉴“众陶联”产业平台运作模式，由28家企业共同投资1亿元成立“众塑联”产业平台，打造中国首个塑料产业互联网平台型总部经济，3年内为上市准备期，预计产值300亿元。

【云勇森林公园入选2017年“中国最美林场”】 2017年9月5日，2017年“中国最美林场”名单公布，高明区云勇森林公园成功上榜，为广东省唯一入选的林场。这也是该公园继2016年获得“中国森林体验基地”后的又一国字号桂冠。云勇森林公园占地面积2 007.8

公顷（30 117 亩），森林覆盖率 95.7%，是佛山最大、森林生态系统最完整的城市绿肺。依托现有森林资源，公园打造出观花区、百果园、翠竹园、常绿阔叶林景区等大大小小 18 个景观分区，为珠三角地区人群开展观光避暑、森林养生、休闲度假、科普教育、户外徒步、人文古迹寻访等活动提供天然场所。

【溢达纺织跻身“2017 中国创新能力100 强”榜单】 2017 年 11 月 14 日，“2017 中国企业创新能力 100 强”榜单公布，广东溢达纺织有限公司位列榜单第六十六名，成为唯一跻身百强名单的佛山企业。广东溢达依靠自主创新，在全球竞争中脱颖而出，是全球最大的纯棉衬衫供应商之一。公司拥有国家级企业技术中心和博士后科研工作站，设有 6 个实验室和 1 个经国家权威机构认证的物理测试中心。2014 年至 2016 年，连续三年登上“佛山市十大专利富豪榜”榜单，其中 2014 年、2015 年连续两年蝉联榜单第一名。

【第一届亚洲杯武术散打比赛在高明区举行】 2017 年 12 月 15 — 16 日，第一届亚洲杯武术散打比赛在高明体育中心举行，来自 9 个不同国家和地区 50 多名运动员参赛。此次比赛由亚洲武术联合会主办，中国武术协会、广东省武术协会、佛山市体育局、高明区人民政府承办，是亚洲内水平、层次和规格最高的散打赛事。12 月 15 日和 16 日分别举行半决赛和决赛，竞赛项目包括男子 48 公斤级、52 公斤级、56 公斤级、60 公斤级等 9 个项目，女子项目为 48 公斤级、52 公斤级、56 公斤级、60 公斤级等 6 个项目。最终，中国队选手获 9 项冠军，获得所有参与级别项目金牌。

【高明区举行“新高明·新空港·新机遇”招商引智（深圳）推介大会】 2017 年 12 月 26 日，高明区在深圳市宝安区举行“新高明·新空港·新机遇”招商引智推介大会。活动邀请重点企业、行业协会、商会代表，空港经济专家学者及各界媒体人士约 300 人参加。活动对高明区投资环境作重点推介，并由广东省委党校陈鸿宇教授和中国民航大学临空经济研究所所长曹允春教授围绕“高明与临空经济”作主题演讲，同时举行重点项目集体签约仪式及“珠三角（高明）临空经济创新发展研究院、高明区大数据研究中心”揭牌仪式。

【高明区科技创新创业中心获评“2017 年度国家级科技企业孵化器”】 2017 年 12 月 25 日，科学技术部印发《关于公布 2017 年度国家级科技企业孵化器的通知》，确定全国 125 个单位为国家级科技企业孵化器，高明区科技创新创业中心入选，实现全区国家级孵化器“零的突破”。中心成立于 2004 年，至 2017 年底，拥有可自主支配孵化场地 24 204.13 平方米，累计孵化企业 101 家，在孵企业 56 家、创业团队 30 个，累计毕业企业 21 家，培育出一家“新三板”挂牌企业和 6 家国家高新技术企业。对照国家级科技企业孵化器服务载体、在孵企业数、申请专利量、孵化资金、公共平台等 11 项指标，中心已全部达到评定标准。

2017 年 12 月 6 日，以“新高明·新空港·新机遇”为主题的佛山市高明区招商引智推介大会在深圳市宝安区举行

（高明区供图）

【美丽乡村建设全面启动】 2017 年，高明区以“生态优良、环境优美、设施齐全、乡风文明”为标准，全面启动全区 15 个美丽乡村及 4 个“美丽乡村示范带”建设。出台《美丽乡村建设两年行动方案（2017 — 2018 年）》《美丽乡村建设奖补资金管理办法》《美丽乡村测评暂行体系（2017 — 2018 年）》等文件，对美丽乡村建设给予政策支持和文件规范指引。探索创新与社会资本、资源合作模式，云勇村、水镇村、下石塘村、丽堂新村、新安村等 5 个村引入社会资本参与创建。至年末，15 个创建村全部完成规划、设计工作，9 个创建村进入施工建设阶段。

【荷城街道】 位于高明区东部，濒临西江之滨，被西江、沧江环抱，素有“西江明珠”之称，是佛山市西江组团重要的组成部分，是高明区委、区政府驻地，全区的政治、经济、文化、金融、信息和科技中心。2017 年下辖 14 个社区和 14 个行政村，有 152 个自然村。辖区总面积 179.05 平方千米。年末户籍人口 15.69 万人，常住人口 28.4 万人。林地面积 2 917 公顷，森林覆盖率 25.26%，活立木蓄积量 19.2 万立方米。是“广东省体育先进镇”“广东省文明镇”“广东省教育强镇”“广东省卫生城市”“广东省专业镇技术创新试点单位”“广东省生态乡镇”。支柱产业和特色产业是食品产业、石化产业、纺织产业。

2017 年，荷城街道生产总值 556.02 亿元，比上年增长 8.3%。其中，第一产业增加值 4.95 亿元，增长 3.0%；第二产业增加值 419.74 亿元，增长 8.8%（工业增加值 409.27 亿元，增长 8.6%）；第三产业增加值 131.33 亿元，增长 6.8%。固定资产投资 231.45 亿元，比上年增长 19.3%。

深化“荷花之城”建设 以“荷花之城”建设为中心，铺开荷城街道全域旅游及美丽乡村建设。推广种植荷花，通过出台荷花种植奖励办法、召开荷花种植现场会等，宣传、鼓励、指导各村（居）和社会各界种植荷花，全年荷花种植面积166.67公顷。实施“一村一景”工程，建设主题公园，打造一村一树、一村一花，推动伦埇村整体打造成荷城街道首个荷花主题公园。举行“魅力之城·荷韵飘香”——荷花之城师生艺术作品展，展出街道各中小学、幼儿园荷花主题作品3 000多件。组织动员辖区内餐饮单位参与“全藕宴”菜式开发，超10家知名饮食企业推出全藕宴菜式。

推行“驻村警长”和“志愿楼长”制 荷城街道率先在软弱涣散基层党组织、换届选举风气不正村（社区）探索实施“驻村警长”制度，先后挑选两批共42名警察担任“驻村警长”，明确“驻村警长”“两种身份（警察身份和村级党组织副书记身份）”和“六种职责（政策法规宣传、群众联络、综治维稳、民生服务、治安防范、党建指导）”，实现“驻村警长”对换届重难点村（社区）全覆盖。在11个社区试点推行“志愿楼长”制，903名“志愿楼长”上岗，楼长覆盖率40%以上，打造“熟人社区”“和谐社区”，建立“居民议事会”，全面加强基层善治。

成立荷城街道“村官学校” 搭建“村官学校”平台，通过“村官学校”顾问定期授课及外出培训学习等多种方式，加强对农村党员干部的培训，2017年组织开展“村官学校”培训18期，培训人员2 520人次，内容以学习贯彻习近平新时代中国特色社会主义思想和党的十九大精神为重点，辅之以基层党风廉政治理、农村基层治理、美丽乡村规划等多项内容，有效增强农村党员“四个意识”，提升村干部工作本领。

高明区鹭湖森林度假区 （高明区供图）

【杨和镇】 位于高明区腹地。2017年辖3个社区和7个行政村，有104个自然村。辖区总面积228.33平方千米。年末户籍人口4.07万人，常住人口3.66万人。林地面积13 852公顷，森林覆盖率59.01%，活立木蓄积量90.1万立方米。是“广东省金属材料专业镇”“广东省教育强镇”“广东省教育现代化先进区”“宜居城镇”“广东绿色城镇”“广东省生态乡镇”“国家级生态乡镇”。支柱产业是金属材料产业。特色产业有装备制造业、现代农业产业。

2017年，杨和镇生产总值106.41亿元，比上年增长8.7%。其中，第一产业增加值3.61亿元，增长2.9%；第二产业增加值85.10亿元，增长8.4%（工业增加值83.97亿元，增长8.7%）；第三产业增加值17.69亿元，增长12.1%。固定资产投资95.13亿元，增长19.7%。

广东万博电气有限公司投入运营 2017年5月16日，中国热水器、厨房电器、热水系统专业制造龙头企业广东万和新电气股份有限公司与全球节能供暖产品和舒适热水解决方案优质供应商博世热力技术事业部共同宣布，双方的合资公司广东万博电气有限公司成立并正式投入运营，公司地址位于杨和镇，主要产品有电热水器、空气源热泵热水器、生活热水水箱和太阳能热水器等，年产能可达电热水器450万台、空气源热泵热水器20万台、生活热水水箱15万台、平板太阳能容量100万平方米。2017年，实现企业税收672万元。

鹭湖假日小镇入选首批佛山市级特色小镇 鹭湖假日小镇总投入约10亿元，截至2017年末，小镇各项目建设稳步推进。其中，白鹭湖生态保护区、安纳希小镇、爱丽丝庄园、汽车营地、越野车体验基地、白鹭湾木屋酒店（首期）项目、森林探索王国中陆公园、半山温泉、公寓酒店、精品酒店等项目对外开业，鹭湖茶景园、水乡小镇驳岸及道路景观工程、绿野农场等项目启动开发建设。2017年接待游客220万人次，比上年增长37%，入选首批佛山市级特色小镇，同时启动省级特色小镇创建。

金刚（高明）工业园开业 2017年9月3日，金刚（高明）工业园开业，园区占地2.8万平方米，总投资3.25亿元。至年末，入驻园区企业2家，分别为佛山市金刚科技有限公司和佛山金刚磁业有限公司，分别致力于特种陶瓷研发和电子功能陶瓷产品。

【明城镇】 地处珠江三角洲西部，为高明区中心腹地。2017年辖1个社区和11个行政村，有150个自然村。辖区总面积183.41平方千米，年末户籍人口4.74万人，常住人口6.31万人。林地面积7 190公顷，森林覆盖率47.53%，活立木蓄积量30.01万立方米。是“全国重点镇”“国家生态镇”“国家小城镇经济综合开发示范镇”“广东省中心镇”“广东省教育强镇”“广东省卫生镇”“广东省技术创新专业镇”“广东省食品安全示范镇”。支柱产业是建材、化工。特色产业有新能源汽车、新材料与装备制造业。2017年获广东省“森林小镇”、广东省“无邪教创建示范镇”等称号。

2017年全镇生产总值89.10亿元，比上年增长7.7%。其中，第一产业增加值2.44亿元，增长2.9%；第二产业增加值72.57亿元，增长6.5%（工业增加值71.72亿元，增长7.8%）；第三产业增加值14.08亿元，增长17.9%；固定资产投资69.11亿元，增长17.9%。工商税收5.35亿元，比上年增长24.9%；一般公共预算收入1.48亿元。

东洲鹿鸣体育特色小镇成功申报首批国家级运动休闲特色小镇试点　2017年8月9日，国家体育总局公布第一批运动休闲特色小镇试点项目名单，首批96个国家休闲运动特色小镇出炉，其中明城镇东洲鹿鸣体育特色小镇成功入选。东洲鹿鸣体育小镇规划面积4平方千米，总投资约50亿元。该小镇将以体育运动、旅游休闲为主导产业，依托明阳山森林公园，结合城南新区建设，立足于佛山本地特色旅游体育资源，以运动休闲为核心，以特色运动体验为亮点，打造集运动、赛事、健身、休闲、度假等于一体，形态更高级、分工更优化、结构更合理的国家体育休闲小镇示范样本。

明城镇入选“广东省森林小镇”　2017年，省林业厅认定首批38个“广东省森林小镇”，高明区明城镇成功入选，为佛山市仅有的两个入选镇（街）之一。明城镇于2016年开始创建“广东省森林小镇”，至年底，明城镇完成25个自然村的森林家园建设工作，并拥有云勇森林公园、泰康山森林公园生态旅游度假区、明阳塔森林公园等丰富森林资源，森林覆盖率59.73%，镇区绿化覆盖率42%，人均公园绿地面积16平方米，街道绿化率100%，水岸绿化率81%，各项指标均达到省森林小镇要求。

【更合镇】 位于高明区西部，北接肇庆高要，南邻江门鹤山，西连云浮新兴。2017年辖3个社区和19个行政村，有166个自然村。辖区总面积347.02平方千米。年末户籍人口约6.7万人，常住人口5.3万人。林地面积20 727公顷，森林覆盖率61%，活立木蓄积量123.72万立方米。是“广东省不锈钢产品制造技术创新专业镇”“广东省养殖业专业镇”“广东省教育强镇”“广东省生态镇”“广东省卫生镇”“广东省群众体育先进单位”。支柱产业是金属加工、建筑材料、新材料及精细化工。特色产业有精细化工产业。

2017年，更合镇生产总值89.79亿元，比上年增长7.3%。其中，第一产业增加值5.04亿元，增长2.9%；第二产业增加值67.43亿元，增长3.4%（工业增加值65.34亿元，增长4.2%）；第三产业增加值17.31亿元，增长32.1%。固定资产投资79.61亿元，增长14.6%。

“合水粉葛”入选全国名特优新农产品名录　2017年，“合水粉葛”入选农业部优质农产品开发服务中心公布的《2017年度全国名特优新农产品目录》，是高明区首个入选全国名特优新农产品的区域品牌（2017年前，“合水粉葛”已相继获得“国家地理标志保护产品”和“绿色食品”称号）。合水粉葛以纤维少、起粉率高、味甜而著称，通过不断提升合水粉葛的品质、振兴合水粉葛品牌，有效促进农业增效、农民增收。

诚德新材料年产150万吨不锈钢冷轧项目首期项目试产　2017年，佛山市诚德新材料有限公司年产150万吨不锈钢冷轧项目首期项目试产，从动工到投产仅用时13个月，刷新国内大型不锈钢冷轧项目动工投产速度纪录。该项目计划投资30亿元，占地面积约20公顷，分2期进行，一期年产60万吨，其中十八辊六连轧生产线于12月成功试轧。

金谷朗亲子文旅小镇动工建设　2017年12月22日，金谷朗亲子文旅小镇项目举行奠基仪式。这是绿地香港控股有限公司进军广东的首个工程，计划投资55亿元，占地约80公顷。项目以当地53.33公顷的自然山水生态为基础，形成七岛、三潭、一川、一镇大景区格局，建设以自然教育、人文体验为主的亲子自然度假区，规划打造一个集国际星级酒店、商业小镇、亲子乐园、康养休闲、度假旅游等为一体的综合性文旅小镇。

【西江新城】 位于高明区东部，东起西江，北依广明高速，规划总面积为20平方千米，规划居住人口25万~30万人，是高明区未来的城市核心，也是佛山市大型城市组团的重要组成部分。辖区交通条件便利，有建成的广明高速、江肇高速、江罗高速，建设中的高恩高速、有轨电车示范线，规划中的佛山地铁2号线以及西江黄金水道，已融入广佛1小时都市圈和粤港澳经济圈。是“广东省现代服务业集聚区”“全国创建绿色生态文明标杆城市”，2017年获“广东省宜居环境范例奖”。

2017年，西江新城以“一园一廊两中心九干道”为主体的西江新城核心启动区一期初具规模，成为高明区城市形象重要展示窗口。至年底完成工程项目26个，在建工程项目25个，大德路北延伸道路工程12月18日通车，怡乐路Ⅵ标（荷富大道—凤凰路段）进场施工，怡乐路Ⅲ标（泰华路—祥福路）开展招投标，荷富大道西侧辅道完成65%工程量，跨丽江水廊的苏河桥及凤凰桥完成主体工程，凤凰路（西黎村至明国路段）完成75%工程量，西江新城小学建设加快推进。新城以现代服务业为主，全年引进现代服务业项目7个，合同投资额80.7亿元，并陆续动工，累计引入项目20个，投资额200亿元，其中君御温德姆至尊酒店正式营业。核心启动区二期加快启动，大力建设“城产人文”融合发展的产业新城。

城市生态修复项目获“2017年广东省宜居环境范例奖”　2017年，西江新城城市生态修复项目获广东省住建厅公布的“2017年广东省宜居环境范例奖”。建城之始，高明西江新城就立足于水资源丰富的特点，以水为文章，加大城市生态修复力度，营造良好的人居生态环境，至2017年底，建成秀丽河堤围景观公园、丽江水廊、明湖、智湖等一批以“水”为主线的生态景观项目，水体面积占西江新城整体面积的17%。

明湖公园和秀丽河公园入选“2017佛山十大最美公园”　2017年6月3日，由佛山市住房和城乡建设管理局联合五区园林绿化部门共同主办、佛山日报社承办的“2017佛山十大最美公园”评选名单公布，西江新城的明湖公园和秀丽河公园分获第二、第十名。其中，明湖公园是西江新城核心区启动区一期示范工程之一，公园占地14.67公顷，其中水面面积约8公顷，是西江新城一张靓丽名片；秀丽河公园位于西江新城内，兼顾排涝排水等功能，也是新城的一条重要绿色水景观带。

大德路北延线通车 2017年12月18日，大德路北延线（跃华路至怡乐路段）通车。大德路北延线项目早期由于征地拆迁原因建设受阻，成为连接新旧城区的"断头路"。2016年底全面复工并加快建设，2017年成功打通。大德路北延线的通车，进一步完善西江新城交通路网体系，有效缓解荷富路等原有新旧城区连接道路压力，成为市民往来新旧城区的重要通道。

（黄思聪）

三水区

【概况】 明朝嘉靖五年（1526年），建置三水县。1959年3月2日，三水县并入南海县；1960年9月30日，恢复三水县建制；1993年3月29日，三水撤县设市（县级市）；2002年12月，三水撤市设区，2003年1月8日，挂牌成立，成为佛山市5个辖区之一。三水区地理坐标为北纬22° 58′ ~ 23° 34′、东经112° 46′ ~ 113° 02′，位于广东省中部、珠江三角洲西北端、佛山市西北部。东邻广州市花都区，东南与佛山市南海区相连，西北与肇庆四会市交界，北接清远市清城区和清新区，西南与肇庆高要市、佛山市高明区隔西江相望。三水中心城区东距广州市区30千米，东南距佛山市禅城区24千米。2017年，三水区总面积827.69平方千米。辖西南街道、云东海街道、白坭镇、乐平镇、芦苞镇、大塘镇、南山镇7个镇（街），有22个社区和48个行政村，774个自然村。户籍人口42.33万人。三水区是全国汽车零部件、医疗器械、自动化机械及设备、电子电器、电子电工生产基地，中国首个富裕型长寿之乡、中国饮料之都。

三水区内矿产资源有石油、油页岩、天然气、煤、铁、钨、铅、锌、铋、石膏、水泥灰岩（含花岗石、石料）、岩盐、硫铁矿、磷、地下水、矿泉水、泥炭土、白陶土、二氧化碳气等18种。还有一定储量的银矿1处、金矿多处。曾开采的矿产有石油、油页岩、煤、石膏、水泥灰岩（含花岗石、石料）、硫铁矿、矿泉水、白陶土、岩盐。主要旅游点有：百年英国海关旧址、广东百年火车站、三水百年邮政局、三江汇流、半江桥、文塔公园、昆都山、五显古庙、明朝南京礼部尚书何维柏墓、三水荷花世界、三水森林公园、杨梅西村陈氏大宗祠、石湖洲邓关村邓培故居、梁士诒生祠及墓园、银洲贝丘遗址、岗头古村、祠巷村陈氏大宗祠、大旗头古村、侨鑫生态园、宝苞农场、小农街、芦苞祖庙、芦苞温泉度假村、新昌广场·奥特莱斯、长岐古村、独树岗古村、梅花古村、大南山自然风景区、九道谷漂流风景区、越南风情美食街、十里水果长廊、南丹山自然生态风景区。三水区非物质文化遗产丰富，有粤曲星腔、胥江祖庙庙会、"红头巾"、龙形拳、三水玉雕、龙舟制作技艺等。三水区文明创建活动成效显著，白坭镇岗头村获"全国文明村"称号，三水区实验小学获评为首届全国文明校园，莫才好入选第三季度"广东好人"。

2017年三水区国民经济主要指标

指 标	单 位	数值	比上年增长（%）
地区生产总值	亿元	1 197.22	8.8
第一产业增加值	亿元	34.07	2.6
第二产业增加值	亿元	883.82	8.9
工业增加值	亿元	866.46	9.1
第三产业增加值	亿元	279.32	9
人均地区生产总值	万元	18.5	7.5
规模以上工业总产值	亿元	3 216.61	9.2
农林牧渔业总产值	亿元	73.78	3.8
固定资产投资	亿元	796.64	19.4
社会消费品零售总额	亿元	229.39	9.5
外贸进口总额	亿元	53.77	27.3
外贸出口总额	亿元	125.85	3.7
实际利用外资	亿美元	1.04	19.4
地方一般公共预算收入	亿元	54.38	15.3
地方一般公共预算支出	亿元	59.47	14.3
城镇常住居民人均可支配收入	元	33 846.7	9
农村常住居民人均可支配收入	元	24 669.3	9
境内住户存款余额	亿元	401.19	8.3

2017年，三水区生产总值1 197.22亿元，比上年增长8.8%；人均地区生产总值18.50万元，增长7.5%。固定资产投资796.64亿元，比上年增长19.4%。社会消费品零售总额229.39亿元，增长9.5%。外贸出口额125.85亿元人民币，增长3.7%；实际利用外资10 442万美元，增长19.4%。地方一般公共预算收入54.38亿元，比上年增长15.25%。城镇常住居民人均可支配收入33 846.7元，比上年增长9.0%；农村常住居民人均可支配收入24 669.3元，增长9.0%。全年科学技术财政投入4.36亿元（科技三项费用），比上年增长13%；教育事业财政投入9.28万元，增长10.7%；文化体育与传媒财政投入1.44万元，增长141.5%；医疗卫生与计划生育财政投入3.24亿元，下降11.6%。年末从业人员37.98人，城镇登记失业人员总数2 976人，城镇登记失业率2.38%。全年接收社会化管

2016—2017年三水区社会事业主要指标

指标	单位	2016年	2017年
普通高校	所	2	3
普通高校在校学生	人	23 814	38 173
中等职业学校和技工学校	所	3	5
中职和技校在校学生	人	8 491	6 779
普通中学	所	26	26
普通中学在校学生	人	29 154	30 143
小学	所	34	34
小学在校学生	人	47 793	49 090
医院、卫生院	家	17	18
医院、卫生院床位	张	2 303	2 543
群众艺术馆、文化馆	个	1	1
公共图书馆	个	1	1
博物馆	个	1	1
国家档案馆	个	0	0

理退休人员0.24万人，在册管理的社会化退休人员有4.64万人。领取基本养老金退休人员13.97万人，享受失业保险待遇1.93万人次，享受生育保险待遇0.48万人次，享受工伤保险待遇1 569人次。城镇生活污水集中处理率93.28%，城镇生活垃圾无害化处理率100%。

中共三水区委书记：黄福洪；区人大常委会主任：陈浩明；区长：胡学骏；区政协主席：何绮红；区纪委书记：苏宇。

【产业发展】 2017年，三水区完成规模以上工业总产值3 216.61亿元，比上年增长9.2%；规模以上工业增加值752.52亿元，增长9.3%；工业用电量67.1亿千瓦时，增长13.6%。工业经济总体运行平稳，纳入统计的638家制造业龙头企业整体保持两位数以上增长，其中，营业收入863.70亿元，增长15.80%；税收入库43.49亿元，增长9.16%。其中，食品饮料业完成工业总产值310.88亿元，比上年增长5.9%。27家龙头企业总体销售收入下降1.27%，税收增加3.92%，用电量增长1.06%。其中，百威啤酒和红牛饮料纳税总额分别超6.84亿元和4.52亿元；纺织服装业完成工业总产值205.37亿元，比上年增长13.0%。英威达税收入库超1.27亿元，全年增幅52.48%。64家龙头企业整体销售收入比上年增长29.30%，税收增长6.26%；非金属矿物制品业完成工业总产值469.73亿元，增长12.1%。74家龙头企业的销售收入比上年增长26.54%，税收上升18.50%，行业用电量增长0.98%；石油及化学工业完成工业总产值341.17亿元，增长16.2%。67家龙头企业整体销售收入上升11.49%，税收下降0.67%；金属制品业完成工业总产值375.41亿元，增长7.1%。74家龙头企业销售收入整体比上年增长9.75%，税收增长2.88%，行业用电量下降2.06%；装备制造业完成工业总产值1 076.67亿元，增长12.2%。28家龙头企业的销售收入和税收分别增长21.05%和30.10%，行业用电量比上年增长4.46%；专用设备制造业31家龙头企业销售收入和税收分别增长17.58%和9.39%；汽车制造业32家龙头企业各项指标继续保持增长，销售收入增长22.89%，税收增长2.06%，行业用电量增长12.64%。

2017年，三水区工业技改投资额189.39亿元，比上年增长37.5%。区内180家企业有备案项目232个。其中，规模以上企业148家、年主营业务收入超5 000万元以上企业121家。全区引进先进装备制造业项目35个，项目协议投资总额147.1亿元。全区实现装备制造业投资208.52亿元，比上年增长33.6%；装备制造业增加值251.24亿元，增长11.6%。

2017年，三水区累计签约项目175个，增长173.4%；投资总额531.7亿元，比上年增长90.7%，完成全年任务的125.1%。其中，超千万美元外资项目6个、国内外500强及超10亿元项目13个、超亿元内资项目87个。签约项目个数及招商引资总额较同期实现翻番增长，超亿元和超10亿元项目个数刷新历史纪录。其中，饮料食品、装备制造、现代服务业三大产业支撑作用明显，1—12月累计签约项目65个，投资总额329.7亿元，占比分别达37.1%和62%。同时，随着招商品牌效应凸显、工业化带动城市化发展步伐加快，全区招商引资工作向更宽领域、更深层次拓展。一方面由传统制造业和服务业向科技、教育、医疗等经济社会发展各个领域延伸。中科院兰州化物所等科研配套项目洽谈顺利，签约珠江医院三水分院、华中师范大学附属中学等一批项目，有效推动产城融合发展。另一方面由传统优势产业支撑逐步向高端新兴产业带动升级。新能源汽车、总部经济、物联网、创客空间等新产业、新业态招商成效明显，佛山双子星城、巴斯巴、恒洁卫浴总部、澳信物联网等新能源汽车、总部经济、物联网、创客空间新兴产业项目贡献超150亿元投资额。此外，龙头项目引进实现历史性突破，签约华南新能源汽车集成创新产业园，实现三水超50亿元装备制造项目零的突破。

2017年，三水区商贸流通行业发展总体态势良好，民营经济稳步发展。全年社会消费品零售总额229.39亿元，比上年增长9.5%。其中，商品零售总额192.97亿元，比上年增长10%；餐饮收入总额36.42亿元，增长6.8%。物流持续畅旺，全区货运量达2 557万吨，比上年增长15.8%，货物周转量264 622万吨千米，增长23.3%。信息消费进一步扩大，邮电业务总量15.59亿元，比上年增长55.6%，电信业务量 12.76 亿元，增长 76.9%。重新修订《佛山市三水区促进电子商务扶持办法》，鼓励企业应用电子商务技术转变传统模式，实行多元化经营。开展形式多样的消费促进月活动。引导并组织日日升、大润发、永旺等商家通过举行展销和促销活动，扩大企业知名度，拉动居民的消费，通过百样商品均一价、全场打折、买满赠送、服装打折清仓、试饮试吃等优惠活动营造消费氛围，掀起消费高潮。探索网络营销发展模式，推动传统百货、连锁超市、大中型批发市场等传统商贸企业，开展“线上市场”与“线下市场”良性互动的网络零售业务，利用微博、团购、社交网络等创新网络零售发展模式。加快发展服务外包产业。全年服务外包离岸执行金额 3 291.5 万美元，比上年增长 243.8%。加快大型商业网点建设。万达综合体、新动力广场等区域性商圈逐步打造集大型国际购物中心、特色室外步行街、高品质住宅和精装 SOHO 公寓为一体的大型城市综合体项目，成为推进城市商业消费的新增长点。培育和做大智慧物流产业。佛山市三水日日升商业连锁有限公司的托盘配套设施更新改造项目和佛山市三水东曜物流有限公司的标准化托盘运输设备升级改造项目通过 2017 年国家物流标准化试点项目（第三批）认定。大力培育电子商务企业。佛山市有田友地农业文化传播有限公司、佛山市华的金属制品有限公司通过“2017 年度佛山市电子商务示范企业”称号认定。广东翼卡车联网服务有限公司获批广东省工业和信息化领域电子商务试点单位。

2017 年 5 月 3 日，佛山市三水区举行 2017 年上半年重点项目投融资签约仪式，有科技、产业、文旅、教育、医疗等领域的 24 个项目上台签约，项目总投资近 200 亿元

（三水区供图）

2017 年，三水区实现进出口 179.62 亿元，比上年增长 9.8%。其中出口 125.85 亿元，比上年增长 3.7%；进口 53.77 亿元，增长 27.3%。一般贸易进出口 131.75 亿元，比上年增长 24.9%，占全区进出口总值的 73.35%；加工贸易进出口 21.34 亿元，增长 15.96%，占全区进出口总值的 11.9%;其他贸易方式进出口 26.53 亿元，占全区进出口总值的 14.8%。“一带一路”沿线国家和地区进出口 73.13 亿元，比上年增长 35.31%。亚洲为三水最大进出口市场，全年进出口 104.34 亿元，增长 10.47%，占进出口总值的 58.1%。对北美洲、大洋洲、非洲进出口均有双位数增长，其中对非洲进出口增长 38.5%。机电及高新技术产品出口增长迅速，全年出口总值 59.7 亿元，比上年增长 0.8%，占出口总值的 47.4%。铝型材、陶瓷、液晶电视机、纺织纱线等在出口中排名前列。进口方面，机电及高新技术产品进口 6.8 亿元，比上年增长 20.4%；废金属、废塑料进口有所增长，进口额达 28.65 亿元，增长 44.3%，占进口总额的 53.3%。三水口岸实现进出口货运量 202 万吨，比上年下降 16%。其中，出口 136 万吨，比上年增长 25%；进口 66 万吨，下降 50%。推进国际贸易“单一窗口”试点推广工作，实现三水口岸试点全覆盖，进一步提升报关报检覆盖率。贯彻落实中央口岸查验配套服务免除费用改革，审核海关、口岸经营服务单位统计数据，全年免除费用 29 万多元，为守法进出口企业减轻负担。新设立外资企业 18 家，比上年增长 5.88%；增资外资企业 9 家，增长 80%；完成合同外资 20 650 万美元，下降 44.71%；完成实际外资 10 442 万美元，增长 19.39%。

【全面深化改革】

财政管理体制改革　2017 年，三水区为深化区镇财权事权管理体制改革，推行新一轮区镇（街）财政管理体制改革，根据“一级政府，一级事权，一级财权”的原则，界定区与镇（街）的财政收支范围，同时针对镇（街）财力状况明确补助等事项。通过进一步优化财权、事权关系，调动各镇（街）发展经济、培育财源的积极性，释放基层活力，推进区、镇两级财政的稳步发展。督促各镇（街）执行财政新体制改革落实，贯彻《佛山市三水区人民政府关于印发佛山市三水区镇（街道）财政管理体制方案的通知》文件精神。制定《关于推进我区预算支出联网在线监督系统建设的工作方案》，组织预算支出联网在线监督系统培训，将系统全面铺开到各镇（街），实时监控各镇（街）的预算执行情况。规范和优化业务流程和镇级记账方法，重新梳理并拟订《佛山市三水区财政局关于完善镇（街道）总预算会计核算办法的通知》，进一步规范各镇（街）记账方法，全面反映镇（街）各项资金收付流程。提高镇（街）预算管理水平，加强动态监督各镇（街）财政资金收支情况、人大预算联网监督系统使用情况、国库集中支付及公务卡改革推进情况。运用大数据促进全区综合治税工作。研发财政智能经济分析平台，利用交互式地图动态共享和直观展现全区经济综合指标，累计采集33个单位56 931条涉税数据，依法核查税款3.3亿元。同时结合走访镇（街）纳税大企业，综合分析税收状况、深入了解企业发展情况，紧密综合治税联动机制，解决企业难题，助推实体经济发展。

公有资产管理体制改革　2017年，为解决三水区国资存在的国有资源利用率较低、盈利能力较差、主业不突出、历史遗留问题较多等问题，三水区公有资产管理办公室着力全面摸清公有资产现况、对重点企业清产核资、掌握企业人员基本情况等工作，探索适合三水区国有企业发展的新体制、新机制、新模式，形成《佛山市三水区区属国有企业改革重组方案》，明确“一办、三平台、九类业务板块”的顶层设计架构，提出建立国有企业分类分级管理体制、完善公司法人治理机制、健全薪酬激励与约束机制、建立项目管理运作机制和健全企业干部管理机制的改革要求。大力推行经营业绩考核，选择条件符合的25家区属国有企业推行经营业绩考核工作，建立起经营业绩与收入分配挂钩、激励与约束同步的良性工作机制。扎实推进“僵尸企业”出清重组，年内，原有17家“僵尸企业”出清指标已超额完成到21家，待清退企业从原有985家压缩至299家。

行政审批制度改革　2017年，三水区着力提升行政审批效能、营造优良政务环境。推进工程领域并联审批改革，纳入佛山市企业投资建设“一门式一网式”改革工程报建并联预审试点，改革后审批时长从188个工作日以上缩短至60个工作日以下，提速60%以上。推动部门审批提速提质，全面压缩审批层级、优化审批流程，实现99%的事项不超过3个审批层级；实施不动产登记业务专项提速计划，实现50%以上业务量的办理时间提速50%。优化中介服务，涉及行政审批和与企业群众办事、工程领域有关的137项中介服务全面放开市场，以“线上+线下”模式建设佛山市首个“中介超市”，成为佛山市中介服务改革试点。全面清理审批要件，一律取消无法律法规依据的申请材料以及模糊条款，完成1 300多项事项收件材料清理，推动行政审批标准化深度建设。整合优化企业服务机制，成立三水区投资项目审批代办服务中心并于10月运行，为建设项目投资立项、初步设计、施工许可、施工管理、竣工验收提供全流程代办服务，促进项目早日投产。

社会管理体制改革　2017年，三水区进一步完善村民议事机制，深化村民议事会、村务监督委员会、家乡建设委员会、乡贤慈善会“四会联动”，探索非户籍常住人口参与村民议事会，进一步扩大村民议事会协商主体，推进基层共治善治。推动“四会”联动示范村创建工作。全区13个“四会”联动示范村完成创建，乐平镇大岗村委会、新旗村委会，白坭镇富景社区居委会、岗头村委会以及芦苞镇独树岗村委会等5个村（社区）被评为优秀，其他为良好；力促民生微实事落实。年内，全区村民议事会申请的民生微实事项目137个，获得区级民生微实事激励资金1 763.7万元；助推新农村建设和美丽乡村建设。芦苞镇独树岗村乡贤慈善会发动新加坡华侨冼亮带头集资建设冼亮公园；推动非户籍人口参与基层治理。白坭镇富景社区推选2名“新白坭人”为村民议事会成员，代表该社区外来人口参与社区各项事业的议事、决策、执行，有效地促进社区融合、稳定和发展；鼓励移风易俗。通过乡贤慈善会弘扬慈善文化，营造邻里互助的友好氛围，倡导丧葬文化改革，营造厚养薄葬的良好社会风气。

行政体制改革　2017年，三水区发挥机构编制部门职能作用，持续推进行政体制改革，服务全区经济社会发展。稳步推进食盐监管体制改革。以确保食盐质量安全和供应安全为核心，以加快食盐体制机制创新为目标，会同有关部门研究提出食盐监管体制改革方案，着力构建监管到位、竞争有序、供应安全的食盐安全监管体制，提升市场活力。开展国家监察体制改革。通过对区内涉改部门全面调研摸底，联合相关部门，制订区监察委员会组建方案，确保改革试点工作有序推进，实现对所有行使公权力的公职人员监察全覆盖，构建党统一指挥、全面覆盖、权威高效的党和国家监督体系。优化行政审批中介服务。制订《佛山市三水区加强规范行政审批中介服务管理工作方案》，规范行政审批中介机构服务行为；作为全市中介服务改革试点，率先研究设立区中介服务管理中心，承担中介平台建设及对中介机构的管理服务职能。深入推进权责清单编制工作。以乐平镇政府权责清单为蓝本，协助省编办编制《广东省政府赋予经济发达镇行政职权通用事项目录》并向全省推广。完善绩效考评体系。创新性地引入第三方评议机构、“公众评审”机制、评分复核程序，健全更客观、公正的绩效考评机制。

【创新驱动发展】　2017年，三水区出台《佛山市三水区创新驱动发展三年行动计划（2017—2019年）》《佛山市三水区科技创新平台扶持管理办法》《佛山市三水区科技创新平台扶持管理办法实施细则》《佛山市三水区企业研究开发经费投入后补助试行方案》，修订《佛山市三水区进一步加强高新技术企业培育工作的意见》《佛山市三水区创新人才团队创业计划扶持办法》《佛山市三水区科技创新券实施管理办法》《佛山市三水区科技企业孵化器认定和管理办法》，健全创新引领的政策支撑服务体系。

加强高新技术企业培育　至年底，三水区有167家企业通过高新技术企业认定，65.75%的通过率位居全市五区首位，区内高新技术企业存量达282家，461项产品通过广东省高新技术产品认定。举办2017年三水区创新创业大赛，123个项目申报，26个优质项目获扶持。此外，有2个项目获省级创业大赛奖项，2个项目获市级创业大赛奖项。

加快科技载体建设　2017年，三水高新创业中心成为国家级科技孵化器，实现国家级孵化器“零的突破”。新增省级众创空间试点单位2个、市级众创空间培育项目3个、区级科技企业孵化器（众创空间）6家。

加强科技创新平台建设　2017年，三水区规模以上工业企业研发机构建有率达49.3%，108家年主营收入5亿元以上的大中型企业和规上高企实现研发机构全覆盖。诺尔贝机器人研究院被认定为2017年省级新型研发机构。西南街道获批为“广东省食品饮料专业镇”。区内分别有43家、36家企业获认定为省、市工程技术研究中心。盛路通信获佛山市科技项目重点实验室培育立项。广东好帮手电子科技股份有限公司运营的车载电子信息产业孵化园、佛山市宝华再生资源有限公司的佛山市宝华生态产业园被认定为区级科技企业孵化器，森城创客空间、云炬众智空间、广东智造创新工场、揽月一号获认定为区级众创空间。广东智造创新工场、森城创客空间获省级众创空间试点单位认定。车载电子信息产业众创空间、森信创新创业社区众创空间、广东智造创新工场纳入市级众创空间培育项目。

大力引进创新人才团队　2017 年三水区实施创新人才团队创业计划，10 个人才团队纳入 2017 年扶持名单。举办 2017 年三水区创新创业大赛，26 个优质项目获得扶持。2 个创业项目获省级创业大赛奖项，2 个创业项目获市级创业大赛奖项。

积极培育知识产权　2017 年，三水区专利申请量 6 842 件，比上年增长 75.03%，其中发明专利申请 4 006 件，占总量的 58.55%，增长 81.84%；专利授权量 1 947 件，增长 48.17%，其中发明专利授权 386 件，占总量的 19.83%，增长 52.57%。专利申请总量增幅、发明专利申请量增幅、专利授权总量增幅均居五区首位。广东好帮手电子科技股份有限公司、佛山市恒力泰机械有限公司、合众（佛山）化工有限公司、广东博德精工建材有限公司和广东翼卡车联网服务有限公司获“第十九届中国专利优秀奖”，佛山市金银河智能装备股份有限公司获“广东省知识产权示范企业”称号和“广东省专利优秀奖”。

【三水区出台《三水廉洁建设“十条”意见》】 2017 年 1 月 9 日，三水区出台《三水廉洁建设“十条”意见》。“廉洁十条”涉及严肃政治纪律、推动主体责任落实、落实好监督责任、加大作风整治、加强农村“三资”监管、严格财经纪律、规范中介机构管理、党委巡察制度、规范决策机制、保护干部干事创业积极性等内容，囊括党风廉政建设的主要方面，为三水区落实全面从严治党提出具体指引，突出强调党员干部必须强化纪律和规矩意识。

【三水区出台“二十条”扶持实体经济发展】 2017 年 2 月 15 日，三水区召开促进实体经济发展大会，出台《三水区关于支持实体经济发展的若干政策意见》（即“二十条”）。其中第一至第六条为“金融创新”类扶持，包括设立产业发展引导基金、“双创”基金、“助企转贷”融资基金，企业融资风险补偿基金、加大企业上市扶持力度、促进融资租赁行业发展等 6 个方面的措施。第七至第十条为“科技引领”类扶持，包括高新技术企业培育、科技创新平台建设、加快落实孵化器倍增计划、科技成果转化等措施。第十一至第十五条为“转型升级”类扶持，包括积极培育骨干企业、大力培育大型先进装备制造企业、扶持培育各类新业态、推动企业开展新一轮技术改造、实施企业质量工程和商标战略等措施。第十六至第十九条为“招才引智”类扶持，包括大力引进创新团队与高层次人才、大力引进专业技能人才、大力扶持发展技能人才培育机构、强化优质医疗教育服务供给等措施。

【三水区在市内首推“环保医生”制度】 2017 年 2 月，三水区在佛山市首推“环保医生”制度。为企业“问诊”的“环保医生”均为区环保局的骨干工作人员，他们不定期地对区内一些大型、优质或重点企业开展检查，在检查过程中若发现其环保方面的疏漏之处，将及时对企业给予提醒，并对企业进行技术指导，避免出现更大的环境问题，从而起到全面“体检”“治未病”的作用。“环保医生”制度的服务对象以大型、优质或重点企业为主，通过自身的技术、人才和平台优势，主动为企业提供服务，帮助企业及时发现并消除环保方面的隐患。

【广东首个蔬菜类“科技小院”落户白坭镇】 2017 年 6 月 8 日，佛山市三水区白坭镇康喜莱合作社与广东省农科院蔬菜所、佛山市农科所、中国农业大学联合建立广东首个蔬菜类“科技小院”，将新技术和好技术零时差、零距离地送到农户。“科技小院”以基地为依托，以强大的专家团队为后盾，让在读研究生走进生产一线、在基地一线蹲点，发现、研究并解决生产实践中出现的问题，手把手指导农户及基层农技人员进行生产。康喜莱蔬菜专业合作社拥有 1.47 公顷实验基地、大棚种植基地、潮汐式育苗基地等硬件设施，为科研工作提供坚实基础。以白坭镇当地大宗农产品黑皮冬瓜为例，“科技小院”对其开展一个以作物营养成分为研究对象的实验，并将实验结果运用于黑皮冬瓜的规模化种植和管理，一定程度提高该作

康喜莱蔬菜专业合作社拥有 1.47 公顷实验基地、大棚种植基地、潮汐育苗基地等硬件设施。图为温室育苗场 （三水区供图）

2017年12月6日，“蝶变新三水　湾区大舞台”——新动能新业态高峰论坛在深圳举行

（三水区供图）

物种植的科学化水平。

【华南新能源汽车集成创新产业园项目落户三水】 2017年7月10日，华南新能源汽车集成创新产业园项目落户三水区白坭镇。该项目是白坭镇截至2017年最大的一个投资项目，计划总投资额约60亿元，预计2019年建成投产，2022年达产，2025年可实现年产值100亿元，累计税收约15亿元。该项目主要打造“一总部三平台”，分别是华南新能源汽车集成创新产业园运营总部、智能大制造平台、新能源汽车运营平台和全球创客中心及研发中心平台，从事研发、建设网络工业大数据中心、智能制造、引入创新项目、推动新能源汽车推广应用等工作。12月28日，华南新能源汽车集成创新产业园运营总部启用，并与整车厂商、工业园区、资本平台签约合作，将300余辆共享汽车投放三水。

【佛高区三水核心园百亿项目集中签约仪式】 2017年8月1日，佛高区三水核心园举办题为“粤港澳大湾区添百亿活力一环创新圈铸智慧新走廊”的项目签约暨金科产服务区动工、清华创新创业大赛启动仪式。佛山高新区三水核心园9个产业项目、1个开放型科技平台及1个招商引资合作项目进行签约，协议总投资额超100亿元，涵盖智能装备制造、新材料等主导行业和新兴产业，皆为超亿元项目，其中超10亿元项目有2个，预计新增产值180亿元，新增年税收约8亿元，最大的恒洁卫浴集团总部项目，拟投资40亿元，预计达产后年产值50亿元。此次签约的项目投资体量大，经济效益好，将为佛高区三水园提升城市竞争力、融入粤港澳大湾区产业分工提供有力支撑。同时，区相关负责人把佛高区三水核心园首批专家公寓交付到高端人才手中，柯黎明等5位创新团队博士、李白千等4位企业高管博士获首批专家公寓使用权。乐平镇承诺，将诚心诚意做好人才服务，使人才待遇扶持力度达到全市前列。同日，还举行金科产服务区动工暨清华创新创业大赛启动仪式，金科产服务区将重点引入金融网点服务、政府服务及中介服务、金融创新、金融产业科技创新孵化等金融服务，以及配套引入商业、餐饮、办公、文娱等商贸服务；清华创新创业大赛将举办创智小镇科技项目对接盛典、中国制造2025高峰论坛和创意集市等活动。

【三水区实现国家级孵化器零的突破】 2017年12月，科技部火炬中心公示2017年拟确定为国家级科技企业孵化器名单，三水高新创业中心入选，成为佛山市4个上榜机构之一。三水区国家级科技企业孵化器实现零的突破。该中心4.29万平方米的场地里有超过90个在孵项目，涵盖智能制造、电子信息、医疗器械等领域，项目成长性高、孵化情况良好。三水高新创业中心有限公司建立于2008年，是三水第一家孵化器。拥有管理团队12人，均具有大专及以上学历。建有创业服务平台、技术支撑平台、投融资服务平台、产业服务创新中心、淼城创客空间等四大服务平台和一个众创空间，形成“孵化+服务+投资”的创业创新服务体系。有在孵企业85家，国家级高新技术企业8家，“新三板”挂牌企业1家。三水区相关部门表示会继续加强政策扶持，以更大力度加快创新创业载体发展。被认定为国家、省、市、区级孵化器和众创空间的企业会获得专项扶持资金，其中国家级孵化器一次性获得350万元的扶持资金。

【三水区先进装备制造业总产值突破千亿元大关】 2017年，三水区先进装备制造业产值和增加值、装备制造业投资额、工作母机制造业增加值均实现两位数增长，指标增幅和完成进度均居佛山前列。其中汽车制造业、电器机械及器材制造业、通用设备制造业三大主导行业的增幅均超过25%，分别达到33%、27.3%和25.5%。装备制造业全年完成工业总产值1 076.67亿元，比上年增长12.2%，提前3年实现三水区委、区政府提出的打造千亿先进装备制造业集聚区目标。年内，引进先进装备制造业项目35个，项目协议投资总额147.1亿元，完成市下达任务的170.3%，对全区招商引资的贡献率分别达41.2%和34.5%。实现装备制造业投资208.52亿元，比上年增长33.6%；装备制造业增加值251.24亿元，增长11.6%。

【三水区打造“五公里政务服务圈”】 2017年，三水区以南山六和、乐平南边、乐平范湖、西南五顶岗、西南南岸作为试点，增设服务一致、事项一致、标准一致的片区“一门式”行政服务分中心，率先构建“1 + 7 + N”政务服务体系，打造“五公里政务服务圈”。改革后，区、镇两级行政服务中心283项自然人类受理事项，全部下沉至片区分中心前台一门受理，经过区、镇后台分类审批后再将结果物流回分中心，群众可选择从窗口、自助终端柜或以快递方式取件。“24小时不打烊自助政务e

超市”布点延伸至镇（街）和商圈。在行政服务中心片区分中心，群众只需通过身份证验证，即可使用自助办事终端机办理社保参保证明打印、医保入账明细查询和个人所得税完税证打印、电子缴款凭证打印、机动车辆年票自助缴纳等便民服务，不受时间限制，可以在非工作日甚至夜间完成。同时，对现有的“市民之窗”自助办事终端机进行提档升级，和公安、税务、供水、供电、广电等相关部门信息平台实现对接，为群众提供“一揽子”生活服务。分中心建设采取独立设置和依托村（居）两种方式，依托村（居）又不依附村（居）。分中心办公场地、设施设备、人员配备等方面按统一标准管理，力求打造上级授权最充分、体制运行最顺畅、事项下沉最到位、服务体验最优质的政务服务网。

【西南街道】 位于西、北、绥三江汇流处，是三水区委、区政府驻地。2017年辖11个社区和8个行政村，有120个自然村。辖区总面积149.682平方千米。年末户籍人口175 251人，常住人口25.99万人，总户数58 420户。耕地面积1 194公顷，粮食播种面积1 980公顷，粮食产量20 036吨。林地面积801.2公顷，森林覆盖率11%，活立木蓄积量78 580立方米。年末工农业总产值824亿元（其中，工业总产值815.3亿元，农业总产值8.7亿元），公共财政收入10亿元。有中国（三水）国际水都饮料食品基地和河口木棉工业区2个工业园区。街道特色旅游有西南武庙、广三百年铁路、魁岗文塔、半江桥、清代海关遗址、清代邮局遗址、五显古庙、思贤滘、昆都山、三江汇流、西南公园、北江凤凰公园等。

2017年，西南街道地区生产总值391.02亿元，比上年增长8.9%。其中，第一产业增加值3.87亿元，比上年增长1.1%；第二产业增加值218.94亿元，增长8.9%（工业增加值190.74亿元，增长8.9%）；第三产业增加值168.22亿元，增长9.1%。人均地区生产总值147 926元。固定资产投资145.20亿元，比上年增长20.0%。社会消费品零售总额123.54亿元，比上年增长9.6%。外贸出口额27.82万美元，比上年增长3.7%；农村常住居民人均可支配收入22 632元，增长8.5%。

青岐现代水产园区获“广东省现代渔业产业示范园区”称号　2017年，西南街道青岐现代水产园区获广东省海洋与渔业厅授予“广东现代渔业产业示范园区”称号。该水产园区规划面积2800公顷，其中水产养殖面积866.67公顷（优质水产养殖面积133.33公顷），主要养殖白金鲫、罗氏虾、鳜鱼、叉尾、生鱼、黄骨鱼、花鳗鲡、黑鳗等。近年来，该水产园区基础设施有较大提升，引入白金水产种苗有限公司等一批科技含量高、示范带动性强的优质农业龙头企业。街道计划用5年左右时间，总投资5.65亿元，将该园区打造成现代渔业产业集聚区、先进科技转化核心区、生态渔业示范区、水产品质量安全养殖示范区、现代职业农民创业区、岭南渔耕文化观光休闲区。

凤铝获国家制造业单项冠军　2017年，中国工业和信息化部、中国工业经济联合会联合公布《第二批制造业单项冠军企业和单项冠军产品名单》，佛山市三水凤铝铝业有限公司凭借铝合金建筑型材领域优势地位，成为广东省内3家单项冠军示范企业之一，也成为国内该领域唯一一家入选企业。

水都基地获评“产业集群区域品牌建设提升项目（食品饮料产业）”　2017年4月，由广东省经信委、省财政厅实施的2017年省级工业和信息化专项资金（支持企业转型升级）项目完成公示，中国（三水）国际水都饮料食品基地（下称水都基地）获“产业集群区域品牌建设提升项目（食品饮料产业）”称号，获50万元专项扶持资金。全国有9个产业集群区域品牌建设试点专题项目，佛山摘得2个，其中西南成为三水区唯一获得该头衔的镇（街）。水都基地已注册商标“南国水都”和“西南饮料”，区域内企业获得中国驰名商标称号1个，广东著名商标称号4个和广东名牌产品称号1个。

首创“助理河长”　2017年6月3日，西南街道环保局联合百威英博（佛山）啤酒有限公司在水都饮料基地公园举办世界环境日·志愿者活动暨“百威英博·樵北涌助理河长授牌仪式”，探索一条政府部门牵头，民众、企业共同参与，各方力量联合治理河涌的路径，实现河涌治理多元共治机制。百威公司作为助理河长，肩负起每月定期巡查河涌，取样检测，定期反馈河涌信息的责任。

【三水新城与云东海街道】 位于广佛肇经济圈中部，紧邻三水西南中心城区北部，城市总体规划控制范围128平方千米（核心区57平方千米，启动区19.32平方千米）。2017年辖1个社区和10个行政村，有91个自然村。云东海街道整体纳入三水新城建设范围，辖区面积84.32平方千米。年末户籍人口3.3万人，总户数10 530户。耕地面积2 550公顷，粮食播种面积346公顷，粮食产量1 728吨。林地面积762.04公顷，森林覆盖率超16%，活立木蓄积量70 760立方米。特色旅游有三水荷花世界（荷花奇境）、三水森林公园、以及在建的云东海国家湿地公园（包括月亮湖、砂岗公园、云东海北湖、桂花岛）、云东海绿道、荷香湖公园、三江水韵公园。

2017年街道地区生产总值103.48亿元，比上年增长8.9%。其中，第一产业增加值1.91亿元，比上年增长114%；第二产业增加值77.28亿元，增长8.8%；第三产业增加值24.27亿元，比上年增长20.5%。固定资产投资75.28亿元，增长22.3%。农村常住居民人均可支配收入18 021.76元，比上年增长6%。

世界级文旅项目尼克文化生态海岸动工　2017年1月4日，佛山市副市长麦洁华、三水区区长胡学骏、美国维亚康姆国际传媒集团执行副总裁罗恩·约翰逊、香港卓越环球集团董事陈建民等领导嘉宾一起为尼克佛山文化生态海岸项目奠基。该项目由全球跨国传媒集团美国维亚康姆集团项目授权香港卓越环球集团，在三水新城建设中国首个尼克文化生态旅游主题IP项目。根据合作协议，该项目建成尼克文化旅游区、中国文化创意基地、中国文化产品及衍生品交易市场等。其中，尼克佛山文化生态海岸项目旅游区将中国文化独有“五行”概念，建成金、木、水、火、土五大主题区，设置37个独特景点，每一个主题区都基于一部经典电影或动画建设，个性鲜明，制作精良，带给游客置身电影和动画中的真实体验，同时结合佛山岭南文化特征和传统文化因素打造。

金银河登录深交所创业板　2017年3月1日，佛山市金银河智能装备股份有限公司在深交所进行敲钟仪式。金银河智能装备股份有限公司是三水先进装备制造业的龙头企业之一，是一家专业从事输送计量、混合、分散、反应、灌装、包装、在线检测、中央控制等智能化系统研发、设计、生产的全球制造及服务供应商，产品主要应用于有机硅及高分子化合物、锂电池行业、生物化学等领域。金银河智能装备股份有限公司在深交所创业板上市，成为继2010年在广东盛路通信科技股份有限公司中小板上市后，云东海街道第二家上市企业，为三水企业借力资本市场树立又一标杆。

云东海学校动工建设　2017年5月3日，云东海学校正式动工建设。学校选址位于云东海街道映海路与桃园路交界东南地块，规划用地面积71 026平方米，估算总投资2.9亿元，拟建设成为一所义务教育九年一贯制学校。按照广东省义务教育规范化学校标准，学校设置54个班，提供2 520个学位。其中小学36个班，每班45人，合计1 620人；初中18个班，每班50人，合计900人。学校建成后，作为三水新城的重要教育配套可满足三水新城、云东海街道适龄学生现阶段的就读需求。

佛山首个军民融合专业孵化基地云炬军创工场揭牌　2017年10月25日，佛山首个军民融合专业孵化基地云炬军创工场在云东海街道揭牌。该孵化基地完成一期建设，首批8家企业和服务平台已入驻，包括智能机器人、磁悬浮技术等项目。通过整合政、产、学、研、资等各项社会资源，打造“众创空间—孵化器—加速器—产业园”全过程、全元素孵化培育生态链，为入孵企业提供技术交易、成果转化、军民供需对接等服务。同时，为吸引优质企业入驻基地，云炬军创工场为科技含量高、发展快的企业提供租金优惠、企业服务补贴和项目配套奖励等优惠政策。

获国家湿地公园试点资格　2017年12月18日，云东海国家湿地公园（试点）通过专家实地考察论证和评审并结束公示，成为三水首个获“国字招牌”试点资格湿地公园。云东海国家湿地公园（试点）由云东海北湖及其汇水河涌和月亮湖组成，总面积401.97公顷，其中湿地面积330.59公顷，湿地率82.24%。云东海街道计划用3年时间将其建设成为集湿地保护、湿地恢复、科普宣教等于一体的综合性国家湿地公园，力争在5年后通过国家验收，真正成为“国字招牌”湿地公园。

【白坭镇】　位于三水区南部，东南面与南海区接壤，西面与高明区、肇庆市隔西江相望，距离广州市40千米。下辖1个社区和2个行政村，66个自然村。辖区总面积66.46平方千米。年末户籍人口2.7万人，常住人口6.7万人。耕地面积778.9公顷，粮食播种面积425.8公顷，粮食产量2 565万吨。林地面积375.84公顷，森林覆盖率8.51%，活立木蓄积量18 159立方米。白坭镇是全国综合实力千强镇、广东省综合实力百强镇、广东省新型建材专业镇。支柱产业是电力产业、建材产业、机械装备产业。年内，岗头村获评“全国文明村”、白坭镇社区卫生服务中心获评“广东省优质服务示范社区卫生服务中心”。镇内有银洲贝丘遗址、清塘文桥、梁士诒故居等一批重点文物保护单位和陈氏大宗祠、岗头古村落等岭南特色古建筑（群）。

2017年，全镇地区生产总值161.17亿元，比上年增长8.80%。其中，第一产业增加值3.96亿元；第二产业增加值138.96亿元（工业增加值132.75亿元，比上年增长9.20%）；第三产业增加值18.25亿元。人均地区生产总值24 211元。固定资产投资128.50亿元，比上年增长17.02%。进出口总额2.72亿元，增长30.55%；出口总额2.66亿元，增长29.48%，进口总额0.67万元，比上年增长94.06%。农村常住居民人均可支配收入24 443元，比上年增长8.00%；城镇居民人均可支配收入33 542元，增长8.02%。

文创古镇入围佛山首批特色小镇　2017年8月3日，白坭镇文创古镇入围佛山首批特色小镇创建名单。该古镇被定位为“西江边的文化明珠，粤港澳的创意港湾”，将按照“古镇为体、文化为核、创意为魂、四位一体”的发展理念和创建思路，打造成集“文化、旅游、创意、商务、生活”于一体的创新型岭南文旅小镇，形成“一心两轴三区”空间格局。“一心”是指综合服务中心；“两轴”是指景观联系轴和功能联系轴；“三区”是指岭南文化体验区、西江文化休闲区和创意产业发展区。同时，辐射带动岗头古村活化（梁士诒名人故居）等镇内旅游景点发展，逐步打造全域景区。小镇以文化体验、创意农业、创意科技为核心产业，以文化街区、会议展览、教育培训、创业孵化为配套产业。

新添1个全国文明村　2017年11月17日，白坭镇岗头村获“全国文明村”称号。岗头村位于白坭镇南部，总面积20.9平方千米，下辖20个自然村，户籍户数2 520户，户籍人口9 034人，外来人口约3 400人。该村近年来不断注重乡村文明建设，在加快改善人居环境的同时，融入精神文明建设内容，先后获“广东省文明村”“广东省卫生村”等称号，并列入广东省第四批中国传统村落名单。岗头村以农耕文化为基础，着力打造古村景观、推进美丽文明村居建设、挖掘地域文化。从文化发掘修旧活化、整合资源发展特色旅游、导入文化活化产业三方面着手，把岗头村打造成白坭镇旅游名片，带动文化旅游经济发展。

【乐平镇】　位于三水区中部，南与南海区接壤，东接广州市花都区。2017年，镇辖3个社区和14个行政村，有158个自然村。辖区总面积198.5平方千米。年末户籍人口81 010人。耕地面积3 524.43万公顷，粮食播种面积1 774公顷，粮食产量8 210吨。林地面积1 280.05公顷，森林覆盖率4.33%，活立木蓄积量5 021立方米。2017年位列全国百强镇第三十八位，是全国农村优秀学习型乡镇、省教育强镇、省卫生镇和省重点发展的中心镇、全省五大智能制造示范基地之一。

佛山高新区核心园北园三水工业园区位于辖区内，规划面积100.98平方千米，重点发展太阳能光伏、汽车零部件、电子电器、自动化机械及设备、医疗器械等5大主导产业，拥有中国汽车零部件（三水）产业基地、中国医疗器械（三水）产业基地、国家火炬计划自动化机械及设备产业基地、国家（佛山）显示器件产业园和广东光伏产业基地等5个产业基地。年内，获佛山市十九大期间维护稳定工作表现突出称号、佛山市园区党建工作示范点、佛山市计划生育保险工作杰出先进奖、佛山市职工劳动竞赛优秀组织单位等称号，园区纳入广东省循环化改造试点园区。

三水首个“千亿大镇” 2017年，乐平镇综合实力居全国科学发展百强镇第三十八名。全镇地区生产总值305.87亿元，比上年增长8.9%。其中，第一产业增加值8.13亿元、第二产业增加值262.76亿元、第三产业增加值34.98亿元。工业总产值1 001亿元，比上年增长9.4%，成为三水首个工业总产值突破千亿元的大镇，智能装备制造业产值占全镇工业总产值比重48%。财税入库突破30亿元大关，达32.4亿元，比上年增长23.5%。固定资产投资191亿元，比上年增长20.1%。外贸出口额51.74万美元，比上年增长23.84%。

共建“南三产业合作区”万亩产业园区 2017年7月10日，南海区、三水区在乐平镇签订区域合作框架协议，共建800公顷产业园区，打造面向全球的国家制造业创新中心新的增长极。800公顷产业园规划中，乐平划出413.3公顷具备连片开发的土地，以智能制造产业为主攻方向，配套完整产业服务链，与南海区无缝对接。

实现三水区国家级科技企业孵化器零的突破 2017年，乐平镇引入国内外顶级孵化器海龟科技、“独角兽”孵化器——PNP，高新创业中心获批2017年国家级科技企业孵化器，实现三水区国家级科技企业孵化器零的突破。广东智造创新工场、森城创客空间创建省级众创空间，开创区内省级众创空间先河；诺尔贝机器人研究院入选2017年省级新型研发机构，成为区内唯一入选企业。4家企业被认定为三水区知识产权示范企业，认定数量占全区80%；发明专利申请量、授权量增长率均为历年最高，其中恒力泰、合众化工等获中国专利优秀奖，实现国家专利奖零的突破。5家企业被认定为2017年佛山市“中国制造2025”试点示范企业，5家企业获批组建广东省工程技术研究中心，园区各类技术研究中心增至121个；通和电子、康立泰无机材料等50家企业获认定为高新技术企业，高新技术企业和工程技术研究中心数量双破百。“双创基地”举办首届“新智造”发展论坛暨“揽月一号”启航仪式，吸引14个项目人才团队落户，人才聚集度创历史新高。

乐平广府印象小镇被列为首批市级特色小镇示范 2017年7月19日，乐平广府印象小镇被列为市级特色小镇示范点。年内，投入超30亿元推动小镇基础设施和产业建设，广府文化体验基地、儒家天下文化公园、齐家湖等重点项目动工建设，大旗头古村活化项目获全区唯一广东省宜居环境范例奖。

组建全区首个区、镇、村三级紧密型医疗联合体 2017年10月17日，三水区人民医院与乐平镇人民政府组建的区内首个区、镇、村三级“紧密型医疗联合体”——三水区人民医院乐平分院挂牌运作。乐平镇卫生服务中心委托区人民医院全面管理，挂牌区人民医院乐平分院。区人民医院派驻不少于10名医师到卫生中心工作，在科室建设、技术指导和质量把关等专业领域进行重点帮扶。同时，开通绿色通道接收从乐平分院转诊病患者，形成“基层首诊、双向转诊、急慢分治、上下联动”的分级诊疗格局。

正典生物成乐平首个获评省级重点农业龙头企业 2017年8月3日，佛山市正典生物技术有限公司（简称“正典公司”）获评省级重点农业龙头企业，成为乐平首家省级重点农业龙头企业。正典公司主要从事动物保健品研究开发、生产经营和技术服务，拥有6项发明专利、4个省名牌产品、4个省高新技术产品、60个注册商标，合作研究项目曾获“国家级星火计划项目”、佛山市科学技术进步一等奖等多个奖项。围绕农业供给侧结构性改革，乐平镇注重培育农业龙头企业，丰富农业经营主体。截至2017年，乐平拥有市、区级农业龙头企业6家，2个省、市级菜篮子基地、6个农民专业合作社、16个家庭农场。

全市首试镇级工地扬尘、工业废水直排有奖举报 2017年8月21日，乐平镇印发工地扬尘有奖举报办法，对于举报核实的个人给予10元话费奖励，全年举报奖励累计不超过100元。10月16日，印发工业废水直排河涌环境违法行为举报奖励办法，最高奖励金额提高至30万元，成为佛山市首个镇（街）有偿鼓励社会公众参与环保源头治理。

成立全区首个镇街法律人才库 2017年12月14日，乐平成立法律人才库，以更好地发挥镇法律人才专业优势，为推进依法行政、加快建设法治政府提供法律保障。人才库通过定期或不

2017年12月，三水高新创业中心获评国家级科技企业孵化器

（三水区供图）

定期组织成员参与各种类型法律讲座，沟通法治思想，提高业务能力，协助信访部门处理镇内疑难、重大信访案件，为上访群众提供法律咨询；协助调处镇内发生的重大敏感性、群体性矛盾纠纷案件；参与“法治镇街”创建活动，法治宣传活动。

【芦苞镇】 位于三水区中北部，东接广州市花都区赤坭镇，南接三水区乐平镇，西南与肇庆四会市相连，北及西北与三水区大塘镇接壤。总面积105平方千米，辖1个社区和6个行政村，有90个自然村。年末户籍人口3.73万人，常住人口5.26万人。耕地面积0.11万公顷，粮食播种面积0.08万公顷，粮食生产量0.38万吨。林地面积1 448.58公顷，森林覆盖率21.2%，活立木蓄积量161 317立方米。

年末全镇地区生产总值93.82亿元，比上年增长8.4%。其中，第一产业增加值6.03亿元；第二产业增加值77.3亿元；第三产业增加值10.48亿元。固定资产投资114.97亿元，比上年增长16.5%；社会消费品零售总额11.37亿元；外贸出口额3.93亿元；农村常住居民人均可支配收入20 528元，比上年增长6.8%。

举办北帝诞庙会 2017年3月29—31日，胥江祖庙北帝诞庙会举行。该次活动以“突破”“合作”“创新”为灵魂，进一步提高芦苞文化旅游知名度，为打造胥江古镇奠定良好文化基础。

佛山“新昌广场·奥特莱斯”开业 2017年5月29日，由香港新昌集团控股有限公司投资的“新昌广场·奥特莱斯”开业。该广场建筑面积15.5万平方米，包含“奥莱零售、餐饮美食、休闲娱乐、儿童乐园、婚纱摄影、萌宠天地、冰雪世界、咖啡书吧”等8大业态，是集旅游、度假、休闲、购物、娱乐一站式的特色小镇。该项目作为芦苞镇旅游文化产业的龙头项目，进一步强化和延伸“游祖庙、探古村、打高球、泡温泉、购名牌、品河鲜”特色旅游产业链，发挥旅游文化产业联动效应，把文化旅游名片转化为招商名片、人才名片、资源名片，助推芦苞镇构建三水的全域旅游核心区。

三水区首个镇级中医馆在芦苞启用 2017年6月29日，佛山市中医院三水医院芦苞中医馆揭牌运营，成为区内首家镇级中医馆。开业后，区中医院资源下沉，专家每周2次坐诊芦苞中医馆，面向当地居民提供中医养生、中医康复治疗、中医骨科、慢性病中西医结合调理等医疗服务项目，同时推动中医中药进社区，提升芦苞镇医疗卫生服务水平。

德尚木工智造项目举行奠基仪式 2017年8月10日，佛山市德尚家具有限公司（简称“德尚家具”）德尚木工智造项目在芦苞镇工业园区举行奠基仪式。项目计划总投资额1.5亿元，预计2018年底投产，达产后新增年产值1.1亿元，同时可吸纳周边300多名劳动力就业。

举办“孝善文化节”暨千叟宴敬老文艺晚会 2017年10月28日，芦苞镇独树岗村举办“孝善文化节”暨千叟宴敬老文艺晚会。该次孝善文化节以长寿之乡、孝善芦苞为主题，邀请独树岗村53岁以上长者和海外宗亲逾2 000人。

【大塘镇】 位于三水西区北部，与广州市花都区和清远市接壤，北江流经境内，广四线、清龙线及肇花高速公路贯境而过。2017年辖1个社区和7个行政村，有99个自然村。辖区总面积98.15平方千米。年末户籍人口42 841人。耕地面积1 769公顷，粮食播种面积（复种）1 427公顷，粮食产量23 397吨。林地面积1 489.95公顷，森林覆盖率17.47%，活立木蓄积量118 145立方米。是广东省蔬菜专业镇、佛山市首个省级可持续发展试验区、广东省城镇化技术集成应用试点单位、广东省绿色升级示范园区。

2017年全镇地区生产总值116.73亿元，比上年增长8.8%。其中，第一产业产值5.46亿元；第二产业产值95.01亿元；第三产业产值16.26亿元。固定资产投资110.2亿元，比上年增长18.5%。外贸出口额10.05亿元，比上年增长67.09%。

古闰（GTP）纺织印染研究院落户大塘 2017年6月3日，古闰（GTP）纺织印染研究院签约暨揭牌仪式在大塘工业园区召开。古闰（GTP）纺织印染研究院由广东奕美化工科技有限公司（前身为佛山市三水大唐树脂有限公司）与西安工程大学、武汉纺织大学联合共建，依托合作各方的平台资源、专家库人力资源和智力资源，以“政产学研”合作的新模式和新机制，开展纺织印染清洁生产及染整新技术、新材料的研究、开发及培训，带动区内外纺织传统产业的转型升级。

广东（三水）日化产业基地落户大塘 2017年6月8日，大塘镇举行广东（三水）日化产业基地揭牌暨入园项目签约仪式，涉及洗涤、洗护、护肤、彩妆多个领域。近年来，大塘镇将日化产业作为新兴主导产业，同步推进日化基地的空间规划和招商引资，与省日化商会合作共建高标准、现代化日化

2017年6月8日，广东（三水）日化产业基地落户三水大塘 （三水区供图）

基地。

打造联合办税厅　2017年，大塘镇政府会同区国税局、区地税局筹划建设佛山市三水区大塘镇行政服务中心国税地税联合办税服务厅（以下简称“大塘联合办税厅”）服务范围覆盖大塘、芦苞、南山，将原来分设的芦苞国税、大塘地税办税服务厅融合转变，并整体进驻大塘镇行政服务中心，通过融合窗口、融合业务、融合服务、融合管理，立足于“前台受理、内部流转、分工协作、限时办结、窗口出件”的内循环模式，设置国地税通办窗口，可办理国地税所有涉税事项，实现“一人受理，业务通办”，满足“一个窗口，一次办结”，充分发挥“1 + 1 > 2”的效应。同时，开设咨询辅导区、自助办税区、表单填写区、办税服务区、等候休息区等五个功能区域，设置14个办税窗口，结合全预约办税，进一步降低办税成本。

打造三水北部区域医疗中心和三水医疗次中心　2017年11月3日，区人民医院与大塘镇签约共建中西医结合医院（二级甲等）。此次合作双方形成紧密型医联体，将成为三水北部区域医疗中心和三水医疗次中心，有效解决区医疗资源不均衡、北部医疗资源薄弱的问题，满足芦苞镇、大塘镇、南山镇等整个北部区域常见病、多发病的诊疗需求，方便群众看病，节省医疗费用，提升居民幸福感，还将成为辐射清远、肇兴等区域的医疗次中心，提升大塘区域竞争力和城市价值。

【南山镇】　位于三水区最北端，与肇庆市的四会市、清远市的清新区接壤。2017年下辖4个社区和1个行政村，150个自然村。辖区总面积124.21平方千米。年末户籍人口2.5万人（含归侨侨眷2 630人），常住人口2.71万人。耕地面积1 332.26公顷，粮食播种面积404.2公顷，产量2 548吨。林地面积5 371.4公顷，湿地面积2 507.9公顷，林业用地面积5 362.9公顷，有林地和特殊灌木林地面积5 120.1公顷，非林地绿化1 065.7公顷，镇域森林覆盖率41.82%，活立木蓄积量464 610立方米。特色产业有富硒养生产业。2017年获“广东省级森林小镇”“广东省卫生镇”称号。

2017年全镇地区生产总值24亿元，比上年增长8%。固定资产投资28.02亿元，比上年增长18.5%。农村居民人均年纯收入13 953元，比上年增长1.05%。

入选省级森林小镇示范镇　2017年1月3日，广东省林业厅公布广东省森林小镇示范镇名单，南山镇位列其中。南山镇国土面积12 421公顷，林业用地面积5 371.4公顷，先后获得“广东省生态乡镇”“珠三角最美乡村”“中国慢生活休闲体验村、镇”称号。近年来，镇通过实施一系列林业生态工程，推进村镇绿化建设，形成以森林群落为主导，以乔、灌、花、草合理搭配，以山、城、村、路、田、岸合理布局和与城镇建设布局相适应的现代林业生态新格局，提升生态功能等级，改善人居环境，为打造森林小镇和创建国家森林城市工作打下坚实基础。

危房改造工作取得重大成果　2017年1月18日，佛山市迳口华侨农场危房改造自建户首批乔迁及南山侨苑交钥匙仪式在镇文化广场举行，标志着迳口华侨农场2 629户危房改造工作全面完成。限价房安置区侨苑的安置户于春节前拿到新房钥匙，而幸福村、和谐村、天桥村的危房改造自建户也陆续乔迁新居，危房户居住条件得到彻底改善。

举行中国（南山）大健康产业谷招商推介会　2017年2月28日，南山镇在三水西南举行中国（南山）大健康产业谷招商推介会，向广东省营养健康产业协会逾500个会员单位推介中国（南山）大健康产业谷，以及南山富硒小镇大健康农旅项目。推介会上，南山与省营养健康产业协会签订战略合作协议，并与广州韩能大健康产品、小小世界集团、广州精科生物科技、广州至和药业科技、广东盛时达生物科技等7家企业签订投资意向，产业涵盖高科技医养服务、保健品及化妆品研发、生物制造及智能穿戴设备研发、旅游项目开发等领域，预计总投资额达25.8亿元。广东省现代健康产业研究院南山分院在推介会上举行揭牌仪式。

大健康产业谷获评2017年优质大健康产业园区　2017年6月16—18日，南山镇参加第二十六届中国（广州）国际大健康产业博览会，对外推介大健康产业发展资源优势和投资环境，并在2017大健康产业奥斯卡评选颁奖典礼上，中国（南山）大健康产业谷获评2017年优质大健康产业园区。

借硒之利开启农业供给侧改革　2017年7月11日，南山镇举行土壤硒含量检测情况公布暨2017年十里水果长廊采摘季启动仪式。启动仪式上，广东省生态环境技术研究所分析测试中心博士张朝阳公布南山镇土壤硒含量检测情况：南山镇送检110个土壤样本，土壤硒均值0.52毫克 / 千克，硒元素含量最高1.21毫克 / 千克，富硒土壤占比70%。南山借硒之利，实施富硒特色小镇和大健康产业谷双轮驱动发展战略，在富硒健康产品研发、高值经济作物培育、硒资源保护等方面进行深度发展，全面开启南山农业供给侧改革，将东洲800公顷农业园区打造成富硒农业公园，发展高端生态型农业。

区内精准帮扶全面攻坚　2017年10月25日，南山镇在东和横岗咀村举行“精准帮扶总攻坚暨基础设施动工仪式”，全面启动南山镇23个帮扶村基础设施项目，帮扶工作进入攻坚阶段。年内，南山镇创新工作思路，多措并举开展精准帮扶和新农村建设工作，农村各项社会事业有新进展：村内经济有新突破，新农村建设有新成效，村村自来水工程有新局面，村民就业有新本领。

全域文旅成果获肯定　2017年11月16日，南山镇携手南丹山、九道谷、杜马禅院、土天陶等4个优质文旅项目，参加2017广东（佛山）创意城市博览会，呈现三水城市、经济、文化、生态的面貌及创意成果，以“创意+”推动城产人文融合。南山以自然禀赋和绿色资源为核心的全域文旅创意成果获得参观领导、群众高度评价。

省卫生镇创建工作通过专家组考核鉴定　2017年12月4—5日，广东省爱卫办组织考核鉴定专家组到南山镇对该镇创建省卫生镇工作进行现场考核鉴定。专家组认为，南山镇在创建广东省卫生镇活动中措施得力，成效显著，建议命名南山镇为“广东省卫生镇”。

（刘妮娜）

2017 佛山大事记

1月

△ 1 日　佛山市启动第三次全国农业普查现场登记工作。全市参与普查人员 7 600 多人，对 32 个镇（街）、580 多个村（社区）、33 万多个的普通农户、2 万多个的规模农业经营户，以及 1 700 多个农业经营单位进行农业普查。

△ 2 日　根据广东省政府 2016 年 12 月 26 日印发的《关于健全生态保护补偿机制的实施意见》，佛山市对广佛跨界河流等重点跨市域河流试行水质考核制度。

据广东省省情调查研究中心《2016 年广东省地方服务型政府建设系列调研报告》，佛山政府公共服务满意度位居全省第一。

△ 3 日　中共佛山市委召开民主协商会，邀请市各民主党派和工商联主要负责人、无党派代表人士、各人民团体主要负责人民主协商新一届市人大常委会、市人民政府、市政协领导班子成员和市中级人民法院院长、市人民检察院检察长候选人人选。

△ 6 日　佛山市召开 2017 年全市消费维权行业自律大联盟工作会议，强调发挥行业自律约束作用，保障市场消费品安全供给。

佛山市开展动物防疫“消毒灭原日”活动。

佛山市美丽文明村居建设工作推进会在高明区召开，宣布全市启动首批 110 个文明示范村居建设。

佛山市人民政府印发《佛山市建设健康细胞工程实施方案（2016 — 2020 年）》，对全市建设健康细胞工程试点、推广以及提升作出部署和安排。

△ 9 — 11 日　中国人民政治协商会议第十二届佛山市委员会第一次会议召开。会上，熊志翔当选为十二届市政协主席。

△ 10 日　佛山市发布《佛山市居住证实施办法》，这是全省首部关于居住证业务的政府规范性文件。

△ 10 — 12 日　佛山市第十五届人民代表大会第一次会议召开。市长矢伟代表市政府向大会作《政府工作报告》。鲁毅当选市人大常委会主任，朱伟当选市人民政府市长，赵菊花当选市中级人民法院院长，黄黎明当选市人民检察院检察长。

△ 15 日　由国务院新闻办公室主办、中国外文局中国报道杂志社承办的“第六届中德媒体对话”的宾客到佛山参观访问，就经济转型、创新发展、中德产业合作及新闻传播等方面与佛山市相关部门进行交流。

△ 24 日　中共佛山市第十二届纪律检查委员会第二次全体会议召开。会议提出坚持改革创新、深化标本兼治，推动全面从严治党向纵深发展。

《佛山市商事主体住所登记管理暂行办法》印发，明确“一址多照”“住改商”及监督管理办法。

△ 26 日　佛山市政府常务会议通过《关于大力培育新型农业经营主体的意见》《佛山市海绵城市规划建设管理暂行办法》等文件。

由广东省委主办的卫生计生系统“双十示范工程”创建活动中，佛山市中医院成为省内唯一入选的中医院。

2月

△ 7 日　广东省创新发展大会举行 2016 年度广东省科学技术奖颁奖仪式，佛山有 12 项科技成果获奖，数量位居全省第三。

△ 9 日　佛山市召开环境保护工作，强调要持续改善全市总体环境质量。

△ 14 日　10 时，佛山启动大气轻度污染精准管控预警。

2017 年“企业暖春行动”拉开序幕。市委书记鲁毅等市领导带队深入企业走访调研并座谈，听取企业诉求，要求各级各部门主动上门服务，切实帮助企业解决困难，支持企业发展。

△ 15 日　佛山市召开镇（街）党（工）委书记座谈会，提出新形势下各镇（街）书记要讲大局、勇担当，奋勇争先贯彻落实市十二次党代会精神，当经济社会建设的高手、当基层善治的好手、当改善民生的能手、当作风建设的强手。

佛山市市长朱伟率队到南海区调研“千灯湖创投小镇”规划建设情况，并对如何提升小镇建设进行深入研究。

△ 16 日　佛山市委政法和全市信访工作会议召开。会议强调政法和信访部门要切实担负起促一方发展、保一方平安、建一方和谐的责任。

佛山市政府常务会议通过《佛山市高端金融人才引进培育办法（试行）》《佛山市土壤污染防治行动计划》等文件。

△ 17 日　佛山市成立佛山政务新媒体联盟，整合全市政务新媒体资源。

△ 20 日　佛山市城市轨道交通工程项目指挥部召开二次工作会议暨城市轨道交通建设会议，全面部署 2 号线二期、4 号线一期、9 号线一期、11 号线和 13 号线一期等 5 个轨道交通建设项目。

△ 21 日　中共佛山市委召开常委会议，传达全国、全省宣传部长会议，

全省统战部长、公安局长会议精神，研究2017年市委常委会工作要点、“文化佛山”三年行动计划（2017—2019年）、通报2016年区委书记基层党建工作述职评议考核结果。

△22日　佛山市召开全市重点工作部署会。市委书记鲁毅出席，会议强调各级、各部门要从战略全局高度重视抓好重点工作。

△23日　佛山市旅游工作交流会在高明区召开。会议提出2017年要抓好旅游项目投资建设，培育旅游新业态，提升佛山旅游形象。

在顺德起家的顺丰快递借壳“鼎泰新材”上市，市值超2 100亿元，成为民营快递业“首富”。

△24日　佛山市政府组织召开创建国家森林城市冲刺动员会，与各区政府签订“十三五”期间森林资源保护和发展目标责任书。

△25日　全国首个O2O“产学研”烘焙学院开学仪式暨全国首个省地共建烘焙产业孵化基地挂牌仪式在顺德区举行。

△27日　国内首个以氢能源为动力的有轨电车示范项目在高明区启动建设。

△28日　顺德区第一人民医院更名为南方医科大学顺德医院。

佛山一中、顺德一中、顺德区勒流江义初级中学、顺德区北滘镇西海小学、禅城区张槎中学、三水区芦苞镇龙坡中学、顺德陈登职业技术学校、南海区信息技术学校被教育部评为全国首批国防教育特色学校。

△是月下旬至3月1日　佛山市市长朱伟率领政府代表团到俄罗斯、德国友好访问，签署佛山与俄罗斯纳罗福明斯克区建立友好城市关系协议书，与德方深入探讨中德工业服务区智能制造相关项目的发展。

3月

△1日　中共佛山市委常委会议通过《佛山2049远景发展战略规划》。

“无线佛山”APP在佛山电视台上线。

△3日　佛山市高新技术产业协会召开第二届会员大会。会上，由各领域专家组成的高新技术产业协会专家委员会成立，佛山市科技交流与成果转化服务平台启动。

△7日　佛山市经济和信息化局公布2月佛山市制造业重点企业PMI指数为52.7%，是2015年以来的最高值，高于全国（51.6%）和广东省（51.4%）水平。

△8日　第二届佛山市纪检监察机关内务监督委员会成立，12人被聘为内务监督委员会委员。

△9日　佛山市政府常务会议传达贯彻广东省环境保护局长会议精神；通过《2017年市〈政府工作报告〉重点工作分工方案》《佛山市城市治理三年行动计划》等文件。

△10日　佛山市政府印发《关于禁止在珠江三角洲水资源配置工程占地及淹没区范围内新增建设项目和迁入人口的通告》。

△13—17日　佛山市人大常委会开展档案法执法检查。

△17日　中共佛山市代表会议召开，选出出席中共广东省第十二次代表大会的33名代表。

△17—19日　2017中国新型城镇化经验交流会在顺德区举行，该次交流会的主题为“新型城镇化与产业转型升级”。

△21日　佛山市十五届人大常委会一次会议召开，任命新一届市人大常委会工作机构负责人和新一届市人民政府组成人员，批准市中级人民法院、市人民检察院等人事任免事项。

佛山市纪委监察局发布《佛山市企业维护合法权益投诉指引》。

△22日　佛山市政府召开2017年第一次全体（扩大）会议暨廉政工作会议。

佛山市精神文明建设指导委员会办公室发布《佛山市文明公交标准》，成为广东省内首个文明公交标准文件。

△23日　中共佛山市委常委会议通过《关于报送佛山市人大常委会2017年立法工作计划的请示》《关于报请审查市人大常委会2017年工作要点的请示》《关于报送政协第十二届佛山市委员会常务委员会2017年工作要点的请示》。

佛山市与云南省玉溪市签约结成友好合作城市，决定双方在产业互补、文化旅游、经济贸易、科技教育等方面加强合作。

△24日　佛山市政府办公室发布《关于进一步完善我市新建商品住房限购政策的通知》，决定：自2017年3月25日零时起，对2016年10月7日发布的《关于进一步促进我市房地产市场平稳健康发展若干措施的通知》进行调整，进一步收紧商品住宅限购政策。

佛山市成立首个重大行政决策咨询论证专家库及政府立法咨询专家库。

△28日　《佛山市委书记市长环境保护督查令暂行管理办法》印发实施。

△29日　全国人大常委会执法检查组到佛山开展《中华人民共和国产品质量法》执法检查。

4月

△1日　佛山首次开展干部双向互派挂职锻炼工作机制，首批下乡挂职干部30人。

《佛山市排污权有偿使用和交易管理试行办法》开始实施，企业排污由行政分配、无偿取得的方式转变为市场竞争分配、有偿占用的方式。

佛山市政府常务会议通过《佛山市深化供给侧结构性改革实施意见》《佛山市寄递物流安全管理办法（草案）》等文件。

△7日　佛山市首次召开卫生与健康大会。市委书记鲁毅和市长朱伟分别讲话，强调坚持把人民健康放在优先发展的战略地位，坚定不移把医改向纵深推进，努力开创卫生与健康事业新局面。

佛山市召开“三农”工作会议，强调要全面推进农业供给侧结构性改革，做强做优村级集体经济，持续促进农村居民增收。

△10日　佛山市社情民意研究中心启动。

佛山市人力资源和社会保障局印发《佛山市重点产业人才引进培育暂行办法实施细则》。

△11日　《佛山市职业学校兼职教师管理实施办法》印发实施，规定：未

来5年内，兼职教师占学校教师总数不低于20%；企事业单位在职专业技术人员和能工巧匠、非物质文化遗产国家或省级传人均可被聘为兼职教师。

△12日　中共广东省委书记胡春华出席佛山市委常委（扩大）会议，并对佛山进行调研。

广东省政府通报2016年森林资源保护和发展目标责任制考核情况，佛山市获评“优秀”，排名全省第二位。

△13日　佛山市委办和佛山市府办联合发布通知，市委书记鲁毅、市长朱伟分别担任佛山市总河长、副总河长。

△14日　佛山市人大、政协、纪委、宣传部、统战部分别召开（扩大）会议，传达学习习近平总书记对广东工作重要批示精神。

佛山、贵阳、南宁、柳州、肇庆五市高新区签署合作宣言，创新建立长效合作机制。

△17日　佛山市人大常委会启动2018年度立法计划建议项目征集工作。

△19日　由广东省委宣传部主办的广东省“老字号”“新品牌”企业核心价值观故事分享会上，东鹏陶瓷、石湾酒厂集团、冯了性药业获核心价值观企业示范点。

△20日　香港特区行政长官梁振英率团到佛山考察（梁振英率团考察粤港澳大湾区相关城市第二站），提出“香港+佛山”面向全球，加强优势互补。

△21日　佛山市首个危险化学品应急仓库挂牌成立。

△23日　佛山市公安局禅城分局出入境管理大队和禅城区张槎中心小学校长杨翠分别获得“全国巾帼文明岗”和“全国巾帼建功标兵”称号。

△26日　佛山市十五届人大常委会二次会议召开，听取和审议市政府关于佛山2016年环境状况及环境保护目标完成情况的报告和调研报告。

△27日　广东省副省长许瑞生、省人社厅厅长黄汉标、省环保厅厅长鲁修禄等到佛山检查中央环保督察整改广佛跨界河流整治及黑臭水体整治情况。

佛山市政府召开全市经济和信息化工作会议，市长朱伟提出以“六个着力”推动全市经济和信息化工作。

△28日　佛山市政府常务会议通过《佛山市2017年重点建设项目计划》《佛山市支持企业融资专项资金管理办法》等文件。

佛山市国家税务局、佛山市地方税务局与石湾酒厂、蒙娜丽莎等制造业大企业签署《个性化纳税服务协议》，帮助佛山制造业大企业防控税务风险，助力发展壮大，实现税企共赢。

佛山市旅游局在广州南站举办佛山号动车组冠名首发仪式。该列动车每日往返贵广两地，传播“佛山制造　中国功夫”城市形象。

△30日　全球创新技术应用转化中心和佛山先进金属材料研究院在佛山科学技术学院成立。

5月

△1日　《佛山市食品生产加工小作坊集中管理办法》开始施行。

△2日　佛山市委书记鲁毅、市长朱伟率党政代表团赴肇庆市，与肇庆市委书记赖泽华、市长陈旭东等领导参加两市合作发展交流座谈会。

中共佛山市纪委在全国率先公布国有企业上市廉洁风险同步预防工作指引《佛山市国有企业上市廉洁风险同步预防工作指引（试行）》。

△3日　佛山市镇村发展现代化专责小组召开第一次联席会议暨任务领办会议，制订《佛山市镇村发展现代化专责小组工作方案》，计划到2019年投资70亿元开展11类43个镇村重点项目建设。

佛山市首个青年创新创业社区丰收街·菁创聚开园，被定为北大数研院地合作示范基地、北大数研航遥智能飞行器（华南）基地、中国科技开发院佛山孵化中心和佛山市创业孵化基地。

△4日　广东省副省长袁宝成到佛山考察一方制药、文灿压铸、国星光电等制造业企业。

佛山市深化医药卫生体制改革领导小组办公室印发《佛山市推进医疗联合体建设指导意见》。

△5日　佛山市政府召开加快推进“互联网+政务服务”暨深化“一门式一网式”政府服务模式改革推进会。

△8日　佛山市投资促进中心揭牌，初步形成市、区与各镇上下贯通、左右联结的招商格局。

△9日　山东省潍坊市委书记、市人大常委会主任刘曙光率领党政代表团到佛山市考察，参观“华数一院两司”项目基地、广东（潭洲）国际会展中心和美的全球创新中心。

佛山籍选手刘景行在全国体操锦标赛暨全运会体操预赛中，获女子全能第三名。

中共中央国务院防灾减灾体制机制改革意见学习培训会在佛山举行。会上，宣布成立佛山市减灾委专家委员会，提升防灾减灾救灾能力。

△10日　佛山市公布建设人民满意政府100项环保民生实事，内容涵盖大气污染防治（36项）、水环境整治（41项）、固体废物管理（9项）、环境管理（14项）等4个方面。

△11日　广东省实施《珠江三角洲地区改革发展规划纲要（2008—2020年）》评估考核组到佛山开展2016年度工作实地考核，先后考察北汽福田汽车股份有限公司、联东U谷国际企业港、华南创谷、美的全球创新中心和利迅达机器人系统公司等企业。

“佛山市职工智能信息机器人上下料应用技能竞赛”决赛在南海区狮山镇举行。华材职业技术学校教师左湘被授予“佛山市职工技术状元”称号，张光耀等10人被授予“佛山市职工技术能手”称号。

△12日　第五次佛山市港澳合作工作联席会议在市机关小礼堂召开，市有关领导和联席会议46个成员单位相关负责人、联络员出席。会议对主动融入粤港澳大湾区建设、深化佛港澳各领域合作等工作进行部署。

“问计院士——佛山市打造面向全球的国家制造业创新中心咨询会”在佛山举行，15位中国科学院、中国工程院院士专家参会。

广东省文物保护基金会授予佛山知隐博物馆“2016年度广东省文化遗产保护突出贡献团体”称号。

△13日　佛山市首个社会力量防灾减灾救灾联盟和防震减灾志愿者队伍宣布成立。佛山市地震局与上海金汇通用航空股份有限公司签订应急救援合作

框架协议，引入直升机救援项目应对可能发生的地震灾害情况。

△13—14日　第三届广东院士高峰年会在佛山新城举行，50多位中国科学院、中国工程院院士携团队参加。

△15日　佛山市卫生和计生局发布《佛山市公立医院取消药品和医用耗材加成调整基本医疗服务价格实施方案（征求意见稿）》，纳入调价医疗服务项目3 206个，占全市医疗服务项目64.55%。

佛山市委第一轮巡察全面启动，佛山市环境保护局、佛山市残疾人联合会、佛山市第二人民医院被确定为第一轮巡察单位。

广东共青团“健康直通车”2017年医疗卫生志愿服务行动送医送药、义诊、医务培训、慰问困难群众西藏行启动仪式在西藏自治区林芝市墨脱县举行，佛山志愿服务队参与。

△16日　佛山市人大常委会召开2017年立法工作会议。安排立法项目3个，分别为《佛山市扬尘污染防治条例》《佛山市排水管理条例》和《佛山市住宅物业管理条例》；预备项目2个，分别是《佛山市出租屋管理条例》和《佛山市城乡规划条例》。

△17日　佛山市政府常务会议通过《关于加快高等教育发展实施意见》等文件。

佛山市首个安全健康技术展示会开幕，展示职卫健康设备和技术，来自佛山、东莞等地共33个单位参展，吸引逾3 000名企业负责人观看学习。

佛山首个云办公平台上线，首批使用云办公平台的企业50多家。

△18日　佛山市召开全面推行河长制工作大会，部署全面推进河长制工作。

广东省知识产权局与佛山市政府举行共建引领型知识产权强市工作会商会，当日，国家知识产权服务业集聚发展试验区（禅城园）开园，佛山市知识产权保护中心揭牌，禅城区知识产权质押融资风险补偿资金等多只基金同时启动。

中央人民政府驻香港特别行政区联络办公室副主任林武，广东省政协常委、佛山市政协常委、香港佛山社团总会主席邓祐才带领香港佛山社团总会访问团一行120多人到访佛山，市委书记鲁毅表示：要深化与香港的产业合作和科技文化交流，积极推动两地协同发展再创新局。

△19日　全国公安系统英雄模范立功集体表彰大会在北京举行。佛山市公安局刑事警察支队第八大队、佛山市公安消防支队特勤一中队被授予“全国优秀公安基层单位”称号；佛山市公安局特警支队突击大队三中队潘荣国、佛山市公安局刑事警察支队钱水、佛山市公安局交通警察支队高速公路一大队马丁发、佛山市公安局南海分局盐步派出所邹敢忠、佛山市顺德区公安局刑事侦查大队马宏声等被授予“全国优秀人民警察”称号。

广东省教育厅、佛山市人民政府、顺德区人民政府、三水区人民政府与南方医科大学、广东财经大学佛山校区分别签署四方共建协议，推动拓宽产学研合作渠道，培养多层次应用型人才。

△21日　佛山市博物馆的“小手拉大手，大城小工匠”佛山秋色赛会、顺德区博物馆的“顺博工坊”获评广东省内博物馆优秀青少年教育十佳项目，铁军小学的“佛山醒狮”获优秀奖。

△22日　佛山市环境保护委员会公布《佛山市贯彻落实中央环保督察组督察反馈意见整改方案》，要求重点做好广佛交界河流污染整治和佛山水道横滘断面、西南涌和顺大桥断面达标整改工作。

△24日　佛山市工业机器人产业标准联盟制定的《激光焊接机器人》《打磨抛光用工业机器人系统》《工业机器人维护保养通用技术规范》等3项工业机器人产业联盟标准发布施行。

佛山市大范围出现强降雨，局部大暴雨，全市有8个自动站录得雨量超过100毫米，顺德区大良镇宝林路路旁山坡出现泥石跌落。

△26—27日　中国教育信息化创客教育研究中心主办的首届STEM教育&创客教育学术论坛开幕，广东碧桂园学校、顺德碧桂园泮浦湾学校以及AIE常春藤国际幼儿园入选全国首批100所STEM教育&创客教育实验学校。

△27日　佛山市委书记鲁毅主持召开市委常委会（扩大）会议，传达部署贯彻广东省第十二次党代会精神。

佛山市武术协会第五次会员代表大会一次会议召开，刘永锋当选为佛山武协会长。

△28—30日，由佛山市旅游局、禅城区政府主办的“2017首届佛山·禅城旅游文化周暨高铁经济带旅游博览会”举行，旅游文化周主体活动涉及佛山等18个沿线城市，收入2 340万元。

6月

△1日　佛山市人民政府办公室发布《关于进一步加强房地产市场调控的通知》。自零时起，佛山把二手房纳入限购范围。

第二届“寻找最美南粤少年”活动中，佛山市姜笛、李至鹏、旦增美朵获2017年“最美南粤少年”称号。

△1—2日　粤港澳文化合作第十八次会议在佛山市召开。会议签署《粤港澳共同推进“一带一路”文化交流合作意向书》《粤港澳青少年文化交流合作意向书》及《粤港澳青年戏剧交流与合作意向书（第二阶段）》。

△2日　广东省妇联副主席刘兰妮为石湾镇街道石头村颁授“广东省儿童友好示范社区”牌匾。

△3日　2017年广东省高水平大学建设推进会暨产学研对接会在佛山市举行，宣布广东高校科技成果转化中心落户佛山，广东高校科技成果转化投资基金同时启动。

△5日　佛山市委书记鲁毅、市长朱伟率党政代表团到香港，与香港特别行政区行政长官梁振英，围绕“‘香港+佛山’，携手打造粤港澳大湾区”的合作项目深入交换意见。

△6日　佛山市举行打造“质量佛山”工作推进会，市委书记鲁毅强调：坚定不移走质量强市之路，努力将佛山制造打造成中国制造的最高品质。

△7日　佛山市政府常务会议通过《佛山市制造业转型升级综合改革试点三年行动计划（2017—2019）》等文件。

△8日　国务院扶贫办党组书记、主任刘永富赴四川凉山州考察佛山扶贫点工作，肯定佛山对口凉山扶贫协作工

作，希望佛山市围绕帮扶目标，突出特色向实向细向下发力，把对口凉山扶贫工作做成全国样板。

由佛山市政府与中国联塑集团控股有限公司联合建设的佛山泛家居品牌产品展示体验馆在澳大利亚悉尼启动。这是广东省商务厅与佛山市政府联手打造的首个国外展览馆。

佛山市调整全市2017年最低生活保障标准，由每人每月630元提高到900元，全市低保补差水平不低于每人每月530元。

△9日　佛山市公安局联合市交通运输局在禅城区季华五路与岭南大道交界处开始推行“路长制”，负责监督道路交通安全。全市首批20条交通“路长制”路段包括祖庙路、季华五路、佛山大道、禅港路、南海大道北、海八路、桂澜路等路段。

△13日　佛山市委书记鲁毅率队到粤桂两省（区）贫困村创业致富带头人（九江河清）培训基地调研，强调要鼓励更多佛山企业家参与扶贫工作。

△14日　佛山市公安局通报，全市“飓风扫毒1号”集群战役，破获大要集群目标案23宗，其他类毒品案107宗，刑拘219人，查处吸毒人员1605人，捣毁吸毒窝点42个，缴获毒品98.48千克。

△15日　广东省省长马兴瑞到佛山调研工业经济工作，强调坚持制造业立省不动摇，着力推动企业转型发展。

△15—16日　由国家卫生计生委计划生育基层指导司、中国人口报社、广东省人口发展研究院联合主办的全面二孩政策与生育友好型社会建设专题研讨会在佛山市召开。来自国内主要科研院所140多名专家学者代表出席。

△16日　佛山市委常委会通过《中共佛山市委政法委员会关于提请审议〈佛山市2017年全面依法治市工作要点〉的请示》《佛山市人民政府党组关于佛山市城市公立医院综合改革实施方案及取消药品和医用耗材加成调整基本医疗服务价格实施方案的报告》等文件。

△17日　佛山市体育局、市教育局、市妇联主办的“有爱佛山·旋风少年”2017年佛山市少年儿童跆拳道锦标赛在市体育馆举行。来自五区43所学校近900名中小学生参加比赛。

△18日　佛山市2000坐标系建立技术方案通过专家组评审。意味着佛山市地理空间数据将按统一标准转换，实现共享，有利于加速融入粤港澳大湾区。

△19日　中共佛山市委、市政府召开“佛山·脊梁企业”“佛山·大城企业家”命名大会，为获命名的20家“佛山·脊梁企业”和20位“佛山·大城企业家”颁发荣誉牌匾和证书。

△20日　佛山市举行排污权有偿使用和交易启动仪式，自此，新建、改建和扩建的工业项目要花钱购买排污总量指标，才可以合法排污。佛山也是全省首个启动排污权有偿使用和交易的城市。

2017年佛山市社会建设创新专项资金项目申报活动开始接受社会申报。佛山将投入350万元专项资金用于社会建设领域创新工作资助。

△21日　佛山市政府印发《佛山市全面推行河长制工作方案》。提出全面推行河长制，到2020年全市江河湖库实现河畅、水清、堤固、岸绿、景美总目标。

佛山市医改办召开新闻发布会公布，佛山公立医院综合改革将全面启动。

佛山市召开人民防空会议，强调全市人防系统要以建设“三强人防”（应战能力强、服务能力强、支援能力强）为总目标。

△22日　佛山市政府常务会议通过《佛山市打造珠江西岸融资租赁区域中心工作方案》《佛山市经济科技发展专项资金（经济和信息化局部分）管理办法（2017年修订）》等文件。

禅城区宣布启动建设“智信城市”，现场签约“区块链+”政务、民生、产业一批优质项目，并落地产业集聚、人才培养、技术研发、产业孵化等平台，构建区块链从研发到应用的全链条，成为全国首个探索区块链全应用的县（区）。

△23日　佛山市人力资源公共服务中心与佛山市建鑫住房租赁有限公司举行佛山市建鑫乐家人才公寓租赁服务合作签约仪式，为在佛山就业创业的人才提供低廉公寓租赁服务，首批公寓83套。

△25日　在由广东教育学会、广东当代民办教育管理研究院、广东省教育基金会共同举办的第二届广东当代民办教育优秀办学人评选表彰活动中，佛山美的教育集团董事长梁结银、顺德区龙江工业幼儿园张雪齐获“优秀办学人”称号；顺德德胜学校校长胡华生等6人获“优秀校长”称号。

△27日　佛山市农村土地承包经营权确权登记颁证工作推进会在高明区举行。

佛山市公安交警部门启用全国统一机动车号牌选号系统，同时，还启用一批机动车号牌新号段，供市民自编自选。

△28日　佛山市五区与四川省凉山州11个县、佛山10个村（社区）与凉山10个村集中签订结对帮扶协议（此前有南海区凤池社区与越西县达布村结对），并举行扶贫协作捐助仪式。

佛山市十五届人大常委会三次会议召开，批准市政府《关于佛山市级2017年财政预算调整的报告》，审议《佛山市扬尘污染防治条例（草案）》，并表决通过人事任免事项和终止黄力、郑灿儒、何兆明3人的佛山市十五届人民代表大会代表资格。

佛山市碧桂园集团党委等7个单位党组织被授予省非公经济组织“先进党组织”称号；美的集团全球创新中心党总支书记刘小文等7人获省非公经济组织“党员标兵”称号；广东东菱凯琴集团有限公司党委书记张宁和等7人获省非公经济组织“党务工作标兵”称号。

2017佛山跨境电商供应链高峰论坛举行，来自跨境电子商务界的300多名代表出席。会上公布2017年一季度佛山跨境电商交易额达16亿元，同比增长50%。

△29日　第八个广东（佛山）扶贫济困日活动启动，全市募集捐赠资金5.7亿元。

佛山塔坡公诞民俗文化活动举行，三尊金佛重新在塔坡古庙、塔坡公园安座。

△30日　佛山市委组织部决定在禅城区陈铁军故居、铁军公园等纪念场馆、历史古迹，以及禅城区南庄镇紫南村等处建立基层党建示范点，命名确立

市级党员教育基地 15 个。

是月，佛山传媒集团获 2016 年度广东新闻奖、广东省广播影视奖以及广东省新闻摄影年赛、广东报纸副刊优秀作品、广东第四届网络文化精品等一批专业大奖，其中获奖作品 91 件。

7月

△ 1 日　佛山公立医院基本医疗价格改革启动，全面取消药品和医用耗材加成，调整基本医疗服务价格。3 206 项医疗服务价格调整，其中升价项目 2 056 项，降价项目 1 150 项。

广东省首部治超地方性法规——《佛山市治理货物运输车辆超限超载条例》开始实施。

《佛山市寄递物流安全管理办法》要求各快递点对市内寄送快递实施实名登记。

△ 3—7 日　佛山市遭遇 2008 年以来最大洪水。全市各级政府组织防汛督导检查 821 次，转移安置群众 1 655 人，受淹农田（鱼塘）607.13 公顷，直接经济损失 2 261 万元，无人员伤亡。

△ 4 日　佛山市纪委监察局发布《佛山市重大工程廉洁风险同步预防系列标准》，深入开展佛山重大工程廉洁风险同步预防工作。

佛山市委常委、副市长蔡家华会见利比里亚驻华大使杜德利·托马斯，双方就开展合作交流交换意见。

△ 7 日　首届“广东好医生”致敬活动在广州举行。佛山市疾控中心医生杨泽锋获“广东好医生”优胜奖。

佛山市黄飞鸿国际文武学校通过“广东省义务教育标准化学校”评估验收，被评为“达标”学校。该校以“九年义务教育附设高中班”武术特色进行办学。

△ 10 日　南海、三水两区签订区域合作框架协议，敲定 33 个区域合作重点项目。以佛山国家高新区南海园、三水园为主体，在区域交界处规划建设 800 公顷（1.2 万亩）产业合作区，打造成为佛山面向全球的国家制造业创新中心新的增长极。

△ 11 日　广东省首个服务于国际贸易法律服务志愿团队——佛山市涉外商事法律服务志愿团成立暨热线电话启动仪式在佛山市律师协会举行。

△ 12 日　佛山科学技术学院举行创业谷落成仪式。创业谷旨在为创业青年提供创业服务综合体，面积约 4 000 平方米。首批 75 个创业团队已进驻。

△ 13 日　黑龙江省双鸭山市委书记孙喆率党政代表团到佛山考察交流。两市计划在农产品销售、旅游拓展等方面开展广泛合作。

南方医科大学附属佛山市中医院举行揭牌仪式，佛山市中医院与南方医科大学在科技创新、人才培养、教学管理等深入合作，整体提升双方核心竞争力。

△ 14 日　佛山首个公安派驻法院警务室在佛山中级法院揭牌启用。警务室日常为“两警三辅”驻所，定期排查、收集周边社情动态和突出治安问题。

△ 15 日至 8 月 20 日　第九届佛山市运动会在顺德区举行。运动会设青少年竞技体育组与学校体育组两个组别，近 5 000 名运动员参加 19 个大项比赛。

佛山市政府印发《佛山市全面提升教育现代化发展水平实施方案（2017—2020 年）》，提出到 2020 年，佛山实现更高水平教育现代化，建成教育综合改革示范高地，成为国内一流教育强市。

佛山市中医院与粤西、广西、贵州、湖北等地 21 家医院携手，成立佛山市中医院医疗联盟，促进成员单位抱团发展。

△ 15—17 日　在第十三届全国运动会龙舟决赛中，以佛山龙舟运动员为班底组建的广东龙舟队获 10 枚金牌和 1 枚铜牌。

△ 18 日　住房和城乡建设部会同国家发改委、公安部、财政部、国土资源部等九部门联合印发《关于在人口净流入的大中城市加快发展住房租赁市场的通知》，选取佛山、广州、南京、沈阳等 12 个城市作为首批开展住房租赁试点。

2017 年佛山“市长杯”工业设计大赛启动仪式在中欧中心举行。大赛增设材料组、机械装备组竞赛组别，聚焦服务佛山家具家电、陶瓷卫浴、机械装备等产业发展需求，增强工业设计引领制造业转型升级发展的作用。

佛山市食品药品监管局组织启动 2017 年佛山市食品药品安全百日行动，重点打击互联网食品药品、食品药品非法添加、药械和美容类产品三大领域违法犯罪行为。

△ 19 日　佛山市政府常务会议通过《佛山市推进特色小镇规划建设实施方案》等文件，并审定首批 15 个市级特色小镇。

佛山市构建开放型经济新格局重点工作推进会召开，以“五区竞合，参与粤港澳大湾区建设，构建开放型经济新格局”为主题，部署构建开放型经济新体制的思路和重点任务。

△ 20 日　“香港 + 佛山”粤港澳合作高端服务示范区投资环境推介会暨“香港城”发布会在香港举行，就“香港城”建设蓝图和“香港城创业扶持基金”方案进行专项发布。其中，“香港城创业扶持基金”计划 3 年内投入 2 亿元，为“香港城”创业青年定制 10 项扶持政策，符合条件的创业团队项目可享受资金扶持和补贴达 590 万元。

以瓦努阿图教育部部长夫人玛丽·安托万内特·尼鲁阿为团长的瓦努阿图高官夫人考察团一行到佛山市参观访问。

2017 年《财富》世界 500 强排行榜公布，美的集团、碧桂园集团上榜。

△ 22 日　“2017 年珠三角港澳青少年蔡李佛功夫赛”在佛山市体育馆开赛，来自佛山、广州、云浮、香港等地 30 支代表队、300 多名运动员参赛。

△ 22—27 日　西藏自治区墨脱县党政代表团一行到佛山开展交流活动。

△ 23 日　佛山市疾病预防控制中心公布：凡在佛山市居住的常住人口，均可在镇（街）卫生院、社区卫生服务中心（站）免费享受 12 项国家基本公共卫生服务项目，包括为居民建立健康档案、健康教育、预防接种、0～6 岁儿童健康管理、孕产妇健康管理、老年人健康管理、高血压和 2 型糖尿病患者健康管理、重性精神疾病患者管理、结核病患者健康管理、中医药健康管理、传染病及突发公共卫生事件报告和处理服务以及卫生监督协管。

佛山市鸿胜蔡李佛拳协会成立庆典暨志愿者服务队成立授旗仪式在禅城

区举行，黄镇江任会长。

△ 25 日　全国首张通过金税三期税收管理系统代开的增值税电子普通发票在佛山市开出。

美的创始人何享健在顺德公布 60 亿元慈善捐赠计划，其中 5 亿元现金用于设立顺德社区慈善信托，为全国备案慈善信托中资金规模最大。

△ 26 日　佛山市召开 2017 — 2019 年佛山对口帮扶云浮工作会议，部署与云浮产业共建、对口帮扶各项工作。

佛山市质量技术监督局发布《佛山市人民政府关于表彰 2017 年佛山市政府质量奖获奖企业的通报》，广东伟业铝厂集团有限公司、广东天安新材料股份有限公司、广东东箭汽车用品制造有限公司、广东新明珠陶瓷集团有限公司、广东盛路通信科技股份有限公司上榜，分别获 100 万元奖励。

在“第六届中国童声合唱节”中，佛山市 4 个合唱团共获 1 项金奖和 3 项银奖。

△ 27 日　中共佛山市委召开十二届四次全会，提出以习近平总书记重要批示精神为统领，全面贯彻落实广东省第十二次党代会决策部署。

△ 28 日　广州市政协与佛山市委、市政府、市政协在佛山联合举行“广州佛山互联互通　发挥枢纽服务功能”对接交流会。广州市政协主席刘悦伦、佛山市委书记鲁毅出席会议并讲话。

佛山市环境保护局公布：1 — 6 月，全市现场检查企业 31 463 家次，立案处理企业 865 宗，罚款金额 5 906.52 万元，比上年同期增长 212.2%。

由佛山市住房和城乡建设管理局和佛山市国有资产监督管理委员会联合指导，佛山市建鑫住房租赁有限公司主办的佛山市国有专业化住房租赁平台首批房源线上摇珠，首批 83 名租客 8 月底入住。

△ 29 — 30 日　由广东省武术协会主办的 2017 年广东省第十届武术精英大赛在广州举行。佛山真武馆 253 名学员参赛，共获 186 个金奖。

△ 31 日，佛山市政府常务会议通过《佛山市排水管理条例（草案）》等文件。

是月，佛山广播电视大学更名为佛山开放大学。10 月 24 日，佛山开放大学举行揭牌仪式，成为佛山服务全民终身学习的新型高等学校。

8月

△ 1 日 《市委书记市长环境保护督查令》（2017 年第 1 号）颁布，佛山市市长朱伟要求南海区各级各部门确保水口水道水质年底达标。

佛山市文化广电新闻出版局颁布实施《佛山市扶持影视产业发展的若干政策》，企业到佛山投资影视产业最高可获 500 万元资金扶持。

广东省政府办公厅发布《关于 2016 年度实施珠三角规划纲要工作考核情况的通报》，佛山市被评为“优秀”。

“标准品牌 · 质量佛山”在中欧中心举行。佛山市委书记鲁毅、市长朱伟出席会议并为获 2017 年佛山市政府质量奖的企业颁发牌匾，同时启动“质量佛山 · 中国力量”——第六届品牌佛山系列活动。

△ 2 日　佛山市召开特色小镇建设工作会议，宣布全面启动创建全市首批 15 个市级特色小镇，市级财政安排 15 亿元专项资金用于扶持首批市级特色小镇建设，各区财政按照不少于 1 ∶ 1 的区级财政资金予以配套。

佛山市人大常委会召开地方立法研究评估与咨询服务基地签约授牌暨工作座谈会，广东财经大学、佛山市委党校和佛山城市规划设计研究院成为佛山市地方立法研究评估与咨询服务基地。至此，佛山地方立法研究评估与咨询服务基地增至 6 个。

△ 2 — 3 日　第三届全国青少儿语言艺术大赛总决赛在北京举行，佛山选手邓碧颐获总决赛银奖，刘丽瑶获铜奖。

△ 3 日　佛山国防科技工业技术成果产业化应用推广中心揭牌暨广东国防科技工业技术成果产业化应用推广中心授牌仪式在南海区举办。

△ 3 — 4 日　广东省委书记胡春华到佛山市调研科技创新工作，强调要深入实施创新驱动发展战略，推动高新技术企业加强核心技术研发，扩大产品和技术应用。

△ 4 日　交通运输部公布“十三五”期间全面推进公交都市建设首批创建城市名单，佛山成为广东省唯一创建城市。

佛山市首个购买商品房作为公租房项目——丽雅嘉园 320 套房源开始接受申请，在桂城工作的新市民可通过积分入住。按照政府指导价，积分对象最高租金每月 22 元 / 平方米，南海户籍的住房困难家庭，最低租金每月 2 元 / 平方米。

△ 6 日　全国首家代表军民融合、国家战略、北斗产业专业委员会——北斗科技信息专业委员会在顺德区陈村镇揭牌，将国家高、精、尖的军用技术转化为民用商用项目。

△ 7 — 8 日　广东省政府第四督导组到佛山督导全年消防重点工作推进、火灾隐患重点地区整治、高层建筑消防安全等工作情况。

△ 8 日　第三届粤桂黔高铁经济带合作联席会议暨粤桂黔高铁经济带合作试验区（贵州园）建设工作现场会开幕式在贵州黔南州举行。会上，佛山与 12 个城市签署《粤桂黔高铁经济带协同创新合作共识》，同时，与南宁市、贵阳市签订缔结友好高新区合作项目协议。

△ 9 日　佛山市委书记鲁毅率党政代表团赴湛江市考察交流、对接新时期精准扶贫对口帮扶工作。

△ 11 日　佛山市第一人民医院健康管理中心举行全国健康管理示范基地揭牌仪式，该基地为佛山首个，广东省第二个。

△ 14 日　广东省卫生和计生委员会发布《广东省爱卫会关于开展省级健康城市健康村镇试点工作的通知》，佛山成为省健康城市试点、佛山市禅城区南庄镇等 32 个镇（县城）为省健康镇（县城）试点、禅城区祖庙街道扶西村等 263 个村（社区）为省健康村（社区）试点。

△ 15 日　佛山市政府常务会议通过《关于调升 2017 年城乡居民基本养老保险基础养老金标准的工作方案》等一批文件。

△ 16 日　佛山市十五届人大常委会四次会议召开。会议通过《政府工作报告》等 6 个报告，并作出相关决议；

任命邓建伟为佛山市人民政府副市长、市公安局局长；免去江楷鑫的佛山市人民政府副市长、市公安局局长职务。

第二十六届中国金鸡百花电影节暨第三十一届中国电影金鸡奖提名名单公布。由广东粤剧院与广州中投文化有限责任公司联合出品的粤剧电影《传奇状元伦文叙》获最佳戏曲片提名。

△ 16 — 29 日　第十九届航海模型动力艇项目世界锦标赛在匈牙利瑙吉考尼饶市举行。佛山籍选手李至鹏和陈思翀获 MINI — ECO — EXP 项目团体第三名（铜牌），陈思翀获 MINI — MONO 项目个人第四名，区炜荧获 ECO — EXP 项目个人第六名。

△ 17 日　佛山市参与“一带一路”建设推动实体经济“走出去”工作会议在市机关小礼堂举行，部署突出规划引领，尽快编制“走出去”系统性指导文件、突出政策扶持等六方面工作。

△ 18 日　佛山市“全民禁毒工程”动员部署会召开，副市长、市公安局局长邓建伟代表市禁毒委，分别与各区禁毒委主任签订《2017 — 2019 年全民禁毒工程目标管理责任书》。

小镇大梦想城市创新论坛暨《丹灶新密码》发布会在南海丹灶力合星空 · 728 创域举办，会上公布首个在佛山孵化器内发行募集、由政府引导的创业投资基金。

△ 20 日　2017 年新加坡第六届国际华文合唱节落幕，佛山市禅城区共鸣合唱团获金奖。

△ 21 日　东方好莱坞控股有限公司与禅城区南庄镇紫南村委会签订合作意向书，共同开发紫南村电影部落民宿，提出将紫南村打造成为中国电影外景拍摄基地的远景规划，并合作建立佛山本地主办的国际电影节。

△ 22 日　佛山市委召开十二届市委第二轮巡察工作动员部署会，8 月下旬至 10 月下旬，市委 4 个巡查组分别对市财政局、市水务局、市商务局、市质量技术监督局、市体育局、市安全生产监督管理局、市统计局、市档案局开展巡察。

佛山市政府印发《关于全面治理拖欠异地务工人员工资问题的实施意见》，对涉及异地务工人员工资争议案件优先立案优先开庭。

以工业和信息化部为指导单位，由广东省经济和信息化委员会主办的 2017 年“创客中国”广东省创新创业大赛暨首届“创客广东”大赛决赛在南海区举行。12 个来自全省各地的创新项目进行角逐，并与超过 30 家知名企业商业领袖进行产业对接和投资洽谈。

佛山市第八届残疾人运动会在佛山科学技术学院开幕，全市五区 220 名残疾运动员参与 6 个大项 105 个小项的比赛。

住房和城乡建设部发布《住房城乡建设部关于公布第二批全国特色小镇名单的通知》，公布第二批全国特色小镇 276 个，佛山市南海区西樵镇和顺德区乐从镇榜上有名。

△ 23 日　新加坡—广东合作理事会新方联合主席、新加坡教育部（高等教育和技能）部长兼国防部第二部长王乙康一行到访佛山，考察南海区丰树集团国际教育基地项目和顺德职业技术学院中国烹饪学院，探讨两地加强教育交流合作。

第 13 号台风“天鸽”登陆佛山，全市转移危险区域群众 60 609 人、安置 35 909 人，启用应急避护场所 1 648 处，经济损失 310 万元。

2017 佛山影视产业香港招商推介会在香港举行，宣传推介“广莱坞”中国南方影视中心项目。

顺德区陈村职业技术学校被教育部批准为第二批现代学徒制试点之一。

△ 24 日　中国空间技术研究院佛山军民融合对接会在佛山市举行。佛山市政府与中国空间技术研究院签订战略合作协议，钱学森空间技术实验室佛山分部、智能上下料机器人等多个项目签约落地。

佛山本土首部以“质量佛山 · 中国力量”为主题的原创剧本微电影《设计师 24 小时》在蒙娜丽莎集团总部举行开机仪式，讲述佛山设计师在 24 小时内的生活，诠释精益求精的工匠精神。

由人民文学出版社、天天出版社主办的第二届“青铜葵花儿童小说奖”颁奖典礼在北京举行。佛山作家洪永争作品《摇啊摇，疍家船》获最高奖“青铜奖”。

△ 25 日　四川省委副书记、省长尹力率代表团到佛山市行政服务中心考察“一门式一网式”政府服务模式改革情况。

佛山市科学技术局网站公布 2016 — 2017 佛山市重大科技项目（应用型核心技术攻关领域）立项清单，包括新能源、新材料、先进制造、生物医药、环保、电子信息 6 个领域 100 个科技项目，获 1 亿元经费支持。

△ 27 日　习近平总书记在第十三届全国运动会开幕时会见全国群众体育先进单位、先进个人代表和全国体育系统先进集体、先进工作者代表以及在该届全运会群众比赛项目中获奖的运动员代表，包括佛山九江女子龙舟队教练区俭安和队员方金彩。

第 14 号台风“帕卡”登陆，佛山出现明显风雨，全市停课、停航、停运，直接经济损失 48 万元，无人员伤亡。

△ 28 日　佛山市市场监管服务信息化平台启用，是全国首个覆盖市、区、镇（街）三级监管服务职能部门的市场监管服务平台。

△ 28 — 30 日　第三届珠江西岸先进装备制造业投资贸易洽谈会在广东（潭洲）国际会展中心举行。珠江西岸佛山、珠海等 8 个城市，233 家企业，700 多件展品参展，签约项目 288 个，投资总额 3 368.5 亿元。其中佛山签约项目 102 个，投资额 1 213.9 亿元，均居八市之首。

△ 29 日　广东省发展改革委公布特色小镇创建工作示范点名单，佛山有禅城陶谷小镇（石湾—南庄）、南海千灯湖创投小镇、顺德特色小镇集群示范区（北滘—龙江—乐从—陈村）。

△ 30 日　广东省环保厅对 2016 年度广东省企业环境信用评价结果公示，广东溢达纺织有限公司等 9 家企业拟被评为“绿牌”（环保诚信企业）。

中央精神文明委员会在乌鲁木齐举办 8 月“中国好人榜”发布仪式暨全国道德模范与身边好人现场交流活动，佛山“巾帼仁医”李国华因在车祸现场 1 小时救出 10 多名伤员的义举上榜。

佛山市人社局与总工会签订合作协议，将建立劳资纠纷联合处置机制，并帮助全市广大职工提升技能水平和劳动法律意识。

9月

△ 1日　工业和信息化部发布2017年首批绿色制造示范名单，佛山市海天（高明）调味食品有限公司等5家佛山企业被认定为绿色工厂，海信容声（广东）冷柜有限公司、广东美的制冷设备有限公司被认定为绿色供应链管理示范企业，广东美的厨房电器制造有限公司等4家企业近20款变频分体挂壁式空调器、家用电冰箱、吸油烟机、空气净化器被认定为绿色设计产品。

佛山市消委会制订《佛山市消费者委员会参与广东省消费者委员会开展公益诉讼工作实施办法》，依法共同保护消费者合法权益和社会公共利益。

△ 4日　柏林艺术馆挂牌“广东省非物质文化遗产传承基地”，成为佛山第九个省级非遗传承基地。

△ 5日　经典再现——“广莱坞+徐小朋携手打造”50集大型连续剧《新·霍元甲》暨“广莱坞”项目签约发布会在佛山市举行。7个重点项目集中签约、4个项目对外发布。

瓦努阿图美拉尼西亚朋友党议员、议会第一副议长麦克雷维斯率领瓦努阿图政府议会联合考察团到佛山考察经济社会发展情况。

△ 6日　加快建设面向全球的国家制造业创新中心工作推进会召开，佛山市委书记鲁毅强调要对接落实好国家和省的重大战略，加快建设“一环创新圈”，打造高端创新集聚区。

佛山市委书记鲁毅主持召开全市文化发展工作会议，强调加快文化导向型城市建设。

广东天安新材料股份有限公司在上海证券交易所上市。

△ 7日　佛山市委召开常委会议，听取《佛山历史文化丛书》编撰出版工作和审议通过《佛山市大数据统筹发展体制机制改革方案》。

科技部与联合国开发计划署“促进中国燃料电池汽车商业化发展项目”佛山项目启动仪式暨佛山市南海区新能源汽车（氢能）产业招商推介会在南海区举行。佛山成为全国五个燃料电池汽车商业化发展项目示范城市中首个启动示范项目的城市。

佛山市启动“互联网+新市民”自助申报平台。

△ 8日　第十三届全国运动会在天津闭幕。佛山67名运动员参加22个项目比赛，取得13枚金牌、9枚银牌和5枚铜牌，名列全省第二位。

佛山市政府常务会议通过《佛山市降低制造业企业成本支持实体经济发展若干政策措施》等文件。

△ 9日　禅城区祖庙街道党工委委员、纪工委书记钟治田获中央纪委嘉奖。

△ 11日　中国驻德国大使史明德到佛山调研。佛山市委书记鲁毅表示将不断深化对德经贸合作，助推佛山经济发展。

佛山市委、市政府印发关于加快高等教育发展实施意见》，对高等教育发展提出多项举措。

佛山2016年度高端金融人才认定结果公布，143人获认定。佛山市高端金融人才的认定分为金融领军人才、金融高级管理人才、金融高级专业人才3类，金融领军人才每年最高奖100万元。

△ 13—14日　2017年中国（广东）——欧洲投资合作交流会在中德工业服务区举行，有来自德国、法国、英国、意大利等国的12家欧洲商（协）会参会。

△ 14日　佛山市委常委会议通过《佛山市降低制造业企业成本支持实体经济发展若干政策措施》。

佛山市委书记鲁毅率队到广东省住房和城乡建设厅，共同协商佛山打造高端创新集聚区各项工作。

欧洲投资合作交流会企业考察活动在顺德区举行。飞利浦、雀巢、思爱普等企业代表参观广东（潭洲）国际会展中心、美的集团及广东嘉腾机器人自动化有限公司，实地考察顺德营商环境。

由广东省教育厅举办的2017年广东省职业院校教师信息化教学大赛中，佛山职校（包括中职、高职）获一等奖13项，二等奖25项和三等奖22项。

△ 15日　《佛山市降低制造业企业成本支持实体经济发展若干政策措施》印发，包括10条政策、25项具体内容为佛山企业减负。

佛山市政府与中国能建集团公司在佛山举行共同创建佛山军民融合创新示范区签约仪式。

广东顺德工业设计研究院被教育部授予“全国工程专业学位研究生联合培养开放基地”称号，成为全国首个工程专业学位研究生联合培养开放基地。

△ 16日　《佛山情书》首发式暨“最岭南之再向佛山行”活动仪式在佛山市图书馆举行。该书围绕佛山美食、功夫、粤剧、陶瓷、历史建筑、古村落等文旅资源，挖掘人物和故事，展现佛山魅力。

佛山科学技术学院仙溪校区启用。

△ 18日　《广东省人民政府关于同意授予于天启等80位同志广东省名中医称号的批复》发布，佛山市中医院蒋开平和谭峰上榜，成为第四批广东省名中医。

△ 18—19日　新疆生产建设兵团第三师图木舒克市党政代表团到佛山访问，双方签订关于深化和拓展对口支援工作框架协议。

△ 19日　“2017广东省百强民营企业”榜单公布。佛山市美的集团、碧桂园等15家企业榜上有名。

佛山市贸易促进会组织电器、金属材料加工、陶瓷等佛山品牌企业出访坦桑尼亚，并举办中国（佛山）——坦桑尼亚推介会暨企业对接会，坦桑尼亚60多家企业代表参加对接，达成意向投资额达1 500万元。

△ 20日　第二届广佛国际创客节在南海区丰树华南新加坡城开幕，采用“政府统筹+市场主导+全民参与”的模式。

△ 22日　中共佛山市非公有制经济组织委员会成立。

△ 25日　佛山市政府印发《佛山市人民政府关于加强全市幼儿园教师队伍建设的实施意见》，建立幼儿园教师待遇保障机制，提升幼师队伍专业化水平。

佛山市人力资源公共服务中心与东北师范大学调研组商定，将东北师范大学作为“吉林省—佛山市人才驿站”，这是佛山在东北地区的首个人才驿站。

△ 26日　顺德区领导干部大会召开，宣布郭文海任顺德区委书记，区邦敏不再担任顺德区委书记。

第七届岭南诗会·第二届中国佛

山长诗品鉴暨长诗奖颁奖会在佛山市图书馆举行。欧阳江河、北岛、张况等17位全国知名诗人获“第二届中国佛山长诗奖”。

△ 27日　“权威发布·主流声音——2017微政务论坛”在浙江杭州举行，“佛山发布”在全国政务微信中排名第三。

△ 28日　经广东省委批准，区邦敏任佛山市委副书记。

佛山首份制造业供给侧结构性改革调研报告发布，指出佛山制造业具有先发性、内源性、集群性、根植性、关联性、平衡性等一系列特点。

△ 28日至10月8日　2017年亚洲都市景观奖颁奖礼在宁夏银川市举行。佛山的翰林湖农业公园、岭南天地商业街区、北滘镇碧江古村落活化、南风古灶、逢简美丽乡村获都市景观奖。其中，翰林湖农业公园还获最高荣誉“亚洲都市景观奖”。

△ 29日　佛山首个新型智库——大数据与佛山经济运行研究中心落户广东财经大学（佛山校区）。

△ 30日　佛山市十五届人大常委会五次会议召开，审议《佛山市机动车和非道路移动机械排气污染防治条例》和《佛山市历史文化街区和历史建筑保护条例》实施情况的执法检查报告；任命郑大光为佛山市人民政府副市长。

10月

△ 10日　中共佛山市委党史办编写的《中国共产党佛山历史大事记（2011.1—2016.12）》出版发行。

在河北省承德市举办的2017年森林城市建设座谈会上，佛山市委书记鲁毅代表佛山接过“国家森林城市”牌匾，并在会上介绍“金佛山，银佛山，生态文明创新建设美佛山”实践经验。

晚上，由佛山市委宣传部、市文广新局联同市总工会、市旅游局和市文化馆（站）联盟组织的佛山特色群众文艺节目首次以专场形式在央视三套《群英汇》栏目播出。

△ 12日　由佛山市社科联、佛山日报社组编的《佛山地理》系列丛书第二辑出版发行。

中国首个机器人学院在广东（潭洲）国际会展中心对外开放，将致力打造机器人产业生态圈。

胡润百富榜2017发布，佛山38名企业股东上榜。其中，入围前100名有3人，分别是排名第四位的碧桂园杨惠妍，第八位美的集团何享健、何剑锋父子以及第六十八位的海天味业庞康。

△ 12—15日　第三届中国（广东）国际“互联网+”博览会在广东（潭洲）国际会展中心举行。来自全球的656家覆盖智能制造、“互联网+”等企业携国际前沿技术亮相。20个投资达829亿元的重大项目签约佛山。工信部信息化和软件服务业司司长谢少锋，广东省副省长袁宝成等国家、省相关负责人，以及前民主德国总理洛塔尔·德梅齐埃等外宾出席。佛山市委书记鲁毅致欢迎辞、市长朱伟主持开幕式。

△ 13日　佛山市召开全面加强生态文明建设部署动员大会，加快打造粤港澳大湾区高品质森林城市。

△ 15日　继2007年《石湾陶瓷》邮票发行后，第二套以佛山题材《粤剧》特种邮票在祖庙万福台首发。

△ 17日　国家发改委召开全国价格工作典型经验总结推广电视电话会议，通报各地重点价格改革任务进展情况。佛山作为全国十个代表城市之一在广东省分会场作典型发言，介绍清费减负降成本的工作经验。

广佛同城项目建设相关工作协调会在佛山市召开。协调会就轨道、路网建设及污水治理等多个具体项目明确推进时间和责任单位。广州市副市长马文田及佛山市副市长赵海出席会议。

△ 17—23日　第十三届世界龙舟锦标赛在昆明举行，来自24个国家和地区的2 500多名运动员参赛。代表中国队出战的顺德龙舟队夺7枚金牌，为历史最好成绩。

△ 23日　佛山市第二届陶瓷艺术大师评选揭晓，钟婉尧、童盛强等15人入选。至此，有62人获“佛山市陶瓷艺术大师”称号。

△ 26日　佛山、珠海、中山、江门四地律师协会签订《佛珠中江四地律师法律服务区域合作协议》，共同推动四地法律服务同城化。

△ 28日　佛山市宣传文化系统学习宣传贯彻党的十九大精神专题会议在市新闻发布厅举行。会议强调全市宣传文化系统工作者要深刻领会党的十九大精神实质和深刻内涵，切实用习近平新时代中国特色社会主义思想武装头脑，引导全市掀起学习宣传贯彻热潮。

△ 31日　佛山市委常委召开会议，研究《佛山市学习宣传贯彻党的十九大精神总体工作方案》和《中共佛山市委关于建立健全激励机制鼓励干部担当有为的若干意见》等文件。

佛山市政府常务会议通过《关于佛山市公共服务领域推广政府和社会资本合作模式实施意见（试行）》等文件。

佛山市市长朱伟率队巡察九江基涌、丰岗公涌、香基河，调研广佛跨界河流治理工作。强调抓紧推进治水工程，努力做到水质达标。

由国家体育总局武术运动管理中心打造的“世界功夫搏击——中国泰拳职业联赛”启动仪式在佛山市举行。该赛事是中国首个全部由各国国家队队员参加的国际A级赛事，计划12月举办。

11月

△ 1日　禅城区社会综合治理云平台获住房和城乡建设部2017年中国人居环境奖。

△ 2日　广东省住建厅、佛山市政府、建行广东省分行共建住房租赁市场全面深化合作系列签约仪式在佛山市举行。佛山获建行3 000亿元授信支持，并推出全国首个政银合作的住房租赁监管及交易平台。

德国因戈尔施塔特市政府代表团和波兰斯达洛加勒德市政府代表团到佛山市访问。佛山市有关领导会见两市代表团。两市表示在文化、经济和教育等领域与佛山展开更密切合作。

由中华全国新闻工作者协会主办的第二十七届中国新闻奖评选揭晓。佛山日报社采写的《“亲清八条”构建新型政商关系》获中国新闻二等奖。

△ 2—5日　在第六十九届德国纽伦堡国际发明展上，南海区九江镇教师刘志伟和区坤开作品“智能浇水施肥系统”获金奖，广东省实验中学南海学校

学生宁诗怡、汤晓君作品“植物智能工厂”获银奖。

△ 3 日　2017“才聚佛山”海外高科技人才对接交流会在佛山市举行。会上，50 多名海外高科技人才带来 10 个项目与佛山政企洽谈对接。

△ 3 — 5 日　佛山市政府代表团前往黑龙江省双鸭山市开展对口合作交流活动，市长朱伟代表佛山市与双鸭山市签订对口合作框架协议。

△ 4 日　凤凰卫视《筑梦天下》栏目以《美丽中国——佛山行》为主题，对佛山美丽乡村进行深度专题报道。

△ 6 日　由南方影视中心、佛山文化发展投资管理有限公司联合摄制，王伟民执导，王力可等主演，反映凉山脱贫攻坚故事的电视连续剧《索玛花开》在中央电视台播出。“佛山携手凉山”在剧中呈现。

△ 8 日　佛山市正处级领导干部和各镇（街）党（工）委书记学习贯彻党的十九大精神专题研讨班开班，市委书记鲁毅强调要全面系统学深悟透习近平新时代中国特色社会主义思想，把握党的十九大精神的思想精髓，推动党的十九大精神在佛山落地生根、开花结果。

在广东省文明委员会召开的精神文明建设工作表彰电视电话会议上，南海区九江镇、顺德区北滘镇、三水区西南街道江根村、禅城区南庄镇紫南村获“广东省文明村镇”称号。

△ 9 日　佛山市委书记鲁毅到顺德区北滘镇调研督导学习贯彻党的十九大精神，参观广东工业设计城党员活动中心和北滘镇黄龙村，并与党员就如何围绕基层学懂党的十九大精神深入交流。

由佛山市人社局、市科技局依托佛山市政府人才网共同打造的佛山市高新技术企业人才综合服务平台上线运行。平台将向市高新技术企业、学校、院士及高层次人才等用户，提供人才交流、科研合作对接等服务。

中国工艺美术协会公布首批“大国非遗工匠”认定名单，佛山陶艺家杨锐华、黄志伟名列其中。

第三届中国并购高峰论坛在广东金融高新区举行。多个投资基金与平台现场签约，开启并购新时代佛山产融结合的新篇章。

△ 10 日　由佛山市委书记鲁毅带领，市党政班子成员，市人大常委会、市政协主要负责人以及各区委负责人，面对党旗，庄严宣誓。以实际行动体现学习贯彻十九大精神的成果。

△ 11 — 12 日　佛山市首次承办的国家最高级别龙舟赛事——“泰禾杯”一带一路 2017 年中国龙舟公开赛总决赛暨第一届全国村（居）龙舟公开赛在佛山新城东平河举行。苍南聚龙南海大沥雅瑶圣堂队以团体总分 70 分夺中国龙舟公开赛总决赛冠军，南海九江烟南永恒头盔队以团体总分 78 分夺首届全国村（居）龙舟公开赛桂冠。

2017 第二届蔡李佛功夫佛山锦标赛总决赛在佛山市体育馆举行，来自内地和港澳地区，以及东南亚等地共 46 支队伍，近 500 名运动员参赛，全面展现蔡李佛拳优秀技艺，弘扬佛山功夫文化。

△ 14 日　佛山市召开书记市长环境保护督查令约谈会议。会上向高明区荷城街道、禅城区祖庙街道发出第 2 号和第 3 号环保督查令。市长朱伟强调，精准治污要有硬措施，更要抓落实。

由中国人民大学中国经济改革与发展研究院和经济学院联合发布，“2017 中国企业创新能力 100 强”企业，广东溢达纺织有限公司位列榜单，成为唯一跻身百强名单的佛山企业。

△ 16 日　2017 福布斯中国 400 富豪榜发布，佛山 9 人上榜，全部来自碧桂园、美的、海天 3 家上市公司。其中，碧桂园的杨惠妍凭借 1 370.3 亿元财富净值排名第六，美的集团何享健凭借 1 237.9 亿元财富净值排名第七。

△ 16 — 19 日　由广东省文化产业促进会主办的 2017 年广东（佛山）创意城市博览会在广东（潭洲）国际会展中心举行，吸引观众 26 万人次参观。

△ 17 日　全国精神文明建设表彰大会在北京举行。佛山市继续保留“全国文明城市”称号。同时，市第一人民医院、禅城区行政服务中心、南海区桂城街道办事处获评“全国文明单位”，南海区里水镇、禅城区南庄镇紫南村、顺德区杏坛镇逢简村、三水区白坭镇岗头村获评“全国文明村镇”，三水实验小学被评为首届“全国文明校园”，市文明办被评为“全国未成年人思想道德建设工作先进单位”，菠萝义工队队长王治勇获“全国道德模范提名奖”。市委书记鲁毅代表佛山参加大会接受表彰。

第十六届中国政府网站绩效评估结果在北京发布，佛山市政府网在全国 299 个地级市政府网站中总分排名第一，获“七连冠”。

在深圳举行的第十九届中国国际高新技术成果交易会上，南海区获颁 2017 中国智慧城市创新奖。

△ 18 日　中国工程院院长周济到佛山调研智能装备制造工作推进情况，希望佛山能打造成为世界级的先进制造业集群。

△ 20 日　第七届粤陕港澳经济合作周期间，安康市人民政府与佛山市企业家合作发展恳谈会在佛山市举行，安康市与佛山企业及佛山周边地区企业现场签约 8 个项目，投资总额 15.5 亿元。佛山副市长乔羽出席会议。

上午 8 时 47 分，南海区大沥镇联安社区谭约东村北路美梦床上用品仓库发生火灾，致 6 人死亡。晚上，佛山市召开全市安全生产与消防安全工作紧急电视电话会议，强调以铁腕手段维护人民生命财产安全。

△ 21 日　佛山市委书记鲁毅主持召开市委常委会议，再次学习习近平总书记重要批示精神，传达学习全国精神文明建设表彰大会精神及听取黄龙村与梁家河村党建结对共建情况汇报等。

2017 年湾区经济发展国际论坛在广东金融高新区举行，陈云贤、朱伟等省、市领导出席活动。诺贝尔经济学奖获得者 Thomas J.Sargent 等国内外顶尖学者围绕粤港澳大湾区经济发展献策，为城市融入粤港澳大湾区提供多方位思考。

△ 22 日　佛山市燃气集团股份有限公司在深圳证券交易所 A 股上市，成为佛山市首家由市国资委控股的上市企业。

△ 23 日　由中国社会科学信息化研究中心和北京国脉互联信息顾问有限公司联合主办的“2017 互联网+智慧中国年会”在北京开幕，佛山市“一门式一网式”政务服务模式改革入选 2017 中国“互联网+政务”50 强。同时，佛山市还获“中国智慧城市建设领先奖”。

国内首个以功夫动作为主题的电影盛事——南方影视中心·2017佛山功夫（动作）电影周在岭南明珠体育馆开幕。该电影周为推动社会主义文化繁荣兴盛，以弘扬中国功夫文化作为主题，吸引众多影视行业大咖、明星和专家学者助阵，同时对国产优秀功夫（动作）电影年度导演、年度最具影响力国产优秀功夫（动作）电影、年度优秀国产功夫（动作）电影等进行推介和表彰。广东省委常委、宣传部部长慎海雄，中国广播电影电视社会组织联合会主席张海涛，佛山市委书记鲁毅，佛山市市长朱伟，中国电影评论学会会长饶曙光等出席开幕式。

△ 23—25日　由中国发明协会主办、佛山市政府承办的第二十二届全国发明展览会暨第二届世界发明创新论坛在广东（潭洲）国际会展中心举行。来自44个国家及中国内地和港澳台地区900多个单位，1 771个项目参加展出。共评出发明项目金奖336项，银奖434项，铜奖464项。其中，佛山116项参展发明获国内发明奖。

△ 24—25日　第七届中国服务贸易年会在佛山市召开。来自联合国、国务院、商务部、知名高校的专家学者和企业高管800多人参加，探讨“一带一路”建设服务贸易发展的机遇与挑战。

△ 25—27日　由中国柔道协会主办，佛山市柔道协会承办的首届全国柔道大师赛在佛山市体育馆举行。来自全国219名运动员参赛，产生男、女各7个级别的比赛冠军，这是国内柔道赛事首次设置奖金机制。

△ 26日　佛山市政府常务会议组织专题学法，加强生态控制线管理和加大打击非法集资力度等工作，原则通过《佛山市生态控制线管理办法》等文件。

△ 26—28日　由佛山市体育局承办的2017年全国传统武术比赛在岭南明珠体育馆举行。来自全国2 500名武术选手参赛。亚洲武术联合会秘书长陈永杰，国家体育总局武术运动管理中心副主任张玉萍等出席开幕式。

△ 28日　佛山市委召开常委会议，专题传达学习贯彻省委十二届二次全会精神。按全会部署要求，以习近平新时代中国特色社会主义思想统领佛山一切工作，推动党的十九大精神往实里抓。

佛山市纪委召开新闻发布会，通报市委、市纪委印发的《佛山市党风廉政建设暨廉洁佛山建设领导小组办公室关于公职人员禁酒控酒的通知》《中共佛山市委关于建立健全激励机制鼓励干部担当有为的若干意见》和《佛山市党风廉政建设暨廉洁佛山建设领导小组办公室关于公职人员禁酒控酒的通知》等文件。

《“中国制造2025”——佛山样本》白皮书在北京预发布。“白皮书”以佛山为样本，研究“中国制造2025”在基层的贯彻落实，为深入实施“中国制造2025”提供重要参考。

在广州举行的第十三届广东省艺术节上，南海区大沥镇文化站《穷孩子富孩子》获一等奖，并囊括优秀导演、优秀编剧、优秀舞美3个单项奖，佛山市粤剧传习所的《铁血道钉》获二等奖和优秀表演奖。佛山市文化广电新闻出版局获优秀组织奖。

△ 29日　在北京召开的全国食品安全示范城市创建和农产品质量安全县创建工作现场会上，佛山市创建国家食品安全示范城市工作情况被纳入大会书面交流内容。

12月

△ 1日　习近平总书记考察广东五周年全媒体采访活动在佛山市举行。来自人民日报社、新华社、新华网等国内30多家媒体记者与市领导座谈，了解佛山五年来经济社会发展的新成就。

佛山市与延安市签署缔结友好城市合作协议，共同弘扬延安精神梁家河精神，改革开放精神开创发展新局。

粤港澳大湾区建设发展与制度保障论坛在禅城区举行。来自广东、香港、澳门、台湾等地的200多名法学专家学者就粤港澳大湾区建设发展与制度保障等问题开展深入交流探讨。

由香港佛山社团总会、佛山海外联谊会主办的第二届香港·佛山节在香港举行。佛山组团赴香港推介旅游资源以及投资环境，佛港12个投资额约145亿元重点合作项目集中签约。

△ 3—5日　在浙江乌镇举行的第四届世界互联网大会上，禅城区的互联网企业广东鸭梨新媒体信息科技股份有限公司在会上推出全新的智慧营销工具——鸭梨拼趣获好评。这是佛山市唯一一家通过审核进场的互联网科技企业。

△ 4日　佛山市政府召开全市大气环境形势紧急会商会议，强调凡是扬尘整改不达标不能以罚代停、以改代停。下午，市长朱伟、副市长赵海、市环委办副主任杨永泰分别带队到各区进行大气污染防治工作开展情况现场督查。

△ 5日　佛山市深化监察体制改革试点工作小组一次会议召开。按照中央和省委的部署要求，推进全市深化监察体制改革试点工作。

广东省副省长许瑞生率队到佛山市督导环保工作，肯定佛山在大气精准防控预警做法，并对在扬尘、非道路移动机械污染防治立法取得新进展予以肯定。

△ 6日　由中国标准化研究院、国际标准化组织氢能技术标准化技术委员会（ISO/TC 197）主办的第二届氢能与燃料电池产业发展国际交流会暨第一届中国（佛山）国际氢能与燃料电池技术及产品推介会系列活动开幕式在佛山市举行。其间，中国氢能产业联盟发起成立。

△ 6—8日　黑龙江省双鸭山市市长宋宏伟率领党政代表团到佛山就建立对口工作推进机制、共建“双佛”产业园区、共谋对口合作产业项目等事宜进行对接。

△ 7日　广东省副省长袁宝成率队到佛山市开展“建设制造业强省”专题调研，表示将加大对制造业的支持力度。

在北京举行的2017中国幸福城市论坛上，南海区获“中国最具幸福感城市（县级）”称号，成为广东省唯一获此殊荣的市辖区。

△ 8日　佛山市公安局地铁分局指挥中心揭牌。

马来西亚—佛山总商会考察团近30家马来西亚企业到访佛山，涉及房地产、建筑、汽车、家具等多领域，寻找合作商机。佛山市市长朱伟会见考察团一行。

△ 9日　“2017年广东省职业技能

大赛暨佛山市陶瓷艺术大师竞赛”颁奖仪式在禅城区石湾镇街道办举行。钟婉尧等15人被授予“佛山市陶瓷艺术大师”称号。

△9—10日　在海南省举行的2017中华龙舟大赛总决赛上，九江龙舟队获职业女子组总决赛冠军及年度总冠军，将代表中国参加2018年的亚洲龙舟锦标赛。

△11日　佛山市国家森林城市生态标识试点建设验收会召开。国家林业局宣传办副主任马大轶等10余名专家学者组成的验收组，当场宣布佛山圆满完成试点任务，并建议佛山向外推广生态标识试点建设经验。

佛山传媒集团与中科院自动化研究所签署协议，建立产学研战略合作伙伴关系。

△12日　佛山市委召开巡察情况汇报会，市委书记鲁毅强调要认真学习贯彻党的十九大精神，强化巡察整改和成果运用、探索创新方式，推动全面从严治党向纵深发展。

佛山市政府召开常务会议，传达贯彻全国食品安全示范城市和农产品质量安全县创建工作现场会精神，完善城乡居民基本养老保险制度等工作，并通过《佛山市基础教育“强师工程”行动计划》等文件。

佛山市政府召开全市安全生产暨消防安全大检查行动动员部署会，传达贯彻广东省安全生产和消防安全电视电话会议及市委常委会会议重要精神，对全市安全生产和消防安全大检查行动进行再动员部署。

国家知识产权局发布《2017年度国家知识产权示范企业和优势企业名单》，佛山市7家企业成为示范企业，7家企业成为优势企业。至此，佛山10家企业入选“国家知识产权示范企业”、33家企业入选“国家知识产权优势企业”。

△13日　在北京举行的“2017中国公益年会”上，碧桂园集团获“2017年度中国公益企业奖”。至此，碧桂园集团及其董事局主席杨国强、副主席杨惠妍为全社会捐款累计超过33亿元。

△14日　在“2018年ICT深度观察大型报告会暨白皮书发布会”上，发布中国工业百强区榜单。佛山市五区全部入选，其中顺德区、南海区分别位列第三和第五位。

△15日　佛山市政府与广东省科学院签订全面战略合作框架协议，双方将在技术协作和成果转化、共建孵化器等六大领域深化合作，推动佛山科技创新体系建设。

佛山市与辽宁省营口市签署友好合作城市协议，将在区域合作、产业协同等方面加强合作。

在北京举行的2017“影响中国”年度人物颁奖典礼上，佛山高新区的中国（广东）机器人集成创新中心获智造奖。

△16日　佛山市数字政府建设管理局在市公交大厦揭牌，这是全省首个经批复成立的以数字政府建设为主要职责的地级市政府工作部门，标志着“智慧佛山”和“数字政府”建设开启新征程。

在北京举行的第十二届中国全面小康论坛颁奖会上，顺德区再获“2017年度中国全面小康十大示范县市”称号。

△17日　在上海举行的“2017中国最美村镇”颁奖典礼上，禅城区南庄镇紫南村入选“2017中国最美村镇名单”，紫南村党委书记、村委会主任潘柱升入选“2017最美村镇50人”名单。

△18日　佛山市启用新能源汽车专用号牌。

在南方影视中心·微电影优秀作品分享会上，佛山珠江传媒集团股份有限公司选送的《设计师24小时》入选为优秀作品。

蒙娜丽莎集团在深圳证券交易所上市，成为广东省首家在A股上市的建筑陶瓷企业。

△18—20日　佛山市十五届人大二次会议召开，选出39名佛山市的省十三届人民代表大会代表。

△21日　佛山市委书记鲁毅主持召开市委常委会议，专题学习《习近平关于全面依法治国论述摘编》以及习近平总书记署名文章《弘扬“红船精神”走在时代前列》、致2017年广州《财富》全球论坛的贺信精神，传达学习中央经济工作会议精神。

佛山市公安局陈建新、林伟光，禅城公安分局李韶峰、廖建清、温玉芳，高明公安分局罗伟忠，三水公安分局孙建国7名民警入选广东公安英模肖像摄影展。

九江灯谜、佛山十番等22个非遗项目被列入市第六批市级非物质文化遗产项目名录，邓伟杰、邓燕平等31人成为市第五批非遗项目代表性传承人。至此，佛山市级非遗项目总数达103个，市级非遗传承人达163人。

△22日　由《中国广播影视》杂志社主办的时代之声（2017）全国广播业综合实力大型调研榜单在北京发布，佛山电台获“年度最具成长性市级广播电台”称号和“年度最具创新力市级广播团队”称号。

△23日　佛山市委书记鲁毅到顺德区北滘镇调研军民融合工作推进情况，要求坚决拆壁垒破坚冰去门槛，积极推动军民融合深度发展。

佛山文化馆新馆在佛山新城开馆。新馆面积2.6万平方米，内设琴房、合唱室等多个功能室，均向社会免费开放。

△24日　佛山市民政局印发《佛山市自然灾害应急避难场所管理规定》，要求避难场所内应备足救灾物资。

△26日　佛山市委召开常委会议，研究《中共佛山市人民政府党组关于佛山市人民政府2018年度规章制定计划编制情况的报告》和《关于2017年佛山市党委巡察工作情况的报告》等文件。

△27日　佛山市委、市政府召开建设“博物馆之城”重点工作推进会，将以建设“更具品质的文化导向型城市”为目标，以“城产人文”互动融合为支撑，全面推进“博物馆之城”建设。

佛山市政府与广东省环保厅、广东省气象局加强大气污染防治科技支撑合作协议，共建佛山大气环境超级观测站。

△28日　在法国巴黎举办的世界著名品牌大会上，佛山市被评为2017年中国最具投资潜力城市50强之一。

（市地方志办）

统计资料

2017年佛山市及各区主要指标

指标名称	计量单位	佛山市	禅城区	南海区	顺德区	高明区	三水区
年末常住总人口	万人	765.67	116.11	278.75	261.45	44.02	65.34
年末户籍人口	万人	419.59	65.98	140.67	139.27	31.34	42.33
全市生产总值（按当年价计算）	亿元	9 398.52	1 722.50	2 667.89	3 015.91	841.31	1 150.91
第一产业	亿元	133.65	0.27	44.70	44.02	16.05	28.62
第二产业	亿元	5 424.65	748.84	1 485.08	1 696.95	644.84	848.94
工业	亿元	5 230.53	708.40	1 423.13	1 636.90	630.30	831.80
第三产业	亿元	3 840.22	973.39	1 138.11	1 274.94	180.42	273.36
人均生产总值（按常住人口计算）	元	124 324	150 082	97 035	116 914	193 028	177 843
指数（以上年为100）（按可比价计算）							
全市生产总值	%	108.3	107.8	108.4	108.3	108.2	108.5
第一产业	%	102.0	89.9	102.0	101.3	102.9	103.0
第二产业	%	108.2	105.8	108.4	108.8	107.9	108.9
工业	%	108.4	106.0	108.5	109.1	108.1	109.0
第三产业	%	108.5	109.6	108.8	107.7	110.1	107.5
人均生产总值（按常住人口计算）	%	106.6	105.9	106.8	106.6	107.0	107.2
规模以上工业增加值	亿元	4 335.33	424.12	1 147.06	1 451.06	598.41	714.68
固定资产投资	亿元	4 265.79	706.47	1 315.62	971.76	475.30	796.64
社会消费品零售总额	亿元	3 320.43	831.09	1 061.30	1 070.07	128.59	229.39
地方一般公共预算收入	亿元	661.58	87.45	224.87	222.99	36.37	54.38
地方一般公共预算支出	亿元	774.96	114.26	227.81	224.69	41.39	59.47
金融机构本外币存款余额	亿元	14 042.40	3 586.32	4 723.86	4 512.20	359.25	792.58
金融机构本外币贷款余额	亿元	9 376.97	2 530.97	3 043.20	2 893.04	285.39	526.29
常住居民人均可支配收入	元	45 813	45 199	46 924	49 878	31 399	31 657
常住居民人均生活消费支出	元	32 648	32 627	33 249	37 792	20 460	20 873

2017年佛山市人口规模情况

指标名称	计量单位	实绩	指标名称	计量单位	实绩
常住人口	万人	765.67	户籍人口城镇率	%	92.85
城镇人口	万人	727.11	年平均人口	万人	409.89
常住人口城镇化率	%	94.96	年出生人口	人	99 018
年末户籍人口	万人	419.59	年死亡人口	人	27 754
女性人口	万人	212.59	年末总户数	万户	125.45

2017年佛山市资源环境情况

指标名称	计量单位	实绩	指标名称	计量单位	实绩
土地			工业用水量（规模以上）	万立方米	199 337
行政区域土地面积	平方千米	3 797.72	用新水量	万立方米	193 986
建成区面积	平方千米	158.91	重复用水量	万立方米	5 351
本年征用土地面积	平方千米	11.07	环境		
耕地面积	平方千米	2.09	一般工业固体废物综合利用率	%	78.44
实际新增建设用地面积	平方千米	9.69	城镇污水处理率	%	96.42
水资源			生活垃圾无害化处理率	%	100
水资源总量	万立方米	300 700	空气质量达到及好于二级的比例	%	79.50
供水总量	万立方米	138 116	可吸入颗粒物（PM_{10}）年平均浓度	μg/m3	63
用水总量	万立方米	225 200	可吸入细颗粒物（$PM_{2.5}$）年平均浓度	μg/m3	40

2017年佛山市经济发展情况

指标名称	计量单位	实绩	指标名称	计量单位	实绩
地区生产总值（当年价格）	万元	93 985 162	个人所得税	万元	221 893
第一产业增加值	万元	1 336 475	地方一般公共预算支出	万元	7 749 551
第二产业增加值	万元	54 246 453	一般公共服务支出	万元	1 140 909
工业增加值	万元	52 305 322	科学技术支出	万元	462 621
第三产业增加值	万元	38 402 234	教育支出	万元	1 402 545
人均地区生产总值	元	124 324	文化体育与传媒支出	万元	217 345
地区生产总值增长率	%	8.3	医疗卫生与计划生育支出	万元	857 004
财政			节能环保支出	万元	190 421
地方一般公共预算收入	万元	6 615 815	城乡社区支出	万元	843 911
税收收入	万元	4 676 279	交通运输支出	万元	193 212
企业所得税	万元	588 264	社会保障和就业支出	万元	797 761

（续表）

指　标　名　称	计量单位	实　绩	指　标　名　称	计量单位	实　绩
住房保障支出	万元	132 577	私营企业	万元	56 175 685
金融			港、澳、台商投资企业	万元	35 393 121
年末金融机构人民币各项存款余额	万元	136 120 548	外商投资企业	万元	28 806 247
住户存款余额	万元	69 471 617	平均用工人数	万人	161
年末金融机构人民币各项贷款余额	万元	91 576 069	资产总计	万元	126 768 326
固定资产投资			固定资产合计	万元	37 081 773
固定资产投资	万元	42 657 919	流动资产合计	万元	66 349 101
房地产开发投资	万元	14 539 898	主营业务收入	万元	203 031 594
住宅	万元	10 174 193	主营业务成本	万元	174 127 026
全年新增固定资产	万元	24 564 503	主营业务税金及附加	万元	1 092 468
对外贸易			利润总额	万元	15 607 623
进出口总值	亿元	4 357	本年应交增值税	万元	5 281 914
出口	亿元	3 154	贸易		
进口	亿元	1 204	社会消费品零售总额	万元	33 204 313
外商直接投资合同项目	个	315	限额以上批发零售业法人企业数	个	3 063
当年实际使用外资金额	万美元	162 349	零售业	个	623
规模以上工业			限额以上批发零售业商品销售额	万元	83 319 250
工业企业数	个	6 212	限额以上住宿餐饮业法人企业数	个	448
内资企业	个	5 069	限额以上住宿餐饮业营业额	万元	939 301
国有企业	个	11	旅游		
私营企业	个	2 692	入境游客	人次	3 189 823
港、澳、台商投资企业	个	713	外国人	人次	493 621
外商投资企业	个	430	港、澳、台同胞	人次	2 696 202
工业总产值（当年价）	万元	210 155 328	国际旅游（外汇）收入	万美元	151 468
内资企业	万元	145 955 960	国内游客	人次	46 102 381
国有企业	万元	204 168	国内旅游收入	万元	608.57

2017年佛山市科技创新情况

指　标　名　称	计量单位	实　绩
专利申请数	件	73 948
专利授权数	件	36 767
发明专利	件	4 901

2017年佛山市人民生活情况

指标名称	计量单位	实绩	指标名称	计量单位	实绩
就业			在岗职工平均工资	元	72 712
从业人员期末人数（城镇）	人	1 651 618	城镇居民人均可支配收入	元	46 849
第一产业（农、林、牧、渔业）	人	195	工资性收入	元	30 260
第二产业	人	1 168 602	经营净收入	元	6 457
采矿业	人	417	财产净收入	元	7 148
制造业	人	1 101 962	转移净收入	元	2 983
电力、热力、燃气及水生产和供应业	人	14 388	消费		
建筑业	人	51 835	城镇居民人均消费支出	元	33 451
第三产业	人	482 821	食品烟酒	元	10 858
批发和零售业	人	64 119	衣着	元	1 352
交通运输、仓储及邮政业	人	43 181	居住	元	6 796
住宿和餐饮业	人	19 695	生活用品及服务	元	1 542
信息传输、软件和信息技术服务业	人	14 439	交通和通信	元	6 101
金融业	人	25 746	教育文化和娱乐	元	4 488
房地产业	人	42 801	医疗保健	元	1 408
租赁和商业服务业	人	30 898	其他用品及服务	元	906
科学研究和技术服务业	人	18 458	生活质量		
水利、环境和公共设施管理业	人	14 092	每百户居民家庭拥有量		
居民服务、修理和其他服务业	人	4 878	家用汽车	辆	74.3
教育	人	86 626	洗衣机	台	96.5
卫生和社会工作	人	46 904	电冰箱（柜）	台	101.7
文化、体育和娱乐业	人	4 484	彩色电视机	台	132.6
公共管理、社会保障和社会组织	人	66 500	空调	台	238.8
国际组织	人	0	移动电话	部	276.0
城镇登记失业人数	人	23 127	接入互联网	部	208.4
城镇登记失业率	%	2.35	计算机	台	122.4
收入			接入互联网	台	112.6
在岗职工平均人数	万人	162.12	城镇居民人均住房建筑面积	平方米	43.8
在岗职工工资总额	万元	11 787 845	居民消费价格指数（上年为100）	%	101.9

2017年佛山市公共服务情况

指标名称	计量单位	实绩	指标名称	计量单位	实绩
教育			医疗卫生机构床位数	张	35 273
普通高等学校数	所	13	医院床位数	张	32 646
普通中学数	所	200	卫生技术人员数	人	51 314
普通小学数	所	409	执业（助理）医师数	人	18 134
幼儿园数	所	914	注册护士	人	23 403
普通高等学校专任教师数	人	3 485	**社会保障**		
普通中学专任教师数	人	24 135	城镇职工基本养老保险参保人数	人	4 817 252
普通小学专任教师数	人	27 970	城乡居民基本养老保险参保人数	人	566 321
幼儿园专任教师数	人	20 636	城镇职工基本医疗保险参保人数	人	3 029 694
普通高等学校在校学生数	人	122 005	城镇居民基本医疗保险参保人数	人	2 147 662
普通中学在校学生数	人	327 678	失业保险参保人数	人	2 448 370
普通小学在校学生数	人	543 598	工伤保险参保人数	人	2 460 516
幼儿园在园幼儿数	人	294 356	生育保险参保人数	人	2 452 850
文体			城镇居民最低生活保障人数	人	6 864
剧场、影剧院数	个	122	**公共安全**		
公共图书馆数	个	6	交通事故死亡人数	人	542
公共图书馆图书藏量	万册	567.18	交通事故损失额	万元	459.90
博物馆数	个	18	火灾事故死亡人数	人	11
体育场馆数	个	222	火灾事故损失额	万元	4 180.61
医疗			刑事案件立案数	起	13 529
医疗卫生机构数	个	1 715	刑事罪犯人数	人	17 780
医院数	个	110	青少年人数（年龄14～25周岁）	人	3 496

注：2017年普通高等学校含市属高校、省属驻佛山高校（校区）、民办高校。

2017年佛山市基础设施情况

指标名称	计量单位	实绩	指标名称	计量单位	实绩
交通运输			年末实有公共汽（电）车营运车辆数	辆	6 920
境内公路总里程	千米	5 409	公共汽（电）车客运总量	万人次	60 465
高速公路里程	千米	487	年末实有出租汽车运营车数	辆	3 962
民用汽车拥有量	辆	2 281 402	轨道交通运营线路总长度	千米	21.47
私人汽车拥有量	辆	2 098 604	轨道交通客运总量	万人次	10 721

（续表）

指 标 名 称	计量单位	实 绩	指 标 名 称	计量单位	实 绩
公路客运量（全社会）	万人	5 205	规模以上工业能源生产量	万吨标准煤	6 177 257
公路货运量（全社会）	万吨	26 457	规模以上工业能源消费量	万吨标准煤	17 692 216
水运客运量（全社会）	万人	63	全社会用电量	万千瓦时	6 738 234
水运货运量（全社会）	万吨	4 540	工业用电	万千瓦时	4 686 285
民用航空客运量	万人	47	城乡居民生活用电	万千瓦时	841 491
民用航空货邮运量	吨	1 777	城镇居民生活用电	万千瓦时	474 846
内河港口货物吞吐量（规模以上）	万吨	7 967	**生活设施**		
邮电通信			年末排水管道长度	千米	2 904
年末邮政局（所）数	处	1 136	年末供水综合生产能力	万立方米/日	508
邮政业务收入	万元	597 057	售水量	万吨	121 485
电信业务收入	万元	1 377 382	居民家庭用水量	万吨	49 535
固定电话年末用户数	万户	220	供气总量（人工煤气、天然气）	万立方米	158 705
移动电话年末用户数	万户	1 167	居民家庭用气量	万立方米	11 720
互联网宽带接入用户数	万户	268	液化石油气供气总量	吨	433 677
能源电力			居民家庭用量	吨	184 935

佛山南海千灯湖夜景　　（佛山日报社供图）

法规·文件

手机扫码阅读

地方性法规选编

·佛山市治理货物运输车辆超限超载条例·

（2016年12月28日佛山市第十四届人民代表大会常务委员会第四十一次会议通过。2017年3月29日广东省第十二届人民代表大会常务委员会第三十二次会议批准。）

第一条 为了加强对货物运输车辆超限超载的治理，保障公路完好、安全和畅通，预防和减少交通事故，保护人民群众生命和财产安全，根据《中华人民共和国公路法》《中华人民共和国道路交通安全法》等有关法律法规，结合本市实际，制定本条例。

第二条 本条例适用于本市行政区域内货物运输车辆超限超载的治理。

本条例所称超限，是指货物运输车辆装载货物总体的外廓尺寸、轴荷或者总质量超过公路、公路桥梁、公路隧道限载、限高、限宽、限长标准，擅自在公路、公路桥梁、公路隧道上行驶的行为。

本条例所称超载，是指货物运输车辆装载的货物重量超过车辆行驶证标注的核定载质量，在道路上行驶的行为。

第三条 市人民政府应当加强对治理货物运输车辆超限超载工作的领导，负责组织协调全市货物运输车辆超限超载治理工作，建立货物运输车辆超限超载治理工作机制、信息共享机制和联合执法机制；制定货物运输车辆超限超载治理系统（以下简称治超系统）的实施规范。

区人民政府负责做好本行政区域内货物运输车辆超限超载治理工作，组织相关行政主管部门落实安全生产监督管理职责。

镇人民政府和街道办事处协助市、区人民政府，做好货物运输车辆超限超载的治理工作。

第四条 交通运输主管部门和公安机关依据职责分工，负责本行政区域内货物运输车辆超限超载治理工作，以及超限超载货物运输车辆非法拼装改装的管理工作。

质量技术监督、经济和信息化、工商行政管理等主管部门依据职责分工，配合做好本行政区域内货物运输车辆超限超载治理工作，以及超限超载货物运输车辆非法拼装改装的管理工作。

国土、规划、农业、水务、住建、商务等行政主管部门根据职责分工，负责对本行业道路货物运输源头单位（以下简称货运源头单位）的监督检查。

第五条 市、区人民政府应当加强对货物运输车辆超限超载治理工作的监督检查；将货物运输车辆超限超载治理工作所需经费，纳入本级财政预算。

第六条 各有关行业协会应当在相关行政主管部门的指导下，加强对本协会成员进行合法装载配载、运输等安全生产的宣传教育，促使协会成员认真落实安全生产责任制度和治超系统数据信息传输工作。

第七条 任何单位和个人都有权举报货物运输车辆超限超载违法行为，经相关行政主管部门查证属实的，给予举报人奖励。

第八条 市交通运输主管部门会同相关行政主管部门编制全市治超系统前端设备布局规划，由市人民政府批准后公布实施。

市交通运输主管部门负责治超系统的建设管理工作，并免费提供治超系统实时传输应用软件。

第九条 市、区人民政府应当按照全市治超系统前端设备布局规划，在辖区内货物运输主通道、重要桥梁入口处等路网的重要路段和节点，设置治超系统前端设备。市、区人民政府设置的治超系统前端设备，称重检测不得收费。

市、区人民政府应当在治超系统前端设备投入使用的三十日前向社会公告，并在前端设备检测路段安装标识牌。

公安机关根据道路和交通流量的具体情况，在设置治超系统前端设备的路段和节点，依法采取客货分离等交通管制措施的，应当在显著位置设置标志标牌，并提前三十日向社会公告。

第十条 任何单位和个人不得破坏治超系统相关设备、设施，不得干扰治超系统相关设备、设施的运行，不得泄露、删除、篡改治超系统的数据。

第十一条 高速公路运营单位应当将本市行政区域内高速公路出入口技术监控设备采集的涉嫌超限超载车辆的相关信息数据，实时传输至治超系统。

第十二条 货运源头单位应当履行以下义务：

（一）建立健全货物合法装载配载的安全生产责任制度、安全生产操作规程；开展相关安全生产教育培训，并在经营场所公示法定装载配载标准；

（二）做好货物装载配载的称重计量工作，对收货单位、货物运输车辆及其驾驶员的身份信息进行核验登记，按照国家有关载运标准对装载配载货物名称及重量等信息进行查验登记，并根据上述信息开具装载配载证明，实时传输至治超系统；

（三）接受监督检查，并如实提供有关情况和资料。

货运源头单位的装载配载工作人员应当按照规定装载配载、计重、开具装载配载证明。

第十三条 货运源头单位不得有以下行为：

（一）超过标准装载配载，并放行上路；

（二）为无牌无证、证照不全、不出示牌证的车辆、车辆驾驶人员装载配载；

（三）为超限超载的货物运输车辆提供虚假装载配载证明；

（四）不传输或者不实时传输货物装载配载信息数据至治超系统。

第十四条 生产经营单位将生产经营项目、场所、设备发包或者出租给货运源头单位的，必须履行以下义务：

（一）发包或者出租给具备安全生产条件或者相应资质的货运源头单位；

（二）与承包或者承租的货运源头单位签订安全生产管理协议，或者在承包、租赁合同中约定相应的安全生产管理职责；

（三）定期对承包或者承租的货运源头单位依法装载配载安全生产工作进行安全检查，发现安全问题的，应当及时督促整改；对拒不改正的，及时告知交通运输等行业主管部门。

第十五条 货物运输车辆驾驶人，应当随车携带货运源头单位出具的装载配载证明或有效的电子数据证明，并按照超限超载检测指示标志或者公安机关、交通运输主管部门执法人员的指挥接受超限超载检测，不得有以下行为：

（一）故意堵塞通行车道、强行冲卡或者以其他方式扰乱检测秩序；

（二）采取短途驳载、首尾相接、超低速行驶等方式逃避检测。

第十六条 负有安全生产监督管理职责的部门，应当加强对本行业货运源头单位落实货物装载配载安全生产管理职责情况的监督检查；在监督检查中发现的问题，应当要求货运源头单位进行整改或者采取补救措施，对不属于本部门监管职责范围的违法行为，应当及时告知相关行政主管部门。

第十七条 交通运输主管部门、公安机关应当根据本行政区域内公路路网结构和货物运输车通行流量的分析，制定执勤计划，并依法实施监督检查。

第十八条 现场检测认定的超限超载货物运输车辆，交通运输主管部门、公安机关应当按照以下规定处理：

（一）对运载可分载货物且具备现场卸载条件的，应当责令当事人采取自行卸载、分装等改正措施，消除违法状态。卸载、分装后的货物运输车辆应当经过复检，符合规定标准后方可上路行驶；

（二）对运载可分载货物但不具备现场卸载条件的，应当责令当事人到就近的具备卸载条件的场所进行卸载、分装，消除违法状态。卸载、分装后的货物运输车辆应当经过复检，符合规定标准后方可上路行驶；

（三）运载不可解体大件物品且未办理超限运输许可手续的，应当责令当事人停止违法行为，接受调查处理，并告知当事人到公路管理机构申请办理超限运输许可手续；

（四）对运载或者混装易燃、易爆、剧毒、放射性等危险物品的，应当会同安全生产监督管理等部门，引导至具有安全卸载设施和条件的场所实施卸载。

第十九条 市、区人民政府应当通过规划建设、政府购买服务等形式，保障货物卸载的场地需求。

市、区人民政府应当提供符合安全条件的场所，作为货物运输车辆超载运输易燃、易爆、剧毒、放射性等危险物品的卸载场地。

第二十条 货物运输车辆违法超限超载，涉及货运源头单位违反安全生产管理职责的，交通运输主管部门、公安机关应当追溯货运源头单位，并将违法信息告知有关行政主管部门。

违法超限超载的货物运输车辆，属于非法拼装改装的，交通运输主管部门、公安机关应当将涉及货物运输车辆生产、销售或改装单位的信息，及时告知有关行政主管部门。

第二十一条 具有下列情形之一的，交通运输主管部门应当纳入道路货物运输不诚信记录，并定期对外公布：

（一）每年度内违法超限超载运输三次以上的货物运输车辆驾驶人或者货物运输车辆；

（二）因超限超载造成重大生产安全事故以上且负主要责任以上的道路货物运输经营者；

（三）因超限超载运输被公安机关依法吊销驾驶证的货物运输车辆驾驶人；

（四）拒不履行违法超限超载行政处罚决定的单位或个人；

（五）其他应当纳入不诚信记录的道路货物运输经营者、从业人员、货物运输车辆及其驾驶人。

第二十二条 区人民政府应当采取以下方式，加强对纳入道路运输不诚信记录的道路货物运输经营者、从业人员、货物运输车辆及其驾驶人的监督管理：

（一）不定期组织有关部门开展联合执法检查；

（二）组织巡查、派驻监管人员或者在货运源头单位出入口设置治超系统前端设备，加强监督检查；

（三）对实时传输装载配载信息的情况等进行抽查。

纳入道路货物运输不诚信记录的道路货物运输经营者、从业人员、货物运输车辆及其驾驶人，由交通运输等相关行政主管部门依法处理，并限制其在本市行政区域内从事与道路货物运输相关的经营活动。

第二十三条 治理货物运输车辆超限超载中使用的计量器具应当依法定期由法定检定机构进行检定；未经定期检定、超过检定期限或者经检定不合格的计量器具，其检测数据不得作为执法依据。

治超系统取得的电子数据，可以作为行政处罚的证据。对于治超系统发现的涉嫌违法超限超载的货物运输车辆，公安机关应当提供车辆相应登记信息。

禁止通过目测的方式认定货物运输车辆违法超限超载。

第二十四条 经市、区人民政府设置的治超系统前端设备检测，属于超限超载运输的货物运输车辆，交通运输主管部门、公安机关应当调取车辆信息，通知当事人配合调查处理，并依法作出处罚决定；当事人拒不履行处罚决定的，可以依法向有管辖权的人民法院申请强制执行。

第二十五条 货运源头单位及其相关人员违反本条例规定，未履行安全生产管理职责的，由负有安全生产监督管理职能的部门根据职责分工，依照《中华人民共和国安全生产法》的有关规定处理。

第二十六条 高速公路运营单位违反本条例第十一条规定，未将高速公路出入口技术监控设备采集的涉嫌超限超载车辆的相关信息数据实时传输至治超系统的，由交通运输主管部门责令改正，逾期不改正的，处两万元以下罚款。

第二十七条 货运源头单位违反本条例规定，有以下情形之一的，由交通运输主管部门责令改正，并按照以下规定给予处罚：

（一）违反本条例第十三条第（一）项、第（二）项、第（三）项规定的，按照每辆次处两万元罚款；

（二）违反本条例第十三条第（四）项规定，拒不改正的，按照每辆次处两万元罚款。

货运源头单位违反本条例第十三条的有关规定，超过货物运输车辆的核定载质量装载危险化学品的，由公安机关依法处理。

第二十八条 货物运输车辆驾驶人违反本条例第十五条规定，扰乱检测秩序或逃避检测的，由交通运输主管部门强制拖离或者扣留车辆，处三万元以下的罚款。

第二十九条 违反本条例的规定，国家机关及其工作人员有下列情形之一的，依法给予处分；构成犯罪的，依法追究刑事责任：

（一）不履行货运源头单位超限超载治理职责的；

（二）不履行货运源头单位装载配载安全生产监管职责的；

（三）收取或变相收取称重检测费用的；

（四）玩忽职守、徇私舞弊、滥用职权的。

第三十条 本条例所称道路货物运输源头，是指容易发生超限超载的生产经营单位，钢材、农产品等物流园区（中心），港口码头、道路货物运输站场、混凝土搅拌站、沙石料场、建筑工地等有货物装载行为的单位。

本条例所称治超系统前端设备，是指自动检测、拍摄和记录行驶中货物运输车辆的车货总质量、车辆图像等信息的设备。

第三十一条 符合《汽车、挂车及汽车列车外廓尺寸、轴荷及质量限值》（GB1589）规定的冷藏车、汽车列车、安装空气悬架的车辆，以及专用作业车，不适用本条例。

第三十二条 本条例自2017年7月1日起施行。

地方政府规章选编

·佛山市食品生产加工小作坊集中管理办法·

（2016年12月29日佛山市人民政府第十四届98次常务会议通过，现予公布，自2017年5月1日起施行。）

第一章　总　则

第一条 为了加强食品安全管理，规范对食品生产加工小作坊的集中管理行为，保障公众身体健康和生命安全，根据《中华人民共和国食品安全法》《广东省食品安全条例》《广东省食品生产加工小作坊和食品摊贩管理条例》等有关法律、法规，结合本市实际，制定本办法。

第二条 本办法适用于本市行政区域内食品生产加工小作坊（以下简称食品小作坊）和食品生产加工小作坊集中加工中心（以下简称食品集中加工中心）的生产经营及对其实施的监督管理。

第三条 本办法所称食品小作坊，是指依照相关法律、法规从事食品生产，有固定生产场所，从业人员较少，生产加工规模小，生产条件和工艺技术简单，达不到国家规定的食品生产许可条件，生产加工传统、特色食品，非现场制售，不提供餐饮服务的生产经营者。

本办法所称食品集中加工中心，是指符合市、区人民政府统一规划设立的可以为多个食品小作坊提供生产经营场所，并对其场所内食品小作坊的生产经营活动实行统一服务和管理的企业。

第四条 市、区人民政府对本行政区域内的食品小作坊实行集中管理，按照统一规划引导食品小作坊进入食品集中加工中心从事生产经营活动。

食品小作坊应当依法生产经营，自觉遵守食品安全管理制度，配合食品集中加工中心的管理，保证食品安全。

食品集中加工中心应当依法从事经营管理活动，建立健全食品安全管理制度，保障食品安全。

第五条 市、区人民政府统一领导、组织、协调食品小作坊和食品集中加工中心的监督管理工作。

市、区食品药品监督管理部门对本行政区域内的食品小作坊和食品集中加工中心实施监督管理，卫生、环境保护、工商、公安等其他有关部门应当依法按照各自职责负责本行政区域的食品小作坊和食品集中加工中心的相关工作。

镇人民政府（街道办事处）应当协助食品药品监督管理部门监督管理本行政区域内的食品小作坊和食品集中加工中心的食品安全。

第六条 市、区人民政府应当将食品小作坊集中管理工作纳入本级政府食品安全工作规划，将食品小作坊集中管理工作经费列入本级政府财政预算。

镇人民政府（街道办事处）应当按照市、区人民政府食品安全工作规划执行，并落实相关工作经费。

第七条 市、区、镇人民政府（街道办事处）通过奖励、资金扶持、场地租金优惠等措施，鼓励和支持食品小作坊和食品集中加工中心改善生产经营条件，提高食品安全水平。

第八条 任何组织或者个人有权举报食品小作坊和食品集中加工中心生产经营管理活动中的食品安全违法行为，食品药品监督管理部门应当根据相关奖励办法对查证属实的举报人给予奖励。

第九条 市、区食品药品监督管理部门应当组织开展本办法的宣传教育。

新闻媒体应当真实、公正地报道食品小作坊和食品集中加工中心的食品安全状况，加强对食品安全违法行为的舆论监督。

第十条 鼓励食品小作坊和食品集中加工中心加入食品行业协会，接受食品行业协会依照有关法律法规及章程为其提供的培训、咨询、维权等服务，并接受行业协会的监督和管理。

第二章 食品集中加工中心的规划与建设

第十一条 食品集中加工中心的规划与建设应当遵循政府引导、企业投资、市场运作的原则。

第十二条 市、区人民政府应当按照产业发展和城乡规划的总体要求，根据常住人口、地理位置、辐射半径等因素，结合行政区域内食品小作坊的数量、规模和分布等情况，对食品集中加工中心的建设区域进行统一规划、合理布局。

第十三条 食品集中加工中心不得在下列区域设立：

（一）对食品有显著污染的区域；

（二）有害废弃物、粉尘、有害气体、放射性物质和其他扩散性污染源不能有效清除的区域；

（三）易发生洪涝灾害的区域；

（四）周围有虫害大量孳生潜在场所的区域；

（五）以居住、医疗卫生、文化教育、科研等环境敏感点为主的区域以及工业集聚的区域。

第十四条 食品集中加工中心的建设应当符合下列要求：

（一）环境整体协调美观，厂房建设用材符合食品生产加工卫生要求及防火规范，建筑内部结构应当易于维护、清洁和消毒；

（二）道路铺设混凝土、沥青或者其他硬质无毒、无味、不渗透、耐腐蚀的材料，空地铺设水泥、地砖或者草坪。地面保持平坦防滑、无裂缝，易于清洁、消毒；

（三）供水设施能保证水质、水压、水量及其他要求符合生产需要，食品加工用水应当符合国家规定的生活饮用水卫生标准；

（四）配备排水系统，排水系统的设计和建造应当保证排水畅通、便于清洁维护，排水系统出入口应当采取降低虫害风险的适当措施；

（五）配备排污系统，保证污水和废气处理达到国家或者地方有关标准要求后排放；

（六）配备清洁消毒、废弃物存放、个人卫生、通风、照明、仓储、温控等设施，配备的设施应当符合国家规定的食品生产通用卫生规范标准；

（七）配备检验室，检验室的设备、设施满足出厂检验项目的需要。

第十五条 食品集中加工中心应当合理布局，生产工作区内的加工区、仓储区、配送区和检验区等各功能区域应当有明显划分，并采取有效的分离或分隔措施。生活区应当与生产工作区保持有效分隔，防止各区域间交叉污染。

对生产车间进行透明化设计，鼓励食品集中加工中心安装视频监控系统，使用信息化手段对生产场所进行实时监控及对产品生产过程进行全程监控。

第三章 食品集中加工中心的职责

第十六条 食品集中加工中心应当与进驻生产的食品小作坊明确以下食品安全服务和管理的职能与责任：

（一）统一的食品安全培训制度，定期对食品小作坊和食品集中加工中心的有关人员进行食品安全知识培训；

（二）统一的食品安全自查制度，定期对食品集中加工中心内的食品安全状况进行检查评价，确保食品小作坊生产经营活动符合食品安全要求，保证生产经营环境卫生、无毒、无害；

（三）统一的登记证审查制度，对进入食品集中加工中心的食品小作坊审查其登记证，并将复印件集中归档；

（四）统一的食品生产加工人员健康管理制度，定期审查从事接触直接入口食品的生产加工人员的有效健康证明，并将复印件集中归档；

（五）统一的进货查验制度，对食品小作坊购进的原辅材料进行集中验收和把关，所有原辅材料经验收合格后方可投入使用；

（六）统一的出厂检验制度，食品小作坊生产加工的食品出厂前应当经过食品集中加工中心统一检验，并保存相关凭证；

（七）统一的台账集中管理制度，对食品小作坊的进货（原辅材料）、销售台账进行集中整理归档，相关记录和凭证保存期限不得少于产品保质期满后6个月，没有明确保质期的保存期限不得少于1年；

（八）统一的食品安全追溯制度，出厂的食品应当采用二维码等信息化手段采集、留存食品小作坊生产加工信息，保证食品来源可追溯；

（九）统一的食品召回制度，督促食品小作坊将其生产并且已经上市销售的不符合食品安全标准的食品依法召回，由食品集中加工中心集中进行无害化处理、销毁，防止再次流入市场；

（十）统一的废弃物处理制度，对食品小作坊在生产经营过程中产生的废弃物进行统一处理，不得回流入食品加工、经营等环节。

食品集中加工中心应当建立并落实上述食品安全服务和管理制度。

第十七条 食品集中加工中心主要负责人应当负责落实食品集中加工中心的食品安全管理制度，统筹、协调食品集中加工中心内的食品安全工作。

食品集中加工中心应当配备专职食品安全监督管理人员，具体负责食品集中加工中心的食品安全管理工作。

食品集中加工中心应当配备具有相应能力的检验人员，负责对食品小作坊生产加工的食品进行检验。

第十八条 食品集中加工中心应当统一配备符合卫生规范要求的产品运输车辆，或者对食品小作坊的产品运输车辆进行规范化管理。运输车辆应当做到专车专用，每日对车厢清洗消毒不少于1次，随车配备清洗消毒记录台账并做好清洗消毒记录。

贮存、装卸食品的容器、设备应当安全、无害，保持清洁。

第十九条 食品集中加工中心发现食品小作坊有下列行为之一的，应当立即停止为其提供生产场所或者其他条件，并向食品药品监督管理部门报告，配合调查：

（一）未取得食品小作坊登记证或者登记证超过有效期限、被吊销、注销后仍从事食品生产经营的；

（二）生产食品小作坊登记证载明的品种范围外的食品；

（三）生产加工属于禁止生产加工类的食品；

（四）使用不符合食品安全标准或者要求的食品原材料、食品添加剂、食品相关产品生产食品。

第二十条 食品集中加工中心发现食品小作坊生产经营条件发生变化，不再符合食品安全要求的，应当及时督促食品小作坊限期改正；有发生食品安全事故潜在风险的，应当立即督促食品小作坊停止食品生产经营活动，并及时向食品药品监督管理部门报告。

第二十一条 食品集中加工中心发现食品小作坊生产经营的食品不符合食品安全标准的，应当及时督促食品小作坊停止生产经营，通知相关生产经营者和消费者，并及时向食品药品监督管理部门报告。

第二十二条 食品小作坊发生食品安全事故时，食品集中加工中心应当立即督促其采取封存可能导致食品安全事故的食品及原料等措施，防止事故扩大，并配合相关部门开展食品安全事故调查。

第四章 监督管理

第二十三条 市、区人民政府应当组织制订食品小作坊和食品集中加工中心的食品安全年度监督管理计划和具体实施方案，年度监督管理计划应当包括食品的抽样检验内容。

第二十四条 食品药品监督管理部门应当建立健全食品小作坊和食品集中加工中心的监督检查制度，通过巡查、抽查等方式加强日常监督，及时发现和查处食品安全违法行为。

第二十五条 镇人民政府（街道办事处）应当协助食品药品监督管理部门加强对食品小作坊和食品集中加工中心的监督管理工作，确定食品安全信息员，发现违法行为应当及时制止，通报食品药品监督管理部门并配合处理。

第二十六条 食品药品监督管理部门应当将食品小作坊和食品集中加工中心纳入风险分类分级管理范围，风险等级确定为最高风险等级，每年开展4次以上的现场监督检查。

食品药品监督管理部门发现食品小作坊、食品集中加工中心多次违法或者违法行为情节严重的，应当将其列入重点监管对象名单，增加监督检查或者抽检频次，并可以责令其定期报告食品安全管理情况。

第二十七条 食品药品监督管理部门应当每年对食品小作坊的食品进行不少于两次的抽样检验，年度抽样检验的范围应当涵盖食品小作坊登记证上的所有食品类别，对消费者反映较多或者本行政区域内消费量较大的食品应当重点抽样检验。

第二十八条 食品药品监督管理部门应当建立食品安全责任约谈制度，食品小作坊在生产经营过程中存在食品安全隐患，未及时采取措施消除的，食品药品监督管理部门可以对食品小作坊和食品集中加工中心的法定代表人或者主要负责人进行责任约谈。食品小作坊和食品集中加工中心应当立即采取措施，进行整改，消除隐患。

第二十九条 食品药品监督管理部门应当建立健全食品集中加工中心信用记录制度，记录内容包括证照颁发和场地使用情况、依法经营情况、违法行为查处情况、食品安全管理制度的建立和落实情况等信用事项，并建立食品安全信用档案。

第三十条 食品药品监督管理部门应当建立全市食品小作坊集中管理信息化系统，及时向社会公布食品小作坊和食品集中加工中心的食品安全日常监督管理动态信息和食品安全信息以及食品集中加工中心的信用记录情况。

第三十一条 食品药品监督管理部门应当对食品小作坊和食品集中加工中心的负责人及工作人员进行免费食品安全培训，督促其自觉遵守食品安全法律、法规。

第三十二条 鼓励食品集中加工中心对没有食品安全国家标准或地方标准的地方特色食品，组织制定行业联盟标准或者团体标准。

第五章 法律责任

第三十三条 食品药品监督管理部门不按照本办法规定履行法定监督管理职责或者滥用职权、玩忽职守、徇私舞弊的，由本级人民政府或者上级人民政府有关主管部门责令改正，通报批评；造成严重后果的，对其直接负责的主管人员和其他直接责任人员给予处分；构成犯罪的，依法追究刑事责任。

第三十四条 镇人民政府（街道办事处）不按照本办法规定履行职责的，由区人民政府或者上级人民政府有关主管部门责令改正、通报批评；造成严重后果的，对其直接负责的主管人员和其他直接责任人员给予处分；构成犯罪的，依法追究刑事责任。

第三十五条 违反本办法第十六条规定，食品集中加工中心没有建立并落实相关食品安全服务和管理制度的，由食品药品监督管理部门责令限期改正；逾期未改正的，处2 000元以上2万元以下罚款。

第三十六条 违反本办法第十七条规定，食品集中加工中心没有配备专职食品安全监督管理人员、具备相应能力的检验人员的，由食品药品监督管理部门责令限期改正；逾期未改正的，处2 000元以上2万元以下罚款。

第三十七条 食品集中加工中心明知食品小作坊属于

本办法第十九条第（一）项、第（二）项所规定情形，仍为其提供生产场所或者其他条件的，由食品药品监督管理部门责令停止违法行为，没收违法所得，并处1 000元以上5 000元以下罚款。

食品集中加工中心明知食品小作坊属于本办法第十九条第（三）项、第（四）项所规定情形，仍为其提供生产场所或者其他条件的，由食品药品监督管理部门责令停止违法行为，没收违法所得，并处1万元以上10万元以下罚款。

因本条第一款、第二款所列情形致使消费者的合法权益受到损害的，食品集中加工中心应当与食品小作坊承担连带责任。

第三十八条 违反本办法第二十二条规定，食品集中加工中心没有及时督促食品小作坊采取封存措施的，由食品药品监督管理部门处2 000元以上2万元以下罚款；隐匿、伪造、毁灭有关证据的，处5万元罚款。

第六章 附 则

第三十九条 本办法自2017年5月1日起施行。

·佛山市寄递物流安全管理办法·

第一条 为了规范本市寄递物流活动，保障公民人身、财产安全和公共安全，促进本市寄递物流行业健康发展，根据《中华人民共和国反恐怖主义法》《中华人民共和国邮政法》《广东省禁毒条例》等法律、法规，结合本市实际，制定本办法。

第二条 本办法适用于本市行政区域内寄递物流活动的治安安全管理。

第三条 本办法所称寄递物流企业，包括从事包裹、货物等物品收寄、分拣、运输、投递等环节活动的邮政企业、快递企业（以下统称寄递企业）和道路货物运输企业（以下称物流企业）。

第四条 在本市行政区域内从事寄递物流经营活动，应当建立健全安全保障制度，寄递、托运物品实行安全查验制度和客户身份、物品信息登记制度。

第五条 公安机关负责监督、指导本行政区域内的寄递物流企业建立健全治安管理制度，依法对寄递物流活动中违反治安管理的行为进行查处。

邮政管理部门负责本行政区域内的寄递安全管理工作，依法对寄递企业违反安全查验制度和客户身份、物品信息登记制度的行为进行查处。

公安机关应当与邮政管理、交通运输等部门建立寄递物流安全管理信息共享机制，建立联合执法机制，加强队伍建设，配置专职人员，查处违反寄递物流安全管理的行为，推广寄递物流安全管理信息系统，为寄递物流企业提供信息化技术支持。

国家安全、交通运输、工商、商务、海关、安全监管、检验检疫等主管部门按照各自职能，依法做好寄递物流安全管理工作。政府各相关部门应当加强宣传，普及寄递物流安全管理知识。

第六条 快递、物流行业协会应当加强行业自律，为会员单位提供信息、培训等服务，配合相关部门做好安全管理工作。

第七条 寄件人、托运人交寄、托运物品，应当遵守国家和省有关禁止或者限制寄递、运输物品的规定，出示真实有效身份证件，如实填写交寄、托运物品的信息以及寄件人或者托运人和收货人的信息。

第八条 寄递物流企业的法定代表人或者主要负责人，对本单位的寄递物流治安安全活动负有以下职责：

（一）组织制订并实施本单位寄递物流安全教育和培训计划；

（二）督促、检查寄递物流安全工作，及时消除事故隐患；

（三）组织制订并实施寄递物流安全事故应急预案；

（四）及时、如实向相关部门报告寄递物流安全隐患和事故。

第九条 以加盟方式从事寄递物流活动的企业，被加盟人对加盟人负有安全监督管理责任。

第十条 寄递物流企业应当加强安全设施建设，在收寄、分拣、安检等环节和道路货物零担运输收货场所安装视频监控设备，接入邮政管理部门或者公安机关信息平台。监控系统应当24小时运转，监控资料保存时间不少于30天。

第十一条 寄递物流企业应当实行从业人员安全知识培训制度，每年组织不少于1次安全培训，并建立培训档案。

第十二条 寄递物流企业应当查验、登记从业人员的身份信息，并按规定录入公安机关治安管理信息系统。

第十三条 递物流企业应当在营业网点、处理中心、分拨中心和道路货物零担运输收货场所以明显方式公示禁止或者限制寄递、运输物品名录，身份查验制度，收寄验视制度，安全操作规范等内容。

第十四条 寄递物流企业收运物品时，应当要求寄件人、托运人如实填写寄递运单或者托运单，包括寄件人或者托运人和收货人的姓名、地址、联系方式以及物品名称、种类、数量等，并核对寄件人、托运人的身份。

寄件人、托运人拒绝按规定出示真实有效身份证件或者不如实填写寄递运单、托运单的，寄递物流企业不予收寄、承运。

对于已经签订安全保障协议的企业客户，寄递物流企业应当登记企业负责人和日常主要交寄人员的有效身份信息。已经予以登记的，可以采用其他有效方式查验客户身份信息。

第十五条 寄递物流企业应当按照相关主管部门的要求采取信息化手段落实客户身份查验制度。

寄递物流企业不得将寄件人、托运人的证件号码信息登记在寄递运单、托运单的流通页等位置，防止个人身份证件信息被泄露。

第十六条 寄递物流企业应当对寄件人、托运人交寄的非信件物品当场验视内件，寄件人、托运人拒绝验视的，不予收寄、承运。

第十七条 寄递企业应当配备符合国家标准、具备透视探测功能的安全检查设备，安排具有相应知识和技能的人员按照规定对寄递物品实施安全检查。对通过安检的物品，应当在寄递运单流通页等显著位置，通过张贴标签、加盖印章等方式加具安检标识。

第十八条 物流企业应当与托运人签订安全保障协议，明确安全保障责任。有下列情形之一的，可以采取抽检、抽查等方式进行安全查验：

（一）货物对既有包装有特殊要求或者其他客观原因，不能进行拆包验视的；

（二）货物体积过大，无法采用 X 光机进行安检的。

物流企业抽检、抽查的情况应当做好登记，以备相关管理部门查询。

第十九条 寄递物流企业对已经收寄的禁止或者限制运输、寄递物品，应当立即停止转发、投递和运输。发现疑似毒品、枪支零部件、弹药、爆炸物、危险化学品或者非法寄递麻醉药品、精神药品、易制毒化学品等需要没收或者销毁的物品，涉嫌违法犯罪的，应当立即报告公安机关和相关主管部门，配合有关部门进行处理；对于不需要没收或者销毁的，应当联系寄件人或者托运人，妥善处理。

第二十条 寄递物流企业应当建立寄递运单、托运单以及电子信息的档案管理制度，信息记录保存期限不少于 1 年，但法律法规另有规定的除外。保管期满后，应当按照规定集中销毁，做好销毁记录，不得随意丢弃。

寄递物流企业应当采取必要的措施确保用户信息安全，对寄件人或者托运人和收货人的姓名、地址、联系方式、寄递或者托运物品的名称、数量等信息以及身份证件记载的个人信息予以保密，不得出售或者违法提供给他人。发生或者可能发生用户信息泄露、损毁或者丢失的情况时，应当立即采取补救措施，并向主管部门或者公安机关报告。

第二十一条 任何单位和个人有权举报违反寄递物流安全管理制度的行为，对举报、提供犯罪线索或者协助破案的，公安机关或者其他相关部门应当按照规定给予奖励。

第二十二条 寄递企业违反本办法第十条规定，有下列情形之一的，由邮政管理部门责令限期改正；逾期未改正的，处 1 万元以上 3 万元以下罚款：

（一）未安装视频监控设备的；

（二）未按规定接入邮政管理部门或者公安机关信息平台的；

（三）监控设备未按规定运行的。

物流企业违反前款规定的，由公安机关责令限期改正；逾期未改正的，处 1 万元以上 3 万元以下罚款。

第二十三条 寄递企业违反本办法第十一条规定，未组织安全培训的，由邮政管理部门责令限期改正；逾期未改正的，可以处 2 万元以下罚款。

物流企业违反前款规定的，由公安机关责令限期改正；逾期未改正的，可以处 2 万元以下罚款。

第二十四条 寄递物流企业违反本办法第十二条规定，未按规定录入信息或者提供不真实信息的，由公安机关责令限期改正；逾期未改正的，可以处 2 000 元以上 1 万元以下罚款。

第二十五条 寄递企业违反本办法第十三条规定，未以明显方式公示相关内容的，由邮政管理部门责令限期改正；逾期未改正的，可以处 2 000 元以上 1 万元以下罚款。

物流企业违反前款规定的，由公安机关责令限期改正；逾期未改正的，可以处 2 000 元以上 1 万元以下罚款。

第二十六条 寄递物流企业违反本办法第十四条、第十六条、第十七条、第十八条、第十九条规定，有下列情形之一的，由邮政管理部门对寄递企业处 10 万元以上 50 万元以下罚款，对直接负责的主管人员和其他直接责任人员处 10 万元以下罚款；由公安机关对物流企业处 10 万元以上 50 万元以下罚款，对直接负责的主管人员和其他直接责任人员处 10 万元以下罚款：

（一）未实行安全查验制度，对客户身份进行查验，或者未依照规定对寄递、运输物品进行安全查验的；

（二）对禁止寄递、运输，存在重大安全隐患，或者客户拒绝安全查验的物品予以寄递、运输的；

（三）未实行寄递、运输客户身份、物品信息登记制度的。

第二十七条 寄递物流企业违反本办法第二十条第一款规定，未按规定保存或者销毁寄递运单、托运单、电子信息档案的，由邮政管理部门对寄递企业处 5 000 元以上 3 万元以下罚款，由公安机关对物流企业处 5 000 元以上 3 万元以下罚款。

第二十八条 寄递企业违反本办法第二十条第二款规定，泄露寄件人和收货人的寄递信息或者个人信息，尚不构成犯罪的，由邮政管理部门责令改正，没收违法所得，并处 1 万元以上 5 万元以下罚款；对邮政企业直接负责的主管人员和其他直接责任人员给予处分；对快递企业，邮政部门还可以责令停业整顿直至吊销其快递业务经营许可证。

寄递企业从业人员有前款规定的违法行为，尚不构成犯罪的，由邮政管理部门责令改正，没收违法所得，并处 5 000 元以上 1 万元以下罚款。

物流企业有违反本办法第二十条第二款规定行为的，由公安机关责令改正，处 1 万元以上 5 万元以下罚款。

第二十九条 从事道路货物运输的个体工商户参照适用本办法。

第三十条 本办法自 2017 年 7 月 1 日起施行。

文件选编

・佛山市扶持影视产业发展的若干政策・

佛府〔2017〕55 号

为加快佛山市文化产业发展，提升文化软实力，根据《中华人民共和国电影产业促进法》的规定，以及《关于支持电影发展若干经济政策的通知》（财教〔2014〕56 号）和

《关于支持广东省电影发展若干经济政策的通知》（粤财教〔2015〕22号）等文件精神，制定以下若干政策。

一、扶持目的

鼓励影视企业和机构落户佛山市。鼓励建设影视产业项目。鼓励佛山市影视企业做大做强。鼓励创作摄制影视作品和开展影视活动。鼓励培养和引进影视人才。鼓励影视产业服务类项目建设。鼓励与影视生产和影视产业有关的投资行为。

二、扶持资金渠道

（一）设立佛山市影视产业发展专项资金，支持影视产业加快发展。本政策涉及的扶持资金，由市人民政府及项目所在区人民政府按照1：1的比例分担。各区加大财政投入，落实配套政策。

（二）在佛山市文化产业发展投资基金中设立影视产业发展子基金，重点支持佛山市影视产业发展。

三、鼓励社会投资

（一）鼓励企业投资。对符合影视产业发展要求，单个项目固定资产投资总额1 000万元以上的，经第三方审计，按当年完成固定资产投资额的5%给予奖励。单个项目累计奖励总额不超过500万元。

固定资产投资是指影视企业的基础设施建设实际投资额，包括建筑工程费（含摄影棚）及影视特效、后期制作、高科技动漫制作设备等，不包括土地交易、二次装修、相关税费等。

（二）鼓励影视企业落户。对佛山市新注册影视企业，自注册当年起，按照企业销售收入和利润总额形成的年度地方财政贡献90%的标准给予奖励。

销售收入和利润总额形成的年地方财政贡献是指企业从事影视业务按税收法律法规规定申报缴纳的增值税、企业所得税形成的地方财政贡献部分（以税务部门提供的数据为准）。

（三）重点引进影视制作企业。从佛山市外新引入的影视制作企业，从业人员达8人以上，从开展影视制作经营活动之年起，给予3年办公场地的租金资助。资助标准最高不超过50元/平方米/月，面积最高不超过500平方米。

（四）鼓励发展影视产业园区。鼓励社会资本利用现有产业载体或保护性开发旧工业区、旧厂房、旧民居等建设影视产业园区，并对入园企业提供公共技术、版权交易、投资融资、工商税务、法律援助等公共服务。对园区运营方，根据入园影视企业数量给予奖励。入园影视企业达30家以上的，奖励100万元；入园影视企业达50家以上的，增加奖励100万元；入园企业达80家以上的，再增加奖励100万元。一个影视产业园区累计奖励不超过300万元。

（五）鼓励影视企业在佛山市取景拍摄和制作。在佛山市报备的影视作品，展现佛山市的镜头达到40%以上的时长，在片头或片尾字幕中含有佛山市企事业单位、拍摄取景点名称，且符合下列条件之一，对在佛山市产生的并通过佛山市税务系统开具增值税发票的场租、租赁设备和服装道具、置景、聘请群众演员、后期制作等费用，给予影视作品生产方30%的资助：

电影进入影院公映票房500万元以上，或在央视六套首播；电视剧在央视各频道或省级卫视首播；网络大电影、网络剧在主要视频网站（爱奇艺、腾讯、优酷、土豆、乐视、搜狐等平台）上线并且点击量超过2 000万次以上的。

单个作品资助金额最高100万元。

（六）鼓励社会力量举办重大影视活动。经向佛山市影视行业主管部门报备，佛山市的社会组织在佛山市承办由国家部委（局）、国家级行业协会主办的影视活动，给予承办单位最高30万元的奖励；承办省级部委厅（局）、省级行业协会主办的影视活动，给予承办单位最高10万元的奖励。

（七）鼓励佛山市影视产业服务类项目建设。对影视行业协会、联盟机构、企业等社会组织，向影视企业提供系统的信息咨询、取景拍摄协调、品牌推广、职业培训等行业服务的，通过政府购买服务的方式给予资助。

四、鼓励企业做大做强

（一）鼓动佛山市影视企业成为规模以上企业。本政策实施前已经在本市注册，且年营业额超过500万元以上的影视企业（以统计部门提供数据为准），一次性奖励8万元。影视企业年税收首次突破100万元以上的（以税务部门提供的数据为准），一次性给予10万元奖励；突破200万元以上的，一次性给予20万元奖励。

（二）鼓励影视拍摄基地扩张服务。对影视拍摄基地为剧组提供影视道具、服装、摄影器材等租赁业务的，给予仓储成本资助。按照实际支付租金的40%，给予3年资助。资助标准最高不超过5元/平方米/月，面积最高不超过2万平方米。

（三）鼓励影视版权交易。影视版权交易金额超过50万元，并有影视形象衍生品等具体项目落户佛山市的，对作为版权授权方的佛山市影视企业，按照实际成交额的20%给予奖励。同一个版权作品，最高奖励100万元。

五、鼓动优秀影视作品

（一）鼓励影视剧本创作。创作反映佛山题材的影视剧本，主要在佛山市拍摄制作，且符合以下条件之一的给予奖励：

取得电影放映许可证或电视剧发行许可证的，给予编剧最高不超过10万元奖励；进入影院公映票房500万元以上，或在央视各频道或省级卫视首播的，给予编剧最高不超过30万元奖励；网络大电影、网络剧在爱奇艺、腾讯、优酷、土豆、乐视、搜狐等平台上线的，根据作品的排名，给予编剧最高不超过30万元奖励；影视剧本获得夏衍电影文学奖，给予编剧最高不超过50万元奖励。

已获较低奖励，又符合较高奖励条件的，只奖励差额部分。

（二）鼓励影视作品播映。佛山市影视企业生产的电影进入影院公映，票房500万元以上的，按票房的1%给予奖励，单部影片最高奖励金额不超过200万元；电影在央视六套首播的，最高奖励100万元。

电视剧在央视一套、八套黄金时段（19：00—22：00）首播的，最高奖励200万元；在央视其他频道或央视一套、八套非黄金时段、或在国内一线省级卫视（北京卫视、东方卫视、江苏卫视、浙江卫视、湖南卫视、广东卫视）黄金时段（19：00—22：00）首播的，最高奖励100万元；在国内一线省级卫视非黄金时段或在其他省级卫视首播的，最高奖励50万元。

网络大电影、网络剧在爱奇艺、腾讯、优酷、土豆、乐视、搜狐等视频网站首播，点击量2 000万次以上的，按企业与视频网站的分账金额，给予1%奖励，单部作品最高奖励100万元。

动画片在央视十四套黄金时段（17：30—19：30）首播的，按每分钟2 000元给予奖励，最高奖励200万元；在央视十四套非黄金时段，或在金鹰卡通、炫动卡通、卡酷少儿、嘉佳卡通频道黄金时段（17：30—19：30）首播的，按每分钟1 000元给予奖励，最高奖励100万元；在金鹰卡通、炫动卡通、卡酷少儿、嘉佳卡通频道非黄金时段首播的，按每分钟500元给予奖励，最高奖励50万元。

纪录片在央视一套、九套首播的，每集奖励5万元，最高奖励50万元。

佛山市影视企业生产的影视作品是指佛山市企业是作品排名前三的出品方，或主要生产制作方（含拍摄、创意、剪辑、合成、二维、三维视听效果等前后期）。

（三）鼓励影视精品。佛山市影视企业生产的影视作品，经向省以上影视行业管理部门备案，获得国际A类电影节（柏林、戛纳、威尼斯、卡罗维发利、圣塞巴斯蒂安、莫斯科、蒙特利尔、开罗、洛迦诺、马塔布拉塔、东京、上海、华沙、印度、塔林）主要奖项的，最高奖励80万元；获得国家级大奖（“五个一工程奖”，华表奖、金鸡奖、百花奖，飞天奖、金鹰奖）的，最高奖励50万元；获得广东省“五个一工程奖”的，最高奖励30万元。

动画片获得国际A类电影节或国际知名动漫节（美国安妮奖、法国昂西国际动画电影节、加拿大渥太华国际动画电影节、克罗地亚萨格勒布国际动画节）主要奖项的，最高奖励80万元；获得国家级大奖（华表奖、百花奖、金猴奖、天马杯等）的，最高奖励50万元。

纪录片获得国际知名纪录片节（德国莱比锡国际纪录片短片电影节、荷兰阿姆斯特丹国际纪录片电影节、威尼斯纪录片电影节、波兰克拉克夫纪录片节、法国真实电影节等）主要奖项的，最高奖励20万元。获得国内权威纪录片奖项（“五个一工程奖”、中国广播影视大奖、金鹰奖、星光奖、白玉兰奖、金熊猫推优项目、金红梅推优项目等）的，最高奖励10万元。已获较低奖励，又符合较高奖励条件的，只奖励差额部分。

六、落实金融支持政策

（一）鼓励佛山市影视企业以上市为目标进行股份制改造。企业在券商、律师事务所、会计师事务所等上市中介机构的辅导下，完成股份制改造并取得股份公司营业执照的，给予30万元资金扶持。

（二）鼓励影视企业挂牌上市。佛山市影视企业在上海、深圳证券交易所等境内资本市场实现IPO（新股首发）上市，给予50万元资金扶持。影视企业通过借壳方式实现境内上市，且将工商注册地迁入佛山市行政区域的，给予100万元资金扶持。佛山市影视企业在全国中小企业股份转让系统实现挂牌，给予20万元资金扶持。佛山市影视企业由全国中小企业股份转让系统转板至上海、深圳证券交易所实现IPO上市，给予50万元资金扶持。佛山市影视企业在境外证券市场发行上市的，经认定后，给予50万元资金扶持。

符合本部分规定的企业按《佛山市人民政府办公室关于印发佛山市促进企业上市扶持办法的通知》（佛府办〔2016〕23号）申请扶持资金。

七、鼓励人才引进

佛山市影视企业引进的高层次人才，参照《佛山市人民政府办公室关于印发佛山市重点产业人才引进培育暂行办法的通知》（佛府办〔2016〕39号）规定的重点产业人才范围，享受住房安居、子女入学、配偶就业、医疗保健和研学资助等优惠。

八、落实税收优惠政策

（一）对佛山市电影制片企业销售电影拷贝（含数字拷贝）、转让版权取得的收入，电影发行企业取得的电影发行收入，电影放映企业在农村的电影放映收入，免征增值税。为生产重点影视文化产品进口国内不能生产的自用设备及配套件、备件等，并且符合国家鼓励发展的产业条目的，可按现行税收政策的有关规定免征进口关税。

（二）佛山市影视企业在境外提供的广播影视节目（作品）的播映服务免征增值税；向境外单位提供的完全在境外消费的广播影视节目（作品）的制作和发行服务适用增值税零税率，也可声明放弃适用零税率选择免税。

上述税收优惠政策如遇国家、省政策调整，以最新税收政策为准。

九、附则

（一）本政策所指的影视企业，是指具有独立法人资格，从事电影、电视剧、纪录片、网络电影、网络剧、动画片的制作、发行、影视配套服务（为影视企业提供场地、道具、摄影器材、服装、群演）等业务的企业，其营业执照经营范围中前3项应含有上述业务至少1项。

影视作品包括电影、电视剧、影视动画片、纪录片、网络大电影、网络剧，作品内容符合国家有关规定，作品时长按行业规定执行。

（二）本政策中对单个企业的财政扶持资金实行限额管理，同一企业年度扶持总额不超过500万元。若扶持对象适用多项扶持政策的，1个申请年度内，遵循从高不重复的原则实施。

（三）企业提供虚假材料、骗取财政扶持资金的，按有关规定严肃查处，并追回扶持资金；情节严重的，依法追究相关法律责任。

（四）市文广新局每年发布扶持资金申请指南，明确申请事项、条件、程序等。各区影视行业主管部门负责受理申请及材料初审，经区人民政府核准后报市文广新局，市文广新局会市委宣传部复核后报市人民政府审定。市、区财政部门会影视行业主管部门根据市人民政府审定结果，对符合条件的申请对象发放扶持资金。

（五）本政策自 2017 年 8 月 1 日起执行，有效期 3 年。由市文广新局负责解释并组织实施。2017 年度扶持对象为 2017 年 5 月 1 日后在佛山市注册的企业或实施的项目。

·佛山市人民政府关于加强全市幼儿园教师队伍建设的实施意见·

佛府〔2017〕76 号

为贯彻落实国家和省关于加快发展学前教育相关文件精神，全面提高幼儿园教师队伍整体素质，推动我市学前教育事业健康快速发展，根据加强幼儿园教师队伍建设有关要求，结合我市实际，经市人民政府同意，提出以下实施意见：

一、指导思想与总体目标

（一）指导思想。

全面贯彻党的十八大及其历次全会精神，以习近平总书记系列重要讲话和对广东工作重要批示精神为统领，遵循教育规律和教师成长规律，围绕促进教育公平、提高教育质量的要求，以提高师德素养和业务能力为核心，以创新幼儿园教师队伍管理体制机制为动力，全面加强幼儿园教师队伍建设，努力打造一支热爱儿童、师德高尚、业务精良、结构合理的幼儿园教师队伍。

（二）总体目标。

稳定和充实全市幼儿园教师队伍，提高幼儿园教师专业素质，努力满足学前教育学生规模增长和实施科学保教的需要，确保到 2020 年基本实现幼儿园教师全员持证上岗，大专以上学历占比达 85%，取得专业技术资格的比例进一步提高。统筹推进学前教育“名师工程”建设，全市各级培养一批名园长、名教师和名班主任，其中市级培养名园长 8 人、名教师 20 人，名班主任 30 人，充分发挥名师示范引领作用。健全幼儿园教师管理制度，建立幼儿园教师待遇保障机制，保障教师合法权益，充分调动工作积极性。

二、加强师德师风建设

（一）健全建设机制。

落实师德师风建设长效机制，坚持把师德师风建设摆在幼儿园教师队伍建设的首位，建立健全教育、宣传、考核、监督与奖惩相结合，政府管理、制度约束、个人自律相协调的师德师风建设机制。完善师德考评制度，将师德建设作为幼儿园工作考核、办学质量评估和年检的重要指标，把师德表现作为教师资格准入和定期注册、绩效考核、职称评审、专家选拔、岗位聘用、评优奖励的首要内容，实行师德表现一票否决制。完善幼儿园、教师、学生、家长和社会多方参与的师德师风监督体系，掌握师德信息动态，及时发现并纠正不良倾向和问题。

（二）提高建设成效。

积极创新师德师风教育方式，实行定期专题教育与日常管理活动相结合，将师德师风教育融入幼儿园教师职前培养、职业准入、职后培训和日常管理的全过程，幼儿园每学期进行 1 次以上的师德师风专题教育活动。丰富建设活动载体，充实教育内容，运用幼儿园教师喜闻乐见的方式方法，加强职业理想与职业道德教育。大力宣传师德先进典型，弘扬奉献精神，促进形成重德养德、爱岗敬业的良好师风。

三、强化教师队伍管理

（一）规范岗位管理。

公办幼儿园（含公办性质幼儿园）按照《印发广东省幼儿园编制标准（试行）的通知》（粤机编办〔2012〕232 号）、《关于印发〈广东省教育事业单位岗位设置管理指导意见〉的通知》（粤人社发〔2010〕105 号）等相关文件要求，做好岗位设置和人员配备工作。机构编制部门会同教育、财政等部门，在机构编制总量控制前提下，对纳入机构编制管理的公办幼儿园做好编制核定，建立编制动态管理机制。民办幼儿园按照《教育部关于印发幼儿园教职工配备标准（暂行）的通知》（教师〔2013〕1 号）规定，按教育行政部门核定的招生规模内的实际幼儿人数配备人员，杜绝少配、虚配等现象。幼儿园教师实行“一园一聘”，原则上只能与一所幼儿园建立劳动关系；确需跨园任教的，聘用单位须在年检材料予以说明，并在办园信息中公开。支持采用派驻公办教师等方式对企事业单位办、集体办幼儿园和普惠性民办幼儿园进行扶持。

（二）实行资格准入。

幼儿园园长应具有适用的教师资格证，有 3 年以上教育工作经历，取得园长岗位培训合格证书。从 2017 年起，新招聘幼儿园教师须具有幼儿教师资格证；保育员须具备高中毕业以上学历，受过幼儿保育职业培训并考核合格；保健员须具有高中毕业以上学历，经市级妇幼保健机构组织的卫生保健专业知识培训并考核合格。目前在岗的专任教师，必须在 2020 年前取得教师资格。确不能取得教师资格的，可通过培训转为保育员、教辅人员等方式予以分流。

（三）落实实名管理。

建立健全幼儿园教职工信息登记制度，加强电子档案管理，及时更新信息，把教职工配备、资质及流动情况作为幼儿园保教质量评估的重要内容。实行民办幼儿园园长聘任备案制。幼儿园举办者聘任符合任职条件的园长，须报主管教育行政部门备案。未完成备案手续的，幼儿园当年年检定为不合格。幼儿园实行园长负责制，原则上同一人不担任两所及以上幼儿园园长。

（四）加强聘任管理。

幼儿园聘用教职工必须签订聘任合同，并办理劳动用工备案。合同范本由区教育行政部门协同人力资源管理部门参照中小学教师聘用合同或省人力资源社会保障厅制定的劳动合同制定。合同应明确教职工工资收入、福利待遇（含五险一金），权利义务、工作要求等内容。幼儿园不得以任何理由拒绝或不按范本与受聘人员签订劳动合同，如有发现，除按规定责令改正外，按年检不合格处理。

（五）推进人事档案基本公共服务。

教育行政部门委托公共就业和人才服务机构开展幼儿园教职工人事档案基本公共服务，为幼儿园已聘用且符合任职资格的教职工提供人事档案管理、党员组织关系的接转、出具以档案材料为依据的有关证明等基本公共服务。凡符合任职资格并已应聘到我市具有独立法人资格的民办幼儿园任教的教职工以及公办幼儿园编制外的教职工，均要实行人事档案基本公共服务。

四、加大教师激励力度

（一）增强教师工作荣誉感。

充分尊重广大幼儿园教师的劳动创造，大力宣传幼儿园教师崇尚保教、无私奉献的先进事迹。引导社会理解、关心幼儿园教师，形成尊师重教的良好氛围。幼儿园教师在培训进修、评优表彰、职称评聘等方面享有中小学教师同等权利。支持鼓励幼儿园教师积极参加职称（职务）评审，获得专业技术资格。

（二）实施从教津贴补助制度。

从 2017 年 9 月开始，按照属地管理原则，各区政府为辖区内符合条件的市公益普惠性幼儿园在职在岗幼儿园教职工提供从教津贴补助，建立从教津贴标准逐年递增和骨干教师岗位奖补机制，2017 年平均每人每月不少于 400 元、2018 年平均每人每月不少于 700 元、2019 年平均每人每月不少于 1 000 元。补助标准根据绩效、教龄、学历、职称等要素制定。实施从教津贴制度后，幼儿园不得降低或抵扣教职工原有工资福利待遇，具体方案由各区人民政府牵头另行制订。

（三）加强教职工薪酬支付管理。

幼儿园要在银行开设基本账户，并在会计核算分类科目中将教职工工资支付情况单列反映，专项核算。幼儿园应为每位教职工开办银行实名制工资卡，采用委托银行代发方式，按时足额发放教职工工资，依法为教职工缴纳社会保险费，并按照国家有关规定办理住房公积金。探索幼儿园教职工薪酬支付分账管理模式，进一步规范幼儿园的财务管理。

（四）设立教师最低工资指导标准。

幼儿园专任教师最低工资指导标准为当年佛山市企业职工最低工资标准的两倍或以上。各区应将行政区域内幼儿园执行教师最低工资指导标准情况列入年检主要内容，并作为参与评优评先、申报政府财政性补助的必达条件。

五、不断提升教师专业化水平

（一）健全教师培训制度。

落实幼儿园教师 5 年一周期不少于 360 学时的全员培训制度，其中每年集中培训不少于 1 天，培训经费纳入同级财政预算安排。幼儿园按照年度公用经费总额的 5% 安排教师培训经费。建立健全由高校、中介组织和幼儿园组成的市级学前教育培训系统，整合优化从理论研修到实务训练以及服务事务相结合“三位一体”工作机制，按需精准施训，提高培训质量，切实提高教师的专业能力和综合素质。

（二）推进优秀教师梯队建设。

建立健全教坛新秀、骨干教师、学科带头人等层次的系列化培养、培训、评选制度，搭建优秀教师成长平台，通过专家引领、定向培训等形式，有针对性地创设条件促进其专业成长，形成市、区和镇三级学前教育优秀教师梯队。

（三）深化“名师工程”建设。

深入实施学前教育“名师工程”建设，各级培养及认定一批名园长、名教师、名班主任，通过建立“名师工作室”，搭建工作平台，充分发挥名园长、名教师、名班主任在幼儿园管理、教育保育、教研科研、骨干培养等领域的示范引领作用。

六、健全工作推进机制

（一）加强工作协调。

全市各级政府切实履行职责，加大投入，认真做好本行政区域教师队伍建设工作。全市各级教育、机构编制、财政、人力资源和社会保障等部门要各司其职、密切配合，教育行政部门要加强对教师队伍建设工作的统筹协调，机构编制部门要及时核定相关教师编制，督促编制标准的落实，财政部门要加大财政投入，落实保障措施，人力资源和社会保障部门要创新学前教育人事管理方式，加强对幼儿园落实社会保障政策的督查。各有关部门要加强对专项资金使用情况的审计监督，确保资金及时足额到位，提高资金使用效益。各区政府和相关部门要制订相应的工作方案或实施细则，确保落到实处。

（二）加强守法诚信管理。

落实幼儿园及其法定代表人、主要负责人的信用主体地位，将幼儿园劳动用工、工资支付等信息纳入幼儿园信用记录和信用报告内容，纳入属地政府信用平台，积极推进在行政管理事项中使用幼儿园信息记录和信用报告工作。建立完善幼儿园诚信红黑名单管理和信息公开制度。各区要将守法诚信的幼儿园列入红名单，并明确激励措施对其予以褒扬；将存在严重失信行为的幼儿园列入黑名单。加强对违反教师劳动（聘用）合同、侵犯教师权益等失信行为的约束和惩戒，从严控制严重失信的幼儿园及其法定代表人、主要负责人新办、续办教育项目的审批、核准和备案。对弄虚作假骗取财政资金，克扣教师工资或从教津贴的，一经查实，将按有关规定处理。

（三）加强督导检查。

建立幼儿园教师工作专项督查制度，把教师队伍建设、从教津贴补助情况作为对各级政府及其相关部门督查的重要内容，确保教师队伍建设各项政策措施落到实处。

（四）加强宣传引导。

各区、各部门要广泛宣传幼儿园教师队伍建设的新理念、新政策、新举措，加强幼儿园教师师德模范以及幼儿园教师队伍建设典型经验和做法，强化示范效应，凝聚社会共识，为推进幼儿园教师队伍建设营造良好的社会环境和舆论氛围。

七、附则

（一）本意见自印发之日起施行，有效期 5 年。相关法律政策依据发生变化时，依据实施情况评估修订。

（二）本意见由市教育局负责解释。

·佛山市居住证实施办法·

佛府办〔2017〕1 号

第一章 总 则

第一条 加强和创新人口服务管理，促进农业转移人口和其他常住人口市民化，加快城镇化进程，推进户籍制度改革，根据《居住证暂行条例》（国务院令 663 号）及有关法律法规规定，结合我市实际，制定本办法。

第二条 本办法适用于本市行政区域内居住证的申领、发放、使用等相关服务管理活动。

第三条 公民离开其常住户口所在地，在我市居住地实际居住并办理居住登记满半年，符合有合法稳定就业、合法稳定住所、连续就读条件之一的，可申领我市居住证。

合法稳定就业是指被我市的国家机关、社会团体、事业单位录用（聘用），或者被我市国家机关、社会团体、企事业单位招收并依法签订劳动合同，或者在我市从事第二、三产业并持有工商营业执照、完税证明、缴纳社保证明等。

合法稳定住所是指在我市居住地实际居住具有合法所有权或使用权的房屋、保障性住房、在新市民服务管理部门登记备案的租赁房屋、用人单位或就读学校提供的宿舍等。

连续就读是指在我市的全日制小学、中学、中高等职业学校或普通高等学校取得学籍并就读。

符合我市人才政策引进的人才，可直接申领居住证。

第四条 居住证是持证人在居住地居住、作为常住人口享受基本公共服务和便利、申请登记常住户口的证明。

第五条 全市各级人民政府应建立健全为居住证持有人提供基本公共服务和便利的机制，将为居住证持有人提供基本公共服务和便利工作纳入国民经济和社会发展规划，建立农业转移人口市民化成本分担机制，推进落实国家、省财政转移支付同农业转移人口市民化挂钩机制建设，将提供基本公共服务和便利所需费用纳入政府财政预算。

第六条 全市各级发展改革、新市民（流动人口）服务管理、教育、公安、民政、司法、财政、人力资源社会保障、住建管理、文广新、卫生计生、工商等有关部门应根据各自职责共同做好居住证持有人的权益保障、服务和管理工作。

第二章 证件申办和管理

第七条 公民离开其常住户口所在地，在我市居住生活的，应持身份证明、合法稳定住所证明等相关材料，及时向居住地的新市民（流动人口）服务管理机构服务受理窗口申请居住登记。如申请人提供材料不详实、资料不齐全的，不予核发登记回执。对于申请登记材料不齐全的，受理窗口应一次性告知申请人需要补充的相关资料。

本人现场申请的，受理窗口核实后应现场出具居住登记回执；不能现场核实的，应于 3 个工作日内告知申请人是否核发登记回执。

通过佛山新市民服务信息网和佛山新市民微信公众号等信息化平台申请的，应当按规定上传提供相关的电子版登记材料。居住地址所在地的新市民（流动人口）服务管理机构收到电子申请材料后，应于 3 个工作日内确定是否核发电子登记回执。

第八条 登记回执应当载明登记人信息、登记机关、登记时间、居住信息、登记人联系方式等情况。

回执样式由市公安机关统一制作，纳入市流动人口服务管理综合信息系统。系统打印的电子登记回执，附加唯一条形码标识；受理窗口纸质打印的，加盖公章。

新市民申领登记回执后，应在登记地址实际居住，并接受居住地公安机关及新市民（流动人口）服务管理机构的核查。如果经核查新市民未在登记地址实际居住的，新市民（流动人口）服务管理机构有权撤销已核发的登记回执，并告知申请人重新按在我市的实际居住地址进行居住登记。

第九条 居住证由受理窗口具体办理、公安机关审核制作。

第十条 公安机关及新市民（流动人口）服务管理机构按照各自职责做好居住登记和居住证证件管理工作。用人单位、就读学校及房屋出租人等应协助做好居住登记和居住证申领工作。

第十一条 公民在我市登记实际居住满半年后，可申领居住证。申领时应由本人到居住所在地的新市民（流动人口）服务管理机构服务窗口，向受理窗口提交居住登记回执、本人居民身份证或其他有效身份证明、《广东省居住证数字相片采集检测回执》及居住地住址、就业、就读、人才引进的证明材料。使用二代居民身份证照片办理的，可不提供《广东省居住证数字相片采集检测回执》。

居住地住址证明包括已登记备案的房屋租赁合同、房屋产权证明文件、《出租屋租赁登记（备案）证明》、已登记备案的购房合同、享有居住房屋使用权的证明文件或用人单位、就读学校、宾馆旅店出具的住宿证明等；就业证明包括工商营业执照、劳动合同和用人单位出具的劳动关系证明、完税证明、缴纳社保证明、工资单或其他能够证明有合法稳定就业的材料；就读证明包括学生证、学籍卡或就读学校出具的其他能够证明连续就读的材料。

属引进人才的，按相关规定提供已办理人才引进的相关文件、用人单位证明材料等。

第十二条 为新市民已婚育龄妇女办理居住证时应查核其计划生育情况，有违反计划生育相关规定的，应当向其现居住地卫生计生部门通报。

第十三条 申请人及相关证明材料出具人应对所提交材料的真实性、合法性负责。对于提供虚假信息办理居住证的单位或个人纳入全市公共信用管理，并录入佛山信用网及新市民综合信息系统不诚信人员黑名单信息库。

第十四条 未满 16 周岁的未成年人和行动不便的老年人、残疾人等，可由其监护人、近亲属代为申领居住证。监护人、近亲属代为办理的，应提供委托人、代办人的合法有效身份证件及相关委托书、代办证明材料。

第十五条 对登记居住期限已满半年，并符合其他申领条件，材料齐全的，受理窗口应自受理之日起 10 个工作日内发放居住证。

对申请材料不全的，受理窗口应一次性告知申领人需要补充的材料。

第十六条 居住证登载的内容包括：姓名、性别、民族、出生日期、公民身份号码、本人相片、常住户口所在地住址、居住地住址等。

第十七条 居住证实行签注制度，每年签注 1 次。

居住证持有人在居住地连续居住的，应当在居住每满 1 年之日前 1 个月内，到受理窗口办理续期签注手续，或通过信息化平台办理续期签注或预约现场签注。通过信息化平台办理续期签注的，应当在签注成功的1个月内，持证到受理窗口办理证件签注。

办理居住证续期签注申请应提供本人有效的身份证件及其居住地址证明。受理窗口或信息化平台应当在收到签注申请的5个工作日内办结签注手续并通知领取居住证。

逾期未办理签注手续的，居住证使用功能中止；补办签注手续后，居住证使用功能恢复，居住证持有人在居住地的居住年限自补办签注手续之日起连续计算。

未满16周岁的未成年人和行动不便的老年人、残疾人等，可由其监护人、近亲属代为签注。

第十八条 居住证损坏难以辨认或丢失的，居住证持有人应到受理窗口办理换领、补领手续。

居住证持有人的姓名、性别、民族、出生日期、公民身份号码、户口所在地等发生变更或更正的，应到受理窗口办理换领手续。

居住证持有人换领新证时，应交回原证。

第十九条 首次申领居住证免收证件工本费，换领、补领居住证应当缴纳证件工本费，办理签注和其他变更手续不收取费用。证件工本费标准执行省价格主管部门有关规定。

第二十条 居住证持有人在居住证有效期满前离开本市的，应持证到受理窗口或通过信息化平台办理注销手续。

本人不能办理的，其居住地房屋所有权人、房屋出租人、用人单位、就读学校应配合办理注销手续或报告受理窗口。

第三章 权益和保障

第二十一条 居住证持有人在居住地依法享受下列权利：

（一）劳动就业；

（二）参加社会保险；

（三）缴存、提取和使用住房公积金；

（四）按照有关规定参加民主选举和有关公共决策、社会事务管理；

（五）国家、省、市规定的其他权利。

第二十二条 新市民在我市享受政府基本公共服务和便利必须持有我市居住证。全市各级人民政府及其有关部门应为居住证持有人提供下列基本公共服务：

（一）按本市有关规定提供积分入学或政策性入学服务；

（二）就业失业登记、政策咨询、就业信息、职业介绍和职业指导、技能培训等基本公共就业服务，按规定享有技能培训晋升补贴和创业资金扶持服务；

（三）健康档案、健康教育、儿童预防接种、传染病防控、孕产妇和儿童保健等基本公共卫生服务；

（四）计划生育基本公共服务和奖励扶助；

（五）公共文化体育服务；

（六）法律援助和其他法律服务；

（七）按照规定享有住房保障服务；

（八）按照规定享有积分入户服务；

（九）在佛山行政区域内死亡并在佛山市内各殡仪馆火化的，与户籍人口享受同等殡葬基本服务；

（十）国家、省、市规定的其他基本公共服务。

第二十三条 居住证持有人在我市享受下列便利：

（一）按照有关规定办理出入境证件；

（二）按照有关规定换领、补领居民身份证；

（三）机动车登记；

（四）申领机动车驾驶证；

（五）参加我市专业技术职务的任职资格评定或考试，以及职业（执业）资格考试；

（六）办理生育服务登记和其他计划生育证明材料；

（七）子女可以按照规定在居住地接受义务教育后参加中考，子女在本市参加中考并有本市高中阶段学校3年完整学籍的，根据省有关政策确定参加高考资格；

（八）按规定办理老年人优待证；

（九）按规定申请大病救助和临时救助；

（十）人身损害赔偿（居住满1年）标准与户籍人口相同；

（十一）国家、省、市规定的其他公共服务便利。

第二十四条 全市各级人民政府及其有关部门应积极创造条件，逐步扩大为居住证持有人提供基本公共服务和便利的范围，提高服务标准，并定期向社会公布居住证持有人享受的基本公共服务和便利的范围。

第二十五条 全市各级人民政府应根据本地经济社会发展水平，综合考虑连续居住年限、参加社会保险年限等因素，建立居住证梯度赋权机制，使居住证持有人逐步享有与当地户籍人口同等的基本公共服务和便利。

第二十六条 全市各级人民政府应加强城镇基础设施和基本公共服务设施建设，优化城镇经济结构，逐步提高城镇基本公共服务能力，保障居住证持有人享有基本公共服务。

第二十七条 全市各级人民政府有关部门应建立和完善人口信息库，分类完善劳动就业、社会保障、教育、房产、信用、纳税、卫生计生、婚姻等信息系统及居住证持有人信息的采集、登记工作，加强部门之间、地区之间居住证持有人的信息共享，为居住证持有人在居住地居住提供便利。

第二十八条 国家机关及其工作人员对在工作过程中知悉的居住证持有人个人信息，应予以保密。

第四章 法律责任

第二十九条 有下列行为之一的，由公安机关给予警告、责令改正，处200元以下罚款，有违法所得的，没收违法所得，构成犯罪的，依法追究刑事责任：

（一）使用虚假证明材料骗领居住证；

（二）出租、出借、转让居住证；

（三）非法扣押他人居住证。

第三十条 有下列行为之一的，由公安机关处200元以上1000元以下罚款，有违法所得的，没收违法所得，构成犯罪的依法追究刑事责任：

（一）冒用他人居住证或者使用骗领的居住证；

（二）购买、出售、使用伪造、变造的居住证。

伪造、变造的居住证和骗领的居住证，由公安机关予以收缴。

第三十一条 国家机关及其工作人员有下列行为之一的，依法给予处分；构成犯罪的，依法追究刑事责任：

（一）符合居住证申领条件但拒绝受理、发放；

（二）违反有关规定收取费用；

（三）利用制作、发放居住证的便利，收受他人财物或者谋取其他利益；

（四）将在工作中知悉的居住证持有人个人信息出售或者非法提供给他人；

（五）篡改居住证信息。

第五章 附 则

第三十二条 在我市居住的港澳台人员和外国籍、无国籍人员的居住登记按照国家有关规定执行。

第三十三条 本办法所称其他有效身份证明，是指户口簿、护照等。

第三十四条 本办法实施前已发放的居住证，在有效期内继续有效。本办法实施前已进行居住登记的，居住时间连续计算。

第三十五条 本办法由市流动人口服务管理工作领导小组办公室（市新市民事务办公室）负责解释。

第三十六条 本办法自印发之日起实施。以往有关文件中的规定与本办法不一致的，按照本办法执行。

·佛山市高端金融人才引进培育办法（试行）·

佛府办〔2017〕11号

第一条 为引进和培育熟悉金融市场规则、掌握先进金融管理理念的高层次金融人才，加快推进各类金融机构集聚发展，进一步优化我市金融发展环境，根据《关于深化人才发展体制机制改革的意见》《中共广东省委广东省人民政府关于印发〈广东省中长期人才发展规划纲要（2010—2020年）〉的通知》（粤发〔2010〕17号）等文件精神，结合我市实际，制定本办法。

第二条 本办法适用于在我市行政区域内任职或从业的金融人才。

第三条 符合认定条件的金融人才（含外籍及港澳台人士），在相应的金融机构总部、类金融机构总部、金融机构专营机构、金融机构区域总部担任董事长、副董事长、行长、副行长、监事长、总经理、副总经理等管理团队成员职务或金融机构核心岗位职务的，可以认定为佛山市高端金融人才。

第四条 金融机构总部，是指经国家金融监管部门或国家相关职能部门批准，在佛山市内注册成立且持有相关金融牌照的银行、保险公司、证券公司、基金公司、财务公司、金融租赁公司等具有法人资质的经营性机构。金融机构总部分为全国性金融机构总部和区域性金融机构总部，全国性金融机构总部是指经金融监管部门批准可在全国范围经营业务且在5个及以上省（自治区/直辖市）设立一级分支机构的法人金融机构的总部，其余法人金融机构的总部为区域性金融机构总部。

类金融机构总部，是指经过国家相关职能部门批准，在佛山市内注册成立并运营的私募股权投资机构、融资租赁公司、融资担保公司、小额贷款公司、互联网金融公司等经营性机构。

金融机构专营机构，是指经国家金融监管部门或国家相关职能部门批准，在佛山市内注册、运营并直属于银行、保险、证券等金融机构总部，独立核算、风险隔离、行为规范、归口管理的专营机构。

金融机构区域总部，是指经国家金融监管部门或国家相关职能部门批准，在佛山市内注册、运营并直属于银行、保险、证券等金融机构总部的一级分支机构。

第五条 佛山市高端金融人才的认定应当符合我市打造广东产业金融中心的城市定位，以市场认可、突出重点、市区联动、分类扶持为原则，以对佛山市金融产业发展和改革创新作出较大贡献的金融机构人才为重点。

第六条 佛山市高端金融人才包括金融领军人才、金融高级管理人才和金融高级专业人才，具体的认定条件如下：

（一）认定为金融领军人才的条件。

1. 在国内外金融业界具有较大影响力或拥有行业领军地位，且担任全国性金融机构总部核心管理团队成员。

2. 担任注册资本在20亿元以上且实收资本不低于注册资本50%的区域性金融机构总部、类金融机构管理团队成员。

3. 担任上一年度在佛山纳税金额超过5亿元的上述金融机构管理团队成员。

4. 上一年度实际纳税工资、薪金收入超过300万元。

认定为金融领军人才的，应满足上述第4点及第1—3点其中之一。

（二）认定为金融高级管理人才的条件。

1. 担任全国性金融机构区域总部或专营机构管理团队成员。

2. 担任注册资本在10亿元~20亿元且实收资本不低于注册资本50%的区域性金融机构总部、类金融机构总部管理团队成员。

3. 担任上一年度在佛山纳税金额超过2亿元的上述金融机构管理团队成员。

4. 上一年度实际纳税工资、薪金收入超过150万元。

认定为金融高级管理人才的，应满足上述第4点及第1—3点其中之一。

（三）认定为金融高级专业人才的条件。

1. 在第四条所称的四类机构任职中高层管理职务或特殊岗位，从事银行信贷、证券投资、保险理财、股权投资（VC、PE及天使投资）、并购投资、保险精算、互联网金融、小额贷款、融资租赁、融资担保、知识产权投融资等佛山市金融市场亟需的业务，具有较高专业素养，且工作业绩突出的金融从业人员。

2. 所在金融机构上一年度在佛山纳税超过1亿元，个人实际纳税工资、薪金收入超过80万元。

以上3类人才须与用人单位签订3年以上劳动合同，在佛山工作、纳税满1年，且没有国家金融监管部门规定的不良记录。

第七条 佛山市高端金融人才每年认定1次，一般安排在次年第一季度，认定程序如下：

（一）公告。向社会公众公布申请认定条件和程序。

（二）申请。申请人应填写《佛山市高端金融人才认定申请表》，并提供单位法人代码证照、劳动合同（协议）、单位和个人纳税额等相关资料，先由所在单位对申请人各项条件和证明材料进行审核，符合条件的在申请表中加具推荐意见后连同相关证明材料送至所在区金融主管部门提出申请。

（三）审核。各区金融主管部门在向所在区税务部门核实企业纳税及个人纳税情况后进行初审后报市金融局审核，市金融局审核后报市人才工作领导小组审定。

（四）公示。经市人才工作领导小组或授权机构审定后，入选名单统一向社会公示，公示时间为5个工作日。

（五）确认。公示期满无异议的，由市人才工作领导小组最终确认。

第八条 对被认定为佛山市高端金融人才的给予激励扶持，具体由行业专项津贴、地区补贴、住房补助、业绩贡献奖4部分组成。

（一）金融领军人才每年可享受行业专项津贴30万元，地区补贴40万元，住房补助30万元。

（二）金融高级管理人才每年可享受行业专项津贴15万元，地区补贴20万元，住房补助15万元。

（三）金融高级专业人才每年可享受行业专项津贴5万元，住房补助5万元。

（四）高端金融人才所在机构当年缴税且实际入库额同比每增加1亿元，奖励其管理团队及骨干人员合计100万元；同比增加5 000万元，奖励核心管理团队及骨干人员合计50万元。单个金融机构每年最高奖励上限为500万元。

激励扶持所需资金由市、区财政按1∶4比例承担。

第九条 本办法实施之后在我市新设立的金融机构中的相应高端金融人才，可在设立后至本办法有效期届满享受第八条所列的激励扶持措施。本办法实施之前已在我市设立的金融机构中的相应高端金融人才，可享受第八条第（一）至第（三）项相应的行业专项津贴和第（四）项激励措施。符合条件的高端金融人才，在享受激励扶持措施期内晋升更高级别的，自晋升年度起改按较高级别享受相应的激励扶持措施。

第十条 对于引进特别重大金融项目所涉及的金融人才政策，可由市人才工作领导小组或授权机构采取“一事一议”的办法予以解决。

第十一条 佛山市高端金融人才所涉及的子女入学、配偶就业、医疗保障、培养提升按《佛山市人民政府办公室关于印发佛山市重点产业人才引进培育暂行办法的通知》（佛府办〔2016〕39号）相应等级予以扶持。

其他金融人才若符合《佛山市重点产业人才引进培育暂行办法》相关规定的，也可享受相应扶持。

第十二条 佛山市高端金融人才同时享受我市其他人才扶持政策，按从高、不重复原则进行奖励和扶持，所获奖励和津贴的个人所得税须按规定缴纳。

第十三条 有下列情形之一者，应当撤销高端金融人才资格，按有关规定取消并追回其所享受的相关待遇，涉嫌违法的，应依法追究当事人的相关法律责任：

（一）提供虚假资料，业绩上弄虚作假被有关部门查出的；

（二）服务期内在履职中受到司法机关审查或金融监管部门行政处罚的；

（三）存在严重失信行为或因个人原因给单位造成重大损失的。

第十四条 鼓励各区出台面向金融专业人才的分类扶持政策，支持各区合理界定本区金融人才扶持范围，配套建立相应层次的人才资助、激励与培养体系，鼓励各区推出金融人才公寓计划，优化引导金融人力资源布局。

第十五条 本办法自2017年3月29日起实施，有效期3年。2017年1月1日至本办法实施以前期间，参照本办法执行。本办法由市金融局负责实施和解释。

·佛山市海绵城市规划建设管理暂行办法·

佛府办〔2017〕12号

第一章 总 则

第一条 为加快推进我市海绵城市建设，根据《中华人民共和国城乡规划法》《中华人民共和国建筑法》《中华人民共和国水法》《建设工程质量管理条例》和《国务院关于加强城市基础设施建设的意见》（国发〔2013〕36号）、《国务院办公厅关于推进海绵城市建设的指导意见》（国办发〔2015〕75号）、《广东省人民政府办公厅关于推进海绵城市建设的实施意见》（粤府办〔2016〕53号）等规定，结合我市实际，制定本办法。

第二条 海绵城市是指通过加强城市规划建设管理，充分发挥建筑、城市道路和绿地、城市水系等生态系统对雨水的吸纳、蓄渗和缓释作用，有效控制雨水径流，实现自然积存、自然渗透、自然净化的城市发展方式。

海绵城市由低影响开发雨水系统、城市雨水管渠系统及超标雨水径流排放系统共同构建，低影响开发主要控制高频率的中、小降雨事件，以相对小型、分散的设施为主。城市雨水管渠系统主要控制1—10年重现期的暴雨，主要包括传统排水系统的管渠、泵站等灰色雨水设施。超标雨水径流排放系统主要控制10—100年重现期的暴雨，主要包括大型的自然或人工调蓄水系等设施。

第三条 本办法适用于全市行政区域内的所有新建（改建、扩建）建筑与小区、城市道路、城市绿地与广场、城市水系等项目的立项、土地出让、建设用地规划许可、设计招标、方案设计及审查、建设工程规划许可、工程设计及审查、建设施工许可、竣工验收等环节。

第四条 市、区人民政府应建立市、区海绵城市建设工作领导机制，统筹海绵城市建设。发展改革、国土规划、住建管理、交通运输、水务（利）、环境保护等部门要加强项目监管，实现海绵城市建设管理流程全覆盖。

发展改革部门要对海绵城市建设项目立项予以把关。

国土规划部门应在城市总体规划、专项规划、控制性详细规划中落实海绵城市专项规划的内容和要求，将海绵城市建设要求作为城市规划许可的前置条件，纳入建设工程规划许可证审核范围。

住建管理（公用事业），交通运输，水务（利）部门分别牵头负责建筑与小区、城市绿地与广场，城市道路，城市水系建设项目的海绵城市设计审查（备案）、建设监督和管理。建立相应的海绵城市建设工程项目储备制度，编制项目滚动规划和年度建设计划，避免大拆大建。同时要将海绵城市建设要求及相关工程措施作为施工许可环节的重点审查内容，工程竣工验收应检查海绵城市相关工程措施的落实情况。

其他有关部门要按照职责分工，各司其职，密切配合，共同做好海绵城市建设相关工作。

第二章 规划、立项、设计管理

第五条 市、区级及各控规单元应分层级编制海绵城市专项规划。市级层面海绵专项规划由市人民政府指定的部门负责组织编制，区级及各控规单元海绵专项规划由区人民政府负责组织编制。海绵城市专项规划是建设海绵城市的重要依据，是城乡规划的重要组成部分。海绵城市专项规划应确定区域内建筑与小区、城市道路、城市绿地与广场、城市水系等项目的年径流总量控制率等海绵城市强制性指标。

第六条 编制或修改城市总体规划时，应将雨水年径流总量控制率纳入城市总体规划，将专项规划中提出的自然生态空间格局作为城市发展空间开发管制要素；编制或修改控制性详细规划时，应落实雨水年径流总量控制率等指标；编制或修改城市道路、绿地、水系、排水防涝等专项规划时，应与海绵城市专项规划充分衔接。

第七条 全市行政区域内的所有新建（改建、扩建）项目应按海绵城市相关要求进行建设，海绵城市建设设施与建设项目主体工程同步规划、同步设计、同步施工、同步运营使用。因项目实际情况不能完全按海绵城市标准或规划条件建设的，由项目建设单位向规划主管部门提出申请，并由规划主管部门牵头会同相关部门，结合项目实际情况组织研究论证，通过采取区域平衡等方法，以海绵城市建设效益最大化的原则明确具体的建设要求。

第八条 财政性投资项目在项目建议书中应对海绵城市建设设施适宜性进行阐述明确，在可行性研究报告中应提出海绵城市建设的目标及措施，对技术和经济可行性进行全面分析，并提出投资估算。社会资本投资项目在项目申请报告中应提出海绵城市建设的目标、措施、主要建设内容、规模及社会效益情况。

第九条 将雨水年径流总量控制率等海绵城市建设要求作为城市规划许可和项目建设的前置条件。土地划拨（出让）供地的建设项目应在规划条件中明确其海绵城市建设内容和要求，未有控规成果或控规成果中未有海绵城市建设内容和要求的，应在规划条件中根据上层次规划或相关技术指引中的分类指标明确其海绵城市建设内容和要求，并作为划拨决定书的组成部分或土地出让合同的组成部分。

对已审批未开工或已开工未完工的建设项目以及全部或部分使用财政资金、国有资金占主导的建设项目，可依法通过设计变更落实海绵城市建设设施的要求。

第十条 建设项目业主单位应在项目建议书或可行性研究报告以及各个设计阶段增加海绵城市设计专篇。海绵城市设计专篇文件应包括海绵城市建设工程要求、项目规划、设计方案的海绵城市计算书（雨污管道设计、年径流总量控制率计算、海绵城市设施规模计算、指标核算情况表等）和其他相关资料等具体设计内容。

第十一条 规划、项目建设主管部门可采用购买服务的方式委托具有相应评估能力的专业技术服务机构对建设单位或者个人所提交的海绵城市建设专篇材料进行专项技术评估，作为出具审查意见的依据。

第十二条 专业技术服务机构负责对项目是否落实海绵城市建设要求进行专项技术评估，并出具评估报告。评估工作优先采用数学模型模拟等先进技术手段完成的项目专项技术评估，保证项目用地中的海绵城市设施符合相关强制性指标要求。

第三章 建设、验收、移交管理

第十三条 建设单位在项目开工前应委托施工图设计文件审查机构按照国

佛山顺德陈村碧桂花城片区 （佛山年鉴社供图）

家、省、市项目建设相关规范、技术要求对项目设计文件进行审查，审查意见书应明确海绵城市建设设施审查结论。对符合海绵城市建设要求的，相关行政主管部门方可核发施工许可证。

施工图审查单位应将海绵城市相关工程措施作为重点审查内容，并应针对是否符合海绵城市建设要求提出明确的审查意见。

第十四条 建设工程施工图设计文件中涉及海绵城市建设设施内容部分确需变更设计的，应按规定程序重新进行施工图审查，同时审查海绵城市建设设施内容，不得降低其海绵城市建设目标。

第十五条 海绵城市建设设施应按照“先地下、后地上”的要求，科学合理统筹施工，相关分项工程施工应符合设计文件及相关规范规定，监理单位应全过程监督。

第十六条 项目验收时，建设单位应在工程竣工验收报告中写明海绵城市相关工程措施的落实情况，并提交审批机关备案。对未按审查通过的海绵城市建设设施施工图设计文件施工或功能性检测指标不符合设计要求的项目，不予通过验收，不得交付使用。

第十七条 海绵城市建设设施竣工验收合格后，应随主体工程同步移交相关单位。

第四章 运营管理

第十八条 住建管理（公用事业）、交通运输、水务（利）部门分别牵头制定相应领域海绵城市建设设施的运营维护管理制度。市政公用项目的海绵城市建设设施由相关职能部门负责维护管理，其经费由各级财政统筹安排；公共建筑的海绵城市建设设施由产权单位负责维护管理；住宅小区等房地产开发项目的海绵城市建设设施由其物业管理单位负责维护管理。

第十九条 负责海绵城市设施维护管理的单位应按相关规定建立健全海绵城市设施的维护管理制度和操作规程，利用先进的技术、监测手段，配备专人管理。海绵城市设施的维护管理单位应定期对设施进行监测评估，确保设施的功能正常发挥、安全运行。

第五章 附 则

第二十条 各区可参照本办法，结合实际情况制定实施细则。

第二十一条 建设、规划设计、施工、监理、施工图审查等单位违反本办法的，由相关主管部门依法依规处理。

有关国家机关及其工作人员违反本办法的，依法依规给予处理。

第二十二条 本办法自印发之日起实施，有效期为两年。

·佛山市网络预约出租汽车经营服务管理暂行办法·

佛府办〔2017〕16号

第一章 总 则

第一条 为更好地满足社会公众多样化出行需求，规范网络预约出租汽车经营服务行为，保障运营安全和各方合法权益，根据《网络预约出租汽车经营服务管理暂行办法》（交通运输部、工业和信息化部、公安部、商务部、工商总局、质检总局、国家网信办令2016年第60号）、《出租汽车驾驶员从业资格管理规定》（交通运输部令2016年第63号）及相关法律法规，结合我市实际，制定本办法。

第二条 本办法适用于佛山市行政区域内的网络预约出租汽车（以下简称网约车）经营活动及其监督管理。

第三条 我市坚持优先发展城市公共交通，适度发展出租汽车，统筹规范、有序协调发展网约车，对网约车与巡游出租汽车（以下简称巡游车）实施分类管理，实现错位协同发展，为市民提供高品质、多样化出行服务。

网约车运价实行市场调节价，必要时实施政府指导价。

第四条 本市网约车运力规模应当符合本市交通发展规划和交通功能定位，与本市道路交通承载能力相适应，与公共交通和巡游车出行服务相协调。

第五条 市交通运输主管部门要建立对网约车行业规模的动态监控机制，结合城市道路交通运行指标和发展趋势、环境与空间保护、区域交通发展等因素，定期发布专项蓝皮书，适时实施网约车运力动态增量管理并公布投放调整方案，有序发展网约车。

第六条 市交通运输主管部门是本市网约车行政主管部门，负责本市网约车管理工作，组织实施本办法。

各区交通运输主管部门依照本办法规定的权限在本级行政区域内实施网约车日常管理和监督检查。

市发展改革、公安、经济和信息化、商务、工商、质监、人力资源社会保障、税务、网信、人民银行等部门依据法定职责，对网约车实施监督管理。

第二章 经营许可

第一节 网约车平台公司

第七条 从事网约车平台经营的，应当取得市交通运输主管部门核发的《网络预约出租汽车经营许可证》。

第八条 申请从事网约车平台经营的，应当符合下列条件：

（一）具有企业法人资格，非本市注册的企业法人应当在本市设立分支机构；

（二）具备开展网约车经营的互联网平台和与拟开展业务相适应的信息数据交互及处理能力，具备供交通、通信、公安、税务、网信等相关监管部门依法调取查询相关网络数据信息的条件，网络服务平台数据库接入本市政府监管平台，保证接入数据库真实、完整，服务器设置在中国内地，有符合规定的网络安全管理制度和安全保护技术措施，服务器未设置在本市的，应当在本市设置数据备份系统并接受本市相关部门的监管；

（三）使用电子支付的，应当与银行、非银行支付机构签订提供支付结算服务的协议；

（四）有健全的经营管理制度、安全生产管理制度和服务质量保障制度；

（五）在服务所在地有相应服务机构及服务能力，在本市有办公场所、管理机构以及相应的技术服务和管理人员，具备为本地用户提供长期服务的信息数据交互和处理能力；

（六）法律、法规规定的其他条件。

第九条 申请网约车平台经营，在我市设立分支机构的，应当提交企业法人授权该分支机构全权承担本市网约车经营服务的授权委托书。

第十条 区交通运输主管部门受理申请后在5个工作日内完成初审并送市交通运输主管部门审批，市交通运输主管部门在收到区交通运输主管部门报送的材料后15个工作日内作出许可或者不予许可的决定。在上述期限内不能作出决定的，经市交通运输主管部门的主管负责人批准，可延长10个工作日，并应当将延长期限的理由书面告知申请人。

第十一条 市交通运输主管部门对于网约车经营申请作出行政许可决定的，应当发放《网络预约出租汽车经营许可证》，并在《网络预约出租汽车经营许可证》中明确经营范围为网络预约出租汽车，经营区域为本市行政区域，有效期限为两年；对不符合规定条件的网约车平台公司申请作出不予行政许可决定的，应当向申请人出具《不予行政许可决定书》。

第十二条 网约车平台公司在取得相应的《网络预约出租汽车经营许可证》并向省通信主管部门申请互联网信息服务备案后，方可开展相关业务。

网约车平台公司自网络正式联通之日起30日内，按规定到市网信办和市公安局办理备案手续。

第十三条 网约车平台公司暂停或者终止运营的，应当提前30日向市交通运输主管部门提交书面报告，说明有关情况，通知接入车辆所有人和驾驶员，并通过本地主流媒体向社会通告。网约车平台公司终止经营的，应当自终止经营之日起3日内将相应的《网络预约出租汽车经营许可证》交回市交通运输主管部门。逾期不交回的，市交通运输主管部门应明确记载并向社会通告。

网约车平台经营期内应参加交通运输主管部门组织的年度服务质量信用评价，经营期届满后申请延续经营的，除符合第八条的规定外，上个经营期内每年度服务质量信用评价应达到良好及以上。

第二节 网约车车辆和驾驶员

第十四条 拟从事网约车经营的车辆，除应当符合《网络预约出租汽车经营服务管理暂行办法》规定的条件外，还应当符合下列条件：

（一）在本市登记注册，满足本市公布的最新机动车排放标准，7座及以下乘用车，配置ABS防抱死制动系统、制动力分配系统、牵引力控制系统、刹车辅助系统和车身电子稳定控制系统等安全配置；前排座位安全气囊和前后座安全带、灭火及其它应急救生设施。

燃油（含油气双燃料）车辆轴距不小于2700毫米，车辆发动机功率不小于110千瓦。节能油电混合动力车辆轴距不小于2650毫米，综合工况百公里油耗小于5.0升。纯电动和插电式混合动力车型（含增程式）轴距不小于2650毫米，纯电动车辆在纯电驱动状态下续航里程不少于250公里。氢燃料电池车辆续航里程不少于350公里。

（二）取得本市公安机关核发的车辆行驶证，且初次注册登记取得《机动车行驶证》之日至申请《网络预约出租汽车运输证》之日未满两年。

（三）网约车不得安装顶灯、空载灯等类似巡游车的服务设施设备，并符合交通、公安、宣传和文明等主管部门对车身外观的要求。

（四）车辆安装符合市交通运输主管部门技术要求的车载服务终端，具有行驶记录功能的卫星定位、应急报警、网约车服务平台服务端、价格计算、在线支付、驾驶员识别、服务评价等功能，并直接接入本市政府监管平台和交通综合服务平台。

第十五条 符合第十四条规定条件的车辆，其所有者在申请《网络预约出租汽车运输证》时须符合下列条件：

（一）车辆所有者为企业法人的，应具备汽车（客车类）租赁或道路客运类营业资质，且同时满足以下3项要求：近一年未发生较大及以上道路交通责任事故、道路交通责任事故致人死亡人数累计不超过3人、道路交通责任事故万车死亡率不高于上年度本市出租汽车行业万车死亡率。

（二）车辆所有者为个人的，须已取得本市网约车驾驶员从业资格，名下无尚在经营使用期内的网约车，且最近连续3个记分周期内未发生致人死亡的道路交通责任事故。

第十六条 申请《网络预约出租汽车运输证》的，申请人向车辆所有人住址所在地的区交通运输主管部门提交下列材料：

（一）《网络预约出租汽车运输证申请表》和《车辆使用性质更改申请表》；

（二）与有资质的网约车平台公司签订入网营运意向书，意向书应明确平台运营提成和服务收费的标准；

（三）《机动车行驶证》和《机动车登记证书》的原件（核查）及复印件，车辆彩色照片两张及照片电子文档；

（四）车辆车型和标准配置证明材料，安装符合市交通运输主管部门技术要求的车载服务终端的技术证明材料；

（五）车辆所有者为企业法人的，应当提交经办人的《居民身份证》原件（核查）及复印件、《企业法人营业执照》（属于分支机构的应提交营业执照）原件（核查）及复印件，以及企业近一年发生道路交通责任事故情况证明；

（六）车辆所有者为个人的，应当提交车辆所有者的《居民身份证》原件（核查）及复印件、本市核发的《网络预约出租汽车驾驶员证》原件（核查）及复印件，以及个人最近连续3个记分周期发生道路交通责任事故情况证明；

（七）车辆所有者委托网约车平台公司代为提出申请的，还应当提供双方签订的有效委托协议；

（八）法律、法规、规章要求提供的其他材料。

第十七条 区交通运输主管部门受理车辆申请后在5个工作日内完成初审并送市交通运输主管部门，市交通运输主管部门接到区交通运输主管部门报送材料后在5个工作日内进行审核，审核后将车辆信息抄送市公安机关审核，市公安机关接受市交通运输主管部门抄送车辆信息后在5个工作日内完成审核并将意见反馈给市交通运输主管部门。对经审核符合条件的车辆，市交通运输主管部门向申请人出具《车辆登记变更证明》。申请人持《车辆登记变更证明》及相关材料在公安车管部门办理车辆使用性质变更登记后，到区交通运输主管部门申领《网络预约出租汽车运输证》。

第十八条 网约车车辆所有者从业资格或《企业法人营业执照》被吊销、撤销或注销的，应当退出营运，由市交通运输主管部门注销相应的《网络预约出租汽车运输证》，并配合市公安机关做好车辆使用性质变更。

网约车车辆所有者因故退出网约车服务后重新提出申请网约车经营的，在再次申办《网络预约出租车汽车运输证》时，除满足第十四条和第十五条规定的条件外，还需考查上个网约车服务周期内服务质量信誉考核情况和诚信记录，近3年内出现服务质量信誉和诚信不良记录的，不予办理。

第十九条 《网络预约出租汽车运输证》有效期与车辆使用年限挂钩，最长不超过8年。网约车行驶里程达到60万千米时强制报废，行驶里程未达到60万千米但使用年限达到8年时，退出网约车运营，由市交通运输主管部门注销相应的《网络预约出租汽车运输证》。

第二十条 网约车所有者为企业法人的，如企业法人发生合并、分立的，车辆所有者应在办理《机动车行驶证》变更后，向市交通运输主管部门申请《网络预约出租汽车运输证》变更。网约车所有者为个人的，如车辆所有者发生变更，应向交通运输主管部门申请办理《网络预约出租汽车运输证》注销。

《网络预约出租汽车运输证》不得擅自转让。车辆领取《网络预约出租汽车运输证》后，存在下列情形之一的，不得从事运营：

（一）未实际加入和使用网约车平台经营的；

（二）与网约车平台入网运营关系终止，且没有加入其它平台运营的。

第二十一条 从事网约车服务的驾驶员，除应当符合《网络预约出租汽车经营服务管理暂行办法》规定的条件外，还应当符合下列条件：

（一）具有本市户籍或本市《居住证》；

（二）经市交通运输主管部门确认的考试机构考核合格，熟悉佛山人文地理，掌握旅客运输服务和安全应急等技能。

已取得本市巡游车驾驶员从业资格且在本市服务满3年无不良诚信记录的，近3年服务质量信誉考核为良好及以上的，可直接申领《网络预约出租汽车驾驶员证》。

第二十二条 申请《网络预约出租汽车驾驶员证》的，申请人向区交通运输主管部门提交下列材料：

（一）《出租汽车驾驶员从业资格证申请表》；

（二）《居民身份证》（或《居住证》）、《机动车驾驶证》原件（核查）和复印件；

（三）无交通肇事犯罪、危险驾驶犯罪记录、无吸毒记录、无饮酒后驾驶记录、最近连续3个记分周期内没有记满12分记录、无暴力犯罪记录的综合审查证明原件；

（四）驾驶员委托网约车平台公司代为提出申请的，还应当提供双方签订的有效委托协议；

（五）法律、法规、规章要求提供的其他材料。

第二十三条 区交通运输主管部门受理网约车驾驶员申请后在5个工作日内完成初审并送市交通运输主管部门，市交通运输主管部门接到区交通运输主管部门报送材料后在5个工作日内进行审核，市交通运输主管部门审核后将驾驶员信息抄送市公安机关审核，市公安机关接受市交通运输主管部门抄送信息后在8个工作日内完成审核并将意见反馈给市交通运输主管部门，市交通运输主管部门对符合申请条件的驾驶员安排考试。申请人通过考试后，到区交通运输主管部门申领《网络预约出租汽车驾驶员证》。

《网络预约出租汽车驾驶员证》有效期3年。网约车驾驶员应参加交通运输主管部门组织的年度服务质量信用评价，《网络预约出租汽车驾驶员证》到期后申请换证延续经营的，除符合第二十一条的规定外，上个经营期内每年度服务质量信用评价应达到良好及以上。

第二十四条 市交通运输主管部门要会同市公安机关等部门建立网约车车辆、驾驶员网上联合审核工作机制。申请办理《网络预约出租汽车运输证》和《网络预约出租汽车驾驶员证》可在指定的信息系统上按规范上传相关证明材料。申领《网络预约出租汽车驾驶员证》可在指定的信息系统按规范完成考核。

市公安机关对市交通运输主管部门交互的网络预约出租汽车驾驶员和车辆信息进行核验，将驾驶员犯罪记录、驾驶证件信息、交通违法记录以及车辆等相关信息反馈给市交通运输主管部门。市交通运输主管部门根据市公安机关反馈信息，并结合其他条件的审核结果，作出是否准予许可的决定。

第三章 经营服务管理

第二十五条 网约车平台公司除应当遵守《网络预约出租汽车经营服务管理暂行办法》经营服务管理相关规定外，还应当遵守下列规定：

（一）建立并落实服务标准和规程、车辆检修、驾驶员守则、安全行车、学习和业务培训、营运管理、服务质量管理、投诉举报等各项规章制度。

（二）承担服务与安全质量管理主体责任，对乘客提出的服务质量问题及时调查处理并在10日内作出答复。

（三）应当保证提供服务的驾驶员具有合法从业资格，按照有关法律、法规规定，根据工作时长、服务频次等特点，与驾驶员签订多种形式的劳动合同或者协议，明确双方的权利和义务。合同或协议不得以任何方式减轻或者豁免网约车平台公司应当向乘客承担的承运人责任。

（四）为乘客购买保险金额不低于100万元的承运人责任险，保证车辆具有营业性机动车交通事故责任强制保险，鼓励车辆购买营业性第三者责任险和乘客意外伤害险等保险。如发生交通事故依法应当履行赔付责任时，平台公司应当承担先行赔付责任。

（五）平台数据库应向本市政府监管平台实时传输运营动态数据，保证车辆卫星定位装置及业务状态相关数据直接接入本市政府监管平台和交通综合服务平台，确保数据信息真实、完整。

（六）在提供网约车服务前，应通过电子协议等形式向乘客明确各方权责，协议应当明确网约车经营者履行运输服务、安全管理、用户个人信息保护等方面的责任。

（七）通过网约车平台及车载服务终端，对车辆运行和服务过程进行实时动态监控，营运时间内应实时采集驾驶员人像等个人特征数据，与驾驶员后台个人身份信息资料比对；车载服务终端应采用与监管、服务软件兼容的主流操作系统，并保障监管、服务软件在车载服务终端的正常运行不受干扰。

（八）驾驶员载客运营时，网约车平台不得推送新的运营需求调度信息，驾驶员软件用户端应设置满载信息反馈触摸按键功能。

（九）在客户端应用程序应具备下列安全服务功能：

1. 车辆和驾驶员的基本属性信息和位置信息实时分享功能，经约车人或乘客书面确认的第三人可随时查看服务过程中的车辆动态位置信息；

2. 个人电话加密功能，乘客与驾驶员之间通过技术手段进行沟通联系；

3. "一键呼叫"功能，乘客遇紧急情况使用时，能够实现车辆实时动态信息及驾驶员信息向网约车平台公司自动发送。

（十）乘客在预约时明确出发地及目的地的，网约车平台公司应根据确定的计价规则预估车费并告知乘客，并在行程结束时向乘客出具电子账单，列明费用明细，做到计费透明；相关收费数据应向本市政府监管平台定时传输。

（十一）网约车平台公司与网约车驾驶员解除劳动合同或协议后，要向市交通运输主管部门报备，报备信息包括驾驶员从业资格证信息、与网约车平台公司解除劳动合同或协议的证明等。

（十二）合理确定网约车运价水平和结构，做好收费标准和服务价格公示工作，执行运价向交通运输主管部门和发展改革部门实时报备。实行市场补贴、奖励、促销等行为应当符合相关法规规定。网约车平台公司应在官网主动如实公布对驾驶员的营收抽成、调度服务收费额度和规则，并及时更新。

（十三）网约车平台应具备相关数据记录、留存和查询、调取功能，建立配合公安、交通、发展改革、税务、工商、网信等部门依法调取查询相关网络数据信息的工作制度和能力。

（十四）依法向本市税务部门申报并纳税，并按税务相关规定开具发票。

第二十六条 网约车驾驶员除应当遵守《网络预约出租汽车经营服务管理暂行办法》的规定外，还应当遵守下列规定：

（一）维护车载服务终端完好，保证行驶记录、应急报警、价格计算、在线支付、服务评价等功能正常，不得破坏、改装；营运设备功能出现故障的，排除故障后方可营运。

（二）运营时随车携带《网络预约出租汽车运输证》和《预约出租汽车驾驶员证》。

（三）按照合理路线或者乘客要求的路线行驶，不得途中甩客或者故意绕道行驶。

（四）不得将车辆交由未取得网约车从业资格的人员营运，不得将个人所有网约车交由他人营运。

（五）不得巡游揽客，不得进入巡游车专用候客站点、通道轮排候客、揽客，不得通过网约车平台公司提供载乘信息以外的其它方式揽客。

（六）在载客状态时不得承接其他预约业务，应约载客后应将信息通过客户端反馈到相关平台。

第二十七条 网约车平台可自行组织开展网约车驾驶员从业资格考试培训，可依据有关规定申办网约车驾驶员从业资格考点。

任何企业和个人不得向未取得合法资质的车辆、驾驶员提供信息对接开展网约车经营服务。不得以私人小客车合乘名义提供网约车经营服务。

第四章 监督管理

第二十八条 交通运输主管部门应当与公安、经济和信息化、发展改革等部门建立联合监管机制，构建多部门数据共享的政府监管平台，并推动交通综合服务平台建设。网约车平台的运行数据，网约车辆、驾驶员的基础信息和运营服务信息，须直接实时接入本市政府监管平台和交通综合服务平台。

第二十九条 交通运输主管部门应充分利用乘客评价和政府监管信息定期组织开展网约车服务质量测评及网约车驾驶员服务质量信誉考核，并及时向社会公布本市网约车平台公司基本信息、服务质量测评结果等信息。

服务质量测评具体办法、网约车驾驶员质量信誉考核制度由市交通运输主管部门另行制定。

第三十条 市交通运输主管部门在依法履行行政检查、行政执法等法定职权时可以调取、查阅管辖范围内网约车平台公司的登记、运营和交易等相关数据信息，对平台上传的数据进行可靠性比对、测评，确保数据的可靠性，并可以根据交通监控视频资料、汽车行驶记录仪、卫星定位系统和依法向网约车平台公司调取的信息资料，认定违法事实。平台公司必须提供技术支持和配合。

第三十一条 交通运输主管部门应当建立对平台、乘客、驾驶员投诉受理监督制度，公布受理投诉的渠道和方式，对投诉事项应当客观、公正地进行调查处理。

对网约车平台公司因违法经营、未履行应当职责或安全与服务管理不当造成不良社会影响的，交通运输管理部门应责令其限期整改。逾期未整改的，交通运输管理部门依法处理。

第三十二条 公安、经济和信息化、网信等部门按各自职责对网约车平台公司非法收集、存储、处理和利用用户有关信息，以及违反电信、互联网信息服务有关规定、危害网络和信息安全、应用其服务平台发布有害信息、或为企业、个人及其他团体组织发布有害信息提供便利的行为，应当依法进行查处。对有关部门认定存在违法违规行为的网约车平台公司，应当配合有关部门依法进行处置。

第三十三条 公安机关应当依法维护公共安全和社会治安秩序，监督检查网约车平台公司网络安全管理制度和安全保护技术措施的落实情况，防范、查处有关违法犯罪活动，依法维护社会治安秩序和社会稳定。

网约车经营过程中的不正当竞争行为由工商行政管理部门依法查处，价格违法行为由发展改革部门依法查处，不按规定签订劳动合同等侵害劳动者合法权益的违法行为由人力资源社会保障部门依法查处，违反计量法律、行政法规的行为由质监部门依法查处，违反税收法律、行政法规的行为由税务部门依法查处。

人民银行对违反规定提供支付结算服务的银行、非银行支付机构，应当依法予以处置。

第三十四条 各有关部门应当按照职责建立网约车平台公司、驾驶员和乘客信用记录，并将相关信用记录汇集至市公共信用信息管理平台和市场主体信用信息公示平台，逐级推送至省公共信用信息管理平台和纳入全国信用信息共享平台；并将网约车经营者行政许可和行政处罚等信用信息在作出行政决定的单位门户网站和企业信用信息公示系统上予以公示。

交通运输协会应当推动行业信用建设，建立网约车平台公司和驾驶员不良记录名单制度，加强行业自律，促进行业规范发展。

第三十五条 鼓励网约车提供高品质、差异化服务。高级车型网约车规模和运价实行市场调节。

第五章 法律责任

第三十六条 网约车平台公司及驾驶员存在违反《网络预约出租汽车经营服务管理暂行办法》《出租汽车驾驶员从业资格管理规定》和《广东省出租汽车管理办法》等规定的，由交通运输主管部门按照职责依据相关法律法规规章的规定予以处罚。

第三十七条 网约车平台公司存在价格违法、价格不正当竞争等行为的，由发展改革、工商行政管理部门按照《中华人民共和国价格法》《中华人民共和国反不正当竞争法》《中华人民共和国反垄断法》《价格违法行为行政处罚规定》和《网络预约出租汽车经营服务管理暂行办法》等法律、法规、规章的相关规定依法查处。

第三十八条 对网约车监管中发现的其他违法违规行为，由市发展改革、公安、经济和信息化、商务、工商、质监、人力资源社会保障、税务、网信、人民银行等部门等按照各自职责依法查处。

第六章 附 则

第三十九条 巡游车以电信、互联网等方式为乘客提供预约出租服务的，按巡游车相关规定执行。

第四十条 本办法有关术语解释如下：

（一）新能源车是指工业和信息化部《新能源汽车推广应用推荐车型目录》所列的纯电动、插电式混合动力或燃料电池中小客车。

（二）高级车型网约车是指排量不小于 2 950 毫升的自然吸气发动机车辆，或者排量不小于 2 450 毫升且发动机功率不小于 160 千瓦的增压发动机车辆，或价格高于 25 万元（不含税费）的车辆。

第四十一条 关于私人小客车合乘有关问题的指导意见另行制定。

第四十二条 本办法自 2017 年 6 月 1 日起实施，有效期 3 年。

·佛山市农村集体资产交易管理办法·

佛府办〔2017〕44 号

第一章 总 则

第一条 为规范农村集体资产交易行为，保护农村集体及成员合法权益，促进农村经济发展，根据《中华人民共和国村民委员会组织法》《广东省农村集体资产管理条例》《广东省农村集体经济组织管理规定》等法律、法规、规章和政策的规定，结合我市实际，制定本办法。

第二条 本办法适用于本市行政区域内农村集体的资产交易行为和相关管理活动。本办法所指农村集体，包括村（居）集体经济组织和农村（社区）自治组织。

法律、法规、规章和上级政策对集体资产交易程序和要求有特别规定的，从其规定。

第三条 本办法所指农村集体资产包括：

（一）法律规定属于集体所有的土地和森林、山岭、草地、荒地、滩涂、水域等自然资源；

（二）农村集体经济组织成员集体所有的建筑物、构筑物、设施设备、库存物品等资产；

（三）农村集体经济组织用于教育、科学、文化、卫生、体育、水利、交通、福利等公益事业的资产；

（四）农村集体经济组织投资兴办或者购买、兼并的企业的资产，以及与其他单位或者个人合资、合作所形成的资产中占有的份额、股权；

（五）农村集体资产的经营收益，以及属于集体所得部分的土地补偿费和生态补偿费；

（六）农村集体经济组织接受政府拨款、补贴补助和减免税费以及其他单位和个人的资助、捐赠等形成的资产；

（七）农村集体经济组织拥有的现金、存款、有价证券、债权以及所产生的利息、衍生收入等资产；

（八）农村集体经济组织拥有的商标权、专利权、著作权、专有技术等无形资产；

（九）属于国家所有依法由农村集体经济组织成员集体行使使用权、享有收益权的资产；

（十）依法属于农村集体经济组织成员集体所有的其他资产。

第四条 本办法所称农村集体资产交易，是指将农村集体资产采取承（发）包、出租、转让、入股、合资、合作、拍卖等方式流转交易的行为。本办法所涉及的交易品种包括但不限于以下类型：

（一）由农村集体统一经营管理的耕地、林地、草地，以及其他依法用于农业的土地（包括水域、滩涂、荒山、荒沟、荒丘、荒滩等）的承包经营权，通过出租、转让、入股、合资、合作等方式流转交易。承包到户、非农村集体统一经营管理的耕地、林地、草地，以及其他依法用于农业的土地（包括水域、滩涂、荒山、荒沟、荒丘、荒滩等）的承包经营权的流转，规模超过10亩以上的（含10亩），农户可委托交易服务机构组织交易，具体操作流程由各区制定。

（二）农村集体所有或使用的依法可交易的农村集体建设用地的使用权，通过出租、转让、入股、合资、合作等方式流转交易。

其中，符合国家有关产业政策及当地土地利用总体规划、城市规划或村庄、集镇规划的农村集体建设用地，可按规定出让、出租、转让、转租和抵押。农村集体建设用地使用权出让、出租、转让、转租和抵押等流转交易事项，应当按照《广东省集体建设用地使用权流转管理办法》规定的交易方式进行流转，由各区公共资源交易中心组织实施。

（三）农村集体除土地之外的农村集体经营房屋、机械设备、工具器具等经营性资产的所有权或使用权，采取承（发）包、出租、转让、入股、合资、合作、拍卖等方式流转交易。

农村集体资产流转交易的方式、期限和流转交易后的开发利用，必须遵循相关法律、法规、规章和政策。交易完成后，涉及不动产登记或权属变更登记的，按相关规定凭有关证明文件到所在区不动产登记机构办理相关手续。

第五条 下列农村集体资产禁止流转交易：

（一）已被司法、行政机关采取查封、冻结等强制措施的；

（二）已设立抵（质）押权，未经抵（质）押权人同意的；

（三）产权关系不清、处置权限有争议的；

（四）法律、法规明文禁止交易的。

第六条 农村集体资产交易应当遵守相关法律、法规，遵循民主决策、平等有偿、诚实守信和公开、公平、公正的原则，不得侵犯农村集体或他人的合法权益和损害社会公共利益。

第七条 农村集体资产交易管理实行“实体交易+信息管理”两位一体、同步实施的常态机制。

全市建立市、区、镇（街道）、村（居）联网的农村集体资产交易管理信息系统。各区负责统一设立农村集体资产交易服务机构：在本区设立镇（街道）农村集体资产交易服务机构、在村（居）设立农村集体资产交易管理工作站，有条件的区可根据实际需要设立区级交易服务机构，开展区级交易服务。

第二章 工作机构与职责

第八条 市农业局负责统筹、协调和指导全市农村集体资产交易管理工作，组织实施本办法。

区农业行政主管部门负责指导和监督管理本区内农村集体资产交易管理工作。

镇人民政府、街道办事处负责协助区人民政府及其有关职能部门开展农村集体资产交易监督管理工作，指导本行政区域内农村集体开展资产定期清理、建立台账，并组织农村集体资产按规定流程进行交易并将有关信息及时录入农村集体资产交易管理系统。

第九条 区农业行政主管部门和镇（街道）农村集体资产交易管理部门履行以下职责：

（一）指导农村集体将所有的集体资产台账、合同台账等相关信息录入农村集体资产交易管理系统，监管农村集体资产动态变化和合同履行情况。

（二）监督农村集体将集体资产交易情况录入农村集体资产交易管理系统，监管资产交易管理系统运行情况。

（三）指导、监督农村集体按规定流程进行交易。

（四）监督交易的进程以及合同的签订、变更。

（五）监督农村集体资产交易信息公开情况。

（六）调查处理农村集体交易过程中的相关投诉、举报。

第十条 全市各级农村集体资产交易服务机构作为农村集体资产交易的服务平台，是政府主导、服务“三农”的非营利性机构，为农村集体资产交易提供中介服务。交易服务机构业务上接受农业行政主管部门和公共资源交易部门的指导，主要职责包括：

（一）提供农村集体资产交易场所及设施设备。

（二）提供农村集体资产交易信息和咨询服务。

（三）审核交易双方提交的文件资料，包括审核资产交易事项是否经审核通过、交易方案是否经民主表决通过等。

（四）依照本办法组织资产交易活动。

（五）管理农村集体资产交易资料档案。

（六）协助管理和维护农村集体资产交易管理系统。

第十一条 农村集体资产交易服务机构不对进场交易的集体资产的质量瑕疵、权属合法性瑕疵以及合同违约等风险承担法律责任。

农村集体资产交易服务机构提供交易服务时，应当履行必要的风险提示及风险告知义务。

第十二条 镇人民政府、街道办事处应当设立（或指定）相应的机构作为集体资产交易事项申请审核机构，负责受理和审核农村集体提出的资产交易事项申请。

交易事项申请审核机构的具体设置由各区规定。可以是农业、国土、规划、财税、民政、公安、环境护等多部门组成的联合工作机构，也可以是经区、镇人民政府（街道办事处）指定的有关机构。

交易事项申请审核机构主要对交易事项是否符合公开竞投交易例外情形、分级交易标准、当地产业准入政策、用地政策、规划要求、环保要求等条件和其他要求提交的资料是否真实齐全进行审核，不对资产权属完整性等出具意见。

第十三条 市、区农业行政主管部门和镇人民政府（街道办事处）指定的集体资产交易事项申请审核机构应当共同做好农村集体资产交易管理系统的日常维护，根据实际工作需要不断升级完善系统，开展相关人员业务技能培训。

各区应当根据本区实际，保障区、镇（街道）农村集体资产交易服务机构有固定的场所和设备，配备专职工作人员；对农村集体用于资产交易管理的软硬件配套给予适当的扶持，保障农村集体正常组织开展集体资产交易管理活动。

全市各级部门、机构用于农村集体资产交易管理系统维护与升级、设备采购、日常运作和人员培训等经费列入本级财政预算。

第十四条 农村集体负责将所有集体资产和合同信息

全面录入农村集体资产交易管理系统，建立健全集体资产和合同信息台账。农村集体应当建立集体资产定期清查制度，年度定期检查集体资产台账，及时更新资产交易管理系统的数据。

第十五条 农村集体资产交易服务机构对资产交易管理系统中的所有农村集体资产项目按合同到期期限或完成交易事项申请审核的先后顺序排期，开展相关交易服务工作，指导集体资产交易行为。

第十六条 集体资产交易应当遵循合理交易底价规则。实际交易底价的制定须经农村集体民主表决通过。

各镇人民政府、街道办事处应当结合本行政区域内实际，探索分类、分区域制定土地、物业等集体资产的租赁指导价格，作为农村集体土地、物业等集体资产租赁的参考价格。

佛山南海烟桥村　（佛山年鉴社供图）

第十七条 各区、镇（街道）可以根据本行区域实际拓展交易服务机构的服务内容，升级服务功能；探索开展资产评估、法律服务、产权经纪、项目推介、抵（质）押融资等配套有偿服务。

第三章　交易方式

第十八条 农村集体资产交易事项实行镇（街道）、村（居）分级交易管理。进入镇（街道）、村（居）农村集体资产交易服务机构交易的集体资产金额、面积、期限等具体标准由各区根据本区实际进行确定。

经镇（街道）农村集体资产交易管理部门同意和农村集体成员表决通过，农村集体的集体资产可以全部进入镇（街道）级交易服务机构交易。

严禁将集体资产通过拆解分割、化整为零的方式降级交易。

第十九条 农村集体资产交易应当采取公开竞投方式进行。

公开竞投包括面向社会公开竞投、面向本农村集体成员公开竞投。农村集体在制订资产交易方案时应当明确竞投人范围，并经本农村集体民主表决通过；方案没有明确的，视为面向社会公开竞投。

第二十条 符合下列情形之一的项目，可以不采取公开竞投方式：

（一）发展幼儿园、养老院等公益事业项目。

（二）以农村集体建设用地使用权之外的集体资产折价入股、合资、合作的项目。

（三）经连续两次采用公开竞投方式交易都因无人报名而未能成功交易的项目。

（四）按法律、法规和政策规定不适用公开竞投方式交易的其他项目。

不采取公开竞投方式的，由农村集体提出申请，经镇（街道）农村集体资产交易管理部门审核同意，并按相关规定组织农村集体民主表决通过，可以采取公开协商交易等其他公开交易方式进行。

本办法所称公开协商交易，是指农村集体依照本办法规定的步骤与拟交易对象通过一对一的协商就交易项目达成交易目的的一种公开交易方式。

不采取公开竞投方式进行的交易，其交易信息也应当向本农村集体成员公布并全面录入资产交易管理系统。

法律、法规、规章和上级政策对资产交易方式另有规定的，从其规定。

第二十一条 农村集体资产交易以公开竞投方式进行的，应当遵守以下成交规则：

（一）只有1个竞投人的，成交价不得低于底价。

（二）有两个以上竞投人的，按照“不低于底价、价高者得”方式确定竞得人。

（三）在价格与条件相同的情况下，依法、依约定享有优先权的竞投人优先竞得。同时存在两个以上优先权的，法定优先权在先；不能确定优先权次序的，以现场抽签方式确定竞得人。

（四）若全体竞投人均不到场或到场均不应价的，可采用摇珠或抽签方式在全体竞投人中确定竞得人，本次交易以底价（起竞价）成交。

第四章　交易程序

第二十二条 采取公开竞投、公开协商交易方式，在镇（街道）、村（居）等交易服务机构交易的一般程序为：

（一）交易事项申请。农村集体向镇（街道）交易事项申请审核机构提出交易事项申请。

（二）方案表决。经申请审核通过，农村集体按规定召集成员对资产交易方案进行民主表决。

（三）交易申请。交易方案经民主表决通过，农村集体向负责组织本次交易的交易服务机构提出交易申请。

（四）交易信息发布。对受理进入交易服务机构交易项目的交易信息，农村集体在村（居）务公开栏发布交易信息。有条件的交易服务机构还要在相关网站、标的物现场发布交易信息。

（五）组织交易。交易服务机构按规定组织交易。

（六）交易结果确认与公示。在相关网站、村（居）务公开栏和标的物现场公示交易结果。

（七）合同签订。交易双方签订合同。

（八）资料归档及录入。负责组织本次交易的交易服务机构和农村集体按各自职责要求将交易项目资料整理归档并登记录入农村集体资产交易管理系统。相关交易信息自交易完成之日起5个工作日内完成登记录入。

各区应当根据本区实际，对受理进入交易服务机构交易的风险警示、不同资产类型和不同交易方式的交易事项流程作进一步细化完善，对包括交易事项申报等各环节需提交的资料、操作要求等进行明确。对小宗零碎交易事项，在划定条件和标准的基础上，可适当进行流程简化和优化。

第二十三条 农村集体对拟进入交易服务机构的交易事项，按规定事前向镇（街道）交易事项申请审核机构提出申请。达到区级交易标准的，按各区制定的有关规定执行。

镇（街道）交易事项申请审核机构按要求对集体资产交易项目进行审核，自受理之日起5个工作日内作出是否予以通过的审核意见并告知申请单位。对审核不予通过的应说明理由。

第二十四条 农村集体资产交易方案在实施前必须按照法律、法规和政策规定的民主议事规则和程序进行表决。产权属于村民自治组织的，按《中华人民共和国村民委员会组织法》有关规定进行民主表决；产权属于农村集体经济组织的，按《广东省农村集体经济组织管理规定》和《广东省农村集体资产管理条例》等有关规定进行民主表决。交易方案应当包括以下内容：

（一）资产详细信息；

（二）交易方式及竞投人资格条件；

（三）交易底价及递增幅度；

（四）交易保证金数额；

（五）合同期限及履约保证金数额；

（六）违约责任。

农村集体可以根据市场价格提出交易底价，但法律、法规规定必须进行资产评估的，交易底价应当根据资产评估结果确定。

第二十五条 申请进入交易服务机构交易的农村集体资产，应当按照交易服务机构的规定提交：交易事项申请审核通过结果、交易方案及民主表决通过结果、交易设定条件、交易标的产权权属证明、交易标的的情况介绍、相关部门批准文件和法律法规规定应提交的其他资料，并保证其真实性和完整性。涉及抵（质）押的，应当提供抵（质）押权人同意转让的书面文件。

农村集体资产（房屋部份）在发生交易转移时，还应提交经村民会议同意或者由村民会议授权经村民代表会议同意的证明材料。

交易服务机构按要求对农村集体所提交的资料进行审核，并在规定期限内作出是否受理的答复。对不予受理进入交易服务机构交易的说明理由。

第二十六条 对受理进入交易系统交易的项目信息，交易服务机构应当在镇（街道）、区、市有关网站上发布交易公告，农村集体也要在本村（居）务公开栏上发布交易公告。交易公告的公示期从发布之日起到交易日不得少于5个工作日。交易公告应当包括以下内容：

（一）项目基本情况；

（二）交易底价；

（三）竞投人资格条件；

（四）报名时间、地点和方式；

（五）交易保证金数额及交纳方式；

（六）交易时间、地点、方式；

（七）联系人和联系方式；

（八）其他需要公告的内容。

第二十七条 农村集体需撤销交易申请或者变更公告内容的，须在交易日的3天前向交易服务机构提出书面申请，经同意后方可撤销、变更公告。撤销交易申请或者变更公告内容后公示时间不得少于5个工作日。

第二十八条 竞投意向人应当按交易公告要求向农村集体资产交易服务机构提交报名资料，交纳保证金，并保证报名资料的真实性和完整性。交易服务机构应当在5个工作日内对竞投意向人的报名资格进行审核并告知审核结果。

第二十九条 交易服务机构完成对竞投意向人相关资料审核后，按照所在区、镇人民政府（街道办事处）制定的具体交易规则在规定期限内组织交易。

第三十条 交易双方就交易条件达成一致的，应当由双方书面确认交易结果，并将结果在镇（街道）、区、市有关网站上发布交易结果公示，农村集体在本村（居）务公开栏上发布交易结果公示。公示时间不得少于5个工作日。交易结果公示应当包括以下内容：

（一）交易项目名称及概况；

（二）竞得人；

（三）交易时间及成交价格；

（四）公示期限；

（五）投诉受理机构和联系方式。

第三十一条 交易结果公示期间无异议的，公示结束之日起5个工作日内，农村集体和竞得人应当到农村集体资产交易服务机构指定的场所签订合同。交易结果公示期间收到投诉的，投诉受理机构经调查核实认为投诉不成立的，投诉处理结果作出后5个工作日内，农村集体和竞得人应当到农村集体资产交易服务机构指定的场所签订合同。

因竞得人原因未按时与农村集体签订合同的，视为放弃交易，交易保证金按约定或相关交易规则予以处理。

第三十二条 农村集体资产交易合同由农村集体资产交易服务机构组织签订，该农村集体所在地的镇（街道）司法所协助办理合同见证。需要鉴证或公证的，按有关法律法规的规定办理。

第三十三条 签订合同后，交易服务机构应当对交易项目相关资料进行整理，归档备查。原则上1个交易项目要建立1份档案，档案资料主要包括：交易事项申报表、交易方案表决书、标的物相关资料、交易申请表、交易信息公告、参加人员签到表、竞投承诺书、符合竞投资格人员公布表、成交确认书、监督见证书、交易信息结果公布表、流转交易合同等。交易流程相关信息应当及时录入资产交易管理系统，因特殊原因延迟录入的，不得超过该次交易完成后的5个工作日。

交易档案的归档格式、要求等由各区统一，执行国家和省有关部门的档案管理规定。

第三十四条 因无竞投人、竞投无效或者交易失败，农村集体不变更交易条件的可以申请重新发布交易公告；农村集体只变更底价的，可以按照经表决同意的交易方案约定方式直接变更底价，并续期发布交易信息后另行组织交易；农村集体变更其他交易条件的，应重新表决交易方案，依照本办法规定重新向交易事项申请审核机构提出申请。

第三十五条 采取公开竞投和公开协商之外的其他公开交易方式进行的集体资产交易参照以上有关规定执行。

第五章 交易管理与监督

第三十六条 镇人民政府、街道办事处应当将农村集体资产交易管理工作纳入农村集体年度绩效考核内容，作为农村集体“两委”委员、社委会成员的奖惩依据。

第三十七条 农村集体资产进行交易时，村（社）委会（理事会、董事会）或民主理财监督小组（监事会）、村务监督委员会应当派员到场见证监督。发现违规交易行为或者接到相关投诉、举报的，应当及时向农村集体资产交易管理机构报告。

第三十八条 在村（居）进行的交易事项，村（居）集体资产交易管理工作站应当通过现场摄影、录像等措施，做好证据记录。镇（街道）有关业务部门、交易服务机构根据实际需要，可以派工作人员到交易现场进行指导、监督或见证。

第三十九条 在交易过程中，因出现以下特殊情况之一导致无法正常交易的，经农村集体资产交易管理部门同意，交易服务机构可以作出延期交易、中止交易的决定，并在自延期交易、中止交易决定作出之日起3个工作日内进行公告：

（一）因不可抗力导致无法正常交易的；

（二）第三方对本次交易提出异议，且确有证据或合法理由的；

（三）竞投人有弄虚作假、串通竞投、行贿、敲诈勒索、威胁他人等嫌疑，且需调查确认的；

（四）其他导致交易无法正常进行的特殊情况。

第四十条 竞投人应当按照交易公告要求向负责组织本次交易的农村集体资产交易服务机构交纳交易保证金。保证金规则及所涉事项由各区统一规定。

1份保证金只能参加1项交易的竞投。竞投人未能成功竞得的，在该项交易结果公示结束之日起5个工作日内一次性全额返还（不计利息）。竞投人成功竞得的，在合同签订之日起5个工作日内一次性全额返还，或者按公告约定转为合同履约金。

第四十一条 市、区农业行政主管部门和镇（街道）农村集体资产交易管理部门接到涉及交易违规的投诉、举报的，应当及时受理，并按有关规定进行调查和处理；纪检监察机关对当中存在的失职渎职、以权谋私等违规违纪行为进行责任追究。

第四十二条 各区在条件成熟时，应当将农村集体资产交易管理系统的数据接入农村廉情预警信息系统，进行实时预警、实时分析和实时监管。

第六章 法律责任

第四十三条 市、区农业行政主管部门和镇（街道）农村集体资产交易管理部门的工作人员违反本办法规定，不履行或者不正确履行职责的，由农业行政主管部门提请纪检监察部门依照《中国共产党纪律处分条例》和《行政机关公务员处分条例》等有关规定给予党纪政纪处分；构成犯罪的，依法追究刑事责任。

第四十四条 农村集体有关人员违反本办法规定，存在以下行为之一的，镇人民政府、街道办事处视情节轻重责令限期改正、通报批评，提出减发或者扣发绩效补贴（工资）、奖金、暂停职务或者予以罢免的建议；造成经济损失的，依法承担赔偿责任；构成犯罪的，依法追究刑事责任。

（一）不按本办法规定组织交易的；

（二）对标的金额、面积、期限等进行分拆，以规避进入上一级交易服务机构交易的；

（三）交易过程中存在隐瞒事实、提供虚假资料等行为的；

（四）不按规定履行民主表决程序的；

（五）扰乱交易秩序、影响交易正常进行的；

（六）交易后不按规定签订合同的；

（七）不按规定将资产信息、合同台账等信息录入交易系统的；

（八）故意设置障碍不履行合同的；

（九）存在串通竞投、故意泄漏竞投秘密行为的；

（十）其他影响交易公开、公平、公正进行的行为的。

第四十五条 农村集体资产交易服务机构工作人员违反本办法规定，滥用职权、不履行或者不正确履行职责的，视情节轻重，由有权处理部门给予扣减薪酬、辞退、问责、处分等处理；造成经济损失的，依法承担赔偿责任；构成犯罪的，依法追究刑事责任。

第四十六条 竞投意向人、竞投人、竞得人违反本办法规定，损害他人、农村集体利益的，依法承担赔偿责任；有弄虚作假、串通竞投、行贿、敲诈勒索、威胁他人等情形的，依法追究其法律责任。

第四十七条 在农村集体资产交易合同履行过程中，发生纠纷的，可依据合同约定途径解决；没有约定的，可依法向人民法院提起诉讼。

第七章 附 则

第四十八条 各区应当根据本办法，结合本地实际制定交易管理细则、交易规则等配套制度，并报市农业局备案。

第四十九条 本办法由市农业局负责解释。

第五十条 本办法自2018年2月1日起施行，有效期为5年。《印发佛山市农村集体资产管理交易办法（试行）的通知》（佛府办〔2011〕190号）同时废止。

2017年政府规范性文件目录

1. 佛山市人民政府办公室关于印发佛山市居住证实施办法的通知（佛府办〔2017〕1号）（FSFG2017001号）。

2. 佛山市人民政府办公室关于印发佛山市生产安全事故隐患排查治理办法的通知（佛府办〔2017〕3号）（FSFG2017002号）。

3. 佛山市人民政府办公室关于印发佛山市引进人才子女教育服务工作实施细则（暂行）的通知（佛府办〔2017〕4号）（FSFG2017003号）。

4. 佛山市人民政府办公室关于印发佛山市残疾人保障办法的通知（佛府办〔2017〕5号）（FSFG2017004号）。

5. 佛山市人民政府办公室关于进一步做好城市配送运输与车辆通行管理工作的实施意见（佛府办〔2017〕8号）（FSFG2017005号）。

6. 佛山市人民政府办公室关于印发佛山市商事主体住所登记管理暂行办法的通知（佛府办〔2017〕9号）（FSFG2017006号）。

7. 佛山市人民政府办公室关于印发佛山市消火栓建设管理办法的通知（佛府办〔2017〕10号）（FSFG2017007号）。

8. 佛山市人民政府办公室关于印发佛山市高端金融人才引进培育办法（试行）的通知（佛府办〔2017〕11号）（FSFG2017008号）。

9. 佛山市人民政府办公室关于印发佛山市海绵城市规划建设管理暂行办法的通知（佛府办〔2017〕12号）（FSFG2017009号）。

10. 佛山市人民政府办公室关于印发佛山市债券融资风险缓释基金设立方案的通知（佛府办〔2017〕14号）（FSFG2017010号）

11. 佛山市人民政府办公室关于印发佛山市网络预约出租汽车经营服务管理暂行办法的通知（佛府办〔2017〕16号）（FSFG2017011号）。

12. 佛山市人民政府办公室关于印发佛山市全科医生定向规范化培训实施方案的通知（佛府办〔2017〕17号）（FSFG2017012号）。

13. 佛山市人民政府办公室关于印发佛山市支持企业融资专项资金管理办法的通知（佛府办〔2017〕18号）（FSFG2017013号）。

14. 佛山市人民政府办公室关于提高佛山市2017年最低生活保障标准的通知（佛府办〔2017〕19号）（FSFG2017014号）

15. 佛山市人民政府办公室关于印发佛山市最低生活保障对象分类救助实施办法的通知（佛府办〔2017〕20号）（FSFG2017015号）。

16. 佛山市人民政府办公室关于印发佛山市经济科技发展专项资金（经济和信息化局部分）管理办法（2017年修订）的通知.（佛府办〔2017〕21号）（FSFG2017016号）。

17. 佛山市人民政府关于印发佛山市扶持影视产业发展若干政策的通知（佛府〔2017〕55号）（FSFG2017017号）。

18. 佛山市人民政府办公室关于印发佛山市工业产品质量提升扶持办法的通知（佛府办〔2017〕24号）（FSFG2017018号）。

19. 佛山市人民政府办公室关于印发佛山市“四上”企业培育奖励扶持措施的通知（佛府办〔2017〕25号）（FSFG2017019号）。

20. 佛山市人民政府关于调整扩大高污染燃料禁燃区的通告（佛府〔2017〕72号）（FSFG2017020号）。

21. 佛山市人民政府办公室关于印发佛山市工程建设施工项目信用分类优选随机合理低价评定标暂行办法的通知（佛府办〔2017〕29号）（FSFG2017021号）。

22. 佛山市人民政府关于加强全市幼儿园教师队伍建设的实施意见（佛府〔2017〕76号）（FSFG2017022号）。

23. 佛山市人民政府办公室关于佛山市政府采购支持中小微企业质押融资的实施意见（佛府办〔2017〕30号）（FSFG2017023号）。

24. 佛山市人民政府办公室关于印发加快股权投资行业集聚发展实施办法的通知（佛府办〔2017〕31号）（FSFG2017024号）。

25. 佛山市人民政府关于限制黑烟车上路行驶的通告（佛府〔2017〕81号）（FSFG2017025号）。

26. 佛山市人民政府办公室关于印发佛山市困难群众医疗救助暂行办法的通知（佛府办〔2017〕33号）（FSFG2017026号）。

27. 佛山市人民政府办公室关于印发佛山市政府投资市属非经营性项目代建管理办法的通知（佛府办〔2017〕36号）（FSFG2017027号）

28. 佛山市人民政府办公室关于印发佛山市安全生产信用分类分级管理办法的通知（佛府办〔2017〕38号）（FSFG2017028号）.

29. 佛山市人民政府办公室关于印发佛山市非法集资举报奖励实施办法的通知（佛府办〔2017〕41号）（FSFG2017029号）。

30. 佛山市人民政府办公室关于印发佛山市农村集体资产交易管理办法的通知（佛府办〔2017〕44号）（FSFG2017030号）。

31. 佛山市人民政府办公室关于印发佛山市贯彻落实广东省大气污染防治强化措施及分工实施方案的通知（佛府办〔2017〕45号）（FSFG2017031号）。

索　引

说　明

一、本索引采用主题分析方法，款目按汉语拼音字母（同音字按声调）顺序排列。

二、文中类目题、分目题用黑体字标明，其余用宋体字排印。

三、索引款目后的数字表示内容所在的页码，数字后面的英文字母（a、b、c）表示栏别（即版面的左、中、右栏）。

四、本索引部分款目在主标目下设副标目，副标目空两字起排；同一主题的“参见”只标页码。

五、本索引对《特载》《2017佛山大事记》《法规·文件》等类目不作内容主题分析；书中的图表仅对其标题进行索引，并在其款目后分别注明“表”或“图”。

A

B

C

E

F

G

K

L

M

Z

数字首

英文字母首